D1720921

Völkerrecht und Außenpolitik

Herausgegeben von
Prof. Dr. Oliver Dörr
Prof. Dr. Jörn Axel Kämmerer
Prof. Dr. Markus Krajewski

Band 96

Dennis Peters

Die Stellung der Westsahara im internationalen Recht und die Auswirkungen auf das Völkervertragsrecht

Eine Analyse unter besonderer Berücksichtigung des europäischen Rechtsraums

Nomos

Die Veröffentlichung wurde unterstützt durch den Open-Access-Publikationsfonds der Leibniz Universität Hannover.

Die Deutsche Nationalbibliothek verzeichnet diese Publikation in der Deutschen Nationalbibliografie; detaillierte bibliografische Daten sind im Internet über http://dnb.d-nb.de abrufbar.

Zugl.: Hannover, Univ., Diss., 2024

1. Auflage 2024

© Dennis Peters

Publiziert von
Nomos Verlagsgesellschaft mbH & Co. KG
Waldseestraße 3–5 | 76530 Baden-Baden
www.nomos.de

Gesamtherstellung:
Nomos Verlagsgesellschaft mbH & Co. KG
Waldseestraße 3–5 | 76530 Baden-Baden

ISBN (Print): 978-3-7560-1913-7
ISBN (ePDF): 978-3-7489-4805-6

DOI: https://doi.org/10.5771/9783748948056

Onlineversion
Nomos eLibrary

Meiner Mutter und meinen Großeltern

Vorwort

Die vorliegende Arbeit wurde im Oktober 2023 eingereicht und im Wintersemester 2023/2024 von der Juristischen Fakultät der Gottfried Wilhelm Leibniz Universität angenommen. Die Disputation erfolgte am 10.06.2024. Rechtsprechung und Literatur sind im Wesentlichen bis Juni 2024 berücksichtigt.

Mein besonderer Dank gilt zunächst meinem Doktorvater, Herrn Prof. Dr. Volker Epping. Im Jahr 2016 begann mein juristisch-akademisches Lebenskapitel als studentische Hilfskraft an seinem Lehrstuhl. Diese Tätigkeit mündete Ende 2019 in einer wissenschaftlichen Mitarbeit und Doktorandenstelle. Die Thematik zur Westsahara überzeugte ihn glücklicherweise sofort. Im Folgenden unterbreitete er mir stets wertvolle Vorschläge und verhalf mir durch zahlreiche Diskussionen zur Finalisierung der Arbeit. Unter anderem ermöglichte er mir auch meinen Forschungsaufenthalt in den USA im Jahr 2022. Ich habe in ihm nicht nur einen akademischen Lehrer sondern auch eine – gewiss nicht nur juristische – Vorbildfigur gefunden. Während meiner gesamten Lehrstuhltätigkeit und Dissertationszeit unterstützte er mich in einem Maße, welches gewiss nicht selbstverständlich ist, weshalb ich ihm zu tiefstem Dank verpflichtet bin.

Herrn Prof. Dr. Christian Wolf bin ich für die Erstellung des Zweitgutachtens und seine hilfreichen Anmerkungen dankbar. Zudem möchte ich mich bei Herrn Prof. Dr. Jan Lüttringhaus für die hervorragende und angenehme Leitung der Disputation bedanken. Auch gebührt Herrn Prof. Dr. Claas Friedrich Germelmann mein Dank, der mir im Rahmen meines Schwerpunktstudiums das Thema zur Westsahara zuteilte und mir nach meinem Examen Mut zusprach, aus der Schwerpunktarbeit doch eine Dissertation zu erstellen.

Dem Nomos-Verlag, namentlich Frau Miriam Moschner und Herrn Dr. Matthias Knopik, möchte ich für die fantastische Betreuung und die schnellstmögliche Drucklegung danken. Besser hätte die Zusammenarbeit (mal wieder) nicht verlaufen können. Gleichzeitig danke ich Herrn Prof. Dr. Jörn Axel Kämmerer, Herrn Prof. Dr. Oliver Dörr und Herrn Prof. Dr. Markus Krajewski für die Aufnahme in die renommierte Schriftenreihe Völkerrecht und Außenpolitik.

Ohne meine Freunde und Familie wäre diese Arbeit nicht entstanden.

Zunächst gilt mein besonderer Dank Charlotte Nostiz. Ohne dich hätte ich diese Arbeit weder anfangen, schreiben noch beenden können. Deine jahrelange, unbedingte, stetige Unterstützung, dein Rückhalt, dein Optimismus, vor allem aber deine Geduld und auch deine gebotene Strenge mit mir haben elementar zur Fertigstellung dieser Arbeit beigetragen. Immer wenn mir die Luft ausging, hast du mir wieder Kraft gegeben und mir auf die Beine geholfen, beruflich wie auch vor allem persönlich. Auch wenn sich unsere Wege trennten, bin ich dir zu tiefstem Dank für unsere gemeinsame Zeit und unsere weiterhin bestehende Freundschaft verpflichtet. Ich wünsche dir nur das Beste, insbesondere für dein aufregendes berufliches Leben als Verwaltungsrichterin in Hamburg.

Gundela Nostiz, die mich stets in meinen Entscheidungen sowie Lebensabschnitten bestärkte und mir dabei ein Gefühl der Sicherheit in beruflichen, aber auch persönlichen Angelegenheiten vermittelte, bin ich ebenfalls zu tiefem Dank verpflichtet.

Meinen (ehemaligen) Lehrstuhlkollegen Dr. Karoline Haake, Dr. Roni Deger, Lea Köhne, Renate Bertram, Vincent Widdig, Wali Masoud und Btissam Boulakhrif, sowie den „Lehrstuhl-Konkurrenzkollegen" Dr. Daniel Beider, René Schubert und Julian Tschech danke ich für die Motivation und den Rückhalt, insbesondere aber für eure Freundschaft, die sich über all die gemeinsamen Jahre entwickelt und vertieft hat.

Hervorheben möchte ich die stundenlangen Gespräche und Diskussionen mit Prof. Dr. Manuel Brunner, der mir wesentlich bei der Entwirrung komplexer Probleme beiseite stand und mich auf wertvolle Gedanken gebracht hat, die ich ohne ihn wohl nicht – zumindest gewiss nicht in dieser Tiefe – gehabt hätte.

Insbesondere möchte ich meinen langjährigen Schulfreunden Dr. Osman Altun, Rika Stoczek, Vedat Üner, Aydin Keshtow, Mirkan Rossdeutscher, David Motaev, Dennis Gundlack, Nele Schwentker, Jonas Müller, Zora Treiber, Dr. Bjarne Schülke, Taymas Jafari, Adem Üner und allen aus „30167" danken, die mich teilweise seit über 20 Jahren ertragen, dies auch weiterhin tun und mir viel Kraft, Halt, insbesondere aber Spaß und Freude im Leben geben.

Gleicher Dank gebührt auch Nasrin Dashty Khawidaky, Dr. Oliver Islam, Julian Escarraga, Michael Mirer, Cihan Cevirme, Joana Da Silva Düring, Dr. Robin Gogol, Finn Gaedtke, Maximilian Bleicher, Courtney Metz, Marco Pfeiffer, Daniel Begemann, Nele Wachholz, Edda Ideker, Ann-Christin Hagedorn, Johanna Becker, Viktoria Dräger, Dalia Ajnass Klossek, Thilo sowie Amara und Nola Klossek, die mir durch ihre ständige Zuversicht und liebevolle Freundschaft stetige Unterstützung, Durchhaltevermögen und Motivation gaben und weiterhin geben.

Dalia und Thilo haben mir zudem durch die Geburt ihrer Tochter Amara ein – insbesondere in den Tiefen der Promotionszeit – nicht aufzuwiegendes Geschenk gemacht.

Gleiches gilt für meine Kindheitsfreundin Carolin Kutscher und ihre beiden Söhne, meine Patenkinder Leno und Jona, die mir – trotz teils starker Beanspruchung meiner körperlichen Kapazitäten durch zahllose Kämpfe – viel Kraft und Liebe gegeben haben und weiterhin geben.

Zudem gilt mein ganzer Dank Dr. Nadine Ledwoch. Du bist in einer Phase meines Lebens zu mir gestoßen, in der ich am wenigsten damit gerechnet hätte; umso glücklicher war und bin ich hierüber. Du unterstützt mich bedingungslos, gibst mir täglich Kraft und Motivation, machst das Atmen einfacher und bereicherst mein Leben ungemein. Viel mehr kann man sich nicht wünschen. In diesen wenigen Zeilen lässt sich nicht adäquat ausdrücken, was für ein herausragender Mensch du bist – danke für alles Bisherige und alles Kommende!

Weiter möchte ich meiner Familie von Herzen danken. Hierzu zählen insbesondere meine Großtante Heidi Koß und mein Großonkel Peter Bröcker, die mich nicht zuletzt durch ihre Bereitschaft, mir während meines Referendariats in Hamburg ein Dach über dem Kopf bereitzustellen, enorm entlastet haben. Ebenfalls danke ich meiner Tante Sabine Peters für all die Jahre der Unterstützung und Fürsorge.

Mein größter Dank gebührt meiner Mutter und meinen Großeltern, ohne die ich dieses Vorwort niemals hätte schreiben können. Solange ich mich erinnern kann – und sicher auch schon davor – unterstützt ihr mich unbedingt und mit aller Kraft, Ausdauer und Liebe. Diese Zeilen werden euch in keiner Weise gerecht, trotzdem will ich mich von ganzem Herzen bei euch für all die materielle, aber insbesondere vorbehaltlose immaterielle Unterstützung und Liebe bedanken, ohne die ich beruflich wie auch persönlich nicht der wäre, der ich heute bin und sein kann.

Euch widme ich daher diese Arbeit.

Inhaltsverzeichnis

23

Abkürzungsverzeichnis

Abs.	Absatz
AEUV	Vertrag über die Arbeitsweise der Europäischen Union
Art.	Artikel
AU	Afrikanische Union
AWZ	Ausschließliche Wirtschaftszone
Bd.	Band
Comader	Confédération Marocaine De L'Agriculture Et Du Développement Rural
Corcas	Royal Advisory Council for Saharan Affairs
DARIO	Draft articles on the responsibility of international organizations
DARS	Demokratische Arabische Republik Sahara
DASR	Draft articles on Responsibility of States for Internationally Wrongful Acts
Doc.	Document
Dok.	Dokument
DPA	UN Department of Political and Peacebuilding Affairs
DPKO	UN Department of Peacekeeping Operations
EAD	Europäischer Auswärtiger Dienst
EG	Europäische Gemeinschaft
EGV	Vertrag zur Gründung der Europäischen Gemeinschaft
EU	Europäische Union
EuG	Gericht der Europäischen Union
EuGH	Europäischer Gerichtshof
EUV	Vertrag über die Europäische Union
f.	folgend
ff.	fortfolgend
GASP	Gemeinsame Außen- und Sicherheitspolitik
GATT	General Agreement on Tariffs and Trade

GK IV	Vierte Genfer Konvention bzw. Viertes Genfer Abkommen über den Schutz von Zivilpersonen in Kriegszeiten
HLKO	Haager Landkriegsordnung
Hrsg.	Herausgeber
ICJ	International Court of Justice
ICJ Rep.	International Court of Justice Reports
IGH	Internationaler Gerichtshof
ILC	International Law Commission
IPbpR	Internationaler Pakt über bürgerliche und politische Rechte
iVm.	in Verbindung mit
lit.	littera
MINURSO	Mission des Nations Unies pour l'organisation d'un référendum au Sahara occidental
Nr.	Nummer
NSGT	Non-Self-Governing Territory/Territories
OAU	Organisation für Afrikanische Einheit
PCIJ	Permanent Court of International Justice
Polisario	Frente Popular para la Liberación de Saguía el Hamra y Río de Oro
Rn.	Randnummer
Rspr.	Rechtsprechung
S.	Seite
SRÜ	Seerechtsübereinkommen der Vereinten Nationen
UK	Vereinigtes Königreich
UN	Vereinte Nationen
UN Doc.	Dokument der Vereinten Nationen
UNTAET	United Nations Transitional Administration in East Timor
UNTS	United Nation Treaty Services
USA	Vereinigte Staaten von Amerika
Vgl.	Vergleiche
Vol.	Volume
WTO	World Trade Organization/Welthandelsorganisation
WVK	Wiener Vertragsrechtskonvention
zB.	zum Beispiel

Ziff.	Ziffer
ZPI	Zusatzprotokoll I zu den Genfer Abkommen

Soweit die Abkürzungen nicht besonders erläutert sind, wird verwiesen auf:

Kirchner, Hildebert   Abkürzungsverzeichnis der Rechtssprache, 10. Auflage, Berlin 2021

§ 1 Kapitel Eins: Einführung

A. *Kurzaufriss*

„Westsahara – Afrikas letzte Kolonie"[1]

Die Westsahara ist ein ca. 266.000 km² großes Gebiet im Norden Afrikas, welches an Marokko, Algerien und Mauretanien grenzt und in welchem derzeit ca. 612.000 Menschen leben.[2] Im Anschluss an die Berlin West Afrika Konferenz 1884[3] wurde die Westsahara von Spanien als strategischer Militärpunkt, nahegelegen zu den Kanarischen Inseln, als Reaktion auf die Ausdehnung Frankreichs in den umliegenden Maghreb-Staaten kolonialisiert und unter spanisches Protektorat gestellt.[4] Spaniens Interesse an der Westsahara bzw. der Spanish Sahara[5] beschränkte sich jedoch jahrzehntelang zunächst nur auf die Attraktivität des Standortes im Bereich seines Küstengewässers. Dabei trat Spanien nicht als klassische Kolonialmacht auf, es unterjochte das Sahrawische Volk nicht, beutete zunächst die natürlichen Ressourcen des Gebietes nicht aus.[6] Im Gegenteil blieben die nomadischen Stammesstrukturen der einheimischen Bevölkerung über die Zeit der „spanischen Sahara" bestehen und die spanische Ausbreitung im Gebiet beschränkte sich auf eine Handvoll Küstenstädte.[7] Diese für Kolonialmächte eher atypische Herangehensweise ist aufgrund der grundsätzlich späten Rolle Spaniens im Rahmen der Kolonisierung Afrikas zu erklären. Sie sollte aus Sicht Spaniens als letzter Versuch gelten, sich Halt in der Welt

---

1 So der Titel des im Jahr 2022 erschienenen Sammelbandes zum Westsahara-Konflikt von *Tavakoli/Hinz/Ruf/Gaiser* (Hrsg.), Westsahara -Afrikas letzte Kolonie.
2 Schätzung der UN, https://www.un.org/dppa/decolonization/en/nsgt/western-sahara, zuletzt abgerufen am 15.6.2024.
3 Ausführlich zur Kolonialisierung durch Spanien *Hodges*, The Roots of a Desert War, S. 40–52; *Damis*, The Western Sahara Dispute, S. 9 ff.
4 *Oeter*, ZaöRV 46 (1986) 48 (50); *Hodges*, The Roots of a Desert War, S. 40–52.
5 Spätestens seit 1976 und der damit zusammenhängenden Aufgabe des Gebietes durch Spanien ist dieser Begriff nicht mehr geläufig.
6 Ausführlich zur spanischen Nutzung des Gebietes unter Berücksichtigung militärischer Gesichtspunkte *Hodges*, The Roots of a Desert War, S. 40–54 und S. 67–73. Siehe ferner *Clausen*, Der Konflikt um die Westsahara, S. 14 ff.; *Mercer*, Spanish Sahara, S. 123 ff; *Oeter*, ZaöRV 46 (1986) 48 (50).
7 *Clausen*, Der Konflikt um die Westsahara, S. 14 ff.; *Oeter*, ZaöRV 46 (1986) 48 (50).

des Imperialismus zu verschaffen, was letztendlich jedoch nicht von Erfolg gekrönt sein sollte.[8] Die faktische wirtschaftliche Ausbeutung des Gebietes begann mit Entdeckung der reichen Phosphatschätze der Region um 1947, industriell begonnen werden konnte damit jedoch aus technischen Gründen erst 1972.[9]

Der Zeitgeist der späten 1950er und 1960er Jahre, welcher geprägt von Freiheit und Unabhängigkeit die Welle der Dekolonisierung auslöste, machte auch vor dem Gebiet der Westsahara nicht Halt.[10] Spaniens Haltung gegenüber den entstandenden Unabhängigkeitsbewegungen war lange Zeit eine ablehnende, was sich vor allem an der Eingliederung der Westsahara in das spanische Mutterland 1970 zeigte. Diese hatte blutige Auseinandersetzungen mit der einheimischen Bevölkerung, den Sahrawis[11], zur Folge und führte zur Entstehung von bewaffneten Freiheitsbewegungen.[12] Sie schlossen sich im Unabhängigkeitskampf 1973 zum Frente Popular para la Liberación de Saguía el Hamra y Río de Oro (Polisario)[13] zusammen. Die Polisario steht bis heute für die Unabhängigkeit des Gebietes ein und vertritt seit 1979 das Volk der Westsahara im UN-Friedensprozess.[14]

1974 ging Spanien schließlich aufgrund innenpolitischer Machtstreitigkeiten wie aber auch großem internationalen Druck auf die seit 1960 von der UN aufgestellte Forderung, ein Referendum zur Ausübung des Selbstbestimmungsrechts des Volkes der Westsahara durchzuführen, ein.[15] Spanien kündigte das Referendum für das Jahr 1975 an. Aufgrund einer Verkettung von zahlreichen realpolitischen Ereignissen im Jahr 1975, auf welche diese Arbeit extensiv eingehen wird[16], trat Spanien die Westsahara jedoch

---

8 Vgl. *Oeter*, ZaöRV 46 (1986) 48 (50).

9 Ausführlich *Hodges*, The Roots of a Desert War, S. 122–135; *Mercer*, Spanish Sahara, S. 184 ff.; *Oeter*, ZaöRV 46 (1986) 48 (50 f.).

10 Vgl. *Oeter*, ZaöRV 46 (1986) 48 (67).

11 Der Begriff „Sahrawi" wird in dieser Arbeit durchgängig für die Bezeichnung des Volkes der Westsahara verwendet. Neben diesem sind die Bezeichnungen Saharawi, Sahraoui, Sahrauis, Saharaui ebenfalls geläufig.

12 *Hodges*, The Roots of a Desert War, S. 135–149.

13 Der Frente Popular para la Liberación de Saguía el Hamra y Río de Oro wird in dieser Arbeit durchgängig als (die) Polisario bezeichnet.

14 UN Doc. A/RES/34/37 v. 4.12.1979, Rn. 7; Ausführlich *Hodges*, The Roots of a Desert War, S. 135–149; *Mercer*, Spanish Sahara, S. 231 ff.; *Clausen*, Der Konflikt um die Westsahara, S. 26 ff. Vgl. die Rolle in den Prozessen vor der europäischen Gerichtsbarkeit in § 4. A. III.

15 *Hodges*, The Roots of a Desert War, S. 191 f., S. 197 ff.; Siehe hierzu ausführlich § 2. A. IV.

16 Siehe hierzu unten § 3. A. IV. 1.a. cc).

schließlich im selben Jahr unilateral und faktisch an Marokko und Mauretanien ab, Mauretanien zog sich allerdings bereits 1979 wieder zurück und
Marokko stellte daraufhin den Großteil der Gebiete unter seine faktische
Kontrolle. Am 26.2.1976 rief die Polisario die Demokratische Arabische
Republik Sahara (DARS) aus.[17] Das geplante Referendum fand aufgrund
der sich überschlagenden Ereignisse nicht statt. In Folge der Annexion
des Gebietes brachen Anfang 1976 vielmehr bewaffnete Konflikte zwischen
der Polisario, welche bis heute materiell und ideologisch von Algerien
unterstützt wird, und Marokko sowie bis 1979 auch mit Mauretanien aus.[18]
Die Auseinandersetzungen hatten zur Folge, dass ein Großteil des Volkes
der Westsahara nach Algerien floh und dort bis heute in Flüchtlingslagern
unter äußerst widrigen Bedingungen lebt.[19]

1991 kam es zu einem von der UN ausgehandelten Waffenstillstand
zwischen der Polisario und Marokko sowie zur Übernahme der Referen-
dumsorganisation durch die UN.[20] Damit nahm sich der Sicherheitsrat des
Westsahara-Konfliktes an und errichtete mit Resolution 690 im Jahr 1991
die Mission des Nations Unies pour l'organisation d'un référendum au
Sahara occidental (MINURSO), die bis heute weiterhin fortbesteht.[21] Trotz
zahlreicher Implementierungsversuche konnte aber auch die MINURSO
das Referendum zur Ausübung des Selbstbestimmungsrechts des Volkes der
Westsahara bis zum Jahr 2023 nicht abhalten und damit auch den Konflikt
nicht beilegen. Auch besteht seit Wiederaufnahme des bewaffneten Kampf-
fes durch die Polisario im November 2020 das Waffenstillstandselement der
Mission nicht mehr effektiv fort.[22]

Seit nunmehr über 48 Jahren schwillt der Konflikt in und um die ehemalige Kolonie Spaniens, die Westsahara, international an. Die fehlgeschla-
gene Dekolonisierungspolitik Spaniens und der UN, die Uneinigkeit der
beteiligten Parteien sowie eine faktisch komplizierte und beinah unüberschaubare demographische Situation, die sich durch die Inbesitznahme

---

17 *Damis*, The Western Sahara Dispute, S. 75 f.
18 Ausführlich *Hodges*, Western Sahara, The Roots of a Desert War, S. 257–367; *Zu-
    nes/Mundy*, Western Sahara, S. 3–88.
19 Siehe zur aktuellen Situation der Flüchtlingslager in Tindouf den Bericht des UN-Ge-
    neralsekretärs von 2022, UN Doc. S/2022/733 v. 3.10.2022, Rn. 69 ff. Ausführlich auch
    der Bericht der NGO *Human Rights Watch*, Off the Radar aus dem Jahr 2014 https://
    www.hrw.org/report/2014/10/18/radar/human-rights-tindouf-refugee-camps, zuletzt
    abgerufen am 15.6.2024.
20 *Zunes/Mundy*, Western Sahara, S. 180–187. Ausführlich hierzu § 2. A. IV.
21 UN Doc. S/RES/690 v. 29.4.1991; UN Doc. S/RES/2654 v. 27.10.2022.
22 Vgl. UN Doc. S/2021/843 v. 1.10.2021, Rn. 84 ff.

der Gebiete durch Marokko ergeben hat, machen diesen Konflikt damit zum größten, längsten und undurchschaubarsten seiner Art seit Ende der Kolonialzeit. Die Hauptakteure des Konfliktes, namentlich Marokko, die Vertreter des Volkes der Westsahara, die Polisario, sowie Spanien, Algerien, Mauretanien und auch die UN sowie die AU sind nach jahrzehntelangen Verhandlungen an einem faktischen Stillstand prädeterminierter Politik angelangt. Das Recht des Volkes der Westsahara auf politische Selbstbestimmung mit der möglichen Option eines unabhängigen Staates stand und steht im Mittelpunkt des Konfliktes.[23] Gleichrangig daneben steht die Nutzung und Verfügung der natürlichen Ressourcen des Gebietes durch das Königreich Marokko und Drittstaaten bzw. Internationalen Organisationen wie der Europäischen Union.[24]

B. Eingrenzung des Untersuchungsgegenstandes

Das Ziel dieser Arbeit ist es, systematisch, dogmatisch und unter Heranziehung der Staatenpraxis, der Dekolonisierungspolitik der UN sowie der einschlägigen Regelungen des Völker- bzw. Völkergewohnheitsrechts den Konflikt um die Westsahara nachzuzeichnen und eine umfassende Einordnung in die historischen, politischen, aber insbesondere völkerrechtlichen Kontext vorzunehmen. Um den rechtlichen Status des Gebietes determinieren zu können, ist die Betrachtung des historischen und politischen Umfeldes vonnöten, das die Beteiligten, deren Positionen und Interessen in diesem Konflikt aufzeigt, die teilweise dafür verantwortlich sind, dass der Westsahara-Konflikt noch immer andauert. Darüber hinaus sind etwaige

---

23 Vgl. bereits UN Doc. A/RES/2229 (XXI) v. 20.12.1966 und noch immer UN Doc. S/RES/2654 v. 27.10.2022, Rn. 4 oder UN Doc. A/RES/77/133 v. 16.12.2022: „Reaffirming the inalienable right of all peoples to self-determination and independence, in accordance with the principles set forth in the Charter of the United Nations and General Assembly resolution 1514 (XV) of 14 December 1960 containing the Declaration on the Granting of Independence to Colonial Countries and Peoples".

24 Hier stand insbesondere die Ausbeutung der Phosphat-Ressourcen und der Fischerei-Vorkommen vor der Küste der Westsahara im Hauptinteresse Marokkos und der beteiligten Drittstaaten. Mit der fortschreitenden Internationalisierung des Ausbaus Erneuerbarer Energien rückt nun auch die Nutzung der Solar- und Windenergie in der Westsahara in den Vordergrund. Auch Deutschland zeigt sich an den Gebieten der Westsahara als Quelle günstiger und erneuerbarer Energien interessiert, wie sich aus den Antworten der Bundesregierung hinsichtlich einer Kleinen Anfrage v. 25.5.2022 zur Deutschen Energiepartnerschaft mit Marokko ergibt, vgl. BT-Drs. 20/1984 v. 25.5.2022.

bereits lang zurückdatierende und weiter fortbestehende völkerrechtswidrige Situationen zu benennen, die im Folgenden näher bewertet und unter
Berücksichtigung des normativen Rahmens, dem die Westsahara unterliegt,
analysiert werden. Auf Grundlage der Analyse, welchen rechtlichen Status
die Westsahara innerhalb der Staatengemeinschaft und der Völkerrechts-
ordnung einnimmt, wird untersucht, welche Auswirkungen dieser im Hinblick auf die Ausbeutung natürlicher Ressourcen der Westsahara hat. Dabei
stehen die Auswirkungen der Ergebnisse für den europäischen Rechtsraum
im Vordergrund der Begutachtung.

I. Historischer und politischer Kontext

Zum historischen Hintergrund der ethnischen, kulturellen, geographischen
Gegebenheiten und Problematiken rund um die Westsahara und ihre Bevölkerung existiert eine breite und international umfangreiche Literatur,
womit sich die tiefere und ausführliche Darstellung erübrigt und nicht zielführend ist.[25] Daher wurde als Startpunkt der historischen und damit auch
politischen Kontextualisierung des Konfliktes dieser Arbeit die Aufnahme
Spaniens in die UN 1955 gewählt, mit welcher Spanien sich erstmalig der
Dekolonisierungspolitik der UN und den sich aus der UN-Charta ergebenden rechtlichen Verpflichtungen gegenüber sah.[26]

---

25 Ein historischer Aufriss der sahrawischen Volksidentität und der sozio-politischen
und kulturellen Gegebenheiten und Besonderheiten des Gebietes bis in das 14. Jahr-
hundert zurückdatierend ist zu finden bei *Suarez*, The Western Sahara and the Search
for the Roots of Sahrawi National Identity. Ebenfalls grundlegend und ausführlich:
Barojo, Estudios saharianos; *Barbier*, Le conflit du Sahara occidental; *Clausen*, Der
Konflikt um die Westsahara; *Mercer*, Spanish Sahara; *Hodges*, The Roots of a Desert
War, S. 3–104; *Thompson/Adloff*, The Western Saharans: Background to Conflict.
Siehe zum historischen Hintergrund des Westsahara-Konflikts, insbesondere ab dem
Jahr 1884: *Campos-Serrano/Rodríguez-Esteban*, Imagined territories and histories in
conflict during the struggles for Western Sahara, Journal of Historical Geography 55
(2017), 44–59; *Damis*, The Western Sahara Dispute, S. 1–50; *Hodges*, The Western Sa-
hara File, Third World Quarterly 6 (1984) 74 (74–87); *New York City Bar Association*,
Report on Legal Issues Involved in the Western Sahara Dispute: The Principle of Self-
Determination and the Legal Claims of Morocco, S. 3–22; *Oeter*, ZaöRV 46 (1986) 48
(49–54); *Soroeta Liceras*, International Law and the Western Sahara Conflict, S. 9–35;
Thomas, The Emperor´s Clothes, S. 1–16.
26 *Angelillo*, The approach of the EU towards the conflict of Western Sahara, S. 29;
Hodges, The Roots of a Desert War, S. 135 f.

Auch über den ausgebrochenen bewaffneten Konflikt und seine militärischen, wie aber auch politischen Einzelheiten zwischen der Polisario, Marokko und zeitweise Mauretanien besteht eine breite Literaturbasis, auf die die Arbeit an dieser Stelle verweist.[27] Weniger beleuchtet und für die völkerrechtliche Analyse dieser Arbeit wesentlich ist die Zeit kurz vor dem unter Federführung der UN 1991 geschlossenen Friedensvertrag zwischen der Polisario und Marokko und die nachfolgende Periode, die insbesondere durch den ehemaligen amerikanischen Außenminister *James Baker III* geprägt werden sollte.[28] Dieser war unter UN Generalsekretär *Kofi Annan* als dessen Persönlicher Gesandter von 1997–2004 damit beauftragt, eine Lösung zur Beilegung des Westsahara-Konflikts unter direkter Einbeziehung der Konfliktparteien zu erarbeiten. Daher wird im Rahmen dieser Arbeit ein besonderer Fokus auf diese Zeit gelegt, die sowohl in der Literatur als auch in diplomatischen Kreisen als erfolgversprechendste Periode zur Beendigung des Westsahara-Konfliktes galt und dennoch von den realpolitischen Gegebenheiten untergraben und konterkariert worden ist.[29] Die Zeit *Bakers* und eine ausführliche Analyse der Erfolge, Misserfolge und realpolitischen Umstände kann im Rahmen dieser Dissertation unter bis dato einzigartigen Gesichtspunkten erfolgen, da der Autor Zugang zu Dokumenten erhalten hat, die der Literatur und auch der Öffentlichkeit bisher nicht bekannt gewesen sind. Hierzu reiste der Autor im Rahmen eines Forschungsaufenthaltes in den USA auch nach Princeton, stellte einen notwendigen Antrag zur Einsichtnahme der Baker-Paper, durchsuchte die in über einem Dutzend Boxen in der Größe von Umzugskartons vergleichsweise unsortierten Dokumente zur Westsahara auf Relevanz und fertigte

---

27 Siehe statt vieler ausführlich *Hodges*, Western Sahara, The Roots of a Desert War, S. 257–367; *Zunes/Mundy*, Western Sahara, S. 3–88 unter intensiver Betrachtung der marokkanischen Beziehungen zu Algerien, den USA und Frankreich sowie einer detaillierten Auflistung der Rüstungsexporte westlicher Staaten und der Kosten des bewaffneten Konflikts zwischen Marokko und der Polisario.

28 *Soroeta Liceras*, International Law and the Western Sahara Conflict, S. 235–253; *Thomas*, The Emperor´s Clothes, S. 29 ff; *Zunes/Mundy*, Western Sahara, S. 205 ff.

29 Frank *Ruddy*, ehemaliger US-Botschafter und stellvertretender Vorsitzender der MINURSO schrieb James *Baker*: „I just got back from a conference not far from beautiful downtown Tindouf, and you are Saint Baker or the Prophet Baker over there. You are one popular dude. For the first time in years, there is real excitement and hope. They think there will be a vote this time. They believe in you. Not a small accomplishment in a (justifiably) cynical society.", Baker Paper, Princeton Mudd Manuscript Library, Box 322–328, Brief v. 3.10.1997; *Soroeta Liceras*, International Law and the Western Sahara Conflict, S. 235–253; *Thomas*, The Emperor´s Clothes, S. 29 ff; *Zunes/Mundy*, Western Sahara, S. 205 ff.

mit Genehmigung der Mudd Library Princeton über 5000 Seiten Fotokopi-
en an, die unter anderem streng geheime Dokumente aus der Zeit Bakers
enthalten und einen neuen Blickwinkel auf die Geschehnisse von 1997–
2004 erlauben.[30] Insbesondere kann hierdurch die teils nur auf Vermutun-
gen gestützte Prädetermination der UN hinsichtlich des Westsahara-Konflikts, speziell des Sicherheitsrates, nachgezeichnet und bewiesen werden
und kann dadurch Einblicke in die Staatenpraxis hinter der Staatenpraxis
liefern.

II. Rechtsstatus der Westsahara im Völkerrecht

Der völkerrechtliche Status der Westsahara steht im Mittelpunkt dieser
Ausarbeitung und soll unter Berücksichtigung der Erkenntnisse der historischen und politischen Begutachtung dieser Arbeit definiert und analysiert
werden.

Aus dem objektiven Rechtsstatus eines Gebietes ergeben sich weitreichende Folgen, weshalb dieser so genau wie möglich untersucht werden
muss. Es findet daher eine Analyse aller in Betracht kommenden Möglichkeiten eines Gebietes in der Rechtsordnung des modernen Völkerrechts
statt. Das Völkerrecht differenziert zunächst zwischen staatlichen und nicht
staatlichen Entitäten als mögliche Völkerrechtssubjekte.[31] Sofern die Westsahara keinen Staat nach den einschlägigen Bewertungskriterien der Staatenpraxis darstellt, stellt sich freilich die Frage, wie die Westsahara völkerrechtlich zu definieren ist. Durch den Kolonialkontext des Konflikts und
der damit einhergehenden Behandlung der Westsahara durch die UN als
Dekolonisierungsfall ist der Rechtsrahmen für Non-Self-Governing-Territories aus Art. 73 UN-Charta sowie das Selbstbestimmungsrecht der Völker
bestimmender Untersuchungsgegenstand der Arbeit. Diesbezüglich besteht
eine breite Staatenpraxis, insbesondere auch durch die einschlägigen Resolutionen der UN, die zum großen Teil die Staatenpraxis kodifizierten, und
die vereinzelt zu Völkergewohnheitsrecht erstarkten.[32] Im Rahmen dessen
wird das Gutachten des IGHs aus dem Jahr 1975 herangezogen und einge-

---

30 https://library.princeton.edu/news/general/2018-02-02/james-baker-iii-papers-open
-all-researchers, zuletzt abgerufen am 15.6.2024. Auf Anfrage werden die Dokumente
gerne zur Verfügung gestellt.
31 Vgl. *Epping*, in: Epping/Heintschel von Heinegg (Hrsg.), Ipsen: Völkerrecht, § 6
Rn. 1–10.
32 Bspw. diesbezügliche Teile der Friendly-Relations-Declaration, UN Doc. A/RES/2625
(XXV) v. 24.10.1970. *Griffioen*, Self-Determination as a Human Right, S. 21. Der

hend analysiert und der Frage nachgegangen, inweit der IGH durch seine Feststellungen den Westsahara-Konflikt prädeterminierte und das Konzept des Selbstbestimmungsrechts der Völker prägte. Abschließend ist ausführlich zu untersuchen, inwieweit das humanitäre Völkerrecht Anwendung auf den Westsahara-Konflikt findet, insbesondere seit welchem Zeitpunkt und welche Folgen sich hieraus für Marokko und Drittstaaten ergeben.

III. Auswirkungen des Rechtsstatus auf das Völkervertragsrecht

Auf Grundlage der Erkenntnisse zum rechtlichen Status der Westsahara kann sodann dargestellt werden, welche Auswirkungen sich aus der Beantwortung dieser Frage auf das Völkervertragsrecht ergeben, in concreto, ob es Drittstaaten erlaubt ist, mit Marokko Abkommen über Ressourcen der Westsahara zu schließen und diese auszubeuten.

Dabei steht die Bewertung von Abkommen im Vordergrund, welche die EU mit dem Königreich Marokko schloss, in denen die Ausbeutung natürlicher Ressourcen des Gebietes Vertragsinhalt ist und damit die Rechtsposition der Westsahara bzw. des Volkes der Westsahara explizit betreffen könnten. Im Rahmen dessen wird die Frage der Vertragsfähigkeit Marokkos unter Berücksichtigung der sich aus dem Status der Westsahara ergebenden Verpflichtungen vollumfänglich untersucht. Kann Marokko Abkommen über die Ressourcen der Westsahara schließen? Wenn ja, unter welchen Voraussetzungen? Was haben Drittstaaten zu beachten, wenn sie in Vertragsverhandlungen mit Marokko über Ressourcen der Westsahara treten? Wenn Marokko nicht befugt ist, über die natürlichen Ressourcen des Gebietes zu verfügen, es aber dennoch tut, welche Folgen hat dies für die Vertragsparteien? Die Arbeit fokussiert sich dabei auf den europäischen Rechtsraum und verweist an geeigneten Stellen auf außereuropäische Kasuistik bzw. Staatenpraxis. Ebenfalls beschränkt sich die Begutachtung auf die Untersuchung der Folgen, insbesondere für den europäischen Rechtsraum, die sich aus dem Völkervertragsrecht, dem allgemeinen Völkerrecht, dem humanitären Völkerrecht und dem Europarecht ergeben. Das GATT und die WTO-Regelungen sind nicht Teil der vorliegenden Rechtsanalyse.[33]

IGH stellte hinsichtlich der Deklaration fest, dass sie „may be understood as an acceptance of the validity of the rule or set of rules declared by the resolution by themselves", IGH, Military and Paramilitary Activities in and Against Nicaragua, Urteil v. 27.6.1986, ICJ Rep. 1986, S. 100 Rn. 188.

C. Die Westsahara in der Literatur

Zwar ist die historische, politische und rechtliche Einordnung des Westsahara-Konflikts bereits Streitpunkt vieler Aufsätze, wissenschaftlicher Arbeiten und Begutachtungen gewesen, unter anderem auch vor dem IGH. Jedoch ist die Frage nach der völkerrechtlichen Stellung der Westsahara noch immer nicht abschließend geklärt und, wie diese Arbeit aufzeigen wird, teilweise höchst umstritten und von realpolitischen Interessen manipuliert und prädeterminiert. Daher ist es vonnöten, unter Berücksichtigung der wichtigsten Gesichtspunkte des historischen Kontexts durch eine hierauf aufbauende möglichst allumfassende völkerrechtliche Begutachtung eine eindeutige Antwort geben zu können, welcher rechtliche Rahmen die Westsahara umgibt und wie das Völkerrecht sie behandelt und zu behandeln hat. Dem bisherigen Literaturstand fehlt es teils an historischen, aber auch politischen Hintergrundinformationen, die im Rahmen dieser Arbeit systematisch dargestellt, aufgearbeitet und in den rechtlichen Kontext eingebettet werden sollen. Die rechtliche Betrachtung des Konflikts in der Literatur wird geleitet von der Debatte um das Selbstbestimmungsrecht der Völker und den sich daraus ergebenden Konsequenzen und Verpflichtungen, insbesondere für das Volk der Westsahara und für Marokko. Seit dem Gutachten des ehemaligen Untergeneralsekretärs der Rechtsabteilung der UN *Hans Corell* aus dem Jahr 2002, fokussiert sich die rechtliche Diskussion primär auf die Tragweite des Selbstbestimmungsrechts der Völker in Relation zur Möglichkeit der Ausbeutung natürlicher Ressourcen.[34] Besonders

---

33 Siehe hierzu ausführlich *Sievert*, Handel mit umstrittenen Gebieten, S. 152–159, S. 296 ff.; *Kontorovich*, Some State Practice Regarding Trade with Occupied Territories: From the GATT to Today, in: Duval/Kassoti (Hrsg.): The Legality of Economic Activities in Occupied Territories, S. 65–87.

34 UN Doc. S/2002/161 v. 12.2.2002; Siehe beispielhaft *Allan/Ojeda-Garcia*, Natural resource exploitation in Western Sahara: new research directions, The Journal of North African Studies 27 (2021), 1– 30 unter Nennung zahlreicher anderer Publikationen; *Brus*, The Legality of Exploring and Exploiting Natural Resources in Western Sahara, in: Arts/Pinto-Leite (Hrsg.), S. 201–217; *Chapaux*, The Question of the European Community-Morocco Fisheries Agreement, in: Arts/Pinto Leite (Hrsg.), S. 217–239; *Correll*, The legality of exploring and exploiting resources in Western Sahara, in: Botha/Olivier/van Tonder (Hrsg.), Multilateralism and international law with Western Sahara as a case study S. 238 ff.; *Duval/Kassoti*, The Legality of Economic Activities in Occupied Territories; *Haugen*, The Right to Self Determination and Natural Resources: The Case of Western Sahara, Law, Environment and Development Journal 3 (2007), 70–81; *Hinz*, Die Westsahara: Hoheitsgebiet ohne Selbstregierung und was daraus für die Wirtschaftsabkommen der EU mit Marokko folgt, in: Tavakoli/

seit dem Jahr 2015 und der damit einhergehenden ersten Entscheidung eines europäischen Gerichts zur Gültigkeit eines Abkommens der EU mit Marokko zur Ausbeutung natürlicher Ressourcen in der Westsahara wurden zahlreiche Beiträge veröffentlicht, die dieses Problemfeld analysieren.[35]

Hinz/Ruf/Gaiser (Hrsg.), Westsahara - Afrikas letzte Kolonie, S. 81–107; *Kingsbury*, The role of resources in the resolution of the Western Sahara issue, Global Change, Peace & Security 27 (2015), 253–262; *Koury*, The European Community and Members States´Duty of Non-Recognition under the EC-Marocco Association Agreement: State Responsibility and Customary International Law, in: Arts/Pinto-Leite (Hrsg.), International Law and the Question of Western Sahara, S. 165–201; *Milano*, Anuario Español de Derecho Internacional XXII (2006), 413–457; *New York City Bar Association*, Report on Legal Issues Involved in the Western Sahara Dispute: Use of Natural Resources; *Steinbach*, The Western Sahara Dispute: A Case for the European Court of Justice?, in: Columbia Journal of European Law 18 (2012), 415-440; *White*, Too Many Boats, Not Enough Fish: The Political Economy of Morocco's 1995 Fishing Accord with the European Union, The Journal of Developing Areas 31 (1997), 313 (324 f.); *Zunes*, Western Sahara, resources, and international accountability, Global Change, Peace & Security, 27 (2015), 285–299.

35 Beispielhaft *Ryngaert/Fransen*, EU extraterritorial obligations with respect to trade with occupied territories: Reflections after the case of Front Polisario before EU courts, 2 Europe and the World: A law review 2018; *Kassoti*, The Front Polisario v. Council Case: The General Court, Völkerrechtsfreundlichkeit and the External Aspect of European Integration, 2 European Papers (2017), 339 ff.; Kassoti, The Legality under International Law of the EU's Trade Agreements covering Occupied Territories: A Comparative Study of Palestine and Western Sahara, CLEER Papers 2017/3; *Frid de Vries*, EU Judicial Review of Trade Agreements Involving Disputed Territories: Lessons From the Front Polisario Judgements, 24 Columbia Journal of European Law (2018), 497 ff.; *Soroeta Liceras*, La sentencia de 10 de diciembre de 2015 del Tribunal General de la UE (T-512/12), primer reconocimiento en vía judicial europea del estatuto del Sahara Occidental y de la subjetividad internacional del Frente Polisario, 38 Revista General de Derecho Europeo (2016), 202 ff.; *Wrange*, Self-determination, occupation and the authority to exploit natural resources – trajectories from four European judgments on Western Sahara, 52 Israel Law Review (2019), 3 ff.; *Hintner*, Die EU-Außenhandelsbeziehungen mit Marokko und die Westsahara-Frage, S. 81 ff.; *Odermatt*, in: Duval/Kassoti (Hrsg.), The Legality of Economic Activities in Occupied Territories, S. 140 ff.; *Hummelbrunner/Prickartz*, It's not the Fish that Stinks! EU Trade Relations with Morocco under the Scrutiny of the General Court of the European Union, 32 Utrecht Journal of International and European Law (2016), 19 ff.; *Hilpold*, Self-determination at the European Courts: The Front Polisario Case or "The Unintended Awakening of a Giant, 2 European Papers (2017), 907 ff.; *Cannizzaro*, In defence of Front Polisario: The ECJ as a global jus cogens maker, 55 Common Market Law Review (2018), 569 ff.; *Angelillo*, The approach of the EU towards the conflict of Western Sahara, S. 149 ff.; *Dubuisson/Poissonnier*, La Cour de Justice de l'Union Européenne et la Question du Sahara Occidental: Cachez Cette Pratique (Illégale) que je ne Saurais Voir, Revue Belge de Droit International (2016), 607 ff.; *Gundel*, Der EuGH als Wächter über die Völkerrechtlichen Grenzen

I. Historischer und politischer Kontext

Der Großteil der historischen Gegebenheiten und Ereignisse ist im Laufe des langandauernden Konflikts bereits allumfassend und differenziert in der Literatur dargestellt, behandelt und analysiert worden.[36] Hervorzuheben sind die Ausarbeitungen von *Hodges* und *Damis*, die in ihren Monografien über jeweils mehrere hundert Seiten die geschichtlichen Geschehnisse des Konflikts nachzeichnen, beleuchten und mit subtantiierten Hintergrundinformationen unterlegen.[37] Fast alle Ausarbeitungen zur Westsahara, die einen historischen Teil beinhalten, beziehen sich zumindest auf eines der beiden Werke. *Zunes* und *Mundy* setzten die Arbeit der Autoren für die Zeitperiode nach Erscheinung der Bücher fort, indem sie in vielen Teilen auf den Erkentnissen der Publikationen aufbauen. Sie haben mit ihrer jüngsten Veröffentlichung aus dem Jahr 2022 eine der detailliertesten Darstellungen der historischen und politischen Ereignisse des Westsahara-

---

von Abkommen der Union mit Besatzungsmächten, 52 Europarecht (2017), 470 ff.; *Rasi*, Front Polisario: A Step Forward in Judicial Review of International Agreements by the Court of Justice?, 2 European Papers (2017), 969 ff.; *Coupeau*, The European Empire Strikes Back?, European Foreign Policy Unit Working Paper No. 2017/1; *Ruiz Miguel*, L'Union européenne et le Sahara occidental: pas (seulement) une affaire de droits de l'homme, 16 Cahiers de la recherche sur les droits fondamentaux (2018), 123 ff.; *Moura Ramos*, The European Court of Justice and the Relationship between International Law and European Union Law. Brief Considerations on the Judgments of the Jurisdictional Bodies of the European Union on Front Polisario Case, 96 Boletim da Faculdade de Direito da Universidade de Coimbra (2020), 388 ff.; *Power*, EU Exploitation of Fisheries in Occupied Western Sahara: Examining the Case of the Front Polisario v Council of the European Union in light of the failure to account for Belligerent Occupation, 19 Irish Journal of European Law (2016), 27 ff.; *Whelan*, Council v Front Polisario Case, MPEPIL Online, Rn. 8 ff; *Hinz*, Die Westsahara: Hoheitsgebiet ohne Selbstregierung und was daraus für die Wirtschaftsabkommen der EU mit Marokko folgt, in: Tavakoli/Hinz/Ruf/Gaiser (Hrsg.), Westsahara - Afrikas letzte Kolonie, S. 81–107.

36 Ausführlich *Barojo*, Estudios saharianos; *Barbier*, Le conflit du Sahara occidental; *Clausen*, Der Konflikt um die Westsahara; *Mercer*, Spanish Sahara; *Hodges*, The Roots of a Desert War, S. 3–104; *Suarez*, The Western Sahara and the Search for the Roots of Sahrawi National Identity; *Thompson/Adloff*, The Western Saharans: Background to Conflict; *Campos-Serrano/Rodríguez-Esteban*, Imagined territories and histories in conflict during the struggles for Western Sahara, Journal of Historical Geography 55 (2017), 44–59; *Damis*, The Western Sahara Dispute; *Hodges*, The Western Sahara File, Third World Quarterly 6 (1984) 74 (74–87); *Zunes/Mundy*, Western Sahara.

37 *Damis*, The Western Sahara Dispute; *Hodges*, The Roots of a Desert War.

Konflikts publiziert.[38] Daher wird in dieser Ausarbeitung auf eine über die Verständlichkeit voraussetzende hinausgehende geschichtliche Darstellung des Konflikts verzichtet und weiterführend auf die breite Literaturbasis verwiesen.

Zunes/Mundy haben durch ihre Recherche und ihre Veröffentlichung eines der wenigen Werke verfasst, welches sich ausführlicher mit historischen und politischen Ereignissen abseits der bekannten Problemfelder beschäftigt und auch auf die Zeitperiode Bakers ausführlicher eingeht.[39] Teilweise fällt allerdings auf, dass Passagen nicht hinreichend belegt und nachgewiesen werden konnten und damit vermehrt spekulativen Charakter innehaben. Dies betrifft teils (ehemals) klassifizierte Dokumente aus der Zeit zwischen 1973–1976, insbesondere aber solche zur Zeit *Bakers* von 1997–2004. Hinsichtlich letzterer exsitiert eine äußerst überschaubare Literaturbasis, die durch diese Arbeit zusammengeführt, insbesondere aber ausgeweitet und bedeutende Ereignisse aus dieser Zeit in großen Teilen erstmals beleuchtet werden konnten.[40] Fundierte Veröffentlichungen stammen von *Erik Jensen*, ehemaliger Leiter der UN-Mission für das Referendum in der Westsahara (MINURSO) und *Anna Theofilopoulou*. Sie war von 1994 bis 2004 in der UN-Abteilung für politische Angelegenheiten für die Westsahara und die Maghreb-Region zuständig und im Team *Bakers* als wesentliche Unterstützung in seiner Funktion als Persönlicher Gesandter des Generalsekretärs für die Westsahara tätig.[41] Deutlich erkenntnisreicher ist allerdings die der Arbeit zugängliche ungekürzte Version *Theofilopoulous*, die diese Ende 2005 *James Baker* zukommen ließ. Sie geht sowohl in Umfang als auch in der Tiefe und kritischen Betrachtung deutlich über den schließlich revidierten und veröffentlichten Bericht hinaus.[42] Der Bericht ist mit handgeschriebenen Bemerkungen *Bakers* versehen, die an gegebener Stelle im Folgenden teils in die Betrachtung durch Wortzitate miteinbezogen werden und aus erster Hand belegen können, wie *Baker* mit

---

38 *Zunes/Mundy*, Western Sahara.
39 *Zunes/Mundy*, Western Sahara.
40 Vgl. *Dunbar/Malley-Morrison*, The Western Sahara Dispute: A Cautionary Tale for Peacebuilders, 5 Journal of Peacebuilding & Development (2009), 22 ff.; *Jensen*, Western Sahara – Anatomy of a Stalemate?, S. 82–108; *Soroeta Liceras*, International Law and the Western Sahara Conflict, S. 235–253; *Zunes/Mundy*, Western Sahara, S. 219–254.
41 *Jensen*, Western Sahara – Anatomy of a Stalemate?; *Theofilopoulou*, The United Nations and Western Sahara - A Never-ending affair, USIP Special Report 166.
42 *Theofilopoulou*, The United Nations and Western Sahara - A real challenge for the Organization (unveröffentlicht), Baker Paper, Box 223–228.

den Parteien vorging und welchen Hürden er sich dabei ausgesetzt sah.[43] Diese werden durch die Erkenntnisse der größtenteils noch immer von der UN unter Verschluss gehaltenen anderen Dokumente aus den Archiven der Princeton University ergänzt. Ebenfalls kann die Rohversion der Memoiren des ehemaligen UN-Generalsekretärs von 1982–1991, *Pérez de Cuéllar*, herangezogen werden, in der Passagen im Kapitel zur Westsahara existieren, die nicht in die final genehmigte Endversion des Buches mitaufgenommen worden sind.[44] Diese zeigen auf, wie die UN an den Friedensprozess ab dem Jahr 1988 heranging und welche politischen und diplomatischen Umstände den Konflikt insbesondere UN-intern begleiteten, die auch im Jahr 2023 noch fortexistieren. Eindeutig wird dadurch insbesondere, dass der Prozess von vornhinein durch realpoltische Interessensabwägungen korrumpiert und dadurch schlussendlich von vornhinein zum Scheitern verurteilt war.[45]

Die Erkenntnisse dieser Ausarbeitung haben darüber hinaus auch Auswirkung auf die Frage der völkerrechtlichen Legitimität der Herangehensweise der beteiligten Konfliktparteien, insbesondere Marokkos und der UN. Durch die Hebung dieser Daten und Dokumente, die bis dato nicht veröffentlicht wurden und damit eine Novität darstellen sowie durch deren Analyse und Einbettung in den politischen, insbesondere aber rechtlichen Kontext versucht die Arbeit eine bisher bestehende Lücke in der Literatur zu schließen.

II. Rechtlicher Status

Die Analyse des rechtlichen Status der Westsahara spielt in der Literatur eine im Vergleich zur Frage der Ausbeutungsmöglichkeiten der natürlichen Ressourcen des Gebietes eher untergeordnetere Rolle. Dies liegt insbesondere daran, dass die UN die Westsahara seit den 1960er Jahren durchgängig als Dekolonisierungsfall einstuft, die damit den Regelungen des Art. 73 UN-Charta und den Ausprägungen des Selbstbestimmungsrechts der Völker

---

43 *Theofilopoulou*, The United Nations and Western Sahara - A real challenge for the Organization (unveröffentlicht), Baker Paper, Box 223–228.
44 *Peréz de Cuéllar*, Memoires, Western Sahara (unveröffentlicht), Baker Paper, Box 223–228.
45 Siehe hierzu § 2. A. IV.

unterliegt.[46] Aus praktischen Erwägungsgründen wird daher in Publikationen vielfach auf eine eingehende Diskussion zum rechtlichen Status der Westsahara verzichtet und der Status der Westsahara als NSGT als gesetzt angesehen.

Die Staatlichkeit der Westsahara wurde noch vermehrt in den 1980er Jahren aufgrund der Aufnahme der DARS in die Organisation für Afrikanische Einheit diskutiert, findet aber in der heutigen Betrachtung des Konflikts in der Literatur weniger Aufmerksamkeit, obwohl die DARS zeitweise von über 80 Staaten anerkannt worden war.[47] Vereinzelt wird sie jedoch als Staat klassifiziert. *Smith* geht beispielsweise davon aus, dass die Westsahara in Form der DARS einen Staat darstellt und damit ein eigenständiges Völkerrechtssubjekt sei.[48] In contrario hierzu finden sich auch Stimmen, wenn auch wenige, die Marokkos Souveränität über die Westsahara anerkennen und die Problematik als reinen innerstaatlichen Konflikt analysieren wollen.[49]

Der überwiegende Teil der Literatur geht davon aus, dass die Westsahara keinen Staat darstellt und weiterhin als ein NSGT nach Art. 73 UN-Charta zu behandeln ist. Im Rahmen dessen steht das Selbstbestimmungsrecht des

---

46 Vgl. UN Doc. A/RES/2229 (XXI) v. 20.12.1966 und UN Doc. S/RES/2654 v. 27.10.2022, Rn. 4 oder UN Doc. A/RES/77/133 v. 16.12.2022.

47 Siehe beispielsweise *Lippert*, Emergence or Submergence of a Potential State: The Struggle in Western Sahara, Africa Today 24 (1977), 41–60; *Naldi*, The Organization of African Unity and the Saharan Arab Democratic Republic, 26 Journal of African Law (1982), 152 ff.; *G. Naldi*, Western Sahara: Suspended Statehood or Frustrated Self-Determination?, African Yearbook of International Law 13 (2005), 9–41; *Pham*, Not Another Failed State: Toward a Realistic Solution in the Western Sahara, Journal of the Middle East and Africa (2010), 1–24; *Noutcheva*, Contested Statehood and EU Actorness in Kosovo, Abkhazia and Western Sahara, Geopolitics 25 (2020), 449 (463–466); *Fernández-Molina/Ojeda-García*, Western Sahara as a Hybrid of a Parastate and a State-in-Exile, Nationalities Papers 48 (2020), 83–99; *Smith*, State of Self-Determination: The Claim to Sahrawi Statehood; *Soroeta Liceras*, International Law and the Western Sahara Conflict, S. 35–70.

48 *Smith*, State of Self-Determination: The Claim to Sahrawi Statehood, S. 22–40.

49 *El Ouali*, L'Union européenne et la question du Sahara: entre la reconnaissance de la souveraineté du Maroc et les errements de la justice européenne, 2 European Papers (2017), 923 ff.; *Hasnaoui*, The United Nations leadership role in solving the Western Sahara conflict: progress or delays for peace?, Journal of Liberty and International Affairs 4 (2018), 106-121; *Matsumoto*, Manchukuo and the Self-Declared SADR International Law of Recognition and the Sahara Issue, Policy Center for the New South (1/2021); *Matsumoto*, Morocco's Sovereignty over Natural Resources in Saharan provinces, Policy Center for the New South (1/2020); Loulichki/Matsumoto, The 2021 EU General Court Decision on Polisario v Council: Some Legal Considerations on the Status of the Moroccan Sahara, Policy Center for the New South (2/2023).

Volkes der Westsahara im Mittelpunkt der Analyse, insbesondere die sich daraus ergebenden Rechtsfolgen.[50] Die Ausführungen des IGHs aus dem Jahr 1975 stellten damals den zentralen Eckpfeiler der Herangehens- und Betrachtungsweise hinsichtlich des Westsahara-Konflikts dar. Zwar gibt es eine recht breite Literaturaufstellung, die sich mit der Gutachtenerstellung des IGHs befasst, allerdings ist diese teils zu ungenau bzw. oberflächlich.[51] Sie beschäftigt sich normativ zwar mit den prozessualen Besonderheiten des Verfahrens, verkennt aber Ungereimtheiten im materiellen Bereich und kritisiert die Herangehensweise des IGHs im Lichte der ihn umgebenden politischen Umstände teils zu zaghaft.[52] Eine genauere Einbettung in den politischen Kontext und eine ausführliche Rechtsanalyse des Gutachtens ist deshalb vonnöten, da das Gutachten weitreichende realpolitische Folgen mit sich bringen und auslösen sollte, die schlussendlich zur Besetzung der Westsahara führen sollten.[53] Trotz der Unverbindlichkeit des Gutachtens wird dieses noch heute herangezogen, sowohl in der Literatur als auch in der Praxis, und hatte großen Einfluss auf die Verfestigung des Selbstbestimmungsrechts der Völker, welches vor Beendigung des Westsahara-Verfahrens sowohl in Reichweite als auch Existenz weitestgehend umstritten war.[54]

---

50 Siehe statt vieler *Allan/Ojeda-Garcia*, Natural resource exploitation in Western Sahara: new research directions, The Journal of North African Studies 27 (2021), 1– 30 unter Nennung zahlreicher anderer Publikationen sowie die zitierten Publikationen in Fn. 35.

51 Siehe zB. *Angelillo*, The Approach of the EU towards the Conflict of Western Sahara, S. 33 ff.; *Dixon/McCorquodale/Williams*, Cases and Materials on International Law, S. 249 f., 679 f.; *Janis*, The International Court of Justice: Advisory Opinion on the Western Sahara, in: Harvard International Law Journal 17 (1976), S.609–621; *Nicholson*, Statehood and the State-Like in International Law, S. 43–45; *Okere*, The Western Sahara Case, The International and Comparative Law Quarterly 28 (1979), 296–312; *Pazzanita*, Historical Dictionary of Western Sahara, S. 215–221; *Shelley*, Endgame in the Western Sahara, S. 130 ff.; *Simon*, Western Sahara, in: Walter/Ungern-Sternberg/Abushov (Hrsg.), Self-Determination and Secession in International Law, S. 262 ff.; *Soroeta Liceras*, International Law and the Western Sahara Conflict, S. 79–111; *Wolfrum*, West-Sahara-Gutachten des Internationalen Gerichtshofs, Vereinte Nationen 6 (1975), 185 f.; *Zunes/Mundy*, Western Sahara, War, Nationalism and Conflict Irresolution, S. 106 ff.

52 Siehe hierzu ausführlich § 3. A. I.

53 *Hodges*, Western Sahara, The Roots of a Desert War, S. 220–226; *Soroeta Liceras*, International Law and the Western Sahara Conflict, S. 113–122.

54 Mittlerweile ein fest anerkanntes Rechtsprinzip für ehemals kolonialisierte Völker. Siehe hierzu unten § 3. A. I.

Anknüpfend an die Feststellung des Großteils der Literatur, dass die Westsahara ein NSGT ist, stellt sich für viele Autoren die Frage, wie die Präsenz Marokkos und dessen Verwaltung und faktische Eingliederung der Gebiete in den eigenen Staats- und Verwaltungsapparat zu klassifizieren ist. Der ganz überwiegende Teil der Literatur erkennt Marokko in Anlehnung an das IGH-Gutachten aus dem Jahr 1975 jeglichen Rechtstitel hinsichtlich der Westsahara ab und stellt fest, dass es keinerlei Souveränität über das Gebiet besitzt.[55] Intensiver diskutiert wird allerdings die Frage, welchen Status Marokko durch die faktische Inbesitznahme des Großteils der Westsahara über diese innehat und welche rechtlichen Implikationen sich hieraus ergeben. Ein Teil der Literatur ist der Ansicht, dass Spanien noch immer die (de-jure) Verwaltungsmacht der Westsahara ist.[56] Teils wird vertreten, dass Marokko die Verwaltungsmacht oder zumindest die faktische Verwaltungsmacht des Gebietes nach Art. 73 UN-Charta bzw. in Analogie hierzu sei.[57] Diese Ansicht geht im Speziellen auf *Hans Corell*

---

55 *Allan/Ojeda-Garcia*, Natural resource exploitation in Western Sahara: new research directions, The Journal of North African Studies 27 (2021), 1 (9 f.); Joffe, Sovereignty and the Western Sahara, The Journal of North African Studies 15 (2010), 375–384; *Milano*, Anuario Español de Derecho Internacional XXII (2006) 416 (429 f.); *Saul*, The Status of Western Sahara as Occupied Territory under International Humanitarian Law and the Exploitation of Natural Resources, S. 3; *Soroeta Liceras*, International Law and the Western Sahara Conflict, S. 79–113; *Trinidad*, An Evaluation of Morocco´s Claim to Spain´s remaining Territories in Africa, 61 The International and Comparative Law Quarterly (2012), 961–975; *Hagen*, Fish before Peace, in: Balboni/Laschi (Hrsg.), The European Union Approach Towards Western Sahara, S. 94; *Wathelet*, Schlussanträge des Generalanwalts v. 13.9.2016, ECLI:EU:C:2016:677, Rn. 72 (Im Folgenden *Wathelet*, 2016, Rn.); *Wathelet*, Schlussanträge des Generalanwalts v. 10.1.2018, ECLI:EU:C:2018:1, Rn. 151, 212 (im Folgenden *Wathelet*, 2018, Rn.); So auch die europäische Gerichtsbarkeit in ihren Urteilen EuG, Urteil v. 10.12.2015, ECLI:EU: T:2015:953, Rn. 8, 146, 241 (Folgend EuG, 2015); EuG, Urteil v. 29.9.2021, ECLI:EU:T: 2021:639, Rn. 9, 203, 358 (Folgend EuG, 2021); EuGH, Urteil v. 21.12.2016, ECLI:EU: C:2016:973, Rn. 104 (Folgend EuGH, 2016); EuGH, Urteil v. 27.2.2018, ECLI:EU:C: 2018:118, Rn. 37 (Folgend EuGH, 2018).

56 So beispielsweise *Ruiz Miguel*, Spain's legal obligations as administering power of Western Sahara, in: Botha/Olivier/van Tonder (Hrsg.), Multilateralism and international law with Western Sahara as a case study S. 228–236; *Ruiz Miguel*, in: Arts/Pinto Leite (Hrsg.), The Self-Determination Referendum and the Role of Spain, S. 306–310; *Trillo de Martín-Pinillos*, Spain as Administering Power of Western Sahara, in: Arts/ Pinto Leite (Hrsg.), S. 84.

57 So hauptsächlich die Organe der Europäischen Union, insbesondere der Rat und die Kommission, vgl. hierzu *Wathelet*, 2016 (Fn. 55), Rn. 229; *Kassoti*, The EU's duty of non-recognition and the territorial scope of trade agreements covering unlawfully acquired territories, 3 Europe and the World: A law review (2019), 1 (11); *Kassoti/Du-*

zurück, der den Rechtsrahmen des NSGT-Rechts und der Staatenpraxis erstmalig analog auf das Verhältnis Marokkos zur Westsahara anwandte. Der Großteil der Literatur geht allerdings davon aus, dass die Westsahra von Marokko besetzt wird und daher auch das humanitäre Völkerrecht Anwendung findet. Zu kritisieren ist hieran insbesondere, dass diese Feststellung getroffen bzw. repetiert wird, ohne dogmatisch auf die Besonderheiten der Situation eingegangen zu sein.[58]

Nach einer intensiven und umfänglichen Literatursichtung ist feststellbar, dass *Mundy/Zunes*, *Hodges*, *Franck* und *Damis* die Autoren sind, die sich am intensivsten mit den realpolitischen Umständen des Krisenherbstes 1975 beschäftigten, ohne allerdings die rechtlichen Hintergründe genau beleuchtet zu haben.[59]

Durch die Analyse der Geschehnisse des Jahres 1975 im Lichte der Gesamtschau des Westsaharakonflikts wird allerdings deutlich, dass gerade für die Kategorisierung des Konfliktes im Dickicht der Regelungen des humanitären Völkerrechts eine genauere Betrachtung der politischen Umstände zu erfolgen hat.

Ignoriert wird dabei insbesondere, dass zum Zeitpunkt der faktischen Inbesitznahme der Westsahara durch Marokko und Mauretanien 1975 bzw. 1976 die Regelungen des humanitären Völkerrechts einem strengen Staatlichkeitsvorbehalt unterlagen und die Westsahara zu diesem Zeitpunkt unstreitig keinen Staat dargestellt hat, sondern ein zu dekolonisierendes NSGT nach Art. 73 UN-Charta.[60] Ziel der Arbeit ist es daher, unter Rückgriff auf bisher unveröffentlichte Dokumente und Zusammenführung der bisherigen Literatur, die rechtliche Situation aufgrund der sich aus den realpolitischen Umständen ergebenden Situation so genau wie möglich darzustellen und zu analysieren. Die Frage, ob ein Gebiet von einem anderen Staat besetzt werden kann, ist sowohl faktischer als auch rechtlicher Natur und ergibt sich aus dem Rechtsrahmen der Haager Landkriegsordnung (HLKO) und den Genfer Konventionen (GK), insbesondere der GK IV.[61]

---

val, in: Duval/Kassoti (Hrsg.), The Legality of Economic Activities in Occupied Territories, S. 13–16.

58 Siehe hierzu die ausführliche Literaturauflistung von Generalanwalt Wathelet in seinen Schlussanträgen zur Rechtssache C-266/16, *Wathelet*, 2018 (Fn. 55), S. 52 Fn. 223.

59 *Damis*, The Western Sahara Dispute, S. 45–73; *Franck*, The Stealing of the Sahara, AJIL 70 (1976), 694 (705–721); *Hodges*, The Roots of a Desert War, S. 167–240; *Zunes/Mundy*, Western Sahara, S. 3–14, S. 59 ff.

60 Vgl. *Saul*, Many Small Wars: The Classification of Armed Conflicts in the Non-Self-Governing Territory of Western Sahara (Spanish Sahara) in 1974–1976, S. 2–4, S. 6–10.

Die Literatur ist aufgrund der weitreichenden Folgen der Kategorisierung der Westsahara als besetztes Gebiet an dieser Stelle aus Sicht des Autors zu oberflächlich geblieben. Die oberflächliche Kontextualisierung vieler Autoren und die simple Feststellung, dass das Gebiet der Westsahara besetzt ist, trägt vielmehr zu rechtlicher Unsicherheit bei. Sie erweckt dabei den Eindruck, dass aufgrund der schwierigen faktischen und politischen Situation und des umstrittenen rechtlichen Status der Westsahara, insbesondere im Jahr 1975, hier ein weiteres komplexes rechtliches Thema simplifiziert werden soll, um zu den gewünschten Rechtsfolgen zu gelangen. Vermehrt wird hierbei auf die Rechtsprechung des IGHs aus dem Jahr 2004 zur Situation Palästinas verwiesen, in welcher dieser feststellte, dass Israel die Gebiete Palästinas im Sinne der Regelungen des humanitären Völkerrechts besetzt hält.[62] Nach dem Grundsatz der Intertemporalität des Rechts ist eine Situation allerdings auf Grundlage der zu der jeweiligen Zeit gültigen Rechtsgrundsätze und Regelungen zu beurteilen, weshalb die Feststellungen des IGHs nicht einfach übertragbar sind.[63] Bis dato hat sich ausführlicher nur *Saul* der Einordnung des realpolitischen Kontextes des Jahres 1975 in das Rechtsregime des humanitären Völkerrechts angenommen.[64] *Zoubir* analysierte daher zu Recht, dass die Frage rund um die Anwendung des Besatzungsrechts und den gravierenden Folgen für die rechtliche, aber auch politische Handhabung der Westsahara „an ignored dimension of the conflict" darstellt, die diese Arbeit daher versucht aufzugreifen, zu beleuchten und festzustellen, welche Rechtsfolgen die Anwendung des Besatzungsrechts nach sich zieht.[65] Die Verletzungen des humanitären Völkerrechts und die normativen Folgen des Besatzungsrechts sind daher unter Berücksichtung der damaligen Staatenpraxis und des Rechtsrahmens des humanitären Völkerrechts Gegenstand einer extensiven

---

61 Ausführlich hierzu unten § 3. A. IV.

62 IGH, Legal Consequences of the Construction of a Wall in the Occupied Palestinian Territory, Gutachten v. 9.7.2004, ICJ Rep. 2004, S. 167 Rn. 78 (Im Folgenden: IGH, Mauer-Gutachten, ICJ Rep. 2004, S. Rn.).

63 Siehe hierzu ausführlich *Dörr*, in: Epping/Heintschel v. Heinegg (Hrsg.), Ipsen: Völkerrecht, S. 586 Rn. 13–18.

64 *Saul*, Many Small Wars: The Classification of Armed Conflicts in the Non-Self-Governing Territory of Western Sahara (Spanish Sahara) in 1974–1976 und The Status of Western Sahara as Occupied Territory under International Humanitarian Law and the Exploitation of Natural Resources, S. 5–23.

65 *Zoubir*, Geopolitics and Realpolitik as Impediments to the Resolution of Conflict and Violations of International Law: The Case of Western Sahara, in: Arts/Pinto-Leite (Hrsg.), International Law and the Question of Western Sahara, S. 277.

Untersuchung dieser Arbeit.[66] Die Analyse soll damit die in der Literatur bestehende Lücke der dogmatischen Herleitung zur Anwendbarkeit des humanitären Völkerrechts schließen.

III. Völker(vertrags)rechtliche Folgen aus dem Status der Westsahara

Mit ihrer Studie aus dem Jahr 2021 haben *Joanna Allan* und *Raquel Ojeda-García* eine zwar nicht allumfassende, aber extensive Literaturauflistung der zum Westsahara-Konflikt erschienenen Literatur erstellt.[67] Diese konzentrierte sich insbesondere auf einen Überblick über die bisherige Forschung zur Ausbeutung natürlicher Ressourcen in der Westsahara und integriert Erkenntnisse aus verschiedenen Perspektiven und Disziplinen. Richtigerweise analysieren *Allan* und *Ojeda-García*, dass bei der rechtlichen Begutachtung in der Literatur das Rechtsregime über Non-Self-Governing-Territories aus Art. 73 UN-Charta und die damit einhergehende Staatenpraxis vorherrschend ist.[68] Eng hiermit verknüpft ist das Selbstbestimmungsrecht des sahrawischen Volkes, aus welchem das Recht auf die natürlichen Ressourcen des Gebietes folgt. Spätestens seit Veröffentlichung des vom Sicherheitsrat 2002 in Auftrag gegebenen Gutachtens zur Möglichkeit der Ausbeutung natürlicher Ressourcen in der Westsahara von *Hans Corell* ist die Frage der rechtlichen Rahmenbedingungen solcher Vorhaben vollends in der juristischen Fachdiskussion angelangt und sukzessive ausgebreitet worden.[69] Dabei konzentrierte sich die Literatur insbesondere

---

66 Siehe hierzu § 3. A. IV.
67 *Allan/Ojeda-Garcia*, Natural resource exploitation in Western Sahara: new research directions, 27 The Journal of North African Studies (2021).
68 *Allan/Ojeda-Garcia*, Natural resource exploitation in Western Sahara: new research directions, 27 The Journal of North African Studies (2021), S. 5 f.
69 UN Doc. S/2002/161 v. 12.2.2002; *Allan/Ojeda-Garcia*, Natural resource exploitation in Western Sahara: new research directions, The Journal of North African Studies 27 (2021), 1– 30 unter Nennung zahlreicher anderer Publikationen; *Brus*, The Legality of Exploring and Exploiting Natural Resources in Western Sahara, in: Arts/Pinto-Leite (Hrsg.), S. 201–217; *Chapaux*, The Question of the European Community-Morocco Fisheries Agreement, in: Arts/Pinto Leite (Hrsg.), S. 217–239; *Correll*, The legality of exploring and exploiting resources in Western Sahara, in: Botha/Olivier/van Tonder (Hrsg.), Multilateralism and international law with Western Sahara as a case study S. 238 ff.; *Duval/Kassoti*, The Legality of Economic Activities in Occupied Territories; *Haugen*, The Right to Self Determination and Natural Resources: The Case of Western Sahara, Law, Environment and Development Journal 3 (2007), 70–81; *Hinz*, Die Westsahara: Hoheitsgebiet ohne Selbstregierung und was daraus

auf den europäischen Rechtsraum, da die Union mit Marokko zahlreiche internationale Handelsabkommen über Waren, Produkte und Ressourcen aus den Gebieten der Westsahra schloss. Die Rechtmäßigkeit dieser wird aufgrund der fehlenden Partizipation des sahrawischen Volkes an den Abkommen von der Literatur in Frage gestellt. Stark diskutiert wird in diesem Kontext die Frage, ob und wie Marokko über die natürlichen Ressourcen des Gebietes verfügen könnte und in welchem Rahmen das Volk der Westsahra bzw. dessen Vertreter einem solchen Prozess beiwohnen müssen.[70] Hierfür ist freilich der Rechtsstatus entscheidend, der Marokko im Hinblick auf die Gebiete der Westsahra zukommt. Besondere Aufmerksamkeit erfuhr die Problematik rund um die Nutzung der natürlichen Ressourcen der Westsahra mit den im Jahr 2015 begonnenen Rechtsstreitigkeiten vor der europäischen Gerichtsbarkeit.[71]

Eine kumulierte Darstellung der einzelnen rechtlichen Problematiken, die mit der Ausbeutung von Ressourcen in der Westsahra miteinhergehen, existiert bisher nicht, vor allem nicht im deutschsprachigen Raum. Dies liegt daran, dass zur rechtlichen Aufarbeitung des Westsahra-Konflikts zwar eine breite Literaturströmung existiert, diese aber vor allem durch Aufsatzveröffentlichungen geprägt ist.[72] Damit wird meist nur ein spezifisches Problem dargestellt, angerissen und analysiert. Eine vollständige Einordnung in den gesamten Kontext der den Westsahra-Konflikt begleitendenden rechtlichen Problem- und Minenfelder blieb aber durch diese Darstellungsform aus. Ziel dieser Arbeit ist es daher, als Monografie mög-

---

für die Wirtschaftsabkommen der EU mit Marokko folgt, in: Tavakoli/Hinz/Ruf/ Gaiser (Hrsg.), Westsahra - Afrikas letzte Kolonie, S. 81–107; *Kingsbury*, The role of resources in the resolution of the Western Sahara issue, Global Change, Peace & Security 27 (2015), 253–262; *Koury*, The European Community and Members States´Duty of Non-Recognition under the EC-Marocco Association Agreement: State Responsibility and Customary International Law, in: Arts/Pinto-Leite (Hrsg.), International Law and the Question of Western Sahara, S. 165–201; *Milano*, Anuario Español de Derecho Internacional XXII (2006), 413–457; *New York City Bar Association*, Report on Legal Issues Involved in the Western Sahara Dispute: Use of Natural Resources; *Steinbach*, The Western Sahara Dispute: A Case for the European Court of Justice?, in: Columbia Journal of European Law 18 (2012), 415–440; *White*, Too Many Boats, Not Enough Fish: The Political Economy of Morocco's 1995 Fishing Accord with the European Union, The Journal of Developing Areas 31 (1997), 313 (324 f.); *Zunes*, Western Sahara, resources, and international accountability, Global Change, Peace & Security, 27 (2015), 285–299.

70 Vgl. Fn. 35 und Fn. 69.
71 Vgl. Fn. 35.
72 Vgl. Fn. 35.

lichst allumfassend die meist nur angerissenen Analysen zu vervollständigen, zusammenzuführen, weiterzuführen und hieraus eine Begutachtung zu erstellen, die in der hier dargestellen Länge und Tiefe diese Lücke in der bisherigen Literatur schließen soll.

D. Gang der Untersuchung

Die vorliegende Arbeit gliedert sich in fünf Oberkapitel. Nach einer Einführung (§1) wird der Westsahara-Konflikt in § 2 in den historischen und politischen Kontext eingeordnet. Dabei wird insbesondere die Zeit Bakers unter Heranziehung bis dato nicht veröffentlichter Dokumente erstmalig extensiv analysiert. Auf Grundlage dieser Erkentnisse wird sodann in § 3 der rechtliche Status des Gebietes untersucht. Hierbei wird primär betrachtet, welchen Rechtsstatus die Westsahara seit dem Jahr 1976 und der Ausrufung der DARS sowie der gleichzeitigen Annexion durch Marokko nach den Regeln des Völkerrechts innehat. Dabei stellt sich die Frage, ob die Westsahara bzw. die DARS ein Staat im Sinne der herrschenden Staatendoktrin ist. Als Staat wird sie beispielsweise von der Afrikanischen Union betrachtet, woraus sich das Problem der partiellen Völkerrechtssubjektivität bzw. Staatlichkeit der Westsahara/DARS ergibt. Was ist die Westsahara aber, wenn sie keinen Staat darstellt? Welche Regelungen umgeben ein Gebiet, welches Mitglied einer der größten Internationalen Organisationen ist, aber noch immer von der UN als Non-Self-Governing-Territory behandelt wird und von einem Drittstaat größtenteils annektiert wurde? Wie behandelt die Staatenpraxis ein solches Gebiet? Welchen Einfluss hat der Rechtsstatus des Gebietes auf die von der UN geführten Verhandlungen zwischen den Konfliktparteien? Aufbauend auf Kapitel § 2, insbesondere auf den erhobenen Daten und Dokumenten aus der Zeit 1997–2004, sollen diese Fragestellungen im Lichte der dort gewonnenen Erkenntnisse beantwortet werden. Dabei steht die Analyse der Anwendbarkeit des humanitären Völkerrechts im besonderen Fokus der Rechtsbetrachtung. Zudem wird in gebotener Länge das IGH-Gutachten besprochen und analysiert sowie die noch immer wichtigen und bis heute weiter geltenden Rechtsgrundsätze und Normierungen kommentiert und bewertet.[73]

---

73 Das Gutachten selbst war bereits zum Zeitpunkt der Erstellung unter den Richtern nicht einstimmig beschlossen worden und höchst umstritten. Die Richter *Gros, Ignacio-Pinto* und *Nagendra Singh* fügten dem Gutachten Erklärungen bei; Vizeprä-

Wiederum auf die Ergebnisse des Kapitels § 3 aufbauend wird in § 4 der rechtliche Status der Westsahara als Ausgangspunkt für die Frage verwendet, inwiefern dieser Auswirkungen auf die Ausbeutung und Kommerzialisierung natürlicher Ressourcen des Gebietes hat. Folgend wird im Anschluss an die Klärung des rechtlichen Status der Westsahara untersucht, welche Auswirkungen sich aus der Beantwortung dieser Frage auf das Völkervertragsrecht ergeben, in concreto, ob es Drittstaaten erlaubt ist, mit Marokko Abkommen über Ressourcen der Westsahara zu schließen und diese auszubeuten. „All Governments and organizations of the United Nations system (shall) take all possible measures to ensure that the permanent sovereignty of the peoples of the Non-Self-Governing Territories over their natural resources is fully respected and safeguarded in accordance with the relevant resolutions of the United Nations on decolonization."[74] Diesen Grundsatz vorangestellt, soll eine ausführliche Analyse aller in Verbindung zur Westsahara stehenden Abkommen und den zugehörigen Zusatzprotokollen der EU mit Marokko unter jenem Gedanken erfolgen, den die UN wiederholt und gefestigt aufstellte. Die Abkommen waren bereits mehrfach Streitgegenstand vor den europäischen Gerichten und lösten eine breite Debatte zu prozessrechtlichen Fragen hinsichtlich der Klagebefugnis der Polisario als Vertreterin des Volkes der Westsahara aus und zogen ebenfalls Diskurs im Hinblick auf die materiellen Aussagen der jeweiligen Urteile nach sich. Mit Urteil im Jahre 2015 durch das EuG wurde erstmalig in der Geschichte der europäischen Gerichtsbarkeit ein völkerrechtlich geschlossenes Abkommen der EU und eines Drittstaates für nichtig erklärt.[75] Eine eingehende Begutachtung der Urteile selbst und eine tiefergehende Auseinandersetzung mit den jeweilig anschließenden Streitigkeiten und Standpunkten in der Literatur soll Klarheit über das europäische Rechtsverständnis zum Westsaharakonflikt konkret, allerdings auch generell zum wirtschaftlichen, politischen und rechtlichen Umgang mit umstrittenen Gebieten und dem Außenhandel mit diesen schaffen.[76] Bevor in medias res mit der Analyse der Urteile der europäischen Gerichte

---

sident *Ammoun* und die Richter *Forster, Petron, Dillard, de Castro* und *Boni* fügten gesonderte Stellungnahmen bei, und Richter *Ruda* sogar eine abweichende Stellungnahme.

74 UN Doc. A/RES/60/111 Rn.8. So ebenfalls zu finden in den UN Docs. A/RES/48/46, 10.12.1993, Rn. 7; A/RES/49/40, 9.12.1994 Rn. 7; A/RES/54/84, 6.12.1999, Rn. 8; A/RES/56/66, 10.12.2001, Rn. 8; A/RES/52/78, 10.12.1997 Rn. 10.

75 EuG, 2015.

76 Vgl. Fn. 33.

begonnen wird, sollen der geschichtliche Hintergrund der marokkanisch-europäischen Außenhandelsbeziehungen und die daraus resultierenden wirtschaftlichen, wie aber auch politischen Begleitumstände dargelegt werden. Durch diese können die realpolitischen Auswirkungen und europäischen Interessen herausgearbeitet und belegt werden, die das Handeln der EU-Organe zum Abschluss der nachgehend behandelten Abkommen maßgeblich beeinflusst und gelenkt haben. Dabei ist die EU, vor allem der Rat und die Kommission, in eine paradoxe rechtliche Situation gelangt, in der die europäischen Gerichte maßgebliche Teilhabe an der Gestaltung der Außenhandelspolitik nehmen (müssen). Die Begutachtung der mittlerweile nicht mehr in Kraft befindlichen Abkommen hat systematische Relevanz für das Verständnis der eng verflochtenen Beziehungen der beiden Rechtssubjekte. Sie zeigt eingehend die politischen Interessen der EU bzw. ihrer Vorgängerorganisationen auf und beleuchtet das (Abhängigkeits-)Verhältnis zum marokkanischen Staat vor allem hinsichtlich des maritim-wirtschaftlichen Sektors der EU bzw. ihrer Mitgliedsstaaten.

Im Rahmen der Analyse der Urteile der europäischen Gerichtsbarkeit findet eine extensive Auseinandersetzung mit den Regelungen des NSGT-Rechtsregimes sowie mit den einschlägigen Regelungen des humanitären Völkerrechts zur Nutzung natürlicher Ressourcen besetzter Gebiete statt.[77] Ein kurzer Einschub zur Behandlung und Einstufung anderer Konflikte und der damit zusammenhängenden, teils von der Union aktiv geforderten Anwendung des humanitären Völkerrechts zeigt dabei das Verständnis der Union hinsichtlich der grundsätzlich universellen Anwendbarkeit des humanitären Völkerrechts auf.

Dabei sollen bestehende europäische Rechtspositionen aufgezeigt werden, die sich fernab von Europarechtskonformität und Völkerrechtsmäßigkeit bewegen.

Hintner versuchte sich im deutschsprachigen Raum an einer Aufstellung und sanften Kritik der bisher ergangenen Urteile und einiger erschienenen Rechtsbeiträge. Sie kam allerdings in der im vorliegenden Falle erforderlichen und gebotenen Tiefe nicht zu eindeutigen Aussagen und ließ somit weiterhin Punkte offen, die es im Folgenden gilt aufzugreifen, zu vertiefen und im Lichte des jüngsten Urteils des EuGs weiterzuentwickeln.[78] Im Rahmen dieser Ausarbeitung werden die Urteile systematisch beleuchtet, indem

---

77 Siehe unten § 4. A. I.
78 Vgl. *Hintner*, Die EU-Außenhandelsbeziehungen mit Marokko und die Westsahara-Frage, S. 81–141.

in gebotener Länge in den Tatbestand des Sachverhalts eingeführt wird. Anschließend werden die Erkenntnisse der europäischen Gerichtsbarkeit und im Lichte der einschlägigen Normen des Völkerrechts und Europarechts besprochen und kritisiert. Dabei wird vordergründig die Auslegung dieser Normen durch die Gerichte analysiert und anschließend unter Heranziehung der Literaturmeinungen kritisch hinterfragt.

Ziel ist es ferner, durch eine umfassende rechtliche Analyse der mittlerweile gefestigten Rechtsprechung der EU-Gerichte hinsichtlich der Gebiete der Westsahara einen normativen verbindlichen Rechtskompass herauszuarbeiten, dessen Wegweisung die EU bzw. ihre Organe und mitunter auch Drittstaaten bei der Verhandlung etwaiger Abkommen bezüglich natürlicher Ressourcen aus der Westsahara befolgen und einhalten müssen.

Darüber hinaus werden sich im Anschluss an die Urteilsanalyse und den sich vor allem aus dem jüngsten Urteil des EuG ergebenen Rechtsaussagen hinsichtlich der Klagebefugnis der Polisario neue Rechtsschutzmöglichkeiten ergeben. Diese werden gutachterlich und primär durch die sich aus der Rechtsprechung des EuGH und des EuG aufgestellten Anforderungen hinsichtlich ihrer Erfolgsaussichten und Auswirkungen sowohl rechtlicher als auch realpolitischer Art untersucht, da sich die europäischen Gerichte bis dato vor der Beantwortung der Frage des international rechtlichen Status der Westsahara Schlupflöcher in den jeweiligen Klageschriften suchten und diese „erfolgreich" nutzten.[79] Die Vermeidung der konkreten Bezeichnung des Status der Westsahara zieht sich als roter Faden durch die bisherigen Urteile der europäischen Gerichte, welche sich in den politischen Duktus der Internationalen Staatengemeinschaft hinsichtlich der Nichtbenennung der faktischen wie auch normativen Gegebenheiten einreihen und sich aus EU-außenpolitischer Sicht den europäischen Interessen fügen.

Die Ergebnisse der jeweiligen Kapitel dieser Arbeit werden in § 5 schließlich zusammengefasst und zusammengeführt.

Im Rahmen der juristischen Forschung und dem Ziel dieser Arbeit ist es daher dringend erforderlich, neue Ansätze zu erarbeiten und aus den Fehlern vergangener Dekaden Schlüsse zu ziehen. Diese sollen der klaren Einordnung des Konflikts in das doch äußerst enge und spezifische normative Korsett der Internationalen Rechtsordnung dienen und Offerten und Alternativen zur friedlichen Beilegung des von vielen als verloren geglaubten Konflikts erschließen.

---

79 Siehe unten § 4. A. III.

Betrachtet man die zahlreiche Literatur zur Westsahara, stellt sich zwangsläufig die Frage, wieso der Konflikt überhaupt noch weiter existiert und nicht schon längst gelöst worden ist. Es scheint, als wäre die (völker-)rechtliche Determinante des Konflikts gelöst. Allerdings wurde im Rahmen der Literatursichtung deutlich, dass die politische Dimension des Konflikts erheblichen Einfluss auf die rechtliche Ebene ausgeübt hat und noch immer tut. Sie ist dabei bestimmendes Element der völkerrechtlichen Betrachtungs- und Herangehensweise der UN, aber auch der Europäischen Union sowie einzelner Drittstaaten, weshalb sie im Rahmen dieser Ausarbeitung einen erweiterten Begutachtungsraum eingeräumt bekommt. Dadurch bekommt die rechtliche Bewertung vieler in der Literatur aufgeworfener Fragen, insbesondere die Frage nach dem rechtlichen Status des Gebietes und den sich hieraus ergebenden völkerrechtlichen Folgen, eine rechtssichere dogmatische Einordnung. Generalanwalt *Wathelet* vertrat im Rahmen seiner Begutachtung des Westsahara-Konfliktes in der Rechtssache C-104/16 P vor dem EuGH: „Nicht der Status der Westsahara ist gegenwärtig ungeklärt, sondern deren Zukunft".[80] Die vorliegende Arbeit versucht dieser These möglichst vollumfänglich nachzugehen und so einen Beitrag zur Beilegung des seit Jahrzehnten andauernden letzten Kolonialkonflikts Afrikas zu leisten.

---

80 *Wathelet*, 2016 (Fn. 55), Rn. 72.

§ 2 Kapitel Zwei: Die historischen und realpolitischen Umstände um die Westsahara

A. Historischer Aufriss

Aufgrund der äußerst ausführlichen internationalen Literaturbasis zu den ethnischen, kulturellen, geographischen Gegebenheiten und Problematiken rund um die Westsahara und ihre Bevölkerung erübrigt sich eine tiefere und ausführliche Darstellung und ist größtenteils nicht zielführend.[81] Allerdings markieren die folgend aufgeworfenen Punkte Eckpfeiler des Konflikts um die Westsahara, weshalb eine entsprechende Auseinandersetzung mit diesen notwendig erscheint, um ein gewisses Grundverständnis für die noch immer anhaltenden rechtlichen Problematiken zu erlangen, die aus eben jenen Ereignissen entstanden sind und weiter existieren.

I. Spaniens Rolle im Prozess der Dekolonisierung (1955–1975)

Mit verspäteter Aufnahme Spaniens in die UN am 14.12.1955 sah sich Spanien sofort dem Druck der Internationalen Gemeinschaft entgegen, die Gebiete der damaligen Spanish Sahara in die Liste der NSGTs aufzunehmen und sich der damit einhergehenden Verantwortung zu stellen, den Prozess der Dekolonisierung zu beginnen.[82] Was Spanien allerdings zunächst 1956 nach portugiesischem Vorbild beschloss, war, die verbleibenden afrikanischen Kolonien durch ein von *Franco* erlassenes Dekret in spanische Provinzen umzuwandeln und diese als solche auch rechtlich zu behandeln. Es behauptete fortgehend, dass es sich bei den faktisch noch immer bestehenden Kolonien nicht um solche handele, sondern um Übersee-Provinzen, um die Internationale Gemeinschaft davon zu überzeugen, dass Spanien keine NSGTs verwalten würde.[83] Trotz zahlreicher Aufforderungen

---

81 Siehe hierzu Fn. 25.
82 *Angelillo*, The approach of the EU towards the conflict of Western Sahara, S. 29.
83 Dekret v. 21.8.1956 (Decreto de 21 de agosto de 1956 por el que se dispone el cambio de denominación de la Dirección General de Marruecos y Colonias, Boletín Oficial del Estado Nr. 263 v. 19.9.1956, S. 6031); *Soroeta Liceras*, GYIL 59 (2016), 187 (189); *Soroeta Liceras*, International Law and the Western Sahara Conflict, S. 37.

blieb Spanien resistent und verweigerte jeglichen Aktivismus bezüglich des von der UN-Charta, speziell Art. 73, und zahlreichen UN-Resolutionen gestrickten Rechtsrahmens und den sich daraus ergebenen Verpflichtungen.[84] Gleichzeitig versuchte Marokko vehement, auf internationalem diplomatischen Parkett für seine Position der Wiedereingliederung der noch bestehenden spanischen Kolonien in das eigene Staatsterritorium zu werben.[85] Marokko, welches bereits seit 1956 entkolonisiert und ein unabhängiger, anerkannter Staat war, hatte genuine Ansprüche auf das Gebiet der Westsahara geltend gemacht, indem es darlegte, dass die Westsahara historisches Staatsgebiet Marokkos sei, was diesem im Zuge des Dekolonisierungsprozesses zustehe.[86] Als entscheidender Gegner dieser Ansicht Marokkos sollte sich Algerien entwickeln. Dieses stand nach seiner Dekolonisierung als sozialistisch geprägter Staat zu dem streng konservativen, muslimischen und monarchischen System des Nachbarstaates in offenem Widerspruch, vor allem zu Fragen der Staatsgrenzen und zu den geltend gemachten Ansprüchen Marokkos, was zu mehreren kriegerischen Auseinandersetzungen führte.[87] Schlussendlich wurden diese jedoch mit dem Ergebnis beigelegt, dass die kolonialen Grenzziehungen der Region als Status quo festgesetzt wurden.[88] Der Konflikt Algeriens und Marokkos sollte allerdings in hohem Ausmaß die Frage um den Status der Westsahara determinieren, indem sich Algerien ideologisch, wie auch später in Form von materieller Unterstützung, hinter die Polisario Westsaharas stellte und diese offen unterstützte und dies bis heute tut.[89]

Um das Gebiet von Ifni entfachte sich ein besonderer Streit, welchen Spanien in einer Weise zu schlichten versuchte, die an späterer Stelle nochmals relevant wird, hier aber bereits Erwähnung finden muss.[90] Wie *Soroeta Liceras* richtig analysiert, sollten die Positionen Marokkos und Spaniens diametral zur Streitigkeit über die Westsahara verlaufen, in welcher schließlich ein Gutachten des IGHs eingeholt wurde, gegen welches Spanien sich zunächst lange Zeit verweigerte. Marokko nahm die treibende und schlussendlich erfolgreiche Position ein und brachte die Generalversammlung da-

---

84 *Soroeta Liceras*, International Law and the Western Sahara Conflict, S. 37–42.
85 *Hodges*, The Roots of a Desert War, S. 109–122.
86 *Hodges*, The Roots of a Desert War, S. 109–121.
87 *Hodges*, The Western Sahara File, Third World Quarterly 6 (1984) 74 (88); *Oeter*, ZaöRV 46 (1986) 48 (50).
88 *Oeter*, ZaöRV 46 (1986) 48 (52); *Hodges*, The Roots of a Desert War, S.190.
89 *Hodges*, The Roots of a Desert War, S.189–196; *Oeter*, ZaöRV 46 (1986) 48 (52).
90 Zur ablehnenden Haltung Spaniens hinsichtlich einer Gutachtenanfrage an den IGH zur Klärung des territorialen Status siehe § 2. A. II. 1. a).

zu, ein entsprechendes Gutachten mit den von Marokko implementierten Fragen vom IGH zu beantragen und beantworten zu lassen.[91]

Erstmalig auf internationaler Ebene propagierte *Abdellatif Filali*, späterer Premierminister Marokkos, im Vierten Ausschuss der Generalversammlung am 14.10.1957 die Forderung, dass die Kolonialmacht Spanien schnellstmöglich ihre verbleibenden Kolonien aufzugeben habe und diese an Marokko als rechtmäßigen Souverän dieser Gebiete übertragen werden sollten.[92] Spanien lehnte dies eingangs noch kategorisch ab, sah sich allerdings dem Druck einiger Staaten innerhalb der Generalversammlung bzw. dem Vierten Komitee entgegen, vor allem der Sowjetunion, nicht nur die von Marokko deklarierten Gebiete zu dekolonisieren, sondern auch die Kanarischen Inseln, die Spanien unter keinen Umständen bereit war abzugeben.[93] Dementsprechend sah sich Spanien zu Kompromissen gezwungen und fuhr eine zweigleisige Politik, die zu internen Spannungen und Problemen führte. Die spanischen UN-Repräsentanten erklärten ohne Zustimmung der spanischen Zentralregierung vor der UN, dass Spanien bzw. die spanische Regierung sich dazu entschieden habe, den Generalsekretär über mögliche Territorien iSd. Kap. XI der UN-Charta zu informieren.[94] Der innerstaatlichen Uneinigkeit zuwider, führte die spanische Regierung fortan die Haltung weiter, wenn auch nur äußerst zögerlich und unter keiner besonderen Anstrengung, zur baldigen Beilegung des Kolonialkonfliktes zu gelangen. Trotz dieser durchaus als destruktiv und lähmend zu bezeichnenden Haltung Spaniens hatte es dadurch den größten Streitpunkt und mit wichtigstes nationales Interesse der damaligen Zeit aus dem Forum der Internationalen Gemeinschaft verdrängen können, nämlich die im Raum

---

91 *Soroeta Liceras*, International Law and the Western Sahara Conflict, S. 16. Zum IGH-Gutachten und seiner Vorgeschichte siehe § 2. A. II. 1. a).

92 UN Doc. A/C.4/SR.670 v. 14.10.1957, S. 95 Rn. 56: Mr Filali „(...) expressed the hope that the Powers concerned would soon terminate their occupation of those areas, which were integral parts of Moroccan territory".

93 UN Doc. A/C.4/SR.1047 v. 11.11.1960, S. 280 Rn. 23; *Soroeta Liceras*, International Law and the Western Sahara Conflict, S. 16 f.

94 *José María Aznar*, späterer spanischer Premierminister, erklärte, „(...) that the Spanish Government had decided on its own initiative to transmit information to the Secretary-General in accordance with Chapter XI of the Charter", UN Doc. A/C.4/SR.1047, S. 279 Rn. 2; Zu bedeutenden Unstimmigkeiten zwischen der Regierung und den UN-Repräsentanten Spaniens, *Soroeta Liceras*, International Law and the Western Sahara Conflict, S. 16.

stehende und vielfach geforderte Abgabe der Kanarischen Inseln.[95] Mit Anwendung der Resolution 1541 (XV) und den damit einhergehenden und anerkannten Verpflichtungen Spaniens bezüglich seiner noch zu dekolonisierenden Gebiete wurde der Regierung informell im Gegenzug zugesagt, dass der Konflikt um die Kanarischen Inseln fortan nicht weiter in den Ausschüssen und Komitees der Dekolonisierungsorgane der UN behandelt werde und die Kanarischen Inseln vor allem nicht auf die Liste der NSGTs gesetzt würden, was rechtlich bindende Implikationen mit sich bringen würde.[96] Wie sich herausstellen sollte, war dieses Vorhaben auf UN-Ebene von Erfolg gekrönt, allerdings bleibt zu erwähnen, dass der Konflikt um die Kanarischen Inseln bis heute nicht vollends gelöst ist und von der AU beispielsweise noch immer als Dekolonisierungskonflikt eingestuft wird.[97]

Zwar erklärte Spanien der UN bereits 1960, dass schnellstmöglich Informationen iSd. Art. 73 e UN-Charta über die NSGTs übermittelt werden würden, allerdings führte es seine Verzögerungstaktik weiter und kam dem Ersuchen der Resolutionen der Folgejahre kaum bis überhaupt nicht nach.[98] Schwierigkeiten brachte auch die aggressive Position Marokkos mit sich, das die vollständige territoriale Souveränität über die noch von Spanien verwalteten Gebiete beanspruchte.[99] Eine ebenfalls wichtige Rolle spielten die immens großen, erst 1947 entdeckten Phosphatvorkommen in der Westsahara, vor allem in der Region Bou Craa, die Spanien unter Aufwendung und Investitionen von schätzungsweise 200 Millionen US-Dollar im Jahr 1972 auszubeuten begann.[100] Die Produktionsstätte Bou Craa wurde mit Aufgabe des Gebietes durch die Spanier ab 1976 von Marokko übernommen und wird bis heute von der marokkanischen Firma OCP

---

95 *Soroeta Liceras*, International Law and the Western Sahara Conflict, S. 17, speziell Fn. 48 mit weiteren ausführlichen und historischen Nachweisen zur Problematik rund um die Kanarischen Inseln; *Angelillo*, The Approach of the EU towards the Conflict of Western Sahara, S. 30 f.

96 *Angelillo*, The Approach of the EU towards the Conflict of Western Sahara, S. 30 f.; *Soroeta Liceras*, International Law and the Western Sahara Conflict, S. 17 f.

97 Im Rahmenwerk und Positionspapier zur Agenda 2063 der Afrikanischen Union werden die Kanarischen Inseln explizit als Inseln unter Kolonialherrschaft benannt, ebenfalls die spanischen Enklaven Ceuta und Melilla sowie die Westsahara; *African Union*, Framework Document for the Agenda 2063 aus 9/2015, S. 36/46.

98 Ausführlich *Soroeta Liceras*, International Law and the Western Sahara Conflict, S. 14–25.

99 *Soroeta Liceras*, International Law and the Western Sahara Conflict, S. 14–25.

100 *Shelley*, Endgame in the Western Sahara, S. 70.

unterhalten.[101] Die Anteile an der Mine Bou Craa sollte Spanien erst im Jahr 2002 vollständig verkaufen, und bis mindestens 2007 war Spanien der größte Importeur des in eben jener Mine erzeugten Phosphats, was die postkolonialen Strukturen, Implikationen und Folgen dieses Konflikts bereits an dieser Stelle kurz aufzeigen soll.[102]

1. Die Generalversammlung und die Westsahara

Der Widerspruch und die Bemühungen Spaniens auf internationaler Ebene, speziell im Vierten Komitee der Generalversammlung, stießen zwar fast einheitlich auf Kritik, trotz allem wurde die Aufnahme der verbleibenden spanischen Kolonialgebiete in die Liste der NSGTs erfolgreich bis 1963 verhindert.[103] Erst 1964 verabschiedete das Vierte Komitee der Generalversammlung die erste eigenständige Resolution zu den Gebieten „Ifni und Spanish Sahara", gefolgt von der ersten Resolution der Generalversammlung im Jahre 1965, die Spanien erstmalig zur sofortigen Ergreifung von geeigneten Maßnahmen zur Beendigung der kolonialen Fremdherrschaft aufrief.[104]

---

101 Mit Annexion der Gebiete der Westsahara durch Marokko wurden in einem Abkommen Anteilsrechte an der Phosphatmine Bou Craa zwischen Marokko und Spanien aufgeteilt. Spanien behielt, trotz formellem und vollständigem Abzug aus der Westsahara, 35 % der Anteile, während die restlichen 65 % an die staatliche marokkanische OCP-Gesellschaft übertragen wurden, *Hagen* in: Arts/Pinto Leite (Hrsg.), International Participation in the Phosphate Industry in Occupied Western Sahara, S. 268; *Mercer*, Confrontation in the Western Sahara, The World Today 32 (1976), 230 (233). Spanien erklärte zunächst noch vor der UN, dass es nicht an einer kommerziellen Ausbeutung der Phosphatbestände der Westsahara interessiert sei und keinerlei Gewinnabsichten verfolge, da dies andernfalls dem Schutzzweck des Art. 73 UN-Charta und der Position Spaniens als Verwaltungsmacht entgegenstehen würde. Vielmehr würde Spanien dafür Sorge tragen, dass die Gewinne der Ausbeutung der Phosphatreserven dem Volk der Westsahara zugetragen werden, vgl. UN Doc. A/10023/Rev.1, S. 51 f. Dass dies nur eine Nebelkerze sein sollte, die die UN und Staatengemeinschaft beruhigen sollte, stellte sich spätestens mit Aufdeckung der geheimen Klauseln aus dem Madrider Abkommen heraus, die dem spanischen Staat als alleinigem Profiteur Gewinnausschüttungen iHv. 35 % der jährlichen Ausbeutungen der Bou Craa Mine zusicherten.

102 *Trillo de Martín-Pinillos*, in: Arts/Pinto Leite (Hrsg.), Spain as Administering Power of Western Sahara, S. 84; *Hagen,* in: Arts/Pinto Leite (Hrsg.), International Participation in the Phosphate Industry in Occupied Western Sahara, S. 270.

103 Die Westsahara wurde 1963 von der UN in die Liste der NSGTs aufgenommen und Spanien als dessen Verwaltungsmacht eingesetzt, UN Doc. A/5446/Rev.1 v. 1963, S. 279; UN Doc. A/5446/Rev.1/Annex I, S. 288.

In jener Resolution billigte die Generalversammlung die Bestimmungen der Resolution des Vierten Sonderausschusses und forderte die Verwaltungsmacht auf, unverzüglich alle notwendigen Schritte zur Befreiung der Gebiete Ifni und Spanish Sahara von der kolonialen Herrschaft zu unternehmen und speziell zu diesem Zweck Verhandlungen über die von den beiden Gebieten aufgeworfenen Probleme bezüglich der von anderen Staaten gestellten Ansprüche auf territoriale Souveränität aufzunehmen.[105]

Neben Marokko hielt auch Mauretanien weiterhin an territorialen Ansprüchen fest und verfolgte diese ab 1965 offensiver, vor allem hinsichtlich der südlichen Gebiete der Westsahara, und betonte, dass die Gebiete sowohl hinsichtlich spanischer als auch zukünftiger marokkanischer Herrschaft befreit werden müssten und dass dieser Prozess durch die Ausübung des Selbstbestimmungsrechts der Sahrawis erfolgen müsse.[106] Aus diplomatischen Gründen und zur Verbesserung der argumentativen Ausgangslage auf internationaler Ebene verschränkte sich Marokko einer Lösung nach dem Selbstbestimmungsrecht nicht und stellte klar, dass kein Widerspruch erfolgen werde, sofern sich der Dekolonisierungsausschuss der UN für ein an das Selbstbestimmungsrecht angelehntes Vorgehen entscheiden wür-

---

104 UN Doc A/5800/Rev.1, S. 285 f.; UN Doc. A/RES/2072 (XX) v. 16.12.1965, S. 60 Rn. 2, in der zwar die Genehmigung der Implementierung der Generalversammlungsresolution zur „Declaration on the Granting of Independence to Colonial Countries and Peoples" in Bezug auf die Gebiete der „Spanish Sahara" erfolgte, allerdings nicht unter konkreter Nennung des Selbstbestimmungsrechts der Völker. Problematisch ist zudem die Formulierung des Abschnittes zu den Souveränitätsansprüchen der jeweilig beteiligten Parteien, so heißt es: „Urgently requests the Government of Spain (...) to enter into negotiations on the problems relating the sovereignty presented by these two territories". Dabei zeigt sich, dass die gemeinsame Nennung der Gebiete Ifni und der Spanish Sahara zu großen Unstimmigkeiten führte, da die Gegebenheiten beider Territorien divergieren und nicht in Abhängigkeit zueinander stehen, es aber so scheint, dass beide Territorien von Marokko beansprucht werden dürften. Neben Marokko fühlte sich auch Mauretanien durch Resolution 2072 (XX) dazu aufgerufen, entsprechende territoriale Verhandlungen mit Spanien führen zu wollen, und meldete diese in Bezugnahme auf eben jene Resolution im Vierten Komitee der Generalversammlung an; UN Doc A/6300/Rev.1, S. 697 Rn. 96.
105 UN Doc. A/RES/2072 (XX) v. 16.12.1965, S. 60 Rn. 2.
106 *Soroeta Liceras*, International Law and the Western Sahara Conflict, S. 21, unter Bezugnahme auf UN Doc. A/6300/Rev.1, Kapitel X Rn. 62–116. *Daddah*, damaliger mauretanischer Staatspräsident, verkündete: „(...) it will be possible to find a satisfactory solution which will validate the integration of Spanish Sahara into our national territory and thus make possible the total reunification of our country", UN Doc. A/6300/Rev.1, S. 607 Rn. 94.

de.[107] Aus Sorge vor einem stärkeren und territorial übergroßen Marokko intervenierte Algerien fortan gegen die Integration der Westsahara in marokkanische Souveränität. Auf dem internationalen Parkett nahm es die Rolle des Verteidigers des Selbstbestimmungsrechts der Sahrawis ein, wenn auch intrinsische Interessen vorrangig waren, vor allem die Schwächung Marokkos und ein möglicher direkter Zugang zum Atlantischen Ozean.[108] Die Rollenverteilung der Konfliktparteien war somit weitestgehend aufgeschlüsselt und international bekannt gemacht worden. Währenddessen erklärte sich Spanien dazu bereit, der Bevölkerung der Westsahara die Selbstbestimmung ohne jegliche Form von Außenwirkung und Druck ermöglichen zu wollen. Allerdings deutete es bereits 1966 darauf hin, dass es aufgrund der nomadischen Bevölkerungsstruktur längere Zeit in Anspruch nehmen würde, die Rechtsträger zu identifizieren und abstimmen zu lassen.[109]

a) Spaniens rechtliche Verwaltung des Gebietes

Die Entwicklung der spanischen Politik in Bezug auf die Spanish Sahara lässt sich spiegelbildlich der Entwicklung der politischen und administrativen Organisation des Territoriums entnehmen. Zunächst von dem Zeitpunkt an, als Spanien aufhörte, das Gebiet als Teil seiner Kolonien zu verwalten und es formell zu einer separaten Provinz Spaniens erklärte. Daran anschließend bis 1966, als Spanien verkündete, dass es für die Anwendung des Rechtsprinzips der Selbstbestimmung sei, wurde verwaltungstechnisch wie auch rechtlich der Schwerpunkt darauf gelegt, das Gebiet vollständig in die politische und administrative Struktur des spanischen Zentralstaates

---

107 *Soroeta Liceras*, International Law and the Western Sahara Conflict, S. 21. Gleichzeitig aber wurde ausdrücklich klargestellt, „that the stand taken by Morocco must not in any way be understood to mean that it had abandoned, in any form, its rights to the Sahara at present under Spanish domination. Those sovereign rights remained indefeasible. That national sovereignty had been established from the very earliest times of Moroccon history and had only recently been interrupted by a de facto colonial occupation.", UN Doc. A/6300/Rev.1, S. 605 Rn. 76.
108 Eine ausführliche Darstellung algerischer Interessen ist zu finden bei *Hodges*, Western Sahara, The Roots of a Desert War, S. 190–196.
109 UN Doc. A/AC.109/202 v. 8.9.1966, ebenfalls abgedruckt in UN Doc. A/6300/Rev.1/Annex, S. 621 Rn. 3.

einzubinden und eine Infrastruktur der lokalen Verwaltung zu schaffen.[110] Ein 1961 erlassenes Gesetz sah dementsprechend vor, dass spanische Gesetze und Dekrete nach ihrer Veröffentlichung im Amtsblatt auf das Territorium der Westsahara anwendbar sind und dass das Territorium durch das Regierungspräsidium verwaltet wird. Ferner wurde beschlossen, dass die Westsahara das gleiche Recht auf Vertretung in den Organen des spanischen Staates habe wie andere Provinzen Spaniens und dass es mit kommunalen und anderen lokalen Regierungsorganen ausgestattet würde, einschließlich eines Cabildos (Provinzrat).[111] Das 165 Artikel umfassende Dekret 3249/62 vom 29. November 1962 konkretisierte die Zusammensetzung, die Befugnisse und die Funktionen dieser verschiedenen lokalen Verwaltungsorgane, die weitestgehend vom System der Administrationstruktur in Spanien abgeleitet waren und vereinzelt traditionelle Strukturen der sahrawischen Gesellschaft einbezogen.[112] Die Gebiete der Westsahara wurden im Verständnis des spanischen Autokratiesystems unter *Franco* leitend von einem Generalgouverneur verwaltet. Dieser war ein Militäroffizier im Rang eines Generals, der in militärischen Angelegenheiten dem General der Kanaren und in zivilen Angelegenheiten dem Präsidium des Ministerrats in Madrid unterstand, wobei der Verwaltungsweg über das Kolonialamt, die Direccion General de Plazas y Provincias Africanas, lief.[113]

El Aaiún und Villa Cisneros (Dakhla) hatten jeweils den Status einer Stadt inne und wurden daher von Stadträten verwaltet, denen Bürgermeister vorstanden. Smara und La Guera galten als kleinere lokale Einheiten und wurden von lokalen Juntas, also kleinen Verwaltungsbehörden, verwaltet. Für das gesamte Gebiet gab es einen aus 14 Personen bestehenden Cabildo Provincial (Provinzrat).[114] Ab 1963, als die ersten Wahlen zu diesen Gremien stattfanden, vertraten drei Stellvertreter die Provinz im spanischen Parlament, kurz darauf waren es sogar sechs Vertreter.[115] Freilich

---

110 *Hodges*, The Western Sahara File, Third World Quarterly 6 (1984) 74 (82); *Soroeta Liceras*, International Law and the Western Sahara Conflict, S. 37 f.

111 *Boletín Oficial del Estado*, Ley (Gesetz) 8/61 v. 19.4.1961, S. 6062, https://www.boe .es/boe/dias/1961/04/21/pdfs/A06062-06062.pdf, zuletzt abgerufen am 15.6.2024; UN Doc. A/10023/Rev.1 S. 40 Rn. 127; *Soroeta Liceras*, International Law and the Western Sahara Conflict, S. 37 f.

112 *Boletín Oficial del Estado*, Decreto 3249/62 v. 29.11.1962, S. 17644–17656, abrufbar unter: https://www.boe.es/boe/dias/1962/12/12/pdfs/A17644-17656.pdf; *Soroeta Liceras*, International Law and the Western Sahara Conflict, S. 37 f.

113 *Hodges*, The Western Sahara File, Third World Quarterly 6 (1984) 74 (82).

114 *Hodges*, The Western Sahara File, Third World Quarterly 6 (1984) 74 (82).

115 *Hodges*, The Western Sahara File, Third World Quarterly 6 (1984) 74 (82).

konnte keine der eingeführten Verwaltungsbehörden in den Prozess der spanischen Gesetzgebung oder der Administration des Zentralstaates aktiv eingreifen; das *Franco*-System ließ dies bewusst nicht zu. Auf internationaler Ebene wurde weiterhin versucht, die Dialektik des spanischen Handelns hinsichtlich seiner westafrikanischen Kolonie zu verschleiern. Dies wurde versucht zu erreichen, indem international vermehrt der Anschein erweckt wurde, auf das Prinzip des Selbstbestimmungsrechts der Völker eingehen zu wollen.[116]

b) Der Druck der UN auf Spanien

Die Verzögerungstaktik der Spanier ging zunächst auf, doch mit wiederholter Befassung der Generalversammlung mit der Thematik und der klaren Aufforderung an Spanien, das Gebiet der Westsahara zu dekolonisieren, mussten weitere Maßnahmen ergriffen werden, die der Internationalen Gemeinschaft Kooperationsbereitschaft und den Willen zur Wahrung des Internationalen Rechtsrahmens beweisen sollten.[117]

Anknüpfend an die bisherigen Ausführungen zur Behandlung der Westsahara auf internationaler Ebene hat es im Jahre 1966 eine weitreichende Änderung in der Handhabung der noch verbleibenden Territorien Spaniens gegeben, nämlich die rechtliche Differenzierung zwischen den Gebieten Ifni und der Spanish Sahara. Die Spanish Sahara wurde weiterhin als Kolonie und unter Bezugnahme auf die einschlägigen Resolutionen der Generalversammlung zur Dekolonisierung behandelt, bei der die Möglichkeit zur freien Selbstbestimmung in Form eines Referendums gewährleistet werden müsse. Währenddessen wurde Ifni mit Resolution 2229 (XXI) eindeutig Marokko zugeordnet und Spanien dazu aufgefordert, das Gebiet schnellstmöglich zurück an Marokko zu übertragen.[118] Mit spanisch-ma-

---

116 *Soroeta Liceras*, International Law and the Western Sahara Conflict, S. 37–42; *Hodges*, The Western Sahara File, Third World Quarterly 6 (1984) 74 (82).

117 UN Doc. A/RES/2229 (XXI) v. 20.12.1966, S. 73 Rn. 4.

118 UN Doc. A/RES/2229 (XXI) v. 20.12.1966, S. 73 Rn. 3, in der es zu Ifni heißt: „Requests the administering Power to take immediately the necessary steps to acclerate the decolonization of Ifni and to determine with the Government of Morocco, bearing in mind the aspirations of the indigenous population, procedures for the transfer of powers (...).“ Währenddessen heißt es zur Spanish Sahara: „Invites the administering power to determine at the earliest possible date, in conformity with the aspirations of the indigenous people of Spanish Sahara and in consultation with the Governments of Mauritania and Morocco and any other interested party, the

rokkanischem Vertrag vom 4.1.1969 übertrug Spanien Marokko das Gebiet Ifnis.[119] Dem folgend hießen die von der Generalversammlung seit 1966 erlassenen Resolutionen zu den „Questions of Ifni and Western Sahara" mit Resolution 2591 (XXV) nur noch „Question of Spanish Sahara". Dadurch war die endgültige Trennung der beiden ehemaligen spanischen Kolonien vollzogen, deren gemeinsame Nennung und Behandlung zuvor für faktische wie auch rechtliche Abgrenzungsschwierigkeiten sorgte.[120] Die Generalversammlung versuchte mit Resolution 2229 (XXI) den Prozess zu beschleunigen, indem der Duktus der Resolutionssprache leicht verschärft und zusätzlich beschlossen wurde, in Abstimmung mit dem Generalsekretär, der Verwaltungsmacht Spanien und dem Dekolonisierungsausschuss eine Sonderkommission einzusetzen. Diese sollte schnellstmöglich in die Gebiete der Westsahara entsandt werden, um Schritte einzuleiten, die zur Ausübung des Selbstbestimmungsrechts der Sahrawis erforderlich seien, und gleichzeitig die Rolle der UN im zukünftigen Begleitungsprozess eines möglichen Referendums zu definieren.[121] Das Wording der Resolutionen

---

procedures for the holding of a referendum under United Nations auspices with a view to enabling the indigenous population of the territory to exercise freely its right to self-determination (...)", UN Doc. A/RES/2229 (XXI) v. 20.12.1966, S. 73 Rn. 4.

119 Hierzu ausführlich *Soroeta Liceras*, International Law and the Western Sahara Conflict, S. 22, speziell Fn. 67 zur historischen Einordnung der Rückgabe Ifnis an Marokko.

120 *Soroeta Liceras*, International Law and the Western Sahara Conflict, S. 20. Noch unter gemeinsamer Nennung behandelt in den Resolutionen von 1966–1969 in UN Doc. A/RES/2072 (XX) v. 16.12.1965, S. 59 f.; UN Doc. A/RES/2229 (XXI) v. 20.12.1966, S. 72 f.; UN Doc. A/RES/2354 (XXII) v. 19.12.1967, S. 53 f.; UN Doc. A/RES/2428 (XXIII) v. 18.12.1968, S. 63 f.; mit UN Doc. A/RES/2591 (XXIV) v. 16.12.1969, S. 73 f. wurde Ifni aus dem Resolutionswortlaut der Generalversammlung gestrichen, da Marokko und Spanien vertraglich die Rückübertragung regelten und sich Spanien nach § 6 der Resolution 1514 (XV) von seiner Verantwortung rechtmäßig und nach dem internationalen Rechtsrahmen geforderten Verfahren erfolgreich befreite, *Soroeta Liceras*, International Law and the Western Sahara Conflict, S. 21 f.

121 Zunächst formulierte die Generalversammlung klare und eindeutige Maßnahmen und Forderungen, die Spanien als Verwaltungsmacht zu treffen und zu erfüllen habe, um seiner Verantwortung nach Art. 73 UN-Charta sowie den Resolutionen 1542 und 1514 gerecht zu werden, UN Doc. A/RES/2229 (XXI) v. 20.12.1966, S. 73. Wohl wissend um die lethargische Haltung Spaniens im Prozess der Dekolonisierung seit Beitritt in die UN, installierte die Generalversammlung eine UN-institutionalisierte Mission zur Unterstützung der Durchführung der geeigneten und erforderlichen Maßnahmen im Prozess der Dekolonisierung der Spanish Sahara, UN Doc. UN Doc. A/RES/2229 (XXI) v. 20.12.1966, S. 73 Rn. 5: „ [...] to appoint immediately a special mission to be sent to Spanish Sahara for the purpose of recommending practical steps for the full implementation of the relevant resolutions of the General

veränderte sich über die folgenden Jahre kaum; Spanien wurde jährlich ermahnt, den Prozess der Dekolonisierung zu beschleunigen und in Übereinstimmung mit den einschlägigen Resolutionen zu handeln.[122] Obwohl allgemein bekannt und von Spanien auch offensiv vorangetrieben, fanden noch keine expliziten Beschränkungen, Verurteilungen oder gar Verbotsaussprüche bezüglich der Ausbeutung oder Erforschung der natürlichen Ressourcen des Gebietes Niederschlag in den Resolutionen der Generalversammlung. Zwar wurde das Recht auf natürliche Ressourcen als Ausgestaltung des Selbstbestimmungsrechts bzw. des Rechts auf territoriale Souveränität bereits 1962 und 1966 explizit durch Resolutionen der Generalversammlung kodifiziert. Der Kerngehalt des Rechts erstarkte allerdings in der Zwischenzeit schon zu Völkergewohnheitsrecht und fand Anwendung auf die Gebiete der Spanish Sahara.[123] Die Generalversammlung verabschiedete erstmalig 1970 eine Resolution unter Bezugnahme auf die natürlichen Ressourcen des Gebietes und rief alle Staaten dazu auf, wirtschaftliche Aktivitäten zu unterlassen, die die Ausübung des Selbstbestimmungsrechts der Sahrawis gefährden würden.[124] Ferner unterstrich die Resolution abermals die anerkennende Haltung der UN hinsichtlich der Legitimität des kolonialen Befreiungskampfes des Volkes der Westsahara und rief alle Staaten dazu auf, nötige Mittel und Unterstützung bereitzustellen, um die koloniale Fremdherrschaft durch Ausübung des Selbstbestimmungsrechts zu beenden.[125] Allerdings ist kritisch zu beurteilen, dass seit der ersten Ankündigung im Jahre 1966 zur Entsendung einer UN-geführten Mission in die Spanish Sahara mit Resolution 2711 festgestellt wurde, dass eine solche noch immer nicht stattgefunden hatte und Spanien als Verwaltungsmacht nicht kooperationswillig war. Erst im Dezember 1974, nach achtjähriger wiederholter Aufforderung an die spanische Regierung seitens der Generalversammlung, hat der spanische Vertreter im Dekolonisierungsausschuss der UN mitgeteilt, dass es zeitnah zu einer Entsendung der Mission kommen könne und die spanische Regierung die erforderlichen Maßnahmen treffen würde.[126] Gleichzeitig wurde dem Komitee versichert, dass die natürlichen Ressourcen des Gebietes ausschließlich der indigenen Bevölkerung des Ge-

---

Assembly, and in particular for determining the extent of United Nations participation in the preparation and supervision of the referendum [...]."
122 Vgl. Fn. 120 und Fn. 121.
123 UN Doc. S/2002/161 v. 29.1.2002, S. 4; Siehe hierzu § 3. A. I. 6.
124 UN Doc. A/RES/2711 (XXV) v. 14.12.1970, S. 101 Rn. 7.
125 UN Doc. A/RES/2711 (XXV) v. 14.12.1970, S. 101 Rn. 8.
126 UN Doc. A/ C.4/SR.2126 v. 4.12.1974, S. 253 Rn. 7.

bietes zustehen und die stringente Haltung des spanischen Staates hinsichtlich dieses Status quo betont.[127] Allerdings wurden seit den 1960er Jahren erhebliche Investitionen seitens Spaniens im Phosphatabbau getätigt[128] und die Mine in Bou Craa durch eine Tochtergesellschaft des staatlichen INI (Instituto Nacional de Industria) 1974 kommerziell in Betrieb genommen, die einen potentiellen Abbau von 10 Millionen Tonnen Phosphat höchster Reinheit pro Jahr versprach, was einem damaligen Weltmarktanteil von ca 20–30 % entsprochen hätte und die Spanish Sahara damit weltweit zweitgrößter Exporteur, hinter Marokko, von Phosphatprodukten gewesen wäre.[129] 1974 wurden 2.1 Millionen Tonnen Phosphat exportiert, davon gingen Dreiviertel der Produktionsmenge erheblich unter Marktwert nach Spanien, da es sich durch entsprechende Preisfixierungsverträge günstige Konditionen für den Kauf von Phosphatprodukten aus der Bou Craa Mine für die nächsten Jahre sicherte.[130] Erst im Mai 1975 kam es zur geforderten UN-Mission in den Gebieten der Spanish Sahara, welche von den jeweiligen Regierungen der Konfliktparteien instruiert, unterstützt und begleitet wurde.[131]

c) Die Djemma

Im Zuge des stärker werdenden internationalen Drucks richtete die spanische Regierung im Jahr 1967 die sogenannte Djemma ein, die aus zum größten Teil von Spanien ausgewählten und ernannten Volksvertretern der Sahrawis besetzt wurde. Diese besaß im Kern nach Art. 174 des Dekrets 1024/1967[132] eine dualistische Funktion: Einerseits war sie das höchste repräsentative Organ der lokalen Verwaltung. Sie konnte andererseits aus eigener Initiative Angelegenheiten fördern, die für das Gebiet von allge-

---

127 UN Doc. A/ C.4/SR.2126 v. 4.12.1974, S. 254 Rn. 12.
128 Unter anderem wurden Hafenanlagen und Transportwege gebaut, die Mine in Bou Craa wurde in Betrieb genommen und das weltweit größte Beförderungsband von der Mine an den Atlantischen Ozean errichtet.
129 UN Doc. A/10023/Rev.1 S. 53 Rn. 179.
130 UN Doc. A/10023/Rev.1 S. 53 Rn. 179.
131 UN Doc. A/10023/Rev.1: „Despite these difficulties, the Mission was able to conclude after visiting the Territory that the majority of the population within the Spanish Sahara was manifestly in favour of independence.", S. 66 Rn. 229.
132 *Boletín Oficial del Estado*, Decreto 1024/67 v. 11.5.1967, S. 6782 f., https://www.boe. es/boe/dias/1967/05/20/pdfs/A06782-06783.pdf, zuletzt abgerufen am 15.6.2024; *Soroeta Liceras*, International Law and the Western Sahara Conflict, S. 38 f.

meinem Interesse waren, wie zB. Haushaltspläne, Pläne für öffentliche Arbeiten, Bildung, Landwirtschaft und Viehzucht, Wasserversorgung und allgemein alle Angelegenheiten, die die wirtschaftliche und soziale Entwicklung betrafen.[133] Im Rahmen dessen konnte sie der Regierung aus eigener Initiative die Verabschiedung der für die Erfüllung und Entwicklung der Gesetze des Staates notwendigen gesetzlichen Maßnahmen und Regelungen vorschlagen. Zeitgleich musste sie über Bestimmungen mit dem Status eines Gesetzes oder Dekrets informiert werden, die in dem Gebiet Geltung erlangten, und war diesbezüglich befugt, Anmerkungen oder Vorschläge machen zu können, die für ihre Anpassung an die Besonderheiten des Gebiets als angemessen erachtet wurden.[134] Dabei ist der Begriff Djemma der sahrawischen Volkstradition entnommen, in der Djemmas schon seit Jahrhunderten zentrales Konsultations- und Repräsentationsorgan der verschiedenen sahrawischen Stämme waren und vor allem der Koordinierung, Absprache und Überlieferung von Traditionen und Rechtsgrundsätzen innerhalb der heterogenen Stammeskultur des Nomadenvolkes dienten.[135] Im Zuge des verstärkten Prozesses des Sesshaftwerdens der sahrawischen Nomadenstämme in den 1960er Jahren entschied sich die spanische Administration zur Abkehr von der bisherigen Verwaltungsstruktur durch die verschiedenen Djemmas der einzelnen Nomadenstämme hin zu einer zentralisiert geführten und lokal gefestigten Versammlung, die leichter zu kontrollieren und zu besetzen war. Gleichzeitig war diese aber kaum mit Rechten ausgestattet, die es den Sahrawis weitgehend erlaubt hätten, eine eigene normative und institutionalisierte Selbstverwaltung aufbauen zu können.[136]

---

133 *Boletín Oficial del Estado*, Decreto 1024/67 v. 11.5.1967, S. 6782 f., https://www.boe.es/boe/dias/1967/05/20/pdfs/A06782-06783.pdf, zuletzt abgerufen am 15.6.2024; *Soroeta Liceras*, International Law and the Western Sahara Conflict, S. 39.
134 UN Doc. A/10023/Rev.1 S. 40 Rn. 127.
135 Zur ethnischen Herkunftsgeschichte der verschiedenen in der Westsahara lebenden Stämme und der Funktion ihrer Djemmas siehe UN Doc. A/10023/Rev.1 S. 39 Rn. 123; *Hodges*, The Western Sahara File, Third World Quarterly 6 (1984) 74 (77 ff.); *Barreñada*, in: Ojeda Garcia/Fernández-Molina/Veguilla (Hrsg.),Western Sahara and Southern Moroccan Sahrawis: National Identity and Mobilization, S. 278 ff.; *Algueró Cuervo*, in: Arts/Pinto Leite (Hrsg.), The Ancient History of Western Sahara and the Spanish Colonisation of the Territory, S. 25 ff; *Shelley*, in: Arts/Pinto Leite (Hrsg.), Resistance and Colonialism: Building the Saharawi Identity, S. 31 ff.
136 *Hodges*, The Western Sahara File, Third World Quarterly 6 (1984) 74 (82); *Soroeta Liceras*, International Law and the Western Sahara Conflict, S. 39 ff.

aa) Zwischen Anscheinskompetenz und Identitätsstiftung

Durch Dekret der spanischen Regierung vom 11.5.1967[137] wurde nach jahrelangem Hinauszögern seitens Spaniens beschlossen, nicht zuletzt durch den immer stärker werdenden internationalen Druck, speziell seitens der Generalversammlung und ihres Dekolonisierungsausschusses, den Sahrawis in Form einer Volksversammlung erste Möglichkeiten zur Selbstverwaltung und gewisse Entscheidungskompetenzen zu übertragen.[138] Angelehnt an die sahrawische Tradition wurde diese Versammlung als Djemma bezeichnet, die sich allerdings von den traditionellen, nicht institutionalisierten Djemmas der verschiedenen Nomadenstämme deutlich unterschied, vor allem durch die örtlich feste Institutionalisierung in El Aaiún und die verstärkte bzw. erstmalige Fokussierung auf den Kampf gegen die Dekolonisierung.[139] Mit Beginn der ersten spanischen wirtschaftlichen Aktivitäten und Investitionsanstrengungen Ende der 1950er bzw. Anfang der 1960er Jahre, vor allem im Fischerei- und Phosphatsektor, bildeten sich im Vergleich zur bisherigen nomadischen Lebensweise der indigenen Bevölkerung vor allem in El Aaiún, Bou Craa, Smara und Dakhla recht zügig mehrere größere vitale Wirtschaftsstandorte. Diese boten der indigenen Bevölkerung Arbeit, Zugang zu Bildung und Gesundheit, was gleichzeitig auch zur Sesshaftigkeit und der damit einhergehenden Aufgabe des traditionellen Lebensstils führte.[140] Durch die sprachlichen, ethnischen und kulturellen Gemeinsamkeiten der verschiedenen Nomadenstämme entstand schnell eine homogene Gesellschaftsidentität. Diese führten die im Rahmen der Sitzungen der Djemma und der damit einhergehenden Zusammenbringung der führenden Stammespersönlichkeiten und religiösen Würdenträger zu nationaler Identitätsschaffung und Bewusstseinsschaffung im Sinne der modernen Staatengesellschaft der Nachkriegszeit.[141]

---

137 *Boletín Oficial del Estado*, Decreto 1024/67 v. 11.5.1967, S. 6782 f., https://www.boe.es/boe/dias/1967/05/20/pdfs/A06782-06783.pdf, zuletzt abgerufen am 15.6.2024.

138 *Hodges* sah die zentralisierte Djemma äußerst kritisch und merkte an, dass „the assembly had a purely consultative role, and a UN mission of inquiry which visited Western Sahara in May 1975 reported that it appeared to 'depend considerably for guidance on the Spanish authorities' and to be 'representative largely of the older and more conservative element of Saharan society' ". *Hodges*, The Western Sahara File, Third World Quarterly 6 (1984) 74 (82); UN Doc. A/10023/Rev.1 S. 42 f. Rn. 135 ff.

139 Vgl. *Hodges*, The Western Sahara File, Third World Quarterly 6 (1984) 74 (82); *Soroeta Liceras*, International Law and the Western Sahara Conflict, S. 39–41.

140 *Hodges*, The Western Sahara File, Third World Quarterly 6 (1984) 74 (84).

bb) Aufbau der Djemma

Nach dem legislativen Beschluss der spanischen Zentralregierung konstituierte sich die Djemma nach einer erwartungsgemäß und in Relation zur damaligen spanischen Staatsautokratie unter *Franco* dementsprechend eingeschränkten repräsentativen Wahl[142] am 11.9.1967 erstmalig in El Aaiún.[143] Der Aufbau der Djemma wurde im Vorfeld durch das Dekret 1024/67 bestimmt und legte verschiedene Strukturelemente der sahrawischen Versammlung fest, wonach diese aus einem Präsidenten, einem Vizepräsidenten, dem Präsidenten des Cabildos, den Bürgermeistern von El Aaiún und Villa Cisneros (Dakhla), den Sheiks bzw. Stammesoberhäuptern der verschiedenen Fraktionen, 40 gewählten sahrawischen Vertretern und einem Sekretär, der aus der Beamtenverwaltung entstammte und vom Generalgouverneur der Westsahara ernannt wurde, bestand.[144] Die konstituierende Sitzung zählte 82 Mitglieder, allesamt sahrawischen Ursprungs. Folglich wurde nur ca. die Hälfte der Versammlung von etwa 10 % der damaligen Gesamtbevölkerung direkt gewählt, womit die Wahl freilich nicht als repräsentativ angesehen werden konnte.[145]

cc) Befugnisse der Djemma

Obwohl ihre Befugnisse auf die Verabschiedung von nicht bindenden Resolutionen und Vorschlägen beschränkt war, wurde sie vor allem ab den 1970er Jahren zunehmend ermutigt, sich mit Angelegenheiten legislativer Natur zu befassen. So konnte sie Texte vorlegen, welche, sofern sie vom

---

141 *Barreñada*, in: Ojeda Garcia/Fernández-Molina/Veguilla (Hrsg.), Western Sahara and Southern Moroccan Sahrawis: National Identity and Mobilization, S. 278 ff.; *Algueró Cuervo*, in: Arts/Pinto Leite (Hrsg.), The Ancient History of Western Sahara and the Spanish Colonisation of the Territory, S. 25 ff.; UN Doc. A/10023/Rev.1 S. 39 Rn. 123.

142 Es nahmen 9056 von den ca. 75.000 Sahrawis teil, die zum Zeitpunkt der Wahl in der Westsahara lebten, *Soroeta Liceras*, International Law and the Western Sahara Conflict, S. 39. Darüber hinaus haben ca. 75.000 weitere Sahrawis in Südmarokko, Nordmauretanien und in der Tindouf Region in Algerien gelebt, die sich dort aus politischen und/oder wirtschaftlichen Gründen niederließen, *Hodges*, The Western Sahara File, Third World Quarterly 6 (1984) 74 (84).

143 *Soroeta Liceras*, International Law and the Western Sahara Conflict, S. 39.

144 *Hodges*, The Western Sahara File, Third World Quarterly 6 (1984) 74 (82).

145 *Hodges*, The Western Sahara File, Third World Quarterly 6 (1984) 74 (82).

spanischen Generalgouverneur verkündet wurden, zu Verordnungen oder „Normas" wurden, die im Territorium unmittelbare Wirkung entfalteten.[146] Besonders die Resolution der Djemma v. 20.2.1973, in welcher offensiv die Einhaltung und Respektierung des Selbstbestimmungsrechts der Sahrawis sowie weitreichendere Selbstverwaltungsrechte gefordert wurden, sollte die spanische Politik hinsichtlich der Westsahara und ihrer Bevölkerung nochmals nachhaltig beeinflussen.[147] *Franco* gab dem Ersuchen der Djemma in weiten Teilen statt. Er garantierte, dass die Bevölkerung ihre Zukunft selbst und frei bestimmen werden könne und legte eine Reihe von Grundprinzipien im Umgang für die Reorganisation der politischen und administrativen Struktur des Territoriums während der zeitlichen Spanne fest, in welcher die Sahrawis zur Selbstbestimmung geführt werden sollten.[148] In einem Fortsetzungsschreiben ging *Franco* auf weitere Maßnahmen und Rechtseinräumungen ein, die er den Sahrawis zur Beendigung des Dekolonisierungsprozesses versprach, und setzte damit erstmalig einen konkreten Rechtsrahmen. Gleichzeitig bekräftigte er das Recht der Sahrawis auf die natürlichen Ressourcen des Gebietes und garantierte die territoriale Integrität der Westsahara.[149]

---

146 UN Doc. A/10023/Rev.1 S. 40 Rn. 127.

147 UN Doc. A/9176 Annex I v. 20.2.1973 sowie die Ratifizierung der Forderungen durch die neu gewählte Djemma in UN Doc. A/9176 Annex III v. 28.7.1973; *Soroeta Liceras*, International Law and the Western Sahara Conflict, S. 41 f.

148 UN Doc. A/9176 Annex II v. 6.3.1973: „I am in receipt of the communication of 20 February 1973 in which the General Assembly of the Sahara expresses to me the firm resolve of the Saharan people to decide its own future, in friendship and co-operation with Spain, and at the same time requests the gradual extension of the existing legal institutions leading to a greater share in its administration and asks that the supreme authority of the Saharan people should continue to reside in my person as Head of State and that Spain should continue to provide international representation for the Saharan people, to guarantee the integrity of its territory and to defend its frontiers, and to provide the financing and technical assistance necessary to the development of the Saharan people in all spheres."

149 UN Doc. A/9176 Annex IV v. 21.9.1973, mit folgenden rechtlichen Implikationen: „6. The Spanish State submits to the General Assembly the following basic provisions as the principles by which the political and administrative organization of the Sahara will be guided: (a) The Saharan people is the owner of its natural wealth and resources. (b) During the period of application of this Statute, the Saharans shall enjoy all the rights inherent in Spanish nationality. (c) The Head of the Spanish State is the embodiment of the partnership existing between Spain and the Sahara. He shall be represented in the Territory by a Governor-General. (d) The Spanish State shall guarantee the territorial integrity of the Sahara, shall represent it at the international level and shall ensure its defence. Internal affairs shall be within the competence of the Territory's own organs. (e) The General Assembly of the

Zusammenfassend sollten diese Maßnahmen ein sahrawisches Regime der internen Selbstverwaltung mit legislativen und exekutiven Befugnissen etablieren. Diese sollten von einer reformierten und neu konstituierten Djemma und einem spanischen Regierungsrat ausgeübt werden und damit eine Art erster Autonomie auf dem Weg in eine mögliche Unabhängigkeit der Westsahara schaffen.[150] Dieses Zugeständnis des spanischen Staates kann als erste wirklich ernsthafte Maßnahme bzw. Versprechen verstanden werden, womit die über die bloße Mitteilungs- und Informationspflicht nach Art. 73 e UN-Charta hinausgehenden Verpflichtungen aus Art. 73 a–d UN-Charta, speziell Art. 73 b UN-Charta[151], versucht worden sind zu erfüllen.[152] Im Zuge dessen kündigte die Regierung im August 1974 an, das lang ersehnte Referendum unter UN-Aufsicht in der ersten Hälfte des Jahres 1975 durchführen zu wollen. Zur Sicherung spanischer Interessen bei einer zum damaligen Zeitpunkt wahrscheinlichen Unabhängigkeit der Westsahara, vor allem zur Negierung marokkanischer und mauretanischer Ansprüche sowie zur Unterdrückung und Schwächung der Polisario, die seit 1973 einen bewaffneten Kampf gegen die spanische Herrschaft in der Westsahara führte, wurde die Sahrawi National Union Party oder Parti-

---

Sahara, as supreme representative organ of the Saharan people, shall be responsible for drawing up general provisions concerning the internal affairs of the Territory, without prejudice to the power of sanction vested in the Governor-General. It may also propose any course or measure which it deems advisable with regard to those affairs. (f) The promotion of traditional usages and customs and of Shari'a justice shall be confirmed and intensified. 7. Should the General Assembly signify its assent to these basic provisions, they shall be embodied as a series of articles in the relevant Statute, which shall be approved by law. 8. The acceptance of these basic provisions by the General Assembly neither replaces nor diminishes the right of the Saharan people to self-determination concerning its future, for which this new stage is a necessary preparation".

150 Vgl. *Soroeta Liceras*, International Law and the Western Sahara Conflict, S. 41; *Hodges*, The Western Sahara File, Third World Quarterly 6 (1984) 74 (92).

151 Im Einzelnen zu den sich aus Art. 73 UN-Charta ergebenden Verpflichtungen *Ruiz Miguel*, Spain's legal obligations as administering power of Western Sahara, in: Botha/Olivier/van Tonder (Hrsg.), Multilateralism and international law with Western Sahara as a case study S. 228–236.

152 Die Bereiche der Außenbeziehung, Verteidigung, Sicherheit blieben dem spanischen Staat vorbehalten, ebenso wie die Möglichkeit, Entscheidungen, die die Djemma getroffen hat, unter gewissen Umständen zu widerrufen bzw. mit einem Veto zu blockieren, *Franck*, AJIL 70 (1976), 694 (704).

do de Unión Nacional Saharaui (PUNS) gegründet bzw. zugelassen.[153] Die PUNS war eine dem spanischen Staat gegenüber positiv eingestellte politische Bewegung und damit die erste und einzige jemals rechtlich anerkannte und zugelassene politische Partei. Die Führungsebene bestand größtenteils aus einer von Spanien ausgewählten sahrawischen Elite, von der ausgegangen wurde, dass diese loyal gegenüber dem spanischen Staat sei und in gewisser Weise abhängig und kontrollierbar.[154] Viele von ihnen waren Mitglieder der von Spanien installierten Djemma und gehörten der älteren Generation der Sahrawis an.[155] Als Vorsitzender der Partei wurde *Khalihenna Ould Rashid* bzw. *Errachid* eingesetzt[156], der sich zunächst noch für die Unabhängigkeit der Westsahara einsetzte, der eine spanische Frau heiratete, in Spanien studierte und von dem Spanien ausging, loyal zu sein, da ihm im Falle der Unabhängigkeit der Westsahara die Position des Regierungschefs versprochen wurde.[157] Während des Besuchs der UN-Mission flüchtete er allerdings über Spanien nach Marokko und offenbarte seine wahren Beweggründe.[158] Der Mission der UN berichtete er, dass er zu keinem Zeitpunkt an der Unabhängigkeit der Westsahara interessiert gewesen sei und die Spanier glauben ließ, er sei auf ihrer Seite, obwohl das Gegenteil der Fall war. Er führte aus, dass die einzige Möglichkeit zur dauerhaften Stabilisierung und Frieden in der Maghreb-Region die Integration der Westsahara in marokkanische Souveränität sei und dass die Abhaltung eines Referendums obsolet sei und keinerlei rechtlicher Grundlage entspringe.[159]

---

153 *Hodges*, The Western Sahara File, Third World Quarterly 6 (1984) 74 (93); *Soroeta Liceras*, International Law and the Western Sahara Conflict, S. 43 f.; Hodges, The Roots of a Desert War, S. 171 f.

154 *Lovatt/Mundy*, Free to Choose: A New Plan for Peace in Western Sahara, S. 3; *Soroeta Liceras*, International Law and the Western Sahara Conflict, S. 25, der Spanien vorwirft, es habe in jener Zeit einen „satellite state" errichten wollen. Ebenso *Franck*, der die PUNS als „the vehicle of the Spanish authorities" bezeichnet und im Umkehrschluss die Polisario als einzige unabhängige Bewegung der Westsahara ansah, indem sie Massendemonstrationen veranstaltete, mehrere wirtschaftliche Knotenpunkte wie den Phosphattransportgürtel in Bou Craa sabotierte und den bewaffneten Kampf gegen Spanien aufnahm, *Franck*, AJIL 70 (1976), 694 (713 f.). Die Polisario vertrat diese Meinung offen und wiederholte die kritische Haltung zur PUNS auch gegenüber der UN-Mission, welche der PUNS im Vergleich zur Polisario eine deutlich schwächere Position und weniger Unterstützung in der Bevölkerung zusprach, UN Doc. A/10023/Rev.1 S. 61 Rn. 211 ff.

155 UN Doc. A/10023/Rev.1 S. 61 Rn. 210.

156 UN Doc. A/10023/Rev.1 S. 61 Rn. 213 f.

157 UN Doc. A/10023/Rev.1 S. 86 Rn. 323.

158 UN Doc. A/10023/Rev.1 S. 86 Rn. 323.

Unter *Hassan II* nahm er hochrangige politische Positionen ein, zunächst Minister für Angelegenheiten der Sahara und von 1983–2006 Bürgermeister von El Aaiún und seit 2006 Vorsitzender des marokkanischen „Royal Advisory Council for Saharan Affairs" (CORCAS), ein von König *Mohammed VI* wiedereingesetzter königlicher Konsultativrat zur Lösung des Westsahara-Konflikts im Sinne einer Autonomielösung unter Ausschluss der Möglichkeit der Unabhängigkeit der Westsahara.[160]

2. Zwischenergebnis

Die Änderung des Status quo und die schrittweise Abgabe der zentralspanisch ausgeführten Verwaltung und Kontrolle über das Gebiet sollte allerdings vor allem durch die marokkanische Haltung und die erzielten diplomatischen Erfolge auf internationaler Ebene behindert und schließlich verhindert werden.[161]

Bis zum sogenannten Madrider Abkommen vom 14.11.1975[162] und trotz der soeben dargestellten Versprechungen zu weitreichenden Autonomiezugeständnissen *Francos* zur Realisierung des Selbstbestimmungsrechts der Sahrawis gegenüber der Djemma, war die Westsahara bis zur Unterzeichnung des Abkommens verfassungsrechtlich seit 1956 als Provinz in den Zentralstaat eingegliedert und wurde als solche auch verwaltungsrechtlich behandelt.[163] Es sollte sich herausstellen, dass Spanien erst 1974 ein zur Ausübung des Selbstbestimmungsrechts der Sahrawis geeignetes Referendum für 1975 ansetzen würde, was allerdings bis heute nicht stattgefunden hat.[164]

In der Zwischenzeit kam es sowohl staatsintern in den jeweiligen Konfliktparteien zu Vorkommnissen, die von zentraler Bedeutung für den heutigen Status quo der Westsahara sind, sowie zu Vorkommnissen auf interna-

---

159 UN Doc. A/10023/Rev.1 S. 86 Rn. 323.

160 *Hodges*, The Western Sahara File, Third World Quarterly 6 (1984) 74 (93); Zur politischen Position *Errachids* innerhalb des marokkanischen Staates siehe die von Marokko betriebene Seite zum CORCAS, http://www.corcas.com/Default.aspx?tabid=951, zuletzt abgerufen am 15.6.2024.

161 *Hodges* geht so weit, das Vorgehen Hassans als „Saharan Jihad" zu bezeichnen, *Hodges*, The Western Sahara File, Third World Quarterly 6 (1984) 74 (93).

162 Ausführlich hierzu § 3. A. III. 1.

163 *Trillo de Martín-Pinillos*, in: Arts/Pinto Leite (Hrsg.), Spain as Administering Power of Western Sahara, S. 84; *Ruiz Miguel*, in: Arts/Pinto Leite (Hrsg.), The Self-Determination Referendum and the Role of Spain, S. 306 ff.; UN Doc. A/10023/Rev.1 S. 41 Rn. 133.

164 Hodges, The Roots of a Desert War, S. 191 f., S. 197 ff.

tionaler Ebene, die weitgehend noch heute Strahlwirkung emittieren und nachgehend dargestellt werden sollen. Im Fokus stehen dabei vor allem Ereignisse in und um Spanien und Marokko sowie die eingenommene Position der USA als wichtigster Partner Marokkos, die wortwörtlich zwischen den Stühlen der Konfliktparteien standen und zunächst weitestgehend versuchten, Neutralität hinsichtlich der Lösung des Konflikts zu wahren. Die Darlegung und Bewertung der historischen Vorkommnisse der Zeit vor 1976 ist essentiell für das Verständnis und die Einordnung des Konflikts in den internationalen Rechtsrahmen. Insbesondere ist dieser Zeitrahmen für die einhergehenden Implikationen für die heutige rechtliche Bewertung des Gebietes sowie die Auswirkungen auf das Völkerrecht als solches wie auch auf das Völkervertragsrecht entscheidend. Dabei spielt die Zeit von 1973–1975 eine hervorgehobene Rolle, insbesondere das in diese Zeitspanne fallende IGH-Gutachten und die realpolitischen Ereignisse der jeweiligen Konfliktbeteiligten, in concreto Marokko, Mauretanien, Algerien und Spanien, die hierzu und zu dem an das Gutachten anschließenden sogenannten Grünen Marsch beigetragen haben.[165]

II. Der politische und historische Weg zum IGH-Gutachten

Neben Marokko stellte auch Mauretanien gebietliche Ansprüche und verfolgte diese zunächst energisch.

Anfangs noch vereint, stellten Marokko, Mauretanien und Algerien 1974 die Forderung gegen Spanien auf, die Westsahara endlich zu dekolonisieren, da das Selbstbestimmungsrecht der Sahrawis in erheblichem Maße durch den anhaltenden Koloniestatus verletzt werde.[166] Nach Bekanntmachung der spanischen Regierung, für 1975 unter Aufsicht der UN ein Referendum zur Ausübung des Selbstbestimmungsrechts durchführen zu lassen, scherte Marokko aus diesem Kurs aus und forderte von Spanien die „Wiedervereinigung der besetzten Sahara"[167], also die Einverleibung des westsaharischen Gebietes in marokkanisches Staatsgebiet. Spanien jedoch gab diesem Ersuchen nicht statt.[168]

---

165 Zum Grünen Marsch ausführlich § 2. II. 8. a). und § 3. A. IV. 1. a). cc).
166 *Hodges*, The Roots of a Desert War, S. 107, S. 116.
167 *Clausen*, Der Konflikt um die Westsahara, S. 42 ff.
168 *Hodges*, Western Sahara, The Roots of a Desert War, S. 85–104.

Marokko und Mauretanien versuchten fortgehend, den Streit auf internationaler Ebene zu führen.[169] Dem vorangehend gab es lange und zähe diplomatische Verhandlungen und Drohgebärden, vor allem seitens Marokkos, die die damalige politische Situation darlegen und widerspiegeln.

1. Le Grand Morocco

Mit Unabhängigkeit Marokkos und dem am 17.4.1956 zwischen Spanien und Marokko geschlossenen Anerkennungsvertrag, keimte die Idee des „Grand Morocco", welches sich auf Gebiete Algeriens, Malis, Mauretaniens und auf die gesamte Westsahara erstrecken sollte.[170] Ursprünglich geht die Ideologie auf die von *Allal el-Fassi* gegründete Istiqal Partei zurück.[171] Zusammen mit seinem Cousin *Abdelkebir el-Fassi*, welcher die erste Karte der angeblichen Staatsgrenzen des „Grand Morocco" zeichnete, übernahm er die politische, religiöse und gesellschaftliche Propaganda in Medien, Reden und auf Demonstrationen.[172] Die Propaganda *el-Fassis* zeigte Wirkung und die Istiqal Partei und damit nationale Bewegungen zur Wiedererlangung der angeblich rechtmäßigen Grenzen Marokkos erstarkten. Vor allem aber wurden anti-aristokratische Positionen lauter und wurden dadurch der sich im noch jungen, postkolonialen Prozess befindlichen und nach Macht und

---

169 Siehe zu Marokkos und Mauretaniens Ansprüchen ausführlich *Hodges*, Western Sahara, The Roots of a Desert War, S. 85–104.

170 *Mundy*, in: Ojeda Garcia/Fernández-Molina/Veguilla (Hrsg.), Global, Regional and Local Dimensions of Western Sahara´s Protracted Decolonization, S. 58. Gerade die beanspruchten Gebiete in Mauretanien hatten aufgrund der erheblichen Eisenerzvorkommen erhöhte Priorität in der geplanten „Wiedereingliederung", ebenso wie die Westsahara, in welcher bereits Ende der 1950er Jahre vermutet wurde, dass diese große Rohstoffvorkommen innehaben könnte, *Hodges*, Western Sahara, The Roots of a Desert War, S. 86.

171 *Zunes/Mundy*, Western Sahara, War, Nationalism and Conflict Irresolution, S. 36.

172 Bereits im März 1956 proklamierte *Allal el-Fassi*, späterer Minister für Islamangelegenheiten unter *Hassan II* und langjähriges Parlamentsmitglied, erstmalig die Idee des „Grand Morocco". Zunächst noch ohne konkrete kartographische Ausgestaltung der Staatsgrenzen, wurden diese kurz darauf in der parteieigenen Zeitung Al-Alam im Juli desselben Jahres veröffentlicht. Unter anderem propagierte er: „Our independence will only be complete with the Sahara. The frontiers of Morocco end in the south at Saint-Louis-du-Sénégal.", *Hodges*, Western Sahara, The Roots of a Desert War, S. 85. Eine Karte der beanspruchten Staatsgrenzen ist abgedruckt bei *Hodges*, Western Sahara, The Roots of a Desert War, S. 87.

Stabilität strebenden Staatsmonarchie unter *Mohammed V* gefährlich.[173] Politisch durchaus klug positionierte sich das Königshaus und damit auch der Staat Marokko als solcher zunächst hinter das Konzept des „Grand Morocco" und propagierte es erstmalig im Rahmen einer Sitzung des Sonderausschusses zur Dekolonisierung der UN.[174] Gleichzeitig wurde *Abdelkebir el-Fassi* Mitarbeiter des Innenministeriums und bekam die Aufgabe des Direktors für Angelegenheiten zu Grenzproblematiken und der Sahara übertragen. Schließlich bekannte sich König *Mohammed V* in einer Rede am 25.2.1958 öffentlich zu den weitreichenden territorialen Gebietsansprüchen, vor allem bezüglich jener der Gebiete der Westsahara und versprach, die Gebiete der Westsahara mit allen nötigen Mitteln zurückerobern zu wollen.[175] *Soroeta Liceras* sieht die marokkanische Haltung bestärkt durch den missglückten und interpretierungsbedürftigen Ausspruch Spaniens zur Unabhängigkeit Marokkos, in welchem die spanische Regierung bekräftigte, die territoriale Einheit des „Empires", festgelegt nach internationalen Verträgen, zu respektieren.[176] Dabei ist allerdings zu beachten, dass sich die internationalen Verträge in Bezug auf die Gebiete Westsaharas[177] einer Interpretation verschließen, die zur Annahme kommt, dass eben jene territoriale Ansprüche Marokkos die Gebiete der Westsahara rechtmäßig umfassen.[178]

2. Marokko, Mauretanien, Algerien

In Ausführung dieser Doktrin kam es zunächst 1963 zum Algerisch-Marokkanischen Grenzkrieg, auch *Sandwar* oder *Guerre des sables* genannt, in

---

173 *Hodges*, Western Sahara, The Roots of a Desert War, S. 86; *Thomas*, The Emperor´s Clothes, S. 14 ff.
174 UN Doc. A/C.4/SR.670 v. 14.10.1957, S. 95.
175 Der zur Rede anwesenden Bevölkerung versprach er „(...) with all our power to recover our Sahara and everything which, by evidence of history and the will of the inhabitants, belongs to our Kingdom". In *Hodges*, Western Sahara, The Roots of a Desert War, S. 88.
176 *Soroeta Liceras*, International Law and the Western Sahara Conflict, S. 15.
177 Gemeint waren die zwischen Frankreich und Spanien geschlossenen Grenzverträge zwischen 1900–1912, vgl. *Soroeta Liceras*, International Law and the Western Sahara Conflict, S. 9 und 15. Dies bestätigend führte der IGH in seinem Gutachten aus dem Jahr 1975 aus, dass keine territorialen Souveränitätsansprüche Marokkos bzgl. der Gebiete der Westsahara historisch und aus geschlossenen Verträgen ableitbar sind, vgl. hierzu unten § 3. A. I. 3.
178 So auch *Soroeta Liceras*, International Law and the Western Sahara Conflict, S. 15.

dessen Folge es zu militärischen Gefechten und monatelang andauernden diplomatischen und politischen Feindseligkeiten beider Staaten kam, die sich aber bereits 1964 legten. In den kommenden Jahren erfolgte eine zunächst nicht erwartete Normalisierung und Verbesserung der Beziehungen, die sich schließlich 1972 durch die vollständige Aufgabe Marokkos seiner angeblich bestehenden Territorialansprüche in der Tindouf-Region weiter verbesserten. Unter Vermittlung der OAU wurde am 15.6.1972 in Rabat ein Grenzvertrag zur endgültigen Beilegung der territorialen Auseinandersetzung geschlossen.[179] *Hodges* führt aus, dass sowohl die Anerkennung Mauretaniens als auch die formelle Beilegung des Konflikts mit Algerien taktische Schachzüge *Hassans II* gewesen sind, um beide Staaten von der seiner Ansicht nach rechtmäßigen Position Marokkos bezüglich der territorialen Souveränitätsansprüche über die Gebiete der Westsahara zu überzeugen.[180] *Hassan II* hielt auch deshalb die Ratifikation des Grenzvertrages bewusst zurück, um die gewonnene Gunst Algeriens mit einer Hintertür zu versehen, falls es zu unvorhergesehen Komplikationen kommen sollte.[181] Ex post betrachtet trifft dieser Schluss zu, vor allem im Hinblick auf den jahrelangen Erfolg marokkanischer Außenpolitik und diplomatischer Bemühungen und die aufgrund diverser taktischer Schachzüge *Hassans II* erst 1975 final konträr zu Marokko eingenommene Position Algeriens zur Westsaharafrage. Dies sollte die Rivalität beider Staaten schließlich wieder vollends aufblühen lassen, die bis in die jetzige Zeit weiterhin Fortbestand hat und nie vollends überwunden werden konnte.[182] Eine erweiterte Grenzziehung über die Staatsgrenzen Malis hinaus wurde zwar anfangs in Betracht gezogen, jedoch praktisch nie verfolgt.[183] Bezüglich der beanspruchten Gebiete des 1960 in die Unabhängigkeit entlassenen Mauretaniens hielt Marokko bis in das Jahr 1969 an dem Eingliederungsplan fest, erkannte dann aber

---

179 *Oeter*, ZaöRV 46 (1986) 48 (71); *Zunes/Mundy*, Western Sahara, War, Nationalism and Conflict Irresolution, S. 33.
180 *Hodges*, Western Sahara, The Roots of a Desert War, S. 116. So auch *Thomas*, die ferner die international wenig anerkannte und teils heftig bekämpfte und umstrittene Position Marokkos und den damit einhergehenden Druck in den UN-Gremien als zusätzlichen Faktor zur politischen und diplomatischen Schlichtungspolitik *Hassans II* ansieht, *Thomas*, The Emperor´s Clothes, S. 15.
181 Erst 1989 wurde der Vertrag schließlich ratifiziert, 2189 UNTS 87 v. 14.5.1989.
182 *Mundy*, in: Ojeda Garcia/Fernández-Molina/Veguilla (Hrsg.), Global, Regional and Local Dimensions of Western Sahara´s Protracted Decolonization, S. 58.
183 *Hodges*, Western Sahara, The Roots of a Desert War, S. 88; *Zunes/Mundy*, Western Sahara, War, Nationalism and Conflict Irresolution, S. 36.

schließlich im selben Jahr den Staat Mauretanien an und verfolgte etwaige Souveränitätsansprüche nicht weiter.[184]

3. Algeriens Maghreb-Politik

Der algerische Staatspräsident *Boumedienne* brachte auf dem Entstehungs-konvent der Organisation für Islamische Zusammenarbeit in Rabat im Jahr 1969 erstmalig in der Geschichte der noch jungen Staaten Marokko und Mauretanien, in concreto die beiden Staatsoberhäupter *Hassan II* und *Ould Daddah*, an einen Tisch und glättete mit diesem Treffen endgültig die Wogen zwischen den beiden lange Zeit in existentiellem Konflikt zueinander befindlichen Staaten.[185] Im Zuge der Anerkennung und der verbesserten Beziehungen Marokkos zu Mauretanien und Algerien hielten die drei Staaten ein historisches trilaterales Treffen im September 1970 in der maureta-

---

184 Noch im Jahre 1960 proklamierte der marokkanische Regierungsvertreter *Sidi Baba* vor dem Vierten Komitee der Generalversammlung, „that he wished to reserve his Government's position with regard to regions which had always belonged to Morocco but were now under foreign occupation - namely, the region known as Mauritania, which was under French occupation, and Sidi Ifni, Saguia-el-Hamra, Ceuta and Melilla, which were occupied by Spain. Despite Morocco's undoubted historic rights to those territories, they bad been forcibly detached from his country. The inhabitants were unquestionably Moroccan and had always claimed to be so, despite blind colonialist oppression" and „for political, legal and moral reasons, as also for the sake of good relations with Spain, they should be returned to Moroccan sovereignty at the earliest possible moment.", UN Doc. A/C.4/SR.1005 v. 7.10.1960, S.17 Rn. 46 f. Die Haltung Marokkos unterstreichend ist die Verfassung des jungen Staates v. 2.6.1960 heranzuziehen, in welcher unmissverständlich postuliert wird „that it is a national duty to act in order to recuperate territorial integrity and unity", Art. 13 der damaligen marokkanischen Verfassung v. 2.6.1960, abgedruckt in *Cordero Torres*, Textos Basicos de Africa, Vol. 1 (1962), S. 197 ff., sowie Art. IV der re-vidierten Verfassung v. 2.6.1961, in der es hieß: „Within the limits of its true borders, Morocco is an entity, one and indivisible. It is a national duty to work toward the realization of territorial integrality and unity", *Middle East Institute*, Fundamental Law of Morocco, Middle East Journal 15 (1961), 326 (327). Unterstützung bekam Marokko vor allem von Indonesien, welches, wie sich später herausstellen sollte, Osttimor in einem historisch und politisch fast spiegelbildlichen Verfahren in sein eigenes Staatsgebiet eingliedern würde wie die Marokkaner die Westsahara, nämlich als ehemalige Kolonie europäischer Mächte, als Aggressor und Besatzungsmacht eines von einem westlichen Staat noch kolonisierten Gebiets, schlussendlich als dekolonisierte Kolonialmacht, vgl. UN Doc. A/C.4/SR.1005 v. 7.10.1960, S.17 Rn. 60, 67. Siehe hierzu § 2. A. IV. 2. a). dd) und ee).

185 *Hodges*, Western Sahara, The Roots of a Desert War, S. 115 f.

nischen Stadt Nouadhibou, in der die Staaten erstmalig offiziell in ihrer Geschichte zusammentraten und gemeinsame politische Vorstellungen und diplomatischen Austausch besprachen. Vor allem ging es auch um die territoriale Aufteilung bzw. Einverleibung der Westsahara in das Staatsgebiet Marokkos und Mauretaniens.[186] Algerien stellte zu keinem Zeitpunkt der Geschichte territoriale Ansprüche bezüglich der Gebiete der Westsahara und war im Rahmen der algerischen Détente-Politik der Maghreb-Staaten, speziell mit Marokko, eher an einer die guten Beziehungen aufrechterhaltenden und wahrenden Lösung interessiert, solange das Volk der Westsahara nach den einschlägigen Regelungen der Internationalen Gemeinschaft über ihr Schicksal frei bestimmen könnte.[187] *Boumedienne* schien äußerst bemüht um eine Normalisierung und Verbesserung der marokkanisch-algerischen Beziehungen. Er bot *Hassan II* im Zuge des Grenzabkommens sogar an, die Tindouf-Region, die zusammen mit Mauretanien eines der größten Eisenerzvorkommen der Welt innehat, gemeinsam wirtschaftlich erschließen und ausbeuten zu wollen, obwohl formell und staatsrechtlich die Tindouf-Region in den Staatsgrenzen Algeriens liegt.[188] *Hassan II*, der mittlerweile Funktionäre der Istiqal Partei und allgemein Unterstützer der Idee des „Grand Morocco" verhaften und verfolgen ließ[189] und selbst von der Ideologie öffentlich Abstand nahm, bot Algerien diplomatischen Austausch an. Er nutzte die Gunst der neu hinzugewonnen diplomatischen Verhandlungen und Erfolge geschickt, um Algerien und Mauretanien unter Beteuerung der Unabdingbarkeit und Rechtmäßigkeit der Grenzziehungen und dementsprechenden Vereinbarungen der jeweiligen Staaten von der Kooperationsbereitschaft und Nachbarschaftlichkeit Marokkos zu überzeugen.[190] Dabei implizierte er gleichzeitig unter angeblicher Achtung und Durchführung international geltender Rechtsrahmen und Grundsätze wie

---

186 *Zunes/Mundy*, Western Sahara, War, Nationalism and Conflict Irresolution, S. 33; *Hodges*, Western Sahara, The Roots of a Desert War, S. 118.

187 *Pazzanita*, Historical Dictionary of Western Sahara, S. 68. Algerien hat ausnahmslos alle Resolutionen der Generalversammlung unterstützt, die die Beendigung der spanischen Fremdherrschaft forderten und die zur Achtung des Selbstbestimmungsrechts der indigenen Bevölkerung der Westsahara aufriefen, *Hodges*, Western Sahara, The Roots of a Desert War, S. 190.

188 *Zunes/Mundy*, Western Sahara, War, Nationalism and Conflict Irresolution, S. 33; *Hodges*, Western Sahara, The Roots of a Desert War, S. 114 f. Darüber hinaus wurden vielfache Wirtschaftsabkommen ab 1968 geschlossen, die zur Folge hatten, dass sich das Gesamthandelsvolumen zwischen beiden Staaten innerhalb von vier Jahren verdreifachte, *Hodges*, Western Sahara, The Roots of a Desert War, S. 115.

189 *Hodges*, Western Sahara, The Roots of a Desert War, S. 114.

190 *Hodges*, Western Sahara, The Roots of a Desert War, S. 116.

dem Selbstbestimmungsrecht der Völker und den einschlägigen UN-Resolutionen zur Westsahara, die Rechtmäßigkeit der territorialen Ansprüche bezüglich der Gebiete bzw. Teilen der Westsahara. Dies geschah mit dem Ziel, diese als letztverbleibendes Territorium des ursprünglichen „Grand Morocco" zukünftig wieder in die territoriale Souveränität Marokkos überführen zu können und die Zustimmung der beteiligten Parteien hierzu zu erlangen.[191]

4. Internationale Dreifaltigkeit und Einigkeit

Den Harmonisierungskurs weiter forttragend, bemühte sich das trilaterale Gespann auf internationaler Ebene weiterhin um Einigkeit, vor allem bezüglich der Problematik um die Gebiete der Westsahara. Fast geschlossen traten sie seit Jahren für das Selbstbestimmungsrecht der in der Westsahara lebenden Menschen ein und forderten offensiv Spanien im Rahmen der internationalen UN-Gremien dazu auf, die letzte noch bestehende Kolonie in Afrika abzustoßen und unterstützten dementsprechend formulierte Resolutionen der Generalversammlung.[192]

1972 schlossen Marokko und Mauretanien diesbezüglich und unter Anwesenheit des algerischen Staatspräsidenten *Boumedienne* ein erstes verbales, streng geheimes Abkommen zur geplanten Aufteilung der Westsahara zwischen den beiden Staaten.[193] Weder offiziellen UN-Dokumenten noch Dokumenten der OAU ist zu entnehmen, dass der Internationalen Gemeinschaft bekannt war, dass es bereits konkrete Planungen zur Aufteilung der Gebiete der Westsahara gab.[194] Auf ihrem nächsten trilateralen Gipfel-

---

191 *Hodges*, Western Sahara, The Roots of a Desert War, S. 116.
192 *Zunes/Mundy*, Western Sahara, War, Nationalism and Conflict Irresolution, S. 33; *Hodges*, Western Sahara, The Roots of a Desert War, S. 119. Freilich können die Aufrufe zur Ausübung des Selbstbestimmungsrechts der indigenen Bevölkerung der Westsahara seitens Marokkos und Mauretaniens unter Beachtung der eigentlichen territorialen Eingliederungspläne in das eigene Staatsgebiet kaum als ernsthaft angesehen werden, da über Reden in dem Dekolonisierungsausschuss der Generalversammlung oder der Befürwortung vereinzelter Resolutionen kein aktives Implementieren gefordert oder gar umgesetzt worden ist, *Thomas*, The Emperor´s Clothes, S. 11. *Franck* analysierte das jahrelange Verhalten Marokkos und Mauretaniens auf internationaler Ebene vollkommen zutreffend als „ (...) acceleration of efforts by all parties to arrange their preferred outcome behind a facade of support for self-determination", *Franck*, AJIL 70 (1976), 694 (703).
193 *Hodges*, Western Sahara, The Roots of a Desert War, S. 116.
194 *Hodges*, Western Sahara, The Roots of a Desert War, S. 116.

treffen im Juli 1973 versicherten sie im Anschluss in einem gemeinsamen Communiqué abermals ihre den internationalen Rechtsnormen und UN-Resolutionen konformen Positionen hinsichtlich der Dekolonisierung der Westsahara und traten erneut öffentlich als Verteidiger des Selbstbestimmungsrechts der indigenen Bevölkerung der Westsahara auf, ohne auf die Teilungspläne Marokkos und Mauretaniens einzugehen.[195] Erst durch eine Rede *Boumediennes* auf einem Gipfel der Arabischen Liga im Oktober 1974 wurden die bis dahin geheim gehaltenen territorialen Aufteilungsvorhaben international veröffentlicht und brachten weitere Spannung in die Konfliktlage.[196] Diese wurde vor allem durch Spaniens kurz zuvor getätigte Ankündigung, nach über einem Jahrzehnt wiederholter Aufforderung durch die Generalversammlung ein entsprechendes Referendum zur Ausübung des Selbstbestimmungsrechts der indigenen Bevölkerung der Westsahara unter UN-Schirmherrschaft zu organisieren und so die letzte Kolonie Afrikas in die Unabhängigkeit entlassen zu wollen, weiter angeheizt.[197]

---

195 UN Doc. A/10023/Rev.1, S. 126 f.: „They reaffirmed their unwavering attachment to the principle of self-determination and their concern to ensure that this principle was implemented in a framework which guaranteed that the will of the inhabitants of Sahara was given free and genuine expression, in conformity with the United Nations decisions on this question."

196 *Hodges*, Western Sahara, The Roots of a Desert War, S. 116.

197 *Boumedienne* führte aus, bei einem Treffen mit *Hassan II* und *Ould Daddah* anwesend gewesen zu sein, „(...) at which they found a means to resolve the problem of the Sahara which envisages a Moroccan and a Mauritanian Zone. I was present; I gave my full endorsement without ulterior motives.", *Hodges*, Western Sahara, The Roots of a Desert War, S. 116. Noch vor dem Gipfeltreffen der Arabischen Liga, welches vom 25.–28.10.1974 stattfand, informierte *Boumedienne Kissinger* am 14.10.1974 bei einem Treffen in Algier über die Aufteilungspläne Marokkos und Mauretaniens, die Situation als solche und die Position Algeriens. Bereits zum Zeitpunkt des Treffens änderte Marokko den Kurs der zuvor erfolgreichen Konsultations- und Nachbarschaftspolitik im diplomatischen wie auch im wirtschaftlichen Bereich mit Algerien und setzte erste Spitzen gegenüber der algerischen Politik in der Westsahara. *Kissinger* erzählte *Boumedienne*, dass ihm die Marokkaner erzählt hätten, dass Algerien die Westsahara annektieren wolle, woraufhin *Boumedienne*, wie die Geschichte zeigen sollte, wahrheitsgemäß antwortete: „In truth, so you'll be informed, we have no such ambitions." Er gab zu, dass Algerien wirtschaftliche Interessen verfolge und besonders an der Ausbeutung der Eisenerzvorkommen in der Tindouf-Region interessiert sei, welche sich allerdings in algerischem Staatsgebiet befinde. Darüber hinaus bestätigte er, dass es Verträge mit Marokko zur wirtschaftlichen Ausbeutung gewisser Regionen gebe, diese aber keinerlei Auswirkungen auf die territoriale Integrität des Gebietes der Westsahara hätten. Vielmehr seien Marokko und Mauretanien mit der Aufteilung des Gebietes vorangeschritten und wollten die Frage dem IGH vorlegen, wogegen Algerien keinen Einwand eingelegt

5. Marokkos Paradigmenwechsel

Die Ankündigung Spaniens, ein Referendum mit der Möglichkeit der Unabhängigkeit schnellstmöglich in den ersten Monaten des Jahres 1975 abhalten zu wollen[198], enttarnte *Hassans II* Scharade um die angeblich das Selbstbestimmungsrecht der indigenen Bevölkerungen der Westsahara wahrenden Haltung endgültig.[199] Kurz darauf stellte er im Staatsfernsehen klar, dass die Möglichkeit der Unabhängigkeit der Gebiete keinerlei Option darstelle, die Marokko ohne Weiteres hinnehmen würde, und drohte Mittel zu ergreifen, die über diplomatische und politische Folgen hinausgehen würden.[200] Fortlaufend verschärfte *Hassan II* zunehmend seine Rhetorik gegenüber Spanien, um vor allem den Rückhalt der Bevölkerung aufrechtzuerhalten, und beteuerte stets, die Gebiete der Westsahara um jeden Preis in das Staatsgebiet Marokkos zurückzuführen. Zugleich wusste er aber um die enormen Kosten und Risiken, die durch eine militärische Konfrontation entstehen würden, und auch um die militärische Überlegenheit der Spanier, weshalb eine direkte Auseinandersetzung stets als unwahrscheinlich galt.[201] Die Westsaharafrage und der andauernde Konflikt mit Spanien

---

hätte, solange das Selbstbestimmungsrecht der Bevölkerung gewahrt bliebe, *Office of the Historian*, Foreign Relations of the United States, 1969–1976, Volume E-9, Part 1, Documents on North Africa, 1973–1976, Dokument 89 v. 14.10.1974. *Bouteflika*, damaliger algerischer Außenminister, wies die Delegation Algeriens in der UN sogar an, explizit für die Resolution zur Gutachtenanfrage an den IGH zu stimmen, sich also nicht zu enthalten, was zur Folge haben sollte, dass der von Spanien begonnene Prozess der Ausgestaltung des Referendums zur Ausübung des Selbstbestimmungsrechts der indigenen Bevölkerung der Westsahara erneut und, wie die Geschichte zeigen sollte, final zu unterbrechen, *Pazzanita*, Historical Dictionary of Western Sahara, S. 68.

198 UN Doc. A/9714 v. 20.8.1974.
199 *Hodges*, Western Sahara, The Roots of a Desert War, S. 181 f.
200 *Hodges*, Western Sahara, The Roots of a Desert War, S. 181 f.
201 *Hodges*, Western Sahara, The Roots of a Desert War, S. 183. *Kissinger* war der Ansicht, dass im Falle einer militärischen Auseinandersetzung „he might receive a bad beating" und versicherte die diplomatische Unterstützung der USA zur friedlichen Konfliktbeilegung, *Office of the Historian*, Foreign Relations of the United States, 1969–1976, Volume E-9, Part 1, Documents on North Africa, 1973–1976, Dokument 95 v. 4.10.1974, S. 271. Bereits zuvor schrieb *Kissinger* dem marokkanischen König einen Brief, in welchem er ihm sowohl persönlich nahelegte und in seiner Funktion als Außenminister der USA mahnte, militärische Aktionen gegen Spanien unbedingt zu unterlassen. „I hope these reports are erroneous but felt I should communicate urgently with you to convey my strong advice that, should they be correct, Morocco not take such action. I think you should know of our estimate that Moroccan military operations against Spanish Sahara could lead to severe military

wurden mit zunehmender Intensität für *Hassan II* zur Existenzfrage und Legitimationsprobe seiner monarchistischen Staatsform; die Unterstützung des Volkes für seine radikalere Politik war ungebrochen, die Popularität des Monarchen hoch wie nie.[202] Das marokkanische Volk war hochpolitisiert durch ständige Medienpropaganda und dem Vorhaben *Hassans* wohlgesinnt und nahm die Ideologie des Königs auf.[203] Allerdings blieb Spanien standhaft und verweigerte sich einer von *Hassan II* vorgeschlagenen Lösung, die nicht das Selbstbestimmungsrecht des Volkes der Westsahara wahren würde.[204]

6. Der Weg des Rechts

Der wirtschaftlichen Unmöglichkeit und der politisch und diplomatisch katastrophalen möglichen Folgen eines bewaffneten Konflikts mit Spanien wohlwissend und der mittlerweile an seine Legitimation gekettete erwartete Erfolg des marokkanischen Volkes hinsichtlich der Westsaharafrage ließ *Hassan II* neue Wege einschlagen.

Um das Referendum zu verhindern oder zumindest zu verzögern, versuchte Marokko über alle über die vergangenen Jahre aufgebauten diplomatischen Kanäle die Staatengemeinschaft von der Notwendigkeit zu überzeugen, dass zur endgültigen und friedlichen Klärung der historischen und rechtlichen Gegebenheiten des Konflikts ein Gutachten vom IGH einzuholen sei.[205] *Hassans II* Vorgehensweise war durchaus taktisch klug durchdacht, indem er einen dualistischen Ansatz verfolgte und um die Nichtverbindlichkeit eines IGH-Gutachtens wusste. Zum einen würde der

---

and political disadvantages for Morocco. Among other things, we would expect Spanish to appeal to the Security Council in circumstances where many members of the Council would find it difficult to defend any such military initiative.", *Office of the Historian*, Foreign Relations of the United States, 1969–1976, Volume E-9, Part 1, Documents on North Africa, 1973–1976, Dokument 94 v. 4.10.1974, S. 269.

202 *Zunes/Mundy*, Western Sahara, War, Nationalism and Conflict Irresolution, S. 340.

203 *Hodges*, Western Sahara, The Roots of a Desert War, S. 182.

204 *Hodges*, Western Sahara, The Roots of a Desert War, S. 182 f.

205 *Hodges*, Western Sahara, The Roots of a Desert War, S. 184 ff. Mauretaniens Rolle im diplomatischen Überzeugungsprozess war im Vergleich zur Position Marokkos eher unbedeutend und wird im Folgenden nicht weiter beleuchtet. Eine intensive Auseinandersetzung mit Mauretaniens Position, die von Marokko bis in das späte 1975 nicht anerkannt wurde, erfolgte bei *Hodges*, Western Sahara, The Roots of a Desert War, S. 183 ff.

Weg über den IGH, unabhängig vom Ausgang, Monate an Zeit gewinnen, welche den Spaniern, deren militärische und administrative Posten sowie wirtschaftliche Produktionsanlagen sabotiert und unter Beschuss der Polisario standen, mit der innenpolitischen Krise, sprich dem kurz bevorstehenden Zusammenbruch des *Franco*-Regimes, sowie dem immer stärker werdenden Druck auf internationaler Ebene schlichtweg entrann.[206] Zum anderen könnte, sollte der IGH für die marokkanische Position votieren, die Internationale Gemeinschaft den Saharakonflikt fortlaufend nicht mehr als Problem des Selbstbestimmungsrechts der indigenen Bevölkerung der Westsahara einstufen, sondern als Problem territorialer Souveränität Marokkos und den Forderungen Marokkos nach Wiedereingliederung stattgeben. Das Risiko der Negierung marokkanischer Ansprüche wurde von *Hassan II* als ungemein gering eingestuft, und auch im Falle eines ungünstigen Ausgangs für Marokko hätte die Nichtverbindlichkeit des Gutachtens in den Vordergrund gerückt werden können.[207]

Anfangs sogar von Algerien unterstützt, buhlte *Hassan II* erfolgreich um die Unterstützung der USA, die Spanien von der Notwendigkeit eines solchen Gutachtens überzeugen sollten und auf UN-Ebene die notwendige Unterstützung einholen konnten.[208] Tatsächlich sollte das Vorgehen von Erfolg gekrönt sein, nicht zuletzt aufgrund der enormen Wichtigkeit Marokkos für die westliche Staatenwelt, insbesondere für die USA, Frankreich und Spanien, die Marokko und speziell *Hassan II* als wichtigen, wenn

---

206 *Pazzanita*, Historical Dictionary of Western Sahara, Introduction S. li; *Hodges*, Western Sahara, The Roots of a Desert War, S. 182 ff. *Hassan II* versuchte zuvor erfolglos, die spanische Regierung bzw. den damaligen spanischen Außenminister *Cortina* 1974 davon abzubringen, der UN die geplanten weiteren Schritte zur Dekolonisierung der Westsahara preiszugeben, wozu Spanien aufgrund des enormen Drucks nicht mehr imstande war, *Office of the Historian*, Foreign Relations of the United States, 1969–1976, Volume E-9, Part 1, Documents on North Africa, 1973–1976, Dokument 95 v. 4.10.1974, S. 271.

207 *Hassan II* versicherte *Kissinger*, dass „This territory belonged to someone in the past, it is not res nullius. I seek the ICJ (International Court of Justice) decision, because I know that they will say that this land belonged to Morocco before, and I will in any event accept the ICJ decision because the evidence that I submitted to the ICJ is very, very strong", *Office of the Historian*, Foreign Relations of the United States, 1969–1976, Volume E-9, Part 1, Documents on North Africa, 1973–1976, Dokument 90 v. 15.10.1974, S. 260.

208 *Kissinger* versicherte *Hassan II*, dass er Spanien von der IGH-Lösung überzeugen wolle, *Office of the Historian*, Foreign Relations of the United States, 1969–1976, Volume E-9, Part 1, Documents on North Africa, 1973–1976, Dokument 90 v. 15.10.1974, S. 260; *Hodges*, Western Sahara, The Roots of a Desert War, S. 184; *Zunes/Mundy*, Western Sahara, War, Nationalism and Conflict Irresolution, S. 34.

auch autokratischen, Stützpfeiler während des Kalten Krieges im Kampf gegen den Kommunismus sahen. Als solcher erlaubte Marokko es den NATO-Ländern, militärische Stützpunkte zu unterhalten und marokkanische Häfen zu nutzen, und er versorgte die westlichen Länder, vor allem die USA, in ihrer Nah-Ost Politik mit wichtigen Informationen. Gleichzeitig war das Königreich eines der wenigen arabischen Länder, welches im Israel-Palästina-Konflikt eine liberale Haltung einnahm.[209]

7. Algeriens Positionswandel

Die sich im Jahr 1975 deutlich manifestierte abkehrende Haltung Marokkos und Mauretaniens vom Prinzip der Selbstbestimmung verschlechterte das Verhältnis Algeriens zu Mauretanien und vor allem zu Marokko erheblich. Im Oktober 1974 ließ *Boumedienne* noch die Geschlossenheit des trilateralen Gespanns vermuten, indem er auf dem Gipfeltreffen der Arabischen Liga verkünden ließ, dass Algerien Marokko und Mauretanien in „ (...) the liberation of each piece of its land, not only the Western Sahara or the Sahara still under Spanish rule, but also Ceuta, Melilla, and all islands still occupied by Spain" unterstützen werde.[210] Dementsprechend unterstützte es auch die Anfrage an den IGH zur Gutachtenerstellung über die Gebiete der Westsahara.[211] Die zunächst aufgehende Taktik von König *Hassan II,*

---

209 *Gardner,* Democratic Governance and Non-State Actors, S. 109 ff; *Hodges,* Western Sahara, The Roots of a Desert War, S. 184 f.

210 *Hodges,* Western Sahara, The Roots of a Desert War, S. 191.

211 *Pazzanita,* Historical Dictionary of Western Sahara, S. 65. *Boumedienne* ging sogar noch weiter und drückte sich in der bisherigen trilateralen Politik am deutlichsten aus, indem er sagte: „If our brother presidents and kings endorse this formula for agreement between the two countries and for the achievement of the liberation and demarcation of what is to be the moroccan zone and what is about to be the Mauritanian Zone, then I will be among those to subscribe to this formula.", *Hodges,* Western Sahara, The Roots of a Desert War, S. 191. Algerien votierte für die Resolution UN Doc. A/RES/3292 v. 13.12.1974 und stellte sich damit gegen viele befreundete Staaten aus der Dritten Welt, bei welchen Algerien aufgrund seiner anti-imperialistischen Politik auf internationaler Ebene hohes Ansehen genoss, *Hodges,* Western Sahara, The Roots of a Desert War, S. 192 f. Allerdings hat Algerien stets den Zusatz erbracht, dass die Konsultation des Volkes der Westsahara eine Notwendigkeit zur Durchsetzung jeglicher territorialer Ansprüche sei und das Recht auf Selbstbestimmung unabdingbar zu gewähren sei, *Hodges,* Western Sahara, The Roots of a Desert War, S. 192. Das Recht auf Selbstbestimmung führte Algerien auch in den mündlichen Verhandlungen vor dem IGH an und berief sich auf die Wichtigkeit der Konsultation des Volkes der Westsahara und auf die Unabdingbarkeit

das Grenzabkommen mit Algerien nicht zu ratifizieren, fand ihr jähes Ende im Juli 1975 während eines Treffens mit dem algerischen Außenminister *Bouteflika*. In diesem bot *Bouteflika* dem marokkanischen König ein letztes Mal erfolglos an, die Teilung des Gebietes der Westsahara akzeptieren zu können, sofern der Grenzvertrag drei Jahre nach Unterzeichnung nunmehr auch final ratifiziert werde.[212] *Hassan II* offenbarte während des mehrtägigen diplomatischen Austausches beider Länder seine lange Zeit verborgenen und nur vermuteten intrinsischen Motive, besonders hinsichtlich der Implementierung der einschlägigen Resolutionen und vor allem der Nichtbeachtung des Selbstbestimmungsrechts der Sahrawis. Dies hat Algerien nicht weiter hinnehmen können, ohne die, stets im Konflikt zu Marokko stehende, vorherrschende Machtposition im Maghreb zu verlieren.[213] Darüber hinaus wankte Algeriens internationaler Ruf und auch die Legitimität der international stark beanspruchten Position Algeriens hinsichtlich der bis dahin öffentlichen und stetigen Unterstützung und ideologischen Verbundenheit nationaler Befreiungsbewegungen, vor allem in den Ländern der Dritten Welt und deren Revolutionsbestrebungen. Diese Position wäre kaum aufrechtzuerhalten gewesen, wenn Algerien sich nicht klar gegen die marokkanische Haltung positioniert und sich nicht aktiver und aggressiver für das Selbstbestimmungsrecht der Sahrawis eingesetzt hätte.[214] Aufgrund der verlorenen Détente mit Marokko und der hohen Instabilität und dem erhöhten Misstrauen befreundeter Drittstaaten hinsichtlich der diplomatischen und politischen Position Algeriens auf internationaler Ebene, distanzierte sich Algerien fortan diplomatisch, politisch und auch militärisch von Marokko.[215] Dies geschah, indem *Boumedienne* aus Sorge vor einer erneuten militärischen Intervention Marokkos zum einen anordnete, die Tindouf-Region mit verstärkter militärischer Präsenz zu schützen, und zum anderen, indem Algerien nun öffentlich die Polisario unterstützte. Zwar geschah dies bereits seit Anfang des Jahres 1975 in immaterieller bzw. ideologischer Form und vereinzelt auch materiell oder militärisch, aber erst mit

---

eines Referendums als Ausdruck des Selbstbestimmungsrechts der Sahrawis, ICJ, Pleadings, Western Sahara (Sahara Occidental), Vol. IV, S. 496 ff.

212 *Pazzanita*, Historical Dictionary of Western Sahara, S. 69; *Hodges*, Western Sahara, The Roots of a Desert War, S. 193 f.; *Zunes/Mundy*, Western Sahara, War, Nationalism and Conflict Irresolution, S. 34.

213 *Zunes/Mundy*, Western Sahara, War, Nationalism and Conflict Irresolution, S. 40 f.; *Pazzanita*, Historical Dictionary of Western Sahara, S. 69; *Hodges*, Western Sahara, The Roots of a Desert War, S. 194.

214 *Hodges*, Western Sahara, The Roots of a Desert War, S. 194.

215 *Hodges*, Western Sahara, The Roots of a Desert War, S. 193 f.

dem Überschlagen der Ereignisse im Sommer und dem folgenden Herbst 1975 wurde weitreichendere finanzielle und militärische Unterstützung bedingungslos zugesichert.[216]

8. Gutachtenanfrage IGH

Marokko und Mauretanien gelang es 1974, die Generalversammlung zu einer Resolution zu veranlassen, den Internationalen Gerichtshof (IGH) im Rahmen einer Gutachtenanfrage um Klärung zu ersuchen, ob das Gebiet der Westsahara vor Errichtung der spanischen Verwaltung als Terra nullius einzustufen sei. Falls diese Frage zu verneinen sei, sollte weiter untersucht werden, ob und wenn ja, welche rechtlichen Bindungen zwischen Marokko, Mauretanien und der Westsahara bestehen bzw. bestanden.[217] Hauptsächlich war es allerdings Marokko, welches durch intensive Lobbyarbeit und Nutzung der zuvor jahrelang aufgebauten und gut erhaltenen diplomatischen Kanäle der Erfolg zuzusprechen war. Dies war größtenteils auf die allgemein destabile Situation Mauretaniens, vor allem der deutlich schwächeren wirtschaftlichen wie auch politischen und diplomatischen Situation im Vergleich zu Marokko zurückzuführen.[218]

König *Hassan II* war der festen Überzeugung, dass der IGH in favori für die marokkanische Position judizieren würde, da er dem IGH über das Nötige hinaus gehende Beweise vorlegen würde, die nur den Schluss zuließen, dass die Gebiete der Westsahara souveränes Staatsgebiet Marokkos

---

216 *Pazzanita*, Historical Dictionary of Western Sahara, S. 65, S. 152; *Hodges*, Western Sahara, The Roots of a Desert War, S. 193 f.

217 UN Doc. A/RES/3292 v. 13.12.1974: „i. Was Western Sahara (Rio de Oro and Sakiet el Hamra) at the time of colonisation by Spain a territory belonging to no one (res nullius)? If the answer to the first question is in the negative ii. What were the legal ties between this territory and Kingdom of Morocco and the Mauritanian entity?" Eine ausführliche Analyse des IGH-Gutachtens erfolgt an anderer Stelle dieser Arbeit, siehe § 3. A. I.

218 *Hassan II* schickte seine bestausgebildeten Diplomaten im Sommer 1974 auf eine Mission in Dutzende Staaten, um diesen die marokkanische Sichtweise auf die Saharaproblematik nahezulegen und mögliche Gegenpositionen, vor allem jene Spaniens und der Generalversammlung, im Hinblick auf das Selbstbestimmungsrecht der Sahrawis und eines möglichen Referendums zu konterkarieren, *Hodges*, Western Sahara, The Roots of a Desert War, S. 180 f.

waren und somit in dieses wieder eingegliedert werden müssten.[219] Der zumindest öffentlich stets beteuerten amerikanischen Neutralität zum Trotz versicherte der damalige US-Außenminister Henry *Kissinger* König *Hassan* in einem persönlichen Gespräch, dass er die Spanier dazu bringen würde, die Gutachtenanfrage an den IGH zu unterstützen und auch das daraus resultierende Ergebnis.[220] Spanien hegte aufgrund der Ereignisse des Jahres 1974 größeres Misstrauen gegenüber dem marokkanischen Vorstoß und seinen Motiven.[221] Es bot im Rahmen eines Kompromissversuches allerdings an, das Ersuchen um ein Gutachten zu unterstützen, sofern die Resolution so formuliert werden würde, dass sie den Gerichtshof aufforderte, nicht nur mögliche historische Rechtstitel zu prüfen. Zudem sollten auch die rechtlichen Auswirkungen der für die NSGTs einschlägigen Bestimmungen der Charta der UN und der Resolutionen der Generalversammlung, die Einwendungen der an das Gebiet angrenzenden Länder und speziell über allem stehend die Position der einheimischen Bevölkerung zu berücksichtigen sein.[222] Marokko lehnte jedoch die vorgeschlagene Umformulierung ab und verstand es, erfolgreiche Lobbyarbeit innerhalb der Generalversammlung zu betreiben, die die restlichen Staaten von der Forderung abbrachten, die vorgeschlagenen Formulierungen zu implementieren.[223]

Schlussendlich sollte es *Hassan II* sein, welcher *Kissinger* noch Monate zuvor eingehend davon überzeugte, dass er das Gutachten-Ergebnis unter allen Umständen anerkennen würde[224], der dieses Gutachten und die juristischen Schlussfolgerungen und Klarstellungen daraus nicht anerkannte, sondern ignorierte.[225] Eine ausführliche Auseinandersetzung mit dem Gutachten findet an anderer Stelle dieser Arbeit statt.[226] Zusammenfassend soll

---

219 *Office of the Historian,* Foreign Relations of the United States, 1969–1976, Volume E-9, Part 1, Documents on North Africa, 1973–1976, Dokument 90 v. 15.10.1974, S. 260 f.

220 *Office of the Historian,* Foreign Relations of the United States, 1969–1976, Volume E-9, Part 1, Documents on North Africa, 1973–1976, Dokument 90 v. 15.10.1974, S. 260 f.

221 *Franck,* AJIL 70 (1976), 694 (706).

222 UN Doc. A/C.4/SR.2126 v. 4.12.1974, S. 254, Rn. 16; UN Doc. A/C.4/SR.2130 v. 10.12.1974, S. 272 Rn. 36.

223 *Franck,* AJIL 70 (1976), 694 (706). Spanien enthielt sich bei der Abstimmung der Resolution seiner Stimme.

224 *Office of the Historian,* Foreign Relations of the United States, 1969–1976, Volume E-9, Part 1, Documents on North Africa, 1973–1976, Dokument 90 v. 15.10.1974, S. 260 f.

225 Siehe hierzu ausführlich § 3. A. I. 5.

226 § 3. A. I.

hier allerdings festgehalten werden, dass der IGH feststellte, dass das Gebiet der Westsahara zum einen zum Zeitpunkt der Kolonialisierung durch Spanien kein Terra nullius darstellte. Zum anderen judizierte der Gerichtshof, dass weder Marokko noch Mauretanien vor Kolonialisierung des Gebietes territoriale Souveränität in der Westsahara ausübten.[227]

Trotz der eindeutigen Aussagen des IGH sah Hassan II in den Formulierungen des Gutachtens die Rechtfertigung für den Startschuss für die „Wiedereingliederung" der Westsahara in marokkanisches Staatsgebiet sowie zur Ansiedlung marokkanischer Staatsbürger in den betreffenden Gebieten.[228] Dass *Hassan II* die Rechtsansicht des IGHs ignorieren und den vorgesehenen Prozess der UN umgehen würde, stand bereits vor Veröffentlichung des Gutachtens fest. Wiederholt propagierte *Hassan II* aggressiv, dass die Westsahara bzw. die nach marokkanischer Sicht südlichen Provinzen unter jeden Umständen in die territoriale Souveränität Marokkos zurückgelangen werden und scheute dabei auch nicht vor Androhung von Gewalt zurück.[229] Die mit vielen Risiken behaftete Hauptintention *Hassans II*, den im Jahr 1974 durch die Spanier eingeleiteten und schnell vorangeschrittenen Dekolonisierungsprozess durch ein Verfahren vor dem IGH zu behindern und möglichst weit hinauszuzögern, ist in vollem Umfang aufgegangen und sollte den Start für die ab Ende 1975 beginnenden militärischen Interventionen in der Westsahara setzen.[230] Fortgehend betitelte er die Westsahara bzw. zu diesem Zeitpunkt noch korrekt als Spanish Sahara bezeichnet ab 1974 nur noch als „Moroccan Sahara". Er sprach von „Wiedereingliederung" der südlichen Provinzen und gewann das marokkanische Volk nach zahlreichen zwischen 1971–1974 versuchten und teils erfolgreichen Attentatsversuchen auf das Königshaus und auf wichtige Repräsentanten

---

227 IGH, Western Sahara, Gutachten v. 16.10.1975, ICJ Rep. 1975, S. 67 f., Rn. 161 f. (Im Folgenden: IGH, Westsahara-Gutachten, ICJ. Rep 1975, S. Rn.)
228 Ausführlich unten § 3. A. I. 5. a).
229 Bereits im Oktober 1974 teilte *Hassan II Kissinger* mit, dass ein aus seiner Sicht mögliches Fait accompli durch ein von Spanien durchgeführtes Referendum mit der Möglichkeit der Unabhängigkeit niemals akzeptieren würde: „If Spain moves to give independence to Spanish Sahara, I prefer to tell you in the most candid terms, so that you can stop supplying us with weapons, tanks, and airplanes if you wish, but if at 10 o'clock Spanish Sahara becomes independent, I shall move my forces and go in at 11 o'clock.", *Office of the Historian,* Foreign Relations of the United States, 1969–1976, Volume E-9, Part 1, Documents on North Africa, 1973–1976, Dokument 90 v. 15.10.1974, S. 260 f. Im August 1975 ließ er verlauten, dass man spätestens im Oktober oder November wisse, „whether we are going to enter the Sahara by peaceful means or arms"., *Pazzanita*, Historical Dictionary of Western Sahara, S. 194.
230 Siehe § 3. A. I. 5.

der Monarchie wieder für sich und stabilisierte damit seine Machtposition und die Legitimität der Monarchie.[231]

a) Grüner Marsch und anschließende militärische Auseinandersetzung

Bereits vor der Einschaltung des IGHs hat es durch ein international überwachtes und garantiertes Referendum stets eine gleichzeitig existierende, rechtlich verbindliche Möglichkeit für eine marokkanische Expansion gegeben.[232] Zwar gab es zu Detailfragen der Durchführung und Legitimität eines solchen Referendums immer wieder lebhafte Diskussionen und politische wie auch diplomatische Auseinandersetzungen[233]. Im Laufe der Zeit teilten allerdings alle betroffenen Parteien nach außen, wenn auch in unterschiedlichem Maße, mit unterschiedlichem Engagement und freilich auch mit unterschiedlichen Intentionen ein ähnliches Verständnis des Prinzips der freien Selbstbestimmung und dem damit einhergehenden Referendum als Mechanismus zur Rechtsdurchsetzung, welches die Ungewissheit über das völkerrechtliche Schicksal der Westsahara beenden würde.[234] Auch Marokko akzeptierte, wenn auch mit verdeckten Motiven und divergierenden Maßen, den Entkolonialisierungsplan der UN auf internationaler Ebene und damit die Idee der Selbstbestimmung und des Referendums.[235] Marokko spielte ironischerweise eine entscheidende Rolle dabei, die Entkolonialisierung der Westsahara auf einen von der UN dominierten und determinierten Weg zu bringen, da es der Antrag Marokkos war, der die UN 1963 dazu veranlasste, die Westsahara auf ihre Liste der nicht selbstverwalteten Gebiete zu setzen.[236] Freilich war Marokko nie an einem unabhängigen Gebiet der Westsahara interessiert und negierte fortan stets die

---

231 *Hodges*, Western Sahara, The Roots of a Desert War, S. 174–178, 179; *Pazzanita*, Historical Dictionary of Western Sahara, S. 192 ff. *Hodges* bezeichnete *Hassans II* Pläne, Ausführungen und militärische Vorbereitungen zur Westsahara-Frage gar als „Saharan jihad", *Hodges*, Western Sahara, The Roots of a Desert War, S. 180.

232 *Eiran*, Post-Colonial Settlement Strategy, S. 99.

233 Siehe hierzu insbesondere die abweichenden Meinungen und die Entwicklung zu einer homogeneren Politik der beteiligten Staaten im Westsaharakonflikt seit Anfang der 1960er – Mitte der 1970er Jahre, vgl. oben § 2. A. II.

234 *Eiran*, Post-Colonial Settlement Strategy, S. 99.

235 Vgl. zur teils unübersichtlichen Haltung Marokkos ausführlich *Hodges*, Western Sahara, The Roots of a Desert War, S. 109–121.

236 *Eiran*, Post-Colonial Settlement Strategy, S. 99; Vgl. *Hodges*, Western Sahara, The Roots of a Desert War, S. 104 f.

Möglichkeit eines Referendums mit der Aussicht auf einen eigenen sahrawischen Staat.[237] Allerdings blockierte Spanien als noch immer Verwaltungsmacht der Westsahara diesen destruktiven Ansatz der Ausübung des Selbstbestimmungsrechts und wollte den Sahrawis eben jene Möglichkeit zur Unabhängigkeit, die durch etliche Resolutionen der Generalversammlung bestätigt und gefordert wurde, unter spanischer Ausführung und unter UN-Beobachtung des Referendums gewährleisten.[238] Die Zeichen standen aus marokkanischer Sicht äußert ungünstig und wurden von *Hassan II* als ernsthafte Bedrohung wahrgenommen, weshalb dieser unbedingt ein Fait accompli vermeiden musste. Im Bewusstsein über die Verbindlichkeit eines solchen Referendums und dem jahrelang aufgebauten internationalen Druck der Staatengemeinschaft und der UN-Organe versuchte Marokko in Vorbereitung und Durchführung eines solchen Volksentscheides, das Prinzip des Selbstbestimmungsrechts als solches und vor allem die Rahmenbedingungen des Referendums für sein Ziel zu instrumentalisieren und zu manipulieren.

Bestätigt durch die unten intensiv diskutierten Formulierungen im Gutachten des IGHs, rief König *Hassan II* am 6.11.1975 Teile seiner Bevölkerung dazu auf, in die Westsahara zu ziehen, da diese nun von der internationalen Staatengemeinschaft offiziell anerkannter Teil des marokkanischen Territoriums sei.[239] Diesem Aufruf folgten bis zu 350.000 Marokkaner und dieser Zug ging als Grüner Marsch in die Geschichte des Westsahara-Konflikts ein.[240] Ziel war es, eine von der UN eingesetzte Interimsverwaltung zu verhindern, die ein Referendum über die Unabhängigkeit der Westsahara durchführen sollte.[241] Das auf den Grünen Marsch folgende, auf Dauer

---

237 *Eiran*, Post-Colonial Settlement Strategy, S. 104; *Hodges*, Western Sahara, The Roots of a Desert War, S. 109–121.

238 Der spanische Vertreter de *Piniés* erklärte hierzu: „It is no secret that my country desires to terminate the process of decolonization of the Territory. Towards this end, the aforementioned statement established a period covering the first six months of 1975 so that the referendum recommended by the General Assembly could be held to decolonize the Territory.", UN Doc. S/PV/1849 v. 20.10.1975, S. 2 Rn. 11.

239 *Powell*, The International Court of Justice and Islamic Law States, in: Alter/Helfer/Madsen (Hrsg.), S. 289; UN Doc. S/PV/1849 v. 20.10.1975, S. 4 Rn. 25: „Today, Moroccan demands have been recognized by the legal advisory organ of the United Nations."

240 Eine ausführliche Auseinandersetzung der politischen, aber auch rechtlichen Umstände des Grünen Marschs findet an anderer Stelle dieser Arbeit statt, siehe § 3. A. IV. 1. a). cc).

241 Vgl. UN Doc. S/11863 v. 31.10.1975, S. 5.

angelegte Ansiedlungsprogramm, welches marokkanische Staatsbürger in die Städte der Westsahara transferierte und dort permanent ansiedelte, sollte entscheidender Eckpfeiler von Hassans Strategie sein und hat bis heute im Sinne einer effektiven Verhinderung der Ausübung des Selbstbestimmungsrechts der Sahrawis Erfolg.[242] Die Ansiedlung marokkanischer Staatsbürger verhinderte äußerst effektiv den Prozess zur Abhaltung eines Referendums, da die Wählerlisten, die zuvor von Spanien erstellt worden waren, von marokkanischer Seite nicht anerkannt wurden und Marokko es auf internationaler Ebene bis heute schaffte, die Legitimität der sahrawischen Wählerschaft zu untergraben. In Reaktion auf innenpolitische Spannungen und den Druck Marokkos, der seinen Höhepunkt in dem Grünen Marsch fand, schloss Spanien am 14.11.1975 mit Marokko und Mauretanien das sogenannte Madrider Abkommen, in dem es Marokko und Mauretanien mit sofortiger Wirkung an der Verwaltung der Westsahara beteiligte und seinen kompletten Abzug auf den 26.2.1976 datierte.[243]

b) Folgen des Madrider Abkommens[244]

Vor dem Abzug Spaniens am 26.2.1976 einigten sich Marokko und Mauretanien bilateral über die Aufteilung der Westsahara und besetzten die Gebiete militärisch, was auf bewaffneten Widerstand der Polisario traf und zur Folge hatte, dass alleine im Jahr 1976 Zweidrittel des Volkes der Westsahara die Gebiete verließen.[245]

Zudem rief die Polisario als Reaktion am 27.2.1976 die Demokratische Arabische Republik Sahara aus (DARS).[246] Algerien unterstützte den be-

---

242 *Eiran*, Post-Colonial Settlement Strategy, S. 99.

243 *Milano*, Anuario Español de Derecho Internacional XXII (2006) 416 (418).

244 Eine rechtliche wie realpolitische Auseinandersetzung mit dem Madrider Abkommen und dem Inhalt der Vereinbarung findet an anderer Stelle dieser Arbeit statt, siehe § 3. A. III. 1.

245 Bereits Jahre zuvor stand für beide Staaten fest, dass, sobald Spanien sich aus dem Gebiet zurückziehen würde, die Westsahara zwischen den beiden Parteien aufgeteilt werden würde. Hierzu wurden zahlreiche Verhandlungen angesetzt, teils sogar unter der Aufsicht Algeriens. Auch vor dem IGH war bereits klar, dass sich beide Staaten auf bestimmte Teile der Westsahara als genuines Staatsgebiet verständigt haben müssen. Marokko beanspruchte dabei den nördlichen Teil der Westsahara und Mauretanien den an eigenes Staatsgebiet angrenzenden südlichen Teil, vgl. *Hodges*, Western Sahara, The Roots of a Desert War, S. 190–195.

246 Taeger, 17 Verfassung und Recht in Übersee / Law and Politics in Africa, Asia and Latin America (1984), 51 (55).

waffneten Konflikt der Polisario, die lange und teils erfolgreich gegen die Besetzung ankämpfte.[247] Mauretanien schloss am 5.8.1979 einen Friedensvertrag mit der Polisario; die vordem mauretanischen Gebiete wurden jedoch umgehend von Marokko besetzt.[248] Um den Konflikt einzuzäunen und zu entscheiden, begann Marokko 1980 mit der Errichtung der sogenannten berms: Sicherheitswälle, die mittlerweile eine Gesamtlänge von über 2000 km aufweisen.[249] Durch diese Wälle und die militärische Strategieänderung Marokkos ist die Polisario mittlerweile in einen kleinen, kaum für Menschen bewohnbaren Teil im Osten der Westsahara zurückgedrängt worden, die sogenannte Liberated Zone, während Marokko bis heute[250] ca. 85 % des Gebietes der Westsahara kontrolliert.[251]

III. Die Haltung der Organisation für Afrikanische Einheit (OAU)/ Afrikanischen Union (AU) im Westsahara-Konflikt

Im Dezember 1976 verabschiedete die Generalversammlung die Resolution 31/45, in welcher das Gremium beschloss, weitere Beratungen und inhaltliche Entscheidungen über den Westsahara-Konflikt auszusetzen, bis die UN die Ergebnisse einer geplanten außerordentlichen Tagung der Organisation für Afrikanische Einheit über die Westsahara erhalten würde.[252] Aus den in den folgenden drei Jahren verabschiedeten Resolutionen ging hervor, dass die UN die Angelegenheit vollständig auf die Organisation für Afrikanische Einheit verschoben hatte. Die UN bestimmte die OAU auf Basis von Art. 52 I UN-Charta als Hauptverantwortliche Organisation im Friedensprozess und in der Durchsetzung der vorangegangenen UN-Resolutionen, indem sie den Konflikt rund um die Westsahara als zunächst

---

247 Eine ausführliche Darstellung der militärischen Ereignisse, Strategien und Kosten ist zu finden bei *Hodges*, Western Sahara, The Roots of a Desert War, S. 279–306; *Dunbar/Malley-Morrison*, The Western Sahara Dispute: A Cautionary Tale for Peacebuilders, 5 Journal of Peacebuilding & Development (2009), 22 (24).

248 Ausführlich *Hodges*, Western Sahara, The Roots of a Desert War, S. 267–276; *Oeter*, ZaöRV 46 (1986) 48 (58).

249 *Burgis*, Boundaries of Discourse in the International Court of Justice, S. 227.

250 *Arieff*, US Congressional Research Service 2014, S. 1.

251 *Geldenhuys*, Contested States in World Politics, S. 196.

252 UN Doc. A/RES/31/34 v. 30.11.1976.

regionalen einstufte.[253] Bis zu diesem Zeitpunkt hatte es keine nennenswerten Versuche der OAU gegeben, den Konflikt zu lösen und zum Friedensprozess beizutragen.[254] Insbesondere ist die auf Marokkos Druck nicht ergangene Resolution zu erwähnen, die in ihrem ursprünglichen Wortlaut den Abzug aller Besatzungstruppen forderte und Unterstützung für den Kampf des sahrawischen Volkes zusicherte.[255] Darauf folgend kam es zu einer Resolution, die die beteiligten Parteien lediglich zur Zusammenarbeit und Kompromissbereitschaft bei der Konfliktbeilegung aufrief.[256] Die OAU erkannte jedoch den Souveränitätsanspruch Marokkos über die Gebiete der Westsahara zu keinem Zeitpunkt an. Vielmehr pochte sie auf Einhaltung des in ihrem Verfassungstext in Art. 3 III OAU-Charta niedergelegten *Uti-possidetis*-Prinzips.[257]

1. Das Uti-Possidetis-Prinzip

Als elementares Prinzip der OAU, die sich aus dem *Uti-possidetis*-Prinzip[258] ergebende Verpflichtung, die vor Unabhängigkeit des jeweiligen Staates gezogenen Grenzen zu respektieren, verstärkt gleichzeitig das Selbstbestimmungsrecht der Völker.[259] Die territoriale Integrität der einzelnen Staaten untersteht somit einer Garantie, dass die kolonialen Grenzen und somit das bestehende Herrschaftsgebiet Bestandsschutz genießen.[260] Daher bildet das Uti-possidetis-Prinzip im afrikanischen Dekolonisierungsprozess in gewisser Hinsicht den Status quo eines jeden ehemals kolonisierten Volkes in

---

253 UN Doc. A/RES/31/34 v. 30.11.1976; Diesen Standpunkt vertrat sie nur kurz: *Hannikainen*, in: Arts/Pinto Leite (Hrsg.), The Case of Western Sahara From the Perspective of Jus Cogens, S. 68.

254 Siehe zur Rolle der OAU ausführlich *Zunes/Mundy*, Western Sahara, S. 174–179.

255 Vgl. *Barbier*, Le conflit du Sahara occidental, S. 240.

256 Vgl. *Oeter*, ZaöRV 46 (1986) 48 (61).

257 https://au.int/sites/default/files/treaties/7759-file-oau_charter_1963.pdf, zuletzt abgerufen am: 15.6.2024.

258 IGH, Frontier Dispute Case, Urteil v. 22.12.1986, ICJ.Rep. 1986, S. 567 Rn. 26.

259 Sich ergebend aus dem Beschluss der OAU, AGH/Res 16 (I) I v. 17.–21.7.1964; *Jacbos/Mostert*, Boundary Disputes in Africa, MPEPIL Online (2007), Rn. 2; *Pazzanita*, Legal Aspects of Membership in the Organization of African Unity: The Case of the Western Sahara, 17 Case Western Reserve Journal of International Law (1985), 123 (137 f.); *Gornig/Horn/Murswiek*, Das Selbstbestimmungsrecht der Völker - eine Problemschau, S. 116.

260 *Brunner*, Territoriale Integrität - Völkerrechtlicher Schutzschild der Staaten gegen gewaltsame Gebietveränderungen, in: Bahmer et al. (Hrsg.), Staatliche Souveränität im 21. Jahrhundert, S. 70.

Afrika, das sich auf das Recht zur Selbstbestimmung beziehen kann und dieses wahrnehmen will.[261]

2. Aufnahme der DARS in die OAU

Bereits 1956 mit Entlassung in die eigene Unabhängigkeit verfolgte Marokko das Ziel, im Sinne seiner Idee eines „Großmarokko" die angeblich eigenen Territorien außerhalb der ihm zuerkannten Staatsgrenzen in seine Hoheitsgewalt zu bringen.[262] Ferner lässt sich feststellen, dass Marokko die aus dem Uti-possidetis-Prinzip resultierenden Folgen nicht anerkennt.[263] Diese Haltung und die strikte Ablehnung, Verhandlungen mit der in der Zwischenzeit auch von der UN anerkannten[264] Volksvertretung Polisario zu führen, hatten zur Folge, dass die Handlungsfähigkeit der OAU in Bezug auf die Westsaharafrage stark eingeengt wurde. Vorschläge der OAU wurden von beiden Seiten abgelehnt.[265] Trotz zahlreicher Boykotte und Verhandlungsabbrüche[266] wurde die DARS schließlich 1984 in die OAU aufgenommen, somit als Konsequenz von der OAU als Staat anerkannt[267]. Daraufhin trat Marokko aus der Organisation aus und blieb ihr 33 Jahre als einziger afrikanischer Staat fern, bis es 2017 in die Nachfolgeorganisation, die AU, wieder aufgenommen wurde.[268]

---

261 Vgl. Art. 2 Nr. 1 c/d OAU-Charta.
262 *Thompson/Adloff*, The Western Saharans: Background to Conflict, 215 ff.; *Zunes*, in: Arts/Pinto Leite (Hrsg.), East Timor and Western Sahara: A Comparative Analysis on Prospects for Self-Determination, S. 113.
263 *Oeter*, ZaöRV 46 (1986) 48 (72).
264 UN Doc. A/RES/34/37, Rn. 7.
265 Vgl. Dreipunkteplan von 1981, UN Doc. A/36/512-S/14692 v. 19.9.1981 und die Reaktionen der Parteien, *Taeger*, 17 Verfassung und Recht in Übersee / Law and Politics in Africa, Asia and Latin America (1984), 51 (78 ff.).
266 Ausführlich bei *Naldi*, The Organization of African Unity and the Saharan Arab Democratic Republic, 26 Journal of African Law (1982), 152 (157 ff.), und *Oeter*, ZaöRV 46 (1986) 48 (59 ff.).
267 *Smith*, State of Self-Determination: The Claim to Sahrawi Statehood, S. 39.
268 Eine ausführliche Darlegung der historischen Einzelheiten unter Skizzierung des gesamten Prozesses, diplomatischer Fehden und innerer Zerwürfnisse der OAU ist zu finden bei *Naldi*, The Organization of African Unity and the Saharan Arab Democratic Republic, 26 Journal of African Law (1982), 152 (157 ff.). Ausführlich zur Frage der Aufnahme der DARS trotz fehlender Staatlichkeit, *Pazzanita*, Legal Aspects of Membership in the Organization of African Unity: The Case of the Western Sahara, 17 Case Western Reserve Journal of International Law (1985), 123 (139 ff.).

IV. Die Rolle der UN

Das (noch immer) durchzuführende Referendum ist Ausfluss des Rechts der genuinen Bevölkerung der Westsahara auf Selbstbestimmung.[269] Das (koloniale) Recht auf Selbstbestimmung der Völker ist ein gewohnheitsrechtlich anerkannter Ius-cogens-Grundsatz[270], der Erga-omnes-Wirkung entfaltet[271] und mehrfach in Vertragstexten kodifiziert wurde, wie in Art. 1 II, Art. 73 UN-Charta.[272] Aus dem Recht der Selbstbestimmung ergibt sich die logische Folge des Rechts aller (ehemals kolonisierten) Völker auf Bildung eines eigenen Staates.[273]

Im Zuge des Westsaharakonfliktes erließen die Generalversammlung sowie der Sicherheitsrat der UN im Zeitraum von 1963–2023 eine Vielzahl von Resolutionen, die das Selbstbestimmungsrecht der Sahrawis feststellten und bekräftigten.[274] Wichtigster Ausgangspunkt hierzu ist die am 14.12.1960 beschlossene und verabschiedete Resolution der Generalversammlung über die Gewährung der Unabhängigkeit für koloniale Länder und Völker, auf die sich im Kern die danach beschlossenen Resolutionen beziehen.[275]

---

269 Zur historischen Entwicklung und Verrechtlichung des Selbstbestimmungsrechts siehe allgemein *Gornig/Horn/Murswiek,* Das Selbstbestimmungsrecht der Völker eine Problemschau, sowie *Saxer,* Die internationale Steuerung der Selbstbestimmung und der Staatsentstehung, S. 201–408.

270 *Espiell,* Der Begriff des Selbstbestimmungsrechts der Völker in heutiger Sicht, in: Vereinte Nationen 2/1982, 54 (56 f.); A.A Weatherall, Jus Cogens, 250 ff. Siehe hierzu § 3. A. I. 6.

271 IGH, Case concerning East Timor, Urteil v. 30.6.1995, ICJ Rep. 1995, S. 102 Rn. 29 (Im Folgenden: IGH, Osttimor, ICJ Rep. 1995, S. Rn.); IGH, Mauer-Gutachten, ICJ Rep. 2004, S. 199 Rn. 155; Jüngst bestätigt in: IGH, Legal Consequences of the Separation of the Chagos Archipelago from Mauritius in 1965, Gutachten v. 25.2.2019, ICJ Rep. 2019, S. 139 Rn. 180 (Im Folgenden: IGH, Chagos-Archipel-Gutachten, ICJ Rep. 2019, S. Rn.).

272 Zum Rechtscharakter des Selbstbestimmungsrechts: *Saxer,* Die internationale Steuerung der Selbstbestimmung und der Staatsentstehung, S. 213.

273 *Saxer,* Die internationale Steuerung der Selbstbestimmung und der Staatsentstehung, S. 204, S. 403. Zur Reichweite des Rechts nicht-kolonialisierter Völker: *Saxer,* Die internationale Steuerung der Selbstbestimmung und der Staatsentstehung, S. 362 ff., S. 373 ff.

274 Unter Nennung der wichtigsten Resolutionen des SR, UN Doc. A/RES/73/107 v. 19.12.2018; Resolutionen der Generalversammlung sind grundsätzlich nicht rechtsverbindlich, können jedoch Grundstein für die Bildung von Völkergewohnheitsrecht sein, zum Beispiel durch Anerkennung dieser Prinzipien als verbindliche Regelungen. Hierzu: *Heidenstecker,* Zur Rechtsverbindlichkeit von Willensakten der Generalversammlung, VN 1979, S. 205.

Das (äußere) Selbstbestimmungsrecht[276] bedingt nach Resolution 1541 der Generalversammlung die freie Wahl des betroffenen Volkes zwischen drei Optionen: Unabhängigkeit, Anschluss an einen anderen unabhängigen Staat oder Eingliederung in einen unabhängigen Staat.[277]

1966 verabschiedete die Generalversammlung erstmalig eine Resolution zur Frage der Westsahara und forderte Spanien zur Durchführung eines Referendums unter Aufsicht der UN auf.[278] Erst 1974 beugte sich Spanien dem internationalen Druck und jährlich erneuter Aufforderung durch Resolutionen der UN und erklärte sich bereit, ein Plebiszit zur politischen Zukunft der Westsahara durchzuführen.[279] Zu diesem Referendum ist es in der von Spanien vorgesehenen Zeit nicht gekommen, nicht zuletzt durch die Folgen des Grünen Marsches, die anhaltenden militärischen Auseinandersetzungen, den Exodus des Volkes der Westsahara und der diametralen Positionen der Konfliktparteien, die eine einvernehmliche (politische) Lösung unmöglich machten.[280] Bis zum Jahr 1988 waren die Konfliktparteien

---

275 Diese stellt trotz ihrer grundsätzlichen Unverbindlichkeit aufgrund der dieser folgenden Staaten- und UN-Praxis eine formelle Rechtsquelle dar, *Heidenstecker*, Zur Rechtsverbindlichkeit von Willensakten der Generalversammlung, VN 1979, S. 206.

276 Zu den Begriffen des inneren und äußeren Selbstbestimmungsrechts *Hobe*, Einführung in das Völkerrecht, S. 120; *Summers*, The internal and external aspects of self-determination reconsidered, in: French (Hrsg.), Statehood and Self-Determination, S. 229–250.

277 UN Doc. A/RES/1541 (XV) v. 15.12.1960, Prinzip 6.

278 UN Doc. A/RES/2229(XXI), v. 20.12.1966.

279 *Trillo de Martín-Pinillos*, in: Arts/Pinto Leite (Hrsg.), Spain as Administering Power of Western Sahara, S. 80.

280 *Baker* schrieb *Annan* diesbezüglich in seinem Letter of Resignation: „While I believe that we have made progress on the issue of Western Sahara during this period in a number of ways, such as conducting face-to-face and proximity discussions between the parties, obtaining agreement to the so-called "Houston Accords"and implementing confidence-building measures such as the current family visits program, we have not been able to resolve the underlying dispute. I do not need to tell you, Mr. Secretary-General, that in the final analysis, only the parties themselves can exercise the political will necessary to reach an agreed solution. To date, they have not been willing to do so. For example, Morocco's final response to the Peace Plan for Self-Determination of the People of Western Sahara, for which the Council unanimously expressed its support on the basis of agreement between the parties, and called upon the parties to work with the U.N. and with each other towards acceptance and implementation (Resolution 1495 (2003)), was not, as has been claimed, a proposal for autonomy, but rather only a proposal to negotiate "autonomy within the framework of Moroccan sovereignty." This final response is a proposal to negotiate autonomy, but only after the other party acknowledges Moroccan sovereignty. The issue of sovereignty is, of course, the fundamental issue that has divided the parties

mehr oder weniger sich selbst überlassen. Durch die Initiative des damaligen UN-Generalsekretärs *Pérez de Cuéllar* wurde erstmalig und ernsthaft seit 1979 versucht, zwischen den Parteien zu vermitteln und den Konflikt im Rahmen einer von der UN ausgehandelten Lösung zu beenden.

1. Settlement-Plan 1991/Gründung der MINURSO

Auf Drängen von Generalsekretär *Pérez de Cuéllar* akzeptierte König *Hassan II* bei einem offiziellen Besuch des Generalsekretärs in Marokko am 20. Juli 1985 ein Referendum für die Selbstbestimmung der Bewohner der Westsahara unter der Schirmherrschaft der UN. Auch die Polisario stimmte der Durchführung eines von der UN durchgeführten Referendums zunächst grundsätzlich zu.[281]

Der Generalsekretär lud den damaligen Vorsitzenden der OAU ein, sich an der Ausarbeitung eines gemeinsamen Vorgehens gegenüber den Konfliktparteien im Rahmen der Resolution 40/50 der Generalversammlung zu beteiligen.[282] In dieser wurden beide aufgefordert, alle Anstrengungen zu unternehmen, um das Königreich Marokko und die Polisario zu Verhandlungen über die Bedingungen für einen Waffenstillstand und die Modalitäten für die Durchführung eines Referendums in der Westsahara zu bewegen.[283] Die von der UN den Konfliktparteien unterbreiteten Vorschläge im Jahr 1988 waren fast identisch mit den Vorschlägen, die die OAU ursprünglich in ihrer auf dem Gipfeltreffen in Nairobi 1981 angenommenen Acht-Punkte-Resolution gemacht hatte. In dieser wurden die Grundzüge für einen international überwachten Waffenstillstand und ein demokratisches Referendum in der Westsahara festgelegt.[284] Die OAU-Vorschläge

---

since 1976. And this rejection of the Peace Plan comes after Morocco's refusal to continue under the Settlement Plan, which it publicly supported for over 10 years, and to even discuss a division of the territory, notwithstanding having actually negotiated and implemented a division thereof with Mauritania in 1976", Baker Paper, Princeton Mudd Manuscript Library, Box 322–328, Brief v. 1.6.2004.

281 *Dunbar/Malley-Morrison*, The Western Sahara Dispute: A Cautionary Tale for Peacebuilders, 5 Journal of Peacebuilding & Development (2009), 22 (24).

282 *Theofilopoulou*, The United Nations and Western Sahara - A Never-ending affair, USIP Special Report 166, S. 2.

283 UN Doc. A/RES/40/50 v. 2.12.1985, S. 268 f.; *Theofilopoulou*, The United Nations and Western Sahara - A Never-ending affair, USIP Special Report 166, S. 2.

284 OAU Doc. AHG/Res. 102 - 103 (XVIII) v. 24.–27.6.1981; *Zunes/Mundy*, Western Sahara, S. 176. Siehe zu den Bemühungen der OAU vor 1988 ausführlich *Hodges*,

forderten im Vergleich zu den UN-Vorschlägen darüber hinaus noch die Einrichtung einer „impartial interim administration supported by civilian, military and police components", die von OAU/UN-Friedenstruppen unterstützt werden sollte, während die Militärangehörigen der jeweiligen Konfliktparteien nur in beschränktem Maße Hoheitsrechte während dieser Übergangszeit ausüben sollten, um ein möglichst freies Referendum garantieren zu können.[285] Durch den Beitritt der DARS zur OAU und den darauffolgenden Protest Marokkos, der im Austritt aus der Organisation mündete, war Marokko zeitweise allerdings nicht mehr willens, Vorschläge von der OAU entgegenzunehmen oder unter der Schirmherrschaft dieser zu verhandeln, weshalb sich der Prozess in die Länge zog und die Rolle der OAU zunehmend in den Hintergrund rückte.[286]

Western Sahara, The Roots of a Desert War, S. 307–322; *Naldi*, The Organization of African Unity and the Saharan Arab Democratic Republic, 26 Journal of African Law (1982), 152–162; *Taeger*, 17 Verfassung und Recht in Übersee / Law and Politics in Africa, Asia and Latin America (1984), 51 (76–90). Es bleibt allerdings zu bezweifeln, ob die Parteien über den Waffenstillstand hinaus auch nur eine übereinstimmende Ansicht zu dem durchzuführenden Referendum hatten. *Pérez de Cuéllar* schrieb, dass „when the plan was officially presented to the two sides in August 1988, they both officially accepted it, but at the same time expressed extensive comments". „To proceed in this way, knowing the serious reservations of both parties, was obviously risky. There seemed no other hope, however, of moving forward toward the referendum that both POLISARIO and Morocco said they favored.", *Peréz de Cuéllar*, Memoires, Western Sahara (unveröffentlicht), Baker Paper, Box 223–228, S. 17, S. 19.

285 OAU Doc. AHG/Res. 102 - 103 (XVIII) v. 24.–27.6.1981; In den von der UN unterbreiteten Vorschlägen wurde diese Übergangsverwaltung deutlich abgeschwächt, vgl. *Theofilopoulou*, The United Nations and Western Sahara - A real challenge for the Organization (unveröffentlicht), Baker Paper, Box 223–228, S. 6; *Zunes/Mundy*, Western Sahara, S. 176 f. *Pérez de Cuéllar* schrieb diesbezüglich: „Morocco concurred in the OAU call for a cease-fire and also in the call for referendum but it objected to the proposal that an interim administration be established to prepare for, and oversee, the latter", *Peréz de Cuéllar*, Memoires, Western Sahara (unveröffentlicht), Baker Paper, Box 223–228, S. 2. Er ordnete *Hassans* Meinung zum Selbstbestimmungsrecht passend ein: „My sense was, and remains, that Hassan was sincere in his support of a referendum but only under circumstances in which a majority vote for association with Morocco would be assured. I doubt if he has ever seriously contemplated a Western Sahara separate from Morocco. This, in his mind, would be contrary to the will of his people.", *Peréz de Cuéllar, Memoires*, Western Sahara (unveröffentlicht), Baker Paper, Box 223–228, S. 5.

286 *Hassan II* teilte *Peréz de Cuéllar* in einem Vier-Augen-Gespräch kurz nach Austritt Marokkos aus der OAU mit, dass „while Morocco continued to support the principle of self-determination and favored a referendum, it no longer considered that the OAU could provide a proper framework for consideration of the problem of

a) Pérez de Cuéllar

Der unter Beteiligung und Vermittlung der UN ausgehandelte und auf den ersten Blick vielversprechende Settlement-Plan zwischen der Polisario und Marokko statuierte, dass es zu einem sofortigen Waffenstillstand kommen müsse und dass in absehbarer Zeit ein Referendum unter Aufsicht der UN stattfinden solle. Bei diesem müsse die Wahl zwischen der Integration in Marokko oder der politischen und staatlichen Unabhängigkeit bestehen. Der Plan wurde vom Sicherheitsrat durch Resolution 658 gebilligt.[287] Aller-

---

Western Sahara", *Peréz de Cuéllar*, Memoires, Western Sahara (unveröffentlicht), Baker Paper, Box 223–228, S. 8. 1986. Und nach zahlreichen Vermittlungsversuchen flog *Peréz de Cuéllar* erneut zu *Hassan II* und konnte ihn von der Idee eines Waffenstillstands und der grundsätzlichen Durchführung eines Referendums, ohne die Einzelheiten hierzu vorwegzunehmen, überzeugen: „In July I again visited king Hassan in Rabat, this time without being accompanied by anyone from the OAU. The King was quite specific in agreeing that the UN should organize a referendum in the Western Sahara „without administrative or military restraints". Morocco was prepared to discuss with the UN Secretary General – but not with the Chairman of the OAU – the modalities of the referendum, including those relevant to the presence of Moroccan troops and Moroccan administration in the territory.", *Peréz de Cuéllar*, Memoires, Western Sahara (unveröffentlicht), Baker Paper, Box 223–228, S. 10.

287 UN Doc. S/22464. v. 19.4.1991; UN Doc. S/RES/658 v. 27.6.1990; *Dunbar/Malley-Morrison*, The Western Sahara Dispute: A Cautionary Tale for Peacebuilders, 5 Journal of Peacebuilding & Development (2009), 22 (24); Schon vor offizieller Umsetzung des Plans, der ein Referendum mit der Option der Unabhängikeit vorsah, war der Prozess korrumpiert, wie sich aus den Memoiren von *Pérez de Cuéllar* ergibt: „At the end of this conversation - after, as I mentioned earlier, we had been interrupted by his granddaughter - the King told me "on a very confidential basis" that he had an idea which could facilitate a settlement. The idea was to offer to the Saharis, within the framework of the referendum, "a third path" which would be neither total integration nor total independence. The third path would be that of "a territory integrated federally with Morocco". When I met President Chadli Benjedid a few days later at an OAU Summit in Addis Ababa, I sounded him out on the possibility of including a third option in the referendum, something between full independence and full integration. The President thought this was not a bad idea. One would have to find a way to discuss it with the Moroccans and the Saharan. I did not mention that the idea came from King Hassan. (I thought then, and I think now, that this third way offers the best solution to the West Saharan problem. The territory is too poor and undeveloped to be self-supporting as an independent state. The claim to nationhood for a small, traditionally nomadic population to whom national borders made little difference struck me as artificial. Semi-autonomy within a Moroccan federation could meet the essential interests of both parties.", *Peréz de Cuéllar*, Memoires, Western Sahara (unveröffentlicht), Baker Paper, Box 223–228, S. 10.

dings sollte sich auf den zweiten Blick zeigen, dass die Parteien bereits anfänglich große Vorbehalte gegenüber dem Plan hatten, die nur *Pérez de Cuéllar* und einem ausgewählten Kreis seiner engsten Vertrauten bekannt waren. Dieser verbarg allerdings das Ausmaß der diametral entgegenstehenden Positionen vor den Konfliktparteien selbst, vor dem Sicherheitsrat und auch vor seinen Mitarbeitern.[288] So teilte er beispielsweise dem Sicherheitsrat im September 1988 nur mit, dass die Parteien seine Vorschläge mit „comments and observations" akzeptiert hätten, entschied sich aber, dem Sicherheitsrat weder den Wortlaut seiner Vorschläge noch die sich diametral entgegenstehenden Positionen der Parteien mitzuteilen.[289] Der Rat beschloss allerdings, keine weitergehenden Fragen zu stellen, vielmehr billigte er die Vorschläge grundsätzlich und genehmigte die Ernennung des ersten Sonderbeauftragten des Generalsekretärs zur Überwachung des Referendumsprozesses.[290] Der Sicherheitsrat auferlegte dem Generalsekretär, „to transmit to it as soon as possible a report on the holding of a referendum for self-determination of the people of Western Sahara and on ways and means to ensure the organization and supervision of such a referendum by the United Nations in co-operation with the Organization of African Unity".[291] Erst 1990 stellte *Pérez de Cuéllar* dem Sicherheitsrat den Settlement-Plan en détail vor, allerdings erneut ohne die starken Bedenken der Parteien darzulegen, vielmehr spielte er diese herunter.[292]

Pérez de Cuéllar und sein enger Vertrauter *Issa Diallo*, der den Settlement-Plan 1988 laut *Theofilopoulou* weitestgehend ausarbeitete und erstellte, weihten anfangs nicht einmal die explizit für die Implementierung des Plans eingesetzte Task-Force ein.[293] Der Settlement-Plan mit seinem teils sehr engen und wie sich herausstellen sollte äußerst unrealistischen Zeitplan für die Aufgaben und Prozesse, die die UN vor Abhaltung des Referendum zu erfüllen bzw. durchzuführen hatte, wurde daher im Folgenden von

---

288 *Dunbar/Malley-Morrison*, The Western Sahara Dispute: A Cautionary Tale for Peacebuilders, 5 Journal of Peacebuilding & Development (2009), 22 (26); *Theofilopoulou*, The United Nations and Western Sahara - A real challenge for the Organization (unveröffentlicht), Baker Paper, Box 223–228, S. 8.

289 Vgl. UN Doc. S/21360 v. 18.6.1990, S. 4 Rn. 2.

290 UN Doc. S/RES/621 v. 20.9.1988; *Dunbar/Malley-Morrison*, The Western Sahara Dispute: A Cautionary Tale for Peacebuilders, 5 Journal of Peacebuilding & Development (2009), 22 (26).

291 UN Doc. S/RES/621 v. 20.9.1988.

292 UN Doc. S/21360 v. 18.6.1990, S. 4 Rn. 2.

293 *Theofilopoulou*, The United Nations and Western Sahara - A real challenge for the Organization (unveröffentlicht), Baker Paper, Box 223–228, S. 7–10.

Personen konkretisiert, die nicht aus erster Hand über die Verhandlungen der Parteien mit dem Generalsekretär informiert waren.[294] Der ehemalige Untergeneralsekretär für Friedenssicherungseinsätze *Goulding* schilderte in seinen Memoiren, dass *Diallo* sich beispielsweise weigerte, ihm den Brief zu zeigen, den König *Hassan II* 1990 an den Generalsekretär geschickt hatte, in dem er sich im Wesentlichen gegen den Referendumsplan der UN aussprach, obwohl *Goulding* Vorsitzender der Task-Force zur Erarbeitung der Einzelheiten des Settlement-Plans war.[295] *Dunbar* attestierte dem Verhalten des Generalsekretärs daher vollkommen zu Recht, dass seine „efforts to paper over major differences between Morocco and Polisario as to how the referendum should be held came back to haunt MINURSO throughout the voter identification process and beyond. By throwing his diplomat's caution to the winds throughout the voter identification process and moving ahead without fully informing the parties and the Security Council of where matters stood, he created misunderstandings and eventually animosity that led to lengthy delays".[296]

b) Die Implementierung des Plans

Nachdem die Parteien aufgrund großer Divergenzen die Implementierung des Settlement-Plans zunächst abgelehnt hatten, wurde *Diallo* vom Generalsekretär beauftragt, sich erneut an die Parteien zu wenden und weitere Vorschläge zu machen.[297] Die Berichte S/21360 vom 18.6.1990 und S/22464 vom 19.4.1991, die den ersten Bericht des Generalsekretärs erweiterten und Details sowie den Zeitplan für die Umsetzung des Plans enthielten, bildeten den vom Sicherheitsrat schließlich angenommen Settlement-Plan.[298] Höchst umstritten zwischen den Parteien war (und ist noch immer), wer

---

294 *Theofilopoulou*, The United Nations and Western Sahara - A real challenge for the Organization (unveröffentlicht), Baker Paper, Box 223–228, S. 8; *Dunbar/Malley-Morrison*, The Western Sahara Dispute: A Cautionary Tale for Peacebuilders, 5 Journal of Peacebuilding & Development (2009), 22 (26).

295 Goulding, Peacemonger, S. 203 f.; *Dunbar/Malley-Morrison*, The Western Sahara Dispute: A Cautionary Tale for Peacebuilders, 5 Journal of Peacebuilding & Development (2009), 22 (26).

296 *Dunbar/Malley-Morrison*, The Western Sahara Dispute: A Cautionary Tale for Peacebuilders, 5 Journal of Peacebuilding & Development (2009), 22 (27).

297 *Theofilopoulou*, The United Nations and Western Sahara - A real challenge for the Organization (unveröffentlicht), Baker Paper, Box 223–228, S. 9.

298 *Theofilopoulou*, The United Nations and Western Sahara - A real challenge for the Organization (unveröffentlicht), Baker Paper, Box 223–228, S. 9.

im Falle eines Referendums überhaupt abstimmungberechtigt wäre. War die Situation vor dem Grünen Marsch noch eindeutig, hatten sich die Verhältnisse durch den damit verbundenen demographischen Wandel in den kommenden Jahren drastisch verändert. Während Zehntausende Sahrawis infolge der bewaffneten Kämpfe seit 1973 flohen, hat die marokkanische Regierung es geschafft, marokkanische Staatsbürger erfolgreich und dauerhaft in den Gebieten der Westsahara anzusiedeln.[299]

Diese demographische Veränderung und die damit einhergehenden Spannungsfelder zwischen den Parteien sollte zu einer der größten Hürden des Friedensprozesses werden.

Zur Implementierung und Durchsetzung des Plans wurde schließlich die Mission Nations Unies pour l'organisation d'un référendum au Sahara occidental (MINURSO) durch Resolution 690 des Sicherheitsrates eingesetzt.[300] Der Plan des Generalsekretärs sah vor, dass etwa 2900 militärische und zivile Mitarbeiter einen Waffenstillstand überwachen und ein im Detail von den Parteien zu bestimmendes und kontrolliertes Referendum durchführen sollten, um zu entscheiden, ob die Westsahara unabhängig werden oder sich Marokko anschließen sollte.

Der Zeitplan, der dem Sicherheitsrat 1991 vorgelegt wurde, hatte als Ausgangspunkt den sogenannten D-Day, der Tag, an dem der Waffenstillstand offiziell in Kraft treten sollte.[301] Sobald der Waffenstillstand am D-Day in Kraft getreten wäre, hätte auch die für die Durchführung des Referendums elementar wichtige Übergangszeit beginnen sollen, in welcher die Truppen der Konfliktparteien auf von der UN festgelegte Orte beschränkt, Kriegsgefangene ausgetauscht, eine Generalamnestie verkündet, politische Gefangene und Häftlinge freigelassen und die konsolidierten Wählerlisten veröffentlicht werden sollten.[302] Die Reduzierung der marokkanischen Streitkräfte im Gebiet der Westsahara von 100.000 auf 65.000 Mann sollte innerhalb von elf Wochen abgeschlossen sein, zeitgleich mit der Registrierung der Wähler und der Veröffentlichung der endgültigen Wählerliste sowie dem Beginn der Rückführung der sahrawischen Flüchtlinge in die

---

299 Oeter, ZaöRV 46 (1986) 48 (57).
300 UN Doc. S/RES/690 v. 29.4.1991.
301 Der Zeitplan ist abgedruckt in UN Doc. S/22464. v. 19.4.1991, S. 4 Rn. 12; S. 13 –15; Jensen, Western Sahara – Anatomy of a Stalemate?, S 33; Soroeta Liceras, International Law and the Western Sahara Conflict, S. 178.
302 UN Doc. S/22464. v. 19.4.1991, S. 5 f. Rn. 15 f.

Westsahara.[303] Zwanzig Wochen nach dem D-Day sollte schließlich das Referendum abgehalten werden.[304] Nach Bekanntgabe der Ergebnisse sollte die MINURSO mit dem Rückzug beginnen und sich innerhalb von vier bis sechs Wochen auflösen.[305] Für den Fall, dass sich die unterlegene Seite weigern sollte, das Ergebnis des Referendums durchzusetzen, sah der Plan allerdings keinen Durchsetzungsmechanismus vor, der es der MINURSO erlaubt hätte, militärische Schritte zu ergreifen.[306]

aa) Sondergesandter des Generalsekretärs

Ursprünglich sollte der Generalsekretär in Absprache mit dem derzeitigen Vorsitzenden der OAU und mit Zustimmung der Konfliktparteien einen Sonderbeauftragten ernennen, der die alleinige und ausschließliche Zuständigkeit für alle Fragen im Zusammenhang mit der Organisation und Durchführung des Referendums haben sollte.[307] Was die dem Sonderbeauftragten übertragenen Befugnisse betrifft, so hatte dieser nach dem Settlement-Plan ein breites Spektrum an Handlungsmöglichkeiten und konnte dabei alle Maßnahmen ergreifen „he deems necessary to guarantee the freedom of movement and the security of the population, as well as the impartiality of the referendum".[308] Ferner wurde er ermächtigt „to take, on the spot, any administrative, technical or security measures which he deems it appropriate to apply in the Territory during the transitional period".[309] Seine weitreichendste Kompetenz, die Marokko stark kritisierte und kaum akzeptierte, war, dass er dazu in der Lage war, „to request the suspension of any law or measure which, in his view, might hinder the smooth conduct of a free and equitable referendum".[310]

---

303   UN Doc. S/22464. v. 19.4.1991, S. 5 ff. Rn. 14–40; *Jensen*, Western Sahara – Anatomy of a Stalemate?, S 33; *Soroeta Liceras*, International Law and the Western Sahara Conflict, S. 178.
304   UN Doc. S/22464. v. 19.4.1991, S. 10 Rn. 37 f.
305   Siehe hierzu ausführlich *Jensen*, Western Sahara – Anatomy of a Stalemate?, S. 29–36; *Soroeta Liceras*, International Law and the Western Sahara Conflict, S. 171–180.
306   *Jensen*, Western Sahara – Anatomy of a Stalemate?, S. 33.
307   UN Doc. S/21360 v. 18.6.1990, S. 6 Rn. 8 f.; UN Doc. S/22464. v. 19.4.1991, S. 7 Rn. 25; *Theofilopoulou*, The United Nations and Western Sahara - A real challenge for the Organization (unveröffentlicht), Baker Paper, Box 223–228, S. 10.
308   UN Doc. S/21360 v. 18.6.1990, S. 6 Rn. 10.
309   UN Doc. S/21360 v. 18.6.1990, S. 6 Rn. 10.

Aus dem Vorgesagten geht hervor, dass die dem Sonderbeauftragten des Generalsekretärs übertragenen Aufgaben die tragenden Säulen des Settlement-Plans bildeten und Kernelement zu einem erfolgreichen Prozess zur Abhaltung des Referendums waren.[311] Der Generalsekretär unterstrich die Relevanz dieser Personalie, indem er in seinem Bericht gegenüber dem Sicherheitsrat klarstellte, dass „the Special Representative and the Support Group will make up the United Nations provisional administration during the transitional period", ohne die wiederum, wie die Geschichte zeigen sollte, kein Referendum stattfinden konnte.[312] Da der Settlement-Plan allerdings vorsah, dass seine Befugnisse erst greifen, sofern sich der Prozess in der Übergangszeit befindet, konnte bis dato kein Sondergesandter die vom Settlement-Plan vorgesehenen weitgefassten und notwendigen Befugnisse wahrnehmen, da die Implementierung des Plans niemals in diese Phase vordrang.[313] *Soroeta Liceras* analysiert daher richtigerweise, dass aus diesem Grund der Posten an Bedeutung verloren hat und dieser vom Posten des Persönlichen Gesandten des Generalsekretärs in seiner praktischen Relevanz verdrängt wurde.[314]

bb) Der D-Day und die Trennung des Waffenstillstands vom Referendum

In seinem Bericht S/22464 räumte der Generalsekretär erstmalig implizit ein, dass die divergierenden Ansichten der Parteien zu Einzelheiten des Planes größer seien als bisher suggeriert, war sich aber dennoch sicher,

---

310 UN Doc. S/21360 v. 18.6.1990, S. 6 Rn. 10; Siehe zur Relevanz des Sondergesandten im Rahmen des Settlement-Plans auch *Soroeta Liceras*, International Law and the Western Sahara Conflict, S. 171 f.; In einem Brief von Hassan II an Pérez de Cuéllar teilte er dem Generalsekretär „Morocco's objections to the 1988 settlement proposals" mit und „that it expected the UN to play a technical role in supervising the cease-fire and establishing the voter lists. Morocco also proposed to limit the UN role during the electoral campaign and the referendum", *Theofilopoulou*, The United Nations and Western Sahara - A real challenge for the Organization (unveröffentlicht), Baker Paper, Box 223–228, S. 9 f.

311 So auch *Soroeta Liceras*, International Law and the Western Sahara Conflict, S. 172.

312 UN Doc. S/21360 v. 18.6.1990, S. 6 Rn. 9.

313 *Theofilopoulou*, The United Nations and Western Sahara - A real challenge for the Organization (unveröffentlicht), Baker Paper, Box 223–228, S. 9 f.; *Soroeta Liceras*, International Law and the Western Sahara Conflict, S. 172.

314 *Soroeta Liceras*, International Law and the Western Sahara Conflict, S. 172.

dass sein Vorgehen von Erfolg gekrönt sein würde.[315] Als elementares Kriterium zur Umsetzung des Plans teilte er dem Sicherheitsrat mit, dass die MINURSO „must operate with the full cooperation of the two parties, particularly with regard to the comprehensive cessation of all hostile acts".[316] *Goulding* und andere Mitglieder der Task-Force, die an den Vorbereitungen für den Bericht S/22464 beteiligt waren und von *Theofilopoulou* diesbezüglich interviewt wurden, berichteten, dass jedem bewusst war, dass die Parteien, insbesondere Marokko, nicht kooperierten. Auch in Zukunft würden sie keinerlei Positivismus hinsichtlich der Implementierung des Plans zeigen, sondern vielmehr versuchen, den Prozess zu ihren Gunsten zu manipulieren.[317] Mit dem für den 6.9.1991 angesetzten D-Day, dem geplanten Beginn der Übergangsperiode, präsentierte Marokko 76.000 Bewerber als potentielle Wähler, die angeblich bei der spanischen Volkszählung nicht berücksichtigt worden waren, und einige Tage später weitere 45.000.[318] Zudem kam es trotz informellen Waffenstillstands seit 1988 zu den ersten schwereren Gefechten zwischen den Konfliktparteien, was *Peréz de Cuéllar* am 24.5.1991 dazu veranlassen sollte, den Settlement-Plan aufzuspalten und den Waffenstillstand von der Durchführung des Referendums zu trennen, damit dieser sicher zum 6.9.1991 effektiv in Kraft treten würde.[319] Diese Entscheidung hatte erhebliche Auswirkungen auf die weitere Umsetzung des

---

315 UN Doc. S/22464. v. 19.4.1991, S. 15 Rn. 54: „The plan contained in part II of document S/21360, as amplified in the present report, is the result of a long and exhaustive search for the most equitable, effective and economical ways of implementing the settlement proposals accepted by the parties in August 1988. This work has taken into account the views expressed to me by the parties. Inevitably the plan that I now submit for the Security Council's approval could not meet all the concerns of the two parties and compromises have therefore had to be sought. I am however confident that my proposals constitute a balanced and equitable way of achieving the goal on which all are agreed, namely the holding of a free, fair and impartial referendum for the people of Western Sahara, organized and conducted by the United Nations in co-operation with OAU and without any military or administrative constraints".

316 UN Doc. S/22464. v. 19.4.1991, S. 15 Rn. 55.

317 *Theofilopoulou*, The United Nations and Western Sahara - A real challenge for the Organization (unveröffentlicht), Baker Paper, Box 223–228, S. 9 f.

318 *Theofilopoulou*, The United Nations and Western Sahara - A real challenge for the Organization (unveröffentlicht), Baker Paper, Box 223–228, S. 9 f.; *Mundy*, Moroccan Settlers in Western Sahara: Colonists or Fifth Column?, 15 Le Géographe du monde arabe (2012), 95 (112 f.); *Jensen*, Western Sahara – Anatomy of a Stalemate?, S. 34.

319 UN Doc. S/23299 v. 19.12.1991, S. 1 Rn. 3; *Jensen*, Western Sahara – Anatomy of a Stalemate?, S. 33.

Settlement-Plans. Die Trennung des Waffenstillstands vom Rest des Plans nahm den Parteien jegliches Gefühl der Dringlichkeit, die notwendigen Kompromisse zu schließen, um die notwendigen gemeinsamen Positionen bei der Umsetzung des Plans zu erreichen, womit der D-Day, der eigentlich Ausgangspunkt für die von der UN eingesetzte Übergangsperiode sein sollte, nicht stattfinden konnte.[320]

Peréz de Cuéllar wusste um den Umstand, dass Marokko den Identifikationsprozess zu untergraben versuchte, indem eine äußerst hohe Anzahl an Menschen in die Gebiete der Westsahara umgesiedelt werden sollte und schließlich, unter großem Protest der Polisario, auch wurde. Er schrieb hierzu in dem Rohtext seiner Memoiren: „On September 15, 1991, King Hassan sent me a private letter stating that Morocco intended to facilitate the return of 170.000 "Saharans" to several locations in the Western Sahara where camps were being prepared to receive them. The United Nations had no means of preventing the movement of the saharans to camps in the Territory. MINURSO, which had only 200 troops in place in the Territory, was not authorized to police the borders (although POLISARIO insisted it should be).“[321] Zwar kam es zu diesem Zeitpunkt noch nicht zu dieser hohen Anzahl an Umsiedlungen. Allerdings ging die UN unter Berücksichtigung der MINURSO-Berichte davon aus, dass über 40.000 Menschen in kürzester Zeit aus Marokko in die Westsahara umsiedelten, was *Peréz de Cuéllar* ebenfalls wahrnahm: „Even so, this was more than half again the number of Saharans documented as living in the Territory in 1974. The Moroccan motivation in resettling these people may have been to establish the necessary geographic tie with the Territory to establish their eligibility to vote in the referendum. Certainly their movement made more sensitive than ever the criteria that still had not been agreed for establishing voting eligibility. This was the basic stumbling block to progress toward the holding of the referendum. Morocco insisted that until there was agreement on this, the Transition Period foreseen in the Implementation Agreement could not begin which meant that the time schedule that had been planned

---

320 *Jensen*, Western Sahara – Anatomy of a Stalemate?, S. 33 f.; *Theofilopoulou*, The United Nations and Western Sahara - A real challenge for the Organization (unveröffentlicht), Baker Paper, Box 223–228, S. 9 f.

321 *Peréz de Cuéllar*, Memoires, Western Sahara (unveröffentlicht), Baker Paper, Box 223–228, S. 34; siehe auch *Mundy*, Moroccan Settlers in Western Sahara: Colonists or Fifth Column?, 15 Le Géographe du monde arabe (2012), 95 (112 f.).

could not be met."[322] *Goulding* beabsichtigte, dem Sonderbeauftragten und Leiter der MINURSO, *Johannes Manz*, ein Telegramm zu schicken, in dem er den Bevölkerungstransfer als „a major departure from the plan" bezeichnete, doch *Pérez de Cuéllar* strich diese Zeile eigenhändig aus dem Kommuniqué.[323]

cc) Der Bericht S/23299 vom 19.12.1991

Goulding riet dem Generalsekretär ferner, den Sicherheitsrat über diese Ereignisse zu informieren und den Beginn der Übergangsperiode zu verschieben.[324] *Pérez de Cuéllar* lehnte diesen Rat allerdings ab und teilte dem Sicherheitsrat in seinem letzten Bericht lediglich mit, dass der Zeitplan aufgrund der langsamen Fortschritte bei der Erfüllung bestimmter Aufgaben angepasst werden müsse. Er räumte aber gleichzeitig ein, dass eine zufriedenstellende Annäherung der Positionen der Parteien noch nicht erreicht worden sei.[325] In Kenntnis all der in dieser Arbeit dargelegten Umstände und Motive der Parteien, insbesondere von Marokko, teilte er dem Sicherheitsrat in seinem Bericht äußerst untertreibend und schönredend hinsichtlich der aufgetretenen Problematiken, speziell im Hinblick auf die Wähleridentifikation, mit: „This is largely due to the complexity of the identification process, whose purpose is to establish the list of those who would vote in the referendum. The parties have tended to interpret differently the relevant paragraphs of the plan in this regard. Despite a number of points of convergence between them, a satisfactory reconciliation of their positions has not yet been achieved. The cooperation of the

---

322 *Peréz de Cuéllar*, Memoires, Western Sahara (unveröffentlicht), Baker Paper, Box 223–228, S. 37. *Baker* bezeichnete das Vorgehen Marokkos gegenüber *Peréz de Cuéllar* als „very thin disguise for rigging the results of the election", *Mundy*, Moroccan Settlers in Western Sahara: Colonists or Fifth Column?, 15 Le Géographe du monde arabe (2012), 95 (112 f.)

323 *Mundy*, Moroccan Settlers in Western Sahara: Colonists or Fifth Column?, 15 Le Géographe du monde arabe (2012), 95 (112 f.); *Goulding*, Peacemonger, S. 210 f.

324 *Goulding*, Peacemonger, S. 211; *Mundy*, Moroccan Settlers in Western Sahara: Colonists or Fifth Column?, 15 Le Géographe du monde arabe (2012), 95 (112 f.).

325 UN Doc. S/23299 v. 19.12.1991, S. 2 Rn. 7 f. *Mundy* stellt richtigerweise fest, dass *Pérez de Cuéllar* trotz aller ihm vorliegenden Informationen und teils besorgniserregenden Warnsignale „decided to keep the Security Council in the dark", *Mundy*, Moroccan Settlers in Western Sahara: Colonists or Fifth Column?, 15 Le Géographe du monde arabe (2012), 95 (113).

parties was rightly identified in the plan as an essential condition for its successful implementation. This cooperation, while forthcoming in some areas, needs to be further strengthened in others if satisfactory progress is to be made."[326] Ebenfalls vermied der Generalsekretär es, die marokkanische Seite, trotz klarer Faktenlage, für die Verzögerung des Plans aufgrund der kontraproduktiven Haltung und völkerrechtswidrigen Umsiedlung marokkanischer Staatsbürger in die Gebiete der Westsahara verantwortlich zu machen oder auch nur klar zu benennen.[327] Marokkanische Kampfjets zerstörten in der Zwischenzeit die von der Polisario gehaltenen Städte Tifariti und Bir Lahlou und Einrichtungen und Gebäude, die die Polisario für die UN-Beobachter errichtet hatte.[328] Diese Erkenntnisse und Faktenlage verschleierte *Pérez de Cuéllar*, indem er feststellte, dass „it also became clear that, not withstanding the parties' earlier acceptance of the plan, substantial areas of differences remained. In these circumstances *one party* was not able to agree that the transition period should begin on 6 September 1991, as envisaged in the plan".[329]

Vielmehr ging der Generalsekretär mit keinem Wort auf die marokkanischen Luftangriffe oder die Umsiedlungen marokkanischer Staatsbürger in das Gebiet der Westsahara ein.[330] Dieser Transfer verstieß allerdings explizit gegen die Paragraphen 71 und 72 des Settlement-Plans, die es Sahrawis mit Wohnsitz außerhalb des Gebiets erst dann gestattet, in die Westsahara zurückzukehren, wenn ihre Wahlberechtigung von der Identi-

---

326 UN Doc. S/23299 v. 19.12.1991, S. 2 Rn. 8.

327 *Chopra*, Quitting Western Sahara, 1 Geopolitics and International Boundaries (1996), 55 (62); *Dunbar/Malley-Morrison*, The Western Sahara Dispute: A Cautionary Tale for Peacebuilders, 5 Journal of Peacebuilding & Development (2009), 22 (26 f.); *Mundy*, Moroccan Settlers in Western Sahara: Colonists or Fifth Column?, 15 Le Géographe du monde arabe (2012), 95 (112 f.).

328 *Chopra*, Quitting Western Sahara, 1 Geopolitics and International Boundaries (1996), 55 (62).

329 UN Doc. S/23299 v. 19.12.1991, S. 1 Rn. 2 (Hervorhebung durch den Autor). *Pérez de Cuéllar* zog laut *Chopra* drei Optionen hinsichtlich der Lösung der Situation in Betracht: die Entsendung der Mission zu verschieben und damit möglicherweise das bis dahin erzielte Incentive des Prozesses zu zerstören; die Mission gemäß dem geplanten Zeitplan zu entsenden, was allerdings nicht möglich war, da Marokko die notwendigen logistischen Lieferungen der UN in Agadir gestoppt hatte, oder eine begrenzte Entsendung zu genehmigen, wofür er sich schlussendlich entscheiden sollte, und die am 5.9.1991 stattfand, *Chopra*, Quitting Western Sahara, 1 Geopolitics and International Boundaries (1996), 55 (62).

330 Vgl. UN Doc. S/23299 v. 19.12.1991.

fizierungskommission festgestellt wurde.[331] In einem vertraulichen Brief vom 13.12.1991, den der Sondergesandte *Manz* bei seinem Rücktritt an den Generalsekretär richtete, nannte er als Grund für seinen Rücktritt unter anderem die Tatsache, dass der Generalsekretär nach mehreren Treffen mit marokkanischen Beamten ohne jegliche Konsultationen mit ihm, trotz der überragend wichtigen Position des Sondergesandten innerhalb der Übergangszeit, Änderungen am Friedensplan vorgenommen hatte.[332] Er war auch nicht damit einverstanden, wie die UN die marokkanischen Verletzungen des Waffenstillstands ahndete.[333] Weiter vertrat er die Auffassung, dass „concerning the non-military violations, the movement of unidentified persons into the Territory, the so-called "Second Green March," constitutes, in my view, a breach of the spirit, if not the letter, of the Peace Plan".[334]

Zudem kritisierte er den Generalsekretär hinsichtlich seiner geheimen Kommunikation mit dem marokkanischen König: „It was, therefore, with great sadness that I took note of the contents of your letter on this subject to the King of Morocco dated November 18[335], which was sent without my prior consultation or my knowledge, although I had made very clear recommendations on this matter...".[336]

Pérez de Cuéllar, dem, wie diese Arbeit aufgezeigt hat, eine gewisse Nähe zur marokkanischen Position zu unterstellen war, hat nach Ansicht *Dunbars* mit der Aufnahme der von Marokko geforderten Kriterien und Änderungen in seinem Abschlussbericht den Marokkanern ein „parting gift" hinterlassen.[337] Auch wenn der Sicherheitsrat den Bericht nicht for-

---

331 UN Doc. S/21360 v. 18.6.1990, S. 21 Rn. 72.

332 *Soroeta Liceras*, International Law and the Western Sahara Conflict, S. 179 f.

333 *Soroeta Liceras*, International Law and the Western Sahara Conflict, S. 179 f.; *Chopra*, Quitting Western Sahara, 1 Geopolitics and International Boundaries (1996), 55 (72).

334 *Chopra*, Quitting Western Sahara, 1 Geopolitics and International Boundaries (1996), 55 (64); *Mundy*, Moroccan Settlers in Western Sahara: Colonists or Fifth Column?, 15 Le Géographe du monde arabe (2012), 95 (112 f.).

335 Trotz intensiver Recherche, unter anderem auch in den Tausenden Dokumenten in den Archiven der Princeton-Bibliothek, ist es nicht gelungen, eine Kopie des Briefes einsehen zu können.

336 *Chopra*, Quitting Western Sahara, 1 Geopolitics and International Boundaries (1996), 55 (64).

337 Danach sollten Personen mit väterlichen Verbindungen zur Sahara oder mit längerem Aufenthalt in der Sahara wahlberechtigt sein, *Dunbar/Malley-Morrison*, The Western Sahara Dispute: A Cautionary Tale for Peacebuilders, 5 Journal of Peacebuilding & Development (2009), 22 (26).

mell akzeptierte oder ablehnte, sondern nur willkommen hieß[338], sollte er der marokkanischen Position genügend Aufwind und Argumentationsspielraum verschaffen, um auf Grundlage dessen die Wähleridentifikation zu manipulieren. Das Königreich beharrte im Folgenden auf der Inklusion der im Bericht von *Pérez de Cuéllar* genannten Personengruppen, was letztlich den sowieso schon fast aussichtslosen Identifikationsprozess bis 1994 zunächst aussetzte, da die Polisario in contrario darauf bestand, dass die von *Pérez de Cuéllar* eingefügten Personengruppen nicht wahlberechtigt sein dürften.[339]

dd) Die Implementierungsphase – die Unmöglichkeit der Wähleridentifikation

Einige Monate lang widersetzte sich die Polisario diesen Vorschlägen, stimmte diesen allerdings 1994 schließlich in der Überzeugung doch zu, dass sie keine andere Möglichkeit hatte, als sich auf die Unabhängigkeit der MINURSO und die Integrität des Identifikationsprozesses bei der Anwendung der von der UN vorgeschlagenen Definitionen und Verfahren zur Bestimmung der Wahlberechtigung zu verlassen.[340] Der Prozess der Identifizierung der Wahlberechtigten, welcher eigentlich schon 1991 hätte abgeschlossen sein sollen, begann aufgrund der erheblichen Divergenzen

---

338 UN Doc. S/RES/725 v. 31.12.1991. Zum Wording der Resolution des Sicherheitsrates ausführlich *Jensen*, Western Sahara – Anatomy of a Stalemate?, S. 39.

339 *Chopra*, Quitting Western Sahara, 1 Geopolitics and International Boundaries (1996), 55 (64); *Mundy*, Moroccan Settlers in Western Sahara: Colonists or Fifth Column?, 15 Le Géographe du monde arabe (2012), 95 (112 f.). Der Bericht des Generalsekretärs sah vor, dass fünf verschiedene Kriterien herangezogen werden sollten, um determinieren zu können, wer wahlberechtigt sein kann: (i) persons whose names are included in the revised 1974 census list; (ii) persons who were living in the territory as members of a Saharan tribe at the time of the 1974 census but who could not be counted; (iii) members of the immediate family of the first two groups; (iv) persons born of a Saharan father born in the territory and (v) persons who are members of a Saharan tribe belonging to the territory and who have resided in the territory for six consecutive years or intermittently for 12 years prior to 1 December 1974, UN Doc. UN Doc. S/23299 v. 19.12.1991, Annex, S. 5–11; *Chopra*, Quitting Western Sahara, 1 Geopolitics and International Boundaries (1996), 55 (64); *Thomas*, The Emperors Clothes, S. 27 f.; *Zunes/Mundy*, Western Sahara, S. 196–198.

340 *Jensen*, Western Sahara – Anatomy of a Stalemate?, S. 57 f.; *Thomas*, The Emperors Clothes, S. 27 f.

der Parteien daher erst 1994.[341] Aufgrund der langsamen Fortschritte bei der Identifizierung der Wähler[342] und der daraus resultierenden Unfähigkeit, andere von diesem Prozess abhängige Schritte einzuleiten, empfahl der Generalsekretär erneut, die Übergangsphase zu verschieben. Dadurch verzögerte sich die Übernahme der Befugnisse, die die Vereinten Nationen hätten ausüben sollen und die für den Erfolg des Settlement-Plans existentiell vonnöten waren, erneut.[343] Infolgedessen übte die marokkanische Regierung weiterhin uneingeschränkte Hoheitsbefugnisse innerhalb des Territoriums unter Aufsicht der MINURSO aus und konnte aufgrund des schwachen Mandats weiterhin größtmöglichen Einfluss auf den Identifizierungsprozess nehmen.[344] An dieser Stelle wurden die unausweichlichen Schwächen der MINURSO und des Settlement-Plans deutlich, die *Thomas*, ehemalige Verantwortliche in der Mission, zutreffend zusammenfasste. Anstatt die Kontrolle über den Antragsprozess der potentiellen Wähler zu übernehmen, legte die UN die Verantwortlichkeit für den Prozess vollständig in die Hände der Parteien. Sogar Informationen über das Referendum wurden von den Parteien und nicht von der UN verbreitet.[345] Die MINURSO-Beamten hatten praktisch keinen direkten Kontakt zu potenziellen Antragstellern in den von Marokko besetzten Gebieten; die Parteien sammelten die Anträge selbst ein und kontrollierten dabei jeglichen Zugang zu potenziellen Wählern, weshalb die MINURSO nicht effektiv kontrollieren und erkennen konnte, ob potenzielle Bewerber ausgeschlossen wurden.[346]

Marokko, das die Anträge von Personen aus den Gebieten der Westsahara vollständig kontrollierte, reichte von mehr als 180.000 Personen Anträge ein, einschließlich Zehntausender von Marokkanern, die im Jahr 1991 in die Westsahara umgesiedelt worden waren, von denen Marokko überzeugt war, dass sie nach den von *Pérez de Cuéllar* eingeführten Kriterien wahlberechtigt seien. *Thomas* berichtet, dass die Anhörungen zur Anspruchsberechtigung von Betrugs- und Einschüchterungsvorwürfen geprägt waren.[347]

---

341 *Thomas*, The Emperors Clothes, S. 27 f.
342 Siehe hierzu die detaillierte Rekonstruktion der Arbeit der Identification Mission bei *Zunes/Mundy*, Western Sahara, S. 199–218 und die dort zu findende Tabelle, die alle Anträge, Ablehnungen, Einsprüche der potentiellen Wahlberechtigten aus Marokko, der Westsahara, Tindouf und Mauretanien auflistet, S. 214; *Jensen*, Western Sahara – Anatomy of a Stalemate?, S. 49–76.
343 *Thomas*, The Emperors Clothes, S. 28.
344 *Thomas*, The Emperors Clothes, S. 29.
345 *Thomas*, The Emperors Clothes, S. 28 f.
346 *Thomas*, The Emperors Clothes, S. 28 f.
347 *Thomas*, The Emperors Clothes, S. 29.

Dies wird auch von dem ausführlichen Bericht der Human Rights Watch bestätigt und mit Beweisen unterlegt.[348]

ee) Human Rights Watch Bericht

Im August 1995 führte Human Rights Watch eine von den beteiligten Parteien unabhängige Erkundungsmission nach Tindouf in Algerien und nach El Aaiún durch, um den Vorwürfen nachzugehen, dass der Prozess der Wähleridentifizierung nicht unparteiisch und transparent durchgeführt werde. Zudem sollte überprüft werden, ob die Bedingungen in der Westsahara überhaupt geeignet seien, um ein freies und faires Referendum abzuhalten, wie es im Einigungsplan gefordert und von den Parteien vereinbart wurde.[349] Dabei kam die NGO zu dem Ergebnis, dass „Morocco, which is the stronger of the two parties both militarily and diplomatically, has regularly engaged in conduct that has obstructed and compromised the fairness of the referendum process".[350] Richtigerweise wird der Prozess als solcher daher kritisiert und in Frage gestellt, indem festgestellt wurde, dass die fehlende Kontrolle bzw. die mangelnde Kontrollmöglichkeit des Prozesses durch die UN die Durchführung und Glaubhaftigkeit der Wähleridentifikation und damit des gesamten Referendums ernsthaft gefährde.[351] Das zeigt auch die Tatsache, dass die UN zum Zeitpunkt der Berichtserstellung bereits seit vier Jahren in der Westsahara präsent war, ohne die vorgesehene und für die Umsetzung des Referendums alleinige und ausschließliche Verantwortung für das Referendum ausüben zu können, die sie gemäß dem Einigungsplan in der Übergangsperiode hätte übernehmen sollen. Aufgrund der langsamen Fortschritte bei der Wähleridentifizierung, die selbst bereits mit zweieinhalbjähriger Verspätung begann, und der daraus resultierenden Unfähigkeit, andere im Übergangsplan festgelegte Schritte einzuleiten und diesbezügliche Fristen einzuhalten, hat der Generalsekretär jedoch wiederholt empfohlen, die Übergangszeit zu verschieben, womit gleichzeitig auch

---

348 *Human Rights Watch*, Western Sahara, Keeping it Secret – The United Nations Operation in Western Sahara (1995).
349 *Human Rights Watch*, Western Sahara, Keeping it Secret – The United Nations Operation in Western Sahara (1995).
350 *Human Rights Watch*, Western Sahara, Keeping it Secret – The United Nations Operation in Western Sahara (1995).
351 *Human Rights Watch*, Western Sahara, Keeping it Secret – The United Nations Operation in Western Sahara (1995).

die Übernahme wesentlicher Befugnisse, die die UN während des Identifizierungsprozesses hätte ausüben sollen, auf unbestimmte Zeit verschoben wurde.[352] Dass es hierzu überhaupt kommen konnte, kritisierte der Bericht der Human Rights Watch richtigerweise als tragende Säule des Misserfolgs und identifizierte hierfür die von vorherein aus den Händen der UN gegebene Kontrolle über den Identifizierungsprozess per se. Zudem wurde die damit zusammenhängende Entscheidung kritisiert, den Parteien und nicht der MINURSO die Zuständigkeit für die Verteilung und Übermittlung der Antragsformulare an die potenziellen Wähler zu übertragen. Zutreffend analysiert der Bericht, dass die Beteiligung der MINURSO insbesondere in dieser Phase von entscheidender Bedeutung gewesen wäre, um überhaupt gewährleisten zu können, dass alle Personen, die an dem Verfahren teilnehmen wollten, die Möglichkeit dazu hatten.[353] So allerdings gab es keine Mittel zu wissen, wer von dem Prozess von Anfang an ausgeschlossen wurde. Dies ist nach Ansicht des Berichts besonders besorgniserregend, weil Marokko einen Anreiz hatte, Sahrawis, die in dem von Marokko kontrollierten Gebiet lebten und von denen die marokkanischen Behörden glaubten, dass sie für die Unabhängigkeit stimmen würden, ohne Weiteres und ohne effektive Kontrollfunktion der MINURSO von der Teilnahme am Referendum auszuschließen.[354] Zwar hat es für diejenigen, die ausge-

---

352 Vgl. *Human Rights Watch*, Western Sahara, Keeping it Secret – The United Nations Operation in Western Sahara (1995).

353 *Human Rights Watch*, Western Sahara, Keeping it Secret – The United Nations Operation in Western Sahara (1995).

354 Der ehemalige US-Militärvertreter im Sonderverbindungsbüro der MINURSO, *Douglas Dryden*, sagte hierzu im Vierten Sonderausschuss der Generalversammlung aus: „For several years, there have been problems in the manner in which the lists of eligible voters have been compiled on the part of the Moroccans - continued claims and evidence that the Moroccans were substituting voters for those that they allowed to register with the Identification Commission. A fair and impartial process is derailed by the fact that access to and exit from UN offices is tightly controlled on the Moroccan side. Only those Saharawi that the Moroccans allow can register, and since there are claims that the voting receipts are then surrendered to the Moroccan authorities, there is no assurance that those who do register will be the ones allowed to vote. This should be well known by now. Early on, it was decided that each side, Morocco and the POLISARIO, would compile its own lists of eligible voters - a *process inviting corruption* - and then have the names subjected to the decision of the Identification Commission to certify the eligibility of each voter in individual hearings, assuring that a referendum would not be held for years under the best of circumstances. A further delay of gargantuan potential occurred when Morocco was allowed to add for consideration an additional 200 % of the population of the Spanish Sahara of 1974 - adding approximately 160,000 petitioners - based on the

schlossen oder übersehen wurden, die theoretische Möglichkeit gegeben, individuelle Anträge bei der UN bzw. der MINURSO einzureichen. Zumindest in der westsaharischen Hauptstadt El Aaiún stellte Human Rights Watch fest, dass marokkanische Sicherheitskräfte routinemäßig den Zugang zum UN-Hauptquartier und zum Identifizierungszentrum für Sahrawis, die einen Wählerantrag stellen wollten, verhinderten.[355] Zwar war auch die Polisario als Konfliktpartei durch dekonstruktive Manöver mitverantwortlich für den langsamen Prozess, der Bericht legt allerdings eindeutig dar, dass Marokko, welches sowohl militärisch als auch diplomatisch die stärkere der beiden Parteien war, die UN zu Zugeständnissen zu seinen Gunsten

---

presence of some 50 people at that time who were otherwise unaffiliated with a local tribe or fraction. If this holds true, as many as 250,000 people (by Identification Commission estimates) would have to be considered. This should be familiar (Hervorhebungen durch den Autor), https://www.arso.org/Dryden-96.htm, zuletzt abgerufen am 15.6.2024; siehe auch *Human Rights Watch*, Western Sahara, Keeping it Secret – The United Nations Operation in Western Sahara (1995); *Zunes/Mundy*, Western Sahara, S. 203 f.

355 Die UN reagierte hierauf äußerst halbherzig, indem in einem Bericht festgestellt wurde: „The Deputy Special Representative has stated that if it is true that people are prevented from coming to be identified, there will be ample opportunity for such individuals to present themselves at later stages in the process, since he has made a ruling that individuals could continue to present applications after the formal deadline of receipt of applications through the parties.", UN Doc. A/49/884 v. 5.4.1995, S. 4 Rn. 12. Human Rights Watch konnte diesbezüglich feststellen, dass „Morocco has also intimidated applicants in the Moroccan-controlled Western Sahara. Individuals who are to be identified in the Moroccan-controlled territory cannot come to the identification center on their own; rather, they are gathered in a central location and brought to the identification center in Moroccan vans. At the conclusion of the identification process, applicants are taken back to the central location, where registration receipts have sometimes been illegally confiscated by Moroccan authorities. This creates a situation in which the wrong people could later present confiscated registration receipts and obtain voter cards." Der Bericht kritisiert die UN hinsichtlich ihrer Untätigkeit diesbezüglich stark, indem er festellte, dass „the report of the under-secretary-general for internal oversight services dismissed this problem on the grounds that "MINURSO retains full files on all applicants, including their photographs and fingerprints, which could be used to verify the identity at a later stage." This does not explain why the U.N. has not investigated these allegations, which bear directly on the fairness of the referendum. Nor does it address the difficulties and fear that Sahrawis whose receipts have been confiscated may face, should they wish to come forward at a later stage to demand the right to vote", *Human Rights Watch*, Western Sahara, Keeping it Secret – The United Nations Operation in Western Sahara (1995).

gedrängt und den Prozess absichtlich behindert hat.[356] Einem Mitglied der UN-Zivilpolizei zufolge hat die „(...) MINURSO no power here at all. Right now it is mainly a peace-keeping mission, to monitor the cease-fire. For the rest, we have no control".[357]

ff) Marokkos Kontrolle über die MINURSO

Dieses Verhalten hatte zahlreiche Facetten und reichte von der anfänglichen Forderung, alle UN-Flaggen aus den UN-Identifizierungszentren zu entfernen, so dass nur noch marokkanische Flaggen zu sehen waren, bis hin zu Marokkos Abfangen von UN-Lieferungen, die im Hafen von Agadir ankamen und dort festgehalten wurden, was die UN-Operationen monatelang behinderte und handlungsunfähig machte.[358] Zudem wurde von direkter Korruption innerhalb der Identifikationskommission (IDC) in favori für Marokko berichtet.[359]

---

356 *Human Rights Watch*, Western Sahara, Keeping it Secret – The United Nations Operation in Western Sahara (1995).

357 *Human Rights Watch*, Western Sahara, Keeping it Secret – The United Nations Operation in Western Sahara (1995).

358 *Dryden*: „The atmosphere at the MINURSO Force Headquarters in Laayoune is practically a siege mentality. The mission is not allowed to function independently, but as a creature of the Moroccans. Moroccans regularly gain access to the Headquarters compound with an air that it is, after all, theirs. It is the only UN mission that I am aware of where the flag of one of the parties is required to fly alongside that of the UN. Telephones were tapped. Mail was tampered with. Rooms of MINURSO personnel were searched. Despite continued attempts to report serious problems such as these and others to UN New York, the complaints were routinely buried in Laayoune by UN officials. Once they were finally brought to the attention of UN Headquarters, they were initially dismissed as "not serious", https://www.arso.org/Dryden-96.htm, zuletzt abgerufen am 15.6.2024.

359 *Zunes/Mundy* führen diesbezüglich aus, dass über 4.000 von Marokko vorgeschlagene Wähler, die ursprünglich von der IDC als wahlberechtigt identifiziert worden waren, im Nachhinein von der juristischen Prüfstelle der MINURSO wieder von der Liste gestrichen wurden. Diese hätten immerhin 5 % von den Gesamtwahlberechtigten ausgemacht, *Zunes/Mundy*, Western Sahara, S. 204. In seiner Aussage vor dem Kongress der USA erklärte der ehemalige stellvertretende Vorsitzende der MINURSO *Frank Ruddy* 1995: „The identification process began in earnest on August 28, 1994 ... One can say that surely, as of this date, MINURSO ceased to be a U.N.-run operation and became the instrument for Morocco's domination of the identification process", zit. nach *Human Rights Watch*, Western Sahara, Keeping it Secret – The United Nations Operation in Western Sahara (1995).

Die Mitarbeiter der MINURSO, die in der von Marokko kontrollierten Westsahara lebten, standen unter ständiger Überwachung und auch ihre Bewegungsfreiheit wurde in dem Gebiet drastisch eingeschränkt. Auf marokkanische Anweisung hin wurde es den MINURSO-Mitarbeitern untersagt, die Zeltstädte, in denen die 1991 in das Gebiet verbrachten Marokkaner lebten, die in klarem Verstoß zum Settlement-Plan umgesiedelt worden waren, oder auch nur die umliegenden Gebiete zu besuchen.[360]

Ferner ist dokumentiert worden, dass seit dem Waffenstillstand vom September 1991 Marokko Hunderte von Sahrawis verhaftet und inhaftiert hat, die ohne jegliche Informationen über ihren Aufenthaltsort festgehalten und erst Tage oder manchmal Monate später wieder freigelassen wurden.[361] *Ruddy* wirft der UN schweres Versagen im Umgang mit Marokko vor, welches „not simply influence the referendum – they controlled it – down to what days the mission worked. Morocco tapped U.N. phones, intercepted U.N. mail, and searched the living quarters of U.N. staff with impunity."[362] Trotz mehrfacher offizieller Meldung dieser Umstände, in vielen Teilen sogar direkt an die jeweiligen UN-Generalsekretäre, geschah lange nichts. *Ruddy* konkludiert hierzu: „Outsiders like me, as well as U.N. contract employees and veteran U.N. professionals, reported these outrages directly to Boutros-Ghali's representative in MINURSO, but we might just as well not have bothered. Boutros Ghali's man blew them off."[363] Ähnlich verhielt es sich bei seiner direkten Beschwerde an den Generalsekretär: „Before leaving the mission for good at the end of my year there, I sent a note to Kofi Annan outlining the fraud, waste and abuse I had observed in MINURSO, and I offered to discuss it with him in New York on my return. His reply was that what I had told him was "not serious" (his words)."[364] Zwar wurde, insbesondere auf Grund der förmlichen Aussage *Ruddys* vor dem US-Kongress, schließlich eine Untersuchungskommission vom Sicherheitsrat eingesetzt, allerdings attestierte *Ruddy* dem Bericht der Kommission richtigerweise „whitewashing", da dieser auf keinerlei der vorgebrachten Vorwürfe ernsthaft eingegangen ist. Dieser kritisierte kein einziges Mal

---

360 *Human Rights Watch*, Western Sahara, Keeping it Secret – The United Nations Operation in Western Sahara (1995).

361 *Human Rights Watch*, Western Sahara, Keeping it Secret – The United Nations Operation in Western Sahara (1995).

362 *Ruddy*, Western Sahara, Africas Last Colony, S. 17.; hierzu auch *Migdalovitz*, Congressional Research Service Report for Congress-Western Sahara: Background to Referendum, S. 9.

363 *Ruddy*, Western Sahara, Africas Last Colony, S. 18.

364 *Ruddy*, Western Sahara, Africas Last Colony, S. 18.

Marokko für das seit Jahren dokumentierte und bewiesene destruktive und dem Settlement-Plan in großem Ausmaß entgegenstehenden Verhalten oder verurteilte das Königreich gar hierfür.[365]

gg) Zwischenergebnis

Erwähnungen oder gar Verurteilungen solchen Verhaltens Marokkos sucht man auch in den Berichten des Generalsekretärs oder in den Resolutionen des Sicherheitsrates vergebens.[366] Im Rahmen dessen erinnert der Bericht von Human Rights Watch daran, dass die UN trotz eines direkten, beweisbaren und äußerst schwerwiegenden Verstoßes Marokkos gegen den Settlement-Plan in Form des Transfers von Zehntausenden marokkanischen Staatsbürgern mit angeblich sahrawischer Herkunft nichts unternahm. Der Bericht kritisierte den Sicherheitsrat für seine Haltung, die Kritik an der MINURSO und die Vorwürfe der Einschüchterung und des unangemessenen Verhaltens Marokkos nicht effektiv untersucht oder gar verurteilt zu haben.[367] Selbst wenn man davon ausgehen sollte, dass alle soeben dargelegten gegen die MINURSO und Marokko über die Jahre aufgelaufenen Vorwürfe keinerlei Wahrheitsgehalt hätten, bleibt dieser gravierende Verstoß Marokkos, der große Auswirkungen auf die Arbeit der IDC und der MINURSO haben sollte, ein nicht negierbarer Fakt, den die UN allerdings trotz allem in favori für Marokko bewusst ignoriert hat. Auf den äußerst

---

365 Vgl. UN Doc. S/1995/498 v. 21.6.1995, S. 9–11 Rn. 39–56 sowie den Report of the Office of Internal Oversight Services on investigation of allegations of irregularities and mismanagement made by Mr. *Frank Ruddy*, former Deputy Chairman of the Identification Commission of the United Nations Mission for the Referendum in Western Sahara, UN Doc. A/49/884 Annex v. 5.4.1995, S. 2 ff. Rn. 1–35; *Ruddy*, Western Sahara, Africas Last Colony, S. 19; ähnlich kritisch *Thomas*, The Emperor´s Clothes, S. 28 f. und *Zunes/Mundy*, Western Sahara, S. 203–205; *Human Rights Watch*, Western Sahara, Keeping it Secret – The United Nations Operation in Western Sahara (1995).

366 Vgl. hierzu statt vieler die Resolution 1056 des Sicherheitsrates, in welcher dieser die Aussetzung der Wähleridentifikation anordnet, allerdings, trotz allseits bekannter erheblich größerer Manipulationshandlungen Marokkos, alleine durch die faktische Kontrolle über das Gebiet und im Übrigen auch über die Einrichtungen der MINURSO, beide Parteien in gleichem Maße dazu auffordert, „to demonstrate without further delay the political will, cooperation and flexibility necessary to permit the resumption and early completion of the identification process and the implementation of the Settlement Plan", UN Doc S/RES/1056 v. 29.5.1996, S. 2 Rn. 7.

367 *Human Rights Watch*, Western Sahara, Keeping it Secret – The United Nations Operation in Western Sahara (1995).

detaillierten und mit fundierten Beweisen unterlegten Bericht der Human Rights Watch ging indes kein UN-Organ jemals ein.

Am 29.5.1996 wurde der Prozess der Wähleridentifizierung des Referendums vom Sicherheitsrat aufgrund der Tatsache, „that the required willingness does not exist to give MINURSO the cooperation needed for it to resume and complete the identification process, and that there has therefore been no significant progress towards implementation of the Settlement Plan" formell ausgesetzt.[368] Dies lag auch insbesondere an der zwischen den Parteien nicht auffindbaren Lösung zum Umgang mit den von Marokko zu Zehntausenden vorgebrachten Antragstellern aus den bereits zum Zeitpunkt des spanischen Zensus umstrittenen Stammesgruppierungen und deren Unterfraktionen.[369] Die Stammesgruppierungen wurden von den Spaniern durch Buchstaben von A–J gekennzeichnet, wobei die Gruppierungen A–G unproblematisch identifizierbar waren.[370] Problematisch sollten insbesondere die Gruppen H und J mit ihren Untergruppierungen H41, H61 und J51 sowie J52 sein, über deren Einordnung zwischen den Parteien kein Konsens gefunden werden konnte.[371] 2.532 Menschen aus diesen Stammesfraktionen wurden im spanischen Zensus von 1974 berück-

---

368 UN Doc S/RES/1056 v. 29.5.1996, S. 2 Rn. 2; *Dunbar/Malley-Morrison*, The Western Sahara Dispute: A Cautionary Tale for Peacebuilders, 5 Journal of Peacebuilding & Development (2009), 22 (24); hierzu ausführlich *Theofilopoulou*, The United Nations and Western Sahara - A Never-ending affair, USIP Special Report 166, S. 4–6. Siehe zum Identifikationsprozess der MINURSO von 1994–1998 und den damit zusammenhängen Problemen der Feststellung der ethnischen Zugehörigkeit zum Volk der Westsahara ausführlich *Jensen*, Western Sahara – Anatomy of a Stalemate?, S. 49–90; *Soroeta Liceras*, International Law and the Western Sahara Conflict, S. 179–194. Der Generalsekretär begründete dies wie folgt: „I am compelled to conclude that the required willingness does not exist to give MINURSO the cooperation needed for it to resume and complete the identification process within a reasonable period of time. In these circumstances, I feel obliged to recommend that the identification process be suspended until such time as both parties provide convincing evidence that they are committed to resuming and completing it without further obstacles, in accordance with the settlement plan, as mandated by the Security Council", UN Doc S/1996/343 v. 8.5.1996, S. 6 Rn. 29.

369 *Dunbar*, Saharan Stasis: Status and Future Prospects of the Western Sahara Conflict, 54 Middle East Journal (2000), 522 (530); *Jensen*, Western Sahara – Anatomy of a Stalemate?, S. 78 f.

370 *Zunes/Mundy*, Western Sahara, S. 199 f.

371 Siehe hierzu ausführlich *Jensen*, Western Sahara – Anatomy of a Stalemate?, S. 74–77; *Dunbar*, Saharan Stasis: Status and Future Prospects of the Western Sahara Conflict, 54 Middle East Journal (2000), 522 (529–531); *Zunes/Mundy*, Western Sahara, S. 199–203.

sichtigt, Marokko allerdings reichte über 60.000 Anträge von Menschen aus diesen Gruppierungen ein, wobei Dreiviertel hiervon in Marokko lebten.[372] Die Polisario widersprach dem vehement und akzeptierte nicht einmal die 2.532 Antragssteller und war der Ansicht, dass diese nicht berücksichtigt werden dürften, da sie marokkanischen Ursprungs seien, womit der Stillstand des Prozesses zunächst besiegelt schien.[373] Jegliche Vermittlungsversuche von *Boutros Ghali* scheiterten im Laufe des Jahres 1996 und die Parteien, die um den Umstand wussten, dass dieser wohl keine weitere Amtszeit bekommen würde, warteten die Wahl eines neuen Generalsekretärs ab.[374] Die UN und vor allem die Staaten der 1992 gegründeten Group of Friends of Western Sahara[375] haben Marokko und die Polisario weiterhin gedrängt, den notwendigen politischen Willen zu zeigen, um die Umsetzung des Settlement-Plans oder andernfalls eine andere politische Lösung zu ermöglichen, die Frieden und Stabilität in eine Region der Welt bringen würde, die seit über zwanzig Jahren in einen Konflikt verwickelt ist.[376] Dabei spielten auch unter höchster Geheimhaltung geführte bilaterale Gespräche zwischen den Parteien eine übergeordnete Rolle, die erstmalig durch die Initiative und Vermittlung von *Jensen* haben stattfinden können.[377] Bei den Gesprächen in Genf und Rabat, welchen auch der heutige König Marokkos, *Mohammed VI,* beiwohnte, kam es zu den ersten direkten Gesprächen zwischen den Parteien, die allerdings ohne

---

372 *Zunes/Mundy*, Western Sahara, S. 200; *Dunbar*, Saharan Stasis: Status and Future Prospects of the Western Sahara Conflict, 54 Middle East Journal (2000), 522 (529–531).

373 *Zunes/Mundy*, Western Sahara, S. 200; *Dunbar*, Saharan Stasis: Status and Future Prospects of the Western Sahara Conflict, 54 Middle East Journal (2000), 522 (530).

374 *Jensen*, Western Sahara – Anatomy of a Stalemate?, S. 80 f.

375 Die Group of Friends of Western Sahara besteht in ihrer Kerngruppe aus den westlichen ständigen Sicherheitsratsmitgliedern, also den USA, Frankreich, Großbritannien sowie aus Russland und Spanien, die hinsichtlich des Selbstbestimmungsrechts des Volkes der Westsahara unterschiedliche Rechtsansichten haben und den Fokus des Konflikts äußert unterschiedlich setzen, *Whitfield*, A Crowded Field: Groups of Friends, the United Nations and the Resolution of Conflict, S. 4 und S. 17; sie ist im Rahmen des Erlasses von Sicherheitsratsresolutionen entscheidender Faktor und hat großen Einfluss auf das Wording und den Inhalt dieser, siehe hierzu *Whitfield*, Working with Groups of Friends, S. 60. Allgemein zu dem Konstrukt von Groups of Friends siehe *Whitfield*, The United Nations, Groups of Friends, and the Resolution of Conflict.

376 Vgl. *Whitfield*, A Crowded Field: Groups of Friends, the United Nations and the Resolution of Conflict, S. 4; *Zunes/Mundy*, Western Sahara, S. 204.

377 *Jensen*, Western Sahara – Anatomy of a Stalemate?, S. 79 f.; *Zunes/Mundy*, Western Sahara, S. 206.

Beteiligung der UN und unter Ausschluss der Möglichkeiten der vollständigen Integration bzw. der vollständigen Unabhängigkeit gehalten worden sind.[378] Schlussendlich fand das letzte Treffen der Parteien ergebnislos in Genf statt, nach welchem beide Seiten die jeweils andere beschuldigten, die Grundlagen der Gesprächsregeln missachtet zu haben.[379]

Aufgrund des Momentums, welches durch die Gespräche geschaffen wurde, die zwar zunächst scheiterten, die Parteien aber dennoch erstmalig und nach jahrelanger rigoroser Ablehnung Marokkos an einen Tisch brachten, sehen *Zunes* und *Mundy* hierin richtigerweise einen entscheidenden neuen Faktor. Dieser sollte die UN und insbesondere den neu gewählten UN-Generalsekretär *Kofi Annan* dazu bewegen davon auszugehen, dass die Parteien bereit wären, andere Lösungen als den Settlement-Plan ernsthaft in Betracht zu ziehen und in Folge dessen alternative Lösungswege abseits des Plans forderten und förderten und die Forderung nach einer politischen Lösung sukzessiv lauter wurde.[380]

2. Annans Ansatz

Annan folgte *Boutros Ghali* als neuer Generalsekretär und überprüfte umgehend alle laufenden UN-Mandate und Einsätze, wobei er aufgrund seiner vorherigen Position als Leiter der UN-Peacekeeping-Abteilung bestens im Bilde war, in welchem Umfang die MINURSO Ressourcen der UN (erfolglos) bündelte und dass der Waffenstillstand faktisch seit 1991 das einzige greifbare Ergebnis war.[381] Aus dem nicht vollständig veröffentlichten Bericht *Theofilopoulous* ergeben sich teils bisher nicht bekannte Einzelheiten zur Herangehensweise *Annans* und der verantwortlichen Untergeneralsekretäre der beteiligten UN-Abteilungen. Im Rahmen einer internen UN-Sitzung wurde unter dem Vorsitz *Annans* ein Bewertungspapier zu den politischen Optionen zur Beilegung des Konflikts vorgestellt, welches im Vorfeld von der Hauptabteilung für Politische Angelegenheiten erstellt worden war und vier Handlungsoptionen vorschlug: „(a) remain with the Settlement Plan and move ahead with its implementation; (b) put the Plan

---

378 *Jensen*, Western Sahara – Anatomy of a Stalemate?, S. 79 f.; *Zunes/Mundy*, Western Sahara, S. 206.

379 *Jensen*, Western Sahara – Anatomy of a Stalemate?, S. 79 f.; *Zunes/Mundy*, Western Sahara, S. 206.

380 *Zunes/Mundy*, Western Sahara, S. 206.

381 *Theofilopoulou*, The United Nations and Western Sahara - A Never-ending affair, USIP Special Report 166, S. 6.

aside and seek a "third solution"; (c) seek a "third solution" while keeping the Plan; (d) disengage until the time was ripe".[382]

Die Sitzung konzentrierte sich sodann sofort und ausschließlich auf die Option B, wobei die Führungskräfte der DPKO[383] und die leitenden Mitarbeiter der DPA[384] vorschlugen, einen hochrangigen und international angesehen Persönlichen Gesandten zu ernennen, der zwischen den Parteien im Hinblick auf eine dritte Lösung vermitteln sollte und könnte.[385] Die von *Jensen* initiierten Versuche direkter Gespräche hatten bei den Anwesenden laut *Theofilopoulou* den Eindruck erweckt, dass die Parteien durch die Aussetzung der Wähleridentifizierung und die Verringerung der militärischen Stärke der MINURSO ziemlich verunsichert waren und einem neuen Vermittler gegenüber aufgeschlossen sein könnten, der sie zu einer politischen Lösung bringen könnte.[386] Die Teilnehmenden diskutierten über ihnen zugespielte Informationen aus Algier durch den Botschafter eines UN-„key member state", die darauf hindeuteten, dass Algerien die Polisario ermutigen würde, einen dritten Weg in Form eines erweiterten Autonomiegebietes zu akzeptieren.[387] Aber auch hier wurde bereits von den Teilnehmenden erkannt, dass selbst eine Autonomielösung für Marokko schwer zu vertreten wäre, da Marokko, wenn von einer solchen Lösung die Rede war, zu erkennen gab, dass hierfür eine mutmaßlich unmögliche Verfassungsänderung nötig sei. Eine solche hätte aus marokkanischer Sicht die Folge, dass es zu nicht hinnehmbaren innenpolitischen Schwierigkeiten kommen würde, da sodann alle Regionen in Marokko eine solche Autonomie fordern würden.[388] Im Rahmen dessen stellte *Annan* eine Frage,

---

382 *Theofilopoulou*, The United Nations and Western Sahara - A Never-ending affair, USIP Special Report 166, S. 6. An dem Treffen nahmen neben Theofilopoulou „the Secretary-General, one of his advisers who had covered Western Sahara over the years, the US and ASG for Africa of DPA, the ASG of DPKO, the Director of the Division covering Western Sahara" teil, *Theofilopoulou*, The United Nations and Western Sahara - A real challenge for the Organization (unveröffentlicht), Baker Paper, Box 223–228, S. 29.

383 Department of Peacekeeping Operations der UN.

384 Department of Political and Peacebuilding Affairs der UN.

385 *Theofilopoulou*, The United Nations and Western Sahara - A real challenge for the Organization (unveröffentlicht), Baker Paper, Box 223–228, S. 29.

386 *Theofilopoulou*, The United Nations and Western Sahara - A real challenge for the Organization (unveröffentlicht), Baker Paper, Box 223–228, S. 29.

387 *Theofilopoulou*, The United Nations and Western Sahara - A real challenge for the Organization (unveröffentlicht), Baker Paper, Box 223–228, S. 29

388 *Theofilopoulou*, The United Nations and Western Sahara - A real challenge for the Organization (unveröffentlicht), Baker Paper, Box 223–228, S. 29.

die *Theofilopoulou* zu Recht als „prophetic" beschreibt: „What if Algeria delivers POLISARIO and then the King does not dance, what do we do?". Die Antwort eines Teilnehmenden war, wie sich herausstellen sollte und im Folgenden behandelt wird, umso vorausschauender und zutreffender: „It would all depend on how the Security Council reacted."[389]

a) James Bakers Ernennung zum Persönlichen Gesandten und sein Auftrag

Annan ernannte sodann im März 1997 James *Baker* zum ersten Persönlichen Gesandten des Generalsekretärs für die Westsahara.[390]

Bereits im Ernennungsschreiben *Annans* an *Baker*[391] wird deutlich, dass die Chancen zur Implementierung des Settlement-Plans äußerst unwahrscheinlich waren und auch *Annan* diesbezüglich keine Aussicht auf Erfolg sah. Vielmehr erteilte er ein weites Mandat, um etwaige andere (politische) Lösungen in Betracht ziehen zu können, die im soeben besprochenen Gesprächszirkel der UN-Offiziellen aufgekommen waren: „Mr. Goulding gave you a brief history of the problem and of the United Nations' attempts to implement the Settlement Plan which was accepted by the two sides in August 1988. As he told you, the ceasefire has been observed since it came into effect in September 1991 but it has not proved possible to implement those parts of the Plan which relate to the holding of a referendum. Moreover, significant differences persist between the parties about most of the actions required of them during the transitional period which would precede the referendum. As a result, there are grounds for doubting whether the Settlement Plan is in fact implementable in its present form and this has led to increasing reluctance in the Security Council to maintain the peace-keeping operation (MINURSO) which is responsible for helping the

---

389 *Theofilopoulou*, The United Nations and Western Sahara - A real challenge for the Organization (unveröffentlicht), Baker Paper, Box 223–228, S. 29 f.

390 Während die Polisario sich mit der Person Bakers äußerst zufrieden schätzte, reagierte Marokko eher zurückhaltend. *Theofilopoulou* beschreibt die Reaktion wie folgt: „Clearly the Moroccans were quite perturbed with the appointment being aware of Mr. Baker's reputation as a tough negotiator", *Theofilopoulou*, The United Nations and Western Sahara - A real challenge for the Organization (unveröffentlicht), Baker Paper, Box 223–228, S. 31.

391 Das Schreiben ist bis dato nicht in der Literatur zitiert worden und liegt dem Autor in Kopie vor, Baker Paper, Princeton Mudd Manuscript Library, Box 322–328, Brief v. 5.3.1997.

parties to implement the Plan."[392] Daher gab er *Baker* eine klare Richtung für sein Mandat vor: „It is against this background that I have asked you to undertake a mission as my Personal Envoy. The ostensible purpose of your mission will be threefold: to assess, in consultation with the parties, the implementability of the Plan in its present form; to examine whether there are adjustments, acceptable to the parties, which would significantly improve the chances of implementing it in the near future; and, if not, to advise me on other possible ways of resolving the conflict."[393] *Annan* wurde hinsichtlich der zuletzt genannten Möglichkeit, von welcher er offensichtlich ausging und auch präferierte, deutlich und bestimmend, indem er *Baker* schrieb: „However, I envisage that if, under the third item of this mandate, you judged that there was an alternative and more promising possibility, you would endeavour to negotiate a deal on that basis either through direct talks or, more probably, through shuttle diplomacy. Such a deal could subsequently be submitted to the people for approval in a referendum conducted by the United Nations. The basis for such a deal could be agreement by Morocco to give the Western Sahara a greater deal of autonomy than the country's other regions, together with a special status for the POLISARIO leadership, in return for which POLISARIO would agree to the Territory being part of Morocco."[394] *Baker* versuchte allerdings sofort nach Amtsübernahme, die Parteien in direkten Gesprächen zu den möglichen Lösungsvorschlägen zu konsultieren und konzentrierte sich hierbei auf expliziten Wunsch der Parteien zunächst auf die mögliche Wiederaufnahme des Implementierungsprozesses des Settlement-Plans.[395]

aa) Die Houston-Accords und die stille Abkehr vom Referendum

Die Houston-Accords von 1997, denen vielfache und erstmalige direkte Treffen und Verhandlungen Marokkos und der Polisario unter Beteiligung

---

392 Baker Paper, Princeton Mudd Manuscript Library, Box 322–328, Brief v. 5.3.1997.
393 Baker Paper, Princeton Mudd Manuscript Library, Box 322–328, Brief v. 5.3.1997.
394 Baker Paper, Princeton Mudd Manuscript Library, Box 322–328, Brief v. 5.3.1997.
395 *Theofilopoulou*, The United Nations and Western Sahara - A Never-ending affair, USIP Special Report 166, S. 6; UN Doc. S/1997/882 v. 13.11.1997, S. 13 Rn. 52: „As may be recalled, my Personal Envoy concluded after his exploratory mission in late April 1997 that neither Morocco nor the Frente POLISARIO wished to pursue any political solution other than implementation of the settlement plan. This means that, in the view of the parties, the referendum under the plan remains the best framework for settling the Western Sahara conflict".

der UN vorausgingen,[396] hatten den Settlement-Plan von 1991 im Wesentlichen durch die Unterschriften der Parteien ratifiziert und stellen das einzige Dokument dar, welches von beiden Konfliktparteien zur Beilegung des Westsahara-Konflikts jemals unterschrieben worden ist.[397] Auch in den Houston-Accords hat es keinen Durchsetzungsmechanismus für den Fall gegeben, dass sich eine Partei nicht an das Ergebnis des Referendums halten sollte.[398]

(1) Wer darf abstimmen?

Zunächst war noch immer umstritten, wer überhaupt abstimmungsberechtigt ist und wie der Identifizierungsprozess, der die MINURSO 1996 zum Stillstand gebracht hatte, wieder effektiv aufgenommen werden könnte. Nach den Konsultationsrunden der Konfliktparteien am 23.6.1997 in Lissa-

---

396 *Theofilopoulou*, The United Nations and Western Sahara - A Never-ending affair, USIP Special Report 166, S. 6 f. *Baker* traf sich im Vorfeld der Verhandlungen sowohl mit *Hassan II* als auch mit *Abdelaziz*, denen er deutlich machte, dass die Implementierung des Settlement-Plans wieder vorangetrieben wird und die Parteien sich ihrer Positionen im Klaren und sicher sein müssen. *Theofilopouolou*, die den jeweiligen Terminen beiwohnte, schrieb zum Treffen mit *Hassan II*: „In his tête-a-tête with the King, Mr. Baker suggested that Morocco should not say that it wanted the Settlement Plan if it did not, because the UN might deliver it. The King however insisted on proceeding with the Plan." Zum Treffen mit *Abdelaziz* schrieb sie: „When meeting with the POLISARIO leadership, Mr. Baker suggested that POLISARIO must be sure of the results of the referendum if it insisted on staying with the Plan, because if they had any doubts, he could try another approach. The only one whose face registered the meaning of what Mr. Baker said was Bachir Mushaph Sayed. The rest of the leadership was stone-faced." *Theofilopoulou*, The United Nations and Western Sahara - A real challenge for the Organization (unveröffentlicht), Baker Paper, Box 223–228, S. 31 f.

397 *Mundy*, Moroccan Settlers in Western Sahara: Colonists or Fifth Column?, 15 Le Géographe du monde arabe (2012), 95 (115); *Jensen*, Western Sahara – Anatomy of a Stalemate?, S. 84 f.; *Theofilopoulou*, die den Verhandlungen beiwohnte, kommentierte die Houston-Accords von vornherein als wenig erfolgversprechend: „Nobody on the Baker team really believed that the UN would sail toward the implementation of the settlement plan. After the parties had locked themselves in, it was a question of who would back away from their commitments first. Nor was there any doubt in anyone's mind that Morocco would send applicants from the contested groupings by the busload when the time came.",*Theofilopoulou*, The United Nations and Western Sahara - A Never-ending affair, USIP Special Report 166, S. 7; *Zunes/ Mundy*, Western Sahara, S. 208 f. Der „Houston Accord on the Code of Conduct for the Referendum Campaign in Western Sahara" ist abgedruckt in UN Doc S/ 1997/742 v. 24.9.1997 Annex III.

398 Vgl. UN Doc. S/1997/882 v. 13.11.1997.

bon, am 19./20.7.1997 in London und am 29.8.1997 in Lissabon konnten diese sich in den abschließenden Gesprächsrunden in Houston vom 14.–16.9.1997 schließlich auf das fortzusetzende Prozedere einigen.[399]

Die Parteien kamen überein, dass sie niemanden aus den umstrittenen Stammesgruppen, die zum ersten Scheitern des Prozesses führten, eigenhändig zur Identifizierung vorführen würden. Marokko stellte allerdings klar, dass es nicht verpflichtet sei, aktiv zu verhindern, dass sich jemand aus diesen Gruppen selbst bei der IDC meldet und zur Wahl registriert.[400] Ferner wurde vereinbart, dass die Anträge aus den drei umstrittenen Gruppierungen primär behandelt werden sollten, in der Erwartung, dass sich nur einige Hundert Personen melden würden, wenn das Identifizierungsverfahren im Dezember 1997 wieder aufgenommen würde.[401]

Im Oktober 1997 wurde eine UN-Mission in die Westsahara entsandt, um zu prüfen, welche Schritte für die Umsetzung der Abkommen erforderlich seien.[402] Das Team der Mission traf mit Mitarbeitern der MINURSO und Vertretern der Parteien zusammen und erörterte dabei die notwendigen Aspekte zur Umsetzung des Settlement-Plans.[403] Der Generalsekretär ging aufgrund der von *Baker* erzielten Fortschritte davon aus, dass die Übergangszeit am 7.6.1998 beginnen und das Referendum am 7.12.1998 stattfinden könnte, sofern die personellen und finanziellen Ressourcen rechtzeitig zur Verfügung stünden und die Parteien kooperierten.[404] Insbesondere betonte er, dass es von elementarer Bedeutung sei, „that full authority for implementation of the settlement plan and the agreements reached is vested in the Special Representative as called for in the plan, that the two parties and the two observer countries will cooperate fully with MINURSO, and that the Security Council will continue to extend its full

---

399 *Theofilopoulou*, The United Nations and Western Sahara - A real challenge for the Organization (unveröffentlicht), Baker Paper, Box 223–228, S. 33; *Jensen*, Western Sahara – Anatomy of a Stalemate?, S. 84; *Zunes/Mundy*, Western Sahara, S. 208 f.

400 *Theofilopoulou*, The United Nations and Western Sahara - A Never-ending affair, USIP Special Report 166, S. 6; *Zunes/Mundy*, Western Sahara, S. 208 f.; ausführlich zu den einzelnen umstrittenen Stammesgruppierungen *Jensen*, Western Sahara – Anatomy of a Stalemate?, S. 84–90.

401 *Dunbar*, Saharan Stasis: Status and Future Prospects of the Western Sahara Conflict, 54 Middle East Journal (2000), 522 (530 f.).

402 UN Doc. S/1997/882 v. 13.11.1997.

403 UN Doc. S/1997/882 v. 13.11.1997, S. 2 Rn. 4–7; *Theofilopoulou*, The United Nations and Western Sahara - A real challenge for the Organization (unveröffentlicht), Baker Paper, Box 223–228, S. 34

404 UN Doc. S/1997/882 v. 13.11.1997, S. 4 Rn. 16.

support for fulfilment of the United Nations mandate in Western Sahara".[405] Sollte dies nicht garantiert werden können, mahnte er richtigerweise in prognostizierender Weise, dass „it will not be possible to hold the referendum before the end of 1998, if at all".[406] Am 3.12.1997 konnte die MINURSO den Wähleridentifikationsprozess wieder aufnehmen.[407] Obwohl der Identifikationsprozess zunächst problemlos anzulaufen schien, wurde bereits in den ersten Tagen deutlich, dass sich die IDC trotz der Einigung in den Houston Accords mit einer Vielzahl von Identifizierungen von Personen aus den umstrittenen Gruppierungen auseinandersetzen werden müsse, da die marokkanischen Behörden ihnen das Erscheinen vor der Kommission erleichterten. Es gab laut *Theofilopoulou* stichhaltige Beweise dafür, dass Marokko den Antragstellern Transportmittel zur Verfügung stellte, um die Identifizierungszentren erreichen zu können, und verstieß damit eindeutig gegen eine Grundregel der Abkommen von Houston.[408] Bis Januar 1998 hatten sich 12.540 nach Ansicht des Generalsekretärs „unconvoked" Antragsteller bei der IDC in El Aaiún registrieren lassen,[409] wozu *Dunbar* feststellte, dass dies nur „with the apparent active encouragement and logistical support of the Moroccan Government" möglich gewesen sei.[410] Auch der

---

405 UN Doc. S/1997/882 v. 13.11.1997, S. 13 Rn. 50.

406 UN Doc. S/1997/882 v. 13.11.1997, S. 13 Rn. 51.

407 *Thomas*, The Emperors Clothes, S. 29; *Migdalovitz*, Congressional Research Service Report for Congress- Western Sahara: Background to Referendum, S. 13, hatte bereits 1995 nach eingehender Bewertung der Sach- und Rechtslage zur MINURSO und den realpolitischen Umständen festgestellt, dass „with or without a referendum, it is likely that Morocco will either absorb the Western Sahara or exercise de facto control over a subservient government there, while a small Polisario remnant fights on". Siehe zur Zeit zwischen dem 29.5.1996 und der Ernennung Bakers ausführlich *Jensen*, Western Sahara – Anatomy of a Stalemate?, S. 77–81; *Zunes/Mundy*, Western Sahara, S. 204–207;

408 *Theofilopoulou*, The United Nations and Western Sahara - A Never-ending affair, USIP Special Report 166, S. 7.

409 UN Doc. S/1998/35 v. 15.1.1998, S. 3 Rn. 10; *Zunes/Mundy*, Western Sahara, S. 210.

410 *Dunbar*, Saharan Stasis: Status and Future Prospects of the Western Sahara Conflict, 54 Middle East Journal (2000), 522 (531); *Zunes/Mundy*, Western Sahara, S. 210. Hierüber wurden auch *Baker* und die zuständigen hochrangigen UN-Abteilungsleiter informiert: „On 6 January 1998, in a conference call between Mr. Baker, Mr. Bolton and the heads of DPA and DPKO and their respective staff, it was agreed that there was strong evidence that the Moroccan authorities were providing non-convoked applicants with transportation to reach identification centers. Morocco was clearly in violation of the spirit of the Houston Agreements although according to the ASRSG it would be impossible to ascertain whether each of these individuals had been sponsored by Morocco.", *Theofilopoulou*, The United Nations and Western Sahara - A real challenge for the Organization (unveröffentlicht), Baker Paper, Box

Generalsekretär wusste um diese Umstände, reagierte hierauf aber nicht offiziell.[411] Damit rückte die Frage der drei Gruppierungen wieder in den Mittelpunkt der Kontroverse zwischen den Parteien.[412]

(2) Der Umgang mit den umstrittenen Stammes-Gruppierungen

Unter Bezugnahme auf eine Einschätzung *Dunbars*, dass 99 Prozent der Antragsteller nicht stimmberechtigt seien, schlug *Baker* vor, dass die ca. 4.000 ursprünglichen Antragsteller, die sich in der spanischen Volkszählung registriert hatten, identifiziert werden sollten.[413] Die Parteien sollten darüber informiert werden, dass die UN nur diese ca. 4.000 Antragssteller identifizieren würde, bis entschieden sei, wie mit dem Rest zu verfahren sei, wobei weiterhin Tausende neue Antragsteller täglich in den Zentren der

---

223–228, S. 35. In diesem Gespräch betonte *Baker*, dass die Marokkaner wussten, dass „they had been caught with their hand in the cookie jar and had adopted a strategy of offence is the best defence", Baker Paper, Princeton Mudd Manuscript Library, Box 322–328, Note for the file (strictly confidential) v. 7.1.1998.
Der marokkanische Botschafter in New York äußerte sich laut *Theofilopoulou* zu den Vorwürfen in fragwürdiger Rhetorik: „Morocco was a democratic country and could not stop the press or political parties from calling people to come for identification.", *Theofilopoulou*, The United Nations and Western Sahara - A real challenge for the Organization (unveröffentlicht), Baker Paper, Box 223–228, S. 35.

411 *Miyet* schrieb *Annan*: „As you know, these issues were discussed in a conference call between Mr. Baker, Mr. Bolton, Mr. Prendergast and myself on 6 January. We noted strong evidence that the Moroccan authorities were providing non-convoked individuals with transportation facilities to reach the centres. If so, Morocco was in violation of the spirit, if not the letter, of the Houston agreements, and these individuals should be disqualified.", Baker Paper, Princeton Mudd Manuscript Library, Box 322–328, Note to the Secretary-General (confidential) v. 9.1.1998. Aus dem Schreiben geht ferner hervor, dass *Baker* nur auf dem inoffiziellen Weg mit Marokko über die Situation sprach: „While Mr. Baker informally told the Moroccans that he believed they were in violation of the agreements and that 'this should stop', Morocco continues to argue that it cannot prevent applicants from exercising their individual rights, and that the United Nations has 'misinformed" Mr. Baker on this issue and has failed to notify all applicants on the days of convocation.", Baker Paper, Princeton Mudd Manuscript Library, Box 322–328, Note to the Secretary-General (confidential) v. 9.1.1998.
412 *Jensen*, Western Sahara – Anatomy of a Stalemate?, S. 85.
413 *Theofilopoulou*, The United Nations and Western Sahara - A real challenge for the Organization (unveröffentlicht), Baker Paper, Box 223–228, S. 35, Baker Paper, Princeton Mudd Manuscript Library, Box 322–328, Note for the file (strictly confidential) v. 7.1.1998.

IDC ankamen.[414] Laut *Theofilopoulou* wurde bei den zwischen *Baker* und dem UN-Generalsekretariat besprochenen Strategien nicht berücksichtigt, dass es keinen durchsetzbaren Ansatz für die möglichen Folgen der Zeit nach der Identifizierung der ca. 4.000 Personen gab, obwohl man von folgenden Annahmen ausging: „if the majority of the contested were not positively identified either (a) the Moroccans might be discouraged to continue with the ID process or (b) POLISARIO might accept identifying all the contested".[415] Der Generalsekretär beschloss zunächst, dass die ca. 4.000 Personen primär und schnellstmöglich identifiziert werden sollten.[416] Die Polisario kooperierte in dem Wissen, dass sie nicht viel riskierte, da die (inoffiziellen) Zahlen zur Wahrscheinlichkeit der Zulassung dieser Antragssteller, die durch verschiedene Wege an die Konfliktparteien geleaked wurden, auf ihrer Seite waren.[417]

(3) Marokkos Widerstand

Marokko entschied sich dem folgend darauf zu bestehen, dass doch alle Mitglieder der drei umstrittenen Stammes-Gruppierungen identifiziert werden sollten, also etwa 65.000 einschließlich der 2.532, die an der spanischen Volkszählung teilgenommen hatten.[418] Die UN hätte Marokko laut *Theofilopoulou* zu diesem Zeitpunkt in die Schranken weisen sollen und die Identifizierung stoppen können. Allerdings resümierte sie zutreffend, dass aufgrund des konsensualen Grundcharakters der MINURSO, welche nach Kapitel VI der UN-Charta eingerichtet wurde, „taking a firm position with the parties rarely seemed to be an option either for the Secretariat

---

414 *Zunes/Mundy*, Western Sahara, S. 210.

415 *Theofilopoulou*, The United Nations and Western Sahara - A real challenge for the Organization (unveröffentlicht), Baker Paper, Box 223–228, S. 35.

416 UN Doc. S/1998/35 v. 15.1.1998, Rn. 29; *Dunbar*, Saharan Stasis: Status and Future Prospects of the Western Sahara Conflict, 54 Middle East Journal (2000), 522 (531); Baker Paper, Princeton Mudd Manuscript Library, Box 322–328, Note for the file (strictly confidential) v. 7.1.1998: „They would serve as a "control group" to prove or disprove that most of them would not qualify."

417 *Theofilopoulou*, The United Nations and Western Sahara - A Never-ending affair, USIP Special Report 166, S. 7; *Zunes/Mundy*, Western Sahara, S. 210.

418 *Dunbar*, Saharan Stasis: Status and Future Prospects of the Western Sahara Conflict, 54 Middle East Journal (2000), 522 (531); *Theofilopoulou*, The United Nations and Western Sahara - A real challenge for the Organization (unveröffentlicht), Baker Paper, Box 223–228, S. 35 f.

or the Security Council".[419] Nach Informationen der MINURSO, die an *Theofilopoulou* herangetragen worden sind, nutzte Marokko die „question of the 4000" als Vorwand, um die Identifizierung zu unterbrechen und Ausbildungsschulen zu eröffnen, um potentielle Bewerber aus den umstrittenen Stämmen auf ihre Identifizierung vorzubereiten, da die inoffiziellen Zahlen der MINURSO gegen Marokkos bisherige Herangehensweise sprachen.[420] Der Prozess zog sich von Anfang 1998 bis Mitte 1998 erneut über Monate ohne konkrete Ergebnisse.[421]

Im Juni 1998 erstellte der Vorsitzende der Identifizierungsstelle, *Kinloch*, eine detaillierte Analyse und stellte diese *Baker* vor. Haupterkenntniss war dabei, dass das Problem der umstrittenen Stämme eigentlich keines sei, da es aufgrund der bisherigen Erfahrungen der MINURSO im Identifikationsprozess höchst unwahrscheinlich war, dass die Identifizierung der rund 65.000 Antragsteller mehr als drei bis vier Prozent Wahlberechtigte für Marokko ergeben würde.[422] Beide Parteien, die die Teilergebnisse der bisherigen Identifizierung im Rahmen des Houston-Abkommens erhalten hatten, wussten grundsätzlich, woran sie waren und kannten diese Zahlen.[423] Indem Marokko allerdings darauf bestand, dass die MINURSO alle 65.000 Antragsteller identifiziert, da sie hierzu rechtlich und dem Settlement-Plan nach verpflichtet sei, blockierte es durch mutmaßlich rechtliche Erwägungsgründe den Prozess „without appearing to do so", da die Polisario dieses Vorgehen nicht akzeptierte und es erneut zum faktischen Stillstand kam.[424] Die UN suchte derweil nach Möglichkeiten, diese An-

---

419 *Theofilopoulou*, The United Nations and Western Sahara - A real challenge for the Organization (unveröffentlicht), Baker Paper, Box 223–228, S. 35 f.

420 *Theofilopoulou*, The United Nations and Western Sahara - A real challenge for the Organization (unveröffentlicht), Baker Paper, Box 223–228, S. 36; *Zunes/Mundy*, Western Sahara, S. 210 f.

421 Siehe hierzu die Berichte des Generalsekretärs in diesem Zeitraum UN Doc. S/1998/35 v. 15.1.1998, UN Doc. S/1998/142 v. 19.2.1998, UN Doc. S/1998/316 v. 13.4.1998, UN Doc. S/1998/404 v. 18.5.1998.

422 *Theofilopoulou*, The United Nations and Western Sahara - A real challenge for the Organization (unveröffentlicht), Baker Paper, Box 223–228, S. 37.

423 *Jensen*, Western Sahara – Anatomy of a Stalemate?, S. 85 f.

424 *Theofilopoulou*, The United Nations and Western Sahara - A real challenge for the Organization (unveröffentlicht), Baker Paper, Box 223–228, S. 37; *Dunbar*, Saharan Stasis: Status and Future Prospects of the Western Sahara Conflict, 54 Middle East Journal (2000), 522 (531). *Theofilopoulou* beschrieb das Vorgehen Marokkos äußerst zutreffend: „The UN predicament was that Morocco was in clear violation of the spirit of the Houston agreements. The Moroccans were aware that the UN knew. The authorities therefore took a legalistic and preemptive approach, writing letters

tragsteller zu identifizieren, und schlug erneut nur technische und einzig den Prozess selbst betreffende Lösungen für die von Marokko aufgeworfenen Probleme vor.[425] *Kinloch* warnte vor diesem einzig technischen Ansatz und war der, wie sich herausstellen sollte, zutreffenden Ansicht, dass die MINURSO mit den technischen Lösungsvorschlägen für die von Marokko aufgeworfenen Probleme in Zukunft vor unüberwindbaren Schwierigkeiten stehen könnte.[426] Die UN allerdings verfolgte nichtsdestotrotz diesen Ansatz, „again falling into the trap of proposing technical solutions", welche die politische Kluft zwischen den Parteien nicht füllen und das grundsätzliche Problem der Identifizierung nicht beheben konnten.[427]

(4) Die Entwicklungen in Osttimor und Bakers erste Offensive zur politischen Lösung

Im August 1998 war die Identifizierung aller nicht umstrittenen Antragsteller abgeschlossen. Die UN gab bekannt, dass die IDC seit dem Beginn der Identifizierung im August 1994 147.350 Interviews durchgeführt hatte; 87.238 davon waren seit der Wiederaufnahme des Identifizierungsprozesses als Ergebnis der Houston-Abkommen durchgeführt worden.[428] Im Spätsommer 1998 erhielt *Baker*, der die von der UN geleiteten Osttimor-Verhandlungen über eine erweiterte Autonomie verfolgte, von der UN Hauptabteilung Politische Angelegenheiten Hintergrundinformationen zu der geplanten Autonomie-Lösung, welche ihm auch auf den Westsahara-Konflikt anwendbar erschien.[429] Er unternahm daraufhin eine geheim gehaltene Reise nach Marokko, um König *Hassan II* zu fragen, „whether he was still certain that the referendum under the Settlement Plan was

---

to Mr. Baker, the ASRSG, and the Chairman of the Identification Commission accusing MINURSO of prejudice against the Moroccan applicants and orchestrating a vicious press campaign against MINURSO. This is a tactic that Morocco still uses when all else fails.", *Theofilopoulou*, The United Nations and Western Sahara - A real challenge for the Organization (unveröffentlicht), Baker Paper, Box 223–228, S. 36.

425 *Dunbar*, Saharan Stasis: Status and Future Prospects of the Western Sahara Conflict, 54 Middle East Journal (2000), 522 (531,534).

426 *Theofilopoulou*, The United Nations and Western Sahara - A real challenge for the Organization (unveröffentlicht), Baker Paper, Box 223–228, S. 37.

427 *Theofilopoulou*, The United Nations and Western Sahara - A real challenge for the Organization (unveröffentlicht), Baker Paper, Box 223–228, S. 37.

428 UN Doc. S/1998/849 v. 11.9.1998, S. 1 Rn. 2.

429 *Theofilopoulou*, The United Nations and Western Sahara - A real challenge for the Organization (unveröffentlicht), Baker Paper, Box 223–228, S. 38.

the best way for Morocco to legitimize its presence in Western Sahara and suggested that it might be time to consider other options".[430] Er zog dabei den Vergleich zur Situation Osttimors und *Hassan* hörte mit Interesse zu und versprach *Baker*, darüber nachzudenken.[431] Kurz darauf besuchte der marokkanische Innenminister, der ein großes persönliches Interesse daran hatte, das Referendum im Rahmen des Settlement-Plans fortzusetzen, mit einem großen Gefolge die Westsahara und bekräftigte in Anwesenheit der marokkanischen Medien das Interesse Marokkos an der Fortsetzung der Identifizierung. Dem folgend erhielt *Baker* die Nachricht, dass der König den Weg des Settlement-Plans weiterverfolgen wolle. Trotzdem sollte die Reise allerdings Auswirkungen auf die Herangehensweise der Parteien auf den Konflikt haben und insbesondere intern für eine Neufokussierung auf die bereits seit Längerem angedachte dritte Option der politischen Lösung sorgen.[432]

bb) Der letzte Strohhalm des Settlement-Plans

Die Identifizierung der Antragssteller der drei umstrittenen Stammes-Gruppierungen wurde schließlich im Juni 1999 fortgeführt, nachdem der Prozess erneut für fast ein Jahr unterbrochen worden war. Ausschlaggebend für die Wiederaufnahme der Bemühungen war das von der MINURSO im Sommer 1998 entwickelte Prozedere, mit dem alle Mitglieder der drei Gruppierungen innerhalb von wenigen Monaten identifiziert werden sollten.[433] Dieses Verfahren wurde den Parteien als Teil eines Maßnahmenpakets von der UN vorgelegt, welches darüber hinaus vor allem auch vorsah, dass der Berufungsprozess für die nicht von der IDC angenommen Antragsteller gleichzeitig mit der Identifizierung der Mitglieder der angefochtenen Gruppierungen beginnen sollte.[434] *Bakers* Intention hinter diesem Maßnahmenpaket richtete sich vor allem gegen die Haltung Marokkos und

---

430 *Theofilopoulou*, The United Nations and Western Sahara - A real challenge for the Organization (unveröffentlicht), Baker Paper, Box 223–228, S. 38; *Zunes/Mundy*, Western Sahara, S. 210.

431 *Zunes/Mundy*, Western Sahara, S. 210.

432 *Theofilopoulou*, The United Nations and Western Sahara - A real challenge for the Organization (unveröffentlicht), Baker Paper, Box 223–228, S. 38.

433 *Dunbar*, Saharan Stasis: Status and Future Prospects of the Western Sahara Conflict, 54 Middle East Journal (2000), 522 (531); *Zunes/Mundy*, Western Sahara, S. 211.

434 *Dunbar*, Saharan Stasis: Status and Future Prospects of the Western Sahara Conflict, 54 Middle East Journal (2000), 522 (531).

wurde auf einer „take it or leave it" Basis erlassen, „in order to press Morocco to see the mistake of continuing with the identification of thousands of applicants from the contested tribes and accept the inevitability of a political solution".[435] *Annan* reiste persönlich in die Region, um zwischen den Konfliktparteien zu vermitteln und das Maßnahmenpaket bestätigt zu bekommen. Der Sicherheitsrat wurde darüber informiert, dass beide Parteien ihr Bekenntnis für den Settlement-Plan erneuert hatten und dass die Dokumente bis zum Besuch des Generalsekretärs in der Region im folgenden Monat von den Parteien akzeptiert werden würden. Dies sollte sich allerdings in *Theofilopoulous* Worten als „wishful thinking" herausstellen.[436] Im Vorfeld des Besuchs des Generalsekretärs gab es zahlreiche Warnungen über das Verhalten Marokkos und die mit an Sicherheit grenzende Wahrscheinlichkeit, dass Marokko das Maßnahmenpaket nicht oder nur in wesentlich modifizierter Weise akzeptieren würde. In einem persönlichen Gespräch mit *Hassan II* teilte dieser *Annan* mit, dass er die Entscheidung der Legal Review Unit, ca. 4.000 von Marokko eingebrachte und zunächst von der IDC angenommene Anträge wieder zurückzunehmen, als illegal betrachte. In der Folge akzeptiere er daher das Maßnahmenpaket in seiner ihm vorgetragenen Form nicht[437] – obwohl die Überprüfungsstelle 1995 mit Wissen der Parteien eingerichtet wurde, um Identifizierungsdaten auf Vollständigkeit, Genauigkeit und Konsistenz überprüfen und etwaige Fehlentscheidungen korrigieren zu können.

Die Polisario akzeptierte das Paket kurz nachdem es ihr im November 1998 vorgeschlagen worden war, und die marokkanische Regierung tat dies, allerdings in äußerst unklarer Weise, schließlich im späten Frühjahr 1999 nach intensiven Verhandlungen mit der UN. Damit wurde *Bakers* richtiger Ansatz des „take it or leave it" komplett untergraben, insbesondere weil Marokko die Annahme des Pakets, in concreto die Frage nach dem Einspruchsprozess unter eine nach *Dunbars* Worten „killer reservation"

---

435 *Theofilopoulou*, The United Nations and Western Sahara - A Never-ending affair, USIP Special Report 166, S. 8; *Theofilopoulou*, The United Nations and Western Sahara - A real challenge for the Organization (unveröffentlicht), Baker Paper, Box 223–228, S. 38 f.; *Zunes/Mundy*, Western Sahara, S. 211.

436 UN Doc. S/1998/997 v. 16.10.1998 Rn. 17; *Theofilopoulou*, The United Nations and Western Sahara - A real challenge for the Organization (unveröffentlicht), Baker Paper, Box 223–228, S. 38.

437 Vgl. UN Doc. S/26185 v. 28.7.1993, S. 17, Regulation 12 und UN Doc. S/1995/404 v. 19.5.1995, S. 3 Rn. 9.

gestellt hat.[438] Auch hier hat die UN schließlich eingelenkt und anstatt einer stringenten und ablehnenden Haltung wurde erneut den Wünschen des Königreichs entsprochen.[439] Die UN hatte ursprünglich vorgeschlagen, die Zulässigkeit der Einsprüche sinnvollerweise gestuft zu überprüfen, indem sie diejenigen, die eindeutig schriftlich begründet waren, ohne Anhörung zulassen und diejenigen, die keine neuen, für den Fall relevanten Elemente enthielten, ohne Anhörung ablehnen würden.[440] Nur in den Fällen, in denen die Beschwerde Zweifel an der Gültigkeit der ursprünglichen Entscheidung aufkommen ließ, sollte eine Anhörung stattfinden.[441] Marokko akzeptierte das von der UN vorgeschlagene Einspruchsverfahren allerdings nur mit dem Vorbehalt, dass jede Person, die Einspruch erhebt, formell angehört werden müsse.[442] Die marokkanische Regierung hat darüber hinaus darauf bestanden, dass mitgebrachte Zeugen während der Anhörung zu jedem Einspruch ebenfalls mündlich aussagen dürfen.[443] Auch wurde erreicht, dass die IDC Wähleridentifikationszentren in Rabat, Casablanca, Meknes, Sidi Kacem, Kelaa al-Sraghna und Marrakech einrichtete.[444] Die

---

438 Vgl. UN Doc. S/1999/875 v. 12.8.1999, S. 2 ff. Rn. 5–13; *Dunbar*, Saharan Stasis: Status and Future Prospects of the Western Sahara Conflict, 54 Middle East Journal (2000), 522 (531). *Theofilopoulou* war der Ansicht, dass „Morocco's acceptance was so conditional that it was not clear what exactly it was accepting", *Theofilopoulou*, The United Nations and Western Sahara - A Never-ending affair, USIP Special Report 166, S. 8. Auch aufgrund dessen verlängerte *Dunbar* seinen Vertrag als Leiter der MINURSO nicht und ließ *Baker* in einem Schreiben wissen: „For its part, the Polisario must recognize that any Western Sahara referendum game will either be played by rules which are essentially Moroccan or not played at all.", Baker Paper, Princeton Mudd Manuscript Library, Box 322–328, Code Cable (sensitive) v. 20.2.1999.

439 Das den Wünschen des Königsreich Marokkos entsprechende Maßnahmenpaket ist in UN Doc. S/1999/483/Add.1 v. 13.5.1999 abgedruckt.

440 *Dunbar*, Saharan Stasis: Status and Future Prospects of the Western Sahara Conflict, 54 Middle East Journal (2000), 522 (532).

441 *Dunbar*, Saharan Stasis: Status and Future Prospects of the Western Sahara Conflict, 54 Middle East Journal (2000), 522 (532).

442 *Theofilopoulou* schrieb hierzu, dass jedem Beteiligten bewusst war, „that Morocco would encourage all its ineligible applicants to appeal the decision", Theofilopoulou, The United Nations and Western Sahara - A Never-ending affair, USIP Special Report 166, S. 8; *Dunbar*, Saharan Stasis: Status and Future Prospects of the Western Sahara Conflict, 54 Middle East Journal (2000), 522 (532).

443 *Dunbar*, Saharan Stasis: Status and Future Prospects of the Western Sahara Conflict, 54 Middle East Journal (2000), 522 (532).

444 UN Doc. S/1999/483/Add.1 v. 13.5.1999, S. 5; *Dunbar*, Saharan Stasis: Status and Future Prospects of the Western Sahara Conflict, 54 Middle East Journal (2000), 522 (532).

Intention hierhinter lässt sich schnell erkennen, es ging dem Königreich vor allem darum, erneut Zeit zu gewinnen, den Prozess zu verzögern und weitere Kontrolle über diesen auszuüben.[445]

Die Polisario währenddessen stand gestärkt wie nie da, insbesondere durch die vorläufigen Ergebnisse der Wähleridentifizierung und dadurch, wie *Theofilopoulou* formulierte, dass jeder sah „how desperately Morocco wanted to change the rules".[446]

cc) Der finale Anlauf

Der Identifikationsprozess wurde am 15.6.1999 für die Antragsteller aus den umstrittenen Stammesgruppierungen fortgesetzt und am 15.7.1999 wurde in den hierzu designierten Zentren der Einspruchsprozess bereits abgelehnter Anträge gestartet.[447] Gleichzeitig wurde die vorläufige Wählerliste veröffentlicht: Von den ursprünglich 147.249 von MINURSO persönlich befragten Antragstellern, die in den ersten beiden Phasen des Prozesses vom 28.8.1994 bis zum 22.12.1995 und vom 3.12.1997 bis zum 3.9.1998 ermittelt wurden, waren nur 84.251 als wahlberechtigt eingestuft worden.[448] Die von Marokko vorgebrachten Antragsteller machten mit 46.255 Personen etwas mehr als die Hälfte der provisorischen Wahlberechtigten aus, 5.569 stammten aus Marokko und 40.686 aus der von Marokko besetzten Westsahara. Aus dem Gebiet von Tindouf und den Flüchtlingslagern hatten sich 33.786 Bewerber qualifiziert und weitere 4.210 Bewerber aus Mauretanien wurden in die Liste mitaufgenommen.[449]

Am 23.7.1999 verstarb König *Hassan II* unerwartet und sein Sohn *Mohammed VI* übernahm die Herrschaft, während der Identifikationsprozess aufgrund der ausgerufenen Staatstrauer unterbrochen wurde.[450] Die UN wartete zunächst ab, ob sich an der Haltung Marokkos zum Westsahara-Konflikt wesentliche Änderungen ergeben würden. *Annan* stellte allerdings

---

445 *Theofilopoulou*, The United Nations and Western Sahara - A real challenge for the Organization (unveröffentlicht), Baker Paper, Box 223–228, S. 38 f.; *Zunes/Mundy*, Western Sahara, S. 212.

446 *Theofilopoulou*, The United Nations and Western Sahara - A Never-ending affair, USIP Special Report 166, S. 8.

447 *Zunes/Mundy*, Western Sahara, S. 212.

448 UN Doc. S/ S/1999/875 v. 12.8.1999, S. 3 Rn. 7; *Zunes/Mundy*, Western Sahara, S. 212.

449 UN Doc. S/ S/1999/875 v. 12.8.1999, S. 3 Rn. 9; *Zunes/Mundy*, Western Sahara, S. 212.

450 *Zunes/Mundy*, Western Sahara, S. 212.

schnell fest, dass „His Majesty King Mohammed VI renewed his commitment to Morocco's territorial integrity through the holding of a confirmative referendum under the auspices of the United Nations".[451]

Als Reaktion auf diese Zahlen überschwemmte die marokkanische Regierung, wie eingangs befürchtet, die MINURSO mit Einsprüchen.[452] Bis zum 11.8.1999 hatten sich währenddessen insgesamt 18.914 Personen in den Einspruchszentren vorgestellt und 22.159 Anträge auf Aktenabschriften für sich selbst und ihre unmittelbaren Familienangehörigen gestellt und es wurden 1.999 Einsprüche gegen ablehnende Entscheidungen der IDC eingelegt.[453] Ende Dezember hatte die IDC es trotz aller Widrigkeiten geschafft, alle Antragsteller aus den umstrittenen Stämmen zu befragen, womit die IDC insgesamt 198.469 Antragsteller seit 1993 befragte.[454] Von den 64.188 Antragstellern aus den Unterfraktionen H41, H61 und J51/52, wovon 51.220 seit dem 15. Juni 1999 persönlich befragt wurden, waren nur 2.135 bzw. knapp drei Prozent wahlberechtigt.[455] Damit kam die MINURSO nach Auswertung von 244.643 Anträgen und Befragung von 198.469 Erstantragsstellern Ende Dezember zu dem Ergebnis, dass 86.386 Menschen wahlberechtigt waren.[456] Allerdings teilte die MINURSO mit, dass Anfang Dezember bereits 79.000 Einsprüche eingegangen waren und damit von fast allen Bewerbern, die aufgrund der Befragungen der IDC die Kriterien für die Wahlberechtigung nicht erfüllten, ohne die 64.188 Personen aus den umstrittenen Gruppierungen zu berücksichtigen.[457] Somit hatte sich eine der schlimmsten Befürchtungen der MINURSO (bzw. von vielen Betrachtern nüchtern vorhergesehen[458]) bewahrheitet, nämlich dass Marokko gegen jeden abgelehnten Wähler Einspruch einlegen und sich darüber hinaus sogar gegen die Berücksichtigung bereits festgestellter Wähler

---

451 UN Doc. S/ S/1999/875 v. 12.8.1999, S. 2 Rn. 3; *Zunes/Mundy*, Western Sahara, S. 212.
452 Vgl. *Theofilopoulou*, The United Nations and Western Sahara - A Never-ending affair, USIP Special Report 166, S. 8; *Zunes/Mundy*, Western Sahara, S. 212 f.
453 UN Doc. S/1999/875 v. 12.8.1999, S. 3 Rn. 8.
454 *Theofilopoulou*, The United Nations and Western Sahara - A Never-ending affair, USIP Special Report 166, S. 8; *Zunes/Mundy*, Western Sahara, S. 212 f.
455 *Zunes/Mundy*, Western Sahara, S. 213.
456 UN Doc. S/2000/131 v. 17.2.2000, S. 2 Rn. 6.
457 UN Doc. S/ 1999/1219 v. 6.12.1999, S. 3 Rn. 9.
458 *Theofilopoulou*, The United Nations and Western Sahara - A real challenge for the Organization (unveröffentlicht), Baker Paper, Box 223–228, S. 40: „It was also evident from Morocco's reply that they intended to bring people for the appeals by the thousands."

zur Wehr setzen würde.[459] Von den 64.188 Personen aus den umstritten Stammesgruppierungen waren 54.889 Einsprüche eingereicht worden, ca. 92 % davon von Kandidaten, die von Marokko unterstützt wurden, womit insgesamt 133.889 Einsprüche zu überprüfen waren.[460] Freilich und in der Gesamtschau der MINURSO ist es dabei nicht überraschend, dass die Parteien sich äußerst uneins waren, wie der rechtliche Rahmen dieser Prüfung definiert ist und nach welchen Kriterien vorgegangen wird.

dd) Das Einspruchsverfahren und die Abkehr vom Settlement-Plan

Die Rahmenbedingungen für das Einspruchsverfahren wurden ursprünglich von beiden Parteien im Zuge des modifizierten Maßnahmenpakets des Generalsekretärs angenommen.[461] *Annan* gab zu bedenken, dass „the Identification commission is constrained in the handling of the appeals by the parties' radically opposed interpretations of articles 9, paragraph 1 (iii) and 12 of the appeals procedures regarding grounds for appeals and admissibility of applications" und dass „in his consultations, my Special Representative has received no indication that either party would change its view on this issue".[462] Die Polisario vertrat diesbezüglich die Auffassung, dass ein Einspruch nur dann zulassungsfähig sei, wenn neue dokumentarische Beweise vorgelegt werden könnten. Marokko wiederum argumentierte, dass mündliche Aussagen von bestätigenden Zeugen ausreichen sollten, um die Anspruchsberechtigung während des Einspruchsverfahrens zu belegen.[463] Dabei verfolgte Marokko ein wohl ausgeklügeltes System, welches *Zunes* und *Mundy* unter Berücksichtigung der Verhaltensweisen Marokkos im Rahmen der MINURSO richtigerweise analysiert haben.[464] Fast alle von Marokko unterstützten Einsprüche wurden unter Berufung auf Zeugenaussagen eingelegt. Im Rahmen dessen wurden meist zwei oder drei Zeugen zur Bekräftigung der Aussagen angeboten, was auf ein Szenario schließen lässt, in welchem abgelehnte marokkanische Antragsteller für

---

459 *Zunes/Mundy*, Western Sahara, S. 215; Vgl. *Theofilopoulou*, The United Nations and Western Sahara - A Never-ending affair, USIP Special Report 166, S. 8.

460 UN Doc. S/2000/461 v. 22.5.2000, S. 2 Rn. 14; *Zunes/Mundy*, Western Sahara, S. 213.

461 Siehe hierzu die von der UN vorgesehene Prozedur in UN Doc. S/1999/483/Add.1 v. 13.5.1999, S. 9–21.

462 UN Doc. S/1999/1219 v. 6.12.1999, S. 2 Rn. 6.

463 *Zunes/Mundy*, Western Sahara, S. 213.

464 *Zunes/Mundy*, Western Sahara, S. 213.

andere abgelehnte Antragsteller aussagen und bürgen und umgekehrt. Dadurch entsteht ein selbst aufgebautes und sich gleichzeitig bestätigendes Netz von mutmaßlichen Sahrawis marokkanischer Herkunft.[465] Durch das kaum verständliche Einlenken der UN hinsichtlich der Position Marokkos zum Einspruchsprozess und der damit verbundenen Gefahr, die sich schließlich realisieren sollte, dass Marokko jeden abgelehnten Antragsteller in das Einspruchsverfahren bringen wird, war die Aussicht auf ein baldig abzuhaltendes Referendum erneut in weite Ferne gerückt.[466]

(1) Die sich überschlagenden Ereignisse in Osttimor

Am 30.8.1999 fand in Osttimor für viele UN-Beobachter und auch hochrangige UN-Mitarbeiter unerwarteterweise ein Referendum, hauptsächlich durch die Unterstützung Portugals und Australiens, zur Frage der Unabhängigkeit oder Eingliederung in den indonesischen Staat als Autonome Region statt, welches mit großer Mehrheit ergab, dass es einen Staat Osttimor geben würde.[467] Anlass für die Kehrtwende Indonesiens, welches Osttimor als NSGT analog zur Situation Marokkos in der Westsahara seit

---

465 *Zunes/Mundy*, Western Sahara, S. 213.

466 Hierzu heißt es in einem vertraulichen Bericht des US-Außenministeriums: "Even though we have every reason to believe that a referendum will not solve the problem, both sides continue to insist that they want a referendum. Both sides have reasons to like the referendum process: Morocco, because it provides a cover while Morocco consolidates its control of the territory; the POLISARIO, because a referendum offers a chance to gain much more than it possibly could through autonomy negotiations", *Indyk*, Western Sahara – A Negotiated Solution, Baker Paper, Princeton Mudd Manuscript Library, Box 322–328, S. 3.

467 Über einen möglichen Autonomie-Status innerhalb des indonesischen Verfassungssystems wurde schon länger diskutiert, worauf auch *Baker* in seinen Verhandlungen mit den Parteien zurückgegriffen hat. Die Entscheidung des auf *Suharto* folgenden Präsidenten *Habibie* im Januar 1999, auch die Unabhängigkeit des Gebietes in Aussicht zu stellen, überraschte allerdings die Internationale Weltgemeinschaft. Ihm wurde in seinen bisherigen politischen Positionen Rationalität nachgesagt und mit dieser versuchte er auch an das Osttimor-Problem heranzugehen, indem er die Kosten des Konflikts, insbesondere die belasteten außenpolitischen Beziehungen und die militärische Besetzung, welche den Staat in finanzieller Hinsicht enorm belastete, mit den Vorteilen abwog, die für ihn im Ergebnis deutlich unterlagen, vgl. hierzu ausführlich *Martin/Mayer-Rieck*, The United Nations and East Timor: From Self-Determination to State-Building, 12 International Peacekeeping (2005), 125 (126–128); *Schlicher/Flor*, Osttimor – Konfliktlösung durch die Vereinten Nationen, 78 Die Friedenswarte (2003), 251 (258–260).

1975 besetzt und annektiert hatte, war der Rücktritt des langjährigen Präsidenten Suharto.[468]

(a) Vergleich der Situation Osttimors zur Westsahara

Die faktische, historische und teils auch rechtliche Situation Osttimors teilte viele Gemeinsamkeiten mit jener der Westsahara. *Pinto Leite*, Mitbegründer und Generalsekretär der seinerzeit einflussreichen *International Platform of Jurists for East Timor*, die zahlreiche Beiträge publizierte, internationale Konferenzen zur damaligen Situation Osttimors durchführte, Beiträge in UN-Gremien leistete und Hunderte Juristen als Mitglieder zählte, sieht die Gemeinsamkeiten beider Konfliktsituationen als „astonishing" an[469]. Er setzte sich nach der internationalen Anerkennung des Staates Osttimor im Jahre 2002 für die Befreiung der Gebiete der Westsahara ein.[470]

---

468 Zur Geschichte des Osttimor-Konflikts und einen Vergleich zur Westsahara siehe § 2. A. IV. 2. a). dd). und *Zunes*, in: Arts/Pinto Leite (Hrsg.), East Timor and Western Sahara: A Comparative Analysis on Prospects for Self-Determination, S. 109–132.

469 *Arts/Pinto Leite*, in: Arts/Pinto Leite (Hrsg.), International Law and the Question of Western Sahara, S. 18. Beispielhafte Publikationen der *International Platform of Jurists for East Timor* sind die Sammelbände International Law and the Question of East-Timor (1995), The East-Timor Problem and the Role of Europe (1998) und International Law and the Question of Western Sahara (2006). Beispiele für internationale Konferenzen: Indonesia´s Occupation of East Timor: Legal Questions (London, 1992); Conferencia Internacional sobre Timor-Leste e o Direito Internacional (Macau, 1993); Asia-Pacific Conference on East-Timor (Manila, 1994); Die europäische Verantwortung für Osttimor. Ein Beispiel für den Gemeinsamen Umgang mit der Kolonialen Vergangenheit (Iserlohn, 1994); Europe´s Vital Role in a Solution to the East Timor Problem in Accordance with International Law (Dublin, 1996).

470 *Pinto Leite* trat mehrfach vor der Generalversammlung bzw. vor dem Special Political and Decolonization Committee (Fourth Committee) auf und setzte sich stellvertretend für die *International Platform of Jurists for East Timor* unter Bezugnahme eines Vergleichs zu Osttimor für die Rechte der Westsahara bzw. der Sahrawis ein, speziell für die Durchführung eines Referendums zur Ermöglichung der Ausübung des Selbstbestimmungsrechts der Sahrawis, UN Doc. A/C.4/59/SR.4 v. 13.12.2004, S. 8; UN Doc. A/C.4/60/SR.4 v. 20.10.2005, S. 2 f.; Weiteren Anhörungen wohnte er zwischen 2007–2018 bei, dabei stets auch die *International Platform of Jurists for East Timor* vertretend, UN Doc. A/C.4/62/SR.3 v. 9.10.2007, S. 8; UN Doc. A/C.4/63/SR.5 v. 9.10.2008, S. 4; UN Doc. A/C.4/64/SR.4 v. 5.11.2009, S. 6 f.; UN Doc. A/C.4/66/SR.3 v. 24.10.2011, S. 7; UN Doc. A/C.4/67/SR.3 v. 9.10.2012, S. 7; UN Doc. A/C.4/69/SR.5 v. 10.10.2014, S. 5 f.; UN Doc. A/C.4/72/SR.5 v. 5.10.2017, S. 7; UN Doc. A/C.4/73/SR.5 v. 11.10.2018, S. 2.

(b) Historische Gemeinsamkeiten

Während die meisten afrikanischen und asiatischen Länder bereits seit den 1950er bzw. 1960er Jahren von ihren westlichen Kolonialmächten befreit waren, hielten die im Vergleich zu Frankreich oder Großbritannien im 19. Und 20. Jahrhundert unbedeutenden Kolonialmächte Spanien und Portugal bis Mitte der 1970er Jahre an ihren Kolonien Westsahara und Osttimor fest. Diese waren bis zur Unabhängigkeit Osttimors im Jahre 2002 über mehrere Jahrzehnte hinweg die zwei weltweit größten noch zu dekolonisierenden Gebiete der Staatengemeinschaft. Eine friedliche Entkolonisierung, wie es in den meisten Fällen in Afrika der Fall war, fand bezüglich beider Gebiete nicht statt.

Wie die Westsahara war auch Osttimor folglich von der UN als zu dekolonisierendes NSGT gelistet und wurde als solches behandelt.[471] Erst äußerst zögerlich, spät und nach mehrfacher Aufforderung der UN kamen die beiden Kolonialstaaten ihren internationalen Verpflichtungen nach und bereiteten entsprechende, das Selbstbestimmungsrecht der Völker wahren-

---

471 Osttimor wurde bereits 1960 von der UN als solches gelistet, welche Portugal als zuständige Verwaltungsmacht einsetzte, UN Doc. A/RES/1542 (XV) v. 15.12.1960, S. 30 Nummer 1 lit. i, womit es bis zur endgültigen Dekolonisierung unter Berücksichtigung der einschlägigen Resolutionen der UN und Art. 73 UN-Charta 42 Jahre gedauert hat, bis die Timorer schlussendlich ihr Recht auf Selbstbestimmung im Rahmen eines von der UN in Resolution 1514 geforderten und durchzuführenden Referendums demokratisch haben wahrnehmen können. Die Westsahara wurde 1963 von der UN in die Liste der NSGTs aufgenommen und Spanien als dessen Verwaltungsmacht eingesetzt, UN Doc. A/5446/Rev.1 v. 1963, S. 277; UN Doc. A/5446/Rev.1/Annex I, S. 288. Marokko widersprach dieser Einschätzung und Listung der Westsahara als NSGT, da es die Gebiete im Zuge der Politik der Zurückeroberung des „Grand Morocco" als eigenes territoriales Staatsgebiet ansah und diese Ansicht bis heute beibehalten hat. Beispielhaft für diese Politik sind Aussagen bzw. Interventionen der marokkanischen Regierung in der Vierten Kommission der Generalversammlung, in welcher ua. behauptet wurde, dass die Gebiete der Westsahara „integral parts of Moroccoan Territory" seien (UN Doc. A/C.4/SR.670 v. 14.10.1957, S. 95) und „for political, legal and moral reasons, as also for the sake of good relations with Spain, they should be returned to Moroccan sovereignty at the earliest possible moment". (UN Doc.A/C.4/SR.1005 v. 7.10.1960, S. 17). Dies manifestierte sich auch in der marokkanischen Verfassung aus dem Jahre 1960, in der es in Art. 13 hieß: „it is a national duty to act in order to recuperate territorial integrity and unity". Unterstützung bekam Marokko in seiner Haltung ua. von Indonesien, das seinerseits territoriale Souveränitätsansprüche über Osttimor geltend machte und Unterstützer für seine Position suchte, UN Doc.A/C.4/SR.1005 v. 7.10.1960, S. 18.

de Referenden vor.[472] Im Falle der Westsahara wurde erst 1974, also 11 Jahre nach Listung des Gebietes als NSGT und zahlreicher verstrichener und wiederholter Aufrufe der UN damit begonnen, einen Zensus durchzuführen, und angekündigt, ein Referendum unter UN-Aufsicht in den ersten sechs Monaten des Jahres 1975 abzuhalten.[473] Im Begriff, ein Staat werden zu können, wurden beide Gebiete unmittelbar nach der proklamierten Unabhängigkeit von ihren beiden Kolonialmächten Spanien und Portugal fallen gelassen und von Indonesien bzw. Marokko und Mauretanien angegriffen, annektiert und in der Folge als eigenes Staatsgebiet der jeweiligen Aggressoren in die innerstaatliche Verwaltung eingegliedert.[474] Gemein ist beiden Fällen vor Annexion des Gebietes, dass sich Spanien und Portugal als von der UN eingesetzte Verwaltungsmacht dem gem. Art. 73 UN-Charta statuierten und verpflichtenden „heiligen Auftrag" „im Rahmen des durch diese Charta errichteten Systems des Weltfriedens und der internationalen Sicherheit das Wohl dieser Einwohner aufs äußerste zu fördern" und

---

472 Zur erstmaligen und eindeutigen Aufforderung der UN an Spanien bzgl. der Westsahara siehe UN Doc. A/RES/2072 v. 17.12.1965, S. 60: „Urgently requests the Government of Spain, as the administering power, to take immediately all necessary measures for the liberation of Ifni and Spanish Sahara from colonial domination and, to this end, to enter into negotiations on the problems relating to the sovereignty presented by these two Territories." In UN Doc. A/RES/2227 v. 20.12.1966, S. 73 Nummer 4 wird Spanien erstmalig und ausdrücklich dazu aufgefordert, ein der Resolution 1514 entsprechendes Referendum vorzubereiten und dem Volk der Westsahara die Ausübung ihres Rechts auf Selbstbestimmung zu ermöglichen und das Gebiet zu dekolonisieren. In den Folgejahren wiederholen sich diese Aufforderungen an Spanien, UN Doc. A/RES/2354 v. 19.12.1967; UN Doc A/RES/2428 v. 27.12.1968, S. 63; UN Doc. A/RES/2591 v. 16.12.1969, S. 73 f. In UN Doc. A/RES/2711 v. 14.12.1970, S. 100 f. wird die Sprache der Generalversammlung deutlicher und direkter, indem es ua. heißt: „Expresses its regret that it has not yet been possible for the consultations to take place which the administering Power was to conduct with the Governments concerned in connexion with the holding of a referendum in the Territory" sowie „Urges the administering Power to respect and to implement scrupulously the provisions of the relevant resolutions of the General Assembly relating to the free consultation of peoples under United Nations auspices and guarantees and in conformity with the principles of the Charter of the United Nations which define the conditions for the free consultation of peoples with a view to their self-determination".; UN Doc. A/RES/2983 v. 14.12.1972, S. 84 f.; UN Doc. A/RES/3162 v. 14.12.1973.

473 UN Doc. A/9714 v. 20.8.1974.

474 Die Polisario proklamierte mit Ausrufung der DARS am 27.2.1976 die Unabhängigkeit der Westsahara und die aus einem Bürgerkrieg siegreich hervorgegangene FRETILIN erklärte am 28.11.1975 die Unabhängigkeit Osttimors (ICJ, Case of East-Timor, Urt. v. 30.6.1993, ICJ Rep. 1995, para 206.)

der Verpflichtung nach Art. 73 c UN-Charta „den Weltfrieden und die internationale Sicherheit zu festigen" entzogen. Anschließend zogen sie sich, ohne dieser Pflicht nachzukommen, aus den Gebieten zurück und überließen diese den jeweiligen Aggressoren schutzlos, im Falle der Westsahara sogar vertraglich[475]. Beide Kolonialländer hatten mit erheblichen staatsinneren Problemen zu kämpfen und standen selbst erst Mitte der 1970er Jahre vor der eigenen Demokratisierung. Im Zuge dessen kam es in Portugal 1974 zum Ausbruch der sogenannten Nelkenrevolution, die das Ende des autokratischen, salazarischen Portugals einleitete. In Folge dessen wurden die geführten Kolonialkriege Portugals mit Guinea-Bissau, Angola und Mosambik beendet und Portugal akzeptierte schlussendlich seine Position als Verwaltungsmacht iSd. Art. 73 UN-Charta.[476] Im Zuge dessen bereitete Portugal ein Referendum vor, welches für Osttimor die in Einklang mit Resolution 1541 der Generalversammlung vorgesehenen Abstimmungsmöglichkeiten vorsah, namentlich die weitere Zugehörigkeit zum portugiesischen Staat, die Eingliederung in den indonesischen Staat oder die Unabhängigkeit und Errichtung eines eigenen Staates.[477] Das 1974 ca. 688.000 Timorer umfassende Volk organisierte sich dahingehend zunehmend selbst politisch und bildete verschiedene politische Parteien und Strömungen. Die beiden größten und populärsten Parteien waren die Timoresische Demokratische Union (União Democrática Timorense, UDT) und die Timoresische Sozialdemokratische Vereinigung (Associação Social Democrática Timor, ASDT).[478] Die UDT setzte sich zunächst für eine verlängerte Übergangsperiode unter der Verwaltung Portugals ein, während die ASDT für die Unabhängigkeit des Gebietes eintrat.[479] Im Zuge der Radikalisierung der Unabhängigkeitsbestrebungen der ASDT wurde diese in Fretilin (Frente Revolucionária do Timor Leste Independente) umbenannt und es kam zu einem Bürgerkrieg zwischen den beiden großen Fronten, welchen die Fretilin aufgrund ihres bewaffneten Flügels schlussendlich für sich entscheiden konnte.[480] Der Kriegssituation nicht gewachsen entschied Portugal am 27.8.1975, die verbliebenen Verwaltungsposten und militärischen Stützpunkte aufzugeben und sich auf die nahegelegene

---

475 Siehe zum Madrider Abkommen § 3. A. III. 1.
476 *Krumbiegel*, Die Pflicht zur Nicht-Anerkennung völkerrechtswidriger Gebietsänderungen, S. 55; ICJ, Case of East-Timor, Urt. v. 30.6.1993, ICJ Rep. 1995, para 12 ff.
477 *Benzing*, Max Planck UNYB 9 (2005), 295 (301).
478 *Benzing*, Max Planck UNYB 9 (2005), 295 (301).
479 *Benzing*, Max Planck UNYB 9 (2005), 295 (301).
480 *Benzing*, Max Planck UNYB 9 (2005), 295 (301).

Insel Atauro zurückzuziehen.[481] Auf den Sieg folgend stand nunmehr eine Invasion indonesischer Streitkräfte unmittelbar bevor, die unter allen Umständen die Unabhängigkeit des Gebietes verhindern wollten. Als Reaktion auf die befürchteten militärischen Auseinandersetzungen bat die Fretilin am 24.11.1975 den Sicherheitsrat um Hilfe und um Entsendung von Friedenstruppen. Der Sicherheitsrat gab diesem Gesuch nicht statt, woraufhin die Fretilin notgedrungen am 28.11.1975 die Unabhängigkeit erklärte und gleichzeitig die Demokratische Republik Osttimor ausrief, um breitere internationale Unterstützung zu erlangen.[482] Zu diesem Zeitpunkt kontrollierte die Fretilin faktisch alle Gebiete Osttimors.[483] Am 8.12.1975, kurz nachdem der damalige US-Präsident *Ford* und sein Außenminister *Kissinger* dem indonesischen Diktator *Suharto* im Kampf gegen kommunistische Bestrebungen „grünes Licht" zur Invasion aus Sorge vor Entstehung eines zweiten Kubas und dem damit einhergehenden Kontrollverlust in Südostasien gaben, marschierten indonesische Truppen in das Gebiet Osttimors ein. Sie schlugen die Fretilin in einem mehr als drei Jahre andauernden Krieg, dem Zehntausende Zivilisten zum Opfer fielen, und annektierten schließlich das Gebiet.[484] Bis 1999 sind schätzungsweise 180.000 Timorer

---

481 *Clark*, The "Decolonization" of East Timor and the United Nations Norms on Self-Determination and Aggression, The Yale Journal of World Public Order 7 (1970), S. 7; ICJ, Case of East-Timor, Urt. v. 30.6.1993, ICJ Rep. 1995, para 13. *Brown* sieht den Rückzug der Portugiesen als Wegbereitung für die indonesische Invasion, *Brown*, Human Rights and the Borders of Suffering, S. 139 f.

482 *Kingsbury*, East Timor. The Price of Liberty, S. 49; *Johnson*, Failed duties, denied rights: the UN in East Timor, S. 3.

483 *Johnson*, Failed duties, denied rights: the UN in East Timor, S. 3.

484 Dies geht aus einem mittlerweile deklassifizierten Dokument v. 6.12.1975 hervor, welches im Rahmen des US-amerikanischen Freedom of Information Acts durch das National Security Archive, einem Forschungsinstitut der George Washington University, veröffentlicht worden ist und belastende Aussagen *Fords* und *Kissingers* dokumentiert und beweist. *Suharto* bat um Verständnis und um eine de facto Unterstützung der USA, falls es zu militärischen Auseinandersetzungen in Osttimor kommen sollte (Embassy Jakarta, Telegram 1579 to Secretary State v. 6.12.1975 [Text of Ford-Kissinger-Suharto Discussion], Secret/Nodis. Auf *Suhartos* Ersuchen hin („We want your understanding, if we deem it necessary to take rapid or drastic action.", Embassy Jakarta, Telegram 1579 to Secretary State v. 6.12.1975 [Text of Ford-Kissinger-Suharto Discussion], Secret/Nodis, Rn. 41) antwortete *Ford* unmissverständlich unterstützend: „We will understand and will not press you on the issue. We understand the problem and the intentions you have.", Embassy Jakarta, Telegram 1579 to Secretary State v. 6.12.1975 [Text of Ford-Kissinger-Suharto Discussion], Secret/Nodis, Rn. 42. *Kissinger* ging daraufhin auf die Problematik rund um das Einsetzen US-amerikanischer Waffensysteme in der kurz bevorstehenden militärischen Auseinandersetzung ein, die er eingehend als problematisch einstuft,

nach der Invasion Indonesiens getötet worden, womit die bewaffnete Auseinandersetzung und die anschließende Besatzung knapp 25 % der Bevölkerung das Leben kostete.[485]

(c) Zwischenergebnis

Die historischen Begebenheiten zeigen große Ähnlichkeit mit der Westsahara auf, insbesondere fällt auf, dass die beiden Kolonialmächte einseitig ihre Verantwortung abgaben, ohne dass die internationale Staatengemeinschaft diese hierfür zur Verantwortung zog. Beide Gebiete waren unstreitig als Dekolonisierungsfälle eingestuft. Sie unterlagen den einschlägigen Rechtsnormen der UN und den gewohnheitsrechtlich geltenden internationalen Grundsätzen und damit bestand vor allem die Option beider Gebiete, ein durch die Reichweite des Selbstbestimmungsrechts ehemals kolonisierter Völker unabhängiger Staat werden zu können. Im Falle von Osttimor ist es 1999 nach jahrzehntelanger Unterdrückung und Annexion aufgrund der tatkräftigen Unterstützung Portugals und Australiens und dem Rücktritt *Suhartos* zu jenem Selbstbestimmungsakt gekommen, der dem Volk der Westsahara bis heute verwehrt bleibt. Die internationale Unterstützung durch die ehemalige Verwaltungsmacht und auch die im Vergleich zu Marokko weniger für die Staatsideologie bedeutende Region sollten die Durchsetzung und Implementierung des Selbstbestimmungsrechts des Volkes Osttimors ermöglichen. Hier besteht der wesentliche Unterschied zur Situation der Westsahara und Marokkos, da keine innerstaat-

---

allerdings einen Lösungsansatz folgen lässt, der die Position der beteiligten Parteien manipuliert und Beweis für rein interessengeleitetes, fernab internationaler Rechtsrahmen einhaltender Politik der USA ist: „It depends on how we construe it; whether it is in self defense or is a foreign operation. It is important that whatever you do succeeds quickly. We would be able to influence the reaction in America if whatever happens happens after we return... If you have made plans, we will do our best to keep everyone quiet until the President returns home." Dem folgend wollte *Kissinger* von *Suharto* wissen, ob es sich seiner Einschätzung nach um einen „long guerilla war" handeln würde, woraufhin *Suharto* versicherte, dass es nur ein „small guerilla war" sein werde. (Embassy Jakarta, Telegram 1579 to Secretary State v. 6.12.1975 [Text of Ford-Kissinger-Suharto Discussion], Secret/Nodis, Rn. 43 ff.); So auch *Krumbiegel*, Die Pflicht zur Nicht-Anerkennung völkerrechtswidriger Gebietsänderungen, S. 57.

485 *Clark*, The "Decolonization" of East Timor and the United Nations Norms on Self-Determination and Aggression, The Yale Journal of World Public Order 1970 (7), S. 2.

liche Opposition gegen Marokkos Haltung im Westsahara-Konflikt besteht. Im Gegenteil ist die Staatsraison und auch die Legitimität des Königshauses vielmehr untrennbar mit dem Anspruch der territorialen Souveränität über die Westsahara verkettet. Zudem fehlt es dem Volk der Westsahara an einer Verwaltungsmacht oder einem anderen (westlichen) Staat, der sich für seine Belange einsetzen würde. Die im Vergleich zu Osttimor 23 Jahre längere Annexion Marokkos der Gebiete der Westsahara hat darüber hinaus weitere kaum umkehrbare Tatsachen geschaffen, insbesondere hinsichtlich der Umsetzung des Referendums zur Ausübung des Selbstbestimmungsrechts des Volkes der Westsahara.[486] Vielmehr hat Marokko durch die Anerkennung seiner Position durch die USA im Jahr 2020, die im Wesentlichen von der Staatengemeinschaft nicht kritisiert worden ist, eine gänzlich andere realpolitische Machtposition als Indonesien inne.[487]

(2) Das Referendum in Osttimor

Die Organisation des Referendums übernahm die vom Sicherheitsrat eingesetzte United Nations Mission in East Timor UNAMET.[488] Im Vorfeld des Referendums gab es viele Problemstellungen, die sich auch im Westsahara-Konflikt abspielten, insbesondere die Frage nach den Sicherheitsvorkehrungen für die Konsultation des Volkes und der Präsenz der indonesischen Truppen bzw. Milizen während des Referendums.[489] Die UN blickte zunehmend besorgt auf die sich in Osttimor zuspitzende Gewaltspirale, da die von der indonesischen Armee in ganz Osttimor aufgestellten pro-indonesischen Milizen gegen die Unabhängigkeitsbefürworter brutal vorgingen und es bereits zu Toten kam. Indonesien bestand allerdings da-

---

486 Vgl. § 2. A. IV. 3. und B.

487 Vgl. zur Anerkennung der USA § 3. A. IV. 2. Ausgehend von diesen Erwägungen werden an anderen Stellen der Arbeit insbesondere rechtliche Parallelen und Erkenntnisse aus dem Osttimor-Konflikt gezogen, die hier noch nicht zielführend sind.

488 UN Doc. S/RES/1246 v. 11.6.1999.

489 In Erinnerung gerufen werden soll hier, dass Marokko im Falle eines tatsächlich stattfindenden Referendums nach dem Settlement-Plan mindestens noch 65.000 Militärangehörige im Gebiet der Westsahara stationiert hätte. Ob die Polisario Truppen in dem Gebiet hätte stationieren dürfen, war und ist nicht geklärt. Auch die Frage nach den tatsächlichen Befugnissen der UN innerhalb der vorgesehenen Übergangsphase, die Marokko im Hinblick auf die Erhaltung der Sicherheit und Ordnung zugelassen hätte, bleibt im Lichte der Ereignisse in Osttimor und der offenkundigen Ansicht Marokkos zum Ausgang des Referendums äußerst fraglich.

rauf, die Verantwortung für die Sicherheit beizubehalten, stimmte aber zu, dass die indonesische Polizei und nicht die Armee hierfür zuständig sein sollte, welche schließlich von 280 UN-Zivilpolizisten unterstützt wurde.[490] Die UN versuchte derweil weiter, die Entwaffnung aller paramilitärischen Gruppen und Milizen sowie den Rückzug indonesischer Streitkräfte zu verlangen, dem Indonesien allerdings nicht zustimmte.[491] Eine das Volk der Osttimorer schützende Maßnahme im Falle der Nicht-Anerkennung des Referendums durch Indonesien sah der Plan der UNAMET nicht vor. Die UN beschloss lediglich, dass eine Friedenstruppe die indonesische Verwaltung nach einem schrittweisen und friedlichen Rückzug ablöst, womit aber für den Fall einer militärischen Intervention durch die noch immer in Osttimor stationierten Soldaten und Milizen keine Vorsichtsmaßnahmen getroffen worden waren.[492]

Das Ergebnis des Referendums sollte zunächst nicht anerkannt werden, wie die Gewaltausschreitungen vor dem Referendum bereits haben vermuten lassen. Daraufhin griffen indonesische Milizen mit Unterstützung indonesischer Militärangehöriger in Osttimor ein, töteten Hunderte Menschen, deportierten Tausende Menschen nach Westtimor und verursachten eine Massenflucht.[493] Als Reaktion auf die katastrophale Einschätzung und Fehlplanung des Referendums durch die UN[494] beschloss der Sicherheitsrat in Resolution 1264, dass zur Stabilisierung der Lage Friedenstruppen nach Osttimor entsandt werden sollten, welche am 20.9.1999 in Dili landeten.[495] Auf Grundlage der Resolution 1272 des Sicherheitsrates und der Stabilisierung der Lage durch die Friedenstruppen nahm die United Nations Transitional Administration in East Timor (UNTAET) ihre Arbeit am 25.10.1999 auf und Osttimor wurde schließlich nach drei Jahren UN-Verwaltung und 33 Jahren Besatzung durch Indonesien am 20.5.2002 in die Unabhängigkeit entlassen.[496]

---

490 UN Doc. S/RES/1246 v. 11.6.1999.
491 *Martin/Mayer-Rieck*, The United Nations and East Timor: From Self-Determination to State-Building, 12 International Peacekeeping (2005), 125 (127).
492 *Martin/Mayer-Rieck*, The United Nations and East Timor: From Self-Determination to State-Building, 12 International Peacekeeping (2005), 125 (131).
493 *Schlicher/Flor*, Osttimor – Konfliktlösung durch die Vereinten Nationen, 78 Die Friedenswarte (2003), 251 (252).
494 Vgl. *Martin/Mayer-Rieck*, The United Nations and East Timor: From Self-Determination to State-Building, 12 International Peacekeeping (2005), 125 (141 f.); *Schlicher/Flor*, Osttimor – Konfliktlösung durch die Vereinten Nationen, 78 Die Friedenswarte (2003), 251 (263 f.).
495 UN Doc. S/RES/1264 v. 15.9.1999.

ee) Die Auswirkungen der Ereignisse in Osttimor auf die Westsahara

Die Polisario fühlte sich freilich aufgrund der für sie und deutlich gegen Marokko sprechenden Erkenntnisse der Wähleridentifikation, der geschwächten Position Marokkos und dem in Osttimor stattgefundenen Referendum in ihrer Haltung bestärkt und war überzeugt, dass das Referendum stattfinden und das Ergebnis die Unabhängigkeit des Gebietes sein würde.[497] Obwohl das Generalsekretariat wie auch der Sicherheitsrat trotz aller Widrigkeiten zwischen den Parteien im Zeitraum von 1997–1999 an der Position festhielten, dass der Settlement-Plan durchsetzbar sei und die Basis sowie Lösung des Westsahara-Konflikts sein solle, änderte sich dies mit dem Bericht des Generalsekretärs an den Sicherheitsrat im Februar 2000.[498] In diesem äußerte sich *Annan* äußerst pessimistisch über die Chancen für die Umsetzung des Plans zur Beilegung des Konflikts. Er war allerdings noch immer nicht bereit, die Aktivitäten der MINURSO angesichts des langwierigen Stillstands des Prozesses zu reduzieren oder klar herauszustellen, welche der Parteien für die Verzögerung verantwortlich war.[499] *Annan* resümierte den Prozess, indem er feststellte, dass „the developments during the past nine years, and particularly over the last months, constitute a real source of concern and raise doubts about the possibility of achieving a smooth and consensual implementation of the settlement plan and agreements adopted by the parties (...)".[500]

---

496   UN Doc. S/RES/1272 v. 25.10.1999.

497   *Dunbar*, Saharan Stasis: Status and Future Prospects of the Western Sahara Conflict, 54 Middle East Journal (2000), 522 (538 f.); *Theofilopoulou*, The United Nations and Western Sahara - A Never-ending affair, USIP Special Report 166, S. 8 f.; *Zunes/ Mundy*, Western Sahara, S. 213–215.

498   *Dunbar*, Saharan Stasis: Status and Future Prospects of the Western Sahara Conflict, 54 Middle East Journal (2000), 522 (536).

499   *Dunbar*, Saharan Stasis: Status and Future Prospects of the Western Sahara Conflict, 54 Middle East Journal (2000), 522 (536); Gegenüber *Baker* äußerste sich *Dunbar* in einem Bericht äußerst direkt und analysierte: "They will not allow a referendum to take place. They know the numbers and probably do not believe they can win, even if all the contested are identified. We think their pessimism is based on what from their point of view is a very pessimistic assumption about their chances in the Territory. Our own very limited sampling of public opinion in Laayoune suggests that they are right. Their strategy therefore is to stall. (...) They will strongly oppose a negotiated solution, reaffirm their interest in having a U.N.-sponsored referendum but resist fixing a firm date for the voting. As long as they can keep the U.N. present, their stall will have international legitimacy", *Dunbar*, Western Sahara - Background for Negotiations, Baker Paper, Princeton Mudd Manuscript Library, Box 322–328, S. 2 f.

Entgegen der Meinung *Annans*, der die Resultate des Prozesses als „sobering assesment" bezeichnete, und beflügelt durch den internationalen Aufwind war die Polisario mit dieser Herangehensweise freilich überhaupt nicht einverstanden und intensivierte die diplomatischen Bemühungen im Sicherheitsrat, um diesen davon abzubringen, den von *Annan* intendierten Weg einer politischen Lösung zu gehen.[501]

Getragen von den Ereignissen in Osttimor und der dort jetzt äußerst aktiven Unterstützung der Verwaltungsmacht Portugal und vor allem Australiens, welches seine Meinung zur Unabhängigkeit Osttimors innerhalb weniger Monate grundlegend geändert hatte und größten diplomatischen Einfluss auf die UN und Indonesien ausübte[502], trat die Polisario an Spanien, Belgien und Italien heran und bat diese „to be its 'Australia' ". Dieses Ersuchen lehnten alle Staaten allerdings unmissverständlich ab.[503] Einige Vertreter der Polisario propagierten öffentlich, dass die Verhandlungen über den Status einer Autonomie-Region aufgrund der Fortschritte des Prozesses ausgeschlossen seien und versuchten *Baker* dazu zu drängen, den Settlement-Plan weiter durchzusetzen.[504] *Annan* hatte ausgeschlossen, dass das Referendum, falls es aufgrund der noch immer stark divergierenden Ansichten der Parteien zu allen restlichen Punkten des Referendums überhaupt stattfinden könne, vor 2002 abgehalten werden könnte.[505]

Zunes und *Mundy* sind der Ansicht, dass diese Einschätzung „particularly incredulous" gewesen sei und argumentieren, dass die Westsaharasi-

---

500 UN Doc. S/2000/131 v. 17.2.2000, S. 10 Rn. 36.

501 UN Doc. S/2000/131 v. 17.2.2000, S. 10 Rn. 37.

502 *Martin/Mayer-Rieck*, The United Nations and East Timor: From Self-Determination to State-Building, 12 International Peacekeeping (2005), 125 (126 f.); Zur Entwicklung der australischen Position, welches jahrelang der einzige Staat der UN war, der die Souveränität Indonesiens anerkannte, siehe *Schlicher/Flor*, Osttimor – Konfliktlösung durch die Vereinten Nationen, 78 Die Friedenswarte (2003), 251 (256, 259).

503 *Theofilopoulou*, The United Nations and Western Sahara - A Never-ending affair, USIP Special Report 166, S. 9.

504 *Theofilopoulou*, The United Nations and Western Sahara - A Never-ending affair, USIP Special Report 166, S. 9.

505 UN Doc. S/1999/1219 v. 6.12.1999, S. 6 Rn. 28; *Zunes/Mundy*, Western Sahara, S. 215. Das US-Außenministerium analysierte hierzu, dass „Moroccan officials have told us repeatedly that Morocco will not participate in a referendum unless it knows that it will win by an overwhelming majority. They have also told us that irrespective of the outcome of the referendum, Morocco will never leave the Western Sahara", *Indyk*, Western Sahara – A Negotiated Solution, Baker Paper, Princeton Mudd Manuscript Library, Box 322–328, S. 2 f.

tuation wieder zu einer Krise wurde, „because it was close to resolution rather than because it was a crisis stemming from irresolution".[506] Allerdings ist dem unter Berücksichtigung der noch offenen Aufgaben der MINURSO wie die Frage der Repatriierung der Flüchtlinge aus den Tindouf-Lagern und insbesondere die Frage nach der Aufrechterhaltung der Sicherheitslage zu widersprechen. Zudem stand dem die Rechtsnatur der MINURSO und die eingeschränkten, konsensbasierten Möglichkeiten des Verhandlungsprozesses der UN nach Kapitel VI UN-Charta sowie die definitiv fehlende Bereitschaft des Sicherheitsrates zu jeglichem Zeitpunkt des Konflikts Maßnahmen nach Kapitel VII in Betracht zu ziehen oder gar zu ergreifen, entgegen. Im Lichte dessen, der bisherigen Dauer des Prozesses zur Lösung der jahrelangen dissentierenden Ansichten zur Wahlberechtigung, kann kaum davon auszugehen sein, dass ein Referendum 2002 unter den Gegebenheiten des Settlement-Plans tatsächlich hätte stattfinden können.[507] Ferner hätte im Zweifel auch bereits der Einspruchsprozess allein, den Marokko für jeden abgelehnten Antragsteller ankündigte, den Zeitplan eines im Jahr 2002 abzuhaltenden Referendums zunichte gemacht.[508]

Warum der Weg der politischen Lösung nun doch eingeschlagen worden ist, ergibt sich auch aus den (welt-)politischen Rahmenbedingungen des Jahrtausendwechsels, insbesondere aus dem aus UN-Sicht Negativbeispiel des Referendums in Osttimor. Dieses konnte nur unter größter Not und unter Beteiligung eines Einsatzes nach Kapitel VII der UN-Charta durchgesetzt werden und hatte mit fatalen humanitären Folgen zu kämpfen. Ein Konglomerat aus Problemen, welche im Falle der Westsahara ebenfalls zu erwarten waren. Aufgrund der Unterstützung der USA und Frankreichs im Sicherheitsrat wusste Marokko um die Situation, dass ein Prozedere nach Kapitel VII UN-Charta mit an Sicherheit grenzender Wahrscheinlichkeit nicht durchgesetzt werden würde.[509] Aus humanitären Gesichtspunkten und aus den Erfahrungen Osttimors resultierend ging *Annan* richtigerweise

---

506 *Zunes/Mundy*, Western Sahara, S. 215 f.
507 Zumal diese Punkte im Vergleich zur Problematik der Rückführung der Geflüchteten und der Problematik der faktischen marokkanischen militärischen Kontrolle sowie die für das Referendum notwendige Aufgabe dieser die deutlich geringere Schwierigkeit darstellten. Über diese ist nicht einmal angefangen worden ernsthaft zu verhandeln, was die Unmöglichkeit des konsensbasierten Prozesses aufzeigt.
508 Vgl. *Theofilopoulou*, The United Nations and Western Sahara - A Never-ending affair, USIP Special Report 166, S. 9.
509 Vgl. *Theofilopoulou*, The United Nations and Western Sahara - A Never-ending affair, USIP Special Report 166, S. 13; *Zunes/Mundy*, Western Sahara, S. 217 f.

darauf ein, dass „even assuming that a referendum were held pursuant to the settlement plan and agreements of the parties, if the result were not to be recognized and accepted by *one party*, it is worth noting that no enforcement mechanism is envisioned by the settlement plan, nor is one likely to be proposed, calling for the use of military means to effect enforcement".[510] Bedauerlicherweise wird hier erneut nicht explizit Marokko als diese offensichtliche „one party" identifiziert, welche militärisch durch die Errichtung der Sandwälle in den 1980er Jahren und der militärischen Dominanz der Streitkräfte sowohl in Ausstattung und Größe eindeutig die einzige Partei hätte sein können, die die Ergebnisse des Referendums durch Gewalt hätte unterdrücken und umkehren können.[511] In Analogie zur Situation Osttimors hätte ein Votum für die Unabhängigkeit unweigerlich und aufgrund der starken Unabhängigkeitsbewegung der Sahrawis, die von 1976–1988 militärisch gegen Marokko vorgegangen waren und daher nicht vor Gewalt zurückschreckten, zu weit verbreiteten Forderungen nach einem vollständigen Rückzug Marokkos geführt. Dies wiederum hätte Demonstrationen, staatliche Repressionen und einen stark eskalierenden Kreislauf der Gewalt zur Folge gehabt.[512] Wenn es zu einer ähnlichen Situation wie jener in Osttimor gekommen wäre, hätten Frankreich und die USA als ständige Vertreter im Sicherheitsrat und gleichzeitig (inoffizielle) Vertreter marokkanischer Interessen ähnlich reagieren müssen wie 1999, in contrario zu ihrer seit 1975 aufrechterhaltenen Nicht-Verurteilungspolitik der marokkanischen militärischen Annexion der Westsahara.[513] Wie *Zunes* und *Mundy* diesbezüglich äußerst zutreffend analysieren, zog die UN die rechtlich falsche Lehre aus den Ereignissen in Osttimor: „not that referendums should be carried out with sufficient safety guarantees for the voting population, but that contentious plebiscites should be avoided".[514]

---

510 UN Doc. S/2000/131 v. 17.2.2000, S. 10 Rn. 36 (Hervorhebung durch den Autor).

511 Vgl. *Dunbar*, Saharan Stasis: Status and Future Prospects of the Western Sahara Conflict, 54 Middle East Journal (2000), 522 (536).

512 So auch *Zunes/Mundy*, Western Sahara, S. 217; vgl. zu den von Gewalt geprägten Tagen nach dem Referendum in Osttimor *Schlicher/Flor*, Osttimor – Konfliktlösung durch die Vereinten Nationen, 78 Die Friedenswarte (2003), 251 (265–267).

513 Vgl. *Zunes/Mundy*, Western Sahara, S. 217.

514 *Zunes/Mundy*, Western Sahara, S. 217. Die Sicht der UN hierzu ist einem Bericht der DPA aus dem Jahr 1999 äußerst anschaulich zu erkennen: „Developments in East Timor have not provided POLISARIO with a dose of realism. Immediately after the referendum, some of its leaders paused to think that they could win the referendum but not get the territory. Subsequent events have led them to believe that the international community will dispatch troops to move Morocco out of the

Annan schlug dem Sicherheitsrat schließlich 2000 vor, die Situation neu zu bewerten und sah hierzu vor, dass er *Baker* das Mandat erteilt, „to consult with the parties and, taking into account existing and potential obstacles, to explore ways and means to achieve an early, durable and agreed resolution of their dispute, which would define their respective rights and obligations in Western Sahara".[515]

ff) Zwischenergebnis

Dunbar, Jensen, Theofilopoulou und *Thomas* als ehemalige hochrangige UN-Mitarbeiter attestieren dem Settlement-Plan unüberwindbare Hindernisse seit seiner Entstehungsgeschichte, die insbesondere durch das Verhalten von *Pérez de Cuéllar* und seinem Persönlichen Berater entstanden und später aufrechterhalten worden sind. Zudem waren Teile der UN und die Group of Friends des Sicherheitsrates für die Westsahara nie mit einer Abstimmung zufrieden, bei der eine Partei als vollständiger Gewinner und die andere als vollständiger Verlierer hervorgehen würde.[516] Das Referendum hatte dabei für viele nur funktionalen und diplomatischen Wert und wurde als Druckmittel empfunden, um Marokko schlussendlich eine politische Lösung nahebringen zu können, die sodann beide Seiten akzeptieren könnten.[517]

Bezeichnenderweise und dies bestätigend war *Pérez de Cuéllar* von vornherein bewusst, dass Marokko den Prozess eines Referendums niemals so weit kommen lassen würde, dass er ernsthaft zur Unabhängigkeit der Westsahara hätte führen können: „Thus there was no real pressure on King Hassan to move ahead with the referendum until he could be sure of a favorable outcome for Morocco. He chose the identification progress as the means of controlling when (or if) the voting would occur. While the UN would continue to serve a useful purpose in monitoring the cease-fire, the

---

territory after the referendum. Somebody (probably the US) should make it clear to POLISARIO that this will never happen.", DPA, Western Sahara: The Way Ahead (Confidential), Baker Paper, Princeton Mudd Manuscript Library, Box 322–328, S. 2.

515 UN Doc. S/2000/131 v. 17.2.2000, S. 10 Rn. 37.
516 Vgl. *Zunes/Mundy*, Western Sahara, S. 217.
517 Vgl. *Zunes/Mundy*, Western Sahara, S. 217.

battle had already been won by Morocco."[518] Dies lag auch daran, dass er selbst der Ansicht war, dass die Unabhängigkeit des Gebietes falsch sei und ließ eine gewisse Affirmativität zur marokkanischen Sichtweise des Konflikts erkennen: „I have never been convinced that independence promised the best future for the inhabitants of the Western Sahara. Their number is scarcely more than 100.000 and aside from its phosphate deposits the land is poor, offering meager prospects of economic viability as a sperate country. Such political leadership as exists is not impressive and in some cases not Saharan in origin. A reasonable political solution under which the Western Sahara would be integrated as an autonomous region in the Moroccan state would have spared many lives and a great deal of money. However, given the United Nations commitment to self-determination and the support enjoyed among Member States of the concept of Saharan independence, I could not go beyond encouraging a political solution reached bilaterally between Morocco and POLISARIO. I also had to take account of the position of the OAU which technically was a partner of the UN in preparing for the referendum in the Territory".[519] Dies erklärt

---

518 *Peréz de Cuéllar*, Memoires, Western Sahara (unveröffentlicht), Baker Paper, Box 223–228, S. 43.

519 *Peréz de Cuéllar*, Memoires, Western Sahara (unveröffentlicht), Baker Paper, Box 223–228, S. 41. Dieser Ansicht war er bereits vor Ausarbeitung des Settlement-Plans, womit der Prozess von vornherein in gewisser Weise korrumpiert war: „(...) the King told me "on a very confidential basis" that he had an idea which could facilitate a settlement. The idea was to offer to the Saharis, within the framework of the referendum, "a third path" which would be neither total integration nor total independence. The third path would be that of "a territory integrated federally with Morocco." When I met President Chadli Benjedid a few days later at an OAU Summit in Addis Ababa, I sounded him out on the possibility of including a third option in the referendum, something between full independence and full integration. The President thought this was not a bad idea. One would have to find a way to discuss it with the Moroccans and the Saharans. I did not mention that the idea came from King Hassan. *I thought then, and I think now, that this third way offers the best solution to the West Saharan problem. The territory is too poor and undeveloped to be self-supporting as an independent state. The claim to nationhood for a small, traditionally nomadic population to whom national borders made little difference struck me as artificial.* Semi-autonomy within a Moroccan federation could meet the essential interests of both parties.", *Peréz de Cuéllar*, Memoires, Western Sahara (unveröffentlicht), Baker Paper, Box 223–228, S. 16 (Hervorhebungen durch den Autor). Dies stellte auch *Theofilopoulou* fest, allerdings schaffte es diese Passage nicht in die offizielle Veröffentlichung ihres Berichts: „It should also be kept in mind that while discussing the Settlement Plan, Pérez de Cuéllar admits in his memoirs that he was trying to persuade King Hassan II that an autonomy solution would be preferable for Western Sahara and that he had received an initial positive

zu großen Teilen die Vorgehensweise der UN in der Zeit vor, während und kurz nach Implementierungsversuchen des Settlement-Plans, welche es zwar immerhin bis 2020 ermöglicht hat, den Waffenstillstand zwischen den Konfliktparteien zu vermitteln und aufrechtzuerhalten. Gleichzeitig allerdings setzte diese die Ursache für den Stillstand und die Negierung des Selbstbestimmungsprozesses des Volkes der Westsahara.

Thomas analysiert und kritisiert diesbezüglich richtigerweise, dass die UN den Prozess von vornherein falsch aufzog, indem sie den Parteien die Kontrolle über und die Verantwortung für den Indentifikationsprozess und große Teile des Referendums übertrug, anstatt der MINURSO hierfür das Mandat zu erteilen.[520]

Der gesamte Prozess war somit von vornherein zum Scheitern verurteilt und hätte aufgrund der starrsinnigen Haltungen der Parteien, insbesondere aber von Marokko, welches für die Verzögerung bzw. Nichtabhaltung durch die Einnahme des Gebietes hauptsächlich verantwortlich war, eines anderen Mandates durch den Sicherheitsrat bedurft. Dies allerdings war aufgrund der realpolitischen Lage im Rat nicht möglich gewesen, nicht einmal durch die Bemühungen des ehemaligen US-Außenministers und allseits hochgeschätzten Diplomaten James *Baker*.[521] Insbesondere das Einspruchsrecht, welches von Marokko extensiv genutzt worden ist, um Menschen auf die Wählerlisten setzen zu können, die keinen originären Bezug zu den Gebieten der Westsahara besaßen, torpedierte den Prozess der Wähleridentifikation immens und war schließlich Mitursache für das Scheitern des Settlement-Plans. Doch bereits ein kurzer Blick auf die Phase nach der – nur äußerst hypothetisch eintretenden Wahrscheinlichkeit – vollständigen Identifikation der Wahlberechtigten hätte den Verantwortlichen aufzeigen müssen, dass kein Ergebnis unter dem gesetzten Rechtsrahmen des Sicherheitsrates hätte erzielt werden können. Die Problematik der Frage, über was letztendlich abgestimmt wird, war allen Beteiligten, sowohl auf Seiten der UN als auch auf Seiten der Konfliktparteien, seit Jahren bekannt. Marokko ließ seit Jahren verkünden, dass die Westsahara

---

response from the King and the Algerian President whom he had asked, at the King's direction, to approach POLISARIO.", *Theofilopoulou*, The United Nations and Western Sahara - A real challenge for the Organization (unveröffentlicht), Baker Paper, Box 223–228, S. 8.; siehe ebenfalls *Zunes/Mundy*, Western Sahara, S. 182; *Mundy*, Moroccan Settlers in Western Sahara: Colonists or Fifth Column?, 15 Le Géographe du monde arabe (2012), 95 (112 f.).

520 *Thomas*, The Emperor´s Clothes, S. 28.

521 Vgl. *Thomas*, The Emperor´s Clothes, S. 28.

Teil der staatlichen Souveränität Marokkos sei, weshalb allenfalls über eine Autonomie abgestimmt werden könne, keinesfalls, wie von der Polisario und von der UN, insbesondere der Generalversammlung gefordert, über die mögliche Unabhängigkeit des Gebietes. Ebenfalls waren weder ein friedlicher Rückzug noch die Akzeptanz eines Unabhängigkeitsergebnisses wahrscheinlich.[522]

Freilich stellt das Referendum die wünschenswerteste und dem Selbstbestimmungsrecht des Volkes der Westsahara am meisten gerecht werdende Lösung dar, die insbesondere die Generalversammlung seit 1963 aktiv befürwortete. Doch mit Beginn des Prozesses im Jahr 1988 fehlte es aufgrund der von Marokko seit 1976 geschaffenen (militärischen) Tatsachen in der Westsahara de facto an der rechtlichen wie aber auch politischen Durchsetzbarkeit und am Willen des Sicherheitsrates, insbesondere auch Maßnahmen nach Kapitel VII der UN-Charta in Betracht zu ziehen. *Zunes* und *Mundy* resümieren daher den gesamten Prozess äußerst zutreffend, indem sie feststellen, dass „from the moment MINURSO was created, abandoning the referendum was never a question of if, but of when".[523]

b) Der Weg zum Baker Plan I / Framework-Agreement

Die Frage nach dem Wann wurde sodann im Jahr 2000 beantwortet. *Baker* reiste mit seinem Team im April 2000 zu erneuten Treffen in die Region und lud die Parteien zu weiteren Gesprächen nach dem Vorbild der den Houston-Accords vorausgehenden Konsultationen im Jahr 1997 ein.[524] In den ersten direkten Gesprächen seit 1997 zeigte sich, dass die Polisario nicht bereit war, vom Settlement-Plan abzuweichen und auch Marokko zunächst noch am Plan festzuhalten schien.[525] *Baker* präsentierte den Par-

---

522 In einer internen Analyse vom US-Außenministerium, welche *Indyk*, der *Baker* beriet, ihm zukommen ließ hieß es hierzu: „If Morocco were to lose and refuse to leave the territory, it is highly unlikely that there would be sufficient political pressure to sanction Morocco or to otherwise intercede to force Morocco to leave. ", *Indyk*, Western Sahara – A Negotiated Solution, Baker Paper, Princeton Mudd Manuscript Library, Box 322–328, S. 3.

523 *Zunes/Mundy*, Western Sahara, S. 217; *Theofilopoulou*, The United Nations and Western Sahara - A Never-ending affair, USIP Special Report 166, S. 7.

524 *Theofilopoulou*, The United Nations and Western Sahara - A Never-ending affair, USIP Special Report 166, S. 9.

525 *Theofilopoulou*, The United Nations and Western Sahara - A Never-ending affair, USIP Special Report 166, S. 9. *Theofilopoulou* kommentiert die ersten beiden Treffen

teien einen ersten Entwurf eines Autonomie-Plans, der auf dem Konstrukt einer möglichen Autonomieregion Osttimors in Indonesien aufgebaut war. *Zunes* und *Mundy* kommentieren diesbezüglich richtigerweise, dass „the proposal was ironically one that the East Timorese had overwhelmingly rejected in favor of independence".[526] *Baker* wies ebenfalls jeweils auf die unterschiedlichen Standpunkte der Parteien in Bezug auf die Umsetzung des Settlement-Plans hin und forderte sie auf, bei der nächsten Sitzung konkrete Lösungen für die zahlreichen Probleme des Plans vorzulegen.[527] Dies übernahm auch *Annan* in seinem Bericht an den Sicherheitsrat, in welchem er über die Treffen berichtete und die Hoffnung äußerte, dass die nächste Gesprächsrunde konkrete Vorschläge hervorbringen würde.[528] Er unterstrich nochmals die Tatsache, dass der Plan zur Beilegung des Konflikts keinen Mechanismus zur Durchsetzung der Ergebnisse des Referendums vorsehe. Deshalb mussten die Parteien entweder spezifische und konkrete Lösungen für die zahlreichen Probleme im Zusammenhang mit der Umsetzung des Plans anbieten „or be prepared to consider other ways of achieving an early, durable and agreed resolution of their dispute over Western Sahara".[529]

---

wie folgt: „Nothing positive came from the first two meetings. In addition, Morocco reverted to its habit of intransigent behaviour when things were going badly for it. Unbeknown to the UN or Mr. Baker, it had included in its delegation former POLISARIO officials who had defected to Morocco thus succeeding in offending the POLISARIO delegation.", *Theofilopoulou*, The United Nations and Western Sahara - A real challenge for the Organization (unveröffentlicht), Baker Paper, Box 223–228, S. 43.

526 *Zunes/Mundy*, Western Sahara, S. 221. *Prendergast* teilte *Annan* hierzu in einem streng vertraulichen Gespräch mit: „The framework agreement prepared by Mr. Baker is based to a very large extent on that developed by DPA for East Timor during the summer of 1998. Mr. Baker had expressed an interest and my staff sent it to him after making changes to take into account the situation in Western Sahara.", Baker Paper, Princeton Mudd Manuscript Library, Box 322–328, Dokument v. 26.3.2001. Die Zusammenstellung der Verhandlungsbasis und Autonomievorschläge, gemünzt auf die Situation der Westsahara, stammten von *Theofilopoulou*: „With regard to the background information on the autonomy, Mr. Pendergast instructed me to talk to my colleagues involved in the East Timor negotiations about the nego-tiating formula, tactics etc., in addition to getting copies the actual final agreements. (By the way, has Mr. Baker done anything more with a rough draft on autonomy that I had prepared based on the East Timor initial proposal that he had asked me to send?).", Baker Paper, Princeton Mudd Manuscript Library, Box 322–328, Facsimile v. 15.3.2000.

527 *Theofilopoulou*, The United Nations and Western Sahara - A Never-ending affair, USIP Special Report 166, S. 9.

528 UN Doc. S/2000/461 v. 22.5.2000, S. 4 Rn. 25–28.

aa) Die Autonomiepläne der UN / Baker

Das Konzept der Autonomie war mitnichten eine Idee *Annans*, vielmehr wurde es bereits in den frühen 1980ern präsentiert, allerdings lehnte die Polisario dieses kategorisch ab, indem sie dem Prinzip „all the homeland or martyrdom" folgte.[530]

Ernsthafte Gespräche zwischen den verhärteten Fronten der Konfliktparteien, die bis dahin nur den „the winner takes it all" Ansatz verfolgt hatten, führte *Pérez De Cuéllar* bereits bilateral mit *Hassan II* im Jahr 1988, in welchem dieser sich, wie auch schon zuvor, aufgeschlossen für eine dritte Option zwischen den weit auseinander liegenden Positionen zeigte.[531] Die Polisario nahm erstmalig an den von *Jensen* im Jahr 1996 initiierten Gesprächen teil.[532] Das Team von *Baker* bereitete auf seinen Wunsch hin bereits im Jahr 1998 ausgereifte Konzepte für eine Autonomieregion vor. *Dunbar* ließ *Baker* am 31.8.1998 einen vertraulichen Strategiebericht zukommen und *Theofilopoulou* hatte bereits 1996 einen solchen Bericht unter Berücksichtigung der festgefahrenen Situation erstellt, den *Baker* 1999 ebenfalls heranzog.[533]

---

529 UN Doc. S/2000/461 v. 22.5.2000, S. 4 Rn. 27 f.
530 *Zunes/Mundy*, Western Sahara, S. 220. *Hassan II* wiederum war bereits in den 1980er Jahren bereit zu verhandeln und ließ laut *Mundy/Zunes*, Western Sahara, S. 219, verlauten: „Besides the stamp and the flag...everything else is negotiable."
531 *Zunes/Mundy*, Western Sahara, S. 220.
532 *Zunes/Mundy*, Western Sahara, S. 219.
533 Bereits 1996 stellte *Theofilopoulou* fest: „While all parties pretend that once the UN implements the Settlement Plan for Western Sahara the problem will be resolved, behind the scenes there has been talk about the so called "third solution" or the "political solution". In real terms, this means some kind of semi-autonomy for the Territory within a Moroccan federation. This is by no means a new idea and in fact it was given serious consideration at the time of the negotiations for the Settlement Plan. For a number of reasons, however, the idea was not pursued. There is a prevailing belief that both Morocco and POLISARIO know that autonomy is the only realistic solution to the problem. Some POLISARIO officials have privately discussed this with the ASRSG and others. Similarly, Moroccan officials have discussed it behind the scenes and it is rumoured that even the King has this in mind for Western Sahara as long as Moroccan sovereignty is not questioned. Neither party, however, especially POLISARIO, wishes to be publicly found openly considering this option. (...) In order for this to happen the mediation has to start with Morocco and Algeria. (a) Morocco has to guarantee that it is serious about granting Western Sahara autonomy with some of the POLISARIO leaders in key positions. (b) Algeria has to pledge that it will accept a non-independent Western Sahara and that it will support the idea of limited autonomy. These two conditions are key before the idea of a political settlement goes any further.", *Theofilopoulou*, Western Sahara

Indyk, US-amerikanischer Diplomat und Nahost-Experte, wurde von *Baker* konsultiert, um Hintergrundinformationen und Strategien zum Umgang mit den Parteien zu bekommen, die er am 7.4.1999 erhielt und mit vielen handgeschriebenen Notizen versah, die belegen, dass *Baker* den Bericht der Abteilung des US-Außenministeriums für Nah-Ost-Angelegenheiten äußerst genau studierte und zusammen mit *Dunbars* und *Theofilopoulous* Analysen als Grundlage für die ersten Versuche der Verhandlung einer politischen Lösung nahm.[534]

bb) Der Sicherheitsrat und die September-Gespräche in Berlin

Noch wehrten sich Mitglieder des Sicherheitsrates gegen die vollständige Abkehr vom Settlement-Plan, insbesondere die der Polisario gegenüber zugewandten Staaten Jamaika, Namibia und Mali. Die USA, das Vereinigte Königreich und Frankreich hingegen wollten die Parteien von den Vereinbarungen von Houston unbedingt abbringen.[535] Sie konnten die E10-Staaten im Sicherheitsrat allerdings noch nicht vollends von einer Abkehr vom Referendum überzeugen, weshalb die Resolution 1301 des Rates noch „full support" für die Houston-Accords aussprach. Allerdings wurde *Baker* auch dazu aufgerufen, „to explore all ways and means to achieve an early, durable and agreed solution".[536]

Die Verhandlungen zwischen den Parteien im September 2000 in Berlin sollten den finalen Anstoß geben, Marokko von der Idee der Autonomie zu überzeugen.[537] Nachdem die marokkanische Delegation die Art und Weise der Umsetzung des Settlement-Plans angeprangerte und für unum-

---

    – Direct Talks Baker Paper, Princeton Mudd Manuscript Library, Box 322–328 (Strictly Confidential), S. 4 f.

534 Der Bericht ist in den Baker-Papers in einem Ordner zu finden, der die Überschrift „MINURSO Background „Autonomy" Materials (Negotiated Solution) " trägt, *Indyk*, Western Sahara – A Negotiated Solution, Baker Paper, Princeton Mudd Manuscript Library, Box 322–328.

535 *Zunes/Mundy*, Western Sahara, S. 221.

536 UN Doc. S/RES/1301 v. 31.5.2000; Namibia stimmte als erster Staat in einer Resolution zur Westsahara dagegen, Jamaika und Mail enthielten sich der Stimme, UN Doc. S/PV.4149 v. 31.5.2000, S. 2; siehe hierzu auch *Zunes/Mundy*, Western Sahara, S. 221.

537 *Theofilopoulou* beschreibt die Ergebnisse aus Berlin als „(...) breakthrough that everybody had been waiting for (...)". *Theofilopoulou*, The United Nations and Western Sahara - A real challenge for the Organization (unveröffentlicht), Baker Paper, Box 223–228, S. 45; *Zunes/Mundy*, Western Sahara, S. 222.

setzbar hielt, erklärte sie, dass Marokko bereit sei, einen aufrichtigen und offenen Dialog mit der anderen Partei aufzunehmen, um eine dauerhafte und endgültige Lösung abseits des Plans zu erarbeiten.[538] Diese Lösung sollte die Souveränität und die territoriale Integrität Marokkos sowie die Besonderheiten der Region berücksichtigen und den Grundsätzen der Demokratie und der Dezentralisierung entsprechen, die Marokko unter *Mohammed VI* anstrebte und, ausgehend von der Westsahara, entwickeln und anwenden wollte.[539] Zu diesem Zeitpunkt hatte *Baker* festgestellt, dass Marokko trotz gegenteiliger Erklärungen weder den Wunsch noch die Absicht hatte, das Einspruchsverfahren wirklich zu betreiben. Dies nutzte *Baker* und warnte Marokko, dass die MINURSO mit den Vorbereitungen für das Einspruchsverfahren beginnen würde, sollte das Land nicht bald ein entsprechendes und ernsthaftes Angebot vorlegen.[540] Die Verhandlungen in Berlin sollten die letzten direkten persönlichen Treffen unter *Baker* und die letzten Gespräche zwischen Marokko und der Polisario für fast sieben Jahre sein. Alles Weitere wurde nur noch über Dritte und Umwege verhandelt.[541] Der Sicherheitsrat wurde von *Annan* in seinem Bericht im Oktober 2000 über die Verhandlungsergebnisse informiert. Darin stellte er zunächst fest dass „there were many ways to achieve self-determination", womit auch politische Lösungen umfasst seien.[542] Hierzu übte er zumindest indirekt Druck auf Marokko aus, indem er feststellte, dass „further meetings of the

---

538 *Theofilopoulou*, The United Nations and Western Sahara - A real challenge for the Organization (unveröffentlicht), Baker Paper, Box 223–228, S. 45; *Zunes/Mundy*, Western Sahara, S. 222.

539 *Theofilopoulou*, The United Nations and Western Sahara - A real challenge for the Organization (unveröffentlicht), Baker Paper, Box 223–228, S. 45.

540 *Theofilopoulou* analysierte, dass *Baker* gegen Marokko durch den mittlerweile für Marokko misslich gewordenen Einspruchsprozess einen erweiterten politischen Spielraum und Druckmittel innehatte: „The prospect of proceeding with the appeals and by extension the implementation of the Settlement Plan was held by the UN as stick to the carrot of a political solution in order to put pressure on Morocco. Unlike 1998 however, when the parties were given the identification and appeals "package" by the UN to make them recognize the futility of proceeding with the Settlement Plan, which they in turn, used to engage the UN in a long-drawn out negotiating process, this time, Mr. Baker and his team remained in control of the situation. While MINURSO was asked to start preparing for the appeals process, it was given specific guidelines by the Baker team so that, should the process start, it would not turn into another endless operation.", *Theofilopoulou*, The United Nations and Western Sahara - A real challenge for the Organization (unveröffentlicht), Baker Paper, Box 223–228, S. 45.

541 *Zunes/Mundy*, Western Sahara, S. 222.

542 UN Doc. S/2000/1029 v. 25.10.2000, S. 6 Rn. 13.

parties to seek a political solution cannot succeed, and indeed could be counterproductive, unless the Government of Morocco as administrative Power in Western Sahara is prepared to offer or support some devolution on governmental authority, for all inhabitants and former inhabitants of the Territory, that is genuine, substantial and in keeping with international norms".[543]

Um einen solchen Vorschlag ausarbeiten zu können, sollte Marokko vier Monate Zeit bis Februar 2021 vom Sicherheitsrat zugesprochen bekommen, der noch immer an der Implementierung des Settlement-Plans festhielt und nochmals „full support for the continued efforts exerted by the United Nations Mission for the Referendum in Western Sahara (MINURSO) to implement the Settlement Plan and agreements adopted by the parties to hold a free, fair and impartial referendum for the self-determination of the people of Western Sahara" bekräftigte.[544]

Aus Frustration und größter Enttäuschung über die politische Entwicklung, die immer mehr die endgültige Abkehr vom Settlement-Plan prophezeite, kündigte die Polisario im Januar 2001 beinahe den Waffenstillstand auf, als marokkanische Truppen die Sandwälle überquerten und in die „liberated zone" vorrückten, um sich auf die Rallye Paris-Dakar vorzubereiten.[545] Durch starken internationalen Druck auf die Polisario, der über Algerien ausgeübt wurde, konnte ein neuer bewaffneter Konflikt abgewendet werden. Im Folgenden verschärften sich die Spannungen zwischen den Parteien allerdings.[546]

cc) Die ersten (geheimen) Autonomiepläne

In seinem Bericht vom 20.2.2001 teilte der Generalsekretär dem Sicherheitsrat mit, dass er keine Fortschritte in der Frage feststellen könne, ob Marokko bereit sei, eine Übertragung der Zuständigkeit in der Westsahara anzubieten oder zu unterstützen, und er empfahl eine zweimonatige Verlängerung der MINURSO.[547] Obwohl die Polisario erwartungsgemäß kein Interesse an einer Lösung außerhalb des Abkommens von Houston zeigte,

---

543 UN Doc. S/2000/1029 v. 25.10.2000, S. 6 Rn. 30.
544 UN Doc. S/RES/1324 v. 30.10.2000.
545 Siehe hierzu ausführlich *Jensen*, Western Sahara – Anatomy of a Stalemate?, S. 94 f.; UN Doc. S/2001/148 v. 20.2.2001, S. 1 f. Rn. 3–7.
546 *Zunes/Mundy*, Western Sahara, S. 222.
547 UN Doc. S/2001/148 v. 20.2.2001, S. 4 Rn. 22.

schien auch Marokko zunächst kein Interesse an einer wirklichen Übertragung seiner Macht und Hoheitsbefugnisse in jeglicher Form in der Westsahara zu haben.[548] In Wirklichkeit und dem Sicherheitsrat verschweigend hatte Marokko *Baker* in der Zwischenzeit bereits zwei Listen übermittelt, in denen die Vorstellungen Marokkos von dem, was es im Rahmen der Autonomie anbieten könnte, aufgezählt waren.[549] *Baker* hielt diese allerdings für unzureichend, da diese nicht den Umständen für eine akzeptable Übertragung von Befugnissen an das Volk der Westsahara entsprachen.[550] Da *Baker* zu diesem Zeitpunkt noch mit einem anderen Auftrag im Rahmen des US-Wahlkampfes beschäftigt war, hatte er in Absprache mit dem Generalsekretär beschlossen, Marokko mehr Zeit zu geben und die bisherigen Vorschläge geheimzuhalten.[551] In der Zwischenzeit hatten Frankreich, die USA und das Vereinigte Königreich ohne Erfolg versucht, Marokko dazu zu drängen, die Kriterien, die *Baker* vorgegeben hatte, zu erfüllen und einen ernsthaften Vorschlag zu erstellen.[552] Es mangelte in Marokko an koordiniertem Vorgehen und zwischen den neu besetzten Ministerien gab es Divergenzen zur Herangehensweise an eine mögliche Autonomieregion.[553] Das Außenministerium drängte auf Dezentralisierung und war der Idee einer Autonomieregion gegenüber aufgeschlossen, während das Innenministerium nichts anbieten wollte, was eine ähnliche Situation in anderen Regionen Marokkos auslösen könnte.[554]

---

548 *Zunes/Mundy*, Western Sahara, S. 222.

549 *Theofilopoulou*, The United Nations and Western Sahara - A real challenge for the Organization (unveröffentlicht), Baker Paper, Box 223–228, S. 46.

550 *Theofilopoulou*, The United Nations and Western Sahara - A real challenge for the Organization (unveröffentlicht), Baker Paper, Box 223–228, S. 46; *Zunes/Mundy*, Western Sahara, S. 222. *Prendergast* teilte dies *Annan* in einem streng vertraulichen Gespräch mit: „There is hardly any difference between Morocco's initial proposal and the second, "expanded" one. This confirms Mr. Baker's comment earlier this week that he considered the second document as inadequate as the first one.", Baker Paper, Princeton Mudd Manuscript Library, Box 322–328, Dokument v. 26.3.2001.

551 *Theofilopoulou*, The United Nations and Western Sahara - A real challenge for the Organization (unveröffentlicht), Baker Paper, Box 223–228, S. 46.

552 *Theofilopoulou*, The United Nations and Western Sahara - A real challenge for the Organization (unveröffentlicht), Baker Paper, Box 223–228, S. 46; *Zunes/Mundy*, Western Sahara, S. 222.

553 *Theofilopoulou*, The United Nations and Western Sahara - A real challenge for the Organization (unveröffentlicht), Baker Paper, Box 223–228, S. 46; *Zunes/Mundy*, Western Sahara, S. 222 f.

554 *Theofilopoulou*, The United Nations and Western Sahara - A real challenge for the Organization (unveröffentlicht), Baker Paper, Box 223–228, S. 46; *Zunes/Mundy*, Western Sahara, S. 222 f.

c) Das Framework Agreement / Baker Plan I

Ende März bat Marokko über Frankreich um zwei weitere Monate für einen ausführlichen Vorschlag und wollte verhindern, dass die UN mit der Prüfung der Einsprüche begann.[555] Aufgrund anhaltender Divergenzen zwischen dem marokkanischen Außen- und Innenministerium kontaktierte *Baker* beide Ministerien, um ihnen mitzuteilen, dass er die Einleitung des Einspruchsprozesses vorbereite, um so maximalen Druck auszuüben.[556] Als im April 2001 klar schien, dass Marokko noch immer nicht bereit war, *Baker* einen Vorschlag (öffentlich) zu überreichen, der den Sahrawis ausreichend Einflussmöglichkeiten übertragen würde, erarbeitete er das Framework Agreement (FA) über den Status der Westsahara. Dieses basierte auf mehreren Modellen von Autonomieregelungen und wurde für die speziellen Umstände der Westsahara angepasst.[557]

aa) Der Ursprung des FA

Entgegen der öffentlichen Wahrnehmung und Darstellung wurde das FA nicht erst im Mai 2001 bzw. offiziell durch den Bericht des Generalsekretärs am 20.6.2001 vorgestellt, sondern bereits Monate zuvor.[558] Ein erster Entwurf des FA selbst wurde bereits am 13.6.2000 von John *Bolton* erstellt und am 20.9.2000 von *Baker* angepasst.[559] Das Dokument wurde sodann

---

555 *Zunes/Mundy*, Western Sahara, S. 222.

556 *Theofilopoulou*, The United Nations and Western Sahara - A real challenge for the Organization (unveröffentlicht), Baker Paper, Box 223–228, S. 46.

557 UN Doc. S/2001/613 v. 20.6.2001 Annex I, S. 11 f. Die Reaktionen Algeriens und der Polisario sind abgedruckt in UN Doc. S/2001/613 v. 20.6.2001 Annex II–IV, S. 13–21.

558 Vgl. *Jensen*, Western Sahara – Anatomy of a Stalemate?, S. 95; *Zunes/Mundy*, Western Sahara, S. 223.

559 Baker Paper, Princeton Mudd Manuscript Library, Box 322–328, Dokument v. 13.6.2000. Das ursprüngliche Dokument las sich wie folgt: „ (1): The Kingdom of Morocco will have exclusive competence over foreign relations and external defense and will consult with the executive body for Western Sahara on foreign relations and defense matters that directly effect Western Sahara, such as fisheries agreements. In addition, the flag, currency, customs, and postal systems of the Kingdom shall be the same for Western Sahara. (2) The people of Western Sahara, through their executive, legislative, and judicial bodies, shall have exclusive competence over everything else, including, without limitation: local government, budget and taxation, civil and criminal law and law enforcement. internal security, social welfare, culture, language and religious affairs, education, commerce, transportation, agriculture, mining, fish-

am 15.3.2001 an verschiedene Personen verschickt, unter anderem an den marokkanischen UN-Botschafter *Bennouna*.[560] Mit diesem führte *Baker* intensive Gespräche und passte das FA den Wünschen Marokkos noch an, was aus einem Schreiben *Bakers* an *Bennouna* hervorgeht: „Further to our telephone conversations over the weekend, attached hereto is a copy of the "Framework Agreement on the Status of Western Sahara," reflecting the four changes we agreed to on Saturday. I understand from our conversation that this document is acceptable to His Majesty and that Morocco is prepared to express its support for it if I present it to the parties. If such is in fact the case, I would appreciate your confirming that to me as we discussed."[561] Ein solches Vorgehen besprach *Annan* mit *Mohammed VI* schon im September 2000, was ein vertrauliches Konversationsmemorandum vom 22.9.2000 beweist, in welchem es heißt: „Mr. Baker understood that Morocco was not in a position to make a proposal. Therefore, Mr. Baker would do so, but he needed an indication that Morocco was ready to move forward. The King stated that he could not state now, before having seen Mr Baker, that he accepted his plan. He was willing to see Mr. Baker because the Secretary-General had asked him to do so, but the political situation in Morocco was such that he could not accept a proposal in advance. The Secretary-General stated that what Mr. Baker wanted to discuss with the King was that, since Morocco was not in a position to propose a plan, Mr. Baker

---

eries and industry. And environmental policy. (3) The following separate elements shall constitute the government of Western Sahara: The executive authority shall be vested in a Chief Executive, who shall be appointed by the Polisario Front for a term of four years. Thereafter, the Chief Executive shall be directly elected by voters. The Chief Executive shall appoint secretaries in charge of executive departments for terms of four years, with the consent of the Parliament. The legislative authority shall be vested in a Parliament, the members of which shall be directly elected by voters. The judicial authority shall be vested in a Supreme Court, and other courts as may be necessary. The judges shall be appointed by the Chief Executive, with the consent of the Parliament, and the Supreme Court shall be the final authority on territorial law. To be qualified to vote, a person must be 18 or older and either (i) a continuous resident of the territory since September 28, 1998, or (ii) a person listed on the UNHCR repatriation list as of September 28, 2000. (4) The parties agree to implement this agreement promptly and request the assistance of the United Nations to this end."

560 Baker Paper, Princeton Mudd Manuscript Library, Box 322–328, Dokument v. 14.3.2001.

561 Baker Paper, Princeton Mudd Manuscript Library, Box 322–328, Schreiben v. 23.4.2001.

would do so. However, in order to do so, he needed a sign."[562] Zudem lässt sich nachzeichnen, dass *Baker* und sein Team sowie der UN-Generalsekretär durch die Bezeichnung Marokkos als „administrative power" der Westsahara Legitimität verleihen wollten und damit drängen wollten, dass FA anzunehmen[563]. *Theofilopoulou* schrieb *Baker* im Zusammenhang mit dem vom Sicherheitsrat in Auftrag gegebenen Gutachten zur Möglichkeit der Ausbeutung natürlicher Resourcen der Westsahara, dass „the Algerians were aiming at challenging Morocco's status in the Territory, *especially our having called them "administrative power".* (...) DPA and DPKO met with the Legal office and we explained to them the delicacy of the situation politically and in particular we asked them to be careful not to appear to contradict what the Secretary-General had previously said in his report. *In fact we asked them, if possible, not to go to the direction of Morocco's status in the Territory".*[564]

bb) Änderungen Marokkos in Bakers FA

Das Dokument, welches *Baker* und *Bolton* zusammen erstellten, wurde bereits im Vorfeld überarbeitet und hatte starke Auswirkungen auf die Kompetenzzuweisungen, Souveränitätsrechte und Hoheitsgewaltausübung. Insbesondere wurde die Konsultationspflicht Marokkos in auswärtigen Beziehungen mit dem vor allem für interne Angelegenheiten vorgesehenen sahrawischen Rat gestrichen und die Kompetenzen Marokkos wurden wiederum stark ausgeweitet.[565] Doch dies ging dem Königreich noch nicht weit genug. Besonders hervorhebenswert ist die Abänderung der Regularien zu

---

562 Baker Paper, Princeton Mudd Manuscript Library, Box 322–328, Note of the Secretary´s General´s Telephone Conversation with his Majesty Mohammed VI. King of Morocco v. 21.9.2000.

563 Zeitlich passt dies exakt in die Planungsphase zur Umsetzung des FA, welches erstmalig im Oktober von *Bolton* und *Baker* zu Papier gebracht worden ist, vgl. UN Doc. S/2000/1029 v. 25.10.2000, Rn. 30; UN Doc. S/2001/148 v. 20.2.2001, Rn. 2, 22; UN Doc S/2001/398 v. 24.4.2001, Rn. 19; UN Doc. S/2001/613 v. 20.6.2001, Rn. 2, 42; UN Doc. A/56/159 v. 9.7.2001, Rn. 13, 15, 20, 26; UN Doc. S/2002/178 v. 19.2.2002, Rn. 37, 38. Mit UN Doc. S/2002/467 v. 19.4.2002.

564 Baker Paper, Princeton Mudd Manuscript Library, Box 322–328, Dokument v. 11.2.2002 (Hervorhebungen durch den Autor).

565 Vgl. Baker Paper, Princeton Mudd Manuscript Library, Box 322–328, Dokument v. 13.6.2000 und Baker Paper, Princeton Mudd Manuscript Library, Box 322–328, Dokument v. 14.3.2001.

dem noch abzuhaltenden Referendum. In *Bakers* zunächst an *Bennouna* verschickten Entwurf hieß es noch: „Neither the Kingdom nor the Executive, Legislative or Judicial bodies of the Government of Western Sahara referred to above may unilaterally change or abolish the status of Western Sahara. The final status of Western Sahara will be decided by a referendum of qualified voters under International monitoring and supervision ten years from the date of this agreement. To be qualified to vote in such referendum a voter must have been a full time resident of Western Sahara for the preceding five years."[566] Stattdessen bewegte Marokko *Baker* dazu, den Text wie folgt abzuändern: „Neither the Kingdom nor the Executive, Legislative, or Judicial bodies of the Authority of Western Sahara referred to above may unilaterally change or abolish the status of Western Sahara. Any changes or modifications of this agreement has to be approved by the Executive and the Assembly of Western Sahara. The status of Western Sahara will be submitted to a referendum of qualified voters on such date as the parties hereto shall agree, within the five year period following the initial actions to implement this agreement. To be qualified to vote in such a referendum a voter must have been a full time resident of Western Sahara for the preceding one year."[567] Dies würde bedeuten, dass alle marokkanischen Staatsbürger, die von Marokko in die Westsahara umgesiedelt worden waren, unbedingt wahlberechtigt wären und damit dem Sinn eines Referendums, welches sich aus dem Selbstbestimmungsrecht des sahrawischen und nicht des marokkanischen Volkes zur freien Determination ihrer politischen Zukunft ergibt, absolut den Wert genommen hätte.[568] *Baker* muss sich den Vorwurf machen lassen, Marokkos Position präferiert und ein Momentum, was eher auf Seiten der Polisario stand, damit umgekehrt zu haben. Ihm war die Sensitivität dessen bewusst und schrieb *Theofilopoulou* hinsichtlich der Rahmenbedingungen für die Erfolgsaussichten des FA: „As we discussed, if we are to have any chance to convince the other side that this is the right

---

566 Baker Paper, Princeton Mudd Manuscript Library, Box 322–328, Dokument v. 14.3.2001.

567 UN Doc. S/2001/613 S. 11 f.

568 Die algerische Ansicht zum Framework-Agreement analysierte richtigerweise, dass „The draft framework agreement places on an equal footing the Saharans who are recognized as such and are included in the lists already drawn up by the Identification Commission and the new residents settled since the illegal occupation of the Territory. Thus, given that they will be deciding on the future of their Territory, the Saharan people will be deprived of their right or self-determination since they will not be able to exercise that right on an exclusive and independent basis", UN Doc. S/2002/41 Annex II v. 10.1.2002, S. 11 Rn. 30.

approach to take, it is critical that the substance of this agreement, *and indeed even the fact that we have it*, not be made public in any way."[569]

cc) Die Reaktion der Parteien

Wie zu erwarten und in gewisser Hinsicht antizipiert billigte Marokko das Dokument umgehend durch Genehmigung des Königs.[570] Am 5. Mai 2001 reiste *Baker* nach Algier und Tindouf, um der algerischen und der Polisario-Führung den Entwurf des FA vorzustellen. Auf Wunsch *Bakers* waren bei seinem Treffen mit der algerischen Regierung hochrangige Vertreter des Militärs anwesend, um den Druck auf *Bouteflika* zu erhöhen. Bei der Übergabe des Dokuments an die Algerier legte Baker informell auch ein Non-Paper[571] vor, in dem erstmalig die Möglichkeit eines Korridors von der algerischen Westgrenze westlich von Tindouf bis zum Atlantik erörtert wurde, der von Algerien, Marokko und der zu entstehenden Autonomieregion genutzt werden könnte.[572] Die algerische Führung hielt sich

---

569 Baker Paper, Princeton Mudd Manuscript Library, Box 322–328, Notiz v. 23.4.2001 (Hervorhebung durch den Autor).

570 *Zunes/Mundy*, Western Sahara, S. 223.

571 Der Wortlaut des streng vertraulichen Dokumentes: „The Concept: Provide a corridor from Algeria's western border west of Tindouf just south of the most northeast corner of Western Sahara which would extend westward along and parallel to the north line of Western Sahara to the Atlantic Ocean. At or near the point of intersection with the Atlantic Ocean, a free trade port and tax-free zone would be created. Algeria, Morocco and Western Sahara would have the right jointly to use the corridor and the free trade port. A toll road would be constructed along the corridor for access. The cost of constructing the toll road would be paid for by contributions from various countries of the international community that are interested in resolving the problem of Western Sahara. The infrastructure in the free trade port would also be paid for in this way. The road and the free trade port infrastructure could be owned by a public corporation owned in turn by the various countries contributing to the cost of construction at least until those costs had been recouped. The corridor, toll road and free trade port would be under the administration of the Western Sahara governmental authority, except with respect to the powers retained by Morocco under any agreement it made with the POLISARIO Front for devolution of authority in Western Sahara. However, the right of Algeria to utilize the corridor, toll road and the facilities of the free trade port would be a right in perpetuity subject only to payment of the same fees required of other parties using those facilities.", Baker Paper, Princeton Mudd Manuscript Library, Box 322–328, Dokument v. 1.6.2001.

572 *Theofilopoulou*, The United Nations and Western Sahara - A real challenge for the Organization (unveröffentlicht), Baker Paper, Box 223–228, S. 46.

zunächst bezüglich des FA unverbindlich und bedeckt, versprach jedoch, auf *Baker* nach internen Konsultationen zurückzukommen.[573] *Baker* reiste sodann nach Tindouf und traf *Abdelaziz*, den Generalsekretär der Polisario, der per se nicht bereit war, über irgendetwas zu diskutieren, das nicht die Unabhängigkeit des Gebietes als Option enthielt. Er lehnte es sogar ab, auch nur eine Kopie des FA zu behalten.[574] Die Polisario versuchte mit tatkräftiger Unterstützung Algeriens zu verhindern, dass das FA umgesetzt wird. Hierzu schlug sie der UN in einem Dokument mit dem Titel „Official proposals submitted by the Frente POLISARIO to overcome the obstacles preventing the implementation of the settlement plan" Wege vor, die aus ihrer Sicht dazu führen würden, das Referendum durchzuführen und damit dem Selbstbestimmungsrecht des sahrawischen Volkes gerecht zu werden.[575]

(1) Algeriens Bewertung des FA

Die Analyse Algeriens des FA war äußerst ausführlich und ebenfalls ablehnender Natur und zeigte insbesondere die kaum zueinander zu bringenden Positionen auf.[576] Zudem kritisiert die Analyse richtigerweise den

---

573 *Theofilopoulou*, The United Nations and Western Sahara - A real challenge for the Organization (unveröffentlicht), Baker Paper, Box 223–228, S. 46; *Zunes/Mundy*, Western Sahara, S. 223.

574 *Theofilopoulou*, The United Nations and Western Sahara - A real challenge for the Organization (unveröffentlicht), Baker Paper, Box 223–228, S. 46; *Zunes/Mundy*, Western Sahara, S. 223.

575 UN Doc. S/2001/613 v. 20.6.2001, S. 22–24; *Jensen*, Western Sahara – Anatomy of a Stalemate?, S. 96.

576 „Though this proposal is within the framework of the efforts that the Secretary General's Personal Envoy is making to overcome the current difficulties, it nonetheless totally ignores the basic principles that have always founded the United Nations action in the field of decolonization in general and in that of Western Sahara in particular. In this regard, it is appropriate to recall that these principles are based on the self-determination and the free expression of the Sahrawi people through "a free, fair and impartial referendum for the self-determination of the people of Western Sahara". It is therefore clear that, contrary to the mandate given by the Security Council resolutions, the current proposal favours only one approach, that of the integration of Western Sahara to the Kingdom of Morocco, to the detriment of the "double track" approach, put forward to overcome the difficulties encountered by the peace process. In these conditions, there are very serious reasons to fear that the radical alignment on such an integration choice will fail to bring the two parties to the conflict together and achieve the "mutually acceptable political settlement of their dispute over Western Sahara", to which the Security Council remains attached",

im Lichte des Selbstbestimmungsrechts der Völker falschen Ansatz- und Bezugspunkt hinsichtlich des Volksbegriffs der Westsahara.[577] Aufgrund dessen konkludiert die Analyse richtigerweise hinsichtlich der vom FA vorgesehenen auszuübenden Exekutiv- aber auch Legislativgewalt im Rahmen einer Autonomielösung: „It is therefore clearly predictable that this modality of designation would already lead, by itself, to the creation of an Executive and a Legislative which would favour only the solution of integration."[578] Äußerst explizit kritisierend ist die Analyse daher in Bezug auf die Position Marokkos, insbesondere hinsichtlich der Wahrscheinlichkeit der Aufrechterhaltung der militärischen Verwaltung und Präsenz und verurteilt den Versuch, Marokko als „administering power" des Gebietes zu legitimeren.[579] Die Analyse wurde sodann noch deutlicher und kritischer und hielt das FA an dieser Stelle für kaum tragbar.[580]

Baker Paper, Princeton Mudd Manuscript Library, Box 322–328, Dokument v. 22.5.2001, S. 2 Rn. 7. *Baker*, dem die Analyse vorgelegt wurde, kommentierte diesen Absatz mit „WRONG!".

577 „First of all, the document refers to the «population» of Western Sahara, thus avoiding mentioning the «Sahrawi people» who is yet the official and entitled holder of the right to self determination", Baker Paper, Princeton Mudd Manuscript Library, Box 322–328, Dokument v. 22.5.2001, S. 2 Rn. 8.

578 Baker Paper, Princeton Mudd Manuscript Library, Box 322–328, Dokument v. 22.5.2001. *Baker* kommentierte diesen Absatz mit „No!".

579 „This solution of integration is moreover as a very high probability for the context itself in which the Executive would be called to act. In fact, the draft under consideration does not provide, anywhere, neither the withdrawal of the administration of the «administering power» nor the cantonments of its forces. On the contrary, by envisaging that this power will keep different high responsibilities, among them the «national» security, the determination and the defence of frontiers, the production, the detention, the sale or use of armaments, *the draft endorses the present situation and makes it everlasting*. It is therfore clear that, assuming that the Executive would not be, straight away, a simple emanation or a reflect of the administration, the army and the police of the «administering power», everything would lead to think that this Executive would be, at best, *a hostage Executive, and a body deprived of proper authority, condemned either to paralysis or to dependance and inefficiency*", Baker Paper, Princeton Mudd Manuscript Library, Box 322–328, Dokument v. 22.5.2001, S. 2 f. Rn. 10 (Hervorhebungen durch den Autor). *Baker* kommentierte diesen Absatz mit „No, not the intent".

580 „This context in which the Executive would operate during the four first years of its existence (and we wonder which motive would justify the choice of this period of time, while a shorter or longer period would serve in the same manner the objective of integration looked for), creates even more clearly an unbalance between the two parties to the conflict and might perfectly lead to the failure of the whole scheme since the political, administrative and socio-economic environment created in Western Sahara and strongly inspired by an integration of that country remains

Auch hinsichtlich des einzusetzenden Legislativorgangs verhält sich die Analyse unter Berücksichtigung der vom FA geförderten Indifferenzierbarkeit des sahrawischen Volkes von der Bevölkerung der Westsahara richtigerweise sehr kritisch und lehnt eine solche Vorgehensweise ab.[581]

Bezüglich etwaiger Sonderstellungen der Westsahara innerhalb des marokkanischen Justizsystems als Autonomieregion zeigt sich die Analyse mit äußerst überzeugenden Argumenten ablehnend: "It is useless to consider thoroughly the role devoted to the judicial authority by the draft proposal, because here again the draft clearly places this authority in a logic of integration. (...) . In any case the appointment of the judges would be the

---

unchanged. The draft proposal indicates indeed that «the administering power» holds all the attributes of sovereignty over the considered territory, beside obtaining prerogatives in vital fields pertaining to national sovereignty. It also gets the assurance that its Constitution and legislation will be implemented in Western Sahara. Therefore the draft proposal can be considered the start, as «credible, substantive and authentic» only in its finality to establish, from the start, a characterized process of logic of integration of the Sahrawi territory to «the administering power», logic that the Executive would obviously not be in a position to reverse."Baker Paper, Princeton Mudd Manuscript Library, Box 322–328, Dokument v. 22.5.2001, S. 3 Rn. 11.

581 „With regard to the period after the first four years phase, the draft proposal clearly strengthens the integration vision when the Executive is designated by «a majority vote of the Assembly», a legislative organ of which we know that, since the very beginning of the four first years of the proposed process, it will not be elected through the vote cast by the Sahrawi people duly and strictly identified as such in conformity with criteria already established, *but by the vote of a population whose origin and number can be indefinitely expended.* The criteria of the simple one year residency in Western Sahara would allow the realization, without any doubt, of all what the United Nations and the Personal Envoy have precisely tried to avoid till now: the absence of any distinction between the two peoples, that would lead to highly questionable conclusions of any popular opinion. It is therefore clearly predictable that the designation of the Executive by the Assembly, for the second phase, will already produce, by itself, an Executive identical to the Assembly and which by nature, would but favor the solution of integration", Baker Paper, Princeton Mudd Manuscript Library, Box 322–328, Dokument v. 22.5.2001, S. 3, Rn. 12 (Hervorhebungen durch den Autor). „Concerning the establishment of a legislative authority, what has been said above with regard to the modalities of the election of the Assembly by all those meeting the criteria of one year residence, makes any other commentary unnecessary. However, it might be useful to add that the Assembly is strictly inscribed in the scheme of the integration approach since the Assembly is required to legislate within the strict framework of the Constitution and the legislation of the «administering power»", Baker Paper, Princeton Mudd Manuscript Library, Box 322–328, Dokument v. 22.5.2001, S. 4, Rn. 13. *Baker* fügte handschriftlich hinzu „can cure".

prerogative of the « the administering power » which will select them. These judges will implement, already because of their professional training, but also by the effect of the draft under consideration, the legislation of the present «administering power».“[582] Das würde auch für die Implementierung und Überwachung des Referendums gelten: „The referendum which will decide on the status of the Territory will be monitored by an Executive which are already oriented towards the integration solution as we have demonstrated above." Diesbezüglich stellte die Analyse vollkommen richtig fest, dass „the participation of all persons who have resided at least a year in the territory, to the referendum opens further the way to all kinds of manipulations which, *at the end, would deprive the Sahrawi people of his right to self determination*".[583] Die Analyse konkludierte sodann zutreffenderweise, dass „in total, in this draft proposal, everything converges with a certain dose of consistency and because of a deliberate choice made from the very beginning towards an integration solution. It would be fundamentally contrary to the very letter and spirit of the draft proposal to consider the latter as proposal made with the intention to try to achieve a breakthrough in the quest of a third way. This draft establishes of what have been at the heart of the exercise of the identification of the persons entitled to participate to the self-determination referendum decided by the United Nations in their verified and recognized capacity as real nationals of the territory subject to popular consultation."[584]

Zusammenfassend stellte die Analyse fest, dass „the proposed solution does not seem to be in compliance with the relevant Security Council resolutions on Western Sahara. This integration solution creates a confusion between authentic Sahrawis and nationals of the de facto «administering power», and makes of the authentic Sahrawis a minority engulfed in the mass of the other inhabitants. In fact, it intends to eliminate the Sahrawi specificity, the concept of the Sahrawi entity and finally the very notion of Sahrawi people. This is all the more so as true that the draft gives the de facto «administering power» exorbitant prerogatives for the preservation of «the territorial integrity against any secession» and entrusts it with the power to suppress and repress any political activity in favor of indepen-

---

582 Baker Paper, Princeton Mudd Manuscript Library, Box 322–328, Dokument v. 22.5.2001, S. 4 Rn. 15.

583 Baker Paper, Princeton Mudd Manuscript Library, Box 322–328, Dokument v. 22.5.2001, S. 4 Rn. 16.

584 Baker Paper, Princeton Mudd Manuscript Library, Box 322–328, Dokument v. 22.5.2001, S. 4 f. Rn. 16.

dence. This could lead, in other terms, to the neutralization of any action aiming at preserving the national Sahrawi identity.["585] *Baker* fügte diesem Absatz eine handschriftliche Notiz hinzu, die fragte „How do you tell who is authentic?". Diese Frage überrascht, da die IDC zu äußerst eindeutigen Ergebnissen gelangt ist, die durch den Einspruchsprozess Marokkos zwar angegriffen werden sollten, die Erfolgsaussicht dieses Einspruchs aber zwischen ein bis drei Prozent geschätzt worden ist und somit auch trotz der angedrohten Einspruchswelle Marokkos ein klar definierbares Volk vorliegt, welches von marokkanischen Siedlern abgegrenzt werden kann.[586] Die Analyse stellte unmissverständlich fest, dass „for all these reasons, this draft confirms and legalizes the illegal occupation of the Sahrawi territory and constitutes the chronicle of a planned integration, in violation of the international legality, embodied in the Charter and in the United Nations doctrine in the field of decolonization as well as in all relevant resolutions and commitments regularly reaffirmed by the International Community in favor of a real self determination of the Sahrawi people".[587]

(2) Die Reaktion des Sicherheitsrates

Baker unterrichtete den Sicherheitsrat im Rahmen informeller Konsultationen über den Entwurf des FA, erläuterte das Dokument und beantwortete Fragen der Mitglieder.[588] Er räumte ein, dass das Dokument nicht perfekt sei, wies aber auf kritische Nachfragen hinsichtlich des Selbstbestimmungsaktes des Volkes der Westsahara darauf hin, dass das FA das Selbstbestimmungsrecht gerade nicht ausschließe, sondern es nach einer Zeit der Selbstverwaltung vorsehe.[589] Er untermalte die Dringlichkeit einer Lösung damit, dass es 25 Jahre her sei, seit die Flüchtlinge in den Lagern zu leben begonnen hätten, und 15 Jahre, seit die UN sich an der Suche nach einer Lösung beteiligt habe, die den Anliegen aller Parteien gerecht

---

585 Baker Paper, Princeton Mudd Manuscript Library, Box 322–328, Dokument v. 22.5.2001, S. 5 Rn. 17.
586 Baker Paper, Princeton Mudd Manuscript Library, Box 322–328, Dokument v. 22.5.2001, S. 5 Rn. 17.
587 Baker Paper, Princeton Mudd Manuscript Library, Box 322–328, Dokument v. 22.5.2001, S. 5 Rn. 18.
588 *Theofilopoulou*, The United Nations and Western Sahara - A Never-ending affair, USIP Special Report 166, S. 10.
589 *Theofilopoulou*, The United Nations and Western Sahara - A Never-ending affair, USIP Special Report 166, S. 10.

werde.[590] *Baker* erinnerte den Sicherheitsrat daran, dass es Aufgabe der UN und speziell des Sicherheitsrates sei, eine faire, dauerhafte und gerechte Lösung für das Problem zu finden. Nachdem man einen Ansatz mit dem Settlement-Plan zehn Jahre lang erfolglos verfolgt habe, ohne ihn aufzugeben, sei es an der Zeit, eine politische Lösung zu versuchen, die eine echte Autonomie oder Selbstverwaltung vorsehe, welche Selbstbestimmung nicht ausschließe, sondern nach einer gewissen Zeitperiode ermögliche.[591]

In der vom Sicherheitsrat am 29.6.2001 angenommenen Resolution wurde beschlossen, das FA in Betracht zu ziehen, „which would provide for a substantial devolution of authority, which does not foreclose self-determination, and which indeed provides for it".[592] Die Parteien wurden ermutigt, „to discuss the draft Framework Agreement and to negotiate any specific changes they would like to see in this proposal, as well as to discuss any other proposal for a political solution, which may be put forward by the parties, to arrive at a mutually acceptable agreement".[593] In der Resolution wurde zwar bekräftigt, dass „the official proposals submitted by the Polisario Front to overcome the obstacles preventing implementation of the Settlement Plan will be considered".[594] Allerdings verlagerte sich die Aussagestärke der Sprache der Resolution klar Richtung politischer Lösung, was sich auch in der angekündigten drastischen Reduzierung des MINURSO-Personals in der IDC ausdrückte.[595] Nach der Verabschiedung der Resolution wandten sich sowohl Algerien als auch die Polisario schriftlich an den Generalsekretär und protestierten gegen den in seinem Bericht enthaltenen Vorschlag, die IDC aufzulösen.[596] Beide behaupteten, dass die Beibehaltung der Kommission Marokko weiterhin unter Druck setzen würde, da damit

---

590 *Theofilopoulou*, The United Nations and Western Sahara - A Never-ending affair, USIP Special Report 166, S. 10.

591 *Theofilopoulou*, The United Nations and Western Sahara - A Never-ending affair, USIP Special Report 166, S. 10.

592 UN Doc S/RES/1359 v. 29.6.2001.

593 UN Doc S/RES/1359 v. 29.6.2001.

594 UN Doc S/RES/1359 v. 29.6.2001.

595 Vgl. UN Doc S/RES/1359 v. 29.6.2001; *Zunes/Mundy*, Western Sahara, S. 224.

596 *Theofilopoulou*, The United Nations and Western Sahara - A real challenge for the Organization (unveröffentlicht), Baker Paper, Box 223–228, S. 48. Sie war der zutreffenden Ansicht, dass „it seemed more likely however that they were both more concerned to avoid creating the impression in their own constituencies that the Settlement Plan was set aside for good".

impliziert würde, dass die Berufungen jederzeit beginnen könnten.[597] Als Kompromiss wurde die IDC noch nicht vollständig aufgelöst, sondern von 120 auf 36 UN-Mitarbeiter reduziert.[598]

dd) Bakers Versuch Algerien und Polisario zu überzeugen

Durch das Mandat der Resolution 1359 des Sicherheitsrates getragen, lud *Baker* die Polisario, Algerien und Mauretanien vom 27. bis 29.8.2001 zu sich auf seine Farm in Wyoming ein. Dies tat er, nachdem er Anfang August von Algerien signalisiert bekommen hatte, dass es zwar nicht besonders zufrieden mit dem FA, aber dennoch bereit sei, mit *Baker* und der Polisario über Änderungen zu verhandeln und bei der Suche nach einer Lösung weiter zusammenzuarbeiten.[599] Marokko wurde nicht eingeladen, da der Hauptzweck der Verhandlungen darin bestand, die anderen Parteien vom FA zu überzeugen und diesem schlussendlich zuzustimmen, was Marokko bereits tat.[600]

Die Polisario entsandte dieselbe Delegation, die bereits 1997 an den Gesprächen über den Settlement-Plan teilgenommen hatte, um zu betonen, dass sie nur über diesen Plan und keine andere Lösung diskutieren werde.[601] Im antizipierenden und diplomatischen Stile schlug *Baker* daher zunächst vor, mit der Prüfung der von der Polisario gemachten Vorschläge zur Überwindung der Hindernisse bei der Umsetzung des Settlement-Plans zu beginnen. Er lud sowohl die algerische als auch die mauretanische

---

597 *Theofilopoulou*, The United Nations and Western Sahara - A real challenge for the Organization (unveröffentlicht), Baker Paper, Box 223–228, S. 48.

598 UN Doc S/RES/1359 v. 29.6.2001; *Zunes/Mundy*, Western Sahara, S. 224.

599 Mauretanien nahm dabei eine reine Beobachter-Rolle ein, *Jensen*, Western Sahara – Anatomy of a Stalemate?, S. 96 f.; *Theofilopoulou*, The United Nations and Western Sahara - A real challenge for the Organization (unveröffentlicht), Baker Paper, Box 223–228, S. 49; *Zunes/Mundy*, Western Sahara, S. 224.

600 *Theofilopoulou*, The United Nations and Western Sahara - A real challenge for the Organization (unveröffentlicht), Baker Paper, Box 223–228, S. 49. Zudem sollten Spannungen, insbesondere durch Provokationen Marokkos, vermieden werden, da, wie *Theofilopoulou* beschreibt, „experience from previous encounters had shown that Morocco went out of its way to humiliate POLISARIO either by adding POLISARIO defectors in its delegation or by allowing some of its representatives to insult POLISARIO at the meeting".

601 *Theofilopoulou*, The United Nations and Western Sahara - A real challenge for the Organization (unveröffentlicht), Baker Paper, Box 223–228, S. 49; *Zunes/Mundy*, Western Sahara, S. 224.

Delegation ein, als Beobachter den Gesprächen beizuwohnen.[602] Er lobte die Polisario explizit für einige der weitreichenden Zugeständnisse, die die Wiederaufnahme der Umsetzung des Plans erleichtern sollten, wies jedoch gleichzeitig darauf hin, dass für die Umsetzung einiger der Vorschläge die Zustimmung Marokkos erforderlich sei. Er betonte, dass ein Tätigwerden des Sicherheitsrates entgegen dem Konsens Marokkos gemäß Kapitel VII der UN-Charta angesichts der Zusammenstellung im Sicherheitsrat kaum denkbar sei.[603] Er unterstrich ebenfalls, dass das FA der erste Vorschlag in der Geschichte des Westsahara-Konflikts sei, in welchem das marokkanische Königshaus bereit war, ein Angebot für eine Selbstverwaltung bzw. Autonomie des Territoriums öffentlich zu diskutieren.[604] Allerdings konnte er die Polisario damit nicht erreichen, die das FA trotz jeglicher diplomatischer Bemühungen *Bakers* vollständig ablehnte. *Baker* und die UN erhielten von Algerien zwar ähnliche Kritik, allerdings zeigte es sich noch nicht kategorisch ablehnend, was Baker als Momentum nutzen wollte.[605] Das Treffen geriet allerdings in den Schatten der kurz darauf stattgefundenen Terroranschläge vom 11.9.2001 in New York. Algerien war der erste Staat, welcher sich an die USA wandte und eine Zusammenarbeit im Kampf gegen den Terrorismus zusagte und die Notwendigkeit dessen betonte, da Algerien bereits seit zehn Jahren unter dieser Situation litt.[606] Präsident *Bouteflika* verschob seine für September geplante Reise nach Houston auf November 2001, und aufgrund einer Renaissance der Beziehungen zwischen den USA und Algerien hofften die Verantwortlichen darauf, dass Algerien Druck auf die Polisario hinsichtlich der Akzeptanz des FA ausüben würde.[607] Allerdings übermittelte Algerien nach dem kategorischen Boykott des FA der Polisario vom 4.10.2001 überraschenderweise in deutlicher

---

602 *Theofilopoulou*, The United Nations and Western Sahara - A real challenge for the Organization (unveröffentlicht), Baker Paper, Box 223–228, S. 49; Zunes/Mundy, Western Sahara, S. 224.

603 *Theofilopoulou*, The United Nations and Western Sahara - A real challenge for the Organization (unveröffentlicht), Baker Paper, Box 223–228, S. 49.

604 *Theofilopoulou*, The United Nations and Western Sahara - A real challenge for the Organization (unveröffentlicht), Baker Paper, Box 223–228, S. 49.

605 *Theofilopoulou*, The United Nations and Western Sahara - A real challenge for the Organization (unveröffentlicht), Baker Paper, Box 223–228, S. 50.

606 *Theofilopoulou*, The United Nations and Western Sahara - A real challenge for the Organization (unveröffentlicht), Baker Paper, Box 223–228, S. 50.

607 *Theofilopoulou*, The United Nations and Western Sahara - A real challenge for the Organization (unveröffentlicht), Baker Paper, Box 223–228, S. 50; *Zunes/Mundy*, Western Sahara, S. 224.

Sprache nun auch die eigene Ablehnung des FA, da „this approach leads to a form of recognition of the "sovereignty" of the occupying Power in the Territory, this occupying Power having been requested to undertake a "devolution of authority" in the context of the plan for "autonomy". Hence, and because it is based on an illegal premise, the approach of the draft framework agreement is itself unacceptable".[608] Unter Berücksichtigung der realpolitischen Umstände und der Rede von *Mohammed VI*, der am 4.9.2001 bereits verlauten ließ: „I have settled the question of the Sahara which has been consuming us for the past 25 years...We have worked hard and in the strictest confidentiality for 18 months to ensure that the 11 members of the United Nations Security Council recognize the legitimacy of Moroccan sovereignty over Western Sahara ... We agree that an equitable solution should be found within the framework of Moroccan sovereignty", ist der Ansicht und Einschätzung Algeriens zumindest schwer zu widersprechen.[609]

ee) Folgen der Ablehnung des FA durch Algerien und die Polisario

Nach diesen aus Sicht *Bakers* enttäuschenden Entwicklungen begannen er und das Generalsekretariat mit der Zusammenstellung von denkbaren Optionen für den Sicherheitsrat, die nach den letzten Monaten und der festgefahrenen Situation zwischen den Parteien in der Westsahara-Frage noch bestanden.[610] Für die Verantwortlichen überraschend teilte *Bouteflika Baker* am Rande seines Besuches im November 2001 beim Baker Institute in Houston mit, dass Algerien und die Polisario bereit seien, über eine Teilung des Gebiets zu diskutieren.[611] Diesem Gespräch und dem weiten Entgegenkommen und Zugeständnis Algeriens und der Polisario folgend flog *Baker* nach Marokko, um die Regierung über den faktisch algerischen Vorschlag zu informieren und traf hierzu zweimal mit dem König und

---

608 UN Doc. S/2002/41 v. 10.1.2002 Annex II, S. 11 Rn. 2; *Theofilopoulou*, The United Nations and Western Sahara - A real challenge for the Organization (unveröffentlicht), Baker Paper, Box 223–228, S. 50.

609 UN Doc. S/2002/41 v. 10.1.2002 Annex II, S. 11 Rn. 5.

610 *Theofilopoulou*, The United Nations and Western Sahara - A real challenge for the Organization (unveröffentlicht), Baker Paper, Box 223–228, S. 51.

611 *Theofilopoulou*, The United Nations and Western Sahara - A real challenge for the Organization (unveröffentlicht), Baker Paper, Box 223–228, S. 51.

seinen Beratern zusammen.[612] Beim zweiten Treffen teilte der König *Baker* schließlich mit, dass Marokko eine Teilung des Territoriums nicht in Erwägung ziehen würde.[613]

Nachdem auch dieser Weg verbaut schien, richtete sich *Annan* mit einem Schreiben an den Sicherheitsrat, in dem er um eine rein technische Verlängerung des MINURSO-Mandats bis zum 31.1.2002 bat, um mit *Baker* und den restlichen Verantwortlichen das weitere Vorgehen besprechen zu können.[614] Der Rat antwortete darauf Ende November mit der Resolution 1380, in welcher er das Mandat der MINURSO bis zum 28.2.2002 verlängerte und um einen Zwischenbericht bis zum 15.1.2002 sowie eine umfängliche Bewertung der Lage bis zum 18.2.2002 bat.[615]

d) Bakers (erstes) Ultimatum

Der Bericht *Annans* vom Januar 2002 enthielt eine Zusammenfassung über das Treffen in Wyoming und fügte die das FA ablehnenden Schreiben der Polisario und Algeriens zum Entwurf des FA sowie die Kommentare Marokkos bei. In diesen wurden Algerien und die Polisario beschuldigt, nicht im Lichte der Resolution 1359 des Sicherheitsrates zu handeln und den Prozess damit zu manipulieren.[616] Der Februar-Bericht informierte den Rat darüber, dass *Baker* am 24. und 25.1.2002 nach Marokko reiste, um die marokkanischen Behörden über die Ablehnung des FA durch Algerien und die Polisario zu informieren. Zudem teilte er erstmalig öffentlich die Position, dass „in the view of my Personal Envoy, Algeria and the Frente POLISARIO would be prepared to discuss or negotiate a division of the Territory as a political solution to the dispute over Western Sahara".[617]

---

612 *Theofilopoulou*, The United Nations and Western Sahara - A real challenge for the Organization (unveröffentlicht), Baker Paper, Box 223–228, S. 51; *Zunes/Mundy*, Western Sahara, S. 224.

613 *Theofilopoulou*, The United Nations and Western Sahara - A Never-ending affair, USIP Special Report 166, S. 10; *Zunes/Mundy*, Western Sahara, S. 224.

614 UN Doc. S/2001/1067 v. 12.11.2001; *Theofilopoulou*, The United Nations and Western Sahara - A real challenge for the Organization (unveröffentlicht), Baker Paper, Box 223–228, S. 51.

615 UN Doc. S/RES/1380 v. 27.11.2001; *Theofilopoulou*, The United Nations and Western Sahara - A real challenge for the Organization (unveröffentlicht), Baker Paper, Box 223–228, S. 51.

616 UN Doc. S/2002/41 v. 10.1.2002 Annex III, S. 14–17.

Im Vorfeld des Berichts gab es UN-intern vergleichsweise große Divergenzen über einzelne Formulierungen und inhaltliche Fragen, da *Baker* unerwarteterweise den Sicherheitsrat in eine Situation manövrieren wollte, in der dieser eine Entscheidung zu treffen hatte, und das Sekretariat zunächst einen milderen Ansatz verfolgte.[618] *Baker* legte allerdings größte Relevanz darauf, dass der Sicherheitsrat den Bericht als Warnung verstehen und ihm ein stärkeres Mandat und unmittelbare sowie unbedingte Unterstützung für die Anpassung oder Neuerstellung eines anderen Vorschlags zusichern würde.[619]

aa) Die vier Optionen

Baker und *Annan* legten dem Sicherheitsrat durch den Bericht sodann vier Optionen vor, aus denen zu wählen sei, sofern der Konflikt um die Westsahara jemals enden solle. Da durch die notwendige einvernehmliche Umsetzung des Settlement-Plans, des FA oder durch eine Teilung des Gebiets keine frühzeitige, dauerhafte und einvernehmliche Lösung des Konflikts erreicht werden konnte, obwohl die UN seit über 10 Jahren an einer

---

617 Der Bericht suggerierte, dass der Vorschlag von *Baker* selbst kam, wobei dieser von Algerien unterbreitet worden ist, vgl. UN Doc. S/2002/178 v. 19.2.2002, S. 1 Rn. 2; *Theofilopoulou*, The United Nations and Western Sahara - A real challenge for the Organization (unveröffentlicht), Baker Paper, Box 223–228, S. 52.

618 Vgl. *Theofilopoulou*, The United Nations and Western Sahara - A real challenge for the Organization (unveröffentlicht), Baker Paper, Box 223–228, S. 51 f.; Baker Paper, Princeton Mudd Manuscript Library, Box 322–328, Entwurf des Februar-Berichts v. 15.2.2002.

619 Vgl. *Theofilopoulou*, The United Nations and Western Sahara - A real challenge for the Organization (unveröffentlicht), Baker Paper, Box 223–228, S. 51 f.; *Zunes/Mundy*, Western Sahara, S. 225. *Baker* schickte seine Bemerkungen zum Bericht *Annan* sogar persönlich und mit dem notwendigen Nachdruck, damit diese auch tatsächlich umgesetzt und nicht mehr abgeändert werden würden: „Enclosed herewith are my comments by paragraph, which are essentially the same as I related to you in our telephone conversation. I am glad that we generally agree on these changes, which move the report back in the direction of the original draft I sent up. I believe such a report at least has a chance of putting us on track to get something going. I am taking the liberty of sending these comments directly to you, as you suggested. I hope that once they have been incorporated in another draft, you will instruct someone to send me that draft.", Baker Paper, Princeton Mudd Manuscript Library, Box 322–328, Schreiben v. 18.2.2002.

solchen arbeitete, sei dies notwendig gewesen.[620] Daher wurde der Sicherheitsrat von *Annan* und *Baker* dazu aufgefordert, die folgenden Optionen zu berücksichtigen und eine von ihnen als Grundlage für die Herangehensweise zur Beilegung des Konflikts heranzuziehen: (a) Umsetzung des Settlement-Plans ohne Zustimmung der Parteien[621]; (b) Baker aufzufordern, den Entwurf des FA zu überarbeiten und zu bitten, den FA-Entwurf unter Berücksichtigung der Bedenken der Parteien zu überarbeiten und diese Überarbeitung dem Rat zur Vorlage bei den Parteien auf nicht verhandelbarer Basis vorzulegen[622]; (c) Baker aufzufordern, mit den Parteien die Möglichkeit einer Teilung des Gebiets zu erkunden. Sollten diese jedoch nicht willens oder in der Lage sein, sich auf eine solche Aufteilung zu einigen, sollte er dem Sicherheitsrat einen Vorschlag unterbreiten, der wiederum den Parteien auf einer nicht verhandelbaren Grundlage vorgelegt wird[623]; und d) die MINURSO zu beenden, in der Erkenntnis, dass die UN nach mehr als elf Jahren und Ausgaben von fast einer halben Milliarde Dollar nicht in der Lage sein würde, den Streit beizulegen, ohne von einer oder beiden Parteien eine Maßnahme zu verlangen, die sie nicht mitzutragen bereit waren. Um dem Sicherheitsrat ausreichend Zeit für Konsultationen zu geben, empfahl *Annan* die Verlängerung der MINURSO um zwei weitere Monate.[624]

---

620 UN Doc. S/2002/178 v. 19.2.2002; *Baker* schrieb *Annan* bezüglich der riskanten Vorgehensweise, dass der Sicherheitsrat überraschenderweise zum Handeln aufgefordert wird: „It seems to me that the name of the game here is to present the Council with just the four choices in the hope that somehow, someday, we might get strong and decisive action from the Council. It is a lot easier for them to give the back of their hand to my recommendations than it would be if they were also yours. Therefore, I think the second sentence of paragraph 45 should begin as follows: "My Personal Envoy and I believe there are four options for consideration by the Security Council...", Baker Paper, Princeton Mudd Manuscript Library, Box 322–328, Schreiben v. 18.2.2002. *Annan* kam dem Anliegen *Bakers* nach, vgl. UN Doc. S/2002/178 v. 19.2.2002, S. 7 f. Rn. 45–47.
621 UN Doc. S/2002/178 v. 19.2.2002, S. 7 Rn. 48.
622 UN Doc. S/2002/178 v. 19.2.2002, S. 7 f. Rn. 49.
623 UN Doc. S/2002/178 v. 19.2.2002, S. 8 Rn. 50: „This approach to a political solution would give each party some, but not all, of what it wants and would follow the precedent, but not necessarily the same territorial arrangements, of the division agreed to in 1976 between Morocco and Mauritania".
624 UN Doc. S/2002/178 v. 19.2.2002, S. 8 Rn. 52.

bb) Die Reaktion des Sicherheitsrates

Am 27.2.2002 unterrichtete *Baker* den Sicherheitsrat über die vier Optionen persönlich, nachdem dieser in einer informellen Sitzung am 26.2.2002 bereits über den Bericht diskutiert hatte. Auch hier unterstrich Baker nochmals die Notwendigkeit, ihm ein klares Mandat zu erteilen, um die Zusammenarbeit der Parteien zu gewährleisten und den Konflikt lösen zu können.[625] Der Sicherheitsrat reagierte beunruhigt und sah sich durch die

---

625 Die Ansprache *Bakers* an den Sicherheitsrat wird im Volltext abgedruckt, da sie äußerst aufschlussreich aufzeigt, mit wie viel Druck *Baker* vorging, um den Sicherheitsrat davon zu überzeugen, dass Maßnahmen gegen den Willen der Parteien erforderlich seien, um den Stillstand des Konflikts auflösen zu können: „Mr. President, Distinguished Members of the Security Council: Thank you for the opportunity to come before you today. Since last week, the members of the Security Council have had the occasion to examine the last report of the Secretary-General on the situation concerning Western Sahara. I am aware that the Security Council met and discussed the report yesterday. I am sorry I could not be here then. But because the Council conferred yesterday about the report, I think that it will be more appropriate to use most of my time today to answer any questions that the members of the Security Council might have about the contents of the report. However, I should like to just take a minute to stress what I think is currently at stake with regard to the conflict over Western Sahara. We have reached a critical point with regard to Western Sahara. As the report clearly demonstrates, for the almost eleven years that the United Nations has been engaged in trying to resolve the conflict (during five of which I have been involved), we have tried in every way possible to persuade the parties to agree to a mutually acceptable and durable solution of the problem. I should add that during this time, the cost of maintaining MINURSO has reached almost one-half billion dollars! After the long impasse in the identification process that was finally broken with the Houston Agreements in September of 1997, it seemed for a while that progress was being made and that the United Nations was getting closer to the holding of the referendum, albeit with other problems in the implementation of the settlement plan still to be resolved. However, at the end of the identification process at the end of 1999, with over 131,000 appeals pending in front of MINURSO and with an appeals process that was promising to be even lengthier and more cumbersome and contentious than the identification itself, it becomes obvious that a consensual implementation of the settlement plan, in a way that it would achieve an early, durable and agreed resolution of the dispute over Western Sahara, would be all but impossible. Further, Morocco has expressed unwillingness to proceed with this approach. Similarly, the experience of the past nine months indicates that the draft framework agreement submitted to the parties and the Security Council last spring, will also not bring about such a resolution - as Algeria and the Frente Polisario are not willing to engage in discussing it. So, we are now at the stage where the Security Council must decide whether it really wants to solve the problem of Western Sahara, or simply continue with the Status quo and push the hard political decisions required to reach a solution off into the future -

unerwartete Reaktion *Bakers* unter Druck gesetzt. Dies lag insbesondere auch an der expliziten Aufforderung *Bakers* und *Annans*, Lösungswege entgegen dem Konsens der Parteien in Betracht zu ziehen und somit implizit Maßnahmen nach Kapitel VII UN-Charta zu begutachten.[626] Aus den vertraulichen Konsultationen des Sicherheitsrates am 26.2.2002 geht hervor, dass der Rat hinsichtlich der Herangehensweise an die von *Baker* und *Annan* gestellten Optionen gespalten und äußerst redundant heranging.[627] Frankreich favorisierte klar die zweite Option und war der Ansicht, dass die „third option was unprecedented, one needed to look thoroughly on the implications. The idea was contrary to that of border indivisibility following decolonization" und stellte sich gegen ein solches Vorgehen.[628]

Aus streng vertraulichen Dokumenten geht hervor, dass Frankreich „extremely surprised by the report" gewesen war. Ein Vertreter Frankreichs im Sicherheitsrat teilte dem Team *Bakers* mit, dass „the most disturbing factor about the report was the expectation for action by the Security Council unter Chapter VII. He told me that he could not see the members agreeing

---

for future Security Council I members to deal with. In my view and in the view of the Secretary General, the UN will never solve the problem of the Western Sahara without requiring that one, or the other, or both of the parties do I something they do not wish to voluntarily agree to do. Eleven years of involvement by the Security Council is a very long time - and 500 million dollars is a lot of money! If these long, difficult and expensive efforts are not to end in a classic UN failure, the Council needs to demonstrate that it is prepared to step up to its obligations and take action to get out of the current stalemate. *By supporting any change in options 1, 2 or 3 to require the consent of the parties, the Council will in effect encourage a continuation of the conflict and the stalemate. A solution will require the parties to accept choices and decisions that give them part but not all of what they want, while at the same time, providing the other side with some but not all of what it wants.* I will be happy to answer your questions. Thank you.", Baker Paper, Princeton Mudd Manuscript Library, Box 322–328, Dokument v. 27.2.2002 (Hervorhebungen durch den Autor).

626 Vgl. *Theofilopoulou*, The United Nations and Western Sahara - A real challenge for the Organization (unveröffentlicht), Baker Paper, Box 223–228, S. 51 f.

627 *Theofilopoulou* schrieb *Baker* hierzu: „I am attaching my note on today's consultations. I am sorry that it took a while to finalize but I was trying to make some sense of it and summarize it. I hope that it does not turn you off too much. *As you will see, quite predictably, the majority of the members are trying to dodge the bullet requiring them to impose a decision on the parties.* I listened with disbelief at the statement by France invoking the right of self-determination and suggesting to bring in the OAU. *This shows how desperate the Moroccans must be.*" Baker Paper, Princeton Mudd Manuscript Library, Box 322–328, Dokument v. 26.2.2002 (Hervorhebungen durch den Autor).

628 Baker Paper, Princeton Mudd Manuscript Library, Box 322–328, Dokument v. 26.2.2002.

to that".[629] Im Folgenden fanden zahlreiche inoffizielle Treffen zwischen den Sicherheitsratsmitgliedern und dem Team *Bakers* mit Algerien, Marokko und der Polisario statt. Im Sicherheitsrat zeichnete sich derweil ab, dass es Widerstand gegen die von *Baker* bezweckte notfalls aufgezwungene Lösung ohne konsensuale Entscheidung der Parteien geben werde.[630] Aus einem weiteren vertraulichen Dokument gehen auch die anderen Positionen der Sicherheitsratsmitglieder hervor: „The US, the UK, Norway and Singapore were the only members that appeared open to examine all four options, without a priori rejecting any one of them on any grounds. Unlike the rest of the members, these four did not express any discomfort either about the possibility of the Security Council imposing a decision on the parties."[631] In einer geschlossenen Sitzung des Sicherheitsrates trat *Theofilopoulou* für *Baker* auf und versuchte die Staaten davon zu überzeugen, „that the clearer and less ambivalent the decision by the Security Council, the better chances Mr. Baker would have to elicit the cooperation of the parties". Sie „reminded the experts that when the Council had adopted resolution 1359 last June, because of the ambivalent language in the resolution, Algeria and Polisario had felt that they were under no obligation to cooperate with Mr. Baker to discuss the draft framework agreement. In fact, they both had said that the Council had not endorsed either the report of the Secretary-General, or the draft framework agreement. If the Council did not give a clear signal this time as to what it expected the parties to do, we would run the same risk."[632] Sie zeigte somit unmissverständlich auf,

---

629 Baker Paper, Princeton Mudd Manuscript Library, Box 322–328, Dokument v. 21.2.2002. Die Quelle verriet allerdings, dass eine Teilung grundsätzlich möglich erscheine und für Frankreich annehmbar sei, sofern die USA dies unterstützen würden: „His own personal view was, that France could support the idea of division (and he asked me not to quote him on that). In other words, if the US and France broke ranks over Western Sahara, at the end, France would follow the US. On the face of it, this might sound incredible. However, even the French might have started seeing that blindly supporting the Moroccans is not helping to resolve the conflict as the Moroccans continue being in denial as to which way the wind blows."

630 „The Russian expert came across very strongly and clearly that he would not agree for the Council to impose a non-negotiable solution on the parties. He was joined by Singapore and France.", Baker Paper, Princeton Mudd Manuscript Library, Box 322–328, Dokument v. 13.3.2002.

631 Baker Paper, Princeton Mudd Manuscript Library, Box 322–328, Dokument v. 26.2.2002.

632 Baker Paper, Princeton Mudd Manuscript Library, Box 322–328, Dokument v. 28.3.2002.

dass *Baker* ein starkes Mandat brauchte, welches der Sicherheitsrat zur Not auch ohne den Konsens der Parteien durchsetzen könnte und würde.[633]

cc) Die Unentschlossenheit des Rates

Wie *Theofilopoulou* schon prognostizierte, kam der Sicherheitsrat zu keinem Ergebnis.[634] Marokko blieb bei seiner Ansicht, dass es höchstens mit dem FA arbeiten würde, allerdings auch nur unter der Bedingung, dass es keinerlei Zwangsmechanismen oder Zwangsdrohungen seitens des Sicherheitsrates geben würde.[635] Eine Teilung des Gebietes wurde weiterhin ausgeschlossen und Marokko versuchte dieser Option unter allen Umständen aus dem Weg zu gehen.[636]

---

633 Baker Paper, Princeton Mudd Manuscript Library, Box 322–328, Dokument v. 28.3.2002. Im Vorfeld informierte sie *Baker* über ihr geplantes Vorgehen: „My guess is that they will want me to elaborate on options two and three. I am comfortable with that. I am not sure whether I should get into how the Council can impose a decision on the parties without necessarily going all the way to Chapter 7. I made this point in my fax, and although I heard that they seem stuck on the idea of having to send the blue helmets, without seeing all the previous steps, it might be better if somebody from the SC points this out. Do you agree that I should steer clear of it unless specifically asked?", Baker Paper, Princeton Mudd Manuscript Library, Box 322–328, Dokument v. 13.3.2002.

634 *Jensen*, Western Sahara – Anatomy of a Stalemate?, S. 98 f.

635 Baker Paper, Princeton Mudd Manuscript Library, Box 322–328, Dokument v. 7.3.2002. *Theofilopoulou* ging nochmals Ende März auf *Bennouna* zu, um ihn nach der marokkanischen Position zur Teilung des Gebietes zu befragen: „Bennouna was still totally negative about the partition, claiming that Algeria wanted to have continuous access to the Atlantic. So I suggested to him that if that was the problem, we could come up with a Gambia/Senegal type of situation where the independent state would start south of the Territory, bordering Mauritania, but instead of going all the way east, it would go north, up the coast, and this way it would have no border with Algeria. Morocco would have the rest. He asked whether Morocco would have a border with Mauritania (important for Morocco) and I said yes because on the west, the independent state would end where the berm currently is. He wasn't much happier and his expert told me that an independent state would never be.", Baker Paper, Princeton Mudd Manuscript Library, Box 322–328, Dokument v. 28.3.2002.

636 „Ambassador Bennouna's meeting with the experts of the SC was fairly short. He made an opening statement where he answered most of the questions sent to him. With regard to option three, he basically reiterated all the Moroccan reasons why it would not work. When asked directly by the UK expert whether Morocco would cooperate with Mr. Baker, should the SC choose this option, he dodged the question.

Die USA, das Vereinigte Königreich und Frankreich, unterstützt von Bulgarien, Kamerun, Guinea und Norwegen übernahmen die Führung bei dem Versuch, den Sicherheitsrat zu einer Option zu bewegen. Dieser tendierte noch am ehesten zum FA.[637] Die USA, die sich aufgrund ihrer Verbundenheit mit *Baker* bemühten, diesem ein klares Mandat erteilen zu können, wurden von Algerien beschuldigt, den Entwurf des FA zu befürworten. *Baker* gab daraufhin Ende April eine Erklärung ab, in der er erklärte, dass er keine Option explizit unterstütze, sondern ein klares Mandat benötige und, falls er dieses nicht bekäme, zurücktreten würde.[638] Trotz der Lobbyarbeit von Algerien und der Polisario sprach sich mit Ausnahme von Kolumbien keiner der restlichen Staaten für eine Teilung des Gebietes aus. Dies lag vor allem an den unabsehbaren Folgen, die ein solcher Präzedenzfall für den Rat hätte.[639] Aus den Diskussionen des Rates und den vielen informellen Gesprächen lässt sich entnehmen, dass dem Sicherheitsrat der seit Jahren aufrechterhaltene Status quo weitaus genehmer war als die unerwarteten Folgen einer radikalen Änderung der Gleichung durch die Vorschläge *Bakers*.[640] Daher entschied er sich durch Resolution 1394 zur Verlängerung des Mandats der MINURSO bis zum 30.4.2002, um die vier Optionen weiter prüfen und einen Zwischenbericht anfordern zu können.[641]

dd) Die Reaktion der Parteien

Marokko war sowohl vom Inhalt als auch von der rigiden Sprache des Berichts, insbesondere aber von der Einbeziehung der Teilungspläne, äußerst überrascht worden.[642] *Mohammed VI* wusste um die Dringlichkeit,

---

", Baker Paper, Princeton Mudd Manuscript Library, Box 322–328, Dokument v. 28.3.2002.

637 *Theofilopoulou*, The United Nations and Western Sahara - A real challenge for the Organization (unveröffentlicht), Baker Paper, Box 223–228, S. 52.

638 *Zunes/Mundy*, Western Sahara, S. 225. *Theofilopoulou*, The United Nations and Western Sahara - A real challenge for the Organization (unveröffentlicht), Baker Paper, Box 223–228, S. 52.

639 *Theofilopoulou*, The United Nations and Western Sahara - A real challenge for the Organization (unveröffentlicht), Baker Paper, Box 223–228, S. 52.

640 *Zunes/Mundy*, Western Sahara, S. 225.

641 UN Doc. S/RES/1394 v. 27.2.2002.

642 „Ambassador Bennouna was in a state of shock about the report. He expected a "menu of options" from Mr. Baker, however, nothing like what was in the report.

eine harte Haltung zeigen zu müssen, insbesondere weil der Sicherheitsrat erstmalig zu einer Lösung tendieren könnte, die nicht im Einverständnis mit Marokko getroffen würde. Dies könnte innenpolitische Spannungen mit sich bringen sowie die Legitimität und Stärke des Königshauses anzweifeln. Daher reiste er trotz starker Sicherheitsbedenken nach Dakhla und El Aaiún und hielt eine Rede, die Marokkos klare Ablehnung des Vorgehens *Bakers* bezeichnend und in starker Rhetorik unterstrich: „Our meeting with you today, now that the expansionist and hegemonic intentions of the enemies of our territorial integrity have been revealed to the whole world, is nothing but a re-affirmation of our firm attachment to this sacred faith and our categorical rejection of any kind of project which aims to undermine Morocco's territorial integrity and its sovereignty over its southern provinces and which threatens the peace and stability of the Arab Maghreb region."[643] Er unterstrich, dass „Morocco will not renounce not even a sole grain of the territory of its inalienable and indivisible Sahara".[644]

Die Polisario bevorzugte die erste Option des Berichts, also den Settlement-Plan weiterhin als Lösung für den Konflikt heranzuziehen, konnte aber auch die Teilung des Gebiets akzeptieren, wohingegen sie das FA kategorisch ablehnte.[645]

(The British expert told me that up to last week, the Moroccan Ambassador was lobbying the members of the Council that the idea of division was only a rumour spread by the Algerians and that Mr. Baker had not suggested anything of the kind during his recent visit to Rabat.) Fabrice also told me that he had heard from his Embassy in Rabat that the Moroccans had yet to recover from Mr. Baker's last visit. Apparently, up until the report was issued, senior Moroccan officials in Rabat had no idea that partition was being discussed.", Baker Paper, Princeton Mudd Manuscript Library, Box 322–328, Dokument v. 21.2.2002.

643 Vgl. UN Doc. S/2002/467 v. 19.4.2002, S. 3 Rn. 14; Baker Paper, Princeton Mudd Manuscript Library, Box 322–328, Dokument v. 7.3.2002.

644 Baker Paper, Princeton Mudd Manuscript Library, Box 322–328, Dokument v. 7.3.2002.

645 *Theofilopoulou* berichtete *Baker* über ein Treffen mit dem Polisario-Vertreter *Boukhari*, in welchem dieser klares Interesse der Polisario an Option drei bekundete: „I had lunch with Boukhari today who is obsessing about the role of France. He is very worried about the Security Council experts' meeting to discuss the issue. He has a simplistic notion that all that is needed is for you to call President Bush and ask him to talk to Chirac so that France will not block option three!". *Theofilopoulou* erklärte ihm, „that the real danger would be if the Council does not decide on an option, as it might well do. This in mind becomes even more of a possibility as the members see the kind of resistance that Morocco is putting up", womit sie schlussendlich auch Recht behalten sollte, Baker Paper, Princeton Mudd Manuscript Library, Box 322–328, Dokument v. 7.3.2002.

Algerien bezeichnete Option zwei als „dead on arrival" und unterstützte explizit die Teilung des Gebietes, welche es als Kompromiss bezeichnete. Es war allerdings besorgt, dass Frankreich sich aktiv gegen diese Option wehren würde.[646]

ee) Bakers Position

Baker hielt sich zwar öffentlich bedeckt, welche Option er befürworten würde bzw. erklärte, dass er dem neutral gegenüberstehe. Aus einem unveröffentlichten Brief an seinen engen Freund und ehemaligen saudi-arabischen Botschafter in den USA *Bandar bin Sultan* geht allerdings hervor, dass *Baker* die Option der Teilung präferierte: „I think I am going to see our friend at the end of January. I talked to Charles Powell today, and I know you told him that you did not think a political solution based on some sort of division would fly. But I would really like to visit with you about this when you can, because I think for the first time, the Algerians have "blinked" and proposed an approach other than the Settlement Plan. They may be betting on a Moroccan rejection, but the option, in my view, should be explored. The alternative to exploring that proposal is to just throw it back to the Security Council where a return to the Settlement Plan would attract support. At the very least, I think, it would be wise for our friend to give me enough to test Algerian intentions. Even if he were to agree to some sort of division, he has a very good precedent in what his father did in 1976. Margaret tells me his advisors are split on the issue and she believes that HM and a couple of others see the big picture advantage of demonstrating willingness to talk. If HM decides not to explore the Algerian proposal, I don´t know where the parties go from there, but in the future they will be dealing with a different person, because after almost 5 years of trying to find some sort of political solution, I am "out of here."[647] Trotz allem machte er glaubhaft, dass er jeglicher Option offen gegenüberstand, allerdings nur unter der Bedingung, dass er den Rückhalt des Sicherheitsrates habe. Insbesondere müsse dieser, sofern es

---

646 Der algerische UN-Botschafter *Baali* „told the French that Algeria would undertake to convince Polisario on partition. He "warned" the French to stay out of it and not to lobby the Security Council on behalf of Morocco". Baker Paper, Princeton Mudd Manuscript Library, Box 322–328, Dokument v. 21.2.2002.

647 Baker Paper, Princeton Mudd Manuscript Library, Box 322–328, Schreiben v. 19.12.2001. Mit „our friend" ist *Mohammed VI* gemeint, ebenfalls mit HM, was für His Majesty steht, was sich auch aus anderen Dokumenten *Bakers* und seines

zu ähnlichen und faktisch unüberwindbaren Divergenzen zwischen den Parteien käme, eine konsenslose Lösung beschließen und durchsetzen können.[648]

ff) Der April-Bericht und der noch immer handlungsunfähige Sicherheitsrat

Im April-Bericht 2002 wurde der Sicherheitsrat darüber informiert, dass *Baker* in Erwartung der Entscheidung des Rates noch keine direkten Kontakte mit den Parteien aufgenommen hatte.[649] Explizit wurde durch die Formulierung „by choosing the option that it considers most likely to help resolve the conflict, the Council will indicate to the parties its determination to continue to look actively for a realistic solution to the conflict" betont, dass *Baker* und *Annan* den Rat aufforderten, eine Option zu wählen und nicht mehrere Ansätze gleichzeitig zu verfolgen.[650] Mit aller Deutlichkeit unterstrich der Bericht, dass *Baker* „stands ready to undertake the activities that will be required under the option the Security Council chooses in order to steer the parties towards a resolution of their dispute over Western Sahara, provided that the Council does not support any changes to options one, two or three that would require the concurrence of the parties. Such changes, as my Personal Envoy told the Council on 27 February 2002, would simply encourage a continuation of the conflict and the current stalemate".[651] Er machte damit deutlich, dass das ersehnte starke Mandat zwingend erforderlich sei, um eine ernsthafte Lösung des Konflikts nach einer der Optionen in Betracht ziehen zu können.[652] Ende April war

---

Teams ergibt, vgl. Baker Paper, Princeton Mudd Manuscript Library, Box 322–328, Dokument v. 7.3.2002.

648 Vgl. *Theofilopoulou*, The United Nations and Western Sahara - A real challenge for the Organization (unveröffentlicht), Baker Paper, Box 223–228, S. 51 f.

649 Vgl. UN Doc. S/2002/467 v. 19.4.2002, S. 4 Rn. 21 f.; *Theofilopoulou*, The United Nations and Western Sahara - A real challenge for the Organization (unveröffentlicht), Baker Paper, Box 223–228, S. 52 f.

650 UN Doc. S/2002/467 v. 19.4.2002, S. 4 Rn. 21. Dieses Vorgehen präferierte Russland, welches sowohl die Implementierung des Settlement-Plans als auch des FA dualistisch vorantreiben wollte, hiervon aber schlussendlich durch die USA, Großbritannien und Frankreich abgehalten wurde, *Zunes/Mundy*, Western Sahara, S. 225 f.; *Theofilopoulou*, The United Nations and Western Sahara - A real challenge for the Organization (unveröffentlicht), Baker Paper, Box 223–228, S. 53.

651 UN Doc. S/2002/467 v. 19.4.2002, S. 4 Rn. 22.

652 Vgl. UN Doc. S/2002/467 v. 19.4.2002, S. 4 Rn. 22.

klar, dass der Rat erneut und aufgrund noch immer schwerwiegender Divergenzen keine Entscheidung treffen würde.[653] Sodann verabschiedete der Rat am 30.4.2002 die Resolution 1406, mit der das Mandat der MINURSO bis zum 31.7.2002 verlängert wurde, um nochmals mehr Zeit zur Entscheidungsfindung zu bekommen.[654] Die Resolution bewegte sich zwischen der von *Baker* geforderten unbedingten Unterstützung durch ein klares Mandat des Rates und dessen Unwilligkeit, insbesondere Marokko zwangsweise zu einer Lösung zu drängen.[655]

gg) Mai–Juli 2002

Weitere Gespräche und Konsultationsrunden folgten, die größtenteils nichts Neues hervorbrachten außer die Fronten weiter zu verhärten.[656] Die diplomatischen Bemühungen wurden auf Seiten der Konfliktparteien allerdings fast nur noch von Algerien und Marokko vorangetragen. *Theofilopoulou* stellte zur Rolle der Polisario im April noch fest: „As for Polisario, they have dropped off the face of the earth. Nobody hears from them, they are leaving the Algerians to fight it out with the Moroccans".[657] *Bakers* Team ging äußerst vorsichtig vor, wog im Geheimen aber weitere Optionen ab und verfolgte Lösungsansätze für den Fall, dass der Sicherheitsrat weiter zu keinem definitiven Ergebnis kommen sollte, allerdings unter der Prämisse der Einschätzungen der Positionen der jeweiligen Vertreter der Sicher-

---

653 *Theofilopoulou*, The United Nations and Western Sahara - A real challenge for the Organization (unveröffentlicht), Baker Paper, Box 223–228, S. 53.

654 UN Doc. S/RES/1406 v. 30.4.2002.

655 *Zunes/Mundy*, Western Sahara, S. 226; *Theofilopoulou*, The United Nations and Western Sahara - A real challenge for the Organization (unveröffentlicht), Baker Paper, Box 223–228, S. 53.

656 SRSG *Guehenno* berichtete von einem Treffen mit dem König Marokkos im Juni 2002: „King Mohamed VI emphasized his support for the draft framework agreement and his total rejection of partition, Option two is the only solution, he stressed, which can guarantee Maghreb stability. Creation of yet another "micro-state" on the African continent will lead to chaos and de-stabilization of the entire region. (...) Algeria had only introduced the option of partition when it became obvious that international support for the draft framework agreement was increasing. (The King said that, in one sense, he is pleased that Algeria is proposing partition in that, this exposes the hypocrisy and contradiction in Algeria's position on the Sahara).", Baker Paper, Princeton Mudd Manuscript Library, Box 322–328, Dokument v. 28.6.2002.

657 Baker Paper, Princeton Mudd Manuscript Library, Box 322–328, Schreiben v. 9.4.2002.

heitsratsmitglieder, dass Option 2 wohl die wahrscheinlichste sei. Hierzu schlug *Theofilopoulou Baker* vor, dass man möglicherweise beide Optionen miteinander verbinden könne, sofern der Rat „give you the mandate to work on option two, as it had been phrased last month, and at the same time, ask the parties to submit to your ideas about division. This way you would still be given a single and clear mandate, but at the same time, some information would come to the Council about division, as some members have been asking".[658]

Im Juli 2002 wandte sich der Sicherheitsratspräsident an die Mitgliedsstaaten. Hierzu kann aus einem vertraulichen Dokument zitiert werden, das Aufschluss über die Arbeits- und Funktionsweise des Rates und der Lobbyarbeit Marokkos und Algeriens gibt: „Last week I spoke to James Baker, the Secretary-General's Personal Envoy, who reiterated to me, as he had made clear when he addressed us in April, that he is looking for the Council to choose <u>one</u> of the options set out by the Secretary-General. He continued to believe that only by asking all the interested parties to focus on only one option could progress be made. If by contrast Council chose two options, then the parties would each only consider their favoured option. This could not provide a solution to the dispute. He hoped the Council would understand his motivation on this.

Mr. Baker said that he wanted to work on one option to develop it in a way that all parties might find helpful. He stressed that it would be up to the parties whether they accepted or rejected it and that it would ultimately be up to them to make any agreement work. I made it clear that, with a

---

658 Baker Paper, Princeton Mudd Manuscript Library, Box 322–328, Schreiben v. 20.5.2002. Im Juni wurde sodann nochmals über die Möglichkeit der Aufteilung des Gebietes beraten: „With regard to option 3, there are two possibilities and I would like your views please: (A) Stay with what you said to the Security Council, namely that for the reasons that you explained in February, there has been no opportunity to develop option 3. Or (B) play along a bit and say that one could look at the old division of 1976 dividing the Territory east-west, or alternatively, one could look at a north-south division which would give Polisario more exposure to the Atlantic but would not go all the way west and would create instead a "Gambia within Senegal" type of enclave. As for the implications of either arrangement, they would be very hard to judge at this stage, other than the obvious ones in terms of likely populations moves, creation of precedent, impact on Mauritania etc. In other words, b...s a bit to appear to be in compliance with their request but show them that division will be as difficult to agree upon as will be the framework agreement.", Baker Paper, Princeton Mudd Manuscript Library, Box 322–328, Schreiben v. 6.6.2002. „B...S" meint dabei „bullshit".

variety of views amongst members of the Council, I would wish to consult widely to see whether one route forward was possible.

On 15 July Ambassador Bennouna of Morocco called on me. He passed to me a letter, which I have had circulated to you, which set out the Moroccan position. He believed that the Council's only realistic choice of the four options set out by the Secretary General was to revise the draft Framework-Agreement. He reiterated Morocco´s readiness to negotiate flexibly if the Council gave Mr Baker a mandate to revise that doucment. He also recalled that Morocco was not prepared to participate in any negotiation on possible partition of the Territory.

Also on 15 July Ambassador Baali of Algeria called on me. He set out in familiar terms Algeria's position. Algeria believed that the Settlement Plan could be implemented with the necessary political will. Failing that Algeria was prepared to consider possible division of the territory, but had grave doubts that the draft Framework Agreement could provide a last and lasting solution to the problem.

We have to consider how to take forward work on this agenda item for the rest of this month. I will in the first instance consult with Council members and the other interested parties. I expect that we will have to discuss the dispute in informal consultations on 22 or 24 July, and probably continue on 26 July. My aim as President will be to find a solution which moves forward the process with as strong a consensus as possible and which takes account of the range of views."[659]

Aufgrund dieser eindeutigen Vorgabe der Wegrichtung des Sicherheitsratspräsidenten aus Großbritannien konnten die Versuche Russlands, den Settlement-Plan entgegen der Ansicht der Mehrheit der Mitgliedsstaaten als eine der Optionen aufzunehmen, vereitelt werden. Allerdings kam der Rat erneut zu keiner Entscheidung über eine Option überein.[660] Er verabschiedete die Resolution 1429, in der *Baker* aufgefordert wurde, „to pursue these efforts taking into account the concerns expressed by the parties and expresses its readiness to consider any approach which provides for self-determination that may be proposed by the Secretary-General and the Per-

---

659 Baker Paper, Princeton Mudd Manuscript Library, Box 322–328, Dokument v. 18.7.2002.
660 *Zunes/Mundy*, Western Sahara, S. 226; *Theofilopoulou*, The United Nations and Western Sahara - A real challenge for the Organization (unveröffentlicht), Baker Paper, Box 223–228, S. 53.

sonal Envoy, consulting, as appropriate, others with relevant experience".[661]
Um *Baker* hierfür genügend Zeit zu geben, wurde die MINURSO bis zum
31.1.2003 verlängert.[662] Damit stellte die Resolution weder eine Billigung
des von Russland favorisierten Houston-Accords bzw. des Settlement-Plans
noch eine Unterstützung für das von Frankreich, den Vereinigten Staaten
und dem Vereinigten Königreich favorisierte FA dar. Sie schwieg darüber
hinaus zur Möglichkeit der Teilung des Gebietes. Sie war vielmehr (nur)
ein Kompromiss zwischen *Bakers* Forderung nach einem klaren Mandat
sowie einer deutlichen Sprache zugunsten der Selbstbestimmung[663] und der
Zurückhaltungspolitik des Sicherheitsrates hinsichtlich einer nicht konsensualen Entscheidung, die Marokko eine Lösung aufzwingen würde.[664]

e) Bakers Peace-Plan

Baker sollte trotz der aus seiner Sicht äußerst unzulänglichen Mandats-
erteilung, die weit hinter dem Geforderten zurückblieb, ein letztes Mal
versuchen, dem Sicherheitsrat und auch den Parteien eine Lösung zu erarbeiten, die endlich zur Beilegung des Westsahara-Konflikts führen sollte.
Nach der Verabschiedung der Resolution 1495 arbeitete die DPA gemeinsam mit *Baker* an der Ausarbeitung des Dokuments, das dazu beitragen
sollte, eine politische Lösung für den Westsahara-Konflikt zu finden, die
die Ausübung des Selbstbestimmungsrechts des Volkes der Westsahara
vorsah.[665] Auf Wunsch *Bakers* unterstützte ihn Hurst *Hannum* bei dieser
Arbeit, der bereits das Osttimor-Abkommen zu einer möglichen Autonomieregion maßgeblich miterstellte und als Professor an der Fletcher School
of Law and Diplomacy einschlägige Erfahrungen und Publikationen im

---

661 UN Doc. S/RES/1429 v. 30.7.2002. Zum Settlement-Plan hieß es nur noch unter-
      geordnet: „Underlining also the validity of the Settlement Plan, while noting the
      fundamental differences between the parties in implementing the Plan".
662 UN Doc. S/RES/1429 v. 30.7.2002.
663 *Theofilopoulou* bestätigt hierzu: „It was at Mr. Baker's request that self-determina-
      tion was inserted in the resolutions.", *Theofilopoulou*, The United Nations and
      Western Sahara - A real challenge for the Organization (unveröffentlicht), Baker
      Paper, Box 223–228, S. 53.
664 Vgl. UN Doc. S/RES/1429 v. 30.7.2002; *Jensen*, Western Sahara – Anatomy of a
      Stalemate?, S. 99 f.; *Zunes/Mundy*, Western Sahara, S. 226.
665 *Zunes/Mundy*, Western Sahara, S. 229.

Bereich von Sezession und Autonomie im Internationalen Recht aufwies.[666] *Hannum* schickte dem Team *Bakers* seine Ansichten und kritischen Bemerkungen zum FA und gemeinsam erarbeiteten sie unter höchster Geheimhaltung[667] den Entwurf des „Peace Plan for Self-determination for the People of Western Sahara".[668] Im Dezember 2002 stellte *Baker* den Plan *Annan* vor,

---

666 *Theofilopoulou*, The United Nations and Western Sahara - A real challenge for the Organization (unveröffentlicht), Baker Paper, Box 223–228, S. 53; vgl. *Hannum*, Autonomy, Sovereignty, and Self-Determination. The Accommodation of Conflicting Rights (1990); *Theofilopoulou*: „I also talked to Hurst Hannum who confirmed his availability on "as needed basis" during the next six months. I did not get into any specifics with him other than that we will need him to help prepare the next proposal that Mr. Baker will be submitting to the Security Council in January and that Mr. Baker had liked his comments on the draft framework agreement and was interested in bringing him on board to work with us.", Baker Paper, Princeton Mudd Manuscript Library, Box 322–328, Dokument v. 31.7.2002.

667 Nur *Baker, Hannum, Theofilopoulou* und eine weitere Person kannten im November 2002 den Entwurf des Plans. *Baker* schrieb *Hannum* und *Theofilopoulou*: „Anna has gotten Meg's commitment not to share the draft with anyone at UNNY and, of course, Anna will not either. It is very important that we be able to personally present this Plan to the parties before they form opinions about it based on rumor.", Baker Paper, Princeton Mudd Manuscript Library, Box 322–328, Dokument v. 13.11.2002.

668 *Hannums* Anmerkungen und Ideen hatten großen Einfluss auf die den Parteien vorgeschlagene Version des Plans. Einige Anmerkungen aus dem vertraulichen Dokument sollen daher exemplarisch herangezogen werden: „One should begin by realizing that Western Sahara is a classic case of decolonization, similar to Palestine and E. Timor; WS already recognized as state by 75 other states and full member of OAU. *Danger of UN/EU being seen to "sell out" WS in order to improve relations with Maghreb*; Primary problem is ensuring integrity of WS population during transitional period. What will happen to the Moroccan "settlers", both those that have already moved into WS and those that might move during the transitional period? Some formula should be found to prevent the influx of migrants before a final settlement - perhaps similar to indigenous peoples, who can control entry into their lands, (rights of Quebec over immigration, residence restrictions on Finnish-speakers in Aland Islands); No real limit to degree of autonomy that WS could enjoy within Moroccan state, and division depends solely on will of parties. Particular procedural issues that should be addressed include who has residual power in case of disagreement over interpretation of provisions of the FA, whether government of WS is subordinate to Morocco, constitution during transition, whether or not there will be a separate WS judiciary; Some elements to leave with the central government might include transportation, communication, perhaps some degree of control over economic policy. *Defense and foreign relations normally are central government responsibilities, but perhaps not appropriate here, given WS recognition by other states;* perhaps should add provision for consultation on certain matters related to defense, attempt to achieve common foreign policy; in sum, present FA offers only moderate, not broad, autonomy, which would probably be insufficient

welcher eine Kopie hiervon forderte und das Team Bakers in Folge dessen äußerst besorgt darüber war, dass der Plan vor offizieller Vorstellung an die Parteien verteilt werden würde.[669] Am 11.12.2002 übermittelte *Baker* dem Generalsekretär das endgültige Exemplar des Friedensplans und erklärte diesem nochmals eindringlich, dass dieser unbedingt unter Verschluss gehalten werden müsse, bis er ihn den Parteien persönlich vorgestellt und erläutert habe.[670]

---

for Polisario even if FA did not contain references to Moroccan sovereignty; *it tilts too far toward Moroccan position, particularly in light of strong position of WS under international law* - not equivalent to various secessionist movements elsewhere. Self-determination for WS need not mean independence, but must still be some way of meaningfully consulting people of WS on final solution - longer transition better than shorter, enables Morocco to demonstrate good faith through carrots rather than sticks, challenges Polisario to actually govern instead of just act as liberation movement. Will be difficult to avoid eventual formal decision through referendum or other equivalent consultative process, on terms that acceptable to WS and UN. ", Baker Paper, Princeton Mudd Manuscript Library, Box 322–328, Dokument v. 31.7.2002 (Hervorhebung durch den Autor).

669 *Theofilopoulou*, The United Nations and Western Sahara - A real challenge for the Organization (unveröffentlicht), Baker Paper, Box 223–228, S. 54. *Theofilopoulou* kommentierte dies kritisch und zeigte sich äußerst besorgt, was die Machtstrukturen und teils fehlenden Vertrauensverhältnisse in der UN-Führungsriege reflektiert: "Mr. Prendergast called me yesterday and let me read an "eyes only" note on your conversation with the S-G. I saw that you had mentioned to him that Meg and I had copies of the peace plan. The S-G asked for a copy of the peace plan and a short summary of its main points. Needless to say Mr. Prendergast was very cool about the whole thing, he asked me to give him the document (which I got from Charlotte) and the summary; not so Mr. Guehenno. Meg came to my office later and told me that Guehenno called her and was very nasty to her about not keeping him informed and demanded a copy of the document. She explained the reason for it, but he accused her of insubordination! She told me that she had to give him a copy, so we called Charlotte and told her that she was doing so. *I personally am very uneasy that the document would even go to the S-G's office, so at the end of the note from Prendergast to the S-G, we added that it was for the S-G's eyes only and that you would consider it disastrous if the document was leaked before you gave it to the parties.* We copied the note to Guehenno hoping that this way we were putting him on notice not to share it with anybody. To make things easier for Meg, Prendergast added that he himself, had not seen the document as yet.", Baker Paper, Princeton Mudd Manuscript Library, Box 322–328, Dokument v. 31.7.2002 (Hervorhebung durch den Autor).

670 *Theofilopoulou*, The United Nations and Western Sahara - A real challenge for the Organization (unveröffentlicht), Baker Paper, Box 223–228, S. 54.

aa) Der Inhalt des Peace-Plans

Baker war selbst in der Erarbeitung und Ausformung des Peace-Plans maßgeblich beteiligt und hatte aufgrund seiner langjährigen Erfahrung mit
den Parteien versucht, alle möglichen Streitpunkte möglichst ausbalanciert
zu formulieren und zu implementieren. Freilich war ihm dabei bewusst,
dass man nicht der Illusion verfallen durfte, dass beide Seiten gleicherwei-
se und in vollem Maße mit dem Plan zufrieden sein würden. Er wollte
allerdings einen Vorschlag erarbeiten, „that no reasonable person would
turn down".[671] Der Peace-Plan unterscheidet sich von dem Settlement-Plan
zunächst dadurch, dass er von allen vier Parteien, einschließlich der UN,
unterzeichnet werden muss, damit er gültig ist. Seine Umsetzung hängt
darüber hinaus nicht mehr von der konsensualen Mitarbeit der einen
oder anderen Partei ab, da die Regelungen als solche, sobald der Plan
unterzeichnet ist, von der UN umgesetzt werden können.[672]

bb) Die (Vor-) Vorstellung des Plans bei den Parteien

Es wurde vereinbart, dass der Generalsekretär vor der Ankunft von *Baker*
in der Region die Parteien und interessanterweise auch den französischen
Präsidenten *Chirac* aufgrund seiner engen Beziehungen und seines Einflus-
ses auf den marokkanischen König anrufen würde. Er bat diese darum, den
Vorschlag möglichst positiv zu bewerten und den Erläuterungen von *Baker*
aufmerksam zuzuhören und keine kontraproduktiven Generalausschlüsse
von vornherein zu geben.[673] Der Generalsekretär legte allen Parteien und

---

671 *Theofilopoulou*, The United Nations and Western Sahara - A Never-ending affair,
USIP Special Report 166, S. 11.

672 *Theofilopoulou*, The United Nations and Western Sahara - A real challenge for the
Organization (unveröffentlicht), Baker Paper, Box 223–228, S. 55.

673 *Theofilopoulou*, The United Nations and Western Sahara - A real challenge for the
Organization (unveröffentlicht), Baker Paper, Box 223–228, S. 54; *Zunes/Mundy*,
Western Sahara, S. 229. Aus den Gesprächsanweisungen an *Annan* für sein Telefonat
mit *Chirac*, die von *Theofilopoulou* erstellt worden sind, wird die enge Verbindung
Marokkos mit Frankreich ganz besonders deutlich: „This proposal, which has no
winners nor losers, presents all sides with a unique opportunity to resolve this
conflict in a peaceful manner. I hope that Morocco considers carefully the new
proposal which takes into account Morocco's main concerns, but also provides
for self-determination, as requested by the Security Council. Morocco would not
want to be the first party to reject the proposal. *I hope that you can prevail upon
Morocco to look positively on this new proposal* and listen carefully to Mr. Baker's

Frankreich dar, dass der Plan im Gegensatz zu vorherigen Lösungsvorschlägen keine absoluten Gewinner oder Verlierer kenne. Vielmehr biete er allen Seiten eine einmalige Chance, den Konflikt friedlich und final unter Berücksichtigung des Selbstbestimmungsrechts gemäß der Sicherheitsrats-Resolution 1429 zu lösen.[674] *Annan* riet Marokko und explizit auch Präsident *Chirac*, dass Marokko den Friedensplan nicht als Erster ablehnen solle. Als Anreiz wies er auf die Änderung des Wahlgremiums für das endgültige Referendum hin, das auch die Bewohner der Westsahara als Kompromissformel einschließen sollte, die nachweisen könnten, dass sie seit dem 30.12.1999 ununterbrochen in dem Gebiet lebten.[675] Gegenüber Algerien und der Polisario betonte er, dass der Friedensplan der Polisario die Möglichkeit geben würde, das Gebiet vier Jahre lang regieren zu können. Dies würde ihr eine gute Chance geben, ihre Regierungsfähigkeit erstmalig unter Beweis zu stellen. Darüber hinaus könnte sie so auch Siedler von sich überzeugen, um so schließlich die realistische Möglichkeit zu haben, das Referendum zu gewinnen, welches in contrario zum FA auch die Möglichkeit der Unabhängigkeit als Wahloption vorsah.[676] *Annan* betonte gegenüber Algerien und der Polisario, dass *Baker* mit diesem Vorschlag wirklich alles getan habe, was er in dieser Angelegenheit tun konnte und was in seiner Macht stand. Er ließ auch Algerien wissen, dass es im Sinne der Polisario und Algeriens wäre, den Plan nicht als Erste abzulehnen.[677]

---

explanations about it before deciding by the end of March.", Baker Paper, Princeton Mudd Manuscript Library, Box 322–328, Dokument v. 4.1.2003 (Hervorhebung durch den Autor). Zu den Gesprächsanweisungen für Annan mit *Bouteflika* fügte *Baker* dem Dokument per Handnotiz hinzu: „Mr. Baker told me that he feels with this proposal he has done all he can over the past six years to find a political solution to the dispute.", Baker Paper, Princeton Mudd Manuscript Library, Box 322–328, Dokument v. 4.1.2003.

674 Vgl. UN Doc. S/RES/1429 v. 30.7.2002.

675 Baker Paper, Princeton Mudd Manuscript Library, Box 322–328, Dokument v. 4.1.2003: „Certainly, Morocco would not want to be the first party to reject the proposal. I hope that you and your advisers consider carefully the proposal and Mr. Baker's explanations about it. The parties have until March to decide.", *Theofilopoulou*, The United Nations and Western Sahara - A real challenge for the Organization (unveröffentlicht), Baker Paper, Box 223–228, S. 55.

676 Vgl. Baker Paper, Princeton Mudd Manuscript Library, Box 322–328, Dokument v. 4.1.2003: „This proposal will give POLISARIO the right to govern the Territory for four years before the final referendum and will therefore present it with a unique opportunity to win the referendum on the final status of Western Sahara at the end of that period."

677 *Theofilopoulou*, The United Nations and Western Sahara - A real challenge for the Organization (unveröffentlicht), Baker Paper, Box 223–228, S. 55; Baker Paper,

Während des Gesprächs des Generalsekretärs mit dem marokkanischen König stellte er fest, dass das Dokument den Marokkanern zugespielt worden war und damit der Prozess von vornherein kompromittiert war, was *Baker* unter allen Umständen versucht hatte zu vermeiden.[678]

cc) Bakers letzte Reise in die Region

Marokko war das erste Land, das das *Baker*-Team besuchte.[679] Zeitlich fiel die Reise in die Vorzeit des Irak-Kriegs und bereits im Januar wies alles auf einen kurz bevorstehenden Krieg hin, der den Sicherheitsrat offiziell ab März beschäftigen und spalten sollte.[680] *Baker* wusste um die möglichen Vorbehalte des Königreichs und versuchte so diplomatisch wie möglich zu vermitteln, dass der Plan der absolute Kompromiss zwischen den weit divergierenden Ansichten der Parteien sei.[681] Im Rahmen dessen wies er den König und seine Berater zunächst auf die Ähnlichkeiten zwischen dem Peace-Plan und den Schlüsselbestimmungen des FA-Entwurfs hin, welchem Marokko positiv gegenüberstand. Er unterstrich die bei Marokko verbleibenden und noch immer weitreichenden Befugnisse, die die

---

Princeton Mudd Manuscript Library, Box 322–328, Dokument v. 4.1.2003: „Certainly, Algeria would not want to be the first one to reject the proposal. I hope that you and your advisers consider carefully the proposal and what Mr. Baker says to you and then prevail upon POLISARIO to look positvely on it."

678 *Theofilpoulou* schreibt hierzu: „It is anybody's guess how or when this happened. Just before the team's departure from Houston to Rabat, I received a phone call from the USG of DPA asking me to inform Mr. Baker that during the Secretary-General's phone call with the King of Morocco, the King appeared quite knowledgeable of many details in the document.", *Theofilopoulou*, The United Nations and Western Sahara - A real challenge for the Organization (unveröffentlicht), Baker Paper, Box 223–228, S. 55.

679 Kurz zuvor ließ *Mohammed VI* das marokkanische Volk am 27. Jahrestag des Grünen Marsches wissen, dass die internationale Gemeinschaft Marokkos Souveränität und territoriale Integrität anerkenne, da nur noch nach einer politischen Lösung gesucht werde und ein Referendum nach dem Settlement-Plan damit „caduc, car inapplicable" sei, zit. nach *Jensen*, Western Sahara – Anatomy of a Stalemate?, S. 100.

680 Vgl. *Jensen*, Western Sahara – Anatomy of a Stalemate?, S. 100; *Theofilopoulou*, The United Nations and Western Sahara - A real challenge for the Organization (unveröffentlicht), Baker Paper, Box 223–228, S. 60.

681 *Theofilopoulou*, The United Nations and Western Sahara - A real challenge for the Organization (unveröffentlicht), Baker Paper, Box 223–228, S. 55.

grundlegenden Verantwortlichkeiten eines Staates betreffen.[682] Zwar gebe es auch Unterschiede zwischen den beiden, etwa bei der Einrichtung der Justiz und der Zusammensetzung des Wahlgremiums für die Wahlen zur Exekutive und Legislative während der Übergangszeit. Doch *Baker* hob hervor, dass die Wahrscheinlichkeiten zunächst für Marokko sprachen, das vom Peace-Plan vorgesehene Referendum zu gewinnen, welches den Status des Gebietes endgültig entscheiden sollte.[683] Die Wählerschaft umfasste zwar die Wähler der vorläufigen UN-Wählerliste und die Wähler der UNH-CR-Repatriierungsliste, darüber hinaus aber auch alle Bewohner der Westsahara, die einen ununterbrochenen Aufenthalt in dem Gebiet seit dem 30.12.1999 nachweisen könnten. Dies stellte mithin nach Ansicht *Bakers* einen Zeitraum dar, der lang genug war, um den meisten Bewohnern der Westsahara die Aufnahme in die Wählerliste zu ermöglichen, obwohl diese marokkanische Staatsbürger und Siedler waren.[684]

---

682 *Theofilopoulou*, The United Nations and Western Sahara - A real challenge for the Organization (unveröffentlicht), Baker Paper, Box 223–228, S. 55.

683 *Theofilopoulou*, The United Nations and Western Sahara - A real challenge for the Organization (unveröffentlicht), Baker Paper, Box 223–228, S. 55.

684 *Theofilopoulou*, The United Nations and Western Sahara - A real challenge for the Organization (unveröffentlicht), Baker Paper, Box 223–228, S. 55. Siehe hierzu mit ausführlichen Analysen zur tatsächlichen Wählerschaft nach dem Peace-Plan *Zunes/Mundy*, Western Sahara, S. 231, die unter Berücksichtigung aller Faktoren auf ca. 126.000 marokkanische wahlberechtigte Siedler und ca. 90.000–95.000 Wahlberechtigte mit sahrawischen Ursprung kamen. *Bakers* Team erstellte eine ebenfalls detaillierte Auflistung der möglichen Wahlberechtigten und nutzte diese in den Gesprächen mit Marokko, Algerien und der Polisario jeweils aus der passenden Sicht, um die Parteien von dem Plan zu überzeugen:
" Moroccan Figures for the Population West of Berm:
306.000: Total population;
175,000: Population over 20 years of age in 2002, of whom 151,696 registered to vote in 2002 elections. including 41.161 on the Provisional Voters List from West of the Berm. 41.161 subtracted from 151,696 equals 110,535.
110,535: Estimate of voters by reason only of residence in Western Sahara
Provisional Voters List without giving effect to appeals
34.003 East of the Berm (those with refugee status)
41,161 West of the Berm; 6,866 Morocco; 4,395 Mauritania
86.425 Total eligible voters on Provisional Voters List
Preliminary Estimate of Additional Eligible Voters under New Proposal
(these figures include any person 18 years of age or older as of today, i.e., 31/12/02).
13.879 East of the Berm (those with refugee status)
1,946 Morocco
1.375 Mauritania
17,200 Preliminary total of additional voters under new proposal

In Algerien wiederum wies *Baker* den Präsidenten und seine Berater auf die seiner Ansicht nach fairen und ausgewogenen Bemühungen hin, im Peace-Plan wesentliche Elemente des Settlement-Plans und des FA-Entwurfs miteinander zu kombinieren.[685] Er wies auf die Änderung des Wahlgremiums und die Regelungen zur Feststellung der Wählerschaft für die Wahl der Exekutive und der Legislative hin. Diese würden dazu führen, dass die Polisario die Westsahara während der Übergangszeit regieren würde und unter Beweis stellen könnte, dass sie der Regierungsverantwortlichkeit gewachsen ist. Besonders hob er hervor, dass kein Statut des Plans die Souveränität über die Westsahara an Marokko übertragen würde. Während der vierjährigen Autonomiephase werde es darüber hinaus keine Debatte über die Zuständigkeiten zwischen Marokko und der Polisario geben, da diese im Plan klar definiert seien.

Baker wiederholte im Wesentlichen all diese Punkte während seines Treffens mit *Abdelaziz* und betonte auch hier nochmals gesondert, dass das Dokument selbst in keiner Weise die Souveränität über die Westsahara für Marokko vorsehe. Der Peace-Plan schränke die Befugnisse Marokkos in einer Weise ein, wie es der Entwurf des FA nicht tat, und regele explizit, dass Marokko den Prozess des Referendums nicht blockieren könne. Dabei unterstrich er, dass die Polisario nach der vierjährigen Übergangszeit, je nach administrativer, politischer und gesamtgesellschaftlicher Leistung das Referendum gewinnen könne, indem sie auch die Bewohner der Westsahara, die nicht originär sahrawischen Ursprungs seien, von ihrer Kapazität und Führungsqualität überzeugen könne. Nach den Berechnungen der MINURSO war die Wählerschaft zu diesem Zeitpunkt gleichmäßig verteilt, womit das endgültige Ergebnis vom Verhalten der Parteien während der vierjährigen Übergangszeit abhängen würde.[686]

Estimate of total voters under New Proposal based on Provisional Voters and UN-HCR Lists.
103,625.", Baker Paper, Princeton Mudd Manuscript Library, Box 322–328, Dokument v. 29.1.2003.

685 *Theofilopoulou*, The United Nations and Western Sahara - A real challenge for the Organization (unveröffentlicht), Baker Paper, Box 223–228, S. 56.

686 *Theofilopoulou*, The United Nations and Western Sahara - A real challenge for the Organization (unveröffentlicht), Baker Paper, Box 223–228, S. 56.

dd) Die ersten Reaktionen der Parteien

Marokko würdigte die Bemühungen *Bakers* und versprach ihm im üblichen Duktus, im Rahmen der Souveränität und territorialen Integrität Marokkos zusammenzuarbeiten und den Plan dahingehend zu untersuchen.[687] Algerien hatte laut *Theofilopoulou* die durchdachteste und ausführlichste Antwort. Aus dem Meinungsaustausch ging hervor, dass die Algerier das Dokument ernsthaft studierten und versuchten, es unvoreingenommen zu betrachten. Diese Haltung nahm Algerien insbesondere auch deshalb ein, weil es aus den ersten Presseberichten erfahren hatte, dass Marokko mit dem Dokument alles andere als zufrieden war. Algerien kam daher dem Plan äußerst aufgeschlossen entgegen.[688] Die Polisario wiederum behandelte das Dokument mit anfänglich großem Misstrauen und verwies weiterhin immer wieder auf den Settlement-Plan. Sie betonte, dass sich die Westsahara entweder für die Unabhängigkeit oder die Integration entscheiden würde und eine vom Plan suggerierte Zwischenlösung ablehnte, „as it would be impossible to cohabit with Morocco".[689] Im Gespräch mit dem mauretanischen Präsidenten interessierte sich dieser für die Reaktion der Polisario, woraufhin *Baker* antwortete, dass diese eher enttäuschend sei, da die Polisario sich so verhalten und reagiert habe, als ob der Peace-Plan nur ein umgeschriebenes FA sei. *Baker* fragte Präsident *Ould Taya*, ob die Polisario seiner Meinung nach Angst davor habe, die ihr durch den Peace-Plan zugewiesenen Aufgaben während der Übergangszeit zu übernehmen. Dieser antwortete laut *Theofilopoulou*, dass „POLISARIO had been cut off from reality for a long time. They could not govern the Territory on their own, however they could do it with UN assistance".[690]

---

687 *Theofilopoulou*, The United Nations and Western Sahara - A real challenge for the Organization (unveröffentlicht), Baker Paper, Box 223–228, S. 56. In einem vertraulichen Gespräch offenbarte *Bennouna Prendergast* allerdings bereits, dass Marokko den Regelungen zum Referendum äußerst kritisch gegenüberstehe: „The Ambassador affirmed that Morocco was committed to a political solution and had agreed to go far in delegating competencies to the Saharans. In addition, Morocco had committed to improving relations with the Algerians. He was afraid however that the way the questions for the referendum were framed (independence or integration), after 45 years Morocco would find itself in a similar situation as with the settlement plan.", Baker Paper, Princeton Mudd Manuscript Library, Box 322–328, Dokument v. 24.1.2003.

688 *Theofilopoulou*, The United Nations and Western Sahara - A real challenge for the Organization (unveröffentlicht), Baker Paper, Box 223–228, S. 56.

689 Theofilopoulou, The United Nations and Western Sahara - A real challenge for the Organization (unveröffentlicht), Baker Paper, Box 223–228, S. 56.

ee) Die Reaktion des Sicherheitsrates

Der Sicherheitsrat wurde kurz nach Rückkehr *Bakers* von den Ergebnissen seiner Reise informiert.[691] Aus kurz danach stattfindenden informellen und vertraulichen Beratungen des Sicherheitsrates geht hervor, dass zunächst grundsätzlich alle Mitglieder die Bemühungen *Bakers* begrüßten.[692] Ironischerweise sollte Spanien, welches die Westsahara trotz klarer Verpflichtungen und entgegen Art. 73 UN-Charta 1976 völkerrechtswidrig an Marokko und Mauretanien übertragen hatte, unterstreichen, dass „any solution should be based on international legality and that the views of the parties should be taken into account before the international community contemplates any further major steps".[693] China stimmte der Ansicht Spaniens zu. Chile und Russland unterstrichen, dass der Settlement-Plan durch die Abkommen von Houston das einzig ratifizierte Dokument zwischen den beiden Konfliktparteien sei und hoben dessen Gültigkeit hervor, verschlossen sich allerdings gleichzeitig nicht der Lösung eines „mutually acceptable agreements".[694] Frankreich „expressed the hope that Baker's new proposals would serve as a "basis" for a peaceful solution" und suggerierte damit eher eine ablehnende Haltung.[695] Aufgrund der bereits seit *Bakers* erster Intervention und Entscheidungsaufforderung im Sicherheitsrat bestehenden und gespaltenen Lager, trotz der sich seitdem veränderten Zusammensetzung der E-10 Sicherheitsratsmitglieder, deutete sich erneut an, dass sich

---

690 *Theofilopoulou*, The United Nations and Western Sahara - A real challenge for the Organization (unveröffentlicht), Baker Paper, Box 223–228, S. 56.

691 Vgl. UN Doc. S/2003/59 v. 16.11.2003.

692 „Council members supported the recommendations contained in the report as well as the recent efforts of the Secretary-General's Personal Envoy to find a political solution to the conflict over Western Sahara, with several delegations reiterating that such a solution should provide for self-determination in accordance with the provisions of Council resolution 1429 (2002). China, France, Germany, the US and the UK welcomed the Secretary-General's appeal to the parties to demonstrate leadership in order to reach an early solution of the conflict.", Baker Paper, Princeton Mudd Manuscript Library, Box 322–328, Dokument v. 23.1.2003.

693 Baker Paper, Princeton Mudd Manuscript Library, Box 322–328, Dokument v. 23.1.2003.

694 Baker Paper, Princeton Mudd Manuscript Library, Box 322–328, Dokument v. 23.1.2003.

695 Baker Paper, Princeton Mudd Manuscript Library, Box 322–328, Dokument v. 23.1.2003.

der Sicherheitsrat nicht einigen würde.[696] Erstes Anzeichen hierfür war neben der anfänglichen Skepsis und Haltung Frankreichs darüber hinaus auch die Uneinigkeit des Sicherheitsrates, wie viel Zeit den Parteien gegeben werden sollte, um auf die Vorschläge *Bakers* zu reagieren.[697] Schließlich einigte sich der Sicherheitsrat in Resolution 1463 auf eine Verlängerung der MINURSO für zwei Monate und forderte einen neuen Lagebericht des Generalsekretärs für den 17.3.2003 an.[698]

(1) Die Antworten der Parteien

Die algerische Stellungnahme traf als erste am 26.2.2003 ein, gefolgt von den Ausführungen der Polisario am 8.3.2002. Marokko antwortete am 10.3.2002 und Mauretanien am 17.3.2003. In der Zwischenzeit traf sich *Annan* jeweils mit *Bouteflika* und *Mohammed VI* und ließ *Baker* wissen, dass *Bouteflika* dem Plan gegenüber aufgeschlossen war, er diesen aber als „200 meter race to which the Moroccans had been given 100 meter advantage" beschrieb.[699] *Mohammed VI* war genau der gegenteiligen Auffassung, indem er dem Plan vorwarf, die Polisario in eine Startführungsposition zu stellen und war darüber hinaus im Gespräch äußerst zurückhaltend und nichtssagend.[700]

Algerien nahm eine insgesamt positive Haltung zum Peace-Plan ein, unterstrich aber „the inability of the UN to implement the Settlement Plan because of its ambiguities and the bad faith of one of the parties, which Algeria is careful not to name". Deshalb sei es erforderlich, die UN so

---

696 Vgl. *Theofilopoulou*, The United Nations and Western Sahara - A real challenge for the Organization (unveröffentlicht), Baker Paper, Box 223–228, S. 59.

697 Baker Paper, Princeton Mudd Manuscript Library, Box 322–328, Dokument v. 23.1.2003: „The US introduced a draft resolution (attached), proposing a two-month technical rollover of MINURSO's mandate to give the parties time to consider Mr. Baker's proposal. While all Council members supported the idea of a technical rollover, a number of delegations (Cameroon, France, Germany, Guinea, Pakistan and UK) favoured a two-month extension, while others (Spain, Angola, Bulgaria, Chile, Mexico, and to some extent Russia and Syria) favored a three-month extension."; *Theofilopoulou*, The United Nations and Western Sahara - A real challenge for the Organization (unveröffentlicht), Baker Paper, Box 223–228, S. 57.

698 UN Doc. S/RES/1463 v. 30.1.2003.

699 Baker Paper, Princeton Mudd Manuscript Library, Box 322–328, Dokument v. 24.2.2003.

700 Baker Paper, Princeton Mudd Manuscript Library, Box 322–328, Dokument v. 24.2.2003.

weit wie möglich in die Umsetzung des Peace-Plans einzubeziehen, damit sie diesen durchsetzen könne.[701] Dies sei insbesondere in der vierjährigen Übergangsphase vonnöten, in welcher der Plan gewisse Schwächen aufweise, die allerdings durch Implementierung und Heranziehung von Regelungen des Settlement-Plans behoben werden könnten.[702]

Die marokkanische Antwort auf den Peace-Plan war vor allem von Kompromissunwilligkeit geprägt. Marokko war von seinen (angeblich) legitimen Souveränitätsrechten über die Westsahara überzeugt, unterstrich diese wiederholt und war nicht gewillt hiervon abzuweichen, ohne die eigene Verantwortung für die Unfähigkeit der UN zur Umsetzung des Settlement-Plans anzuerkennen.[703] Marokko sprach vom nicht verhandelbaren „status of the country's Southern provinces" und gleichzeitig von der Notwendigkeit einer politischen Lösung, um von der "Winner-takes-all"-Mentalität des Settlement-Plans wegzukommen.[704] Marokko zeigte sich vor allem sehr besorgt darüber, dass die Fragen des letzten Referendums im Rahmen des Friedensplans die des Settlement-Plans sind, also auch die Möglichkeit der Unabhängigkeit umfassen sollten. Es schlug daher vor, dass *Baker* die ursprüngliche Architektur der politischen Lösung, aus Marokkos Ansicht die

---

701 Vgl. UN Doc. S/2003/565 v. 23.5.2003, S. 46–63; Baker Paper, Princeton Mudd Manuscript Library, Box 322–328, Dokument v. 9.4.2003; *Theofilopoulou*, The United Nations and Western Sahara - A real challenge for the Organization (unveröffentlicht), Baker Paper, Box 223–228, S. 57 f. Eine streng vertrauliche Analyse der Standpunkte der Parteien des *Baker*-Teams ergab hierzu eher ablehnend : „It will be harder to accommodate Algeria's request for a prominent UN role during the 4-5 year transition period, when the Western Sahara Authority will be supposed to govern the Territory. Although the UN is supposed to provide assistance to the new government, at the same time it has to allow it to assume the responsibility of running the place so that at the final referendum, the voters could make an educated choice.", Baker Paper, Princeton Mudd Manuscript Library, Box 322–328, Dokument v. 1.4.2003.

702 Auch hierzu verhielt sich die Analyse kritisch: „While the Algerian suggestion to use elements of the Settlement Plan to fill the gaps during the preliminary first year period could be accommodated and could also address POLISARIO's concerns about the UN role during that time, Morocco's clear and open rejection of the Settlement Plan is going to be a major obstacle to that. The UN will have to find a way to sell this idea to the Moroccans, which will not be easy, given that the Moroccans will know its origin.", Baker Paper, Princeton Mudd Manuscript Library, Box 322–328, Dokument v. 1.4.2003.

703 Vgl. UN Doc. S/2003/565 v. 23.5.2003, S. 24 ff.

704 Vgl. UN Doc. S/2003/565 v. 23.5.2003, S. 24 ff.; *Theofilopoulou*, The United Nations and Western Sahara - A real challenge for the Organization (unveröffentlicht), Baker Paper, Box 223–228, S. 58.

des FA, als Alternative zu den im Settlement-Plans dargelegten Optionen wiederherstellt.[705]

Die Polisario versuchte wiederum in ihrer Stellungnahme erneut die UN davon zu überzeugen, zum Settlement-Plan zurückzukehren und bezeichnete ihre Antwort als „new proposal", obwohl in dieser nur einige Änderungen des Settlement-Plans vorgenommen worden waren.[706] Unter anderem wurde die bedingungslose Bearbeitung aller Einsprüche mit oder ohne die umstrittene Beteiligung der Scheichs vorgeschlagen, wobei die Entscheidungen endgültig seien und auch so akzeptiert werden sollten. Zudem forderte sie die Hinzufügung eines Kapitel VII-UN-Charta-Mechanismus zur Durchsetzung der Ergebnisse des Referendums.[707]

Die Polisario verfolgte bei ihrer Analyse des Peace-Plans als solchen unter Berücksichtigung ihres eigenen Vorschlags einen fast ausschließlich legalistischen Ansatz.[708] Sie gab beispielsweise zu bedenken, dass die Zusammensetzung der Wahlberechtigten, zu welchen auch die in der Westsahara lebenden marokkanischen Siedler gehören sollten, nicht mit der UN-Charta vereinbar sei. Der Plan verleihe Marokko die Souveränität über das Gebiet, obwohl Marokko nicht einmal die Verwaltungsmacht der Westsahara sei, sondern vielmehr die Besatzungsmacht.[709]

Aus den Antworten der Parteien ging hervor, dass viele technische Veränderungen an Formulierungen und einzelnen Kompetenzzuweisungen zu erfolgen hatten.[710] Vor allem aber ging hervor, dass keine der beiden Seiten

---

705 UN Doc. S/2003/565 v. 23.5.2003, S. 24; *Theofilopoulou*, The United Nations and Western Sahara - A real challenge for the Organization (unveröffentlicht), Baker Paper, Box 223–228, S. 58.

706 Ein Vertreter der Polisario „acknowledged that Mr. Baker had put great efforts in trying to resolve the problem and POLISARIO had given its commentary to his proposal, however, the POLISARIO proposal offered the possibility of doing everything faster and arriving at the same result", Baker Paper, Princeton Mudd Manuscript Library, Box 322–328, Dokument v. 25.3.2003.

707 UN Doc. S/2003/565 v. 23.5.2003, S. 24 ff.; *Theofilopoulou* kommentierte dieses Vorhaben gegenüber Baker aufgrund der über Jahre erlebten Ausweichhaltung des Sicherheitsrates aus realpolitischer und realistischer Sichtweise richtigerweise als aussichtslos: „Does POLISARIO really believe that the Security Council will go for a Chapter VII operation when it could not even bring itself to ask any of the parties to go for one of the four options last year?", Baker Paper, Princeton Mudd Manuscript Library, Box 322–328, Dokument v. 28.3.2003.

708 Vgl. UN Doc. S/2003/565 v. 23.5.2003, S. 34–39.

709 Vgl. UN Doc. S/2003/565 v. 23.5.2003, S. 34–39.

710 Vgl. UN Doc. S/2003/565 v. 23.5.2003, S. 24–63.

bereit war, den Plan in seiner jetzigen Form umzusetzen.[711] Es zeichnete sich ab, dass die Frage nach der Souveränität über das Gebiet die Diskussion zur Umsetzbarkeit des Plans diktieren sollte. Dieser Umstand war ohne klares und unterstützendes Sicherheitsratsmandat, welches unter Umständen auch non-konsensuale Maßnahmen erlauben würde, kaum lösbar.[712] Mit Schreiben vom 19.3.2003 an den Sicherheitsratspräsidenten bat der Generalsekretär um eine Verlängerung der MINURSO bis zum 31.5.2003 sowie eine Fristverlängerung des Berichts bis zum 19.5.2003, um *Baker* Zeit geben zu können, die teils ausführlichen Antworten der Parteien zu bewerten und darauf reagieren zu können.[713] In der Zwischenzeit waren der Friedensplan und auch die Ansichten der Parteien informell an die Mitglieder des Rates verteilt worden, um ihnen Gelegenheit zu geben, das Dokument vor dem nächsten Bericht zu studieren.[714] Mit Resolution 1469 genehmigte der Sicherheitsrat die Verlängerung der MINURSO und kam *Annans* Wunsch nach.[715]

(2) Der Kampf im und um den Sicherheitsrat

Sowohl Marokko als auch die Polisario, mit tatkräftiger Unterstützung Algeriens, versuchten im Laufe der nächsten Monate ihre Ansichten und Posi-

---

711 Vgl. UN Doc. S/2003/565 v. 23.5.2003, S. 24–44; Baker Paper, Princeton Mudd Manuscript Library, Box 322–328, Dokument v. 10.4.2003; Die Analyse des Baker-Teams war (begründeterweise) äußerst pessimistisch: „With their responses, both sides have put major obstacles in the latest UN effort. Mr. Baker and the UN will have to seriously consider whether there is any point continuing the process or whether they should call it quits.", Baker Paper, Princeton Mudd Manuscript Library, Box 322–328, Dokument v. 1.4.2003.

712 Die streng vertrauliche Analyse der Standpunkte der Parteien des Baker-Teams ergab: „The main problem that the Personal Envoy and the UN face lies in the irreconcilable positions that Morocco and POLISARIO take with regard to Morocco's status in Western Sahara. While for Morocco sovereignty over Western Sahara is a given, POLISARIO rejects any such intimation and repeatedly stresses that Morocco is not even recognized as the Administering Power of the Territory. They both therefore shape their responses and observations to the Peace Plan departing from this point of view which will make it very hard for Mr. Baker and the UN to devise a strategy to reconcile their differences.", Baker Paper, Princeton Mudd Manuscript Library, Box 322–328, Dokument v. 1.4.2003.

713 UN Doc. S/2003/341 v. 19.3.2003.

714 *Theofilopoulou*, The United Nations and Western Sahara - A real challenge for the Organization (unveröffentlicht), Baker Paper, Box 223–228, S. 58 f.

715 UN Doc. S/RES/1469 v. 25.3.2003.

tionen den Mitgliedern des Sicherheitsrates zu erläutern und Unterstützer für sich zu werben.[716]

Am 2.5.2003 traf *Baker* mit Mitgliedern des Rates und dem Generalsekretär zu einem Mittagessen zusammen, um den Friedensplan zu erläutern und Fragen dazu zu beantworten.[717] Er zeichnete zunächst den Weg nach, den er, aber auch der Sicherheitsrat gegangen waren, um den Westsahara-Konflikt zu lösen und attestierte, dass „we have a failure on our hands".[718]

Baker war der Ansicht, der Plan sei „a fair and balanced compromise which would ensure the people of Western Sahara the opportunity to determine their future".[719] Der Peace-Plan stelle als fünfte Option die beste Handlungsoption des Sicherheitsrates dar, da dieser ein absoluter Kompromiss sei, welcher die zwischen den Parteien vereinbarten Elemente des Settlement-Plans und des Houston-Abkommens enthalte. Gleichzeitig enthalte er aber auch Elemente des FA, welches der Bevölkerung der Westsahara in Form der „Western Saharan Authority" die ausschließliche Zuständigkeit für die Selbstverwaltung in der Übergangsperiode von vier

---

716 *Theofilopoulou*, The United Nations and Western Sahara - A real challenge for the Organization (unveröffentlicht), Baker Paper, Box 223–228, S. 57, S. 59 f. Die Polisario hatte neben ihren eigenen Vorschlägen auch noch Interesse an der Teilung des Gebiets geäußert, wie *Theofilopoulou* mit *Baker* besprach, allerdings unter Berücksichtigung der Gegebenheiten im Sicherheitsrat und der Afrikanischen Union als unrealistisch einschätzte: „You mentioned that Khadad said that they are still interested in division however, I could not see how we could bring this one up again. At the same time, I would like to remind you that not only was there nobody in the Security Council (including strong POLISARIO supporters) who was remotely interested in this option, in addition, many Africans got very upset with Algeria for even proposing such a thing, as it could open a can of worms in Africa.", Baker Paper, Princeton Mudd Manuscript Library, Box 322–328, Dokument v. 10.4.2003.

717 Dem Autor der Arbeit liegt hierzu ein streng vertrauliches Dokument vor, welches von dem vom Sicherheitsratspräsidenten organisierten Mittagessen mit Vertretern der Sicherheitsratsmitglieder und *Baker* berichtet und dabei die Positionen der Mitglieder ungefiltert wiedergibt und im Folgenden zur Analyse der Vorgehensweise des Sicherheitsrates herangezogen wird. Zudem liegen die handschriftlichen Notizen *Bakers* zu seinem Briefing des Sicherheitsrates vor, die ebenfalls herangezogen werden.

718 Baker Paper, Princeton Mudd Manuscript Library, Box 322–328, Dokument v. 2.5.2003, S. 2; *Theofilopoulou* sah dies ähnlich und schrieb *Baker*: „As in the past, our wounds in Western Sahara are self-inflicted and then we wonder why the parties do not take anything we say seriously.", Baker Paper, Princeton Mudd Manuscript Library, Box 322–328, Dokument v. 11.6.2003.

719 Baker Paper, Princeton Mudd Manuscript Library, Box 322–328, Dokument v. 2.5.2003, S. 3.

Jahren übertrage und Marokko die Verantwortung für auswärtige Angelegenheiten, Verteidigung und andere klassische Kompetenzzuweisungen
einer Zentralregierung zuspreche. Am Ende der Übergangsperiode würde
ein Referendum über die Selbstbestimmung mit den beiden im Settlement-
Plan vorgesehenen Abstimmungsfragen abgehalten werden. Diese Regelung
hatte das Team um *Baker* abgeändert, um den Bedenken Marokkos entgegenzukommen, das angedeutet hatte, dass es einem Vorschlag, der eine
Frage zur Wahl der Unabhängigkeit auf dem Stimmzettel enthalte, nicht
zustimmen werde, obwohl diese Frage bereits vor 10 Jahren vorgeschlagen
und akzeptiert wurde. Deshalb empfahl er nun die Aufnahme einer dritten
Abstimmungsoption. Die drei Optionen auf dem Stimmzettel würden also
die Wahl zwischen Unabhängigkeit, Integration und Beibehaltung des Status quo im Sinne der Regelungen des Peace-Plans als Autonomieregion
ermöglichen.[720]

Baker warnte die Mitglieder, dass er sie im nächsten Bericht darum
bitten werde, dass der Sicherheitsrat die Parteien auffordern müsse, notfalls
etwas zu tun, wozu sie nicht freiwillig bereit seien.[721] Er führte hierzu aus,
dass weitere Treffen der Parteien keinerlei neue Erkenntnisse hervorbringen würden, da alle bisherigen Treffen, mit Ausnahme der Verhandlungsrunden in Houston, kontraproduktiv gewesen seien. Er unterstrich darüber
hinaus, dass es sinnlos sei, dem Versuch nachzugehen, die Einwände der
Parteien gegen den Peace-Plan weiterhin auf diplomatischem Wege auszu-

---

720 Baker Paper, Princeton Mudd Manuscript Library, Box 322–328, Dokument v.
2.5.2003, S. 3.

721 Baker Paper, Princeton Mudd Manuscript Library, Box 322–328, Dokument v.
2.5.2003, S. 2. Marokko war hierzu eindeutiger Auffassung, wie das Schreiben *Ben-
naisas* an *Annan* verdeutlicht: „Morocco's understanding of a political solution is to
bring the parties together through dialogue and negotiations, in order to understand
each other through a realistic and definite agreement based on the transfer of
competences to the local population, taking into account the specificity of Sahara in
the context of the Kingdom's territorial integrity. (...) In the name of His Majesty's
Government, I would also like to let you know of our surprise about the process
suggested in your report and submitted for the Council's consideration. This process
is far from the spirit of the UN Charter, especially Charter VI concerning "peaceful
settlement of differences". Furthermore, there is no precedent in the practices of
the Council of a proposal for a political solution which would have been imposed
on the parties. Proceeding this way would compromise your considerable efforts
and those of your Personal Envoy during the last 3 years to get the question of
Sahara out of the impasse and bring about a real negotiation between the parties
for durable. definitive and mutually accepted settlement.", Baker Paper, Princeton
Mudd Manuscript Library, Box 322–328, Dokument v. 28.5.2003.

räumen, da die Differenzen zwischen den Parteien zu grundlegend seien. Nach Ansicht *Bakers* würde eine Aufforderung zu weiteren Verhandlungen der „kiss of death" sein, da dies nur eine weitere lange Verzögerung der Lösungsfindung nach sich ziehen würde.[722] Als Reaktion auf die Vorbehalte einiger Mitglieder, der Rat könne oder wolle keine Lösung aufzwingen, bemerkte *Baker* mit Nachdruck, dass „while he welcomed the concern that the Council should not be seen to be imposing a solution, if after 25 years of the crisis the Council did not express its desire in a very positive and strong way, no progress would be made. Undoubtedly the Peace Plan could be criticized and every aspect of it was expandable and rebuttable. Indeed it was also possible to make adjustments, and he had already accepted one major change [Die dritte Option auf dem Wahlzettel]. It was clear, however, that King Mohammed VI had been very forthcoming and had offered substantial autonomy (even though he did not like the use of the term) but that was what referred to in essence in the Peace Plan."[723] Baker betonte

---

722 Er zog hierzu auch einen negativen Vergleich zur Situation Israels und Palästinas: „Mr. Baker added a word of caution by referring to the issue of requests for the Secretary-General to use further diplomacy to work through the objections to the Peace Plan. That approach would not lead to a solution because the difference between the two parties were too fundamental - not unlike the situation in between Israel and Palestine. Such a request to negotiate further would be the kiss of death and would mean another lengthy period of delay in reaching a solution. The Peace Plan should be presented to the parties in the same way the Quartet issued the (Middle East) Road map.", Baker Paper, Princeton Mudd Manuscript Library, Box 322–328, Dokument v. 2.5.2003, S. 3.

723 Baker Paper, Princeton Mudd Manuscript Library, Box 322–328, Dokument v. 2.5.2003, S. 5. *Theofilopoulou* schrieb *Baker* diesbezüglich antizipierend im Vorfeld: „If the Security Council does not wish to ask the parties to accept a non-consensual approach to resolve their conflict, there only remain two other options: (a) Ask the parties to proceed with the implementation of the Settlement Plan with the new concessions proposed by POLISARIO in its response to the Personal Envoy, including the mechanism for ensuring implementation of the referendum's results [keeping in mind that this would involve action under Chapter VII of the UN Charter]. (b) Ask the parties to accept as many of their suggested observations to the Peace Plan that the Personal Envoy can reasonably address, which would not create new problems and obstacles in its implementation, and proceed with its implementation. Such Changes would also include a third ballot question in the final referendum, which would be voting for self-government of Western Sahara as a permanent arrangement. (...)The next question is whether we recommend to the Council which option would be more feasible, since they would never choose on their own. Of course it is no brainer that Morocco will never go for the implementation of the Settlement Plan, even with the new POLISARIO concessions, however, putting it there might help get them off the high horse and inject them with a sense

allerdings auch, dass „Morocco has made a curious statement - that the Settlement Plan had lapsed. He did not understand that statement because the United Nations had been attempting to implement it for the past 10-odd years. In his opinion, it was not possible to implement the Settlement Plan because it required agreement on every step, which had been impossible to achieve. On the other hand, the Peace Plan did not require consent by the parties. It gave the United Nations much more latitude in making decisions with respect to its implementation."[724] Daher konkludierte er, dass er und *Annan* dem Sicherheitsrat vorschlagen würden, dass die Parteien aufgefordert werden sollten, dem Peace-Plan zuzustimmen und mit der UN an seiner Umsetzung zu arbeiten. Sollte dies nicht geschehen, wüsste er nicht, „what more could be done".[725]

(3) Die Reaktionen der Sicherheitsratsmitglieder

Entsprechend den politischen Lagern im Sicherheitsrat verfestigten sich die bereits seit Jahren schwierig aufzulösenden diplomatischen Ketten, die entweder Marokko oder Algerien bzw. die Polisario in der Hand hielten, mit der Präsentation des Peace-Plans nur weiter.

Der spanische Vertreter *Arias* war an der Frage der Wählerschaft für das Referendum interessiert und aufgrund der vorherigen Erfahrungen besorgt. Er betonte, dass „a reliable census was of critical importance to avoid more appeals". *Baker* stellte klar, dass „the Peace Plan addressed the issue of the requirement for credible evidence of residence. It gave the United Nations the authority to make the final determination of residency, and would not allow appeals."[726]

---

of reality to accept the second option.", Baker Paper, Princeton Mudd Manuscript Library, Box 322–328, Dokument v. 10.4.2003.

724 Baker Paper, Princeton Mudd Manuscript Library, Box 322–328, Dokument v. 2.5.2003, S. 3.

725 Baker Paper, Princeton Mudd Manuscript Library, Box 322–328, Dokument v. 2.5.2003, S. 3.

726 Baker Paper, Princeton Mudd Manuscript Library, Box 322–328, Dokument v. 2.5.2003, S. 4. Zudem führte er diesbezüglich auf weitere Nachfragen anderer Mitglieder zum Komplex des Referendums und seiner Erfolgsaussichten für die jeweiligen Parteien aus: „In the Framework Agreement, the Frente POLISARIO had been given domestic responsibilities. Under the Peace Plan, Frente POLISARIO would have to win an election to garner the support for autonomy. It seemed likely that they would because the electorate would have been identified, in part, under the Settlement Plan during the last 10 years. Under the Settlement Plan, there is a gener-

Frankreich, Bulgarien, Kamerun und Guinea, die alle mehr oder weniger offen Marokko unterstützten, sprachen sich deutlich dafür aus, dass die Parteien miteinander verhandeln sollten und eine Lösung nicht aufgezwungen werden sollte. Die USA[727], das Vereinigte Königreich, Deutschland, Spanien und Chile unterstützten den Peace-Plan und den aggressiveren Ansatz *Bakers*, den Plan gegenüber den Parteien durchsetzen zu wollen. China, Syrien, Mexiko, Russland[728], Pakistan und Angola nahmen eine ambivalente und unklare Haltung ein. Der Vertreter Frankreichs, *de La Sabliere*, war äußerst direkt und führte aus, dass „it was not possible to impose the solution on the parties" und fragte *Baker* redundanterweise „if it was possible to take account of the parties concerns about the Peace Plan

---

al perception that the vote would be in favour of independence." Den Plan näher beschreibend führte Baker aus, „that the idea was to achieve self-determination for the *people* (his emphasis) of Western Sahara and not just those with a Saharan name. The effort to expand the electorate to include everyone, including those who Morocco might have sent in - made it a fair and balanced proposal which should be firmly proposed by the Council. One critical question, of course, was who would be the winner of the ultimate referendum under this plan - a question he could not answer". Allerdings implizierte er hier auch große Möglichkeiten für Marokko, da „there were large numbers of people who had been brought into the area by the Moroccan Government". Baker Paper, Princeton Mudd Manuscript Library, Box 322–328, Dokument v. 2.5.2003, S. 5 (Hervorhebung durch den Autor).

727 *Negroponte*, der Vertreter der USA führte aus, dass „there was a real dynamic at work on the issue which was part of the cycle of frustration experienced by the Council. When the period of the renewal of the MINURSO mandate approached there was a flurry of activity and pressure to act to cover the next period. That seemed to be the pattern that he had witnessed in the past year and a half in the Council. He agreed that if any progress were to be made, the Council would have to be more proactive to help the parties to reach a solution. Otherwise, the pattern would repeat itself. He stressed that he was talking as a representative of a country that paid 27 per cent of the bill that Mr. Baker had alluded to earlier", Baker Paper, Princeton Mudd Manuscript Library, Box 322–328, Dokument v. 2.5.2003, S. 6.

728 Russlands Vertreter war der jetzige Außenminister *Lavrov*, der ausführte, dass „the Council would be willing to encourage them as much as possible but the Council also had to allow the parties to express themselves. Council Members would certainly encourage the parties to be flexible but he questioned the possibility of imposing the Peace Plan." Diesbezüglich war er der Ansicht, dass „it was not the role of the United Nations to impose but to find a way of pushing the parties in the same direction. In that connection, Member States relied on the Secretary-General's renowned diplomacy. The Security Council could ask the parties to consider the proposal 'seriously', if the proposal was worded diplomatically. In the meantime, the Council could continue to use quiet diplomacy, the United Nations good offices and bilateral channels to convince them to accept the proposal", Baker Paper, Princeton Mudd Manuscript Library, Box 322–328, Dokument v. 2.5.2003, S. 4.

and to reconcile the differences. Otherwise, the Council would have to impose it, which it could not do".[729] *Baker* konterte vehement und schlagfertig, indem er ausführte, dass „it would be a mistake to negotiate the terms of the Plan before implementing it. Like the Road Map, the Peace Plan should not be negotiable. The parties should be made aware of the Council's 'strong desire' that they agree to implement it and that they would work with the United Nations to do so." Er unterstrich, „that he had difficulty accepting that the parties could not agree to a plan that had a ballot question on independence. That issue was not being decreed. It was quite possible for those not favouring independence to win the election" und erinnerte daran, „that the ballot question had been accepted by the parties 10 years ago".[730] *Lavrov* zeigte sich überraschenderweise trotz der engen Beziehungen zu Algerien und der zuvor eher die Polisario unterstützenden Haltung, äußerst solidarisch mit Marokko und zog den Vergleich *Bakers* der Situation der Westsahara mit jener Zyperns oder Palästinas in Zweifel. Lavrov „was not suggesting that the Council should proceed in the same way for Western Sahara. In the case of Western Sahara, the party that had been making concessions would ask why they were being asked to accept a new proposal at this time in the history of the crisis and not at the point at which they had all agreed to an earlier proposal".[731] Der deutsche Vertreter *Pleuger* „preferred to compare it to the situation in Kosovo, he said that at this stage in the development of problem of Western Sahara, the only reasonable approach seemed to be Mr. Baker's proposal." Er betonte, dass Deutschland *Baker* unterstützen werde und „expressed strong support for the position that the Security Council must make it clear that it supported the proposal." Er war der Ansicht, dass der Peace-Plan „the only way out of the dilemma" sei.[732]

---

729 Baker Paper, Princeton Mudd Manuscript Library, Box 322–328, Dokument v. 2.5.2003, S. 6.
730 Baker Paper, Princeton Mudd Manuscript Library, Box 322–328, Dokument v. 2.5.2003, S. 6.
731 Baker Paper, Princeton Mudd Manuscript Library, Box 322–328, Dokument v. 2.5.2003, S. 6.
732 Baker Paper, Princeton Mudd Manuscript Library, Box 322–328, Dokument v. 2.5.2003, S. 7.

(4) Zwischenergebnis

Die Heranziehung der Protokollierung der Konsultationsrunde des Sicherheitsrates mit *Baker* gibt politischen Aufschluss über die Herangehensweise der Mitglieder des Sicherheitsrates, insbesondere der Schlüsselmitglieder wie Frankreich, Russland und den USA. Insbesondere kann aufgezeigt werden, dass die verhärteten Fronten zwischen den Konfliktparteien durch ihre Verbündeten im Rat übertragen wurden und auch dort den Prozess ausbremsten. Insbesondere Frankreich als größter Fürsprecher Marokkos und als ständiges Sicherheitsratsmitglied hatte großen Einfluss für die Position Marokkos ausgeübt. Es war, ebenso wie Russland, der vehementen Ansicht, dass eine Lösung zur Beilegung des Westsahara-Konflikts den Parteien, aber vor allem natürlich Marokko, niemals aufgezwungen werden dürfe. Die USA wiederum versuchten zunächst mit allen Mitteln *Bakers* Position zu unterstützen und Fürstreiter zu werben.[733] Als „Penholder" der Resolution hatten sie grundsätzlich noch größeren Einfluss als Frankreich auf das Wording der Resolution, waren schlussendlich aber natürlich trotzdem vom Gutdünken der anderen Sicherheitsratsmitglieder, vor allem Frankreichs, abhängig, da es die Resolution im schlimmsten Falle als Vetomacht blockieren könnte.[734] Auch *Annan* setzte sich für den Plan ein und stand in Kontakt mit wichtigen Mitgliedern des Rates, um deren Unterstützung zu gewinnen. *Theofilopoulou* resümierte, dass „all efforts were coordinated to ensure support for the Peace Plan".[735] Marokko wiederum intensivierte, unter Unterstützung Frankreichs, im Folgenden seine Bemühungen, die Sicherheitsratsmitglieder von seiner Ansicht und Position zum Peace-Plan zu

---

733 *Theofilopoulou*, The United Nations and Western Sahara - A real challenge for the Organization (unveröffentlicht), Baker Paper, Box 223–228, S. 60.

734 *Theofilopolou* schrieb *Baker* zur Position Frankreichs, „that in the meeting of the group of Friends to discuss the draft resolution, France, supported by Russia, is pushing to ask the parties to work with Mr. Baker to find a mutually acceptable solution. Even before I knew about the Moroccan non-paper I suspected that this was coming from the Moroccans to justify their insistence on negotiations. As the non-paper shows, I was right on the money", Baker Paper, Princeton Mudd Manuscript Library, Box 322–328, Dokument v. 28.5.2003.

735 *Theofilopoulou*, The United Nations and Western Sahara - A real challenge for the Organization (unveröffentlicht), Baker Paper, Box 223–228, S. 57.

überzeugen.[736] Das Königreich ließ hierfür kurz vor der Abstimmung des Sicherheitsrats allen Mitgliedern ein Non-Paper zukommen, welches insbesondere die Relevanz des Konsenses und der politischen Lösung durch Verhandlungen hervorhob.[737]

---

736 In einem Schreiben von *Bennaisa* an *Annan* hieß es in zwar erwartbarer, aber dennoch verschärfter Rhetorik: „Mr. Baker's proposal complicates even more the situation through its arrangements during the transition period. In defining the electoral body for the local elections, the Baker plan grants to a minority of the population substantial prerogatives, by ignoring the social, tribal and ethnic composition of Sahara, as well as the necessity of adhering, sincerely and with conviction by all this population to the status that has been accorded to them. Therefore, by giving preeminence to the role and rights of a minority, *the rules of the proposal by Mr. Baker are anti-democratic and do not prepare the way for a definitive status that would bring adhesion to all.*", Baker Paper, Princeton Mudd Manuscript Library, Box 322–328, Dokument v. 29.5.2003 (Hervorhebung durch den Autor).

737 Dem Autor liegt das vertrauliche Dokument vor, welches hier vollständig abgedruckt wird, um aufzuzeigen, welche Schritte von den Parteien ergriffen worden sind, um den Prozess zu beeinflussen: „Morocco will continue to seek a peaceful and mutually acceptable solution to the dispute on Western Sahara. Morocco remains attached to international legality and devoted to the achievement of political solution that is viable, realistic and mutually acceptable. For that purpose, Morocco is ready to engage with the other parties into meaningful negotiations aimed at reaching a satisfactory solution of this pending dispute. - Such negotiations are provided for in the Charter of the United Nations and listed as a priority mean to settle disputes peacefully (article 33). The provisions of the Charter as well as the practice of the Security Council emphasize the role of this main body to assist the parties to resolve their disputes. In the Preamble part of resolution 1429 of 30 July 2002, the Security Council reaffirmed its commitment to assist the parties to achieve a just, lasting and mutually acceptable political solution. It should be recalled that when M. Baker presented his Framework agreement to the Security Council in June 2001, Morocco reacted positively to the content of that proposal and accepted it as a basis for negotiation. As indicated in para 40 of the Secretary General's report S/2003/565, neither Algeria nor the Polisario were willing to engage in a detailed discussion on the draft framework agreement despite the flexibility shown by Morocco in this regard. Holding the negotiations is not an end in itself, but a mean to clarify the positions of the parties, to lift all ambiguities and to create conditions that are conducive to re-establish confidence among the parties. A franc, sincere and direct dialogue could lead to concrete steps in the search for a political solution and make each one of the parties face its responsibilities. Only the parties could, in the final analysis, work out, through negotiations, a viable, realistic and mutually acceptable solution so as to reach a definitive and lasting settlement to the dispute. The question of the Western Sahara has been on the agenda of the United Nations for more than thirty years. How can one imagine a magic solution to the dispute (a referendum or otherwise) without engaging true negotiations to tackle all the aspects? In order to contribute to the final settlement of this dispute, Morocco is ready to demonstrate the necessary political will and the required flexibility to

ff) Bericht und Vertagung des Sicherheitsrates

Der Sicherheitsrat war sichtlich gespalten nach der Präsentation *Bakers* und der intensiven Lobbyarbeit der Konfliktparteien. Der Bericht *Annans* war aufgrund der Einschätzung *Bakers* so formuliert worden, dass er sowohl in Nachdruck als auch konkreten Aufforderungen an den Sicherheitsrat der bis dahin umfangreichste und in seinen Formulierungen stärkste und kompromissloseste gewesen ist.[738] In dem Bericht hieß es in ungewohnt kritischer Weise, dass „as far as adding a Chapter VII mechanism to enforce the results of the referendum, it should be recalled that, following my report of February 2002 (S/2002/178), the Security Council would not choose any of the four options proposed by my Personal Envoy and me because both parties would not consent or agree to one of them. It is therefore quite unlikely that the Council would decide to enforce the result of the referendum under Chapter VII", womit der Sicherheitsrat recht eindeutig für seine Unentschlossenheit und fehlende Lösungsbereitschaft kritisiert worden ist.[739] *Baker* und *Annan* warnten den Rat davor, dem Druck nachzugeben und einen Prozess zur Aushandlung des Friedensplans zu unterstützen. Beide waren sich sicher, dass ein solcher Ansatz zu keinen Fortschritten führen würde, zumal sich die Parteien während der Amtszeit von *Baker* bereits neunmal getroffen hatten, „usually with discouraging results".[740] Der Rat wurde auch daran erinnert, er sei „not going to solve the problem of Western Sahara without asking that one or both of the parties do something they are not otherwise prepared to do".[741] Der Bericht empfahl aufgrund der vielschichten Problemfelder und Beratungsnotwendigkeiten eine zweimonatige Verlängerung der MINURSO bis zum 31.7.2003, um dem Rat die Möglichkeit zu geben, die Situation zu überdenken, was dieser mit der Resolution 1485 annahm.[742]

---

ensure a successful outcome of the negotiations.", Baker Paper, Princeton Mudd Manuscript Library, Box 322–328, Dokument v. 28.5.2003.

738 Vgl. *Zunes/Mundy*, Western Sahara, S. 233.

739 UN Doc. S/2003/565 v. 23.5.2003, S. 11, Rn. 54.

740 UN Doc. S/2003/565 v. 23.5.2003, S. 11, Rn. 56.

741 UN Doc. S/2003/565 v. 23.5.2003, S. 11, Rn. 57.

742 UN Doc. S/RES/1485 v. 30.5.2003; *Theofilopoulou* schrieb *Baker* hinsichtlich der letzten Diskussionen des Sicherheitsrats nach Veröffentlichung des Berichts und kurz bevor die Resolution verabschiedet wurde: „The Security Council discussed the report yesterday. It was really a nondiscussion since they all stirred clear of anything controversial and agreed to extend the mandate for two months. I am

(1) Der Weg zur Juli-Resolution

In der Folgezeit wurden die Vorbereitungen für die Resolution, in welcher sich der Sicherheitsrat zum Peace-Plan äußern sollte, äußerst intensiv geführt. Marokko setzte sich aktiv gegen das Dokument ein und bestand darauf, dass *Baker* erneut direkte Gespräche mit allen Parteien organisieren sollte, um eine Lösung zu finden, was dieser allerdings klar ablehnte.[743] Marokko war sogar gegen die Implementierung der dritten Option auf dem Wahlzettel, da dies zu einer Spaltung derjenigen führen würde, die möglicherweise für die Integration stimmen würden, und warb auch diesbezüglich für eine Ablehnung des Peace-Plans.[744] Auch die Polisario war äußerst unzufrieden mit dem Peace-Plan, insbesondere aufgrund der Einbeziehung marokkanischer Siedler in den Schutzbereich des Selbstbestimmungsrechts und der Berechtigung, im Referendum wählen zu dürfen. Dies brachte sie zunächst auch öffentlich zum Ausdruck, wurde aber maßgeblich von Algerien gezügelt, welches den Peace-Plan öffentlich, unter Maßgabe der Vorschläge zu noch vorzunehmenden Änderungen, grundsätzlich unterstützte.[745]

Die USA wiederum versuchten weiterhin aktiv für *Bakers* Plan zu werben, waren in dieser Zeit auf höchster diplomatischer Ebene aktiv und standen bei der Vorbereitung der Resolution in engem Kontakt mit *Baker* und dem Generalsekretariat.[746] Währenddessen unterstützte *Chirac* offen

---

attaching the draft resolution which will be adopted tomorrow, or Friday.", Baker Paper, Princeton Mudd Manuscript Library, Box 322–328, Dokument v. 29.5.2003.

743 *Theofilopoulou*, The United Nations and Western Sahara - A real challenge for the Organization (unveröffentlicht), Baker Paper, Box 223–228, S. 59.

744 *Theofilopoulou*, The United Nations and Western Sahara - A real challenge for the Organization (unveröffentlicht), Baker Paper, Box 223–228, S. 59.

745 *Theofilopoulou* schrieb *Baker* hierzu: „I also spoke to Ambassador Baali as you suggested. I told him that I was the only person that knew of your conversation with him and mentioned that personally I was quite disturbed with what the various POLISARIO representatives were saying publicly about the peace plan. He told me that he had sent a cable to Algiers following your conversation and had conveyed the message that Algiers ought to weigh in on POLISARIO. He agreed that Boukhari was full of hot air and told me that he had asked that Algiers contact Khadad. He was going to contact Mouloud as you had suggested.", Baker Paper, Princeton Mudd Manuscript Library, Box 322–328, Dokument v. 11.6.2003; *Theofilopoulou*, The United Nations and Western Sahara - A real challenge for the Organization (unveröffentlicht), Baker Paper, Box 223–228, S. 59.

746 *Theofilopoulou*, The United Nations and Western Sahara - A real challenge for the Organization (unveröffentlicht), Baker Paper, Box 223–228, S. 60.

und hinter den Kulissen die Position Marokkos und übte Einfluss auf andere Staaten aus.[747] Auf den Druck Algeriens hin[748] und um die wachsende Unzufriedenheit Marokkos mit dem Peace-Plan auszunutzen, akzeptierte die Polisario am 6.7.2003 mit Schreiben an den Generalsekretär formell den Plan. Kurz darauf akzeptierte auch Algerien den Plan formell.[749] Trotz eingehender Warnungen von Sicherheitsratsmitgliedern, aber auch von der UN-Administrative, überraschte Marokko diese Entwicklung in höchstem Maße.[750] Während der informellen Sicherheitsratssitzung vom 12.7.2002 wurde deutlich, wie schon die Gespräche im Mai andeuteten, dass der Rat äußerst gespalten und kaum entscheidungsfähig war, obwohl Algerien und die Polisario dem Plan zugestimmt hatten und sich das Momentum deutlich verändert hatte. Trotzdem kam die einzige offene und eindeutige Unterstützung für den Plan von den USA, dem Vereinigten Königreich, Deutschland und Spanien.[751] Chile, Pakistan und Mexiko standen dem Plan positiv gegenüber und erklärten, dass der Rat die Parteien ermutigen müsse, mit der UN zusammenzuarbeiten, um eine Lösung auf der Grundlage des Plans zu finden, seine Vorzüge zu prüfen und ihre Positionen miteinander in Einklang zu bringen.[752] Russland, Angola, China, Guinea

---

747 *Zunes/Mundy*, Western Sahara, S. 234.

748 *Theofilopoulou* informierte *Baker*, dass Algerien den Peace-Plan unbedingt umsetzten wolle: „Ambassador Baali has been very active working the Council to support the peace plan and is currently in Algiers. (...) Amb. Baali has said that Algeria will do its best to deliver POLISARIO, although he made no promises.", Baker Paper, Princeton Mudd Manuscript Library, Box 322–328, Dokument v. 2.7.2003.

749 *Theofilopoulou*, The United Nations and Western Sahara - A Never-ending affair, USIP Special Report 166, S. 12; *Jensen*, Western Sahara – Anatomy of a Stalemate?, S. 102.

750 *Jensen*, Western Sahara – Anatomy of a Stalemate?, S. 102. *Bouteflika* nutzte die Situation, um Marokko offiziell anzubieten, die seit Jahren stillgelegten diplomatischen Beziehungen vollends zu normalisieren und weiteren Druck aufzubauen, was von Marokko allerdings nicht entgegengenommen worden ist. Baker Paper, Princeton Mudd Manuscript Library, Box 322–328, Dokument v. 18.7.2003. Vgl. zur Entwicklung marokkanisch-algerischer Beziehungen *Dworkin*, North African standoff: How the Western Sahara conflict is fuelling new tensions between Morocco and Algeria, ECFR Policy Brief (2022).

751 *Theofilopoulou*, The United Nations and Western Sahara - A Never-ending affair, USIP Special Report 166, S. 12.

752 *Theofilopoulou* schrieb *Baker*: „I was struck by the timidity of even POLISARIO supporters, who did not have the nerve to suggest that the Council should endorse the plan even after POLISARIO accepted it.", Baker Paper, Princeton Mudd Manuscript Library, Box 322–328, Dokument v. 11.7.2003; *Theofilopoulou*, The United Nations and Western Sahara - A Never-ending affair, USIP Special Report 166, S. 12.

und Syrien waren weiterhin unentschlossen, aber eher negativ positioniert. Für Frankreich, Bulgarien und Kamerun stand die Implementierung des Plans faktisch nicht zur Diskussion.[753]

(2) Das Wording der Resolution

Die von den USA vorgelegte Resolution entfachte in der Sitzung und danach insbesondere Streit hinsichtlich der Semantik und Formulierungsweise, da die Befürworter des Plans „to endorse" und die Kritiker „to support" durchsetzen wollten.[754] Die Billigung des Plans, also ihn „to endorse", hätte dabei die größtmögliche Unterstützung des Sicherheitsrats im Rahmen seiner Möglichkeiten von Kapitel VI UN-Charta signalisiert. Maßnahmen nach Kapitel VII UN-Charta waren kategorisch ausgeschlossen.[755] Die Draft-Resolution der USA sah zudem den Absatz vor, „calling upon the parties to work with the UN and with each other to implement it".[756] Frankreich missfiel diese Formulierung äußerst und verlangte, dass die Resolution per Konsens erlassen wird und wurde dabei von Russland und China unterstützt.[757] Hierzu ließ Frankreich den Sicherheitsratsmitgliedern Vorschläge zur Abänderung des Resolutionswordings zukommen, die schwächere Formulierungen zum Wortlaut hatten.[758] *Mohammed VI*, dessen Berater und Minister die Reaktion der Polisario und Algeriens so nicht vorhergesehen hatten, griff persönlich ein, um die USA und Großbritannien von den Formulierungen der Resolution abzubringen. Hierzu tele-

---

753 *Theofilopoulou*, The United Nations and Western Sahara - A Never-ending affair, USIP Special Report 166, S. 12.

754 Die von den USA ursprünglich erstellte Draft-Resolution hatte folgenden Wortlaut: „1. Continues to support strongly the efforts of the Secretary-General and his Personal envoy and endorses their Peace plan for self-determination of the People of Western Sahara; 2. Calls upon the parties to work with the United Nations and with each other to implement the Peace plan.", Baker Paper, Princeton Mudd Manuscript Library, Box 322–328, Dokument v. 16.7.2003; *Zunes/Mundy*, Western Sahara, S. 235.

755 *Zunes/Mundy*, Western Sahara, S. 235.

756 Baker Paper, Princeton Mudd Manuscript Library, Box 322–328, Dokument v. 18.7.2003, Rn. 8.

757 *Zunes/Mundy*, Western Sahara, S. 235.

758 „Commend the Personal Envoy for his continuing and valuable efforts, as exemplified by his latest proposals" und „calls upon the parties to work with the UN and with each other towards achieving a just, lasting and mutually acceptable solution which takes into account the proposals presented by the Personal Envoy as well as the observations of the parties", Baker Paper, Princeton Mudd Manuscript Library, Box 322–328, Dokument v. 18.7.2003.

fonierte er mit Großbritanniens Premierminister *Blair* und US-Präsident *Bush*, um die Position seines Landes gegen den Peace Plan zu untermauern und für diese zu werben.[759] *Baker* war hinsichtlich einer konsensualen Entscheidung gänzlich anderer Ansicht, wie aus einem streng vertraulichen Schreiben *Prendergasts* an *Annan* hervorgeht.[760] *Baker* wollte kompromisslos vorgehen und den Rat zu einer Entscheidung zwingen. *Prendergast* schrieb *Annan*, dass „he is aware of attempts to find language for the resolution that will please everybody, however, he does not believe that "conceding preemptively" will resolve the problem". Er kritisierte hierzu insbesondere die Haltung Spaniens und griff *Palacio*, die spanische Außenministerin, an, da diese „in her efforts to arrive at a resolution acceptable to both sides, the Minister has started "caving in" and has offered suggestions for Mr. Baker to initiate negotiations with the parties which Mr. Baker does not accept. He is particularly disturbed by this because he had understood that the Spanish Ambassador in New York wanted to "hang tough" in the language".[761] Spaniens Haltung schätzten die Verantwortlichen und auch *Baker* selbst als essentiell ein, da diese als sichere Unterstützerin der streng formulierten Resolution galt. Es wurde aufgrund der Tatsache, dass es sich um eine ehemalige Kolonie Spaniens handelte, besonderes politisches

---

759 *Prendergast* stellte im Schreiben an *Annan* fest: „There has been a flurry of phone and direct contacts between the parties and members of the Council, as well as between members themselves. The Moroccan King has telephoned Presidents Bush and Chirac and Prime Minister Aznar asking for support for the Moroccan position against the US sponsored resolution. Mr. Baker has been very actively following developments regarding the resolution and has been in close contact with Foreign Minister Palacio, the US State Department and the US Mission to the UN.", Baker Paper, Princeton Mudd Manuscript Library, Box 322–328, Dokument v. 18.7.2003, Rn. 10. *Theofilopoulou* ließ *Baker* am 14.7.2003 sehr eindrucksvoll wissen, „that the Moroccans are going on the offensive against the US proposed resolution which Bennouna calls counterproductive. Peter told me yesterday that they are complaining to Washington about the US mission in NY. I have seen this so many times. When things are not going their way, the Moroccan are doing the one thing they have always done, getting nasty and personal. Pathetic really.", Baker Paper, Princeton Mudd Manuscript Library, Box 322–328, Dokument v. 14.7.2003. *Benaissa*, marokkanischer Außenminister ließ verkünden, dass „Morocco's position is clear: we refuse that any decision pertaining to the sovereignty of the kingdom be imposed on us.", zit. nach *Zunes/Mundy*, Western Sahara, S. 234.

760 Baker Paper, Princeton Mudd Manuscript Library, Box 322–328, Dokument v. 18.7.2003.

761 Baker Paper, Princeton Mudd Manuscript Library, Box 322–328, Dokument v. 18.7.2003, Rn. 11.

wie aber auch diplomatisches Verständnis für die Situation erwartet.[762] Zudem hatte Spanien zum Zeitpunkt der Resolutionsentscheidung die Präsidentschaft im Sicherheitsrat inne.[763] *Baker* war sich der möglichen

---

762 Aufgrund dieser ambivalent eingenommen und überraschenden Haltung Spaniens sah sich *Baker* veranlasst, persönlich zu schreiben und seine Meinung äußerst ungefiltert mitzuteilen. Das Schreiben liegt dem Autor vor wie auch die Antwort *Palacios*; beide Schreiben sind aufgrund der Beleuchtung der realpolitischen Umstände und der unter großem Dissens, auch zwischen mutmaßlich Verbündeten, stattfindenden Verhandlungen von wissenschaftlicher und gesellschaftlicher Relevanz und werden hier vollständig abgedruckt: „Dear Minister Palacio: I have received the fax you mentioned in your phone call from Beijing. I am frankly "underwhelmed" with it. It seems to make no sense to me to offer alternative operative paragraphs before discussion even begins in the Security Council. This amounts in effect to negotiating with ourselves. And as I said to you on the phone, other countries would see the second and third alternatives as acceptable to the "Friends" and the Presidency of the Council. I understand the principle of not imposing a solution. But at a minimum, the Council should be willing to judge whether the Peace Plan is a good one or not. If it is a good one, it should be endorsed by the Council and the parties should be asked to work with the United Nations to implement it. That does not amount to imposing a solution! Anything less, such as a call for negotiations, will be a recipe for continued stalemate, gridlock and impasse - something we have had for 12 years at a cost of in excess of $500,000,000. Sincerely, James A. Baker III." *Palacio* antwortete hierauf: „Dear Mr. Baker, I acknowledge receipt of your letter of 8 July. I must admit I am surprised not just to receive it but also in its tone and content. As I indicated in our telephone conversation, the thoughts I conveyed to you do not constitute an offer, nor do I have any intention of 'negotiating with our selves'. They are simply my own reflections, not intended for circulation, which distill the round of consultations - as opposed to negotiations - my team and I have held thus far with the various relevant players. As I also explained to you, I have shared these reflections, exceptionally, with Secretary of State Powell - since he is Coordinator of the Group of Friends, and in that capacity will be the person who tables the first negotiation draft and also with you, not only because of your formal role but also because of the high esteem in which I hold your work in recent years and your insightful views and counsel, from the position of constructive neutrality that has guided the actions of my government both as a Member of the Security Council and, even more appropriately today, as the current President. Lastly, regrettably neither the lengthy time invested in the negotiations nor the tremendous cost incurred are, as well you know, arguments which in themselves bring us nearer to a solution to the conflict. Yours sincerely, Ana Palacio."

763 Womöglich auch deshalb präsentierte Spanien eine eigene alternative Formulierung der Resolution, die *Baker* zwar nicht weit genug ging, im Vergleich zur letztendlich verabschiedeten Resolution allerdings noch immer stärkere Ausdrücke verwendete: „1. Continues to support strongly the efforts of the Secretary-General and his Personal envoy; welcomes their Peace plan for the self-determination of the people of Western Sahara, and expresses its readiness to consider its endorsement as a fair and balanced political compromise consistent with the purposes and principles

Abstimmungssituation im Rat bewusst und *Prendergast* ließ *Annan* wissen, dass „Mr. Baker sees the Council's task as follows: (a) decide whether the peace plan is good, and if so, endorse it; and (b) ask the parties to work with the UN to implement it. He thinks that there might be more members, in addition to the six, who support this approach. He regards Mexico and the Russian Federation as the prime candidates".[764] Besonders war ihm wichtig zu betonen, dass er eine knappe Abstimmung in Kauf nehmen würde und diesbezüglich „would prefer a 9/6 (or even 8/7. i.e. no resolution) on a firm text to consensus on milquetoast wording".[765] Zudem kritisierte er Marokkos Haltung hinsichtlich der kategorischen Ablehnung der Marokko entgegenkommenden und von *Baker* in den Peace-Plan hinzugefügten dritten Wahloption im Falle des Referendums. Er ließ *Prendergast* wissen, „that Morocco is unreasonable in objecting to this amendment on the grounds that adding this question will only split the vote of those who would have voted for integration, between autonomy and integration".[766]

Baker wandte sich abschließend an *Annan* und „expressed the hope that you would resist the "doomsayers" who are suggesting negotiations on the basis of the peace plan as a way to entice Morocco to work with the UN".[767] Zudem kritisierte er äußerst explizit das Generalsekretariat

---

of the Charter of the United Nations; 2. Calls upon the parties to work with the United Nations and with each other to implement the Peace plan or otherwise present to the Council, through the Secretary-General and his Personal Envoy, a mutually accepted alternatively political solution, not later than the 31 of December 2003.", Baker Paper, Princeton Mudd Manuscript Library, Box 322–328, Dokument v. 16.7.2003.

764 Baker Paper, Princeton Mudd Manuscript Library, Box 322–328, Dokument v. 18.7.2003, Rn. 12.

765 Baker Paper, Princeton Mudd Manuscript Library, Box 322–328, Dokument v. 18.7.2003, Rn. 12. Dieses ließ *Baker* auch über *Prendergast* an den spanischen UN-Botschafter, in dem Wissen, dass Spanien die Präsidentschaft innehatte, herantragen. *Theofilopoulou* berichtete *Baker*: „Mr. Prendergast told me today that he had spoken with the Spanish Ambassador about the resolution and had transmitted the message that it would be better to get a 9/6 or even an 8/7 vote on a clearly-worded and strong resolution, and that we do not engage in preemptive capitulation. Apparently, the Ambassador did not know that and was happy to know it. He also knew that you had not accepted the latest suggestions from his Minister. Mr. Prendergast told me that the Ambassador was solid.", Baker Paper, Princeton Mudd Manuscript Library, Box 322–328, Dokument v. 21.7.2003.

766 Baker Paper, Princeton Mudd Manuscript Library, Box 322–328, Dokument v. 18.7.2003, Rn. 13.

767 Baker Paper, Princeton Mudd Manuscript Library, Box 322–328, Dokument v. 18.7.2003, Rn. 14.

und auch *Annan*, indem er *Prendergast* nachdrücklich vermittelte, dass „he would also like to see the Secretary-General and the Secretariat "out there" talking openly in support of the peace plan, which so far, he feels he has been doing on his own".[768]

(3) Die Resolution 1495

All die Bemühungen *Bakers* sollten schlussendlich nicht von Erfolg gekrönt sein. Die Resolution 1495 des Sicherheitsrates stellte in vergleichsweise schwacher Sprache fest, dass der Rat „continues to support strongly the efforts of the Secretary-General and his Personal Envoy and similarly supports their Peace plan for self-determination of the people of Western Sahara as an optimum political solution on the basis of agreement between the two parties" und „calls upon the parties to work with the United Nations and with each other towards acceptance and implementation of the Peace plan".[769] Die Resolution stellte vor allem vorweg und ausdrücklich fest, dass der Sicherheitsrat dies „under Chapter VI of the Charter of the United Nations" beschloss.[770] Unmittelbar nach der Verabschiedung der Resolution kamen *Annan* und *Baker* überein, dass Marokko eine gewisse Bedenkzeit zugesprochen werden müsse, um den vom Sicherheitsrat geforderten Konsens zwischen den Parteien hinsichtlich der Akzeptanz und Implementierung des Peace-Plans zu überdenken, versuchten aber dennoch den Druck auf Marokko weiterhin aufrechtzuerhalten bzw. auszubauen.[771] Die MINURSO wurde bis zum 31.10.2003 verlängert und *Annan* wurde aufgefordert, über die Ereignisse und Verhandlungsfortschritte Mitte Oktober zu berichten.[772]

(4) Marokkos Gegenwehr

Während die Polisario und Algerien durch ihre Akzeptanz des Plans politisch wie auch diplomatisch Fortschritt und Kompromissbereitschaft auf-

---

768 Baker Paper, Princeton Mudd Manuscript Library, Box 322–328, Dokument v. 18.7.2003, Rn. 14.
769 UN Doc. S/RES/1495 v. 31.7.2003.
770 UN Doc. S/RES/1495 v. 31.7.2003.
771 *Zunes/Mundy*, Western Sahara, S. 235; *Theofilopoulou*, The United Nations and Western Sahara - A Never-ending affair, USIP Special Report 166, S. 12 f.
772 UN Doc. S/RES/1495 v. 31.7.2003.

zeigten, nahm Marokko alle Mittel in die Hand, um den Sicherheitsrat von weiteren Schritten, insbesondere der zwangsweisen Implementierung des Plans, abzubringen.[773] Unter anderem wurde von Marokko wiederholt angeführt, dass der Plan weder mit der Verfassung noch mit dem Rechtssystem Marokkos als solchem kompatibel wäre und damit von vornherein nicht implementierbar sei.[774] Eine hochrangige marokkanische Delegation, bestehend aus dem Außen- und dem Innenminister sowie dem marokkanischen UN-Botschafter traf sich mit *Baker* am 17.9.2003 und diskutierte über mögliche Abänderungen des Plans oder Alternativen.[775] Um die starre Haltung Marokkos wissend, wies *Baker* die Delegation explizit darauf hin, dass Marokko im Prozess, seit er die Position des Persönlichen Gesandten des Generalsekretärs übernommen hatte, jeglichen konstruktiven Lösungsvorschlag ablehnte. Hierzu führte er aus, dass die Polisario den Settlement-Plan unterstützt hatte, den Marokko schlussendlich ablehnte. Zudem war die Polisario bereit gewesen, über eine Teilung des Gebietes zu diskutieren, was Marokko jedoch kategorisch abgelehnt habe. Schließlich hat die Polisario den Peace-Plan akzeptiert, den Marokko jedoch ebenfalls ablehnte, obwohl der Sicherheitsrat einstimmig dafür gestimmt hatte. Um politischen Willen zu zeigen und seine Position wiederzuerlangen, müsse Marokko sich nach Ansicht *Bakers* daher zwingend mit den Elementen des Peace-Plans konstruktiv auseinandersetzen, zumindest sollte Marokko bereit sein, einen ernsthaften Autonomievorschlag zu unterbreiten. Die Delegation versprach *Baker*, dies dem König zu vermitteln, benötige aber mehr Zeit, weshalb *Baker* sich bereit erklärte, *Annan* und dem Sicherheitsrat eine dreimonatige technische Verlängerung der MINURSO bis zum 31.1.2004 zu empfehlen.[776] Kurz nach dem Treffen mit *Baker* traf sich *Mohammed*

---

773 *Theofilopoulou*, The United Nations and Western Sahara - A Never-ending affair, USIP Special Report 166, S. 12 f.

774 Hierzu *Soroeta Liceras*, International Law and the Western Sahara Conflict, S. 250 f., der richtigerweise feststellt, dass „if this argument had any truths, many of the decolonization processes could not have come about, since in the majority of, if not in all, Constitutions of colonial powers the colonial territories are considered as an integrated part of their territory".

775 *Jensen*, Western Sahara – Anatomy of a Stalemate?, S. 102.

776 Dem Autor liegt das Schreiben *Bakers* an die Minister und den UN-Botschafter Marokkos vor, in welchem er nach dem Treffen nochmals daran erinnerte, dass die gegebene Frist absolut und nicht verschiebbar sei: „Gentlemen: I appreciate your coming to Houston to discuss the Peace Plan for Self-Determination for the People of Western Sahara, and Security Council Resolution 1495 (2003). During our meeting yesterday, you said that you needed time to consult with His Majesty

VI mit *Bush*, der ihm versicherte, dass „the UN and the U.S. would not impose a settlement on Morocco".[777] Auch *Chirac* ließ Marokko und die Internationale Gemeinschaft dies wissen und betonte Frankreichs „steadfast position in supporting the position of Morocco" und führte aus, dass eine „solution cannot be imposed by the international community against the will of one of the parties".[778]

Annan wiederum hatte in seinem Bericht so deutlich wie nie Marokko aufgefordert, „to seize the opportunity and to participate positively in the plan by accepting and implementing the plan".[779] Marokko reagierte empört auf den Bericht *Annans* und wandte sich nach dessen Veröffentlichung schriftlich an den Sicherheitsrat, in welchem es das Generalsekretariat dafür angriff, dass es seine Neutralität aufgegeben und die Einwände Marokkos gegen den Friedensplan selektiv und parteiisch interpretiert habe.[780] Der Sicherheitsrat gab der Empfehlung des Generealsekretärs und *Bakers* nach der Bitte Marokkos um mehr Zeit statt und verlängerte durch Resolution 1513 das Mandat der MINURSO bis zum 31.1.2004.[781]

King Mohamed VI about the issues discussed in our meeting. You pointed out that the next two months are very busy in terms of the calendar of the United Nations, your commitments and Ramadan. We did not agree upon any time for you to revert to me with the results of your discussions with His Majesty. However, because you have specifically requested time, I am writing to let you know that I intend to recommend to the Secretary-General that we ask for a technical rollover of the mandate of MINURSO for three months, until January 31. 2004. This will give you more than three months within which to get back to me. Of course, the next Secretary-General's report will have to be before the Council no later than the middle of January. Therefore, I am asking that if you have anything to communicate to me as a result of our discussions, that you do so before the end of this calendar year. I believe this suggestion gives you time, as you requested. I do not in good conscience think that it would be appropriate to ask for any longer period within which to await your final response to the operative paragraphs of United Nations Security Council Resolution 1495. As I told you in our meeting, please thank His Majesty for his initiative in sending your delegation to Houston and extend to him, if you will, my warmest personal regards. Sincerley, James A. Baker III.", Baker Paper, Princeton Mudd Manuscript Library, Box 322–328, Dokument v. 18.9.2003.

777 Zit. nach *Zunes/Mundy*, Western Sahara, S. 236.
778 *Jensen*, Western Sahara – Anatomy of a Stalemate?, S. 103.
779 UN Doc. S/2003/1016 v. 16.10.2003, Rn. 27.
780 UN Doc. S/2003/1028 v. 21.10.2003: „The Secretariat has departed from its neutrality and objectivity by deliberately misinterpreting Security Council resolution 1495 (2003) of 3 July
     2003. Morocco takes issue with the Secretariat's selective presentation and partial interpretation of the Kingdom's objections to the Personal Envoy's proposal (...).";
     Jensen, Western Sahara – Anatomy of a Stalemate?, S. 102 f.

(5) Marokkos Gegenvorschlag

Anstelle einer Überarbeitung des Peace-Plans entwarf Marokko einen Gegenvorschlag zu einer ausschließlichen Autonomielösung, welchen es Anfang Dezember 2003 erstmals der US-Regierung vorlegte. *Baker* und sein
Team erhielten erst am 23.12.2003 ein Exemplar, obwohl auch Frankreich
und Spanien bereits Exemplare vorliegen hatten.[782] Die Intention Marokkos, *Baker* und seine starke, zu Marokko äußerst divergierende Haltung
und Position hinsichtlich der Implementierung des Peace-Plans zu untergraben und zu schwächen, wird daraus besonders deutlich. Die Reglemen-
tierungen des marokkanischen Gegenvorschlags, der als „Peace Plan for
the Autonomy of the Sahara" präsentiert worden ist, stellten eine drastische
Umkehrung und teils Negierung der Regelungen des von *Baker* erarbeiteten Peace-Plans dar[783]. Das Dokument kam dem Entwurf des FA sehr
nahe, allerdings enthielt dieses noch weniger grundsätzliche und gesicherte
Kompetenzen für das sahrawische Volk und war noch restriktiver als das
ohnehin schon äußerst enge FA.[784] Der marokkanische Vorschlag wies dabei wesentliche Unterschiede zum Peace-Plan auf. Zum einen bezog dieser
die Frage der Unabhängigkeit nicht in die Entscheidung über den endgültigen Status des Gebiets im Rahmen des abzuhaltenden Referendums ein,
sondern bot der „Sahara Autonomous Region" lediglich einen Sonderstatus
im Rahmen der territorialen Souveränität des marokkanischen Königreichs
an.[785] Ferner und in deutlicher Anlehnung an die Formulierung des IGH,
sollte die Wählerschaft für das endgültige Referendum aus Personen bestehen, „who had legal or recognized links with the Territory". Hierzu sollten
auch bereits der Wohnsitz oder die Geburt in den Gebieten der Westsahara
zählen, unabhängig von der ethnischen Zugehörigkeit zum sahrawischen

---

781 UN Doc. S/RES/1513 v. 28.10.2003.
782 *Zunes/Mundy*, Western Sahara, S. 236. Bei der Vorstellung des Plans durch die
marokkanische Deleagtion hieß es, dass der marokkanische Autonomieplan „would
enable the Saharan populations to manage their own affairs freely, democratically
and in full respect of the sovereignty of the Kingdom of Morocco, its territorial
integrity and its national unity"., *Theofilopoulou*, The United Nations and Western
Sahara - A real challenge for the Organization (unveröffentlicht), Baker Paper, Box
223–228, S. 62.
783 *Theofilopoulou*, The United Nations and Western Sahara - A real challenge for the
Organization (unveröffentlicht), Baker Paper, Box 223–228, S. 62.
784 *Zunes/Mundy*, Western Sahara, S. 236.
785 *Theofilopoulou*, The United Nations and Western Sahara - A real challenge for the
Organization (unveröffentlicht), Baker Paper, Box 223–228, S. 62.

Volk.[786] Weiter ließ das Königreich keine nennenswerte Rolle der UN während der Übergangszeit zu, abgesehen von einem vagen Hinweis auf die Unterstützung durch das UNHCR. Vor allem aber wurde weder das Selbstbestimmungsrecht noch die Art und Weise der Durchführung des Referendums oder die Überwachung des Referendums erwähnt und die Ergebnisse sollten vom marokkanischen Verfassungsrat verkündet werden. Die MINURSO würde das Referendum nicht mehr überwachen oder gar durchführen.[787] Der Vorschlag übertrug dem marokkanischen Staat alle Aufgaben in den Bereichen Sicherheit, öffentliche Ordnung, Justiz und Strafverfolgung und verbot jegliche Sezessionsbestrebungen, ohne dass dies eine friedliche öffentliche Debatte oder Wahlkampftätigkeit behindern sollte.[788]

Das gleiche Dokument wurde dem Generalsekretär am 8.1.2004 von Marokko übergeben. Daraufhin teilte *Annan*, der bereits mit *Baker* das weitere Vorgehen besprochen hatte, Marokko mit, dass er eine Verlängerung des Mandats der MINURSO bis zum 31.3.2004 empfehlen werde, um *Baker* Zeit zu geben, weiter mit Marokko zu verhandeln.[789] Auf Anfrage Algeriens wurde die Verlängerung bis zum 30.4.2004 gewährt, da die algerischen Präsidentschaftswahlen Mitte April einer kürzeren Verlängerung entgegenstanden. Der Sicherheitsrat kam allen Parteien entgegen und beschloss mit Resolution 1523, die MINURSO bis zum 30.4.2004 zu verlängern.[790] In der Zwischenzeit konsultierte *Baker* erneut *Hannum*, um den marokkanischen Gegenvorschlag zu analysieren und Änderungen vorzunehmen, die dazu führen könnten, dass Algerien und die Polisario diesen Vorschlag ernsthaft in Erwägung ziehen würden.[791] Hierzu fanden im Januar 2004 geheime Arbeitssitzungen mit einer marokkanischen Delegation statt. Aus dem Be-

---

786 *Theofilopoulou*, The United Nations and Western Sahara - A real challenge for the Organization (unveröffentlicht), Baker Paper, Box 223–228, S. 62; vgl. zur Formulierung des IGH ausführlich § 3. A. I. 3. b).

787 *Zunes/Mundy*, Western Sahara, S. 236.

788 *Theofilopoulou*, The United Nations and Western Sahara - A real challenge for the Organization (unveröffentlicht), Baker Paper, Box 223–228, S. 62; *Zunes/Mundy*, Western Sahara, S. 236.

789 *Theofilopoulou*, The United Nations and Western Sahara - A real challenge for the Organization (unveröffentlicht), Baker Paper, Box 223–228, S. 62; *Zunes/Mundy*, Western Sahara, S. 236.

790 UN Doc. S/RES/1523 v. 30.1.2004.

791 *Theofilopoulou*, The United Nations and Western Sahara - A real challenge for the Organization (unveröffentlicht), Baker Paper, Box 223–228, S. 62; *Zunes/Mundy*, Western Sahara, S. 236.

richt des Generalsekretärs vom Januar 2004 geht indes nicht einmal hervor, dass es den marokkanischen Gegenvorschlag schon gab; er wurde von *Baker* und dem Generalsekretariat versucht unter Verschluss zu halten.[792] Frankreich lobte derweil in Kenntnis des marokkanischen Vorschlags das Entgegenkommen Marokkos im Sicherheitsrat und stellte fest, dass dies „proved the will of Morocco to work constructively to find a solution". Darüber hinaus erinnerte Frankreich nochmals daran, „that no political solution could be imposed to the parties and that the agreement had to be mutually accepted".[793] Algerien, welches Mitglied der E-10 Staaten im Jahr 2004 war, kritisierte, dass „despite some hope of a solution, raised since resolution 1495 of 31 July 2003, the situation reached again a stalemate". Weiter wurde hervorgehoben und darauf hingewiesen, dass „this delaying tactic accepted by the Security Council could damage its credibility". Schließlich rief Algerien dazu auf, „that the Council should send a clear message to Morocco to give a final response before the end of April".[794] Diese Nachricht blieb allerdings erwartungsgemäß aus.

f) Bakers letzter Gegenvorschlag

Baker und sein Team arbeiteten in Kooperation mit Marokko an einer Überarbeitung des Vorschlags des Königreichs und stellten einen Gegenvorschlag zusammen.[795] *Hannum* übermittelte seine ersten Änderungen am Peace-Plan unter Berücksichtigung der marokkanischen Autonomie-

---

792 Vgl. den Bericht in UN Doc. S/2004/39 v. 19.1.2004, S. 6 Rn. 28, der nur feststellt, dass *Baker* mit einer marokkanischen Delegation „discussions" geführt habe.

793 Baker Paper, Princeton Mudd Manuscript Library, Box 322–328, Dokument v. 27.1.2004, Rn. 4.

794 Baker Paper, Princeton Mudd Manuscript Library, Box 322–328, Dokument v. 27.1.2004, Rn. 4.

795 *Theofilopoulou* schrieb *Hannum* zum Hintergrund der marokkanischen Delegation, mit der sie zusammenarbeiteten: „I asked for the names and background of the three. Professor Serghini (the one sitting next to the Ambassador when we were upstairs) is a former assistant of Bennouna, he is the Rector of the University of Canetra. Once I heard his name I remembered not only that I had met him when we were discussing the appeals and protocols, but also that the former Independent Jurist, Professor Roucounas had dealt with him and disliked him with passion. He is a real hardliner in the Ministry of Interior, from the old times. The other lawyer, Mr. Anzazi is from the Ministry of Interior. The young fellow about whom we were wondering, Mr. Mansoue, is close to the King.", Baker Paper, Princeton Mudd Manuscript Library, Box 322–328, Mail v. 17.2.2004.

vorschläge am 16.2.2004 an *Baker* und *Theofilopoulou*. Aus einem streng vertraulichen Dokument ergibt sich, dass das Team *Bakers* den Plan schlussendlich faktisch für Marokko vorbereitete, damit dieses den Plan selbst präsentieren könnte, um einen Kompromiss zwischen den Parteien finden zu können: „I have taken as my guiding principle the fact that the ultimate decision on status must rest with the people of Western Sahara (hence the necessity for some form of referendum or popular consultation). However, I have also tried to reconsider at least some of the issues that are important to Morocco. This alternative (or an amended version thereof) will, after all, be put forward by Morocco; it is not a recommendation from the Personal Envoy and is not intended to replace the Peace Plan accepted by the Security Council."[796] Nach mehreren Überarbeitungen übersandte

---

796 Der streng vertrauliche Entwurf und die Kommentare *Hannums* liegen der Arbeit vor und sollen zur Einordnung in den historischen, politischen Kontext wie aber auch später für die rechtliche Analyse teilweise abgedruckt werden. *Hannum* kommentierte die vorgenommen Änderungen detailliert: „There are three major areas in which I think greater deference to Moroccan concerns can be identified, without undermining meaningful self-determination.
Referendum: During our discussions, the Moroccans essentially suggested that anything would be acceptable to them, so long as the arrangements were within the framework of the sovereignty of Morocco. They also stated, rather firmly, that it would be difficult for Morocco to accept any plan that did not, in and of itself, offer a final solution to the conflict. However, they also recognized that, if a "final" solution did not work, further negotiations would have to follow. The new draft accepts the Moroccan position that autonomy within Morocco should be the presumptive solution, and it allows 5-10 years for the proposed autonomy plan to work. However, it retains the requirement that, in order to be "final," the arrangements must be affirmatively approved by the voters of Western Sahara in a referendum (para. 2). Only if the autonomy arrangements are rejected will there be a second referendum, in which independence will be an option. Of course, there is no guarantee that Polisario presumably acting as the Western Sahara government, after the first elections will not seek to undermine the plan from the beginning. However, five years is a long time to stall, and it should give the voters sufficient opportunity to judge the competence of both Polisario and Rabat.
Interpretation of agreement: The Peace Plan provides that the UN Secretary-General has the authority to make binding interpretations of the Plan, which implicitly assumes that it is, indeed, transitional. If Western Sahara remains within Morocco, it seems reasonable that disputes between Rabat and Western Sahara should be decided between them rather than by the United Nations; para. 19 offers one alternative. If Western Sahara becomes independent, the point will be moot.
International guarantee: Morocco has indicated that it would be open to a fairly robust UN presence to guarantee various aspects of the agreement – provided that all is done within the context of Moroccan sovereignty. This version states specifically that the Security Council will guarantee the agreement and retains an

Hannum Baker am 15.3.2004 die finale Version des überarbeiteten Plans, welchen Marokko hätte annehmen und ernsthaft in Erwägung ziehen sollen. Allerdings sollte Marokko die wesentlichen Änderungen *Hannums* und *Bakers* nicht übernehmen und übersandte *Annan* am 2.4.2004 einen nahezu zum ersten Vorschlag aus Dezember 2003 identischen „Peace Plan for the Autonomy of the Sahara".[797] Marokkos Idee von dem seit Jahrzehnten

---

exclusive role for the UN in conducting and overseeing all elections and referenda (paras. 15 and 16). The plan does not spell out the form that such a guarantee would take.
Of course, many of the amendments suggested by Morocco in its written Contribution or during our discussions would inappropriately prejudge the final status of Western Sahara (e.g., demands that appeals from Western Sahara courts go to the Cour de Cassation or Cour Constitutionelle or that the King be the formal source of power for the investiture of the Chief Executive and judges). But I believe that the changes suggested in this version - which do go beyond the close adherence to the Peace Plan suggested when we last spoke -- remain faithful to the concept of "self-determination" while offering a ray of hope to Morocco.", Baker Paper, Princeton Mudd Manuscript Library, Box 322–328, Dokument v. 16.2.2004.

797 *Zunes/Mundy*, Western Sahara, S. 237. Dem Autor liegt dieses streng vertrauliche Dokument vor, in welchem Marokko in einer Art Präambel seine Ansicht zur Beilegung des Konflikts und zu den bisherigen Ereignissen darlegt und insbesondere betont, dass eine Lösung außerhalb des Autonomievorschlags niemals möglich sein wird. Damit stand fest, dass Marokko den Peace-Plan in seiner von Baker initiierten Form niemals annehmen würde, da es nicht einmal bereit war, die überaus großzügigen von *Hannum* und *Baker* vorgeschlagenen Kompromisse und Elemente zu implementieren, die nach Ansicht des Autors völkerrechtswidrig waren, da sie den Schutzbereich des Selbstbestimmungsrechts des Volkes der Westsahara in nicht gerechtfertigtem Maße einschränkten. Die Ansicht Marokkos wird daher als Ganzes abgedruckt, da hierdurch die nach all den Verhandlungsjahren äußerst kompromisslose Haltung Marokkos deutlich und unterstrichen wird: „Strongly committed to the values of peace, security and solidarity as enshrined in the Charter of the United Nations. the Kingdom of Morocco, acting in line with the approach adopted by the World Organization, has been working relentlessly, resolutely and in good faith for the settlement of the Sahara dispute in the interest of all States of the Maghreb region. The Kingdom of Morocco has always supported the efforts undertaken by the Secretary-General of the United Nations, M. Kofi Annan and his Personal Envoy, Mr. James Baker, with a view to achieving a final and mutually acceptable settlement to the said dispute. When the Personal Envoy came to the conclusion that the 1991 Settlement Plan was inapplicable and recommended, at the Berlin meeting on 28 September 2000, to seek an alternative political solution, the Kingdom of Morocco immediately assured him its support. In February 2001, Mr. Baker suggested that this solution be in the form of an autonomy status, whereby the Kingdom of Morocco would be expected to offer "some devolution of authority for all inhabitants and former inhabitants of the Territory that is genuine, substantial and in keeping with international norms" (Report of the Secretary-General S/2001/148, dated 26 February 2001). When, based on this initiative, the Personal

geforderten Selbstbestimmungsakt des Volkes der Westsahara beschränkte

Envoy submitted to the Security Council, in June 2001, a draft Framework Agreement, the Kingdom of Morocco immediately expressed readiness to negotiate, on that basis, a final settlement with the other parties. The Kingdom of Morocco never failed to fulfil its commitment to participate, in good faith, in negotiations aimed at reaching a mutually acceptable political solution. Thus, it submitted, in due course, to the Personal Envoy, at his request, its observations on his proposed peace Plan. These consisted in a documented and critical analysis of a project which does not meet the legitimate interests of the Kingdom (observations annexed to the Secretary-General's Report S/2003/565, dated 23 May, 2003). By the same token, the Moroccan delegation, who met Mr. Baker, in Houston, on 17 September 2003 and 23 December 2003, reaffirmed its willingness to discuss with him prospects for negotiations towards achieving a final, mutually acceptable political solution.the Kingdom of Morocco has thus decided to make a concrete, credible and positive contribution to the settlement of the longstanding Sahara dispute, in order to reach a final, negotiated political solution, which provides for self-determination, in keeping with paragraph 1 of Security Council Resolution 1429, dated 30 July 2002. It is with this in mind that the Kingdom of Morocco is now submitting to the attention of the Secretary-General, his Personal Envoy and the other parties, a constructive peace plan establishing an autonomy status for the Sahara Region, which is likely to help promote a final and realistic agreement. This peace Plan will enable the Sahara populations to manage their own affairs freely and democratically, and promote the integrated development of the region and of the local government, in keeping with the principles of solidarity and shared prosperity, and in full respect of the sovereignty of the Kingdom of Morocco, its territorial integrity and national unity. In preparing this plan, the Kingdom of Morocco was particularly mindful of the relevant United Nations proposals and of constitutional provisions applied in countries close to the Kingdom in terms of geography and culture. In addition, the Plan has been prepared as part of a process initiated by the Kingdom to build a modern, democratic society firmly attached to its national identity, which derives its richness from the combination of numerous elements, and of which the Saharan culture is a major component. The autonomy status for the Sahara Region will be incorporated in the Kingdom's Constitution, amended for this purpose. This is a safeguard to assure its stability and its prominent position in the Moroccan legal hierarchy of rules. Pending the holding of the referendum on the said autonomy status, and the setting up of bodies to emerge therefrom, there will be provision for transitional measures, including a general amnesty, with a view, in particular, to facilitating repatriation and reintegration of persons residing outside the territory. This framework will foster the needed environment for the freely accepted return of all populations of Saharan origin, wherever they may be, and for their social and economic reintegration. This will bring an end to their sufferings and facilitate family reunification and reconciliation, within a democratic Morocco, united by the bonds of solidarity. The plan cannot be dissociated from a geo-strategic vision which regards the development of the Sahara Autonomous Region as a harmonious process, fully open to partnership and free trade opportunities with neighbouring countries and with all the partners of the Kingdom of Morocco. Thus, the Region would be in a position to play again its historical role as a focal point for trade and human interaction in a stable environment which guarantees security and the

sich nun auf die Möglichkeit „to confirm or reject the autonomous status"
und sah darüber hinaus eine Wählerschaft für dieses „Referendum" vor,
welches durch die Regelungen des Vorschlags hauptsächlich aus marokkanischen Staatsbürgern bestehen würde.[798] *Baker* forderte Marokko daraufhin auf, den Plan zu überarbeiten, da dieser unter keinen Umständen den
Erfordernissen genügen würde, um Algerien und die Polisario ernsthaft
hiervon überzeugen zu können.[799]

Noch hatte Marokko den Peace-Plan *Bakers* nicht formell abgelehnt.
Während eines Treffens am 4.4.2004 mit *Annan* machte *Bennouna* jedoch
klar, dass Marokko einzig an einer Autonomie- und politischen Lösung
interessiert sei, welche mit den Vorschlägen des Königreichs optimal er-
reichbar wäre.[800] Am 6.4.2004 schrieb *Mohammed VI* Präsident *Bush* einen
Brief, in welchem er für die marokkanische Lösung warb und die USA
bzw. *Bush* persönlich um Unterstützung der Position des Königreichs bat.[801]

---

promotion of projects of common interest. Economic and social development in the
Sahara Autonomous Region is being contemplated keeping in mind the prospect for
Maghreb integration and for strategic openness to international partnership, which
will help speed up the development of the Region's economic potentialities and cater
to its specific needs and to the well-being of its populations. This approach may be
supported by the institution of specific interregional development and investment
bodies and instruments, and by the preparation of a special facilitation scheme
designed to promote free enterprise for the benefit of all. Thus, this environment
which is conducive to development and stability in freedom, progress and partnership, will pave the way for the Arab Maghreb Union (UMA) we are eager to build
on sound, solid and promising foundations. Furthermore, it will enable UMA to
make an effective contribution to building a Euro-Mediterranean partnership and
to promote cooperation ties with other sub-regional organizations, in particular
African ones. By submitting to the Secretary-General of the United Nations and to
his Personal Envoy as well as to the other parties the following provisions of the
Plan for the autonomy of the Sahara, which reflects its sincere determination to
make the Sahara a truly autonomous Region, the Kingdom of Morocco hopes to
see the other parties display similar political will to achieve a just, realistic and final
settlement of this dispute.", Baker Paper, Princeton Mudd Manuscript Library, Box
322–328, Dokument v. 2.4.2004.

798 Baker Paper, Princeton Mudd Manuscript Library, Box 322–328, Dokument v.
2.4.2004.

799 *Zunes/Mundy*, Western Sahara, S. 237; *Theofilopoulou*, The United Nations and
Western Sahara - A real challenge for the Organization (unveröffentlicht), Baker
Paper, Box 223–228, S. 63.

800 Baker Paper, Princeton Mudd Manuscript Library, Box 322–328, Dokument v.
7.4.2004.

801 Das streng vertrauliche Dokument mit handgeschriebenen Notizen Bakers liegt
dem Autor vor und soll hier aufgrund der weitreichenden realpolitischen Implikationen und des wissenschaftlichen Mehrwerts abgedruckt werden. Insbesondere

Am 9.4.2004 schrieb der marokkanische Außenminister *Bennaisa* an *Baker*

zeigt es die Taktik Marokkos auf, die USA durch den Kampf gegen den Terror, welcher seit 9/11 und den Anschlägen von Casablanca im Jahr 2003 die beiden Länder wieder äußerst nah zusammen brachte, bewusst zu nutzen und hochrangige US-Diplomaten im Vorfeld der alles entscheidenden Sicherheitsratsresolution von der Position Marokkos und dem Autonomievorschlag zu überzeugen: „Mr. President, My Great Friend, As you may recall, we agreed during our last meeting, on 23 September 2003, to keep permanent contact on all matters of common interest, especially those pertaining to regional and international security. Since then, I have made it a point to honor all the undertakings to which I committed myself. Both the United States and the kingdom of Morocco have suffered from barbaric terrorism because of their strong commitment to the fundamental values of freedom, peace and tolerance. In this regard, I wish to say how much I value the close cooperation existing between our intelligence agencies and our common struggle against the international scourge of terrorism. As you know, Mr. President, Morocco is irreversibly engaged in a delicate process of political democratization, economic liberalization and social progress. I wish to point out that the Moroccan people are particularly sensitive to your statements and encouragements, which induce us to pursue our action in this direction. With a view to boosting the reforms initiated by Morocco in a difficult regional environment, we are counting on our friends to send a strong message of encouragement to the Moroccan people, for whom the issue of our Saharan provinces is a source of deep concern. Over the last few months, I undertook to keep Your Excellency informed of the latest developments of this major issue, both in its bilateral dimension, with respect to Algeria, and its international dimension, within the United Nations. In this context, I dispatched the Minister for Home Affairs to Washington, last Week, to discuss the matter with Mrs. Condoleezza Rice, prior to his meeting in Houston, on 2nd April 2004, with the Personal Envoy of the Secretary-General of the United Nations. On Monday 5 April, he informed, on my instructions, your advisor Mr. Elliot Abrahms on the outcome of the talks which were held in Houston. I personally have much respect for Sir James Baker and value his tireless efforts to achieve a political settlement to this regional dispute. However, I was quite surprised and concerned that the Personal Envoy of the Secretary-General of the United Nations gave little consideration to the "red lines" set by Morocco and to the requirements for national stability and regional security, although Morocco spared no effort, over the last few months, to take into consideration Mr. Baker´s proposals [*Baker* kommentierte dies: "Shouldn´t have been! Told his people on Dec 23!"]. In particular, Morocco did make a generous and genuine offer for substantive autonomy for the region [*Baker*: „WRONG!"]. However, it has become increasingly clear that Mr. James Baker is still seeking to impose his vision and his approach on a "take it or leave it" basis. It is a fact that, in many respects, Mr. Baker's proposals endanger the very founding principles of the Kingdom. They encourage the emergence of a micro state and call into question the mission and presence of our Armed Forces within a strategic regional context characterized by the redeployment of terrorist groups in the region. By this attitude, Mr. Baker might, yet again, put Morocco in a difficult situation and lead the Security Council debate on the issue to a stalemate, at this end of this month [*Baker* zu diesem Abschnitt: „WRONG!"]. In this connection, I would like to be in a position to assure the Moroccan people, who are engaged in a genuine effort

und machte überaus deutlich, dass der Peace-Plan aus Sicht Marokkos „unacceptable" sei. Er führte aus, dass „the autonomy solution, as agreed to by the parties and approved by the population, rules out, by definition, the possibility for the independence option to be submitted to the said population. It is, therefore, out of the question for Morocco to engage in negotiations with anyone over its sovereignty and territorial integrity". Er legte dar, dass „with these aspects ruled out from the Personal Envoy's proposal, the Kingdom of Morocco solemnly reaffirms ist readiness to negotiate a final settlement through a viable autonomy status for the Sahara Region in the interest of peace and stability". Aus *Annans* April-Bericht, welcher der letzte unter Beteiligung *Bakers* sein sollte, ging schließlich auch für die Öffentlichkeit und den Sicherheitsrat hervor, dass Marokko den Peace-Plan *Bakers* ablehnte. *Annan* hängte dem Bericht ein Schreiben Marokkos an, in welchem es betonte, dass es „out of the question for Morocco to engage in negotiations with anyone over its sovereignty and territorial integrity" sei.[802] Der von *Baker* und *Hannum* erarbeitete Alternativvorschlag zum Peace-Plan wurde dem Sicherheitsrat nicht vorgelegt.[803]

---

to achieve progress and modernity, that no new development will undermine the sovereignty and territorial integrity of the Kingdom. I will be very happy to discuss with Your Excellency these and other issues, during my upcoming visit to the United States, the date of which is being set through diplomatic channels. This visit will provide a valuable opportunity to develop our high-level dialogue and enhance the strategic partnership between our two friendly nations, which has just been enriched by the conclusion of a promising free trade agreement. Counting on your personal understanding and your active support as a great friend, I remain Sincerely yours, Mohammed VI King of Morocco.", Baker Paper, Princeton Mudd Manuscript Library, Box 322–328, Dokument v. 6.4.2004.

802 UN Doc. S/2004/325 v. 19.4.2004, S. 11.

803 *Theofilopoulou* schrieb *Baker* diesbezüglich: „What I would want to avoid is putting this document to the SC and indicate that there is some hope of reaching a solution through it. The Council will ask you to talk to the parties to get them to agree! Do we see this getting us anywhere, other than to some more painful and inconclusive meetings? I don't think that the question should be what can we accept out of this, but rather, how best do we deal with whatever they bring you on the 14th, which I suspect will not be too different from what they have already given you. And I am afraid that the Moroccans will expect you to present their proposal to the SC in an ample positive light and then make it happen for them. Even if we put this counter proposal as an additional option, we should be careful not to appear to be endorsing it as an alternative to the Peace Plan. (And the Moroccans must understand that this will be the case.) If we do, next thing we know Polisario will also feel free to make their own counter proposal. For better or worse we cannot appear to be offering ourselves an alternative to the Peace Plan. Sorry to be so general and pessimistic but I think we are at the end of the road." *Baker* fügte diesem Absatz handschriftlich

Trotzdem war *Annan* der Ansicht, dass der Peace-Plan *Bakers* „still constitutes the best political solution to the conflict over Western Sahara which provides for self-determination, as required by paragraph 1 of resolution 1429 (2002). I hope, therefore, that the Security Council will reaffirm its recent unanimous support for the Peace Plan and will once again call upon the parties to work with the United Nations and each other towards acceptance and implementation of the Peace Plan."[804] Daher stellten *Annan* und *Baker* den Sicherheitsrat vor die Wahl zweier Optionen und versuchten den Sicherheitsrat damit ein letztes Mal zum Handeln zu zwingen und den Plan umzusetzen: „Option one would be to terminate MINURSO and return the issue of Western Sahara to the General Assembly, thereby recognizing and acknowledging that, after the passage of more than 13 years and the expenditure of more than $600 million, the United Nations was not going to solve the problem of Western Sahara without requiring that one or both of the parties do something that they would not voluntarily agree to do. Option two would be to try once again to get the parties to work towards acceptance and implementation of the Peace Plan."[805] *Baker* war offensichtlich zu dem Schluss gekommen, dass eine Lösung des Westsahara-Konflikts nur möglich sein kann, wenn der notwendige Druck auf Marokko ausgeübt werden kann. *Zunes* und *Mundy* kommentieren *Bakers* Situation und Positon zutreffend: „Clearly frustrated with a lack of support, Baker confronted the Security Council with a choice it would never make."[806] Dessen Antwort sollte über *Bakers* weitere Involvierung im Friedensprozess um die Westsahara entscheiden.[807]

g) Der Stillstand im Sicherheitsrat

Zum Zeitpunkt rund um die Verabschiedung der Resolution 1495 hatten sich die bilateralen Beziehungen und die Unterstützung der wichtigsten

---

hinzu: „I agree completely.", Baker Paper, Princeton Mudd Manuscript Library, Box 322–328, Dokument v. 13.4.2004.
804 UN Doc. S/2004/325 v. 19.4.2004, Rn. 38.
805 UN Doc. S/2004/325 v. 19.4.2004, Rn. 37.
806 *Zunes/Mundy*, Western Sahara, S. 237; *Theofilopoulou*, The United Nations and Western Sahara - A real challenge for the Organization (unveröffentlicht), Baker Paper, Box 223–228, S. 63.
807 *Zunes/Mundy*, Western Sahara, S. 237.

Mitgliedstaaten gegenüber Marokko geändert.[808] Spanien hatte eine neue (sozialistische) Regierung, die die Verbesserung ihrer Beziehungen zu Marokko zu einer großen Priorität erklärte, da diese durch die starke Unterstützung des Friedensplans durch die vorherige Regierung stark beschädigt worden waren.[809] Die US-Regierung war weiterhin besorgt über den internationalen Terrorismus, die Nah-Ost-Krise und befand sich mitten im Irak-Krieg. Die Hilfe und Unterstützung Marokkos auf politischer wie auch diplomatischer Ebene wurde in diesem Zusammenhang als wesentlich angesehen.[810] Daher räumten schlussendlich auch die USA den guten Beziehungen zu Marokko Vorrang vor *Bakers* Friedensbemühungen in der Westsahara ein.[811] Frankreich setzte seine fast schon zu Gewohnheitsrecht erstarkte Politik der unmittelbaren und faktisch unbedingten Unterstützung für Marokko fort. Eigentlich wollte es eine noch weitergehende Resolutionssprache erreichen, was Algerien, welches dem Rat zu diesem Zeitpunkt angehörte, in einem „bruising fight with France" verhindern konnte.[812] Das Ergebnis war eine aus Sicht *Bakers* äußerst enttäuschende und schwache Resolution, da sich der Sicherheitsrat wie bereits im Vorjahr dazu entschied, den Peace-Plan nicht zu billigen oder gar durchsetzen zu wollen.[813] Der Unterschied im Wording von Absatz 1 und Absatz 2 zeigte darüber hinaus vielmehr, dass der Sicherheitsrat weitere Verhandlungen dem Peace-Plan vorzog: „Reaffirms its support for the Peace Plan for Self-Determination of the People of Western Sahara as an optimum political solution on the basis of agreement between the two parties; 2. Reaffirms also its strong support for the efforts of the Secretary-General and his Personal Envoy in order to achieve a mutually acceptable political solution

---

808 *Theofilopoulou*, The United Nations and Western Sahara - A Never-ending affair, USIP Special Report 166, S. 13.

809 *Theofilopoulou*, The United Nations and Western Sahara - A Never-ending affair, USIP Special Report 166, S. 13; *Zunes/Mundy*, Western Sahara, S. 237.

810 *Theofilopoulou*, The United Nations and Western Sahara - A Never-ending affair, USIP Special Report 166, S. 13; *Zunes/Mundy*, Western Sahara, S. 237.

811 *Theofilopoulou*, The United Nations and Western Sahara - A real challenge for the Organization (unveröffentlicht), Baker Paper, Box 223–228, S. 64; *Zunes/Mundy*, Western Sahara, S. 237.

812 *Theofilopoulou*, The United Nations and Western Sahara - A real challenge for the Organization (unveröffentlicht), Baker Paper, Box 223–228, S. 64; *Zunes/Mundy*, Western Sahara, S. 237.

813 *Theofilopoulou*, The United Nations and Western Sahara - A Never-ending affair, USIP Special Report 166, S. 13; *Zunes/Mundy*, Western Sahara, S. 237.

to the dispute over Western Sahara."[814] Klar wurde insbesondere, dass sich der Sicherheitsrat damit endgültig gegen *Baker* gestellt hatte.

h) Bakers Rücktritt und die Reaktion der UN

Baker teilte *Annan* sodann am 1.6.2004 mit, dass er von seinem Amt als Persönlicher Gesandter zurücktreten wolle, „as he had done all he could to resolve the conflict".[815]

Der Arbeit lag das Resignationsschreiben *Bakers* an *Annan* vor, welches offenbart, wie *Baker* die Situation einschätzte. Hinsichtlich der Nicht-Implementierung des Peace-Plans gab er Marokko, aber auch dem Sicherheitsrat die Schuld, der ihn trotz mehrfacher Solidaritätsbekundungen und Versprechungen schlussendlich nicht unterstützte.[816] *Annan* „accepted, with

---

814   UN Doc. S/RES/1541 v. 29.4.2004.

815   *Theofilopoulou*, The United Nations and Western Sahara - A Never-ending affair, USIP Special Report 166, S. 13.

816   Der erste Teil des Schreibens lautet: „Dear Mr. Secretary-General: Attached hereto is the draft letter that I propose sending to you. I don't think you will find anything in here that has not at one time or another been contained in one or more reports from you to the Security Council on the matter of Western Sahara -- except, of course, the last paragraph. Please let me know if there is anything in here that you do not think is appropriate. I have tried to draft it in a way that would not embarrass you or me if it became public. I will wait to send it until I hear from you. " Das eigentliche Resignationsschreiben wurde kurz darauf versendet: „Dear Mr. Secretary-General: In March of 1997 you asked me to serve as your Personal Envoy for Western Sahara. Over the intervening seven-year period, I have worked with the parties (Morocco and the Frente POLISARIO) to implement the Settlement Plan or find another political solution to the conflict that would be acceptable to both. By Resolution 1429 (2002), the Security Council expressed its readiness to consider any approach providing for self-determination that might be proposed. Over the years, I have held 14 formal meetings with the parties and the neighboring countries, Algeria and Mauritania, together and separately in North Africa, Europe, and North America. I have also met with them informally and separately numerous times in North Africa and North America. Over that same period, a number of possible approaches to solve the conflict over Western Sahara have been proposed, but none has gained the acceptance of both parties. Your "Report to the Security Council on the situation Concerning Western Sahara dated April 23, 2004," further details the scope and extent of my activities since my appointment seven years ago. While I believe that we have made progress on the issue of Western Sahara during this period in a number of ways, such as conducting face-to-face and proximity discussions between the parties, obtaining agreement to the so-called "Houston Accords," and implementing confidence-building measures such as the current family visits program, we have not been able to resolve the underlying dispute.

deep regret, the resignation of James A. Baker III as my Personal Envoy for Western Sahara" und unterstrich gegenüber dem Sicherheitsrat, dass Baker „used the best of his unparalleled diplomatic skills in seeking a resolution of the conflict. I am deeply grateful to him, and I regret that the parties

---

I do not need to tell you, Mr. Secretary-General, that in the final analysis, only the parties themselves can exercise the political will necessary to reach an agreed solution. To date, they have not been willing to do so. For example, Morocco's final response to the Peace Plan for Self-Determination of the People of Western Sahara, for which the Council unanimously expressed its support on the basis of agreement between the parties, and called upon the parties to work with the U.N. and with each other towards acceptance and implementation (Resolution 1495 (2003)), was not, as has been claimed, a proposal for autonomy, but rather only a proposal to negotiate "autonomy within the framework of Moroccan sovereignty." This final response is a proposal to <u>negotiate</u> autonomy, but only after the other party acknowledges Moroccan sovereignty. The issue of sovereignty is, of course the fundamental issue that has divided the parties since 1976. And this rejection of the Peace Plan comes after Morocco's refusal to continue under the Settlement Plan, which it publicly supported for over 10 years, and to even discuss a division of the territory, notwithstanding having actually negotiated and implemented a division thereof with Mauritania in 1976. The Frente POLISARIO on the other hand, was unwilling to negotiate with respect to the Framework Agreement, which Morocco has accepted as a basis for negotiation. Mr. Secretary-General, I think the reality of the situation regarding Western Sahara is clear from a number of your prior reports to the Security Council. Those reports express the opinion that, after the passage of 13 years and the expenditure of more than $600 million, the United Nations will not solve the problem of Western Sahara without requiring one or the other or both of the parties to do something they would not voluntary agree to do. Regrettably, Mr. Secretary-General, I believe I have done all I can do on this issue, and therefore, ask that you accept this letter as my resignation as your Personal Envoy for Western Sahara. A resolution of this issue will continue to be a necessary pre-condition to the establishment of peace, stability, and economic progress both in the region, and among its peoples.

Working with you has been a pleasure. I have never lacked your unconditional support or the resources that I required. I would be remiss if I concluded this letter without telling you that a number of members of your staff, including the Under Secretaries General for Political Affairs and Peacekeeping have assisted on this issue with expertise and dedication. There are three individuals that I would particularly like to recognize whose contributions to my work were immeasurable: David Chikvaidze, Khaled Abdel-Aziz, and Anna Theofilopoulou. Ms. Theofilopoulou in particular has worked closely with me throughout, and I could never have continued to work on this dossier for this long without her unfailing and effective support. With respect and warmest regards to you and Nane, in which Susan joins, James A. Baker III.", Baker Paper, Princeton Mudd Manuscript Library, Box 322–328, Dokument v. 1.6.2004.

did not take better advantage of his assistance."[817] *Annan* bemerkte in äußerst pessimistischer, aber wie sich zeigen sollte gleichzeitig in durchaus realistischer und berechtigter Weise in seinem Oktober-Bericht, dass „when I last reported in April 2004, there was no agreement between the parties on the Peace Plan for Self-Determination of the People of Western Sahara. Such an agreement appears more distant today. Moreover there is currently no agreement as to what can be done to overcome the existing deadlock. "[818] Marokko war äußerst zufrieden mit dem Rücktritt *Bakers*, *Bennaisa* bezeichnete diesen als „outcome of the tenacity of Moroccan tenacity", während die Polisario in einem politischen Vakuum und mit kaum einer Perspektive zurückgelassen worden ist.[819]

---

817 UN Doc. S/2004/827 v. 20.10.2004, Rn. 2; *Annan* nahm das Rücktrittsgesuch *Bakers* am 11.6.2004 an und schrieb ihm: „Dear Mr. Baker, it was with deep regret that I received your letter of 1 June 2004, submitting your resignation as my Personal Envoy for Western Sahara. For many years, you brought unparalleled and irreplaceable diplomatic skills to the task of helping the parties find a solution to the long-standing question of Western Sahara. Thanks to your untiring efforts and personal dedication, the options on the basis of which a solution to the dispute could be found have been clarified. Unfortunately, the parties were not ready to make the compromises necessary to solve the problem, which has caused much suffering to innocent people in the Territory and refugee camps. While I accept your resignation with regret, I fully understand that you believe you have done all you can do to help the parties find a solution. Despite the unwillingness of the parties to compromise, your efforts brought about a qualitative change in their attitude toward the conflict. During your tenure as my Personal Eavoy, over a thousand POWs were released by Frente Polisario, and the parties were able to start implementation of the much awaited confidence-building measures that mean a great deal to numerous individuals who can finally have contact with their families, after many years of separation. I would like to thank you for your kind words in regard to the support that you received from my colleagues and me personally, during your tenure as my Personal Envoy. I am confident that they join me in conveying their sincere thanks and admiration to you. I have informed the President of the Security Council of your resignation and have asked him to bring it to the attention of the members of the Council. It was a pleasure working with you and I am very much looking forward to continuing our contacts, Nane and I send you our warmest wishes." In Handschrift fügte er noch hinzu: „I saw you and Susan at the National Cathedral today but couldn't get you to say hello. Kofi A. Annan", Baker Paper, Princeton Mudd Manuscript Library, Box 322–328, Dokument v. 11.6.2004.

818 UN Doc. S/2004/827 v. 20.10.2004, Rn. 42.

819 Zit. nach *Zunes/Mundy*, Western Sahara, S. 238.

i) Zusammenfassung

1997 sah es danach aus, dass unter Federführung des damaligen Persönlichen Gesandten des Generalsekretärs, *Baker*, Rahmenbedingungen geschaffen wurden, die hinsichtlich der Beilegung des Westsahara-Konflikts Aussicht auf Erfolg versprachen. Durch die Ernennung *Bakers* und die von ihm sogleich vorgenommenen Maßnahmen und diplomatischen Bemühungen, die in den sogenannten Houston Accords mündeten, wurde der durch den Settlement-Plan angestoßene und mehrfach unterbrochene Prozess zur Abhaltung des von der UN als Ausübung des Selbstbestimmungsrechts des sahrawischen Volkes vorgesehene Referendum wieder aufgenommen. Bis 1999 hatte die MINURSO 86.381 Wahlberechtigte identifiziert, während ca. 130.000 Anträge von nicht Wahlberechtigten abgelehnt wurden, die fast alle von Marokko vorgelegt worden waren.[820] 79.000 von den 130.000 Personen nahmen unter Einfluss Marokkos ihr Einspruchsrecht gegenüber der Feststellung der IDC wahr, was die Durchführung eines Referendums faktisch unmöglich machte.[821] Der Prozess kam erneut zum Erliegen und der Sicherheitsrat bat *Baker*, eine baldige, dauerhafte und einvernehmliche Lösung des Konflikts mit den Parteien zu verhandeln. Die darauffolgenden sogenannten Baker-Pläne, die jeweils eine autonome Übergangsphase bis zur Durchführung des Referendums vorsahen, wurden zunächst von der Polisario abgelehnt. Der erste Plan war nach Ansicht der Polisario hinsichtlich der Kompetenzverteilungen zu unbestimmt und die Polisario sah sich so der Gefahr ausgesetzt, vor vollendete Tatsachen gestellt zu werden, indem Marokko vor allem die Souveränität in äußeren Beziehungen über das Gebiet der Westsahara und die Aufrechterhaltung der Sicherheit zugesprochen bekommen hätte. Zudem sah dieser nicht vor, dass das nach der Übergangsphase stattfindende Referendum die Option der Unabhängigkeit bieten würde. Der zweite Baker-Plan sah dagegen eine konkrete Dauer der autonomen Übergangsphase vor, jedoch stellte dieser die Polisario explizit als Verantwortliche für die Autonomieverwaltung dar und sah die Option der Unabhängigkeit im Referendum vor. Deshalb brach Marokko schlussendlich die Verhandlungen ab und der Prozess kam erneut zum Stillstand. Marokko ist und bleibt der Ansicht, dass die Westsahara Teil des eigenen nationalen Hoheitsgebietes sei, weshalb Marokko einzig

---

820 *Dunbar/Malley-Morrison*, The Western Sahara Dispute: A Cautionary Tale for Peacebuilders, 5 Journal of Peacebuilding & Development (2009), 22 (24).
821 *Marauhn*, Sahara, in MPEPIL-Online, Rn. 32.

dazu bereit wäre, über eine Eingliederung in das Staatsgebiet oder über einen Status der Westsahara als Autonomieregion zu verhandeln.[822] Dem entgegnet die Polisario, dass es dem sahrawischen Volk zustehe, in Übereinstimmung mit den Resolutionen 1514 und 1541 der Generalversammlung und durch das Recht auf Ausübung ihres Selbstbestimmungsrechts auch über eine mögliche Unabhängigkeit des Gebietes von Marokko abzustimmen, da dieses elementarer Ausfluss des Rechts auf Selbstbestimmung sei und von fast allen dekolonisierten Gebieten in Anspruch genommen wurde.[823] Dieser Möglichkeit verweigerte sich Marokko jedoch konsequent bis zum heutigen Zeitpunkt. Im Jahre 2016, zum 40. Jahrestag des Grünen Marsches, ließ der König Marokkos nochmals verkünden, dass das Angebot einer Autonomieregion das absolut Äußerste sei, was Marokko anzubieten habe.[824] In der Zwischenzeit verwaltet Marokko die Westsahara weiterhin als Teil der eigenen Souveränität und schafft durch milliardenschwere Investitionen, weitere Ansiedlung von marokkanischen Staatsbürgern, dem Ausbau der militärischen Stärke im Gebiet der Westsahara und der weiterhin offensiven diplomatischen und politischen Lobbyarbeit kaum umkehrbare Fakten. Diese verkoppeln erfolgreich den Stillstand des politischen Prozesses mit dem langsam eintretenden Endziel Marokkos der Legitimation seiner Ansprüche. Hierzu war *Peréz de Cuéllar* bereits in den 1990er Jahren der Ansicht, dass „ironically, there was a good side to the conflict. It has the unique distinction of being the one conflict that left the noncombatants in the battle area better off, economically at least, than before the conflict began. In order to encourage the allegiance of the population Morocco directed large resources to improvement of conditions in the Territory. The population might not have been so fortunate if Morocco had gained the integration of the Western Sahara as an autonomous region at an early stage of the struggle" und zeigt damit auf, wie die UN von Beginn an den Konflikt handhabte.[825]

---

822 *Geldenhuys*, Contested States in World Politics, S. 194; Annex to the letter dated 11 April 2007 from the Permanent Representative of Morocco to the United Nations addressed to the President of the Security Council – Moroccan initiative for negotiating an autonomy statute for the Sahara region, UN Doc. S/2007/206 v. 13.4.2007.

823 Annex to the letter dated 16 April 2007 from the Permanent Representative of South Africa to the United Nations addressed to the President of the Security Council – Proposal of the Frente Polisario for a mutually acceptable political solution that provides for the self-determination of the people of Western Sahara, UN Doc. S/2007/210 v. 16.4.2007.

824 UN Doc. S/2016/355 v. 19.4.2016, Rn. 10.

3. Die Zeit nach Baker

Nach dem Ausscheiden von *Baker* ging der Sicherheitsrat zu dem insbesondere von Frankreich seit Jahren verfolgten und aktiv geförderten Ansatz über, eine politische Lösung im Rahmen eines von der UN geförderten Dialogs zu entwickeln. Hierzu wurden die Parteien ermutigt, in direkten Gesprächen einen einvernehmlichen Plan zu entwickeln.[826] Damit gab der UN-Sicherheitsrat seine Kontrolle über den Prozess weiter ab, indem er die Verantwortung fast vollständig an Marokko und die Polisario übertrug, die unter Hilfestellung und Vermittlung des Persönlichen Gesandten des Generalsekretärs zu einer politischen Lösung finden sollten.[827] Die bedeutendste Entwicklung der Post-Baker-Zeit trat bereits 2007 ein, als Marokko und die Polisario konkurrierende Vorschläge zur Beendigung des Konflikts vorlegten.[828] Marokkos Autonomieplan, der nichts anderes ist als eine Kopie des Plans von 2004, wird heute von vielen Staaten, unter anderem auch Deutschland, „als ernsthafte und glaubwürdige Bemühung Marokkos und eine gute Grundlage, um zu einer Einigung beider Seiten zu kommen" betitelt, obwohl die Zugeständnisse Marokkos im Rahmen dieser Autonomielösung deutlich von dem von *Baker* verfolgten Ansatz abweichen und das Selbstbestimmungsrecht des sahrawischen Volkes kaum zu wahren vermögen.[829] Auch der Sicherheitsrat betitelte den Autonomieplan Marokkos als „serious and credible", in Anlehnung an die Haltung der USA und Frankreichs, nachdem die USA den Plan als „a serious and credible proposal to provide real autonomy for the Western Sahara" beschrieben hatten. *Sarkozy* hielt im marokkanischen Parlament eine Rede, in welcher er den Plan ebenfalls so beschrieb.[830] Er fügte hinzu, dass Frankreich während möglicher Verhandlungen Marokkos mit der Polisario „shoulder to shoulder" an der Seite des Königreichs stehen werde.[831] Die Polisario stellte wiederum einen Plan vor, der sich primär auf das Referen-

---

825 *Peréz de Cuéllar*, Memoires, Western Sahara (unveröffentlicht), Baker Paper, Box 223–228, S. 43.

826 Siehe hierzu ausführlich *Lovatt/Mundy*, Free to Choose: A New Plan for Peace in Western Sahara, S. 10, S. 12.

827 *Lovatt/Mundy*, Free to Choose: A New Plan for Peace in Western Sahara, S. 10; *Zunes/Mundy*, Western Sahara, S. 240 f.

828 *Lovatt/Mundy*, Free to Choose: A New Plan for Peace in Western Sahara, S. 10.

829 Vgl. zur Position Deutschlands, https://www.auswaertiges-amt.de/de/newsroom/rei se-marokko/2548272, zuletzt abgerufen am 15.6.2024.

830 UN Doc. S/RES/1754 v. 30.4.2007; *Zunes/Mundy*, Western Sahara, S. 245.

831 *Zunes/Mundy*, Western Sahara, S. 245.

dum konzentrierte, welches im Sinne des von beiden Parteien akzeptierten und unterschriebenen Houston-Agreements die Unabhängigkeit des Gebietes als Möglichkeit haben muss.[832] Die Zeit nach *Baker* lässt sich freilich in Tradition der auch schon vorher vertretenen Positionen der Parteien genau darauf herunterbrechen, nämlich, dass Marokko nicht bereit war über jegliche Möglichkeit der Unabhängigkeit der Gebiete der Westsahara zu verhandeln, während die Polisario wiederum genau darauf bestand und ihrerseits keine Verhandlungen führen wollte, in denen Marokko diese Option von vornherein ausschloss.[833] Die Position des Sicherheitsrates veränderte sich ebenfalls nicht, er war zu keinem Zeitpunkt, freilich noch deutlich weniger als zur Zeit *Bakers* bereit, den Parteien eine Lösung aufzuzwingen.[834] Dies lag auch an den immer weiter ausgebauten Beziehungen Marokkos zu Frankreich und den USA.[835] Noch im selben Monat nach *Bakers* Rücktritt unterzeichneten die USA und Marokko ein weitreichendes Freihandelsabkommen, welches Marokko auch wirtschaftlich zu einem der engsten Partner der USA emporhob, da gerade einmal sieben weitere Staaten außerhalb der westlichen Staatenwelt zum damaligen Zeitpunkt ähnliche Abkommen vorweisen konnten.[836] Marokko wurde von den USA im Juli 2004 als „major non-NATO-ally" vorgeschlagen und aufgenommen, was die USA aufgrund der „close US-Morocco relationship, our appreciation for Morocco´s steadfast support in the global war on terror, and for King Mohamed´s role as visionary leader in the Arab world" begründete.[837] Anstatt positiv dazu beizutragen, eine Annäherung und potenzielle Kompromissbereitschaft zwischen den Parteien zu erreichen, machten die von den Parteien vorgelegten Pläne vielmehr deutlich, wie weit sich Marokko und die Polisario auseinanderentwickelt hatten.[838] Aufgrund der Zurückhaltung der UN, insbesondere des Sicherheitsrates, fror der Westsahara-Konflikt

---

832 UN Doc. S/2007/210 v. 16.4.2007; *Lovatt/Mundy*, Free to Choose: A New Plan for Peace in Western Sahara, S. 11.

833 Siehe zu den Ereignissen der Zeit von 2004–2009 ausführlich Zunes/Mundy, Western Sahara, S. 239–253; *Lovatt/Mundy*, Free to Choose: A New Plan for Peace in Western Sahara, S. 10 f.

834 *Lovatt/Mundy*, Free to Choose: A New Plan for Peace in Western Sahara, S. 10 f.

835 *Lovatt/Mundy*, Free to Choose: A New Plan for Peace in Western Sahara, S. 10 f.; *Zunes/Mundy*, Western Sahara, S. 238 f.

836 Siehe hierzu die Freihandelsabkommen der USA, https://ustr.gov/trade-agreements/free-trade-agreements, zuletzt abgerufen am 15.6.2024; *Zunes/Mundy*, Western Sahara, S. 239.

837 *Zunes/Mundy*, Western Sahara, S. 238 f.

838 Vgl. *Lovatt/Mundy*, Free to Choose: A New Plan for Peace in Western Sahara, S. 10.

immer weiter ein und das Selbstbestimmungsrecht des sahrawischen Volkes geriet in faktische Vergessenheit. Dies lag auch daran, dass die Resolutionen des Sicherheitsrates Verlängerungen der MINURSO meist auf ein Jahr genehmigten, mindestens aber auf ein halbes Jahr. Damit beschäftigte sich der Sicherheitsrat und damit auch das Generalsekretariat im Rahmen der zu erstellenden Berichte nur noch ein- bzw. zweimal mit dem Westsahara-Konflikt im Jahr.[839] Das ursprüngliche Mandat der MINURSO, die Organisation und Durchführung eines Selbstbestimmungsreferendums über die mögliche Unabhängigkeit der Westsahara, trat vollständig in den Hintergrund. Währenddessen rückte die einzig verbleibende (sinnvolle) Aufgabe der Überwachung des Waffenstillstands und die zunehmend erfolglose Suche nach einer rein politischen Verhandlungslösung in den Mittelpunkt.[840] Drei weitere Persönliche Gesandte des Generalsekretärs, Peter *van Walsum* (2005–2008), Christopher *Ross* (2009–2017) und Horst *Köhler* (2018–2019), sollten sich erfolglos bemühen, einen konstruktiven Dialog zwischen den Parteien zu ermöglichen und eine vom Sicherheitsrat seit Oktober 2004 geforderte konsensual erarbeitete politische Lösung zu finden.[841] Am 6.10.2021 ernannte der Generalsekretär *Staffan de Mistura* zu seinem Persönlichen Gesandten, der allerdings bis dato ebenfalls keine nennenswerten Erfolge zur Beilegung des Konflikts vorzuweisen hat.[842]

Wie die seit *Bakers* Rücktritt vergangenen 19 Jahre zeigen sollten, hat sich an der politischen Situation, die *Baker* schließlich dazu zwang zu resignieren, faktisch nichts geändert.[843] Die Parteien sind weiter voneinander entfernt als je zuvor, der einzig noch positive und anhaltende Effekt der MINURSO, nämlich die Einhaltung des Waffenstillstands, ist mit Aufkündigung 2020 durch die Polisario fast obsolet geworden. Wie bereits 2004 von *Annan* festgestellt, bleibt das „goal of enabling the people of Western Sahara to exercise their right to self-determination thus (...) elusive", auch im Jahr 2023.[844] Der Sicherheitsrat stellt seit 2007 faktisch nur noch „its

---

839 Vgl. die in UN Doc. S/RES/2654 v. 27.10.2022 aufgezählten Resolutionen.
840 *Lovatt/Mundy*, Free to Choose: A New Plan for Peace in Western Sahara, S. 10.
841 *Lovatt/Mundy*, Free to Choose: A New Plan for Peace in Western Sahara, S. 10. Siehe zu den Ereignissen in der Zeit von 2009–2020 ausführlich *Zunes/Mundy*, Western Sahara, S. 254–286, die diese Epoche zutreffenderweise als „A Lost Decade" bezeichnen.
842 Vgl. UN Doc. S/RES/2654 v. 27.10.2022.
843 Vgl. *Zunes/Mundy*, Western Sahara, S. 254–286.
844 UN Doc. S/2004/827 v. 20.10.2004, Rn. 42. Zum Aufkündigen des Waffenstillstands durch die Polisario und der Wiederaufnahme des bewaffneten Kampfes siehe UN

commitment to assist the parties to achieve a just, lasting, and mutually acceptable political solution, based on compromise, which will provide for the self-determination of the people of Western Sahara in the context of arrangements consistent with the principles and purposes of the Charter of the United Nations, and noting the role and responsibilities of the parties in this respect" fest, ohne diesem Ziel auch nur ansatzweise nahe zu kommen.[845] Trotz Aufkündigung des Waffenstillstands und der damit einhergehenden Eskalationsspirale im Westsahara-Konflikt hieß der Sicherheitsrat auch im Jahr 2022 noch das durch die von *Köhler* initiierten Gespräche zwischen den Konfliktparteien entstandene Momentum willkommen, obwohl dieses spätestens seit 2020 nicht mehr bestand, und zeigt damit die Handlungsunfähigkeit und Handlungsunwilligkeit des Sicherheitsrates äußerst unterstreichend auf.[846]

Mit der Anerkennung der Souveränität Marokkos über die Westsahara durch US-Präsident *Trump* im Jahr 2020, erreichte Marokko nach Dutzenden Jahren diplomatischer und politischer Bemühungen schließlich das langersehnte Ziel: die Anerkennung einer westlichen Großmacht der seit Jahrzehnten geltend gemachten und resistent von der Weltgemeinschaft ignorierten Souveränitätsansprüche erhalten zu haben. Damit kam das Königreich dem Endziel der faktischen, politischen wie aber auch rechtlichen Legitimation seiner Ansprüche über die Westsahara einen entscheidenden Schritt näher.[847]

Doc. S/2021/843 v. 1.10.2021 Rn. 2–20, Rn. 84 ff.; *Lovatt/Mundy*, Free to Choose: A New Plan for Peace in Western Sahara, S. 13 f.

845 Vgl. UN Doc. S/RES/2654 v. 27.10.2022.

846 Vgl. UN Doc. S/RES/2654 v. 27.10.2022; International Crisis Group, Time for International Re-engagement in Western Sahara (2021), S. 2 f.

847 Vgl. *Lovatt/Mundy*, Free to Choose: A New Plan for Peace in Western Sahara, S. 13; Siehe hierzu auch§ 3. A. IV. 4. *Baker* hatte hierzu im Jahr 2004 noch vermutet, dass Marokko niemals aufgrund der faktischen, politischen wie aber auch militärischen Ausgangslage ernsthaft verhandeln werde, hierfür allerdings „one very good reason why she should" fand, da nach Ansicht Bakers Marokko „will never receive the imprimatur of international legitimacy for her occupation of the territory unless she works out some arrangement that is blessed by the international community". Schlussendlich sollte er mit der Anerkennung der marokkanischen Souveränitätsansprüche über die Westsahara durch sein Heimatland eines Besseren belehrt werden, *Baker*, Interview v. 19.8.2004, *Wideangle*, https://www.pbs.org/wnet/wideangle/unc ategorized/sahara-marathon-interview-james-a-baker-iii/873/, zuletzt abgerufen am 15.6.2024.

B. Ausblick

Der Settlement-Plan von 1991 bzw. die diesen Plan ratifizierenden Houston Accords sind bis heute das einzige Abkommen, das sowohl vom Königreich Marokko als auch von der Polisario zur friedlichen Beilegung des West-sahara-Streits akzeptiert und unterschrieben worden ist. Seit Resolution 1754 bezieht sich keine der folgenden Resolutionen des Sicherheitsrates mehr auf den Peace-Plan oder das Referendum. Stattdessen wird der Autonomieplan Marokkos als neuer Ausgangspunkt für Verhandlungen und zum Erreichen einer politischen und für beide Seiten akzeptablen Lösung präferiert und gibt damit einen klar gezeichneten Weg vor.[848] Der Prozess des Referendums ist damit spätestens 2007 final ad acta gelegt worden.[849] Indes hat nicht einmal mehr die Waffenstillstandskomponente des Plans mehr Bestand, die von beiden Seiten am 6. September 1991 vereinbart wurde. Die von *Baker* vorgelegten Pläne und Vorschläge bleiben damit bis heute die erfolgversprechendsten Maßnahmen der UN zur Beilegung des Konflikts. Die Analyse hat allerdings aufgezeigt, dass auch diese weit von einer tatsächlichen Lösung des Konflikts entfernt waren. Kein Plan, auch nicht die von beiden Parteien ratifizierten Houston-Accords, kamen jemals in ein implementierfähiges Stadium. Unter Berücksichtigung der großen Zugeständnisse des Peace-Plans hinsichtlich der Position Marokkos ist es äußerst schwer vorstellbar, dass Marokko in Zukunft eine politische Lösung, die das Selbstbestimmungsrecht des Volkes der Westsahara respektiert und wahrt, bereitwillig akzeptieren würde. Dies ist daraus zu schließen, dass es sogar einen Plan ablehnte, der die Wählerschaft für das Referendum von der anfangs als Ausgangspunkt gewählten spanischen Volkszählung von 1975 auf fast alle Einwohner der Westsahara ausweitet, also auch auf marokkanische Siedler, die offensichtlich nicht Träger des

---

848 UN Doc. S/RES/1754 v. 30.4.2007. Vgl. hierzu die Resolutionen UN Doc. S/RES/1813 v. 30.4.2008; UN Doc. S/RES/1871 v. 30.4.2009; UN Doc. S/RES/1920 v. 30.4.2010; UN Doc. S/RES/1979 v. 27.4.2011; UN Doc. S/RES/2044 v. 24.4.2012; UN Doc. S/RES/2099 v. 25.4.2013; UN Doc. S/RES/2152 v. 29.4.2014; UN Doc. S/RES/2218 v. 28.4.2015; UN Doc. S/RES/2285 v. 29.4.2016; UN Doc. S/RES/2351 v. 28.4.2017; UN Doc. S/RES/2414 v. 27.4.2018; UN Doc. S/RES/2440 v. 31.10.2018; UN Doc. S/RES/2468 v. 30.4.2019; UN Doc. S/RES/2494 v. 30.10.2019; UN Doc. S/RES/2548 v. 30.10.2020; UN Doc. S/RES/2602 v. 29.10.2021 und UN Doc. S/RES/2654 v. 27.10.2022.

849 Vgl. UN Doc. S/RES/1754 v. 30.4.2007 und UN Doc. S/RES/1783 v. 31.10.2007.

Selbstbestimmungsrechts des sahrawischen Volkes sein können.[850] Solange der Sicherheitsrat also nicht willens ist, eine Lösung wirklich implementieren zu wollen, notfalls gegen den Willen der Parteien, insbesondere aber gegen den Willen Marokkos, kann aufgrund der Erfahrungen seit 1991 der Westsahara-Konflikt (politisch) niemals enden. *Baker* fasste dies nach seinem Rücktritt anschaulich und richtigerweise zusammen: „The closer we got to implementing the settlement plan the more nervous I think the Moroccans got about whether they might not win that referendum." Hinsichtlich des von ihm vorgestellten Peace-Plans konkludierte er, dass dieser „broadened the electorate [...], so that everyone in Western Sahara would have the right to vote. And even under that arrangement, the Moroccans concluded that they weren't even willing to risk a vote under those circumstances. And of course that made it then impossible to reach a solution to which both parties would agree".[851] Hinsichtlich des von der UN verfolgten Ziels einer konsensualen Lösung äußerte sich *Baker* ebenfalls meinungsstark: „I think any dispute like this is solvable given good will on the part of both parties but you haven't had that. If you don't have that, if they are not willing to exercise the political will necessary to reach a solution and the Security Council is not willing to move from chapter 6, that is consensus, to Chapter 7 where they can ask

---

850 Vgl. *Theofilopoulou*, The United Nations and Western Sahara - A Never-ending affair, USIP Special Report 166, S. 18.

851 *Baker*, Interview v. 19.8.2004, *Wideangle*, https://www.pbs.org/wnet/wideangle/uncategorized/sahara-marathon-interview-james-a-baker-iii/873/, zuletzt abgerufen am 15.6.2024. *Baker* wurde bereits zum Anfang seiner Tätigkeit über die Haltung Marokkos informiert. Der ehemalige US-Botschafter *Neumann*, der von 1973–1976 die Botschaft in Marokko leitete, gab *Baker* eine zutreffende Analyse über *Hassans* Herangehens- und Sichtweise zum Westsahara-Konflikt und ließ ihn wissen: „I underscore that, in my view, the King's position rests on his shrewd, domestic-political instinct - something which you, Mr. Secretary, will well understand, and much less on his legalistic-French style claims of his rights and his somewhat questionable interpretation of the Advisory Opinion of the World Court. From this I gather that it will be very difficult to get him to accept a compromise. Or, in more Arab style, he may give this impression and then nothing will happen because he feels that time is on his side. At one time I urged him very privately to accept a plebiscite for the area because I knew and told him that he could "buy" it. The reason for his rejection was, as he stated, that to accept a plebiscite would undermine the "legitimacy of his claim" - a typical French-style rigid legalism. I mention this to add a dimension to your interpretation of his mind. It goes without saying that a Sahara decision, like most others, is made strictly by the king in person, not by his advisors, not even by Guedera who is not a great friend of the United States.", Baker Paper, Princeton Mudd Manuscript Library, Box 322–328, Brief v. 21.3.1997.

the parties, force the parties one or both of them to do something they don´t want to do *then I don´t know where the solution comes from.*"[852] *Theofilopoulou,* die den UN-Prozess jahrelang begleitete und eine aktive Rolle in diesem innehatte, konkludierte bereits 2005, dass „nowhere is the Security Council's responsibility for the failure to resolve the conflict more obvious than in its handling of Baker's mandate. (...) The Security Council must support the efforts of a mediator without equivocation. It should not expect the mediator to achieve miracles when given vague and ill-defined mandates". Sie sah bereits 2005 voraus, dass „Western Sahara will remain on the UN agenda for many years to come" und sollte damit Recht behalten.[853] Die politische Entwicklung bleibt weiter abzuwarten, jedoch ist auf Seiten Marokkos nicht zu erwarten, dass sich dieses jemals auf ein Referendum einlassen wird, in dessen Folge die Westsahara unabhängig werden könnte. Ebenfalls ist nicht zu erwarten, dass der Sicherheitsrat der MINURSO weitreichendere Kompetenzen zuteilen wird oder gar einen neuen Ansatz zur Beilegung des Konflikts entwickeln wird. Auch die Aufkündigung des Waffenstillstands hat den Sicherheitsrat nicht von seinem absolut konsensualen Ansatz abbringen können. Den bisherigen Status quo hält Marokko mit indirekter Unterstützung der UN als solche und direkter Unterstützung des Sicherheitsrates mittlerweile seit 47 Jahren erfolgreich aufrecht und verwehrt damit der sahrawischen Bevölkerung die Ausübung ihres genuinen Rechts auf Selbstbestimmung.

---

852 *Baker,* Interview v. 19.8.2004, *Wideangle,* https://www.pbs.org/wnet/wideangle/un categorized/sahara-marathon-interview-james-a-baker-iii/873/, zuletzt abgerufen am 15.6.2024. *Baker* führte zudem hinsichtlich der Position Marokkos aus: „This is a really low intensity, low level dispute. Look there's no action forcing event in the Western Sahara conflict. Morocco has won the war. She's in possession. Why should she agree to anything?".

853 *Theofilopoulou,* The United Nations and Western Sahara - A Never-ending affair, USIP Special Report 166, S. 18.

§ 3 Kapitel Drei: Die rechtlichen Implikationen des Status der Westsahara

A. *Rechtlicher Status*

Die vorliegende extensive und bis dato einmalige Analyse der Zeit *Bakers* als Persönlicher Gesandter des Generalsekretärs und der politischen wie auch diplomatischen Einordnung in den realpoltitischen Kontext dieser Epoche zeigt auf, dass die Positionen der Parteien durch die bisherigen Bemühungen der UN unmöglich zueinander zu bringen sind. Selbst *Baker*, der über Jahre die starke Unterstützung der USA hatte, musste schließlich einsehen, dass auch er als hochrangiger und international durchweg respektierter Diplomat sowie ehemaliger Außenminister der USA im Rahmen der den Konflikt bestimmenden internationalen Interessenspolitik keinen Durchsetzungsmechanismus für jegliche Implementierung einer politischen Lösung gegen den Willen einer der Konfliktparteien fand. Insbesondere schaffte er es nicht, den Sicherheitsrat zu einer Abkehr von seiner äußersten Zurückhaltungspolitik zu bewegen. Die Aufgabe dieser erscheint allerdings als einziges Mittel, den Westsahara-Konflikt im Rahmen einer von der UN ermöglichten Lösung beizulegen.[854] Gleichzeitig ist unter Heranziehung der Erkenntnisse der vorstehenden Analyse davon auszugehen, dass der Sicherheitsrat, insbesondere durch die im Vergleich zur Zeit *Bakers* noch stärker gewordenen und ausgebauten Beziehungen Marokkos zu Frankreich und den USA, mit an Sicherheit grenzender Wahrscheinlichkeit nicht davon abweichen wird oder gar Maßnahmen nach Kapitel VII UN-Charta in Erwägung ziehen wird. Das Fundament der UN, insbesondere des Sicherheitsrates, zur Beilegung des Konflikts stand dabei freilich nicht auf rechtlichen Erwägungsgründen, sondern vielmehr auf solchen der faktischen Interessenspolitik. Kein Dokument der UN deutete darauf hin, dass diese die Annexion Marokkos als völkerrechtswidrig behandelten und Marokkos Präsenz als illegal einstuften. In contrario wurde dies eher aktiv vermieden, wie die Rechtsanalyse *Corells* zur Ausbeutung natürlicher Ressourcen in der Westsahara zeigen sollte, in welcher auf Anweisung des Un-

---

854 Ähnlich *Lovatt/Mundy*, Free to Choose: A New Plan for Peace in Western Sahara, S. 26.

tergeneralsekretärs *Prendergast* der Status Marokkos bewusst offengelassen worden ist.[855] Auch in den Verhandlungen, die *Baker* führte, wurde aktiv vermieden, den Status Marokkos aus rechtlicher Sicht zu beleuchten, da befürchtet worden ist, dass Marokko im Falle einer negativen Darstellung seiner „Verwaltung" bzw. Präsenz die Verhandlungen vollständig abbrechen würde. Dies zog sich auch in den Verhandlungsprozessen der auf *Baker* folgenden Persönlichen Gesandten fort und ließ somit, wie der Rest der Arbeit aufzeigen wird, einen überaus wichtigen und starken Hebel der UN-Organe außen vor, nämlich die in der UN-Charta verankerte und geförderte völkerrechtliche Legitimität staatlichen Handelns und der dem entgegenstehenden möglichen Handlungs- bzw. Sanktionsmechanismen für völkerrechtswidrige Handlungen und Situationen. Hätte beispielsweise die UN festgestellt, dass die Präsenz Marokkos in der Westsahara gegen die UN-Charta oder humanitäres Völkerrecht verstößt, hätte der Verhandlungsprozess von vornherein anders aufgezogen werden können und sogar müssen. Die UN, insbesondere der Sicherheitsrat und auch das Generalsekretariat, entschied sich aber bewusst gegen einen legalistischen Ansatz und hält diese Ansicht bis heute aufrecht.[856]

Der historische Aufriss der Konflikte in und um die Westsahara zeigt, wie aufgeladen und politisch heikel die Beantwortung einzelner Fragen ist. Jedoch ist es fernab dessen möglich, den Status der Westsahara neutral und objektiv zu bewerten, nämlich durch die saubere Anwendung und Subsumtion unter die einschlägigen Normen und Rechtsgrundsätze des

---

855 Vgl. unten § 3. A. IV. 3. a).

856 Vgl. die Berichte der UN-Generalsekretäre von 2007–2022: UN Doc. S/2007/202 v. 13.4.2007; UN Doc. S/2007/619 v. 19.10.2007; UN Doc. S/2008/45 v. 25.1.2008; UN Doc. S/2008/251 v. 14.4.2008; UN Doc. S/2009/200 v. 13.4.2009; UN Doc. S/2010/175 v. 6.4.2010; UN Doc. S/2011/249 v. 1.4.2011; UN Doc. S/2012/197 v. 5.4.2012; UN Doc. S/2013/220 v. 8.4.2013; UN Doc. S/2014/258 v. 10.4.2014; UN Doc. S/2015/246 v. 10.4.2015; UN Doc. S/2016/355 v. 19.4.2016; UN Doc. S/2017/307 v. 10.4.2017; UN Doc. S/2018/889 v. 3.10.2018; UN Doc. S/2019/282 v. 1.4.2019; UN Doc. S/2019/787 v. 10.10.2019; UN Doc. S/2020/938 v. 7.10.2020; UN Doc. S/2021/843 v. 1.10.2021 und UN Doc. S/2022/733 v. 3.10.2022. Vgl. ebenfalls die Sicherheitsratsresolutionen von 2007–2022: UN Doc. S/RES/1754 v. 30.4.2007; UN Doc. S/RES/1783 v. 31.10.2007; UN Doc. S/RES/1813 v. 30.4.2008; UN Doc. S/RES/1871 v. 30.4.2009; UN Doc. S/RES/1920 v. 30.4.2010; UN Doc. S/RES/1979 v. 27.4.2011; UN Doc. S/RES/2044 v. 24.4.2012; UN Doc. S/RES/2099 v. 25.4.2013; UN Doc. S/RES/2152 v. 29.4.2014; UN Doc. S/RES/2218 v. 28.4.2015; UN Doc. S/RES/2285 v. 29.4.2016; UN Doc. S/RES/2351 v. 28.4.2017; UN Doc. S/RES/2414 v. 27.4.2018; UN Doc. S/RES/2440 v. 31.10.2018; UN Doc. S/RES/2468 v. 30.4.2019; UN Doc. S/RES/2494 v. 30.10.2019; UN Doc. S/RES/2548 v. 30.10.2020; UN Doc. S/RES/2602 v. 29.10.2021 und UN Doc. S/RES/2654 v. 27.10.2022.

Internationalen Rechts. Dieses birgt und liefert fernab von politischen und demographischen Problemen die theoretischen Lösungsansätze für die vorliegende Konfliktbewältigung. Dass die Staatenpraxis das von ihnen geschaffene Recht häufig ignoriert und für sich günstig auszulegen versucht, muss bei der Begutachtung der rechtlich theoretischen Grundlage zur Lösung des Westsaharakonflikts außer Acht bleiben. Daher ist es vonnöten, die rechtliche Stellung der Westsahara so präzise und objektiv wie möglich herauszufiltern. Mithin ist also zu prüfen, welchen Status das Gebiet im Völkerrecht einnimmt und welche sich hieraus ergebenden Rechte und Pflichten der beteiligten Konfliktparteien für das Gebiet der Westsahara bestehen.

I. Das IGH-Gutachten

Die Frage, wie das Gebiet der Westsahara vor der Kolonisierung rechtlich zu definieren ist, war 1975 Gegenstand eines Gutachtens des IGH. Auch heute spielt das (unverbindliche) Gutachten noch eine Rolle, wie beispielsweise die Verfahren vor der europäischen Gerichtsbarkeit zeigen, in welchen die Feststellungen des Gutachtens weiterhin herangezogen werden.[857] Trotz der realpolitischen Folgen, die das Gutachten mit sich brachte,[858] und der sich später als zu weit und missverständlich herausstellenden Formulierung des IGH zur Frage der zwischen Marokko, Mauretanien und der Westsahara bestehenden prä-kolonialen rechtlichen Beziehungen und Bindungen hat es zumindest das Grundgerüst des sahrawischen Selbstbestimmungsrechts in ein Fundament gegossen, auf welchem noch heute gestanden und aufgebaut werden kann bzw. wird.[859] Insbesondere also für den kolonialen Kontext, in welchem sich der Konflikt um die Westsahara

---

857 Siehe zB. EuGH, 2016 (Fn. 55), Rn. 28 ff.

858 Die Pläne für den Grünen Marsch standen bereits Wochen zuvor fest und wurden von *Hassan II* aufgrund taktischer Erwägungen verzögert, vor allem um den Tod *Francos* und die damit einhergehende Unsicherheit und Systemkrise des spanischen Staates auszunutzen, siehe hierzu § 3. A. IV. 1. a) aa).

859 Das Gutachten selbst war bereits zum Zeitpunkt der Erstellung unter den Richtern nicht einstimmig beschlossen worden und höchst umstritten. Die Richter *Gros*, *Ignacio-Pinto* und *Nagendra Singh* fügten dem Gutachten Erklärungen bei; Vizepräsident *Ammoun* und die Richter *Forster*, *Petron*, *Dillard*, *de Castro* und *Boni* fügten gesonderte Stellungnahmen bei, und Richter *Ruda* sogar eine abweichende Stellungnahme.

Auch in der Literatur wies und weist das Gutachten noch immer eine gewisse Relevanz auf, siehe beispielhaft *Angelillo*, The Approach of the EU towards the Conflict

(noch immer) bewegt, ist das Gutachten des IGH von großer Bedeutung, auch wenn dieses mittlerweile fast ein halbes Jahrhundert alt ist.

1. Vorbemerkungen

Wie bei einem Verfahren zur Beilegung eines kolonialen Konflikts zu erwarten war, sollte das Westsahara-Gutachtenverfahren vorwiegend von einer intensiven völkerrechtsgeschichtlichen Einkleidung und dogmatischen Debatte begleitet werden. Diese sollte sich vor allem auf die Doktrin und Einordnung des intertemporalen Rechts und des eurozentralistisch geprägten Ansatzes des Universellen Völkerrechts sowie auf das Verhältnis von Selbstbestimmungsrecht auf der einen und Terra nullius, uti possidetis und territorialer Souveränität auf der anderen Seite konzentrieren.[860]

Die Einwände der am Verfahren beteiligten Staaten Marokko und Mauretanien stützten sich auf den Status der Westsahara zur Zeit bzw. vor der Zeit der Kolonisierung durch Spanien, wobei Marokko vortrug, dass die Westsahara damals Teil des marokkanischen Scherifenstaates gewesen sei.[861] Mauretanien behauptete, dass sie Teil der „mauretanischen Entität"

---

of Western Sahara, S. 33 ff.; *Dixon/McCorquodale/Williams*, Cases and Materials on International Law, S. 249 f., 679 f.; *Janis*, The International Court of Justice: Advisory Opinion on the Western Sahara, in: Harvard International Law Journal 17 (1976), S. 609–621; *Nicholson*, Statehood and the State-Like in International Law, S. 43–45; *Okere*, The Western Sahara Case, The International and Comparative Law Quarterly 28 (1979), 296–312; *Pazzanita*, Historical Dictionary of Western Sahara, S. 215–221; *Shelley*, Endgame in the Western Sahara, S. 130 ff.; *Simon*, Western Sahara, in: Walter/Ungern-Sternberg/Abushov (Hrsg.), Self-Determination and Secession in International Law, S. 262 ff.; *Soroeta Liceras*, International Law and the Western Sahara Conflict, S. 79–111; *Wolfrum*, West-Sahara-Gutachten des Internationalen Gerichtshofs, Vereinte Nationen 6 (1975), 185 f.; *Zunes/Mundy*, Western Sahara, War, Nationalism and Conflict Irresolution, S. 106 ff.

860 IGH, Westsahara-Gutachten, ICJ Rep. 1975; *Knop*, Diversity and Self-Determination in International Law, S. 117 f.; *Shaw*, The Western Saharan Case, British Yearbook of International Law 49 (1978), 119 (152 f.). Zur negativen Resonanz der Verfahren vor dem IGH zum damaligen Südwestafrika, IGH, South West Africa, Urteil v. 21.12.1962, ICJ Rep. 1962, S. 319–348 und Urteil v. 18.7.1966, ICJ Rep. 1966, S. 6–58 siehe *Knop*, Diversity and Self-Determination in International Law, S. 113 f.

861 Zur historischen und international rechtlichen Einordnung des Scherifenstaates siehe IGH, Westsahara-Gutachten, ICJ Rep. 1975, S. 43 Rn. 94 ff. und ausführlich unter Bezugnahme auf mögliche Beziehungen bzw. Verflechtungen zu den Gebieten der Westsahara und den dort lebenden Nomadenstämmen *Hodges*, Western Sahara, The Roots of a Desert War, S. 25–36.

oder auch Bilad Shinguitti[862] genannt, gewesen sei, einem Gebiet, bevölkert von nomadischen Stämmen mit ähnlicher oder gleicher kultureller und sprachlicher Herkunft wie jener der Westsahara, die fern von den durch den nach dem Uti-possidetis-Grundsatz festgelegten Grenzen unbehelligt ihrem nomadischen Leben nachgingen.[863] Trotz zahlreicher staatlicher und vor allem institutioneller Befassung, Diskussionen und verabschiedeten Resolutionen auf UN-Ebene in der Generalversammlung und im Dekolonisierungsausschuss fehlte es an verbindlichen Aussagen über die Relevanz und Hierarchie der hier miteinander konkurrierenden Prinzipien in Form des Selbstbestimmungsrechts der Völker und der (historischen) territorialen Integrität eines Staates, von der sich die Generalversammlung möglicherweise erhoffte, eine klärende Antwort vom IGH zu erhalten.[864]

2. Vorprozessuale und prozessuale Fragen

Bevor sich der IGH jedoch diesen Themen widmen konnte, hatte er sich im Vorfeld des Gutachtenverfahrens zunächst mit vorprozessualen und prozessualen Problematiken auseinanderzusetzen. Unter anderem hatte er zu entscheiden, ob er überhaupt zur Beantwortung der von der Generalversammlung gestellten Fragen zuständig sei und die Kompetenz zur Begutachtung der vorgelegten Fragestellungen habe.[865] Trotz gewisser Zweifel kam der IGH zum Schluss, dass er die Gutachtenanfrage der Generalversammlung zu beantworten hat und dies schlussendlich auch tat. Auf eine ausführliche Darstellung dieser der sich dem IGH seinerzeit aufkommenden Problematiken wird im Rahmen dieser Untersuchung aufgrund der hierzu in Gänze ausgeführten Darstellung des IGHs und der sich bereits erschöpfenden Literatur verzichtet.[866]

---

862 Zum Begriff des Bilad Shinguitti, IGH, Westsahara-Gutachten, ICJ Rep. 1975, S. 58 Rn. 132 ff.; UN Doc. A/10023/Rev.1 S. 100 Rn. 378 ff.
863 IGH, Westsahara-Gutachten, ICJ Rep. 1975, S. 40 Rn. 85.
864 Vgl. *Shaw*, The Western Saharan Case, British Yearbook of International Law 49 (1978), 119 (120 f.).
865 IGH, Westsahara-Gutachten, ICJ Rep. 1975, S. 17 Rn. 12.
866 IGH, Westsahara-Gutachten, ICJ Rep. 1975, S. 17 Rn. 12–Rn. 74; *Janis*, The International Court of Justice: Advisory Opinion on the Western Sahara, in: Harvard International Law Journal 17 (1976), 609 (616 f.); *Okere*, The Western Sahara Case, The International and Comparative Law Quarterly 28 (1979), 296 (303); *Shaw*, The Western Saharan Case, British Yearbook of International Law 49 (1978), 119 ff.

3. Materiell-Rechtliche Lösung des Gerichtshofs

Mit Klärung der prozessualen Hindernisse im Gutachtenverfahren wandte sich der IGH schließlich der Beantwortung der eigentlich von der Generalversammlung gestellten Fragen zu und nahm zu diesen Stellung.

a) Terra nullius

Trotz möglicherweise bereits vor 1884 existierenden und stattgefundenen territorialen Souveränitätsakten Spaniens in den Gebieten der Westsahara, definierte der IGH für die Zwecke des Gutachtens zunächst den Beginn der Zeit der Kolonisierung durch Spanien ab dem Jahre 1884, also historisch durch die Gebietszuteilungen der Kolonialmächte im Rahmen der Berliner Konferenz, in welcher Spanien sein Protektorat über die Gebiete der Westsahara proklamierte.[867] Die Rechtsfrage, die sich aus der Formulierung der Resolution der Generalversammlung für den IGH stellte, war, ob die Gebiete der Westsahara eine Terra nullius zu eben jenem Zeitpunkt darstellten und wie dieser Begriff zu verstehen sei. Der Rechtsbegriff Terra nullius war nach Ansicht des Gerichtshofs daher unter Bezugnahme auf das zur damaligen Zeit geltende Recht zu interpretieren und auszulegen.[868] Algerien[869],

---

867 IGH, Westsahara-Gutachten, ICJ Rep. 1975, S. 38 Rn. 77.

868 IGH, Westsahara-Gutachten, ICJ Rep. 1975, S. 38 Rn. 79. Zur Kritik an der eurozentralistischen Auslegung und Herangehensweise des Gerichtshofs hinsichtlich der ersten Fragestellung, mithin an der Auslegung und Bestimmung des Begriffs Terra nullius, siehe die ausführliche und unter Bezugnahme und Gegenüberstellung der mündlichen und schriftlichen Stellungnahmen der beteiligten afrikanischen Staaten im Gutachtenverfahren vor dem IGH vorgenommene Auseinandersetzung bei *Knop*, Diversity and Self-Determination in International Law, S. 117–129, sowie die abweichenden Meinungen der Richter *Dillard*, IGH, Westsahara-Gutachten, ICJ Rep. 1975, S. 123 f.; *Petrén*, IGH, Westsahara-Gutachten, ICJ Rep. 1975, S. 113 ff. Grundlegend *Lorca*, in: Fassbender/Peters (Hrsg.), The Oxford Handbook of the History of International Law, Eurocentrism in the History of International Law, S. 1034–1057; *Gathii*, International Law and Eurocentricity, European Journal of International Law 9 (1996), 184–211. Zum Begriff im Allgemeinen siehe *Crawford*, Brownlie´s Principles of International Law, S. 208, 236 f.; *Crawford*, The Creation of States in International Law, 265 ff.; *Epping*, in: Epping/Heintschel von Heinegg (Hrsg.), Ipsen: Völkerrecht, § 7 Rn. 36 ff.; *Nicholson*, Statehood and the State-Like in International Law, S. 43 ff.; *Wouters/Ryngaert/Ruys/De Baere*, International Law, A European Perspective, S. 243, 253.

869 Der algerische Vertreter vor dem IGH, *Mohammed Bedjaoui* (selbst späterer Richter am IGH von 1982–2001) vertrat in contrario zur Position Marokkos und Maureta-

---

Marokko und Mauretanien sowie Teile der Literatur widersprachen dem größtenteils eurozentralistisch verfolgten Rechtsauslegungsgrundsatz des IGHs und forderten, die Besonderheiten der damaligen, lokalen und vom muslimischen Kulturkreis geprägten Rechtsordnung zu berücksichtigen.[870] Zur wirksamen und rechtmäßigen Okkupation eines Landes ist die Herrenlosigkeit des Gebietes entscheidende Voraussetzung und gleichzeitig bei Nichtvorliegen de lege lata nach herrschender Meinung und Staatenpraxis Ausschlussgrund, da nur das Besetzen herrenloser Gebiete einen friedlichen Souveränitätserwerb darstellen könne.[871] Vereinbarungen mit lokalen Autoritäten, unabhängig davon, ob sie als tatsächliche und rechtmäßige Abtretung des Territoriums betrachtet werden können, sind nach damaliger Staatenpraxis hinsichtlich eines Souveränitätstitels von derivativer und eben nicht originärer Natur zu klassifizieren, wodurch logischerweise die Okkupation des Gebietes im völkerrechtlichen Sinne nicht möglich ist.[872]

---

niens einen nahezu völlig kontradiktorischen Ansatz des europäisch geprägten Begriffs der Terra nullius und definierte das Internationale Recht des 19. Jahrhunderts als mit nur eigenen Regeln zugelassenes Spielfeld und gewissermaßen eigens gesetzter Rechtfertigungsdogmatik europäischer Expansionspolitik, indem europäische Staaten sich faktisch nur selbst als zivilisiert ansahen und unzivilisierten Völkern die Kompetenz absprachen, sich politisch und im Sinne der europäischen Staatsdoktrin zu organisieren. Folglich könne dies nur bedeuten, dass nicht-europäische Völker dem Anwendungsbereich des klassischen Völkerrechts per se nicht unterfallen könnten. Diesem Dilemma stehe erstmalig der im modernen Völkerrecht verankerte Grundsatz des Selbstbestimmungsrechts der Völker entgegen, welcher Eckpfeiler und Revisionsgrund gegen das uferlose und von europäischen Staaten missbrauchte Konzept der Terra nullius sei – mündliche Erklärung von *Mohammed Bedjaoui*, IGH, Westsahara-Gutachten, ICJ Pleadings Vol. V, S. 307 ff. Eine Bewertung und kritische Auseinandersetzung zu den Ausführungen *Bedjaouis* ist unter anderem zu finden bei *Özsu*, in: v. Bernstorff/Dann, The Battle for International Law, Determining New Selves, S. 347354; *Knop*, Diversity and Self-Determination in International Law, S. 121–129; *Shaw*, The Western Saharan Case, British Yearbook of International Law 49 (1978), 119 (128 ff.).

870   Zusammengefasst bei *Knop*, Diversity and Self-Determination in International Law, S. 121 ff.

871   *Menzel/Pierling/Hoffmann*, Völkerrechtsprechung, S. 142; zu den weiteren Voraussetzungen einer Okkupation eines Terra-nullius-Gebietes siehe *Epping*, in: Epping/Heintschel von Heinegg (Hrsg.), Ipsen: Völkerrecht, § 7 Rn. 36 ff. Die Okkupation eines herrenlosen Gebietes spielt in der heutigen Staatenpraxis kaum noch eine Rolle, da quasi kein Gebiet, außer der Antarktis, noch als Terra nullius zu qualifizieren ist und somit eher für die Begutachtung der Rechtmäßigkeit von in der Vergangenheit bereits okkupierten Gebieten heranzuziehen ist.

872   IGH, Westsahara-Gutachten, ICJ Rep. 1975, S. 39, Rn. 80.

aa) Der umstrittene (völkerrechtliche) Begriff der Terra nullius

In der Völkerrechtsdoktrin gab es zur Problematik rund um die Frage der Souveränitätsrechte indigener Völker verschiedene Ansätze zur Zeit der europäischen Kolonisierungsepoche.[873]

Die Theorie, die im späteren neunzehnten Jahrhundert zu dominieren schien, als Afrika unter den konkurrierenden europäischen Mächten aufgeteilt wurde, vertrat die Ansicht, dass die organisierten Stämme oder Völker außereuropäischer Länder keine souveränen Rechte über ihre Territorien besaßen und somit auch keinen Hoheitstitel, der den Eigentumserwerb durch effektive Okkupation hätte ausschließen können.[874] Die Bewohner seien daher lediglich faktisch und nicht rechtlich in der Lage gewesen, das Territorium zu besetzen, welches sodann von den europäischen Staaten als Terra nullius behandelt werden konnte und von jedem Staat in Übereinstimmung mit den Anforderungen des Völkerrechts erworben werden konnte.[875] Zu den führenden Theoretikern dieses Ansatzes gehörte *Westlake*, der die modifizierte Ansicht vertrat, dass eine existierende Regierung nach europäischer Auffassung der internationale Test der „Zivilisation" sei und dass jene Gemeinschaften, die nicht in der Lage waren, eine Regierung zu stellen, die für westliche Augen ohne Weiteres als solche erkennbar war, nicht im Sinne der europäischen Staatsdoktrin als zivilisiert gelten und mithin auch keinen territorialen Anspruch stellen oder aufrechterhalten

---

873 Eine Zusammenfassung der damals existierenden Theorien unter Nennung der jeweiligen Vertreter ist zu finden bei *Shaw*, The Western Saharan Case, British Yearbook of International Law 49 (1978), 119 (127–132). Siehe ebenfalls *Okere*, The Western Sahara Case, The International and Comparative Law Quarterly 28 (1979), 296 (305 f.). Zu den Standpunkten der Parteien siehe Schriftliche Erklärung Marokkos, in: IGH, Westsahara-Gutachten, ICJ Pleadings Vol. III, S. 125 ff.; Schriftliche Erklärung Mauretaniens, in: IGH, Westsahara-Gutachten, ICJ Pleadings Vol. III, S. 28 ff. Eine ausführliche Darstellung der Ansichten Marokkos, Mauretaniens, Algeriens und Spaniens zum Begriff der Terra nullius ist zu finden bei *Knop*, Diversity and Self-Determination in International Law, S. 117–131. Siehe auch *Janis*, The International Court of Justice: Advisory Opinion on the Western Sahara, in: Harvard International Law Journal 17 (1976), 609 (616); *Shaw*, The Western Saharan Case, British Yearbook of International Law 49 (1978), 119 (131).

874 *Okere*, The Western Sahara Case, The International and Comparative Law Quarterly 28 (1979), 296 (305 f.); *Shaw*, The Western Saharan Case, British Yearbook of International Law 49 (1978), 119 (128).

875 *Okere*, The Western Sahara Case, The International and Comparative Law Quarterly 28 (1979), 296 (305 f.); *Shaw*, The Western Saharan Case, British Yearbook of International Law 49 (1978), 119 (128).

konnten.[876] Die vorgebrachten und von den europäischen Staaten adaptierten Thesen verstärkten das Exklusivitätskonzept des Staates im Völkerrecht, welches sich eindeutig durch und mit Hilfe der sowohl staatspraktischen als auch hinsichtlich der rechtstheoretischen eurozentrischen Vorherrschaft weiterentwickelte und manifestierte.[877] *Jennings* stellte anschaulich fest, dass Okkupation als die Aneignung eines Territoriums, das zu diesem Zeitpunkt nicht der Souveränität eines anderen Staates unterliegt, durch einen, meist europäischen, Staat akzeptiert wurde. Eingeborene bzw. die indigenen Völker jener Gebiete, die unter einer Stammesorganisation lebten, wurden für diesen Zweck aber nicht als Staat betrachtet und konnten dementsprechend weder als zivilisiert noch als befähigt gelten, einen Staat zu errichten, der sich nach europäischer Staatsdoktrin hätte aufstellen und existieren können, weshalb diese Gebiete als okkupierfähig galten.[878]

Bedjaoui stellte die Dogmatik europäischen Handelns hinsichtlich des Erwerbs von fremdem Gebiet in einem Gleichnis zur prä-kolonialen Geschichte Europas auf. In der römischen Antike war jedes Gebiet, welches nicht römisch war, Terra nullius, im fünfzehnten und sechzehnten Jahrhundert war es jedes Gebiet, das nicht einem christlichen Herrscher gehörte und im neunzehnten Jahrhundert war es jedes Gebiet, das nicht einem zivilisierten Staat gehörte.[879] Freilich kann dabei nach der inneren Logik der Terra-nullius-Doktrin und der europäischen Staatenpraxis des 19. Jahrhun-

---

876 *Shaw*, The Western Saharan Case, British Yearbook of International Law 49 (1978), 119 (128).

877 *Shaw*, The Western Saharan Case, British Yearbook of International Law 49 (1978), 119 (127 f.); *Okere*, The Western Sahara Case, The International and Comparative Law Quarterly 28 (1979), 296 (305 f.).

878 *Jennings*, The Acquisition of Territory in International Law (1963), S. 20, stellte scharfzüngig fest: „Natives living under a tribal organisation were not regarded as a State for this purpose, and though force, even considerable force, might be used for the establishment of the settlement, the result in law was not conquest but occupation. This somewhat lofty attitude towards peoples who did not enjoy " civilisation " in the sense of living under a State organised after the manner of the States of Europe seemed natural enough in the late nineteenth century, though its survival in the term " civilised States " may cause some embarrassment." Zustimmend *Shaw*, The Western Saharan Case, British Yearbook of International Law 49 (1978), 119 (128); *Okere*, The Western Sahara Case, The International and Comparative Law Quarterly 28 (1979), 296 (306).

879 „Dans ses incarnations successives, cette théorie pourrait se résumer en trois propositions: - Dans l'Antiquite romaine, est nullius tout territoire qui n'est pas romain.
- A l'époque des grandes découvertes du XV' et XVIe siécles, est nullius tout territoire qui n'appartient pas a un souverain civilisé.

derts keine der indigenen Bevölkerungen als zivilisiert angesehen werden, die damit von den europäischen Staaten verdinglicht wurden.[880] *Shaw* führt den Gedanken weiter und erörtert richtigerweise, dass das Recht der Macht folgte und die Entwicklung bzw. Revitalisierung des Terra-nullius-Konzepts im neunzehnten Jahrhundert in erster Linie als eine Methode zur Regelung der Beziehungen zwischen den kolonisierenden Mächten selbst und nicht zwischen dem Kolonisator und den Kolonisierten sah.[881]

Verträge, die die europäischen Staaten mit indigenen Bevölkerungsgruppen abschlossen, sah *Bedjaoui* einzig als Legitimationszweck hinsichtlich der internen Machtstrukturen und Machtverhätnisse unter den Kolonialstaaten, die anzeigen sollten, dass das begehrte Gebiet bereits von einem Staat eingenommen worden war.[882]

Dem ist allerdings in der vorgebrachten Intensität unter Berücksichtigung der recht eindeutigen Staatenpraxis zu widersprechen. *Bedjaoui* misslingt teils die – mitunter durch die Staatenpraxis und Literatur geförderte häufig konfuse Anwendung – strikte Differenzierung des Begriffs der Okkupation, der sowohl im Rahmen der Terra-nullius-Doktrin wie auch im Rahmen der klassischen Besatzung und der politischen Okkupation der Kolonialzeit verwendet worden ist.[883] Dabei ist vor allem zu erwähnen,

---

- Au XIX' siècle, est nullius tout territoire qui n'appartient pas à un Etat civilisé.", *Bedjaoui*, IGH, Westsahara-Gutachten, ICJ Pleadings Vol. IV, S. 455 f.; *Shaw*, The Western Saharan Case, British Yearbook of International Law 49 (1978), 119 (129).

880 *Bedjaoui*, IGH, Westsahara-Gutachten, ICJ Pleadings Vol. IV, S. 456.

881 *Shaw*, The Western Saharan Case, British Yearbook of International Law 49 (1978), 119 (129); Eine ausführliche Auseinandersetzung mit der Ansicht *Bedjaouis* ist zu finden bei *Knop*, Diversity and Self-Determination in International Law, S. 120–126.

882 *Bedjaoui*, IGH, Westsahara-Gutachten, ICJ Pleadings Vol. IV, S. 485 f., 493; *Shaw*, The Western Saharan Case, British Yearbook of International Law 49 (1978), 119 (129).

883 Im Wissen um die möglicherweise entstehenden rechtlichen Konflikte dieser Argumentation wich *Bedjaoui* im Laufe seiner Argumentation in seiner Intensität von seiner überwiegend rechtsphilosophischen Ausführung ab und vertrat eine praktische, wenn auch noch immer dem Kolonialrecht, der Kolonialzeit und dem damaligen Völkerrecht gegenüber äußerst kritischen Ansatz. Der Schlussfolgerung *Bedjaouis* nach hätte nämlich der Ausdruck der indigenen Bevölkerung in Form der geschlossenen Verträge mit Spanien keinen Wert gehabt und wäre als ein rechtliches Nullum zu klassifizieren gewesen, womit der reine Kolonisationsakt in Form der Inbesitznahme und Verwaltung der Westsahara genügt hätte, um die Gebiete der Westsahara als Terra nullius behandeln zu können und um infolgedessen unter den Voraussetzungen der Okkupation eines herrenlosen Landes seine Souveränitätstitel ableiten zu können. Dabei wäre der Wille der indigenen Bevölkerung aber vollständig missachtet und entwertet worden, womit die Position der Einheimischen als

dass kein europäischer Staat tatsächlich das Konzept der Terra nullius als Erwerbsgrund für die ehemaligen Kolonien ansah und als gültigen Erwerbstitel gebrauchte.[884] Vielmehr beriefen sie sich, und das eindeutig auch in Verträgen zur Grenzziehung mit anderen europäischen Staaten, auf Verträge, die sie mit Teilen der indigenen Bevölkerung schlossen, mitunter auf einen Souveränitätsübergang per Vertrag.[885]

bb) Die Auslegung des IGHs

Überraschenderweise teilte der IGH vereinzelte Aspekte von *Bedjaouis* Argumentationslinie und partiell auch von den Vertretern Marokkos und Mauretaniens und wich von seiner sonst vertretenen strengeren Anwen-

---

faktische Eigentümer des Gebietes völlig außer Acht gelassen worden wäre. Diesem Ansatz widersprach sogar Spanien als Kolonialherr der Westsahara selbst, das der indigenen Bevölkerung zumindest gewisse, wenn auch undeutliche und freilich unzureichende bzw. nicht weitreichende Kompetenz zur Repräsentation des Gebietes zugestand und eben genau aus den Vertragswerken seine Souveränitäts-und Verwaltungsposition ableitete und gerade nicht aus dem Akt der Okkupation selbst. Da nach anfänglicher algerischer Argumentation das Gebiet als Terra nullius eingeordnet hätte werden müssen und sich daraus die für Algerien resultierenden, schwer zu rechtfertigenden Legitimationsprobleme hinsichtlich der Konsultation der sahrawischen Bevölkerung ergeben hätten, die dem algerischen Verständnis des Selbstbestimmungsrechts einer indigenen Bevölkerung zuwidergelaufen wären, schlug *Bedjaoui* vor, das koloniale Recht außer Acht zu lassen und auf die Rechtsordnung zu verweisen, die in dem betreffenden Gebiet zur fraglichen Zeit galt, oder, dass zumindest die Anwendung des intertemporalen Rechts mit einem konsequenten Rückgriff auf die vom Völkerrecht entwickelten Grundsätze eine zufriedenstellende Antwort auf die Probleme der Situation geben könnte, vgl. *Bedjaoui*, IGH, Westsahara-Gutachten, ICJ Pleadings Vol. IV, S. 448–509 und *Bedjaoui*, IGH, Westsahara-Gutachten, ICJ Pleadings Vol. V, S. 302–322; *Knop*, Diversity and Self-Determination in International Law, S. 120–126. Von einer ausführlichen Begutachtung und Differenzierung der sprachlichen Differenzierung und Definitionen der einzelnen Okkupationsbegriffe wird an dieser Stelle abgesehen, da der rechtliche Mehrwert der Diskussion kaum mehr förderlich ist. Vielmehr stellt sich die Problematik als rechtshistorisch und philosophisch dar; eine eingehende Auseinandersetzung zu den Begrifflichkeiten und den verschiedenen Interpretationsansätzen ist ua. zu finden bei *Shaw*, The Western Saharan Case, British Yearbook of International Law 49 (1978), 119 (128–132).

884 *Shaw*, The Western Saharan Case, British Yearbook of International Law 49 (1978), 119 (129 f.).

885 Zeithistorische Betrachtung in *Lindley*, The Acquisition and Government of Backward Territory in International Law, S. 34; *Shaw*, The Western Saharan Case, British Yearbook of International Law 49 (1978), 119 (130, 133).

dung der europäischen Staatsdoktrin ab. Damit vertrat er erstmalig einen vermittelnden Ansatz zur Klärung prä-kolonialer Strukturverhältnisse, indem er zunächst anerkannte, dass der Begriff der Okkupation oft in einem nicht-technischen Sinne verwendet wurde, um die Erlangung von Souveränität zu beschreiben. Dies bedeute nach Ansicht des IGHs nicht notwendigerweise, dass die Souveränität tatsächlich durch eine Besetzung einer Terra nullius im rechtlichen Sinne und einer formell strengen Auslegung dieser Ausdrücke erlangt wurde.[886]

Die Frage, ob das Gebiet vor der spanischen Kolonisation eine Terra nullius gewesen sei, verneinten die Richter des IGHs einstimmig.[887] Der Gerichtshof hat die zwischen den verschiedenen beteiligten Staaten angerissenen Meinungsverschiedenheiten bezüglich des Begriffs zur Kenntnis genommen und ist dann, größtenteils unter Außerachtlassung der verschiedenen vorgebrachten Thesen, dazu übergegangen, sich fast ausschließlich auf die Staatenpraxis der fraglichen Epoche zu konzentrieren. Aus dieser leitete er Legitimationsgründe und das anzuwendende Völkerrecht her, womit er interessanterweise gleichzeitig die Theorien und Ansätze der Völkerrechtsgelehrten und Theoretiker der damaligen Zeit völlig außer Acht ließ, die die Völkerrechtspersönlichkeit afrikanischer Entitäten unter alleiniger Berücksichtigung der europäischen Staats- und Völkerrechtsdoktrin leugneten.[888] In der Argumentationslinie des Gerichtshofs wird deutlich, dass er zwar einerseits jeglichen Bezug zu den genauen Prozessen und Umständen der Kolonisierung ignorierte, andererseits aber den Begriff der Terra nullius als Kunstbegriff definierte, der im Lichte des zum Zeitpunkt der Kolonisierung geltenden Rechts zu verstehen sei, und damit auf einzelne vorgetragene Punkte des algerischen Vertreters *Bedjaoui* und der Vertreter Marokkos und Mauretaniens zurückgriff.[889]

Diesen Ansatz verfolgte der IGH unter besonderer Beachtung der Staatenpraxis, welche zur fraglichen Zeitspanne großen Wert auf die zahlreichen zwischen den europäischen Kolonialmächten und den lokalen Gemeinschaften geschlossen Abkommen legte.[890] Der IGH maß diesen Ab-

---

886 IGH, Westsahara-Gutachten, ICJ Rep. 1975, S. 39 Rn. 80.
887 IGH, Westsahara-Gutachten, ICJ Rep. 1975, S. 68 Rn. 163.
888 Vgl. IGH, Westsahara-Gutachten, ICJ Rep. 1975, S. 39 Rn. 80.
889 IGH, Westsahara-Gutachten, ICJ Rep. 1975, S. 39 Rn. 79.
890 Im Verfahren vor dem IGH betitelten die Vertreter Mauretaniens und Algeriens diese Abkommen als „trinket treaties" bzw. „glass-bead treaties", *Shaw*, The Western Saharan Case, British Yearbook of International Law 49 (1978), 119 (133); *Knop*, Diversity and Self-Determination in International Law, S. 123 f.

kommen im Gegensatz zu den Parteien, mit Ausnahme Spaniens, besonderen Stellenwert zu und klassifizierte sie, in contrario zur damaligen vorherrschenden Völkerrechtstheorie, die solche Verträge eher als Machtsymbolik und Ausdruck von Machtverhältnissen zwischen den europäischen Staaten ansah[891], zu Dokumenten von zentralem Charakter für den Erwerb der Souveränität über ein Territorium.[892]

Dies wird vor allem durch Heranziehung mehrerer geschlossener Verträge zwischen Spanien und den Oberhäuptern der Stämme des Gebietes der Westsahara deutlich, die nachwiesen, dass sich die sahrawische Bevölkerung zum Zeitpunkt der Übernahme durch Spanien und auch bereits davor überwiegend politisch, sozial und wirtschaftlich selbst organisierte.[893] Dies lässt sich ferner mit dem königlichen Erlass vom 26.12.1884[894] belegen, in welchem Spanien den Fall keineswegs als eine Besetzung von Terra nullius ansah, sondern verkündete, dass der König die Gebiete der Sahara auf der Grundlage von Vereinbarungen, die mit den Häuptlingen der lokalen Stämme getroffen worden waren, unter sein Protektorat stellte. Darüber hinaus schloss Spanien mit Frankreich in den besagten Gebieten Grenzverträge, ohne auf mögliche Ansprüche aus einem territorialen Souveränitätserwerb durch Okkupation einzugehen. Der IGH wies dadurch den Stammesoberhäuptern die Kompetenz zur Repräsentation nach und schloss vor allem aus den zwischen Spanien und den Stammesoberhäuptern unterzeichneten Verträgen zur territorialen Nutzung des Gebietes, dass Spanien 1884 die Westsahara nicht als Terra nullius ansehen konnte und auch nicht angesehen hat.[895]

---

891 Die beteiligten Staaten im Verfahren degradierten den Stellenwert der Verträge zum Teil erheblich und sahen in diesen keinen spanischen Souveränitätstitel, *Shaw*, The Western Saharan Case, British Yearbook of International Law 49 (1978), 119 (128–132).

892 IGH, Westsahara-Gutachten, ICJ Rep. 1975, S. 39 Rn. 80 f.; *Shaw*, The Western Saharan Case, British Yearbook of International Law 49 (1978), 119 (133).

893 IGH, Westsahara-Gutachten, ICJ Rep. 1975, S. 39 Rn. 81.

894 Das Dekret ist abrufbar unter https://www.usc.es/export9/sites/webinstitucional/gl/institutos/ceso/descargas/Acuerdo-Real-Orden-1884_es.pdf, zuletzt abgerufen am 15.6.2024.

895 IGH, Westsahara-Gutachten, ICJ Rep. 1975, S. 39 Rn. 81.

cc) Zwischenergebnis

Wie die Situation hätte bewertet werden müssen, sofern solche Verträge nicht existiert hätten, musste aus Sicht des IGHs nicht beantwortet werden. Richtigerweise und folgelogisch hätte das Gebiet dann im Umkehrschluss als Terra nullius definiert werden müssen, da die hier dargelegte Argumentation fast vollständig hinfällig gewesen wäre. Wie weit die Anerkennung der indigenen Bevölkerung als Repräsentant und eine möglicherweise einhergehende Völkerrechtssubjektivität reichen soll, blieb allerdings ungeklärt und vom IGH unbeantwortet. Zwar stellte er fest, dass repräsentationsfähige Stammesstrukturen existierten, die eine Okkupation nach der Terra-nullius-Doktrin ausschlossen, sprach diesen allerdings mit keiner Silbe Souveränität im Sinne der europäischen Staatsprinzipien bzw. des damaligen Völkerrechts zu oder ordnete diese anderweitig völkerrechtlich ein.[896] Zumindest kann festgehalten werden, dass der kontradiktorische Abschluss von Schutzverträgen und die Natur solcher Abkommen nach Ansicht des IGHs eine gegenseitige Anerkennung der Persönlichkeit sowohl auf Seiten des Kolonialstaates als auch des betreffenden Volkes darstellt und daher die Möglichkeit ausschließt, dass das betreffende Gebiet als Terra nullius betrachtet wird.[897]

Der Gerichtshof verneinte daher die Frage I und wandte sich folglich gemäß dem Wortlaut des Ersuchens um ein Gutachten bei Negierung der ersten Frage der Frage II zu.

b) Der (europäische) Begriff der Legal Ties of Sovereignty

Zunächst suchte der IGH zur Beantwortung der zweiten Frage nach der Grundlage zur Bestimmung und Definition der Bedeutung der Worte „legal ties" und deutete diese mit dem Ziel und Zweck der Resolution 3292

---

896 Vgl. IGH, Westsahara-Gutachten, ICJ Rep. 1975, S. 38 ff. Rn. 79–83; vgl. *Shaw*, The Western Saharan Case, British Yearbook of International Law 49 (1978), 119 (133 f.); *Knop*, Diversity and Self-Determination in International Law, S. 118 f.; *Okere*, The Western Sahara Case, The International and Comparative Law Quarterly 28 (1979), 296 (312).

897 *Shaw* geht konsequenterweise so weit zu sagen, dass Abkommen von Kolonialstaaten mit der jeweiligen indigenen Bevölkerung als Anerkennung der Mitgliedschaft in der Völkergemeinschaft angesehen werden können und sollten, *Shaw*, The Western Saharan Case, British Yearbook of International Law 49 (1978), 119 (134).

(XXIX) der Generalversammlung.[898] Nach Auffassung des Gerichtshofes ist der juristische Terminus so zu verstehen, dass sich dieser auf solche rechtlichen Bindungen bezieht, welche die bei der Entkolonialisierung der Westsahara zu verfolgende Politik der Generalversammlung beeinflussen können.[899] Damit legte der IGH die Begrifflichkeit der rechtlichen Bindungen weit aus und meinte damit mehr als nur Bindungen der territorialen Souveränität, da eine Beschränkung einzig und allein auf die territoriale Souveränität bedeutet hätte, die besonderen Merkmale der Sahara-Region und der Völker zu ignorieren und auch die mögliche Relevanz anderer rechtlicher Bindungen für den Dekolonisierungsprozess außer Acht zu lassen.[900]

Obwohl die Westsahara 1884 von Spanien kolonisiert wurde, lag die Besonderheit der Gutachtenanfrage darin, die potentielle präkoloniale Souveränität Marokkos und Mauretaniens über das Gebiet zu bestimmen und gerade nicht die von Spanien erworbene Souveränität, deren Legitimität mehr oder weniger vom Gerichtshof durch die mit den Stammesoberhäuptern geschlossenen Verträge präkludiert wurde.[901] Der Gerichtshof hatte es also nicht mit dem europäischen Kolonialparadigma und den zugehörigen Rechtsgrundsätzen und Strukturen zu tun, welche die Regeln für den Erwerb von Souveränität über ein afrikanisches Gebiet prägten, da diese bereits mit der Beantwortung der ersten Gutachtenfrage vom IGH abschließend behandelt wurden.[902] Marokko und Mauretanien waren außereuropäische (Völkerrechts-) Subjekte und übten außereuropäische Formen der Autorität über ein Gebiet aus, die sich größtenteils an der muslimischen Stammeskultur der damaligen Zeit orientierten.[903] Der IGH bemühte sich

---

898 IGH, Westsahara-Gutachten, ICJ Rep. 1975, S. 40 f., Rn. 84 f.; *Shaw,* The Western Saharan Case, British Yearbook of International Law 49 (1978), 119 (134 f.).

899 IGH, Westsahara-Gutachten, ICJ Rep. 1975, S. 40 f., Rn. 84 f.

900 IGH, Westsahara-Gutachten, ICJ Rep. 1975, S. 40 f. Rn. 84–86; *Knop,* Diversity and Self-Determination in International Law, S. 132 f.; *Shaw,* The Western Saharan Case, British Yearbook of International Law 49 (1978), 119 (134 f.).

901 IGH, Westsahara-Gutachten, ICJ Rep. 1975, S. 38 Rn. 77–78, S. 39 Rn. 81; *Knop,* Diversity and Self-Determination in International Law, S. 133.

902 IGH, Westsahara-Gutachten, ICJ Rep. 1975, S. 39 f. Rn. 82 und S. 40 f. Rn. 84–86; *Knop,* Diversity and Self-Determination in International Law, S. 133.

903 Vgl. auch die Ausführungen des Gerichtshofs zur Klärung der rechtlichen Einordnung und Anwendung intertemporalen Rechts, IGH, Westsahara-Gutachten, ICJ Rep. 1975, S. 40 f. Rn. 84–86; *Knop,* Diversity and Self-Determination in International Law, S. 133; *Shaw,* The Western Saharan Case, British Yearbook of International Law 49 (1978), 119 (134 f.).

an dieser Stelle, zumindest eine Erweiterung des eurozentralistisch gepräg-ten Völkerrechts und seiner Rechtsbegriffe vorzunehmen.[904]

aa) Die Strukturen der Bevölkerung der Westsahara im Lichte des europäischen Souveränitätsverständnisses

Der Gerichthof wies zunächst auf tiefgreifende Unterschiede zwischen einem europäischen Staat, der klassischerweise die Souveränität und ter-ritoriale Machtausübung zentral konzentriert, und der indigenen Gesell-schaft der Westsahara hin, indem die Lebensweise und Organisation der Stammeskultur der in der Westsahara lebenden Nomadenstämme kurz dargelegt wurde.[905] Zur Zeit der Kolonisierung durch Spanien bestand die Bevölkerung fast ausschließlich aus nomadischen Stämmen, die dort ihre Tiere weideten oder Ackerbau betrieben, wo immer die Bedingungen güns-tig waren.[906] Diese Stämme durchquerten die Wüste auf mehr oder weniger regelmäßigen Routen, die in Abhängigkeit zu den Jahreszeiten oder den

---

904 Vgl. *Knop*, Diversity and Self-Determination in International Law, S. 134; *Okere*, The Western Sahara Case, The International and Comparative Law Quarterly 28 (1979), 296 (307–309); *Shaw*, The Western Saharan Case, British Yearbook of International Law 49 (1978), 119 (139–144).

905 Vgl. *Knop*, Diversity and Self-Determination in International Law, S. 134 f.

906 Bis zur von Spanien angetriebenen Urbanisierung, wirtschaftlichen Förderung und geplanten Ausbeutung der natürlichen Ressourcen des Gebietes in den späten 1950er und vor allem den 1960er Jahren lebte fast die gesamte Bevölkerung der Westsahara einen nomadischen Lebensstil, mit kleineren Ausnahmen bereits beste-hender Fischereisiedlungen. Allerdings sei zu erwähnen, dass während dieser Zeit-periode auch externe Faktoren wie klimatische Katastrophen die Nomadenstämme mehr und mehr zum Sesshaftwerden zwangen, da extreme Dürreperioden, speziell von 1959–1963 und 1968–1974 den für die indigene Bevölkerung zwingend notwen-digen Kamelbestand um über 60 % dezimierte und damit die Lebensgrundlage vieler wegbrach. Mit diesen Faktoren hatten auch andere Nomadenstämme zu kämpfen, die sich weniger in den Gebieten der Westsahara aufhielten, sondern vor allem im heutigen Mauretanien. Von 1965–1976 stieg beispielsweise die Zahl der sesshaften Bevölkerung in der Hauptstadt Noukchatt von 12.300 auf 134.986, womit sich innerhalb einer Dekade der Anteil der sesshaften Bevölkerungsgruppe um fast das Zehnfache erhöhte, wobei gleichzeitig der Anteil der nomadischen Bevölkerung nur noch bei ca. 36 % in ganz Mauretanien lag. Zu beachten ist im Falle Mauretani-ens, dass es bereits 1960 unabhängig geworden ist und zu diesem Zeitpunkt noch über 70 % der Gesamtbevölkerung als Nomaden zu klassifizieren waren und sich dieses, ähnlich wie im Falle der Westsahara, erst in den 1960er Jahren bzw. 1970er Jahren grundlegend änderte. Während in den drei größten Städten der Westsahara 1967 13.981 Menschen lebten, waren es 1974 bereits 40.660 und 1975 um die 73.000,

verfügbaren Wasserlöchern bestimmt wurden. Besonders bedeutsam und hervorhebenswert für den Fall empfand der IGH die Tatsache, dass das Muster der geringen Niederschläge und die Knappheit der Ressourcen die nomadischen Stämme dazu zwang, sehr weite Gebiete der Sahara-Wüste zu durchqueren, wobei alle Routen von der Westsahara in die jeweiligen benachbarten Gebiete, sei es Südmarokko, das heutige Mauretanien, Algerien oder sogar darüber hinaus kreuzten.[907] Das Recht auf Weideland wurde von diesen Stämmen im Allgemeinen gemeinsam gehalten, während die Gebiete, die kultiviert werden konnten, in größerem Umfang durch separate Rechte geregelt wurden.[908] Obwohl mehrjährige Wasserlöcher von allen Stämmen genutzt werden konnten, wurden sie prinzipiell als Eigentum des Stammes betrachtet, der sie funktionsfähig gemacht hatte.[909] Alle Nomadenstämme gehörten dem islamischen Glauben an und das Gebiet, das sie durchquerten, lag vollständig innerhalb des sogenannten Dar al-Islam, also einem Gebiet, welches ausschließlich unter muslimischer Herrschaft stand.[910] Innerhalb eines Stammes lag die Autorität in der Regel bei einem Scheich, der einer Versammlung der führenden Mitglieder des Stammes unterstand, wobei das dort angewandte Recht eine Kombination aus muslimischem Recht, welches größtenteils dem Koran entsprach, und dem eigenen Gewohnheitsrecht des Stammes darstellte.[911] Stämme hatten vereinzelt Abhängigkeitsverhältnisse oder Bündnisse mit anderen Stämmen, wobei diese Bindungen weniger territorialer als vielmehr stammesübergreifender Natur waren, also primär stammesinterne und externe Konflikte gesellschaftlicher und religiöser Art betrafen.[912]

Territorial gesehen war die Bevölkerung also als nomadisch zu klassifizieren, welche Routen folgte, die sie auch über die willkürlich festgelegten Grenzen der Westsahara hinausführten, und erkannte entsprechenderweise ihrer Lebensart folgend kaum bis keine fremden Rechte, Grenzen oder moderne bzw. europäische Staatsstrukturen über das Territorium an.[913] Macht wurde innerhalb der Stammes- als auch Religionsgrenzen ausgeübt und folgte islamischen Strukturen und Mustern. Die Stämme waren zwar relativ

---

Hodges, Western Sahara, The Roots of a Desert War, S. 131; *Pazzanita*, Historical Dictionary of Western Sahara, S. 387 f.

907 IGH, Westsahara-Gutachten, ICJ Rep. 1975, S. 41 f. Rn. 88.
908 IGH, Westsahara-Gutachten, ICJ Rep. 1975, S. 41 f. Rn. 87.
909 IGH, Westsahara-Gutachten, ICJ Rep. 1975, S. 41 Rn. 87.
910 IGH, Westsahara-Gutachten, ICJ Rep. 1975, S. 41 f. Rn. 88.
911 IGH, Westsahara-Gutachten, ICJ Rep. 1975, S. 41 f. Rn. 88.
912 IGH, Westsahara-Gutachten, ICJ Rep. 1975, S. 41 f. Rn. 88.
913 Vgl. IGH, Westsahara-Gutachten, ICJ Rep. 1975, S. 41 f. Rn. 87 f.

autonom durch ihr eigenes Stammesrecht organisiert, allerdings waren sie alle Teil einer noch größeren islamischen Gemeinschaft und unterwarfen sich ihrem Gesetz.[914]

Der Gerichtshof ließ durch diese Kontextualisierung zwar einzigartige Begebenheiten mit in sein Gutachten einfließen, kehrte allerdings nicht von der grundsätzlichen Anwendung vom klassischen Völkerrecht ab. Dies sollte sich vor allem an den Maßstäben zur effektiven Souveränitätsausübung, zu territorialen Rechtsansprüchen, aber auch an der besonders hervorgehobenen Relevanz und Grundsteinlegung für die Ausbildung des Rechts auf Selbstbestimmung der indigenen, kolonialisierten Bevölkerung zeigen.[915]

bb) Die Begutachtung der territorialen Souveränität über die Westsahara

Anschließend bewertete der Gerichtshof die vorgebrachten Ansprüche Marokkos und Mauretaniens hinsichtlich ihrer Validität und völkerrechtlichen Legitimität bezüglich der Gebiete der Westsahara und ihrer dortigen vermeintlichen Souveränitätsausübung.[916] Das Völkerrecht selbst gab dem IGH allerdings wenig Hinweise darauf, was diese Bandbreite rechtlicher Bindungen umfassen könnte, wie diese einzuordnen waren und welche Bedeutung den verschiedenen Bindungen zu geben sein sollte, die er für die präkoloniale Zeitepoche der Westsahara vorgelegt bekommen hatte und vorfand. Die schwierige Fragestellung begann folglich bereits damit, Bindungen, die auf religiösen, kulturellen, ethnischen, sprachlichen oder anderen Faktoren beruhen, von solchen Bindungen zu unterscheiden, die rechtlicher Herkunft sind. Dem folgend ergab sich sofort das Problem der genauen Definition der rechtlichen Bindungen, ergo aus welcher Perspektive und mit welcher Schablone rechtliche Bindungen im Sinne der Fragestellung der Resolution 3292 (XXIX) zu bestimmen sind.[917] Hierzu stellte der IGH zunächst die faktischen Gegebenheiten des Gebietes und seiner Bevölkerung dar, um eine historische, aber auch rechtlich gebotene Kon-

---

914 IGH, Westsahara-Gutachten, ICJ Rep. 1975, S. 41 f. Rn. 88.
915 IGH, Westsahara-Gutachten, ICJ Rep. 1975, S. 43 ff. Rn. 93, 95, 103, 107, 162.
916 IGH, Westsahara-Gutachten, ICJ Rep. 1975, S. 42 ff. Rn. 90 ff.
917 Richter *Dillard* fand einen passenden Vergleich zur Problematik, indem er einfach, aber effektiv veranschaulichte und fragte, wie internationales Recht faktisch in der Lage sein soll, eine Bindung zwischen dem damaligen Sultan von Marokko und dem Marabout Ma ul-'Aineen oder zwischen dem Emir der Adrar und den Häuptlingen von Nomadenstämmen zu beurteilen, IGH, Westsahara-Gutachten, ICJ Rep. 1975, S. 125.

textualisierung der Besonderheiten des Gebietes zu ermöglichen. Bereits hier ließ er darauf schließen, dass die alleinige Anwendung des universell verstandenen Völkerrechts der europäischen Staaten nicht ausreichend sei, um die Besonderheiten des Konflikts würdigen zu können.[918]

Nach Prüfung der von den Parteien vorgebrachten Beweise und der Stellungnahmen der anderen am Verfahren beteiligten Staaten stellte er fest, dass die ihm vorgelegten Materialien und Informationen keine Verbindung der territorialen Souveränität zwischen dem Gebiet der Westsahara und dem Königreich Marokko oder der mauretanischen Entität belegen konnten.[919] Eine vertiefte Auseinandersetzung mit dem Vorbringen der Parteien und deren Beweisführung ist aufgrund der Darstellung im IGH-Gutachten selbst sowie der Behandlung in der Literatur hier nicht zielführend.[920]

---

918 Algerien forderte beispielsweise, dass das islamische öffentliche Recht des 19. Jahrhunderts anzuwenden sei, um eine korrekte Kontextualisierung zu erreichen, da das klassische Völkerrecht faktisch exklusiv von Europäischen Staaten als solches verstanden und auch nur von diesen so angewandt worden ist. Mündliche Erklärung von Mohammed *Bedjaoui*, IGH, Westsahara-Gutachten, ICJ Pleadings Vol. IV, S. 489; *Knop*, Diversity and Self-Determination in International Law, S. 133 f.; *Shaw*, The Western Saharan Case, British Yearbook of International Law 49 (1978), 119 (149 f.). Der spanische Vertreter forderte hingegen den IGH dazu auf, einzig das europäisch und universell geltende Völkerrecht anzuwenden und warnte vor kultureller Partikularisierung des Völkerrechts, was zur Folge hätte, dass Staaten ihre gemeinsame Rechtssprache verlieren würden und damit Einigungen zwischen staatlichen Entitäten erheblich erschwert würden, da nach spanischer Sicht folglich grundlegend unterschiedliche Grundannahmen verwendet und widersprüchliche Standpunkte und Ansätze abwechselnd verwendet würden. Mündliche Erklärung von *Fernando Arias-Salgado*, IGH, Westsahara-Gutachten, ICJ Pleadings Vol. V, S. 58; *Knop*, Diversity and Self-Determination in International Law, S. 133; *Shaw*, The Western Saharan Case, British Yearbook of International Law 49 (1978), 119 (149 f.)

919 IGH, Westsahara-Gutachten, ICJ Rep. 1975, S. 68. Rn. 162. *Shaw* ist der fundierten und vertretbaren Ansicht, dass der Gerichtshof zu wenig Materialien sichtete bzw. vorgelegt bekommen hat, um Beweis erheben zu können, und kritisiert, dass der IGH „appears to be trying to draw legal conclusions from vague fact. The Court should have been far more precise than it was in its data and the inferences to be drawn from them in order to identify legal relationships, since its function as a Court depends upon its ability to establish the law in the light of accepted mechanisms", *Shaw*, The Western Saharan Case, British Yearbook of International Law 49 (1978), 119 (140 f.).

920 Alle von Marokko vorgetragenen Argumente sind in IGH, Westsahara-Gutachten, ICJ Rep. 1975, S. 42–45, Rn. 90–99 zu finden; siehe auch die Auseinandersetzung der marokkanischen Position bei *Shaw*, The Western Saharan Case, British Yearbook of International Law 49 (1978), 119 (145 ff.) und bei *Knop*, Diversity and Self-Determination in International Law, S. 159–163. Zu den Argumenten Mauretaniens

Durch die Feststellung des Nichtvorliegens von Verbindungen territorialer Souveränität negierte der Gerichtshof ferner solche rechtlichen Bindungen, die die Anwendung der Resolution 1514 (XV) bei der Entkolonialisierung der Westsahara und insbesondere des Grundsatzes der Selbstbestimmung durch die freie und echte Willensäußerung der Völker des Gebiets beeinträchtigen könnten. Dies nicht tangierend stellte er allerdings fest, dass die dem Gerichtshof vorgelegten Schriftstücke aufzeigten, dass zur Zeit der spanischen Kolonisierung rechtliche Bindungen zwischen dem Sultan von Marokko und einigen der im Gebiet der Westsahara lebenden Stämme bestanden. Darüber hinaus hätten sie dem Gerichtshof gezeigt, dass gewisse rechtliche Beziehungen zwischen der mauretanischen Entität, wie sie der Gerichtshof verstehe, und dem Gebiet der Westsahara existierten.[921]

(1) Der Gerichtshof zu Marokkos Vorbringen

Während der IGH zwar explizit im Hinblick auf den besonderen Status des marokkanischen Scherifenstaats anerkannte, dass Staaten Souveränität unterschiedlich ausüben können und dass eine Würdigung dieser Unterschiede im Rahmen des Völkerrechts zu berücksichtigen sei, änderte er nicht die Anforderung ab, dass ein Staat seine Hoheitsgewalt und Souveränität effektiv ausüben muss.[922] Der IGH urteilte hierzu, dass der besondere Charakter des marokkanischen Staates und die besonderen Formen, in denen sich seine Souveränitätsausübung infolgedessen ausgedrückt haben mag, den Gerichtshof nicht von der Würdigung der Frage entbinde, ob die marokkanische Souveränität zum maßgeblichen Zeitpunkt in der Westsahara tatsächlich und effektiv ausgeübt wurde.[923] Wie auch immer die Souveränität ausgedrückt wurde, sie musste auf eine effektive Kontrolle über

---

IGH, Westsahara-Gutachten, ICJ Rep. 1975, S. 46 f., Rn. 102; *Shaw*, The Western Saharan Case, British Yearbook of International Law 49 (1978), 119 (145 f.); *Knop*, Diversity and Self-Determination in International Law, S. 159. Zu Spaniens Einwänden, die der IGH besonders berücksichtigte, siehe IGH, Westsahara-Gutachten, ICJ Rep. 1975, S. 57 f. Rn. 132 ff.; Gegenargumente zu Marokkos Position von *Gonzalez Campos*, IGH, ICJ Pleadings Vol. V, S. 78–111. Gegenargumente zu Mauretaniens Position siehe *Lacleta*, IGH, ICJ Pleadings Vol. V, S. 112–139; *Shaw*, The Western Saharan Case, British Yearbook of International Law 49 (1978), 119 (137 f.)

921 IGH, Westsahara-Gutachten, ICJ Rep. 1975, S. 68. Rn. 162.

922 IGH, Westsahara-Gutachten, ICJ Rep. 1975, S. 49 Rn. 107; *Knop*, Diversity and Self-Determination in International Law, S. 137 f.

923 IGH, Westsahara-Gutachten, ICJ Rep. 1975, S. 44 Rn. 95.

das Territorium hinauslaufen, um sich als Souveränität im internationalen Recht zu qualifizieren.[924]

Der IGH stellte diesbezüglich fest, dass weder die internen noch die externen internationalen mutmaßlichen Souveränitätshandlungen, auf die sich Marokko berief, auf das Bestehen oder die internationale Anerkennung rechtlicher Bindungen der territorialen Souveränität zwischen der Westsahara und dem marokkanischen Staat im relevanten Zeitraum hinweisen konnten.[925] Selbst unter der vom IGH vorgenommenen besonderen Berücksichtigung der spezifischen Struktur dieses Staates zeigten die von Marokko eingereichten Schriftstücke nicht, dass Marokko eine effektive und ausschließliche Souveränität in der Westsahara eingerichtet und ausgeübt hatte.[926] Sie lieferten jedoch Anhaltspunkte dafür, dass im maßgeblichen Zeitraum ein rechtliches Treueverhältnis zwischen dem Sultan und einigen, aber eben nur wenigen, der nomadischen Völker des Gebietes bestand, über welche der Sultan eine gewisse Autorität bzw. Einfluss ausübte.[927] Diese rechtlichen Bindungen seien allerdings nicht solche gewesen, die den Regeln des Völkerrechts nach Souveränitätsansprüche Marokkos über die Gebiete der Westsahara hätten nachweisen und begründen können.[928]

---

924 Vgl. IGH, Westsahara-Gutachten, ICJ Rep. 1975, S. 43 f. Rn. 94–96; *Knop*, Diversity and Self-Determination in International Law, S. 137 f.

925 IGH, Westsahara-Gutachten, ICJ Rep. 1975, S. 56 f. Rn. 129. Siehe hierzu ausführlich *Burgis*, Boundaries of Discourse in the International Court of Justice, S. 217–221. IGH, Westsahara-Gutachten, ICJ Rep. 1975, S. 49 ff. Rn. 108 ff. unter genauer Begutachtung und rechtlicher Würdigung der von Marokko vorgebrachten Vertragswerke.

926 IGH, Westsahara-Gutachten, ICJ Rep. 1975, S. 49 Rn. 107.

927 IGH, Westsahara-Gutachten, ICJ Rep. 1975, S. 49 Rn. 107.

928 IGH, Westsahara-Gutachten, ICJ Rep. 1975, S. 49 Rn. 107. In ihren separaten Stellungnahmen widersprachen Richter *Forster*, Richter ad hoc *Boni* und Richter *Ammoun* der Schlussfolgerung des Gerichtshofs, dass es keine Bindungen der territorialen Souveränität zwischen dem Gebiet der Westsahara und dem Königreich Marokko gegeben hat. Dabei warfen sie dem IGH vor, dass er dem geographischen, sozialen und zeitlichen Kontext des Problems nicht genug Bedeutung beigemessen habe, vgl. *Burgis*, Boundaries of Discourse in the International Court of Justice, S. 138. Richter *Forster* kritisierte im Lichte des Tests der effektiven Souveränitätsausübung, dass die Perspektive des Gerichtshofs auf die Begriffe Staat und Souveränität die Realität der Sahara, deren spezifische Struktur und das traditionelle System des marokkanischen Staates hätte sein müssen und nicht das europäische Verständnis hiervon, *Forster*, IGH, Westsahara-Gutachten, ICJ Rep. 1975, S. 103. Er war der Ansicht, dass die rechtlichen Bindungen „described in the Advisory Opinion indicate the existence of State power and the exercise of political administration analogous to a tie of sovereignty exercised in the Sahara, a territory to which access was difficult, and over tribes some of which were nomadic and others settled", *Forster*, IGH, Westsahara-Gutachten, ICJ Rep. 1975, S. 103. Richter ad hoc *Boni* teilte diese

(2) Der Gerichtshof zu Mauretaniens Vorbringen

Mauretanien akzeptierte vor dem IGH, dass es zum relevanten Zeitpunkt nicht als Staat existierte und damit eindeutig keine rechtlichen Bindungen im Sinne staatlicher Souveränität tangiert sein konnten, bestand allerdings darauf, dass das Bilad Shinguitti als Rechtssubjekt existiert habe, welches dementsprechend Rechte und Pflichten haben konnte und hatte, und die Gebiete der Westsahara eben dieser Entität angehörten.[929] Der Gerichtshof stellte nach Sichtung der vorgelegten Beweismaterialien zum einen fest, dass zur streitgegenständlichen Zeit der spanischen Kolonisierung zwar Verbindungen sprachlicher, religiöser, kultureller und wirtschaftlicher Art zwischen verschiedenen Stämmen und Emiraten bestanden, deren Völker in der Sahararegion lebten, die heute das Gebiet der Westsahara und der Islamischen Republik Mauretanien umfasst.[930] Gleichzeitig sah es der Ge-

---

Ansicht und führte diesbezüglich aus: „As regards Morocco, insufficient emphasis has been placed on the religious ties linking the Sultan and certain tribes of the Sakiet El Hamra. For these tribes, the Sultan was Commander of the Faithful, that is to say, the Steward of God on earth for all matters, whether religious or not. He was thus regarded not only as religious leader but as director of their temporal affairs. The legal ties between them were thus not only religious – which no one denies – but also political, and had the character of territorial sovereignty.", *Boni*, IGH, Westsahara-Gutachten, ICJ Rep. 1975, S. 165. Er votierte nichtsdestotrotz gegen die Feststellung rechtlicher Bindungen im Sinne der vom IGH geforderten Souveränitätsausübung, da er das Selbstbestimmungsrecht des sahrawischen Volkes als kolonialisiertes Volk stärker wertete und als relevanter einordnete, vgl. *Boni*, IGH, Westsahara-Gutachten, ICJ Rep. 1975, S. 165 f. Richter *Ammoun* war ebenfalls der Ansicht, dass Marokko rechtliche Bindungen im Sinne von territorialer Souveränität zu den Gebieten der Westsahara hatte und begründete dies damit, dass in der Sahara des späten neunzehnten Jahrhunderts die Treue zum Sultan gleichbedeutend mit der Treue zum Staat war, weil der Sultan den Staat personifizierte und alle seine Befugnisse ausübte. Der Sultan verkörperte in seiner Person neben der legislativen und exekutiven Gewaltausübung auch die geistliche Machtebene, *Ammoun*, IGH, Westsahara-Gutachten, ICJ Rep. 1975, S. 83 f. Eine ausführliche Analyse und kritische Auseinandersetzung mit den Stellungnahmen der Richter ist zu finden bei *Knop*, Diversity and Self-Determination in International Law, S. 138 ff., S. 156 f.; *Burgis*, Boundaries of Discourse in the International Court of Justice S. 215, 220 f.

929 IGH, Westsahara-Gutachten, ICJ Rep. 1975, S. 57 Rn. 130; siehe hierzu *Burgis*, Boundaries of Discourse in the International Court of Justice, S. 221–223. Ausführlich zur Organisation der Autoritätsausübung und der Gesellschaftsform des Bilad Shinguitti *Shaw*, The Western Saharan Case, British Yearbook of International Law 49 (1978), 119 (141–144) und *Knop*, Diversity and Self-Determination in International Law, S. 145–150.

930 IGH, Westsahara-Gutachten, ICJ Rep. 1975, S. 63 Rn. 149.

richtshof allerdings durch die vorgelegten Materialien auch als erwiesen an, dass die Unabhängigkeit der Emirate und vieler Stämme voneinander wesentliches Merkmal der Sahararegion gewesen sei. Darüber hinaus wurde das Fehlen gemeinsamer Institutionen oder Organe festgestellt, die das Leben der verschiedenen Stämme untereinander regeln würden.[931] Der Gerichtshof urteilte in einer vorherigen Rechtssache, dass Rechtssubjekte sich in ihrer Natur und dem Umfang ihrer Rechte naturgemäß unterscheiden und dass die Ausgestaltung der jeweiligen Subjekte von den Bedürfnissen der Gemeinschaft abhänge, die sie umfasst.[932] In Anlehnung an den Test, der für die Entscheidung über den Status der UN in der soeben genannten Rechtssache verwendet wurde, zitierte der Gerichtshof als wesentliche Eigenschaft für eine juristische Person, ob die fragliche Gruppe in solch einer Lage sei, „that it possesses, in regard to its Members, rights which it is entitled to ask them to respect".[933] Fallbezogen betonte er, dass den besonderen Merkmalen der Sahararegion und ihrer Völker bei der Prüfung der Behauptungen Mauretaniens über die Rechtsnatur des Bilad Shinguitti bzw. der mauretanischen Entität volles Gewicht beigemessen wurde.

Der Gerichtshof konkludierte daher unter Heranziehung seiner Rechtsprechung zu juristischen Personen im völkerrechtlichen Kontext und nach Sichtung der vorgebrachten Beweismaterialien, dass das Bilad Shinguitti nicht den Charakter einer eigenständigen juristischen Person innehatte, da es sich von den verschiedenen Emiraten und Stämmen, aus denen es sich zusammensetzte, unterschied und keinerlei Rechte gegenüber einzelnen Stämmen oder Emiraten als übergeordnete Entität geltend machen konnte.[934]

Die Behauptung Mauretaniens, dass das Bilad Shinguitti eine mauretanische Entität mit Souveränitätsrechten gewesen sei und Hoheitsausübung in der Westsahara betrieb, negierte der Gerichtshof dementsprechend.[935]

---

931 IGH, Westsahara-Gutachten, ICJ Rep. 1975, S. 63 Rn. 149.

932 IGH, Wiedergutmachung für im Dienst der Vereinten Nationen erlittene Verletzungen, ICJ Rep. 1949, S. 178; IGH, Westsahara-Gutachten, ICJ Rep. 1975, S. 64 Rn. 150–152; *Shaw*, The Western Saharan Case, British Yearbook of International Law 49 (1978), 119 (141).

933 IGH, Westsahara-Gutachten, ICJ Rep. 1975, S. 63 Rn. 148.

934 IGH, Westsahara-Gutachten, ICJ Rep. 1975, S. 63 Rn. 148; Hierzu ausführlich *Knop*, Diversity and Self-Determination in International Law, S. 144–148.

935 IGH, Westsahara-Gutachten, ICJ Rep. 1975, S. 63 Rn. 149.

cc) Der Gerichtshof zum Selbstbestimmungsrecht des Volkes der Westsahara

In einer extensiven Einordnung und Genese des Selbstbestimmungsrechts der Völker unter Heranziehung aller zum damaligen Zeitpunkt relevanten Bestimmungen des kodifizierten oder gewohnheitsrechtlichen Völkerrechts und der einschlägigen UN-Resolutionen sowie der einschlägigen Rechtsprechung des IGHs konkludierte dieser, dass das Volk der Westsahara Träger des Selbstbestimmungsrechts ist und stärkte gleichzeitig die Anwendbarkeit des noch recht unbestimmten Völkerrechtsgrundsatzes.[936]

(1) Rechtsquellen und Grundsätze

Der Grundsatz der Selbstbestimmung als Recht der Völker und seine Anwendung zum Zwecke der unbedingten und schnellstmöglichen Beendigung aller damaligen noch bestehenden kolonialen Verhältnisse wurde in der Declaration on the Granting of Independence to Colonial Countries and Peoples in Resolution 1514 (XV) der Generalversammlung aufgestellt und festgelegt.[937] In dieser Resolution hat die Generalversammlung „the necessity of bringing to a speedy and unconditional end colonialism in all its forms and manifestations" verkündet.[938]

Die Resolution 1514 (XV) der Generalversammlung bildete zutreffenderweise dem Gerichtshof nach die Grundlage für den Prozess der Entkolo-

---

936 IGH, Westsahara-Gutachten, ICJ Rep. 1975, S. 26–37 Rn. 23–73.

937 IGH, Westsahara-Gutachten, ICJ Rep. 1975, S. 31 Rn. 55; UN Doc. A/RES/1514 (XV) v. 14.12.1960.

938 UN Doc. A/RES/1514 (XV) v. 14.12.1960; IGH, Westsahara-Gutachten, ICJ Rep. 1975, S. 31 Rn. 55. Zu diesem Zweck heißt es in der Resolution unter anderem: „2. All peoples have the right to self-determination; by virtue of that right they freely determine their political status and freely pursue their economic, social and cultural development.

5. Immediate steps shall be taken, in Trust and Non-Self-Governing Territories or all other territories which have not yet attained independence, to transfer all powers to the peoples of those territories, without any conditions or reservations, in accordance with their freely expressed will and desire, without any distinction as to race, creed or colour, in order to enable them to enjoy complete independence and freedom.

6. Any attempt aimed at the partial or total disruption of the national unity and the territorial integrity of a country is incompatible with the purpose and principles of the Charter of the United Nations.", UN Doc. A/RES/1514 (XV) v. 14.12.1960.

nialisierung, der seit 1960 zur Gründung zahlreicher Staaten geführt hat, die sodann wiederum Mitglieder der UN geworden sind.[939] Sie wird in einigen Aspekten durch die Resolution 1541 (XV) der Generalversammlung ergänzt, auf die sich nach Analyse des IGHs das vorliegende Verfahren bezog.[940] Die letztgenannte Resolution sieht für nicht selbstverwaltete Gebiete mehrere Möglichkeiten der Dekolonisierung vor.[941] Insbesondere ging der Gerichtshof hier auf die Möglichkeit der Unabhängigkeit und der Integration in einen anderen, bereits bestehenden Staat ein.[942] In Grundsatz IX der Resolution 1541 (XV) heißt es zu der letztgenannten Möglichkeit, dass „the integration should be the result of the freely expressed wishes of the territory's peoples acting with full knowledge of the change in their status, their wishes having been expressed through informed and democratic processes, impartially conducted and based on universal adult suffrage. The United Nations could, when it deems it necessary, supervise these processes".[943]

Die Resolution 2625 (XXV) der Generalversammlung, die „Declaration on Principles of International Law concerning Friendly Relations and Co-operation among States in accordance with the Charter of the United Nations", auf die auch im Verfahren Bezug genommen wurde, nennt neben der Unabhängigkeit, der Assoziation oder der Integration in einen anderen Staat weitere Möglichkeiten. Dabei bekräftigt sie jedoch die grundsätzliche Notwendigkeit, den Wünschen der betroffenen Bevölkerung Rechnung zu tragen: „The establishment of a sovereign and independent State, the free association or integration with an independent State or the emergence into any other political status freely determined by a people constitute modes of implementing the right of self-determination by that people".[944] Die Resolution führt dies weiter aus, indem manifestiert wurde, dass „every

---

939 IGH, Westsahara-Gutachten, ICJ Rep. 1975, S. 32 Rn. 57. Zwar erwähnte der IGH hier die durchaus erfolgreiche Anwendungsgeschichte der Resolution und die sich daraus ergebenden Dekolonisierungsergebnisse, ging aber bedauerlicherweise nicht weiter auf die Staatenpraxis hierzu ein.

940 UN Doc. A/RES/1541 (XV) v. 15.12.1960; IGH, Westsahara-Gutachten, ICJ Rep. 1975, S. 32 Rn. 57.

941 UN Doc. A/RES/1541 (XV) v. 15.12.1960: „(a) emergence as a sovereign independent State; (b) free association with an independent State; or (c) integration with an independent State."

942 IGH, Westsahara-Gutachten, ICJ Rep. 1975, S. 32 Rn. 57.

943 UN Doc. A/RES/1514 (XV) v. 14.12.1960; IGH, Westsahara-Gutachten, ICJ Rep. 1975, S. 32 f. Rn. 57.

944 UN Doc. A/RES/2625 (XXV) v. 24.10.1970; IGH, Westsahara-Gutachten, ICJ Rep. 1975, S. 33 Rn. 58.

State has the duty to promote, through joint and separate action, realization of the principle of equal rights and self-determination of peoples in accordance with the provisions of the Charter, and to render assistance to the United Nations in carrying out the responsibilities entrusted to it by the Charter regarding the implementation of the principle, in order to bring a speedy end to colonialism, having due regard to the freely expressed will of the peoples concerned".[945] Grundsätzlich ist es nach den vom IGH richtigerweise zitierten und angeführten Rechtsquellen vonnöten, das Volk eines NSGTs hinsichtlich des Dekolonisierungspozesses einzubinden, und es obliegt einzig und allein dem jeweils betroffenen Volk, seine politische Zukunft frei äußern und determinieren zu können.[946]

(2) Ausnahmen von der Konsultation des betroffenen Volkes

Der IGH schnitt sodann die Möglichkeit an, dass unter bestimmten Umständen von der Konsultation des Willens des betroffenen Volkes abgesehen werden kann. Er stellte zunächst fest, dass die Gültigkeit des Grundsatzes der Selbstbestimmung, der als Notwendigkeit der Berücksichtigung des frei geäußerten Willens der Völker definiert ist, nicht dadurch beeinträchtigt wird, dass die Generalversammlung in bestimmten Fällen auf die Anhörung der Bewohner eines bestimmten Gebiets verzichtet hat.[947] Diese Fälle beruhten entweder auf der Überlegung, dass eine bestimmte Bevölkerung kein Volk mit Anspruch auf Selbstbestimmung darstellt, oder auf der Überzeugung, dass eine Konsultation angesichts besonderer Umstände nicht vonnöten war.[948] 1966 stellte Spanien im Sonderausschuss der Generalversammlung für Dekolonisierung die Lage hinsichtlich des Fortschritts und der Entwicklung der Entkolonialisierung der Westsahara und Ifnis durch die Ausübung des Selbstbestimmungsrechts der Bevölkerung des Gebiets dar.[949] Sowohl Marokko als auch Mauretanien unterstützten das Vorgehen Spaniens diesbezüglich zunächst.[950] In Bezug auf Ifni schlug Spanien im Sonderausschuss vor, in einem ersten Schritt Kontakt mit Ma-

---

945 UN Doc. A/RES/2625 (XXV) v. 24.10.1970; IGH, Westsahara-Gutachten, ICJ Rep. 1975, S. 33 Rn. 58.

946 Vgl. IGH, Westsahara-Gutachten, ICJ Rep. 1975, S. 31 ff. Rn. 54–58.

947 IGH, Westsahara-Gutachten, ICJ Rep. 1975, S. 33 Rn. 59.

948 IGH, Westsahara-Gutachten, ICJ Rep. 1975, S. 33 Rn. 59.

949 IGH, Westsahara-Gutachten, ICJ Rep. 1975, S. 34 Rn. 61.

950 IGH, Westsahara-Gutachten, ICJ Rep. 1975, S. 34 Rn. 61.

rokko aufzunehmen, woraufhin das Königreich Marokko erklärte, dass die Dekolonisierung von Ifni mit Absatz 6 der Resolution 1514 (XV) in Einklang gebracht werden sollte und damit ohne Referendum die territoriale Integrität Marokkos wiederhergestellt werden sollte.[951] In diesem Kontext verglich der Gerichtshof sodann die verschiedenen Ansätze, mit denen die Resolutionen der Generalversammlung von 1966 bis 1969 die Fragen von Ifni und der Westsahara unter Berücksichtigung der jeweiligen Position der interessierten und beteiligten Staaten behandelt haben.[952]

(a) Die Resolution zu Ifni und zur Westsahara und die Praxis der Generalversammlung

Auf der Grundlage der Vorschläge des Sonderausschusses für Dekolonisierung der Generalversammlung verabschiedete diese die Resolution 2229 (XXI), die Ifni und die Westsahara unterschiedlich behandelte und vom Gerichtshof als Blaupause für die darauffolgenden Resolutionen bezeichnet wurde und daher von besonderer Begutachtungsrelevanz war.[953] Im Fall von Ifni heißt es in der Resolution: „3. Requests the administering Power to take immediately the necessary steps to accelerate the decolonization of Ifni and to determine with the Government of Morocco, bearing in mind the aspirations of the indigenous population, procedures for the transfer of powers in accordance with the provisions of General Assembly resolution 1514 (XV)".[954] Im Wortlaut der Resolution zur Westsahara heißt es hingegen: „4. Invites the administering Power to determine at the earliest possible date, in conformity with the aspirations of the indigenous people of Spanish Sahara and in consultation with the Governments of Mauritania and Morocco and any other interested Party, the procedures for the holding of a referendum under United Nations auspices with a view to enabling the indigenous population of the Territory to exercise freely its right to self-determination".[955] Hinsichtlich des Teils zur Westsahara wurden in der Resolution auch Bedingungen und Mechanismen festgelegt, die die freie

---

951 Vgl. IGH, Westsahara-Gutachten, ICJ Rep. 1975, S. 34 Rn. 61.
952 IGH, Westsahara-Gutachten, ICJ Rep. 1975, S. 34 Rn. 60.
953 UN Doc. A/RES/2229 (XXI) v. 20.12.1966. IGH, Westsahara-Gutachten, ICJ Rep. 1975, S. 34 f. Rn. 61–64.
954 UN Doc. A/RES/2229 (XXI) v. 20.12.1966.
955 UN Doc. A/RES/2229 (XXI) v. 20.12.1966; Vgl. IGH, Westsahara-Gutachten, ICJ Rep. 1975, S. 34 Rn. 62.

Äußerung des Willens des Volkes der Westsahara gewährleisten sollten, einschließlich der Möglichkeit für eine von der UN durchgeführte Mission, die durch die Verwaltungsmacht unterstützt wird, damit diese aktiv an der Organisation und Durchführung des Referendums teilnehmen kann.[956] Diese Mission hat die UN aufgrund der negativen Haltung und geringen Kompromissbereitschaft Spaniens erst im Jahr 1975 in die Gebiete der Westsahara entsenden können.[957] 1967 wurde der Teil der Resolution 2354 (XXII) hinsichtlich der von Spanien zu dekolonisierenden Gebiete in zwei Abschnitte unterteilt, von denen sich der eine mit Ifni und der andere mit der Westsahara befasste. Damit wurde die unterschiedliche Behandlung der beiden Gebiete deutlich unterstrichen.[958] 1968 enthielt die ebenfalls in zwei Teile unterteilte Resolution 2428 (XXIII) eine Kurz-Präambel, in der die unterschiedliche Natur des rechtlichen Status dieser beiden Gebiete sowie die in der Resolution 2354 (XXII) der Generalversammlung für diese Gebiete vorgesehenen Prozesse der Entkolonialisierung festgestellt worden sind.[959] Der IGH stellte diesbezüglich abschließend fest, dass Ifni seit 1969 in den Resolutionen der Versammlung nicht mehr auftauchte, da es durch die Abtretung an Marokko dekolonisiert wurde.[960] In contrario hierzu erkannte der Gerichtshof, dass sich die Generalversammlung noch immer und im Ton verschärfend mit der Dekolonisierung der Westsahara beschäftigte, indem sie mit stetigem Nachdruck bekräftigte, dass die Wünsche der Bevölkerung des Gebiets hinsichtlich ihrer politischen Zukunft durch ein Referendum zu berücksichtigen sind.[961] In der Resolution 2983 (XXVII) von 1972 wird diesbezüglich ausdrücklich die „responsibility of the United Nations in all consultations intended to lead to the free expression of the wishes of the people" bekräftigt und vom Gerichtshof zitiert.[962] Die darauffolgende Resolution 3162 (XXVIII) von 1973 bedauert zwar, dass die Mission der UN, deren aktive Beteiligung an der Organisation und Durch-

---

956 UN Doc. A/RES/2229 (XXI) v. 20.12.1966; Vgl. IGH, Westsahara-Gutachten, ICJ Rep. 1975, S. 34 Rn. 62.

957 Vgl. § 2. A. I. 1.

958 UN Doc. A/RES/2354 v. 19.12.1967; IGH, Westsahara-Gutachten, ICJ Rep. 1975, S. 34 Rn. 63.

959 UN Doc A/RES/2428 v. 27.12.1968; IGH, Westsahara-Gutachten, ICJ Rep. 1975, S. 34 Rn. 63.

960 Vgl. UN Doc. A/RES/2591 v. 16.12.1969; IGH, Westsahara-Gutachten, ICJ Rep. 1975, S. 34 Rn. 63.

961 IGH, Westsahara-Gutachten, ICJ Rep. 1975, S. 35 Rn. 64.

962 IGH, Westsahara-Gutachten, ICJ Rep. 1975, S. 35 Rn. 64; UN Doc. A/RES/2983 v. 14.12.1972.

führung des Referendums bereits seit 1966 empfohlen worden war, noch nicht in der Lage war, das Gebiet zu besuchen und die vorgesehene Arbeit aufzunehmen. Gleichzeitig bekräftigt diese die Auffassung der Generalversammlung am Festhalten des „ principle of self-determination and its concern to see that principle applied with a framework that will guarantee the inhabitants of the Sahara under Spanish domination free and authentic expression of their wishes, in accordance with the relevant United Nations resolutions on the subject".[963] Der Gerichtshof resümierte sodann seine aus dem Telos der Resolutionen gezogenen Erkenntnisse. Er stellte zunächst fest, dass, obwohl Marokko und Mauretanien ihre jeweiligen Ansprüche auf die Westsahara erhoben, dass die Westsahara ein integraler Bestandteil ihres Territoriums sei, sie gleichzeitig mit der Durchführung eines Referendums grundsätzlich einverstanden waren.[964] Beide Staaten, die unter anderem behaupteten, dass die Empfehlungen der Generalversammlung diesbezüglich von Spanien missachtet würden, betonten dabei allerdings stets die Notwendigkeit, dass das Referendum unter den Interessen der Staaten und deren einzubeziehenden Bedingungen und unter der Aufsicht der UN stattfinden müsse.[965]

(b) Resolution 3292 (XXIX)

Am 13. Dezember 1974 verabschiedete die Generalversammlung die Resolution 3292 (XXIX), die feststellte, dass während der Diskussion in der Generalversammlung und im Dekolonisierungsausschuss eine rechtliche Kontroverse über den Status der Westsahara zur Zeit der spanischen Kolonisation entstanden war und dass es wünschenswert und vonnöten sei, ein Gutachten des Internationalen Gerichtshofs über die streitigen rechtlichen Aspekte einzuholen.[966] Diese Resolution stellt eine Disruption in der sonst gefestigten Haltung der Generalversammlung zur Situation der Westsahara dar. Die Resolution forderte Spanien überraschend dazu auf, obwohl zuvor von der UN über 14 Jahre explizit zur Abhaltung eines Referendums gedrängt, „to postpone the referendum it contemplated holding

---

963 IGH, Westsahara-Gutachten, ICJ Rep. 1975, S. 35 Rn. 64; UN Doc. A/RES/3162 v. 14.12.1973.
964 IGH, Westsahara-Gutachten, ICJ Rep. 1975, S. 35 Rn. 65.
965 Vgl. IGH, Westsahara-Gutachten, ICJ Rep. 1975, S. 35 Rn. 65.
966 UN Doc. A/RES/3292 (XXIX) v. 13.12.1974; IGH, Westsahara-Gutachten, ICJ Rep. 1975, S. 35 Rn. 66.

in Western Sahara".[967] Die marokkanische Absicht und Taktik, ein direktes oder zumindest ambivalentes und interpretationswürdiges Gutachten zu erhalten, ging vollends auf. Zudem wurde, wie von *Hassan II* intendiert, Zeit geschunden und das unmittelbar bevorstehende Referendum mit der Möglichkeit der Unabhängigkeit der Westsahara erfolgreich verhindert.[968]

(c) Die Subsumtion des Gerichtshofs unter Berücksichtigung des Selbstbestimmungsrechts

Nach Ansicht des Gerichtshof war es zur Negierung des Selbstbestimmungsrechts des sahrawischen Volkes nicht ausreichend, dass Marokko und Mauretanien nachwiesen, dass sie rechtliche Bindungen nicht territorialer Art zur Westsahara hatten, damit der Anspruch Marokkos und Mauretaniens auf Wiederherstellung der präkolonialen Territorien bzw. Souveränitätsausübung über die Gebiete der Westsahara sich gegenüber dem Selbstbestimmungsrecht des Volkes der Westsahara hätte durchsetzen können.[969] Sie hätten vielmehr nachweisen müssen, dass diese Bindungen so beschaffen waren, dass sie die Ausübung des Selbstbestimmungsrechts zu beeinträchtigen vermögen, indem sie durch etwaige Souveränitätsakte die Rückgabe ihres vermeintlichen Territoriums unabhängig vom Willen der Bevölkerung des Territoriums von Spanien hätten verlangen können.[970] Aus der ratio decidendi des Gutachtens sowie aus dem Umkehrschluss aus dem zuvor Gesagten lässt sich daher ableiten, dass Souveränitätsbindungen, wenn nicht sogar auch qualifizierte andere rechtliche Bindungen, einen gewissen Einfluss auf die Dekolonisierung der Westsahara gehabt hätten, der Gerichtshof diese aber aufgrund der negativen Beantwortung der zweiten Gutachtenfrage nicht hat berücksichtigen müssen.[971]

---

967 UN Doc. A/RES/3292 (XXIX) v. 13.12.1974.

968 *Hassan II* wollte insbesondere den Tod *Francos* abwarten, der nach Einschätzung *Hassans* „a fixation on the subject" hatte, *Office of the Historian,* Foreign Relations of the United States, 1969–1976, Volume E-9, Part 1, Documents on North Africa, 1973–1976, Dokument 90 v. 15.10.1974, S. 259 ff.

969 IGH, Westsahara-Gutachten, ICJ Rep. 1975, S. 67 f. Rn. 161 f.

970 Vgl. IGH, Westsahara-Gutachten, ICJ Rep. 1975, S. 67 f. Rn. 161 f.; So, wie UN Doc. A/RES/1514 (XV) v. 14.12.1960 Abs. 6 diese Möglichkeit eröffnet und wie es für das ehemals von Spanien kolonialisierte Ifni galt.

971 Vgl. IGH, Westsahara-Gutachten, ICJ Rep. 1975, S. 67 Rn. 161 f.; *Ammoun,* IGH, Westsahara-Gutachten, ICJ Rep. 1975, S. 83 f.; *Boni,* IGH, Westsahara-Gutachten, ICJ Rep. 1975, S. 165 f.; *Forster,* IGH, Westsahara-Gutachten, ICJ Rep. 1975, S. 103;

Der Internationale Gerichtshof hat somit zwar das Bestehen historischer rechtlicher Bindungen zwischen den Stämmen des Gebietes der Westsahara und Marokko und Mauretanien anerkannt, diesbezüglich aber ausdrücklich erklärt, dass diese das Recht des Volkes der Westsahara auf Selbstbestimmung und Unabhängigkeit im Sinne der Resolution 1514 (XV) der Generalversammlung unter keinen Umständen außer Kraft setzen oder tangieren können.[972] Der IGH konkludierte abschließend, dass weder Marokko noch Mauretanien jedwede rechtliche Bindungen territorialer Souveränität besaßen und nachweisen konnten und in conclusio das Recht der Sahrawis auf freie Selbstbestimmung nicht durch das Prinzip der territorialen Souveränität einer der beiden Staaten konsumiert werden könne.[973]

dd) Abweichende Meinungen von Richtern

Das Gutachten war innerhalb der Richterschaft teils kontrovers diskutiert und einzelne Rechtsfragen divergierend bewertet worden. Richter *Nagendra Singh* gab beispielsweise zu Bedenken, dass die Wiederherstellung der territorialen Integrität eines Kolonialgebietes mit einem in die Unabhängigkeit entlassenen Staat nach Abs. 6 der Resolution 1514 nur dann möglich ist, sofern der Staat in nachgewiesener Weise historisch die Souveränität über das zu dekolonisierende Gebiet innehatte.[974] Sollte dies nicht der Fall sein, hielt er richtigerweise die Konsultation des Volkes des Territoriums für ein „inescapable imperative".[975] Rechtliche Bindungen ohne Souveränität wären allenfalls fähig, „to point in the direction of the possible options which could be afforded to the population in ascertaining the will of the population" und könnten damit nur Einfluss auf das prozedurale Verfahren und nicht auf den materiellen Inhalt und die Notwendigkeit der Konsultation des Volkes nehmen.[976]

Burgis, Boundaries of Discourse in the International Court of Justice S. 215, 220 f.; *Knop*, Diversity and Self-Determination in International Law, S. 162.

972 IGH, Westsahara-Gutachten, ICJ Rep. 1975, S. 67 f. Rn. 161 f.
973 IGH, Westsahara-Gutachten, ICJ Rep. 1975, S. 67 Rn. 161 f.
974 Richter *Nagendra Singh*, IGH, Westsahara-Gutachten, ICJ Rep. 1975, S. 79 f.; *Knop*, Diversity and Self-Determination in International Law, S.165. So auch Richter *Petrén*, IGH, Westsahara-Gutachten, ICJ Rep. 1975, S. 110.
975 Richter *Nagendra Singh*, IGH, Westsahara-Gutachten, ICJ Rep. 1975, S. 81; *Knop*, Diversity and Self-Determination in International Law, S.165.
976 Richter *Nagendra Singh*, IGH, Westsahara-Gutachten, ICJ Rep. 1975, S. 80; *Knop*, Diversity and Self-Determination in International Law, S.165.

Richter *Dillard* war der Ansicht, dass es für den IGH nicht notwendig gewesen sei, die Anwendung des in Abs. 6 der Resolution 1514 (XV) verankerten Grundsatzes der territorialen Integrität zu negieren: „First, it negates the notion advanced by the two interested States that the territory was, legally speaking, an integral part of a "parent" State (the Kingdom of Morocco) or that it was "included" within the confines of what has now emerged as the Islamic Republic of Mauritania. It follows that the image of a kind of colonial amputation beginning in 1884 of a pre-existing territorial unity is distorted. Second, it implies that any claim to what has been called automatic retrocession is not applicable to the Western Sahara and therefore it was unnecessary for the Court to pronounce upon the principle of territorial integrity embedded in paragraph 6 of resolution 1514 (XV)".[977] Er unterstrich diesbezüglich ferner die rein formelle Wirkkraft anderer, nicht territorial-souveräner Bindungen in Relation zum Selbstbestimmungsrecht des Volkes der Westsahara und möglicher Auswirkungen auf die Ausübung des Rechtes: „It seemed hardly necessary to make more explicit the cardinal restraint which the legal right of self-determination imposes. That restraint may be captured in a single sentence. It is for the people to determine the destiny of the territory and not the territory the destiny of the people. Viewed in this perspective, it becomes almost self-evident that the existence of ancient 'legal ties' of the kind described in the Opinion, while they may influence some of the projected procedures for decolonization, can have only a tangential effect in the ultimate choices available to the people."[978] Dementsprechend und die Besonderheiten des Falles miteinbeziehend stellte er hinsichtlich der Möglichkeit der Wiederherstellung der territorialen Integrität nach Resolution 1514 (XV) fest, dass „in any event, as stated earlier, the facts disclosed here do not point to the application of that particular provision of the said resolution".[979]

Hervorhebenswert war er der Auffassung, dass „even if integration of territory was demanded by an interested State, as in this case, it could not be had without ascertaining the freely expressed will of the people - the very sine qua non of all decolonization".[980]

Ad-hoc-Richter *Boni,* der den zwischen Marokko und der Westsahara bestehenden Bindungen eben jenen Charakter territorialer Souveränität zuschrieb, sah im Verhältnis zum Selbstbestimmungsrecht die Konsultation

---

977 Richter *Dillard,* IGH, Westsahara-Gutachten, ICJ Rep. 1975, S. 120 f.
978 Richter *Dillard,* IGH, Westsahara-Gutachten, ICJ Rep. 1975, S. 121.
979 Richter *Nagendra Singh,* IGH, Westsahara-Gutachten, ICJ Rep. 1975, S. 81.
980 Richter *Nagendra Singh,* IGH, Westsahara-Gutachten, ICJ Rep. 1975, S. 81.

des Volkes der Westsahara aber dennoch als obligatorisch an und stellte zwischen der Anwendung von Abs. 6 der Resolution 1514 (XV) und dem Selbstbestimmungsrecht des Volkes der Westsahara damit ein Rangverhältnis auf und schloss sich hinsichtlich der Ausübung des Rechtes der Ansicht von Richter *Dillard* an.[981]

4. Kritik IGH

Die vom IGH festgestellten rechtlichen Beziehungen zwischen Marokko bzw. Mauretanien zu den Gebieten der Westsahara sollten in historischer Weise insbesondere von Marokko fehlinterpretiert werden und als Legitimationsgrund für die kurz nach der Veröffentlichung des Gutachtens erfolgte militärische Einnahme der Westsahara dienen.[982] Einer solchen Feststellung bedurfte es unter Berücksichtigung der dem IGH vorgelegten Fragen unter keinem rechtlichen Gesichtspunkt, weshalb die Entscheidung des Gerichtshofs, sich hierzu abschließend noch äußern zu müssen, aus der ex post, aber auch aus der ex ante Sichtweise in höchstem Maße fragwürdig erscheint und zu kritisieren ist.[983] *Shaw* stellte diesbezüglich kritisch, aber durchaus vertretbar dar, dass „it is hard to resist the conclusion that the Court has been rather haphazard here, and the suspicion is generated that it was attempting to present Morocco with a consolation prize".[984]

Um nicht vollständig dem postkolonialen Paradigma starrer europäischer Völkerrechtstradition zu unterliegen, versuchte der IGH augenscheinlich, den Positionen Marokkos und Mauretaniens durch eine zumindest

---

981 Vgl. Richter *Boni*, IGH, Westsahara-Gutachten, ICJ Rep. 1975, S.S. 173 f.

982 Siehe hierzu ausführlich § 3. A. I. 5.

983 So auch *Ignacio-Pinto*, IGH, Westsahara-Gutachten, ICJ Rep. 1975, S. 78. Vgl. *Shaw*, The Western Saharan Case, British Yearbook of International Law 49 (1978), 119 (141). Der IGH rechtfertigte dies in Ansätzen wie folgt: „In the oral proceedings, Morocco and Mauritania both laid stress on the overlapping character of the respective legal ties which they claim Western Sahara to have had with them at the time of colonization. Although the view of the Court as to the nature of those ties differs in important respects from those of the two States concerned, the Court is of the opinion that the overlapping character of the ties of the territory with Morocco and the "Mauritanian entity", as defined by the Court, calls for consideration in connection with Question II. This is because the overlapping character of the ties appears to the Court to be a significant element in appreciating their scope and implications.", IGH, Westsahara-Gutachten, ICJ Rep. 1975, S. 65. Rn. 153.

984 *Shaw*, The Western Saharan Case, British Yearbook of International Law 49 (1978), 119 (141).

ansatzweise das islamische Recht miteinbeziehenden Rechtsanwendung entgegenzukommen. Dabei bezog er partikulare Interessen, basierend auf traditionellen und dem islamischen Rechtskreis entspringenden Positionen der beiden Staaten im Lichte des Internationalen Rechts mit ein.[985] Daher stand der IGH vor dem rechtlich schwierigen Dilemma, das nach modernem Völkerrecht und unstreitig dem Volk der Westsahara zustehende Selbstbestimmungsrecht in Ausgleich mit territorialen Forderungen und Souveränitätsansprüchen Marokkos und Mauretaniens zu bringen. Diese konnten allerdings nicht nach klassischer europäischer Rechtsdogmatik verstanden werden, sondern mussten zumindest ansatzweise auch im Lichte islamischer Rechtsanwendung und Dogmatik behandelt werden.[986] Der Gerichtshof zeigte bei der Frage der Bedeutung der spezifischen Merkmale der Westsahara, Marokkos und Mauretaniens ein für ihn untypisches Maß an Flexibilität in der Einbeziehung vereinzelter Rechtstraditionen der beteiligten Parteien. Trotzdem bekräftigte er aber, wie *Shaw* treffend analysierte, die unvermeidliche Vorherrschaft des eurozentrischen Völkerrechts des neunzehnten Jahrhunderts gegenüber den islamischen Rechtsordnungen und anderen nicht-europäischen Rechtsordnungen.[987] Die ausdrücklichen Implikationen des intertemporalen Rechts wurden im Rahmen der Einbeziehung islamischer Traditionen nicht weiter erörtert.[988]

a) Das Volk der Westsahara – beteiligungsfähig oder gar berechtigt?

Obwohl die UN-Mission 1975 im Rahmen ihrer zahlreichen Konsultationen festgestellt hatte, dass die erhebliche Mehrzahl der indigenen Bevölkerung die Unabhängigkeit fordere und die Polisario die klare Mehrheit der Bevölkerung der Gebiete hinter sich versammelte, hat der IGH keinerlei

---

985 Vgl. IGH, Westsahara-Gutachten, ICJ Rep. 1975, S. 49 Rn. 107; *Knop*, Diversity and Self-Determination in International Law, S. 133. Zum Partikularismus im Völkerrecht siehe ausführlich *Shaw*, The Western Saharan Case, British Yearbook of International Law 49 (1978), 119 (149–152); *Knop*, Diversity and Self-Determination in International Law, S. 148 f.

986 Ausführlich hierzu *Shaw*, The Western Saharan Case, British Yearbook of International Law 49 (1978), 119 (149–153); vgl. *Knop*, Diversity and Self-Determination in International Law, S. 134 f.

987 *Shaw*, The Western Saharan Case, British Yearbook of International Law 49 (1978), 119 (152 f.).

988 Siehe hierzu ausführlich *Knop*, Diversity and Self-Determination in International Law, S. 164–167.

Dokumente, Informationen oder Anhörungen der Polisario oder anderen Teilen der sahrawischen Bevölkerung zugelassen.[989] Die Ansichten der Sahrawis kamen allenfalls mittelbar durch die dem Gerichtshof vorgelegten Dokumente des Generalsekretärs und besonders durch die Stellungnahmen und eingereichten Materialien Algeriens zum Ausdruck. Die Möglichkeit, Organisationen aus der sahrawischen Zivilbevölkerung, insbesondere die Polisario, zu hören, wurde zum damaligen sehr auf Staaten zentrierten und ausgelegten Verfahrensablauf gar nicht erst betrachtet.[990] In einem Gutachtenverfahren vor dem IGH, welches von den berechtigten UN-Gremien beantragt werden kann, können nach Art. 66 IGH-Statut sowohl Staaten als auch internationale Organisationen auftreten und Stellung nehmen. Der Begriff der internationalen Organisationen wird tendenziell vom IGH weit verstanden und darunter müssen nicht ausschließlich Staatenorganisationen fallen, wobei die Anwendung auf nichtstaatliche Entitäten allerdings

---

989 *Burgis,* Boundaries of Discourse in the International Court of Justice, S. 198 f. Sowohl die Polisario als auch die zu diesem Zeitpunkt noch bestehende PUNS verurteilten die Nicht-Beteiligung der Sahrawis in einem Verfahren zur Klärung der rechtlichen Problematiken bezüglich der Dekolonisierung der Westsahara deutlich: „In the mid-twentieth century the Sahrawis will not accept the whole world speaking for them as if they were cattle.", zit. nach *Hodges,* Western Sahara, The Roots of a Desert War, S. 186.
„The Frente POLISARIO, although considered a clandestine movement before the Missions arrival, appeared as a dominant political force in the Territory. The Mission witnessed mass demonstrations in support of the movement in all parts of the Territory.", UN Doc. A/10023/Rev.1 S. 7 Rn. 21. Die Polisario versammelte über das gesamte Gebiet der Westsahara sowie bereits in den Flüchtlingslagern in den algerischen Tindouf-Gebieten Tausende Menschen zu spontanen Demonstrationen, die allesamt die Unabhängigkeit des Gebietes propagierten und im Rahmen dessen die Durchführung eines Referendums zur legitimen Ausübung ihres Selbstbestimmungsrechts forderten, UN Doc. A/10023/Rev.1 S. 7 Rn. 18 ff., S. 95 Rn. 362. Im Rahmen dessen stellte die Mission den eindeutigen Willen des Volkes der Westsahara fest und hielt ihre Beobachtungen im Abschlussbericht wie folgt fest: „At every place visited, the Mission was met by mass political demonstrations and had numerous private meetings with representatives of every section of the Saharan community. From all of these, it became evident to the Mission that there was an overwhelming consensus among Saharans within the Territory in favour of independence and opposing integration with any neighbouring country.", UN Doc. A/10023/Rev.1 S. 59 Rn. 202; *Hodges,* The Western Sahara File, Third World Quarterly 6 (1984) 74 (82).

990 „The Court therefore considers that the information and evidence before it are sufficient to enable it to arrive at a judicial conclusion concerning the facts which are relevant to its opinion and necessary for replying to the two questions posed in the request.", IGH, Westsahara-Gutachten, ICJ Rep. 1975, S. 29 Rn. 47.

lange Zeit restriktiv gehandhabt wurde.[991] Nationale Gruppierungen oder gar Einzelpersonen sind grundsätzlich von der Einbringungsmöglichkeit nach Art. 66 IGH-Statut ausgeschlossen.[992] Mittlerweile ist der IGH von der restriktiven Auslegung des IGH-Statuts und der IGH-Verfahrensordnung weitgehend abgewichen und lässt auch nicht-staatliche Entitäten und Organisationen Materialien einreichen und vor dem IGH mündliche Erklärungen abgeben, wie die Gutachten zu Palästina aus dem Jahr 2004 und zum Kosovo aus 2009 zeigen.[993] Durch die Nicht-Einbeziehung des Volkes der Westsahara in das Verfahren muss sich der Gerichtshof den Vorwurf machen lassen, das Recht auf Selbstbestimmung eines sich im Prozess der Unabhängigkeit befindlichen Volkes nicht ausreichend beachtet zu haben und damit in gewisser Weise koloniale Strukturen aufrechterhalten zu haben.[994] Im Verfahren vor dem Gerichtshof zur Situation Osttimors handelte der Gerichtshof in ähnlicher Weise und gab dem von dem Rechtsstreit zwischen Portugal, Indonesien und Australien unmittelbar betroffenen Volk keinerlei Möglichkeiten, sich direkt einbringen oder äußern zu können.[995] In seiner hervorzuhebenden und das Selbstbestimmungsrecht eines kolonialisierten Volkes aufs Äußerste bestärkenden separaten Stellungnahme im

---

991 *Knop*, Diversity and Self-Determination in International Law, S. 193 f.; in IGH, International Status of South West Africa, Gutachten, ICJ Pleadings 1950, S. 324–327, 343–4, 346 genehmigte der IGH der „The International League for the Rights of Man", schriftliche Erklärungen einzureichen, allerdings hielt diese sich nicht an die vom Gerichtshof gesetzte Frist. In IGH, Namibia-Gutachten, ICJ Pleadings 1970, S. 639–40, 643–647, 678, 679 wiederum lehnte der Gerichtshof das Ersuchen um Materialeinreichung der „International League for the Rights of Man" und des „American Committee on Africa" ab.

992 *Knop*, Diversity and Self-Determination in International Law, S. 193 f.

993 Vgl. hierzu die Erklärungen Palästinas und des Kosovos in den jeweiligen Gutachtenverfahren des Gerichtshofs, IGH, Mauer-Gutachten, Schriftliche Erklärung Palästinas v. 29.1.2004, https://www.icj-cij.org/public/files/case-related/131/15 55.pdf, zuletzt abgerufen am 15.6.2024, und die Erklärung des Kosovos in IGH, Kosovo-Gutachten, Schriftliche Erklärung des Kosovos v. 17.4.2009, https://www.icj -cij.org/public/files/case-related/131/1555.pdf, zuletzt abgerufen am 15.6.2024.

994 *Crawford* attestierte dem IGH ein äußerst restriktives Verständnis hinsichtlich kolonialer Konflikte und bezeichnete im Hinblick auf die Südwestafrika-Entscheidungen des Gerichtshofs den durch das Gutachten zur Situation Namibias 1971 entstandenen Richtungs- und Paradigmenwechsel des IGHs als „decolonizing the Court", *Crawford*, in: Lowe/Fitzmaurice (Hrsg.), Fifty Years of the International Court of Justice, S. 587; *Knop*, Diversity and Self-Determination in International Law, S. 114.

995 IGH, Ost-Timor, Urteil, ICJ Rep. 1995, S. 90–106; *Vereshchetin*, Ost-Timor, Urteil, ICJ Rep. 1995, S. 135. Ausführlich hierzu *Knop*, Diversity and Self-Determination in International Law, S. 192 f.–202;

Osttimor-Verfahren gab Richter *Vereshchetin* zu bedenken, dass Portugal als klagender Staat zwar im Namen des Volkes von Osttimor handelte, aber nicht dessen Zustimmung vor der Einreichung der Klage eingeholt hatte.[996] Er erinnerte daran, dass die Feststellung der Unzulässigkeit der Klage durch den IGH auf dem Recht Indonesiens beruhte, nicht ohne seine Zustimmung der Gerichtsbarkeit unterworfen zu werden, da es keine universelle Erklärung nach Art. 36 Abs. 2 IGH-Statut abgegeben habe.[997] In Anlehnung daran gab Richter *Vereshchetin* kritisch zu bedenken und war richtigerweise der Ansicht, dass es nicht sein kann, dass „the people, whose right to self-determination lies at the core of the whole case, have no role to play in the proceedings".[998] Dies berücksichtigend hätte der Gerichtshof in einem Dekolonisierungsfall dem Volk der Westsahara bzw. dessen Vertretern die Möglichkeit einräumen sollen, eigene Materialien und Schriftstücke nach Art. 66 IGH-Statut einreichen zu können.[999]

---

996 *Vereshchetin*, Ost-Timor, Urteil, ICJ Rep. 1995, S. 135, der damit bereits 1995 das im Jahr 2016 vom EuGH aufgestellte Erfordernis der Zustimmung des Volkes der Westsahara zu einem die natürlichen Ressourcen des Gebietes betreffenden internationalen Abkommen der EU mit Marokko zumindest im Hinblick auf das Erfordernis des rechtlichen Gehörs vor der internationalen Gerichtsbarkeit als erforderlich angesehen hat. Siehe zum Erfordernis der Zustimmung des Volkes der Westsahara zu einem die Gebiete der Westsahara inkludierenden internationalen Handelsabkommen § 4. A. III. 2.; *Knop*, Diversity and Self-Determination in International Law, S. 205.

997 Vgl. https://www.icj-cij.org/declarations, zuletzt abgerufen am 15.6.2024.

998 *Vereshchetin*, Ost-Timor, Urteil, ICJ Rep. 1995, S. 135; *Knop*, Diversity and Self-Determination in International Law, S. 205. Zwar setzte Richter *Vereshchetin* das Volk von Osttimor mit dem Staat Indonesien als notwendige dritte Parteien faktisch gleich, erkannte allerdings auch an, dass das IGH-Statut von Rechtsstreitigkeiten betroffenen (kolonialen) Völkern nicht den gleichen Zugang zum Gericht gewährt wie den Staaten, *Vereshchetin*, Ost-Timor, Urteil, ICJ Rep. 1995, S. 135. Unabhängig hiervon stellte Richter *Vereshchetin* allerdings in begrüßenswerter Weise fest, dass Portugal die Pflicht hatte, die Führer oder Vertreter des Volkes zu konsultieren, bevor es den Fall in seinem Namen dem Gericht vorlegte, obwohl Portugal noch immer als Verwaltungsmacht Osttimors nach Art. 73 UN-Charta eingesetzt war. *Vereshchetin*, Ost-Timor, Urteil, ICJ Rep. 1995, S. 137. Hierzu ausführlich *Knop*, Diversity and Self-Determination in International Law, S. 205–211.

999 So wohl auch *Knop*, Diversity and Self-Determination in International Law, S. 192 ff.

b) Widersprüchlichkeit der Aussagen des IGH

Die Begutachtung des IGHs erscheint unter Beleuchtung des Vorgesagten teils als Paradoxon. Wenn einerseits der IGH eindeutig feststellte, dass die Gebiete der Westsahara keine Terra nullius zum Zeitpunkt der Kolonisierung Spaniens darstellten und andererseits keinerlei territorial-souveränen rechtlichen Verbindungen dieser Gebiete zu Marokko und Mauretanien bestanden, so stellt sich zwangsläufig und folgelogisch die Frage, wer und in welchem Maße Souverän der Westsahara war. Die Folgefrage drängt sich auf, ob nach dem hier angewandten und herangezogenen Völkerrecht zur Beantwortung der Frage des Terra-nullius-Problems das Volk der Westsahara ebenfalls als Souverän angesehen werden könnte.[1000] Im Rahmen dessen äußerte sich der Gerichtshof bewusst nicht zu der Frage, ob und wie rechtliche Bindungen territorialer Souveränität oder anderer Art das Prinzip der Selbstbestimmung beeinträchtigt hätten.[1001] Der IGH sah auch ausdrücklich davon ab, den Rechtscharakter bzw. die Rechtmäßigkeit der Abkommen mit den sahrawischen Stämmen zu beurteilen, die dazu führten, dass Spanien die Verwaltung der Westsahara übernahm, obwohl dies in direktem Zusammenhang mit der Frage stand, ob die Westsahara 1884 Terra nullius gewesen sei.[1002] Im Hinblick auf das islamische Souveränitätsverständnis, welches von Mauretanien und Marokko vorgetragen und teilweise auch von Richtern in separaten Stellungnahmen akzeptiert worden ist, birgt die Feststellung des Gerichtshofs, dass sowohl das Selbstbestimmungsrecht anwendbar ist, aber gleichzeitig rechtliche Bindungen zwischen den beiden Staaten und dem Gebiet der Westsahara festgestellt wurden, erhebliche Schwierigkeiten und rechtliche Unsicherheiten. Hin-

---

1000 So auch *Knop*, Diversity and Self-Determination in International Law, S. 126 f. *Burgis* stellte diesbezüglich treffend fest, dass „It is unfortunate that the Court did not go further in its Opinion and offer its interpretation as to who the territory's ruler might have been on the eve of Spanish 'protection'" und fragte dabei in kritischer Weise berechtigt: „Its support for the self-determination of the territory's people nearly a century later indicated its recognition for contemporary selfhood, but did the peoples of Western Sahara possess an identifiable legal personality before Spanish colonisation? The Court retroactively imposed the territorial boundaries of the Spanish territory onto the region before its colonisation, but what was the exact status of its people?", *Burgis,* Boundaries of Discourse in the International Court of Justice S. 201 f.

1001 Vgl. IGH, Westsahara-Gutachten, ICJ Rep. 1975, S. 39 f. Rn. 80–83; *Knop*, Diversity and Self-Determination in International Law, S. 126.

1002 Vgl. IGH, Westsahara-Gutachten, ICJ Rep. 1975, S. 39 f. Rn. 80–83; *Knop*, Diversity and Self-Determination in International Law, S. 126.

sichtlich der Beantwortung der ersten Frage hielt sich der IGH stringent an den Wortlaut der Abkommen und ging nicht weiter als festzustellen, dass die Westsahara keine Terra nullius gewesen ist. Die Frage der Souveränitätsausübung durch das Volk der Westsahara sah der IGH somit nicht als zwangsläufig von ihm zu beantworten an.[1003]

Okere analysiert im Hinblick auf die realpolitischen Umstände und das Zugeständnis des Gerichtshofs, dass sich dieser nach seinen eigenen Worten des Zwecks seines Gutachtens nicht unbewusst gewesen ist, und daher „couched its reply in a language that is a more resonant of diplomacy than of law with subtle nuance".[1004]

Richter *Petrén* kritisierte richtigerweise die Feststellung der über die territorialen Bindungen hinausgehenden anderen rechtlichen Verbundenheiten Marokkos und Mauretaniens mit dem Gebiet bzw. dem Volk der Westsahara. Er stellte fest, dass „the request for an advisory opinion did not ask the Court for any finding on the existence of ties between the territory of Western Sahara and Morocco or the Mauritanian entity, other than such legal ties that might affect the future application of Resolution 1514 (XV) in the decolonisation of the territory".[1005] Dementsprechend hätte der Gerichtshof die Frage der anderweitigen rechtlichen Bindungen in entsprechender Konsequenz zu seinem Schweigen zur Frage der Souveränitätsausübung durch das sahrawische Volk im Hinblick auf die Feststellung, dass das Gebiet der Westsahara keine Terra nullius zur Zeit der spanischen Kolonisierung gewesen ist, ebenfalls nicht beantworten sollen.

c) Normkonflikt territoriale Integrität und Selbstbestimmungsrecht

Zu kritisieren ist ferner die Ausweichhaltung des IGH hinsichtlich des Normkonflikts zwischen der territorialen Integrität vorkolonialer Staaten und dem Selbstbestimmungsrecht im Auslegungsparadigma des modernen Völkerrechts. Der Gerichtshof hielt sich zu dem größtenteils von Marokko vorgebrachten Rechtsgedanken zum Vorrang der territorialen Integrität im Rahmen des Dekolonisierungsprozesses bedeckt.[1006]

1003 Vgl. Vgl. IGH, Westsahara-Gutachten, ICJ Rep. 1975, S. 38–40 Rn. 79–83.

1004 *Okere*, The Western Sahara Case, The International and Comparative Law Quarterly 28 (1979), 296 (310).

1005 *Petrén*, IGH, Westsahara-Gutachten, ICJ Rep. 1975, S. 115; *Okere*, The Western Sahara Case, The International and Comparative Law Quarterly 28 (1979), 296 (310).

Die Problematik wurde ignoriert und nicht weiter gewürdigt, da der Gerichtshof durch die Feststellung, dass keine Bindungen der territorialen Souveränität zwischen Marokko und den Gebieten der Westsahara bestanden, dies umgehen konnte. Im Lichte der von der Generalversammlung gestellten Fragen sah er keinerlei Notwendigkeit, sich weiter oder tiefgehender mit der Kollision dieser beiden Rechtsprinzipien zu beschäftigen.[1007] Indem der Gerichtshof den Konflikt zwischen Selbstbestimmungsrecht und außereuropäischen Rechtsbindungen nicht löste und die äußerst heikle Formulierung der rechtlichen Bindungen nicht-territorialer Art zwischen Marokko und Mauretanien und der Westsahara in seine abschließende Begutachtung einbaute, schwächte er trotz ausdrücklicher Hervorhebung der Rechtsposition des sahrawischen Volkes das Selbstbestimmungsrecht in faktischem und realpolitisch erheblichem Maße, während er es dogmatisch-rechtlich stärkte. Dies sollte das Einfallstor für Fehlinterpretation und Manipulation des Rechtsprozesses, vor allem seitens Marokkos, werden.[1008]

Dementsprechend hätte der IGH expliziter die vermeintlichen Gegenansprüche Marokkos und Mauretaniens negieren und diese in den Kontext der territorialen Souveränität setzen müssen.

d) Der vom IGH teils unbeachtete Rechtsrahmen

Unverständlich bleibt ferner die unsaubere Subsumtion der Westsahara-Problematik unter die einschlägigen Normen des Völkerrechts. Prozessual zog der IGH die UN-Charta zwar heran, materiell-rechtlich blieb jegliche Prüfung der Charta aus, trotz der offensichtlichen und eindeutigen materiell-rechtlichen Regelungen hinsichtlich von NSGTs in Art. 73 UN-Charta.[1009] Vielmehr behandelte der Gerichtshof ausführlich den Umgang der Generalversammlung im Dekolonisierungsprozess durch Analyse der von ihr erlassenen Resolutionen, was im Lichte der Gutachtenantragsstellung

---

1006 Vgl. IGH, Westsahara-Gutachten, ICJ Rep. 1975, S. 40 ff. Rn. 84–162; *Knop*, Diversity and Self-Determination in International Law, S. 158.

1007 Vgl. IGH, Westsahara-Gutachten, ICJ Rep. 1975, S. 40 ff. Rn. 84–162.

1008 *Burgis*, Boundaries of Discourse in the International Court of Justice, S. 226. In diesem Zusammenhang ist ebenfalls nicht ersichtlich, warum der IGH die Ergebnisse in Resolution UN-Mission nicht abgewartet hat, deren Ergebnisse am 15.10.1975 veröffentlicht worden sind, mithin einen Tag vor der Bekanntgabe der Entscheidung des IGHs, vgl. UN Doc. A/10023/Rev.1 und *Hodges*, Western Sahara, The Roots of a Desert War, S. 210 f.

1009 Vgl. IGH, Westsahara-Gutachten, ICJ Rep. 1975, S. 31–37, Rn. 54–73.

berechtigt und zielführend war.[1010] Allerdings blieb der IGH dogmatisch äußerst unpräzise und schürte viel Unsicherheit durch seine Feststellung der erhöhten Rechtsqualität des Selbstbestimmungsrechts und ging wenig bis kaum auf die einschlägige Staatenpraxis ein.[1011]

Indem der IGH im Rahmen dessen die unterschiedliche Behandlung der Westsahara und Ifnis durch die Generalversammlung detailliert darstellte, erkannte er, dass die Dekolonisierung in einigen Fällen den Status quo ante respektieren würde und auf dessen Wiederherstellung gerichtet sei.[1012] Während sowohl die Westsahara als auch Ifni von Spanien verwaltete und von Marokko beanspruchte Gebiete ohne Selbstverwaltung waren, sahen die Resolutionen der Generalversammlung die Dekolonisierung der West-sahara durch ein Referendum und die Dekolonisierung von Ifni durch die Übertragung an Marokko vor.[1013] Hierzu stellte die Generalversammlung in Resolution 2428 (XXIII) fest, dass es einen wesentlichen Unterschied „in nature of the legal status of these two Territories, as well as the processes of decolonization envisaged by General Assembly resolution 2354 (XXII) for these Territories" gebe und dieser beachtet werden müsse.[1014] Die Gene-ralversammlung hat somit nach Ansicht dieser Arbeit ihr Ermessen bereits ausgeübt und die Möglichkeit der Rückübertragung der Westsahara an Ma-rokko nach Resolution 1514 (XV) Abs. 6 ausgeschlossen. Der Gerichtshof äußerte sich hierzu allerdings nicht abschließend und explizit, sondern hob einzig den bestehenden und breiten Ermessensspielraum der General-versammlung hierzu hervor.[1015] Durch die Formulierung der Antwort und Negation der zweiten Frage hat der IGH nicht eindeutig festgestellt, dass die Möglichkeit analog zur Situation Ifnis und damit eine Kategorisierung nach Resolution 1514 (XV) Abs. 6 ausgeschlossen ist.[1016] In der ratio deci-dendi des Gutachtens geht der Gerichtshof mit keinem Wort auf die Praxis der Generalversammlung ein, die ein Referendum, welches unmittelbar bevorstand, für die Gebiete der Westsahara vorsah und äußerte sich auch diesbezüglich nicht im Lichte des Selbstbestimmungsrechts.[1017] Es ist einzig

---

1010 IGH, Westsahara-Gutachten, ICJ Rep. 1975, S. 31–37, Rn. 54–73.
1011 Vgl. IGH, Westsahara-Gutachten, ICJ Rep. 1975, S. 31–37, Rn. 54–73.
1012 IGH, Westsahara-Gutachten, ICJ Rep. 1975, S. 34, Rn. 63.
1013 Vgl. beispielhaft UN Doc. A/RES/2428 (XXIII) v. 18.12.1968, S. 63.
1014 UN Doc. A/RES/2428 (XXIII) v. 18.12.1968, S. 63.
1015 Vgl. IGH, Westsahara-Gutachten, ICJ Rep. 1975, S. 36, Rn. 71.
1016 Vgl. IGH, Westsahara-Gutachten, ICJ Rep. 1975, S. 31–37, Rn. 54–73; IGH, Westsa-hara-Gutachten, ICJ Rep. 1975, S. 67 f., Rn. 161 f.
1017 Vgl. IGH, Westsahara-Gutachten, ICJ Rep. 1975, S. 38 –68, Rn. 79–162.

implizit und der Logik der Argumentation des Gerichtshofs zu entnehmen, dass dieser wohl davon ausgeht, dass ein Vorgehen nach Resolution 1514 (XV) Abs. 6 analog zur Situation Ifnis nicht in Betracht kommt. Hiernach wäre keine Konsultation des Volkes in Form eines Referendums vonnöten und dies würde sodann in contrario zu den Ausführungen des Gerichtshofs zum bestehenden Selbstbestimmungsrecht der Sahrawis und der unterschiedlichen Behandlung der Generalversammlung der beiden Territorien stehen.[1018] An dieser Stelle wäre allerdings ein expliziter Ausschluss dieser Möglichkeit, wie ihn einige Richter in separaten Stellungnahmen vornahmen, äußerst wünschenswert gewesen. Dies gilt insbesondere im Hinblick auf die unnötigerweise vom IGH festgestellten anderen als territorial souveränen rechtlichen Bindungen des Gebietes der Westsahara zu Marokko und Mauretanien. Marokko knüpfte im Nachgang des Verfahrens an diesen Punkt der Ambiguität des Gutachtens an. Es sah die Dekolonisierung der Westsahara als Fortführung des Präzedenzfalls Ifni und sah somit als Narrativ des Konflikts die Wiederherstellung der territorialen Integrität als bestimmendes Motiv als vom IGH bestätigt an.[1019]

e) Zwischenergebnis

Die vom Gutachten des Gerichtshofes abweichenden Meinungen der Richter zeigen teils eindrücklich, warum eine explizitere Befassung des Gerichtshofes mit dem Grundsatz der Selbstbestimmung, in concreto der

---

1018 Vgl. IGH, Westsahara-Gutachten, ICJ Rep. 1975, S. 67 f., Rn. 161 f.

1019 Hierzu verglich Marokkos Botschafter im persönlichen Gespräch mit *Kissinger* die inkonsequente Haltung Spaniens hinsichtlich anderer Konflikte und versicherte, dass Spanien an sich die Position Marokkos unterstützen würde: „I do wish to make the point, however, that the Sahara had always been recognized by Spain as being Moroccan. Over the years Spain had always asked the Moroccans to be patient and to wait a little longer. It is only in recent times, incited by the Algerians (on this point I wish to be absolutely frank), that Spain completely changed its position. We believe that this is not serving Spain's interests, but rather that Spain is serving the interests of a neighboring country which for reasons of its own is striving for the creation of a fictious national entity. Morocco believes that Spain must be consistent with itself. Spain cannot on the one hand refuse to recognize the existence of separatist movements among the Basques and the Canary Islands and on the other hand favor the creation of the separatist movement in the Sahara, even under the guise of a so-called liberation movement. I reiterate that Spain has to be consistent. Spain cannot very well refuse to consider self-determination for Gibraltar and seek to impose a referendum for the Sahara. Spain's positions are totally inconsistent and illogical."

Ausübung des Rechts im Verhältnis zur territorialen Integrität Marokkos und Mauretaniens, notwendig gewesen wäre. Die Ambiguität der Feststellungen des Gerichtshofes hinsichtlich des Selbstbestimmungsrechts des Volkes der Westsahara, dem nicht näher bezeichneten Souverän des Gebietes vor der Kolonialisierung durch Spanien, sowie die bestätigten rechtlichen Bindungen nicht territorial-souveräner Art, die zwar dem europäisch-zentrierten Völkerrechtsverständnis nach das Selbstbestimmungsrecht nicht einzuschränken vermögen, Marokko allerdings genügend rechtlichen, vor allem aber politischen Spielraum ermöglichten, um das unmittelbar bevorstehende Referendum bis heute zu verhindern, sind die auffälligsten Schwachstellen der Ausarbeitung des Gerichtshofes. Insbesondere die explizit hervorgehobenen ties of allegiance, die Marokko mit dem Gebiet der Westsahara verbinde, sollten im Rahmen des von der UN angestoßenen Referendums und den hierzu Wahlberechtigten zu erheblichen Schwierigkeiten führen, die bis heute unüberwindbare Hindernisse zur Ausübung des Selbstbestimmungsrechts des sahrawischen Volkes darstellen.[1020]

Dass die territoriale Integrität eines nicht selbstverwalteten Territoriums völkerrechtlich nach Art. 73 UN-Charta garantiert war bzw. ist und eine Eingliederung in einen Nachbarstaat nur durch den Wunsch des Volkes des NSGTs gerechtfertigt werden konnte bzw. kann, wie auch die zahlreichen Resolutionen der Generalversammlung nachzeichneten, ordnete der Gerichtshof rechtlich nicht ein.[1021] Eine Auseinandersetzung mit Art. 73 UN-Charta fehlt in den Entscheidungsgründen indes vollständig. Der Gerichtshof verpasste auch hier die Möglichkeit, dem Volk der Westsahara und extern auch der Staatengemeinschaft eine eindeutige Wegrichtung hinsichtlich der Ausübung des Selbstbestimmungsrechts vorzugeben. Er unterließ eine dogmatisch rechtliche Einordnung und Subsumtion unter Gewohnheitsrecht, die Staatenpraxis oder die UN-Charta und hob insbesondere das bereits ausgeübte Ermessen der Generalversammlung hinsichtlich der Dekolonisierung der Westsahara in Form eines Referendums nicht hervor.[1022] Dies ist umso überraschender, als dem IGH bewusst war, dass sich die seit Jahren von der Generalversammlung geforderte UN-Mission

---

1020 *Jensen*, Western Sahara – Anatomy of a Stalemate?, S. 49.

1021 Ähnlich *Shaw*, The Western Saharan Case, British Yearbook of International Law 49 (1978), 119 (146) unter Heranziehung der Rechtsansichten Spaniens und Algeriens.

1022 Zumindest sicherte der IGH die Rechtsposition der Sahrawis auf freie politische Determination als Theorem und bekräftigte die Generalversammlung dahingehend, dass eine konsenslose Übertragung der territorialen Souveränität an Marok-

zur Durchführung des Referendums zum Zeitpunkt der Gutachtenerstellung in der Westsahara befand und das Ergebnis dieses Prozesses nicht abgewartet worden ist.[1023] Aus materieller Sicht wäre die Bedeutung einer Passage im Gutachten, die unmissverständlich darlegt, dass auch der Nachweis souveräner Bindungen nicht die Notwendigkeit beseitigt, den Willen des Volkes zu ermitteln, von existentieller Bedeutung für die Ausübung des Selbstbestimmungsrechts des Volkes der Westsahara gewesen. Auch die explizite Negierung der Vergleichslage mit dem Dekolonisierungsfall des Gebietes von Ifni hätte unter Berücksichtigung der Praxis der Generalversammlung, der Staatenpraxis und des materiellen Rechtsgehalts des Selbstbestimmungsrechts eines Volkes, welches unmissverständlich von der UN als Träger dieses Rechts anerkannt wurde, erfolgen müssen.

Shaw gab diesbezüglich richtigerweise zu bedenken, dass „the ambiguity inherent in the conclusion of the Court in this respect could well open the door to other claims of precolonial sovereignty rendering the application of self-determination redundant".[1024] Wie die Geschichte zeigte, sollte er hiermit in großen Teilen Recht behalten. *Burgis* resümierte zum Gutachten des IGHs insgesamt und hinsichtlich der Rechtsposition des Volkes der Westsahara äußerst zutreffend, wenn auch mit gewissem zynischen Unterton: „It was both ironic and yet predictable that the Court sought to grant selfhood and statehood to a people whose territory it never defined and whose legal personality remained elusive and unspoken. The Peace Palace may well be far from the Sahara, but the Court still managed to dream of sandcastles for the silenced and still-stateless Ṣaḥrāwīs."[1025]

5. Auswirkungen des Gutachtens

Die gewählten schwammigen Formulierungen zur de facto Befriedung des europäisch zentrierten Völkerrechts und des islamischen Rechts, welches der IGH zumindest im Ansatz zu respektieren und berücksichtigen versuchte, sorgten bei *Hassan II* für genug Interpretationsspielraum, um abermals die faktische und nun auch rechtliche Situation zu verfälschen und zu

---

ko und Mauretanien das Selbstbestimmungsrecht der Sahrawis verletzen würde und folglich nach dem Rechtsrahmen der UN völkerrechtswidrig wäre.

1023 Vgl. UN Doc. A/10023/Rev.1.

1024 *Shaw*, The Western Saharan Case, British Yearbook of International Law 49 (1978), 119 (148).

1025 *Burgis*, Boundaries of Discourse in the International Court of Justice S. 226 f.

manipulieren und damit die seit Jahren geplante „Wiedereingliederung" der Gebiete der Westsahara in marokkanisches Staatsgebiet finalisieren zu können.[1026] Freilich stand er durch seine Interpretationsweise contra legem und durch die darauffolgenden militärischen Maßnahmen sowie die faktische Inbesitznahme großer Gebiete der Westsahara lange Zeit auf internationaler Ebene isoliert von der restlichen Staatengemeinschaft. Er hatte aber durch seine Beziehungen zu Frankreich und speziell zu den USA[1027] mit wenig internationaler Gegenwehr zu kämpfen.[1028] Wie sich nach Veröffentlichung des Gutachtens zeigen sollte, sollten die in der Theorie bestehenden

---

1026 Vgl. zu den marokkanischen Souveränitätsansprüchen § 2. A. II. 1.

1027 *Kissinger* deutete das Gutachten in einem Gespräch mit dem algerischen Außenminister *Bouteflika* als „ambigious" und konnte dem Gedanken des Selbstbestimmungsrechts der Sahrawis nichts abgewinnen: „I don't know what self-determination means for the Sahara.", *Office of the Historian*, Foreign Relations of the United States, 1969–1976, Volume E-9, Part 1, Documents on North Africa, 1973–1976, Dokument 110 v. 15.10.1974, S. 298.

1028 Obwohl es insbesondere zum Ende der 1970er Jahre zu massiven militärischen Auseinandersetzungen und nachfolgenden Fluchtbewegungen Zehntausender Sahrawis kam, äußerte sich der Sicherheitsrat ausschließlich zum Auslöser dieser Entwicklung, nämlich dem Grünen Marsch, und fiel fortan durch unverständliches Schweigen auf, welches vor allem am Einfluss der beiden Vetomächte Frankreich und USA lag, die zwar nach außen hin in den internationalen Gremien der UN weiterhin die Wahrung des Selbstbestimmungsrechts der Sahrawis forderten, die Angelegenheit aber äußerst effektiv bis 1988 aus den Beratungen des Sicherheitsrates fernhielten, vgl. § 2. A. IV. 1.
    Mit dem Protokoll eines Gespräch zwischen *Kissinger* und dem Sondergesandten des Königs, *Lamrani*, und dem marokkanischen Botschafter *Boutaleb* kann nachgezeichnet werden, inwiefern die USA Marokko im Rahmen der völkerrechtswidrigen Einnahme der Gebiete der Westsahara unterstützten. Kissinger: „The United States has a great interest in the independence and sovereignty of Morocco and the preservation of the Monarchy with which we have many links. I think we can say we did not place too many barriers in the way of Morocco in respect to the Sahara. (...) I know you want us to speed up military deliveries and we will have to examine this question in all urgency. We will approach this question positively. It would be helpful for all of us if we could gain time because of our domestic situation. Because of the long friendship between our countries we want to be forthcoming but as an old friend of your country and of His Majesty, may I say that we should avoid exceedingly dramatic acts. However, if it is necessary we can take measures.
    Mr. Lamrani: The U.S. has friends who have military means, a go-between who could provide quick help. I have no specific country in mind but the U.S. has many friends through whom you might provide aid.
    The Secretary: You are thinking of European countries?
    Amb. Boutaleb: We receive aid from Spain and France but a demonstration of U.S. support is important.

Rechte des kleinen ehemaligen Nomadenvolkes allerdings von der realpolitischen Machtstruktur und der allgemein vorherrschenden Ideologie der späten 1970er Jahre, welche vollends von den politischen Geflechten und Systemkonflikten des Kalten Krieges bestimmt waren, verdrängt werden und in bewusste Vergessenheit geraten.

a) Bewertung der realpolitischen Folgen

1974 befand sich das Gebiet und mit ihm auch seine Bevölkerung auf einem unmittelbaren Weg zur Entkolonialisierung, bei dem Selbstbestimmung und ein Referendum von zentraler Bedeutung waren und von Spanien schlussendlich auch so respektiert wurden.[1029] Die effektive Ausübung des Rechts wurde allerdings durch die Vorgehensweise Marokkos und Mauretaniens und durch das Unterlassen des zwar stets monierenden und die Rechte der Sahrawis erwähnenden, aber niemals eingreifenden Weltforums verhindert und konnte bis heute nicht realisiert werden.[1030] Noch immer ruft

---

The Secretary: That I understand. I will think up ways to demonstrate our diplomatic interest and our national interest toward Morocco." *Office of the Historian, Foreign Relations of the United States, 1969–1976, Volume E-9, Part 1, Documents on North Africa, 1973–1976*, Dokument 111 v. 29.1.1976, S. 303 ff.

1029 *Eiran*, Post-Colonial Settlement Strategy, S. 104.

1030 Während die Fragestellung zur rechtlichen Behandlung eines bewaffneten Angriffs auf ein NSGT nicht geklärt ist, in dieser Arbeit allerdings in Breite dargestellt wird, stehen einem solchen Angriffsakt gegen einen Drittstaat die zentrale Norm der UN-Charta und des Völkergewohnheitsrechts in Form des Angriffsverbots entgegen und können ihrerseits mit Gegenmaßnahmen und Repressalien erwidert werden, vgl. Art. 2 IV, Art. 51 UN-Charta. Durch die fortlaufende Spannung und die bevorstehende militärische Intervention Marokkos in der Westsahara befasste sich zwar auch der UN-Sicherheitsrat mit der Problematik, allerdings äußerst zurückhaltend und wortkarg. 1975 wurden drei Resolutionen erlassen, welche bis 1988 die einzigen Resolutionen des Sicherheitsrates sein sollten, trotz jahrelanger militärischer Interventionen, der Flucht von Zehntausenden Sahrawis und der massenhaften Ansiedlung marokkanischer Staatsbürger in den Gebieten der Westsahara. Vielmehr ergibt sich der Eindruck, dass gerade der Sicherheitsrat, aber auch die Generalversammlung den Konflikt über die regionale Organisation der OAU lösen bzw. an diese abschieben wollten und sich in gewisser Weise der politischen Verantwortung für den einzigen noch bestehenden, ungelösten und mit großen rechtlichen, politischen und diplomatischen Spannungsfeldern versehenen postkolonialen Konflikt entziehen wollten.
Vgl. zur Regionalpolitik der OAU im Zeitraum von 1976–1984 *Taeger*, Der Sahara-Konflikt und die Krise der Organisation der Afrikanischen Einheit (OAU), VRÜ 1984, 51 (51–90).

die UN mindestens im Jahrestakt zur Wahrung des Rechts auf Selbstbestimmung der Sahrawis auf und noch immer warten die Sahrawis vergebens auf den ihnen seit 1963 in Aussicht gestellten Tag, der mit Ankündigung des Referendums und der Mission der Spanier im Jahr 1974 so deutliche Formen annahm und zum Greifen nahe war wie noch nie.

Die von *Hassan II* erfolgreich initiierte Anfrage durch die Generalversammlung zur Einholung eines Gutachtens durch den IGH und die damit einhergehende Verzögerung des bereits angesetzten Referendums war in retroperspektivischer Sicht ein zwar äußerst riskanter, aber taktisch cleverer und von Erfolg gekrönter Vorgang, dessen Wirkung und Strahlkraft bis heute anhält.[1031] Mitte bzw. Ende 1974 hatte *Franco* sowohl dem sahrawischen Volk als auch *Hassan II* deutlich gemacht, dass es in den ersten Wochen bzw. Monaten des Jahres 1975, spätestens bis Juli 1975, zu einem Referendum kommen würde, welches die Option der Unabhängigkeit gewährleisten werde.[1032] Ende 1974 hatte Spanien eine Volkszählung abgeschlossen, die als Grundlage für die Wählerliste hätte dienen sollen. *Hassan II* wusste dabei um die starre Haltung *Francos*[1033] hinsichtlich der Westsahara und spekulierte auf den baldigen Tod des spanischen Diktators, der den marokkanischen Ansprüchen hinsichtlich der Westsahara deutlich entgegentrat und somit auch die Herrschafts- und Legitmitätsposition von *Hassan II* in seinem eigenen Land untergrub und drohte kippen zu lassen.[1034] Um einen nahezu unumkehrbaren Status quo eines unabhängigen Nachbarstaates zu verhindern und keinen anschließenden klassischen Staatskrieg beginnen zu müssen, wählte *Hassan II* die Methode der vermeintlich diplomatischen und rechtlichen Vorgehensweise über den IGH und schaffte mit Beginn des Grünen Marsches seinen eigenen Status quo zur Westsahara, nämlich

---

1031 Vgl. *Office of the Historian*, Foreign Relations of the United States, 1969–1976, Volume E-9, Part 1, Documents on North Africa, 1973–1976, Dokument 90 v. 15.10.1974, S. 259 ff.

1032 *Weiner*, The Green March in Historical Perspective, The Middle East Journal 1979 (33), 20 (26).

1033 Freilich wandelte sich die Beziehung *Francos* zur Westsahara im Laufe der Jahre, und vor allem zum Ende seines Lebens war er bereit, dem sahrawischen Volk die Unabhängigkeit zu gewährleisten. Eine gute Beziehung zur ehemaligen Kolonie sollte unter Aufrechterhaltung und Ausbau spanischer Interessen durch post-koloniale finanzielle und wirtschaftliche Unterstützung beibehalten werden. Ausführlich hierzu, *Hodges*, Western Sahara, The Roots of a Desert War, S. 167–173.

1034 Siehe zu den innenpolitischen Spannungen und den Attentatsversuchen auf *Hassan II* ausführlich *Hodges*, Western Sahara, The Roots of a Desert War, S. 174–186.

die faktische Inbesitznahme und Eingliederung des Gebietes in die Verwaltungs- und Staatsstruktur des Königreichs.[1035]

Wie er *Kissinger* bereits im Oktober 1974 im Vertrauen mitteilte, ging es *Hassan* auch vor allem darum, Zeit zu gewinnen, um *Francos* bevorstehenden Tod auszusitzen und so, seiner zutreffenden Vermutung nach, den spanischen Widerstand in der letzten bestehenden Kolonie Afrikas zu brechen und folglich ohne kriegerische Auseinandersetzung mit Spanien die Westsahara übernehmen zu können.[1036] *Hassan II* offenbarte im französischen Fernsehen bereits am 28.4.1975 öffentlich die zunächst noch geheim gehaltenen Intentionen Marokkos und das Verständnis des Königreichs hinsichtlich des Prozesses der Selbstbestimmung: „Why are we keeping that army there?" [in the southern area of Morocco] "For two reasons: first, to affirm the Moroccan presence; in addition, and above all, to provide a framework - at all levels - for the inexorable march which the Moroccan people will not fail to undertake, with their King at their head, if embittered or frivolous persons should seek to initiate the process of selfdetermination in the Sahara."[1037] Am 17.6.1975 verkündete er äußerst offensiv: „The recuperation of the Western Sahara is a matter of life or death for Morocco. We must face it with a smile and with great confidence, even if we have to go to the battlefield."[1038] Am 8.7.1975 propagierte er, dass „the battle to recuperate our Sahara has begun politically and militarily".[1039]

b) Marokkos Erfolg

Marokko hatte durch die aufgezeigte Ambiguität der Argumentation und Formulierungen des Gerichtshofs erweiterten Interpretationsspielraum der eigentlich klar ablehnenden Feststellung der zum Zeitpunkt der Kolonialisierung territorialen Souveränität des Königreichs über die Gebiete der

---

1035 Vgl. § 3. A. IV. 1. a). cc).

1036 „All my friends in Spain recognize that Franco, who is senile, has a fixation on the subject. (...) I must gain time while Franco is there. (...) We are aware of the large interests of the United States in Spain but after Franco passes on you must review this strategy and perhaps you will then transfer some of those interests to Morocco.", *Office of the Historian,* Foreign Relations of the United States, 1969–1976, Volume E-9, Part 1, Documents on North Africa, 1973–1976, Dokument 90 v. 15.10.1974, S. 259 ff.

1037 UN Doc. S/PV/1849 v. 20.10.1975, S. 2 Rn. 14.

1038 UN Doc. S/PV/1849 v. 20.10.1975, S. 2 Rn. 15.

1039 UN Doc. S/PV/1849 v. 20.10.1975, S. 2 Rn. 16.

Westsahara.[1040] Der Standpunkt des Königreichs, welcher durch die äußerst missglückte Darstellung der Generalversammlungsresolutionen, dem Vergleich zu Ifni und der damit zusammenhängenden Frage der Wiederherstellung früherer territorialer Integrität Marokkos bestärkt worden ist, wurde in einem Gespräch des marokkanischen Botschafters *Abdelhadi Boutaleb* mit *Kissinger* deutlich: „Morocco believes that both the opinion of the ICJ and the report of the fact finding mission have supported Morocco's contentions. The fact-finding team mentioned the special nature of the Sahara. It is not a colonial territory where decolonialization could take place according to the usual UN methods. This territory is not a separate entity but is actually part of another territory, and in such cases territorial unity takes precedence over other considerations. Turning to the ICJ opinion, I point out that it declared that indeed ties and allegiances had existed between the Moroccan sovereign and the Sahara at the time of the Spanish occupation. Therefore Morocco believes that the ICJ upheld the Moroccan position on both questions put to the Court – the terra nullius issue and the existence of legal ties between Morocco and the Sahara. Morocco does not believe that one can play with distinctions between allegiance and territorial ties because there are many cases where only allegiance existed, especially in countries which had no monarchs of their own. Where monarchs did exist, in most cases allegiance was rendered to the sovereign. The fact that the ICJ added that this issue should be resolved through self-determination was outside of the purview of the Court. The Court could resolve legal issues before it, but the rest was political and not of its concern."[1041] Hinsichtlich

---

1040 Vgl. IGH, Westsahara-Gutachten, ICJ Rep. 1975, S. 67 f., Rn. 161 f.

1041 *Office of the Historian*, Foreign Relations of the United States, 1969–1976, Volume E-9, Part 1, Documents on North Africa, 1973–1976, Dokument 96 v. 17.10.1975, S. 273 f. Auch im Sicherheitsrat wurde die Lesart des Gutachtens durch Marokko hervorgehoben: „The Court has now handed down its opinion. That opinion indicates that the Sahara, which was not a terra nullius, actually had legal ties with Morocco and Mauritania when it was colonized. The Court has recognized and stated the existence of the Sahara's legal ties of allegiance with Morocco, and links of a territorial nature with Mauritania. Those two countries therefore rightfully claim that the principle of national unity and territorial integrity should be applied in this case. Hence they are perfectly justified in requesting that the opinion of the Court should lead to agreement and negotiations between themselves and the administering Power.", UN Doc. S/PV/1849 v. 20.10.1975, S. 8 Rn. 55. „There really can be no doubt that resolution 1514 (XV) stipulates the principle of the right of peoples to self-determination. But it also lays down the principle of respect for the unity and territorial integrity of States. And we are aware that the United Nations has regularly opted for the application of the second of these principles whenever

der Wiederherstellung der territorialen Integrität Marokkos durch die Einverleibung der Gebiete der Westsahara, deren Rechtmäßigkeit nach Ansicht *Boutalebs* so vom IGH bestätigt worden ist, führte er unmissverständlich aus: „We do not want war with Spain, but if Spain is handing the Sahara over to dissident Moroccan elements and to outsiders, we think that we are within our rights to ask the U.S., our friend, to help Morocco, its friend, and to be actively sympathetic to Morocco's cause. It is no longer a question of choosing between Morocco and Spain, but of choosing between Morocco and outside elements that wish to usurp what is rightfully Morocco's."[1042]

Der rechtlich determinierte und aus normativer Sicht freiliegende Weg zur freien Selbstbestimmung des sahrawischen Volkes wurde mit Verkündung des Gutachtens insbesondere von Marokko mit politischen, aber auch militärischen Blockaden verbaut, die noch heute Bestand haben und von der UN, der EU, Spanien und insbesondere Frankreich und den USA mittelbar bzw. unmittelbar aufrechterhalten werden. Richter *Ignacio-Pinto* warnte implizit in vorausschauender Weise vor den möglichen realpolitischen Konsequenzen durch die misslich formulierten Feststellungen des Gutachtens bzw. der Beantwortung der Fragen der Generalversammlung als solche und sollte mit dieser Einschätzung Recht behalten.[1043]

6. Ergebnis

Durch die ausführliche Heranziehung der Rechtsprechung des IGH, insbesondere des Gutachtens des Gerichtshofs zur Westsahara sowie der Einordnung der einschlägigen Resolutionen der Generalversammlung lässt sich feststellen, dass das Volk der Westsahara unstreitig Trägerin des (kolonialen) Selbstbestimmungsrechts ist. Damit besitzt es nach der Staatenpraxis zum Dekolonisierungsprozess, welche als zentralen Ausgangspunkt Resolution 1514 (XV) zu Grunde gelegt hat, das Recht auf politische Selbstbe-

---

the two have come into conflict in any particular case.", UN Doc. S/PV/1849 v. 20.10.1975, S. 8 Rn. 53. „As far as the principle of territorial integrity is concerned, it must necessarily be applied whenever we are dealing with a Territory which did belong to another State and which is still under colonial occupation.", UN Doc. S/PV/1849 v. 20.10.1975, S. 8 Rn. 54.

1042 *Office of the Historian,* Foreign Relations of the United States, 1969–1976, Volume E-9, Part 1, Documents on North Africa, 1973–1976, Dokument 96 v. 17.10.1975, S. 274.

1043 *Ignacio-Pinto,* IGH, Westsahara-Gutachten, ICJ Rep. 1975, S. 78.

stimmung in Form einer möglichen Unabhängigkeit der Westsahara.[1044]
Die Anwendung des Selbstbestimmungsrechts auf die Völker nicht selbst-
verwalteter Gebiete wurde durch Resolution 1514 (XV) der UN-Generalversammlung ausdrücklich statuiert und ist hinsichtlich des territorial bestimmten Volkes eines NSGTs im Sinne der Uti-possidetis-Doktrin Opinio
iuris der Staatengemeinschaft.[1045] Das koloniale Selbstbestimmungsrecht
von Völkern eines NSGTs, welches auch als Recht auf Dekolonisierung
bezeichnet worden ist[1046], ist im Gegensatz zum Selbstbestimmungsrecht
nicht kolonialisierter Völker vollumfänglich anerkannt. Es ist insbesondere durch die Staaten- bzw. UN-Praxis zur Dekolonisierung bestätigt und
darüber hinaus extensiv in der Rechtslehre analysiert worden, weshalb
eine ausführliche Darstellung in dieser Arbeit unterbleibt.[1047] Angeführt

---

1044 Dort ist ebenfalls analysiert worden, dass die von Marokko vorgetragenen angeblich bestehenden territorialen Gegenansprüche das Selbstbestimmungsrecht des
Volkes der Westsahara nicht beeinträchtigen können. *Trinidad* führt diesbezüglich
richtigerweise aus: „The ICJ's Western Sahara Opinion suggests that pre-colonial
ties of territorial sovereignty between the irredentist claimant and a colonial
territory, which were absent in the case of Western Sahara, 'might affect' the
decolonization process. However, it is reasonable to infer from the emphasis that
the Court placed on the self-determination of the Saharawi people, that if the
existence of pre-colonial ties of territorial sovereignty had been established, the
Court would not have considered those ties to trump the exercise of external
self-determination altogether. It is possible that the Court considered that the
existence of such ties might affect the 'forms and procedures' by which the right
of external self-determination is realized, although this is not made explicit in
the Advisory Opinion. The integrity of pre-colonial territorial formations is not
protected retrospectively by the territorial integrity principle, contrary to the arguments of those who espouse what this work has called the 'irredentist' approach
to territorial integrity. The existing international order is threatened by the 'irredentist' approach. The UN system was constructed with a view to guaranteeing
the stability of existing international boundaries. States, especially precarious new
States, benefit from this guarantee, a corollary of which is acceptance that their
territorial sovereignty does not extend any further than their existing boundaries,
however far it may have extended historically.", *Trinidad*, Self-Determination in
Disputed Areas, S. 239 f. Ausführlich und unter kritischer Betrachtung des territorialen Volksbegriffs während der Dekolonisierungsperiode *Raic*, Statehood and the
Law of Self-Determination, S. 206–210.

1045 Vgl. zum Begriff des Volkes nach Art. 73 UN-Charta *Crawford*, The Creation of
States in International Law, S. 617–620.

1046 *Raic*, Statehood and the Law of Self-Determination, S. 209.

1047 Siehe zB. ausführlich *Castellino*, in: Walter/Ungern-Sternberg/Abushov (Hrsg.),
Self-Determination and Secession in International Law, S. 27– 44; *Espiell*, The
Right to self-determination; *Griffioen*, Self-Determination as a Human Right,
S. 5–43; *New York City Bar*, The Legal Issues Involved In The Western Sahara

werden sollen an dieser Stelle die Ausführungen des IGHs, die dieser im Gutachtenverfahren zur Frage der Dekolonisierung des Chagos-Archipels traf und die Entstehung des Rechts auf Selbstbestimmung nachzeichnen: „The adoption of resolution 1514 (XV) of 14 December 1960 represents a defining moment in the consolidation of State practice on decolonization. Prior to that resolution, the General Assembly had affirmed on several occasions the right to self-determination (resolutions 637 (VII) of 16 December 1952, 738 (VIII) of 28 November 1953 and 1188 (XII) of 11 December 1957) and a number of non-self-governing territories had acceded to independence. General Assembly resolution 1514 (XV) clarifies the content and scope of the right to self-determination. The Court notes that the decolonization process accelerated in 1960, with 18 countries, including 17 in Africa, gaining independence. During the 1960s, the peoples of an additional 28 non-self-governing-territories exercised their right to self-determination and achieved independence. In the Court's view, there is a clear relationship between resolution 1514 (XV) and the process of decolonization following its adoption".[1048] *Crawford* stellt hinsichtlich Resolution 1514 (XV) fest, dass diese „has achieved in practice a quasi-constitutional status" und „on a par with the Universal Declaration of Human Rights and the Charter itself" stehe.[1049] Das (koloniale) Selbstbestimmungsrecht stellt

---

Dispute, S. 22–72; *Saul*, The Normative Status of Self-Determination in International Law: A Formula for Uncertainty in the Scope and Content of the Right?, 11 Human Rights Law Review (2011), 609–644; *Saxer*, Die internationale Steuerung der Selbstbestimmung und der Staatsentstehung, S. 159–413; *Sterio*, The Right to Self-Determination under International Law; Trinidad, Self-Determination in Disputed Areas; *Whelan*, Self-Determination and Decolonisation: Foundations for the Future, 3 Irish Studies in International Affairs (1992), 25–51; *Zyberi*, Self-Determination Through the Lens of the International Court of Justice, Netherlands International Law Review (2009), 429–453; *Crawford*, The Creation of States in International Law, S. 603–647; *Fastenrath*, in: Simma/Khan/Nolte/Paulus (Hrsg.), The Charter of the United Nations: A Commentary, Bd. II, S. 1829–1839; *Bedjaoui*, in: Cot/Pellet/Forteau, La Charte des Nations Unies: commentaire article par article, S. 1751–1767.

1048 IGH, Chagos-Gutachten, ICJ Rep. 2019, S. 132 Rn. 150.

1049 Crawford, The Creation of States in International Law, S. 604. Zustimmend Robinson, IGH, Chagos-Gutachten, ICJ Rep. 2019, S. 321. Dies ergibt sich aus dem expliziten Wortlaut von Resolution 1514 Nr. 7: „All States shall observe faithfully and strictly the provisions of the Charter of the United Nations, the Universal Declaration of Human Rights and the present Declaration on the basis of equality, noninterference in the internal affairs of all States, and respect for the sovereign rights of all peoples and their territorial integrity", UN Doc. A/RES/1514 v. 14.12.1960.

damit eines der wesentlichen Prinzipien der Völkerrechtsgemeinschaft und des Völkergewohnheitsrechts dar.[1050]

Aus dem durch die Resolutionen der Generalversammlung ausgefüllten und näher definierten sowie durch den IGH mehrfach bestätigten Recht auf Selbstbestimmung ergibt sich die logische Folge des Rechts aller (ehemals kolonisierten) Völker auf Bildung eines eigenen Staates.[1051]

II. Die Westsahara – ein ausgerufener (anerkannter) Staat?

Im Zuge der Abkehr Spaniens aus dem Gebiet der Westsahara rief der Provisorische Saharawische Nationalrat am 27.2.1976 die DARS aus, um nach eigenen Angaben ein juristisches Fait accompli zu verhindern, was durch den spanischen Abzug und die marokkanisch-mauretanische Besetzung der Gebiete eintreten würde.[1052]

Für die Folgezeit und bis heute ist umstritten, ob die DARS die Kriterien der Staatlichkeit erfüllt bzw. je erfüllt hat.[1053] Die DARS ist zwar von Dutzenden Staaten anerkannt[1054] und Mitglied der AU, allerdings kein Mitglied der UN. Dieses gilt gemeinhin als der entscheidendste Akt der

---

1050 *Griffioen*, Self-Determination as a Human Right, S. 28.

1051 UN Doc. A/RES/1514 v. 14.12.1960; *Raic*, Statehood and the Law of Self-Determination, S. 199 ff; *Saxer*, Die Internationale Steuerung der Selbstbestimmung und der Staatsentstehung S. 204/403. Zur Reichweite des Rechts nicht-kolonialisierter Völker: *Saxer*, Die Internationale Steuerung der Selbstbestimmung und der Staatsentstehung, S. 362 ff./S. 373 ff.

1052 *Hodges*, Roots of a Desert War, 238.

1053 Zur nur deklaratorischen Wirkung einer Unabhängigkeitserklärung im Falle Kosovos, vgl. IGH, Accordance with international law of the unilateral declaration of independence in respect of Kosovo, Gutachten v. 22.7.2010, ICJ Rep. 2010, S. 452 Rn. 121 (Im Folgenden: IGH, Kosovo-Gutachten, ICJ Rep. 2010, S. Rn.).

1054 Die genaue Zahl der anerkennenden Staaten divergiert zwischen 47–84, viele Staaten zogen ihre Anerkennung in völkerrechtlich fragwürdiger Weise zurück oder „froren" diese sogar ein, siehe hierzu ausführlich *Soroeta Liceras*, International Law and the Western Sahara Conflict, S. 61–65; siehe ausführlich zur Anerkennung der Westsahara: *Oeter*, ZaöRV 46 (1986) 48 (59 ff.). Für Staaten, die Mitglied der Montevideo-Konvention sind, wäre eine Rücknahme einer Anerkennung nach Art. 6 der Konvention völkerrechtswidrig, siehe hierzu *Banerjee*, Moroccan Entry to the African Union and the Revival of the Western Sahara Dispute, 59 Harvard International Law Journal (2017), 33 (34). Eine aktuelle Auflistung mit allen relevanten Daten und noch aufrechterhaltenen Anerkennungen wird von der Universität Santiago de Compostella geführt, https://www.usc.es/en/institutos/ceso/RASD_R econocimientos.html, zuletzt abgerufen am 15.6.2024.

Anerkennung, der zur weitreichendsten Akzeptanz in der Staatengemeinschaft führt.[1055] Unabhängig von der Anerkennung durch einzelne Staaten besteht kein Zweifel daran, dass die Mitgliedschaft in der UN, als größte Internationale Organisation der Staatengemeinschaft, das stärkste Indiz für Staatlichkeit ist, da die Staatlichkeit nach Art. 4 UN-Charta eine notwendige Voraussetzung für die UN-Mitgliedschaft ist.[1056] Allerdings wird die Westsahara noch immer als NSGT von der UN behandelt.[1057] Die Polisario nimmt hierbei eine äußerst ungewöhnliche und im Völkerrecht einzigartige Doppelrolle ein. Im UN-Prozess macht sie das Selbstbestimmungsrecht des Volkes der Westsahara als legitimer Repräsentant geltend und gleichzeitig stellt sie Regierungsmitglieder der DARS. Diese wiederum nehmen staatliche Hoheitsaufgaben wahr und pflegen und halten diplomatische Beziehungen zu anderen Staaten aufrecht, die die Westsahara als Staat anerkennen.[1058]

1. Staatlichkeitsvoraussetzungen

Die Wirkung der staatlichen Anerkennung ist ihrem Wesen nach umstritten, so soll sie entweder konstitutive oder nur deklaratorische Wirkung haben.[1059] Vertreter der konstitutiven Theorie gehen davon aus, dass erst die Anerkennung dazu führe, dass der entstehende Staat mit anderen Staaten in diplomatische Beziehungen treten kann, was wiederum als Voraussetzung zum Erwachen als Völkerrechtssubjekt angesehen wird.[1060] Neue Staaten werden also durch den Willen und die Zustimmung bereits bestehender Staaten als vollwertige Völkerrechtssubjekte in die Internationale Gemeinschaft aufgenommen.[1061] Die überwiegend vertretene deklaratorische Theorie, die auch die Staatenpraxis widerspiegelt, qualifiziert die Anerkennung anderer Staaten lediglich als formelle Bestätigung einer bereits tatsächlich

---

1055 *Smith*, State of Self-Determination: The Claim to Sahrawi Statehood, S. 39.
1056 *Shaw*, International Law, S. 344.
1057 *Simon*, Western Sahara, in: Walter/Ungern-Sternberg/Abushov (Hrsg.), Self-Determination and Secession in International Law, S. 259 f.
1058 Vgl. *Simon*, Western Sahara, in: Walter/Ungern-Sternberg/Abushov (Hrsg.), Self-Determination and Secession in International Law, S. 256 f.
1059 *Shaw*, International Law, S. 330 f.
1060 *Oppenheim/Lauterpacht*, International Law, § 71.
1061 *Shaw*, International Law, S. 330.

bestehenden staatlichen Qualität.[1062] Der Staat wird durch seine eigenen Bemühungen und Umstände rechtlich konstituiert und ist nicht auf das Verfahren der Anerkennung durch andere Staaten angewiesen.[1063] Nach der konstitutiven Theorie kann eine nicht als Staat von anderen Staaten anerkannte Entität keine primären Rechte oder Pflichten im Internationalen Recht haben. Nach der deklaratorischen Ansicht soll genau dieses mitunter hochpolitische und ideologische Abhängigkeitsverhältnis, wie die Nicht-Anerkennung Israels durch viele Staaten zeigt, verhindert werden. Die Fähigkeit der Staaten, unabhängig von der tatsächlichen Situation innerhalb eines Gebietes diesem Rechtspersönlichkeit zu verleihen oder nicht zu verleihen soll damit auf das Äußerste beschränkt werden.[1064] Staaten die sich aus ideologischen bzw. politischen Gründen weigern, andere Staaten anzuerkennen, hätten sonst die Macht, diesem Gebiet die völkerrechtlichen Verpflichtungen, aber auch Berechtigungen vollständig abzusprechen, was wiederum zu vielfachen (gesteuerten und bewusst herbeigeführten) rechtlichen Vakuumssituationen führen würde und äußerst anfällig für Missbrauch wäre.[1065] Daher muss aus Gründen der Rechtssicherheit die universelle konstitutive Wirkung einer Anerkennung abgelehnt werden. *Epping* legt diesbezüglich richtigerweise dar, dass die Staatswerdung als tatsächlicher und die Anerkennung als Völkerrechtssubjekt durch Dritte als rechtlicher Akt zwei voneinander zu unterscheidende und zu trennende Vorgänge sind.[1066] Vermittelnd ist allerdings anzuerkennen, dass der Akt

---

1062 *Epping*, in: Epping/Heintschel von Heinegg (Hrsg.), Ipsen: Völkerrecht, § 7 Rn. 174 f; Siehe ausführlich *Saxer*, Die internationale Steuerung der Selbstbestimmung und der Staatsentstehung, S. 703–718, unter Herleitung eines vermittelnden Ansatzes.

1063 *Shaw*, International Law, S. 330 f.

1064 *Shaw*, International Law, S. 330 f.

1065 *Shaw*, International Law, S. 331.

1066 *Epping*, in: Epping/Heintschel von Heinegg (Hrsg.), Ipsen: Völkerrecht, § 7 Rn. 175. Siehe ausführlich und kritisch zur deklaratorischen Theorie unter Heranziehung der jüngeren Staatenpraxis und der sich hieraus ergebenden Widersprüche der ausschließlichen Anwendung der deklaratorischen Theorie *Saxer*, Die internationale Steuerung der Selbstbestimmung und der Staatsentstehung, S. 706–718. Er geht eher von einem faktischen Theorienpluralismus der Staatenpraxis aus und argumentiert dies unter anderem damit, dass „die Nichtanerkennungsdoktrin in offenem Widerspruch zur effektivitätsorientierten Anerkennungstheorie [steht], weil sie die Staatengemeinschaft dazu verpflichtet, konsolidierte Staatlichkeit völkerrechtlich nicht zur Kenntnis zu nehmen". Zudem führt er an, dass „die Anerkennungen in der Dekolonisierung (...) häufig nur vordergründig deklaratorisch [waren]; materiell war diese eine international gesteuerte Unabhängigkeitswelle, basierend auf dem Selbstbestimmungsrecht, unter dessen normativen Einfluss es

der Anerkennung eines Staates durch einen anderen zeigt, dass dieser die grundlegenden Anforderungen des Völkerrechts an die Gründung eines Staates erfüllt und damit zumindest inter partes Rechtswirkungen erzeugen kann. Bei hinreichender Anzahl weiterer Anerkennungen durch andere Staaten kann dies Anzeichen für das tatsächliche und objektive Vorliegen der Staatlichkeitsvoraussetzungen sein.[1067] Im Verhältnis zum anerkennenden Staat ist die Staatsqualität zwischen diesem und dem anerkannten Staat unstreitig, womit der anerkannte im Verhältnis zum anerkennenden Staat diesem zum gleichberechtigten Völkerrechtssubjekt wird und die damit einhergehenden völkerrechtlichen Verpflichtungen und Rechte Anwendung finden.[1068]

a) Drei-Elemente-Lehre

Um die DARS völkerrechtlich qualifizieren zu können, benötigt es gewisser unstreitiger und international anerkannter Parameter, die ein Mindestmaß an Anforderungen an die Staatsqualität stellen. Zur Bewertung, ob ein Staat vorliegt, wird daher auf die allgemein anerkannte Jelineksche Trias der konstitutiven Elemente des Staatsbegriffs zurückgegriffen, die ihren Niederschlag in der Montevideo-Konvention[1069] gefunden hat. Für die Existenz eines Staates hält diese fest, dass ein Staatsvolk, ein Staatsgebiet und Staatssouveränität vorhanden sein müssen. Bei kumulativem Vorliegen hat dies die Folge, dass dem Gebiet ipso iure Staatsqualität beigemessen wird, ohne dass dieses von anderen Staaten anerkannt zu werden braucht.[1070] Daher ist zu untersuchen, ob der DARS nach den obenstehenden Merkmalen Staatsqualität zukommt. Dabei ist zu beachten, dass die Legitimität eines Staates

---

in Abweichung zur deklaratorischen Theorie wiederholt zur frühzeitigen Anerkennung noch nicht vollständig konsolidierter Staaten gekommen ist, wie zB. die Fälle von Indonesien, Algerien und Guinea-Bissau zeigen", *Saxer*, Die internationale Steuerung der Selbstbestimmung und der Staatsentstehung, S. 710.

1067 Vgl. *Epping*, in: Epping/Heintschel von Heinegg (Hrsg.), Ipsen: Völkerrecht, § 7 Rn. 174 f.; *Shaw*, International Law, S. 331.

1068 *Epping*, in: Epping/Heintschel von Heinegg (Hrsg.), Ipsen: Völkerrecht, § 7 Rn. 181; ausführlich *Craven*, in: Evans (Hrsg.), International Law, S. 236–241; *Shaw*, International Law, S. 331.

1069 3802 LNTS 165, 19 ff.; *Federmann*, Die Konstitutionalisierung der Europäischen Union: Überlegungen vor dem Hintergrund des andauernden europäischen Verfassungsprozesses, 28 f.

1070 *Jellinek*, Allgemeine Staatslehre, S. 396 ff.; *Epping*, in: Epping/Heintschel von Heinegg (Hrsg.), Ipsen: Völkerrecht, § 7 Rn. 1 f.

oder der Regierung keinen Einfluss auf die Staatseigenschaft an sich hat. Vielmehr beurteilt sich die Entstehung eines Staates aus dem Blickwinkel der Effektivität, vor allem der effektiven Staatsgewalt und Souveränität.[1071]

aa) Staatsgewalt

Zunächst ist fraglich, ob die DARS zu einem Zeitpunkt in der Geschichte effektiv und auf Dauer souveräne Hoheitsgewalt über das Staatsgebiet und ihr Staatsvolk ausgeübt hat.[1072] Die Regierungsgewalt wird von *Crawford* als wichtigstes Einzelkriterium für Staatlichkeit betrachtet, da die restlichen Kriterien in Abhängigkeit zu einer effektiven Staatsgewaltausübung stehen.[1073] Nach Staatenpraxis und traditionell völkerrechtlichem Verständnis der Staatlichkeit besteht diese aus zwei miteinander verbundenen Dimensionen.[1074] Zum einen muss ein institutionalisierter politischer, administrativer und exekutiver Organisationsapparat vorhanden sein, der die Beziehungen in der Staatengemeinschaft regelt und mit der Aufgabe betraut ist, die Staatsgewalt aufrechtzuerhalten.[1075] Zum anderen bezieht sich das Kriterium auf der Grundlage des Konzepts der Effektivität auf das Vorhandensein einer effektiven Regierung. Dies bedeutet, dass der institutionalisierte politische, administrative und exekutive Organisationsapparat tatsächlich staatliche Autorität über das beanspruchte Gebiet und die in diesem Gebiet lebenden Menschen ausüben muss.[1076] Dies gilt sowohl für die inneren als auch für die äußeren Angelegenheiten, da die Regierungsgewalt die Grundlage für zwischenstaatliche Beziehungen darstellt.[1077] Die Staatsgewalt ist damit sowohl als innere Souveränität, also als Fähigkeit zur Aufrechterhaltung einer gewissen Organisationsordnung, sowie als äußere Souveränität, also selbstständig im Rahmen der völkerrechtlichen Maßgaben zu handeln, zu verstehen.[1078] Maßgebliches Bewertungskriterium hier-

---

1071 *Schweitzer/Dederer*, Staatsrecht III, Rn. 1079.
1072 Vgl. *Epping*, in: Epping/Heintschel von Heinegg (Hrsg.), Ipsen: Völkerrecht § 7 Rn. 137.
1073 *Crawford*, The Creation of States in International Law, S. 56.
1074 *Epping*, in: Epping/Heintschel von Heinegg (Hrsg.), Ipsen: Völkerrecht, § 7 Rn. 137–144; *Raic*, Statehood and the Law of Self-Determination, S. 62.
1075 *Crawford*, The Creation of States in International Law, S. 59; *Raic*, Statehood and the Law of Self-Determination, S. 62.
1076 *Raic*, Statehood and the Law of Self-Determination, S. 62.
1077 *Crawford*, The Creation of States in International Law, S. 56.
1078 *Crawford*, The Creation of States in International Law, S. 56.

für ist noch immer der Effektivitätsgrundsatz. Dieser besagt, dass aus einer ex ante Perspektivbetrachtung eine Stabilität der Hoheitsgewalt vorhanden sein muss, die sich auf eine gewisse Dauer erstreckt hat.[1079] Dieses Erfordernis ist insbesondere dann erfüllt, wenn die Regierung ihre Funktionen ohne wesentlichen Widerstand ausüben kann.[1080] Darüber hinaus wird die exklusive Ausübung der Hoheitsgewalt als wichtiges Merkmal effektiver Staatsgewalt gefordert.[1081] *Crawford* stellte diesbezüglich und für den Anwendungsfall der Westsahara äußerst relevant fest, „to be a State, an entity must possess a government or a system of government in general control of its territory, to the exclusion of other entities not claiming through or under it".[1082] Dieses ausschließliche Recht zur Ausübung von Hoheitsgewalt über das Gebiet und seine Bewohner kann sich, wie im Fall der Republik Kongo, aus einer Devolution, also der förmlichen Gewährung der Unabhängigkeit durch den früheren Souverän ergeben, auch wenn die Ausübung der Hoheitsgewalt noch nicht den Maßstäben des Effektivitätsgrundsatzes

---

1079 *Krieger*, Das Effektivitätsprinzip im Völkerrecht, S. 149–161; *Crawford*, 613 ff; *Epping*, in: Epping/Heintschel von Heinegg (Hrsg.), Ipsen: Völkerrecht, § 7 Rn. 140; *Oeter*, ZaöRV 46 (1986) 48 (66). *Saxer* kritisiert die starre Berufung auf den Effektivitätsgrundsatz mit überzeugenden Argumenten: „Effektivität ist in einer interdependenten Welt kein strikter, sondern ein relativer Standard, der eine subjektive Selbstbeurteilung und daher erhebliche Meinungsdivergenzen darüber zulässt, ob und wann sich Staatlichkeit soziopolitisch ausgebildet hat. Staaten berufen sich auf sie, entweder um die Rechte des Metropolitanstaates durch eine Nichtanerkennungspolitik zu schützen oder um einen neuen Staat mit der Behauptung anzuerkennen, dessen soziopolitische Existenz stehe fest. Damit zeigen sich erhebliche volitive und nicht nur kognitive Momente in der Anerkennungspolitik. Die deklaratorische Theorie kann überdies in ihrer Wertneutralität und wegen ihres rein soziologischen Verständnisses der Staatsentstehung als Faktum weder die internationale Konstituierung von Staaten wie beispielsweise nach dem Ersten Weltkrieg noch die Existenz einer Nichtanerkennungsdoktrin erklären. In der Pflicht, soziopolitisch konstituierte Staatlichkeit nicht zur Kenntnis zu nehmen, äussert sich kein wertneutrales Verständnis der Staatsentstehung, weil völkerrechtliche Standards über die Legalität bzw. Illegalität einer Staatsgründung und damit über die Anerkennung entscheiden. Schliesslich trägt die deklaratorische Theorie der vermehrten internationalen Koordination des Anerkennungsaktes, zB. gerade im Rahmen der Nichtanerkennungsdoktrin, nicht hinreichend Rechnung", *Saxer*, Die internationale Steuerung der Selbstbestimmung und der Staatsentstehung, S. 707 f.

1080 *Naldi*, The Organization of African Unity and the Saharan Arab Democratic Republic, 26 Journal of African Law (1982), 152 (154 f.).

1081 *Craven*, in: Evans (Hrsg.), International Law, S. 221; *Pazzanita*, Legal Aspects of Membership in the Organization of African Unity: The Case of the Western Sahara, 17 Case Western Reserve Journal of International Law (1985), 123 (145).

1082 *Crawford*, The Creation of States in International Law, S. 59.

genügt.[1083] Wie der Fall des Kongo zeigt, steht unter solchen Umständen ein Mangel an Effektivität in Bezug auf die tatsächliche Ausübung der Staatsgewalt dem Erwerb der Staatlichkeit nicht zwangsläufig entgegen, sofern die Kolonialmacht die Souveränität wirksam übertragen hat.[1084] *Crawford* berücksichtigt im Rahmen dessen und in Analogie zur Situation des Kongos daher grundsätzlich bei der Bewertung der Staatlichkeit, ob „the government claiming authority, if it does not effectively control the territory in question, has obtained authority by consent of the previous sovereign and exercises a certain degree of control".[1085] Dies ist im Falle der Westsahara aber nicht geschehen, vielmehr versuchte Spanien als Kolonialmacht seine Position unilateral abzugeben, indem es die Verantwortung für den noch fortdauernden Selbstbestimmungsprozess im Rahmen eines (völkerrechtswidrigen) Abkommens an Marokko und Mauretanien übertrug. Zu unterstreichen ist hierbei allerdings, dass Spanien unter keinen Umständen jegliche Form von Souveränität an Marokko und Mauretanien abtrat.[1086]

bb) Sahrawische Staatsgewalt?

Nach Ausrufung der DARS stimmten beim 3. Volkskongress der Polisario vom 24.8.1976 die Delegierten über ein politisches Programm und eine erste vorläufige Verfassung ab.[1087] In dieser bekannte sich die DARS unter anderem in Art. 13 zur demokratischen Staatsform, garantiert im Abschnitt ab Art. 25 Grundrechte, regelt die Gewaltenteilung und bestimmt konstitutive Elemente wie die Nationalhymne in Art. 5, die Hauptstadt in Art. 4, oder die Amtssprache in Art. 3. Seit Ausrufung der Republik stellt die Polisario, wenn auch in einem Ein-Partei-System, regelmäßig Kandidaten zur Wahl einer Regierung auf.[1088] Die DARS verfügt über eine ähnliche Regierungsstruktur wie viele andere Staaten, darunter Präsidenten-, Premier-

---

1083 *Raic*, Statehood and the Law of Self-Determination, S. 65.
1084 *Raic*, Statehood and the Law of Self-Determination, S. 67.
1085 *Crawford*, The Creation of States in International Law, S. 59.
1086 *Shaw*, International Law, S. 185; Vgl. § 3 A. III. 1.
1087 Die aktuelle Fassung der Verfassung in englischer Sprache ist zu finden unter https://www.policinglaw.info/assets/downloads/2015_Constitution_of_the_Sa hrawi_Arab_Democratic_Republic.pdf, zuletzt abgerufen am 15.6.2024; *Besenyo*, Western Sahara, 105.
1088 *Smith*, State of Self-Determination: The Claim to Sahrawi Statehood, S. 29. Jedenfalls spielt die Legitimität der Staatsgewalt bei der Betrachtung, ob ein Staat vor-

minister- und Außenministerämter.[1089] Ferner gibt es durch polizeiliche und militärische Behörden eine Exekutive, die zumindest der Staatsgewalt zugeordnete Befugnisse teilweise durchsetzen konnte.[1090] Die Regierung der DARS agiert allerdings nicht aus der Westsahara heraus, sondern aus den Flüchtlingslagern in Tindouf, Algerien. Dabei kann sie freilich nur über die Menschen regieren, die sich innerhalb dieses Gebietes aufhalten bzw. in den noch kontrollierten Gebieten der Westsahara und nicht über den Teil des sahrawischen Volkes, welches in dem von Marokko kontrollierten Teil lebt.[1091] Zwar können auch Regierungen im Exil weiterhin in gewissem Maße Hoheitsgewalt ausüben[1092], zumindest wird diese durch die Besatzung oder Annexion nicht rechtswirksam beendet, im Gegenteil erwacht diese zum Zeitpunkt der Beendigung der Besatzung oder Annexion wieder.[1093] Jedoch ist zu beachten, dass die Regierung zumindest vor der Besetzung effektive Hoheitsgewalt ausgeübt haben muss.[1094] Vereinzelt wird auf die Beispiele der Exil-Regierungen Polens oder der Niederlande während des Zweiten Weltkriegs oder auf die Situation Kuwaits während der irakischen Besetzung verwiesen und dahingehend versucht, die Situationen zu vergleichen.[1095] Allerdings ist die Ausgangslage eine gänzlich unterschiedliche, da die Staatsgewalt bzw. die jeweiligen Regierungen in den Vergleichsbeispielen unstreitig vor Besetzung die vollständige und effektive territoriale Kontrolle über das Staatsgebiet und das Staatsvolk innehatten.[1096] Dies ist

---

liegt, keine Rolle, Vgl. *Epping*, in: Epping/Heintschel von Heinegg (Hrsg.), Ipsen: Völkerrecht, § 7 Rn. 140.

1089 *Pazzanita*, Legal Aspects of Membership in the Organization of African Unity: The Case of the Western Sahara, 17 Case Western Reserve Journal of International Law (1985), 123 (143).

1090 Regierungsstrukturen der DARS bei: *Hodges*, The Roots of a Desert War, S. 339 ff. Dies gilt insbesondere für die „Liberated Zone" und die Verwaltung der Flüchtlingslager in Tindouf.

1091 In dem von der Polisario kontrollierten Gebiet der Westsahara leben allerdings nur einige Hundert Menschen, da die Klimabedingungen dort größtenteils menschenfeindlich sind.

1092 Zum Beispiel den Abschluss völkerrechtlicher Veträge oder anderer legislativer Akte, *Epping*, in: Epping/Heintschel von Heinegg (Hrsg.), Ipsen: Völkerrecht, § 7 Rn. 188. Vgl. zur Anerkennung von Exilregierungen als völkerrechtliche Akteure: *Oeter*, ZaöRV 46 (1986) 48 (66).

1093 *Crawford*, The Creation of States in International Law, S. 73.

1094 Vgl. *Crawford*, The Creation of States in International Law, S. 688 f.; *Epping*, in: Epping/Heintschel von Heinegg (Hrsg.), Ipsen: Völkerrecht, § 7 Rn. 188 iVm. Rn. 140; *Raic*, Statehood and the Law of Self-Determination, S. 67 f.

1095 *Smith*, State of Self-Determination: The Claim to Sahrawi Statehood, S. 29.

1096 *Smith*, State of Self-Determination: The Claim to Sahrawi Statehood, S. 29.

im Fall der Westsahara zu bezweifeln. Die Inbesitznahme der Gebiete der Westsahara durch Marokko und Mauretanien stieß zwar auf starken Widerstand der Polisario, der es von 1978 bis Anfang der 1980er Jahre gelang, größere Gebiete unter ihre Kontrolle zu bringen.[1097] Allerdings muss hierbei beachtet werden, dass die überwiegend bzw. fast ausschließlich bewohnte Küstenregion und die dort angesiedelten größeren Städte unter ständiger Kontrolle Marokkos standen, inklusive der Hauptstadt El Aaiún und die Polisario größtenteils kaum bewohnbare Teile der Westsahara einnahm und kontrollierte.[1098] Zumindest lag die Voraussetzung der auf gewisser Dauer ausgeübten und alleinigen Souveränität nach den Kriterien der Staatenpraxis und Literatur nicht vor, denn mit Errichtung der Sandwälle und weitergehender militärischer Intervention seitens Marokkos war die DARS nur über einen vergleichsweise kurzen Zeitraum in der Lage, die besagten Gebiete faktisch zu kontrollieren, womit das Erfordernis der auf Dauer effektiven Herrschaftsausübung in Frage zu stellen ist.[1099]

Zwar gibt es keine einheitliche Staatenpraxis oder Kodifizierung der Mindestausübungsdauer der Hoheitsgewalt. Jedoch ist ähnlich wie bei der Entstehung von Völkergewohnheitsrecht davon auszugehen, dass sich die tatsächliche Kontrolle über mehrere Jahre konstant halten muss. Insbesondere ist aber von großer Entscheidung, dass diese unter Ausschluss anderer Staaten exklusiv ausgeübt wird.[1100] Die Prognose war daher nicht dahingehend zu stellen, dass mit einer gewissen Sicherheit davon ausgegangen werden konnte, dass die DARS in naher Zukunft das gesamte Gebiet unter Kontrolle haben würde und diese Kontrolle auch effektiv, vor allem aber auch exklusiv, ausüben und verteidigen könnte. Hierzu hätte es vielmehr des Abzugs der marokkanischen Truppen bedurft, da diese eine effektive Ausübung der Hoheitsgewalt anfangs erschwerten und blockierten und

---

1097 Ausführlich zum zwischen der Polisario und Marokko geführten bewaffneten Konflikt *Damis*, The Western Sahara Dispute, S. 73–104; *Hodges*, Roots of a Desert War, S. 229–307; *Seddon*, Morocco and the Western Sahara, 14 Review of African Political Economy (1987), 24–47; *Seddon*, Morocco at war, in: Lawless/Monahan (Hrsg.), War and Refugees, The Western Sahara Conflict, S. 98–139.

1098 *Pazzanita*, Legal Aspects of Membership in the Organization of African Unity: The Case of the Western Sahara, 17 Case Western Reserve Journal of International Law (1985), 123 (143).

1099 Vgl. *Epping*, in: Epping/Heintschel von Heinegg (Hrsg.), Ipsen: Völkerrecht, § 7 Rn. 140.

1100 Vgl. *Crawford*, The Creation of States in International Law, S. 59; *Kau*, in: Vitzthum/Proelß, S, 200 f. Rn. 80–82. Vgl zur ständigen Übung, *Graf Vitzthum*, in: Vitzthum/Proelß (Hrsg.), Völkerrecht, S. 60 ff. Rn. 131–141.

schließlich für 85% des Gebietes der Westsahara bis heute unmöglich machten.[1101] Mauretanien trat zwar seine bis 1979 verwalteten Gebiete der Westsahara an die Polisario ab, allerdings wurden diese umgehend von Marokko besetzt und der Großteil dieser stand damit nie unter faktischer Kontrolle der Polisario.

Quasi unverändert seit Errichtung der Sandwälle hält Marokko große Teile der Westsahara unter seiner Kontrolle und verwaltet diese als eigenes Hoheitsgebiet.[1102] Die DARS agiert aus den Flüchtlingslagern in Tindouf als Exil-Regierung und verwaltet diese mit Zustimmung Algeriens, versucht vereinzelt Legislativakte zu erlassen und internationale Abkommen zu schließen.[1103] Ferner stehen die restlichen ca. 15 % der Westsahara östlich der Sandwälle unter der Kontrolle der DARS.[1104] Dies kann jedoch unter Beachtung oben genannter Kriterien nicht ausreichen, um eine effektive Souveränitätsausübung über die gesamte Westsahara zu begründen.[1105]

b) Zwischenergebnis

Mangels effektiv ausgeübter Hoheitsgewalt über Volk und Gebiet der Westsahara kann die Westsahara nicht als Staat im Sinne der Opinio iuris der Staatengemeinschaft qualifiziert werden.[1106]

1101   *Smith*, State of Self-Determination: The Claim to Sahrawi Statehood, S. 10.

1102   *Shaw*, International Law, S. 185.

1103   *Smith*, State of Self-Determination: The Claim to Sahrawi Statehood, S. 29.

1104   *Simon*, Western Sahara, in: Walter/Ungern-Sternberg/Abushov (Hrsg.), Self-Determination and Secession in International Law, S. 256.

1105   So auch *Shaw*, International Law, S. 185.

1106   Vgl. *Chinkin*, in: Chinkin/Baetens (Hrsg.), Sovereignty, Statehood and State Responsibility, S. 161; A.A *Smith*, State of Self-Determination: The Claim to Sahrawi Statehood, S. 41; *Pazzanita*, Legal Aspects of Membership in the Organization of African Unity: The Case of the Western Sahara, 17 Case Western Reserve Journal of International Law (1985), 123 (144); *Naldi*, The Organization of African Unity and the Saharan Arab Democratic Republic, 26 Journal of African Law (1982), 152 (157), der das Missen der Staatsgewalt mit dem Recht auf Selbstbestimmung aufwiegen möchte. Nicht zu verleugnen ist die Tatsache, dass Staaten, gerade im Dekolonisierungsprozess, mitunter weniger effektive Hoheitsgewalt innehatten als die Westsahara. Gegen eine solche Zurückdrängung des Effektivitätsgrundsatzes zu Gunsten des Selbstbestimmungsrechts der Völker *Epping*, in: Epping/Heintschel von Heinegg (Hrsg.), Ipsen: Völkerrecht, § 7 Rn. 180. Dafür wiederum *Saxer*, Die internationale Steuerung der Selbstbestimmung und der Staatsentstehung, S. 211, S. 271 f.

2. Partielle Staatlichkeit

Trotz allem ist die DARS von derzeit 47 Staaten anerkannt und unterhält mit 21 Staaten aktive diplomatische Beziehungen.[1107] Sofern man der Ansicht folgt, dass die Anerkennung unwiderruflich ist, ist die DARS sogar von 84 Staaten anerkannt, wovon allerdings dann 37 Staaten ihre politischen und diplomatischen Beziehungen zumindest einseitig abgebrochen haben.[1108] Des Weiteren ist die DARS seit über 40 Jahren Mitglied der OAU bzw. Gründungsmitglied der Afrikanischen Union, welche die Nachfolgeorganisation der OAU darstellt und eine der größten Internationalen Organisationen der Staatenwelt ist.[1109] Ferner hat die DARS wirksam zahlreiche internationale Abkommen unterzeichnet, wie beispielsweise die African Charter on Democracy, Elections and Governance oder die African Charter on Human and Peoples' Rights.[1110] Der oben dargestellten Streitsituation zur Anerkennung von Staaten folgend hat die DARS in diesen Beziehungen partielle Völkerrechtssubjektivität und kann dementsprechend den anderen Völkerrechtsubjekten gegenüber inter partes wirksam Rechte geltend machen und wird folglich auch als solches verpflichtet. Aufgrund der grundsätzlichen deklaratorischen Wirkung von Anerkennungen haben diese Rechtsbeziehungen allerdings keine Auswirkungen auf Völkerrechtsubjekte, die außerhalb der jeweiligen bilateralen oder multilateralen Rechtskreise stehen, und können dementsprechend diesen gegenüber auch nicht wirksam im Sinne völkerrechtlicher bzw. staatlicher Souveränität handeln.[1111]

1107 https://www.usc.es/en/institutos/ceso/RASD_Reconocimientos.html, zuletzt abgerufen am 15.6.2024. Vgl. zur Anerkennung der DARS *Epping*, in: Epping/Heintschel von Heinegg (Hrsg.), Ipsen: Völkerrecht, § 7 Rn. 160 unter Berücksichtigung der Mitgliedschaft in der OAU/AU; *Shaw*, International Law, S. 185.

1108 *Epping*, in: Epping/Heintschel von Heinegg (Hrsg.), Ipsen: Völkerrecht, § 7 Rn. 164, Rn. 170, wonach eine Anerkennung grundsätzlich unwiderruflich ist. Zwar ist die DARS von keinem westlichen Staat anerkannt und auch nicht von Russland oder China, eine kollektive Nicht-Anerkennungserklärung wurde indes nicht ausgesprochen, vgl. *Epping*, in: Epping/Heintschel von Heinegg (Hrsg.), Ipsen: Völkerrecht, § 7 Rn. 169. https://www.usc.es/en/institutos/ceso/RASD_Reconocimientos.html, zuletzt abgerufen am 15.6.2024.

1109 Siehe allgemein zur AU *Epping*, in: Epping/Heintschel von Heinegg (Hrsg.), Ipsen: Völkerrecht, § 8 Rn. 242–249; *Thomas*, The Emperor´s Clothes, S. 24; *Zunes/Mundy*, Western Sahara, S. 23, S. 178 f., S. 270 f.

1110 Eine Zusammenführung aller von der DARS unterzeichneten Abkommen oder Mitgliedschaften in weiteren Internationalen Organisationen ist zu finden bei *Kalicka-Mikołajczyk*, The international legal status of Western Sahara, 18 Opolskie Studia Administracyjno-Prawne (2021), 35 (43 f.).

a) Wiedereintritt Marokkos in die AU

Auf dem 28. AU-Gipfel in Addis Abeba am 30.1.2017 stimmten 39 von 54 AU-Mitgliedern für den Beitritt Marokkos, welches damit das 55. Mitglied der AU, 33 Jahre nach seinem Austritt aus der OAU, wurde.[1112]

aa) Rechtliche Implikationen des Beitritts Marokkos

Nach der deklaratorischen Theorie kann die marokkanische Aufnahme in die AU keinen Einfluss auf die Staatlichkeit der DARS haben. Die konstitutive Theorie hingegen behauptet, dass es die Anerkennung durch andere Staaten sei, die einen neuen Staat schaffe und ihm Rechtspersönlichkeit verleihe. Neue Staaten würden in der internationalen Gemeinschaft als Völkerrechtssubjekte durch den Willen und die Zustimmung anderer bereits bestehender Staaten begründet. Zudem wird teilweise in der Literatur vertreten, dass der Beitritt zu einer Internationalen Organisation grundsätzlich eine Anerkennung der restlichen Mitgliedsstaaten mit sich bringt. Dies soll nicht gelten, sofern hiergegen explizit im Aufnahmeverfahren ein Vorbehalt erklärt wird, sofern dieser zulässig ist.[1113] Vor diesem Hintergrund kann man versucht sein, den marokkanischen Beitritt zur AU als (implizite) Anerkennung der DARS zu interpretieren.[1114] Dieser Ansatz ist jedoch aus mehreren Gründen nicht zwingend tragend. Zum einen lässt sich die Anerkennung nicht automatisch aus der Tatsache ableiten, dass beide Parteien Mitglieder ein und derselben Internationalen Organisation sind.[1115] Die Staatenpraxis zeigt vielmehr, dass zB. Mitglieder der UN nicht von allen

---

1111 Vgl. *Epping*, in: Epping/Heintschel von Heinegg (Hrsg.), Ipsen: Völkerrecht, § 7 Rn. 181.

1112 *Banerjee*, Moroccan Entry to the African Union and the Revival of the Western Sahara Dispute, 59 Harvard International Law Journal (2017), 33; *Louw-Vaudran*, The meaning of Morocco´s return to the African Union, S. 2.

1113 So bspw. *Epping*, in: Epping/Heintschel von Heinegg (Hrsg.), Ipsen: Völkerrecht, § 7 Rn. 167. Zur Zulässigkeit von Vorbehalten siehe *Heintschel von Heinegg*, in: Epping/Heintschel von Heinegg (Hrsg.), Ipsen: Völkerrecht, § 17 Rn. 2 ff.

1114 Vgl. *Epping*, in: Epping/Heintschel von Heinegg (Hrsg.), Ipsen: Völkerrecht, § 7 Rn. 166 f.

1115 Algerien und Südafrika versuchten im Vorfeld der Aufnahme zu erreichen, dass Marokko nur unter der Bedingung aufgenommen wird, dass es die DARS anerkennt, womit sie sich allerdings nicht durchgesetzt haben, *Gürseler*, Morocco and the African Union: Acute Crisis for the Complete Union, 3 Uluslararası Kriz ve Siyaset Araştırmaları Dergisi (2019), 80 (96).

anderen Mitgliedern anerkannt werden, wie im Falle des UN-Mitgliedes Israel, das von vielen arabischen Staaten nicht anerkannt wird.[1116] Aus der Tatsache, dass sich gegenseitig nicht anerkennende Staaten an Verhandlungen teilgenommen und einen multilateralen Vertrag, wie die UN-Charta, unterzeichnet haben, lässt sich daher grundsätzlich keine Anerkennung ableiten.[1117] Anders wäre dies freilich dann zu beurteilen, sofern ein Staat dafür stimmt, dass ein anderer, noch nicht anerkannter Staat, in eine internationale Organisation aufgenommen wird.[1118] Ebenfalls muss in Betracht gezogen werden, dass innerhalb der Afrikanischen Union 19 weitere Staaten die DARS nicht anerkennen. In Fällen des späteren Beitritts eines Staates in eine Internationale Organisation, in welcher Entitäten Mitglied sind, die nach Ansicht des beitretenden Staates keinen Staat darstellen, ist die Rechtslage ungeklärt. Deshalb würde es sich für den beitretenden Staat empfehlen, einen expliziten Vorbehalt auszusprechen, da andernfalls eine Anerkennung impliziert werden könnte.[1119] Dem Verfassungsakt der AU ist diese Doktrin der (impliziten) Anerkennung von Staaten nicht zu entnehmen, da hierzu explizit nichts in diesem statuiert ist.[1120] Allerdings hat Marokko auch keinen Vorbehalt gegenüber der Verfassungsakte der AU erklärt, wie der Friedens- und Sicherheitsrat der AU feststellte.[1121] Zudem könnte mit dem Telos der Verfassungsakte der AU argumentiert werden, welche in Art. 4 lit. a und Art. 4 lit. b kodifiziert ist, dass jeder Mitgliedsstaat die Grundsätze der „sovereign equality and interdependence among Member States of the Union" akzeptiert und mit Beitritt erklärt, dass der Staat in „respect of borders existing on achievement of independence" handeln

---

1116 *Shaw,* International Law, S. 344.; *Banerjee,* Moroccan Entry to the African Union and the Revival of the Western Sahara Dispute, 59 Harvard International Law Journal (2017), 33.

1117 *Shaw,* International Law, S. 344.

1118 *Epping,* in: Epping/Heintschel von Heinegg (Hrsg.), Ipsen: Völkerrecht, § 7 Rn. 167.

1119 Vgl. *Epping,* in: Epping/Heintschel von Heinegg (Hrsg.), Ipsen: Völkerrecht, § 7 Rn. 167; *Shaw,* International Law, S. 344.

1120 Vgl. die Verfassungsakte der AU, OAU Doc. CAB/LEG/23.15 v. 26.5.2001; *Banerjee,* Moroccan Entry to the African Union and the Revival of the Western Sahara Dispute, 59 Harvard International Law Journal (2017), 33 (35).

1121 Der Rat „congratulates the Kingdom of Morocco for its accession to the AU without preconditions nor reservations" und „commends Morocco's readiness to sit side by side with the SADR in the deliberations of the AU Policy Organs"AU Doc. PSC/PR/COMM(DCLVIII) v. 20.3.2017, S. 2 Rn. 6; Zur Zulässigkeit von Vorbehalten, vgl. *Heintschel von Heinegg,* in: Epping/Heintschel von Heinegg (Hrsg.), Ipsen: Völkerrecht, § 17 Rn. 2 ff.

wird. Durch Marokkos vorbehaltslosen Beitritt könnte es somit implizit erklärt haben, diese Grundsätze hinsichtlich aller 54 weiteren Mitgliedsstaaten einzuhalten. Aufgrund der zurückhaltenden Staatenpraxis hinsichtlich impliziter Anerkennungen und der Tatsache, dass 19 weitere Mitgliedsstaaten der AU die DARS nicht anerkennen, ist der Beitritt Marokkos zur AU allerdings nicht als Anerkennung der Staatlichkeit der DARS zu werten.[1122]

bb) Anderweitige Normative Verpflichtungen Marokkos durch
    Wiedereintritt

Ob der marokkanische Betritt zur impliziten Anerkennung – trotz zahlreicher außerhalb des Verfassungsaktes der AU explizit geäußerter marokkanischer Vorbehalte und der Politik der Nicht-Anerkennung – der DARS führt, ist, wie dargestellt, höchst fraglich.[1123] Jedoch ändert der Betritt etwas am normativen Status quo im Verhältnis Marokkos zur Westsahara, denn als Mitglied der AU hat Marokko gegenüber anderen Mitgliedsstaaten Verpflichtungen aus der Verfassungsakte der AU.[1124] Wenn ein Staat seinen Beitritt zu einer internationalen Organisation erklärt, tritt er deren Verfassungsurkunde bei. Die in dieser verankerten Verpflichtungen

---

1122 Ähnlich *Banerjee,* Moroccan Entry to the African Union and the Revival of the Western Sahara Dispute, 59 Harvard International Law Journal (2017), 33 (35).

1123 Dafür bspw. *Gürseler,* Morocco and the African Union: Acute Crisis for the Complete Union, 3 Uluslararası Kriz ve Siyaset Araştırmaları Dergisi (2019), 80 (107); Die DARS selbst ist der Ansicht, dass der Beitritt Marokkos konstitutive Wirkung habe, wie deren Außenminister mitteilte: „The adoption by Morocco of the AU Constitutive Act is a legal and clear recognition of the Sahrawi State and its sovereignty over its territory." Kurz zuvor hatte *Bourita* verkündet, dass „Morocco will never recognize the Sahrawi Republic", https://www.spsrasd.info/news/en/a rticles/2017/02/06/6972.html, zuletzt abgerufen am 15.6.2024. Der UN-Vertreter der Polisario, *Omar,* stellte diesbezüglich fest: „In 2017, to end its decades-long isolation on the continent, the occupying state of Morocco joined the African Union after having ratified, without any reservation, the Constitutive Act of the African Union. On 31 January 2017, the occupying state published in its official journal (BO 6539-bis) the "royal decree" containing the text of the Constitutive Act, in which the President of the Sahrawi Arab Democratic Republic appears among the signatories. Moreover, both the Sahrawi Arab Democratic Republic and the Kingdom of Morocco sit together at the African Union meetings at all levels, as well as at the meetings held with international partners of the African Union", UN. Doc/S/2023/219 v. 27.3.2023.

1124 *Banerjee,* Moroccan Entry to the African Union and the Revival of the Western Sahara Dispute, 59 Harvard International Law Journal (2017), 33 (35).

gelten für den Beitretenden und die restlichen Mitglieder gleichermaßen, ungeachtet ihrer gegenseitigen Anerkennung als Staaten.[1125] Marokko ist es daher nicht möglich, seine rechtlichen Verpflichtungen gegenüber einem bestimmten Mitglied zu bestreiten, insbesondere, da hierzu keine besonderen Vorbehalte zur Verfassungsakte erklärt worden sind.[1126] Betrachtet man die normativen Beziehungen, die sich durch die Gründungsakte abstrakt ergeben, ist zunächst festzustellen, dass Verpflichtungen zwischen Marokko und der DARS entstanden sind, wo bisher keine bestanden. Zu nennen ist insbesondere Art. 4 der Verfassungsakte, der den Mitgliedsstaaten auferlegt, die souveräne Gleichheit und die bestehenden Grenzen zu achten, die friedliche Beilegung von Konflikten durchzusetzen und demokratische Grundwerte zu achten. Somit wird zumindest der politische Druck auf Marokko weiter erhöht, den Menschen der Westsahara ihre Rechte zu gewähren. Es würde dem Telos einer Gründungsurkunde einer internationalen Organisation zuwiderlaufen, sofern ein Mitgliedstaat sich aussuchen könnte, welche Grundsätze er in seinen Beziehungen zu anderen Mitgliedstaaten anwenden würde. Der Friedens- und Sicherheitsrat der AU (PSC) unterstrich derweil, „the imperative for the Kingdom of Morocco and the SADR, in their capacity as Member States of the Union, to immediately engage in direct and serious talks, without preconditions and in compliance with Article 4 of the Constitutive Act".[1127] Marokko wurde mehrfach zu Sondersitzungen zur Situation der Westsahara eingeladen, an denen es nie teilnahm.[1128] Vielmehr ist Marokko der Ansicht, dass die Frage der Westsahara im Rahmen des UN-Prozesses erörtert werde und die AU hierzu eine neutrale Position einnehmen sollte.[1129] Auf dem 29. AU-Gipfel im Juli 2017 betonte der marokkanische Außenminister *Bourita* diesen Punkt öffentlich und erklärte nachdrücklich, dass jegliche Verhandlungen über die Zukunft der Westsahara ausschließlich in die Zuständigkeit der UN fallen: „Both

---

1125 Vgl. *Epping*, in: Epping/Heintschel von Heinegg (Hrsg.), Ipsen: Völkerrecht, § 7 Rn. 167; *Banerjee*, Moroccan Entry to the African Union and the Revival of the Western Sahara Dispute, 59 Harvard International Law Journal (2017), 33 (35 f.).

1126 POLISARIO-Vertreter *Ould Salek* erklärte hierzu: „In Anbetracht der Tatsache, dass Marokko keine Bedingungen gestellt hat und keine Vorbehalte gegenüber der Gründungserklärung der AU vorgebracht hat, insbesondere gegen die Artikel 3 und 4, die die Kolonialgrenzen festschreiben, nehmen wir sie beim Wort.", https://www.derstandard.at/consent/tcf/2000051784210/Afrikanische-Union-diskutiert-Wiederaufnahme-von-Marokko, abgerufen am 15.6.2024.

1127 AU Doc. PSC/PR/COMM(DCLVIII) v. 20.3.2017, S. 3 Rn. 10 (ii).

1128 *Louw-Vaudran*, The meaning of Morocco´s return to the African Union, S. 13 f.

1129 *Louw-Vaudran*, The meaning of Morocco´s return to the African Union, S. 13 f.

parties chose the UN, so let's stay at the UN."[1130] Zwar hätte die AU nach Art. 4 lit. e Verfassungsakte der AU die Möglichkeit, Maßnahmen gegen Marokko zu ergreifen, da es unstreitig gegen Art. 4 lit. a und lit. b verstößt, allerdings wurde hiervon bis dato kein Gebrauch gemacht.[1131] Zudem gäbe es in der Theorie die Möglichkeit der verbindlichen juristischen Feststellung einer Verletzung der Verfassungsakte der AU, da hierfür nach Art. 18 iVm Art. 26 Verfassungsakte AU der Gerichtshof der Afrikanischen Union für Fragen zuständig ist, die sich aus der Auslegung oder Anwendung der Gründungsakte ergeben. Allerdings wird die Jurisdiktion des Gerichtshofs nur von 34 Mitgliedsstaaten akzeptiert, Marokko hat das Gerichtsprotokoll bis dato nicht ratifiziert.[1132] Weiter könnte die AU Marokko nach Art. 23 Nr. 2 Verfassungsakte AU mit Sanktionen belegen, sofern die Versammlung einen Verstoß Marokkos gegen Entscheidungen der AU feststellen würde. Allerdings würde dies eine 2/3 Mehrheit erfordern, die aufgrund der aktuellen politischen und diplomatischen Beziehungen innerhalb der AU äußerst unwahrscheinlich ist. Dies wird auch dadurch belegt, dass solche Maßnahmen seit Beitritt Marokkos im Jahr 2017 nicht ergangen sind, trotz äußerst offener und gravierender Verstöße Marokkos gegen Grundprinzipien der AU im Sinne des Art. 4 Verfassungsakte AU.

b) Ergebnis

Mangels effektiv ausgeübter Hoheitsgewalt über Volk und Gebiet der Westsahara stellt die DARS keinen Staat im Sinne der herrschenden Opinio iuris dar. Die vollwertige Mitgliedschaft der DARS in der AU bringt allerdings Rechte und Pflichten mit sich, die grundsätzlich nur von Staaten erfüllt werden können. Die Rechtsposition der der DARS ist zwar als Gründungsmitglied dieser supranationalen Organisation rechtlich unumstritten und gleichwertig zu den anderen Mitgliedern. Allerdings zeigen sich hier Diskrepanzen in Bezug auf Gleichbehandlung und diplomatische Problemfelder auf, insbesondere dadurch, dass faktisch die Hälfte der AU-Staaten die DARS nicht (mehr) anerkennt. Kurz nach Ankündigung Marokkos

---

1130 *Louw-Vaudran*, The meaning of Morocco´s return to the African Union, S. 14.

1131 Vgl. *Gürseler*, Morocco and the African Union: Acute Crisis for the Complete Union, 3 Uluslararası Kriz ve Siyaset Araştırmaları Dergisi (2019), 80 (97).

1132 Der Stand der Ratifizierung und Vorbehalte ist einsehbar unter https://www.african-court.org/wpafc/, zuletzt abgerufen am 15.6.2024.

im Jahr 2016, der AU beitreten zu wollen, gab es bereits den ersten diplomatischen Zwischenfall auf dem 27. Gipfeltreffen der AU. Der Senegal, ein enger Verbündeter Marokkos, richtete sich mit einer Petition an die restlichen Mitgliedsstaaten, in welcher der Ausschluss der DARS aus der AU gefordert wurde.[1133] Diese wurde von 28 Mitgliedstaaten unterzeichnet, was wiederum viele andere Mitgliedsstaaten, insbesondere Algerien und Staaten aus Südafrika verärgerte und für diplomatische Spannungen sorgte.[1134] Zwar sieht die Verfassungsakte der AU keine Möglichkeit eines Ausschlusses vor, allerdings könnte diese nach Art. 32 Nr. 4 Verfassungsakte AU mit einer Zweidrittelmehrheit abgeändert bzw. modifiziert werden und ein Ausschluss eines Mitgliedsstaates ermöglichen. Dies ist aufgrund der politischen und diplomatischen Beziehungen der einzelnen Mitgliedsstaaten und der mitunter schwerwiegenden Außenwirkung eines solchen Ausschlusses aus einer anerkannten Internationalen Organisation allerdings kaum realistisch.[1135] Marokko selbst verfolgt das Ziel eines Ausschlusses der DARS nicht (mehr) offiziell, auch wenn es immer wieder Sitzungen mit Delegierten der DARS verlässt und versucht, andere Mitgliedsstaaten von ihren bilateralen Beziehungen mit der DARS abzubringen.[1136] Gleichzeitig

---

1133 *Louw-Vaudran*, The meaning of Morocco´s return to the African Union, S. 11; Wainscott, Morocco's AU Bid Builds on Years of Strategic Diplomacy, https://theglobalobservatory.org/2016/07/morocco-african-union-western-sahara-mohammed-vi/, zuletzt abgerufen am 15.6.2024.

1134 *Louw-Vaudran*, The meaning of Morocco´s return to the African Union, S. 11. Die unterzeichnenden Staaten waren Benin, Burkina Faso, Burundi, Kap Verde, Komoren, Kongo, Elfenbeinküste, Dschibuti, Eritrea, Gabun, Gambia, Ghana, Guinea, Guinea-Bissau, Äquatorialguinea, Liberia, Libyen, Zentralafrikanische Republik, die Demokratische Republik Kongo, Sao Tome, Senegal, Seychellen, Sierra Leone, Somalia, Sudan, Eswatini (Swasiland), Togo, Sambia; *Gürseler*, Morocco and the African Union: Acute Crisis for the Complete Union, 3 Uluslararası Kriz ve Siyaset Araştırmaları Dergisi (2019), 80 (93).

1135 Vgl. *Louw-Vaudran*, The meaning of Morocco´s return to the African Union, S. 11.

1136 *Louw-Vaudran*, The meaning of Morocco´s return to the African Union, S. 8, S. 12; *Fernández* sieht die Gründe Marokkos zum Beitritt des Königreichs zur AU auch unter dem Lichte des Westsahara-Konflikts: „With the entry of Morocco in the AU, the territorial conflict over the former Spanish Sahara has been taken to the heart of the pan-African organisation. With this, Rabat can try to neutralise from within the only international organisation in which the SADR receives member-state treatment. It could also be that the Moroccan authorities are seeking to push both their allies and their adversaries in the AU up against the ropes, hoping to achieve, over time, a triple objective: (1) the expulsion of the SADR from the AU; (2) the transfer of the diplomatic battle over the Western Sahara conflict from the UN to the AU; and (3) ultimately to impose their solution of limited autonomy for the territory within the Alawite kingdom", und stellt in seiner abschließenden

wird die DARS von 36 Staaten der AU anerkannt, wovon mittlerweile allerdings 13 ihre Anerkennung (völkerrechtswidrig) zurücknahmen bzw. einfroren und damit nicht einmal mehr die Hälfte der Staaten der AU die DARS noch aktiv anerkennt.[1137] Die Gefahr eines möglichen Ausschlusses besteht somit, trotz (noch) unwahrscheinlicher Aussicht auf Erfolg.

Die zwar in der Theorie bestehenden Sanktionsmechanismen und Verpflichtungen der AU bzw. deren Mitgliedsstaaten bleiben hinsichtlich des Westsahara-Konflikts größtenteils Denkkonstrukte akademischer Natur. Bis dato hat der Beitritt Marokkos zur AU eher dazu geführt, dass die DARS weiter an den Rand der Organisation gedrückt worden ist und Marokko mit seiner der Verfassungsakte deutlich widersprechenden Politik erfolgreich ist. Zwar spricht die AU nach außen von einer unveränderten Haltung bezüglich der Lösungsansätze des Westsahara-Konflikts und drängt auf die Durchsetzung des Selbstbestimmungsrechts des Volkes der Westsahara.[1138] Allerdings verhalten sich die Mitgliedsstaaten, speziell seit der US-Anerkennung im Dezember 2020, vermehrt und offen diametral zur Haltung der AU und tendieren zur offenen Unterstützung der marokkanischen Haltung. So haben zuletzt Burkina Faso, Burundi, die Zentralafrikanische Republik, die Komoren, die Elfenbeinküste, Dschibuti, Äquatorialguinea, Swasiland, Gabun, Gambia, Guinea, Guinea-Bissau, Liberia, São Tomé und Príncipe und schließlich Sambia angekündigt, diplomatische Beziehungen mit Marokko in den Gebieten der Westsahara aufzunehmen und Konsulate in den sahrawischen Städten Dakhla und El Aaiún errichten zu wollen.[1139] Die, in contrario zur Europäischen Union, fehlende verpflichtende Justizierbarkeit von Verstößen gegen die Verfassungsakte offenbart große Schwächen des Systems der Afrikanischen Union, welche Marokko bewusst nutzt und daher nicht zwingend diplomatischem bzw. politischem Druck und Gegenpositionen entgegentreten muss. Dass Marokko damit umgehen kann und weiß, solche Situationen für sich zu nutzen, beweist das Königreich anschaulich seit 1988 im Prozess vor der UN.

Betrachtung eine interessante und legitime Frage: „Would Morocco host an AU summit with all of its 55 members?", https://www.realinstitutoelcano.org/en/blog/marruecos-vuelve-a-la-union-africana-entre-interrogantes/, zuletzt abgerufen am 15.6.2024.

1137 https://www.usc.es/en/institutos/ceso/RASD_Reconocimientos.html, zuletzt abgerufen am 15.6.2024.

1138 Zum Beispiel die Mitteilung des Friedens- und Sicherheitsrates der AU, AU Doc. PSC/PR/COMM (DCLVIII) v. 20.3.2017, S. 1 Nr. 2.

1139 https://www.theafricareport.com/67550/this-years-au-could-work-to-moroccos-advantage-over-western-sahara/, zuletzt abgerufen am 15.6.2024.

III. Die Westsahara als Non-Self-Governing Territory

1963 wurde die Westsahara in die Liste der Non-Self-Governing Territories (NSGT) iSd. Art. 73 UN-Charta aufgenommen und 1965 wurde Spanien von der Generalversammlung offiziell als Verwaltungsmacht der Westsahara eingesetzt.[1140] Ein NSGT wird dabei nach Art. 73 UN-Charta als Gebiet definiert, dessen Volk noch nicht die volle Selbstregierung erreicht hat und noch immer fremdverwaltet wird, mithin also eine Kolonie darstellt.[1141] Zunächst vertraten die ehemaligen Kolonialstaaten die Ansicht, dass es in die innerstaatliche Zuständigkeit des betreffenden Verwaltungsstaates falle, zu entscheiden, ob ein bestimmtes Gebiet im Sinne von Kapitel XI nicht selbstverwaltet sei. Diesbezüglich waren sie der Ansicht, dass Art. 73 UN-Charta keine verbindliche rechtliche Verpflichtung darstelle.[1142] Dies stand und steht allerdings in klarem Verstoß zum Rechtscharkater der Charta als völkerrechtlichem Vertrag, dem keine Vorbehalte entgegengebracht werden können und daher die einzelnen Regelungen prima facie Rechtsbindung entfalten.[1143] Spanien vertrat die Kolonialansicht ebenfalls, die die UN vor Probleme stellte. Deshalb beschloss die Generalversammlung in der Resolution 1541 (XV), Kriterien für nicht selbstverwaltete Gebiete nach Kapitel XI UN-Charta festzulegen. Sie stellte fest, dass „the authors of the Charter of the United Nations had in mind that Chapter XI should be applicable to territories which were then known to be of the colonial type", und „in respect of a territory which is geographically separate and is distinct ethnically and/or culturally from the country administering it".[1144] Die UN ging somit von einem eindeutig territorial verstandenen Volksbegriff und weniger von einem ethnischen bzw. soziokulturellen Verständnis aus.[1145]

1140 UN Doc. A/RES/2072 v. 17.12.1965. Spanien ist noch immer als solche gelistet, vgl. UN Doc. A/76 /63 v. 15.2.2021. Vgl. zum spanischen Dekolonisierungsprozess § 2. A. I.

1141 Siehe ausführlich zur Entstehungsgeschichte von Art. 73 UN-Charta sowie dessen Rechtscharakter *Crawford*, The Creation of States in International Law, S. 603–647; *Fastenrath*, in: Simma/Khan/Nolte/Paulus (Hrsg.), The Charter of the United Nations: A Commentary, Bd. II, S. 1829–1839; *Bedjaoui*, in: Cot/Pellet/Forteau, La Charte des Nations Unies: commentaire article par article, S. 1751–1767.

1142 *Crawford*, The Creation of States in International Law, S. 607 f.

1143 *Crawford*, The Creation of States in International Law, S. 607.

1144 UN Doc. A/RES/1541 v. 15.12.1960; *Crawford*, The Creation of States in International Law, S. 608.

1145 *Raic*, Statehood and the Law of Self-Determination, S. 208 f.; *Trinidad*, Self-Determination in Disputed Areas, S. 241 f.; *Jennings* kritisiert dies, allerdings vor Erlass der Resolution 1514 und 1541, in anschaulicher Weise: „On the surface it seemed

Spanien erklärte sich schließlich bereit, den Aufforderungen der General-versammlung nachzukommen und erkannte an, dass die Westsahara ein solches Gebiet darstellt. Portugal wiederum weigerte sich hierzu weiterhin, weshalb die Generalversammlung eigenständig die noch von Portugal ver-walteten Kolonien als NSGTs bezeichnete und damit die Anwendung von Art. 73 UN-Charta wie auch die stringente Position der UN hinsichtlich ihrer Dekolonisierungspolitik klarstellte.[1146]

Saxer stellt diesbezüglich fest, dass sich im Rahmen dessen das Selbst-bestimmungsrecht zum zentralen Legitimationsprinzip von Staatsgründun-gen in Dekolonisierungsprozessen herausgebildet hat und die richtungwei-sende Resolutionspraxis der UN-Generalversammlung und die damit ein-hergehende Staatenpraxis einen originären Rechtsanspruch von Kolonien auf die Gründung eines eigenen Staates begründet haben.[1147] Er stellt ferner fest, dass die Beschränkung des staatenbildenden Anwendungsbereichs des Selbstbestimmungsrechts auf Kolonien gerade zentrale Voraussetzung für die internationale Anerkennung des Selbstbestimmungsrechts als Rechts-norm gewesen ist und sich dem folgend die aus der Dekolonisierung her-vorgegangenen Staaten (erfolgreich) gegen eine sezessionslegitimierende Wirkung des Selbstbestimmungsrechts unter Berufung des Uti-possidetis-Prinzips gewandt haben.[1148]

1. Verwaltungsmacht der Westsahara

Zunächst ist zu bewerten, ob die Westsahara nach Art. 73 UN-Charta noch eine zugewiesene Verwaltungsmacht hat. Voerst lässt sich feststellen, dass gem. Art. 73 UN-Charta die Verwaltungsmacht ein Mitglied der UN sein muss, welches die Verwaltung eines NSGT bereits innehat oder übertragen bekommen hat. Dies ist im Falle der Westsahara unstreitig bis November 1975 Spanien gewesen. Spanien hat jedoch 1976 gegenüber dem UN-Gener-alsekretär erklärt, dass "the Spanish Government, as of today, definitely ter-

---

reasonable: let the people decide. It was in fact ridiculous because the people can-not decide, until somebody decides who are the people.", *Jennings*, The Approach to Self-Government, S. 55 f.; *Griffioen*, Self-Determination as a Human Right, S. 21.

1146 UN Doc. A/RES/1542 v. 15.12.1960.
1147 *Saxer*, Die internationale Steuerung der Selbstbestimmung und der Staatsentste-hung, S. 271 f.
1148 *Saxer*, Die internationale Steuerung der Selbstbestimmung und der Staatsentste-hung, S. 272.

minates its presence in the Territory of the Sahara and deems it necessary to place the following on record: … (a) Spain considers itself henceforth exempt from any responsibility of an international nature in connection with the administration of the said Territory, in view of the cessation of its participation in the temporary administration established for the Territory (…)".[1149] Spanien hat jedoch die Verwaltung des Gebiets noch nicht vollständig aufgegeben, insbesondere verfügt Spanien in der Westsahara noch über weitgehende Verwaltungsbefugnisse im Luftraum, indem dieser noch immer zum spanischen Luftraum gehört. Faktisch bedeutet dies, dass Marokko für Flüge in diesem Gebiet eine Genehmigung der spanischen Flugbehörden benötigt und Spanien damit noch weiter Hoheitsbefugnisse im Gebiet der Westashara ausübt.[1150]

a) Das Madrider Abkommen als Souveränitäts- und
    Legitimitätsübertragung

Fraglich ist, ob Spanien seine Position als Verwaltungsmacht wirksam an Marokko und Mauretanien übertragen hat. Das als Madrider Abkommen in die Geschichte eingegangene Vertragswerk wurde am 14.11.1975, sechs Tage vor *Francos* Tod, von Spanien, Marokko und Mauretanien unterzeichnet.[1151] Es bestand aus einer der UN übermittelten politischen Erklärung und geheimen Anhängen, die wirtschaftliche Konzessionen umfassten.[1152] Spanien erklärte zunächst, eine dreigliedrige Übergangsverwaltung zu errichten und dieser alle Verantwortlichkeiten und Befugnisse, die Spanien als Verwaltungsmacht innehatte, zu transferieren.[1153] Im ersten Absatz des Abkommens bekräftigte Spanien seiner historischen und auch rechtlichen Verantwortlichkeit nach „its resolve to decolonize the Territory of Western Sahara by terminating the responsibilities and powers which it possesses

---

1149 UN Doc. A/31/56-S/11997 v. 26.2.1976.
1150 Siehe hierzu ausführlich *Ruiz Miguel*, Spain's legal obligations as administering power of Western Sahara, in: Botha/Olivier/van Tonder (Hrsg.), Multilaterism and International Law with Western Sahara, S. 243 f.
1151 Ausführlich zur Entstehungsgeschichte und den politischen sowie historischen Begebenheiten *Hodges*, The Roots of a Desert War, S. 210–225 und § 3. A. IV. 1. a). cc).
1152 Vgl. 14450 UNTS 988, S. 259; *Hodges*, The Roots of a Desert War, S. 224.
1153 *Ruiz Miguel*, Spain's legal obligations as administering power of Western Sahara, in: Botha/Olivier/van Tonder (Hrsg.), Multilaterism and International Law with Western Sahara, S. 251.

over that Territory as administering Power".[1154] Spanien legte die eigene Verantwortung über die Dekolonisierung des Gebietes dabei allerdings eigensinnig und im Zuge der vorangegangen Ereignisse, perpetuiert durch Marokkos Politik im Jahr 1975[1155], nicht den Vorgaben der UN-Charta bzw. der Art. 73 UN-Charta ausfüllenden Generalversammlungs-Resolutionen entsprechend aus. Gemäß dem zweiten Absatz des Abkommens verpflichtete sich Spanien nämlich, eine vorläufige Verwaltung des Gebiets einzurichten, die aus Marokko und Mauretanien bestehen sollte und in Zusammenarbeit mit der Djemma die Aufgaben und Befugnisse wahrnehmen sollte. Dabei sah das Abkommen vor, dass alle Zuständigkeiten und Befugnisse, die sich aus dem Status Spaniens als Verwaltungsmacht der Westsahara ergaben, auf diese beiden Staaten übertragen werden soll. Allerdings enthielt dieses keine Regelung zur Abhaltung des Referendums zur Ausübung des Selbstbestimmungsrechts des sahrawischen Volkes, welches wesentlicher Bestandteil der vorherigen spanischen Dekolonisierungspolitik war und darüber hinaus auch von der UN für das Gebiet der Westsahara vorgesehen worden ist. Die Djemma wurde als einziges Repräsentationsmittel im Abkommen erwähnt und es wurde statuiert, dass „the views of the inhabitants of the Sahara as expressed through the Djemmaá shall be respected".[1156] Festzuhalten ist allerdings entgegen der marokkanischen Staatsansicht, dass das Abkommen gerade keine Souveränität über die Westsahara übertragen hat und dies auch an keiner Stelle explizit so festgehalten hat.[1157] In contrario wurde ebenfalls an keiner Stelle explizit das Selbstbestimmungsrecht des sahrawischen Volkes erwähnt. Schließlich wurde in Absatz 2 des Abkommens beschlossen, dass die Spanier ihre Präsenz in der Westsahara spätestens am 28.2.1976 vollständig beenden werden. Regelungen für die Zeit danach und für den Fall, dass bis zu diesem Stichtag der Selbstbestimmungsakt des sahrawischen Volkes nicht erfolgt ist, hat es nicht gegeben.[1158] Das Abkommen trat am 19. November 1975 in Kraft, nachdem das spanische Parlament das in Absatz 6 des Madrider Abkommens vorgesehene Gesetz am 18.11.1975 verabschiedet hatte.[1159] Am 28.11.1975 erklärten 67 von 103

1154 14450 UNTS 988, S. 259.
1155 Siehe § 3. A. IV. 1. a). cc).
1156 14450 UNTS 988, S. 259.
1157 Siehe *Oeter*, ZaöRV 46 (1986) 48 (56).
1158 Vgl. 14450 UNTS 988, S. 259.
1159 *Saul*, The Status of Western Sahara as Occupied Territory under International Humanitarian Law and the Exploitation of Natural Resources, S. 8.

Mitglieder der Djemma[1160] bei einem letzten offiziellen Treffen in El Guelta einstimmig, dass die Djemma nicht demokratisch von der Bevölkerung der Westsahara gewählt, nicht der legitime Repräsentant des sahrawischen Volkes sei und daher nicht Adressat und Ausüber des Selbstbestimmungsrechts des Volkes der Westsahara sei und darüber demzufolge auch nicht entscheiden könne.[1161] Dementsprechend beschlossen die Mitglieder mit Mehrheitsbeschluss die endgültige Auflösung der von Spanien eingesetzten Schein-Volksvertretung.[1162] Zwar wurde die Djemma daraufhin von Marokko wiederbesetzt, doch bereits der von Marokko wiedereingesetzte Präsident der Djemma, der im November 1975 nach Marokko überlief, stellt eine Persönlichkeit dar, die kaum mit dem Selbstbestimmungsrecht des Volkes der Westsahara vereinbar ist.[1163]

Am 10.12.1975 ließ die UN-Generalversammlung kurioserweise zwei Resolutionen zur Frage der Westsahara zur Abstimmung zu. Diese behandelten aufgrund der konträren Haltung vieler Staaten, insbesondere Algeriens und Marokkos, zur Frage des Umgangs mit dem Madrider Abkommen unterschiedliche Inhalte und wiesen somit in ihren Formulierungen entscheidende Unterschiede auf.[1164] Der wichtigste Differenzierungspunkt beider Resolutionen ist die Tatsache, dass Resolution 3458 A (XXX)[1165] keinen Hinweis auf das trilaterale Abkommen enthält und Spanien weiterhin als al-

---

1160 Die Djemma wurde 1967 von Spanien als beratendes Gremium eingesetzt, welches beschränkte Rechte zugesprochen bekommen hat, vgl. hierzu bereits oben § 2. A. I. 1. d). Die Versammlung bestand aus 103 Mitgliedern, die sich wiederum aus den Bürgermeistern der größten Städte, 40 Stammesführeren bzw. Scheichs, 40 Vertretern der Stammes- bzw. Familienverbände und 16 Vertretern von Berufsgruppen zusammensetzten, vgl. *Wathelet*, 2018 (Fn. 55), Fn. 115.

1161 *Hodges*, The Roots of a Desert War, S. 234 f.; *Wathelet*, 2018 (Fn. 55), Rn. 160.

1162 *Wathelet*, 2018 (Fn. 55), Rn. 160. Unter den 67 Abstimmenden waren auch die drei sahrawischen Mitglieder des spanischen Parlaments: „We, the signatories of the document of El Guelta, reaffirm our unconditional support for the Frente POLISARIO, the sole and legitimate representative of the Saharan people", UN Doc. S/11902 Annex v. 9.12.1975, S. 63.

1163 Am 4.11.1975 leistete *El Hadj Khatri*, Präsident der Djemma, den traditionellen Treueid im Namen der sahrawischen Stämme auf den König von Marokko im Rahmen einer Feier am 4.11.1975 im Palast von Agadir. Marokko sah bereits hierin einen ausreichenden Akt der Selbstbestimmung, vgl. UN Doc. S/11874 v. 8.11.1975, Rn. 17.

1164 *Hodges*, The Roots of a Desert War, S. 235–237; *Ruiz Miguel*, Spain's legal obligations as administering power of Western Sahara, in: Botha/Olivier/van Tonder (Hrsg.), Multilaterism and International Law with Western Sahara, S. 237–239.

1165 Der Resolution stimmten 88 Staaten zu, kein Staat stimmte dagegen und 41 Staaten enthielten sich der Stimme, UN Doc. A/31/23/Rev.1[Vol.II], S. 214.

leinige Verwaltungsmacht der Westsahara definiert.[1166] In contrario nimmt die Resolution 3458 B (XXX)[1167] von dem Madrider Abkommen Kenntnis und definiert Spanien nicht weiterhin als Verwaltungsmacht, sondern nimmt die Vertragsparteien des Abkommens von Madrid vom 14. November 1975 und die „interim administration" in Verantwortung.[1168] Ebenfalls divergieren die Resolutionen in der Form des Selbstbestimmungsaktes des sahrawischen Volkes zur Ausübung ihres von beiden Resolutionen als „inalienable right to self-determination" betitelten Anspruchs. Resolution A formuliert als ersten Punkt, dass zum einen das Selbstbestimmungsrecht des Volkes der Westsahara nach Resolution 1514 (XV) zu definieren ist und dabei unveräußerlich ist. Diesbezüglich sei Spanien als Verwaltungsmacht der Westsahara dazu verpflichtet, „to take all necessary measures (...) that all Saharans originating in the Territory may exercise fully and freely, under United Nations supervision, their inalienable right to self-determination".[1169] Resolution B wiederum nahm zunächst von dem trilateralen Abkommen Kenntnis und forderte sodann von der Übergangsverwaltung „to take all necessary steps to ensure that all the Saharans populations originating in the Territory will be able to excersice their inalienable right to self-determination through free consultations organized with the assistance of a representative of the United Nations appointed by the Secretary-General".[1170]

Während sich Resolution A also eindeutig an der völkerrechtlichen Legalität der Ausübung des Selbstbestimmungsrechts orientiert, geht Resolution B eher von der Möglichkeit eines derogativen Selbstbestimmungsaktes aus, beispielsweise durch Entscheidung der Djemma. Sie unterstreicht aber ebenfalls die Unveräußerlichkeit des Selbstbestimmungsrechts des Volkes der Westsahara und nimmt auch auf die Resolution 1514 (XV) Bezug.[1171]

Der Prozess des Abzugs Spaniens setzte sich bis Ende Februar 1976 fort, bis *de Pinies*, der spanische ständige Vertreter bei der UN, dem General-

---

1166 Vgl. UN Doc. A/RES/3458 A und B (XXX) v. 10.12.1975.
1167 Der Resolution stimmten nur 56 Staaten zu, 42 Staaten stimmten dagegen und 34 Staaten enthielten sich der Stimme, wodurch deutlich wird, dass Resolution B die Mindermeinung der damaligen Staatengemeinschaft darstellte und im Vergleich zu Resolution A deutlich weniger repräsentativ ist, UN Doc. A/31/23/Rev.1[Vol.II], S. 214.
1168 Vgl. UN Doc. A/RES/3458 A und B (XXX) v. 10.12.1975.
1169 UN Doc. A/RES/3458 A (XXX) v. 10.12.1975, Rn. 1 und 7.
1170 UN Doc. A/RES/3458 A (XXX) v. 10.12.1975, Rn. 1 und 4.
1171 Vgl. UN Doc. A/RES/3458 A und B (XXX) v. 10.12.1975.

sekretär mitteilte, dass die spanische Regierung in Übereinstimmung mit der am 14. November 1975 in Madrid unterzeichneten Grundsatzerklärung beschlossen habe, dass Spanien endgültig am 26. 2.1976 seine Präsenz in der Westsahara beenden werde. Klarstellend fügte *de Pinies* hinzu, dass „a meeting of the Jema'a has been convened on 26 February at which the present Spanish Governor, who is acting as a member of the temporary administration, will inform the Jema'a of this decision of the Spanish Government".[1172] Weiter erklärte er, dass die Zusammenkunft der Djemma „does not constitute the popular consultation provided for in the Madrid agreements of 14 November 1975 and in General Assembly resolution 3458 B (xxx) unless the necessary conditions are met, including, in particular, the presence of a representative of the United Nations appointed by you in accordance with paragraph 4 of the above-mentioned resolution".[1173] UN-Generalsekretär *Waldheim* fand deutliche Worte hinsichtlich der von Spanien vorgeschlagenen Bedingung zur Beteiligung eines UN-Vertreters während der Sitzung der Djemma, dessen Präsenz die Legitimität des Selbstbestimmungsakts bestätigen sollte. Er bezog dabei bewusst beide von der Generalversammlung verabschiedeten Resolutionen ein, indem er unter Hinweis auf die Rn. 7 und 8 der Resolution 3458 A sowie auf Rn. 4 der Resolution 3458 B (XXX) feststellte: „It is evident from the paragraphs cited above that neither the Government of Spain, as the administering Power, nor the interim administration, of which Spain is a member, has taken the necessary steps to ensure the exercise of the right to self-determination by the populations of Western Sahara. Accordingly, even if time had permitted and the necessary clarifications had been furnished regarding the meeting of the Jema' a of which you informed me yesterday that your Government was not aware, the presence at the meeting of a representative of the United Nations appointed by me would not, by itself, constitute fulfilment of the General Assembly resolutions referred to above".[1174] Der Vorstellung hauptsächlich Marokkos, dass die Abstimmung der Djemma unter Anwesenheit eines UN-Repräsentanten einen den Resolutionen entsprechenden Selbstbestimmungsakt darstellt, erteilte der Generalsekretär damit richtigerweise und in Übereinstimmung mit dem Selbstbestimmungsrecht des Volkes der

---

1172   UN Doc. A/31/23/Rev.1[Vol.II], S. 215.
1173   UN Doc. A/31/23/Rev.1[Vol.II], S. 215.
1174   UN Doc. A/31/23/Rev.1[Vol.II], S. 216.

Westsahara eine klare Absage.[1175] Trotzdem fand am 26.2.1976 die Sitzung der Djemma statt, in welcher diese sich zur die Aufteilung des Gebietes durch Marokko und Mauretanien entschloss. Allerdings nahmen an dieser Sitzung nur noch 57 Mitglieder teil, die daher kaum noch als repräsentativ für das Volk der Westsahara angesehen werden konnten, zumal die Djemma bereits im November formell aufgelöst worden war und sodann von Marokko mit neuen Mitgliedern besetzt worden war.[1176] Am 26.2.1976 teilte die Djemma in einem Kommuniqué mit, dass sie „expresses its satisfaction with the positive evolution registered in the Sahara province, during the transitory period which produced the withdrawal of the Spanish army, the appointment of Governors, the transfer of civil and military powers to Morocco and Mauritania, and the coming into service of Moroccan and Mauritanian administrations".[1177] Dies unterstreichend hat Marokko dem Generalsekretär *Waldheim* eine Nachricht von dem im Dienste des marokkanischen Königshauses stehenden Präsidenten der Djemma am 27.2.1976 übermittelt, um den Schein der Legitimität der Abstimmung zu kreieren: „The Saharan Jema´a has unanimously approved the reintegration of the Territory of Sahara with Morocco and Mauritania in conformity with historical realities and with links which have always united the Saharan

---

1175 Marokko lud den Generalsekreatär am 24.2.1976 dazu ein, einen iSd. Resolution 3458 B bezeichneten Repräsentanten der UN zur Abstimmung der Djemma am 26.2.1976 zu schicken und rief „all members of the Jema'a who are outside the Territory to participate in that meeting in order to express their views freely, and we assure them of freedom of movement under United Nations guarantee, including the possibility of leaving the Territory if that should be their wish", UN Doc. A/31/23/Rev.1[Vol.II], S. 216. Eine Möglichkeit der Unabhängigkeit stand freilich nicht ernsthaft zur Debatte und wäre mit an Sicherheit grenzender Wahrscheinlichkeit auch nicht akzeptiert worden. Auch diesem Vorschlag erteilte *Waldheim* eine Absage, indem er wiederholt auf die beiden von der Generalversammlung am 10.12.1975 verabschiedeten Resolutionen hinwies und ausführte, dass „the essential conditions for the implementation of those resolutions have not been fulfilled", UN Doc. A/31/23/Rev.1[Vol.II], S. 216.

1176 UN Doc. A/31/23/Rev.1[Vol.II], S. 215; *Waldheim* erklärte dem auf *Kissinger* folgenden Außenminister *Vance*: „King Hassan takes the position that the problem has been solved and that the self-determination requirement was fulfilled through his consultation with the Saharoui Assembly. Neither Spain nor Algeria accepts this, however, pointing out that Hassan only consulted a rump assembly consisting of Moroccan stooges. They did not agree that this fulfilled Morocco's obligation under the Moroccan-Mauritanian-Spanish agreement, *Office of the Historian,* Foreign Relations of the United States, 1977–1980, Volume XVII, Part 3, North Africa, Dokument 211 v. 20.5.1977, Rn. 6.

1177 UN Doc. A/31/23/Rev.1[Vol.II], S. 216.

population to those two countries".[1178] Hervorhebenswert ist an dieser Stelle, dass noch wenige Monate zuvor von Marokko behauptet worden ist, dass die Djemma keinerlei Repräsentationsfähigkeit innehat und als reine Marionettenversammlung der spanischen Kolonialverwaltung agiere.[1179]

Am 26.2.1976 teilte *de Pinies Waldheim* in einem Brief mit, dass Spanien seine Präsenz in der Westsahara endgültig beendet habe und sich von jeglicher Verantwortung hinsichtlich des Dekolonisierungsprozesses entbunden fühle. Allerdings wurde unterstrichen, dass der Dekolonisierungsprozess nicht abgeschlossen sei und erst dann beendet sei, „when the views of the Saharan population have been validly expressed".[1180] Trotz aller Bemühungen Marokkos haben weder die UN noch Spanien, welches trotz des Madrider Abkommens noch Verwaltungsmacht bzw. zumindest Teil der trilateralen Interimsverwaltung war, dieses Votum der Djemma als Ausdruck des Selbstbestimmungsrechts der sahrawischen Volkes anerkannt.[1181] Allerdings stellte *Olaf Rydbeck*, der von *Waldheim* im Zuge der GV-Resolutionen eingesetzte Sonderbeauftragte für die Westsahara, im Februar 1976 fest: „Die militärische Lage [in der Westsahara], wie sie sich heute darstellt, macht eine sinnvolle Abstimmung der Sahrauis sehr schwierig, wenn nicht unmöglich".[1182] Damit sollte er Recht behalten, da das Referendum auch im Jahr 2023 nicht stattgefunden hat und die Abhaltung noch weiter entfernt und unmöglicher scheint als im Jahr 1976. Folglich stellten weder der vom Präsidenten der Djemma geleistete Treueid noch die Abstimmung der Djemma vom 26.2.1976 die nach den GV-Resolutionen 1514 (XV), 1541 (XV), 2625 (XXV) sowie 3458 A und B (XXX) erforderliche Abstimmung zur Ausübung des dem Volk der Westsahara unveräußerlichen Rechts auf Selbstbestimmung dar. Stattdessen gliederte Marokko die Westsahara, anfangs durch Aufteilung mit Mauretanien und der späteren faktischen Annexion auch der von Mauretanien besetzten Gebiete, ohne Abstimmung bzw. Zustimmung der Bevölkerung der Westsahara in sein eigenes Hoheitsgebiet ein. Das Madrider Abkommen leistete hier in erheblicher Weise Beihilfe, indem es Marokko und Mauretanien den Zugang zum Gebiet ermöglichte, unabhängig von ihrer ihnen eigentlich dem Abkommen nach nur zugesicherten Position als Teil einer Übergangsadministrative, die sie faktisch

---

1178 UN Doc. A/31/23/Rev.1[Vol.II], S. 215.

1179 *Bontems*, La Guerre du Sahara Occidental, S. 116; *Hodges*, The Roots of a Desert War, S. 224.

1180 UN Doc. S/11997 v. 26.2.1976.

1181 *Wathelet*, 2018 (Fn. 55), Rn. 172.

1182 Zit. nach *Wathelet*, 2018 (Fn. 55), Rn. 168.

freilich nie ausüben sollten, da die eigentliche Intention der beiden Staaten die Eingliederung der jeweiligen Gebiete in das eigene Souveränitätsgebiet darstellte. Zudem versuchte das Abkommen die Möglichkeit der legitimen Ausübung des Selbstbestimmungsrechts des Volkes der Westsahara durch eine einfache Abstimmung der Djemma unter Ausschluss der Durchführung eines Referendums zu legitimieren, wie es eigentlich von der UN und schließlich auch seit 1974 von Spanien vorgesehen worden war.[1183]

b) Unwirksamkeit des Madrider Abkommens

Im Rahmen der Rechtmäßigkeit des Madrider Abkommens ist zunächst zu untersuchen, ob Spanien seine Position als Verwaltungsmacht überhaupt unilateral hat aufgeben können bzw. dürfen. Inbesondere ist fraglich, ob diese Position nach dem rechtlichen Grundsatz nemo plus juris ad alium transferre potest, quam ipse überhaupt übertragungsfähig gewesen ist.[1184]

Vorweg ist festzuhalten, dass Spanien selbst wiederholt klarstellte, dass das Madrider Abkommen keinerlei Souveränität übertragen hat und dies auch rechtlich unmöglich war, da Spanien hierzu nicht in der Lage gewesen sei, da das sahrawische Volk Träger der Souveränität über das Gebiet der Westsahara sei.[1185] Marokko interpretierte das Abkommen anderweitig, in-

---

1183 Vgl. § 2. A. II.

1184 Besatzungsmächte können ihren Status freilich nicht übertragen, wie *Dinstein* richtigerweise feststellt: „Given the basic legal adage nemo dat quod non habet, the Occupying Power cannot transfer to a third State a valid title – one that it does not have – over the occupied territory. For similar reasons, the Occupying Power cannot successfully hatch up within the occupied territory new puppet States, as vainly attempted by the Axis Powers during WWII in Czechoslovakia and in Yugoslavia", *Dinstein*, The International Law of Belligerent Occupation, Rn. 119.

1185 *Hodges*, The Western Sahara File, S. 112; *Oeter*, ZaöRV 46 (1986) 48 (56); *Soroeta Liceras*, International Law and the Western Sahara Conflict, S. 141 f. Beispielhaft die Erklärung Spaniens, „that the fact it had definitely ended its adminstration of the territory on February 26, 1976 could not entail a transfer of sovereignty as it was a Non-Self-Governing Territory, in the sense of Article 73 of the United Nations Charter", abgedruckt in *Soroeta Liceras*, International Law and the Western Sahara Conflict, S. 142. Der spanische Außenminister erklärte 1979: „We maintain good relations with Morocco, however, the interpretation of an international issue is different. Spain does not regard the 25 th February 1976 oath of the Jemma (in El-Aaiun) to the King of Morocco legally binding. The Jemma did have a meeting in order to receive information on the Madrid Agreement. During the session Jemma Members were requested to give a statement on the future of the area. Then, the Spanish Governor withdrew although his presence would have

dem dem Sondergesandten des Generalsekretärs mitgeteilt wurde, dass „the main provision of such an agreement had already been determined and stipulated a transfer of sovereignty from the administrating Power to Morocco and Mauritania. However, Morocco was prepared to submit such an agreement to the competent organs of the United Nations for approval".[1186]

Diese diametral zum Selbstbestimmungsrecht des Volkes der Westsahara und auch der zuvor vertretenen Dekolonisierungspolitik Spaniens stehende Haltung Marokkos, die insbesondere auch den zahlreichen UN-Resolutionen zur Dekolonisierung des Gebietes zuwiderlief, war bereits seit Monaten für alle Beteiligten ersichtlich. Trotzdem wurde das Madrider Abkommen mit einem vagen Wortlaut geschlossen, dessen Rechtsfolgen unklar formuliert und mehrdeutiger Interpretation zugänglich sind. Hierzu soll beispielsweise die Fortsetzung der Administration über das Gebiet der Westsahara angeführt werden. Einerseits sollte mit dem Abkommen eine trilaterale Interims-Verwaltung begründet werden. Andererseits kann diese dem Wortlaut des Abkommens nach nur bis spätestens zum 28.2.1976 bestanden haben, da dies den endgültigen Abzugstermin der Spanischen Administrative und die Aufgabe der faktischen Kontrolle über das Gebiet der Westsahara darstellte.[1187] Die Rechtsfolgen dieses Abzugs wurden nicht weiter dargelegt und geregelt. Daher stellt sich die Frage, inwiefern bzw. ob das Abkommen die marokkanisch-mauretanische Verwaltung fortbestehen lassen wollte oder wie die Präsenz der jeweiligen Truppen und Verwaltungsbeamten nach der Beendigung der spanischen Administration legitimiert werden sollte. Die dem Wortlaut des Abkommens nur implizit zu entnehmende Intention Spaniens wird deutlicher, wenn die geheimen Zusatzabreden zwischen Spanien, Marokko und Mauretanien hinzugezogen werden. Die spanische Regierung hat mit den beiden Staaten jeweils Fischereilizenzverträge geschlossen, die im Falle Marokkos für 20 Jahre und im Falle Mauretaniens für 15 Jahre Geltung besaßen. Im Rahmen dessen sicherte sich Spanien sogar zu, dass von 1976–1981 die Ausbeutung der Fischereibestände in den

---

been important for making the Jemma Resolution legally binding. Afterwards Morocco and Mauritania divided the area, thus violating the Madrid Agreement, which had provisions on the public administration of Western Sahara and not on exercising sovereignty", zit. nach *Besenyo*, Western Sahara, S. 101; Ein ausführlicher historischer Aufriss der damaligen Situation in der spanischen Politiksphäre ist zu finden bei *Camacho*, in: Awah et al (Hrsg.), Sahara Occidental, La denuncia de «los acuerdos de Madrid» entre 1976-1982, S. 27–56.

1186 UN Doc. S/11874 v. 8.11.1975, Rn. 18.
1187 Vgl. 14450 UNTS 988, S. 259.

Gewässern der Westsahara vollständig gebührenfrei stattfinden konnte.[1188] Es sei in Erinnerung gerufen, dass Spanien das Referendum zu diesem Zeitpunkt so weit vorbereitet hatte, unter anderem durch die vollständige Erfassung der wahlberechtigten Menschen des Volkes der Westsahara, dass einzig und allein die Abstimmung selbst erforderlich gewesen wäre, die von der UN hätte überwacht und durchgeführt werden können. Den zeitlichen Aufwand des Referendums schätzten die spanischen Behörden für überschaubar ein, weshalb sie 1974 ankündigten, das Referendum möglichst schnell und innerhalb eines halben Jahres nach Erfassung der Wahlberechtigten durchführen zu wollen.[1189] Zur Absicherung bestimmter Rechtspositionen, zusätzlich zu den Fischereirechten, wurden ebenfalls Eigentumsfragen bestehender spanischer Liegenschaften in der Westsahara geregelt. Zudem wurden Spanien 35 % Beteiligung an der Phosphatmine Bu-Craa zugesprochen. Dass diese erst im Jahr 2002 verkauft worden sind, lässt darauf schließen, dass Spanien von einer vollständigen Zession des Gebietes an Marokko und Mauretanien ausging und die beiden Staaten als zumindest für die Verwaltung der Westsahara zuständig angesehen hat.[1190] Die Vergabe von Fischereilizenzen und die Gestattung der Ausbeutung der natürlichen Ressourcen stellen dabei hoheitliche Befugnisse dar, die nach Art. 73 UN-Charta und den einschlägigen Generalversammlungs-Resolutionen nicht zum Nachteil des Volkes der Westsahara erfolgen durften. Eine solche Ausbeutung der natürlichen Ressourcen musste unter jeden Umständen dem Volk der Westsahara zugutekommen.[1191] Spanien ging also zum einen davon aus, dass die eigene Rechtsposition als Verwaltungsmacht eine solche Hoheitsausübung ohne Einschränkungen erlauben würde. Zum anderen wurde vertreten, dass Marokko und Mauretanien diese Position übertragen werden könne und diese sodann ebenfalls frei über natürliche Ressourcen verfügen könnten. Die tatsächliche Ausbeutung darf allerdings nicht im Widerspruch zu dem gewohnheitsrechtlich anerkannten Recht

---

1188 Vgl. Acta de las conversaciones mantenidas, de una parte, entre las delegaciones del Reino de Marruecos y la República Islámica de Mauritania, y de otra, de España a propósito de los aspectos económicos derivados de la transferencia de la administración de Sáhara, Rn. 1, https://www.umdraiga.com/documentos/ac uerdos_internacionales/Acuerdo_de_Madrid_anejo1.htm, zuletzt abgerufen am 15.6.2024.

1189 Vgl. hierzu § 2. A. II.

1190 Vgl. *Hodges*, The Roots of a Desert War, S. 224; Western Sahara Resource Watch, P for Plunder 2021, S. 8.

1191 Siehe zB. § 4. A. I. 3.

des sahrawischen Volkes auf permanente Souveränität über die natürlichen Ressourcen des Gebietes im Sinne der GV-Resolution 1803 erfolgen.[1192] Darüber hinaus wird ersichtlich, dass Spanien nicht von einer zügigen Ausübung des Selbstbestimmungsaktes des sahrawischen Volkes ausging. Auch in den Zusatzvereinbarungen findet sich an keiner Stelle eine Erwähnung des Selbstbestimmungsrechts, des durchzuführenden Referendums oder gar nur die Erwähnung des sahrawischen Volkes. Vielmehr wird in Rn. 5 der Zusatzvereinbarung festgelegt, dass „vor dem 31. Dezember 1975 Sachverständige aus Spanien, Marokko und Mauretanien zusammentreten, um die Probleme der Luft- und Seeschifffahrt und der Kommunikation im Allgemeinen sowie alle anderen Fragen, die sich aus der Übertragung des Sahara-Gebietes ergeben können, zu prüfen und zu lösen".[1193] Damit wird in der Gesamtschau zum Madrider Abkommen und den weiteren getroffenen Vereinbarungen zu den wirtschaftlichen Konzessionen unmissverständlich deutlich, dass Spanien davon ausgegangen ist und bezwecken wollte, dass die trilaterale Interimsadministration zwar nach Abzug der spanischen Truppen aufhört zu existieren, diese aber von Marokko und Mauretanien fortgeführt werden soll. Die Klauseln zur Ausbeutung der natürlichen Ressourcen sind dabei im Besonderen von Bedeutung. Sie widerlegen den guten Glauben Spaniens hinsichtlich der Ausübung des Selbstbestimmungsrechts des Volkes der Westsahara eindeutig. Darüber hinaus beleuchten diese die Position Spaniens und legen dar, dass Spanien bewusst war, dass die marokkanische und mauretanische Verwaltung nicht übergangsweise angesetzt war und mitunter Souveränitätsrechte oder zumindest hoheitliche Befugnisse ausgeübt würden, die diametral den Rechten des sahrawischen Volkes entgegenstehen. Spanien hat sich also nicht nur der Verantwortung hinsichtlich der Dekolonisierung der eigenen Kolonie entzogen, sondern durch die Übertragung des Gebietes auch noch wirtschaftlich auf Kosten des Volkes der Westsahara bereichert. Dieses wurde durch das Madrider Abkommen und der folgenden faktischen Abtretung des Gebietes erneut einer Fremdherrschaft ausgesetzt und steht 47 Jahre nach

---

1192 Vgl. zum Recht auf permanente Souveränität über natürliche Ressourcen UN Doc. A/38/265 (E/1983/85) v. 21.6.1983, Rn. 3 ff. sowie § 4. A. I.

1193 Eigene Übersetzung, Acta de las conversaciones mantenidas, de una parte, entre las delegaciones del Reino de Marruecos y la República Islámica de Mauritania, y de otra, de España a propósito de los aspectos económicos derivados de la transferencia de la administración de Sáhara, Rn. 5, https://www.umdraiga.com/d ocumentos/acuerdos_internacionales/Acuerdo_de_Madrid_anejo1.htm, zuletzt abgerufen am 15.6.2024.

Abschluss des Abkommens noch immer unter eben jener Herrschaft. Ob Spanien die Abtretung von Souveränität bzw. hoheitlichen Befugnissen, die aus der Position der Verwaltungsmachtstellung folgten, rechtlich überhaupt möglich war und es dieses auch bezweckt hat, spielte im realpolitischen Kontext der Ereignisse kaum eine Rolle. Faktisch gingen sowohl Marokko als auch Mauretanien von einer solchen Übertragung aus und beide haben die Westsahara stets als Teil der eigenen territorialen Souveränität angesehen. Spanien hatte über die Umstände und von diesen Positionen seit Jahren Kenntnis. Dies wird insbesondere durch den von Marokko und Mauretanien geschlossenen Grenzvertrag vom 14.4.1976 deutlich, in welchem die Aufteilung der Gebiete der Westsahara unter Bezugnahme auf den Scheinselbstbestimmungsakt der Djemma vom 26.2.1976 erfolgt, der die Grenzziehung und die Einverleibung der beiden Gebiete in die jeweilige staatliche Souveränität Marokkos und Mauretaniens mutmaßlich legitimiert haben soll.[1194] Bereits 1972 schlossen Marokko und Mauretanien diesbezüglich und unter Anwesenheit des algerischen Staatspräsidenten *Boumedienne* ein erstes verbales, streng geheimes Abkommen zur geplanten Aufteilung der Westsahara zwischen den beiden Staaten, worauf der Grenzziehungsvertrag aufbaute.[1195] Zwar ist nicht bekannt, ob Spanien bereits zu diesem Zeitpunkt von der Vereinbarung gewusst hat, allerdings lag positive Kenntnis diesbezüglich spätestens im Oktober 1974 vor.[1196] Spanien war sich also der möglichen Einverleibung der Westsahara in die territoriale Souveränität Marokkos und Mauretaniens bewusst, weshalb der Text des Madrider Abkommens, in Verbindung mit Zusatzvereinbarungen, nur dahingehend ausgelegt werden kann, dass das Ende der spanischen Adminis-

---

1194 Vgl. 1035 UNTS 15406, S. 120 f.

1195 *Hassan II* antwortete *Kissinger* in einem Gespräch zum Abkommen mit Mauretanien auf seine Frage, ob ein Teilungsvertrag bereits bestünde: „Oh, but there is such an agreement. We have exchanged letters. With Mauritania everything is settled, there is no problem. President Ould Daddah will come to Rabat three days before the Summit and we will make the announcement then. But I asked Spain to accept the ICJ formula. In a secret letter with Ould Daddah, we have agreed on the zones of influence and Algeria has absolutely nothing to say", *Office of the Historian*, Foreign Relations of the United States, 1969–1976, Volume E-9, Part 1, Documents on North Africa, 1973–1976, Dokument 90 v. 15.10.1974.

1196 *Boumedienne* ließ während des Gipfeltreffens der Arabischen Liga in Rabat öffentlich verlauteten, dass er „at a meeting with His Majesty the King of Morocco and the President of Mauritania" anwesend war, „a meeting at which they found a means to resolve the problem of the Sahara which envisages a Moroccan and a Mauraitanian Zone. I was present; I gave my full endorsement without ulterior motives", zit. nach *Hodges*, The Roots of a Desert War, S. 117.

tration ohne vorherige Ausübung des Selbstbestimmungsrechts des Volkes der Westsahara bezweckt war. Spanien war darüber hinaus bewusst, dass die beiden Staaten die Beendigung der Interimsadministration durch den Scheinselbstbestimmungsakt der Djemma, dem Spanien selbst zustimmte, als Anlass nehmen würden, die Gebiete zu annektieren. Im Februar 1978 stimmte das spanische Parlament nach vielfacher Diskussion um die formelle, aber auch materielle Wirksamkeit des Madrider Abkommens schließlich mit knapper Mehrheit gegen die Widerrufung des Madrider Abkommens, womit dieses zumindest nach spanischem Recht weiterhin Wirkung entfaltet.[1197] Im Lichte der vorangegangen Darstellung ist also zunächst zu überprüfen, ob Spanien überhaupt dazu berechtigt war, unilateral über die Aufgabe der Position als Verwaltungsmacht zu entscheiden und diese zu übertragen.

c) Einsetzung und Absetzung als Verwaltungsmacht im UN-System

Die Generalversammlung statuierte eindeutig, dass es sich bei den Regelungen von Kapitel XI der UN-Charta um rechtlich bindende und grundlegende Normen und Prinzipien des internationalen Rechts handelt.[1198] Die Einsetzung und Feststellung der rechtlichen Verbindlichkeiten eines Staates hinsichtlich seiner Kolonien ist also, sofern nicht durch den Kolonialstaat selbst erfolgt, einseitig der Generalversammlung vorbehalten und explizit

---

1197 *Taeger*, Der Sahara-Konflikt und die Krise der Organisation der Afrikanischen Einheit, VRÜ 1984, 51 (58). Ausführlich hierzu *Villar*, El Proceso de Autodeterminacion del Sahara, S. 351 ff.

1198 Bezogen auf Portugal hinsichtlich Osttimor statuierte die Generalversammlung, dass sie „condemns the continuing non-compliance of the Government of Portugal with its obligations under Chapter XI of the Charter of the United Nations and with the terms of General Assembly resolution 1542 (XV), and its refusal to co-operate in the work of the Committee on Information from Non-Self-Governing Territories; Considers it necessary that, pending the fulfilment of these obligations by the Government of Portugal, the General Assembly must, for its part, continue to discharge its own obligations and responsibilities towards the inhabitants of the Non-Self-Governing Territories under Portuguese administration", UN Doc. A/RES/1699 v. 19.12.1961; UN Doc A/RES/1542 (XV) v. 15.10.1960: „Declares that an obligation exists on the part of the Government of Portugal to transmit information under Chapter XI of the Charter concerning these territories and that it should be discharged without further delay."; Siehe weiterführend *Crawford*, The Creation of States in International Law, S. 607 f.

gegen den Willen des Kolonialstaates möglich.[1199] In der Staatenpraxis hat die Generalversammlung bis dato die Verantwortlichkeit für die Verwaltung eines NSGT weder aufgehoben noch für verwirkt erklärt, außer in den Fällen der erlangten Unabhängigkeit eines ehemaligen NSGTs.[1200] Die Anwendung von Kapitel XI der UN-Charta hängt also nicht vom Einvernehmen bzw. der ausdrücklichen Zustimmung der Verwaltungsmacht ab. Vielmehr gilt diese ipso iure mit Unterzeichnung der UN-Charta des jeweiligen Staates und der damit einhergehenden Rechtswirkung von Art. 73 UN-Charta, die unilateral und rechtswirksam von der Generalversammlung bestätigt bzw. bestimmt werden kann.[1201] Telos der Norm ist dabei einerseits, der ehemaligen Kolonialmacht die rechtlich verbindliche Verantwortung aufzuerlegen, den Prozess der Dekolonisierung zu übernehmen. Andererseits soll das dem Gebiet zugehörigen Volk sein Recht auf Selbstbestimmung ermöglicht werden, welches durch Art. 1 Abs. 2 UN-Charta ein fundamentales Recht und leitendes Wertmotiv der UN darstellt.[1202] Daher muss das Selbstbestimmungsrecht der Völker, insbesondere im kolonialen Kontext und im Lichte des Art. 73 UN-Charta, als absolutes Verfügungsverbot angesehen werden, welches das auf Entkolonisierung berechtigte Volk vor etwaiger erneuter einseitiger Kolonialisierung durch einfache und unilaterale Abtretung der vom Verwaltungsstaat ausgeübten und nach der UN-Charta rechtmäßigen hoheitlichen Befugnisse an einen anderen Staat, schützen muss. Im Zuge dessen kann es dem nach Art. 73 UN-Charta verantwortlichen Staat nicht rechtmäßig möglich sein, sich einseitig und

---

1199 *Wathelet*, 2018 (Fn. 55), Rn. 226–230; *Fastenrath*, in: Simma/Khan/Nolte/Paulus (Hrsg.), The Charter of the United Nations: A Commentary, Bd. II, S. 1836; *Bedjaoui*, in: Cot/Pellet/Forteau, La Charte des Nations Unies: commentaire article par article, S. 1763.

1200 „As soon as a territory and its peoples attain a full measure of self-government, the obligation ceases. Until this comes about, the obligation to transmit information under Article 73 e continues", UN Doc A/RES/1541 (XV) v. 15.12.1960; *Crawford*, The Creation of States in International Law, S. 614.

1201 In diesem Sinne bereits *Crawford*, The Creation of States in International Law, S. 117; Vgl. *Wathelet*, 2018 (Fn. 55), Rn. 226–230; *Fastenrath*, in: Simma/Khan/Nolte/Paulus (Hrsg.), The Charter of the United Nations: A Commentary, Bd. II, S. 1836; *Bedjaoui*, in: Cot/Pellet/Forteau, La Charte des Nations Unies: commentaire article par article, S. 1763.

1202 Vgl. UN Doc A/RES/1541 (XV) v. 15.12.1960: The authors of the Charter of the United Nations had in mind that Chapter XI should be applicable to territories which were then known to be of the colonial type. An obligation exists to transmit information under Article 73 e of the Charter in respect of such territories whose peoples have not yet attained a full measure of self-government.

ohne Zustimmung der Generalversammlung von den Verpflichtungen zu lösen, die die Position als Verwaltungsmacht mit sich bringt.[1203] Zudem listet der Generalsekretär durchgehend seit 1976 Spanien weiterhin in seinen jährlichen Berichten zur Frage der noch bestehenden NSGTs als Verwaltungsmacht des Gebietes der Westsahara. Allerdings hat weder die Generalversammlung noch der Sicherheitsrat Spanien erneut als Verwaltungsmacht bezeichnet oder in irgendeiner Form dazu aufgerufen, den Verpflichtungen nach Art. 73 UN-Charta nachzukommen.[1204]

Diesen Punkt unterstreicht derweil auch die Staatenpraxis. Osttimor, welches ursprünglich von Portugal verwaltet wurde, welches diese Position allerdings wie Spanien ebenfalls einseitig aufgab und den vollständigen Verlust der effektiven Hoheitsgewalt und die von 1975–1999 indonesische Kontrolle und Hoheitsgewaltausübung nach sich zog, wurde 1991 vor dem IGH von Portugal als zuständige Verwaltungsmacht vertreten.[1205]

Im Rahmen dessen erklärte der IGH, dass das Verfahren nicht geführt werden könne, da Indonesien diesem nicht beigetreten war, erkannte damit aber implizit an, dass Portugals Rechtsposition als Verwaltungsmacht weiterhin bestand.[1206] Zusätzlich lässt sich das Argument mit der Systematik und Stellung des Art. 73 UN-Charta belegen. Nur in Art. 77 c UN-Charta ist vorgesehen, dass ein internationales Treuhandsystem über ein Hoheitsgebiet eingerichtet werden kann, sofern dieses von dem für seine Verwaltung verantwortlichen Staat freiwillig in das UN-System übertragen wurde. An keiner Stelle wird die Möglichkeit der Übertragung eines kontrollierten Hoheitsgebietes in der UN-Charta anderweitig erwähnt und legitimiert. Insbesondere gilt dies für die unilaterale Übertragung an einen Drittstaat, woraus im Umkehrschluss hervorgeht, dass einzig die Übertragung der Verwaltungsmachtsposition in eine UN-Interimsverwaltung nach Kapitel XII der UN-Charta für einen ehemaligen Kolonialstaat möglich und rechtmäßig wäre. Ferner lässt auch die Staatenpraxis erkennen, dass

---

1203 Vgl. *Wathelet*, 2018 (Fn. 55), Rn. 226–230; *Fastenrath*, in: Simma/Khan/Nolte/Paulus (Hrsg.), The Charter of the United Nations: A Commentary, Bd. II, S. 1836; *Bedjaoui*, in: Cot/Pellet/Forteau, La Charte des Nations Unies: commentaire article par article, S. 1763.

1204 *Ruiz Miguel*, Spain's legal obligations as administering power of Western Sahara, in: Botha/Olivier/van Tonder (Hrsg.), Multilaterism and International Law with Western Sahara, S. 243.

1205 Vgl. IGH, Osttimor, ICJ Rep. 1995, S. 92 ff.

1206 Vgl. *Wathelet*, 2018 (Fn. 55), Rn. 224; IGH, Osttimor, ICJ Rep. S. 92 Rn. 1, S. 93 f. Rn. 10, S. 105 Rn. 35.

die alleinige Position der Generalversammlung als entscheidungsbefugte Instanz anerkannt und nicht kontestiert wird.[1207] Weiter folgt aus dem Status der Westsahara als NSGT, dass dieses nach der UN-Charta und zahlreichen Generalversammlungs-Resolutionen ein vom Verwaltungsstaat zu differenzierendes und eigenes Gebiet darstellt. Dieses besitzt zwar nicht die volle Selbstregierung, allerdings bedeutet dies auch nicht zwangsläufig, dass noch immer eine vollständige Abhängigkeit zum ehemaligen Kolonialstaat besteht.[1208] Es würde dem Sinn und Zweck von Art. 1 Abs. 2, Art. 55 und Art. 73 UN-Charta sowie den Generalversammlungs-Resolutionen 1514, 1541, 1803 und insbesondere der in Resolution 2625 kodifizierten Staatenpraxis und Opinio iuris völlig entgegenlaufen, sofern Abkommen zu Lasten des NSGTs getroffen werden könnten, die diesen Status einseitig verändern oder sogar beenden würden.[1209] Dies bestätigt auch der damalige Abteilungsleiter der UN-Rechtsabteilung, Hans *Corell*. In seinem Gutachten für den Sicherheitsrat hat dieser unter Heranziehung der Staatenpraxis und dem Telos der UN-Dekolonisierungsnormen, insbesondere Art. 73 UN-Charta, und dem Selbstbestimmungsrecht des Volkes der Westsahara festgestellt, dass „the Madrid Agreement did not transfer sovereignty over the territory, nor did it confer upon any of the signatories the status of an administering Power, a status which Spain alone could not have unilaterally transferred".[1210]

d) Zwischenergebnis

Aus all diesen Erwägungsgründen muss zwangsläufig folgen, dass Spanien nicht in der Lage gewesen ist, über die Rechtsposition als Verwaltungsmacht der Westsahara unilateral zu verfügen. Dies ergibt sich insbesondere

---

1207 Vgl. UN Doc S/2002/161 v. 12.2.2002, S. 2 Rn. 5 ff.

1208 Vgl. UN Doc. A/RES/2625 (XXV) v. 24.10.1970: „The territory of a colony or other Non-Self-Governing Territory has, under the Charter, a status separate and distinct from the territory of the State administering it; and such separate and distinct status under the Charter shall exist until the people of the colony or Non-Self-Governing Territory have exercised their right of self-determination in accordance with the Charter, and particularly its purposes and principles."

1209 Vgl. *Wathelet*, 2018 (Fn. 55), Rn. 226–230; *Fastenrath*, in: Simma/Khan/Nolte/ Paulus (Hrsg.), The Charter of the United Nations: A Commentary, Bd. II, S. 1836; *Bedjaoui*, in: Cot/Pellet/Forteau, La Charte des Nations Unies: commentaire article par article, S. 1763.

1210 UN Doc. S/2002/161 v. 12.2.2002, S. 2 Rn. 6.

aufgrund des starken Schutzcharakters des Selbstbestimmungsrechts der Völker, der als Vertragsautonomieschranke und Verfügungsverbot agiert. Eine vertragliche Abtretung bzw. Aufhebung der Position der Verwaltungsmacht kann somit nicht wirksam sein.[1211] Das Madrider Abkommen ist damit völkerrechtswidrig.[1212] Der strenge Wortlaut und die Verantwortlichkeit nach Art. 73 UN-Charta, die Systematik der Charta hinsichtlich ehemaliger Kolonien, der dahinter stehende Telos, die diesen Artikel ausfüllenden Resolutionen der Generalversammlung im Allgemeinen, aber auch im Speziellen zur Westsahara sowie die Opinio iuris der Staatengemeinschaft perpetuieren eine nicht disponible Rechtsposition Spaniens im Kolonialkontext des Völkerrechts, welche im Rahmen des UN-Rechtsregimes und ihrer politischen Ziele als überragend wichtig eingestuft werden muss.[1213] Marokko hatte somit niemals den Status einer Verwaltungsmacht inne und hat zu keinem Zeitpunkt des Konflikts eine Rechtfertigung seiner Präsenz durch internationales Mandat zur Verwaltung des Gebietes erlangt.[1214] Vielmehr sah Marokko sich von Anfang an als territorialen Souverän über das Gebiet der Westsahara und weicht von dieser Haltung nicht ab.[1215]

1211 So auch *Czapliński*, in: Tomuschat/ Thouvenin (Hrsg.), The Fundamental Rules of the International Legal Order, S. 94.

1212 Sofern man das koloniale Selbstbestimmungsrecht bereits 1975 als Ius-cogens-Grundsatz definiert, wäre das Abkommen darüber hinaus nach Art. 53 WVK nichtig.

1213 Vgl. Art. 1 Abs. 2 UN Charta sowie Art. 73–Art. 91 UN Charta. Vgl. *Wathelet*, 2018 (Fn. 55), Rn. 226–230; *Fastenrath*, in: Simma/Khan/Nolte/Paulus (Hrsg.), The Charter of the United Nations: A Commentary, Bd. II, S. 1836; *Bedjaoui*, in: Cot/Pellet/Forteau, La Charte des Nations Unies: commentaire article par article, S. 1763.

1214 Vgl. UN Doc. S/2002/161 v. 12.2.2002, S. 2 Rn. 6; *Trillo de Martin-Pinillos*, in: Arts/ Pinto Leite (Hrsg.), Spain as Administering Power of Western Sahara, S. 82.

1215 EuGH, 2018 (Fn. 55), Rn. 72; Dies bestätigend EuG, Urteil v. 29.9.2021, Rn. 362 f., in welchem das EuG die Comader zitiert und die Ansicht Marokkos darlegt, dass „die Sahararegion ein integraler Bestandteil des Staatsgebiets ist, über den [Marokko] die Gesamtheit seiner Souveränitätseigenschaften wie über das übrige Staatsgebiet ausübt". Der Rat hat im Verfahren 2016 vor dem Gerichtshof und in der mündlichen Verhandlung abwechselnde und sich widersprechende Auffassungen wiedergegeben und diese je nach Situation vertreten. Der Generalanwalt *Wathelet*, 2016 (Fn. 55), Rn. 76, hat eben jene Aussagen in seinem Gutachten 2016 dokumentiert und gegenübergestellt, was die realpolitische Situation rund um den wichtigen Handelspartner Marokko und die damit einhergehende Spannung zwischen interessengeleiteter Realpolitik und Europa- bzw. Völkerrechtslegitimität und Rechtmäßigkeit zutreffend beschreibt. „Der Rat hat die Auffassung [des Königreichs] Marokko, wonach das [Liberalisierungsabkommen] auf die Westsahara als Teil seines Ho-

Sowohl aus dem starken Schutzcharakter des Selbstbestimmungsrechts, welches im Fall der Westsahara kurz vor der Ausübung durch das Volk stand und durch die Inbesitznahme der Gebiete durch Marokko und die darauffolgenden realpolitischen Folgen verhindert worden ist, als auch aus dem Schutzcharakter des Art. 73 UN-Charta, dem Spanien als De-jure-Verwaltungsmacht noch immer unterliegt, ergeben sich unabhängig von der Verwaltungsmacht rechtlich bindende Verpflichtungen für Drittstaaten, die dem Status des Gebietes als NSGT entspringen.[1216] Dass Spanien die Position als Verwaltungsmacht faktisch nicht mehr ausübt oder aufgrund verschobener militärischer Machtverhältnisse nicht mehr ausüben kann, kann dem Telos des Art. 73 UN-Charta nach keine Rolle spielen. Es würde andernfalls dem Sinn und Zweck der kolonialen Verantwortung und der Dekolonisierungspolitik der UN als solcher widersprechen und diametral entgegenlaufen, wenn Kolonialstaaten sich einseitig von ihren Verpflichtungen lösen könnten und damit den Schutzcharakter der einschlägigen Regelungen unterlaufen und sich einseitig dem NSGT entziehen könnten.[1217]

---

heitsgebiets anwendbar sei, nicht stillschweigend akzeptiert, was ein Indiz für eine mittelbare Anerkennung [seiner Hoheit über dieses Gebiet] sein könnte. Er hat stillschweigend akzeptiert, dass das [Liberalisierungsabkommen] auch ... auf ein Gebiet ohne Selbstregierung Anwendung findet, das vom Königreich Marokko verwaltet wird, was weder eine Anerkennung noch eine stillschweigende Anerkennung (acquiescence) noch ein Akzeptieren bedeutet. Das Königreich Marokko und die Union sind sich bewusst, dass sie unterschiedlicher Auffassung sind. They agree to disagree. Sie sind sich darüber einig, dass die Union die Anwendung des Abkommens auf die Westsahara duldet und [das Königreich Marokko] dies nicht als Argument für seinen Hoheitsanspruch heranzieht." *Der Rat* beschreibt seine Vorgehensweise und Auffassung mit einer Formel der „Anwendung ohne Anerkennung", wobei sich für dieses Konzept kaum Anhaltspunkte in der Literatur oder Rspr. des IGHs finden lassen und das Vorgehen als solches hinsichtlich der Rechtmäßigkeit im Lichte des Nicht-Anerkennungsgrundsatzes kaum tragbar ist. Der Rat ergänzte weiterhin im Verfahren, dass „bei Abschluss des Abkommens ... unter den Mitgliedern [des Rates] ... kein Zweifel daran bestand, dass das Königreich Marokko die Westsahara als Teil seines Hoheitsgebiets ansieht", *Wathelet*, 2016 (Fn. 55), Rn. 67, Rn. 86.

1216 Vgl. hierzu im Allgemeinen UN Doc. S/2002/161 v.12.2.2002, Rn. 6. Zur Nicht-Anerkennungspflicht siehe § 3. A. IV. 2. Darüber hinaus zeigt die Staatenpraxis, dass im Falle Osttimors, welches von Portugal faktisch an Indonesien übergeben worden ist, die Verwaltungsmachtposition trotz tatsächlichen Kontrollverlusts weiterhin fortbestand, vgl. § 2. A. IV. 2. a). dd); *Wathelet*, 2018 (Fn. 55), Rn. 229.

1217 So auch ein überwiegender Teil der Literatur: *Corell*, UN Doc. S/2002/161 v.12.2.2002, Rn. 6; *Kassoti*, The EU's duty of non-recognition and the territorial scope of trade agreements covering unlawfully acquired territories, 3 Europe and the World: A law review (2019), 1 (11); *Trillo de Martin-Pinillos*, in: Arts/Pinto Leite

Somit konnte Spanien seine Verwaltungsmachtposition nicht einseitig ohne Zustimmung der Generalversammlung übertragen, womit Marokko (und Mauretanien) zu keinem Zeitpunkt die Stellung einer *De-iure*-Verwaltungsmacht zukam.[1218]

2. De-facto-Verwaltungsmacht

In der Rechtssache C-266/16 und C-104/16 P vor dem EuGH sprechen der Rat, die Kommission sowie die französische Regierung in der mündlichen Verhandlung von der Position Marokkos als *De-Facto*-Verwaltungsmacht der Westsahara. Eine solche Position hätte weitreichende Konsequenzen für das Gebiet der Westsahara in Bezug auf die Befugnis Marokkos, völkerrechtliche Verträge für das Gebiet abzuschließen.[1219]

Eingeführt wurde der Begriff der *De-facto*-Verwaltungsmacht erstmalig im Rahmen der Beantwortung parlamentarischer Anfragen an die EU-Kommission.[1220] Im Verfahren C-266/16, in dem sich die Streitparteien teilweise auf diesen Begriff beriefen, konnte die Kommission nicht belegen, dass es sich bei dem Begriff um ein völkerrechtlich anerkanntes Konstrukt handelt.[1221] Vielmehr ist dem entgegenzuhalten, dass in dem sehr ähnlich gelagerten Osttimor-Fall zu keinem Zeitpunkt die Rede von einer *De-facto*-Verwaltungsmacht war und die militärische Intervention Indonesiens als Besetzung qualifiziert wurde.[1222] Das Konstrukt der De-facto-Verwaltungsmacht ist kein anerkannter Grundsatz des Völkerrechts und kann damit nicht herangezogen werden, um die Rechtsstellung der Westsahara bzw. die Rechtsbeziehung Marokkos zur Westsahara zu definieren.[1223]

(Hrsg.), Spain as Administering Power of Western Sahara, S. 81f; *Ruiz Miguel*, in: Arts/Pinto Leite (Hrsg.), Spain as Administering Power of Western Sahara, 316; *Haugen*, 25 Anuario Español de Derecho Internacional (2011), 355 (361–364); *Kassoti/Duval*, in: Duval/Kassoti (Hrsg.), The Legality of Economic Activities in Occupied Territories, S. 15 f.

1218 UN Doc. S/2002/161 v.12.2.2002, Rn. 6.
1219 Vgl. *Wathelet*, 2016 (Fn. 55), Rn. 221–232.
1220 Europäisches ABl. 2011, C 286 E v. 30.9.2011, S. 1; *Wathelet*, 2016 (Fn. 55), Rn. 223.
1221 *Wathelet*, 2016 (Fn. 55), Rn. 224 f.
1222 IGH, Ost-Timor, ICJ Rep 1995, S. 96 Rn. 13.
1223 *Wathelet*, 2016 (Fn. 55), Rn. 229; *Kassoti*, The EU's duty of non-recognition and the territorial scope of trade agreements covering unlawfully acquired territories, 3 Europe and the World: A law review (2019), 1 (11); *Kassoti/Duval*, in: Duval/Kassoti (Hrsg.), The Legality of Economic Activities in Occupied Territories, S. 13–16.

3. Zwischenergebnis

Somit ist festzuhalten, dass Marokko zu keiner Zeit, weder de iure noch de facto die Stellung als Verwaltungsmacht der Westsahara innehatte. Vielmehr ist Spanien, trotz einseitiger Aufgabeerklärung, noch immer *De-jure*-Verwaltungsmacht der Westsahara, welche dem vollständigen Schutz des Art. 73 UN-Charta unterliegt, und deren Volk weiterhin Trägerin des (kolonialen) Selbstbestimmungsrechts der Völker ist. Hervorzuheben ist in diesem Zusammenhang eine Entscheidung des Nationalen Gerichtshofs Spaniens, der Spanien ebenfalls noch immer als Verwaltungsmacht der Westsahara ansieht, welche als solche bis zum faktischen Ende der Phase der Entkolonialisierung, die durch UN-Resolutionen klar definiert ist, die Verpflichtungen aus Art. 73 UN-Charta weiterhin trägt.[1224]

Das (koloniale) Selbstbestimmungsrecht der Völker stellt unmissverständlich einen erga omnes wirkenden und mehrfach in Vertragstexten, unter anderem in Art. 1 UN-Charta, kodifizierten Rechtsgrundsatz des Völkerrechts dar. Seit vielen Jahren wird er auch als Jus-cogens-Norm klassifiziert, unter anderem von der ILC.[1225] Hierzu führte diese aus, dass „the typ-

---

1224 *Kassoti/Duval*, in: Duval/Kassoti (Hrsg.), The Legality of Economic Activities in Occupied Territories, S. 15 f.; Audienca Nacional, Beschluss Nr. 40/2014 v. 4.7.2014, Rn. 3.

1225 Auch in den 1970er Jahren wurde der Charakter des Selbstbestimmungsrechts im Kolonialkontext schon teilweise als Ius cogens klassifiziert, wie *Gros-Espiell*, ehemaliger IGH-Richter, feststellte: „In present-day legal theory the idea that self-determination is a case of jus cogens is widely supported, whether because it is held that the character of jus cogens is an attribute of the principle of self-determination of peoples or because it is considered that this right, being a condition or prerequisite for the exercise and effective realization of human rights, possesses that character as a consequence thereof", UN Doc. E/CN.4/Sub.2/405 v. 20.6.1978. IGH-Richter *Robinson* ist in seiner separaten Meinung zum IGH-Gutachten im Chagos-Verfahren unter extensiver Heranziehung und Begutachtung der Rechtsprechung des Gerichtshofs der Ansicht, dass das Selbstbestimmungsrecht bereits 1965 einen Ius-cogens-Rechtsgrundsatz darstellte, *Robinson*, IGH, Chagos-Gutachten, ICJ Rep. 2019, S. 308; *Samuel*, in: Walter/Ungern-Sternberg/Abushov (Hrsg.), Self-Determination and Secession in International Law, S. 318 f. Die ILC führte aus: „Those peremptory norms that are clearly accepted and recognized include the prohibitions of aggression, genocide, slavery, racial discrimination, crimes against humanity and torture, and the right to self-determination", vgl. UN Doc. A/56/10(SUPP) und UN Doc. A/CN.4/L.967 v. 11.5.2022, S. 6. A.A. wohl IGH, Chagos-Gutachten, ICJ Rep. 2019, S. 139 Rn. 180, der nur von einem Erga-omnes-Charakter spricht; *Heintschel von Heinegg*, in: Epping/Heintschel von Heinegg (Hrsg.), Ipsen: Völkerrecht, § 18 Rn. 51 f. und Rn. 59; *Czapliński*, in:

ical scenario of a situation created by breach of a norm of jus cogens might include the control of territory acquired through the unlawful use of force or the continued control of territory in conflict with the right of self-determination of peoples".[1226] Wie der in dieser Arbeit ausführlich analysierte Prozess vor den UN-Organen gezeigt hat, hat das Volk der Westsahara bis heute ihr zweifellos bestehendes Selbstbestimmungsrecht nicht ausüben können, weshalb sowohl der Sicherheitsrat, die Generalversammlung, aber auch der Generalsekretär noch immer mit dieser Aufgabe betraut sind. Daher ist unter Berücksichtigung der vorstehenden Analyse, dass die DARS kein Staat im Sinne der Opinio juris der Staatengemeinschaft darstellt, festzustellen, dass die Westsahara weiterhin den rechtlichen Status eines NSGTs und damit nach Art. 73 UN-Charta einen von der Verwaltungsmacht, aber auch anderen Völkerrechtssubjekten gesonderten Status innehat. Dies stellt die stärkste Rechtsfolge und wichtigste Erkenntnis dieser Norm dar. Zwar ergibt sich diese Feststellung auch schon aus dem Wortlaut des Art. 73 UN-Charta, zumindest aber aus dem Telos der Norm. Auch folgt dies aus der von der Staatengemeinschaft durch Konsens angenommen Friendly Relations Declaration der UN-Generalversammlung, die ausdrücklich statuiert, dass „the territory of a colony or other Non-Self-Governing Territory has, under the Charter, a status separate and distinct from the territory of the State administering it" und dies damit folgelogisch auch für jeden anderen Drittstaat gilt.[1227] Die Resolution stellt überdies fest, dass „such separate and distinct status under the Charter shall exist until the people of the colony or Non-Self-Governing Territory have exercised their right of self-determination in accordance with the Charter".[1228] Die Friendly Relations Declaration wird in Teilen sogar als ein seltenes Beispiel von sofortigem und unmittelbarem Völkergewohnheitsrecht angesehen.[1229] Zumindest stellt sie durch ihre konsensuale Verabschiedung den einstimmigen Ausdruck der internationalen Staatengemeinschaft zu einer Reihe von Grundsätzen des Völkerrechts, unter anderem dem Selbstbestimmungsrecht der Völker und dem Status von Kolonien im Sinne von Art. 73 UN-Charta, dar.[1230]

Tomuschat/ Thouvenin (Hrsg.), The Fundamental Rules of the International Legal Order, S. 88 f.
1226 UN Doc. A/CN.4/714, Rn. 99.
1227 UN Doc. A/RES/25/2625 v. 24.10.1970.
1228 UN Doc. A/RES/25/2625 v. 24.10.1970.
1229 *Griffioen*, Self-Determination as a Human Right, S. 21.

Die Westsahara ist somit rechtlich ein NSGT, dessen Volk Träger des (kolonialen) Selbstbestimmungsrechts ist, welches dieses bis heute aufgrund der Invasion Marokkos (und Mauretaniens) nicht hat wahrnehmen können.[1231] Die Staatengemeinschaft hat den Status der Westsahara bis zur US-Anerkennung der marokkanischen Sichtweise 2020 einheitlich behandelt und damit insbesondere den Anspruch Marokkos auf territoriale Souveränität hinsichtlich der Gebiete der Westsahara konsequent und insbesondere konsensual negiert.[1232] Dies ist, mit Ausnahme von Marokko und den USA weiterhin der Fall und stellt damit die Behandlung der Westsahara durch die Staatenpraxis äußerst deutlich dar.[1233]

1230 *Griffioen*, Self-Determination as a Human Right, S. 21. Der IGH stellte hinsichtlich der Deklaration fest, dass sie „may be understood as an acceptance of the validity of the rule or set of rules declared by the resolution by themselves", IGH, Military and Paramilitary Activities in and Against Nicaragua, ICJ Rep. 1986, S. 100 Rn. 188; Vgl. UN Doc. A/RES/25/2625 v. 24.10.1970.

1231 Mittlerweile ist das Selbstbestimmungsrechts der Völker zu einem Rechtsgrundsatz erga omnes erstarkt. Progressive Ansätze wollen es gar als Ius-cogens-Grundsatz definieren, UN Doc. A/56/10 (SUPP), Report of the International Law Commission, 53rd Session v. 23.4.–1.6 und 2.7–10.8.2001, S. 208 Rn. 5, S. 284 Rn. 5; IGH, Ost-Timor, Urteil v. 30.6.1995, ICJ Rep 1995, S. 102 Rn. 29; IGH, Mauer-Gutachten, ICJ Rep. 2004, S. 199 Rn. 155 ff. In der Literatur gibt es breitere Unterstützung für diesen Ansatz, wobei auch hier Streit über Reichweite und Ausmaß des Selbstbestimmungsrechts besteht, *Talmon*, in: Tomuschat/Thouvenin (Hrsg.), The Fundamental Rules of International Legal Order, S. 123.
Die Staatenpraxis ist sich zumindest unschlüssig über die mögliche Kategorisierung des Selbstbestimmungsrechts als Ius-cogens-Satz und konnte sich bis dato zu keinem Anwendungsbereich des Rechtssatzes noch zur methodischen und praktischen Umsetzung einigen, unterscheidet aber recht konsistent zwischen nicht-kolonialem und kolonialem Kontext. Allerdings riefen sowohl der Sicherheitsrat als auch die Generalversammlung mehrfach dazu auf, illegale Annexionen oder unrechtmäßige Verwaltung und Präsenz einer Besatzungsmacht nicht anzuerkennen und zu unterstützen, Beispiel hierfür die Verurteilung des Sicherheitsrates zur Annexion Ost-Jerusalems durch Israel (UN Doc. S/RES/478 v. 2.8.1980, Rn. 5), zur irakischen Annexion Kuwaits (UN Doc. S/RES/662 v. 9.8.1990, S. 20 Rn. 2) oder der Nicht-Anerkennungsaufruf des Sicherheitsrates zur Südafrikanischen Präsenz und Administration in Namibia, dessen Bevölkerung das Recht auf Selbstbestimmung verwehrt worden ist. (UN Doc. S/RES/283 v. 29.7.1970, S. 3 Rn. 1–3; *Talmon*, in: Tomuschat/Thouvenin (Hrsg.), The Fundamental Rules of International Legal Order, S. 123.

1232 *Wathelet*, 2016 (Fn. 55), Rn. 26.

1233 Siehe zur Anerkennung der Souveränitätsansprüche Marokkos über die Gebiete der Westsahara § 3. A. IV. 2; *Wathelet*, 2016 (Fn. 55), Rn. 26.

IV. Besatzungsmacht im Sinne des humanitären Völkerrechts

Darauf aufbauend ist fraglich, ob Marokko möglicherweise das Gebiet der Westsahara besetzt hat und somit die Regelungen des humanitären Völkerrechts zur Anwendung kommen. Dem Eindringen Marokkos in das Gebiet der Westsahara im Jahre 1975 durch den weitgehend mit Zivilisten besetzten Grünen Marsch sowie den darauffolgenden militärischen Einheiten gehen wichtige historische Ereignisse voraus, die aufgrund ihrer noch heute fortwirkenden Ausmaße in gebotener Länge dargelegt werden müssen. Der international rechtliche Rahmen hinsichtlich der für den Westsahara-Konflikt einschlägigen Normen zum Besatzungsrecht wird vor allem durch die HLKO und die GK IV gesetzt. Marokko hat die Genfer Konventionen am 26.7.1956 ratifiziert. Vorweg ist weiter festzuhalten, dass die Regelungen der HLKO und der GK IV zu Völkergewohnheitsrecht erstarkt sind und darüber hinaus *Erga-omnes*-Verpflichtungen darstellen.[1234] Das Zusatzprotokoll I von 1977 hat Marokko allerdings erst am 3.6.2011 ratifiziert, weshalb eine vorherige Anwendung des Protokolls, sofern dieses nicht nur Völkergewohnheitsrecht wiedergibt, ausgeschlossen ist.[1235]

Aus Sicht des Völkerrechts ist ein illegal annektiertes Gebiet als okkupiertes Gebiet zu betrachten, um vor allem Schutz für die Zivilbevölkerung durch einen verbindlichen rechtlichen Rahmen zu schaffen.[1236] Sollte die Westsahara als besetztes Gebiet zu klassifizieren sein, stellt sich darüber hinaus die Frage, was dies für rechtliche Konsequenzen nach sich zieht, insbesondere nach dem völkerrechtlichen Prinzip des Nicht-Anerkennungsgrundsatzes . Ferner ist zu fragen, wie die Staatengemeinschaft die Regelungen des humanitären Völkerrechts im Hinblick auf die Westsahara respektiert, anwendet oder eben nicht anwendet.

1234 IGH, Legality of the Threat or Use of Nuclear Weapons, Gutachten v. 8.7.1996, ICJ Rep. 1996, S. 257 Rn. 79. Bestätigend: IGH, Mauer-Gutachten, ICJ Rep. 2004, S. 172 Rn. 89, S. 199 Rn. 157.

1235 https://ihl-databases.icrc.org/applic/ihl/ihl.nsf/vwTreatiesByCountrySelected.xsp? xp_countrySelected=MA&nv=4, zuletzt abgerufen am 15.6.2024.

1236 So Art. 47 IV GK IV; Gundel, Der EuGH als Wächter über die Völkerrechtlichen Grenzen von Abkommen der Union mit Besatzungsmächten, 52 Europarecht (2017) 470 (478); IGH, Mauer-Gutachten, ICJ Rep. 2004, S. 173 ff. Rn. 92 ff.

1. Die Westsahara als Adressat des humanitären Völkerrechts

Das zunächst größte Problem, das sich in dieser Bewertung stellt, ist, dass die Westsahara kein Staat ist und die Regeln des humanitären Völkerrechts bzw. des Besatzungsrechts klassischerweise zunächst nur zwischenstaatliche Anwendung finden.[1237] Dadurch stellt sich die Frage, ob der Status der Westsahara als NSGT und die realpolitisch umstrittene Frage nach der Souveränität des Gebietes die Anwendung des humanitären Völkerrechts und sogar das Bestehen einer Besatzung beeinflussen kann. Die GK IV findet nach dem gemeinsamen Art. 2 der Konventionen Anwendung, sofern ein bewaffneter Konflikt vorliegt und dieser zwischen Vertragsparteien entstanden ist. Die GK IV ist ihrem Wortlaut nach ebenfalls zunächst nur an Staaten adressiert. Gleiches gilt für die HLKO, die in Art. 2 statuiert, dass die Bestimmungen der in Artikel 1 angeführten Ordnung sowie des vorliegenden Abkommens nur zwischen den Vertragsmächten Anwendung finden und nur dann, wenn die Kriegführenden sämtlich Vertragsparteien sind. Art. 1 Abs. 4 des ZPI erstreckt die Anwendung der Konventionen auf „die bewaffneten Konflikte, in denen Völker gegen koloniale Herrschaft und ausländische Besetzung (...) in Ausübung des Selbstbestimmungsrechts der Völker kämpfen". Zwar ist Marokko Vertragsstaat dieser Abkommen sowie des ZP I, dieses wurde allerdings erst im Jahre 2011 ratifiziert, wohingegen das Gebiet der Westsahara bereits seit 1976 von Marokko kontrolliert und militärisch erobert worden ist. Gemäß Artikel 96 III des ZPI hat die Polisario durch eine beim Schweizerischen Bundesrat als Depositar der Genfer Abkommen hinterlegte einseitige Erklärung vom 23.6.2015 beschlossen, die Genfer Konventionen von 1949 und das Protokoll I im Konflikt zwischen ihr und Marokko anzuwenden.[1238]

In Anlehnung an die späte Ratifikation Marokkos bzw. der Erklärung der Polisario zur Anwendung der Genfer Konventionen und des ZPI könnte also argumentiert werden, dass zuvor kein humanitäres Völkerrecht Anwendung gefunden habe, da der Tatbestand der Normen aufgrund der Nicht-Staatlichkeit der Westsahara nicht erfüllt gewesen sei. Dies würde wiederum bedeuten, dass ein NSGT, das einen besonderen Schutzstatus im System der UN genießt und dessen jeweilige Verwaltungsmacht nach Art. 73 UN-Charta den „heiligen" Auftrag innehat, im Rahmen des durch diese Charta errichteten Systems des Weltfriedens und der internationalen

---

1237 *Heintschel von Heinegg*, in: Epping/Heintschel von Heinegg (Hrsg.), Ipsen: Völkerrecht, § 61 Rn. 1 ff.

1238 Hierzu ausführlich unten § 3. A. IV. 1. d).

Sicherheit das Wohl dieser Einwohner aufs Äußerste zu fördern, und dessen Volk das unabdingbare Recht auf politische Selbstbestimmung trägt, keinen Schutz nach humanitärem Völkerrecht genießen würde. Dies würde auch dann gelten, sofern der politische Prozess der Selbstbestimmung ironischerweise durch eine Besatzung eines Drittstaates gestoppt würde und damit die Unabhängigkeit eines NSGT verhindert würde. Auch ergibt sich aus der Systematik des NSGT-Rechts, dass die jeweilige Verwaltungsmacht gerade nicht unilateral ihre Position verwerfen und einem Dritten diese Position übertragen kann. Sich seiner kolonialen Verantwortung zu entziehen, indem man einseitig beschließt, das Gebiet an einen Drittstaat abzutreten, unter militärischem Druck oder auch nicht, kann daher durch den starken, zu Gewohnheitsrecht erstarkten Schutzcharakter der Dekolonisierungsresolutionen, der Staatenpraxis und den Grundsätzen der UN-Charta nicht möglich sein. Die Situation, in welcher ein NSGT kurz vor Ausübung des Selbstbestimmungsrechts in Form eines Referendums über die mögliche Unabhängigkeit des ehemals kolonisierten Gebietes von einem Drittstaat besetzt wird, kann bereits nach dem Schutzzweck der Regelungen des Besatzungsrechts nicht hingenommen werden. Dieser umfasst gerade auch die Zivilbevölkerung und die Rechte des Volkes des besetzten Gebietes, wozu in Fällen von NSGTs insbesondere das Selbstbestimmungsrecht der Völker zählt. Andernfalls hinge der Status einer Besatzung vollends von dem zufälligen Zeitpunkt der Ausübung des Selbstbestimmungsrechts ab sowie von der jeweiligen Verwaltungsmacht und ihrem Handeln.

In der Staatenpraxis gibt es mit der Situation Israels und Palästinas sowie mit Osttimor und Indonesien wichtige Präzedenzfälle zur Anwendbarkeit des humanitären Völkerrechts in nichtstaatlichen Entitäten. Der Sicherheitsrat hat beispielsweise in seiner Resolution 2334 Israel an seine Verpflichtungen als Besatzungsmacht erinnert und dazu aufgefordert „to abide scrupulously by its legal obligations and responsibilities under the Fourth Geneva Convention". Weiter verurteilte er „measures aimed at altering the demographic composition, character and status of the Palestinian Territory occupied since 1967, including East Jerusalem, including, inter alia, the construction and expansion of settlements, transfer of Israeli settlers, confiscation of land, demolition of homes and displacement of Palestinian civilians, in violation of international humanitarian law and relevant resolutions". Ferner wiederholte er seine Forderung an Israel, dass der Staat „immediately and completely cease all settlement activities in the occupied Palestinian territory, including East Jerusalem, and that it fully respect all of its legal obligations in this regard".[1239] Freilich ist die Situation Palästinas weder politisch noch geschichtlich und auch rechtlich nicht vollends übereinstimmend und vergleichbar mit jener der Westsahara. Allerdings ist Palästina ebenfalls kein von der UN anerkannter Staat, wird aber trotzdem von den UN-Organen und auch von der internationalen Staatengemeinschaft richtigerweise unter den Schutzschirm des humanitären Völkerrechts gestellt. Zwar nicht so explizit und ausdrucksstark wie im Falle Palästinas, hat sich der Sicherheitsrat aber dennoch zur Situation Osttimors geäußert, welches als NSGT unter portugiesischer Verwaltungsmacht von Indonesien besetzt und annektiert worden war. Auch hier wurde statuiert, dass Regelungen des humanitären Völkerrechts sowohl von indonesischer als auch von osttimoresischer Seite einzuhalten und zu befolgen sind. Der Sicherheitsrat stellte diese Aufforderung allerdings erst im Jahr 1999 auf und äußerte sich zuvor, ähnlich wie im Falle der Westsahara, nicht zur rechtlichen Einordnung des Konflikts zwischen Osttimor und Indonesien. Vielmehr überließ er die Beilegung der postkolonialen Annexion und deren Folgen weitestgehend der Generalversammlung.[1240] Israel versuchte in paralleler und übereinstimmender Argumentation zu Marokkos Ansicht jahrelang, seine Position zu festigen, dass das Westjordanland nicht besetzt sein kann.[1241] Begründet wurde dies damit, dass es vor der Annexion durch

---

1239 UN Doc. S/RES/2334 v. 23.12.2016.

1240 UN Doc. S/RES/1264 v. 15.9.1999. Siehe zur Frage nach der Zuständigkeit zur Beilegung des Konflikts UN Doc. S/RES/389 v. 22.4.1976, S. 18.
Der Sicherheitsrat erließ zum Osttimor-Konflikt, ähnlich wie zum Westsahara-Konflikt, der jeweiligen Situation nicht gerecht werdende Resolutionen, die sowohl in ihren Aufforderungen an die Aggressoren sowie in ihrer Quantität hinter den rechtlichen Notwendigkeiten weit zurückblieben. Zur brutalen Annexion Osttimors durch Indonesien im Jahr 1975, in welchem Hunderttausende Menschen ihr Leben verlieren sollten, verabschiedete der Sicherheitsrat im Zeitraum 1975–1999 nur zwei Resolutionen, UN Doc. S/RES/384 v. 22.12.1975 sowie UN Doc. S/RES/389 v. 22.4.1976. Duktus der beiden Resolutionen war, dass alle Staaten aufgerufen worden sind, „to respect the territorial integrity of East Timor as well as the inalienable right of its people to self-determination in accordance with General Assembly resolution 1514 (XV)". Ferner rief er Indonesien in beiden Resolutionen dazu auf, „to withdraw without delay all its forces from the Territory", UN Doc. S/RES/389 v. 22.4.1976, S. 18. Weitere Maßnahmen des Sicherheitsrates sind nicht erfolgt, ebenfalls wurde die Annexion Osttimors durch Indonesien nicht weiter betrachtet, vor allem nicht aus einer völkerrechtlichen Sicht. Auch die Generalversammlung schwieg zum rechtlichen Status Osttimors unter Indonesiens Verwaltung und vermied eine Auseinandersetzung mit den Regelungen des humanitären Völkerrechts.

1241 IGH, Mauer-Gutachten, ICJ Rep. 2004, S. 171 Rn. 86.

Jordanien kein souveränes jordanisches Gebiet gewesen sei, da Art. 2 Abs. 2 der GK IV fordere, dass eine Besetzung des Hoheitsgebiets einer Hohen Vertragspartei erfolgt ist.[1242] Ähnlich argumentierte Marokko vor dem IGH und auch bis dato noch, indem es den spanischen Anspruch auf die Spanish Sahara nicht anerkannte und verkündete, dass die Spanish Sahara vor der Kolonialisierung bereits marokkanisches Territorium gewesen sei, und ist somit ebenfalls der Ansicht, dass eben keine Besetzung des Hoheitsgebiets eines anderen Staates vorlag. Der IGH verwarf eine solch enge Auslegung des Anwendungsbereichs des humanitären Völkerrechts in seinem Mauer-Gutachten und stellte fest, dass das Besatzungsrecht auch Anwendung bei nicht-staatlichen Entitäten wie Palästina findet.[1243] Dem sich anschließend hat sich eine große Strömung in der Literatur gebildet, die das Besatzungsrecht auch auf NSGTs, gerade auch auf den Fall der Westsahara bezogen, die als DARS Mitglied der AU ist und von vielen Staaten als solcher anerkannt wird, anwendet.[1244]

Aus dem Schutzgedanken des Besatzungsrechts sowie aus den Rechtsgedanken des Zusatzprotokolls I kann daher geschlossen werden, dass ein ehemals kolonisiertes Gebiet, welches sich noch immer im Prozess der Dekolonisierung befindet und unter Fremdherrschaft verwaltet wird, nicht durch militärische Annexion unter Ausschluss der Anwendung des Besatzungsrechts durch einen Drittstaat rekolonisiert werden kann. Ebenfalls kann dieses nicht als weniger schutzbedürftig angesehen werden als ein eigenständiger Staat, der die effektive Hoheitsgewalt über sein Territorium frei ausüben kann und darf. Dies würde zu großen Wertungswidersprüchen innerhalb des UN-Rechtsrahmens führen, welcher das Selbstbestimmungsrecht als tragende Säule des UN-Systems in Art. 1 Abs. 2 UN-Charta manifestiert und gleichzeitig das Gewaltverbot in Art. 2 Abs. 4 UN-Charta statuiert.

Zudem wird ein NSGT durch Art. 73 UN-Charta insbesondere dadurch geschützt, dass seine jeweilige Verwaltungsmacht als „heiligen Auftrag" die Verpflichtung übernimmt, im Rahmen des durch diese Charta errichteten Systems des Weltfriedens und der internationalen Sicherheit das Wohl dieser Einwohner aufs Äußerste zu fördern. Art. 73 lit. a–e UN-Charta statuieren dabei die besondere Schutzwürdigkeit eines solchen Gebietes unter Berücksichtigung der jeweiligen kulturellen, politischen und wirtschaftlichen

---

1242 IGH, Mauer-Gutachten, ICJ Rep. 2004, S. 173 Rn. 90, 93 f.
1243 IGH, Mauer-Gutachten, ICJ Rep. 2004, S. 200 Rn. 159.
1244 Vgl. hierzu die ausführliche Auflistung bei *Wathelet*, 2018 (Fn. 55), Fn. 223; *Ben-Nun*, The Fourth Geneva Convention for Civilians, S. 145.

Besonderheiten. Das durch die UN-Charta in Art. 1 Abs. 2 und Art. 73 UN-Charta manifestierte Selbstbestimmungsrecht ehemals kolonialisierter Völker in Verbindung mit dem höchsten Grundsatz des UN-Rechtsrahmens, dem Verbot der Anwendung von Gewalt, stellt zu einer fremdbestimmten und durch Gewalt durchgesetzten Einnahme des Gebietes durch einen Drittstaat die rechtliche Kehrseite zur Besatzung dar. Die einseitige Abhängigkeit eines zuvor kolonialisierten Volkes von seinem Kolonialherrn sollte durch die postkoloniale Ära der UN gerade beendet werden und niemals zum Nachteil des noch immer nicht selbstbestimmten Volkes gereichen. Ließe man nun aber zu, dass im Falle von NSGTs, deren Verwaltungsmacht sich nicht militärisch gegen Aggressionen oder Gewaltanwendungen eines Drittstaates zu Wehr setzt, welcher darüber hinaus nicht Mitglied des ZP I ist, die Regelungen des humanitären Völkerrechts keine Anwendung finden, entstünde ein nicht hinnehmbares rechtliches Vakuum. Dieses würde der Zivilbevölkerung eines NSGTs im Falle einer militärischen Besatzung jegliche rechtliche Gewährleistungen und jeglichen Schutz entziehen, den Bewohner eines Staates wiederum genießen würden. Diesen Erwägungsgründen steht allerdings die strenge Systematik und Dogmatik des Besatzungsrechts sowie ein tragender Grundgedanke des Völkerrechts entgegen. Nach diesen kann ein Staat an keine Verpflichtungen gebunden sein, die er nicht eingegangen ist oder nicht durch den völkergewohnheitsrechtlichen und Erga-omnes-Charakter einer Regelung gebunden ist.

a) Der Anwendungsbereich des humanitären Völkerrechts in der Westsahara

Im Falle des Westsahara-Konflikts zeigt sich, dass für den atypischen Fall einer militärischen Aktion gegen ein NSGT, gegen welche sich die von der UN eingesetzte Verwaltungsmacht nicht zur Wehr setzt, eine rechtlich äußerst ungeklärte, ungewöhnliche und wohl nicht von der Staatengemeinschaft antizipierte Situation vorliegt, die sowohl von der Staatenpraxis als auch von der UN vernachlässigt worden ist. Der Großteil der Literatur nimmt die Anwendung des Besatzungsrechts schlichtweg an, ohne eine dogmatische Einkleidung des Westsahara-Konflikts in den normativ eng geschnürten Rahmen und Wortlaut der HLKO und GK IV vorzunehmen.[1245] Gerade hinsichtlich des Anwendungsbereichs bzw. der Eröffnung

---

1245 Vgl. die bei *Wathelet*, 2018 (Fn. 55), Fn. 223 erwähnte Literatur.

des Tatbestands der jeweiligen Normen kommen allerdings gravierende Probleme auf.[1246] Die Außerachtlassung der Besonderheiten der Westsahara-Situation im Lichte der für Staaten geschaffenen Regelungen des humanitären Völkerrechts schafft keine Abhilfe, sondern verkompliziert die Frage um den Status der Westsahara unnötigerweise, indem rechtliche Konzepte schlichtweg falsch angewandt werden könnten und der Prozess zur Beilegung des Konfliktes damit erschwert werden könnte. Daher ist eine Einordnung der jeweiligen Zeitperioden unter Berücksichtigung der jeweiligen Akteure des Konflikts vonnöten, um zu einer genauen Einordnung iSd. humanitären Völkerrechts zu gelangen. Zunächst kommt eine Einordnung nach Art. 2 Abs. 1 GK IV in Betracht, der fordert, dass es zwischen zwei Vertragsparteien einen bewaffneten Konflikt gegeben hat. Es wäre möglich, dass zwischen Spanien und Marokko ein bewaffneter Konflikt stattgefunden hat, der in der Besetzung der Westsahara durch Marokko (und Mauretanien) mündete.

aa) Spanien–Marokko im Jahr 1975

Von besonderer Bedeutung, auch hinsichtlich der von 1976–1988 stattfindenden militärischen Auseinandersetzungen zwischen der Polisario und Marokko (bis 1979 auch mit Mauretanien), sind die realpolitischen Umstände der Jahre 1974 und 1975. Die weltpolitische Situation ist angespannt und der Kalte Krieg und die damit einhergehenden ideologisch politischen Glaubensfragen beherrschen und beeinflussen noch stark die diplomatischen Verhältnisse, auch unter den Konfliktparteien. Darüber hinaus sind gerade in diplomatischen Vereinbarungen und Gesprächen zwischen Marokko und den USA die Nachwehen des Yom-Kippur-Krieges zu spüren und die allgemeine Interessenlage der US-Amerikaner hinsichtlich ihrer Nahost-Politik zu berücksichtigen. In diesem Rahmen sahen die USA Marokko stets als stabilen Partner an und hatten ein großes Interesse an der Aufrechterhaltung der guten bilateralen Beziehungen.[1247] Zwar gaben sich

---

1246 Vgl. *Wathelet*, 2018 (Fn. 55), Fn. 223.

1247 Vgl. zum Yom-Kippur-Krieg ausführlich *Dubuisson/Koutroulis*, in: Ruys/Corten (Hrsg.), The Use of Force in International Law, S. 189–200. Hierzu beispielhaft heranzuziehen ist die Einschätzung *Sobers*, damaliger Staatssekretär im State Department unter *Cyrus Vance*, der diesem Folgendes schrieb: „Moroccan attitudes on the Middle East also are appreciated by Israel's friends on the Hill, who would be quite helpful given Hassan's public backing of Sadat's peace initiative. It is

die USA nach außen hin stets neutral. Das faktische Handeln und die staatseigenen Berichte diplomatischer Beziehungen bzw. Ausfertigungen der Geheimdienste belegen allerdings, dass die marokkanische Haltung während des Konflikts durchgängig befürwortet und gleichzeitig zu stärken versucht wurde.[1248] Unter allen Umständen sollte jedoch verhindert werden, dass die Problematik rund um die Westsahara internationalisiert wird, um so einen weiteren Ost-West-Konfliktherd auf der Welt zu vermeiden, weshalb die Unterstützung für Marokko stets subtil und unter Anstrengung großer diplomatischer Vorsicht erfolgte.[1249] König *Hassan II* wusste um seine starke Position und missbrauchte diese zu Lasten der indigenen Bevölkerung der Westsahara seit Beginn der eigenen Unabhängigkeit. Dies galt besonders seit Ankündigung der Spanier im Jahr 1974, ein Referendum durchführen zu wollen, welches die, nach internationalem Recht legitime und sogar geforderte, Wahlmöglichkeit der Unabhängigkeit vorsah. Wiederholt wies er auf die Gefahr bzw. die aus seiner Sicht unter allen Umständen bevorstehende Invasion kommunistischer Mächte, vor allem durch die Sowjetunion und China in der Westsahara hin, sollte das Gebiet seine Unabhängigkeit erlangen. Diesbezüglich wurde er nicht müde

---

doubtful Congress actually would block the proposed sales. Our desire to respond positively is based on our close relationship with King Hassan, who has been sympathetic to American interests throughout his reign and has given us strong support on Middle Eastern and African problems important to the U.S. Within the Third World, he has been almost uniquely cooperative in military and intelligence matters, e.g., permitting us to maintain bases in Morocco and to schedule regular visits by nuclear-powered warships.", *Office of the Historian,* Foreign Relations of the United States, 1977–1980, Volume XVII, Part 3, North Africa (Western Sahara), Dokument 222 v. 5.1.1978; So auch die Erkenntnis des Abschlussberichts des *Policy Review Comittees,* welches aus Vertretern verschiedenster oberster US-Bundesbehörden und Ministerien zusammengesetzt war: „It was agreed that the U.S. has a serious interest in Morocco and in cooperation with King Hassan. Morocco's generally moderate stand on Middle East and African issues is a particularly valuable asset.", *Office of the Historian,* Foreign Relations of the United States, 1977–1980, Volume XVII, Part 3, North Africa, Dokument 38 v. 27.3.1979.

1248 Zum Beispiel *Office of the Historian,* Foreign Relations of the United States, 1969–1976, Volume E-9, Part 1, Documents on North Africa, 1973–1976, Dokument 94 v. 4.10.1975; Dokument 100 v. 30.10.1975.

1249 Beispielsweise schrieb *Kissinger* in einem Brief an König *Hassan II:* „You know from our past conversations that we have followed the dispute over the Sahara closely and have always sought to be helpful where we could without ourselves seeking to become a party to this dispute. We will continue to do so.", *Office of the Historian,* Foreign Relations of the United States, 1969-1976, Volume E-9, Part 1, Documents on North Africa, 1973–1976, Dokument 94 v. 4.10.1975.

zu erwähnen, dass Marokko ein solches „Fait accompli" niemals zulassen und sich mit aller Macht dagegen militärisch wehren würde.[1250]

Implizit und auch immer wieder sehr direkt versuchte er selbst oder durch seine Botschafter und engsten Staatsbediensteten die US-Amerikaner zum einen von der immensen Gefahr der Invasion in das seiner Ansicht nach historischer und rechtlicher Weise Marokko zustehende Gebiet der Westsahara und andererseits von der Strohpuppenfunktion Algeriens in dem Konflikt zu überzeugen. Dieses agiere nur als verlängerter Arm der Sowjetunion und das Interesse der US-Amerikaner sei mithin groß, die Entstehung eines solchen Staates zu verhindern.[1251] Unter Verwendung von Hyperbeln und impliziten Drohungen der immensen Verschlechterung bilateraler Beziehungen versuchte *Hassan*, die marokkanische bevorstehende Invasion rechtfertigen zu können und in gewisser Weise die Unterstützung der Amerikaner hierzu einzuholen bzw. einer konterkarierenden Haltung der USA bezüglich der eigenen Westsahara-Politik entgegenzuwirken.[1252] Mitunter führte diese Politik *Hassans* zum Erfolg, verfestigte die marokkanische Position und erzielte diplomatische Unterstützung, vor allem im Lager der USA, die Marokko stets als wichtigsten und stabilsten Partner im Nordafrikanischen Raum ansahen. Dies galt insbesondere im Hinblick auf den geostrategisch äußerst wichtigen militärischen Rückzugsraum in Zeiten des Kalten Krieges.[1253]

Ferner ist in Spanien das Ende des *Franco*-Regimes in Sicht, der afrikanische Kontinent ist, bis auf die portugiesischen Kolonien und die Westsahara, weitestgehend von Fremdherrschaft befreit, allerdings gezeichnet von postkolonialen Interessenswidersprüchen und Handelsbeschränkungen. Fast gleichzeitig zu den Geschehnissen in und um die Gebiete der Westsahara spielt sich auf der anderen Seite der Weltkugel ein nahezu

---

1250 *Office of the Historian,* Foreign Relations of the United States, 1969–1976, Volume E-9, Part 1, Documents on North Africa, 1973–1976, Dokument 90 v. 15.10.1974.

1251 *Office of the Historian,* Foreign Relations of the United States, 1969–1976, Volume E-9, Part 1, Documents on North Africa, 1973-1976, Dokument 90 v. 15.10.1974.

1252 *Hassan II* traf in einem persönlichen Gespräch mit *Kissinger* folgenden Vergleich: „To accept an independent state in the Spanish Sahara is, all things being equal, like the United States accepting the Soviet missiles in Cuba or like the Soviet Union accepting the Czech situation. The same imperative applies in this case.", woraufhin *Kissinger* replizierte: „If I were in Your Majesty's position, I would do exactly the same thing.", *Office of the Historian,* Foreign Relations of the United States, 1969–1976, Volume E-9, Part 1, Documents on North Africa, 1973–1976, Dokument 90 v. 15.10.1974.

1253 *Office of the Historian,* Foreign Relations of the United States, 1977–1980, Volume XVII, Part 3, North Africa (Western Sahara), Dokument 222 v. 5.1.1978.

spiegelgleicher Konflikt zwischen Portugal, Indonesien und dem NSGT Osttimor ab.[1254]

Spanien war in diesem Jahr ohne Zweifel sowohl de iure als auch de facto die Verwaltungsmacht der Westsahara und hatte sich dazu verpflichtet, das seit 1966 anstehende und von der UN geforderte Referendum zur Determinierung der politischen Zukunft des sahrawischen Volkes durchzuführen. Als solche hat Spanien freilich gewisse Verpflichtungen, gerade hinsichtlich der territorialen Integrität der Westsahara, welche auch bereits zum damaligen Zeitpunkt von der Staatenpraxis und von der UN als ein von der Verwaltungsmacht zu differenzierendes und abzugrenzendes Gebiet angesehen worden ist.[1255] Wichtig für die Frage, ob ein bewaffneter Konflikt zwischen Spanien und Marokko iSd. GK IV bzw. der HLKO vorlag, ist zunächst, dass beide Staaten im Jahr 1975 die GK IV ratifiziert hatten und die Regelungen der HLKO ohnehin durch ihren gewohnheitsrechtlichen und erga omnes wirkenden Charakter Anwendung fanden.[1256]

bb) Marokkos Drohungen mit militärischer Gewalt

Bereits 1970 drohte Marokko Spanien erstmalig mit der potentiellen Anwendung militärischer Gewalt, um den Konflikt um die Westsahara beenden zu wollen bzw. in eine Richtung zu lenken, die der marokkanischen Position entsprach.[1257] Bis zum Jahr 1975 wurden etwaige militärische Konfliktlösungsansätze nicht weiterverfolgt. Als das Referendum allerdings von den Spaniern vorbereitet wurde und kurz bevorstand, erneuerte Marokko den politischen Druck, indem erneut mit militärischer Gewalt gedroht wurde.[1258] Marokko beließ es im Jahr 1975 nicht bei den Drohungen, sondern provozierte mit gezielten Attacken geringer Intensität die territoriale

---

1254 Vgl. § 2. A. IV. 2. a). dd).

1255 UN Doc. A/RES/2625 v. 24.10.1970 sowie IGH, Military and Paramilitary Activities in and against Nicaragua (Nicaragua v. United States of America), ICJ Rep. 1986, S. 102 f. Rn. 193; IGH, Armed Activities on the Territory of the Congo (Democratic Republic of the Congo v. Uganda), Urteil v. 19.12.2005, ICJ Rep. 2005 S. 246 Rn. 226 f.; *Dinstein*, Non-International Armed Conflicts in International Law, Rn. 262, 301.

1256 Vgl. *Wathelet*, 2016 (Fn. 55), Rn. 137–140.

1257 *Hodges*, The Roots of a Desert War, S. 118, *Saul*, Many Small Wars: The Classification of Armed Conflicts in the Non-Self-Governing Territory of Western Sahara (Spanish Sahara) in 1974–1976, S. 7.

1258 Ausführlich *Hodges*, The Roots of a Desert War, S. 174 ff.

Integrität der Westsahara, indem wiederholte Grenzüberschreitungen marokkanischer militärischer Einheiten erfolgten. Diese wurden von Spanien teilweise auch gewaltsam verhindert.[1259] Um die Drohungen und kleineren Zwischenfälle zu intensivieren, verlegte Marokko 25.000 Soldaten an die Grenze der Westsahara, die damit im Mai 1975 die Truppenstärke der spanischen Einheiten in der Westsahara um 5000 Mann übersteigen sollte. Marokkanische Grenzsoldaten feuerten in diesem Zeitraum auf spanische Hubschrauber. Im Juni 1975 drangen marokkanische Truppen in die Westsahara ein, ergaben sich allerdings kampflos den spanischen Soldaten, nachdem diese die marokkanischen Militärs festsetzten.[1260] Wenige Tage nach diesem Zwischenfall drangen erneut marokkanische Militärangehörige in das Gebiet der Westsahara ein und versuchten, spanische Grenzüberwachungsposten einzunehmen. Sie flohen aber kampflos, als bemerkt wurde, dass die Posten noch immer besetzt waren.[1261]

In der Stadt Tah im nördlichen Teil der Westsahara kam es Ende Juni nach einer von marokkanischen Militärangehörigen gelegten Mine zu fünf Todesopfern auf Seiten der spanischen Truppen. Kurz zuvor hatte es einen Angriff marokkanischer Luftabwehreinheiten auf zwei spanische Aufklärungsflugzeuge gegeben, woraufhin die Spanier mit einem Angriff ihrerseits reagierten, der keine Todesopfer oder Verletzten zur Folge hatte. Am 2.8.1975 kam es sodann zu einem vergleichsweise größeren Zwischenfall, als marokkanische Truppen die Stadt Hawzah im Norden der Westsahara angriffen und in den darauffolgenden Kämpfen mit den spanischen Truppen drei Menschen ums Leben kamen.[1262] In den darauf folgenden Monaten kam es immer wieder zu kleineren Auseinandersetzungen und militärischen Drohungen, speziell aus dem Lager Marokkos.[1263] Zwar mögen die militärischen Auseinandersetzungen der beiden Staaten auf den ersten Blick nicht vollends einen bewaffneten Konflikt darstellen. Aller-

---

1259 *Zunes/Mundy*, Western Sahara, S. 4 f.
1260 *Saul*, Many Small Wars: The Classification of Armed Conflicts in the Non-Self-Governing Territory of Western Sahara (Spanish Sahara) in 1974–1976, S. 7.
1261 *Zunes/Mundy*, Western Sahara, S. 4; *Saul*, Many Small Wars: The Classification of Armed Conflicts in the Non-Self-Governing Territory of Western Sahara (Spanish Sahara) in 1974–1976, S. 7.
1262 *Zunes/Mundy*, Western Sahara, S. 5; *Saul*, Many Small Wars: The Classification of Armed Conflicts in the Non-Self-Governing Territory of Western Sahara (Spanish Sahara) in 1974–1976, S. 7.
1263 *Zunes/Mundy*, Western Sahara, S. 4; *Saul*, Many Small Wars: The Classification of Armed Conflicts in the Non-Self-Governing Territory of Western Sahara (Spanish Sahara) in 1974–1976, S. 7.

dings lässt sich mit guten Argumenten vertreten, dass die unterschwelligen Kampfhandlungen, die auch teils Todesopfer forderten, ausreichend gewesen sind, um den Tatbestand des internationalen bewaffneten Konflikts zu erfüllen.[1264] Die Regelungen der Genfer Konventionen finden nach Art. 2 GK IV Anwendung, sofern ein bewaffneter Konflikt zwischen zwei Vertragsparteien ausgebrochen ist, der explizit nicht von den Parteien als solcher anerkannt werden muss.[1265] Art. 2 Abs. 2 GK IV stellt darüber hinaus in Erweiterung des Art. 2 Abs. 1 GK IV klar, dass die Genfer Konvention auch dann anwendbar bleibt, sofern im Laufe des Konflikts im Rahmen einer möglichen Besatzung durch die gegnerische Konfliktpartei dieser eben nicht mit Waffengewalt oder anderweitig militärisch entgegnet wird.[1266] Zur Intensität der eingesetzten militärischen Gewalt zwischen den Parteien eines internationalen Konflikts reicht im Gegensatz zu den Kriterien für nicht-internationale Konflikte bereits ein einziger Angriff aus, um die Anwendung des humanitären Völkerrechts auszulösen.[1267] Einschränkend wird hier allerdings teilweise vertreten, dass kleinere Grenzkonflikte und der mögliche Einsatz von Schusswaffen ohne Opfer nicht für die Eröffnung des Tatbestands genügen.[1268] Freilich sind die Kampfhandlungen zwischen Marokko und Spanien nicht als Eskalation und umfassende Militäraktionen zu bewerten. Allerdings sind sie eben auch nicht als bloße Grenzscharmützel zu klassifizieren, da zum einen Militärangehörige Marokkos wiederholt und bewaffnet in die territoriale Souveränität der Westsahara und Verwaltungsposition Spaniens eingegriffen haben. Dies taten sie gegen den Willen der Verwaltungsmacht Spanien, welches unumstritten die effektive Hoheitsgewalt über das Gebiet der Westsahara militärisch, aber auch administrativ ausübte. Marokko übte Angriffe und militärische

---

1264 *Saul*, Many Small Wars: The Classification of Armed Conflicts in the Non-Self-Governing Territory of Western Sahara (Spanish Sahara) in 1974–1976, S. 7.

1265 *Heintschel von Heinegg*, in: Epping/Heintschel von Heinegg (Hrsg.), Ipsen: Völkerrecht, § 61 Rn. 3 f.; *Saul*, Many Small Wars: The Classification of Armed Conflicts in the Non-Self-Governing Territory of Western Sahara (Spanish Sahara) in 1974–1976, S. 7.

1266 Vgl hierzu IGH, Mauer-Gutachten, ICJ Rep. 2004, S. 174 f. Rn. 95 sowie *Wathelet*, 2018 (Fn. 55), Rn. 242.

1267 *Heintschel von Heinegg*, in: Epping/Heintschel von Heinegg (Hrsg.), Ipsen: Völkerrecht, § 61 Rn. 3 f.; *Saul*, Many Small Wars: The Classification of Armed Conflicts in the Non-Self-Governing Territory of Western Sahara (Spanish Sahara) in 1974–1976, S. 7.

1268 *Saul*, Many Small Wars: The Classification of Armed Conflicts in the Non-Self-Governing Territory of Western Sahara (Spanish Sahara) in 1974–1976, S. 7.

Provokationen aus und dabei kamen Militärangehörige ums Leben.[1269] Darüber hinaus sind der Kontext und die Intensität der Drohungen Marokkos im Jahr 1975 zu berücksichtigen, indem *Hassan II* über Monate hinweg Tausende Militärs an der südlichen Grenze Marokkos bereithielt und offen mit kriegerischer Auseinandersetzung drohte.

cc) Der Krisenherbst 1975

Nach Veröffentlichung des IGH-Gutachtens verkündete *Hassan II* am 17.10.1975 international wirksam, dass er einen Grünen Marsch mit ca. 350.000 Marokkanern in die Westsahara stattfinden lassen würde, um die südlichen Provinzen nach der seiner Auslegung nach positiven Entscheidung des Internationalen Gerichtshofes rechtmäßig zurückzuerlangen.[1270] Die Spannungen zwischen Marokko und Spanien nahmen daraufhin weiter zu und aus Sorge vor einer völligen Eskalation der Situation schrieb Spanien dem Sicherheitsrat nach Art. 35 UN-Charta. Es verlangte eine den Grünen Marsch verurteilende Resolution, da dieser nach Ansicht des spanischen Staates „in addition to jeopardizing international peace and security, disregards the right of the Saharan people to self-determination and is contrary to the purposes and Principles of the United Nations Charter".[1271] Am 20.10.1975 wurde dem Sicherheitsrat von Costa Rica ein knapper Resolutionsentwurf vorgelegt, in dem die marokkanische Regierung in direkter Weise aufgefordert wurde, „[to] desist immediately from the proposed march on Western Sahara".[1272] Zwar erließ der Sicherheitsrat am 22.10.1975 seine erste Resolution zur Situation der Westsahara, jedoch enthält diese keinen direkten Bezugspunkt oder eine Verurteilung des unmittelbar bevorstehenden Marsches. Vielmehr fordert er die Parteien nur zu sofortigen Gesprächen auf.[1273] Im Rahmen dieser Resolution wurde der Generalsekretär ermächtigt, „to enter into immediate consultations with the parties concerned and interested", wobei Spanien, Marokko und

---

1269 *Hodges*, The Roots of a Desert War, S. 218 ff.
1270 *Saul*, Many Small Wars: The Classification of Armed Conflicts in the Non-Self-Governing Territory of Western Sahara (Spanish Sahara) in 1974–1976, S. 7 f.
1271 UN Doc. S/11851 v. 18.10.1975.
1272 UN Doc. S/11853 v. 20.10.1975; *Franck*, The Stealing of the Sahara, AJIL 70 (1976), 694 (712).
1273 UN Doc. S/RES/377 v. 22.10.1975; *Franck*, The Stealing of the Sahara, AJIL 70 (1976), 694 (712).

Mauretanien die „concerned" Länder waren und Algerien das „interested" Land. UN-Generalsekretär *Waldheim* reiste daraufhin sofort in die vom Sicherheitsrat implizit genannten Staaten und führte mit den jeweiligen Staatsoberhäuptern bzw. Bevollmächtigten Konsultationen zur Lage und Situation der Westsahara.[1274] Die Resolution sah dahingehend vor, dass *Waldheim* dem Sicherheitsrat schnellstmöglich von seinen Verhandlungen zu berichten hat, „in order to enable the Council to adopt the appropriate measures to deal with the present situation".[1275] Das Selbstbestimmungsrecht des Volkes der Westsahara wurde nicht ausdrücklich in den Resolutionstext aufgenommen, sondern lediglich auf die Resolution 1514 der Generalversammlung allgemein verwiesen.[1276] Statt der einseitigen und angemessenen Verurteilung des von Marokko initiierten Grünen Marsches appellierte der Sicherheitsrat überraschenderweise „to the parties concerned and interested to exercise restraint and moderation, and to enable the mission of the Secretary-General to be undertaken in satisfactory conditions".[1277] *Franck* sah hierin zu Recht einen ersten und wichtigen Triumph Marokkos im Krisen-Herbst 1975, da die Resolution eine weitere Verzögerung der Vorbereitungen für das Referendum darstellte. Die UN übernahm an Stelle der Vorbereitung und Überwachung des Referendums zur legitimen Ausübung des Selbstbestimmungsaktes des Volkes der Westsahara nun eine Verhandlungsrolle und sollte diese bis zum heutigen Zeitpunkt beibehalten.[1278]

(1) Die Beteiligung der UN

Die Verhandlungen und Gespräche *Waldheims*, der aufgrund des äußerst vagen Mandats des Sicherheitsrates zunächst nur abtastend handeln konnte, ergaben, dass Mauretanien und Marokko der Ansicht waren, dass die Lösung zur Frage der Dekolonisierung der Westsahara ausschließlich in direkten Verhandlungen mit Spanien liege. Beide Staaten sahen das IGH-Gutachten als Bestätigung ihrer territorialen Ansprüche hinsichtlich des Gebietes an und daher müsse dieses auf direktem Wege in die Souveränität

---

1274 UN Doc. S/11863 v. 31.10.1975, S. 2; UN Doc. S/RES/377 v. 22.10.1975; *Franck*, The Stealing of the Sahara, AJIL 70 (1976), 694 (712).

1275 UN Doc. S/RES/377 v. 22.10.1975.

1276 UN Doc. S/RES/377 v. 22.10.1975; *Franck*, The Stealing of the Sahara, AJIL 70 (1976), 694 (712).

1277 UN Doc. S/RES/377 v. 22.10.1975.

1278 *Franck*, The Stealing of the Sahara, AJIL 70 (1976), 694 (712).

der beiden Staaten rücküberführt werden.[1279] Algerien wiederum wies den von Marokko und Mauretanien vertretenen Standpunkt kategorisch zurück, da Algerien (richtigerweise) die Auffassung vertrat, dass der Internationale Gerichtshof in seinem Gutachten gerade das Gegenteil bestätigt hatte, nämlich dass weder Marokko noch Mauretanien territoriale Ansprüche hinsichtlich der Gebiete der Westsahara erheben können.[1280] Algerien selbst erhob keinen Gebietsanspruch auf die Westsahara. Es bestand allerdings darauf, dass das Volk des Gebietes zwingend über seine Zukunft selbst zu entscheiden habe, indem es sein Selbstbestimmungsrecht in Form des von der UN vorgesehenen Referendums ausübe. Der Grüne Marsch stehe daher eindeutig im Widerspruch zu den einschlägigen Resolutionen der Vereinten Nationen. Algerien betonte, dass es unter keinen Umständen bereit sei, ein Fait accompli zu schaffen bzw. hinzunehmen. Gleichzeitig würde es aber jegliches Ergebnis eines unter UN-Aufsicht durchgeführten Referendums zur Durchsetzung des Selbstbestimmungsrechts der Sahrawis akzeptieren und unterstützen. Allerdings mahnte Algerien bzw. der damalige Präsident *Boumedienne*, dass keine trilaterale Regelung akzeptiert werden könne, die zwischen Spanien, Marokko und Mauretanien vereinbart werden würde. Jede Übernahme des Gebiets durch Marokko, die sich aus einer solchen Vereinbarung ergebe, würde „serious repercussions both within and outside the area" nach sich ziehen. Jede Lösung der Dekolonisierungsfrage der Westsahara außerhalb der Vereinten Nationen wäre für Algerien unannehmbar.[1281] Spanien hatte zu diesem Zeitpunkt (zumindest noch nach außen hin) eine ablehnende Haltung hinsichtlich der vollständigen Übergabe der Westsahara an Mauretanien und Marokko ohne die Abhaltung eines Referendums zur Bestimmung des Willens des sahrawischen Volkes im Rahmen seines Selbstbestimmungsrechts.[1282] Obwohl die spanische Regierung aufgrund der Dringlichkeit der durch die Ankündigung des Grünen Marsches entstandenen und äußerst angespannten Situation im Oktober 1975 direkte Kontakte mit den Regierungen Marokkos und Mauretaniens gesucht und aufgenommen hatte, hat sie sich angeblich nicht verpflichtet, eine Lösung für die Dekolonisierung der Westsahara ausschließlich auf bilateraler oder trilateraler Ebene zu suchen und durchzusetzen.[1283] Spanien

---

1279 Vgl. UN Doc. S/11863 v. 31.10.1975, S. 3 f.
1280 UN Doc. S/11863 v. 31.10.1975, S. 4.
1281 UN Doc. S/11863 v. 31.10.1975, S. 4.
1282 Vgl. *Franck*, The Stealing of the Sahara, AJIL 70 (1976), 694 (713 f.).
1283 UN Doc. S/11863 v. 31.10.1975, S. 5.

hatte zuvor noch den Standpunkt vertreten, dass die durch den Grünen Marsch entstandene Situation getrennt von dem Problem der Dekolonisierung der Westsahara betrachtet werden sollte. Allerdings verdeutlichte sich im Lichte der jüngsten Entwicklungen und Ankündigungen bzw. Drohungen *Hassans II* für die spanische Regierung, dass eine Differenzierung der Problemstellungen nicht mehr erfolgen konnte.[1284] Spanien äußerte daher den dringenden Wunsch, eine Lösung in Form einer Vereinbarung oder eines Abkommens zu finden, das für alle beteiligten Parteien der Region akzeptabel sein würde.[1285] Dazu versicherte Spanien, dass es bereit sei, in vollem Umfang mit den Vereinten Nationen zusammenzuarbeiten, die im Rahmen dieses Prozesses nach Ansicht der spanischen Regierung eine entsprechende Rolle spielen sollten. Dies könnte unter anderem auch die vorübergehende Verwaltung des Gebiets durch die Vereinten Nationen einschließen, bis die politische Selbstbestimmung des Volkes der Westsahara erfolgt sei.[1286] Eine solche Interimsverwaltung durch die UN galt es aus Sicht Marokkos und damals auch Mauretaniens zu verhindern, da ein solches Vorgehen diametral zur Interpretation der beiden Staaten hinsichtlich des Status der Westsahara stehen würde. Es würde entgegen der Position der beiden Staaten unter vorübergehender UN-Verwaltung ein Selbstbestimmungsreferendum des sahrawischen Volkes durchgeführt werden. Der Ausgang, dass das Volk der Westsahara für die Unabhängigkeit stimmen würde und gerade nicht für die Integration in einen oder beide Staaten, wurde von der UN-Mission als sehr wahrscheinlich eingeschätzt und galt es daher zu verhindern.

(2) Spaniens Interventionen gegen den Grünen Marsch

Als der spanischen Regierung bewusst wurde, dass *Hassan II* den Marsch nicht mehr absagen konnte, ohne sein politisches Ansehen und möglicherweise auch die Kontrolle massiv zu verlieren, wurde versucht, den möglichen Schaden einer in Frage stehenden militärischen Auseinandersetzung abzuwenden bzw. möglichst gering zu halten.[1287] Im Rahmen des-

---

1284 UN Doc. S/11863 v. 31.10.1975, S. 5.
1285 UN Doc. S/11863 v. 31.10.1975, S. 5.
1286 UN Doc. S/11863 v. 31.10.1975, S. 5.
1287 *Hodges*, The Roots of a Desert War, S. 215 f.

sen und ohne Kenntnis der UN-Organe[1288] trafen Spanien und Marokko am 25.10.1975 eine provisorische, informelle und geheim gehaltene Übereinkunft. Diese sollte es den Demonstranten erlauben, bis zu einer vorher festgesetzten Entfernung innerhalb einer evakuierten Pufferzone (dissuasion line) und für einen kurzen Zeitraum die Grenzen der Westsahara zu übertreten. Spanien ging hierauf ein, um eine drohende militärische Konfrontation mit marokkanischen Zivilisten und den schätzungsweise 20.000 Angehörigen des marokkanischen Militärs, die den Marsch begleiten sollten, zu vermeiden.[1289] Am 28.10.1975 verhängte Spanien eine Ausgangssperre über das Gebiet der Westsahara, entließ seine noch verbliebenen sahrawischen Soldaten und evakuierte die europäische Zivilbevölkerung. Zudem zog es die eigenen Truppen hinter die zuvor mit Marokko ausgehandelte Pufferzone einige Kilometer von der marokkanischen Grenze entfernt zurück.[1290] Derweil und in möglichem Misstrauen hinsichtlich der marokkanischen Zugeständnisse und der tatsächlichen Intention des Grünen Marsches mobilisierte Spanien in der Nähe liegende Kriegsschiffe, Flugzeuge und Reservetruppen. Dies führte wiederum dazu, dass Marokko und Algerien ebenfalls Streitkräfte an ihren Grenzen mobilisierten.[1291] Bereits am 31. Oktober drangen marokkanische Truppen heimlich in die nördlichste Region der Westsahara ein und übernahmen drei der von den spanischen Truppen kurz zuvor evakuierten Außenposten.[1292] Einen Tag zuvor hatte das spanische Militär bereits zahlreiche Posten aufgegeben, die zunächst von Kämpfern der Polisario besetzt und ebenfalls noch von Mitgliedern

---

1288 Zumindest lässt sich die positive Kenntnis dieser Vereinbarung aus den einschlägigen Berichten des Generalsekretärs und den Schreiben Spaniens an die UN zu diesem Zeitpunkt nicht herleiten, vgl. UN Doc. S/11863 v. 31.10.1975. Ebenfalls war der Sicherheitsrat über eine solche Vereinbarung noch nicht informiert gewesen, vgl. UN Doc. S/RES/379 v. 2.11.1975.

1289 *Hodges*, The Roots of a Desert War, S. 216 f., *Saul*, Many Small Wars: The Classification of Armed Conflicts in the Non-Self-Governing Territory of Western Sahara (Spanish Sahara) in 1974–1976, S. 8.

1290 *Saul*, Many Small Wars: The Classification of Armed Conflicts in the Non-Self-Governing Territory of Western Sahara (Spanish Sahara) in 1974–1976, S. 8; *Hodges*, The Roots of a Desert War, S. 218.

1291 *Hodges*, The Roots of a Desert War, S. 219; *Saul*, Many Small Wars: The Classification of Armed Conflicts in the Non-Self-Governing Territory of Western Sahara (Spanish Sahara) in 1974–1976, S. 9.

1292 Die marokkanischen Truppen übernahmen die Posten Jdiriya, Haousa und Farsia, was der Startschuss für die jahrzehntelange Besetzung der Westsahara sein sollte, vgl. *Hodges*, The Roots of a Desert War, S. 220.

der PUNS zu besetzen versucht wurden.[1293] Nach kurzen, aber intensiven Kämpfen mit der Polisario wurde die PUNS endgültig zerschlagen und die Partei bzw. Organisation verschwand in Vergessenheit der eng verstrickten Machtspiele der Dekolonisierungspolitik der Westsahara.[1294] Doch auch die Polisario konnte die von Spanien übernommenen Posten nicht lange halten und wurde von spanischen wie auch marokkanischen militärischen Einheiten schnell zurückgedrängt. Diese Kämpfe sollten der Startschuss eines jahrzehntelang anhaltenden Konflikts sein, der das sahrawische Volk zum Exodus zwang, Tausende Tote nach sich zog und die Maghreb-Region unter dauerhafte und ernsthafte Spannungen stellte. Durch die Eingliederung des Gebietes durch den marokkanischen Staat zieht sich der Prozess der Dekolonisierung bis in das Jahr 2023, und dem sahrawischen Volk sollte final das so unmittelbar bevorstehende Referendum verwehrt werden, das ihm seit 1963 durch die UN zugesichert und von Spanien ursprünglich und endgültig für das Jahr 1975 angesetzt worden war.[1295] Zwar einigten sich Marokko und Spanien im Oktober 1975 bereits auf erste Konzessionen hinsichtlich des Grünen Marsches. In der Öffentlichkeit und auch vor dem Sicherheitsrat blieb Spanien allerdings noch in vehementer Gegenposition zu Marokkos Forderungen und mutmaßlichen Ansprüchen hinsichtlich der Übergabe des Gebietes der Westsahara.[1296] Spanien sah die Verhinderung des Grünen Marsches als „sine qua non for finding any peaceful solution for the problem of decolonizing the Sahara".[1297] So ließ der spanische Vertreter im Sicherheitsrat am 2.11.1975 verlauten, dass, soweit Marokko „not halt the march and attempt to violate the border of Western Sahara, an extremely-grave situation will be created in the Territory because of the reactions that will inevitably occur".[1298] Die spanische Regierung ging noch weiter, betonte die eigene Position und Verantwortlichkeit hinsichtlich der Westsahara und drohte offen mit militärischer

---

1293 *Hodges*, The Roots of a Desert War, S. 220; *Saul*, Many Small Wars: The Classification of Armed Conflicts in the Non-Self-Governing Territory of Western Sahara (Spanish Sahara) in 1974–1976, S. 9.

1294 *Hodges*, The Roots of a Desert War, S. 219.

1295 Vgl. *Hodges*, The Roots of a Desert War, S. 220.

1296 *Hodges*, The Roots of a Desert War, S. 220 f.; *Saul*, Many Small Wars: The Classification of Armed Conflicts in the Non-Self-Governing Territory of Western Sahara (Spanish Sahara) in 1974–1976, S. 8.

1297 UN Doc. S/PV.1852 v. 2.11.1975, S. 3 Rn. 23.

1298 UN Doc. S/PV.1852 v. 2.11.1975, S. 3 Rn. 24.

Gewalt.[1299] Ferner mahnte die spanische Regierung an, dass aufgrund der äußerst gravierenden Situation und schnell voranschreitenden Eskalation die friedliche Beilegung des Problems der Dekolonisierung der Westsahara als nahezu unmöglich erscheine, sofern nicht entschieden gegen die Handlungen des marokkanischen Staates vorgegangen werde.[1300] Die trilateralen Verhandlungen wurden zunächst noch von *Juan Carlos* vertagt, der als mittlerweile amtierender Staatschef nach El Aaiún flog und am 2.11.1975 versprach, die spanischen Streitkräfte zur Verteidigung des Gebiets anzuführen. Während er dies tat, traf der marokkanische Premierminister *Ahmed Osman* in Madrid ein, der am 3.11.1975 nach einem Treffen mit *Juan Carlos* Verhandlungen mit der spanischen Regierung unter der Führung des nationalkonservativen *Arias* aufnahm.[1301] *Juan Carlos*, der noch wenige

---

1299 „Should the new resolution also be unable to dispel the threat already denounced by the Spanish Government in the Council on 20 October and should events occur that make it impossible to find any formula for a peaceful solution within the United Nations, the Spanish Government, aware of its duties as the administering Power entrusted, in accordance with the Charter of the United Nations, with the defence of the Territory, its territorial integrity and the protection of its population against any abuse, states that if the march announced by the King of Morocco is held it *will be repelled by every means available including the use of armed force.*", UN Doc. S/PV.1852 v. 2.11.1975, S. 3 Rn. 24 (Hervorhebung durch den Autor).

1300 UN Doc. S/PV.1852 v. 2.11.1975, S. 3 Rn. 24. Dem fügte der Vertreter der spanischen Regierung vor dem Sicherheitsrat hinzu: „Spain, as the administering Power of the Territory and as the country responsible for its defence in accordance with the Charter, is prepared to continue to offer the Secretary-General all the co-operation, and support necessary for him to discharge that mandate, and is open to any solution which, within the framework of the United Nations and with due respect for all the relevant General Assembly resolutions on the Territory, would be acceptable to all the parties concerned and interested", UN Doc. S/PV.1852 v. 2.11.1975, S. 3 Rn. 29.

1301 Während die unsichere Situation um *Franco* einen Großteil der spanischen Regierung lähmte, ergriff eine kleine Gruppe von Konservativen in Madrid die Initiative, die vor allem von der Armee unterstützt wurde und an deren Spitze der Regierungspräsident *Carlos Arias Navarro* stand. Diese teils ultra- bzw. nationalkonservativen Vertreter waren zwar vereinzelt für die Unabhängigkeit der Westsahara eingetreten, allerdings nur unter der Prämisse, dass eine solche unter der Schirmherrschaft der pro-spanischen Djemma und der von Spanien gegründeten und kontrollierten PUNS zustande kommen würde. Mit Ausweitung des Konflikts, der faktischen Auflösung der PUNS und der kaum noch als funktionsfähig zu bezeichnenden Djemma zogen die in der spanischen Regierung zuständigen und vor allem einflussreichen Vertreter in den Verhandlungen nun die trilaterale Lösung einer von der POLISARIO regierten unabhängigen Sahara vor, vgl. *Franck*, The Stealing of the Sahara, AJIL 70 (1976), 694 (716); *Hodges*, The Roots of a Desert War, S. 220.

Stunden zuvor den spanischen Truppen in der Westsahara ein völlig anderes Bild des Standpunktes Spaniens vermittelte, wurde auf den ersten Blick überstimmt oder zum Einlenken gezwungen, ebenso *Cortina*.[1302]

(3) Juan Carlos – Ein Verfechter der Selbstbestimmung oder seiner selbst?

Ein erst im April 2022 freigegebenes Dokument des US-Außenministeriums zeichnet allerdings ein völlig anderes und in der Literatur bis dato fehlinterpretiertes und repliziertes Bild von *Juan Carlos*, der von vielen Autoren stets als standhaft gegenüber den marokkanischen Forderungen bezeichnet worden ist.[1303] Ferner wurde publiziert und vertreten, dass seine Haltung hinsichtlich des Dekolonisierungsprozesses der Westsahara von der spanischen Regierung, insbesondere von dem nationalkonservativen Flügel, überstimmt worden ist.[1304] Aus einem Memorandum des Außenministeriums über eine Unterhaltung zwischen *Kissinger* und *Manuel de Prado*, dem persönlichen und einflussreichen Berater von *Juan Carlos*, geht zunächst vor allem hervor, dass *Juan Carlos* insbesondere an seiner eigenen Machtstellung interessiert war. Mit seiner Rede vor den spanischen Truppen in der Westsahara am 2.11.1975 versuchte er den Rückhalt des Militärs hinsichtlich seiner Position in dem unmittelbar bevorstehenden Post-Franco-System zu sichern.[1305] Des Weiteren wird ersichtlich, dass er zu keinem Zeitpunkt an einer UN-Lösung interessiert war, ganz im Gegenteil wollte er die Westsahara bereits im Dezember 1975 an Marokko überge-

---

1302 Vgl. *Hodges*, The Roots of a Desert War, S. 220; *Franck*, The Stealing of the Sahara, AJIL 70 (1976), 694 (716).

1303 Vgl. zB. *Franck*, The Stealing of the Sahara, AJIL 70 (1976), 694 (716); *Hodges*, The Roots of a Desert War, S. 220; *Zunes/Mundy*, Western Sahara, S. 62.

1304 *Franck*, The Stealing of the Sahara, AJIL 70 (1976), 694 (716); *Hodges*, The Roots of a Desert War, S. 220,

1305 *Office of the Historian,* Foreign Relations of the United States, 1969–1976, Volume E-15, Part 2, Documents on Western Europe, 1973–1976, Second, Revised Edition, Dokument 206 v. 3.11.1975. *De Prado* teilte *Kissinger* die Intentionen von *Juan Carlos* hinsichtlich seines Westsahara-Besuches mit: „There is a movement in the army which wants to see progress toward political progress but of this group 80 percent accept the Prince and want him to succeed. At the same time, they do not wish to see Spain stay as it is but they want it to move toward a "kind of democracy". I do not think that this is a very big problem. One of the reasons the Prince went to the Sahara was in order to assure that he would get the full support of the army and I think this was a good idea."

ben[1306]. Diesbezüglich war er mit Teilen der Regierung und insbesondere mit *Cortina* äußerst unzufrieden, die seiner Meinung nach wochenlang falsch agierten und vor allem Algerien zu viel Raum zugestanden hatten.[1307] Allerdings hielt *Juan Carlos* es für eine Übergabe des Gebietes der Westsahara für unvermeidlich, dass *Hassan II* den Grünen Marsch vollständig ad acta legen würde, damit er die Gunst des Militärs nicht verliere und seinerseits gestärkt aus der Situation hervorgehe.[1308] Im Übrigen offenbarte *de Padro Kissinger*, dass *Juan Carlos* in keinster Weise *Cortina* unterstützte. Im Gegenteil machte er ihn sogar direkt für die gesamte Situation rund um die Westsahara verantwortlich, da er die Verhandlungen aus einem legalistischen und nicht aus einem realpolitischen und für spanische Interessen vorteilhaftesten Blickwinkel betrachtete. Hierfür verurteilte er ihn scharf und verweigerte sogar die weitere Zusammenarbeit mit ihm.[1309]

1306 „When the Prince came back [from the Western Sahara] he immediately called together the National Defense Council and he was called on the telephone by King Hassan. Hassan said that he was sending his prime minister to Madrid today. What the Prince wants to do is to fix the last day on which Spain will withdraw from the Sahara and he wants to fix that day as December 15 of this year. What he wants is for Hassan to accept this decision on the part of Spain to get out. But what he will have to do in return is to stop the march. If they go into the Sahara, it will leave the Prince in a terrible position with the army. Thus, the problem is how to negotiate this arrangement with Hassan.", *Office of the Historian,* Foreign Relations of the United States, 1969–1976, Volume E-15, Part 2, Documents on Western Europe, 1973–1976, Second, Revised Edition, Dokument 206 v. 3.11.1975.

1307 „The Prince went to the Sahara yesterday. It is not his intention to get into a fight about the Sahara. He does not want this. He wants a negotiation with Morocco because he feels that the matter can be settled with King Hassan. The Prince feels that the government and particularly the foreign minister were wrong and were giving entirely too much attention to the views of Algeria.", *Office of the Historian,* Foreign Relations of the United States, 1969–1976, Volume E-15, Part 2, Documents on Western Europe, 1973–1976, Second, Revised Edition, Dokument 206 v. 3.11.1975.

1308 „But the Prince has a problem. The army is very sensitive and they feel that the government may forget them. They see the government talking more about the feelings of Algeria and Morocco and they wonder whether the government there was thinking about how to save face for the army. The Prince has decided we must leave the Sahara but he wishes to give moral support to the army and he wishes to get out in peace. He does not wish it to appear that the army – and there are 1500 of them in the Sahara – has been forgotten.", *Office of the Historian,* Foreign Relations of the United States, 1969–1976, Volume E-15, Part 2, Documents on Western Europe, 1973–1976, Second, Revised Edition, Dokument 206 v. 3.11.1975.

1309 Auf Nachfrage *Kissingers,* dass *Cortina* ihm erzählt habe, dass es in der Sahara große Probleme gebe, offenbarte *de Prado,* dass *Juan Carlos* nichts von *Cortina* halte: „Yes, but the Prince refuses to cooperate with him because he feels that

Cortina war es auch, der 1974 der UN von den Dekolonisierungsplänen Spaniens hinsichtlich der Westsahara berichtete und damit dem direkten Druck *Hassans II* widerstand, der versucht hatte, *Cortina* davon abzuhalten und die UN durch ein bilaterales Abkommen auszuschließen.[1310] *Kissinger* unterbreitete *de Pardo* den Vorschlag, ob es nicht im Rahmen einer Vereinbarung annehmbar sei, dass der Marsch nur einige wenige Kilometer in die Westsahara eindringe und damit beide Seiten ihre politische Agenda für sich erfolgreich verkaufen könnten, *Hassan II* primär an das marokkanische Volk und *Juan Carlos* primär an das spanische Militär.[1311] *De Prado* stimmte dem grundsätzlich zu, betonte allerdings, dass *Juan Carlos* nicht die Entscheidung des Militärs unmittelbar beeinflussen könne, sofern es zu Überschreitungen des Grünen Marsches komme.[1312] *Kissinger* und *de Prado* trafen sich am 4.11.1975 erneut, um die Diskussion um die Sahara-Problematik fortzuführen und gingen dabei auch nochmals intensiver auf

---

Cortina was the one responsible for the wrong turn that this whole matter took. Cortina is not a man who acts. He thinks in entirely too legalistic a way. There is nothing between them. The Prince wants to negotiate a solution, if he can find a reason to intervene. Otherwise, it is difficult for him to stop Cortina at the present time. If something should happen in the Sahara, he could not stop the army from reacting. But he feels that if a day can be fixed for Spanish withdrawal, that would give the Prince three or four weeks time to work out a solution and we save face.", *Office of the Historian,* Foreign Relations of the United States, 1969–976, Volume E-15, Part 2, Documents on Western Europe, 1973–1976, Second, Revised Edition, Dokument 206 v. 3.11.1975.

1310 *Cortina* erklärte in einem Gespräch mit *Kissinger:* „He [Hassan II] tried very hard with me last August to have us not inform the United Nations of our decolonization plans, but I explained to him that we had to do that.", *Office of the Historian,* Foreign Relations of the United States, 1969–1976, Volume E-9, Part 1, Documents on North Africa, 1973–1976, Dokument 95 v. 4.10.1975.

1311 *Kissinger* sagte: „There are two possibilities for us. Either we can wash our hands of the whole matter or we can do something to help move it along rapidly. I think myself that the best solution is if you could work out a rapid agreement perhaps with the Moroccans agreeing to demarcate their border with Algeria. The difficulty is that when the Arabs meet together, they will talk themselves into a crisis. But the Prince is right, something must be done to get Hassan to call off the march, or perhaps just allow it to go just a short distance into the Sahara but can he act?", woraufhin *de Prado* antwortete: „He can sign an agreement at this period but he cannot stop the army.", *Office of the Historian,* Foreign Relations of the United States, 1969–1976, Volume E-15, Part 2, Documents on Western Europe, 1973–1976, Second, Revised Edition, Dokument 206 v. 3.11.1975.

1312 Vgl. *Office of the Historian,* Foreign Relations of the United States, 1969-1976, Volume E-15, Part 2, Documents on Western Europe, 1973–1976, Second, Revised Edition, Dokument 206 v. 3.11.1975.

die Rolle Algeriens ein. Im Rahmen dessen gab *Kissinger de Prado* zu verstehen, dass er die jüngste Position Spaniens zur Dekolonisierung noch nie nachvollziehen konnte und äußerte sich erneut abwertend über das Volk der Westsahara: „Obviously the preferred solution is that it be settled quickly. In fact I must tell you very frankly that I have never understood the Spanish position on this and in fact, I think the Spanish Government was on the wrong wicket. After all, what does self-determination mean to a bunch of Bedouins wandering around in the desert?"[1313] Dem entgegnete *de Padro*, nach Sichtung des vorherigen Dokumentes nicht mehr überraschend, allerdings äußerst direkt und unmissverständlich: „You are right on that and I can tell you it was mostly Cortina's fault."[1314] Zwar nicht direkt genannt, aber im Lager *Cortinas* befindlich, war zu jener Zeit nur noch der ständige Vertreter Spaniens bei der UN, *Jaime de Pinies*, der ebenfalls einen legalistischen Ansatz vertrat. Zudem hatten sowohl *de Pinies* als auch *Cortina* den Ansatz verfolgt, Algeriens Position im Rahmen des Westsaharakonflikts nicht zu vergessen und aktiv zu beteiligen, was wiederum im Gegensatz zu *Juan Carlos* Position und der Position der spanischen Regierung stand. Diese sahen Algerien zwar als wichtigen Energielieferanten an, empfanden es im Zuge des Westsaharakonfliktes allerdings als Belastung, weshalb sie die Verhandlungen unter Ausschluss Algeriens führen wollten.[1315] Das Gespräch zwischen *Kissinger* und *de Prado* hatte auch die Rolle Algeriens beleuchtet, insbesondere traf *de Prado* den algerischen Botschafter in den USA und berichtete *Kissinger* über die Inhalte des Treffens, die allerdings auch nach knapp 50 Jahren noch immer unter strengster Geheimhaltung klassifiziert werden und die betreffenden Zeilen daher nicht freigegeben worden sind. Ebenfalls noch unter Geheimhaltung stehend sind Passagen *de Prados* auf *Kissingers* Nachfrage „can Algeria intervene?".[1316] Aus dem Gespräch geht allerdings auch hervor, dass

---

1313 *Office of the Historian,* Foreign Relations of the United States, 1969–1976, Volume E-15, Part 2, Documents on Western Europe, 1973–1976, Second, Revised Edition, Dokument 207 v. 4.11.1975.

1314 *Office of the Historian,* Foreign Relations of the United States, 1969–1976, Volume E-15, Part 2, Documents on Western Europe, 1973–1976, Second, Revised Edition, Dokument 207 v. 4.11.1975.

1315 Vgl. *Mundy,* Neutrality or Complicity? The United States and the 1975 Moroccan Takeover of the Spanish Sahara, 11 The Journal of North African Studies (2006), 275 (290 f.)

1316 Vgl. *Office of the Historian,* Foreign Relations of the United States, 1969–1976, Volume E-15, Part 2, Documents on Western Europe, 1973–1976, Second, Revised Edition, Dokument 207 v. 4.11.1975.

Spanien am 3.11.1975 im Rahmen der mit dem marokkanischen Premierminister *Osman* geführten Verhandlungen hinsichtlich des Grünen Marsches und der Übertragung der Souveränität des Gebietes darauf bestand, dass dies ausschließlich über die von *Waldheim* vorgeschlagene UN-Lösung erfolgen könne.[1317] Ebenfalls war *de Prado* über die Möglichkeit besorgt, dass unter den Demonstranten Angehörige des marokkanischen Militärs mitmarschieren, um die Westsahara faktisch zu besetzen. Dies würde die Armee und damit auch *Juan Carlos* in größte Bedrängnis bringen, sowohl außen- als aber auch innenpolitisch in dieser wichtigen Phase der bevorstehenden Transition der spanischen Militärdiktatur in ein anderes, noch offenstehendes System. Ersichtlich wird, dass *Juan Carlos* ebenfalls mit der zuvor verhandelten Pufferzone einverstanden war. Allerdings bestand auch für ihn Grund zur Annahme, dass *Hassan II* die Menschen weiterschicken und so eine Konfrontation mit der spanischen Armee provozieren könnte, die sodann vor dem Dilemma stehen würde, möglicherweise Waffengewalt gegen unbewaffnete Demonstranten einsetzen zu müssen.[1318]

Doch so drastisch diese Drohungen und Versprechungen von *Cortina* und *Juan Carlos* hinsichtlich der Abschreckung Marokkos und der gleichzeitigen Verteidigung der territorialen Integrität der Westsahara nach außen hin waren, so drastisch war ebenfalls das Einknicken der spanischen Regierung wenige Stunden später vor den marokkanischen Positionen und Drohgebärden. Diese Reaktion ist auch durch die äußerst schwache Hal-

---

1317 Allerdings stehen auch hier noch immer Passagen unter Geheimhaltung, weshalb eine vollständige Rekonstruktion des Gesprächs und damit auch der Intention *de Prados* bzw. *Juan Carlos'* hinsichtlich der Übertragung der Souveränität an Marokko nicht abschließend erfolgen kann, vgl. *Office of the Historian,* Foreign Relations of the United States, 1969–1976, Volume E-15, Part 2, Documents on Western Europe, 1973–1976, Second, Revised Edition, Dokument 207 v. 4.11.1975.

1318 *De Prado:* „(...) I can tell you if the Moroccans go ahead with their march – and it really amounts to an invasion because there will be troops present – it will present the greatest problem to the Army and to the Prince. At the moment the Moroccan's are insisting that they will send 10 thousand into the Sahara each day (...). The Prince says that if the people march into the border area, that is all right but if they get closer to the area where Spanish troops are located, this can become a matter of prestige." *Kissinger:* „What did the Moroccan Prime Minister say was the reason that they feel they have go to ahead?" *De Prado:* „They didn't really say. They just said that they feel very strongly that they must do this. When Solis went to see the King, we thought they might accept some limit on the territory but that does not seem to have happened.", vgl. *Office of the Historian,* Foreign Relations of the United States, 1969–1976, Volume E-15, Part 2, Documents on Western Europe, 1973–1976, Second, Revised Edition, Dokument 207 v. 4.11.1975.

tung und die vergleichsweise schwache Verurteilung des Sicherheitsrates hinsichtlich des geplanten Grünen Marsches zu erklären.[1319] Die Resolution wiederholte lediglich den Aufruf an die Parteien, jegliche einseitige oder andere Aktion zu vermeiden, um die Spannungen in der Region nicht weiter zu intensivieren und forderte *Waldheim* dazu auf, seine Konsultationen fortzusetzen und zu intensivieren.[1320] Trotz der marokkanischen Interventionen und Übernahme von Außenposten, die nur durch den Einsatz militärischer Gewalt gegen die Polisario-Kämpfer eingenommen werden konnten, wehrte sich Spanien entgegen vehementer vorheriger Ankündigung nicht mit militärischer Vergeltung und brachte diesen Vorfall auch nicht an die Öffentlichkeit bzw. verurteilte diesen gar auf internationaler Ebene.[1321] Aufgrund des sich immer weiter verschlechternden Zustands *Francos*, der zwischenzeitlichen Übernahme der provisorischen Staatsführung durch *Juan Carlos* am 30.10.1975 und der sich damit verstärkenden innenpolitischen Krise Spaniens, wie auch des immensen Drucks Marokkos, versicherte die spanische Regierung im Rahmen weiterer geheimer Verhandlungen Zugeständnisse hinsichtlich der marokkanischen Forderungen. Am 3.11.1975 kehrte Spanien seinem Dekolonisierungsvorhaben der Westsahara, insbesondere bezüglich der Durchführung des Referendums, erstmalig den

---

1319 Vgl. UN Doc. S/RES/379 v. 2.11.1975; Die USA und Frankreich verhinderten erfolgreich, dass der Wortlaut der Resolution aus ihrer Sicht zu scharf formuliert wurde; eigentlich sollte die „ order" an Marokko gerichtet werden „to cease and desist", zit. nach *Hodges*, The Roots of a Desert War, S. 220. Der Vertreter Costa Ricas im Sicherheitsrat führte richtigerweise hinsichtlich der Verwendung der Sprache der Resolution aus, dass der Sicherheitsrat „have avoided calling things by their proper names", UN Doc. S/PV.1852 v. 2.11.1975, S. 5 Rn. 36. Enttäuscht von den Schutzmaßnahmen der Resolution hinsichtlich der Westsahara und der schwachen Verurteilung der Handlungen und Androhungen Marokkos führte er aus, dass „Spain, or any other administering Power of a Territory which is in the process of decoloniziation under a mandate of the General Assembly, does bear ineluctable and clear duties, one of the most important of which is - and no one should be surprised at this - protection of the inviolability of the Territory" und fragte den Sicherheitsrat „is there no explicit threat of violation of the territorial integrity of Western Sahara?", UN Doc. S/PV.1852 v. 2.11.1975, S. 5 Rn. 38. Die Frage nach der Verletzung der territorialen Integrität der Westsahara wurde allerdings nicht in die Resolutionstexte aufgenommen, im Gegensatz zur fast gleichzeitig eskalierenden Situation in Ost-Timor, in welcher der Sicherheitsrat explizit alle Staaten dazu aufrief, „to respect the territorial integrity of East Timor as well as the inalienable right of its people to self-determination in accordance with General Assembly resolution 1514 (XV)", UN Doc. S/RES/384 v. 22.12.1975.

1320 UN Doc. S/RES/379 v. 2.11.1975.

1321 *Hodges*, The Roots of a Desert War, S. 220.

Rücken, nachdem noch am 2.11.1975 die oben zitierten Positionen vertreten worden waren.[1322]

(4) Der Waldheim-Plan

Die vom UN-Generalsekretär *Waldheim* versuchte Einführung einer Übergangs-UN-Verwaltung[1323], der sowohl Spanien, Algerien als auch Maureta-

---

1322 Vgl. *Hodges*, The Roots of a Desert War, S. 222; *Mundy*, Neutrality or Complicity? The United States and the 1975 Moroccan Takeover of the Spanish Sahara, 11 The Journal of North African Studies (2006), 275 (287).

1323 Die Einzelheiten des Plans sind in den Resolutionen des Sicherheitsrates und in den Berichten des Generalsekretärs nicht einsehbar gewesen und wurden erst durch die Freigabe ehemals geheimer Dokumente des US-Außenministeriums veröffentlicht:
"1. Spain would unilaterally announce that it would withdraw from the territory by a specified date (the date mentioned was 1 February 1976). It would request the United Nations to assume responsibility for the decolonization of the Western Sahara as of that date and would declare that, pending its withdrawal, it would take no action to change the situation in the territory.
"2. In view of Spain's undertaking to withdraw from the territory, Morocco would announce that it had decided to abandon the march. Morocco would also undertake not to take any action until the question had been discussed by the General Assembly.
"3. Both Morocco and Mauritania have cited Principle VI of General Assembly Resolution 1541 (XV) which provides that one of the ways whereby a non-self-governing territory can be said to have reached a full measure of self-government is by integration with an independent state. However, according to Principle IX of that resolution, such integration should come about as the result of the freely expressed wishes of the people, their wishes having been expressed through informed and democratic processes.
"4. If the parties agree, the United Nations could set up a temporary administration in the Western Sahara with the following functions: "(A) Supervise and assist the withdrawal of Spain; "(B) Take over the administration of the territory; "(C) Arrange for the return of refugees;
"(D) Negotiate the arrangements for a consultation of the people, including notably; determination of the method of consultation; determination of the questions to be voted upon; the identification of Saharans belonging to the territory;
"(E) Establish conditions of calm and freedom of expression conducive to a free and informed expression of the wishes of the people;
"5. The Government of Spain would be prepared to cooperate fully in such a solution.", *Office of the Historian*, Foreign Relations of the United States, 1969–1976, Volume E-9, Part 1, Documents on North Africa, 1973–1976, Dokument 99 v. 29.10.1975, S 279 f. Rn. 5; https://www.nytimes.com/1975/11/09/archives/waldheim-outlines-sahara-role-for-un.html, zuletzt abgerufen am 15.6.2024.

nien[1324] dem Grunde nach zustimmten, wurde erfolgreich von Marokko verhindert. Dies gelang, da es die spanische Regierung dazu drängte, das Gebiet der Westsahara im Rahmen eines Abkommens direkt an Marokko und Mauretanien zu übertragen.[1325] *Waldheim* ging noch am 2.11.1975 davon aus, dass eine solche UN-Lösung in Betracht käme, als er seinen Gesandten *André Lewin* am 3.11.1975 auf eine erneute dreitägige Konsultationsreise nach Marokko, Mauretanien, Spanien und Algerien entsendete.[1326] Spätestens am 4.11.1975, nach dem Treffen mit *Hassan II*, wurde schnell ersichtlich, dass ein UN-Mandat im Rahmen der friedlichen Streitbeilegung und mit Konsens der betreffenden Parteien nicht mehr realisierbar war.[1327] *Hassan* lehnte den erstmalig am 28.10.1975 unterbreiteten Vorschlag bereits an jenem Tag direkt ab und erklärte *Lewin* sogar, dass Marokko aus den Vereinten Nationen austreten würde, sollte in solcher Art und Weise versucht werden, den „march of history" aufzuhalten.[1328] Bereits am 3.11.1975 trafen Spanien und Marokko in geheimen bilateralen Verhandlungen Vorkehrungen zur Übertragung des Gebietes ohne Durchführung eines Referendums. Dieses Ergebnis teilte *Hassan II Lewin* mit und gab damit unmissverständlich zu verstehen, dass eine UN-Mission unter keinen Umständen stattfinden würde.[1329] *Lewin* hat seiner Ansicht

---

1324 Im Falle einer nicht erfolgreichen Vorgehensweise Marokkos und des Scheiterns eines trilateralen Abkommens, hätte sich auch Mauretanien dazu bereit erklärt, das Gebiet unter UN-Verwaltung stellen zu lassen, vgl. UN Doc. S/11874 v. 8.11.1975, S. 5 Rn. 22.

1325 Siehe zu den Positionen Spaniens und Algeriens UN Doc. S/11874 v. 8.11.1975, S. 6 Rn. 26/Rn. 30. Zur Position Marokkos siehe UN Doc. S/11874 v. 8.11.1975, S. 4 Rn. 16 ff.

1326 *Mundy*, Neutrality or Complicity? The United States and the 1975 Moroccan Takeover of the Spanish Sahara, 11 The Journal of North African Studies (2006), 275 (288).

1327 *Mundy*, Neutrality or Complicity? The United States and the 1975 Moroccan Takeover of the Spanish Sahara, 11 The Journal of North African Studies (2006), 275 (288).

1328 *Mundy*, Neutrality or Complicity? The United States and the 1975 Moroccan Takeover of the Spanish Sahara, 11 The Journal of North African Studies (2006), 275 (288).

1329 Der Generalsekretär *Waldheim* stellte in seinem Bericht an den Sicherheitsrat fest, dass „Morocco continued to advocate a trilateral agreement with Spain and Mauritania. The main provisions of such an agreement had already been determined and stipulated a transfer of sovereignty from the administering Power to Morocco and Mauritania"., UN Doc. S/11874 v. 8.11.1975, S. 4 Rn. 18. *Hodges* ging aufgrund der ihm damals vorliegenden Dokumente, wie sich herausstellen sollte, richtigerweise davon aus, dass eine solche Vereinbarung zwischen Marokko und Spanien zumin-

nach *Hassan II* während des Treffens am 4.11.1975 die Idee eines rein sym-
bolischen Marsches unter der Prämisse verkauft, dass der Grüne Marsch
für einen beschränkten Zeitraum in das Gebiet eindringen sollte, ohne
dass spanische Truppen dagegen vorgingen. Dieser solllte sodann schnellstmöglich zurückkehren, um vor allem Raum für Verhandlungen schaffen
zu können.[1330] Erstmalig gab Spanien auch der UN zu verstehen, dass es
nun ebenfalls ein trilaterales Abkommen zur Übertragung der Westsahara
an Marokko und Mauretanien als Lösung des Dekolonisierungsprozesses
und als valide Option anerkenne.[1331] Trotz der öffentlich propagierten Position Spaniens, dass noch immer eine Dekolonisierung im Sinne der einschlägigen Generalversammlungsresolutionen durch ein Referendum die
angestrebte Lösung sei, auch durch mögliche Abtretung der Verwaltungsposition an eine UN-Interimsverwaltung, wurde schnell ersichtlich, dass
der teils als Waldheim-Plan bezeichnete Lösungsvorschlag somit bereits
vor ernsthafter Befassung des Sicherheitsrates als gescheitert angesehen
werden musste.[1332] Darüber hinaus muss festgehalten werden, dass mit an
Sicherheit grenzender Wahrscheinlichkeit sowohl die USA als auch Frank-

---

    dest bereits am 4.11.1975 bestand und die grundlegenden Absprachen und Inhalte,
    die dann im Madrider Abkommen statuiert worden sind, bereits vor Eindringen
    des Grünen Marsches in die Westsahara feststanden, vgl. *Hodges*, The Roots of a
    Desert War, S. 220.

1330 *Mundy*, Neutrality or Complicity? The United States and the 1975 Moroccan
    Takeover of the Spanish Sahara, 11 The Journal of North African Studies (2006),
    275 (288). Ob *Lewin* oder gar *Waldheim* von der geheimen Absprache Marokkos
    und Spaniens wussten, die bereits Ende Oktober getroffen wurde, lässt sich nicht
    eindeutig rekonstruieren. In jedem Fall war spätestens zu diesem Zeitpunkt für
    die beteiligten Parteien, auch für die UN, klar, dass der Grüne Marsch stattfinden
    würde und für das Königshaus zum national wie aber auch international öffentlich
    wirksamsten und gleichzeitig entscheidendsten Wendepunkt der marokkanischen
    Geschichte seit Erlangung der Unabhängigkeit von Frankreich werden würde.

1331 UN Doc. S/11874 v. 8.11.1975, S. 4 Rn. 31: „ (...) the President of the Spanish Gov-
    ernment expressed the view that a trilateral agreement also could provide an
    appropriate formula if the United Nations were prepared to agree to it.“ Zuvor
    hatte Algerien noch erfolgreich großen Druck unter Androhung der Beendigung
    von Öl- bzw. Gaslieferungen auf Spanien ausgeübt, eine trilaterale Lösung zur
    Lösung der Dekolonisierung der Westsahara zu verhindern, *Franck*, The Stealing
    of the Sahara, AJIL 70 (1976), 694 (716); *Mundy*, Neutrality or Complicity? The
    United States and the 1975 Moroccan Takeover of the Spanish Sahara, 11 The
    Journal of North African Studies (2006), 275 (289).

1332 Vgl. *Mundy*, Neutrality or Complicity? The United States and the 1975 Moroccan
    Takeover of the Spanish Sahara, 11 The Journal of North African Studies (2006),
    275 (288); *Franck*, The Stealing of the Sahara, AJIL 70 (1976), 694 (712–714);
    Hodges, The Roots of a Desert War, S. 218–220.

reich aufgrund ihrer vorherigen Handlungen und Einflussnahmen auf den Konflikt ein solches Vorgehen im Sicherheitsrat aufgrund der bestehenden Beziehungen zu Marokko verhindert hätten. Retroperspektiv lässt sich sagen, dass dieser Zeitpunkt der einzig mögliche für eine Einrichtung einer UN-Interimsverwaltung gewesen wäre, da sich in den folgenden Jahren die Entwicklung durch die festgefahrene Situation zunehmend im Sinne der marokkanischen Interessen verschob und der Sicherheitsrat einer non-konsensualen Übergangsverwaltung niemals zugstimmt hätte, wie auch die Bemühungen *Bakers* zeigen sollten.[1333]

(5) Der Sicherheitsrat und Spaniens innenpolitische Krise

Als der marokkanische Marsch in die Westsahara kurz bevorstand, trat der Sicherheitsrat in der Nacht des 5.11.1975 auf Drängen Spaniens in einer hinter geschlossenen Türen stattfindenden außerplanmäßigen Sitzung zusammen. In dieser Sondersitzung verhinderten Frankreich und die USA erneut, dass der Sicherheitsrat Marokko dazu zwingt, den Marsch zu beenden.[1334] Stattdessen wurde der Sicherheitsratspräsident lediglich ermächtigt, in seiner Funktion ein dringendes Ersuchen an *König Hassan II* zu richten, in welchem er ihn aufforderte „to put an end forthwith to the declared march into Western Sahara".[1335] Zwar kam es am Abend des 6.11.1975 zum Erlass der dritten und bis 1988 vorerst letzten Resolution des Sicherheitsrates zur Westsahara mit stärkerer Verurteilung des Marsches, allerdings konnte diese den Marsch ebenfalls nicht mehr aufhalten, da dieser bereits begonnen hatte.[1336] Am Morgen des 6.11.1975 führte, entgegen den ersten Ankündigungen, nicht *Hassan II* selbst den Marsch in die Westsahara, dafür aber sein Premierminister *Ahmed Osman*.[1337] Nicht überraschend ging der Marsch trotz der Verurteilung des Sicherheitsrates bzw. Sicherheitsratspräsidenten

---

1333 Vgl. ausführlich § 2. A. IV. 2.

1334 *Franck*, The Stealing of the Sahara, AJIL 70 (1976), 694 (714); *Hodges*, The Roots of a Desert War, S. 220.

1335 UN Doc. S/RES/380 v. 6.11.1975; *Franck*, The Stealing of the Sahara, AJIL 70 (1976), 694 (714). Daraufhin schrieb der marokkanische Premierminister ein Telegramm an den Sicherheitsrat, in welchem er mitteilte, dass „we can only inform you that the march has in fact already begun this morning", zit. nach *Hodges*, The Roots of a Desert War, S. 222.

1336 *Hodges*, The Roots of a Desert War, S. 221 f; UN Doc. S/RES/380 v. 6.11.1975.

1337 *Mundy*, Neutrality or Complicity? The United States and the 1975 Moroccan Takeover of the Spanish Sahara, 11 The Journal of North African Studies (2006), 275 (288). Zu den Einzelheiten des Grünen Marsches, der genauen Zusammenset-

nach mehrfacher Verschiebung und zahlreichen leeren Drohungen Spaniens weiter in die Gebiete der Westsahara vor. *Franck* klassifizierte den Grünen Marsch als „peaceful aggression", der die rechtliche, aber auch realpolitische Anatomie des Marsches passend beschreibt.[1338]

Zunes und *Mundy* machen als endgültigen Kipppunkt innerhalb der zweigeteilten spanischen Regierung richtigerweise das zaghafte Handeln des Sicherheitsrates verantwortlich, nachdem Spanien um ernsthafte Anstrengungen und Hilfe des Sicherheitsrates gebeten hatte, dieser aber aufgrund der pro-marokkanischen Position der USA und Frankreichs faktisch handlungsunfähig war und nicht mehr als ein Verhandlungsmandat für den Generalsekretär zuließ.[1339] Der interne Konflikt der spanischen Regierung um die Frage der Dekolonisierung der Westsahara, welcher inmitten des auf *Francos* Zusammenbruch und Hospitalisierung folgenden Chaos und dem dadurch entstandenen Machtvakuum entbrannte, führte zu einer äußerst inkohärenten Außenpolitik. Die gemäßigte Fraktion um *Cortina* und *de Pinies*, die den Weg des Referendums als einzigen Ausdruck des Selbstbestimmungsrechts des Volkes der Westsahara und die Verantwortung Spaniens dahingehend anerkannte, betrieb bei den Vereinten Nationen Lobbyarbeit, um den Grünen Marsch zu stoppen. Währenddessen untergrub die andere Fraktion der Regierung um die Falangisten *Arias Navarro, Carro Martinez* und *Solis Ruiz* diese Bemühungen, indem sie eine dem diametral entgegenstehende Strategie direkt mit *Hassan II* koordinierte.[1340] Dabei spielte für *Cortina* und andere in der spanischen Regierung insbesondere auch die Frage nach Gaslieferungen eine große Rolle, da Spaniens Energieversorgung im Jahre 1975 abhängig vom algerischen Gas war und dieses zeitweise ein starkes Gegengewicht zu den marokkani-

---

zung und dem detaillierten Ablauf des Marsches siehe *Weiner*, The Green March in Historical Perspective, 33 Middle East Journal (1979), 20–33; *V. Tabouillot*, Der Grüne Marsch im Lichte des Völkerrechts, S. 23 ff.

1338 *Franck*, The Stealing of the Sahara, AJIL 70 (1976), 694 (712).

1339 *Zunes/Mundy*, Western Sahara, S. 5, 63; *Hodges*, The Roots of a Desert War, S. 222.

1340 *Mundy*, Neutrality or Complicity? The United States and the 1975 Moroccan Takeover of the Spanish Sahara, 11 The Journal of North African Studies (2006), 275 (290 f.). Noch am 20.10.1975 versicherte *Cortina* Spaniens Haltung gegenüber dem amerikanischen Botschafter in Spanien *Stabler*: „Spain could not make a deal with Morocco which simply turned over the Sahara to Morocco and also in part to Mauritania." Darüber hinaus führte er aus, es sei für Spanien „essential that the people of the Sahara have an opportunity to express themselves", zit. nach *Mundy*, Neutrality or Complicity? The United States and the 1975 Moroccan Takeover of the Spanish Sahara, 11 The Journal of North African Studies (2006), 275 (295).

schen Forderungen darstellen konnte.[1341] Ebenfalls sah Spanien Algerien als wichtigen Partner im Maghreb an und wollte die Beziehungen nicht um Marokkos willen leichtfertig und einseitig opfern. Doch die Rolle Algeriens schwand mit der Ankündigung der engen Partner Marokkos Saudi Arabien und Kuwait, die spanischen Energiebedürfnisse abdecken zu können, endgültig dahin, auch weil *Cortina* und andere im Machtgerangel der spanischen Regierung an Rückhalt verloren.[1342] Im Kontrast hierzu standen die Drohungen *Hassans* hinsichtlich der spanischen Exklaven Ceuta und Melilla, in denen eine große Anzahl spanischer Bürger lebte und die sowohl geopolitisch als auch innenpolitisch große Bedeutung für die spanische Regierung besaßen. *Hassan* wechselte je nach politischer Drucksituation zwischen Drohgebärden, Ceuta und Melilla auf die Dekolonisierungsliste der UN zu setzen, und dem Versprechen, die spanischen Enklaven im Norden Marokkos so lange zu ignorieren, bis sich Spanien mit England auf eine Lösung für Gibraltar verständigt habe und die Westsahara in marokkanische Souveränität übergehen würde.[1343]

Besonders *Solis Ruiz* war an einer direkten Lösung unter Ausschluss Algeriens mit Marokko interessiert, da dieser seit Jahren Lobbyarbeit für das marokkanische Königshaus betrieb.[1344] Er war es auch, der am 21.10.1975

1341 Vgl. *Franck*, The Stealing of the Sahara, AJIL 70 (1976), 694 (716); *Mundy*, Neutrality or Complicity? The United States and the 1975 Moroccan Takeover of the Spanish Sahara, 11 The Journal of North African Studies (2006), 275 (289).

1342 *Mundy*, Neutrality or Complicity? The United States and the 1975 Moroccan Takeover of the Spanish Sahara, 11 The Journal of North African Studies (2006), 275 (289). Am Grünen Marsch nahmen sogar Delegierte der beiden Staaten teil, ebenfalls reihten sich Vertreter Bahrains, Jordaniens, Omans und Katars ein, *Damis*, The Western Sahara Dispute, S. 65.

1343 Vgl. *Murphy*, The Functioning of Realpolitik in Protracted Conflict and the Transformative Capacity of Self-Determination: A Case Study of Western Sahara, Africa's Last Colony, S. 229 sowie *Mundy*, Neutrality or Complicity? The United States and the 1975 Moroccan Takeover of the Spanish Sahara, 11 The Journal of North African Studies (2006), 275 (284, 296).

1344 *Mundy*, Neutrality or Complicity? The United States and the 1975 Moroccan Takeover of the Spanish Sahara, 11 The Journal of North African Studies (2006), 275 (290 f.). Zudem befürchteten er und seine Parteigenossen, dass eine von der Polisario geführte Regierung in einer unabhängigen Westsahara eine den spanischen Interessen zuwiderlaufende Politik betreiben werde, indem sie beispielsweise die kanarische Unabhängigkeitsbewegung, die im Jahre 1975 erstarkte, unterstützen würde. Konflikte um oder gar der Verlust weiterer Territorien sollten unter allen Umständen vermieden werden; vgl. *Mundy*, Neutrality or Complicity? The United States and the 1975 Moroccan Takeover of the Spanish Sahara, 11 The Journal of North African Studies (2006), 275 (296).

nach Marrakesch flog, um *Hassan II* zu treffen und mit diesem eine erste informelle Übereinkunft hinsichtlich des Grünen Marsches zu treffen.[1345] *Ruiz* überzeugte vor allem seinen Parteigenossen Premierminister *Arias Navarro* von der seiner Ansicht nach nicht hinnehmbaren möglichen Situation, dass die Polisario und damit auch Algerien die Unabhängigkeit des Gebietes bestimmen würden. Algerien versuchte wiederum primär Einfluss über *Juan Carlos* und den Außenminister *Cortina* auszuüben, der nach wie vor das Referendum als beste Lösung zur Beilegung des Kolonialkonflikts ansah.[1346] *Cortina* richtete sich mit seinem Ersuchen um eine UN-geleitete Lösung unter Mediation der US-Amerikaner noch am 2.11.1975 an den amerikanischen Botschafter in Spanien, *Stabler*, der wiederum *Kissinger* über die von *Cortina* vorgetragene Position informieren sollte. *Cortina* selbst hatte allerdings keinerlei Ansehen bei *Kissinger*, im Gegenteil war *Kissingers* Meinung von *Cortina* im Gegensatz zur Position gegenüber *Hassan II* äußerst negativ, was *Hassan II* ebenfalls in die Karten spielen sollte.[1347] *Kissinger* fragte im Rahmen eines Mitarbeitertreffens die Runde: „You know, I can't bear that man. Whom does he get along with? How did he get to be Foreign Minister?".[1348] In dem mittlerweile veröffentlichten

---

1345 *Hassan II* erklärte *Ruiz*, dass das Absagen des Marsches ihn den Thron kosten würde und daher keine Option sei. Als Incentive bot *Hassan II* dem Vertreter der spanischen Regierung, der vom Ministerrat an Stelle von *Navarro* entsendet worden war, dass Marokko die spanischen Enklaven Ceuta und Melilla akzeptieren würde, zumindest so lange, bis Spanien mit Großbritannien eine Lösung für Gibraltar gefunden habe; *Murphy*, The Functioning of Realpolitik in Protracted Conflict and the Transformative Capacity of Self-Determination: A Case Study of Western Sahara, Africa's Last Colony, S. 229; *Mundy*, Neutrality or Complicity? The United States and the 1975 Moroccan Takeover of the Spanish Sahara, 11 The Journal of North African Studies (2006), 275 (296).

1346 Siehe hierzu nur *Mundy*, Neutrality or Complicity? The United States and the 1975 Moroccan Takeover of the Spanish Sahara, 11 The Journal of North African Studies (2006), 275 (296), der die freigegebenen Dokumente in den jeweiligen Bibliotheken in den USA als einer der wenigen Wissenschaftler untersuchte, in seinen Publikationen veröffentlichte und einer kritischen Gesamtschau und Einordnung in den historischen wie aber auch realpolitischen Kontext unterzog.

1347 *Kissinger* sagte über *Cortina* in einem Gespräch mit *Hassan II*: „The present foreign minister (Cortina) is to be avoided at all costs. He has the mind of a clerk.", *Office of the Historian,* Foreign Relations of the United States, 1969–1976, Volume E-9, Part 1, Documents on North Africa, 1973–1976, Dokument 90 v. 15.10.1974, S. 259.

1348 *Office of the Historian,* Foreign Relations of the United States, 1969–1976, Volume E-15, Part 2, Documents on Western Europe, 1973–1976, Second, Revised Edition, Dokument 205 v. 22.9.1975. Der US-amerikanische Botschafter in Spanien *Stabler,*

Telegramm *Stablers* an *Kissinger* wird die spanische Position der Fraktion rund um *Cortina* deutlich, die im Widerspruch zur Position der national-konservativen Fraktion stand. *Cortina* war sich, gerade durch die äußerste Zurückhaltung des Sicherheitsrates und der internen Machtkämpfe und Untergrabungen innerhalb der eigenen Regierung bewusst, dass die Möglichkeit einer nicht trilateralen Lösung kaum noch realisierbar war. Er wandte sich daher in einem letzten Versuch direkt an *Stabler* bzw. *Kissinger*, um amerikanischen Einfluss auf *Hassan II* zu erwirken, der möglicherweise zur Deeskalation der Situation führen könnte.[1349] Besonders zeigte er sich von der zurückhaltenden Verurteilung der marokkanischen Drohgebärden im Sicherheitsrat enttäuscht und besorgt, indem dargelegt wurde, dass „while Security Council may have adopted resolutions, each country should be able to interpret to Hassan its views on how best to achieve objectives of these resolutions which, quite correctly, have not pushed Hassan to wall by condemning Morocco".[1350] *Cortina*, der nichts von der ablehnenden Haltung *Kissingers* bezüglich seiner Person wusste, „placed great confidence in what the Secretary might still be able to do to help at this most dangerous moment".[1351] *Kissinger* schrieb *Hassan II* daraufhin ein Telegramm, in welchem er einzig darauf hindeutete, dass es aus Sicht der USA erfreulich wäre, sofern sich Marokko an den UN-Verhandlungen beteiligen könnte,

---

erklärte *Kissinger* hierzu: „He stands in well with Franco and Franco's family, and this gives him a lot of power.", *Office of the Historian*, Foreign Relations of the United States, 1969–1976, Volume E-15, Part 2, Documents on Western Europe, 1973–1976, Second, Revised Edition, Dokument 205 v. 22.9.1975.

1349 Vgl. *Office of the Historian*, Foreign Relations of the United States, 1969–1976, Volume E-9, Part 1, Documents on North Africa, 1973–1976, Dokument 103 v. 2.11.1975, S. 287 ff.

1350 Vgl. *Office of the Historian*, Foreign Relations of the United States, 1969–1976, Volume E-9, Part 1, Documents on North Africa, 1973–1976, Dokument 103 v. 2.11.1975, S. 287 Rn. 7. In einem Gespräch mit dem amerikanischen Botschafter *Stabler* teilte *Cortina* diesem mit, dass er mit der marokkanischen Haltung „take it or leave it", die seither und bis heute die marokkanische Verhandlungspraxis im Rahmen des Westsahara-Konflikts darstellt, nicht einverstanden sei und als letzte Möglichkeit und druckerhöhenden Faktor die UN sehe, auf die die USA möglicherweise Einfluss ausüben könnten, vgl. *Mundy*, Neutrality or Complicity? The United States and the 1975 Moroccan Takeover of the Spanish Sahara, 11 The Journal of North African Studies (2006), 275 (297).

1351 Vgl. *Office of the Historian*, Foreign Relations of the United States, 1969–1976, Volume E-9, Part 1, Documents on North Africa, 1973–1976, Dokument 103 v. 2.11.1975, S. 287 ff.

die von den einschlägigen Sicherheitsratsresolutionen gefordert wurden.[1352] Eine Aufforderung zur Nichtabhaltung des Grünen Marsches oder Andro- hung konkreter Konsequenzen im Falle der Abhaltung des Marsches ist nicht ergangen, obwohl *Cortina* sowohl die Unterwanderung des Grünen Marsches mit militärischen Einheiten wie auch die Wahrscheinlichkeit mi- litärischer Gegenreaktionen Spaniens darlegte, die zu einem Krieg in der Westsahara führen könnten.[1353] *Cortina* ist fälschlicherweise davon ausge- gangen, dass zum einen Marokko tatsächlich dazu bereit war, über den Waldheim-Plan bzw. eine von der UN überwachte Lösung zu verhandeln. Zum anderen verließt er sich darauf, dass die spanische Regierung hinter seinem und den am 2.11.1975 von *Juan Carlos* öffentlich vor den spanischen

---

1352 *Office of the Historian,* Foreign Relations of the United States, 1969–1976, Volume E-9, Part 1, Documents on North Africa, 1973–1976, Dokument 104 v. 2.11.1975.

1353 *Cortina* ließ mitteilen, dass die „GOS [Governement of Spain] has tried through all possible means to reach agreement with Morocco. When "Green March" an- nounced, GOS had endeavored to find ways to remove this point of friction. How- ever, Moroccans insisted that substance of Sahara problem must be resolved along lines desired by Morocco and maintained "Green March" not negotiable." Zudem erklärte er, dass die „Moroccans have proven themselves impossible to deal with since their idea of negotiation is that other side must accept Moroccan demands or no agreement possible. GOS has exhausted its possibilities." Besonders besorgt zeigte er sich über den Umstand, der den amerikanischen Geheimdiensten bereits vorlag, dass „amongst "Green Marchers" there are 25,000 men who are members of Royal Moroccan Army and who have their weapons concealed. This group constitutes a "Trojan Horse" and GOS is convinced that once across Saharan border these soldiers will then take up their arms and military invasion will be on. GOS has already informed Security Council that Spanish armed forces in Sahara have been given orders to resist any efforts to invade the territory. Hassan is playing with his throne by using Sahara to distract Moroccan public opinion from domestic problems. However, Spain does not intend to pay for Hassan's errors.", *Office of the Historian,* Foreign Relations of the United States, 1969–1976, Volume E-9, Part 1, Documents on North Africa, 1973–1976, Dokument 103 v. 2.11.1975, S. 287 Rn. 3 ff. Abschließend wandte sich *Cortina* an *Kissinger* wegen seiner potentiellen Einflussnahmemöglichkeit auf *Hassan II* aufgrund der guten persönlichen Beziehung der beiden Staatsmänner und gab zu verstehen, dass die „grave urgency of problem lies in fact that "Green March" with its "Trojan Horse" is due to cross into Sahara on Tuesday, November 4. He appealed to Secretary to do whatever he can to avoid the tragic consequences which will be inevitable if the march proceeds. He concluded by repeating two points: A) as he had promised Secretary, GOS had made every effort to negotiate, but had now exhausted its possibilities; and B) "Green March" is nothing more than a cover to place the Moroccan Army in the Sahara and thus to invade this territory militarily.", *Office of the Historian,* Foreign Relations of the United States, 1969–1976, Volume E-9, Part 1, Documents on North Africa, 1973–1976, Dokument 103 v. 2.11.1975, S. 287 Rn. 8.

Truppen vorgetragenen und verfolgten Ansatz stehen würde.[1354] Ebenfalls ging er von *Kissingers* Neutralität in der Westsaharafrage aus, die allerdings bereits seit Ankündigung des Referendums äußerst zu bezweifeln war und von ihm wiederholt in Frage gestellt wurde, ob das Volk der Westsahara überhaupt das Recht auf Selbstbestimmung ausüben könne und solle.[1355] Die US-amerikanische Position hinsichtlich der Westsahara-Frage wurde maßgeblich von *Kissinger* geprägt, der als Außenminister selbst bereits über einen großen Entscheidungsspielraum verfügte und der zusätzlich einen großen Einfluss und hohes Ansehen bei Präsident *Ford* hatte, den er regelmäßig zur Situation der Westsahara informierte. Kurz vor Beginn des Grünen Marsches und der letzten Sicherheitsratsresolution gab *Kissinger* seinen hochrangingen Mitarbeitern und US-Diplomaten die Anweisung „just turn it [Westsahara] over to the UN with a guarantee it will go to Morocco".[1356] Wie genau dieser Einfluss genutzt wurde und über welche Kanäle er ausgespielt worden ist, lässt sich (noch) nicht genau rekonstruieren.[1357] Allerdings ist eine eindeutig belegbare pro-marokkanische Außenpolitik der USA nachzuzeichnen, die sowohl auf UN-Ebene, insbesondere im Sicherheitsrat als Veto-Macht, im Sinne marokkanischer Interessen zum Tragen kam wie aber auch in den bilateralen Außenbeziehungen zu Marokko *Hassan II* als wichtigsten Partner in Nordafrika unbedingt unterstützte, beispielsweise durch enorme Rüstungsexporte und militärische Logistik.[1358]

1354 Vgl. *Mundy*, Neutrality or Complicity? The United States and the 1975 Moroccan Takeover of the Spanish Sahara, 11 The Journal of North African Studies (2006), 275 (297).

1355 *Kissinger* in einem Gespräch mit *Boumedienne*: „I can't get excited about 40,000 people who probably don't know they're living in Spanish Sahara. I hope you don't think I'm too cynical.", *Office of the Historian*, Foreign Relations of the United States, 1969–1976, Volume E-9, Part 1, Documents on North Africa, 1973–1976, Dokument 89 v. 14.10.1974.

1356 Zit. nach *Zunes/Mundy*, Western Sahara, S. 63.

1357 Viele Dokumente, gerade diejenigen der US-Behörden, insbesondere des Außenministeriums, werden in den kommenden Jahren nach dem Freedom Information Act deklassifiziert und der Öffentlichkeit zugänglich gemacht. Der aktuelle Stand des Veröffentlichungsstatus der jeweiligen US-Administrativen ist unter https://history.state.gov/historicaldocuments/status-of-the-series abrufbar.

1358 Vgl. § 3. A. IV. 4.

(6) Der Grüne Marsch

Während der erste Teil des Grünen Marsches am 6.11.1975 mit ca. 40.000 Teilnehmern in der Region Oum Deboaa in der Westsahara angelangte, erhöhte *Hassan II* den Druck auf Spanien durch eine Nachricht an die spanische Regierung. In dieser drohte er, dass, sofern Spanien sich gegen direkte Verhandlungen über die Abgabe und Teilung der Westsahara an Mauretanien und Marokko stellen würde, er dem Marsch befehlen würde, hinter die Pufferzone vorzurücken und dass die Royal Armed Forces eingreifen und die beiden Staaten in einen Kriegszustand bringen würde.[1359] Im Rahmen eines Untersuchungsausschusses des spanischen Parlamentes im Jahre 1978 hat *Martin Gamero*, der spanische Botschafter in Marokko, ausgesagt, dass er der spanischen Regierung am Abend des 6.11.1975 ein marokkanisches Ultimatum übermittelt habe. Dieses belegt zum einen, dass die Marokkaner einseitig die zuvor informell geschlossene Übereinkunft zur Pufferzone und dem Ausmaß des Grünen Marsches aufkündigten und zum anderen, dass explizit und mit großer Vehemenz mit weiteren militärischen Schritten und Konsequenzen gedroht wurde .[1360] In der Nacht auf den 7.11.1975 wollten

---

1359 *Hodges*, The Roots of a Desert War, S. 222; Nach Angaben der CIA teilte Marokko den Spaniern am Abend des 6.11.1975 inoffiziell mit, dass die zuvor unter schweren Bedingungen geschlossene Vereinbarung, den Marsch einige Kilometer innerhalb der Westsahara zu stoppen, ihren Wert verloren habe, weil Madrid sie öffentlich gemacht habe, weshalb der Marsch fortgesetzt werde, bis Spanien in eine neue Verhandlungsrunde eintrete, vgl. *Mundy*, Neutrality or Complicity? The United States and the 1975 Moroccan Takeover of the Spanish Sahara, 11 The Journal of North African Studies (2006), 275 (297). Siehe ausführlich zum Grünen Marsch, *V. Tabouillot*, Der Grüne Marsch im Lichte des Völkerrechts, S. 23–63.

1360 *Martin Gamero* gab dem Untersuchungsausschuss den Inhalt des Ultimatums wieder: „1. Der Marsch wird am 7. Dezember fortgesetzt, es sei denn, es gibt ein neues Element, das die Wiederaufnahme der spanisch-marokkanischen Gespräche ermöglicht. 2) Die stillschweigende Übereinkunft, dass der Marsch in der entmilitarisierten Zone von unseren Streitkräften gestoppt wird, wenn sie sich zurückziehen, ist nun bedeutungslos, da sie, nachdem sie öffentlich gemacht wurde, in den Augen der internen und externen Öffentlichkeit jeden Wert verloren hat. 3) Das Problem für Marokko - so Dr. Benhima - bestand darin, dass der Marsch entweder weiter nach Süden gehen oder sich gegen Rabat wenden würde, eine Alternative, die weder der König noch seine Regierung zu akzeptieren bereit waren. 4. In den ersten Studien der marokkanischen Behörden über den Marsch wurde die Möglichkeit eines Zusammenstoßes mit den spanischen Streitkräften in Betracht gezogen, wenn es keine vorherige Absprache gab, und die Zahl der zivilen Opfer wurde auf 30.000 geschätzt, da die Massen, die auf die Minenfelder zugehen würden, zivil und unbewaffnet sein würden. 5) In diesem Fall und angesichts der Umstände des 6. November hielt es der Minister für unmöglich, dass die marokkanische Armee

ca. 2000 Mann die spanische Pufferzone durchbrechen, an die der Marsch bereits am ersten Tag sehr nah herangekommen war, wurden aber von der marokkanischen Gendarmerie gewaltsam zurückgehalten.[1361] Ferner ließen die spanischen Truppen mehrere Sprengsätze detonieren, um zu signalisieren, dass sich die Teilnehmer des Grünen Marsches bereits gefährlich nahe der abgetrennten und verminten Pufferzone näherten und von einem weiteren Fortschreiten absehen sollten. Im Laufe des 7.11.1975 stieg die Zahl der Teilnehmenden in Oum Deboaa auf ca. 145.000 Menschen an, während weitere 25.000 Menschen ein zweites Camp in der Nähe von Hagounia errichteten, ca. 40 km östlich von Oum Deboaa.[1362]

dd) Der Weg zum trilateralen Abkommen

Die marokkanischen Drohungen und Bemühungen führten in direkter Kausalität dazu, dass die spanische Regierung am 8.11.1975 ein Ministertreffen einberief, nachdem sich *Arias Navarro* mit dem marokkanischen Botschafter getroffen hatte. Während dieses Treffens wurde nach Aussagen *Cortinas* vor dem Parlament beschlossen, dass Spanien die Westsahara unter Aufgabe seiner Verpflichtung zur Durchführung des Referendums des sahrawischen Volkes zur Ausübung seines Selbstbestimmungsrechts an Marokko und Mauretanien abgeben würde. Der liberalere Flügel der Regierung, der bis zuletzt versuchte, sich für das von der UN-beobachtete bzw. durchgeführte Referendum zur Ausübung des Selbstbestimmungsrechts des Volkes der Westsahara einzusetzen, hatte am 8.11.1975 endgültig vor den Nationalkonservativen rund um *Arias Navarro*, *Carro Martinez* und *Solis Ruiz* kapituliert.[1363] Sodann flog *Martinez* auf Geheiß des Ministerrates nach Agadir, um *Hassan II* zu treffen und ihm persönlich die Entscheidung

---

nicht eingreift; dies würde automatisch zu einer kriegerischen Situation führen. 6. Marokko lehnt ein mögliches Eingreifen der UNO ab. Es räumte jedoch ein, dass ein gemeinsamer Freund - Jordanien, Saudi-Arabien, Frankreich, das bis dahin seltsamerweise geschwiegen hatte, - in letzter Minute noch vermitteln könnte, um den Marsch zu stoppen, wenn auch nur vorübergehend, um vierundzwanzig Stunden Zeit zu gewinnen, um die Situation zu überdenken" (Übersetzung durch den Autor), Aussage *Martin Gamero*, in: Cortes, Diario de Sesiones del Congreso de los Diputados, Comision de Asuntos Exteriores v. 14.3.1978, S. 38.

1361 *V. Tabouillot*, Der Grüne Marsch im Lichte des Völkerrechts, S. 42; *Hodges*, The Roots of a Desert War, S. 221.
1362 *Hodges*, The Roots of a Desert War, S. 221.
1363 *Hodges*, The Roots of a Desert War, S. 222.

des Ministerrates mitzuteilen.[1364] Aufgrund der extrem angespannten politischen und diplomatischen Lage sowie der teils aufgeheizten Stimmung in den Camps rechnete das spanische Militär jederzeit mit einer gewaltsamen Fortsetzung des Marsches und einer Überschreitung der Pufferzone. Daher ist noch am 8.11.1975 der Schießbefehl auf die unbewaffneten Teilnehmer des Marsches erteilt worden, sollten diese die Verteidigungslinie der spanischen Truppen überschreiten.[1365] *Hassan II* kündigte auf die Versprechungen Spaniens sodann am 9.11.1975 an, dass er, unter Vorbehalt der erfolgreichen Vertragsverhandlungen zur Übergabe der Westsahara, den Grünen Marsch endgültig stoppen werde.[1366] Entscheidend war im Rahmen der folgenden Verhandlungen, dass Spanien auf eine Beteiligung Algeriens verzichtete und es vom Prozess ausschloss.[1367] Ebenfalls sollte der

---

1364 *Carro Martinez* veröffentlichte 1979 seine Memoiren zur Dekolonisierung der Westsahara, in welcher auch die Mitteilung der spanischen Regierung an *Hassan II* abgedruckt ist, welche die endgültige Abkehr Spaniens von der von der UN geforderten Dekolonisierungspolitik der Westsahara darlegt: „Ich bin in Ihr edles Land gekommen, gesandt vom Präsidenten der Regierung, Herrn Carlos Arias Navarro, mit der hohen Ehre, Eurer Majestät die Schwierigkeit für unsere Regierung zu unterbreiten, die Verhandlungen fortzusetzen, die als Folge der jüngsten Reise von Minister Solis nach Marrakesch unter dem Druck des "Grünen Marsches" begonnen wurden. Aus diesem Grund bitte ich Eure Majestät im Geiste der gegenseitigen Interessen unserer beiden Länder und der Wahrung des Weltfriedens, die Beendigung des "Grünen Marsches" mit der Wiederherstellung des Status quo ante zu erwägen, da er seine Ziele bereits erreicht hat. Sobald die oben genannte Entschließung verkündet und umgesetzt ist, versichere ich Ihnen im Namen meiner Regierung, dass Spanien unverzüglich die trilateralen Verhandlungen (Spanien-Marokko-Mauretanien) zur endgültigen Lösung des Sahara-Problems wieder aufnehmen wird. Ich erlaube mir auch, Eurer Majestät mitzuteilen, dass es wichtig ist, dass die in diesem Schreiben enthaltenen Absichten in der Öffentlichkeit nicht in einer Weise dargestellt werden, die die Würde und das Ansehen der Werte, die wir in unseren jeweiligen Ländern hochhalten, beeinträchtigt, und ich möchte Sie daher bitten, dafür zu sorgen, dass jede Veröffentlichung dieses Schreibens vorher konsultiert und ausgehandelt wird. Bitte nehmen Sie, Exzellenz, die Versicherung meiner ausgezeichneten Hochachtung entgegen", *Carro Martinez*, La descolonización del Sahara, S. 28 (Übersetzung durch den Autor).

1365 *V. Tabouillot*, Der Grüne Marsch im Lichte des Völkerrechts, S. 45 f.

1366 *Franck*, The Stealing of the Sahara, AJIL 70 (1976), 694 (715); *Hassan II* überreichte *Carro Martinez* seine verschriftlichte Antwort auf das Schreiben, adressiert an *Juan Carlos*, in welchem er die Vorschläge der spanischen Regierung grundsätzlich akzeptierte, aber unmissverständlich betonte, dass die endgültige Lösung des Sahara-Konflikts nur bedeuten kann, dass der spanische Staat alle Verantwortlichkeiten und die zivile und militärische Verwaltung, die noch in der Westsahara ausgeübt wird, vollständig an Marokko und Mauretanien abgibt, vgl. *Carro Martinez*, La descolonización del Sahara, S. 29.

Waldheim-Plan in seiner Ausgestaltung mit der Möglichkeit einer UN-Interimsverwaltung keinerlei Basis mehr für die Übertragung der Westsahara sein.[1368] *Waldheim* selbst, dem die Tragweite der in Agadir getroffenen Vereinbarungen nicht bekannt war, setzte seine Konsultationen und Verhandlungen im Glauben einer noch verhandelbaren Annahme und Umsetzung seines Plans fort. Allerdings war bilateral bereits vereinbart worden, dass die Inhalte des *Waldheim-Plans* für Marokko nicht hinnehmbar waren und Spanien daher nun vollständig von diesem Plan absah.[1369] Im Staatsfernsehen verkündete *Hassan II*, dass die Menschen, die kurz zuvor in Oum Deboaa angelangt waren, zurück nach Tarfaya wandern, dort aber noch verweilen sollten, sodass sie im Falle eines negativen Ausgangs der Verhandlungen in Madrid sofort wieder in die Westsahara vorrücken könnten.[1370] Die Intention Marokkos, weiterhin den politischen, aber auch faktischen Druck auf Spanien aufrechtzuerhalten, wird durch *Benhimas* Aussage untermalt. Dieser erklärte in Erläuterung der Umstände und Lage Hunderten von ausländischen Journalisten, dass, sofern die Verhandlungen mit Spanien scheitern sollten, „it is better to have a delegation of 350.000 people in the Sahara than a delegation of 40 at the United Nations".[1371] Die US-Amerikaner, insbesondere *Kissinger*, zeigten sich weiterhin besorgt um die Situation *Hassans* und der Möglichkeit seines Machtverlustes, sofern er die Kontrolle über die Situation in der Westsahara verlieren würde.

1367 *Damis*, The Western Sahara Conflict, S. 66. Der algerische Präsident *Boumedienne* versuchte zwar in letzter Reaktion und Möglichkeit den mauretanischen Präsidenten *Ould Daddah* teils drastisch einzuschüchtern und zur Abkehr der trilateralen Lösung zu bewegen, allerdings ohne Erfolg. Am 10.11.10975 flog *Ould Daddah* nach Algerien, und *Boumedienne* drohte ihm: „Your country is weak, fragile, with long borders difficult to defend. We have decided, against all comers, to support the Sahrawis, in the name of revolutionary solidarity. We are going to place at their disposal all that we possess. And, if it is necessary, we will permit the involvement of fifty thousand, even one hundred thousand, Algerian volunteers to occupy the Sahara. They will also be able to attack you inside your borders, destroy your ecomomic installations, and even attack your capital.", *Damis*, The Western Sahara Conflict, S. 66 f. Trotz allem flog *Ould Daddah* am 11.11.1975 nach Madrid, um die trilateralen Gespräche mit Marokko und Spanien weiterzuführen und blieb gegenüber den algerischen Drohungen standhaft.

1368 *V. Tabouillot*, Der Grüne Marsch im Lichte des Völkerrechts, S. 44.

1369 *Villar*, El Proceso de Autodeterminacion del Sahara, S. 344; Zwar wurde der Plan in seiner endgültigen Fassung noch am 11.11.1975 von *de Pinies* an die spanische Regierung übermittelt, allerdings blieb dies seitens Spaniens unkommentiert und reaktionslos.

1370 *Hodges*, The Roots of a Desert War, S. 222.

1371 *Hodges*, The Roots of a Desert War, S. 222.

Augenscheinlich war es für die USA am 10.11.1975 noch nicht ersichtlich, ob *Hassans* Strategie tatsächlich zum Erfolg führen würde. Am 10.11.1975, einen Tag, nachdem *Hassan II* angekündigt hatte, den Grünen Marsch zu stoppen und ihn zurückbeorderte, äußerte sich *Kissinger* im Oval Office unter Beteiligung des Präsidenten *Ford* zur Situation. Dort mahnte er an: „Hassan has pulled back in the Sahara. But if he doesn't get it, he is finished. We should now work to ensure he gets it. We would work it through the U.N. [to] ensure a favorable vote".[1372] Einen Tag später erkundigte sich *Ford* erneut bei *Kissinger* zur Situation der Westsahara, der dem Präsidenten offen verlautete: „It has quieted down, but I am afraid Hassan may be overthrown if he doesn't get a success. The hope is for a rigged UN vote, but if it doesn´t happen soon...".[1373] Bereits am 13.11.1975 sind Einheiten der FAR Dutzende Kilometer in die Gebiete der Westsahara eingedrungen und wurden dabei auf politisches Geheiß nicht von den verbleibenden spanischen Truppen aufgehalten.[1374]

Währenddessen fanden die trilateralen Verhandlungen zwischen Spanien, Marokko und Mauretanien seit dem 10.11.1975 statt. Diese wurden am 14.11.1975 zügig zunächst mit einem gemeinsamen Kommuniqué für erfolgreich beendet erklärt, welches auf die später als Madrider Abkommen bezeichnete Vereinbarung der drei Staaten verweist. Die insbesondere zwischen Spanien und Marokko ausgebrochene Krise war somit beigelegt.[1375]

1372 *Ford Library*, The White House, Memorandum of Conversation v. 10.11.1975, abrufbar unter: https://www.fordlibrarymuseum.gov/library/document/0314/1553292.pdf.

1373 Das Gespräch wurde an dieser Stelle abgebrochen, eine Antwort *Fords* ist nicht abgedruckt, *Ford Library*, The White House, Memorandum of Conversation v. 11.11.1975, abrufbar unter: https://www.fordlibrarymuseum.gov/library/document/0314/1553294.pdf.

1374 *Hodges*, The Roots of a Desert War, S. 223.

1375 Der Wortlaut des Kommuniqués, 988 UNTS 1450:
„On 14 November 1975, the delegations lawfully representing the Governments of Spain, Morocco and Mauritania, meeting in Madrid, stated that they had agreed in order on the following principles:
1. Spain confirms its resolve, repeatedly stated in the United Nations, to decolonize the Territory of Western Sahara by terminating the responsibilities and powers which it possesses over that Territory as administering Power.
2. In conformity with the aforementioned determination and in accordance with the negotiations advocated by the United Nations with the affected parties, Spain will proceed forthwith to institute a temporary administration in the Territory, in which Morocco and Mauritania will participate in collaboration with the Djemma'a and to which will be transferred all the responsibilities and powers referred to in the preceding paragraph. It is accordingly agreed that two Deputy Governors

ee) Folgen des Abkommens

Während am 18.11.1975 schließlich auch die Menschen aus Tarfaya zurück-gezogen worden sind, wurde zeitgleich das spanische Gesetz zur Dekolo-nisierung vom Parlament mit fast einstimmiger Abstimmung beschlossen. Dieses hat die spanische Position erstmalig offiziell verkündet, da der Wort-laut des Madrider Abkommens, insbesondere seiner geheimen Anhänge zu wirtschaftlichen Konzessionen, bis zum Leak im Jahre 1978 durch die spa-nische Presse geheim gehalten worden ist.[1376] Der zwischen Marokko und Spanien kurz bevorstehende Krieg war also endgültig abgewendet worden und *Hassan II* hatte fast alles erreicht, was er hinsichtlich der spanischen Haltung gegenüber der Westsahara erreichen konnte. Allerdings sollte ihm die vehemente Forderung der internationalen Gemeinschaft nach einer Ab-haltung des Referendums zur Ausübung des Selbstbestimmungsrechts des Volkes der Westsahara, welches auch im Madrider Abkommen noch seinen Platz fand, sein gesamtes Leben lang verfolgen. Der Konflikt um die West-sahara, wenn auch unter marokkanischer Verwaltung und innerstaatlicher Eingliederung des Gebietes, sollte auch nach seinem Tod weiter fortbeste-hen. Allerdings ist es Marokko gelungen, die Westsahara ohne eben jenes Referendum in die eigene staatliche Verwaltung zu integrieren und vor allem die spanische Präsenz in der Westsahara zu beenden. Zwar erfolgte

---

nominated by Morocco and Mauritania shall be appointed to assist the Governor-General of the Territory in the performance of his functions. The termination of the Spanish presence in the Territory will be completed by 28 February 1976 at the latest.

3. The views of the Saharan population, expressed through the Djemma'a, will be respected.

4. The three countries will inform the Secretary-General of the United Nations of the terms set down in this instrument as a result of the negotiations entered into in accordance with Article 33 of the Charter of the United Nations.

5. The three countries involved declare that they arrived at the foregoing conclu-sions in the highest spirit of understanding and brotherhood, with due respect for the principles of the Charter of the United Nations, and as the best possible contribution to the maintenance of international peace and security.

6. This instrument shall enter into force on the date of publication in the Boletin Oficial (Official Gazette) of the State of the "Sahara Decolonization Act" authoriz-ing the Spanish Government to assume the commitments conditionally set forth in this instrument."

1376 *Hodges*, The Roots of a Desert War, S. 224 f.; *Carro Martinez*, Verhandlungsführer der Gespräche mit Marokko, kommentierte das Gesetz mit zynischen Worten: „We ran an enormous risk, including that of an open war, but the Sahara is not worth a single Spanish Life.", zit. nach *Hodges*, The Roots of a Desert War, S. 224 f.

dies auch unter der Konzession, dass die internationale Weltgemeinschaft die von Marokko vorgetragenen Ansprüche nicht anerkennen sollte, aber eben auch nicht aktiv dagegen vorgehen sollte. Im Vordergrund stand aber die erfolgreiche Verhinderung des spanischen Dekolonisierungsprozesses, der mit an Sicherheit grenzender Wahrscheinlichkeit die Unabhängigkeit der Westsahara herbeigeführt hätte und ein aus marokkanischer Sicht kaum überwindbares Fait accompli manifestiert hätte. *Hassan II* machte am 27.11.1975 unmissverständlich in einem Fernseh-Interview deutlich, dass es unvorstellbar sei, „(...) that the Sahara should be independent and it shall not be, so long as there is a single living Moroccan".[1377]

ff) Schlussbetrachtung

Innerhalb von vier Wochen seit Veröffentlichung des für die marokkanische Position äußerst ungünstigen UN-Sonderberichts sowie des Gutachtens des IGHs ist es *Hassan II* und der marokkanischen Regierung gelungen, im Oktober und November 1975 die spanische Position hinsichtlich des Dekolonisierungsprozesses vollständig umzukehren. Das Kapitel hat aufgezeigt, dass Marokko die aufgrund des bevorstehenden Todes *Francos* chaotische innenpolitische Lage Spaniens ausnutzen konnte und Spanien hierbei vermehrt mit der Anwendung von Gewalt bedrohte. Besonders spielt hierbei der Umstand eine Rolle, dass das Machtverhältnis innerhalb der spanischen Regierung seit dem faktischen Kontrollverlust *Francos* am 17.10.1975 durch seine Hospitalisierung in immensem Tempo Richtung der pro-marokkanischen Fraktion der fragilen spanischen Interims- bzw. Notadministrative kippte. Diese Vertreter gewannen zunehmend an Einfluss und sollten schlussendlich die größere Machtposition innerhalb der Administrative haben.[1378] Im Rahmen dessen wurde die Position von *Juan Carlos* in der Literatur lange missinterpretiert, indem diesem nachgesagt wurde, sich für die Belange des Volkes der Westsahara durch die Abhaltung des Referendums eingesetzt zu haben und damit dem von der UN vorgegebenen Dekolonisierungspfad zu folgen. Allerdings wurde durch die Veröffentlichung neuer Dokumente ersichtlich, dass seine Intentionen andere waren

---

1377 *Hodges*, The Roots of a Desert War, S. 224.
1378 Vgl. *Mundy*, Neutrality or Complicity? The United States and the 1975 Moroccan Takeover of the Spanish Sahara, 11 The Journal of North African Studies (2006), 275 (285 f.).

und vielmehr der eigenen Machterhaltung dienen sollten und der marokkanischen Position positiv gegenüberstanden. Spätestens nach Beginn des Grünen Marsches waren es einzig *Cortina* und *de Pinies*, die noch immer eine unilaterale Entscheidung Spaniens zur Dekolonisierung der Westsahara ablehnten und Marokko die Kolonie nicht übertragen wollten.[1379] Nicht unerheblich ist ebenfalls das äußerst zaghafte und retroperspektiv völlig unzureichende Handeln des Sicherheitsrates. Dieser war aufgrund der Hal-

---

1379 Als Spanien der UN 1974 die Dekolonisierungspläne vorstellte, reagierte Marokko entsprechend und ließ Spanien mit ersten kleineren Drohgebärden erkennen, dass eine Lösung über ein Referendum mit der Möglichkeit der Unabhängigkeit der Westsahara für Marokko nicht in Frage komme. *Franco* reagierte auf die marokkanischen Drohungen, gerade hinsichtlich der Fischereigebiete und einer möglichen Annexion des Gebietes, indem er ihm treue, erfahrene und mit der Unabhängigkeit der Westsahara sympathisierende Akteure in die Westsahara entsandte. Er ernannte Oberst *Eduardo Blanco Rodríguez* zum Generaldirektor der Westsahara (Direktor für allgemeine Sicherheit), General *Federico Gómez de Salazar* zum Generalgouverneur und Oberst *Luis Rodríguez de Viguri y Gil* zum Generalsekretär; *Murphy*, The Functioning of Realpolitik in Protracted Conflict and the Transformative Capacity of Self-Determination: A Case Study of Western Sahara, Africa's Last Colony, S. 209. *Salazar* hat im Untersuchungsausschuss der spanischen Cortes im Jahr 1978 ausgesagt und dargelegt, dass der gesamte Generalstab der Westsahara erst am Tag der Verkündigung des Madrider Abkommens vom Abzug der spanischen Truppen erfahren hat. Dementsprechend wurde der wichtigste Vertreter Spaniens in der Westsahara nicht hinsichtlich der Übertragung des Gebietes konsultiert; El Pais, *Gómez de Salazar*: "Era unánime la voluntad independista saharaui" v. 14.3.1978 abrufbar unter https://elpais.com/diario/1978 /03/14/espana/258678026_850215.html. Auf die Nachfrage, ob die Bevölkerung der Westsahara sich für die Unabhängigkeit ausgesprochen hätte, sagt er aus: „Era unánime la voluntad independentista del pueblo saharaui. El Frente Polisario al final era representativo del pueblo saharahui. La Djemmaa había perdido prestigio y el Polisario era el que dirigía la política del pueblo saharahui". Auf die Nachfrage, wie er die Position Spaniens in den letzten Tagen vor dem Madrider Abkommen sah, antwortete er: „En lo que yo conozco, la tesis del Gobierno español fue la de la autonomía para el Sahara, que luego desembocaría en la autodeterminación, lo que se mantuvo hasta el día anterior a la firma de los Acuerdos de Madrid. Luego, por una serie de motivos en los que no quiero entrar, se cambió de estrategia", El Pais, *Gómez de Salazar*: "Era unánime la voluntad independista saharaui" v. 14.3.1978 abrufbar unter https://elpais.com/diario/1978/03/14/espana/2586780 26_850215.html. *Roriguez de Viguri* sagte aus, dass innerhalb weniger Tage eine „180-Grad Kehrtwende" der spanischen Politik erfolgte und dafür insbesondere politisch „la enfermedal irrecuperable de Franco y la necesidad de colocar la instauración de la Monarquía en las condiciones de seguridad más intensas" und auch wirtschaftliche Erwägungsgründe verantwortlich waren, Aussage *Rodriguez de Viguri*, in: Cortes, Diario de Sesiones del Congreso de los Diputados, Comision de Asuntos Exteriores v. 14.3.1978, S. 22 f.

tungen Frankreichs und der USA faktisch handlungsunfähig und kam erst, nachdem der marokkanische Marsch bereits in der Westsahara angelangt war, zu einer schärferen Verurteilung der Situation. Dem Sicherheitsrat schien die trilaterale Administration und die im Februar 1976 endgültige Übertragung der gesamten Verwaltung realpolitisch günstiger als eine mit effektiveren Mitteln angedrohte Lösung zur definitiven Durchsetzung des Selbstbestimmungsrechts des Volkes der Westsahara. Dies hätte beispielsweise durch die von *Waldheim* vorgeschlagene UN-Übergangsadministration erfolgen können, die notfalls über Kapitel VII der UN-Charta durch Zwang hätte durchgesetzt werden können, wozu Spanien anfangs sogar noch bereit war. Doch bereits im Oktober hatte *Hassan II* die Situation rund um die spanische Haltung offenbar richtig eingeschätzt, indem er zum einen voraussah, dass Spanien keine groß angelegte militärische Operation zur Verteidigung des Gebietes starten würde. Zum anderen, wie sich herausstellen sollte, spekulierte er richtigerweise darauf, dass die militärischen Provokationen Marokkos und der geplante Grüne Marsch „provoke favorable international mediation".[1380]

gg) Der Einfluss der USA

Ebenfalls nicht unerheblich war die US-amerikanische Position, die zwar nach außen hin als völlig neutral darzustellen versucht wurde, für die nun aber durch die teils deklassifizierten Dokumente und Gesprächsaufzeichnungen ein anderes Bild gezeichnet werden kann. In den Zeiten des Kalten Krieges war eine ideologische und damit einhergehende materielle und politische Unterstützung wichtiger Partner im Kampf gegen die Sowjetunion und die Ausbreitung des Kommunismus leitendes Element der amerikanischen Außenpolitik. *Kissinger*, der *Hassan II* als engen Verbündeten ansah, hatte großes Interesse daran, den König an der Macht zu halten. Neben dem marokkanischen König nahm er die fast ausschließlich von Marokko vertretene Haltung ein, dass das objektiv klar zu deutende Ergebnis des IGHs „ambiguous" gewesen sei und er, trotz zahlreicher Generalversammlungsresolutionen und des Berichts der UN-Sondermission, nicht verstehen

---

1380 CIA, Intelligence Alert Memorandum, Moroccan Invasion of Spanish Sahara v. 3.10.1975, S. 1 Rn. 1.

wolle, „what self-determination means for the Sahara".[1381] Die teilweise in der Literatur als unglücklich kritisierte Formulierung des IGHs hinsichtlich der territorialen Ansprüche Marokkos bezüglich der Westsahara lieferte allerdings rechtlich gerade keinerlei Anhaltspunkte dafür, dass die zwar bestehenden und festgestellten Verbindungen einzelner Stämme und Gebiete zu Marokko zu der conclusio führen könnten, dass diese Verbindungen die von Marokko vorgetragene territoriale Integrität und Zugehörigkeit der Westsahara zu Marokko darlegen.[1382] *Mundy* kommentiert die Situation um die amerikanische Haltung, die maßgeblich von *Kissinger* persönlich geformt worden ist, als dahingehend erfolgreich, dass Spanien dem marokkanischen Druck nicht länger standhielt und die Westsahara trilateral abtrat. Dies entsprach grundsätzlich amerikanischen Interessen. Andererseits aber bezeichnet *Mundy* die amerikanische Haltung dahingehend als nicht erfolgreich, als dass die UN zwar weiterhin mit der Dekolonisierung beschäftigt wurde, ein manipuliertes Referendum, wie von *Kissinger* erhofft, unmittelbar nach dem Madrider Abkommen allerdings nicht stattgefunden hat und als solches auch bis heute nicht durchgeführt worden ist.[1383] Dass sich der Status quo über mehrere Jahrzehnte und unter schweren bewaffneten Kämpfen zwischen Marokko und der Polisario festbeißen würde, war nicht vorhergesehen, speziell nicht aus Sicht *Kissingers*. Dieser hat den Konflikt um die Westsahara bereits seit Verkündigung der spanischen Position zur Abhaltung des Referendums schnellstmöglich beenden wollen.[1384]

Mundy fasst die US-Politik zutreffend zusammen, indem er der US-Regierung gegenüber der Westsahara einerseits historische Ignoranz vorwirft.

1381 *Office of the Historian,* Foreign Relations of the United States, 1969–1976, Volume E-9, Part 1, Documents on North Africa, 1973–1976, Dokument 110 v. 15.10.1974, S. 298.

1382 Hier sei nochmals unterstrichen, dass *Hassan II* energisch davon ausging, dass der IGH aufgrund der vorgelegten Dokumente und Beweise mit an Sicherheit grenzender Wahrscheinlichkeit für Marokkos Ansprüche judizieren würde: „I seek the ICJ (International Court of Justice) decision, because I know that they will say that this land belonged to Morocco before, and I will in any event accept the ICJ decision because the evidence that I submitted to the ICJ is very, very strong.", *Office of the Historian,* Foreign Relations of the United States, 1969–1976, Volume E-9, Part 1, Documents on North Africa, 1973–1976, Dokument 90 v. 15.10.1974.

1383 Mundy, Neutrality or Complicity? The United States and the 1975 Moroccan Takeover of the Spanish Sahara, 11 The Journal of North African Studies (2006), 275 (300).

1384 Vgl. *Mundy,* Neutrality or Complicity? The United States and the 1975 Moroccan Takeover of the Spanish Sahara, 11 The Journal of North African Studies (2006), 275 (300).

Diese führte graduell dazu, dass ein von der UN anerkanntes und noch immer kolonialisiertes Volk, welchem wiederholt zum einen die Existenz anerkannt und zum anderen die Ausübung des ihm zustehenden Selbstbestimmungsrechts in Form eines Referendums zugesichert wurde, vom damaligen US-Außenminister die Kompetenz hierzu aber völlig versagt worden ist und von diesem ignoriert wurde. Ebenso ist *Mundy* dahingehend zuzustimmen, dass die US-Außenpolitik in starker Weise dem Diktat der politischen Zweckmäßigkeit unterlag, was aufgrund der immens wichtigen geostrategischen Position Marokkos, welche an das Herrschaftssystem *Hassans II* gekoppelt war, eindeutig die marokkanische Position favorisierte.[1385] *Kissinger* sah in *Hassan II* den "best guarantor of domestic and regional stability" und "a steadfast firewall against Soviet influence, socialism and radical Arab nationalism in the Middle East and Africa".[1386] Er war in seiner Position in der Lage, die Außenpolitik der USA in eine aus der Ex-post-Sicht recht vereinfachte und eindimensionale Realpolitik zu lenken, die von wenigen, aber prägenden Leitmotiven gekennzeichnet war. Unter anderem und hauptsächlich wurde sie davon geprägt, die Ausbreitung des Kommunismus bzw. Sozialismus zu verhindern und damit gleichzeitig den Einflussbereich Russlands in den ehemaligen Kolonien zu vereiteln. Zudem sollte das politische wie aber auch militärische Bündnis zwischen den USA und Marokko geschützt und damit die geopolitischen regionalen Interessen und Einflussmöglichkeiten der USA im Maghreb gestärkt und aufrechterhalten werden.[1387] *Kissingers* Porträtierung des Konflikts aufgrund der eben genannten, hauptsächlich geopolitischen und innenpolitischen intrinsischen Interessenspositionen der USA, blendet die Existenz des Volkes der Westsahara und der dahingehenden rechtlichen Verpflichtungen eines zu dekolonisierenden Gebietes nach der UN-Charta

---

1385 Dies kann seit Deklassifizierung der in diesem Kapitel analysierten und zitierten Dokumente historisch nachgewiesen und belegt werden. Vgl. *Mundy*, Neutrality or Complicity? The United States and the 1975 Moroccan Takeover of the Spanish Sahara, 11 The Journal of North African Studies (2006), 275 (302).

1386 Zit. nach *Murphy*, The Functioning of Realpolitik in Protracted Conflict and the Transformative Capacity of Self-Determination: A Case Study of Western Sahara, Africa's Last Colony, S. 237.

1387 *Murphy*, The Functioning of Realpolitik in Protracted Conflict and the Transformative Capacity of Self-Determination: A Case Study of Western Sahara, Africa's Last Colony, S. 222.

und den einschlägigen UN-Resolutionen schlichtweg aus.[1388] Hinsichtlich der UN-Beteiligung an der Beilegung des Westsahara-Konflikts, insbesondere bezüglich der Ausübung des Selbstbestimmungsrechts des Volkes der Westsahara, zeigte Kissinger seine berechnende, aber auch zynische Art. Er trat diesbezüglich für eine Lösung ein, die zwar im UN-Rahmen stattfinden würde, deren Ausgang allerdings manipuliert werden sollte. Damit degradierte er die UN zur schlichten Marionettenorganisation, die im Interesse Marokkos ein im Ausgang bereits entschiedenes Referendum durchführen sollte und damit auch dem Interesse der USA dienen würde.[1389] *Moynihan,* der damalige ständige Vertreter der USA bei der UN gab später zu, dass die Lähmung der UN im Falle des Westsahara-Konfliktes genau seine ihm zugetragene Aufgabe gewesen sei. Diese habe er erfolgreich eingeleitet und durchgeführt: „China altogether backed Fretilin in Timor, and lost. In Spanish Sahara, Russia just as completely backed Algeria, and its front, known as Polisario, and lost. In both instances the United States wished things to turn out as they did, and worked to bring this about. The Department of State desired that the United Nations prove utterly ineffective in whatever measures it undertook. This task was given to me, and I carried it forward with no inconsiderable success".[1390] Die Rüstungspolitik der folgenden Jahre hinsichtlich immenser US-amerikanischer Waffenexporte für den marokkanischen Staat unterstreichen die einseitige Haltung der USA deutlich. Sie zeigen die Antagonie der öffentlich vertretenen neutralen Haltung und der realpolitischen, durch den Kalten Krieg geleiteten, tatsächlichen US-Position auf.[1391] Die Akkumulation der oben dargelegten Umstände und politischen Prozesse haben sine qua non dazu geführt, dass Spanien seine Verantwortung nach der UN-Charta und den einschlägigen Resolutionen

---

1388 Vgl. *Murphy,* The Functioning of Realpolitik in Protracted Conflict and the Transformative Capacity of Self-Determination: A Case Study of Western Sahara, Africa's Last Colony, S. 232 f.

1389 Hierzu lassen sich die zahlreichen Aussagen *Kissingers* heranziehen, die er sowohl *Hassan* gegenüber verlautete als aber auch *Ford* und seinem Stab, beispielsweise: „The hope is for a rigged UN vote (...)", *Ford Library,* The White House, Memorandum of Conversation v. 11.11.1975, https://www.fordlibrarymuseum.gov/library/d ocument/0314/1553294.pdf, zuletzt abgerufen am 15.6.2024, sowie „ (...) just turn it [Westsahara] over to the UN with a guarantee it will go to Morocco", zit. nach *Zunes/Mundy,* Western Sahara, S. 63.

1390 Zit. nach *Mundy,* Neutrality or Complicity? The United States and the 1975 Moroccan Takeover of the Spanish Sahara, 11 The Journal of North African Studies (2006), 275 (277).

1391 Vgl. hierzu § 3. A. IV. 4. Die Waffensysteme wurden freilich auch im Kampf gegen die Polisario eingesetzt.

der Generalversammlung unilateral niederlegte und an Marokko und Mauretanien übertrug. Eine international legitimierte Verwaltung oder gar Souveränität konnte jedoch bis dato und damit 48 Jahre nach Abschluss der Madrider Abkommen nicht etabliert werden.

b) Die Auswirkungen auf das humanitäre Völkerrecht – Subsumtion

Zusammenfassend soll aus diesem langen, aber notwendigen und in der Literatur kaum näher beleuchteten Exkurs zu den Ereignissen des Krisenherbstes 1975 vor allem festgehalten werden, dass mit äußerst guten Argumenten vertreten werden kann, dass die dargelegten militärischen Auseinandersetzungen im Gesamtkontext der Westsaharasituation durchaus als hemmschwellenüberwindend im Sinne der Voraussetzungen und Anforderungen eines international bewaffneten Konfliktes im Sinne von Art. 2 Abs. 1 GK IV angesehen werden können. Dies lässt sich insbesondere damit vertreten, dass es für die Existenz eines bewaffneten Konfliktes gerade nicht darauf ankommt, dass dieser politisch anerkannt worden ist, sondern allein auf Basis der Tatsachen der jeweiligen Konfliktsituation bewertet wird. Die politische Anerkennung eines bewaffneten Konfliktes kann dem Telos des humanitären Völkerrechts nach gerade nicht als Abgrenzungskriterium oder gar Voraussetzung herangezogen werden. Andernfalls würde die Schutzwirkung der jeweiligen Regelungen des humanitären Völkerrechts völlig im politischen Ermessen der in Konflikt zueinander stehenden Staaten stehen, weshalb allein die faktische Existenz von bewaffneten Feindseligkeiten als entscheidendes Kriterium herangezogen werden kann.[1392] In Anlehnung an diesen Gedanken und den Schutzzweck des humanitären Völkerrechts wird der Begriff des internationalen bewaffneten Konflikts denkbar weit ausgelegt.[1393] Nicht zwingend erforderlich ist das Einsetzen von klassischen Instrumenten und Waffen zur Tötung, Beschädigung, Zerstörung oder Verletzung. Vielmehr reicht bereits die Anwendung von Mit-

---

1392 *Heintschel von Heinegg*, in: Epping/Heintschel von Heinegg (Hrsg.), Ipsen: Völkerrecht, S. 1290 Rn. 4.

1393 *Heintschel von Heinegg*, in: Epping/Heintschel von Heinegg (Hrsg.), Ipsen: Völkerrecht, S. 1290 Rn. 5; Der ICRC-Kommentar zur GK IV statuierte bereits 1958, dass „any difference arising between two States and leading to the intervention of members of the armed forces is an armed conflict within the meaning of Article 2 even if one of the Parties denies the existence of a state of war", *Pictet*, Geneva Convention IV Commentary 1958, Art. 2, S. 20.

teln oder Methoden der Kriegsführung, wobei der konkrete Schadensein-
tritt nicht herbeigeführt werden muss. Ausreichend ist daher bereits das
Schädigungspotential der Handlung. Konkret hierunter wird beispielsweise
das Entsenden von Streitkräften in das Hoheitsgebiet eines anderen Staates
subsumiert, ohne dass es zu tatsächlichen Feuergefechten zwischen den
jeweiligen militärischen Entitäten der Konfliktparteien gekommen sein
muss.[1394] *Heintschel von Heinegg* subsumiert in diesem Zusammenhang
und in Ablehnung des erweiterten Begriffs des international bewaffneten
Konflikts, der eine gewisse Intensität der militärischen Auseinandersetzung
fordert, auch „bloße Grenzzwischenfälle" unter den Tatbestand des internationalen bewaffneten Konflikts.[1395] Daher kann mit guten Argumenten vertreten werden, dass zumindest ein kurzzeitiger internationaler bewaffneter
Konflikt zwischen Spanien und Marokko im Jahr 1975 stattgefunden hat.[1396]

Im Hinblick auf den Grünen Marsch in die Gebiete der Westsahara,
der neben den Zehntausenden zivilen Teilnehmern ebenfalls 25.000 marokkanische Militär- bzw. Polizeiangehörige umfasste, könnte vertreten
werden, dass dieser mit Zustimmung Spaniens erfolgte. Allerdings ist dem
entgegenzuhalten, dass die in geheimen Absprachen erteilte Zustimmung
eines Teils der spanischen Regierung unter Androhung von militärischer
Gewalt erfolgte. Auch während des Marsches wurde immer wieder mit der
Überschreitung der Pufferzone und dem damit einhergehenden Ausruf des
Kriegszustandes gedroht, sofern Spanien sich gegen diese Überschreitung
zu Wehr gesetzt hätte. Letztere Drohung hatte sogar zur Folge, dass Spanien
endgültig von der zuvor noch vertretenen Position vor der UN abkehrte
und sich ausschließlich der trilateralen Verhandlung mit Marokko und
Mauretanien zur Übertragung des Gebietes verpflichtete.[1397]

Allerdings liegt hier die rechtliche Schwierigkeit der dogmatischen Einordnung, da es nach der Schließung des Madrider Abkommens zu keinerlei
aktiven bewaffneten Feindseligkeiten zwischen marokkanischen und spa-

---

1394 *Heintschel von Heinegg*, in: Epping/Heintschel von Heinegg (Hrsg.), Ipsen: Völ-
      kerrecht, S. 1290 Rn. 8.

1395 *Heintschel von Heinegg*, in: Epping/Heintschel von Heinegg (Hrsg.), Ipsen: Völ-
      kerrecht, S. 1290 Rn. 6, der eine solche Differenzierung aufgrund der Verschmel-
      zung des strengeren Haager Rechts mit dem Genfer Recht durch das ZP I, durch
      welches wiederum nach Art. 1 Abs. 3 ZPI der Anwendungsbereichs des ZPI mit
      dem der GK IV deckungsgleich ist, richtigerweise ablehnt.

1396 So auch *Saul*, Many Small Wars: The Classification of Armed Conflicts in the
      Non-Self-Governing Territory of Western Sahara (Spanish Sahara) in 1974–1976,
      S. 16.

1397 Vgl. § 3. A. III. 1.

nischen Truppen gekommen ist. Die tatsächliche militärische Besetzung erfolgte erst nach Abkommensschluss und traf auf keinen Widerstand seitens der spanischen Truppen. Die Feindseligkeiten zwischen Marokko und Spanien waren mit Abschluss des Grünen Marsches endgültig beendet und der bewaffnete Konflikt damit abgeschlossen. Die faktische militärische Besetzung selbst erfolgte somit nicht durch die Folgen eines internationalen bewaffneten Konfliktes nach Art. 2 Abs. 1 GK IV, sondern könnte vielmehr unter den Anwendungsbereich des Art. 2 Abs. 2 GK IV als Besetzung fallen, die auf keinen bewaffneten Widerstand gestoßen ist.

Die ausführliche Einordnung der faktischen, politischen und militärischen Gegebenheiten hat dazu beigetragen zu bestimmen, dass die recht konstruierte Herleitung zur Anwendung des Besatzungsrechts über den bewaffneten Konflikt zwischen Spanien und Marokko im Herbst 1975 iSd. Art. 2 Abs. 1 GK IV nicht vonnöten ist.[1398] Insbesondere aber ergibt sich hieraus eine klare Einordnung des Westsahara-Konfliktes speziell hinsichtlich des Krisen-Herbstes, des Madrider Abkommens und der darauffolgenden Annexion des Gebietes durch Marokko und Mauretanien hinsichtlich der Anwendung des humanitären Völkerrechts, in concreto des Besatzungsrechts.

Das Madrider Abkommen kann die Präsenz Marokkos und Mauretaniens aufgrund des evidenten Verstoßes gegen das Selbstbestimmungsrecht des Volkes der Westsahara und des daraus resultierenden Verfügungsverbots der von vornherein nicht disponiblen Rechtsposition der Verwaltungsmacht nicht rechtfertigen. Spanien blieb daher, trotz faktischen Kontrollverlustes, De-jure-Verwaltungsmacht, da die UN keinen anderen Staat hierzu eingesetzt hat bzw. kein internationales Treuhandsystem nach Kapitel XII der UN-Charta für die Westsahara eingerichtet hat. Zudem ist das Abkommen aufgrund des Verstoßes gegen den Pacta-tertiis-Grundsatz unwirksam, da das Volk der Westsahara durch das ihr zustehende Selbstbestimmungsrecht und den gesonderten Status des Gebietes nach Art. 73 UN-Charta einen Dritten im Sinne der in Art. 34 WVK[1399] verankerten völkergewohnheitsrechtlichen Regelung darstellt und die Verfügung somit der Zustimmung des Volkes bedurft hätte.[1400] Zudem wäre das Abkommen

---

1398 So aber *Saul*, Many Small Wars: The Classification of Armed Conflicts in the Non-Self-Governing Territory of Western Sahara (Spanish Sahara) in 1974–1976, S. 16.

1399 Wiener Vertragsrechtskonvention.

1400 Vgl. die begrüßenswerte Rechtsprechung des EuGH zur extensiven Auslegung des Pacta-tertiis-Grundsatzes auf NSGTs, § 4. A. III. 2. b). bb).

nach Art. 53 WVK nichtig, sofern man dem kolonialen Selbstbestimmungs-recht Ius-cogens-Charakter zuschreiben möchte. Das Madrider Abkommen war völkerrechtswidrig und nichtig, weshalb die Präsenz Marokkos nicht gerechtfertigt war. Zwar mag der bewaffnete Konflikt zwischen Spanien und Marokko durch das Abkommen bilateral beigelegt worden sein, aller-dings muss nach Art. 2 Abs. 2 GK IV gerade kein militärischer Konflikt vorliegen und das Abkommen findet auch dann Anwendung, wenn die Besetzung des Gebietes nicht auf bewaffneten Widerstand gestoßen ist.

c) Art. 2 Abs. 2 GK IV

Zunächst muss dem Wortlaut des Art. 2 Abs. 2 GK IV nach das Hoheits-gebiet einer Vertragspartei besetzt werden, mithin das Territorium eines Staates, welches die Westsahara zum Zeitpunkt der Invasion noch nicht war.

Im speziellen Fall der Westsahara sollte miteinbezogen werden, dass der Akt zur Ausübung des Selbstbestimmungsrechts des Volkes unmittelbar bevorstand und einzig durch die militärischen, diplomatischen und politi-schen Interventionen Marokkos gestoppt worden ist. Die Sondermission der UN, die das Gebiet der Westsahara im Jahr 1975 besuchte, stellte dabei fest, dass „the people of Spanish Sahara had unequivocally expressed to the Mission their desire for independence". Zudem hatte die Polisario, die neben der von Spanien eingesetzten und kontrollierten PUNS stärkster Treiber der Unabhängigkeitsbewegung war, nationale Befreiungsbewegung und schließlich im Jahr 1979 von der UN als einziger legitimer Reprä-sentant des sahrawischen Volkes anerkannt wurde, „considerable support among all sections of the population".[1401] Die Polisario kämpfte bereits seit dem 31.10.1975, also noch während der unbestrittenen Phase der spa-nischen Verwaltung, in heftigen militärischen Auseinandersetzungen mit

---

1401 UN Doc. A/10023/Rev.1, Rn. 12, Rn. 219; *Kanevskaia*, in: Duval/Kassoti (Hrsg.), The Legality of Economic Activities in Occupied Territories, S. 129; *Kassoti*, Euro-pean Papers 2017 (2), 339 (341); *Griffioen*, Self-Determination as a Human Right, S. 26; *Milano*, Anuario Español de Derecho Internacional XXII (2006), 416 (419); High Court of South Africa, Urteil v. 15. Juni 2017, Nr. 1487/17, „NM Cherry Blossom", Rn. 5; *Soroeta*, GYIL 59 (2016), 187 (215). Die Polisario gaben sich 1973 in Art. 1 ihrer Gründungsakte den klaren Status einer Nationalen Befreiungs-bewegung, der freilich mit Ausrufung der DARS aus Sicht der Polisario obsolet geworden ist und seither nicht mehr verwendet wird, EuGH, 2016 (Fn. 55), Rn. 21.

marokkanischen Streitkräften, woraufhin auf beiden Seiten Verluste und Gefangene gemeldet wurden.[1402] Nach dem Madrider Abkommen eskalierten die Zusammenstöße ab dem 25.11.1975 weiter, als Tausende Angehörige der marokkanischen Streitkräfte offen in das Gebiet eindrangen und am 28.11.1975 die zweitgrößte Stadt Smara und am 11.12.1975 mit 5.000 Mann die Hauptstadt El Aaiún unter ihre Kontrolle brachten.[1403] Derweil kämpften Hunderte Angehörige der Polisario gegen die Einnahme und Besetzung weiterer Städte, denen sie durch die Übermacht der marokkanischen Einheiten kaum etwas entgegenbringen konnten.[1404] Auch die von General *de Salazar* ausgesprochene Entlassung der ca. 1000 Sahrawis umfassenden „Tropas Nomadas" und der lokalen Polizeibehörden, die sich ausnahmslos dem Kampf gegen die marokkanische und mauretanische Präsenz anschlossen, konnte die Eroberung weiterer Gebiete der Westsahara nicht aufhalten.[1405] Die marokkanischen Truppen dehnten sich weiter auf das Gebiet aus und nahmen Anfang Februar 1976 Mahabes, die Hauptversorgungslinie der Polisario nahe der algerischen Grenze, ein. Während die Polisario einige kleinere ehemalige spanische Siedlungen und Außenposten für wenige Monate unter schweren Kämpfen hielt, fielen die meisten von ihnen schließlich im April 1976 an die marokkanischen Streitkräfte, die diese bis dato noch immer unter Kontrolle halten. Trotzdem schlossen sich immer mehr Sahrawis den Kämpfenden an, deren Zahl von wenigen Hundert Ende 1975 auf über 5.000 im Anfang 1977 anstieg.[1406] Während der Zeit zwischen dem völkerrechtswidrigen Madrider Abkommen und dem finalen Abzug der spanischen Truppen besetzte Marokko bereits zahlreiche Städte und militärisch wichtige Punkte.[1407]

Spanien wiederum hatte noch immer die Verpflichtung aus Art. 73 UN-Charta im Rahmen des durch die UN-Charta errichteten Systems des Weltfriedens und der internationalen Sicherheit das Wohl des Volkes der Westsahara aufs Äußerste zu fördern. Nach Art. 73 UN-Charta hat dessen Interesse stets Vorrang vor jeglichen anderen Interessen, einschließlich wirtschaftlicher und politischer Aspekte in Relation mit Drittstaaten. Eben-

---

1402 *Saul*, Many Small Wars: The Classification of Armed Conflicts in the Non-Self-Governing Territory of Western Sahara (Spanish Sahara) in 1974–1976, S. 10 f.

1403 *Saul*, Many Small Wars: The Classification of Armed Conflicts in the Non-Self-Governing Territory of Western Sahara (Spanish Sahara) in 1974–1976, S. 11.

1404 *Hodges*, The Roots of a Desert War, S. 229–231.

1405 *Hodges*, The Roots of a Desert War, S. 230.

1406 *Saul*, Many Small Wars: The Classification of Armed Conflicts in the Non-Self-Governing Territory of Western Sahara (Spanish Sahara) in 1974–1976, S. 11.

1407 *Hodges*, The Roots of a Desert War, S. 229–231.

so hatte Spanien die Verpflichtung, die territoriale Integrität des Gebietes zu schützen. Die Zession des Gebietes unter vollständiger Aufgabe jeglicher Verantwortung und der eigentlich bestehenden Verpflichtung zur Verteidigung der territorialen Integrität des Gebietes der Westsahara, ist Conditio sine qua non für die anschließende Besetzung des Gebietes. Zudem ist diese kausal für den noch immer bestehenden Status quo der dauerhaften Einverleibung der Gebiete der Westsahara in das marokkanische Rechts- und Verwaltungssystem als Teil der eigenen territorialen Souveränität. Um den Schutz eines ehemals kolonialisierten Volkes vor wahlloser wiederholter Fremdherrschaft, erneuter Unterdrückung und der Verwehrung seines Selbstbestimmungsrechts und eigenbestimmter politischer Zukunft zu gewährleisten, muss zwangsläufig die Besonderheit des Status eines Non-Self-Governing-Territory miteinbezogen werden, dessen Verwaltungsmacht entgegen jeglicher Verpflichtungen und Verantwortung handelt, das Gebiet ohne Widerstand aufgibt und an Dritte abtritt.

Die UN und viele Staaten erkannten dieses potentielle rechtliche Vakuum und versuchten dieses zunächst mit der GV-Resolution 3103 zu schließen. Diese bekräftigt zum einen, dass „the struggle of peoples under colonial and alien domination and racist regimes for the implementation of their right to self-determination and independence is legitimate and in full accordance with the principles of international law". Zum anderen beschloss die Generalversammlung, dass „the armed conflicts involving the struggle of peoples against colonial and alien domination and racist régimes are to be regarded as international armed conflicts in the sense of the 1949 Geneva Conventions, and the legal status envisaged to apply to the combatants in the 1949 Geneva Conventions and other international instruments is to apply to the persons engaged in armed struggle against colonial and alien domination and racist régimes."[1408] Diesen Grundsatz verschärfend wurden 1977 die Genfer Abkommen um ein Zusatzprotokoll erweitert. Dieses subsumiert in seinem Art. 1 Abs. 4 auch bewaffnete Konflikte über Art. 1 Abs. 3 unter den Art. 2 GK IV, in denen Völker gegen Kolonialherrschaft und fremde Besetzung sowie gegen rassistische Regime in Ausübung ihres Rechts auf Selbstbestimmung kämpfen, wie es in der

---

1408 UN Doc. A/RES/3103 v. 12.12.1973. Von den damaligen 135 Mitgliedstaaten stimmten 83 für die Resolution, 13 dagegen, 19, enthielten sich und 20 blieben der Abstimmung fern. Alle ehemaligen europäischen Kolonialstaaten stimmten entweder gegen die Resolution oder enthielten sich. Marokko blieb der Abstimmung fern, Mauretanien hingegen stimmte zu.

UN-Charta und in der Friendly Relations Declaration niedergelegt ist. Zwar findet das Zusatzprotokoll aufgrund der zeitlichen Differenz offensichtlich keine Anwendung auf den Westsaharakonflikt vor 1977[1409]. Allerdings wird ersichtlich, dass vielen Staaten bewusst gewesen ist, dass es einer komplizierten Konstruktion zur Anwendung humanitären Völkerrechts in Fällen ehemals kolonialisierter Völker bedurfte, die meist unverschuldeter Weise noch nicht über eine eigene Selbstregierung verfügten und damit besonders schutzwürdig waren. Diese komplizierte Konstruktion wurde im Vorgang versucht zu simplifizieren. Sowohl die realpolitischen Umstände, die zur Zession des Gebietes geführt haben wie aber auch die rechtliche Bewertung des vermeintlichen völkerrechtlich legitimierenden Madrider Abkommens zeigten auf, dass bereits von vornherein die Abtretung der Verwaltungsmachtsposition nicht zur Disposition Spaniens stand und daher nichtig sein muss.

Es muss daher von einem intendierten und äußerst eng beschränkten Ermessen hinsichtlich der Ausübung der Position als Verwaltungsmacht gesprochen werden. Insbesondere kann es nicht vom Ermessen der jeweiligen Verwaltungsmacht abhängen, ob und wie die Verantwortung über das ihr obliegende Gebiet ausgeübt wird. Zumindest darf es auf Rechtsfolgenseite nicht zu einer kompletten Negierung der elementaren Grundsätze des humanitären Völkerrechts aufgrund der völkerrechtswidrigen und insbesondere dem Selbstbestimmungsrecht der Völker entgegenstehenden Handlungen bzw. Unterlassungen der Verwaltungsmacht kommen. Hätte Spanien nämlich gegen die Besetzung der Gebiete der Westsahara durch Marokko und Mauretanien interveniert und diese militärisch abgewehrt, wäre das humanitäre Völkerrecht ohne jegliche Zweifel anwendbar gewesen. Das diesbezügliche Unterlassen Spaniens und die formelle Zession des Gebietes hat allerdings die Besetzung der Westsahara erst unmittelbar ermöglicht. Eine solche diametral zu den Grundsätzen des humanitären Völkerrechts wie aber auch dem NSGT-Regime stehende Situation, die aufgrund fremdbestimmter Entscheidungen der spanischen Kolonialmacht dem Volk der Westsahara vor Ausübung ihres Selbstbestimmungsaktes zwangsweise auferlegt worden ist, ist mit dem Schutzzweck des Art. 73 UN-Charta und den die Norm ausfüllenden Generalversammlungs-Resolutionen unvereinbar, insbesondere mit dem Selbstbestimmungsrecht der Völker. Daher ist festzustellen, dass durch die Nichtigkeit des Madrider Abkommens, der damit einhergehenden völkerrechtswidrigen unilateralen Beendigung des

---

1409 Zur Anwendung des ZPI auf den Konflikt nach 1977 siehe § 3. A. IV. 1. d).

Verwaltungsmachtsstatus und der faktischen Zession des Gebietes an Marokko und Mauretanien Spanien zum Schutz der territorialen Integrität der Westsahara und des Selbstbestimmungsrechts des Volkes der Westsahara weiterhin verpflichtet war. In keiner Weise hat es gerechtfertigt gehandelt oder Legitimität hinsichtlich der Beendigung des Dekolonisierungsprozesses herstellen können.

Die Situation der Westsahara stellt freilich einen einzigartigen Ausnahmefall im System des humanitären Völkerrechts, insbesondere des Besatzungsrechts dar. Dieser kann aber mit den oben dargelegten Argumenten unter die Auffangklausel des Art. 2 Abs. 2 GK IV subsumiert werden, indem Spanien als den ihr obliegenden „heiligen Auftrag" aus Art. 73 UN-Charta die Interessen des Volkes unter jeglichen Umständen zu schützen und zu priorisieren durch das völkerrechtswidrige Madrider Abkommen grob verletzte und darauf folgend völkerrechtswidrig den Einmarsch und die Präsenz marokkanischer und mauretanischer Streitkräfte duldete. Zwar ist der Anwendungsbereich von Art. 2 Abs. 2 GK IV äußerst eng gefasst und in der Praxis kaum von Bedeutung. Allerdings ist bereits der Wortlaut der oben dargelegten Interpretation und Subsumtion zugänglich. Dieser legt dar, dass die GK IV auch in allen Fällen vollständiger oder teilweiser Besetzung des Gebietes einer Hohen Vertragspartei anzuwenden ist, selbst wenn diese Besetzung auf keinen bewaffneten Widerstand stößt.[1410] Die anfängliche mutmaßliche Legitimation der Präsenz marokkanischer und mauretanischer Streitkräfte durch das Madrider Abkommen ist nichtig und völkerrechtswidrig. Damit wurde das Gebiet der Westsahara, über das Spanien die Hoheitsgewalt ausübte, bereits teilweise ab Ende November 1975 und ab dem 26.2.1976 vollständig besetzt. Die Konstruktion des durch das Selbstbestimmungsrecht der Völker extensiv ausgelegten und auf die Phase nach dem Madrider Abkommen projizierten bewaffneten Konflikt zwischen Spanien und Marokko, um Art. 2 Abs. 1 GK IV anwenden zu können, ist somit nicht vonnöten. Eine dogmatisch saubere Einordnung der politischen Ereignisse in den rechtlichen Kontext und die Bewertung des Madrider Abkommens führt also dazu, dass Art. 2 Abs. 2 GK IV, trotz strengem Staatlichkeitsvorbehaltes der Konventionen, auf die Konfliktsituation der Westsahara angewandt werden kann, da die teilweise Besetzung der Gebiete bereits während der unstrittig zu diesem Zeitpunkt noch bestehenden Verwaltungsmachtsposition Spaniens und vor dem Abzug der spanischen

---

1410 Vgl. zum Anwendungsbereich *Heintschel von Heinegg*, in: Epping/Heintschel von Heinegg (Hrsg.), Ipsen: Völkerrecht, S. 1296 Rn. 20.

Truppen stattfand. Der unsichere Rückgriff auf eine mögliche Anwendung der in Resolution 3103 genannten Grundsätze und einer möglicherweise bereits vor dem ZPI bestehender Opinio juris ist daher grundsätzlich nicht vonnöten.[1411]

aa) Voraussetzungen Art. 2 Abs. 2 GK IV

Art. 2 Abs. 2 GK IV setzt sodann voraus, dass eine Besetzung vorliegt. Wann diese wiederum vorliegt, bestimmt sich durch Art. 154 GK IV nach Art. 42 HLKO. Die Einordnung einer Situation als Besetzung ist ausschließlich nach tatsächlichen Faktoren zu beurteilen und explizit nicht von einer politischen Bezeichnung abhängig, weshalb eine Anerkennung bzw. ausdrückliche Einordnung des Besatzerstaates nicht vonnöten ist.[1412] Die bisherige Staatenpraxis zeigt, dass viele Besatzungsmächte die Anwendbarkeit des Besatzungsrechts negiert haben, obwohl sie währenddessen die tatsächliche Kontrolle über ein fremdes Gebiet ausübten und dieses sogar annektierten.[1413] Dieser Umstand wird dadurch begünstigt, dass die Normen des humanitären Völkerrechts bzw. Besatzungsrechts keine eindeutigen Regelungen für die Bestimmung des Beginns und der Beendigung einer Besetzung enthalten. Trotz seiner Unbestimmtheit ist Art. 42 HLKO nach wie vor und trotz der Bestimmungen der Genfer Konventionen noch immer die zentrale Ausgangsnorm anhand derer festgestellt werden muss, ob eine spezifische Situation eine Besetzung darstellt.[1414] Nach Art. 42 Abs. 1 HLKO ein Gebiet als besetzt anzusehen, wenn es sich tatsächlich in der Gewalt des feindlichen Heeres befindet. Darüber hinaus muss nach Art. 42 Abs. 2 HLKO die Gewalt über das Gebiet durch den Besatzerstaat mitunter effektiv hergestellt sein und auch faktisch ausgeübt werden können. Die Ausübung

---

1411 Die Frage der Anwendbarkeit des ZPI, insbesondere des Art. 1 Abs. 4 wird nichtsdestotrotz behandelt, um mögliche Meinungsverschiedenheiten zur hier vertretenen Auffassung der Anwendbarkeit von Art. 2 Abs. 2 GK IV zuvorzukommen und endgültige Klarheit über den Status der Westsahara im Völkerrechtssystem zu schaffen, siehe § 3. A. IV. 1. d).

1412 *Heintschel von Heinegg*, in: Epping/Heintschel von Heinegg (Hrsg.), Ipsen: Völkerrecht, S. 1296 Rn. 22.

1413 *Spoerri*, The law of Occupation in: Clapham/Gaeta (Hrsg.), The Oxford Handbook of International Law in Armed Conflict, S. 187.

1414 Vgl IGH, Mauer-Gutachten, ICJ Rep. 2004, S. 167 Rn. 78; *Spoerri*, The law of Occupation in: Clapham/Gaeta (Hrsg.), The Oxford Handbook of International Law in Armed Conflict, S. 188.

der effektiven Kontrolle ist dabei allgemein anerkannt zwingendes Element der Besetzung und für diese sine qua non. Die genaue Extensität und Auslegung des Begriffs effektiv ist allerdings nicht abschließend geklärt.[1415] In der Literatur wie aber auch der Staatenpraxis wurden Parameter für einen Test der effektiven Kontrolle einer Besatzung entwickelt, die im Wesentlichen allgemein anerkannt sind und in kumulativer Anwendung zur Klärung des Status eines Gebietes als besetzt unerlässlich sind: die notwendige Anwesenheit ausländischer Streitkräfte, die Ausübung der effektiven Gewalt über das besetzte Gebiet und der nicht-einvernehmliche Charakter der Besetzung.[1416]

(1) Die notwendige Anwesenheit ausländischer Streitkräfte

Das Kriterium der tatsächlichen Anwesenheit in fremdem Territorium wird allgemein als zentrale Voraussetzung angesehen, um überhaupt die effektive Kontrolle über ein fremdes Gebiet errichten und anschließend auch ausüben zu können. Es stellt die Verbindung zwischen dem Begriff der effektiven Kontrolle und der Fähigkeit, die der Besatzungsmacht obliegenden Verpflichtungen zu erfüllen, her.[1417] Im Rahmen dessen ist anerkannt, dass eine Besetzung nicht allein durch die Ausübung von Hoheitsgewalt von außerhalb der Grenzen des besetzten Gebiets begründet oder aufrechterhalten werden kann, weshalb Belagerungen oder See- bzw. Luftblockaden hiervon abzugrenzen sind.[1418] Effektive Kontrolle über ein Gebiet kann daher nur ausgeübt werden, sofern ausländische Truppen tatsächlich vor Ort sind und dort Posten bzw. militärische Basen errichtet haben, von denen aus militärische Gewalt ausgeübt werden kann. Dabei ist weder die Größe der militärischen Invasion noch das Ausmaß bzw. die Art und Weise der jeweiligen Besatzung grundsätzlich allgemeingültig ausschlaggebend,

---

1415 *Dinstein*, The International Law of Belligerent Occupation, S. 43 Rn. 98.

1416 *Ferraro*, Report ICRC, Occupation and Other Forms of Administration of Foreign Territory, S. 17; *Heintschel von Heinegg*, in: Epping/Heintschel von Heinegg (Hrsg.), Ipsen: Völkerrecht, S. 1296 Rn. 22.

1417 *Heintschel von Heinegg*, in: Epping/Heintschel von Heinegg (Hrsg.), Ipsen: Völkerrecht, S. 1297 Rn. 24; *Spoerri*, The law of Occupation in: Clapham/Gaeta (Hrsg.), The Oxford Handbook of International Law in Armed Conflict, S. 189; *Dinstein*, The International Law of Belligerent Occupation, S. 43 Rn. 99 f.

1418 *Spoerri*, The law of Occupation in: Clapham/Gaeta (Hrsg.), The Oxford Handbook of International Law in Armed Conflict, S. 189; *Heintschel von Heinegg*, in: Epping/Heintschel von Heinegg (Hrsg.), Ipsen: Völkerrecht, S. 1297 Rn. 24.

da die individuellen Umstände von besetzten Gebieten sich erheblich unterscheiden können. Der Grad der erforderlichen effektiven Kontrolle kann dabei von verschiedensten Aspekten wie geographischen Begebenheiten, der Bevölkerungsdichte und einer Reihe anderer Faktoren abhängen.[1419] Von einer Besatzungsmacht wird indes nicht gefordert, in der Lage zu sein, überall in einem besetzten Gebiet Truppen zu stationieren. Vielmehr ist es ausreichend, durch die Positionierung der eigenen Truppen an strategischen Orten innerhalb des besetzten Gebiets dafür zu sorgen, dass die Besatzungsmacht in der Lage ist, innerhalb eines angemessenen Zeitraums Truppen zu entsenden, um gegebenenfalls militärische Kontrolle und Hoheitsgewalt auszuüben, um so ihrer Autorität in dem betreffenden Gebiet Ausdruck zu verleihen.[1420] Eine effektive Kontrolle kann daher nicht meinen, dass die militärische Kontrolle auf jeden Winkel des umstrittenen Gebiets ausgedehnt werden muss.[1421] Zunächst ist also erforderlich, dass sich tatsächlich marokkanische Streitkräfte in der Westsahara befanden.

Mitte Januar 1976 haben sich die letzten spanischen Truppen, bestehend aus nur noch ca. 2000 Angehörigen des spanischen Militärs, aus dem Gebiet der Westsahara zurückgezogen und zurück blieben nur ca. 150 spanische Verwaltungsbeamte, die sich um die administrativen Übergangsprozesse kümmern sollten.[1422] Währenddessen befanden sich bereits 25.000 marokkanische Soldaten in der Westsahara, was ungefähr ein Drittel der Gesamtstärke der damaligen marokkanischen Armee ausmachte.[1423] Ferner wurden bereits Ende November 1975 Hunderte marokkanische Verwaltungsbeamte unter Aufsicht des von *Hassan II* eingesetzten stellvertretenden Gouverneurs der Westsahara nach El Aaiún versetzt. Sie begannen zusammen mit den spanischen Beamten die Übergabe des Gebietes vorzubereiten.[1424] Zwar leisteten die Polisario-Kämpfer teils erheblichen Widerstand und konnten kleinere Ortschaften und Posten monatelang erfolgreich verteidigen, die großen, vor allem von Marokko kontrollierten Städte, blie-

---

1419 *Dinstein*, The International Law of Belligerent Occupation, S. 43 Rn. 98.

1420 *Spoerri*, The law of Occupation in: Clapham/Gaeta (Hrsg.), The Oxford Handbook of International Law in Armed Conflict, S. 189.

1421 *Dinstein*, The International Law of Belligerent Occupation, S. 43 Rn. 99.

1422 *Hodges*, The Western Sahara File, Third World Quarterly 6 (1984) 74 (97); *Taeger*, Der Sahara-Konflikt und die Krise der Organisation der Afrikanischen Einheit, VRÜ 1984, 51 (55); *Villar*, El Proceso de Autodeterminacion del Sahara, S. 366 ff.; *Besenyo*, Western Sahara, S. 97.

1423 *Besenyo*, Western Sahara, S. 97.

1424 *Hodges*, The Roots of a Desert War, S. 229.

ben aber seit dem Tag der ersten Besetzung stetig und bis dato unter marokkanischer Kontrolle.[1425] Freilich ist daher unzweifelhaft, dass tatsächlich marokkanische Streitkräfte im Gebiet der Westsahara anwesend waren und es bis heute sind.

(2) Ausübung der Autorität / Hoheitsgewalt über das besetzte Gebiet

Neben der tatsächlichen Anwesenheit feindlicher ausländischer Streitkräfte in fremdem Territorium kommt es auf die Fähigkeit des Besatzerstaates an, in dem fremden Gebiet Hoheitsgewalt auszuüben und nicht zwangsläufig auf die tatsächliche und konkrete Ausübung dieser Gewalt. Stellte man ausschließlich auf die tatsächliche Anwendung bzw. Ausübung von Hoheitsgewalt des Besatzerstaates ab, könnte die Situation entstehen, dass sich der Besatzerstaat seinen besatzungsrechtlichen Pflichten versucht zu entziehen, indem er absichtlich keine Autorität ausübt oder eine Strohpuppenregierung einsetzt.[1426] Dabei ist logische Voraussetzung, die sich unmittelbar auch aus Art. 43 HLKO ergibt, dass die Ausübung der vorherigen Hoheitsgewalt durch den Souverän des Gebietes vollständig oder zumindest ganz überwiegend nicht mehr möglich ist.[1427] Im Rahmen dessen ist allerdings festzuhalten, dass die Autorität nicht nur ausschließlich von der Besatzungsmacht ausgeübt werden muss. Es ist vielmehr zulässig, dass sich die Besatzungsmacht und die besetzte Regierung die Ausübung der Hoheitsgewalt aufteilen, vorausgesetzt, dass die Besatzungsmacht weiterhin die finale und gesamteinheitliche Verantwortung für das besetzte Gebiet trägt.[1428]

1425 Zu den Kampfhandlungen zwischen marokkanischen bzw. mauretanischen Truppen und der Polisario siehe *Besenyo*, Western Sahara, S. 97 ff.; *Hodges*, The Roots of a Desert War, S. 229 ff.; *Saul*, Many Small Wars: The Classification of Armed Conflicts in the Non-Self-Governing Territory of Western Sahara (Spanish Sahara) in 1974–1976, S. 10–16.

1426 *Spoerri*, The law of Occupation in: Clapham/Gaeta (Hrsg.), The Oxford Handbook of International Law in Armed Conflict, S. 190; *Dinstein*, The International Law of Belligerent Occupation, S. 44 f. Rn. 101 f.; *Turns*, in: Evans (Hrsg.), International Law, 4. Auflage, S. 844.

1427 *Heintschel von Heinegg*, in: Epping/Heintschel von Heinegg (Hrsg.), Ipsen: Völkerrecht, S. 1296 Rn. 22.

1428 *Ferraro*, Report ICRC, Occupation and Other Forms of Administration of Foreign Territory, S. 17; *Turns*, in: Evans (Hrsg.), International Law, 4. Auflage, S. 844; *Shaw*, International Law, 8 Aufl., S. 899 f.; *Spoerri*, The law of Occupation in:

Im Falle der Westsahara war für die Verwaltung des Gebietes zum Zeitpunkt der marokkanischen Übernahme des Gebietes Spanien nach Art. 73 UN-Charta zuständig. Dieses hatte erst seit wenigen Jahren dem sahrawischen Volk durch die politische, aber auch administrative Partizipation Mitbestimmungsrechte gewährleistet, um diesem den von der UN geforderten Selbstbestimmungsakt in Form eines Referendums zu ermöglichen und es auf eine mögliche Unabhängigkeit vorzubereiten.[1429] Zwar ließen die spanischen Behörden auch Angehörige des sahrawischen Volkes in administrativen wie auch in (lokal-)polizeilichen Positionen arbeiten, ebenfalls wurde mit der Djemma ein politisches und quasi-legislatives Instrument für den selbstbestimmteren Partizipationsprozess des Volkes geschaffen. Die Hauptverantwortung der militärischen wie auch politischen Administration lag allerdings bis zum Madrider Abkommen noch immer faktisch ausschließlich in der spanischen Machtsphäre. Dies änderte sich nach Abschluss des Madrider Abkommens schnell und in drastischer Art und Weise, indem die spanische Kontrolle über Dutzende Gebiete und Städte unter marokkanische und mauretanische Kontrolle fiel. Bereits Ende November 1975 waren die verbliebenen ca. 2000 Mann umfassenden spanischen Truppen ausschließlich in Villa Ciscneros (Dakhla) und in der Hauptstadt El Aaiún stationiert.[1430] Am 8.1.1976 wurden die verbleibenden Soldaten aus El Aaiún abgezogen und am 12.1.1976 schließlich alle übrigen spanischen Truppen aus Villa Ciscneros, womit zu diesem Zeitpunkt ausschließlich unbewaffnete spanische Verwaltungsbeamte in der Westsahara verblieben. Währenddessen waren ca. 1000 marokkanische Verwaltungsbeamte und 25.000 Soldaten in den Gebieten Westsaharas stationiert.[1431]

Der mauretanische Teil der Westsahara war auf Hilfe von Marokko angewiesen, da Mauretanien eigenständig kaum in der Lage war, genügend Verwaltungsbeamte und Soldaten zu stellen.[1432] Zwar stießen die marokkanischen bzw. mauretanischen Truppen immer wieder auf den Widerstand der Kämpfer der Polisario bzw. auf deren militärischen Arm Sahara Peop-

---

Clapham/Gaeta (Hrsg.), The Oxford Handbook of International Law in Armed Conflict, S. 190.

1429 Siehe hierzu ausführlich § 2. A. I.

1430 *Hodges*, The Roots of a Desert War, S. 229 f.

1431 Zur Verteilung der Soldaten innerhalb des Gebietes siehe *Beseyno*, Western Sahara, S. 97 f.

1432 Siehe zur Schwäche der mauretanischen Verwaltung der Westsahara, die schlussendlich auch nach nur zweijähriger Aufrechterhaltung aufgegeben werden musste, *Hodges*, The Roots of a Desert War, S. 241–246.

le´s Liberation Army (SPLA). Allerdings konnten die marokkanischen und mauretanischen Streitkräfte alle großen Städte innerhalb kürzester Zeit unter Kontrolle bringen, die zwar gelegentlich unter Guerilla-Angriffen der SPLA standen, diese allerdings zu keinem Zeitpunkt ein Ausmaß annahmen, welches der eingerichteten Verwaltung und Kontrolle ernsthaft gefährlich wurde.[1433] Im April 1976 annektierten sowohl Marokko als auch Mauretanien formell die zuvor bilateral festgelegten und zwischen ihnen aufgeteilten Teile der Westsahara in eigenes Staatsgebiet und verwalteten diese im Rahmen ihrer eigenen Administrative, Gesetzeshoheit und Souveränität. Die besonderen Gegebenheiten der Westsahara, namentlich die topographische Situation als größtenteils unbewohnbare und menschenfeindliche Wüstenregion und die Größe des Gebietes müssen bei der Bewertung der effektiven Kontrolle miteinbezogen werden. Die Stationierung und Ausübung hoheitlicher Gewalt in vielen Teilen der Westsahara ist aufgrund der widrigen Witterungsverhältnisse schlichtweg nicht möglich. Die effektive Kontrolle des Gebietes unter spanischer Verwaltung wurde zu keinem Zeitpunkt angezweifelt. Im Vergleich zu Spanien stationierte Marokko ein Vielfaches an Soldaten und Verwaltungsbeamten in den ehemals von Spanien kontrollierten Städten und Gebieten. Spätestens mit finalem Abzug der spanischen Truppen am 12.1.1976 kontrollierte Marokko effektiv die zuvor eingenommen bzw. von Spanien übernommenen Städte, Kontrollpunkte und Gebiete. Diese galten als vital und entscheidend für die Kontrolle über die Westsahara, insbesondere die Hauptstadt, die Küstenstädte sowie die Phosphatregion um Buu Craa.[1434]

Die SPLA war nicht in der Lage, effektiv größere Städte zu halten und verlor schnell die Kontrolle über die Ende 1975/Anfang 1976 eingenommen Dörfer und Regionen, bis sie schließlich vollständig in die heute als „liberated zone" bekannten Gebiete zurückgedrängt wurde. Aus dieser fanden weniger erfolgreiche Guerilla-Aktionen gegen die marokkanischen, aber wiederum sehr erfolgreiche gegen die mauretanisch kontrollierten Gebiete statt.[1435] Die SPLA leistete so erheblichen Widerstand, was im Falle Mauretaniens schließlich dazu führte, dass die Gebiete durch ein Friedensabkommen mit der Polisario aufgegeben wurden. Allerdings wurden diese

---

1433   Ausführlich zu den Kämpfen zwischen der SPLA und marokkanischen bzw. mauretanischen Truppen siehe *Hodges*, The Roots of a Desert War, S. 229–233.
1434   *Hodges*, The Roots of a Desert War, S. 229 f.
1435   Vgl. *Hodges*, The Roots of a Desert War, S. 229 f. und S. 241–246; *Saul*, Many Small Wars: The Classification of Armed Conflicts in the Non-Self-Governing Territory of Western Sahara (Spanish Sahara) in 1974–1976, S. 10.

Gebiete umgehend von Marokko besetzt und stehen seither, abgesehen von den Gebieten der liberated zone, unter der Kontrolle der marokkanischen Behörden bzw. des marokkanischen Militärs.[1436] Die Ausübung der Hoheitsgewalt bzw. Autorität in den von Marokko kontrollierten Teilen der Westsahara, die den überwiegenden Anteil des Gebietes ausmachen, konnte zu keinem Zeitpunkt ernsthaft als so gestört angesehen werden, dass die marokkanischen Behörden die faktische und effektive Kontrolle über Städte oder Regionen verloren hätten.[1437] Die spanische Administration und erst recht die zu diesem Zeitpunkt spärliche Administration des Volkes der Westsahara wurden faktisch bereits mit Abzug der spanischen Truppen am 12.1.1976, allerspätestens aber am 26.2.1976 durch die vollständige Aufgabe der spanischen Hoheitsgewalt überlagert und durch die marokkanische bzw. mauretanische Ausübung der eigenen Hoheitsgewalt ersetzt.[1438]

Indem es sich bei der Bewertung der Frage der Ausübung von Hoheitsgewalt und Autorität um eine tatsächliche Situation handelt, ist spätestens mit Abzug der spanischen Truppen und dem Abschluss der Übernahme der zuvor von Spanien kontrollierten Städte die Möglichkeit zur Hoheitsausübung eingerichtet worden und auch tatsächlich ausgeübt worden. Die geographisch, wirtschaftlich und militärisch wichtigsten Stützpunkte standen allesamt unter Kontrolle des marokkanischen Militärs bzw. der marokkanischen Verwaltung und wurden auch durch die Guerilla-Angriffe der SPLA nicht aufgegeben bzw. verloren.[1439] Dass sowohl Marokko als auch Mauretanien nicht als Besatzungsmacht auftraten, sondern vielmehr als Souverän über die Gebiete, spielt bei der Betrachtung des Status der Westsahara als besetztes Gebiet keine Rolle, da es einzig und allein auf die tatsächliche Situation ankommt und nicht auf den politischen Willen des jeweiligen Besatzerstaates.[1440] Folglich lag das Kriterium der Ausübung der Autorität bzw. Hoheitsgewalt über das für die beiden Staaten objektiv fremde Gebiet der Westsahara zumindest hinsichtlich der Begutachtung der marokkanischen Kontrolle eindeutig vor. Spanien war spätestens ab dem 12.1.1976 faktisch

---

1436 Ausführlich *Hodges*, The Roots of a Desert War, S. 267–276.

1437 *Hodges*, The Roots of a Desert War, S. 238 f. Ausführlich zur Situation Mauretaniens und dem zwischen der Polisario und Mauretanien geschlossenen Friedensabkommen *Hodges*, The Roots of a Desert War, S. 241–246.

1438 *Saul*, Many Small Wars: The Classification of Armed Conflicts in the Non-Self-Governing Territory of Western Sahara (Spanish Sahara) in 1974–1976, S. 10.

1439 Vgl. *Hodges*, The Roots of a Desert War, S. 238 f.

1440 Vgl. *Heintschel von Heinegg*, in: Epping/Heintschel von Heinegg (Hrsg.), Ipsen, Völkerrecht, S. 1296 Rn. 22.

nicht mehr in der Lage, Hoheitsgewalt auszuüben. Das sahrawische Volk bzw. die Polisario hat durch den unterbliebenen Selbstbestimmungsakt und der damit formell weiterhin bestehenden Situation als Kolonie Spaniens nie die Hoheitsgewalt über das Gebiet effektiv ausüben können. Marokko überlagerte damit ab diesem Zeitpunkt Spaniens bzw. die potentielle Kontrolle des sahrawischen Volkes durch die eigene Hoheitsgewalt.[1441] Das marokkanische Militär und die marokkanischen Verwaltungsstrukturen haben das zuvor bestehende System der öffentlichen Ordnung und der Regierung der Westsahara eindeutig und unstreitig verdrängt und durch ihre eigene Staatsstruktur ersetzt bzw. diese in die eigene Verwaltung eingegliedert.

(3) Der nicht-einvernehmliche Charakter der Besetzung

Das Fehlen der Zustimmung des Staates, in dessen Hoheitsgebiet sich die ausländischen Streitkräfte aufhalten, wird ebenfalls als zwingende Voraussetzung für das Bestehen eines Besatzungszustandes definiert.[1442] Durch Zustimmung würde es sich um eine occupatio pacifica handeln, die nicht dem Besatzungsrecht unterliegt. In diesem Zusammenhang ist von äußerster Bedeutung, dass das Fehlen bewaffneten Widerstands iSv. Art. 2 Abs. 2 GK IV seitens des Gebietssouveräns nicht als eine Form der Zustimmung ausgelegt werden darf, die die Anwendung des Besatzungsrechts ausschließt.[1443] Die Merkmale der Zustimmung sind dabei teils umstritten, allerdings sollte die Zustimmung mindestens ausdrücklich und ohne Androhung von Zwang erfolgen. Indem das Besatzungsrecht keine Kriterien für eine genaue Definition für die Bewertung des Begriffs der Zustimmung enthält, muss diese im Lichte der geltenden Regelungen des Völkerrechts ausgelegt werden.[1444] Im Rahmen der Situation der Westsahara sind dabei drei Fragen von Relevanz: Erstens, ob das Madrider Abkommen als Zu-

---

1441 Vgl. *Heintschel von Heinegg*, in: Epping/Heintschel von Heinegg (Hrsg.), Ipsen: Völkerrecht, S. 1296 Rn. 22.

1442 Vgl. ICRC Kommentar GKI, Rn. 288; *Spoerri*, The law of Occupation in: Clapham/Gaeta (Hrsg.), The Oxford Handbook of International Law in Armed Conflict, S. 190.

1443 *Spoerri*, The law of Occupation in: Clapham/Gaeta (Hrsg.), The Oxford Handbook of International Law in Armed Conflict, S. 190; ICRC Kommentar GKI, Rn. 288; Vgl. *Ferraro*, Report ICRC, Occupation and Other Forms of Administration of Foreign Territory, S. 10; *Dinstein*, The International Law of Belligerent Occupation, S. 42. Rn. 95.

1444 Vgl. *Ferraro*, Report ICRC, Occupation and Other Forms of Administration of Foreign Territory, S. 10, 20 f.

stimmung zur Besetzung herangezogen werden kann, zweitens, ob diese Zustimmung nachträglich widerrufen worden ist und drittens, ob und inwieweit die Position des sahrawischen Volkes durch das ihr zustehende externe Selbstbestimmungsrecht miteinbezogen werden muss.

(a) Zustimmung Spaniens

Im Zusammenhang damit ist zunächst grundlegend fraglich, was geschieht, sofern ein Staat der Präsenz ausländischer Truppen zunächst zugestimmt hat, diese Zustimmung aber im Nachhinein von einer Folgeregierung oder derselben widerrufen wird. *Dinstein* gibt zur occupatio pacifica, die sich nachträglich in ihrem Wesen durch die widerrufene Zustimmung zur occupatio bellica wandelt, ein anschauliches Beispiel: „Belligerent occupation normally follows invasion, but this is not the only plausible concatenation of events. Sometimes, armed forces of State A are stationed in the territory of State B by consent. If – following the expiration of an agreement or the withdrawal of consent by State B to their continued presence – the forces of State A remain in the territory of State B, exercising effective control over the surrounding area, their unwelcome stay will qualify as belligerent occupation".[1445] Er spielt hierbei unter anderem auf die Situation während des zweiten Weltkrieges an, in welcher deutsche Truppen von der Regierung *Mussolinis* zunächst die Zustimmung zum Aufenthalt auf italienischem Boden erhielten, diese aber von der Folgeregierung nach dem Sturz des faschistischen Systems in Italien widerrufen wurde. Die deutschen Truppen, die nun ohne Zustimmung im italienischen Staatsgebiet verblieben, kontrollierten weiterhin Städte und Regionen, die sodann als besetzt angesehen worden sind.[1446] In die Kategorie der entzogenen Zustimmung fällt ebenfalls der dem Urteil des IGH zugrundliegende Fall zwischen Uganda und Kongo. In diesem führte die Rücknahme der Zustimmung zur Anwesenheit ugandischer Truppen auf kongolesischem Boden daszu, dass Uganda zur Besatzungsmacht in der Ituri-Region des Kongos wurde.[1447] Präzedenzfälle wie diese sind im Rahmen der Besonderheit der historischen, politischen wie aber auch rechtlichen Gegebenheiten des Gebietes der Westsahara von

---

1445 *Dinstein*, The International Law of Belligerent Occupation, S. 42. Rn. 95.
1446 *Dinstein*, The International Law of Belligerent Occupation, S. 42. Rn. 95.
1447 IGH, Armed Activities on the Territory of the Congo (Democratic Republic of the Congo v. Uganda), ICJ Rep. 2005, S. 266, Rn. 292.; *Dinstein*, The International Law of Belligerent Occupation, S. 42. Rn. 95.

großer Bedeutung, da sie zur rechtlichen Klärung atypischer Besatzungssituationen beigetragen haben.

Weiterhin ist fraglich, ob die Zustimmung zur Besetzung völkerrechtlicher Legitimität unterliegen muss und im Rahmen dessen geschlossene völkerrechtliche Abkommen einer rechtlichen Überprüfung standhalten müssen.

(b) Der Telos des Besatzungsrechts

Das Besatzungsrecht soll den Schutz der Zivilbevölkerung und den dem Gebiet unterliegenden Ressourcen und Eigentum gewährleisten, die nicht mehr unter der Kontrolle ihrer eigenen Exekutive, sondern einer fremden Macht stehen.[1448] Der Telos der GK IV umfasst die humanitären Fragestellungen und Garantien, die sich bereits aus der faktischen Tatsache der Besetzung und ihren tatsächlichen Auswirkungen auf die Bewohner ergeben. Dem folgend darf die Frage des mitunter umstrittenen rechtlichen Status eines besetzten Gebietes die humanitären Ziele der GK IV nicht unterlaufen.[1449] Der unklare Status eines Gebiets kann daher der Anwendbarkeit der Vorschriften der GK IV, insbesondere der Regelungen, die sich auf besetzte Gebiete beziehen, nicht entgegenstehen. Für die Anwendung der GK IV reicht es aus, dass der Staat, dessen Streitkräfte die tatsächliche Kontrolle über das Gebiet erlangt haben, zum Zeitpunkt des Ausbruchs des Konflikts oder des Einmarsches, bei dem kein bewaffneter Widerstand geleistet wurde, nicht selbst der rechtmäßige Souverän des Gebiets war.[1450] Eine Besetzung liegt sodann vor, sobald sich ein Gebiet unter der tatsächlichen Kontrolle eines Staates befindet, der nicht der international anerkannte Souverän des Gebiets ist. Dabei spielt es insbesondere keine Rolle, wem das Gebiet weggenommen wurde bzw. wer das Gebiet zuvor unter Kontrolle hatte. Der Telos der Genfer Abkommen verbietet es, dass der besetzten Bevölkerung der ihr gewährte Schutz aufgrund von Streitigkeiten über die Souveränität über das betreffende Gebiet verweigert wird.[1451]

Dieser Auslegung und Zweckbestimmung des Besatzungsrechts folgt auch der IGH, wonach der Begriff der Besatzung auch Situationen umfas-

---

1448 *Gasser*, in: Fleck (Hrsg.), The Handbook of International Humanitarian Law, S. 275.
1449 Vgl. ICRC Kommentar GKI, Rn. 324.
1450 ICRC Kommentar GKI, Rn. 324.
1451 Vgl. ICRC Kommentar GKI, Rn. 324.

sen muss, in denen ein Staat Gebiete mit umstrittenem internationalem Status besetzt. Der IGH äußerte sich im Falle der Besetzung palästinensischer Gebiete durch Israel und dem damit einhergehenden Status Israels als Besatzungsmacht ergebnisorientiert: „The object of the second paragraph of Article 2 is not to restrict the scope of application of the [Fourth Geneva] Convention, as defined by the first paragraph, by excluding therefrom territories not falling under the sovereignty of one of the contracting parties. It is directed simply to making it clear that, even if occupation effected during the conflict met no armed resistance, the Convention is still applicable".[1452] Jedwede dem abweichende Auslegung würde zu sinnwidrigen und dem Telos des Besatzungsrechts diametral entgegenstehenden Ergebnissen führen, da die Anwendbarkeit des Besatzungsrechts von den subjektiven Erwägungsgründen des eindringenden Staates abhängen würde. Es würde andernfalls ausreichen, wie das Beispiel Marokkos zeigt, wenn dieser Staat sich auf den umstrittenen internationalen Status des betreffenden Gebiets beruft bzw. behauptet, das Gebiet sei Teil der eigenen territorialen Souveränität, um zu negieren, dass es sich um besetztes Gebiet handelt und sich so seiner Verantwortung nach dem Besatzungsrecht zu entziehen.[1453]

(c) Die Zustimmung des Volkes der Westsahara

Dem ist im Falle der Westsahara hinzuzufügen, dass sich das Volk der Westsahara als noch immer kolonialisiertes Volk nach Art. 73 UN-Charta unter besonderem Schutz befindet und durch den externen Charakter des Selbstbestimmungsrechts entscheidungsbefugt hinsichtlich der eigenen politischen Zukunft ist. Dass die ehemalige Verwaltungsmacht dieses Volkes sich unilateral dazu entschieden hat, sich ihrer Verantwortung hinsichtlich des Prozesses der Selbstbestimmung zu entziehen und sogar in contrario ihrer rechtlichen Verpflichtungen zu handeln, indem ein völkerrechtswidriges Abkommen zum Übergang der Verwaltungsmachtsposition geschlossen wurde, darf dem Volk der Westsahara nicht zur Last gelegt werden. Die völkerrechtswidrige Legitimation, die das Madrider Abkommen versucht hat zu begründen, hätte allerdings auch dem Wortlaut des Abkommens nach mit Ablauf der spanischen Präsenz im Gebiet der Westsahara, also mit Ab-

---

1452 IGH, Mauer-Gutachten, ICJ Rep. 2004, S. 174 f. Rn. 95; Vgl. ebenfalls ICRC Kommentar GKI, Rn. 325–327 unter Berücksichtigung der Ausführungen der Eritrea-Äthiopien Kommission.
1453 Vgl. ICRC Kommentar GKI, Rn. 327.

lauf des 26.2.1976, geendet, da die trilaterale Verwaltung sodann aufgelöst worden ist. Zu diesem Zeitpunkt hat der im Madrider Abkommen vorgesehene Selbstbestimmungsakt des sahrawischen Volkes allerdings noch nicht stattgefunden. Damit hat auch das Volk der Westsahara die Präsenz der marokkanischen und mauretanischen Streitkräfte und Administration nicht legitimiert. Die etwaige spanische Zustimmung zur Präsenz der marokkanischen und mauretanischen Streitkräfte, die wie aufgezeigt nicht durch das Madrider Abkommen legitim erteilt worden ist, wäre zum 26.2.1976 erloschen, da die zuvor bestehende legitime spanische Verwaltung aufgehört hat zu existieren. Der nach dem Selbstbestimmungsrecht der Völker legitime Souverän der Westsahara, das Volk eben jener, widersprach der Präsenz der fremden Truppen eindeutig und im Gegensatz zu Spanien sogar mit Waffengewalt. Eine Zustimmung des Volkes der Westsahara ist unter keinen Umständen ersichtlich. Die Scheinabstimmung der Djemma v. 26.2.1976 wurde weder von Spanien noch von der UN anerkannt und kann damit ebenfalls nicht als legitime Zustimmung angesehen werden. Im Sinne der von *Dinstein* aufgezeigten und von der Staatenpraxis angewandten Doktrin der Möglichkeit des Widerrufs einer Zustimmung wäre also selbst bei Annahme der Völkerrechtsmäßigkeit des Madrider Abkommens mit Ablauf der trilateralen Administration und der fortlaufenden militärischen Präsenz Marokkos im Gebiet der Westsahara die Legitimität dieser mit Ablauf des 26.2.1976 verfristet und einem Widerruf zugänglich.[1454] Spanien ist als Verwaltungsmacht der Westsahara nicht der Souverän des Gebietes gewesen, sondern hat nur derivativ und vorübergehend Hoheitsrechte und Souveränitätsrechte ausgeübt, die dem eigentlichen Souverän, nämlich dem Volk der Westsahara, zustehen und durch den externen Schutzcharakter des Selbstbestimmungsrecht der Völker geschützt sind.[1455] Als die Djemma sich am 28.11.1975 auflöste, beschloss sie, „(...) to reaffirm our unconditional support for the Frente POLISARIO, the sole and legitimate representative of the Saharan people". Sie folgte damit der bereits von der UN-Mission festgestellten Tatsache, dass das sahrawische Volk die Polisario als legitimen Vertreter ihrer Interessen gewählt hat, dem auch die UN-Generalversammlung folgte und bis dato den Status quo der legitimen Repräsentationsfähigkeit der Polisario darstellt.[1456] Am 27.2.1976 rief die Polisario die DARS in Reaktion auf die realpolitische Situation aus, da Spanien faktisch nicht

---

1454 *Dinstein*, The International Law of Belligerent Occupation, S. 42. Rn. 95.
1455 Vgl. *Crawford*, The Creation of States in International Law, S. 613–615.
1456 UN Doc. S/11902 Annex v. 9.12.1975, S.63. Auch Marokko verhandelt ausschließlich mit der Polisario über den Status der Westsahara.

mehr in der Lage war, effektive Kontrolle und Einfluss über das Gebiet der Westsahara auszuüben. Zudem hat es den geschuldeten Akt der Selbstbestimmung in Form des angekündigten Referendums nicht mehr herbeiführen können und sowohl Marokko als auch Mauretanien haben erklärt, dass ein solches unter der Präsenz der beiden Staaten nicht stattfinden werde, zumindest nicht mit der Option der möglichen Unabhängigkeit des Gebietes.[1457]

Das Selbstbestimmungsrecht der Völker muss als Ausgangspunkt und gleichzeitig Legitimation des Volkes der Westsahara gesehen werden, sich gegen die von ihrer Schutz- und Verwaltungsmacht Spanien hervorgerufenen völkerrechtswidrigen Präsenz zweier Drittstaaten in Form eines negativen Willensaktes gegen eben jene Präsenz aussprechen zu können und sich damit unter den Schutzmantel des humanitären Völkerrechts stellen zu können. Eine völkerrechtswidrige Zustimmung zur Präsenz von Drittstaaten in einem zu dekolonisierenden Gebiet kann nicht zu einer irreversiblen Entscheidung führen, die ein Fait accompli in favori der besetzenden Staaten etabliert und in rechtlicher Hinsicht ohne Konsequenzen hingenommen werden muss, da das betroffene Gebiet als NSGT aufgrund des Fehlverhaltens der Verwaltungsmacht nicht in der Lage war, das dem Volk des Gebietes zustehende Recht auf Selbstbestimmung auszuüben. Es ist zu unterstreichen, dass die Bevölkerung eines Gebiets nach Art. 73 UN-Charta einen eigenen Rechtsstatus und damit, je nach Einzelfall, ein gewisses Maß an Rechtspersönlichkeit genießt.[1458] Sofern dem Volk eines NSGTs hinsichtlich wirtschaftlicher Abkommen und der Ausbeutung der natürlichen Ressourcen des Gebietes ein Mitspracherecht eingeräumt wird, muss dies erst recht für noch wesentlichere Entscheidungen wie der Präsenz von Drittstaaten im Gebiet gelten, da diese das Selbstbestimmungsrecht wesentlich intensiver betrifft und beeinflusst.[1459] Die Präsenz Marokkos hat nämlich bis zum heutigen Zeitpunkt dazu geführt, dass das Volk der Westsahara noch immer unter Fremdherrschaft, Fremdbestimmung bzw. aus dem Gebiet der Westsahara verdrängt und unter Ausschluss der Möglichkeit der Wahrnehmung seines Selbstbestimmungsrechts leben muss. Daher ist, auch wenn man annehmen möchte, dass das Madrider Abkommen rechtmäßig zustande gekommen ist und rechtliche Wirkung entfaltet hat, spätestens

---

1457 *Hodges*, The Roots of a Desert War, S. 236–239.
1458 Vgl. hierzu *Crawford*, The Creation of States in International Law, S. 618 f. Vgl. ebenfalls die Ansicht des EuG § 4. A. III. 5. c). cc).
1459 Vgl hierzu UN Doc. S/2002/161 v. 29.1.2002, Rn. 24 f. sowie insbesondere die Rechtsansichten der europäischen Gerichtsbarkeit § 4. A. III.

durch den nachträglichen Widerruf des eigentlichen Souveräns der West-sahara, dem Volk der Westsahara, völkerrechtlich legitim vertreten durch die Polisario, die Zustimmung zur Präsenz Marokkos und Mauretaniens erloschen. Damit liegt eindeutig der nach Art. 2 Abs. 2 GK IV notwendige nicht-einvernehmliche Charakter der Besetzung vor.[1460]

bb) Zwischenergebnis

Sofern man mit Argumentationslinie dieser Arbeit davon ausgeht, dass das Madrider Abkommen nichtig gewesen ist, da Spanien zum einen durch den absoluten Verfügungsverbotscharakter des Selbstbestimmungsrechts der Völker und aufgrund des Schutzzwecks des Art. 73 UN-Charta nicht in der Lage gewesen ist, seine Verwaltungsmachtsposition, geschweige denn Souveränität zu übertragen, ist die von Spanien durch das Abkommen erteilte Zustimmung bzw. Genehmigung der Präsenz der Truppen Marok-kos und Mauretaniens iSd. Art. 42 HLKO nicht wirksam erteilt worden. Die von Spanien erteilte Zustimmung litt unter einem zwar grundsätzlich heilungsfähigen Fehler, da das Volk der Westsahara in einem nach den UN-Resolutionen geforderten Selbstbestimmungsakt sowohl den unilateralen Rückzug Spaniens als auch die Eingliederung in marokkanisches bzw. mau-retanisches Staatsgebiet hätte nachträglich genehmigen können. Allerdings erfolgte eine solche Genehmigung nie, sondern vielmehr verhinderte die Besetzung der Westsahara eben diesen Akt vollständig, wodurch auch kei-ne formelle und legitime nachträgliche Zustimmung hat ergehen können. Die Westsahara ist somit, je nach Betrachtungswinkel, ab dem 12.1.1976 bzw. spätestens ab dem 26.2.1976 von Marokko und Mauretanien besetzt worden. Nach 1979 hat insbesondere Marokko bis heute dauerhaft, unter Ausübung eigener Hoheitsgewalt und Autorität und gegen den Willen des sahrawischen Volkes bzw. durch die Nichtigkeit des Madrider Abkommens auch gegen den Willen Spaniens, effektive Kontrolle über die eingenomme-nen Gebiete der Westsahara ausgeübt.

1460 Vgl. *Kalandarishvili-Mueller*, Occupation and Control in International Humanitar-ian Law, S. 30.

d) Das ZPI als endgültige und unumstoßbare Einordnung

Sofern man auch diesen Ansichten nicht folgen möchte, gilt es weiterhin zu untersuchen, ob es eine weitere Möglichkeit zur Anwendbarkeit des humanitären Völkerrechts, insbesondere des Besatzungsrechts gibt.

Die Frage der Anwendbarkeit des ZPI, insbesondere des Art. 1 Abs. 4, wird daher trotz der eindeutigen Rechtslage behandelt, um mögliche Meinungsverschiedenheiten zur hier vertretenen Auffassung der Anwendbarkeit von Art. 2 Abs. 2 GK IV und Art. 42 HLKO aufzulösen. Dies soll endgültige Klarheit über den Status der Westsahara im Völkerrechtssystem schaffen, da die permissive und gleichzeitig prohibitive Wirkung des Besatzungsrechts große Auswirkungen auf den Status der Westsahara, den Umgang mit Drittstaaten und die Folgen für den Abschluss internationaler Abkommen über die natürlichen Ressourcen des Gebietes hat.

aa) Das ZPI und seine Besonderheiten

Die umstrittene Kernvorschrift des Zusatzprotokolls, Art. 1 Abs. 4 ZPI, wurde insbesondere auf Drängen der ehemaligen Kolonien und sozialistischen Staaten in das Abkommen aufgenommen. Sie sollte den Befreiungskampf der bereits unabhängigen, aber auch der noch immer, wenn auch in geringer Zahl bestehenden Kolonien legitimieren. Die Regelung stellt das Selbstbestimmungsrecht der Völker in den Mittelpunkt der Anwendung des humanitären Völkerrechts für in der Norm genannte Situationen, um dieses weiter zu verrechtlichen und zu verstärken.[1461] Im Fokus dieser Anwendungsfälle standen bei der Konzeption der Regelung speziell noch die von Israel besetzten palästinensischen Gebiete und die Befreiung des südafrikanischen Volkes vom Apartheid-Regime.[1462] Art. 1 Abs. 4 ZPI internationalisiert Konflikte, in denen Völker gegen Kolonialherrschaft und fremde Besetzung sowie gegen rassistische Regimes in Ausübung ihres Rechts auf Selbstbestimmung kämpfen, wie es in der UN-Charta und

---

1461 Zum Streit zwischen Befürworten und Kritikern der Regelung, die teilweise als Fußnote in der Geschichte des humanitären Völkerrechts bezeichnet worden ist, *Gattuso*, The Polisario Front and the Future of Article 1(4), 99 Texas Law Review (2021), 1201 (1202 f.).

1462 *Heintschel von Heinegg*, in: Epping/Heintschel von Heinegg (Hrsg.), Ipsen: Völkerrecht, S. 1298 Rn. 25.

der Friendly-Relations-Declaration niedergelegt ist.[1463] Art. 1 Abs. 4 ZPI verweist hinsichtlich des sachlichen Anwendungsbereichs zunächst auf Art. 1 Abs. 3 ZPI. Dieser wiederum beschränkt die Anwendbarkeit des Protokolls auf Situationen, die in dem in den Genfer Abkommen niedergelegten gemeinsamen Art. 2 bezeichnet sind. Zusätzlich zu den restlichen Tatbestandsvoraussetzungen von Art. 1 Abs. 4 und Art. 96 Abs. 3 ZPI müssen also die Tatbestandsvoraussetzungen des gemeinsamen Art. 2 GK erfüllt sein.[1464]

Eines der grundlegenden Prinzipien des humanitären Völkerrechts, nämlich die strenge Differenzierung und formelle Abgrenzung zwischen einem internationalen bewaffneten Konflikt und einem nicht-internationalen bewaffneten Konflikt, wird somit durch Art. 1 Abs. 4 iVm. Art. 96 Abs. 3 ZPI zumindest in der Theorie aufgeweicht. Dies hätte weitreichende Konsequenzen in Relation zur Ausweitung des Schutzcharakters auf einen bewaffneten Konflikt, da in nicht-internationalen bewaffneten Konflikten die Konfliktbeteiligten nur das absolute Minimum an humanitärem Schutz iSd. gemeinsamen Art. 3 der GK genießen und dieser um das gesamte anwendbare Recht der GK, insbesondere der GK IV, erweitert werden würde.[1465] Art. 96 Abs. 3 ZPI ermöglicht es sodann dem legitimen Repräsentationsorgan des Volkes, welches sich nach Art. 1 Abs. 4 in einer der genannten Situationen befindet, eine einseitige Verpflichtungserklärung abzugeben. Durch diese übernimmt das nach Art. 96 Abs. 3 lit. b ZPI genannte Organ die gleichen Rechte und Pflichten wie eine Hohe Vertragspartei der Genfer Abkommen und dieses Protokolls. Nach Art. 96 Abs. 3 lit. c ZPI tritt die Rechtsfolge ein, dass das Genfer Abkommen und dieses Protokoll alle am Konflikt beteiligten Parteien in gleicher Weise bindet. Fraglich ist und aus dem Wortlaut des Art. 1 Abs. 4 ZPI nicht sofort ersichtlich, ob die Rechtsfolgen erst eintreten, nachdem die Erklärung nach Art. 96 Abs. 3 ZPI abgegeben und vom Depositar des Protokolls angenommen worden ist, oder ipso iure eintreten, sofern die Tatbestandsvoraussetzungen des Art. 1 Abs. 4 ZPI erfüllt sind.[1466] Der Wortlaut des Art. 96 Abs. 3 ZPI, der bestimmt,

---

1463 *Heintschel von Heinegg*, in: Epping/Heintschel von Heinegg (Hrsg.), Ipsen: Völkerrecht, S. 1298 Rn. 25.

1464 *Heintschel von Heinegg*, in: Epping/Heintschel von Heinegg (Hrsg.), Ipsen: Völkerrecht, S. 1298 Rn. 27.

1465 Vgl. *Gattuso*, The Polisario Front and the Future of Article 1(4), 99 Texas Law Review (2021), 1201 (1202); *Heintschel von Heinegg*, in: Epping/Heintschel von Heinegg (Hrsg.), Ipsen: Völkerrecht, S. 1298 Rn. 27.

1466 Vgl zu den unterschiedlichen Haltungen der Staatenpraxis *Macak* Internationalized Armed Conflicts in International Law, S. 71, insbesondere Fußnote 319, 320.

dass „the Conventions and this Protocol are brought into force for the said authority as a Party to the conflict with immediate effect", suggeriert eindeutig, dass die Rechtsfolgen für die jeweilige Befreiungsorganisation erst mit der Deklaration eintreten. Die Rechtsfolgen für den gegnerischen Staat sollen allerdings unabhängig von einer solchen Erklärung eintreten.[1467] Dies würde auch dem Telos des humanitären Völkerrechts entsprechen, welcher einen möglichst weiten Schutzschirm spannen möchte und daher die Rechtsfolgen nicht in Abhängigkeit zu einer Deklaration gestellt werden sollten.[1468] Andernfalls könnte sich nämlich der Staat sinnwidriger Weise auf das Argument stützen, dass das humanitäre Völkerrecht auf eine Situation, die alle Kriterien des Art. 1 Abs. 4 ZPI erfüllt, nicht anwendbar ist, nur weil die gegnerische Konfliktpartei keine Erklärung iSv. Art. 96 Abs. 3 ZPI abgegeben hat.[1469] Eine nähere Auseinandersetzung mit dieser Problematik ist allerdings vorliegend nicht vonnöten, da, wie sogleich aufgezeigt werden wird, die Polisario eine solche Erklärung abgegeben hat und diese vom Depositar akzeptiert worden ist.[1470] Die Regelungen der Art. 1 Abs. 4 ZPI und Art. 96 Abs. 3 ZPI stellen allerdings kein Völkergewohnheitsrecht dar und sind der Grund, warum viele Staaten, unter anderem die USA, das Protokoll nicht ratifiziert haben.[1471] Folglich muss der Staat, der Handlungen iSd. Art. 1 Abs. 4 ZPI gegen ein anderes Volk vornimmt, zwingend Vertragspartei des Protokolls sein, um die Regelung überhaupt für anwendbar zu erklären.

1467 *Macak*, Internationalized Armed Conflicts in International Law, S. 71.

1468 Vgl. *Macak*, Internationalized Armed Conflicts in International Law, S. 71.

1469 So auch *Macak*, Internationalized Armed Conflicts in International Law, S. 71; *A.A. Kalshoven/Zegveld*, Constraints on the Waging of War, S. 155, die der Erklärung selbst und der Annahme der Erklärung nach Art. 96 Abs. 3 ZPI aufgrund der positiven Reziprozität zwischen dem Erklärenden und den Vertragsparteien und den daraus resultierenden Rechtsfolgen, konstitutive Wirkung zukommen lassen.

1470 *Macak*, Internationalized Armed Conflicts in International Law, S. 71.

1471 *Heintschel von Heinegg*, in: Epping/Heintschel von Heinegg (Hrsg.), Ipsen: Völkerrecht, S. 1298 Rn. 27; *Paulus*, The Use of Force in Occupied Territory, in: Ferraro (Hrsg.), Report ICRC, Occupation and Other Forms of Administration of Foreign Territory, S. 135. Die noch immer von den USA vertretene und im Kriegshandbuch des Verteidigungsministeriums manifestierte Position und Haltung geht auf *Ronald Reagan* zurück, der im Zusammenhang mit der Regelung des Art. 1 Abs. 4 ZPI dem Senat empfohlen hat, das Protokoll nicht zu ratifizieren, da es „would undermine humanitarian law and endanger civilians in war" und befürchtete, dass die Differenzierung zwischen internationalem und nicht-internationalem Konflikt nicht mehr möglich sei, *Gattuso*, The Polisario Front and the Future of Article 1(4), 99 Texas Law Review (2021), 1201; *Heintschel von Heinegg*, in: Epping/Heintschel von Heinegg (Hrsg.), Ipsen: Völkerrecht, S. 1297 Rn. 26.

bb) Das ZPI und die Polisario

Zunächst ist daher entscheidend festzustellen, dass Marokko nach der Unterzeichnung am 12.12.1977 seit dem 3.6.2011 das ZPI ratifiziert hat und keine Vorbehalte diesbezüglich abgegeben hat. Es hat sich damit also vollständig zur Einhaltung der Regelungen des ZPI unterworfen.[1472] Ferner müsste das Volk der Westsahara bzw. deren legitimer Repräsentant eine Erklärung iSd. Art. 96 Abs. 3 ZPI abgegeben haben, die vom Schweizer Bundesrat als Depositar der Genfer Abkommen und der Zusatzprotokolle angenommen worden ist.

Am 23.6.2015 hinterlegte die Polisario eine solche einseitige Erklärung, mit der sie sich verpflichtete, die Genfer Konventionen und das ZPI in ihrem Konflikt mit Marokko anzuwenden.[1473]

Am 26.6.2015 notifizierte der Depositar nach Art. 100 lit. d ZPI die übrigen Vertragsparteien von der unilateralen Erklärung der Polisario und verkündete: „This declaration has, as of 23 June 2015, the effects mentioned in Article 96, paragraph 3, of Protocol I".[1474] Er bestätigte damit, dass die Genfer Konventionen und das ZPI auf die Situation zwischen der Polisario bzw. der Westsahara und Marokko anwendbar sind. Indem eine solche Erklärung nur von einer Entität abgegeben werden kann, die ein Volk vertritt, welches in einer Situation zu einer Vertragspartei des Protokolls steht, die unter Artikel 1 Absatz 4 ZPI fällt, ist anerkannt worden, dass sich die Polisario und Marokko in einer solchen befinden. Gleichzeitig wurde statuiert, dass die Polisario die vertretungsbefugte nationale Befreiungsbewegung des Volkes der Westsahara iSv. Art. 1 Abs. 4 ZPI iVm Art. 96 Abs. 3 ZPI

1472 https://ihl-databases.icrc.org/applic/ihl/ihl.nsf/States.xsp?xp_viewStates=XPages_NORMStatesParties&xp_treatySelected=470, zuletzt abgerufen am 15.6.2024.

1473 „Conformément à l'article 96.3 du Protocole additionnel aux Conventions de Genève du 12 août 1949 relatif à la protection des victimes des conflits armés internationaux (Protocole I) du 8 juin 1977, le Front POLISARIO, en tant qu'autorité représentant le peuple du Sahara Occidental luttant pour son droit à disposer de lui-même, déclare s'engager à appliquer les Conventions de Genève de 1949 et le Protocole I dans le conflit l'opposant au Royaume du Maroc", http://theirwords.or g/media/transfer/doc/declarationofficielle_polisariofront_2015-f426d1a96a4465aff d1f87e794374b06.pdf, zuletzt abgerufen am 15.6.2024.

1474 https://www.eda.admin.ch/dam/eda/fr/documents/aussenpolitik/voelkerrecht/ge neve/150626-GENEVE_en.pdf, zuletzt abgerufen am 15.6.2024.

darstellt.[1475] Der Depositar begründete seine Entscheidung richtigerweise und der oben dargelegten Ansicht folgend, indem er analysierte, dass die Tatbestandsvoraussetzungen von Art. 96 Abs. 3 ZPI kumulativ erfüllt seien und ein bewaffneter Konflikt iSv. Art. 1 Abs. 4 ZPI in Form eines Kampfes gegen fremde Besetzung zwischen Marokko und der Polisario besteht.[1476]

1475 *Gattuso*, The Polisario Front and the Future of Article 1(4), 99 Texas Law Review (2021), 1201 (1203 f.); *Fortin*, Unilateral Declaration by Polisario under API accepted by Swiss Federal Council, Armed Groups and International Law, https://www.a rmedgroups-internationallaw.org/2015/09/02/unilateral-declaration-by-polisario -under-api-accepted-by-swiss-federal-council/, zuletzt abgerufen am 15.6.2024.

1476 Die an die Vertragsparteien übermittelte Notiz wurde zwar geleaked, ist allerdings unregelmäßig im Internet abrufbar, weshalb sie hier in französischer Originalfassung veröffentlicht wird:

„Monsieur le Conseiller fédéral,

Le 23 juin 2015, un représentant du Front POLISARIO a remis au dépositaire un document par lequel, se référant à l'art. 96, par. 3, du premier Protocole additionnel aux Conventions de Genève (Protocole 1) le Front POLISARIO, «en tant qu'autorité représentant le peuple du Sahara Occidental luttant pour son droit à disposer de lui-même, déclare s'engager à appliquer les Conventions de Genève de 1949 et le Protocole / dans le conflit l'opposant au Royaume du Maroc».

Par cette note actualisée, nous tenons à vous informer de l'état de ce dossier (.../ geschwärzt).

Vous trouverez ici un résumé des enjeux de cet événement, le point de vue du dépositaire étant, comme il se doit, distingué de celui de la Suisse en tant qu'Etat.

1. Sous l'angle du dépositaire, cevoir de notifier

La communauté internationale, notamment par les résolutions 2072 et 2229 de l'Assemblée générale de l'ONU, reconnaît que le Front POLISARIO est une autorité représentant un peuple engagé contre le Maroc dans un conflit armé et luttant pour son droit à l'autodétermination. Les conditions de la déclaration selon l'art. 96, par. 3, du Protocole I, sont remplies, comme il est expliqué de manière détaillée au chiffre 2 ci-dessous.

Le dépositaire est dès lors tenu d'informer tous les Etats parties aux Conventions de Genève, et de le faire rapidement selon l'article 100 lettre d du Protocole I. La notification a été effectuée dès lundi, le 29 juin. C'est ainsi que le dépositaire a respecté son devoir d'impartialité. C'est la première fois qu'il reçoit une telle déclaration remplissant tous ces critères. Ceux-ci étant stricts, il est moins probable que d'autres mouvements de libération les rempliraient.

Cette déclaration et sa transmission par le dépositaire n'impliquent pas une quelconque reconnaissance de la qualité d'Etat de la République arabe sahraouie démocratique. Une telle déclaration ne peut d'ailleurs être faite que par une entité non étatique. Le Front POLISARIO ne devient pas Partie aux Conventions de Genève et au Protocole I. Sa participation à des réunions et conférences ayant lieu dans le cadre des Conventions n'est donc pas prévue.

Le Maroc dispose du droit d'adresser au dépositaire une communication officielle indiquant ses objections. Le dépositaire transmettrait cette communication de manière neutre aux Etats parties.

Die Entscheidung des Depositars stellt ein Novum in der Geschichte des Protokolls dar und ist die erste Aufnahme einer nationalen Befreiungsbewe-

2. Les conditions de l'article 96, paragraphe 3, sont remplies

La déclaration unilatérale reçue du Front POLISARIO par le dépositaire le 23 juin 2015 remplit les conditions de l'article 96, paragraphe 3, du Protocole I. Cette disposition, en lien avec l'article 1, paragraphe 4, du Protocole I, exige:

- La présence d'un conflit armé.

Le Maroc occupe le Sahara occidental, respectivement le territoire à l'époque colonisé par l'Espagne. Dans le cas d'une occupation militaire, il ne saurait être exigé en outre que subsiste actuellement une résistance armée. L'existence d'un accord de cessez-le-feu ne change dès lors rien à la qualification du conflit

- La participation d'un peuple ayant droit à l'autodétermination.

La résolution 2229 (XXI) de l'Assemblée générale de l'ONU de décembre 1966 confirme clairement que la population du Sahara occidental (les sahraouis) dispose d'un droit d'autodétermination: «Réaffirme le droit inaliénable des peuples d'Ifni et du Sahara espagnol à l'autodétermination, conformément à la résolution 1514 (XV) de l'Assemblée générale». Ce droit à l'autodétermination est en outre expressément reconnu également de manière répétée dans des résolutions plus récentes (cf. A/RES/69/101 de décembre 2014). La Cour internationale de justice a elle aussi, dans un avis de 1975, confirmé le droit à l'autodétermination du Sahara occidental. Le Sahara occidental est encore actuellement officiellement un territoire non autonome selon les articles 73 et 74 de la Charte de l'ONU.

- Une lutte du peuple contre la domination coloniale, l'occupation étrangère ou un régime raciste, selon la Charte de l'ONU et la résolution 2625 (XXV) de l'Assemblée générale.

Le Front POLISARIO lutte contre le Maroc en tant que puissance occupante étrangère.

L'Assemblée générale de l'ONU a expressément fait le lien pour le Sahara occidental avec la résolution 1514 (Déclaration sur l'octroi de l'indépendance aux pays et aux peuples coloniaux, 1960), qui est le document de référence même plus spécifique que la résolution 2625 (XXV) relative aux principes du droit international touchant les relations amicales et la coopération entre les Etats conformément à la Charte des Nations Unies

- Une déclaration selon l'article 96, paragraphe 3, du Protocole 1, émanant d'une autorité représentant le peuple. Le Front POLISARIO remplit ces conditions. Il représente de facto le Sahara occidental depuis les années 1970 d'une manière qui est demeurée pratiquement incontestée. Une reconnaissance du Front POLISARIO en tant que représentant de la population du Sahara occidental par une organisation internationale comme l'ONU n'est pas une condition de l'article 96, paragraphe 3, du Protocole I. Pendant les négociations de l'article 96, une proposition d'exiger une reconnaissance était faite mais n'était pas adopté.

- Un conflit armé engagé contre un Etat partie selon l'article 1, paragraphe 4, du Protocole l.

Le Maroc a ratifié les Conventions de Genève ainsi que le Protocole I le 2 Juin 2011.

gung nach Art. 96 Abs. 3 iVm. Art. 1 Abs. 4 ZPI als Vertragspartei der Genfer Konventionen und des Zusatzprotokolls I.[1477] Bemerkenswerterweise hat die Annahme der Erklärung durch den Depositar trotz ihrer historischen Bedeutung und den damit unverzüglich eintretenden möglichen Rechtsfolgen für den Konflikt kaum Beachtung durch die Literatur, aber auch der Staatenpraxis erfahren.[1478] Andererseits ist hiergegen auch kein Protest der Staatengemeinschaft ergangen, außer von Marokko, das aber trotzdem weiterhin Vertragspartei des Protokolls ist und keinen Vorbehalt hinzugefügt hat.[1479] Zumindest soll hier kurz erwähnt werden, dass der unklare Wortlaut und der Verfahrensmechanismus von Art. 96 Abs. 3 ZPI es offengelassen haben, welche Stelle entscheidungsbefugt zur Bestimmung der Eigen-

---

– La présence d'une déclaration unilatérale envers le dépositaire.
Le Front POLISARIO a effectué ce pas le 23 juin 2015."
Punkt 3 und 4 der Notiz sind in dem dem Autor vorliegenden Dokument geschwärzt, die Überschriften lauten: „3. Sous l´angle de la Suisse, effets de droit humanitaire positifs" und „4. Auswirkungen auf die bilateralen Beziehungen", zur Zeit abrufbar unter: https://perma.cc/4TGD-UZAU.

1477 *Fortin*, Unilateral Declaration by Polisario under API accepted by Swiss Federal Council, Armed Groups and International Law, https://www.armedgroups-inter nationallaw.org/2015/09/02/unilateral-declaration-by-polisario-under-api-acce pted-by-swiss-federal-council/, zuletzt abgerufen am 15.6.2024. Der Standpunkt der westlichen und vor allem ehemaligen Kolonialstaaten, die Vorbehalte gegen das Protokoll haben, insbesondere gegen Art. 1 Abs. 4 ZPI, und daher das Protokoll nicht ratifizierten, eben jene Regelung als Mechanismus zur Öffnung der Büchse der Pandora zu klassifizieren, hat sich aufgrund des engen Anwendungsbereichs und dem eher historischen Telos der Norm zur Legitimation bereits geführter Befreiungskriege eindeutig nicht bestätigt, vgl. *Gattuso*, The Polisario Front and the Future of Article 1(4), 99 Texas Law Review (2021), 1201 (1203 f.); *Wilson*, International Law and the Use of Force by National Liberation Movements, S. 168; *Heintschel von Heinegg*, in: Epping/Heintschel von Heinegg (Hrsg.), Ipsen: Völkerrecht, S. 1297 Rn. 25, Rn. 28.

1478 Vgl. hierzu zB. *Heintschel von Heinegg*, in: Epping/Heintschel von Heinegg (Hrsg.), Ipsen: Völkerrecht, S. 1297 Rn. 27, der behauptet, dass es bis dato keinen Anwendungsfall des Art. 1 Abs. 4 ZPI gegeben habe; *Gattuso*, The Polisario Front and the Future of Article 1(4), 99 Texas Law Review (2021), 1201 (1203 f.); *Fortin*, Unilateral Declaration by Polisario under API accepted by Swiss Federal Council, Armed Groups and International Law, https://www.armedgroups-internationallaw .org/2015/09/02/unilateral-declaration-by-polisario-under-api-accepted-by-swiss-f ederal-council/, zuletzt abgerufen am 15.6.2024; Geneva Call, Geneva Conventions and armed movements: an unprecedented move, https://www.genevacall.org/gen eva-conventions-armed-movements-unprecedented-move/, zuletzt abgerufen am 15.6.2024.

1479 Vgl. *Gattuso*, The Polisario Front and the Future of Article 1(4), 99 Texas Law Review (2021), 1201 (1206–1210).

schaft eines Antragsstellers als nationale Befreiungsbewegung eines Volkes in einer Situation nach Art. 1 Abs. 4 ZPI sein soll. Daher ist dem Protokoll die Politisierung des humanitären Völkerrechts vorgeworfen worden.[1480] Anfängliche Bemühungen einiger Staaten, die Generalversammlung oder den Sicherheitsrat der UN mit der Befugnis auszustatten, die Rechtsnatur bewaffneter Konflikte zu bestimmen oder die Kompetenz zur Entscheidung einer nach Art. 96 Abs. 3 ZPI eingereichten Erklärung zu überprüfen, wurden nicht verwirklicht.[1481] Die Staatenpraxis zeigt allerdings, dass hierzu implizit der Depositar bestimmt worden ist, der bis dato alle Erklärungen abgewiesen hat, unter anderem auch von namhaften Bewegungen wie der PLO[1482] oder dem African National Congress.[1483] In allen Fällen hat der Depositar die Anträge abgelehnt, da die jeweiligen Konfliktparteien, beispielsweise Israel und Südafrika, sich der aus dem Protokoll ergebenden Pflicht entzogen haben, indem sie das Abkommen nicht ratifizierten und die Regelung des Art. 1 Abs. 4 ZPI (noch immer) kein Völkergewohnheitsrecht darstellt und daher nicht angewandt werden konnte.[1484] Die bisherig negativ konnotierte Staatenpraxis wurde nun durch den Fall der Polisario durchbrochen. Gleichzeitig wurde sie hinsichtlich der Entscheidungshoheit des Depositars aber einhellig bestätigt, da kein Staat, außer Marokko, einen Widerspruch gegen die Entscheidung eingelegt hat. Dieser erfolgte im Übrigen nicht gegen die Entscheidungshoheit des Depositars, sondern gegen die materiell-rechtliche Aufnahme der Polisario nach Art. 96 Abs. 3 ZPI

1480 Ausführlich zu den mitunter umstrittenen Tatbestandsvoraussetzungen *Gattuso*, The Polisario Front and the Future of Article 1(4), 99 Texas Law Review (2021), 1201 (1210–1212); *Macak*, Internationalized Armed Conflicts in International Law, S. 67–73.

1481 *Macak*, Internationalized Armed Conflicts in International Law, S. 69.

1482 Im Rahmen des Aufnahmegesuchs der PLO erklärte der Depositar, dass „due to the uncertainty within the international community as to the existence or non-existence of a State of Palestine, and as long as the issue has not been settled in an appropriate framework, the Swiss Government, in its capacity as depositary of the Geneva Conventions and their Additional Protocols, is not in a position to decide whether this communication can be considered as an instrument of accession in the sense of the relevant provisions of the Conventions and their Additional Protocols.", ICRC, Palestine and the Geneva Conventions, IRRC 274 (1990). Allerdings akzeptierte der Depositar im Jahr 2014 den Beitritt Palästinas zu den Genfer Konventionen und den Zusatzprotokollen als Staat, *Macak*, Internationalized Armed Conflicts in International Law, S. 71.

1483 *Macak*, Internationalized Armed Conflicts in International Law, S. 71.

1484 *Gattuso*, The Polisario Front and the Future of Article 1(4), 99 Texas Law Review (2021), 1201 (1211 f.)

und der damit einhergehenden anerkannten, von Marokko bestrittenen, militärischen Situation iSv. Art. 1 Abs. 4 ZPI.

e) Ergebnis zur Anwendbarkeit des humanitären Völkerrechts

Wie die vorstehenden Ausführungen aufzeigen konnten, ist eine simple Festsstellung der Anwendbarkeit des humanitären Völkerrechts und eine Kategorisierung der Westsahara als besetztes Gebiet nicht per se und ohne Weiteres möglich. Insbesondere sind die Regelungen des staatlichen Besatzungsrechts zum damaligen Zeitpunkt nicht ohne Weiteres auf die Westsahara als NSGT anwendbar. Zudem konnte festgestellt werden, dass ein (kurzzeitiger) international bewaffneter Konflikt zwischen Spanien und Marokko ausgebrochen war, der durch die anschließende faktische Inbesitznahme des Gebietes iSv. Art. 2 Abs. 1 GK durch Marokko die Anwendung der GK IV und HLKO ermöglicht hat. Diese Möglichkeit der Besetzung der Westsahara durch Marokko und damals auch Mauretanien über Art. 2 Abs. 1 GK erscheint im Lichte der Analyse allerdings konstruiert und rechtlich unsauber.[1485] Gegenteiliges ließe sich aber für eine Besetzung nach Art. 2 Abs. 2 GK feststellen, die sich in der vorangegangen Untersuchung sowohl faktisch als Tatsachenfrage als auch rechtlich durch die saubere Differenzierung zwischen dem Anwendungsbereich der GK und der Schutzpflicht Spaniens hinsichtlich der Gebiete der Westsahara mit äußerst überzeugenden Argumenten belegen lässt.[1486] Zwar sind die Ausführungen des IKRK[1487], des IGH[1488], der Eritrea-Ethiopia Claims Commission[1489] sowie

---

1485 So aber zB. *Saul*, Many Small Wars: The Classification of Armed Conflicts in the Non-Self-Governing Territory of Western Sahara (Spanish Sahara) in 1974–1976, S. 16.

1486 Siehe § 3. A. IV. 1. c).

1487 Der sowohl in der Praxis als auch in der Literatur herausragend wichtige Kommentar des IKRK ist mittlerweile der Ansicht, dass „the unclear status of a territory does not prevent the applicability of the rules of the Fourth Convention, including those relating to occupied territory." Des Weiteren wird klarifiziert, dass „it is sufficient that the State whose armed forces have established effective control over the territory was not itself the rightful sovereign of the place when the conflict broke out or when the invasion meeting no armed resistance took place. Occupation exists as soon as a territory is under the effective control of a State that is not the recognized sovereign of the territory. It does not matter who the territory was taken from. The occupied population may not be denied the protection afforded to it because of disputes between belligerents regarding sovereignty over the territory concerned", ICRC, Kommentar GKI, Rn. 325.

eines beachtlichen Teils der neueren Literatur hinsichtlich des extensiven Schutzcharakters des humanitären Völkerrechts äußerst begrüßenswert, dabei muss freilich der zeitliche Kontext beachtet werden. Dieser ermöglicht es im Falle der Westsahara eben nicht zwangsläufig, heutige Ansichten und Erkenntnisse in das Jahr 1975 bzw. 1976 zu transferieren. In diesem Zeitraum bestimmte noch relativ eindeutig das Erfordernis der Staatlichkeit bzw. sogar die Position als Vertragspartei der jeweiligen Abkommen die Eröffnung des Anwendungsbereichs der GK. Auf Grund dessen stellt die hier vertretene Ansicht darauf ab, dass Spanien als Ausüber von Hoheitsrechten und Schutzmacht der Westsahara nach Art. 73 UN-Charta und den einschlägigen GV-Resolutionen dazu verpflichtet gewesen wäre, die Besetzung der Gebiete durch Marokko und Mauretanien zu unterbinden.

Das Madrider Abkommen und der damit unternommene Versuch zur vermeintlich legitimen Übertragung hoheitlicher Befugnisse und der Verwaltungsmachtsposition ist aufgrund des Verstoßes gegen Art. 73 UN-Charta, den Pacta-tertiis-Grundsatz und das Selbstbestimmungsrecht der Völker bzw. Art. 53 WVK nichtig gewesen. Die damit einhergehende Anwesenheit der fremden Streitkräfte vermochte dieses Vorgehen nicht zu rechtfertigen. Eine nachträgliche Genehmigung der Besetzung durch das Volk der Westsahara bzw. deren legitimen Vertretern ist freilich nicht ergangen. Insbesondere geschah dies nicht durch die sowohl von der UN als auch von der Verwaltungsmacht Spanien nicht anerkannte Scheinabstimmung der von Marokko einberufenen Djemma, die sich zuvor bereits aufgelöst hatte.[1490] Insbesondere der Pacta-tertiis-Grundsatz in Verbindung mit dem starken Schutzcharakter des Selbstbestimmungsrechts ehemals kolonialisierter Völker und Art. 73 UN-Charta gebieten es, die ausführlich beschriebene Situation des Jahres 1975 bzw. 1976 als Besatzung iSv. Art. 2 Abs. 2 GK einzuordnen. Jedes andere Ergebnis bzw. jedwede andere Auslegung würde zu einem unbilligen Ergebnis führen. Dem Telos des Besatzungsrechts nach

---

1488 Der IGH statuierte, dass "the object of the second paragraph of Article 2 is not to restrict the scope of application of the [Fourth Geneva] Convention, as defined by the first paragraph, by excluding therefrom territories not falling under the sovereignty of one of the contracting parties. It is directed simply to making it clear that, even if occupation effected during the conflict met no armed resistance, the Convention is still applicable", IGH, Mauer-Gutachten, ICJ Rep. 2004, S. 174 f. Rn. 95.

1489 Eritrea-Ethiopia Claims Commission, Central Front, Ethiopia's Claim 2, Partial Award, Reports of International Arbitral Awards, 155 (170) Rn. 28–29; ICRC, Kommentar GK I, Rn. 326.

1490 Siehe hierzu § 2. A. I. 1. d).

darf der besetzten Bevölkerung der ihr durch die Konventionen bzw. die HLKO gewährte Schutz nicht aufgrund von Streitigkeiten über die Souveränität bzw. Ausübung von Hoheitsrechten über das betreffende Gebiet verweigert werden.[1491]

Das Gleiche muss freilich dann gelten, sofern die Streitigkeit durch ein Abkommen beigelegt wurde, welches allerdings nichtig ist und die im Abkommen zu übertragenen Rechtspositionen überhaupt nicht dispositionsfähig sind, da durch das Selbstbestimmungsrecht der Völker ein Verfügungsverbot zur Übertragung der kolonialen Verantwortung eines Staaten besteht. Andernfalls würde es genügen, wenn ein Drittstaat oder eine ehemalige Kolonialmacht, die sich der internationalen Verantwortung nach Art. 73 UN-Charta unterworfen hat, sich auf den durch eigenes Verhalten entstandenen umstrittenen internationalen Status des betreffenden Gebiets beruft, um wiederum so negieren zu können, dass es sich bei den fraglichen Gebieten um besetztes Gebiet handelt. Der Staat könnte sich so der besatzungsrechtlichen Verantwortung zu entziehen versuchen und damit sinnwidrig die Anwendbarkeit des Besatzungsrechts von subjektiven Erwägungsgründen und den Interessen des eindringenden Staates abhängig machen. Daher kann mit äußerst soliden, auf dogmatischen Grundsätzen des humanitären Völkerrechts aufbauenden und den in diesem Kapitel ausführlich dargestellten rechtlich differenzierten Argumenten vertreten werden, dass die Westsahara von 1976 bis 1979 sowohl von Marokko als auch Mauretanien besetzt worden ist. Seit 1979 hat ausschließlich Marokko diese Rechtsposition hinsichtlich der überwiegenden Teile der Westsahara eingenommen. Damit finden die Regelungen des humanitären Völkerrechts, insbesondere des Besatzungsrechts auf den Westsahara-Konflikt Anwendung.[1492] Sollte diese Ansicht, wie beispielsweise von der EU, bewusst ignoriert und nicht vertreten werden, so ist es seit spätestens dem 23.6.2015 weder faktisch, politisch noch rechtlich möglich, die Anwendung des humanitären Völkerrechts zu negieren. Der von den Vertragsparteien der GK und dem ZPI unterzeichnete Mechanismus zur ausnahmsweisen nichtstaatlichen Applikation der Regelungen des humanitären Völkerrechts nach Art. 1 Abs. 4 ZPI iVm. Art. 96 Abs. 3 ZPI ist erfolgreich von der Polisario aktiviert worden und entfaltet damit bindende Rechtswirkung.

1491 Vgl. IGH, Mauer-Gutachten, ICJ Rep. 2004, S. 192 Rn. 135, S. 193 Rn. 137, S. 196 Rn. 145, S. 199 Rn. 155, 157.

1492 Vgl. zur Situation Palästinas IGH, Mauer-Gutachten, ICJ Rep. 2004, S. 199 f. Rn. 157, 159, 162.

Die unerwartete Entscheidung Marokkos, dem ZPI beizutreten, ermöglichte der Polisario im Vergleich zu vielen anderen Freiheitsbewegungen bzw. Repräsentanten eines ehemals kolonialisierten Volkes den historischen und von vielen womöglich nicht mehr erwarteten ersten Beitritt einer nationalen Befreiungsbewegung nach Art. 1 Abs. 4 ZPI iVm. Art. 96 Abs. 3 ZPI. Dieser stellte sowohl politisch als auch juristisch ein Novum in der Geschichte des humanitären Völkerrechts dar.[1493] Erstmalig ist damit eine nichtstaatliche Entität den Genfer Abkommen und dem Protokoll beigetreten. Dadurch hat die oben dargestellte komplizierte Rechtslage zum Besatzungsstatus der Westsahara ab spätestens dem Beitritt der Polisario am 23.6.2015 endgültige Klarheit erfahren. Ab diesem Zeitpunkt binden Art. 1 Abs. 4 ZPI iVm. Art. 96 Abs. 3, speziell Art. 96 Abs. 3 lit. c ZPI die Konfliktparteien, in concreto Marokko und die Polisario, gleichermaßen an die Bestimmungen der Abkommen und des Protokolls.

Trotz dieser kaum zu negierenden Tatsache, dass die GK und das ZPI spätestens ab dem 23.6.2015 für den Konflikt der Westsahara anwendbar sind, tut sich die Staatenpraxis, aber auch die UN und insbesondere die EU schwer, den Westsahara-Konflikt rechtlich eindeutig einzuordnen. Die EU-Kommission bestreitet vielmehr, dass Marokko die Westsahara besetzt hat und stand bzw. steht der Anwendung des Besatzungsrechts noch immer kritisch und ablehnend gegenüber.[1494] Offensichtlich vertritt die Kommission die Ansicht, dass sich der Status als NSGT und der Status als besetztes Gebiet gegenseitig ausschließen. Dies ist aber weder den Regelungen der jeweiligen Rechtsregime zu entnehmen noch kann dieser Ansatz der Staatenpraxis entnommen werden, wie die Aufnahme der Polisario und die damit einhergehende Anerkennung eines bewaffneten Konflikts zum ZPI und den GK zeigt.[1495] Die Kommission wird in ihrer Ansicht durch die ausbleibende rechtliche Einordnung des Konflikts durch den EuGH bestätigt, der es, ebenso wie das Gericht, bis dato vermied, die Westsahara als von Marokko besetzt zu kategorisieren, und vielmehr weiterhin ausschließlich den Status als NSGT als Ausgangspunkt der rechtlichen Würdigung

---

1493 Vgl. *Heintschel von Heinegg*, in: Epping/Heintschel von Heinegg (Hrsg.), Ipsen: Völkerrecht, S. 1298 Rn. 28, der unter Außerachtlassung des Westsahara-Konflikts sowohl gegenwärtig als auch zukünftig kaum Anwendungsmöglichkeiten von Art. 1 Abs. 4 ZPI erkennt.

1494 Vgl Antwort auf Parlamentarische Anfrage Nr. E-000235-14 v. 13.3.2014.

1495 Vgl. *Kontorovich*, Economic Dealings with Occupied Territories, 53 Columbia Journal of Transnational Law 584 (2015), 584 (611).

heranzieht.[1496] Generalanwalt *Wathelet* kam wiederum in seinen Schlussanträgen im Rahmen seiner grundsätzlich intensiven rechtlichen Würdigung der Besonderheiten des Westsahara-Konflikts zu dem Ergebnis, dass die Westsahara faktisch wie auch rechtlich als ein von Marokko besetztes Gebiet behandelt werden muss. Seine rechtliche Begutachtung lässt durchaus Tiefe und dogmatische Einordnung vermissen, gerade im Hinblick auf die zeitliche Periode von 1976–2015. Die allerdings durch die in dieser Untersuchung durchgeführten extensive Analyse dieses Zeitraums nichtsdestotrotz im Ergebnis bestätigt werden kann.[1497] Bis heute schloss sich die europäische Gerichtsbarkeit dem nicht an. Der Umstand der Nicht-Anerkennung durch verschiedenste internationale Organisationen und Staaten im Hinblick auf die Frage einer faktischen Besetzung eines Gebietes ist nicht ausschlaggebend, da Ausgangspunkt für die Einordnung nach Art. 42 HLKO, der über Art. 1 Abs. 4 ZPI iVm. Art. 96 Abs. 3, speziell Art. 96 Abs. 3 lit. c ZPI iVm. Art. 154 GK IV für den Konflikt der Westsahara ebenfalls anwendbar ist, einzig und allein die tatsächliche Situation unter Ausschluss jeglicher politischer Positionen ist.[1498]

Abschließend ist festzustellen, dass, gleichgültig für welchen der aufgezeigten Wege man sich nun entscheiden möchte, jedwede argumentative Grundlage, die darauf gerichtet ist, das humanitäre Völkerrecht nicht für anwendbar zu erklären, nicht mehr vertretbar ist. Die Westsahara ist als ein seit 1976 von Marokko besetztes NSGT zu klassifizieren, dessen De-jure-Verwaltungsmacht noch immer Spanien darstellt. Ferner ist festzustellen, dass sich Besetzungen grundsätzlich nicht auf das Festland beschränken, sondern Binnengewässer und das Küstenmeer miteinschließen.[1499] Die völkerrechtswidrige Besetzung der Gebiete der Westsahara durch Marokko und die sofortige Inkorporierung der Westsahara in das Verwaltungssystem des marokkanischen Staates stellen eine Annexion dar, die besondere Rechtsfolgen und Rechtspflichten, insbesondere für Dritt-Staaten im Umgang mit den besetzten Gebieten, aber auch im Umgang mit dem Besatzerstaat nach sich ziehen.[1500]

1496 Vgl. EuG, 2015; EuG, 2021; EuGH, 2016; EuGH, 2018.

1497 Noch zurückhaltend *Wathelet*, 2016 (Fn. 55), Rn. 17,103 und sehr explizit wiederum *Wathelet*, 2018 (Fn. 55), Rn. 135–142 und Rn. 234–250.

1498 Vgl. *Heintschel von Heinegg*, in: Epping/Heintschel von Heinegg (Hrsg.), Ipsen: Völkerrecht, S. 1296 Rn. 22; *Wathelet*, 2018 (Fn. 55), Rn. 246; *Dinstein*, The International Law of Belligerent Occupation, S. 42. Rn. 96.

1499 *Dinstein*, The International Law of Belligerent Occupation, S. 47 f.; *Sassòli*, The Concept and the Beginning of Occupation", in: Clapham/Gaeta/Sassòli (Hrsg.), The 1949 Geneva Conventions: A commentary, Rn. 15.

2. Zur Pflicht der Nicht-Anerkennung

Fraglich ist, inwieweit die internationale Staatengemeinschaft rechtlich daran gehindert ist, eine völkerrechtswidrige Besatzung bzw. Annexion in politischer, rechtlicher aber auch wirtschaftlicher Weise direkt oder auch indirekt zu untersützen. Im Rahmen völkerrechtswidriger Handlungen durch einen Staat können Drittstaaten und Internationale Organisationen weitgehende Verpflichtungen haben, die daraus resultierenden tatsächlichen wie aber auch rechtlichen Folgen nicht anzuerkennen.[1501] Das Verbot der Anerkennung eines völkerrechtswidrigen Zustandes verbietet, Zustände tatsächlicher aber auch rechtlicher Art, die durch einen schwerwiegenden Verstoß gegen eine zwingende Norm des Völkerrechts zustande gekommen sind, als rechtmäßig anzuerkennen.[1502] Die ILC hat hierzu Draft Article[1503] aufgestellt und versucht, die teils gewohnheitsrechtlich anerkannte Staatenverantwortlichkeit zu kodifizieren.[1504] Die ILC hat den gewohnheitsrechtlichen Charakter der Art. 41 DASR und Art. 42 DARIO zwar nicht vollumfänglich explizit anerkannt, allerdings ist hinsichtlich der Nicht-Anerkennungspflicht einer Annexion fremden Staatsgebietes unstreitig deutlich, dass Art. 41 DASR bzw. Art. 42 DARIO diesbezüglich Gewohnheitsrecht darstellen.[1505]

Die Annexion eines Gebietes, dessen Bevölkerung das ihr genuin zustehende Selbstbestimmungsrecht noch nicht ausgeübt hat, stellt einen Verstoß der Beachtung dieses Rechts dar.[1506]

Während einer illegalen Annexion haben Drittstaaten gemäß der die Staatenpraxis wiedergebenden Rechtsprechung des IGH eine Reihe von Pflichten, die in Art. 41 DASR bzw. Art. 42 DARIO kodifiziert worden sind und diesbezüglich Völkergewohnheitsrecht darstellen. Sie dürfen eine

---

1500 Vgl. IGH, Mauer-Gutachten, ICJ Rep. 2004, S. 198–200 Rn. 155, 157, 160.

1501 Grundsätzlich *Crawford*, The Creation of States in International Law, S. 158–173; *Dawidowicz*, The Obligation of Non-Recognition of an Unlawful Situation, in: Crawford/Pellet/Olleson (Hrsg.), The Law of International Responsibility.

1502 ILC, Draft Articles on Responsibility of States for Internationally Wrongful Acts, with commentaries, Art. 41 Rn. 4 f.; *Sievert*, Handel mit umstrittenen Gebieten, S. 112.

1503 Draft articles on Responsibility of States for Internationally Wrongful Acts (DASR) und Draft articles on the responsibility of international organizations (DARIO).

1504 ILC, Draft Articles on Responsibility of States for Internationally Wrongful Acts, with commentaries, Art. 41 Rn. 1 ff.

1505 *Sievert*, Handel mit umstrittenen Gebieten, S. 112 f.

1506 IGH, Mauer-Gutachten, ICJ Rep. 2004, S. 184 Rn. 121 f.

Annexion nicht anerkennen und nicht bei der weiteren Besetzung und Annexion Hilfe leisten.[1507] Ferner sollten sie zusammenarbeiten, um der völkerrechtswidrigen Situation ein Ende zu setzen.[1508] Es ist daher rechtswidrig, eine Vereinbarung mit einer Besatzungsmacht abzuschließen, wenn diese Vereinbarung die Annexion des besetzten Gebietes ausdrücklich oder stillschweigend anerkennt oder sie anderweitig dazu beiträgt, eine rechtswidrige Situation aufrechtzuerhalten. Dies gilt insbesondere dann, wenn die Besatzungsmacht als Souverän des Gebietes auftritt und nicht für das besetzte Gebiet handelt, sondern im Rahmen der mutmaßlich bestehenden territorialen Souveränität des Besatzerstaates.[1509] Nach dem allgemein gültigen und auch in der Staatenpraxis anerkannten Rechtsgrundsatz des *ex injuria jus non oritur* können aus völkerrechtswidrigen Handlungen keine völkerrechtsmäßigen Rechte abgeleitet werden. Mithin kann die Annexion eines fremden Gebietes dem Aggressor keinerlei legitime Rechtsposition verschaffen.[1510] Die Verpflichtung dient als Mechanismus um sicherzustellen, dass sich eine faktisch vollendete und bestehende Tatsache, die aus einer völkerrechtswidrigen Handlung resultiert, nicht durch politisch manipulierbare zeitliche Verzögerungen zu einem Fait accompli herauskristallisiert, welches in Vergessenheit geraten und dadurch schließlich von der internationalen Rechtsordnung anerkannt werden könnte.[1511] Dem folgend unterstreicht die mittlerweile gewohnheitsrechtlich und in vielfachen Resolutionen und Abkommen gefestigte *Stimson*-Doktrin[1512], welche auch in der Staatenpraxis fest verankert ist und Anwendung findet, dass auch die Anerkennung von Staaten einem durch Annexion geschaffenen völkerrechtswidrigen Zustand nicht die Rechtmäßigkeit der durch Gewalt geschaffenen Position zu legitimieren vermag.[1513]

1507 Kritisch und m.w.N. *Becker*, IGH-Gutachten über „Rechtliche Konsequenzen des Baus einer Mauer in den besetzten palästinensischen Gebieten, Archiv des Völkerrechts 43 (2005), 218-239.

1508 Vgl. IGH, Mauer-Gutachten, ICJ Rep. 2004, S. 200 Rn. 159; Art. 41 DASR; *Sievert*, Handel mit umstrittenen Gebieten, S. 112 f.

1509 Zur sog. Stimson-Doktrin, *v. Arnauld*, Völkerrecht, Rn, 79.

1510 *Epping*, in: Epping/Heintschel von Heinegg (Hrsg.), Ipsen: Völkerrecht, § 7 Rn. 32.

1511 *Kassoti*, The EU's duty of non-recognition and the territorial scope of trade agreements covering unlawfully acquired territories, 3 Europe and the World: A law review (2019), 1 (5); *Dawidowicz*, The Obligation of Non-Recognition of an Unlawful Situation, in: Crawford/Pellet/Olleson (Hrsg.), The Law of International Responsibility, S. 677 f.

1512 Die an China und Japan gerichtete Erklärung des damaligen amerikanischen Außenministers *Henry L. Stimson* ist abgedruckt bei *Wright*, The Stimson Note of January 7, 1932, AJIL 26 (1932), 342 ff.

Die Resolution der Generalversammlung zur „Definition of Aggression" verdeutlicht den Rechtsgedanken der Illegalität territorialer Annexionen. Sie führt aus, „that the territory of a State shall not be violated by being the object, even temporarily, of military occupation or of other measures of force taken by another State in contravention of the Charter, and that it shall not be the object of acquisition by another State resulting from such measures or the threat thereof".[1514] Ferner wird die Pflicht von Staaten festgestellt, Völker nicht vom Recht der Selbstbestimmung durch Gewaltanwendung auszuschließen.[1515] Da dem kolonialen Selbstbestimmungsrecht Ius-cogens-Charakter zukommt, fallen auch Verstöße gegen dieses unter Art. 41 DASR. Explizit für das damals als NSGT behandelte Namibia hat der IGH in seinem Gutachten festgestellt, dass UN-Mitgliedsstaaten dazu verpflichtet sind, „to recognize the illegality and invalidity of South Africa's continued presence in Namibia" und Abstand zu nehmen „from lending any support or any form of assistance to South Africa with reference to its occupation of Namibia".[1516]

In der Friendly-Relations-Declaration der Generalversammlung, wird die *Stimson-Doktrin* implizit aufgegriffen, indem es heißt: „The territory of a State shall not be the object of military occupation resulting from the use of force in contravention of the provisions of the Charter. The territory of a State shall not be the object of acquisition by another State resulting from the threat or use of force. No territorial acquisition resulting from the threat or use of force shall be recognized as legal."[1517] Ein NSGT, wenn auch kein Staat, hat von seiner Verwaltungsmacht und erst recht von allen anderen Drittstaaten einen gesonderten territorialen Status. Wie der IGH mehrfach festgestellt hat, unterfallen auch Annexionen nicht staatlicher Entitäten den Prinzipien der Nicht-Anerkennungspflicht.[1518] Marokko hält die Westsaha-

---

1513 Siehe zur Nicht-Anerkennung von Staatsgründungen die Praxisbeispiele bei *Saxer*, Die Internationale Steuerung der Selbstbestimmung und der Staatsentstehung, S. 174 ff. und ausführlich *Talmon*, Kollektive Nichtanerkennung illegaler Staaten, S. 110 ff.
1514 UN Doc. A/RES/3314 (XXIX) v. 14.12.1974.
1515 „Reaffirming the duty of States not to use armed force to deprive peoples of their right to self-determination, freedom and independence, or to disrupt territorial Integrity", UN Doc. A/RES/3314 (XXIX) v. 14.12.1974.
1516 IGH, Namibia-Gutachten, ICJ Rep. 1971, S. 3 Rn. 54; *Crawford*, The Creation of States in International Law, S. 163; *Sievert*, Handel mit umstrittenen Gebieten, S. 115–117.
1517 UN Doc. A/RES/2625 (XXV) v. 24.10.1974.
1518 Vgl. *Crawford*, The Creation of States in International Law, S. 168–173.

ra seit 1976 militärisch besetzt und annektierte das Gebiet schrittweise, indem es die Westsahara vollständig in das marokkanische Staats- und Verwaltungssystem integrierte. Angesichts dieser Tatsachen sind Staaten in Bezug auf die von Marokko vertretene Position, dass es rechtmäßiger territorialer Souverän über die Gebiete der Westsahara sei, zumindest dazu verpflichtet, diese Haltung nicht anzuerkennen und Schritte zu unterlassen, die zu einer solchen Anerkennung führen könnten.[1519]

3. Die UN und die Okkupation der Westsahara

Die letzte und einzige klare Benennung der Situation seitens der UN ist im Rahmen der Generalversammlungsresolutionen 34/37 und in 35/19 erfolgt, in denen es wortwörtlich heißt: „urges Morocco to join in the peace process and to terminate the occupation of the Territory of Western Sahara"[1520], sowie „also bearing in mind the deep concern of the United Nations, the Organization of African Unity and the non-aligned countries at the aggravation of the situation prevailing in Western Sahara because of the continued occupation of that Territory by Morocco"[1521]. Darauffolgend änderten sich der Wortlaut und die Formulierung der Resolutionen in eine Aufforderung an die Konfliktparteien, die militärischen Auseinandersetzungen zu beenden und zu einem Waffenstillstand zu gelangen, ohne

---

1519 Hierzu nochmals im Rahmen der Handelsabkommen der EU mit Marokko, siehe § 4. A. III. 2. c). cc).

1520 UN Doc. A/RES/34/37 v. 27.11.1979, S. 204 Nr. 6. Der Resolution stimmten 85 Staaten zu, 6 stimmten dagegen, 41 enthielten sich und 20 Staaten nahmen nicht an der Abstimmung teil. Unter den zustimmenden Staaten finden sich lediglich 4 europäische Staaten wieder: Österreich, die DDR, Finnland und Schweden. Gegen die Resolution stimmten Marokko, Saudi-Arabien, Gabun, Äquatorial Guinea, Guatemala und die Zentralafrikanische Republik.

1521 UN Doc. A/RES/35/19 v. 11.11.1980, S. 213. Auf S. 214 in Punkt 3 hieß es darüber hinausgehend: „Again declares that it is deeply concerned at the aggravation of the situation deriving from the continued occupation of Western Sahara by Morocco and from the extension of that occupation to the part of Western Sahara which was the subject of the peace agreement concluded on 10 August 1979 between Mauritania and the Frente Popular para la Liberacíon de Saguia el-Hamra y de Rio de Oro".
Der Resolution stimmten 88 Staaten zu, 8 lehnten diese ab und 43 Staaten enthielten sich. Die Abstimmungsergebnisse sind nicht staatenspezifisch protokolliert worden, https://research.un.org/en/docs/ga/quick/regular/35, zuletzt abgerufen am 15.6.2024.

Marokko weiterhin als Aggressor zu klassifizieren.[1522] Die Aufforderung an Marokko, die noch zuvor als solche betitelte „occupation" zu beenden verschwand aus dem Duktus der Resolutionssprache. Zwar hat es in den darauffolgenden Resolutionen der Generalversammlung zur „Question of Western Sahara"[1523] immer wieder den Passus gegeben, dass auf die vorherigen Resolutionen Bezug genommen wird und diese bestätigt werden. Allerdings hat es seit Resolution 35/19 keine explizite Wiederholung des Terminus „occupation" in Resolutionen der Generalversammlung, geschweige denn in Resolutionen des Sicherheitsrates oder in Berichten des Generalsekretärs gegeben. Mit Resolution 38/40 v. 7.12.1983 endete die Bezugnahme auf die Resolutionen 34/37 und 35/19 sowie der folgenden Resolutionen, die sich wiederum explizit auf diese bezogen, vollständig und der Terminus der Besatzung geriet in bewusste Vergessenheit.[1524]

Beginnend mit Resolution 51/143 vom 10.2.1996 hat die UN-Generalversammlung sich dazu entschieden, sich auf alle[1525] früheren Resolutionen bezüglich der „Question of Western Sahara" zu beziehen und diese zumin-

---

1522 In UN Doc. A/RES/36/46 v. 24.11.1981, S. 197 f. heißt es erstmalig in Nr. 5: „Appeals to the two parties to the conflict, Morocco and the Frente Popular para la Liberacíon de Saguia el-Hamra y de Rio de Oro, to observe a cease-fire in accordance with the decisions of the Organization of African Unity and its Implementation Committee", sowie in Nr. 6: „Urges, to that end, Morocco and the Frente Popular para la Liberacíon de Saguia el-Hamra y de Rio de Oro to enter into negotiations with a view to establishing an immediate cease-fire and concluding a peace agreement permitting the fair conduct of a general and free referendum on self-determination in Western Sahara". Solche und ähnliche Formulierungen sind in den darauffolgenden Resolutionen beibehalten worden.

1523 Diesen Titel führen die Resolutionen der Generalversammlung seit 1975 bis heute, vgl. UN Doc. A/RES/3458 v. 10.12.1975 und UN Doc. A/RES/75/106 v. 10.12.2020.

1524 Vgl. den Wortlaut und die darin enthaltenen Bezugnahmen auf frühere Resolutionen der Generalversammlung der UN Doc. A/RES/38/40 v. 7.12.1983, S. 221 f.; UN Doc. A/RES/39/40 v. 5.12.1984, S. 247; UN Doc. A/RES/40/50 v. 2.12.1985, S. 268 f.; UN Doc. A/RES/41/16 v. 31.10.1986, S. 218; UN Doc. A/RES/42/78 v. 4.12.1987, S. 245; UN Doc. A/RES43/33 v. 22.11.1988, S. 236 f.; UN Doc. A/RES/44/88 v. 11.12.1989, S. 246 f.; UN Doc. A/RES/45/21 v. 20.11.1990, S. 301 f.; UN Doc. A/RES/46/67 v. 11.12.1991, S. 230; UN Doc. A/RES/47/25 v. 25.11.1992, S. 1; UN Doc. A/RES/48/49 v. 10.12.1993, S. 1; UN Doc. A/RES/49/44 v. 9.12.1994, S.1; UN Doc. A/RES/50/36 v. 6.12.1995, S. 1.

1525 Der Wortlaut der Passage lautete: „Recalling all the Security Council resolutions relating to the question of Western Sahara, in particular resolutions 621 (1988) of 20 September 1988, 725 (1991) of 31 December 1991, 809 (1993) of 2 March 1993, 907 (1994) of 29 March 1994, 973 (1995) of 13 January 1995, 995 (1995) of 26 May 1995, 1002 (1995) of 30 June 1995, 1017 (1995) of 22 September 1995, 1033 (1995) of 19 December 1995 and 1042 (1996) of 31 January 1996, as well as all

dest mittelbar, wenn auch nicht explizit, wieder in den Text der Resolution mit aufzunehmen.[1526] Die Bezugnahme auf alle früheren Resolutionen schließt dabei folgelogisch auch die Resolutionen 34/37 und 35/19 mit ein, in denen die Generalversammlung Marokkos militärisches Verhalten noch als Besatzung einstufte und explizit so nannte sowie dieses aufforderte, diesen Zustand schnellstmöglich zu beenden.[1527] Kritisch anzumerken ist jedoch, dass ausnahmslos kein UN-Organ die Anwendung von Besatzungsrecht in einer Resolution oder sonstigen Äußerung festhielt bzw. für einschlägig hielt. Nicht einmal das vielzitierte und ebenso häufig missinterpretierte Rechtsgutachten aus dem Jahre 2002 des damaligen Vorsitzenden Rechtsberaters des UN-Generalsekretariats *Hans Corell* beschäftigte sich mit der Anwendung der einschlägigen Rechtsnormen des Besatzungsrechts.[1528] Dies ist umso verwunderlicher, als das Rechtsgutachten dem Auftrage nach analysieren sollte, unter welchen Voraussetzungen es nach geltendem Völkerrecht und einschlägigen UN-Resolutionen möglich sei, Bodenschätze der Westsahara auszubeuten bzw. nach diesen zu suchen. In der HLKO bzw. den GK existieren konkrete und passende Normierungen zur Handhabung der aufgeworfenen Fragen bzw. sogar konkret zur Ausbeutung der natürlichen Ressourcen eines besetzten Gebietes, die mithin seit Jahrzehnten völkergewohnheitsrechtlichen Charakter innehaben.[1529]

General Assembly resolutions relating to the question of Western Sahara," UN Doc. A/RES/51/143 v. 13.12.1996, S. 1.

1526 UN Doc. A/RES/51/143 v. 13.12.1996, S. 1. In den darauffolgenden Resolutionen findet sich stets der Passus „Recalling all the Security Council and General Assembly resolutions relating to the question of Western Sahara" fast wortgleich wieder, UN Doc. A/RES/52/75 v. 10.12.1997, S. 2; UN Doc. A/RES/53/64 v. 3.12.1998, S. 2; UN Doc. A/RES/54/87 v. 6.12.1999, S. 2; UN Doc. A/RES/55/141 v. 8.12.2000, S. 1; UN Doc. A/RES/56/69 v. 10.12.2001, S. 1; UN Doc. A/RES/57/135 v. 11.12.2002, S. 1; UN Doc. A/RES/58/109 v. 9.12.2003, S. 1; UN Doc. A/RES/59/131 v. 10.12.2004, S. 1; UN Doc. A/RES/60/114 v. 8.12.2005, S.1; UN Doc. A/RES/61/125 v. 14.12.2006, S. 1; UN Doc. A/RES/62/116 v. 17.12.2007, S. 1; UN Doc. A/RES/63/105 v. 5.12.2008, S. 1; UN Doc. A/RES/64/101 v. 10.12.2009, S. 1; UN Doc. A/RES/65/112 v. 10.12.2010, S. 1; UN Doc. A/RES/66/86 v. 9.12.2011, S. 1; UN Doc. A/RES/67/129 v. 18.12.2012, S. 1; UN Doc. A/RES/68/91 v. 11.12.2013, S. 1; UN Doc. A/RES/69/101 v. 5.12.2014, S. 1; UN Doc. A/RES/70/98 v. 9.12.2015, S. 1; UN Doc. A/RES/71/106 v. 6.12.2016, S. 1; UN Doc. A/RES/72/95 v. 7.12.2017, S. 1; UN Doc. A/RES/73/107 v. 7.12.2018, S. 1; UN Doc. A/RES/74/97 v. 13.12.2019, S. 1 sowie UN Doc. A/RES/75/106 v. 10.12.2020, S. 1.

1527 Vgl. UN Doc. A/RES/34/37 v. 27.11.1979, S. 204 Nr. 6; UN Doc. A/RES/35/19 v. 11.11.1980, S. 213.

1528 Vgl. UN Doc. S/2002/161 v. 12.2.2002.

1529 Vgl. Art. 43, 55 HLKO, Art. 64 II GK IV und Art. 54 ZP I.

a) Die Hintergründe des Corell-Gutachtens

Corell, auf dessen Analyse sich sowohl die UN maßgeblich stützte als auch die jüngste Rechtsprechung der europäischen Gerichte, ging einzig und allein vom Standpunkt der Westsahara als NSGT aus. Er klammerte jegliche Prüfung möglicher besatzungsrechtlicher Fragestellungen aus seinem Gutachten aus, obwohl diese maßgeblichen Einfluss auf die Ausbeutung natürlicher Ressourcen haben.[1530] Beauftragt vom Sicherheitsrat und unter Berücksichtigung der dortigen diplomatischen Verhältnisse Marokkos, insbesondere zu Frankreich und den USA, ließe sich zunächst vermuten, dass die Rechtsabteilung der UN unter faktischem Druck der ständigen Sicherheitsratsmitglieder stand. Doch wie bis dato unveröffentlichte Dokumente belegen, stand *Corell* vor allem UN-intern unter Druck, namentlich von *Kieran Prendergast*, dem damaligen Under-Secretary-General for Political Affairs. Dieser schickte eine vertrauliche Nachricht an *Corell*, in welcher er Vorschläge unterbreitete, was das vom Sicherheitsrat in Auftrag gegebene Rechtsgutachten beinhalten solle, und was nicht. *Prendergast* wiederum agierte überhaupt erst, weil der damalige Botschafter Marokkos, *Bennouna*, an ihn herangetreten war und seine Sorge geäußert hatte, dass das Rechtsgutachten möglicherweise auch den rechtlichen Status Marokkos in der Westsahara beleuchten könnte. Wortwörtlich schrieb *Prendergast*: „The Ambassador´s main worry was that this could lead to questioning of Morocco´s legal status in the Territory and *asked for my personal advice how best to avoid this.*"[1531] Er war der Ansicht, dass die „unprecedent action by the Security Council was loaded with political implications and could have serious repercussions for the cosultations currently undertaken by the Secretary-General´s Personal Envoy on the draft Framework Agreement. It should therefore be handled with great care."[1532]

Prendergast führte diesbezüglich besorgniserregend weiter aus, dass „DPA and the represantitives of DPKO felt that, in its response, OLA should remain within the parameters of the questions put to it by the Council and *should avoid delving into the question of Morocco´s status in*

1530 Vgl. UN Doc. S/2002/161 v. 12.2.2002.
1531 Baker Paper, Princeton University, Outgoing Fascimile v. 26.11.2001, Anna Theofilopoulou to James Baker, Anhang: Note to Mr. Corell, Western Sahara Conversation with the Moroccan Ambassador, Rn. 1. Hervorhebung durch den Autor.
1532 Baker Paper, Princeton University, Outgoing Fascimile v. 26.11.2001, Anna Theofilopoulou to James Baker, Anhang: Note to Mr. Corell, Western Sahara Conversation with the Moroccan Ambassador, Rn. 3.

Western Sahara. The representatives of OLA responded that it might be difficult to respond to the Council´s request without going into Morocco´s status. It was suggested however that if Morocco did not take, for the time being, further action on the two commercial agreements, OLA could give a rather general response stressing the complications of the case and the ambiguities surrounding it. In this eventuality, we thought it possible that the next President of the Security Council could downplay the issue, given that by the time that the OLA completed its work and prepared the response, the Presidency of the Security Council will have changed."[1533] Im Anschluss an die von wenigen hochrangigen UN-Mitarbeitern geführten Diskussionen, wie mit der Problematik am besten umzugehen sei, traf sich *Prendergast* erneut mit dem marokkanischen Botschafter. Er teilte ihm mit, dass es möglich sei, „that the response by the OLA might not be agreeable to Morocco". Besonders hervorhebenswert war die Replik *Bennounas*, der gegenüber *Prendergast* betonte, dass Marokko „as administrative power of Western Sahara, had obligations toward the population living there, which included the exploitation of natural resources".[1534] Richtigerweise wies er darauf hin, dass Marokko in mehreren Berichten des Generalsekretärs als „Administrative Power" bezeichnet worden ist.[1535]

Daher mahnte er *Prendergast*, „that it would be ill advised of the Secretariat to now come up with a different definition, such as „de facto adminis-

---

1533 Baker Paper, Princeton University, Outgoing Fascimile v. 26.11.2001, Anna Theofilopoulou to James Baker, Anhang: Note to Mr. Corell, Western Sahara Conversation with the Moroccan Ambassador, Rn. 4 (Hervorhebung durch den Autor).

1534 Baker Paper, Princeton University, Outgoing Fascimile v. 26.11.2001, Anna Theofilopoulou to James Baker, Anhang: Note to Mr. Corell, Western Sahara Conversation with the Moroccan Ambassador, Rn. 6.

1535 UN Doc. S/2000/1029 v. 25.10.2000, Rn. 30; UN Doc. S/2001/148 v. 20.2.2001, Rn. 2, 22; UN Doc S/2001/398 v. 24.4.2001, Rn. 19; UN Doc. S/2001/613 v. 20.6.2001, Rn. 2, 42; UN Doc. A/56/159 v. 9.7.2001, Rn. 13, 15, 20, 26; UN Doc. S/2002/178 v. 19.2.2002, Rn. 37, 38. Mit UN Doc. S/2002/467 v. 19.4.2002 wurde letztmalig von Marokko als administrative power gesprochen: „In early 2001 my Personal Envoy was able to determine that Morocco, as the administrative power in Western Sahara, was prepared to support a draft framework agreement on the status of Western Sahara (...)". Gegen diese Bezeichnung legte die Polisario stets Widerspruch ein und ließ dem Generalsekretär schriftlich mitteilen, dass sie der Ansicht sei, dass „Morocco is an occupying Power in the Western Sahara and not an administering power". Vgl. UN Doc. S/2003/565 v. 23.5.2003, S. 37 Rn. 7. Weder die Generalversammlung noch der Sicherheitsrat schlossen sich dieser Sichtweise an und nahmen die Formulierung der „administrative power" kein einziges Mal in ihre Resolutionen auf.

trative power".[1536] *Prendergast* schloss seine Nachricht an *Corell* ab, indem er darlegte: „ I wanted to alert you about this discussion, as I feel even more convinced now that any response by OLA should take full account, to the extent possible, of political considerations and should not appear to contradict the position taken by the Secretary-General in his reports to the Security Council.".[1537]

Dies berücksichtigend bewegte sich *Corell* in seinem Gutachten fernab der Problematik des Besatzungsrechts, gestand Marokko aber richtigerweise nicht die von *Bennouna* eingeforderte Position einer Verwaltungsmacht nach Art. 73 UN-Charta zu.

b) Die Haltung des Sicherheitsrates

Sowohl im Sicherheitsrat als auch in der Generalversammlung, in welcher es aufgrund der fehlenden Veto-Positionsrechte politisch realistischer gewesen wäre, hat es die UN verpasst, zumindest einen Aufruf an die Staatengemeinschaft zur kollektiven Nicht-Anerkennung der durch die Annexion Marokkos möglichen Rechtspositionen zu initiieren und zu beschließen.[1538] Zwar hätte eine solche hypothetische Resolution der Generalversammlung keine rechtliche Bindungswirkung, allerdings hätte sie politische Kraft ausgestrahlt und den Druck auf Marokko zur Beendigung der illegalen militärischen Intervention und Verwaltung des Gebietes erhöht. Vielmehr ist bezüglich der Haltung des Sicherheitsrates anzumerken, dass während des bewaffneten Konflikts der Polisario mit Marokko (anfangs auch noch mit Mauretanien) in dem Zeitraum von 1976–1988 keine ein-

---

1536 Baker Paper, Princeton University, Outgoing Fascimile v. 26.11.2001, Anna Theofilopoulou to James Baker, Anhang: Note to Mr. Corell, Western Sahara Conversation with the Moroccan Ambassador, Rn. 6.

1537 Baker Paper, Princeton University, Outgoing Fascimile v. 26.11.2001, Anna Theofilopoulou to James Baker, Anhang: Note to Mr. Corell, Western Sahara Conversation with the Moroccan Ambassador, Rn. 7.

1538 In keiner der in den Fn. 130 und Fn. 132 genannten Resolutionen lässt sich ein solcher Aufruf finden. Ein solcher Aufruf ist beispielsweise ergangen zur Ende 2017 erfolgten Entscheidung der USA, Jerusalem als Hauptstadt Israels anzuerkennen, UN Doc. A/RES/ES-10/L.22 v. 21.12.2017: „Demands that all States comply with Security Council resolutions regarding the Holy City of Jerusalem, and not recognize any actions or measures contrary to those resolutions".

zige Resolution hierzu verabschiedet wurde.[1539] Dieser Umstand ist aus vielerlei Gesichtspunkten äußerst erstaunlich, vor allem aber im Hinblick auf den besonderen Status eines NSGTs nach Art. 73 UN-Charta und der einhergehenden Verantwortung sowie Pflichten der UN zum Schutze eines solchen Gebietes. Der Sicherheitsrat blieb bis zu seiner Entscheidung, die Ernennung eines Sondergesandten für die Westsahara am 20.9.1988[1540] zu autorisieren, schweigsam. Er enthielt sich jeglicher Reaktion, Vorschläge und Handlungsmöglichkeiten, die zu einer Verbesserung der Situation und zu einer Beendigung des bewaffneten Konflikts hätten führen können. Der Sicherheitsrat, als das von der Staatengemeinschaft geschaffene und mit weitreichenden Rechten und Pflichten ausgestaltete Organ zur Sicherung des Weltfriedens und der internationalen Sicherheit nach Art. 24 Abs. 1 der UN-Charta, hielt es trotz allem nicht für nötig, sich während der Höhepunkte des bewaffneten Konflikts in Form von Resolutionen zu äußern oder Resolutionen nach Kapitel VI der UN-Charta oder gar nach Kapitel VII zu erlassen. Ebenfalls wurde kein Aufruf an die Staatengemeinschaft formuliert, den durch Marokko entstandenen Status quo nicht anzuerkennen und dessen Förderung in jeglicher Art zu unterlassen.

Dass der Sicherheitsrat grundsätzlich zu einer solchen Äußerung fähig ist, demonstrierte er anschaulich in seiner Resolution zur Invasion Kuwaits durch militärische Kräfte des Iraks. Er rief die Staatengemeinschaft unmissverständlich dazu auf, „not to recognize any regime set up by the occupying power".[1541] Im Falle des Westsahara-Konflikts ist es dem Sicherheitsrat nicht gelungen, die militärische Intervention Marokkos als Annexion bzw. „occupation" zu betiteln. Geschweige denn wurde ein Aufruf an die Staatengemeinschaft unternommen, den von Marokko eingesetzten Verwaltungsapparat und die damit einhergehende Proklamation der Gebiete der Westsahara als eigenes territoriales Souveränitätsgebiet nicht anzuerkennen. Zur Situation Kuwaits ging der Sicherheitsrat in einer drei Tage später erlassenen Folgeresolution sogar noch weiter und verschärfte den Duktus der Resolutionssprache drastisch. Die militärische Intervention des Iraks wird deutlich verurteilt, indem es heißt: „Decides that annexation of Kuwait by Iraq under any form and whatever pretext has no legal validity,

---

1539 Vgl. die Aufstellung aller vom Sicherheitsrat erlassenen Resolutionen auf seiner offiziellen Homepage, https://www.securitycouncilreport.org/un_documents_type/security-council-resolutions/page/2?ctype=Western+Sahara&cbtype=western-sahara#038;cbtype=western-sahara, zuletzt abgerufen am 15.6.2024.
1540 UN Doc. S/RES/621 v. 20.9.1988, S. 18.
1541 UN Doc. S/RES/661 v. 6.8.1990, S. 20 Nr. 9 b.

and is considered null and void". In Bezug auf die Nicht-Anerkennungs-pflicht von Drittstaaten formulierte der Sicherheitsrat seine Aufforderung klar und deutlich: „Calls upon all States, international organizations and specialized agencies not to recognize that annexation, and to refrain from any action or dealing that might be interpreted as an indirect recognition of the annexation." Ferner wurde beschlossen, „to keep this item on its agenda and to continue its efforts to put an early end to the occupation."[1542] Dies mündete schlussendlich in Resolution 678, in der der Sicherheitsrat zur Befreiung Kuwaits nach Kapitel VII der UN-Charta die Ermächtigung zur Anwendung militärischer Gewalt gegen den Irak erteilte.[1543] Interessant ist vor allem der Ausspruch in Resolution 678 zur erkannten eigenen Ver-antwortung des Sicherheitsrates im Falle einer Annexion: „Mindful of its duties and responsibilities under the Charter of the United Nations for the maintenance and preservation of international peace and security"[1544], die konsequenterweise selbstverständlich genauso für die gewaltsame An-nexion Marokkos bezüglich der Gebiete der Westsahara gelten müssen. An der grundsätzlichen Aufgabe des Sicherheitsrates zur Wahrung des Weltfriedens hat sich nichts verändert und der Status der Westsahara als NSGT kann dem nicht entgegenstehen. Freilich war Kuwait zum Zeitpunkt der Annexion durch den Irak ein von der damaligen Staatengemeinschaft anerkannter vollwertiger eigenständiger Staat, der ebenfalls seit 1963 Mit-glied der UN war. Die Westsahara stand allerdings unter dem besonderen Schutzmantel des Art. 73 UN-Charta und das Volk war als ehemalige Ko-lonie Spaniens Trägerin des Selbstbestimmungsrechts, welches durch die Staatenpraxis und Dekolonisierungspolitik der UN die Möglichkeit vorsah, sich im Rahmen eines Selbstbestimmungsaktes selbst in Form eines unab-hängigen Staates organisieren zu können.

1542 UN Doc. S/RES/678 v. 29.11.1990, S. 27 f. Nr. 2.
1543 „Authorizes Member States co-operating with the Government of Kuwait, unless Iraq on or before 15 January 1991 fully implements, as set forth in paragraph 1 above, the above-mentioned resolutions, to use all necessary means to uphold and implement resolution 660 (1990) and all subsequent relevant resolutions and to restore International peace and security in the area.", UN Doc. S/RES/678 v. 29.11.1990, S. 27 f. Nr. 2.
1544 UN Doc. S/RES/678 v. 29.11.1990. S. 27.

aa) Marokkos Reaktion auf den Begriff der Besetzung

Trotz der Sicherheitsrats-Resolutionen, die sich mit dem Westsahara-Konflikt auseinandersetzen[1545], hat es bis dato noch keine eindeutige Verurteilung der marokkanischen Besatzung, geschweige denn eine konkrete Bezeichnung des Zustands als Besatzung bzw. Annexion durch den Sicherheitsrat gegeben.[1546] Vielmehr übt Marokko starken Druck auf die UN, aber auch auf einzelne Staaten aus, die die Besatzung in der Westsahara als solche betiteln und öffentlich bezeichnen. Beispielhaft ist hier der Vorfall rund um den damaligen Generalsekretär *Ban Ki-moon* aus dem Jahr 2016 heranzuziehen. Im Rahmen seines Besuchs in einem der sahrawischen Flüchtlingslager in Algerien nutzte er während einer Pressekonferenz das Wort „occupation", um die Situation der Westsahara in Relation zu Marokkos Position zu beschreiben.[1547] Dies löste eine Welle diplomatischer Krisen und Ereignisse aus, die seit Bestehen des Waffenstillstands von 1991 einzigartig in Form und Intensität waren.[1548] Als Reaktion auf die Bezeichnung des Generalsekretärs hat Marokko der UN eine 72-stündige Frist zum Abzug der Mitarbeiter der MINURSO-Mission erteilt. Zudem wurden weitere Schritte angedroht wie die Einziehung von Geldern zur Aufrechterhaltung ziviler Versorgung der MINURSO-Mission selbst und andere, noch nicht spezifizierte Schritte.[1549] Bereits kurz nach der Rede *Ban Ki-moons* versuchte die UN die Wogen schnellstmöglich zu glätten und die Aussage ihres Generalsekretärs zu relativieren. Bemerkenswert ist hierbei die Intensität der Relativierung, die die starke Position und vor

---

1545 Siehe die neueste Sicherheitsratsresolution zur Verlängerung der MINURSO, die an 13 Stellen auf fünf Seiten von „political solution" oder „political process" spricht und sich dabei auf alle vorherigen Resolutionen bezieht und diese bestätigt, UN Doc. S/RES/2548 (2020) v. 30.10.2020.

1546 *Chinkin*, in: Sovereignty, Statehood and State Responsibility, Festschrift für *James Crawford*, S. 160.

1547 https://www.nytimes.com/2016/03/18/world/africa/morocco-orders-un-to-cut-sta ff-in-disputed-western-sahara-territory.html, zuletzt abgerufen am 15.6.2024.

1548 https://www.nytimes.com/2016/03/18/world/africa/morocco-orders-un-to-cut-sta ff-in-disputed-western-sahara-territory.html; https://www.dw.com/en/un-staffers -return-to-western-sahara-after-spat-with-morocco/a-19401290, zuletzt abgerufen am 15.6.2024.

1549 https://www.nytimes.com/2016/03/18/world/africa/morocco-orders-un-to-cut-st aff-in-disputed-western-sahara-territory.html. Als Reaktion hierauf verurteilte der Friedens- und Sicherheitsrat der Afrikanischen Union die marokkanische Haltung scharf und forderte den UN-Sicherheitsrat sogar dazu auf, mit Maßnahmen nach Kapitel VII der UN-Charta Marokko zur Abkehr der getroffenen Entscheidung zu zwingen, African Union Doc. PSC/PR/COMM.(DLXXXVIII) Rn. 6.

allem die guten politischen und diplomatischen Beziehungen Marokkos im Sicherheitsrat aufzeigt, vor allem zu Frankreich und zu den USA.

Der damalige Sprecher des Generalsekretärs, *Stephane Dujarric*, führte aus: „His use of the word was not planned, nor was it deliberate, it was a spontaneous, personal reaction. We regret the misunderstandings and consequences that this personal expression of solicitude provoked". Weiter hieß es: „Nothing (Ban) said or did in the course of that trip was meant to offend or express hostility toward the Kingdom of Morocco, which is a valued member of the United Nations". In Bezug auf die Vorwürfe Marokkos bezüglich der angeblich nicht mehr gegebenen Neutralität seitens der UN im Westsahara-Konflikt, speziell des Generalsekretärs, hieß es: „The position of the United Nations has not changed. He has not and will not take sides on the issue of Western Sahara."[1550] Die Aussetzung der MINURSO-Mission und die damit verbundenen Personaleinschränkungen wurden im Juli desselben Jahres von Marokko wieder revidiert, nachdem der Sicherheitsrat nach schwierigen Verhandlungen und Diskussionen schließlich eine entsprechende Resolution verabschiedete.[1551] Die Äußerungen des früheren Generalsekretärs *Ban Ki-moon* stellen ein Novum hinsichtlich der (zutreffenden) Bezeichnung des Konflikts als Besatzung dar und blieben bis heute einzigartig und zeigen insbesondere die äußerst starke repressive Reaktion Marokkos auf. *Avgustin* stellt daher nicht zu Unrecht die Frage, ob und in welchem Maße die UN und ihr Handeln Selbstbestimmungsbewegungen überhaupt zum Erfolg verholfen haben oder ob die UN nicht vielmehr entgegen ihrer eigenen Charta die Durchsetzung von Selbstbestimmungsansprüchen teilweise behindert hat.[1552] Für den Fall der Westsahara ist ein solches Fazit in jedem Fall ziehbar.

bb) Zwischenergebnis

Die Haltung der UN bezüglich der Bezeichnung des Konflikts und einer eindeutigen Position ist von Widersprüchen geprägt. Als internationale Friedenssicherungsorganisation müssen Zustände, die gegen die selbstge-

---

1550 https://www.reuters.com/article/us-morocco-westernsahara-un-idUSKCN0WU
1N9, zuletzt abgerufen am 15.6.2024.

1551 https://www.dw.com/en/un-staffers-return-to-western-sahara-after-spat-with-mor
occo/a-19401290, zuletzt abgerufen am 15.6.2024.

1552 *Avgustin*, in: Avgustin (Hrsg.), The United Nations. Friend or Foe of Self-Determination?, S. 1.

setzte UN-Charta verstoßen, klar benannt, kritisiert und beendet werden können. Im Hinblick auf das Verbot der Annexion fremder Gebiete, dem besonderen Status der Westsahara nach Art. 73 UN-Charta und dem Selbstbestimmungsrecht des sahrawischen Volkes ist die Haltung der UN bezüglich ihrer Verpflichtungen in Bezug auf die Dekolonisierung unzureichend. Vielmehr fördert sie die Aufrechterhaltung postkolonialer Strukturen und die Annexion eines noch immer zu dekolonisierenden Gebietes, in welchem das Volk der Westsahara bis dato nicht die Möglichkeit bekommen hat, sein Recht auf Selbstbestimmung wahrzunehmen und auszuüben. Die aufgezeigten realpolitischen Umstände, die sich auch auf höchster Ebene in den UN-Verwaltungsstrukturen abspielen, sind für die völkerrechtskonforme Beilegung des Westsahara-Konflikts hinderlich und perpetuieren vielmehr den Status quo, den Marokko erfolgreich seit 1976, trotz des Friedensabkommens von 1991 und der Einführung der MINUR-SO-Mission, aufrechterhält. Der UN sollte es in jedem Fall möglich sein, eine völkerrechtswidrige Situation auch als solche zu klassifizieren und zu behandeln. Stattdessen wird mit allen Mitteln versucht, die Benennung bzw. völkerrechtliche Einordnung des rechtlichen Status Marokkos in Relation zur Westsahara zu verhindern. Hieraus könnten sich nicht nur rechtliche, sondern auch weitreichende politische Konsequenzen ergeben, da völkerrechtswidrige Besatzungen eines Gebietes in konsequenter Anwendung des Nicht-Anerkennungs-Grundsatzes und der damit zusammenhängenden Pflicht, keine Beihilfe zu völkerrechtswidrigen Annexionen zu leisten, zumindest politisch und wirtschaftlich geächtet werden müssen.

4. Die US-amerikanische, völkerrechtswidrige Anerkennung marokkanischer Souveränitätsansprüche über die Gebiete der Westsahara

Donald Trump ließ es sich vor seinem Ausscheiden als 45. Präsident der USA nicht nehmen, eine äußerst problematische und gleichzeitig unerwartete Entscheidung auf dem internationalen diplomatischen Parkett zu treffen. Im Rahmen des Abraham-Abkommens zwischen Marokko und Israel, welches unter der Mediation der USA zustande gekommen ist, einigten sich die beiden Staaten auf eine gemeinsame Politik und die Wiederaufnahme diplomatischer Beziehungen, die zur Normalisierung der Situation und zum Abbau der politischen Spannungen zwischen den beiden Vertragsparteien führen soll.[1553] Bis zum Ende des Jahres 2020 und dem damit einhergehenden Abraham-Abkommen war es kaum ersichtlich, dass es zu einer Normalisierung der Beziehung beider Staaten kommen könnte, da eine solche stets abhängig von den Fortschritten im israelisch-palästinensischen Friedensprozess sowie von den politischen und sozialen Entwicklungen in Marokko, Israel und der Region gemacht wurde. In diesem Zusammenhang hatte es allerdings wenig bis keine gemeinsamen Schnittpunkte seit dem Jahr 2000 gegeben.[1554] Umso überraschender erscheint es auf den ersten Blick, dass ein Normalisierungsabkommen mit Israel, welches selbst völkerrechtswidrig palästinensische Gebiete besetzt hält und annektiert hat und von Marokko vielfach hierfür kritisiert worden war, zu der lang ersehnten Anerkennung einer Großmacht führte, für die das Königreich unter *Hassan II*, aber auch unter *Mohammed VI* jahrzehntelang erfolglos geworben hatte.[1555] Doch dahinter steckt ein ausgeklügeltes poli-

---

1553 https://www.zeit.de/politik/ausland/2020-12/jared-kushner-israel-marokko-usa-a bkommen-beziehungen?utm_referrer=https%3A%2F%2Fwww.google.com%2F, zuletzt abgerufen am 15.6.2024; https://www.faz.net/aktuell/politik/ausland/mar okko-und-israel-nehmen-diplomatische-beziehungen-auf-17097779.html, zuletzt abgerufen am 15.6.2024.

1554 Noch im April des Jahres 2020 ließ der marokkanische Premierminister verkünden, dass „Morocco rejects any normalization with the Zionist entity because this strengthens its position in continuing to violate the rights of the Palestinian people. ", https://www.aa.com.tr/en/africa/morocco-israel-6-decades-of-secret-ties-coo peration/2083157; https://www.reuters.com/article/us-morocco-israel-idUSKB N25J0SP, zuletzt abgerufen am 15.6.2024; *Levi*, Israel and Morocco: Cooperation Rooted in Heritage, in: Kibrik/Goren/Kahana-Dagan (Hrsg.), Israel's Relations with Arab Countries: The Unfulfilled Potential, S. 106 f.

1555 Offiziell halten die USA an ihren Bemühungen zu einer politischen Lösung fest, allerdings nahmen sie dem sahrawischen Volk mit ihrer Anerkennung und der expliziten Abkehr von ihrer jahrzehntelang behaupteten Scheinneutralität faktisch und realpolitisch die Möglichkeit, die nach UN-Resolutionen und Völkerrecht bestehende Möglichkeit, in einem Referendum mit der Option der Unabhängigkeit einen eigenen Staat aufzubauen, indem die Großmacht und einflussreicher Stakeholder im Westsahara-Konflikt proklamierte: „The United States affirms, as stated by previous Administrations, its support for Morocco's autonomy proposal as the only basis for a just and lasting solution to the dispute over the Western Sahara territory. Therefore as of today, the United States recognizes Moroccan sovereignty over the entire Western Sahara territory and reaffirms its support for Morocco's serious, credible, and realistic autonomy proposal as the only basis for a just and lasting solution to the dispute over the Western Sahara territory. The United States believes that an independent Sahrawi State is not a realistic option for resolving the conflict and that genuine autonomy under Moroccan sovereignty is the only feasible solution", https://trumpwhitehouse.archives.gov/presidentia l-actions/proclamation-recognizing-sovereignty-kingdom-morocco-western-sa

tisches und diplomatisches Kalkül, was unter der *Trump*-Administration schlussendlich den gewünschten Erfolg einbrachte.[1556] Für Marokko ist die Wiederaufnahme der Beziehungen zu Israel mit wenig negativen Konsequenzen belastet. Gerade durch die vorherigen Vermittlungen der USA hinsichtlich der Aufnahme diplomatischer Beziehungen zwischen Israel und den Vereinigten Arabischen Emiraten, Bahrain und dem Sudan im August und September 2020 lastete der Druck der restlichen arabischen Staaten, die Israel größtenteils nicht anerkennen, nicht auf Marokko, sondern vielmehr primär auf den Schultern der VAE, auf Bahrain und dem

---

hara/, zuletzt abgerufen am 15.6.2024. Bereits *Kissinger* widerstrebte der Gedanke eines souveränen Sahrawischen Staates, sah für einen solchen keinerlei Spielraum und agierte im Rahmen seiner Möglichkeiten als US-Außenminister zum Vorteil des marokkanischen Staates, obwohl öffentlich stets die Neutralität der USA im Konflikt betont wurde. Ein solches Verhalten ist in sich widersprüchlich und steht in tiefstem Kontrast zu den ergangenen Resolutionen der Generalversammlung und des Sicherheitsrates sowie dem Internationalen Rechtsregime der relevanten Normen zur Dekolonisierung ehemaliger afrikanischer Kolonien, denen auch die USA zustimmten. Vielmehr aber stellt die Deklaration die Fähigkeit der USA als Federführer des UN-Sicherheitsrats-Prozesses in große Zweifel, indem die Haltung der USA von Präsident *Trump* wie folgt manifestiert wurde und unter der *Biden*-Administration bis dato nicht widerrufen wurde: „We urge the parties to engage in discussions without delay, using Morocco's autonomy plan as the only framework to negotiate a mutually acceptable solution.", https://trumpwhitehou se.archives.gov/presidential-actions/proclamation-recognizing-sovereignty-k ingdom-morocco-western-sahara/, zuletzt abgerufen am 15.6.2024. Das Weiße Haus ließ weiter verkünden, dass die amerikanische Anerkennung "leaves room for a negotiated solution and the United States remains committed to working with Morocco, the Polisario, and all involved regional and international actors to support the necessary work ahead and create a more peaceful and prosperous region" und dass Präsident *Trump* gleichzeitig die beteiligten Parteien dazu aufrufe, „to constructively engage with the United Nations and consider creative and genuine ways to move the peace process forward ". https://trumpwhitehouse.archives.gov /briefings-statements/president-donald-j-trump-brokered-peace-israel-kingdom -morocco/, zuletzt abgerufen am 15.6.2024. Siehe hierzu auch *State Diplomatic and Consular Relations*, United States Recognizes Morocco's Sovereignty Over Western Sahara, AJIL 115 (2021), 318 (320 f.). Erstaunlich ist in diesem Zusammenhang das Schweigen der UN-Institutionen, vor allem des Generalsekretärs, der die Anerkennung der USA als völkerrechtswidrig hätte einstufen müssen oder sich zumindest mit der Anerkennung in seinem jüngsten Bericht zur Westsahara hätte inhaltlich auseinandersetzen müssen. Stattdessen wiederholte er nur den Wortlaut der Proklamation der USA und hielt dem die Ansicht der Polisario entgegen, dass die Anerkennung eine „regrettable and unilateral position that violate[d] the [United Nations] Charter and resolutions" sei, UN Doc. S/2021/843 v. 1.10.2021, S. 4 Rn. 18.

1556 Die Verhandlungen über ein solches Abkommen begannen bereits im Jahr 2017.

Sudan.[1557] Ferner erhielt Marokko aus dem Abkommen deutlich mehr als es bereit war zu geben, nämlich die seit 1976 eingeforderte Anerkennung ihres langjährigen Partners, den USA. *Mohammed VI* erkannte richtigerweise, dass die *Trump*-Administration bereit war, große Kompromisse für die Anerkennung des mitunter wichtigsten Partners der USA, Israel, einzugehen. Derweil geriet die Beachtung internationaler Rechtsnormen und ausgehandelter Friedensverträge in den Hintergrund und *Mohammed VI* nutzte die Gunst der Stunde, um den Status-quo-Zustand der Annexion der Westsahara durch die US-amerikanische Anerkennung vermeintlich legitimieren zu lassen.

Was zunächst nach einem diplomatischen Erfolg klingen mag, der zu einer friedlichen Beilegung des Konflikts zwischen der arabischen Welt und Israel beitragen könnte, entpuppt sich bei genauerer Betrachtung als politisch kurzsichtig, unüberlegt und vor allem völkerrechtswidrig. Teil des Abkommens beider Staaten bzw. Voraussetzung zum Inkrafttreten war es nämlich, dass die USA die angeblich bestehenden territorialen Souveränitätsansprüche Marokkos im Gegenzug für das marokkanische Entgegenkommen und Einlenken anerkennen.[1558] Mit der am 10.12.2020 durch *Trump* verkündeten Anerkennung beendeten die USA damit schlagartig

---

1557 Neben den vier Staaten, die durch das von der *Trump*-Administration geleitete Vermittlungs- und Normalisierungsverfahren Israel im Jahr 2020 anerkannt haben, erkennen weiterhin Ägypten und Jordanien den israelischen Staat an, womit nun insgesamt sechs Mitglieder der Arabischen Liga offizielle diplomatische Beziehungen zu Israel unterhalten. Alle Staaten erhielten von der *Trump*-Administration direkte oder indirekte Gegenleistungen für die vollzogene Anerkennung. Das Abkommen mit den Vereinigten Arabischen Emiraten ebnete beispielsweise unter anderem den Weg für den umstrittenen und vielfach kritisierten Verkauf von F-35-Kampfjets durch die USA an den Golfstaat, der bisweilen in mehreren umstrittenen bewaffneten Konflikten beteiligt ist. Der Sudan wurde im Gegenzug für die israelische Anerkennung von der US-Liste der Terrorismusförderer gestrichen, was wiederum den Weg für dringend benötigte US-amerikanische und internationale Hilfe des finanziell, wirtschaftlich und politisch stark angeschlagenen afrikanischen Staates ebnete, innerstaatlich aber für großen Aufruhr in den Reihen der eigenen Bevölkerung sorgte, *State Diplomatic and Consular Relations*, United States Recognizes Morocco's Sovereignty Over Western Sahara, AJIL 115 (2021), 318 (320 f.).

1558 https://trumpwhitehouse.archives.gov/presidential-actions/proclamation-recogn izing-sovereignty-kingdom-morocco-western-sahara/#:~:text=Proclamations-,Pr oclamation%20on%20Recognizing%20The%20Sovereignty%20Of%20The,Moro cco%20Over%20The%20Western%20Sahara&text=The%20United%20States%20 believes%20that,is%20the%20only%20feasible%20solution., zuletzt abgerufen am 15.6.2024.

die zwar marokkofreundliche, jedoch stets zögerliche und das Völkerrecht zu wahren versuchende Haltung der USA bezüglich des Westsaharakonflikts.[1559] Die Dialektik der Anerkennung der territorialen Souveränitätsansprüche einerseits und die Federführungsposition der USA bezüglich der MINURSO-Missionsresolutionen[1560] andererseits führten zu Legitimitäts- und Rechtfertigungsproblematiken. Die Anerkennung der Gebietsansprüche Marokkos durch die US-Administration ist nicht nämlich nur aus politischer Sicht fragwürdig, sondern auch aus rechtlicher. Die militärische Intervention Marokkos in den Gebieten der Westsahara 1976 wird, außer von Marokko selbst, in der Staatenpraxis wie auch in der Literatur als Besatzung bzw. Annexion bewertet.[1561] Der erga omnes geltende und wirkende Nicht-Anerkennungsgrundsatz verbietet es, Annexionen, die seit Einführung der Charta in concreto Art. 2 Abs. 4 UN-Charta stets völkerrechtswidrig und nicht rechtfertigungsfähig sind, anzuerkennen. Genau dies taten die USA allerdings 2020, womit sie sich in klarem Verstoß zum Nicht-Anerkennungsgrundsatz bewegen und damit selbst völkerrechtswidrig handeln.

Die nach dem Nicht-Anerkennungsgrundsatz völkerrechtswidrige Anerkennung, die geplante Errichtung eines Konsulats in den besetzten Gebieten und die US-amerikanische Investitionsförderung in Milliardenhöhe in Dakhla[1562] schließen den Willen und die Fähigkeit zur völkerrechtsmäßigen Beilegung des Konfliktes aus und lassen erhebliche Zweifel an der Position der USA aufkommen, den Westsahara-Konflikt den einschlägigen Rechtsnormen und Sicherheitsrats- und Generalversammlungsresolutionen entsprechend zu lösen.

1559 https://www.zeit.de/politik/ausland/2020-12/jared-kushner-israel-marokko-us a-abkommen-beziehungen, zuletzt abgerufen am 15.6.2024. Kritisch zur Haltung der USA insgesamt *Zunes*, in: Arts/Pinto Leite (Hrsg.), East Timor and Western Sahara: A Comparative Analysis on Prospects for Self-Determination, 129. Auf Twitter ließ *Trump* über seinen zweiweise dauerhaft gesperrten Account @real-DonaldTrump verkünden: „Morocco recognized the United States in 1777. It is thus fitting we recognize their sovereignty over the Western Sahara."

1560 https://www.securitycouncilreport.org/whatsinblue/2019/04/90315.php, zuletzt abgerufen am 15.6.2024.

1561 Zur Uneinigkeit bezüglich der Weite und Ausformung des gewohnheitsrechtlichen Gewaltverbots in Relation zu Art. 2 Nr. 4 UN-Charta siehe *Heintschel von Heinegg* in: Ipsen, § 55 Rn. 38 ff.; *Chinkin*, in: Sovereignty, Statehood and State Responsibility, Festschrift für *James Crawford*, S. 160.

1562 *Arieff/Williams/Zanotti*, Morocco-Israel Normalization and U.S. Policy Change on Western Sahara, S. 3; https://www.nytimes.com/2020/12/10/world/middleeast/isra el-morocco-trump.html, zuletzt abgerufen am 15.6.2024.

a) Auswirkungen der US-amerikanischen Anerkennung

Am 17. Juli 2023 folgte die aus israelischer Sicht konsequente Anerkennung der marokkanischen Souveränität über die Westsahara, womit nun zwei Staaten der Staatengemeinschaft offiziell die Ansprüche Marokkos (völkerrechtswidrig) anerkennen.[1563] Zudem haben zahlreiche Staaten diplomatische Missionen in der Hafenstadt Dakhla eröffnet, die im Zentrum der letztjährigen Investitionsanstrengungen Marokkos liegt und zuletzt auch mehrere ausländische private Großinvestoren anzog.[1564] Die hierfür nötige Infrastruktur wurde sukzessive bereits die letzten Jahre spekulativ aufgebaut, Flughäfen wurden errichtet wie auch asphaltierte Straßennetze und Containerterminals.[1565] Dass die von Marokko als Investment bezeichneten Ausgaben völkerrechtswidrig sind und gegen in der Theorie bindende Grundsätze des Völkerrechts verstoßen, wird zumindest durch die zwar ebenfalls völkerrechtswidrige, aber äußerst strahlkräftige Anerkennung der USA in den realpolitischen Schleier der Interessenlegitimität gehüllt.[1566] Bis dato sind dieser Anerkennung noch keine anderen westlichen Staaten oder Mitglieder des Sicherheitsrates gefolgt.

Die Anerkennungen zeigen mit aller Deutlichkeit die Schwächen des Völkerrechts auf. Das Völkerrecht versagt an dieser Stelle im Allgemeinen und im Westsaharakonflikt in großem Maße. Es ist teils abhängig von interessengeleiteter Wirtschaftspolitik und geopolitischen Machtverhältnissen, die mit den limitierten und, bildlich gesprochen, mit Platzpatronen geladenen Waffen des Internationalen und nicht durchsetzbaren Rechts nicht zu bezwingen sind. Konsequenzen für die Ausstellung der Anerkennung sind nicht ersichtlich. Ebenfalls wurden die USA auf internationaler Ebene in keinem UN-Gremium für ihr Handeln gerügt. Vielmehr sind sie weiterhin Federführer der Westsahara-Resolutionen im Sicherheitsrat und Mitglied der „Group of Friends of the Western Sahara", obwohl sie eine völkerrechtswidrige Anerkennung ausgesprochen haben. Damit besteht ein enormer Interessenkonflikt zwischen einer zuvor (vermeintlich) bestehenden neutralen Federführungsposition im Sicherheitsrat zur Beilegung des

---

1563 https://www.lemonde.fr/en/international/article/2023/07/18/israel-recognizes-moroccan-sovereignty-over-western-sahara_6057114_4.html, zuletzt abgerufen am 15.6.2024.
1564 Vgl https://www.embassypages.com/city/dakhla, zuletzt abgerufen am 15.6.2024.
1565 *International Crisis Group*, Middle East/North Africa Report (65), Western Sahara: The Cost of the Conflict v. 11.6.2007, S. 12 f.
1566 Vgl. UN Doc. S/RES/2602 v. 29.10.2021, S. 3–5.

Westsaharakonflikts nach Internationalem Recht und bestehenden Resolutionen der zuständigen UN-Organe und den eigenen wirtschaftspolitischen und geopolitischen Strategien und Vorhaben mit ihrem jahrhundertelang bestehenden Partner Marokko.[1567] Dieser ist freilich nur aufzulösen, sofern die Administration unter Präsident *Biden* die unter Präsident *Trump* ergangene Anerkennung widerrufen würde. Ein solcher Widerruf ist bisher nicht ergangen und wird mit an Sicherheit grenzender Wahrscheinlichkeit auch nicht ergehen. Die erste offizielle Äußerung eines Beamten der *Biden*-Administration zum Westsahara-Konflikt erfolgte erst im späten März 2021, als US-Außenminister *Blinken* in einem Gespräch mit dem UN-Generalsekretär *Guterres* die Dringlichkeit einer Wiederaufnahme der Gespräche und die zügige Ernennung eines neuen Sondergesandten forderte, wobei er die Frage der Souveränität Marokkos über das Gebiet bewusst ausklammerte.[1568] Seitdem haben die USA es vermieden, eine klare Haltung zu *Trumps* Souveränitätsproklamation einzunehmen.

b) Zwischenergebnis

Die „Kosten" des Abkommens, vor allem die Verletzung des Völkerrechts durch die Anerkennung einer völkerrechtswidrigen Situation im Sinne der Nicht-Anerkennungsdoktrin, die Missachtung der Rolle der UN und die Verletzung des Rechts des sahrawischen Volkes auf Selbstbestimmung werden freilich weder von Marokko noch von den USA getragen, sondern einzig und allein vom Volk der Westsahara.[1569] Ganz im Gegenteil sind

---

1567 Zum bereits bestehenden Interessenkonflikt der USA durch die engen Beziehungen zu Marokko und die damit einhergehenden Verzögerungen bzw. die Aufrechterhaltung des Status quo im Westsaharakonflikt siehe § 3. A. IV. 1. a). gg).

1568 *International Crisis Group*, Middle East/North Africa Report (227), Relaunching Negotiations over Western Sahara v. 14.10.2021, S. 17.

1569 *James Baker III* fand klare Worte zur erfolgten Anerkennung der Ansprüche Marokkos über die Westsahara: „While I strongly support the Abraham Accords, the proper way to implement them was the way it was done with the UAE, Bahrain and Sudan, and not by cynically trading off the self-determination rights of the people of Western Sahara. I agree with Senator James Inhofe when he characterized this development as 'shocking and deeply disappointing'. It would appear that the United States of America, which was founded first and foremost on the principle of self-determination, has walked away from that principle regarding the people of Western Sahara. This is very regrettable.", abrufbar unter https://www.bakerinstitute.org/news/statement-of-james-a-baker-iii-regarding-morocco-and-western-sahara/, zuletzt abgerufen am 15.6.2024.

für alle Beteiligten des Abkommens wirtschaftliche Investitionen, Subventionen und auch die Auftragserteilung für eigene Unternehmen, die sich in den Gebieten der Westsahara niederlassen wollen und entgegen den Regelungen zur Ausbeutung natürlicher Ressourcen in NSGT-Gebieten die natürlichen Güter der Westsahara ausbeuten wollen, realpolitisch enorm vereinfacht worden. Dass Israel das Abkommen schloss, obwohl eine offensichtlich völkerrechtswidrige Bedingung in das Abkommen mit eingebaut wurde, lässt sich freilich mit den oben aufgezählten Argumenten erklären. Insbesondere besteht das legitime Interesse des israelischen Staates, die seit Jahrzehnten in der arabischen Welt bestehenden Spannungen, Bedrohungslagen und militärischen Eskalationen möglichst schnell zu beenden und ein friedliches Zusammenleben mit den Nachbarländern zu ermöglichen. Dabei muss allerdings erwähnt sein, dass der israelische Staat selbst Besatzungsmacht im Konflikt mit den Palästinensern ist und vom IGH und einem großen Teil der Staatengemeinschaft dazu aufgefordert worden ist, die illegale Besatzung im Westjordanland zu beenden.[1570] Mit der offiziellen und diplomatischen Akzeptanz arabischer Staaten rückt der Konflikt weiter in den Hintergrund und der Preis des Abkommens wird mittelbar

---

Weiter führte er in einem weit beachteten Artikel in der Washington Post aus, dass „President Trump's recent proclamation recognizing Moroccan sovereignty over Western Sahara was an astounding retreat from the principles of international law and diplomacy that the United States has espoused and respected for many years. This rash move disguised as diplomacy will contribute to the existing deadlock in resolving the long-standing conflict between Morocco and the people of Western Sahara over the status of that territory. Further, it threatens to complicate our relations with Algeria, an important strategic partner, and has negative consequences on the overall situation in North Africa.", *Baker*, Trump's recognition of Western Sahara is a serious blow to diplomacy and international law, The Washington Post v. 17.12.2020, https://www.washingtonpost.com/opinions/2020/12/17/james-baker-trump-morocco-western-sahara-abraham-accords/, zuletzt abgerufen am 15.6.2024.

Darüber hinaus warnte er aufgrund seiner langjährigen Erfahrungen mit den Protagonisten des Westsaharakonfliktes überaus präzise vor einer „escalation of hostilities between Morocco and the Polisario Front, which represents the people of Western Sahara, or an opening for a Moroccan-Algerian confrontation.", *Baker*, Trump's recognition of Western Sahara is a serious blow to diplomacy and international law, The Washington Post v. 17.12.2020, https://www.washingtonpost.com/opinions/2020/12/17/james-baker-trump-morocco-western-sahara-abraham-accords/, zuletzt abgerufen am 15.6.2024. Die Warnung *Bakers* traf umgehend im Jahr 2021 tatsächlich zu und die Spannungen zwischen der Polisario und Marokko, vor allem aber auch zwischen Algerien und Marokko, stehen derzeit auf einem jederzeit zur Explosion fähigen Pulverfass.

1570 Vgl. IGH, Mauer-Gutachten, ICJ Rep 2004, S. 196 ff. Rn. 145 f., 150, 160.

auch von den Palästinensern bezahlt. Deren Gebiete bleiben zwar noch immer umstritten und werden von den Unterzeichnern der Abraham-Abkommen nicht durch die Anerkennung Israels als gelöst verstanden, allerdings weichen sie im Rahmen der bisherigen Politik der Arabischen Liga und ähnlicher Foren ab und distanzieren sich (richtigerweise) von der Null-Toleranz-Politik vieler arabischer Staaten gegen Israel. Dass dieses quid-pro-quo zu Lasten eines seit Jahrzehnten unterdrückten Volkes geht, scheint nunmehr zweitrangig und die ideologischen Barrikaden beginnen zu fallen.[1571] Im Wesentlichen normalisiert das Abkommen also die Beziehungen Marokkos zu Israel und damit auch die israelische Besatzung. Im Gegenzug normalisieren und legitimieren die USA die marokkanische Besatzung. Interessanterweise hat Israel noch keine Anerkennung der marokkanischen Souveränitätsansprüche über die Westsahara folgen lassen.[1572]

Ein solch widersprüchliches, dem Internationalen Recht und dem mitunter selbst gesetzten, akzeptierten und ratifizierten UN-Rechtsrahmen widersprechendes Verhalten ist nicht akzeptabel und zeigt erneut die präjudizierte Interessenlage der beteiligten Staaten und des Sicherheitsrates auf. Dieser sucht nun bereits seit Jahrzehnten nur noch ausschließlich eine politische Lösung und hat sich fernab von internationalem Recht auf den Wegen der Realpolitik und Interessenspolitik der beteiligten Großmächte begeben und kann bzw. will kein Konzept zur Beilegung des Konflikts vorlegen.[1573] Die Federführungsposition der eindeutig nicht neutralen USA im Sicherheitsrat kann unter den Umständen der erfolgten Souveränitätsanerkennung der Ansprüche Marokkos nicht weiter hingenommen werden.

1571 Vgl. hierzu das Transkript zur Feier des einjährigen Bestehens der Abraham-Abkommen zwischen den USA, Israel, Bahrain, Marokko und den UAE, bei welcher vor allem wirtschaftliche Aspekte und jeweilige bilaterale diplomatische Erfolge im Vordergrund standen https://www.state.gov/at-the-one-year-anniversary-of-the-abraham-accords-normalization-agreements-in-action/, zuletzt abgerufen am 15.6.2024.

1572 https://www.reuters.com/world/israel-considers-recognition-moroccos-rule-over-western-sahara-2023-06-07/, zuletzt abgerufen am 15.6.2024.

1573 Vgl. die Sicht *Bakers* zur US-Anerkennung, https://www.washingtonpost.com/opinions/2020/12/17/james-baker-trump-morocco-western-sahara-abraham-accords/, zuletzt abgerufen am 15.6.2024.

B. Ergebnis

Mit den bisherigen Ergebnissen der Arbeit kann der Schluss gezogen werden, dass der Dekolonisierungsprozess der Westsahara weder zum Zeitpunkt des Abzugs der spanischen Verwaltungskräfte noch zum jetzigen Zeitpunkt abgeschlossen ist. Die Kriterien der Staatlichkeit nicht erfüllend, kann die DARS nicht als Staat angesehen werden, vielmehr ist das Gebiet der Westsahara noch immer nach Art. 73 UN-Charta ein Gebiet ohne Selbstregierung, dessen De-jure-Verwaltungsmacht noch immer Spanien ist, und das seit dessen Abzug von Marokko besetzt wird. Marokko verweilt weiterhin auf dem Standpunkt, dass die Westsahara zu seinem nationalen Hoheitsgebiet gehöre und dass das Referendum nur zu einem Autonomiestatuts unter marokkanischer Hoheitsgewalt führen könne.[1574] Dies entzieht sich jedoch jeder rechtlichen Grundlage. Die faktische Annexion Marokkos der Westsahara ist nicht zu legitimieren und ist durch die Internationale Gemeinschaft zu beenden, da nicht zuletzt der *Erga-omnes*-Charakter des Rechts auf Selbstbestimmung dieses gebietet.[1575]

Die Westsahara ist somit ein von Marokko besetztes NSGT, dessen Volk (weiterhin) Träger des kolonialen Selbstbestimmungsrechts ist.

Die bisherigen Maßnahmen, ergriffen von der UN oder der OAU/AU, haben in jedem Fall keinen Erfolg gebracht. Die Möglichkeit, nach den Vorschriften des Kapitels VII der UN-Charta eine UN-geführte Administration einzusetzen, so wie im ähnlich gelagerten Falle Ost-Timors geschehen, erscheint aufgrund der diplomatischen Beziehungen Marokkos zu Frankreich und den USA[1576] als Vetomächte im Sicherheitsrat höchst unwahrscheinlich.[1577]

Der Schatten des Post-Kolonialismus weitet sich derweil weiter über die Gebiete der Westsahara aus und wird von Jahr zu Jahr länger und

---

1574 Vgl. UN Doc. S/2017/307 v. 10.4.2017, Rn. 82.

1575 Bestätigend IGH, Chagos-Archipel-Gutachten, ICJ Rep. 2019, S.139 f. Rn. 182.

1576 Eine Begutachtung US-Marokkanischer Beziehungen ist zu finden bei *Van Schmidt*, The Western Sahara Conflict, Lose-Lose Scenarios, and Impacts to United States Regional Strategic Objectives, S. 7 ff.

1577 *Chinkin*, in: Chinkin/Baetens (Hrsg.), Sovereignty, Statehood and State Responsibility, S. 161. Zumindest in der Literatur wird ein solcher Ansatz teilweise verfolgt: *Chinkin*, in: Chinkin/Baetens (Hrsg.), Sovereignty, Statehood and State Responsibility, S. 155 ff., die Parallelen zum Kosovo zieht. Vergleich zu Ost-Timor: *Haugen*, 25 Anuario Español de Derecho Internacional (2011), 355 (366 ff.); *Kingsbury*, 28ff.; *Zunes*, in: Arts/Pinto Leite (Hrsg.), East Timor and Western Sahara: A Comparative Analysis on Prospects for Self-Determination, S. 109 ff.

breiter. Der marokkanische Einfluss auf UN-, EU-Organe und Staaten ist immens und verstößt gegen tragende fundamentale Werte der jeweiligen Organisationen. Die UN-Charta und das im Westsahara-Konflikt einschlägige Völkergewohnheitsrecht zeigen klare Grenzen, Rechte und Pflichten der einzelnen UN- bzw. EU-Organe, der beteiligten Staaten und sogar der nicht beteiligten Drittstaaten auf. Diese haben durch die erga omnes geltenden Völkerrechtsgrundsätze zumindest gewisse Unterlassungspflichten bezüglich der wirtschaftlichen Betätigung in den Gebieten der Westsahara durchzusetzen.[1578] Die Reichweite des Nicht-Anerkennungsgrundsatzes ist teils umstritten und von der Staatenpraxis nicht für alle Bereiche einheitlich abgedeckt und behandelt. Einigkeit besteht allerdings hinsichtlich der Auswirkungen einer Annexion, die nach dem völkergewohnheitsrechtlich und erga omnes geltenden Nicht-Anerkennungsgrundsatz in keinster Weise direkt oder indirekt gefördert, aufrechterhalten oder vorangetrieben werden darf.[1579] Eine Annexion als solche, also der durch Gewalt vollzogene Erwerb fremden Staatsgebietes, verstößt unmittelbar gegen die Grundsätze der von der Staatengemeinschaft akzeptierten Grundwerte und den durch die UN-Charta und zahlreiche verabschiedete Resolutionen selbst gesetzten Rechtsrahmen. Das gewohnheitsrechtlich anerkannte Gewaltverbot, welches seinen kodifizierten Niederschlag in Art. 2 Nr. 4 der UN-Charta gefunden hat, verbietet den gewaltsamen Erwerb von fremdem Staatsgebiet ausdrücklich und hat zur Folge, dass ein solcher Vorgang ipso iure völkerrechtswidrig ist.[1580] Konsequenz dessen ist, dass Rechte und Positionen des Aggressors, welche aus der Annexion erwachsen oder erwachsen können, ebenfalls ipso iure völkerrechtswidrig sind und die Pflicht erga omnes nach dem Nicht-Anerkennungsgrundsatz für alle Staaten gilt, diesen Zustand nicht anzuerkennen oder zu fördern.[1581] Die von den USA ausgesprochene und in der Geschichte des Westsahara-Konfliktes erstmalige Anerkennung der Souveränität Marokkos über die völkerrechtswidrig besetzten Gebiete der Westsahara ist ihrerseits völkerrechtswidrig. *Lauterpacht* bezeichnet

---

1578 Siehe hierzu zB. § 4. A. I.

1579 ICJ, Legal Consequences of the Construction of a Wall in the Occupied Palestinian Territory, Gutachten v. 9.7.2004, ICJ Rep. 2004, paras 87, 159; *Crawford*, State Responsibility, S. 382; Art. 5 Abs. 3 der Anlage zur Resolution der Generalversammlung zur Definition der Aggression, UN Doc. A/RES/3314 (XXIX) v. 14.12.1974, S. 144.

1580 *Epping*, in: Epping/Heintschel von Heinegg (Hrsg.), Ipsen: Völkerrecht, § 7 Rn. 31.

1581 *Crawford*, State Responsibility, S. 382; Dinstein, War, Agression and Self-Defence, S. 183; *Epping*, in: Epping/Heintschel von Heinegg (Hrsg.), Ipsen: Völkerrecht, § 7 Rn. 31 f.

den Nicht-Anerkennungsgrundsatz zutreffenderweise als wichtiges Prinzip zur Aufrechterhaltung der Autorität des Rechts, der allerdings im Westsahara-Konflikt sehenden Auges konsequent von der Staatengemeinschaft ignoriert wird und damit seiner Effektivität in tatsächlicher, wie aber auch rechtlicher Hinsicht beraubt wird und in Relation zur Westsahara allenfalls ein akademisches Denkkonstrukt darstellt.[1582]

1582 Vgl. *Lauterpacht*, Recognition in International Law, S. 430 f.

§ 4 Kapitel Vier: Die rechtlichen Implikationen des Status der Westsahara auf das Völkervertragsrecht

A. Auswirkungen auf das Völkervertragsrecht

Die vorstehende Analyse hat die Stellung der Westsahara im internationalen Recht betrachtet. Basierend auf diesen Erkenntnissen stellt sich nun die Frage, welche Auswirkungen sich aus diesen Ergebnissen für das Gebiet der Westsahara in Bezug auf das Völkervertragsrecht ergeben. Der Schwerpunkt liegt dabei auf der Ausbeutung natürlicher Ressourcen und den rechtlichen Implikationen für den europäischen Rechtsraum, da die Europäische Union zahlreiche Abkommen mit Marokko über die Ausbeutung natürlicher Ressourcen mit Ursprung aus der Westashara geschlossen hat.[1583]

Die vorliegende Untersuchung konnte bereits feststellen, dass die militärischen Ereignisse und die nachfolgende faktische Inbesitznahme der größten Teile der Westsahara durch Marokko eine Besatzung iSv. Art. 42 HLKO darstellen und somit die Regelungen des humanitären Völkerrechts, die im Allgemeinen den Rechtsrahmen der Folgen einer solchen Besatzung setzen, anwendbar sind.[1584] Zudem ist der NSGT-Rechtsrahmen zu berücksichtigen, der die Westsahara umfasst, da die Westsahara weiterhin ein NSGT im Sinne des Art. 73 UN-Charta darstellt und dessen Volk Träger des kolonialen Selbstbestimmungsrechts ist.

Schutzzweck des Besatzungsrechts ist es vornehmlich, ein potentiell durch die faktische Besatzungssituation und die damit einhergehenden Unsicherheiten entstehendes rechtliches Vakuum zu füllen, um der Bevölkerung des besetzten Gebietes zumindest gewisse rechtliche Mindeststandards gewähren zu können. Dabei ist freilich die Rechtsposition der

---

1583 Zum Abschluss völkerrechtlicher Verträge sind nach allgemeiner Auffassung und Staatenpraxis lediglich Staaten, internationale Organisationen sowie die sonstigen allgemein anerkannten Völkerrechtssubjekte befugt, *Herdegen*, Völkerrecht, § 15 Rn. 1; *Heintschel von Heinegg*, in: Ipsen, § 12 Rn. 2; Vgl auch Art. 6 WVK. Es ist aber zu beachten, dass die DARS von vielen Staaten als solcher anerkannt wurde, mit diesen somit zumindest völkerrechtliche Abkommen mit *Inter-partes*-Wirkung schließen kann.

1584 Siehe § 3. B.

Besatzungsmacht nicht mit der legitimen Herrschaftsmacht des Gebietes gleichzusetzen, weshalb das Besatzungsrecht dem Besetzer keinesfalls Hoheitsrechte über das besetzte Gebiet einräumt, sondern allenfalls eine De-facto-Rechtsausübung in dem vom humanitären Völkerrecht vorgegebenen Rechtsrahmen ermöglicht.[1585] Dem folgend bestimmt das Besatzungsrecht, dass die Besetzung weder Einfluss auf die Rechtsstellung des jeweiligen Gebietes noch seiner Bevölkerung haben kann und diese nicht dem innerstaatlichen Rechtsregime des Besatzerstaates unterworfen werden darf.[1586] Im Lichte dessen ist daher fraglich, welche konkreten Rechtspositionen sich aus der Besatzungssituation der Westsahara für Marokko ergeben und ob und wenn ja, in welchem Umfang Marokko als Besatzungsmacht nach humanitärem Völkerrecht dazu berechtigt ist, über die natürlichen Ressourcen der Westsahara zu verfügen. Die anwendbaren Regelungen der HLKO, der GK IV iVm. dem ZPI zur Nutzung bzw. Ausbeutung und Verpflichtungen bzw. Berechtigungen und Beschränkungen hinsichtlich natürlicher Ressourcen durch die Besatzungsmacht sowie die einschlägigen Regelungen des NSGT-Rechts sind hierbei ausschlaggebend.

I. Der die natürlichen Ressourcen der Westsahara umfassende völkerrechtliche Rechtsrahmen

Zunächst ist mithin fraglich, welche anwendbaren völkerrechtlichen Regelungen Auswirkungen auf die Ausbeutung natürlicher Ressourcen aus der Westsahara haben und welche konkreten Rechtsfolgen sich aus der Besatzungssituation eines NSGT ergeben. Im Rahmen der anwendbaren Regelungen ist ungeklärt, wie mit einer Normenkollision zwischen humanitärem Völkerrecht und dem NSGT-Recht umzugehen ist und in welchem Verhältnis diese beiden Rechtsregime zueinander stehen. Beispielsweise könnte die Ausbeutung der natürlichen Ressourcen der Westsahara durch Marokko nach humanitären Völkerrecht als Kriegsverbrechen eingestuft werden. Durch die Verpflichtung der Vertragsstaaten nach den Genfer Konventionen zur Einrichtung einer universellen Strafgerichtsbarkeit für

---

1585 *Ryngaert/Fransen*, EU extraterritorial obligations with respect to trade with occupied territories: Reflections after the case of Front Polisario before EU courts, 2 Europe and the World: A law review (2018), 10.
1586 *Ryngaert/Fransen*, EU extraterritorial obligations with respect to trade with occupied territories: Reflections after the case of Front Polisario before EU courts, 2 Europe and the World: A law review (2018), 10.

Kriegsverbrechen nach Art. 146 GK IV können etwaige Verbrechen straf-
rechtlich verfolgt werden und größerer Druck auf etwaige Unternehmen,
die an der Ausbeutung beteiligt sind oder auch auf einzelne Individuen des
Staates ausgeübt werden.[1587] Hinsichtlich der Rechtsgrundsätze für NSGTs,
dem Selbstbestimmungsrecht oder dem Recht auf dauerhafte Souveränität
über natürliche Ressourcen bestehen keine derartigen und eindeutigen
kodifizierten Verpflichtungen und Strafandrohungen. Deshalb ist die Anwendung des humanitären Völkerrechts und des Besatzungsrechts auf die
Westsahara von großer Bedeutung und kann stark schützende Rechtsfolgen
mit sich ziehen. Auch der Nicht-Anerkennunsgrundsatz rückt durch die
Anwendbarkeit von humanitärem Völkerrecht in den Vordergrund. Ebenfalls könnten unionshaftungsrechtliche Ansprüche durch Verstöße gegen
das humanitäre Völkerrecht leichter durchgesetzt werden.

1. Die Rechte und Verpflichtungen der Besatzungsmacht nach Besatzungsrecht

Unabhängig vom Grund und der Legitimität einer Besatzung unterliegt die
jeweilige Besatzungsmacht gewissen rechtlichen Verpflichtungen hinsichtlich des Gebietes und insbesondere der Bevölkerung. Das Besatzungsrecht
möchte die Fremdverwaltung des Gebietes regulieren, um einen Mindestschutzstandard zu kodifizieren und die Annexion des besetzten Gebietes in
das Staatsgebiet des Besatzerstaates zu verhindern.[1588] Um diesen Verpflichtungen nachkommen zu können, gewährt das Besatzungsrecht eng und restriktiv gefasste Rechtspositionen, die allerdings dem Telos des Besatzungsrechts nach zu keinem Zeitpunkt Souveränitätsrechte über das besetzte
Gebiet begründen, da die gewaltsame Aneignung fremden Territoriums
durch das allgemeine Völkerrecht, kodifiziert in Art. 2 Abs. 4 UN-Charta,
verboten ist und nicht zu einer Übertragung von Souveränität führen
kann.[1589] Daher genießt die Besatzungsmacht nur die Rechte, die das Völkerrecht ihr explizit in Bezug auf die Besetzung gewährt. Sie tritt gerade

---

1587 Vgl. *Saul*, The Status of Western Sahara as Occupied Territory under International
      Humanitarian Law and the Exploitation of Natural Resources, S. 27.
1588 Vgl. Art. 43, 55 HLKO/ 64 II GK IV; *Sievert*, Handel mit „umstrittenen Gebieten",
      S. 86 f.
1589 *Gasser*, in: Fleck (Hrsg.), The Handbook of International Humanitarian Law,
      S. 277. Dies unterstreicht auch der als Gewohnheitsrecht anerkannte Art. 4 des
      ZPI, welcher regelt, dass die Besetzung eines Gebiets und die Anwendung der
      Abkommen und des Protokolls nicht die Rechtsstellung des betreffenden Gebiets

nicht in die Rechte und Pflichten eines Souveräns ein, wie beispielsweise Art. 55 HLKO zeigt, nach welcher sie lediglich Verwalter und Nutznießer der öffentlichen Gebäude, Liegenschaften, Wälder, landwirtschaftlichen Betriebe und des sonstigen Eigentums ist. Aufgaben und Befugnisse, die nicht mit der physischen Kontrolle über das besetzte Gebiet zusammenhängen, können weiterhin von einer Exilregierung oder von nationalen Behörden wahrgenommen werden, die für den unbesetzten Teil des Gebietes zuständig sind.[1590]

Im vorliegenden Fall sind Art. 43, Art. 55 HLKO sowie Art. 64 GK IV unter Berücksichtigung der Besonderheiten des Westsahara-Konflikts heranzuziehen. Dabei ist zu beachten, dass die Regelungen der HLKO primär darauf gerichtet sind, die Rechte und Interessen der verdrängten Staatsmacht zu sichern, während die Regelungen der GK IV den Fokus auf die Rechte und Interessen der Zivilbevölkerung verlagert hat.[1591] Art. 154 der GK IV stellt allerdings klar, dass die GK IV als Ergänzung zur HLKO zu verstehen ist, da diese auf den Regelungen der HLKO aufbaut und ihre Regelungen beispielsweise den Anwendungsbereich der HLKO erweitern bzw. aufgrund des teils unklaren oder vagen Wortlauts einiger Regelungen präzisieren, sie aber gerade nicht ersetzen.[1592]

a) Art. 43 HLKO iVm. Art. 64 GK IV

Art. 43 HLKO und Art. 64 GK IV statuieren die dualistische Rechtsposition einer Besatzungsmacht, Befugnisse und die Verantwortung des Besetzers, die öffentliche Ordnung und das öffentliche Leben wiederherzustellen und aufrechtzuerhalten, und zwar unter Beachtung der jeweiligen Landesgesetze, soweit dem kein zwingendes Hindernis entgegensteht.[1593] Die Verfasser

---

berühren. Siehe hierzu *Dinstein*, The International Law of Belligerent Occupation, S. 49 Rn. 113 f; Vgl. *Gross*, The Writing on the Wall, S. 52 f sowie S. 55 ff.

1590 *Gasser*, in: Fleck (Hrsg.), The Handbook of International Humanitarian Law, S. 277.

1591 *Spoerri*, The law of Occupation in: Clapham/Gaeta (Hrsg.), The Oxford Handbook of International Law in Armed Conflict, S. 184 f.; *Dinstein*, The International Law of Belligerent Occupation, S. 6 Rn. 12 f.

1592 *Dinstein*, The International Law of Belligerent Occupation, S. 6 Rn. 14; *Benvenisti*, Occupation and territorial administration, in: Livoja/McCormack (Hrsg.), Routledge Handbook of the Law of Armed Conflict, S. 447.

1593 Siehe zum Auslegungsstreit zwischen der authentischen französischen Version der HLKO und anderen Übersetzungen, insbesondere der englischen, *Dinstein*,

der HLKO und GK IV gingen zwar von der Prämisse aus, dass Besetzungen stets zeitlich limitiert und von kurzer Dauer sind. Sie wollten aber trotzdem sicherstellen, dass die vor der Besetzung bestehende Ordnung wiederhergestellt und sie so weit wie möglich für den Zeitraum der Besetzung aufrechterhalten wird.[1594] Insbesondere ist es der Besatzungsmacht in Anlehnung an das Verbot der gewaltsamen Annexion fremden Territoriums und dem damit einhergehenden Status des rechtlich von ihr abzugrenzenden besetzten Gebietes nicht erlaubt, Hoheitsgewalt in Form und Anwendung der eigenen Gesetzgebung oder Rechtsprechung dem Gebiet aufzuerlegen.[1595] In contrario zum negativ formulierten Wortlaut des Art. 43 HLKO, der hinsichtlich der Legislativsetzung der Besatzungsmacht regelt, dass diese nicht zu erfolgen hat, außer in absolut notwendigen Fällen, formuliert Art. 64 GK IV in positivistischer Weise, dass die Besatzungsmacht „may subject the population of the occupied territory to provisions which are essential to enable the Occupying Power to fulfill its obligations under the present Convention, to maintain the orderly government of the territory, and to ensure the security of the Occupying Power".[1596] Hinsichtlich dieser Befugnisse ist weitestgehend anerkannt, dass hierunter militärische Notwendigkeiten fallen, aber auch Sicherheitsinteressen der Besatzungsmacht und die Interessen der betroffenen Bevölkerung.[1597]

The International Law of Belligerent Occupation, S. 89 f. Rn. 202–205. Zu den im Vergleich zur HLKO äußerst weitreichenden Verpflichtungen unter Nennung der jeweiligen geschützten Rechtspositionen des besetzten Gebietes bzw. Volkes siehe *Benvenisti*, Occupation and territorial administration, in: Livoja/McCormack (Hrsg.), Routledge Handbook of the Law of Armed Conflict, S. 448.

1594 *Benvenisti*, Occupation and territorial administration, in: Livoja/McCormack (Hrsg.), Routledge Handbook of the Law of Armed Conflict, S. 448.

1595 *Koury*, The European Community and Members States´ Duty of Non-Recognition under the EC-Marocco Association Agreement: State Responsibility and Customary International Law, in: Arts/Pinto-Leite (Hrsg.), International Law and the Question of Western Sahara, S. 172.

1596 Zum Verhältnis der beiden Normen ausführlich *Dinstein*, The International Law of Belligerent Occupation, S. 89 f. Rn. 252–270; Siehe ebenfalls *Spoerri*, The law of Occupation in: Clapham/Gaeta (Hrsg.), The Oxford Handbook of International Law in Armed Conflict, S. 194–196; *Benvenisti*, Occupation and territorial administration, in: Livoja/McCormack (Hrsg.), Routledge Handbook of the Law of Armed Conflict, S. 447 f.

1597 Unter Nennung zahlreicher Fundstellen und Nachweise *Sievert*, Handel mit „umstrittenen Gebieten", S. 89 f.

b) Prolonged Occupations

Spezielle Fürsorgepflichten, Verbindlichkeiten aber auch Rechte bestehen für die Besatzungsmacht bei einer außerordentlich langen Besetzung.[1598]

Dauert die Besetzung entgegen ihrer eigenen Rechtsnatur über einen längeren Zeitraum an und ist damit eine sogenannte prolonged occupation, so können bestimmte Maßnahmen der Besatzungsmacht als notwendig kategorisiert werden, die sich dauerhaft auf die inneren Verhältnisse des Gebietes auswirken. Dies gilt umso mehr, sofern es zum Zeitpunkt der Besetzung der Westsahara keine Legislativ- bzw. Verwaltungsorgane oder Gerichte gab oder diese nicht in der Lage waren, ihre Aufgaben zu erfüllen, weil beispielsweise ein großer Teil des Volkes das Land verlassen hatte und andernfalls ein verwaltungstechnisches Vakuum entstanden wäre, welches den Bewohnern des Gebietes umso mehr geschadet hätte.[1599] Das Wohlergehen der Bewohner eines besetzten Gebietes muss stets die Richtschnur des Handelns der Besatzungsmacht darstellen.[1600] Im Zusammenhang mit einer Besetzung über einen Zeitraum, welcher mehr als ein Jahr andauert, ist zwingend Art. 6 Abs. 3 GK IV zu beachten, der die Anwendbarkeit vieler Regelungen der GK IV, nicht aber der hier einschlägigen, nach Ablauf dieser Frist ausschließt. Zu dieser besonderen gesetzgebenden Gewalt gehört nach Ansicht des IGHs, Staatenpraxis und großen Teilen der Literatur die Fähigkeit, für dieses Gebiet geltende, wenn auch auf den Zeitraum der Besatzung temporär begrenzte, völkerrechtliche Abkommen abzuschließen. Dies ergibt sich aus dem Wortlaut des Art. 43 HLKO und Art. 64 GK IV, welche die Handlungsoptionen der Besatzungsmacht zur Errichtung und Ausübung einer ordnungsgemäßen Verwaltung gerade nicht auf nationale Maßnahmen beschränken.[1601]

Einer Besatzungsmacht ist es daher im Rahmen ihrer durch Art. 43 HLKO und Art. 64 GK IV übertragenen, aber auch eingeschränkten Befugnis-

---

1598 *Dinstein*, The International Law of Belligerent Occupation, S. 116 ff. Rn. 271–279.

1599 *Gasser*, in: Fleck (Hrsg.), The Handbook of International Humanitarian Law, S. 288; *Dinstein*, The International Law of Belligerent Occupation, S. 116 Rn. 271.

1600 *Gasser*, in: Fleck (Hrsg.), The Handbook of International Humanitarian Law, S. 278.

1601 Vgl. zunächst für den Fall eines besetzten NSGTs IGH, Osttimor, ICJ Rep. 1995, S. 96 Rn. 13, S. 104 Rn. 32; *Benvenisti*, The International Law of Occupation, S. 85; *Wathelet*, 2018 (Fn. 55), Rn. 251. Gegenstand der Untersuchung der Arbeit ist die Nutzung der natürlichen Ressourcen durch die Besatzungsmacht, weshalb auf andere einschlägige Abkommen und Regelungsinhalte an gebotener Stelle nur weiterführend hingewiesen wird.

se gerade nicht grundsätzlich verboten, völkerrechtliche Abkommen über das besetzte Gebiet zu schließen, wobei diese Befugnis logischerweise mit Ende der Besetzung endet.[1602]

c) Zulässigkeit der Ausbeutung bzw. Nutzung natürlicher Ressourcen

Um die soeben dargestellten Verbindlichkeiten der Besatzungsmacht hinsichtlich der Fürsorgepflicht für das Gebiet und die Bevölkerung zu gewährleisten, ermöglicht das Besatzungsrecht nach Art. 55 HLKO eine enge Nutzung der natürlichen Ressourcen des besetzten Gebietes. Die Norm beschränkt die Nutzung und Ausbeutung immobiliarer Ressourcen, indem der Besatzungsmacht Nießbrauchsrechte an den von Art. 55 HLKO aufgezählten unbeweglichen Ressourcen des besetzten Gebietes zugeteilt werden.[1603] Marokko als Besatzungsmacht der Westsahara hat sich nach Art. 55 HLKO nur „als Verwalter und Nutznießer der öffentlichen Gebäude, Liegenschaften, Wälder und landwirtschaftlichen Betriebe zu betrachten, die dem feindlichen Staat gehören und sich in dem besetzten Gebiet befinden. Er soll den Bestand dieser Güter erhalten und sie nach den Regeln des Nießbrauchs verwalten."[1604] Nießbrauch ist dabei das Recht, fremde Sachen und Ressourcen zu nutzen (ius utendi) und daraus die Früchte zu ziehen (ius fruendi), ohne sie in ihrer Substanz zu verändern, zu manipulieren oder zu zerstören. Als legitim wird beispielsweise die Verpachtung, Nutzung oder Kultivierung von landwirtschaftlicher Fläche an Land oder auch auf See angesehen.[1605] Oft wird zwischen erneuerbaren und nicht erneuerbaren Ressourcen versucht zu differenzieren, wobei die Ausbeutung letzterer schon aufgrund ihrer Natur nach nicht als Nießbrauch klassifiziert werden können.[1606] Teils wird bei nicht erneuerbaren Ressourcen vertreten, dass es zumindest möglich sein soll, dass vorherige Produktionslevel wei-

---

1602 *Benvenisti*, The International Law of Occupation, S. 83 f.; *Sievert*, Handel mit „umstrittenen Gebieten", S. 94.

1603 *Sievert*, Handel mit „umstrittenen Gebieten", S. 92. Ausführlich *Dam-de Jong*, International Law and Governance of Natural Resources in Conflict and PostConflict Situations, S. 227 ff.

1604 Die Aufzählung des Art. 55 HLKO ist dabei nicht abschließend, *Dinstein*, The International Law of Belligerent Occupation, S. 213 Rn. 503.

1605 *Dinstein*, The International Law of Belligerent Occupation, S. 214 Rn. 505.

1606 *Fransen/Ryngaert*, EU trade relations with occupied territories, in: Duval/Kassoti (Hrsg.), The Legality of Economic Activities in Occupied Territories, S. 50 f.; *Dinstein*, The International Law of Belligerent Occupation, S. 215 Rn. 508 f.

terhin aufrechtzuerhalten sind und die bereits bestehenden Fördermittel weiterhin genutzt werden dürfen.[1607] Art. 33 Abs. 2 GK IV sowie Art. 47 HLKO verbieten diesbezüglich aber ausdrücklich die Plünderung. Der IGH hat hinsichtlich dieser Regelungen entschieden, dass diese auch bezüglich der natürlichen Ressourcen eines besetzten Gebietes Anwendung finden, da andernfalls der Grundsatz der ständigen Souveränität über die natürlichen Ressourcen eines Gebietes unterlaufen würde, der fester Bestandteil des Völkergewohnheitsrechts ist.[1608]

aa) Grundsatz der ständigen Souveränität über die natürlichen Ressourcen eines Gebietes

Das Recht an den natürlichen Ressourcen eines Gebietes ist Ausfluss und spätestens seit der Resolution 1803 (XVII) der UN-Generalversammlung Kernelement des Rechts auf Selbstbestimmung, in der es heißt, ein Verstoß hiergegen sei „contrary to the spirit and principles of the UN-Charter and hinders the development of cooperation and the maintenance of peace".[1609] Das Selbstbestimmungsrecht garantiert sowohl Staaten als auch Völkern das Recht auf dauerhafte Souveränität über seine natürlichen Ressourcen und das Recht, frei über sein natürliches Vermögen und seine Ressour-

---

1607 *Dinstein*, The International Law of Belligerent Occupation, S. 215 Rn. 509. Solange die Förderung und die daraus resultierenden Mittel, materieller oder monetärer Art, einzig zum Nutzen und Vorteil des Volkes des besetzten Gebietes eingesetzt werden, soll auch die Erweiterung oder gar der Neubau von Produktionsfeldern möglich sein, *Dinstein*, The International Law of Belligerent Occupation, S. 216 Rn. 510 ff. *Sievert* hält dem zu Recht entgegen, dass ein solches Vorgehen das Risiko innehat, eine Besetzungssituation zu verfestigen und führt hierzu richtigerweise an, dass eine solche Legitimation nicht dem Charakter und der zeitlichen Grundausrichtung des Besatzungsrechts als temporären Zustand gerecht wird. Daher muss, sollte es zu einer Erweiterung der Ausbeutung natürlicher Ressourcen kommen, besonders sichergestellt werden, dass die Erträge dem Volk des besetzten Gebietes zugutekommen, *Sievert*, Handel mit „umstrittenen Gebieten", S. 175. Freilich handelt es sich bereits bei der Überwachung der Ausbeutung natürlicher Ressourcen und erst Recht bei der Verteilung der hieraus resultierenden Erträge sowohl um ein faktisches wie auch politisches Problem, welches nicht durch einen etablierten Rechtsmechanismus sichergestellt werden kann.

1608 IGH, Armed Activities Congo, ICJ Rep. 2005, S. 252 Rn. 245, S. 274 Rn. 322; *Benvenisti*, Occupation and territorial administration, in: Livoja/McCormack (Hrsg.), Routledge Handbook of the Law of Armed Conflict, S. 452.

1609 UN Doc A/RES/1803 v. 14.12.1962, Rn. 7, die eine formelle Rechtsquelle darstellt, *Heidenstecker*, 206.

cen zu verfügen.[1610] Dieser vom IGH als gewohnheitsrechtlich anerkannte Grundsatz wurde beispielsweise in Art. 1 II des IPbpR kodifiziert.[1611] Anknüpfungspunkt für die Begründung dieses Rechts ist bei Staaten die eigene Souveränität und bei Völkern das ihnen zustehende Selbstbestimmungsrecht.[1612] Stets zu beachten ist, inwiefern eine Entität ein Volk im Sinne des Rechtsgrundsatzes darstellt und wie ein solches zu bestimmen ist, insbesondere im Hinblick auf den dualistischen Anwendungsbereich des Rechts. Für die Begriffsbestimmung gilt zumindest immer jener Grundsatz, dass eine Entität, die im Sinne des Selbstbestimmungsrechts der Völker Träger dieses Rechtes ist, insbesondere im Kolonialkontext, im Gleichlauf und in Kohärenz hierzu auch automatisch Träger des Rechts auf ständige Souveränität über die natürlichen Ressourcen eines Gebietes ist.[1613] Das Volk der Westsahara als eindeutiger Träger des Selbstbestimmungsrechts der Völker ist daher problemlos unter den Anwendungsbereich des Grundsatzes der ständigen Souveränität über die natürlichen Ressourcen des Gebietes der Westsahara zu subsumieren.

Im Armed-Activity Fall vor dem IGH war es nach Ansicht des Gerichtshofes obsolet festzustellen, ob dieser Rechtsgrundsatz Anwendung finde, da es sich um individuelle Plünderungen von Individuen bzw. Gruppierungen und nicht um eine staatliche Politik zur Ausbeutung der natürlichen Ressourcen eines besetzten Gebietes handelte.[1614] In contrario zum Armed-Activity Fall vor dem IGH trägt der Grundsatz der ständigen Souveränität über die natürlichen Ressourcen eines Gebietes im Westsahara-Konflikt eine wesentliche Bedeutung, da die Ausbeutung der natürlichen Ressourcen der Westsahara durch Marokko staatlich verwaltet und kontrolliert wird. Zudem erfolgt diese vorsätzlich zum Wohle der eigenen Staatsbürger und innenpolitischer bzw. wirtschaftlicher Interessen des marokkanischen Staa-

---

1610 UN. Doc. A/RES/60/111 Rn. 8. Ebenfalls in: UN Docs. A/RES/48/46, v. 10.12.1993, Rn. 7; A/RES/54/84, v. 6.12.1999, Rn. 8; A/RES/56/66 v.10.12.2001, Rn. 8.

1611 IGH, Armed Activities Congo, ICJ Rep. 2005, S. 251 f. Rn. 244. Ausführliche historische Darstellung und Herleitung des gewohnheitsrechtlichen Charakters des Grundsatzes unter Diskussion des möglichen Ius-cogens-Status bei *Sievert*, Handel mit „umstrittenen Gebieten", S. 77–82.

1612 *Dam-de Jong*, International Law and Governance of Natural Resources in Conflict and PostConflict Situations, S. 49; *Sievert*, Handel mit „umstrittenen Gebieten", S. 83.

1613 *Sievert*, Handel mit „umstrittenen Gebieten", S. 84; *Dam-de Jong*, International Law and Governance of Natural Resources in Conflict and PostConflict Situations, S. 61.

1614 IGH, Armed Activities Congo, ICJ Rep. 2005, S. 274 Rn. 322 f.

tes und zieht daher Implikationen für die Einschränkung der Ausbeutungsrechte der Besatzungsmacht nach sich.

bb) Besatzungsrechtliche Schranken der Ausbeutung

Die in Frage stehenden Regelungen des humanitären Völkerrechts aus Art. 43, 55 HLKO/ Art. 64 II GK IV und Art. 54 ZP I haben dabei alle eins gemein: Aus der Nutzung der natürlichen Ressourcen des besetzten Gebietes dürfen sich grundsätzlich keine wirtschaftlichen Vorteile für die Besatzungsmacht ergeben, mit Ausnahme der Deckung von Besatzungskosten, soweit das besetzte Gebiet dafür vernünftigerweise aufkommen kann, sondern müssen dem Volk des besetzten Gebietes zugutekommen.[1615] Das Besatzungsrecht regelt daher, dass die Besatzungsmacht die ihr zustehende Autorität nicht ausüben darf, um ihre eigenen wirtschaftlichen Interessen zu fördern oder die Bedürfnisse ihrer eigenen Bevölkerung zu befriedigen.[1616] Zwar existiert kaum eine Staatenpraxis zur Reichweite und dem Anwendungsbereich des Art. 55 HLKO. Allerdings hat es mit der Besetzung des Iraks und der damit einhergehenden Ausbeutung der natürlichen Ressourcen des Gebietes einen durch den Sicherheitsrat bestätigten Präzedenzfall gegeben. In diesem vesicherten die Besatzungsmächte des Iraks dem Sicherheitsrat, dass die Monetisierung durch Ausbeutung der Ressourcen erfolgt, „to meet the humanitarian needs of the Iraqi people, for the economic reconstruction and repair of Iraq's infrastructure, for the continued disarmament of Iraq, and for the costs of Iraqi civilian administration, and for other purposes benefiting the people of Iraq".[1617] Die Bevölkerung

---

1615 Vgl. Art. 43, 55 HLKO/ 64 II GK IV/Art. 54 ZP I. Zur Anwendung der Nießbrauchregelung des Art. 55 HLKO: *Milano*, Anuario Español de Derecho Internacional XXII (2006), 416 (447 ff.). Zu den Befugnissen, die diese Regelungen geben: *Benvenisti*, The Law of Occupation, S. 82 f.; *Gasser/Dörmann*, in: Fleck (Hrsg.), The Handbook of International Humanitarian Law, Rn. 544 ff.; *Crawford*, Third Party Obligations with respect to Israeli Settlements in the Occupied Palestinian Territories, S. 22 ff. Rn. 52–63.

1616 *Crawford*, Third Party Obligations with respect to Israeli Settlements in the Occupied Palestinian Territories, S. 25 Rn. 61; *Cassese*, Powers and Duties of an Occupant in Relation to Land and Natural Resources, in: Playfair (Hrsg.), International Law and the Administration of Occupied Territories, S. 420 f.

1617 UN Doc. S/RES/1483 v. 22.5.2003, S. 4 Rn. 14; *Crawford*, Third Party Obligations with respect to Israeli Settlements in the Occupied Palestinian Territories, S. 25 Rn. 60.

der Besatzungsmacht wiederum darf dabei weder im Heimatstaat noch in dem besetzten Gebiet von der Ausbeutung natürlicher Ressourcen profitieren.[1618] Für in das besetzte Gebiet überführte Staatsbürger des Besatzungsstaates ergibt sich dies bereits aus dem Verbot der Ansiedlung eigener Staatsangehöriger nach Art. 49 Abs. 6 GK IV.[1619]

Darüber hinaus hat die Besatzungsmacht nach Art. 43 HLKO und Art. 64 GK IV die Verantwortung für die Aufrechterhaltung der öffentlichen Ordnung und des Zivillebens sowie hinsichtlich der Fürsorge für die Zivilbevölkerung, d.h. eine Besatzungsmacht muss der Bevölkerung des besetzten Gebietes im Rahmen des ihr zustehenden Ressourcenmanagements grundlegende öffentliche Güter zur Verfügung stellen. Dies bedeutet, dass es Einkommen geben muss, um diese Güter zu bezahlen. Folglich kann die Besatzungsmacht Ressourcen des besetzten Gebiets nutzen, mit der Prämisse, dass dies der Bevölkerung zugutekommt oder andere legitime Kosten der Besatzung deckt.[1620] Hierzu können auch internationale Abkommen geschlossen werden, die freilich ebenfalls den Restriktionen unterliegen, welchen die Besatzungsmacht durch das Besatzungsrecht selbst unterliegt.[1621] Aus dem strengen Verbot der Annexion fremder Gebiete folgt im Rahmen des Abschlusses internationaler Abkommen, dass der besetzende Staat ausschließlich in seiner Funktion als Besatzungsmacht und nicht als Souverän der besetzten Gebiete handeln darf.[1622] Die Beschränkung der

---

1618 *Crawford*, Third Party Obligations with respect to Israeli Settlements in the Occupied Palestinian Territories, S. 25 Rn. 60; IGH, Armed Activities Congo, ICJ Rep. 2005, S. 253 Rn. 248.

1619 Vgl. *Dinstein*, The International Law of Belligerent Occupation, S. 130 Rn. 303 und S. 217 Rn. 513; *Spoerri*, The Law of Occupation in: Clapham/Gaeta (Hrsg.), The Oxford Handbook of International Law in Armed Conflict, S. 186.

1620 *Sievert*, Handel mit „umstrittenen Gebieten", S. 89 f. Zuletzt in der Staatenpraxis durch die US/UK-Besatzung im Irak bestätigt. Die Besatzungsmächte ließen in einem Brief an den Präsidenten des Sicherheitsrates verlauten, dass sie „act to ensure that Iraqi´s oil is protected and used for the benefit of the Iraqi people", UN Doc. S/2003/538 v. 8.5.2003. Vgl. auch die darauffolgende Sicherheitsratsresolution, die die Voraussetzungen zur Nutzung der natürlichen Ressourcen unter den Voraussetzungen der einschlägigen Normen des Besatzungsrechts anerkannt hat und somit die bisherige Staatenpraxis bestätigte und festigte, UN Doc./S/RES/ 1483, S. 4 Rn. 14.

1621 *Benvenisti*, Occupation and territorial administration, in: Livoja/McCormack (Hrsg.), Routledge Handbook of the Law of Armed Conflict, S. 449–452.

1622 *Benvenisti*, The International Law of Occupation, S. 85; *Wathelet*, 2018 (Fn. 55), Rn. 252; Vgl. auch die Praxis des Sicherheitsrates und die Staatenpraxis, beispielsweise in UN Doc. S/2003/538 v. 8.5.2003, UN Doc. S/RES/1483 v. 22.5.2003, Rn. 4, UN Doc. S/RES/1511 v. 16.10.2003, Rn. 1.

Nutzung natürlicher Ressourcen primär im Interesse und den Bedürfnissen der Bevölkerung gemäß oder hinsichtlich erforderlicher Verwaltungsmaßnahmen zu handeln, bezieht sich dabei auf sämtliche Ressourcenverwertungen, Nutzungen oder Ausbeutungen der sich im Besitz des Besatzungsstaates befindlichen fremden Rechte bzw. Ressourcen.[1623]

cc) Zwischenergebnis

Bei der Ausübung ihrer Befugnisse muss die Besatzungsmacht zusammenfassend also stets grundlegende Parameter berücksichtigen, die leitendes Motiv der wichtigsten Bestimmungen des Besatzungsrechts aus der HLKO und GK IV darstellen. Zum einen müssen hinsichtlich ihrer Maßnahmen und Handlungen die Interessen der besetzten Bevölkerung beachtet werden. Zum anderen steht die Erfüllung bzw. Ausübung der militärischen Bedürfnisse, Verpflichtungen und Autorität der Besatzungsmacht unter der Einschränkung, dass diese zu keinem Zeitpunkt dazu missbraucht werden dürfen, um ihre eigenen nicht-militärischen Interessen zu fördern oder die Bewohner, die Ressourcen oder andere Vermögenswerte des von ihr besetzten Gebietes zum Nutzen ihrer eigenen territorialen Souveränität oder ihrer eigenen Bevölkerung zu verwenden.[1624] Hierzu zählt im Rahmen der grundsätzlich bestehenden Möglichkeit der Besatzungsmacht, internationale Abkommen zur Ausbeutung natürlicher Ressourcen des Gebietes zu schließen, insbesondere die Notwendigkeit der klaren Differenzierung zwischen den Rechtspositionen des besetzenden Staates als Besatzungsmacht oder als Souverän über das Gebiet. Diese Grundsätze gelten für alle Entscheidungen und Maßnahmen, die der Besatzer in dem besetzten Gebiet trifft. Das Besatzungsrecht und insbesondere die Regelungen des Art. 43 HLKO und Art. 64 GK IV versuchen dahingehend ein sorgfältiges Gleichgewicht zwischen diesen beiden sich teils diametral entgegenstehenden Interessenspositionen zu schaffen.

Festhalten lässt sich also zunächst, dass die Ausbeutung und Monetisierung von natürlichen Ressourcen des besetzten Gebietes durch eine Besatzungsmacht unter den oben dargelegten engen Voraussetzungen grundsätzlich möglich ist.

1623 *Benvenisti*, The International Law of Occupation, S. 82; *Sievert*, Handel mit „umstrittenen Gebieten", S. 92.

1624 *Spoerri*, The Law of Occupation in: Clapham/Gaeta (Hrsg.), The Oxford Handbook of International Law in Armed Conflict, S. 185 f.

2. Grenzen der Ausbeutung durch den besonderen Rechtsstatus eines NSGT

Der Besetzerstaat darf die natürlichen Ressourcen des besetzten Gebietes nur in Anlehnung an die Regelungen des Nießbrauchs und den damit einhergehenden dem Rechtsinstitut anhaftenden Grundsätzen in nachhaltiger Art und Weise, im Sinne des Prinzips der ständigen Souveränität über natürliche Ressourcen und des Selbstbestimmungsrechts der Völker nutzen bzw. ausbeuten.[1625] Bereits hieraus folgt, dass die Besatzungsmacht die natürlichen Ressourcen unter keinen Umständen für den eigenen wirtschaftlichen Vorteil verwenden darf, insbesondere nicht für entgegen Art. 49 Abs. 6 GK IV im besetzten Gebiet angesiedelte eigene Staatsbürger, sondern die Ausbeutung gerade zum Vorteil des durch die Besetzung betroffenen Volkes erfolgen muss.[1626] Gerade in Situationen der sogenannten „prolonged occupation" ergibt sich aus dem Rechtscharakter der grundsätzlich zeitlichen Beschränkung einer Besatzungssituation, dass die Besatzungsmacht stets dem besetzten Volk gegenüber verpflichtet ist und in keiner Weise dem eigenen Vorteil. Im Rahmen von „prolonged occupations" ist nach Ansicht eines Expertenkomitees des ICRC zu fordern, dass „the occupying power [...] take into consideration the will of the local population by including it in the decision-making process".[1627] *Sievert* stellt hierbei zusammenfassend richtig fest, dass das humanitäre Völkerrecht in seiner grundlegenden Ausrichtung zwar die zeitlich begrenzte Besetzung als Konsequenz eines Konflikts erlaubt, gleichzeitig aber versucht sicherzustellen, dass diese Situation nicht ausgenutzt und zum wirtschaftlichen Vorteil der Besatzungsmacht missbraucht wird.[1628]

1625 *Sievert*, Handel mit „umstrittenen Gebieten", S. 176; *Dam-de Jong*, International Law and Governance of Natural Resources in Conflict and PostConflict Situations, S. 229; Vgl. *Dinstein*, The International Law of Belligerent Occupation, S. 217 Rn. 513.

1626 *Dinstein*, The International Law of Belligerent Occupation, S. 130 Rn. 303 und S. 217 Rn. 513; *Spoerri*, The Law of Occupation in: Clapham/Gaeta (Hrsg.), The Oxford Handbook of International Law in Armed Conflict, S. 186.

1627 *Ferraro*, Report ICRC, Occupation and Other Forms of Administration of Foreign Territory, S. 75 f.

1628 *Sievert*, Handel mit „umstrittenen Gebieten", S. 180.

a) Das Aufeinandertreffen von NSGT-Recht und Besatzungsrecht

Im Rahmen der Anwendung des Grundsatzes der ständigen Souveränität über die natürlichen Ressourcen eines Gebietes in einem durch einen Drittstaat besetzten NSGT sind besondere Ausformungen des Selbstbestimmungsrechts zu beachten. Zum einen darf die Nutzung nicht unter Missachtung der Bedürfnisse und Interessen der Bevölkerung des NSGTs erfolgen, ohne dass diese davon profitiert, was durch vorherige Konsultation des Volkes des NSGTs sichergestellt werden muss. Die Ausbeutung natürlicher Ressourcen eines NSGTs ist nicht möglich, sofern diese unter Missachtung der Interessen und Wünsche dieses Volkes stattfindet.[1629] In diesem Punkt sind die Regelungen des humanitären Völkerrechts, insbesondere Art. 55 HLKO, und die anwendbaren Regelungen für NSGTs, namentlich Art. 73 UN-Charta, das Selbstbestimmungsrecht der Völker und der sich daraus ableitende Grundsatz der ständigen Souveränität über die natürlichen Ressourcen eines Gebietes teils deckungsgleich. Sie statuieren, dass die Nutzung bzw. Ausbeutung der natürlichen Ressourcen nicht zum politischen oder wirtschaftlichen Vorteil der Besatzungsmacht führen darf, sondern ausschließlich, abzüglich der Besatzungs- bzw. Verwaltungskosten, für die das besetzte NSGT vernünftigerweise aufkommen kann, dem Volk des besetzten NSGTs zugutekommen muss. In Verbindung mit dem Pacta-tertiis-Grundsatz und in Anlehnung an die Rechtsprechung des EuGH ist dieses Erfordernis allerdings dahingehend weiter auszulegen, als dass die Nutzung bzw. Ausbeutung natürlicher Ressourcen durch das Volk an sich bzw. durch dessen Vertreter zustimmungsbedürftig ist.[1630] Die Regelungen hinsichtlich der Ausbeutung natürlicher Ressourcen und der damit einhergehenden Problematik um die Beteiligungspflichten des Volkes des besetzten NSGTs sind diesbezüglich nicht vollständig deckungsgleich. Sie beruhen auf verschiedenen Rechtsquellen, wobei problematisch ist, dass nicht statuiert ist, wie mit materiellen Unterschieden zwischen den beiden Regelungen umgegangen werden muss, sofern Situationen wie in der Westsahara entstehen, in denen beide Rechtsregime Anwendung finden.[1631]

1629 UN Doc. S/2002/161 v. 12.2.2002, Rn. 14 und 24 f.

1630 EuGH, 2016 (Fn. 55), Rn. 106; EuGH 2018, Rn. 63; *Wathelet*, 2016 (Fn. 55), Rn. 101–110, Rn. 293; *Wathelet*, 2018 (Fn. 55), Rn. 143 f. So bereits *Milano*, Anuario Español de Derecho Internacional XXII (2006), 416 (445).

1631 Ähnlich *Wrange*, Self-determination, occupation and the authority to exploit natural resources – trajectories from four European judgments on Western Sahara, 52 Israel Law Review (2019), 3 (20).

b) Der Telos der jeweiligen Rechtsregime

Allerdings lässt sich das zunächst als kompliziert anmutende Geflecht beider Regelungsregime mit dem Telos des Selbstbestimmungsrechts und dem sich aus Art. 73 UN-Charta ergebenden Rechtsstatus eines NSGTs in Relation zu seiner jeweiligen Verwaltungsmacht entwirren. Aus dem Selbstbestimmungsrecht der Völker, aus welchem sich der Grundsatz der dauerhaften Souveränität über die natürlichen Ressourcen ableitet, der richtigerweise als „the economic arm of the right to self-determination" bezeichnet wird[1632] und von einer von der UN rechtmäßig eingesetzten Verwaltungsmacht iSv. Art. 73 UN-Charta zwingend beachtet werden muss, ergibt sich, dass dem betroffenen Volk die Ausbeutung seiner natürlichen Ressourcen vollständig zugutekommen und in seinen Interessen liegen muss.[1633] Dies ist der Fall, sofern die jeweilige Verwaltungsmacht das Volk bzw. dessen Vertreter konsultiert hat und der Ausbeutung bzw. einem möglichen internationalen Abkommen zur Verwertung bzw. Monetisierung der Ressourcen zugestimmt wurde. *Corell* stellte 2002 in seinem Rechtsgutachten für den UN-Sicherheitsrat fest, dass die damalige Staatenpraxis zwar begrenzt gewesen ist, sie aber dennoch die Opinio juris sowohl der Verwaltungsmächte als auch der Drittstaaten veranschaulichte. Er kam in seiner Analyse zu dem Schluss, dass, sofern in NSGTs Aktivitäten zur Ausbeutung von Ressourcen zugunsten der Völker dieser Gebiete, in deren Namen und in Absprache mit ihren Vertretern durchgeführt werden, diese als mit den Verpflichtungen der Verwaltungsmacht aus der Charta vereinbar und im Einklang mit dem Selbstbestimmungsrecht der Völker, mit den diesbezüglichen Resolutionen der Generalversammlung und dem darin verankerten Grundsatz der ständigen Souveränität über natürliche Ressourcen angesehen werden können.[1634] Die entsprechende Anwendung der völkerrechtlichen Regelungen für legitim eingesetzte Verwaltungsmächte hat *Corell* damit gerechtfertigt, dass die Westsahara noch immer ein NSGT sei und die Regelungen bzw. der Rechtsrahmen von Art. 73 UN-Charta und dem Selbstbestimmungsrecht hauptsächlich zugunsten des Volkes eines NSGT bestehen. Deshalb muss Marokko zumindest den gleichen, einer

---

1632 Vgl. bspw. *Allan/Ojeda-Garcia*, Natural resource exploitation in Western Sahara: new research directions, 27 The Journal of North African Studies (2021), 1107 (1118).

1633 EuGH, 2016 (Fn. 55), Rn. 106; EuGH 2018, Rn. 63; *Wathelet*, 2016 (Fn. 55), Rn. 101–110, Rn. 293; *Wathelet*, 2018 (Fn. 55), Rn. 143 f. und Rn. 256 f.

1634 UN Doc. S/2002/161 v. 12.2.2002, Rn. 18–20 und 24 f.

Verwaltungsmacht obliegenden Verpflichtungen und Einschränkungen unterliegen.[1635]

Zwar suggeriert die entsprechende bzw. analoge Anwendung der Regelungen nach Art. 73 UN-Charta auf den ersten Blick eine legitime Machtausübung Marokkos in den Gebieten der Westsahara. Doch bereits in dem Gutachten selbst entkräftete *Corell* den Legitimitätscharakter der Ausübung von Hoheitsgewalt Marokkos, indem festgestellt worden ist, dass das „Madrid Agreement did not transfer sovereignty over the Territory, nor did it confer upon any of the signatories the status of an administering Power, a status which Spain alone could not have unilaterally transferred. The transfer of administrative authority over the Territory to Morocco and Mauritania in 1975 did not affect the international status of Western Sahara as a Non-Self-Governing Territory".[1636] Zu Recht wurde an *Corells* Gutachten allerdings kritisiert, dass er die Prüfung besatzungsrechtlicher Problematiken vollends ausklammerte und damit den Status der Westsahara im internationalen Völkerrechtssystem nicht vollständig zutreffend einordnete.[1637]

Im Umkehrschluss und unter Berücksichtigung des Vorgesagten bedeutet dies, dass, sofern unter Missachtung der Interessen und Wünsche der Bevölkerung des jeweiligen NSGTs, welche durch Konsultation mit den legitimen Vertretern des Volkes ermittelt und respektiert werden müssen, die natürlichen Ressourcen des Gebietes ausgebeutet und diesbezügliche internationale Abkommen mit Drittstaaten geschlossen werden, gegen die geltenden völkerrechtlichen Verpflichtungen verstoßen wird.[1638] Die nach 2002 erfolgte europäische Staatenpraxis in Bezug auf die Westsahara versuchte sich dem zwar wiederholt zu widersetzen. Sie wurde allerdings durch die rechtsverbindlichen Urteile der europäischen Gerichtsbarkeit in ihrem Handlungsspielraum immens beschränkt, welche im Einklang mit den soeben dargelegten Rechtsgrundsätzen wiederholt klarstellten, dass die Unionsorgane beim Abschluss völkerrechtlicher Abkommen über natürliche Ressourcen aus einem NSGT die sich aus Art. 73 UN-Charta, dem Selbstbestimmungsrecht der Völker und dem sich daraus ableitenden Grundsatz der ständigen Souveränität über natürliche Ressourcen zu be-

---

1635 UN Doc. S/2002/161 v. 12.2.2002, Rn. 8, 21.

1636 UN Doc. S/2002/161 v. 12.2.2002, Rn. 6.

1637 Unter Nennung weiterer kritischer Stimmen der Literatur siehe exemplarisch *Allan/Ojeda-Garcia*, Natural resource exploitation in Western Sahara: new research directions, 27 The Journal of North African Studies (2021), 1107 (1115 f.).

1638 Vgl. UN Doc. S/2002/161 v. 12.2.2002, Rn. 18–20 und 24 f.

achten und zu respektieren haben. Insbesondere muss sichergestellt sein, dass die Ausbeutung und ein die Ressourcen monetisierendes Abkommen zugunsten des Volkes des NSGTs in dessen Namen und in Absprache mit seinen Vertretern durchgeführt wird.[1639]

Das unabdingbare Selbstbestimmungsrecht des sahrawischen Volkes, welches als solches mittlerweile als Teil des Ius cogens angesehen wird und darüber hinaus Erga-omnes-Wirkung entfaltet und seine sich daraus ableitende dauerhafte Souveränität über seine natürlichen Ressourcen würden folglich verletzt, wenn seine Interessen nicht berücksichtigt werden und seine Zustimmung nicht eingeholt wird. Sofern solche Verpflichtungen für eine von der UN legitim eingesetzte Verwaltungsmacht gelten, so muss dies ebenso für eine wie von der EU konstruierte und betitelte „De-facto-Verwaltungsmacht" gelten, die in Realität das Gebiet völkerrechtswidrig annektiert und besetzt hat. Darüber hinaus muss beachtet werden, dass sowohl im Rahmen einer möglichen De-facto- bzw. der von *Corell* vorgenommenen Analogie zur De-jure-Verwaltungsmachtsposition als auch hinsichtlich der Position der Besatzungsmacht der jeweilige rechtliche Status von der staatlichen Entität, welche das Gebiet verwaltet bzw. besetzt als solcher anerkannt werden muss und unter keinen Umständen über das Gebiet als Souverän geherrscht werden darf.[1640] Für Drittstaaten bedeutet dies, dass etwaige Souveränitätsansprüche über ein besetztes Gebiet nicht anerkannt werden dürfen.[1641] *Gundel* schließt daraus richtigerweise und fasst zutreffend zusammen, dass sowohl besatzungsrechtlich als auch hinsichtlich der auf NSGTs anwendbaren Regelungen kein vollständiges Verbot völkervertraglicher Abkommen mit der Annexionsmacht in Bezug auf das betroffene Gebiet oder eine Untersagung des wirtschaftlichen Austauschs mit diesem Territorium folgt. Allerdings sei zu beachten, dass die Anerken-

---

1639 Vgl. § 4. A. III. 2.

1640 Vgl. hierzu für Besatzungsmächte *Benvenisti*, The International Law of Occupation, S. 85; *Wathelet*, 2018 (Fn. 55), Rn. 252. Für Verwaltungsmächte ergibt sich dies bereits aus Art. 73 UN-Charta und dem grundsätzlich nicht unter der Souveränität des Verwaltungsstaats stehenden und rechtlich getrennten Gebiet des NSGT, vgl. *Wathelet*, 2018 (Fn. 55), Rn. 221–233.

1641 Vgl. im allgemeinen zum Nicht-Anerkennungsgrundsatz *Dawidowicz*, The Obligation of Non-Recognition of an Unlawful Situation, in: Crawford/Pellet/Olleson (Hrsg.), The Law of International Responsibility, S. 677–686; Speziell zur Situation der Westsahara *Dawidowicz*, Trading Fish or Human Rights in Western Sahara? Self-determination, Non-Recognition and the EC–Morocco Fisheries Agreement, in: French (Hrsg.), Statehood and Self-Determination, 2013, S. 250–277; *Sievert*, Handel mit „umstrittenen Gebieten", S. 187–199.

nung des unberechtigten Herrschaftsanspruchs ein Völkerrechtsverstoß in Form eines Verstoßes gegen den erga omnes wirkenden Nicht-Anerkennungs-Grundsatz und damit unzulässig wäre. Die Grenzlinie zwischen einer unzulässigen impliziten oder gar expliziten Anerkennung und der wiederum zulässigen Hinnahme der faktischen Verwaltung eines Gebietes ist dabei allerdings verschwommen.[1642] Eine klare Grenzziehung mag zwar aufgrund realpolitischer Umstände und der jeweiligen Interessen der Parteien grundsätzlich erschwert sein, ist aber auf den einzelnen Fall konkret anzuwenden.

Sollte nämlich die jeweilige Verwaltungsmacht bzw. Besatzungsmacht nicht in ihrer Funktion als solche handeln, sondern bereits in den Vertragsverhandlungen als vermeintlich rechtmäßiger Souverän über die verwalteten bzw. besetzten Gebiete auftreten, ist die mitunter sonst verschwommene Grenzziehung zwischen implizierter bzw. expliziter Anerkennung einer völkerrechtswidrigen Situation und der Hinnahme der faktischen Verwaltung des Gebietes von vornherein ersichtlich und für den potentiellen Handelspartner unmöglich zu verkennen.[1643]

3. Ergebnis

Die Regelungen des humanitären Völkerrechts zeigen, dass die Wünsche und der Wille der besetzten Bevölkerung außer Acht bleiben, da diese vielmehr unter der Prämisse einer rein faktischen Kontrolle unabhängig von der Legitimität der Besetzung gelten. Eine Besatzungsmacht kann jedoch die natürlichen Ressourcen nicht willkürlich für ihre Zwecke nutzen, da dies durch das Nießbrauchsrecht aus Art. 55 HLKO und dem Verbot der Plünderung iSv. Art. 47 HLKO begrenzt ist. Dementsprechend enthält das Besatzungsrecht keine ausdrückliche Verpflichtung zur Konsultation der genuinen Bevölkerung oder gar zu Einholung der Zustimmung des Volkes. Das Selbstbestimmungsrecht hingegen beruht auf dem Willen des Volkes und steht damit diesbezüglich zunächst in einem offenen Konflikt zu den Regelungen des Besatzungsrechts. Zwar ist Marokko weder *De-jure-* noch *De-facto*-Verwaltungsmacht der Westsahara. Die Verpflichtungen, die

---

1642 *Gundel*, Der EuGH als Wächter über die Völkerrechtlichen Grenzen von Abkommen der Union mit Besatzungsmächten, 52 Europarecht (2017), 470 (478).

1643 Vgl. *Benvenisti*, The International Law of Occupation, S. 85; *Wathelet*, 2018 (Fn. 55), Rn. 252.

sich aus dem Status der Westsahara als NSGT nach Art. 73 UN-Charta
ergeben, dürfen jedoch nicht unterlaufen werden.[1644] Festhalten lässt sich
zunächst die Gemeinsamkeit beider Konstrukte, dass die Verwaltungs- bzw.
Besatzungsmacht Verträge über die natürlichen Ressourcen des von ihr
verwalteten bzw. besetzten Gebietes aufgrund der Implikationen des Selbstbestimmungsrechts der Völker nur eingeschränkt vornehmen darf.

Die Regelungen über NSGTs sind hinsichtlich der Ausbeutung natürlicher Ressourcen ehemals kolonialisierter Gebiete bzw. Völker spezieller
und gerade auf die Situation eines zu dekolonisierenden Gebietes zugeschnitten. Dabei legen sie der Verwaltungsmacht hohe Beschränkungen auf,
sofern es um die Rechte des Volkes und die Rechte an den natürlichen Ressourcen geht.[1645] Jede Einschränkung der Befugnisse einer von der UN legitim eingesetzten Verwaltungsmacht, die in gutem Glauben handelt, muss
daher erst recht für einen Staat gelten, welcher weder *de iure* noch *de facto*
als Verwaltungsmacht eingestuft wurde, sondern das Gebiet über einen so
langen Zeitraum besetzt, wie es das konventionelle Besatzungsrecht eigentlich nicht vorsieht, und es als der eigenen Souveränität unterstehend verwaltet.[1646] Der besondere Status des Territoriums, die Illegalität und Länge
der Besatzung erfordern, dass die Regelungen zur Besatzung im Lichte
der anwendbaren Regeln, in concreto Art. 73 UN-Charta, dem Pacta-tertiis-Grundsatz, der permanenten Souveränität über natürliche Ressourcen
in NSGTs und des Selbstbestimmungsrechts ausgelegt werden müssen. Damit muss jede Ausbeutung natürlicher Ressourcen verboten werden, die
nicht zum Wohle des Volkes durchgeführt wird, nicht im Einklang mit
seinen Wünschen und Interessen steht und nicht durch seine bzw. durch
die Zustimmung seiner Vertretung legitimiert worden ist.[1647] Zudem ist
in Anlehnung an die weit verbreitete Meinung, dass das koloniale Selbst-

---

1644 Vgl. UN Doc. S/2002/161 v. 12.2.2002, Rn. 6; Ein erster ausführlicher Versuch zur
Darstellung des Verhältnisses bei: *Wrange*, Self-determination, occupation and the
authority to exploit natural resources – trajectories from four European judgments
on Western Sahara, 52 Israel Law Review (2019), 3 (20 ff.).

1645 Vgl. UN Doc. S/2002/161 v. 12.2.2002, Rn. 10.

1646 So auch *Correll*, The legality of exploring and exploiting resources in Western
Sahara, in: Botha/Olivier/van Tonder (Hrsg.), Multilateralism and international
law with Western Sahara as a case study S. 238; *Wrange*, Self-determination, oc-
cupation and the authority to exploit natural resources – trajectories from four
European judgments on Western Sahara, 52 Israel Law Review (2019), 3 (21);
Ferraro, Report ICRC, Occupation and Other Forms of Administration of Foreign
Territory, S. 75 f.

1647 Vgl. *Milano,* Front Polisario and the Exploitation of Natural Resources by the
Administrative Power, 2 European Papers (2017), 953 (963); UN Doc. S/2002/161

bestimmungsrecht Ius-cogens-Charakter besitzt, daran zu erinnern, dass völkerrechtliche Abkommen, die gegen dieses Recht verstoßen, nach Art. 53 WVK nichtig sind und somit Abkommen über die Ausbeutung natürlicher Ressourcen durch Marokko, die in contrario zum Selbstbestimmungsrecht des Volkes der Westsahara stehen, per se nichtig sind.[1648]

Im Rahmen dessen ist zu betonen, dass die Fähigkeit der Verwaltungsmacht, für ein NSGT internationale Abkommen zu schließen, die wesentliche völkerrechtliche Grundsätze wie das Selbstbestimmungsrecht und den Grundsatz der dauerhaften Souveränität über die natürlichen Ressourcen tangieren, durch die Institutionalisierung und fortschreitende Selbstverwaltung des Volkes des NSGTs beschränkt wird. Spätestens gilt dies dann, sobald die Handlungen einer etwaigen nationalen Befreiungsbewegung des NSGTs gewisse Bedeutung auf internationaler Ebene erlangt haben, wie der vom IGH bestätigte internationale Schiedsspruch in der Rechtssache betreffend den Verlauf der Seegrenze zwischen Guinea-Bissau und dem Senegal richtigerweise dargelegt hat.[1649] Die Polisario als nationale Freiheitsbewegung war über Jahre hinweg in einen bewaffneten Konflikt mit Marokko und anfangs auch Mauretanien verwickelt. Im Verlaufe dessen rief sie die DARS aus, die zwischenzeitlich von über 80 Staaten anerkannt war und Mitglied zahlreicher internationaler Abkommen, insbesondere des ZPI und der GK und internationaler Organisationen wie der OAU bzw. der AU ist.[1650] Dass eine solche Entität, die zwar weiterhin als NSGT eingeordnet ist, mitunter aber bereits selbstverwaltet agiert und sogar als Staat in einer der größten internationalen Organisationen des bestehenden internationalen Rechtssystems Mitglied ist, vollumfänglich fremdbestimmt werden soll und ausschließlich durch eine Verwaltungsmacht bzw. De-fac-

---

v. 12.2.2002, Rn. 24 f.; *Wathelet*, 2016 (Fn. 55), Rn. 108, Rn. 293; *Wathelet*, 2018 (Fn. 55), Rn. 143 f.

1648 Der EuGH hat das Selbstbestimmungsrecht des Volkes der Westsahara nicht unter Art 53 WVK subsumiert, was suggeriert, dass die europäische Gerichtsbarkeit nicht vom Ius-cogens-Charakter des Selbstbestimmungsrechts ausgeht.

1649 Rechtssache betreffend den Verlauf der Seegrenze zwischen Guinea-Bissau und dem Senegal, Schiedsspruch v. 31.7.1989, Reports of International Arbitral Awards, Bd. XX, S. 119 bis 213, Rn. 51 f.: De telles activités ont une portée sur le plan international à partir du moment où elles constituent dans la vie institutionnelle de l'Etat territorial un événement anormal qui le force à prendre des mesures exceptionnelles, c'est-à-dire lorsque, pour dominer ou essayer de dominer les événements, il se voit amené à recourir à des moyens qui ne sont pas ceux qu'on emploie d'ordinaire pour faire face à des troubles occasionnels; *Wathelet*, 2018 (Fn. 55), Rn. 233.

1650 Vgl. § 3. A. II. 1.

to-Verwaltungsmacht oder gar Besatzungsmacht vertreten und verwaltet wird, widerspricht in höchstem Maße dem Selbstbestimmungsrecht der Völker. Diesem Rechtsgedanken entspricht auch der Schiedsspruch in der Rechtssache zwischen Guinea-Bissau und dem Senegal, der die in der Staatenpraxis äußerst selten vorkommende Konstellation eines solchen Konfliktes aufgriff und rechtlich einordnete.[1651]

Wathelet stellt diesbezüglich konsequenter- und richtigerweise fest, dass selbst wenn Marokko die Eigenschaft einer Verwaltungsmacht iSv. Art. 73 UN-Charta zuerkannt werden würde, eine etwaige Vertragsabschlussfähigkeit Marokkos für die für die Westsahara wirksamen internationalen Übereinkünfte beschränkt wäre.[1652]

Dies würde sodann zur Folge haben, dass Art. 55 HLKO iVm. Art. 43 HLKO und Art. 64 GK IV durch die anwendbaren Verpflichtungen entsprechend jener soeben dargelegten einschränkenden Regelungen, die für eine Verwaltungsmacht gelten, dahingehend ausgelegt werden müssen, dass das Schutzniveau des Besatzungsrechts auf das Level des Schutzrahmens für NSGTs angehoben wird. Zudem muss der dem Besatzungsrecht grundsätzlich fremde Aspekt der Konsultation bzw. Einholung der Zustimmung des besetzten Volkes in die anwendbaren Normen implementiert werden. Selbst wenn also die Ausbeutung natürlicher Ressourcen in besetzten Gebieten mit den dem Besatzungsrecht immanenten Schranken hinsichtlich des Nießbrauchsrechts aus Art. 55 HLKO bzw. der notwendigen Verwaltung iSv. Art. 43 HLKO iVm. Art. 64 GK IV in Einklang stehen sollte, bleibt zu prüfen, ob die Ausbeutung das Selbstbestimmungsrecht des Volkes in den besetzten Gebieten beeinträchtigt bzw. verletzt und damit auch den für NSGTs geltenden Rechtsrahmen und die damit einhergehenden Mindestschutzstandards unterläuft.[1653] Entsprechend dem Rechtsgedanken des Art. 43 HLKO iVm. Art. 64 GK IV verdrängt die Situation einer Besetzung gerade nicht die zuvor bestehende Rechtsordnung, die im Falle der Westsahara zumindest durch den Rechtsrahmen für NSGTs bestehen bleiben muss.

Für die Situation der Westsahara würde dies bedeuten, dass, sofern Marokko natürliche Ressourcen über die den einschlägigen Regelungen

---

1651 Rechtssache betreffend den Verlauf der Seegrenze zwischen Guinea-Bissau und dem Senegal, Schiedsspruch v. 31.7.1989, Reports of International Arbitral Awards, Bd. XX, S. 119 bis 213, Rn. 53 f.

1652 *Wathelet*, 2018 (Fn. 55), Rn. 233.

1653 Ähnlich *Ka Lok Yip*, Natural Resources in Occupied Territories, in: Duval/Kassoti (Hrsg.), The Legality of Economic Activities in Occupied Territories, S. 44.

hinausgehenden immanenten Grenzen die Ressourcen durch Abkommen mit Drittstaaten monetisieren möchte, dieses ausschließlich möglich ist, sofern Marokko dem Drittstaat gegenüber als Besatzungsmacht auftritt. Zudem dürfen die Gewinne ausschließlich dem Volk der Westsahara zukommen und nicht den in contrario zu Art. 49 Abs. 6 GK IV angesiedelten marokkanischen Staatsbürgern, und die Wünsche und Interessen des Volkes der Westsahara müssen gebührend berücksichtigt werden. Dies wiederum kann ausschließlich durch Konsultation und Zustimmung gewährleistet werden, die durch die allgemein anerkannte Volksvertretung der Sahrawis, die Polisario, zu erfolgen hat.[1654] Die Ausbeutung natürlicher Ressourcen ohne vorherige Konsultation und Zustimmung der Vertreter eines besetzten Volkes steht in direktem Widerspruch zu dem unabdingbaren Selbstbestimmungsrecht des sahrawischen Volkes und dem Recht, die Souveränität über seine natürlichen Ressourcen auszuüben. Daher muss Marokko als Besatzungsmacht in der Westsahara sicherstellen, dass die Zustimmung des Volkes des Gebiets zur Verwertung der Ressourcen eingeholt wird und dass die Vorteile dieser Verwertung ihm zugute kommen.[1655] Im Rahmen internatio-

---

[1654] So auch die Ansicht des Rechtsgutachtens der AU: „We reiterate the fact that only the people of Western Sahara, as a NonSelf-Governing Territory, have the right to permanent sovereignty over their natural resources. To be legal, economic activities for exploration and exploitation of natural resources in Western Sahara must benefit the people of Western Sahara and respect their wishes. The people of Western Sahara and their legitimate representatives (Polisario Front) and Saharawi Republic Government should not only be consulted but must directly be involved in any arrangement or agreement regarding the exploitation or exploration of natural resources in their territory", *African Union*, Legal Opinion v. 15.10.2015, https://au.int/sites/default/files/newsevents/workingdocuments/13174-wd-legal _opinionof-the-auc-legal-counsel-on-the-legality-of-the-exploitation-and-explor ation-by-foreign-entities-of-the-natural-resources-of-western-sahara.pdf, zuletzt abgerufen am 15.6.2024.

[1655] *Smith*, The taking of the Sahara: the role of natural resources in the continuing occupation of Western Sahara, 27 Global Change, Peace & Security (2015), 1 (11). Die Rechtsabteilung der AU hat im Rahmen eines Gutachtens gefordert, dass „if Morocco has entered into agreements for the exploration and exploitation of natural resources in Western Sahara, the UN Security Council should ensure that Morocco scrupulously accounts for such activities and transfer all benefits that have accrued to the people of Western Sahara through a transparent and independent mechanism supervised by the UN and AU. There might be need for the UN and AU to appoint a Joint independent panel to verify Morocco's account", AU, Legal Opinion v. 15.10.2015, https://au.int/sites/default/files/newsevents/wo rkingdocuments/13174-wd-legal_opinionof-the-auc-legal-counsel-on-the-legali ty-of-the-exploitation-and-exploration-by-foreign-entities-of-the-natural-resou rces-of-western-sahara.pdf, zuletzt abgerufen am 15.6.2024. Im Hinblick auf die

naler Abkommen muss ferner der Pacta-tertiis-Grundsatz beachtet werden, der in Verbindung mit dem Selbstbestimmungsrecht der Völker dazu führt, dass auch Drittstaaten daran gehalten sind, nicht contra legem zu handeln. Insbesondere dürfen Abkommen nicht geschlossen werden, die ohne Zustimmung des Volkes der Westsahara ergangen sind und damit gegen die Wünsche und Interessen des Volkes verstoßen oder gar nach Art. 53 WVK nichtig sind, sofern das Selbstbestimmungsrecht als Ius-cogens-Norm anerkannt wird. Staaten, die mit Marokko Verhandlungen über die Ausbeutung natürlicher Ressourcen der Westsahara führen, in welchen Marokko als Souverän über diese auftritt, verstoßen gegen den erga omnes wirkenden Grundsatz der Nicht-Anerkennung völkerrechtswidriger Annexionen.[1656]

II. Die Europäische Union, Marokko und Verträge über die Westsahara

Die anwendbaren völkerrechtlichen Grundsätze und Regelungen zur Ausbeutung natürlicher Ressourcen zeigen, dass dies nur unter äußerst restriktiven Voraussetzungen möglich ist. Die Ausbeutung von Ressourcen der Westsahara ist trotzdem Bestandteil zahlreicher völkerrechtlicher Abkommen. Besondere Bedeutung haben insbesondere jene völkerrechtlichen Verträge, die sich über das Gebiet oder die natürlichen Ressourcen der Westsahara erstrecken, die jedoch nicht von der DARS bzw. der Polisario geschlossen wurden, sondern von Marokko und anderen Drittstaaten. Im Mittelpunkt dieser Untersuchung stehen Abkommen der Europäischen Union mit Marokko über natürliche Ressourcen aus den Gebieten der Westsahara.[1657]

---

festgefahrene politische Situation im Sicherheitsrat zugunsten Marokkos ist mit so einer Implementierung allerdings kaum zu rechnen, vgl. oben § 2. A. IV. 2.

1656 Hierzu auch § 3. A. IV. 2.

1657 Sowohl die USA als auch die Schweiz und Norwegen schlossen mit Marokko Freihandelsabkommen, die gewisse Zollvergünstigungen auf Produkte mit Ursprung Marokkos haben. Hervorhebenswert in diesem Zusammenhang ist die Tatsache, dass die Abkommen von Anfang an keine Anwendung in den Gebieten der Westsahara entfalteten, vgl. hierzu das Schreiben des Executive Office des Präsidenten der USA: „The [free trade agreement] will cover trade and investment in the territory of Morocco as recognized internationally, and will not include Western Sahara", Congressional Record-House, 22.7.2004, 17273. So auch die Stellungnahme des Schweizer Bundesrates, in der es heißt: „Diese Abkommen finden ausschliesslich auf dem Staatsgebiet des Königreichs Marokko Anwendung. Das Gebiet der Westsahara gilt laut Resolutionen der Uno als ein "nicht selbstständig regiertes Gebiet" und ist nicht Teil des Staatsgebietes von Marokko.", https://www.parlament

Seit der ersten Klageeinreichung der Polisario im Jahr 2012 vor dem EuG beschäftigt die Westsahara die europäischen Gerichte regelmäßig zu Fragen der Europa- bzw. Völkerrechtsmäßigkeit der von der EU mit Marokko geschlossenen Handelsabkommen, die die natürlichen Ressourcen der Gebiete der Westsahara implizit oder explizit miteinschließen. Im Vordergrund stehen hierbei drei wesentliche Abkommen, namentlich das als Grundlage für spätere Abkommen dienende und den grundsätzlichen Handelsrahmen zwischen der EU und Marokko schaffende Assoziierungsabkommen samt seiner Protokolle[1658], das partnerschaftliche Fischereiabkommen samt seiner Protokolle[1659] sowie das das Assoziierungsabkommen ergänzende und teils ersetzende Liberalisierungsabkommen samt seiner Protokolle.[1660]

.ch/fr/ratsbetrieb/suche-curia-vista/geschaeft?AffairId=20133178, zuletzt abgerufen am 15.6.2024.

Gemein ist den Abkommen ebenfalls die strikte Nichtanerkennung der von Marokko erhobenen territorialen Ansprüche auf das Gebiet der Westsahara, gleichzeitig aber auch die Nichtanerkennung der DARS. Die genannten Staaten sind der Ansicht, dass eine Ausdehnung der jeweiligen Abkommen auf die Westsahara die Anerkennung des marokkanischen Rechtsanspruchs auf die Souveränität über das Gebiet implizieren würde und daher dem Nicht-Anerkennungsgrundsatz widersprechen würden. Im Gegensatz hierzu ist die Haltung der EU deutlich zurückhaltender, indem in EU-Jahresberichten über Menschenrechte und Demokratie in der Welt euphemistisch festgestellt wird, dass die „Western Sahara is a territory *contested* by Morocco and the Polisario Front. It is considered a nonself-governing territory by the United Nations", EU Annual Report on Human Rights and Democracy in the World in 2014, S. 186.

1658 Europa-Mittelmeer-Abkommen zur Gründung einer Assoziation zwischen den Europäischen Gemeinschaften und ihren Mitgliedstaaten einerseits und dem Königreich Marokko andererseits - Protokoll Nr. 1 über die Regelung der Einfuhr von landwirtschaftlichen Erzeugnissen mit Ursprung in Marokko in die Gemeinschaft - Protokoll Nr. 2 über die Regelung der Einfuhr von Fischereierzeugnissen mit Ursprung in Marokko in die Gemeinschaft - Protokoll Nr. 3 über die Regelung der Einfuhr von landwirtschaftlichen Erzeugnissen mit Ursprung in der Gemeinschaft nach Marokko - Protokoll Nr. 4 über die Bestimmung des Begriffs "Erzeugnisse mit Ursprung in" oder "Ursprungserzeugnisse" und über die Methoden der Zusammenarbeit der Verwaltungen - Protokoll Nr. 5 über Amtshilfe im Zollbereich - Schlußakte - Gemeinsame Erklärungen - Abkommen in Form eines Briefwechsels - Erklärung der Europäischen Gemeinschaft - Erklärungen Marokkos, Europäisches ABl. 2000, L 70 v. 18.3.2000, S. 2.

1659 Partnerschaftliches Abkommen über nachhaltige Fischerei zwischen der Europäischen Union und dem Königreich Marokko, Europäisches ABl. L 294M v. 25.10.2006, S. 131–167.

1. Assoziierungsabkommen

Das Assozierungsabkommen wurde im Jahr 2000 geschlossen, um zwischen der EU und Marokko eine Assoziation zu gründen, in welcher schrittweise die Liberalisierung des Warenverkehrs, des Dienstleistungs- und des Kapitalverkehrs angestrebt wird. Hierdurch sollte der Handel ausgeweitet und die Entwicklung ausgewogener Wirtschafts- und Sozialbeziehungen gefördert werden. Der Regelungsgehalt des Abkommens ist sehr breit gefächert und steht unter verschiedenen Prämissen der beiden Vertragsparteien, die in der Präambel des Abkommens festgehalten worden sind.[1661] Die Assoziation soll dabei insbesondere auch auf Grundlage des beiderseitigen Verständnisses von „der Wahrung der Grundsätze der Charta der Vereinten Nationen und insbesondere der Achtung der Menschenrechte und der politischen und wirtschaftlichen Freiheiten" geleitet sein.[1662]

Ferner wurden fünf Protokolle beigefügt, die vor allem die Einfuhr von Waren und Erzeugnissen iSd. des Abkommens zum Regelungsgegenstand haben. Besonders hervorhebenswert und für die Rechtsstreitigkeiten um die Gebiete der Westsahara von hoher Importanz sind die Regelungen in Protokoll Nr. 1 zur Einfuhr von landwirtschaftlichen Erzeugnissen mit Ursprung in Marokko in die Gemeinschaft, die Regelungen in Protokoll Nr. 2 zur Einfuhr von Fischereierzeugnissen mit Ursprung in Marokko in die Gemeinschaft sowie die Regelungen des Protokolls Nr. 4 über die Bestimmung

---

1660 Abkommen in Form eines Briefwechsels zwischen der Europäischen Union und dem Königreich Marokko mit Maßnahmen zur gegenseitigen Liberalisierung des Handels mit landwirtschaftlichen Erzeugnissen, landwirtschaftlichen Verarbeitungserzeugnissen, Fisch und Fischereierzeugnissen zur Ersetzung der Protokolle Nrn. 1, 2 und 3 und ihrer Anhänge sowie zur Änderung des Europa-MittelmeerrAbkommens zur Gründung einer Assoziation zwischen den Europäischen Gemeinschaften und ihren Mitgliedstaaten einerseits und dem Königreich Marokko andererseits, Europäisches Abl. 2012, L 241/4 v. 7.9.2012, S. 4 ff.

1661 Das Abkommen umfasst acht Abschnitte in 96 Artikeln, die den freien Warenverkehr, das Niederlassungsrecht, den Dienstleistungsverkehr, den Kapitalverkehr, den Wettbewerb als solchen und sonstige wirtschaftliche Bestimmungen, die wirtschaftliche Zusammenarbeit, die Zusammenarbeit im sozialen und kulturellen Bereich, die finanzielle Zusammenarbeit und schließlich Bestimmungen über die Organe, allgemeine und Schlussbestimmungen regeln. Darüber hinaus umfasst das Abkommen sieben Anhänge, vorwiegend ausführliche Auflistungen von Waren iSd. Art. 10–12, die Einfuhrzölle und Abgabensätze senken oder konkretisieren sowie Regelungen zur Frage geistigen, gewerblichen und kommerziellen Eigentums, Europäisches ABl. 2000, L 70 v. 18.3.2000, S. 2 ff.

1662 Europäisches ABl. 2000, L 70 v. 18.3.2000, S. 2.

des Begriffs „Erzeugnisse mit Ursprung in" oder „Ursprungserzeugnisse" und über die Methoden der Zusammenarbeit der Verwaltungen.[1663] Die für die Westsahara einschlägigen Protokolle Nr. 1 und 4 haben wiederum eigene Anhänge, wobei insbesondere der Anhang II zu Protokoll Nr. 4 zur Bestimmung des Begriffs „Erzeugnisse mit Ursprung in" oder „Ursprungserzeugnisse" äußerst umfangreich ist, allerdings jegliche Bezugnahme auf Produkte oder Erzeugnisse aus der Westsahara zunächst vermieden hat. Allgemein ließ sich dem gesamten Abkommen mit seinen Protokollen und Anhängen nicht eine Bezugnahme auf die Gebiete der Westsahara entnehmen, weshalb die genaue Abgrenzung des Anwendungsbereichs des Abkommens von großer Bedeutung war. Der Anwendungsbereich des Abkommens ist in Art. 94 geregelt, wonach das Abkommen für „das Gebiet des Königreichs Marokko" Wirkung entfaltet. Die Position Marokkos und der EU divergieren hinsichtlich der Westsahara stark: Die EU ist nach wie vor der Ansicht, dass die Westsahara ein NSGT ist und damit nicht der Souveränität Marokkos unterliegen kann. Marokko hingegen verwaltet die Westsahara im Rahmen der eigenen staatlichen Souveränität und Territorialherrschaft und ist der Ansicht, dass die Westsahara integraler Bestandteil des marokkanischen Staates ist.

2. Liberalisierungsabkommen

Das Liberalisierungsabkommen wurde 2012 beschlossen und sollte das Assoziierungsabkommen erweitern und teilweise erneuern, indem es neue Regelungen zur gegenseitigen Liberalisierung des Handels mit landwirtschaftlichen Erzeugnissen, landwirtschaftlichen Verarbeitungserzeugnissen sowie Fisch und Fischereierzeugnissen iSv. Art. 16 des Assoziierungsabkommens enthält und darüber hinaus die Protokolle Nrn. 1, 2 und 3 und ihre Anhänge ersetzte.[1664] Das Liberalisierungsabkommen wurde mithin im Rahmen des Assoziierungsabkommens geschlossen und verfolgte die in diesem Abkommen gesetzten Ziele weiter. Dies galt vor allem hinsichtlich der Gewährung von Zollpräferenzen für bestimmte Waren und Güter, welche durch den im Juli 2005 vom Assoziationsrat EU-Marokko angenom-

---

1663 Die Relevanz zeigt sich unter anderem auch dadurch, dass diese Protokolle entscheidungserheblich für das jüngste Urteil des EuG gewesen sind, vgl. EuG, 2021 (Fn. 55), Rn. 24–29.

1664 EuGH, 2016 (Fn. 55), Rn. 1.

menen Aktionsplan im Rahmen der europäischen Nachbarschaftspolitik angestrebt und beschlossen worden sind.[1665] Die Protokolle des Abkommens enthalten Klauseln, die in Übereinstimmung mit dem Assozierungsabkommen bestimmen, dass die Zollvorschriften für Waren, Produkte, Erzeugnisse etc. mit Ursprung in Marokko gelten. Konkret ermöglichte es Marokko die sofortige Liberalisierung von 45 % des Wertes der Einfuhren aus der EU, während die Gemeinschaft 55 % ihrer Einfuhren aus Marokko liberalisierte.[1666] Mit Inkrafttreten des Liberalisierungsabkommens stellte sich, wie auch schon beim Assoziierungsabkommen, die Frage nach der Auslegung des räumlichen Geltungsbereichs und der möglichen faktischen Anwendung des Abkommens auf Produkte mit Ursprung aus den Gebieten der Westsahara, obwohl sich auch in diesem Abkommen keine Klausel finden lässt, die eine Anwendung auf die Westsahara implizieren könnte.[1667]

3. Fischereiabkommen bis 2006

Besondere (politische) Relevanz haben die mit Marokko abgeschlossenen Fischereiabkommen, die es den Mitgliedsstaaten der EU und ihren Vorgängerorganisationen ermöglicht haben, in den unter marokkanischer Hoheitsgewalt stehenden Gewässern kommerziellen Fischfang zu betreiben. Größter Nutznießer dieser Abkommen war seit jeher Spanien, das im Rahmen der Quotenzuteilung stets den größten Zuteilungszuschnitt erhielt.[1668] Seit dem Einmarsch Marokkos in die Westsahara in den 1970er Jahren haben die EU, die EWG und die EG zahlreiche Fischereiabkommen mit

---

1665 EuG, 2015 (Fn. 55), Rn. 123.

1666 *Western Sahara Resource Watch/Emmaus Stockholm*, Label and Liability – How the EU turns a blind eye to falsely stamped agricultural products made by Morocco in occupied Western Sahara, S. 5.

1667 Norwegen und der Rest der europäischen EFTA-Freihandelskooperation sind der Ansicht, dass die Erzeugnisse der Westsahara nicht unter ihre Handelsabkommen mit Marokko fallen und haben daher Exklusionsklauseln in die Abkommen eingefügt. Im Jahr 2011 wurde ein norwegisches Unternehmen mit einer Geldstrafe in Höhe von 1,2 Millionen Euro belegt, weil es das EFTA-Freihandelsabkommen mit Marokko fälschlicherweise angewandt hatte, um Produkte aus der Westsahara einzuführen, die als „marokkanisch" deklariert wurden, um diese Produkte unter die Präferenzen des jeweiligen Abkommens fallen zu lassen. Siehe hierzu *Western Sahara Resource Watch/Emmaus Stockholm*, Label and Liability – How the EU turns a blind eye to falsely stamped agricultural products made by Morocco in occupied Western Sahara, S. 19.

1668 *Milano*, Anuario Español de Derecho Internacional XXII (2006), 416 (422, 424).

Marokko geschlossen, in deren Rahmen finanzielle Beiträge an Marokko eine wichtige Rolle spielten.[1669] Ausgleichszahlungen direkt an das sahrawische Volk sind bis dato in keiner Vertragsklausel der Abkommen zu finden. Entscheidend für die Entwicklung der europäischen Beziehungen zum Mittelmeernachbarn Marokko war das Jahr 1986, in welchem sich die EWG verpflichtete, die Rechtsnachfolge für die bestehenden Fischereiabkommen Spaniens und Portugals mit Marokko zu übernehmen. Dies war unter anderem Teil der Bedingungen für den Beitritt der beiden Länder zur EWG.[1670] Bereits im Jahr 1976 bzw. 1978 schloss die EG mit Marokko ein erstes Interimsabkommen zur schrittweisen Liberalisierung des gemeinsamen Marktes und zur Abschaffung von Zöllen oder Abgaben gleicher Wirkung und nachfolgend ein Kooperationsabkommen[1671].

An diese Verträge anschließend, schloss die EWG 1988[1672] und 1992[1673] eigene Fischereiabkommen mit Marokko, um europäischen Fischereibetrie-

---

1669 *Milano*, Anuario Español de Derecho Internacional XXII (2006), 416 (422).

1670 Für Spanien: Europäisches ABl., L 302 (28) v. 15.11.1985, S. 74 Art. 167; Für Portugal: Europäisches ABl., L 302 (28) v. 15.11.1985, S. 128 Art. 354; Ratsbeschluss 87/442/EWG zum Abschluss eines Abkommens in Form eines Briefwechsels über die Fischereiregelung zwischen der Europäischen Wirtschaftsgemeinschaft und dem Königreich Marokko mit einstweiliger Geltung in der Zeit vom 1.8 bis 31.12.1987 nach Auslaufen des am 1.8.1983 geschlossenen Kooperationsabkommens im Bereich der Seefischerei zwischen dem Königreich Spanien und dem Königreich Marokko am 31.7.1987, Europäisches ABl., L 232 v. 19.8.1987, S. 18, 19; Das Fischereiabkommen zwischen Portugal und dem Königreich Marokko wurde am 26.3.1976 unterzeichnet und trat am 4.1.1978 für einen limitierten Zeitraum von fünf Jahren in Kraft. Es blieb für weitere Zeiträume von jeweils einem Jahr in Kraft, da es nie, wie vertraglich festgesetzt, drei Monate vor Ablauf der jeweiligen Frist gekündigt worden ist, wodurch auf diese Weise bis zum 3.1.1987 verlängert wurde, Europäisches ABl. L 346 v. 10.12.1987, S. 35; *New York City Bar Association*, Report on Legal Issues Involved in the Western Sahara Dispute: Use of Natural Resources, S. 16; *Milano*, Anuario Español de Derecho Internacional XXII (2006), 416 (422); *Damis*, Morocco's 1995 fisheries agreement with the European union: A crisis resolved, Mediterranean Politics 3 (1998), 61 (62 f.); *Hagen*, Fish before peace, in: Balboni/Laschi (Hrsg.), The European Union Approach Towards Western Sahara, Fish before peace; *White*, Too Many Boats, Not Enough Fish: The Political Economy of Morocco's 1995 Fishing Accord with the European Union, The Journal of Developing Areas 31 (1997), 313 (324 f.).

1671 Interimsabkommen: Europäisches ABl. L 141 v. 28.5.1976, S. 98–193; BT-Drs. 8/114 v. 11.2.1977, S. 1; Kooperationsabkommen und Zusatzprotokolle: Europäisches ABl. L 264 v. 27.9.1978, S. 2–118.

1672 Ratsbeschluss 88/129/EWG über a. den Abschluss des Abkommens in Form eines Briefwechsels über die vorläufige Anwendung des am 25.2.1988 in Brüssel paraphierten Abkommens über die Fischereibeziehungen zwischen der Europäischen Wirtschaftsgemeinschaft und dem Königreich Marokko; b. das Abkommen über

ben den Fischfang in den Gewässern, über die Marokko die Hoheit oder die Gerichtsbarkeit ausübt, weiterhin zu ermöglichen und sukzessive auszubauen.[1674] Ähnlich wie in den Abkommen mit Spanien und Portugal, ließ sich Marokko für die Vergabe von Fischfangquoten und den zugehörigen Lizenzen finanziell kompensieren, während keinerlei Zahlungen an das Volk der Westsahara geleistet worden sind.[1675] Das Protokoll zum Abkommen aus dem Jahr 1988 sah beispielsweise vor, dass die EWG finanzielle Beiträge an Marokko leistet, einschließlich direkter Auszahlungen an das marokkanische Ministerium für Seefischerei und Handelsmarine. Diese sind auch in den jüngsten Abkommen der EU stetige Vertragsgrundlage und wesentlicher Bestandteil der Abkommen. Auch indirekte Zahlungen waren Bestandteil der Abkommen, beispielsweise in Form von Förderungssubventionen für Forschungseinrichtungen oder zum Aufbau der Hafeninfrastruktur einschließlich der Ausbildung von Seeleuten.[1676]

---

die Fischereibeziehungen zwischen der Europäischen Wirtschaftsgemeinschaft und dem Königreich Marokko; c. das Protokoll Nr. 1 zur Festsetzung der von Marokko eingeräumten Fangmöglichkeiten und der von der Gemeinschaft gewährten Gegenleistung für den Zeitraum vom 1.3.1988 bis 29.2.1992 und das Protokoll Nr. 2 über die Versuchsfischerei, Europäisches ABl., L 99 v. 16.4.1988, S. 45–64. Siehe insbesondere die Verordnung 2054/88 über den Abschluss des Abkommens über die Fischereibeziehungen zwischen der Europäischen Wirtschaftsgemeinschaft und dem Königreich Marokko und zur Festlegung von Durchführungsbestimmungen zu diesem Abkommen, Europäisches ABl. L 181 v. 12.7.1988, S. 1 f.; *New York City Bar Association*, Report on Legal Issues Involved in the Western Sahara Dispute: Use of Natural Resources, S. 16.

1673 Abkommen in Form eines Briefwechsels über die vorläufige Anwendung des am 15. Mai 1992 in Brüssel paraphierten Abkommens über die Fischereibeziehungen zwischen der Europäischen Wirtschaftsgemeinschaft und dem Königreich Marokko, Europäisches ABl. L 218 v. 1.8.1992, S. 137 f.; Abkommen über die Fischereibeziehungen zwischen der Europäischen Wirtschaftsgemeinschaft und dem Königreich Marokko - Protokoll zur Festsetzung der Fangmöglichkeiten und der von der Gemeinschaft eingeräumten finanziellen Gegenleistung und Unterstützungen, Europäisches ABl. L 407 v. 31.12.1992, S. 3–14; *New York City Bar Association*, Report on Legal Issues Involved in the Western Sahara Dispute: Use of Natural Resources, S. 16.

1674 Europäisches ABl., L 99 v. 16.4.1988, S. 61; *New York City Bar Association*, Report on Legal Issues Involved in the Western Sahara Dispute: Use of Natural Resources, S. 16.

1675 Vgl. *New York City Bar Association*, Report on Legal Issues Involved in the Western Sahara Dispute: Use of Natural Resources, S. 16 f.

1676 So zB das Abkommen aus dem Jahr 1992, in welchem Art. 2 und Art. 4 dem marokkanischen Staat wissenschaftliche Förderungssubventionen zusagen und die Förderung von Ausbildungseinrichtungen für die maritime Wirtschaft, Europäisches ABl. L 218 v. 1.8.1992, S. 137 f.

a) Einbeziehung der Gewässer der Westsahara?

Nach Auslaufen des 1992er Abkommens schloss die EG 1995 ein weiteres Fischereiabkommen mit Marokko, in welchem der Geltungsbereich des Abkommens so festgelegt wurde, freilich ohne explizite Nennung der Westsahara, dass sich dieser ausdrücklich laut Art. 1 des Abkommens auf die Gewässer erstreckte, über die das Königreich Marokko Hoheitsgewalt oder Gerichtsbarkeit ausübt, und somit der Interpretation der Vertragsparteien nach auch über die Westsahara erstrecken sollte.[1677] Dies lässt sich mit der von der EU-Kommission erstellten Liste der bewilligten und zugelassenen Betriebe belegen. Sie zählt die im Rahmen der Kommissionsentscheidung zur präferierten Behandlung von Fischereierzeugnissen aus Marokko Unternehmungen und deren Standorte auf, die der Präferenz unterliegen sollten, und umfasst dabei auch Städte, die in der besetzten Westsahara liegen.[1678] Darüber hinaus sind in den Technischen Anhängen zum 1992er Abkommen die Gebietsgrenzen gesonderter Fanggebiete nach Breitengraden festgelegt.[1679] Es stellt sich hier, wie auch in den folgenden Abkommen,

---

1677 So schon im Beschluss des Rates 95/540/EG vom 7. 12.1995 über den Abschluss des Abkommens in Form eines Briefwechsels über die vorläufige Anwendung des am 13.11.1995 in Brüssel paraphierten Abkommens über die Zusammenarbeit in der Seefischerei zwischen der Europäischen Gemeinschaft und dem Königreich Marokko, Europäisches ABl. L 306 v. 19.12.1995, S. 1 und schließlich beschlossen und verkündet in Art. 1 des Abkommens über die Zusammenarbeit in der Seefischerei zwischen der Europäischen Gemeinschaft und dem Königreich Marokko, in welchem die Fischereizone Marokkos so definiert wird, dass diese die Gewässer umfasst, die „unter der Hoheit oder der Gerichtsbarkeit des Königreichs Marokko" stehen, Europäisches ABl. L 306 v. 19.12.1995, S. 8; *New York City Bar Association*, Report on Legal Issues Involved in the Western Sahara Dispute: Use of Natural Resources, S. 16 f.; Vgl. *Milano*, Anuario Español de Derecho Internacional XXII (2006), 416 (426).

1678 In dem Annex zur Entscheidung 95/30/EG der Kommission vom 10.2.1995 mit Sonderbedingungen für die Einfuhr von Erzeugnissen der Fischerei und der Aquakultur mit Ursprung in Marokko wurden unter anderem Unternehmungen aus den sahrawischen Städten Dakhla und El Aaiún gelistet, Europäisches ABl. L 42 v. 24.2.1995, S. 36–43. Im Rahmen der Verhandlungen äußerte sich ein Kommissionsmitglied zum Abkommen im Hinblick auf die Westsahara, dass, „We do not want to yet recognize fully Morocco's claims to the southern territory [of Western Sahara], yet we want its authorization to fish in waters south of the Canaries.", *White*, Too Many Boats, Not Enough Fish: The Political Economy of Morocco's 1995 Fishing Accord with the European Union, The Journal of Developing Areas 31 (1997), 313 (329).

1679 Technische Anhänge zum Protokoll zur Festsetzung der Fangmöglichkeiten und der von der Gemeinschaft eingeräumten finanziellen Gegenleistung und Unter-

die dieselben maritimen Grenzlegungen innehaben[1680], die Frage bei der Auslegung dieser Passagen, ob mit „südlich von 29°0'00" die Gewässer der Westsahara, die bei 27–28° beginnen und an den Gewässern Mauretaniens bei 21° enden, gemeint sind oder nur der kleine Teil der noch verbleibenden marokkanischen Gewässer.[1681] Dabei ist zu beachten, dass die Abkommen der EG vor allem Nachfolgeabkommen der zwischen Spanien und Marokko geschlossenen Vereinbarungen zum Fischfang sind. Hier ist auf das Madrider Abkommen, in concreto auf das geheime Zusatzprotokoll zum Abkommen v. 14.11.1975 zu verweisen. Dieses sicherte Spanien Fischereirechte in den Gewässern der Westsahara durch Marokko und damals noch Mauretanien für 800 spanische Schiffe für einen Zeitraum von 20 Jahren zu den gleichen Bedingungen wie bisher, mit Ausnahme der ab dem sechsten Jahr zu zahlenden Gebühren, zu.[1682] Marokko gewährte dem

---

stützungen, Europäisches ABl. L 407 v. 31.12.1992, S. 21–28; Im Rahmen des 1988er Abkommens wurden zwar auch bestimmte Gebiete eingegrenzt, allerdings beschränken sich hier die Aussagen der Fischereizonen sehr vage und unpräzise auf die „southern zone" sowie auf spezifische Breitengrade, in welchen bestimmte Fangmethoden erlaubt bzw. untersagt sind. Art. 1 des Abkommens spricht aber ebenfalls von den Gewässern unter der Hoheit oder Gerichtsbarkeit Marokkos und hat keine explizite Einbeziehungsklausel der Westsahara, Europäisches ABl., L 99 v. 16.4.1988, S. 49; *Passos*, Legal Aspects of the European Union's Approach towards Western Sahara, in: Balboni/Laschi (Hrsg.), The European Union Approach Towards Western Sahara, S. 142.

1680 Abkommen über die Zusammenarbeit in der Seefischerei zwischen der Europäischen Gemeinschaft und dem Königreich Marokko, in welchem die Fischereizone Marokkos so definiert wird, dass diese die Gewässer umfasst, die „unter der Hoheit oder der Gerichtsbarkeit des Königreichs Marokko" stehen, Europäisches ABl. L 306 v. 19.12.1995, S. 34–43; Partnerschaftliches Fischereiabkommen zwischen der Europäischen Gemeinschaft und dem Königreich Marokko, Europäisches ABl. L 141 v. 29.5.2006, S. 33, in welchem sogar hinsichtlich des Thunfischfangs die Abgrenzungsdefinition „Gesamter Atlantik" verwendet wurde; *Passos*, Legal Aspects of the European Union's Approach towards Western Sahara, in: Balboni/Laschi (Hrsg.), The European Union Approach Towards Western Sahara, S. 142.

1681 *Passos*, Legal Aspects of the European Union's Approach towards Western Sahara, in: Balboni/Laschi (Hrsg.), The European Union Approach Towards Western Sahara, S. 142; *Milano*, Anuario Español de Derecho Internacional XXII (2006), 413 (414 ff./426).

1682 Geheimes Zusatzprotokoll zwischen dem spanischen, mauretanischen und marokkanischen Staat über die wirtschaftlichen Aspekte der Übertragung der Verwaltung der Westsahara v. 14.11.1975 (unveröffentlicht), abrufbar in spanischer Sprache unter: https://www.usc.gal/export9/sites/webinstitucional/gl/institutos/ceso/desc argas/Acuerdo-Esp-Marruecos-Mauritania-secreto-1975.pdf, zuletzt abgerufen am 15.6.2024.

spanischen Staat somit für sechs Jahre die völlig gebührenfreie Ausbeutung der maritimen natürlichen Ressourcen der Westsahara.[1683]

Ferner ist anzumerken, dass die Abkommen trotz international entgegenstehender Staatenpraxis keine explizite Einbeziehungs- bzw. Ausschlussklausel hinsichtlich der Gebiete der Westsahara beinhalteten. Sofern die EG hierzu tatsächlich den politischen Willen gehabt hätte, wäre es ein Leichtes gewesen eine solche zu implementieren, wie die zwischen Marokko und den USA, der Schweiz und Norwegen geschlossenen Freihandelsabkommen eindrücklich darlegen.[1684] Nach der einschlägigen Staatenpraxis, hier gebildet durch die Staaten, die die Mehrheit der Verwaltungsmächte darstellen, die noch Hoheitsgebiete ohne Selbstregierung verwalten[1685], namentlich die USA, Neuseeland und das Vereinigte Königreich, setzt die Anwendung von Verträgen oder Übereinkünften auf Hoheitsgebiete ohne Selbstregierung eine ausdrückliche Ausweitung im Vertragstext voraus.[1686] Als ein solches Hoheitsgebiet ohne Selbstregierung hat die Westsahara nach Art. 73 UN-Charta und der Friendly Relations Declaration „einen vom Hoheitsgebiet des Staates, von dem es verwaltet wird, gesonderten und unterschiedlichen Status (...) so lange (...) bis das Volk (...) des Hoheitsgebiets ohne Selbstregierung sein Recht auf Selbstbestimmung im Einklang mit der Charta und insbesondere mit ihren Zielen und Grundsätzen ausgeübt hat".[1687] Es gibt keine detaillierten Aufzählungen der tatsächlich aus den

---

1683   Zum historischen Kontext der spanischen Fischereiaktivitäten in der Westsahara siehe *Zunes/Mundy*, Western Sahara, War, Nationalism and Conflict Irresolution, S. 82 f.

1684   Siehe hierzu oben und *Koury*, The European Community and Members States´ Duty of Non-Recognition under the EC-Marocco Association Agreement: State Responsibility and Customary International Law, in: Arts/Pinto-Leite (Hrsg.), International Law and the Question of Western Sahara, S. 168.

1685   Die USA verwalten noch immer das Gebiet von Guam, die Amerikanischen Jungferninseln und das Gebiet von Amerikanisch-Samoa. Neuseeland verwaltet Tokelau. Frankreich verwaltet Neukaledonien und Französisch-Polynesien und hat im Vergleich zu den anderen Staaten eine andere Praxis, indem von Frankreich geschlossene Verträge auf die beiden Gebiete stets Anwendung finden, es sei denn, dass dies ausdrücklich im Vertragstext ausgeschlossen ist. Das Vereinigte Königreich verwaltet Anguilla, Bermuda, Gibraltar, die Kaimaninseln, die Falklandinseln, die Turks- und Caicosinseln, die Britischen Jungferninseln, Montserrat, Pitcairn und St. Helena. Zusammen verwalten die drei Staaten 14 der noch existierenden 17 Gebiete ohne Selbstregierung, *Wathelet*, 2016 (Fn. 55), Rn. 78.

1686   *Wathelet*, 2016 (Fn. 55), Rn. 79; Hierzu auch *Chapaux*, The Question of the European Community-Morocco Fisheries Agreement, in: Arts/Pinto Leite (Hrsg.), S. 235 f.

1687   UN Doc. A/RES/2625 (XXV) v. 24.10.1970, S. 7.

Gebieten der Westsahara erfischten Bestände seitens der EG-Organe aus
dieser Zeit. *Milano* stellt fest, dass die Einzelheiten der Umsetzung der
früheren Fischereiabkommen von der Kommission nie veröffentlicht worden sind und hierzu bis dato keinerlei Angaben seitens der EU-Behörden
auffindbar sind.[1688] Selbst der Wissenschaftliche Dienst des Europäischen
Parlamentes hatte in seinem Gutachten 2006 keinerlei belastbare Daten
auffinden können, die die genauen Fischfangzahlen in den Gebieten der
Westsahara durch die Abkommen von 1988–1995 belegen konnten. Er kam
aber zu der klaren Einschätzung, dass die Abkommen auf die Gewässer der
Westsahara de facto angewandt worden sind.[1689]

b) Zwischenergebnis

White analysiert im Zusammenhang mit dem 1995er Abkommen zutreffenderweise, dass Marokko bereits damals durch die Abkommen seinen
Herrschaftsanspruch und die territoriale Souveränitätsausübung über den
maritimen Bereich der Ausschließlichen Wirtschaftszone (AWZ) hat aus-
bauen und legitimieren wollen. Dieses Vorgehen war durchaus erfolgreich,
was sich durch die Folgeabkommen der EG und Marokko zeigt, die erstmalig 2015 einer juristischen und gerichtlichen Kontrolle unterlagen und
damit 27 Jahre aktiv zu der Legitimation der marokkanischen Souveränitätsansprüche über westsahrawische Gewässer und der Verfestigung des
Status quo beigetragen haben.[1690] In widersprüchlicher Herangehensweise
der EG hat sie zwar die Souveränitätsansprüche Marokkos über die ländlichen Gebiete der Westsahara nicht (explizit) anerkannt. Gleichzeitig hat sie
aber mit Abschluss des Abkommens 1995 zumindest implizit die Gewässer
anerkannt, die explizit und de facto unter der Hoheit und Gerichtsbarkeit
des Königreichs standen, obwohl sie Gewässer der Westsahara waren. Ungeachtet dessen, dass die Gewässer der Westsahara folgelogisch ebenfalls
einen dem NSGT zugehörigen und von Marokko unterschiedlichen Status

---

1688 *Milano*, Anuario Español de Derecho Internacional XXII (2006), 416 (426).

1689 *Juristischer Dienst des Europäischen Parlaments*, Proposal for a Council Regulation
on the conclusion of the Fisheries Partnership Agreement between the European
Community and the Kingdom of Morocco, SJ-0085/06 v. 20.2.2006, Rn. 41 ff.,
Fn. 19.

1690 *White*, Too Many Boats, Not Enough Fish: The Political Economy of Morocco's
1995 Fishing Accord with the European Union, The Journal of Developing Areas 31
(1997), 313 (319 f.).

innehaben und die direkte Ausbeutung der maritimen natürlichen Ressourcen gleichermaßen gegen das Recht der Selbstbestimmung der Sahrawis verstößt wie die Ausbeutung der ländlichen natürlichen Ressourcen, schloss die EG das Abkommen mit Marokko.[1691] Unter den Begriff der Gewässer unter der Hoheit und Gerichtsbarkeit des Königreich Marokkos stehend sind also im Lichte der von Spanien und Marokko etablierten und von der EG aufrechterhaltenen und weitergeführten Staatenpraxis auch die Gewässer der Westsahara realpolitisch in den Anwendungsbereich der Abkommen miteinbezogen worden, wie die spätere faktische Ausführung der EG und Marokko hinsichtlich der tatsächlich ausgebeuteten Fischbestände in der Westsahara zeigen sollte.[1692]

1691 Die Gesetzesentwürfe 37.17 und 38.17 wurden am 22.1.2020 einstimmig verabschiedet und erweitern die Seegrenzen des Königreichs und die damit einhergehende rechtliche Befugnis Marokkos, über die Gewässer und damit auch über die natürlichen Ressourcen der Westsahara zu verfügen, was zuvor explizit nicht gesetzlich verankert war, aber durch die Staatenpraxis, vor allem von der EU und Marokko bereits de facto akzeptiert und so angewandt worden ist. Das Stecken und Definieren der Seegrenzen hätte bereits vor Jahren erfolgen sein müssen, da Marokko 1982 das SRÜ unterzeichnet und 2007 ratifiziert hat. Durch die teilweise aber offizielle Erweiterung der Seegrenzen auf die Gewässer der Westsahara, aber auch der Kanarischen Inseln, ist ein diplomatischer Konflikt zwischen Spanien und Marokko ausgebrochen, der 2021 durch zusätzliche Spannungen in Fragen der Migrationspolitik und den Spannungen hinsichtlich der spanischen Enklaven Ceuta und Melilla in der Ausweisung des jeweiligen diplomatischen Personals mündete, *Torreblanca*, This time is different: Spain, Morocco, and weaponised migration, in: European Council on Foreign Relations, abrufbar unter: https://ecfr.eu/article/this-time-is-different-spain-morocco-and-weaponised-migration/, zuletzt abgerufen am 15.6.2024; *Bennis*, The Underlying Causes of Morocco-Spain Maritime Dispute off the Atlantic Coast, S. 3 ff.; Menas Associates, Rising tensions escalate after Morocco extends its territorial waters, https://www.menas.co.uk/blog/rising-tensions-escalate-after-morocco-extends-its-territorial-waters/, zuletzt abgerufen am 15.6.2024.

1692 *Dawidowicz*, Trading Fish or Human Rights in Western Sahara? Self-Determination, Non-Recognition and the EC-Morocco Fisheries Agreement, in: French (Hrsg.), Statehood and Self-Determination, S. 269 f.; *Wrange*, Western Sahara, the European Commission and the Politics of International Legal Argument, in: Duval/Kassoti (Hrsg.), The Legality of Economic Activities in Occupied Territories; *Chapaux*, in: Arts/Pinto Leite (Hrsg.), The Question of the European Community-Morocco Fisheries Agreement, S. 218; *Wrange*, Israel Law Review 52 (2019), 3 (11 f.); Vgl. auch *Milano*, Anuario Español de Derecho Internacional XXII (2006), 413 (416); *Thomas*, The Emperor´s Clothes. S. 112 ff.

4. Die Fischereiabkommen der Union mit Marokko seit 2006

Aufgrund der begrenzten Möglichkeiten zur nachvollziehbaren und stichhaltigen Datenanalyse der soeben behandelten Abkommen soll das Fischereiabkommen aus dem Jahr 2006 besondere Beachtung erfahren. Im Vergleich zu den bisherigen Abkommen der EU bzw. ihrer Vorgängerinstitutionen stand dieses in ungewohnter medialer Öffentlichkeit und wissenschaftlicher Kritik. Es war somit wichtige Ausgangslage für akademische Diskussionen und zog auch staatspraktische Auswirkungen nach sich. Ferner ist es in der konkreten Ausgestaltung den Abkommen am nächsten, die mehrfach Gegenstand vor den europäischen Gerichten seit 2015 waren. Somit liefert das Abkommen wichtige Erkenntnispunkte hinsichtlich des realpolitischen Verhaltens der EU und der möglicherweise bereits damals rechtswidrigen Praxis der EU-Organe hinsichtlich ihrer außenhandelspolitischen Beziehungen und Vorgehensweisen beim Abschluss völkerrechtlicher Abkommen mit einem Drittstaat, der über die Gebiete eines von ihm besetzten NSGT verfügt. Die extensive Analyse des Abkommens zeigt mithin auch die realpolitischen Interessen der beteiligten Mitgliedsstaaten, insbesondere Spaniens wie auch der EU und Marokkos hinsichtlich der immer wichtiger werdenden gemeinsamen sicherheitspolitischen Interessen auf. Diese stellten mit den Anfang der 2000er Jahre erhöhten Migrationsbewegungen Richtung Europa ein äußerst sensibles politisches Agendathema dar. Durch die Fluchtbewegungen in den Jahren 2015–2021 verstärkten sich die politischen Probleme diesbezüglich weiter und werden von Marokko aktiv als Druckmittel in den Verhandlungen mit der EU genutzt.[1693]

1693 Zuletzt nutzte Marokko die Migranten im Mai 2021 als politische Waffe, indem Marokko Tausende von ihnen in die spanischen Enklaven Ceuta und Melilla vordringen ließ, während der Polisario-Generalsekretär *Ghali* in Spanien aufgrund einer Covid-19 Erkrankung hospitalisiert war. Marokko forderte die Auslieferung bzw. strafrechtliche Verfolgung *Ghalis* aufgrund angeblich begangener Straftaten und Verbrechen, die er in Gebieten der Westsahara begangen haben sollte, und forderte dahingehend die spanische Regierung auf, zu intervenieren, die richtigerweise auf den Gewaltenteilungsgrundsatz hinwies und die Entscheidung den spanischen Gerichten zuordnete. *Bourita*, der marokkanische Außenminister, fragte sich suggestiv in einem Interview mit der spanischen Presse „Why doesn't Spain consider it should have to inform Morocco of the presence of Ghali? Would they rather consort with the enemies of Morocco? This is a test of our relationship" und ob Spanien dazu bereit wäre „to sacrifice relations with Morocco", https://www.v oanews.com/a/europe_fresh-dispute-erupts-between-spain-and-morocco-over -western-sahara-leader/6205654.html, zuletzt abgerufen am 15.6.2024. Er mahnte ferner an, dass es sich nicht um eine „relationship à la carte" handle: „when it

Die Fischereiabkommen wie auch das Assoziierungsabkommen und das Liberalisierungsabkommen zwischen der EU und Marokko spielen im komplizierten Beziehungsgeflecht der beteiligten Stakeholder eine heikle

---

comes to plotting with Algeria and the Polisario, Morocco is off Spain's radar, but when it comes to migration or terrorism, it becomes important again" und lehnte es ab, Marokko als „the policeman" der EU zu sehen hinsichtlich der Migrationsproblematiken an den Außengrenzen der Europäischen Union, https://n orthafricapost.com/49470-spain-faces-a-choice-either-morocco-or-polisario -leader-foreign-minister-warns.html, zuletzt abgerufen am 15.6.2024. Es wurde zudem darauf hingewiesen, dass Marokko stets hinter Spanien stand, als es um die mögliche Unabhängigkeit Kataloniens ging, die Spanien in eine schwere politische Krise warf. Gleichzeitig gewährte es als Reaktion auf die Behandlung *Ghalis* dem Initiator und Treiber der katalanischen Unabhängigkeitsbewegung, *Puigdemont*, politisches Asyl in Marokko, https://www.middleeastmonitor.com/20210430-mor occo-grants-asylum-to-former-catalan-leader-in-response-to-polisario-visit-to-spa in/, zuletzt abgerufen am 15.6.2024.

Das für das Verfahren gegen *Ghali* zuständige Gericht in Spanien, die Audiencia Nacional, hörte ihn zu den vorgeworfenen Anschuldigungen an und ließ ihn am 1.6.2021 das Land verlassen, nachdem es feststellte, dass die Beweislage nicht ausreichend sei. Als Reaktion auf die spanische Hospitalisierung *Ghalis* berief Marokko am 18.5.2021 seine Botschafterin aus Madrid ab und brach zunächst alle offiziellen diplomatischen Verbindungen ab. Zwar sind diplomatische Beziehungen teils wieder aufgenommen worden, die marokkanische Botschafterin ist aber im Dezember 2021 noch immer nicht nach Madrid zurückgekehrt, was Marokko weiterhin als politisches Druckmittel, vor allem bezüglich eines möglichen Positionswechsels der spanischen Regierung hinsichtlich des Westsahara-Konflikts nutzen könnte, *Calero*, Marruecos espera un «gran gesto» de España para normalizar las relaciones bilaterales, ABC Espana v. 9.12.2021, https://www.abc.es/espan a/abci-marruecos-espera-gran-gesto-espana-para-normalizar-relaciones-bilater ales-202112081803_noticia.html, zuletzt abgerufen am 15.6.2024; *Kasraoui*, Spain Concerned About Absence of Morocco's Ambassador in Madrid, Morocco World News v. 10.12.2021, https://www.moroccoworldnews.com/2021/12/345939/spain-c oncerned-about-absence-of-moroccos-ambassador-in-madrid, zuletzt abgerufen am 15.6.2024.

Zudem ist die Migrationsroute zwischen Marokko und der Westsahara, speziell aus Dakhla, in Richtung der Kanarischen Inseln in den letzten Jahren immer höher frequentiert, wobei es hier zu mehreren tödlichen Vorfällen kam. Waren es 2019 noch 2.698, waren es im Jahr 2020 bereits 23.023 Migranten, die die Routen nutzten, von denen 849 ums Leben kamen, und 2021 um die 20.000, von denen 909 Menschen ums Leben kamen, *Sandner*, Spain's Canary Islands draw more migrants despite dangers, Deutsche Welle v. 28.11.2021, https://www.dw.com/en/ spains-canary-islands-draw-more-migrants-despite-dangers/a-59953338, zuletzt abgerufen am 15.6.2024; *Minder*, Nearly 60 Reported Dead in Effort to Reach Canary Islands, The New York Times v. 1.10.2021, https://www.nytimes.com/2 021/10/01/world/europe/african-migrants-drown-canary-islands.html, zuletzt abgerufen am 15.6.2024.

Rolle. Sie sind mitunter einerseits wichtigstes Vehikel für die gemeinsame Wirtschaftspolitik und andererseits im Lichte der Auswirkungen auf den Westsaharakonflikt ein nicht wegzudenkendes Element im international-rechtlichen Flickenteppich des Selbstbestimmungsrechts der Völker und dessen Legitimität und praktischer Durchsetzbarkeit auf dem Minenfeld partikularer Staateninteressen. An dieser Stelle sei dazu anzumerken, dass es bis zum Rechtsgutachten *Corells* aus dem Jahr 2002 kaum Bestrebungen und Anregungen im wirtschaftspolitischen Sektor gab, die möglicherweise solchen Abkommen entgegenstehenden internationalen Rechtsnormen in den Beratungsprozess miteinzubeziehen und die Rechtmäßigkeit von Abkommen hinsichtlich umstrittener Territorien und NSGTs zu berücksichtigen.[1694] Dies erklärt unter anderem auch die relativ flachen staatsprak-tischen wie auch wissenschaftlichen Debatten hinsichtlich der Vorgänger-abkommen des 2006er Abkommens. Im Lichte des Gutachtens und der dadurch angeregten Diskussion rund um den Rechtsstatus eines NSGTs und primär bezüglich der Ausbeutung natürlicher Ressourcen stand das 2006er Abkommen erstmalig aufgrund der aufgeworfenen Fragen zur Lega-lität und Völkerrechtskonformität unter erheblichem politischen Druck.[1695]

a) Fischereiabkommen 2006

Das Abkommen war das Ergebnis jahrelanger und schwieriger Verhand-lungen, die auf die Beendigung des vorherigen bilateralen Fischereiabkom-mens zwischen der EG und Marokko im Jahr 1999 gefolgt waren. Dieses enthielt keine automatische Verlängerungsklausel und seit dessen Auslaufen war es zu keinem Abschluss eines erneuerten Abkommens gekommen.[1696] 2006 unterzeichneten Marokko und die EU das vierjährige Abkommen (FPA), welches es europäischen Schiffen erlaubte, vor der marokkanischen Küste innerhalb der Gewässer „unter der Hoheitsgewalt oder Gerichtsbar-keit des Königreichs Marokko" zu fischen.[1697] Die oben bereits angerissene Diskussion zur (faktischen) Anwendung der EG-Abkommen auf die Ge-

---

1694 Weder zu den Abkommen 1988, 1992 noch zum 1995er Abkommen sind solche Erwägungen aus den Ratsbeschlüssen und vorbereitenden Beschlüssen ersichtlich.
1695 Vgl. *Milano*, Anuario Español de Derecho Internacional XXII (2006), 413 (421 f.).
1696 *Smith*, Ocean Yearbook 27 (2013), Fishing for Self-determination: European Fish-eries and Western Sahara–The Case of Ocean Resources in Africa's Last Colony, 267 (277); *Milano*, Anuario Español de Derecho Internacional XXII (2006), 413 (413 f.).
1697 Art. 2a des FPA, Europäisches ABl. L 141 v. 29.5.2006, S. 5.

wässer der Westsahara war ebenfalls Gegenstand der Debatte im Rahmen des Abschlusses des FPA. Dies sorgte im Lichte des *Corell-Gutachtens* und der daraus entstandenen Dynamik für erstmalige juristische Tiefenanalyse des rechtlichen Korsetts beim Abschluss unionsrechtlicher Völkerrechtsabkommen, die ein NSGT mittelbar und auch unmittelbar miteinbeziehen, und zog damit auch im realpolitischen Sektor der Außenhandelspolitik Konsequenzen nach sich. Zudem haben diese Erwägungen auch seit 2015 auf der Ebene der Judikative Einhalt gefunden, wodurch die gemeinsame Außenhandelspolitik der EU in den vergangenen Jahren durch Anwendung von für die EU völkerrechtlich verbindlichen Normierungen erstmalig maßgeblich eingeschränkt wurde.[1698]

aa) Der Inhalt des Abkommens

Die vertraglich geregelte Laufzeit betrug vier Jahre und war mit umfangreichen finanziellen Gegenleistungen ausgestaltet. Die vier Jahre laufende Fangquotenverteilung in Höhe von 60.000 Tonnen Pelagischem Fisch, aufgeteilt auf 119 europäische Lizenznehmer, wurde von der EU nach Art. 7 Abs. 1 iVm. Art. 2 FPA durch die Zahlung von 144,4 Millionen Euro erkauft. Diese Summe wurde von den Fischfang betreibenden und lizenzierten Schiffseigentümern um eine Summe von 13,6 Millionen Euro ergänzt.[1699] Die geleisteten Zahlungen gingen dabei ausschließlich und unter vollständiger Verfügungsautorität an den marokkanischen Staat. Das FPA sah, wie auch die vorherigen Abkommen, keine Klausel vor, dass die finanzielle Kompensation seitens der EG für das Volk der Westsahara bzw. für das Gebiet als solches verwendet werden muss.[1700] Doch genau dieses Kriterium rückte seit dem Rechtsgutachten *Correls* immer mehr in den Fokus der

---

1698 Vgl. zum Beispiel *Dawidowicz*, Trading Fish or Human Rights in Western Sahara? Self-Determination, Non-Recognition and the EC-Morocco Fisheries Agreement, in: French (Hrsg.), Statehood and Self-Determination, S. 269 f.; *Wrange*, Western Sahara, the European Commission and the Politics of International Legal Argument in: Duval/Kassoti (Hrsg.), The Legality of Economic Activities in Occupied Territories; *Chapaux*, in: Arts/Pinto Leite (Hrsg.), The Question of the European Community-Morocco Fisheries Agreement, S. 218; *Wrange*, Israel Law Review 52 (2019), 3 (11 f.); Vgl. auch *Milano*, Anuario Español de Derecho Internacional XXII (2006), 413 (416); *Thomas*, The Emperor´s Clothes. S. 112 ff.

1699 *Milano*, Anuario Español de Derecho Internacional XXII (2006), 413 (423 f.).

1700 Europäisches ABl. L 141 v. 29.5.2006, S. 6/9; *Milano*, Anuario Español de Derecho Internacional XXII (2006), 413 (423 f.); New York City Bar Association, Report on

Debatte. Auch war die Frage nach der rechtlichen Bewertung der Souveränität Marokkos in westsahrawischen Gewässern aufgebracht worden. Sie erfuhr erste institutionalisierte Kenntnis und Beachtung durch die Anfrage des Europaparlamentes am 25.1.2006 an den internen Wissenschaftlichen Dienst zur Ausfertigung eines Gutachtens, welches sich unter anderem mit den oben aufgeführten Punkten beschäftigen sollte.[1701] Im selben Jahr wurde auch ein Gutachten vom Wissenschaftlichen Dienst des Rates erstellt, welches bis zum 2.2.2022 unveröffentlicht war und der Öffentlichkeit aufgrund eines Antrags des Autors nach Art. 15 AEUV inzwischen bis Randnummer 16 zugänglich ist, wobei die Subsumtion und die rechtliche Conclusio des Dienstes noch immer unter Geheimhaltung stehen.[1702] Das mittlerweile vollständig geleakte Gutachten des Wissenschaftlichen Dienstes des EU-Parlamentes war vom Entwicklungsausschuss des Europäischen Parlaments angefordert worden. Der Ausschuss ist davon ausgegangen, dass das partnerschaftliche Fischereiabkommen EU-Schiffen den Fischfang vor der Westsahara im Einklang mit dem Völkerrecht erlauben würde, wollte sich dahingehend aber durch die Ausarbeitung des Wissenschaftlichen Dienstes absichern.[1703]

bb) Gutachten Juristischer Dienst des Europäischen Parlaments

Sodann erstellte der Wissenschaftliche Dienst des Europäischen Parlaments ein der Öffentlichkeit unzugängliches Gutachten. In diesem wurde zunächst vorsichtig darauf hingewiesen, dass die Umsetzung des partnerschaftlichen Fischereiabkommens sorgfältig überwacht werden sollte, um die Einhaltung des Völkerrechts zu gewährleisten. Die Sorge wurde geäußert, da der Text des Abkommens nicht klar genug festlege, ob in den

---

Legal Issues Involved in the Western Sahara Dispute: Use of Natural Resources, S. 17 f.

1701   Der genaue Wortlaut der Anfrage war, ob „the Council Regulation concluding an Agreement with Morocco that would allow EU vessels to fish in the waters of the Western Sahara is compatible with the principles of International Law", *Juristischer Dienst des Europäischen Parlaments*, Proposal for a Council Regulation on the conclusion of the Fisheries Partnership Agreement between the European Community and the Kingdom of Morocco, SJ-0085/06 v. 20.2.2006, Rn. 1 /S. 10.

1702   *Juristischer Dienst des Europäischen Rates*, Doc. 6664/06 v. 22.2.2006.

1703   *Juristischer Dienst des Europäischen Parlaments*, Proposal for a Council Regulation on the conclusion of the Fisheries Partnership Agreement between the European Community and the Kingdom of Morocco, SJ-0085/06 v. 20.2.2006, Rn. 1.

Gewässern vor der Westsahara Fischfang betrieben werden dürfe.[1704] Erstmalig wandte sich ein europäisches (Teil-)Organ der Analyse eines völkerrechtlichen Abkommens der EG hinsichtlich der Vereinbarkeit dessen mit Internationalem Recht zu, in welcher die Rechtsposition eines NSGTs im Mittelpunkt stehen sollte. Damit setzte es einen wichtigen Präzedenzfall für kommende Begutachtungen und die Sensibilisierung der politischen Organe hinsichtlich der Vereinbarkeit ihrer Interessenspolitik mit geltendem Internationalen Recht.

(1) Die rechtliche Würdigung des Abkommens

Im Rahmen seiner rechtlichen Würdigung stützte sich der Wissenschaftliche Dienst im Wesentlichen auf zwei Punkte. Einerseits wurde festgestellt, dass die Westsahara den Status eines NSGT gemäß Artikel 73 der UN-Charta hat und dass Marokko de facto dessen Verwalter ist. Andererseits wurde dargelegt, dass die Westsahara das Recht auf die natürlichen Ressourcen des Territoriums in dem Sinne genießt, dass wirtschaftliche Aktivitäten, die die natürlichen Ressourcen des Gebietes betreffen, nicht unter Missachtung der Interessen und Wünsche der lokalen Bevölkerung durchgeführt werden dürfen.[1705] Hinsichtlich des letztgenannten Punktes stützte der Wissenschaftliche Dienst seine Analyse auf das *Corell*-Gutachten. Er behauptete darüber hinaus, dass dieser Ansatz in Bezug auf den Grundsatz der Souveränität über natürliche Ressourcen mit dem Seerechtsübereinkommen der Vereinten Nationen (SRÜ) und den allgemeinen Grundsätzen des Völkerrechts im Einklang stehe.[1706]

Der Wissenschaftliche Dienst kam schließlich zu der Conclusio, dass die Vereinbarkeit des FPA mit den einschlägigen völkerrechtlichen Regelun-

---

1704 *Juristischer Dienst des Europäischen Parlaments*, Proposal for a Council Regulation on the conclusion of the Fisheries Partnership Agreement between the European Community and the Kingdom of Morocco, SJ-0085/06 v. 20.2.2006, Rn. 37 ff., 45 d/e.

1705 *Juristischer Dienst des Europäischen Parlaments*, Proposal for a Council Regulation on the conclusion of the Fisheries Partnership Agreement between the European Community and the Kingdom of Morocco, SJ-0085/06 v. 20.2.2006, Rn. 37 a und b; *Milano*, Anuario Español de Derecho Internacional XXII (2006), 413 (435 f.).

1706 *Juristischer Dienst des Europäischen Parlaments*, Proposal for a Council Regulation on the conclusion of the Fisheries Partnership Agreement between the European Community and the Kingdom of Morocco, SJ-0085/06 v. 20.2.2006, Rn. 16–21 sowie Rn. 21 und Rn. 37 (b).

gen, insbesondere des Selbstbestimmungsrechts der Völker, davon abhänge, wie die marokkanischen Behörden das Abkommen umsetzen. Zudem sei entscheidend, inwieweit es Vorteile für die Bevölkerung der Westsahara vorsehe. Gleichzeitig wies er darauf hin, dass diese Informationen von Marokko eingeholt werden müssten. Falls es hierbei zu Differenzen und Schwierigkeiten kommen sollte, gebe es nach Art. 10 des Abkommens die Möglichkeit zur Einsetzung eines Gemeinsamen Ausschusses ohne Partizipation sahrawischer Vertreter, der die Überwachung und Implementierung der Voraussetzungen übernehmen könne und als Ultima Ratio nach Art. 15 FPA und Art. 9 des Protokolls das Abkommen sogar ausgesetzt werden könne.[1707] Freilich sollte diese Erwägung nur im theoretischen Rahmen zur Rechtfertigung des Abkommens eine Rolle gespielt haben, um zumindest rechtlich die Möglichkeit zu kodifizieren, Sanktionsmaßnahmen erlassen zu können. Die Kernaussage der Ausarbeitung des Wissenschaftlichen Dienstes lautete, dass das Abkommen nicht per se völkerrechtswidrig sei, da der Wortlaut die Westsahara nicht explizit mit einschließe und insofern die Voraussetzungen der für NSGTs geltenden Regelungen nach der Analyse von *Corell* eingehalten würden.[1708] Vorsichtig wird der Gedanke angestoßen, dass, falls sich die Anwendung und Auslegung des Abkommens dahingehend entwickeln sollte, dass die Westsahara in den geografischen Anwendungsbereich miteinbezogen wird, das Abkommen hinsichtlich der Gebiete der Westsahara als völkerrechtswidrig angesehen werden könnte. Dies wird problematisiert, da Marokko offensichtlich nicht über die rechtliche und territoriale Souveränität für das Gebiet verfüge und somit auch keine völkerrechtlichen Abkommen über jenes schließen könne.[1709] Der Wissenschaftliche Dienst stellte ferner fest, dass das Völkerrecht eine Verwaltungsmacht grundsätzlich nicht daran hindere, Aktivitäten im Zusammenhang mit den natürlichen Ressourcen in einem nicht selbstverwalteten

---

1707 *Juristischer Dienst des Europäischen Parlaments*, Proposal for a Council Regulation on the conclusion of the Fisheries Partnership Agreement between the European Community and the Kingdom of Morocco, SJ-0085/06 v. 20.2.2006, Rn. 45 b–e.

1708 Vgl. *Juristischer Dienst des Europäischen Parlaments*, Proposal for a Council Regulation on the conclusion of the Fisheries Partnership Agreement between the European Community and the Kingdom of Morocco, SJ-0085/06 v. 20.2.2006, Rn. 45 b–e.

1709 Vgl. *Juristischer Dienst des Europäischen Parlaments*, Proposal for a Council Regulation on the conclusion of the Fisheries Partnership Agreement between the European Community and the Kingdom of Morocco, SJ-0085/06 v. 20.2.2006, Rn. 36, 40, 42; *Milano*, Anuario Español de Derecho Internacional XXII (2006), 413 (416).

Gebiet durchzuführen, sondern nur insoweit, als diese Aktivitäten unter Missachtung der Interessen und Wünsche der Bevölkerung dieses Gebiets durchgeführt werden. Diesbezüglich wurde festgestellt, dass Marokko, welches die Westsahara „de-facto" verwalte, rechtlich dazu verpflichtet sei, diese Grundsätze des Völkerrechts zu beachten.[1710]

(2) Bewertung des Gutachtens

Zwar werden die Rechtsgedanken der für NSGTs geltenden Regelungen genannt, allerdings in ihrer Rechtskraft und Verbindlichkeit falsch interpretiert, dargelegt und eindeutig hinsichtlich der europäischen Außenpolitik ergebnisorientiert ausgelegt. Der Wissenschaftliche Dienst analysiert zunächst noch zutreffend, dass die Wünsche und Interessen des Volkes der Westsahara berücksichtigt und implementiert werden müssen. Er nimmt allerdings im Rahmen seiner Conclusio von diesem Erfordernis Abstand und stützt seine rechtliche Bewertung der wesentlichen einzuhaltenden Voraussetzungen vielmehr abschließend auf den Punkt der Vorteilhaftigkeit des Abkommens für das Volk der Westsahara.[1711] Aus der Vorteilhaftigkeit würde sich nach Ansicht des Wissenschaftlichen Dienstes eine intendierte und positive Interessensentscheidung des Volkes automatisch ergeben.[1712] Dieser Ansatz ist in zweierlei Hinsicht abzulehnen und zeigt klar den politisch ambivalenten Willen der EU-Organe auf, sich einerseits an das sie bindende Völkerrecht halten zu wollen, aber andererseits möglichst vage und unpräzise zu handeln.

1710 *Juristischer Dienst des Europäischen Parlaments*, Proposal for a Council Regulation on the conclusion of the Fisheries Partnership Agreement between the European Community and the Kingdom of Morocco, SJ-0085/06 v. 20.2.2006, Rn. 36, 40, 42, 45 b; *Milano*, Anuario Español de Derecho Internacional XXII (2006), 413 (435 ff.).

1711 *Juristischer Dienst des Europäischen Parlaments*, Proposal for a Council Regulation on the conclusion of the Fisheries Partnership Agreement between the European Community and the Kingdom of Morocco, SJ-0085/06 v. 20.2.2006, Rn. 44, 45 a–e.

1712 *Juristischer Dienst des Europäischen Parlaments*, Proposal for a Council Regulation on the conclusion of the Fisheries Partnership Agreement between the European Community and the Kingdom of Morocco, SJ-0085/06 v. 20.2.2006, Rn. 44, 45 a–e.

(a) Die Tragweite des Selbstbestimmungsrechts

Zum einen wird die Tragweite des Selbstbestimmungsrechts der Völker konterkariert, indem die Beteiligung und Zustimmung des Volkes in ihrer Rechtskraft minimiert bzw. als unwesentlicher definiert werden als der finanzielle Vorteil, den das Volk der Westsahara ungewisserweise in Höhe und Verbindlichkeit von den marokkanischen Behörden ausgezahlt bekommen soll. Die Herangehensweise des Wissenschaftlichen Dienstes lässt sich mit der fehlerhaften Auslegung der missglückten Formulierung des *Corell-Gutachtens* erklären, in welcher, von ihm selbst auch nochmals klargestellt, undeutlich die Rechtswirkungen des Selbstbestimmungsrechts der Völker hinsichtlich möglicher Ausbeutungen natürlicher Ressourcen definiert wurden. Die diesbezüglich einzuhaltenden Erfordernisse und Voraussetzungen beteiligter Staaten im UN-Völkerrechtsrahmen wurden erstmalig, wenn auch nicht verbindlich, analysiert: „ (...) where resource exploitation activities are conducted in Non-Self-Governing Territories for the benefit of the peoples of those Territories, on their behalf *or* in consultation with their representatives, they are considered compatible with the Charter obligations of the administering Power and in conformity with the General Assembly resolutions and the principle of "permanent sovereignty over natural resources" enshrined therein."[1713]

Durch die Verwendung des Wortes „or" kam es in der Staatenpraxis, vor allem bei den europäischen Organen, zu Auslegungen, die dazu führten, dass die Voraussetzung der Partizipation bzw. Konsultation des Volkes fakultativ ist. Dies hatte *Corell* so aber nicht beabsichtigt und stellte hierzu klar: „If you are to use the resources of a Non-Self-GoverningTerritory for the benefit of the people, this is the first condition: it has to be for the benefit of the people, and you have to be able to prove that. You have to consult with them or their representatives, whoever it is depending on the situation in the decolonization as it were."[1714] Allerdings war eine solche Interpretation bereits zum Zeitpunkt der Erstellung des Gutachtens kaum haltbar, da *Corell* in seiner Analyse hinsichtlich der Ausbeutung von natürlichen Ressourcen in den Gebieten der Westsahara zusammenfassend statuierte: „The conclusion is, therefore, that, while the specific contracts which are

---

1713 UN Doc. S/RES/2002/161 v. 12.2.2002, S. 6 Rn. 24. Eigene Hervorhebung.
1714 *Corell*, The Principle of Sovereignty of Natural Resources and its Consequences, in: Balboni/Laschi (Hrsg.), The European Union Approach Towards Western Sahara, S. 131.

the subject of the Security Council's request are not in themselves illegal, if further exploration and exploitation activities were to proceed in disregard of the interests and wishes of the people of Western Sahara, they would be in violation of the principles of international law applicable to mineral resource activities in Non-Self-Governing Territories."[1715] Ohne eine Konsultation des Volkes bzw. seiner Vertreter ist eine dem Selbstbestimmungsrecht der Völker und Art. 73 UN-Charta genügende Interessenabwägung und Partizipation des Volkes im Rahmen potentieller Ausbeutungen ihrer natürlichen Ressourcen nicht möglich. Dies ergibt sich auch aus der von *Corell* herangezogenen Staatenpraxis, insbesondere aus der vergleichbaren Situation zu Osttimor.[1716] *Corell* stellt fest, dass die UN-Verwaltung UNTAET sowohl hinsichtlich der Fortführung des East-Timor-Gap-Treaty als auch beim Abschluss des Entwurfes des Timor Sea Arrangements zur Ausbeutung natürlicher Ressourcen im Küstengebiet Osttimors explizit die Vertreter des Volkes von Osttimor, welche eine aktive Rolle im Verhandlungsprozess spielten, miteinbezog und konsultierte.[1717]

(b) Der Volksbegriff

Ferner ist dem Gutachten an keiner Stelle eine kritische Differenzierung zwischen marokkanischen Siedlern und dem sahrawischen Volk zu entnehmen. Die Bevölkerung der Westsahara wird gleich dem Volk der Westsahara definiert und somit wurde ein falscher Betrachtungspunkt zur Begutachtung der rechtmäßigen Ausübung des Selbstbestimmungsrechts der Sahrawis gewählt. Dies erfolgte, obwohl der UN-Prozess in der Ausarbeitung erwähnt wird, im Rahmen dessen ein überaus wichtiger Punkt die Determinierung der wahlberechtigten Sahrawis zur Ausübung des Selbstbestimmungsrechts gewesen ist.[1718] Die fehlerhafte Einschätzung dieser wichtigen Determinante zog sich bis in die Verhandlungen des jüngsten Fischereiabkommens zwischen Marokko und der EU aus dem Jahr 2019. In diesen hat die Kommission zwar Menschen und Organisationen aus bzw. in der Westsahara angehört, jedoch geht aus dem Bericht nicht hervor, ob es sich dabei um das Volk der Westsahara handelte, da fortgehend der Begriff der

---

1715 UN Doc. S/RES/2002/161 v. 12.2.2002, S. 6 Rn. 25.
1716 Vgl. hierzu § 2. A. IV. 2. a). dd). (1).
1717 UN Doc. S/RES/2002/161 v. 12.2.2002, S. 6, Rn. 20; *Milano*, Anuario Español de Derecho Internacional XXII (2006), 413 (440).
1718 Vgl. § 2. A. IV. 2. a)–e).

„lokalen Bevölkerung" gewählt wird.[1719] Festzuhalten soll an dieser Stelle sein, dass bereits 2006 ein solches Verständnis vorherrschte und sich seither nicht verändert hat.[1720]

(c) Die Frage der Verantwortlichkeit für die Implementierung des Abkommens

Ein darüber hinaus gehender, ebenfalls wichtiger Punkt, der sich aus den Ergebnissen der Rechtsanalyse und der späteren Praxis der EU herausfiltern lässt, ist das Verständnis der EU, für die Situation der Westsahara nicht verantwortlich zu sein. Sie war der Ansicht, dass es nicht ihre Aufgabe sei, die völkerrechtsmäßigen Voraussetzungen zur Sicherung des Selbstbestimmungsrechts des Volkes der Westsahara zu implementieren. 2006 ist die EU davon ausgegangen, dass Marokko alleine hierfür verantwortlich sei und die EU höchstens durch den in Art. 10 FPA einzusetzenden Ausschuss Verantwortung übernehmen würde, da Marokko über die finanziellen Mittel nach Art. 2 Abs. 6 des Protokolls volle und freie Verfügungsgewalt habe.[1721] Trotzdem merkte das Gutachten an, dass es zweckdienlich wäre, wenn dem Europäischen Parlament von der Kommission und/oder dem Rat Informationen zugespielt würden, wie und in welchem Ausmaß die marokkanische Regierung plane, die Mittel für die Bevölkerung der Westsahara bereitzustellen.[1722] In konsequenter Anwendung der (mangelhaften) Auslesung und der Fehlinterpretation des *Corell-Gutachtens* kam das Gutachten nicht zu dem Schluss, dass die EU selbst auch Vorkehrungen dafür zu treffen ha-

---

1719 Europäische Kommission, COM (2018) 677 final v. 8.10.2018, S. 8; EU-Kommission, 2018/0348(NLE) Add 2 v. 8.10.2018, S. 3, 5, 8, 18, 28, 29.

1720 Vgl. EuG, 2021 (Fn. 55), Rn. 331 f., Rn. 378; Selbes ergibt sich aus dem Gutachten des Rates, welches durchgängig nur von „Bevölkerung" der Westsahara bzw. eines NSGTs spricht, *Juristischer Dienst des Europäischen Rates*, Doc. 6664/06 v. 22.2.2006, Rn. 1–16.

1721 *Juristischer Dienst des Europäischen Parlaments*, Proposal for a Council Regulation on the conclusion of the Fisheries Partnership Agreement between the European Community and the Kingdom of Morocco, SJ-0085/06 v. 20.2.2006, Rn. 42; *Milano*, Anuario Español de Derecho Internacional XXII (2006), 413 (437).

1722 *Juristischer Dienst des Europäischen Parlaments*, Proposal for a Council Regulation on the conclusion of the Fisheries Partnership Agreement between the European Community and the Kingdom of Morocco, SJ-0085/06 v. 20.2.2006, Rn. 43; *Milano*, Anuario Español de Derecho Internacional XXII (2006), 413 (437).

be[1723], dass europäische Fischereiunternehmen nicht in den Gewässern der Westsahara operieren, obwohl das Gutachten selbst darlegt, dass vorherige Abkommen mit Marokko in ihrer praktischen Ausübung die Gewässer der Westsahara implizit miteinbezogen haben. Diesem Grundverständis folgte die außenpolitische Handlungsdoktrin der EU bis zum Abkommen aus dem Jahr 2019, in welchem die Westsahara erstmalig nach einem EuGH-Urteil explizit in den Anwendungsbereich des Abkommens miteinbezogen worden ist.[1724] Das fragliche Handeln der EU-Organe hinsichtlich der Vorbereitung und des Abschlusses der Handelsabkommen mit Marokko könnte unionshaftungsrechtliche Ansprüche auslösen und ist deshalb von großer Relevanz und Aktualität, da sich das realpolitische Verhalten der EU seit Abschluss der Abkommens 2006 nicht bedeutend geändert hat.[1725]

Nach Ansicht des Wissenschaftlichen Dienstes war es bereits ausreichend, dass ein Teil des finanziellen Beitrags der Gemeinschaft für die Entwicklung der „local people" in der Westsahara vorgesehen und nicht ausschließlich an Marokko ausgezahlt werde. Der Wissenschaftliche Dienst kam somit zu der irrigen Annahme, dass, sofern das Parlament von der Kommission und dem Rat die Zusicherung erhalten könnte, dass sie Marokko auffordern werden, die notwendigen Garantien in dieser Hinsicht zu geben, die Rechtmäßigkeit des Abkommens und damit auch die Rechte der Sahrawis gewahrt wären. Dementsprechend schlug der Entwicklungs- bzw. Fischereiausschuss in seiner Abschlussempfehlung vor, Art. 2a FPA-Protokoll dahingehend abzuändern, dass dieser eine feste Klausel zur Verteilung der Gelder an die Westsahara festlegt, um den Anforderungen des Internationalen Rechts zu genügen und sah in Art. 3 FPA-Protokoll Überwachungsmechanismen vor, die die Gelderverteilung kontrollieren sollten.[1726]

1723 Vgl. zu den vom EuG im ersten Rechtsstreit vor den europäischen Gerichten festgestellten Rechtsverstößen der EU-Organe hinsichtlich der vom Rat *vor* Abschluss des Abkommens nicht erfolgten Folgenabwägung für das Territorium der Westsahara und seine Bewohner und der damit einhergehenden unzureichenden Ermessensausübung, *Hering*, Der EuGH und sein Umgang mit völkerrechtlich umstrittenen Gebieten – Anmerkung zum Urteil des EuGH v. 12.11.2019, EuR 2020, 684 (701); EuG, 2015 (Fn. 55), Rn. 223 ff. und 238 ff.

1724 Vgl. § 4. A. III. 4.

1725 Siehe hierzu ausführlich § 4. A. III. 4 und § 4. A. III. 6.

1726 Europäisches Parlament, A6-0163/2006 v. 4.5.2006, on the proposal for a Council regulation on the conclusion of the Fisheries Partnership Agreement between the European Community and the Kingdom of Morocco (COM(2005)0692 – C6-0040/2006 – 2005/0280(CNS)).

(d) Zur Rechtsposition Marokkos

Ferner ist die Rechtsauslegung des Gutachtens hinsichtlich der De-facto-Verwaltungsposition Marokkos zu kritisieren. Der Wissenschaftliche Dienst stellte fest, dass das Völkerrecht eine Verwaltungsmacht nicht daran hindere, Aktivitäten im Zusammenhang mit den natürlichen Ressourcen in einem nicht selbstverwalteten Gebiet durchzuführen, sondern nur insoweit, als diese Aktivitäten unter Missachtung der Interessen und Wünsche der Bevölkerung dieses Gebiets durchgeführt werden. Damit perpetuierte er die Haltung der EU, Marokko als Verwaltungsmacht zu behandeln, da in diesem Zusammenhang sodann festgestellt wurde, dass Marokko durch die De-facto-Verwaltung der Westsahara rechtlich verpflichtet sei, die Grundsätze des Völkerrechts und die sich hieraus ergebenden Verpflichtungen zu beachten.[1727] Zum einen wird dadurch implizit die Legitimität der marokkanischen Besatzung gefördert und zum anderen entzieht sich die EU bewusst jeglicher Verantwortung, indem diese vollständig auf Marokko transferiert wird, da es das Gebiet de facto verwaltet. Eine Auseinandersetzung mit dem rechtlichen Rahmen des Besatzungsrechts der Nicht-Anerkennungspflicht einer Annexion und den daraus resultierenden Verpflichtungen fand überhaupt nicht statt.[1728]

(3) Implementierung der Aussagen des Gutachtens

Nach Sichtung und Evaluation des Gutachtens implementierte der Entwicklungs- bzw. Fischereiausschuss des Europäischen Parlamentes die wichtigsten rechtlichen Aussagen in Änderungsvorschläge zum FPA und rechtfertigte die Anwendbarkeit des Abkommens auf die Westsahara unter Berücksichtigung der einschränkenden rechtlichen Verbindlichkeiten, die sich aus dem Völkerrecht ergeben.[1729] Die rechtliche Bewertung der Situation der Westsahara im institutionalisierten Rahmen eines europäischen Organs stellte dabei ein Novum in der europäischen Geschichte und

---

1727 *Juristischer Dienst des Europäischen Parlaments*, Proposal for a Council Regulation on the conclusion of the Fisheries Partnership Agreement between the European Community and the Kingdom of Morocco, SJ-0085/06 v. 20.2.2006, Rn. 37.

1728 Vgl. *Juristischer Dienst des Europäischen Parlaments*, Proposal for a Council Regulation on the conclusion of the Fisheries Partnership Agreement between the European Community and the Kingdom of Morocco, SJ-0085/06 v. 20.2.2006.

1729 *New York City Bar Association*, Report on Legal Issues Involved in the Western Sahara Dispute: Use of Natural Resources, S. 20.

Herangehensweise hinsichtlich des Westsaharakonflikts dar. Sie legte retroperspektiv den Grundstein für die nachfolgende Entwicklung der immer begrenzteren Möglichkeiten der europäischen Außenhandelspolitik, das Völkerrecht zu umgehen und realpolitische Interessen schlichtweg durchzusetzen.

Das FPA trat schlussendlich 2007 in Kraft, wobei die im Gutachten des Wissenschaftlichen Dienstes aufgeworfenen Fragen wiederholt Gegenstand von Untersuchungen im Europäischen Parlament gewesen sind und für langanhaltende politische wie auch rechtliche Diskussionen sorgten.[1730] Im Mittelpunkt stand dabei besonders die Frage, ob faktisch und trotz der im Vorfeld geäußerten Bedenken in den Gewässern der Westsahara gefischt wird. Im Zusammenhang hierzu geht aus einer Reihe schriftlicher parlamentarischer Anfragen und den dazugehörigen Antworten des Fischereiausschusses hervor, dass die EU-Mitgliedstaaten gemäß den im Rahmen des partnerschaftlichen Fischereiabkommens gemeldeten Daten erklärt haben, dass tatsächlich in Gebieten vor der Küste der Westsahara gefischt werde und das Abkommen mithin faktische Anwendung fand.[1731]

cc) Rechtsauffassung der EU-Organe

Äußerst relevant, auch im Hinblick auf die geschlossenen Folgeabkommen, waren parlamentarische Diskussionen und Anfragen, ob die EU-Institutionen Informationen von Marokko über die soziokulturellen und ökonomischen Auswirkungen der Fischereitätigkeiten und die von der EU im Rahmen des Abkommens geleistete Unterstützung der Industrie überhaupt einholen.[1732] Die Kommission versicherte diesbezüglich, dass sie „jede mögli-

---

1730 *New York City Bar Association*, Report on Legal Issues Involved in the Western Sahara Dispute: Use of Natural Resources, S. 20.

1731 Siehe hierzu die schriftlichen Anfragen der Parlamentsabgeordneten *Lucas/Romeva i Rueda/Scheele*, E-1073/08 v. 4.3.2008 sowie die dazugehörige Antwort der Kommission, vertreten durch Kommissar *Borg*, E-1073/2008 v. 9.4.2008; die Anfragen E-4295/08 v. 25.7.2008, E-0717/10 v. 16.2.2010 sowie die dazugehörigen Antworten E- 4295/2008 v. 3.10.2008 und E-0717/10 v. 18.3.2010; *New York City Bar Association*, Report on Legal Issues Involved in the Western Sahara Dispute: Use of Natural Resources, S. 17, S. 20 f.

1732 Beispielhaft die Anfragen E-1758/10 v. 22.3.2010, E-2633/10 v.20.4.2010 und E5723/10 v. 22.7.2010 sowie die dazugehörigen Antworten von EU-Kommissar *Damanaki*; *New York City Bar Association*, Report on Legal Issues Involved in the Western Sahara Dispute: Use of Natural Resources, S. 20.

che offizielle und inoffizielle Gelegenheit genutzt habe, um einschlägige In-formationen von den marokkanischen Behörden zu erhalten".[1733] Besonders von Bedeutung für das Rechtsverständnis der handelnden EU-Organe wa-ren die Ausführungen der Kommission, dass Maßnahmen wie die Ausset-zung des Abkommens oder die Aushandlung zusätzlicher Protokolle zwar erforderlich sein könnten, sobald einschlägige Informationen vorlägen, die von dem gemeinsamen Verhandlungsstandpunkt hinsichtlich der Gebiete der Westsahara abweichen. Es liege aber nach Ansicht der Kommission einzig und allein in der Verantwortungssphäre Marokkos, die Einhaltung der Rechte der Bevölkerung der Westsahara nach internationalem Recht zu gewährleisten.[1734] Die Argumentation und Sichtweise der EU ist an dieser Stelle im Lichte der öffentlich vertretenen eigenen sozio-politischen, aber auch rechtlichen Werte, die die Säulen der europäischen Integration und Existenz darstellen, äußerst diametral. Dem Vorschlag bzw. der Vorstellung der EU, dass eine Besatzungsmacht die Verteilung der finanziellen Mittel zum Wohlergehen der annektierten Gebiete und dessen Volk in Überein-stimmung mit international geltendem Recht verwendet, welches die EU zwar verpflichtet, nicht aber selbst umsetzen möchte, verkennt sämtliche Verpflichtungen der EU, welche sich bereits aus dem Status der Westsahara als besetztes NSGT und dem damit einhergehenden Selbstbestimmunsgs-recht des Volkes der Westsahara ergeben.

Die Kommission ging davon aus, dass es ausreichend sei, dass das Ab-kommen nur möglicherweise positive Auswirkungen in den Gebieten der Westsahara entfalten würde.[1735] Dabei werden zwei entscheidende Punkte verkannt. Zum einen wird ein falscher Betrachtungswinkel hinsichtlich der erforderlichen positiven Auswirkungen angesetzt. Die EU ging offen-sichtlich davon aus, dass für die Rechtmäßigkeit des Abkommens bereits die Möglichkeit genügen würde, dass sich wirtschaftlich positive Vorteile aus der Implementierung des Abkommens ergeben könnten und sah dies

---

1733 Vgl. die schriftliche Antwort auf die Anfrage E-5723/10 v. 12.10.2010 von Kommis-sar *Damanaki*.

1734 Vgl. die schriftliche Antwort auf die Anfrage E-2633/10 v. 21.6.2010 des EU-Kom-missars *Damanaki*, im Wortlaut: „As referred to by the Honourable Members, the UN Corell opinion confirms that in a non-self governing territory, as is the case of the Western Sahara, exploitation activities should be carried out 'for the benefit of the peoples of those Territories, on their behalf or in consultation with their representatives'. The Commission is of the view that it is Morocco's responsibility to ensure that this is the case."

1735 Vgl. auch die Ausführungen vor der europäischen Gerichtsbarkeit § 4. A. III. 4. b).

als fakultativ an.[1736] Sie lässt es mithin offen, ob ein tatsächlicher Erfolg überhaupt eintreten wird oder muss und sieht sich selbst in keinerlei Bringschuld, Erfolgseintritte herbeizuführen. Sie hat sich durch die Einsetzung des Gemeinsamen Ausschusses vielmehr in eine passive Beobachterrolle manövrieren können, die der breiten Öffentlichkeit zumindest ein gewisses Interesse an der Durchsetzung internationalen Rechts vorspiegeln soll. Zum anderen bezog sich die Kommission vermehrt auf den Betrachtungspunkt der Vorteilhaftigkeit des Abkommens für das Gebiet, nicht aber für das Volk der Westsahara.[1737] Einzuschieben ist an dieser Stelle, dass solche Positionen bis 2006 nicht klargestellt wurden und die EU-Organe sich in Bezug auf die vorherigen Abkommen nie eindeutig dazu geäußert haben, ob tatsächlich in den Gewässern der Westsahara gefischt worden ist bzw. Fischereilizenzen dafür ausgestellt worden sind. Auch dort stellte sie sich vor allem auf den Standpunkt, dass die marokkanischen Behörden hierfür zuständig seien. Insbesondere die Kommission als zuständige Verhandlungsstelle der EU war sehr zurückhaltend bei der Bereitstellung von Daten über die Umsetzung früherer Abkommen, selbst gegenüber den Mitgliedern des Europäischen Parlaments.[1738] Dies unterstreichend wurde ein vom Parlament angenommener Änderungsantrag, der die Kommission zur Erstellung eines Jahresberichts über die Umsetzung des Abkommens verpflichtete, vom Rat nicht aufgegriffen und dementsprechend nicht umgesetzt.[1739]

Die marokkanischen Siedler sind unter keinen Umständen als Berechtigte des Selbstbestimmungsrechts der Sahrawis zu definieren, weshalb es unerheblich ist, ob das Gebiet als solches, in welchem ca. 90 % marokkanische Siedler leben, von dem Abkommen profitiert oder die Bevölkerung. Vielmehr ist es nach Art. 73 UN-Charta und dem gewohnheitsrechtlich anerkannten und vielfach kodifizierten Selbstbestimmungsrechts der Völker allein entscheidend, ob das Volk der Westsahara, in Übereinstimmung mit seinen Interessen und seiner Zustimmung, Vorteile aus dem Abkommen

---

1736 Vgl. die schriftliche Antwort auf die Anfrage E-2633/10 v. 21.6.2010 des EU-Kommissars *Damanaki*.

1737 „In the meantime, the Commission remains of the view that the activities implemented in the framework of the Agreement in the Western Sahara may have a positive effect on the Western Sahara economy, for example through landing of catches, embarkation of local seamen, and use of local ports."

1738 *Milano*, Anuario Español de Derecho Internacional XXII (2006), 413 (426).

1739 *Milano*, Anuario Español de Derecho Internacional XXII (2006), 413 (426).

ziehen kann.[1740] Mithin kann bereits mit dem Abkommen aus dem Jahr 2006 aufgezeigt werden, dass die EU wissentlich und willentlich gegen völkerrechtliche Regelungen verstoßen hat und die realpolitischen Interessen und diplomatischen Beziehungen zu Marokko über die legitimen Ansprüche und Rechte der Sahrawis gestellt hat. Das Abkommen selbst war auch im Rat und damit unter den Mitgliedsstaaten selbst stark umstritten.[1741] Unter anderem enthielten sich bei der Abstimmung mehrere Staaten, und Schweden stimmte sogar gegen das Abkommen und begründete dies mit der offensichtlichen Völkerrechtswidrigkeit des Abkommens.[1742]

1740 Vgl. zum vom EuGH geforderten Erfordernis der Zustimmung des Volkes der Westsahara ausführlich unten § 4. A. III. 2. b) bb).

1741 Die gemeinsame Erklärung der Niederlande und Finnlands, die sich beide der Abstimmung enthalten haben, hat im Hinblick auf die völkerrechtliche Lage valide Argumente unterstrichen: „With regard to the Council Regulation on the conclusion of the Fisheries Partnership Agreement between the European Community and the Kingdom of Morocco, the Netherlands and Finland wish to: Recall that the EU fully supports the efforts of the UN, and in particular of the Personal Envoy of its SG, Mr Peter van Walsum, to mediate between the various parties with an interest in Western Sahara towards a just, lasting and mutually accepted political solution of the conflict which will allow for the self-determination of the people of Western Sahara as envisaged by the UN Security Council [...] Underline that the conclusion of a FPA may not be construed to be diminishing support for this process, and does in no way prejudge the outcome of this process with regard to the status of Western Sahara. In particular, the FPA may not be considered as acceptance of territorial claims not supported by international law. Consider that future dialogue within the FPA's Joint Committee will be of special importance and that the Joint Committee shall endeavour to make use of all available instruments to ensure that the implementation of this FPA will be in conformity with the rules and principles of international law, including the principle of 'permanent sovereignty over natural resources', and thus that activities under the agreement in the territory of Western Sahara will be conducted for the benefit of the original population, on their behalf or in consultation with their representatives."; *Milano*, Anuario Español de Derecho Internacional XXII (2006), 413 (428).

1742 Die Begründung Schwedens ist besonders hervorhebenswert, da sie im Wesentlichen die Hauptargumente der späteren EuGH-Entscheidungen bereits 2006 dargestellt und kritisiert hat: „Sweden has decided to vote against the Council Regulation on the conclusion of the Fisheries Partnership Agreement between the European Community and Morocco as it does not take into full consideration that Western Sahara is not a part of the territory of Morocco under international law and a process is underway to find a just, lasting and mutually accepted political solution to the conflict, which will allow for the self-determination of the people of Western Sahara, as envisaged by the UN Security Council; all concerned are not ensured to benefit from the Implementation of this agreement in accordance with the will of the people of Western Sahara, as provided by international law. Sweden considers that the Joint Committee shall make use of all available instruments to

dd) Bewertung der europäischen Positionen und Realpolitik im Lichte des SBR

Es sei nochmals daran erinnert und hervorgehoben, dass das wesentliche Merkmal des Selbstbestimmungsrechts der autonome Wille des Rechtsträgers ist. Zwar wurde das Erfordernis der Zustimmung des Volkes der Westsahara erst durch die Urteile der europäischen Gerichte für die EU-Organe verbindlich, allerdings ist auch bereits aus dem *Corell-Gutachten*, aus Art. 73 UN-Charta, aus den zahlreichen, das Selbstbestimmungsrecht der Völker konkretisierenden und maßgeblich ausformenden Resolutionen der Generalversammlung sowie aus den einschlägigen internationalen Verträgen das Erfordernis des Konsenses und der Beteiligung des jeweils betroffenen Volkes kodifiziert und mithin seit Jahrzehnten gewohnheitsrechtlich anerkannt. Der abwehrenden Dimension und Ebene des Selbstbestimmungsrechts der Völker in Ausprägung der vollen Souveränität über die natürlichen Ressourcen des Gebietes ist zu entnehmen, dass die Interessen der genuinen Bevölkerung gegenüber den Interessen des besetzenden Staates in jeglicher Hinsicht vorgehen und hinreichende Berücksichtigung finden müssen. Eine solche Berücksichtigung kann folgelogisch nur durch Konsens bzw. Zustimmung des betroffenen Volkes zu möglichen Abkommen über die Ausbeutung natürlicher Ressourcen gewährleistet werden.[1743] Eine andere Handhabung würde sowohl gegen den Telos des Selbstbestimmungsrechts der Völker wie aber auch gegen den Telos der Regelungen über NSGTs verstoßen. Bereits die Verwaltungsmacht eines

---

ensure that the implementation of this Fisheries Partnership Agreement will be in conformity with the rules and principles of international law". Demgegenüber soll exemplarisch eine Begründung von Irland mit angefügt werden, das damals für das Abkommen stimmte, aber folgende Zusatzerklärung folgen ließ: „Ireland supports the conclusion of the Fisheries Partnership Agreement between the European Community and the Kingdom of Morocco on the basis that it does not prejudice the longstanding position of the EU on the status of the Western Sahara. The EU continues to support the efforts of the UN Secretary General to encourage a negotiated solution which will allow the people of Western Sahara to exercise their right to self-determination. Ireland emphasises the importance of the future dialogue within the EU-Morocco Joint Committee foreseen under this agreement. It is essential that the Joint Committee make use of all instruments under the Agreement to ensure that the Agreement is implemented to the benefit of all the people concerned and in accordance with the principles of international law."; *Milano*, Anuario Español de Derecho Internacional XXII (2006), 413 (428).

1743 So auch EuGH, 2016 Rn. 100 ff.; EuGH, 2018 Rn. 63 und EuG, 2021 (Fn. 55), Rn. 99 f.

NSGTs hat kaum Befugnisse zur Ausbeutung der natürlichen Ressourcen des ehemaligen Kolonialgebietes, dies muss sodann für eine annektierende Besatzungsmacht erst recht gelten. Jeder marokkanische Versuch, die natürlichen Ressourcen der Westsahara durch ein internationales Abkommen auszubeuten bzw. darüber zu verfügen, führt daher zwangsweise zu einem Spannungsverhältnis zwischen dem nicht bestehenden, marokkanischen Rechtsanspruch auf Souveränität über die Gebiete und Ressourcen der Westsahara und dem Selbstbestimmungsrecht der Sahrawis, welches durch solche Abkommen negiert und nicht anerkannt wird.

Darüber hinaus ist anzumerken, dass die EU-Organe die Existenz einer bestehenden, repräsentativen und legitimen Vertretung des sahrawischen Volkes in Form der Polisario nicht beachtet haben. Vielmehr wurde diese bewusst nicht mit in den politischen Prozess einbezogen. Der EU kann es dabei nicht entgangen sein, dass die Polisario seit den 1970er Jahren als von den UN anerkannter Verhandlungspartner des sahrawischen Volkes angesehen wird. Zudem nahm die EU auch Kenntnis von der durch die Polisario ausgerufene und verwaltete DARS, die von zeitweise mehr als 80 Staaten der Welt anerkannt wurde und die Mitglied AU ist, einer der größten Internationalen Organisationen der Staatengemeinschaft. Damit soll der EU nicht die Möglichkeit zur Evaluierung der Staateneigenschaft der DARS genommen werden, die durchaus umstritten ist. Allerdings soll in Relation zur Problematik der Konsultation und Zustimmung des Volkes der Westsahara bereits an dieser Stelle klar unterstrichen werden, dass die häufig genannte Exkulpation der EU, dass die Befragung und Einholung der Zustimmung des Volkes der Westsahara faktisch unmöglich sei und daher einzig auf die Einschätzung Marokkos vertraut werden könne, kein valides Fundament besitzt.[1744] Die EU-Organe waren sich vielmehr darüber bewusst, dass die Polisario einem solchen Abkommen nicht zustimmen würde und dass darüber hinaus der für Migration und europäische Sicherheit unabdingbare Partner Marokko kaum bereit wäre, sich an einen Verhandlungstisch mit der Polisario und der EU zu setzen.[1745] Marokko sah zu jedem Zeitpunkt der Verhandlungen die Westsahara als eigene südliche Provinz an und damit wäre aus marokkanischer Sicht freilich eine Beteiligung seines politischen Feindes vollkommen sinnwidrig gewesen.

Es soll hier abschließend festgehalten werden, dass die repetitive Ausweichantwort der EU hinsichtlich nicht bestehender Möglichkeiten zur

---

1744 Siehe hierzu ausführlich § 4. A. III. 4.
1745 Vgl. EuG, 2021 (Fn. 55), Rn. 363.

Konsultation und zur Einholung möglicher Zustimmungen nicht den tatsächlichen politischen Gegebenheiten des Westsahara-Konflikts entsprach bzw. entpricht. Vielmehr ist die Konsultation in den Gebieten der Westsahara gerade durch den Abkommenspartner Marokko erschwert bzw. unmöglich. Für die noch verbliebenen Sahrawis bestehen dort weder freie Meinungsäußerung, Vereinigungsfreiheit Demonstrationsfreiheit, Pressefreiheit oder Fortbewegungsfreiheit. Trotzdem verlässt man sich bei der Umsetzung und Kontrolle bzw. Verteilung der Gelder, die dem Volk der Westsahara zugutekommen sollen, voll und ganz auf Marokko, welches bereits den Konsultationsprozess zu Abkommen über natürliche Ressourcen der Westsahara fast vollständig unmöglich macht und das Gebiet der Westsahara besetzt hält.[1746]

ee) Intention der EU-Organe im Lichte der realpolitischen Spannungsverhältnisse zwischen Wirtschaftspolitik und Rechtsstaatlichkeit

Der EU war bereits vor Abschluss des Abkommens vollständig bewusst, dass das Abkommen Anwendung in den Gebieten der Westsahara finden würde. Das erst jüngst der Öffentlichkeit teilzugängliche Gutachten des Wissenschaftlichen Dienstes des Rates aus dem Jahr 2006[1747] subsumierte die Westsahara ebenfalls eindeutig unter die Gerichtsbarkeit Marokkos. Dies erfolgte vor allem durch eine Evaluation der gewählten Begrifflichkeiten des Abkommens, welche in den sozio-ökonomischen, aber auch realpolitischen Kontext der Erwägungsgründe zum Abschluss des Abkommens eingebettet worden sind.[1748] Wie bereits festgestellt, enthält das Abkommen an keiner Stelle eine Definition des Rechtsstatus der Meeresgewässer der Westsahara. Gemäß dem Abkommen obliegt es, richtigerweise vom Wissenschaftlichen Dienst des Rates erkannt und ausgeführt, Marokko, den Fischereifahrzeugen der Europäischen Gemeinschaft Fanglizenzen zu erteilen und in diesen Fanglizenzen die Fanggebiete anzugeben, für die die Lizenzen gelten. Daraus schloss der Wissenschaftliche Dienst des Rates,

---

1746 Vgl. § 3. A. IV. 1.
1747 Bis zum 2.2.2022 waren der Öffentlichkeit nur die ersten zwei Randnummern des Gutachtens öffentlich zugänglich. Nach mehrmonatigen Widerspruchsverfahren sind mir die Rn. 3–16 übermittelt worden, wobei die abschließende rechtliche Bewertung und das Fazit noch immer unter Verschluss stehen.
1748 *Juristischer Dienst des Europäischen Rates*, Doc. 6664/06 v. 22.2.2006, Rn. 16.

dass „das Abkommen (...) nach seinem aktuellen Wortlaut die Erteilung von Fanglizenzen für alle Gewässer (umfasst), für die Marokko den Anspruch erhebt, dass sie unter seine Gerichtsbarkeit fallen. Dementsprechend werden von den marokkanischen Behörden im Rahmen des Abkommens auch Fanglizenzen für die Fischerei in den Gewässern der Westsahara erteilt werden."[1749] Genau das war freilich auch von den EU-Organen bezweckt und beabsichtigt, da sie andernfalls entweder die Fangzonen ausdrücklich hätten abstecken müssen oder die Gebiete der Westsahara explizit aus dem Vertragstext hätten ausschließen müssen, so wie es andere Abkommen vormachten.[1750] Was zumindest durch das nunmehr teils zugängliche Gutachten des Wissenschaftlichen Dienstes des Rates bewiesen wurde, ist, dass die EU das Abkommen unter Bezugnahme und Kenntnis des Einschlusses der Gebiete der Westsahara abgeschlossen hat und die Exkulpation der nicht beabsichtigten Inklusion der Gebiete von vornherein nicht greifen konnte.[1751] Freilich hielt dies die EU-Organe nicht davon ab, größtenteils zu versuchen zu verschleiern, dass tatsächlich in den Gewässern der Westsahara gefischt wird.

b) Rechtliche und politische Entwicklungen nach Inkrafttreten des Fischereiabkommens 2006

Im Februar 2009 erstellte der Wissenschaftliche Dienst des Europäischen Parlaments sein zweites Rechtsgutachten zur Situation der Westsahara, welches ebenfalls bis heute nicht veröffentlicht worden ist. Hierin befasste er sich mit der Rechtmäßigkeit und Tragweite der im Januar 2009 von der Polisario ausgerufenen AWZ und mit der Beurteilung der Frage, ob die bisherige Umsetzung des partnerschaftlichen Fischereiabkommens im Einklang mit dem Völkerrecht stand.[1752]

1749 *Juristischer Dienst des Europäischen Rates*, Doc. 6664/06 v. 22.2.2006, Rn. 16.
1750 *Wathelet*, 2016 (Fn. 55), Rn. 81.
1751 *Juristischer Dienst des Europäischen Rates*, Doc. 6664/06 v. 22.2.2006, Rn. 16.
1752 Eine geleakte Version der Gutachtens ist allerdings unter folgendem Link zu finden: https://www.fishelsewhere.eu/a140x1077, zuletzt abgerufen am 15.6.2024. Folgend zitiert als: *Juristischer Dienst des Europäischen Parlaments*, 2009, Rn.

aa) Das Gutachten des Wissenschaftlichen Dienstes des EP 2009

Das zweite Gutachten stellt die erste konkrete politische, aber vor allem auch rechtliche Evaluation der Umsetzung des Abkommens dar. Es ist daher von besonderer Bedeutung für die Einordnung des europäischen Standpunktes hinsichtlich der Erfüllung der an die EU gestellten völkerrechtlichen Vorgaben und Anforderungen. Zwar ist ein solches Gutachten nicht verbindlich, hat aber große Strahlwirkung hinsichtlich der internen Entscheidungsfindungen und zukünftigen politischen Handlungsweisen der einzelnen EU-Organe. Zumindest dient es der Aufklärung der Organe hinsichtlich möglicher Fehleinschätzungen und falscher Bewertungen hinsichtlich der Rechtmäßigkeit ihres Handelns und gibt die Möglichkeit zur Korrektur eben jener.

Die rechtlichen Feststellungen des Wissenschaftlichen Dienstes im 2009er Gutachten lassen sich grob in zwei Kategorien teilen. Zum einen wurde die durch die Polisario bzw. DARS durch Gesetz 03/2009 v. 21.1.2009[1753] ausgerufene AWZ hinsichtlich ihrer Völkerrechtsmäßigkeit überprüft und zum anderen wurden die Fischereiaktivitäten europäischer Schiffe in den Gewässern der Westsahara bewertet, wobei besonderes Augenmerk auf die Überwachung der bereits 2006 geforderten rechtlichen Voraussetzungen durch den Gemeinsamen Ausschuss gelegt worden ist.

(1) Zur AWZ der Westsahara

Zunächst stellte das Gutachten fest, dass die Wirkung der Erklärung der DARS zur ausgerufenen AWZ vom völkerrechtlichen Status der DARS und des Gebietes der Westsahara abhängt. Die rechtliche Regelung der AWZ

1753 Der Wortlaut des Gesetzes ist hier abrufbar: https://www.usc.es/export9/sites/w ebinstitucional/gl/institutos/ceso/descargas/SADR_Maritime-Law.pdf, zuletzt abgerufen am 15.6.2024; Siehe hierzu auch das Schreiben des Vertreters der Polisario an die Vereinten Nationen UN Doc. A/63/871 -S/2009/198 v. 13.4.2009, S. 3, in welchem die Ausbeutung der natürlichen Ressourcen ohne Zustimmung bzw. Genehmigung der DARS/Polisario als rechtswidrig klassifiziert wird. Gemäß dieser Gesetzgebung [Gesetz Nr. 03/2009] erklärt die Regierung der DARS alle Aktivitäten im Zusammenhang mit der Erforschung oder Ausbeutung der lebenden und nicht lebenden Meeresressourcen der Westsahara, die ohne ihre ausdrückliche Genehmigung durchgeführt werden, für illegal: „Pursuant to this legislation, the Government of the SADR renders illegal any activities related to the exploration or exploitation of the marine living and non-living resources of Western Sahara conducted without its express authorization."

ist im Seerechtsübereinkommen der Vereinten Nationen (SRÜ) von 1982 niedergelegt, wobei viele der Regelungen bestehendes Gewohnheitsrecht wiedergeben oder mittlerweile zu solchem erstarkt sind.[1754]

Es wurde zunächst darauf hingewiesen, dass die DARS durchaus einige für einen Staat typische Elemente aufweise, wie zum Beispiel eine Regierungsstruktur mit einem Präsidenten, einem Premierminister und einer parlamentarischen Versammlung sowie eine Verfassung.[1755] Ebenfalls sei die DARS von einigen Staaten als solcher anerkannt und auch Mitglied der AU. Allerdings seien die meisten Anerkennungen zurückgezogen oder ihre diplomatischen Beziehungen in Erwartung des Ergebnisses des UN-Referendums temporär eingefroren worden. Ebenfalls habe kein Mitgliedstaat der Europäischen Union eine Anerkennung ausgesprochen.[1756] Bedeutend sei aber vor allem, dass die DARS kein Mitglied der UN ist und diese die Westsahara noch immer als NSGT führt und behandelt. Indem die Westsahara darüber hinaus kein Mitglied des SRÜ ist und nach Ansicht des Wissenschaftlichen Dienstes auch nach Art. 305 SRÜ kein Mitglied werden kann, solange die Voraussetzungen zur Staatlichkeit nicht erfüllt sind, kommt das Gutachten zu dem Schluss, dass die Ausrufung einer AZW durch die DARS/Polisario keine gültige Rechtskraft entfalten kann.[1757]

(a) Untersuchung der AWZ zum damaligen Zeitpunkt

Ob allerdings Marokko in den Gewässern der Westsahara die Verfügungsgewalt und Souveränität besitzt bzw. diese unter „marokkanischer Gerichts-

---

1754 *Schweitzer*, Staatsrecht, Völkerrecht, Europarecht, 10. Aufl., § 3 Rn. 249; *Juristischer Dienst des Europäischen Parlaments*, 2009, Rn. 8–14.

1755 *Juristischer Dienst des Europäischen Parlaments*, 2009, Rn. 8.

1756 *Juristischer Dienst des Europäischen Parlaments*, 2009, Rn. 9.

1757 Zwar sieht das SRÜ in der Resolution III, die der Schlussakte der Dritten Seerechtskonferenz der Vereinten Nationen beigefügt ist, vor, dass „im Fall eines Gebiets, dessen Bevölkerung nicht die volle Unabhängigkeit oder ein anderes von den Vereinten Nationen anerkanntes Autonomiestatut erlangt hat, oder im Fall eines Gebiets unter kolonialer Herrschaft die Vorschriften [des SRÜ] über Rechte oder Interessen ... zugunsten der Bevölkerung dieses Gebiets angewendet [werden], um deren Wohlstand und Entwicklung zu fördern", allerdings ergibt sich hieraus keine explizite Abschlussbemächtigung oder Beitrittsmöglichkeit. Vielmehr geht das SRÜ davon aus, dass ein NSGT dem Abkommen gerade nicht beitreten kann und die Regelungen ausschließlich auf und von Staaten anwendbar sind, möchte aber zumindest die Rechte des Gebietes wahren, indem ein Schutzstandard für die Ausbeutung natürlicher Ressourcen gelten soll; *Juristischer Dienst des Europäischen Parlaments*, 2009, Rn. 13.

barkeit" stehen, wird im Gutachten unzureichend behandelt, obwohl die Bestimmung und Abgrenzung der marokkanischen Gewässer und der anschließenden AWZ auch für Folgeabkommen große Bedeutung hatte bzw. noch immer hat. Diesbezüglich soll zunächst festgestellt werden, dass nach Art. 2 Abs. 1 SRÜ die Binnengewässer und das Küstenmeer eines Staates als Gewässer unter der Souveränität dieses Staates zu definieren sind, während die AWZ nach Art. 55 SRÜ unter die Hoheitsbefugnisse bzw. Gerichtsbarkeit des Küstenstaats fällt. Der in dem Abkommen verwendete Ausdruck „Gewässer unter der Hoheit des Königreichs Marokko" bezieht sich mithin auf die Binnengewässer und das Küstenmeer des Königreichs Marokko (Gewässer unter seiner Souveränität), während sich die Formulierung Gewässer unter seiner Gerichtsbarkeit bzw. seinen Hoheitsbefugnissen auf die AWZ bezieht.[1758]

(b) Marokkos Gewässer

Es gilt festzustellen, ob die EU die Gewässer der Westsahara als Gewässer unter der Souveränität Marokkos oder zumindest unter seiner Gerichtsbarkeit bzw. seinen Hoheitsbefugnissen angesehen hat. Art. 56 Abs. 1 Buchst. a SRÜ definiert zunächst die Rechte des Küstenstaates, in seiner AWZ die natürlichen Ressourcen auszubeuten als souveräne Rechte.

Die im Jahr 1981 noch vor der Unterzeichnung und Ratifizierung des SRÜ durch das Königreich Marokko festgelegte marokkanische AWZ umfasste zum damaligen Zeitpunkt noch nicht die Gewässer der Westsahara, obwohl Marokko stets als Souverän über die Gebiete der Westsahara als solche in Verhandlungen mit Drittstaaten getreten ist. Die Eingliederung der sahrawischen Gewässer in die marokkanische AWZ erfolgte erst 2017 bzw. 2020, wurde allerdings nicht nach Art. 75 Abs. 2 SRÜ von der UN angenommen.[1759] Dementsprechend war die Ausweitung der Fischereizonen

---

1758 *Wathelet*, 2018 (Fn. 55), Rn. 205.
1759 Erstaunlicherweise hat Marokko äußerst lange mit diesem Schritt gewartet. Die Gesetzesentwürfe zur Ausweitung der AWZ sind 2017 erstellt worden, vgl. *Wathelet*, 2018 (Fn. 55), Rn. 206, und die dort zitierte Aussage des marokkanischen Außenministers, der 2017 behauptete, dass es notwendig sei, „die Herrschaftsrechte Marokkos über diese Gewässer zu festigen und alle Ansprüche abzuwehren, mit denen die Souveränität des Königreichs über dieses Gebiet in Frage gestellt werden soll". Mit den Gesetzen 37.17 und 38.17 wurde am 22.1.2020 die marokkanische AWZ in den Gewässern der Westsahara vom marokkanischen Parlament beschlossen und gebilligt, vgl. https://www.menas.co.uk/blog/rising-tensions-escalate-a

südlich des Breitengrades 27°42'N, welcher sowohl als seewärtige Grenze der damaligen marokkanischen AWZ als auch als allgemein anerkannte Seegrenze zwischen Marokko und der Westsahara diente, nicht mehr von der AWZ Marokkos gedeckt. Sie überschritt damit die Souveränitätsrechte, die Marokko selbst nach Art. 75 Abs. 2 SRÜ abgesteckt hat.[1760] Allerdings gingen sowohl Marokko als auch die EU zumindest de facto davon aus, dass Marokko über die Fischereiressourcen der westsahrawischen Gewässer verfügen könne. Dies müsste allerdings folgelogisch und dem Telos des SRÜ nach zumindest irgendeine Art von Souveränität mit sich bringen. Ferner müsste denklogisch zur Übertragung von Fischereirechten an einen Dritten zunächst Souveränität über das Gebiet der Westsahara bestanden haben, die eine Zession eben jenen Rechts überhaupt erst möglich macht, wie Art. 56 Abs. 1 lit. a SRÜ klarstellt. Die Kommission selbst hat dabei mehrfach eingeräumt, dass der Fischfang in der AWZ eines Staates eine Ausübung souveräner Rechte darstellt.[1761] Festzustellen ist diesbezüglich, dass Marokko zum Zeitpunkt der Abkommensunterzeichnung keine AWZ hinsichtlich der Gewässer der Westsahara nach Art. 75 Abs. 2 SRÜ bei der UN hinterlegt hat und dementsprechend auch keine Souveränitätsrechte im Sinne des SRÜ über die sahrawischen Gewässer haben konnte.[1762] Die Erklärung der DARS hat dem Telos und der Systematik des SRÜ nach keine konstitutive Wirkung, da die Mitgliedschaft des Abkommens nach Art. 305 SRÜ Staaten vorbehalten ist.[1763] Somit bestand zum Zeitpunkt der

---

fter-morocco-extends-its-territorial-waters/ sowie https://lansinginstitute.org/2 020/01/29/moroccos-lawmakers-created-precedent-in-maritime-law-to-reinforc e-control-over-waters-by-russia-and-china/, zuletzt abgerufen am 15.6.2024. Die ausgerufene AWZ ist allerdings nicht von der UN anerkannt worden, vgl. https:// www.un.org/depts/los/LEGISLATIONANDTREATIES/STATEFILES/MAR.htm, zuletzt abgerufen am 15.6.2024.

1760 *Wathelet*, 2018 (Fn. 55), Rn. 207.

1761 Vgl. *Wathelet* 2018 (Fn. 55), Rn. 208.

1762 *Wathelet* erklärte hierzu: „Deshalb ist es mir unbegreiflich, warum die Union dem Königreich Marokko mehrere Millionen Euro pro Jahr als finanzielle Gegenleistung zahlt, um in den an die Westsahara angrenzenden Gewässern fischen zu dürfen, für die das Königreich Marokko weder ein Meeresgebiet noch eine AWZ eingerichtet hat, wo doch die an die Westsahara angrenzenden Gewässer laut den von ihm bei der UNO nach Art. 75 Abs. 2 SRÜ hinterlegten Urkunden nicht zu den marokkanischen Seegebieten gehören", *Wathelet*, 2018 (Fn. 55), Rn. 207 Fn. 183.

1763 Erwähnenswert in diesem Zusammenhang ist die Lomé Charter bzw. die African Charter on Maritime Security and Safety and Development in Africa, die am 15.10.2016 verabschiedet worden ist. Die Charter sieht unter anderem in Art. 8 a vor, dass die nationale Gesetzgebung an die Regelungen des SRÜ angepasst werden soll um so die Ziele der Charter, niedergelegt in Art. 3, besser implementieren

Abkommensunterzeichnungs de iure keine gültige und abgesteckte AWZ hinsichtlich der Gewässer der Westsahara im Sinne des SRÜ.

(2) Analyse des Gutachtens hinsichtlich der Legalität des Abkommens

Die Kommission beteuerte, dass das Abkommen die Unterstützung des Fischereisektors in der Westsahara bezwecken solle. Die Förderung dessen sei eines der wesentlichen Elemente der europäischen sektoralen Fischereipolitik und diese Faktoren seien bei der Planung der im Rahmen des Abkommens durchzuführenden Maßnahmen berücksichtigt worden.[1764] Zwei Jahre nach Inkrafttreten des partnerschaftlichen Fischereiabkommens hat das Gutachten eine erste Bewertung der Umsetzung des Abkommens vorgenommen, insbesondere im Hinblick auf die Umsetzung der in Art. 7 Abs. 1 b des Abkommens und in den Art. 6 und 7 des Protokolls genannten sektoralen Fischereipolitik. Gemäß dem Abkommen wird ein Teil der gesamten finanziellen Gegenleistung der Gemeinschaft für die Festlegung und Durchführung einer sektoralen Fischereipolitik verwendet, die beispielsweise die Modernisierung und Verbesserung der Küstenflotte, das Programm zur Abschaffung von Treibnetzen, die wissenschaftliche Forschung,

---

zu können. Darüber hinaus erkennt die Charter die AWZ der Mitgliedstaaten an, vgl. Art 6 c. Indem die DARS Mitgliedstaat der AU ist und auch als solcher anerkannt wird, gilt zumindest für das Lomé-Abkommen, dass die 2009 von der DARS ausgerufene AWZ als Grundlage für die Charter gilt. Freilich hat das Lomé-Abkommen keinen universell bindenden Charakter und darüber hinaus auch keine verbindlichen Durchsetzungsmechanismen. Darüber hinaus ist das Abkommen nur von 35 der 55 Mitgliedstaaten der AU unterzeichnet worden und sogar nur von zwei Staaten ratifiziert, vgl. https://au.int/sites/default/files/trea ties/37286-sl-AFRICAN%20CHARTER%20ON%20MARITIME%20SECURIT Y%20AND%20SAFETY%20AND%20DEVELOPMENT%20IN%20AFRICA%2 0%28LOME%20CHARTER%29.pdf, zuletzt abgerufen am 15.6.2024. Die DARS unterzeichnete das Abkommen am 15.10.2016, hat es aber bis dato nicht ratifiziert. Marokko hat das Abkommen bisher noch nicht einmal unterzeichnet. Allerdings kann hier festgehalten werden, dass die DARS ein internationales Abkommen unterzeichnet hat, welches sich vor allem auch dem Schutz hinsichtlich der illegalen Ausbeutung der natürlichen Ressourcen und Fischbestände der jeweiligen Gewässer der Mitgliedstaaten verschreibt und welches durch eine der größten Internationalen Organisationen der Staatengemeinschaft verabschiedet worden ist. Diese erkennt, wenn auch nicht alle Mitgliedstaaten der AU, die von der DARS proklamierte AWZ an, was durchaus als diplomatischer, wenn auch rechtlich eher unverbindlicher, Erfolg gewertet werden kann.

1764 *Juristischer Dienst des Europäischen Parlaments*, 2009, Rn. 23.

die Umstrukturierung der handwerklichen Fischerei, die Verbesserung der Vermarktungswege und die Förderung des Binnenverbrauchs, die Mechanisierung der Anlandung und Bearbeitung von Fisch sowie die Ausbildung und Unterstützung der Berufsverbände umfasst. Die Umsetzung dieser Prioritäten und Ziele erfolgt im Rahmen einer jährlichen und mehrjährigen Programmplanung, die von den beiden Parteien im Rahmen des Gemeinsamen Ausschusses nach Art. 10 des Abkommens vereinbart wird.[1765] Hierzu lagen dem Wissenschaftlichen Dienst erstmalig Zahlen und Tabellen vor, die von den EU-Organen zur Verfügung gestellt worden sind. Allerdings wird festgestellt, dass diese Daten keine spezifischen Maßnahmen enthalten oder auf solche schließen lassen können, die ausdrücklich und ausschließlich zum Nutzen des Volkes der Westsahara vorgesehen sind.[1766] Parallel zum Wortlaut des Abkommens findet sich auch in den vorgelegten Daten kein Nachweis hinsichtlich des tatsächlichen Nutzens, den das Abkommen dem sahrawischen Volk bringen könnte bzw. bisher gebracht hat. Als zutreffend bewertet das Gutachten aus den vorgelegten Informationen und Daten, dass einige vorgesehene Maßnahmen auf Hafenstädte im Gebiet der Westsahara abzielen, zum Beispiel in Laayoune, Dakhla und Boujdour. Dies wird durch den Bericht des Ministeriums für Landwirtschaft und Fischerei des Königreichs Marokko vom 27. März 2009 bestätigt. In diesem erfolgt eine Zusammenstellung der Zahlungen für die Jahre 2007–2008 und die für 2009 geplanten Maßnahmen in Bezug auf die finanzielle Unterstützung der Gemeinschaft für die Fischereipolitik des Königreichs Marokko werden aufgeführt, die sich wiederum auf die oben genannten Hafenstädte beziehen.[1767] Das Gutachten stellt im Folgenden darauf ab, dass die genannten Maßnahmen im Wesentlichen auf die Verbesserung der Infrastruktur der Häfen der Westsahara abzielen und dies nicht unbedingt gleichbedeutend mit einem Nutzen für das Volk der Westsahara ist. Dieses wird im gesamten Datensatz nicht einmal erwähnt und es ist nicht bekannt, ob und in welchem Umfang es von solchen Verbesserungen profitieren kann.[1768] Dabei hebt das Gutachten hervor, dass zum einen durch die marokkanische Besetzung[1769] und die anschließende Umsiedlungspolitik vermehrt

---

1765 *Juristischer Dienst des Europäischen Parlaments*, 2009, Rn. 22.
1766 *Juristischer Dienst des Europäischen Parlaments*, 2009, Rn. 25.
1767 *Juristischer Dienst des Europäischen Parlaments*, 2009, Rn. 25 f. und Fn. 16.
1768 *Juristischer Dienst des Europäischen Parlaments*, 2009, Rn. 28.
1769 Der wissenschaftliche Dienst nutzt zwar den Terminus „occupation", prüft aber an keiner Stelle des Gutachtens sich aus diesem Status möglicherweise ergebende Rechtsfolgen, vgl. *Juristischer Dienst des Europäischen Parlaments*, 2009, Rn. 29 b.

marokkanische Staatsbürger in den Gebieten der Westsahara leben und zum anderen, dass das sahrawische Volk einerseits in den Gebieten der Westsahara unterdrückt wird und der Großteil des Volkes im Exil in den algerischen Flüchtlingslagern in Tindouf lebt.[1770] Im Rahmen dessen weist das Gutachten auf die prekären Lebensbedingungen der Sahrawis und auf vermehrte Berichte zu Menschenrechtsverletzungen hin, die ebenfalls das Europäische Parlament beschäftigten.[1771] Dies berücksichtigend kommt der Wissenschaftliche Dienst richtigerweise zu dem Schluss, dass durch die bisherigen und auch geplanten Maßnahmen gerade nicht nachgewiesen werden kann, dass der finanzielle Beitrag der EU zum Nutzen des Volkes der Westsahara verwendet wird.[1772] Ebenfalls richtigerweise erinnert das Gutachten daran, dass zur Einhaltung des Völkerrechts erforderlich ist, dass die wirtschaftlichen Tätigkeiten im Zusammenhang mit den natürlichen Ressourcen eines NSGTs zum Nutzen der Bevölkerung dieses Gebiets und in Übereinstimmung mit ihren Wünschen durchgeführt werden.[1773] In Anbetracht der vorstehenden Ausführungen stellte der Wissenschaftliche Dienst fest, dass er nicht in der Lage war, positive Effekte für das sahrawische Volk zu erkennen. Er kam schlussendlich zu der Feststellung, dass die oben genannten Maßnahmen, die ausschließlich auf die unter marokkanischer Kontrolle stehenden Häfen der Westsahara abzielen, dem Volk der Westsahara nicht zugute kommen.[1774] Allerdings versuchte das Gutachten einen Ausweg zu schaffen, indem auf die Stellung des Gemischten Ausschusses verwiesen wurde. Es beschäftigte sich eingehend mit der Konstruktion dieses Ausschusses und seiner Rechte und Pflichten, um die Legalität des Abkommens doch noch herleiten zu können.

(a) Der Gemeinsame Ausschuss

Der Wissenschaftliche Dienst hatte bereits in seinem ersten Rechtsgutachten auf die Rolle des Ausschusses bei der Umsetzung des Abkommens

---

1770 *Juristischer Dienst des Europäischen Parlaments*, 2009, Rn. 29 b.

1771 *Juristischer Dienst des Europäischen Parlaments*, 2009, Rn. 29.

1772 *Juristischer Dienst des Europäischen Parlaments*, 2009, Rn. 29.

1773 *Juristischer Dienst des Europäischen Parlaments*, 2009, Rn. 27; so auch bereits *Juristischer Dienst des Europäischen Parlaments*, Proposal for a Council Regulation on the conclusion of the Fisheries Partnership Agreement between the European Community and the Kingdom of Morocco, SJ-0085/06 v. 20.2.2006, Rn. 39 f.

1774 *Juristischer Dienst des Europäischen Parlaments*, 2009, Rn. 30.

hingewiesen. Im Gutachten von 2009 führte er die bis dahin nur untergeordnete Möglichkeit zur Nutzung des Gremiums weiter aus und unterstrich dabei die Relevanz des Ausschusses.[1775] Dieses Gremium ist nach Ansicht des Wissenschaftlichen Dienstes die geeignete Instanz, in der die Gemeinschaft in Übereinstimmung mit ihren völkerrechtlichen Verpflichtungen überwachen könne, dass die Durchführung des Abkommens im Einklang mit den im Falle der Westsahara zu wahrenden Grundsätzen des Völkerrechts erfolgt. Der Ausschuss hat gemäß Art. 10 des Abkommens die Aufgabe, die Durchführung, die Auslegung und die Anwendung des Abkommens zu überwachen und darüber hinaus die Durchführung der jährlichen sowie der mehrjährigen Programmplanung festzulegen und zu bewerten. Ferner wies das Gutachten explizit darauf hin, dass sich diese Bewertung auch auf die Einhaltung der völkerrechtlichen Verpflichtungen in Bezug auf die Rechte des sahrawischen Volkes hinsichtlich seiner natürlichen Ressourcen erstrecke, falls Schiffe unter EU-Flagge in den Gewässern der Westsahara fischen. Genau dies wurde durch das Gutachten und die Geständnisse der Kommission zu den tatsächlichen Fanggebieten, die sich auch und vor allem hauptsächlich auf die Westsahara erstrecken, belegt.[1776] Zur Erfüllung seiner Aufgaben tritt der Ausschuss mindestens einmal jährlich zusammen, kann auf Antrag einer der Vertragsparteien jedoch auch nach Art. 10 Abs. 2 des Abkommens Sondersitzungen abhalten. Der Wissenschaftliche Dienst mahnte zunächst grundsätzlich im Zusammenhang mit den völkerrechtlichen Verpflichtungen an, dass, sofern Fischereifahrzeuge unter EU-Flagge die Fischereiressourcen in den Gewässern vor der Westsahara tatsächlich ausbeuten und Zweifel daran bestehen, dass diese Ausbeutung unter Berücksichtigung der Interessen und Wünsche des Volkes der Westsahara erfolgt, sich der Ausschuss mit dieser Frage befassen muss. Er müsse sodann versuchen, zu einer Lösung zu finden, die gewährleistet, dass das Abkommen im Einklang mit den Grundsätzen des Völkerrechts umgesetzt wird.[1777]

1775 Siehe hierzu *Juristischer Dienst des Europäischen Parlaments*, Proposal for a Council Regulation on the conclusion of the Fisheries Partnership Agreement between the European Community and the Kingdom of Morocco, SJ-0085/06 v. 20.2.2006, Rn. 44 und Rn. 45 e.

1776 *Juristischer Dienst des Europäischen Parlaments*, 2009, Rn. 15 ff.

1777 *Juristischer Dienst des Europäischen Parlaments*, 2009, Rn. 33.

(b) Zur Situation der Erteilung der Fanglizenzen

Die Anträge auf Fanglizenzen werden Marokko von der Kommission auf Antrag der Mitgliedstaaten nach den in der Verordnung (EG) Nr. 1006/2008 festgelegten Verfahren vorgelegt.[1778] Die Mitgliedstaaten reichen nach Art. 5 Abs. 1 lit. g des Abkommens bei der Kommission Anträge auf Fanggenehmigungen ein, die im Einklang mit dem betreffenden Abkommen stehen müssen. Diese Bedingung sollte nach Art. 6 Abs. 3 lit. a von der Kommission überprüft werden, die explizit nach Art. 7 Abs. 1 lit. c des Abkommens rechtlich verpflichtet ist, keine Anträge weiterzuleiten, die nicht mit den Bedingungen des betreffenden Abkommens und der Verordnung Nr. 1006/2008 übereinstimmen. Somit besteht entgegen der Rechtsansicht der EU-Organe auch hier eine zumindest partielle Verantwortung zur Vorabüberprüfung der rechtlichen Lage im Hinblick auf mögliche völkerrechtliche Spannungsfelder und Komplikationen. Dies gilt speziell auch hinsichtlich des Selbstbestimmungsrechts der Sahrawis und der damit einhergehenden, von Dritten unabdingbaren, Souveränität über die natürlichen Ressourcen des Gebietes.

Besonders relevant ist die Verpflichtung der spezifischen Angabe der Fischereizonen in den Lizenzanträgen. Aus dem Fischereiabkommen bzw. aus dem Anhang zum Protokoll geht nämlich hervor, dass in den Lizenzanträgen und den Lizenzen, die den EU-Schiffen erteilt werden, die konkreten Fischereizonen angegeben werden müssen, in denen die Schiffe fischen dürfen.[1779] Relevant ist hier erneut die ungenaue Abgrenzung der Fischereizonen Marokkos zu den Gewässern der Westsahara, indem das Protokoll bzw. dessen Anlage 2 des Anhangs keine nach Breitengraden genaue Abgrenzung vornimmt, wie dies beispielsweise zu den nördlichen marokkanischen Fischereizonen erfolgt ist.[1780]

1778 Verordnung (EG) Nr. 1006/2008 des Rates v. 29.9.2008 über die Genehmigung der Fischereitätigkeiten von Fischereifahrzeugen der Gemeinschaft außerhalb der Gemeinschaftsgewässer und den Zugang von Drittlandschiffen zu Gemeinschaftsgewässern, geändert durch Verordnungen (EWG) Nr. 2847/93 und (EG) Nr. 1627/94 und aufgehoben durch (EG) Nr. 3317/94 (ABl. L 286 v. 29.10.2008, S. 33).

1779 Europäisches ABl. L 141 v. 29.5.2006 , S. 13 f. An dieser Stelle offenbart sich die große Problematik des Abkommens hinsichtlich seiner Völkerrechtsmäßigkeit, die auch der Wissenschaftliche Dienst zumindest vorsichtig darlegt, und der seine Rechtsauffassung versucht möglichst neutral und politisch unschädlich für die internationalen Beziehungen der EU mit Marokko darzulegen. Trotzdem wird deutlich, dass das Vorgehen der EU hinsichtlich der Fischereizonen gut durchdacht und mithin bewusst so erfolgte, dass sich möglichst in einer Grauzone zwischen Legitimität und Interessenspolitik bewegt wird.

Auch wenn die in Anlage 2 des Anhangs abgedruckten Fischereidaten-blätter keine solche klare Abgrenzung der südlichen Grenze der Fische-reizonen enthalten, war die Kommission freilich nicht daran gehindert, Fanglizenzen nur für Fischereizonen vorzulegen, die vor dem Hoheitsge-biet Marokkos und nicht der Westsahara liegen. Die Erstanträge müssen nämlich bei der Kommission eingereicht werden, die diese wiederum erst nach eigener Prüfung der dem Abkommen zu entnehmenden Vorausset-zungen an die marokkanischen Behörden weiterleitet. Im Rahmen dieses Prozesses oblag es also ausdrücklich auch der Kommission, mögliche völ-kerrechtswidrige Ausbeutungen der natürlichen Ressourcen der Gewässer der Westsahara zu verhindern.[1781] Das Gutachten des Wissenschaftlichen Dienstes kam ebenfalls zu dieser Einschätzung. Es führte aus bzw. empfahl der EU dringend, dass auf der Grundlage der derzeit von den EU-Orga-nen vorliegenden (mangelhaften) Informationen und gesammelten Daten hinsichtlich der Fänge von Schiffen unter EU-Flagge in den Gewässern der Westsahara und fehlenden Belegen in der jährlichen und mehrjähri-gen Programmplanung mehre Schritte zu unternehmen seien. Zunächst müsse sichergestellt werden, dass die Nutzung der Fischereiressourcen in der Westsahara tatsächlich dem sahrawischen Volk zugute kommt. Zudem müsse sich der Gemischte Ausschuss auf seiner nächsten Jahrestagung oder einer Sondersitzung mit diesen Fragen befassen, um eine gütliche Einigung zu finden, bei der die völkerrechtlichen Rechte des sahrawischen Volkes in vollem Umfang gewahrt werden.[1782] Falls eine solche gütliche Einigung nicht zustande kommt und die Parteien sich über die Anwendung des Abkommens oder des Protokolls nicht einig werden, hat die Gemeinschaft entweder die Aussetzung des Abkommens gemäß Art. 15 und Art. 9 des Protokolls in Erwägung zu ziehen oder das Abkommen so anzuwenden, dass Schiffe unter EU-Flagge von der Nutzung der Gewässer der Westsaha-ra ausgeschlossen werden.[1783] Letztere Möglichkeit wäre vor allem durch den durch Art. 5 Abs. 1 lit. g implementierten, als solchen aber nie genutz-ten Kontrollmechanismus der Erstzuleitung der Lizenzanträge an die Kom-mission möglich gewesen.

Mit dieser Einschätzung sollte der Wissenschaftliche Dienst bereits sie-ben Jahre vor der ersten gerichtlichen Auseinandersetzung den Tenor der europäischen Gerichte treffen. Er bewertete die Situation konsequent und

---

1780 Vgl. Europäisches ABl. L 141 v. 29.5.2006 , S. 28 ff.
1781 Vgl. *Juristischer Dienst des Europäischen Parlaments*, 2009, Rn. 35 f.
1782 *Juristischer Dienst des Europäischen Parlaments*, 2009, Rn. 35 f.
1783 *Juristischer Dienst des Europäischen Parlaments*, 2009, Rn 36.

aus Sicht der einschlägigen völkerrechtlichen Regelungen fast vollständig richtig, verfehlte allerdings die Tragweite der Erfordernis der vorherigen Zustimmung des sahrawischen Volkes zu einem solchen Abkommen und stützte sich primär und fälschlicherweise auf die reine Nützlichkeit und versuchte diese ohne Heranziehung der Zustimmung des sahrawischen Volkes bzw. der Polisario aufgrund von objektiver wirtschaftlicher Vorteilhaftigkeit zu implizieren und rechtfertigen. Trotzdem kam das Gutachten zu der wichtigen Conclusio, dass die bisherige Anwendung des Abkommens nicht den völkerrechtlichen Anforderungen entsprach und dass die EU-Organe dringend Maßnahmen zu ergreifen haben, die die Sicherung der Rechte des sahrawischen Volkes garantieren würden. Schließlich empfahl der Wissenschaftliche Dienst im Hinblick auf die zukünftige Anwendung des Abkommens und für den zu erwartenden Fall, dass nicht nachgewiesen werden kann, dass das Fischereiabkommen im Einklang mit den Grundsätzen des Völkerrechts in Bezug auf die Rechte des sahrawischen Volkes an seinen natürlichen Ressourcen durchgeführt wurde, die EU davon absehen sollte, Schiffen den Fischfang in den Gewässern vor der Westsahara zu gestatten, indem sie Fanglizenzen nur für die Fischereizonen in den Gewässern vor Marokko beantragt.[1784]

bb) Bewertung der Conclusio des Gutachtens

Somit stellten sich bereits zum Abkommen 2006 zwei große Probleme hinsichtlich der Legalität des Handelns der europäischen Organe auf, die das Gutachten im Wesentlichen auch dargelegt hat, wenn auch mit teils unzureichender Argumentationsfülle. Zum einen hat es rechtlich überhaupt keine marokkanische AWZ im Sinne des SRÜ hinsichtlich der Gebiete der Westsahara gegeben. Zum anderen hat die EU trotzdem mit Marokko ein Abkommen über die Fischereibestände der westsahrawischen Gewässer geschlossen, obwohl hierfür zwingende Voraussetzung Hoheitsbefugnisse in diesen iSd. Art. 56 Abs. 1 lit. a SRÜ sein müssten. Dass der Fokus der Betrachtung völlig auf der ausgerufenen AWZ der DARS liegt und mit keinem Wort die marokkanische AWZ analysiert wird, ist eine wichtige Erkenntnis des Gutachtens und schärft das Verständnis für die Auslegung und Herangehensweise der EU-Organe hinsichtlich des Fischereiabkommens mit Marokko. Weiter sind an dieser Stelle zwei Erklärungen zum

---

1784 *Juristischer Dienst des Europäischen Parlaments*, 2009, Rn. 38 Nr. 9.

Handeln der EU hervorzuheben. Zum einen, die dialektische Erklärung der EU, dass sie der Ansicht war, ohne gültige Rechtsübertragung der Fischereirechte rechtmäßig die natürlichen Ressourcen des Gebietes ausbeuten zu können. Zum anderen kann der Schluss gezogen werden, dass die EU entgegen jeglicher UN-Resolution und entgegen der UN-Charta Marokko als legitime (De-facto-)Verwaltungsmacht der Westsahara iSd. Art. 73 UN-Charta angesehen hat. Dementsprechend hat sie die Verfügungsgewalt, die einer Verwaltungsmacht zusteht, Marokko zumindest implizit zugeordnet. Eine Auseinandersetzung mit den soeben genannten Problempunkten fand durch den Wissenschaftlichen Dienst allenfalls marginal bzw. nur implizit statt. Vor allem ist zu kritisieren, dass sich ausschließlich auf die Rechtmäßigkeit der AWZ-Ausrufung der DARS konzentriert wird und die von großer Relevanz für das Abkommen streitige AWZ von Marokko an keiner Stelle erwähnt wird.[1785] Im Rahmen der Überprüfung dessen statuiert der Wissenschaftliche Dienst nun erstmalig konkret und in einem kurzen, aber wichtigen Satz, was in dem Gutachten von 2006 nur angedeutet wurde. Er stellte fest, dass die Regeln der UN-Charta, vor allem der hier maßgebliche Art. 73 UN-Charta, für Verwaltungsmächte als auch für Marokko als De-facto-Verwaltungsmacht der Westsahara gelten müsse und fördert damit implizit die Besetzung durch Marokko.[1786]

(1) Die Frage der Vertragsfähigkeit der DARS im SRÜ-Regime

Abseits der teils fehlerhaften Betrachtung des Gutachtens stellt sich allerdings grundsätzlich die wichtige Frage hinsichtlich eines potentiellen Beitritts der DARS in das SRÜ-Vertragsregime. Der formelle Beitritt zum Abkommen würde eine Reihe neuer Möglichkeiten für die Westsahara

---

1785 Erstmalige Erwähnung der hinsichtlich der Gewässer der Westsahara nicht abdeckenden marokkanischen AWZ lässt sich im Gutachten aus dem Jahr 2013 des Wissenschaftlichen Dienstes des Europäischen Parlaments finden, *Juristischer Dienst des Europäischen Parlaments*, 2013, Rn. 6–11.

1786 *Juristischer Dienst des Europäischen Parlaments*, 2009, Rn. 18: „The Legal Service noted further that international law does not prevent as such an administering power from undertaking activities related to the natural resources in a Non-Self-Governing Territory, but only insofar as those activities are carried out in disregard of the interests and of the wishes of the people of that territory, in this case of Western Sahara. In this regard it was stated that the de facto administration of Morocco in Western Sahara is under a legal obligation to comply with these principles of international law."

eröffnen, die ihr zustehenden Rechte durchsetzen zu können. Zu nennen ist beispielsweise ein mögliches Verfahren vor dem ITLOS, dessen Urteilskraft bindend für Mitglieder des SRÜ ist. Von überragender Bedeutung ist hier die Norm des Art. 305 e SRÜ. Diese besagt, dass „alle Gebiete mit voller innerer Selbstregierung, die als solche von der UN anerkannt sind, jedoch noch nicht die volle Unabhängigkeit im Einklang mit der Resolution 1514 (XV) der Generalversammlung erlangt haben, und die für die in diesem Übereinkommen geregelten Angelegenheiten zuständig sind, einschließlich der Zuständigkeit, Verträge über diese Angelegenheiten zu schließen", in der Lage sind, das SRÜ zu unterzeichnen. Erwähnenswert vorweg ist, dass Palästina als Mitgliedsstaat unter Art. 305 a SRÜ zugelassen worden ist, obwohl dieser von der UN noch immer nicht als solcher anerkannt wird. Vielmehr werden große Teile des palästinensischen Gebietes noch immer von Israel besetzt und die Verhandlungen zur Zwei-Staaten-Lösung dauern weiterhin an.[1787] Darüber hinaus sind die noch immer in ihrem rechtlichen Status umstrittenen Cook-Inseln und Niue, die rechtlich als Assoziierte Staaten zu Neuseeland kein UN-Mitglied sind, dem SRÜ beigetreten. Der Beitritt der beiden Inselstaaten wurde von der UN zugelassen und koordiniert und erfolgte über Art. 305 d SRÜ. Als solche haben die Cook-Inseln[1788] eine AWZ ausgerufen und sind gleichberechtigtes Mitglied im System des SRÜ. Gleiches gilt für Niue[1789].

Art. 305 e SRÜ hat insgesamt vier Tatbestandsvoraussetzungen, die bei kumulativem Vorliegen die Aufnahme der Westsahara in das SRÜ-Vertragsregime ermöglichen würden.

Zunächst müsste die Westsahara unter voller innerer Selbstregierung stehen. Was hierunter zu verstehen ist, bedarf der systematischen und teleologischen Auslegung des Abkommens, da es bis dato keine Präzedenz-

---

1787 Der Staat Palästina, wie er ausdrücklich von der UN betitelt wird, trat am 2.1.2015 dem Abkommen bei, vgl. https://treaties.un.org/pages/showdetails.aspx?objid=0 800000280043ad5, zuletzt abgerufen am 15.6.2024. Die Erklärung selbst ist unter https://www.un.org/Depts/los/LEGISLATIONANDTREATIES/PDFFILES/PSE_ Deposit_09-2019.pdf einsehbar, zuletzt abgerufen am 15.6.2024; Vgl. *Thomas*, The Emperor´s Clothes, S. 165.

1788 Der Gesetzestext und die Abgrenzung der AWZ sind nach Art. 75 Abs. 2 SRÜ bei der UN hinterlegt worden, vgl. https://www.un.org/Depts/los/LEGISLATION ANDTREATIES/PDFFILES/03MaritimeZonesEEZOLRegs2021Rev.pdf, zuletzt abgerufen am 15.6.2024.

1789 *Niue* hat ebenfalls nach Art. 75 Abs. 2 UN-Charta seine AWZ übermittelt, vgl. https://www.un.org/depts/los/LEGISLATIONANDTREATIES/PDFFILES/NIU_ 1996_Act.pdf, zuletzt abgerufen am 15.6.2024.

beispiele für die Aufnahme eines solchen Gebietes nach Art. 305 e SRÜ gegeben hat. Hierbei ist relevant und daher die Entscheidung heranzuziehen, Palästina als Staat nach Art. 305 a SRÜ zuzulassen.

Der Begriff der inneren Selbstregierung meint die gubernative und legislative Ordnungsstruktur eines Gebietes über seine Bewohner. Wie bereits ausführlich dargestellt, verfügt die Westsahara über zahlreiche staatsähnliche Strukturen und verwaltet sich selbst in Form eines von Dutzenden anderen Staaten und der AU anerkannten Staates, der DARS, in den östlichen Teilen der Westsahara sowie in den Flüchtlingscamps in der Tindouf-Region. Als solche ist die Westsahara bzw. die DARS Unterzeichner verschiedener internationaler Abkommen. Die staatsähnlichen Strukturen, vor allem die Verfassung und der westlichen Staaten ähnelnde Exekutivapparat lassen an einer inneren Selbstregierung wenig Zweifel aufkommen. Fraglich ist allerdings die Bestimmung der Begrifflichkeit der Erfordernis der „vollen" inneren Selbstregierung. Einerseits könnte hierunter verstanden werden, dass hiermit die Selbstregierung territorial vollständig über das gesamte Gebiet ausgeübt werden muss. Dies würde bedeuten, dass freilich die innere Selbstregierung nicht vollständig auf das Gebiet der Westsahara erstreckt werden kann, da Marokko ca. 80–85 % des Territoriums okkupiert hat und dieses unter seiner Verwaltungsstruktur und Regierung steht und damit eine „volle" innere Selbstregierung der Westsahara ausgeschlossen wäre.

Dies könnte allerdings dem Telos der Norm des Art. 305 e SRÜ widersprechen, der als weiteres Tatbestandsmerkmal voraussetzt, dass das Gebiet als nicht vollständig unabhängig iSd. Resolution 1514 (XV) definiert sein muss. Im Falle der Westsahara ist dieses Tatbestandsmerkmal unproblematisch gegeben, da das Gebiet von der UN noch immer als Dekolonisierungsfall eingestuft wird und die Mechanismen zum Ausdruck des Selbstbestimmungsrechts der Westsahara, dargelegt durch die Resolution 1514 (XV), durch das Volk der Westsahara noch immer nicht wahrgenommen werden konnten, da Marokko dies seit 1976 effektiv und erfolgreich verhindert. Unabhängig davon stellt sich die große Problematik, dass die volle innere Selbstregierung darüber hinaus auch „als solche von den Vereinten Nationen anerkannt" sein muss. Dem steht vor allem entgegen, dass die UN die Westsahara noch immer als NSGT listet und diese nach Art. 73 UN-Charta behandelt. Ein Gebiet, welches als Non-Self-Governing-Territory gelistet wird, kann denklogisch und nach der Systematik des UN-Rechtsregimes kaum die erforderliche volle innere Selbstregierungshoheit besitzen. Sicher ist, dass die UN die volle innere Selbstregierung (noch) nicht anerkennt, auch wenn die Polisario der einzige Verhandlungs- und Ansprechpartner für die UN-Organe hinsichtlich der Beilegung des Westsaharakonfliktes darstellt. Daran vermögen auch etwaige Mitgliedschaften in anderen Internationalen Organisationen oder diplomatische Beziehungen zu Drittstaaten nichts zu ändern. Hier liegt auch der größte Unterschied zu Palästina, welches nicht nur Mitglied mehrerer UN-Abkommen und internationaler Organisationen ist, sondern darüber hinaus auch einen Beobachterstatus in der UN innehat. Dieser misst Palästina einen im Vergleich zur Westsahara anderen rechtlichen Stellenwert im System der UN bei. Ein etwaiger Beitrittsantrag der DARS könnte in jedem Fall gestellt werden. Vor allem der Beitritt Palästinas über Art. 305 a SRÜ ist zumindest dahingehend überraschend, dass Palästina als Staat weiterhin kein Mitglied der UN ist und fast alle westlichen Länder Palästina nicht als Staat anerkennen.[1790]

(2) Zur Durchführung des Abkommens und der Legalität des Unionshandelns

Zunächst soll festgestellt werden, dass das Gutachten zu dem eindeutigen Schluss kommt, dass Schiffe unter EU-Flagge in den Gewässern vor der Westsahara Fischfang betrieben haben und dies erstmalig auf konkrete Einlassungen der Kommission zurückführt und diese beweist.[1791] Anders als noch bei den Vorgängerabkommen zum 2006er Abkommen ist eindeutig belegt, dass Fischfang in den Gewässern betrieben worden ist und mithin auch dem Willen der Vertragsparteien entsprochen hat. Besonders hervorhebenswert aus dem Gutachten ist die Feststellung, dass „most of the pelagic vessels fishing under category 6 of the FPA are active in this region and make a substantial contribution to the local landings" und die Intention der EU zum Fischfang in den Gebieten der Westsahara unwiderruflich belegt und verifiziert.[1792] Es bleibt daher kein Raum für eine anderweitige Auslegung der politischen Motive der EU-Organe außer der Feststellung,

---

1790 Dem gegenüber stehen allerdings 138 Staaten, die Palästina als Staat anerkennen, was eine Anerkennungsquote von 72 % ergibt und damit deutlich höher ist als jene der Westsahara.

1791 *Juristischer Dienst des Europäischen Parlaments*, 2009, Rn. 5b, 15 f.: „Following a series of parliamentary questions to the Commission, it appears that EU-flagged vessels have fished in the waters off Western Sahara. Not only this can be deducted from the data provided by the Member States to the Commission pursuant to their obligations established by Community legislation on "control", [7] but also it has also been explicitly acknowledged in several Commission declarations."

1792 *Juristischer Dienst des Europäischen Parlaments*, 2009, Rn. 16.

dass die Einbeziehung der Westsahara unbedingt gewollt war, obwohl keinerlei explizite Regelung hierzu in dem Abkommen zu finden ist.[1793] Freilich blieben die EU-Organe, insbesondere die Kommission, bei ihrer Darstellung der Legalität des Abkommens. Die Kommission versicherte, „that the support for the fisheries sector in the Western Sahara [...] is taken into account in the programming of measures to be undertaken in the framework of the Agreement".[1794] Dabei wird der sprachliche Duktus weiterhin so fortgeführt, dass impliziert wird, dass bereits die finanzielle Förderung der Infrastruktur im Gebiet selbst den Anforderungen an die Ausbeutung von natürlichen Ressourcen in einem NSGT genügen würde. Eine solche Herangehensweise ist bereits aus dem Wesen des Selbstbestimmungsrechts nicht ableitbar, da es sich hierbei um ein Recht handelt, welches nicht an ein Territorium gekoppelt ist, sondern an ein Volk. Darüber hinaus scheint die EU nicht berücksichtigen zu wollen, dass sich nach der Besetzung durch Marokko die Demografie der Region durch die Ansiedlung von Marokkanern erheblich verändert hat und der Großteil der indigenen sahrawischen Bevölkerung, die einzig und allein Träger des Selbstbestimmungsrechts ist, außerhalb des Gebiets der Westsahara unter prekären Bedingungen in Flüchtlingslagern lebt. Dieser Bevölkerungsteil ist damit nicht in das Territorium der Westsahara integriert und kann dementsprechend auch keine Vorteile aus dem Abkommen ziehen, da eine Umverteilung an das UNHCR oder eine direkte finanzielle Beteiligung der Lager zu keiner Zeit im Raum stand. Dass der marokkanische Staat die finanziellen Mittel an die Sahrawis in den algerischen Gebieten weiterleitet, ist völlig fernliegend. Zu diesen bereits damals feststehenden und unausweichlichen Punkten hat sich die Kommission nicht geäußert, ebensowenig ein anderes EU-Organ.[1795] Vielmehr hat die Kommission, trotz der geltenden völkerrechtlichen Bestimmungen und der engen Voraussetzungen zur Ausbeutung von natürlichen Ressourcen in NSGTs, es nicht für nötig gehalten, Datensätze zu speichern und Fangquotenstatistiken aufzustellen, obwohl diese vital für die Arbeit des Gemeinsamen Ausschusses und der Überwachungsmöglichkeit des Abkommens gewesen wären.

1793 Vgl. auch bereits *Juristischer Dienst des Europäischen Rates*, Doc. 6664/06 v. 22.2.2006, Rn. 16.

1794 *Juristischer Dienst des Europäischen Parlaments*, 2009, Rn. 23.

1795 Vgl. zur Haltung der Kommission *Juristischer Dienst des Europäischen Parlaments*, 2009.

Internationale Abkommen sehen häufig vor, dass Schiedsgerichte oder sogar Internationale Gerichtskörper im Falle von Streitigkeiten und Auslegungsfragen konsultiert werden und angerufen werden können. Hier besteht eine solche Möglichkeit nicht und potentielle Meinungsverschiedenheiten müssen entweder über den Gemeinsamen Ausschuss nach Art. 10 Abs. 1 lit. d beigelegt werden oder intern zwischen den Parteien durch Gespräche nach Art. 13. Ein solches Vorgehen birgt gewisse Vorteile und stärkt möglicherweise das Vertrauen in den jeweils anderen Vertragspartner. Allerdings hängt eine Beilegung von Meinungsverschiedenheiten damit ausschließlich vom guten Willen der Vertragsparteien ab, indem gerade kein unabhängiges und unparteiisches Gericht mit der Befugnis geschaffen wurde, über die im Rahmen des Fischereiabkommens auftretenden Problematiken und Streitigkeiten zu entscheiden. Der Schlichtungsprozess kann daher leicht von jeder Vertragspartei blockiert werden.[1796] Der Ausschuss ist im Lichte der realpolitischen Umstände und Interessen der beiden Parteien daher gänzlich ungeeignet, die Durchführung des Abkommens rechtlich zu kontrollieren.

Der Wissenschaftliche Dienst konnte im Übrigen auch 2009 keine belastbaren Daten von den EU-Organen zur tatsächlichen Fangquote in den jeweiligen Fischereizonen bekommen.[1797] Ein kurzer Vorgriff auf das Folgeabkommen soll an dieser Stelle aber zeigen, dass bereits mit dem Abkommen von 2006 der größte Teil der Ausbeutung der Fischereibestände in den Gewässern der Westsaharra stattgefunden hat. Die Fangmenge in der Fischereizone Nr. 6, die auch bereits im 2006er Abkommen bestand, wenn auch nicht klar abgegrenzt und ausschließlich die an die Westsahara angrenzenden Gewässer umfassend, machte 91,5 % der Gesamtmenge der Fänge aus, die durch das Fischereiabkommen und das zugehörige Protokoll von 2013 vorgesehen und vereinbart waren.[1798] Aufgrund des historischen Verlaufs des Fischereiabkommens, welches ursprünglich ein zwischen Spanien und Marokko ausgehandeltes Abkommen zur Ausbeutung der Fische-

---

1796 So auch *Wathelet*, 2018 (Fn. 55), Rn. 84, der auf bereits erfolglose Versuche der europäischen Organe eingegangen ist, eine Sondersitzung des Ausschusses nach Art. 10 des Abkommens zu erreichen, was mehrfach von Marokko verhindert worden ist und die Anfälligkeit des Streitschlichtungsmechanismus aufzeigt, siehe hierzu *Wathelet*, 2018 (Fn. 55), S. 21 Fn. 56.

1797 *Juristischer Dienst des Europäischen Parlaments*, 2009, Rn. 15 f.

1798 Dies legte Generalanwalt *Wathelet* in seinem Gutachten 2018 dar, indem er vor allem die mündlichen Aussagen in den Verhandlungen vor dem EuGH wiedergab und einsortierte, *Wathelet*, 2018 (Fn. 55), Rn. 272 f.

reibestände der Gewässer der Westsahara war, kann aufgrund der Faktenlage davon ausgegangen werden, dass auch die Folgeabkommen der EG bzw. EU fast ausschließlich in den Gewässern der Westsahara faktische Anwendung gefunden haben. Die EU wollte folglich ihre intransparente Politik aus den vorangegangen Jahren und den Vorgängerabkommen möglichst weiter fortsetzen. Man versuchte, Daten zu tatsächlichen Fischfängen in den Gebieten der Westsahara zu unterdrücken, nur bekam man jetzt, vor allem nach dem Rechtsgutachten *Corells*, sowohl den politischen Druck des Europäischen Parlaments zu spüren wie auch die völkerrechtlichen Implikationen und Verpflichtungen, die größtenteils versucht worden sind auf die marokkanische Seite zu transferieren.[1799] Der Wissenschaftliche Dienst stellte hinsichtlich der Ausbeutung der natürlichen Ressourcen der Westsahara fest, dass die gezahlten finanziellen Zuwendungen, die überwiegend zum Ausbau von Infrastruktur in den Hafenstädten genutzt wurden, kaum dem sahrawischen Volk zugute kamen. Er versuchte aber Voraussetzungen darzulegen, wie das Abkommen völkerrechtsmäßig angewandt werden kann.

Zudem wurde festgestellt, dass die Erklärung der DARS zunächst keine unmittelbaren rechtlichen Auswirkungen auf die AWZ der Westsahara hat, da die DARS (noch) kein Mitglied des SRÜ ist. Ein Antrag zur Aufnahme in das Rechtsregime wäre möglich und hätte im Lichte der Aufnahme Palästinas gewisse Aussichten auf Erfolg, je nach Auslegung des Merkmals der vollen inneren Selbstregierung. Grundsätzlich lässt sich unabhängig davon feststellen, dass die Ausbeutung natürlicher Ressourcen in einer AWZ die Ausübung souveräner Rechte nach Art. 56 Abs. 1 lit. a SRÜ darstellt. Allerdings ist die Westsahara nicht der Souveränität Marokkos unterstehend, sondern ein von Marokko eigenständiges Gebiet im Sinne von Art. 73 UN-Charta. Ferner steht Marokko entgegen der Ansicht des Gutachtens und der EU keine De-facto-Verwaltungsmachtbefugnis hinsichtlich der Ausübung hoheitlicher Rechte zu. Der Kommission war dabei bewusst, dass der Fischfang in einer AWZ ein souveränes Recht des Küstenstaats darstellt. Besonders zu kritisieren ist an dieser Stelle aber, dass nicht weiter

---

1799 Vgl. zu der intransparenten Informationspolitik der EU-Organe hinsichtlich der Fangquoten und Daten der Vorgängerabkommen, *Milano*, Anuario Español de Derecho Internacional XXII (2006), 413 (426). Der damalige Fischereikommissar *Borg* gab im Rahmen der parlamentarischen Anfrage E-1744/06 v. 17.7.2006 zur genauen Fanquotenaufteilung des 1995er Abkommens zu, dass „no data exists which would make it possible to identify the precise location of the fishing effort under this Agreement".

auf das Erfordernis einer möglichen Zustimmung des Volkes der Westsahara eingegangen wird, sondern sich erneut fast ausschließlich auf den Nutzen des Abkommens für das sahrawische Volk konzentriert wird. Damit wird der wesentliche Kerngehalt des Selbstbestimmungsrechts verkannt und der Fokus ausschließlich auf potentielle monetäre Interessen gelegt.[1800] *Wathelet* stellt richtigerweise fest, dass der Abschluss des Fischereiabkommens daher eine Anerkennung darstellt, dass das Königreich Marokko in diesen Gewässern ein souveränes Recht ausübt und dieses derivativ auf die Union übertragen könne.[1801]

c) Entwicklung nach Erstellung des Gutachtens und Auslaufen des 2006er Abkommens

Das Gutachten von 2006 resümierte, dass die Vereinbarkeit des Abkommens mit dem Völkerrecht davon abhängt, wie die marokkanischen Behörden das Abkommen umsetzen und inwieweit es der Bevölkerung der Westsahara zugute kommen wird. Trotz der angeschnittenen Verantwortung der europäischen Organe hinsichtlich der völkerrechtsmäßigen Implementierung des Abkommens stellte das Gutachten fest, dass diese Informationen von Marokko eingeholt werden müssen, da das Abkommen primär Marokko in die Verantwortung hinsichtlich der völkerrechtlichen Verpflichtungen setzt und diese Informationen daher von Marokko bereitgestellt werden müssen.[1802] 2009 hat der Wissenschaftliche Dienst versucht, diesen Ansatz von der einseitigen Verantwortungssphäre hinsichtlich der Legalität des Abkommens zu modifizieren und einzuschränken. Er forderte, dass auch die EU-Organe sich aktiv, vor allem durch die aktive Einbringung im Rahmen des Gemeinsamen Ausschusses, um die Einhaltung der völkerrechtlichen Verpflichtungen gegenüber dem sahrawischen Volk zu bemühen haben. Kurz vor Auslaufen des Abkommens Anfang 2011 trat die Kommission an den Rat heran, um eine Ermächtigung zu erhalten, im Namen der EU Verhandlungen über die Erneuerung des Protokolls zum Fischereiabkommen führen zu können.[1803] Aufgrund der aufgeworfenen

---

1800 Vgl. *Juristischer Dienst des Europäischen Parlaments*, 2009, Rn. 30.
1801 *Wathelet*, 2018 (Fn. 55), Rn. 208.
1802 *Juristischer Dienst des Europäischen Parlaments*, 2009, Rn. 49 b–d.
1803 *Passos*, Legal Aspects of the European Union's Approach towards Western Sahara, in: Balboni/Laschi (Hrsg.), The European Union Approach Towards Western

Zweifel in den Rechtsanalysen der jeweiligen Wissenschaftlichen Dienste des Parlaments und des Rates hinsichtlich der Völkerrechtsmäßigkeit des Abkommens im Lichte des sahrawischen Selbstbestimmungsrechts zögerte der Rat erstmalig zur Erteilung der Ermächtigung. Er erteilte das Mandat schließlich mit den Gegenstimmen des Vereinigten Königreichs, Schwedens und Dänemarks, während sich Deutschland und Finnland enthielten. Sie begründeten ihre Entscheidung mit fehlenden validen Informationen zur Vorteilhaftigkeit des Abkommens für die sahrawische Bevölkerung und der damit einhergehenden im Raum stehenden gravierenden möglichen Verletzung des Selbstbestimmungsrecht des Volkes der Westsahara.[1804] Nach äußerst kurzen Verhandlungsgesprächen unterzeichneten die EU-Kommission und Marokko am 25. Februar 2011 die einjährige Verlängerung des Protokolls, welche anschließend dem Rat vorgelegt wurde. Dieser billigte sie gegen den Widerstand Dänemarks, der Niederlande und Schwedens sowie unter Enthaltung des Vereinigten Königreichs, Finnlands, Österreichs und Zyperns.[1805] Während dies zum Inkrafttreten des Abkommens bzw. des Protokolls im Jahr 2006 noch ausgereicht hätte, haben sich in der Zwischenzeit die prozeduralen Voraussetzungen zum Inkrafttreten internationaler Abkommen der Union durch den Vertrag von Lissabon erheblich verändert. Das Zusatzprotokoll musste nun zusätzlich vom Europäischen Parlament verabschiedet werden, bevor es angenommen werden konnte. Mit dem Vertrag von Lissabon aus dem Jahr 2009 wurde im Zuge des Demokratisierungsgedankens das Mitentscheidungsverfahren zwischen dem Rat und dem Parlament eingeführt und dem Parlament die Befugnis übertragen, internationale Abkommen überprüfen zu können und gegebenenfalls sogar abzulehnen.[1806] Art. 218 Abs. 5, 6 AEUV iVm. Art. 43 Abs. 2

Sahara, S. 144 f.; *Angelillo*, The approach of the EU towards the conflict of Western Sahara, S. 123.

1804 *Angelillo*, The approach of the EU towards the conflict of Western Sahara, S. 123; *Milano*, The 2013 Fisheries Protocol between the EU and Morocco, in: Balboni/Laschi (Hrsg.), The European Union Approach Towards Western Sahara, S. 153.

1805 *Angelillo*, The approach of the EU towards the conflict of Western Sahara, S. 123; *Milano*, The 2013 Fisheries Protocol between the EU and Morocco, in: Balboni/Laschi (Hrsg.), The European Union Approach Towards Western Sahara, S. 153.

1806 *Angelillo*, The approach of the EU towards the conflict of Western Sahara, S. 123; *Milano*, The 2013 Fisheries Protocol between the EU and Morocco, in: Balboni/Laschi (Hrsg.), The European Union Approach Towards Western Sahara, S. 153.

AEUV statuieren im Vergleich zu den Vorgängernormen Art. 300 EGV und Art. 37 EGV, dass das Europäische Parlament einem Abkommen wie dem FPA und den zugehörigen Protokollen zustimmen muss und nicht wie zuvor nur angehört werden muss.[1807] Durch das Zustimmungserfordernis des Parlamentes ist ein bedeutendes Instrument zur Kontrolle der europäischen Außenhandelspolitik geschaffen worden, wie sich im Rahmen der Verhandlungen zum Nachfolgeprotokoll 2011 sofort beweisen sollte. Das von der Kommission ausgearbeitete und dem Parlament vorgelegte Protokoll zur Ausweitung des partnerschaftlichen Fischereiabkommens ist vom Parlament abgelehnt worden, da es dieses als kostentechnisch ineffizient, ökologisch als nicht nachhaltig und als nicht im Einklang mit den völkerrechtlichen Rechten des Volkes der Westsahara angesehen hat.[1808] Im Hinblick auf die rechtlichen Bedenken hatte das Parlament in der das Protokoll ablehnenden Entschließung die Kommission aufgefordert sicherzustellen, „that the future Protocol fully respects international law and benefits all the local population groups affected".[1809] Die Formulierung der „local population" ist indes fehlerhaft und abermals zu kritisieren, da das Selbstbestimmungsrecht nicht den marokkanischen Siedlern zusteht, die klar unter diesen Begriff zu subsumieren sind, sondern ausschließlich dem sahrawischen Volk. Das Parlament hat in Kenntnis der Stellungnahmen des Entwicklungsausschusses und des Haushaltsausschusses, die der Empfehlung des Fischereiausschusses beigefügt sind, und in Kenntnis der Begründung, die Teil der Empfehlung des Fischereiausschusses ist, in welcher die Unzulänglichkeiten und problematischen Punkte des um ein Jahr verlängerten Protokolls dargelegt werden, sich trotzdem für die Begrifflichkeit der „local population" entschieden. Damit trug es zu erheblichen Unsicher-

---

1807 Vgl. *Angelillo*, The approach of the EU towards the conflict of Western Sahara, S. 123; *Passos*, Legal Aspects of the European Union's Approach towards Western Sahara, in: Balboni/Laschi (Hrsg.), The European Union Approach Towards Western Sahara, S. 144; Milano, The 2013 Fisheries Protocol between the EU and Morocco, in: Balboni/Laschi (Hrsg.), The European Union Approach Towards Western Sahara, S. 153.

1808 Siehe hierzu Europäisches Parlament, 2011/2949(RSP) v. 14.12.2011; *Angelillo*, The approach of the EU towards the conflict of Western Sahara, S. 123; *Passos*, Legal Aspects of the European Union's Approach towards Western Sahara, in: Balboni/Laschi (Hrsg.), The European Union Approach Towards Western Sahara, S. 144; *Milano*, The 2013 Fisheries Protocol between the EU and Morocco, in: Balboni/Laschi (Hrsg.), The European Union Approach Towards Western Sahara, S. 153.

1809 Europäisches Parlament, 2011/2949(RSP) v. 14.12.2011, Punkt C. Nr. 9.

heiten hinsichtlich der Trag- und Reichweite des Selbstbestimmungsrechts der Sahrawis bei.[1810] Trotzdem sei erwähnt, dass es das Parlament war, welches die, im Übrigen auch der Kommission und dem Rat vorgelegten unzureichenden Daten Marokkos zu tatsächlichen positiven Auswirkungen auf das Volk zum Anlass nahm, das von der Kommission kaum veränderte Protokoll zu blockieren. Im Rahmen dessen forderte es geeignetere Implementierungs- und Überwachungsmechanismen, die sicherstellen sollten, dass die „local population" auch tatsächlich von den Erträgen und den von der EU getätigten Zahlungen profitieren wird.

Besonders bedenkenswert war die, trotz der offensichtlichen Mängel des Protokolls, Akzeptanz und schließlich von Rat und Kommission beschlossene Verlängerung des Protokolls, obwohl insbesondere der Punkt der Vorteilhaftigkeit des Abkommens von marokkanischen Behörden nicht annähernd bewiesen werden konnte.[1811] Vielmehr stellte die Kommission vermehrt und über Jahre hinweg seit 2007 erfolglos Anfragen zur Herausgabe von Daten und Informationen zur Nutzung der geflossenen Gelder. Sie sollte schließlich am 13.12.2010 ein Power-Point-Dokument von Marokko erhalten, in welchem nicht nur die Westsahara als Teil Marokkos behandelt und eingeschlossen wurde, sondern darüber hinaus keine Informationen zur Vorteilhaftigkeit des Abkommens und des Protokolls für das sahrawische Volk entnommen werden konnten.[1812] Die vom Wissenschaftlichen Dienst des Parlaments geforderte stärkere Einbeziehung des Gemischten Ausschusses hat ebenfalls keinen Einfluss auf die Vorteilhaftigkeit des Abkommens nehmen können.

1810   Vgl. Europäisches Parlament, A7-0394/2011 v. 29.11.2011.

1811   Europäisches Parlament, A7-0394/2011 v. 29.11.2011.

1812   Europäisches Parlament, A7-0394/2011 v. 29.11.2011, S. 11: „After many requests from the Commission about benefits to the "local population", Morocco responded on 13 December 2010 with a PowerPoint document on the outcome of some investment programmes divided into 4 different regions - the "South" includes the Western Sahara as well as other territory. The document does not show whether the people of Western Sahara have benefitted socio-economically from the agreement. Although the document claims that jobs are created in all areas, it is highly likely that the agreement mainly benefits Moroccan settlers, transferred into occupied territory in violation of Article 49 of the IV Geneva Convention of 1949. Regrettably, the document does not support any EU conclusion on benefits for either the local population or for the Saharawi people."; *Hagen*, Fish before Peace, in: Balboni/Laschi (Hrsg.), The European Union Approach Towards Western Sahara, S. 111 f.

Somit stellte sich das Parlament gegen den Rat und die Kommission, die primär zuständigen EU-Organe hinsichtlich der außenpolitischen Beziehungen, und blockierte erstmalig aus völkerrechtlichen Erwägungsgründen ein Außenhandelsabkommen der EU mit Marokko.[1813] Freilich hat bei der ablehnenden Entscheidung die rechtliche Darlegung der Wissenschaftlichen Dienste eine lenkende Wirkung eingenommen und maßgeblich zur Entscheidungsfindung der Parlamentarier beigetragen.[1814]

d) Das Fischereiabkommen 2013

Die Kommission wurde vom Parlament unter Zugzwang gesetzt und musste, freilich auch um die marokkanischen Beziehungen nicht zu gefährden, möglichst schnell ein neues Protokoll ausarbeiten und die vom Parlament geforderten Punkte umsetzen.[1815] Dies stellte einen äußerst schwierigen Spagat zwischen der Interessenspolitik der beteiligten Parteien und dem Völkerrecht dar, da Marokko stets als Souverän über die Westsahara in die Verhandlungen mit der EU getreten ist und sich von dieser Position auch nicht abbringen lässt. Die Kommission wiederum versuchte, möglichst begriffsneutral und dem Schein nach das Völkerrecht wahrende Formulierungen und Klauseln zu nutzen, die zum einen Marokko nicht verärgern und zum anderen das Parlament dahingehend beschwichtigen würden, dem Protokoll in einer erneuten Abstimmung zuzustimmen. Dies versuchte die Kommission insbesondere durch die Stärkung der Durchführungsmechanismen für die finanzielle Beteiligung der EU an der Entwicklung der Fischereiwirtschaft und der Küstenbevölkerung im Allgemeinen zu erreichen; das Protokoll wurde dementsprechend stark angepasst, um der Forderung des Parlaments zu genügen, dass das erneuerte Protokoll in vollem Einklang mit dem Völkerrecht stehen muss.[1816]

Zu diesem Zweck enthält Art. 1 des erneuerten Protokolls eine neue Bestimmung, die sicherstellen soll, dass das Protokoll unter Beachtung der

---

1813   *Angelillo*, The approach of the EU towards the conflict of Western Sahara, S. 124 f.;
         Milano, in: Balboni/Laschi (Hrsg.), The European Union Approach Towards
         Western Sahara, S.152 f.

1814   *Angelillo*, The approach of the EU towards the conflict of Western Sahara, S. 125;
         Milano, in: Balboni/Laschi (Hrsg.), The European Union Approach Towards
         Western Sahara, S.152 f.

1815   *Passos*, Legal Aspects of the European Union's Approach towards Western Sahara,
         in: Balboni/Laschi (Hrsg.), The European Union Approach Towards Western
         Sahara, S. 146.

demokratischen Konditionalitätsklausel und der Menschenrechte gemäß Art. 2 des Assoziierungsabkommens zwischen der EU und Marokko implementiert wird.[1817]

Ferner wurde durch den neu eingefügten Art. 6 Abs. 2 des Protokolls dem Gemischten Ausschuss eine weitreichendere Überwachungs- und Mitbestimmungskompetenz hinsichtlich der durch die EU gezahlten Mittel eingeräumt. Demnach hat Marokko diese Mittel nach Maßgabe der Ziele und der entsprechenden jährlichen und mehrjährigen Programmplanung, die durch die Vertragsparteien im Einvernehmen beschlossen worden sind, zu verwenden und zu verwalten. Ferner wird Marokko nach Art. 6 des Protokolls dazu angehalten, ausführliche Fortschritts- und Verwendungsberichte über die gezahlten Mittel zu erstellen und an die EU zu übermitteln, die im Rahmen der gemäß Protokoll vorgesehenen Unterstützung des Fischereisektors umgesetzt worden sind.[1818]

aa) Mitgliedsstaatliche Ansichten gegen und für das Abkommen

Bereits vor Einbringung des Entwurfs in das Parlament hatten einige Mitgliedstaaten ihre durchaus berechtigten Zweifel an der Völkerrechtsmäßigkeit des Protokolls angemeldet und Erklärungen hierzu abgegeben.[1819] Schweden, die Niederlande[1820] und Dänemark[1821] standen dem Abkommen

---

1816 Vgl. *Passos*, Legal Aspects of the European Union's Approach towards Western Sahara, in: Balboni/Laschi (Hrsg.), The European Union Approach Towards Western Sahara, S. 146.

1817 Das Europa-Mittelmeer-Assoziationsabkommen mit Marokko trat 2000 in Kraft und schuf eine Freihandelszone zwischen der EU und Marokko und ist wichtige Ausgangsbasis für folgende Abkommen mit Marokko, Europäisches ABl. L 70 v. 18.3.2000, S. 2–205; *Milano*, in: Balboni/Laschi (Hrsg.), The European Union Approach Towards Western Sahara, S.153.

1818 Vgl. *Passos*, Legal Aspects of the European Union's Approach towards Western Sahara, in: Balboni/Laschi (Hrsg.), The European Union Approach Towards Western Sahara, S. 146–149; *Group of Jurists*, Western Sahara and the Protocol to the EU-Morocco Fisheries Partnership Agreement (FPA) of 2013, in: Balboni/Laschi (Hrsg.), The European Union Approach Towards Western Sahara, S. 259 f.

1819 Schweden und Dänemark stimmten dagegen; Finnland, das Vereinigte Königreich und die Niederlande enthielten sich der Stimme, Rat der Europäischen Union, 17194/13, ADD 1 LIMITE PECHE 590 v. 10.12.2013; *Milano*, Front Polisario and the Exploitation of Natural Resources by the Administrative Power, 2 European Papers (2017), 953 (958 f.).

1820 Die Niederlande gaben zu bedenken, dass sich das Protokoll erneut nicht ausdrücklich auf die Westsahara beziehe und dadurch weiterhin die Anwendung auf

äußerst kritisch bzw. ablehenend gegenüber, in abgeschwächter Form auch das Vereinigte Königreich[1822], wohingegen Deutschland, Österreich und Irland keine Probleme bei der Implementierung des neuen Abkommens sahen.[1823]

Auffällig an den Erklärungen der Staaten ist vor allem die Benutzung unterschiedlicher fachlicher Termini und die damit einhergehenden, nicht vollständig nachvollziehbaren Aussagewerte. Die Niederlande bezeichnen beispielsweise Marokko ohne jegliche Differenzierung als Verwaltungs-

---

die an die Westsahara angrenzenden Seegebiete ermöglicht werde, die wiederum nicht unter der Souveränität oder der Gerichtsbarkeit Marokkos stehen. Darüber hinaus stellten sie fest, dass das Protokoll keine Bestimmung enthält, die sicherstellt, dass die marokkanischen Behörden den für den Zugang zu den Ressourcen gezahlten Betrag in Übereinstimmung mit ihren völkerrechtlichen Verpflichtungen gegenüber dem Volk der Westsahara verwenden wird und tatsächlich an diese weiterleitet, womit die Einhaltung der völkerrechtlichen Verpflichtungen wiederum vollständig von Marokko abhängt, Rat der Europäischen Union, 17194/13, ADD 1 LIMITE PECHE 590 v. 10.12.2013, S. 4; *Milano*, Front Polisario and the Exploitation of Natural Resources by the Administrative Power, 2 European Papers (2017), 953 (958 f.).

1821 Dänemark gab zu Bedenken, dass die Union die Achtung der Menschenrechte und der der EU immanenten demokratischen Grundsätze beim Abschluss bilateraler Abkommen fördern müsse. Diese Aspekte seien jedoch im Protokoll nicht so deutlich wie in anderen Fischereiprotokollen im Rahmen partnerschaftlicher Fischereiabkommen, weshalb Dänemark gegen die Beschlüsse stimmte, Rat der Europäischen Union, 17194/13, ADD 1 LIMITE PECHE 590 v. 10.12.2013, S 1 f.; Siehe auch *Milano*, in: Balboni/Laschi (Hrsg.), The European Union Approach Towards Western Sahara, S.153 f.

1822 Das Vereinigte Königreich regte an, dass die Marokko obliegenden rechtlichen Verpflichtungen hinsichtlich der Sicherung der Vorteilhaftigkeit des Abkommens für die sahrawische Bevölkerung in das Protokoll mitaufgenommen werden müssten, um einen effektiven Rechtsschutz gewährleisten zu können, Rat der Europäischen Union, 17194/13, ADD 1 LIMITE PECHE 590 v. 10.12.2013, S. 6, *Milano*, in: Balboni/Laschi (Hrsg.), The European Union Approach Towards Western Sahara, S.153 f.

1823 Sie gaben in einer gemeinsamen Erklärung zu erkennen, dass sie die getroffenen Maßnahmen der Kommission zur Überwachung der Menschenrechte und demokratischen Grundsätze als ausreichend ansahen. Sie forderten die Kommission auf, den Rat umfassend und regelmäßig über die finanziellen Geldflüsse zu informieren, die die westsahrawische Bevölkerung aufgrund des Abkommens erhält. Es müsse sichergestellt werden, dass die westsahrawische Bevölkerung an den finanziellen Mitteln, die sich aus dem Abkommen ergeben, angemessen und interessengerecht beteiligt wird, Rat der Europäischen Union, 17194/13, ADD 1 LIMITE PECHE 590 v. 10.12.2013, S 2 f.; *Milano*, Front Polisario and the Exploitation of Natural Resources by the Administrative Power, 2 European Papers (2017), 953 (961).

macht und ordnen ihm somit, zumindest implizit, weitgehende Rechte hinsichtlich der Nutzung der natürlichen Ressourcen der Westsahara zu, obwohl sie gleichzeitig die Rechte der Sahrawis als entscheidendes Kriterium ansehen. Dänemark spricht von den Vorteilen für die lokale Bevölkerung der Westsahara, womit nicht ausgeschlossen werden kann, dass hiermit auch die marokkanischen Siedler in den Gebieten der Westsahara gemeint sind. Deutschland, Österreich und Irland sprechen von „population" statt „people", womit ebenfalls unklar ist, ob marokkanische Siedler miteinbezogen werden sollen.[1824]

Allen Erklärungen gemein ist jedoch, dass zwar stets auf die notwendige Vorteilhaftigkeit des Abkommens für entweder die Bevölkerung oder das Volk der Westsahara eingegangen wird und diese gefordert wird, allerdings keine Determinante herausgestellt und niedergelegt wird, die die tatsächliche Vorteilhaftigkeit des Abkommens bestimmen kann. Aus der Anwendung des 2006er Abkommens ist deutlich hervorgegangen, dass die marokkanischen Behörden nicht willens waren, zeitnah, regelmäßig und in gefordertem Umfang eine sozio-ökonomische Berichterstattung hinsichtlich der finanziellen Vorteile des Abkommens für das Volk der Westsahara zu erstellen und zu übermitteln. Ganz im Gegenteil wurde dieser Prozess vielmehr über Jahre hinweg hinausgezögert, um schließlich in Form einer Power-Point-Präsentation auf angebliche Vorteile einzugehen, die sich äußerst schnell als haltlos und nicht valide herausstellten.[1825] Zwar wurde durch Art. 6 Abs. 2 des Protokolls festgelegt, dass Marokko die Mittel nach Maßgabe der Festlegung der mehrjährigen Programmplanung durch den Gemeinsamen Ausschuss verwenden muss. Trotzdem ist die Kernessenz des Protokolls weiterhin, dass sich die Verantwortung hinsichtlich der Verteilung der Mittel ausschließlich in der marokkanischen Sphäre befindet und die EU sich somit erneut auf das Gutdünken der marokkanischen Regierung bzw. Behörden verlassen hat.[1826] Dies liegt insbesondere an Art. 3 Abs. 5 des Protokolls, wonach die Verwendung der finanziellen Gegenleis-

---

1824 Rat der Europäischen Union, 17194/13, ADD 1 LIMITE PECHE 590 v. 10.12.2013, S. 1 ff.; *Milano*, in: Balboni/Laschi (Hrsg.), The European Union Approach Towards Western Sahara, S.157.

1825 Vgl. hierzu Europäisches Parlament, A7-0394/2011 v. 29.11.2011 und Fn. 683.

1826 Vgl. hierzu insbesondere Art. 3 Abs. 5 des Protokolls, wonach die Verwendung der finanziellen Gegenleistung vorbehaltlich der Bestimmungen des Artikels 6 dieses Protokolls der ausschließlichen Zuständigkeit der marokkanischen Behörden unterliegt. Art. 6 Abs. 2–5 sowie Art. 8 des Protokolls; Vgl. *Passos*, Legal Aspects of the European Union's Approach towards Western Sahara, in: Balboni/Laschi (Hrsg.), The European Union Approach Towards Western Sahara, S. 148–150.

tung, vorbehaltlich der Bestimmungen des Artikels 6 dieses Protokolls, noch immer der ausschließlichen Zuständigkeit der marokkanischen Behörden unterliegt. Eine etwaige finanzielle Vorteilhaftigkeit für die Gebiete der Westsahara, geschweige denn für das Volk der Westsahara, ist nicht mit aufgenommen worden.[1827]

Darüber hinaus ist festzustellen, dass trotz entgegenstehender einschlägiger Staatenpraxis es weiterhin an einer expliziten Einbeziehungs- bzw. Ausschlussklausel für die Gebiete der Westsahara fehlte. Vielmehr wurde weiterhin die Praxis des 2006er Abkommens, des Protokolls und der zugehörigen Anhänge weiter fortgeführt, dass die südlichen Seegrenzen undefiniert blieben, wohingegen die restlichen Seegrenzen metergenau festgelegt worden sind.[1828] Ebenfalls nicht im Protokoll vorhanden ist eine explizite Kontrollklausel hinsichtlich der tatsächlich erwirtschafteten Fangquoten in den jeweils von dem Abkommen abgedeckten Fanggebieten. Dieses Vorgehen ist überraschenderweise weder im Rat noch im Parlament vorgebracht, diskutiert oder gar kritisiert worden, obwohl der Wissenschaftliche Dienst hierauf explizit hingewiesen hat. Ferner hat dieser auch die Möglichkeit in den Raum gestellt, ausschließlich Fanglizenzen für eindeutig den marokkanischen Gewässern zugeordnete Fanggebiete zu beantragen.[1829]

Im Gegenteil verweisen beispielsweise Deutschland, Österreich und Irland auf die vermeintlich ausreichende Möglichkeit der Aussetzung des Protokolls und auf die Einberufung des Gemischten Ausschusses nach Art. 8 des Protokolls. Dieser hat sich allerdings weder strukturell noch in seinem Kompetenzbereich effektiv geändert und bis dato kaum zum effektiven Rechtsschutz des sahrawischen Volkes beitragen können.[1830] Im Zeitraum von 2013–2017 hat es keine Anstrengungen des Ausschusses gegeben, die Rechte des sahrawischen Volkes über einen der neu implementierten Kontrollmechanismen des Protokolls zu wahren bzw. zu fördern. Dies wäre auch nicht nötig gewesen, sofern das Abkommen und das Protokoll gar nicht auf die Westsahara angewandt worden wären. Doch die erstmalig im Gutachten des Generalanwalts *Wathelet* veröffentlichen Zahlen zur absoluten Fischfangquote in den in Anhang 2–4 des Protokolls aufgeführten

---

1827 Europäisches ABl. L 349/1 v. 21.12.2013.
1828 Europäisches ABl. L 328 v. 7.12.2013, Anlage 2–4, S. 24–30; Vgl. § 4. A. II. 4. a).
1829 *Juristischer Dienst des Europäischen Parlaments*, 2009, Rn. 37.
1830 *Milano*, in: Balboni/Laschi (Hrsg.), The European Union Approach Towards Western Sahara, S.157.

Fischereizonen[1831] und speziell für die die Westsahara miteinschließende Fischereizone Nr. 6 verdeutlichen, dass die von Marokko in der Fischereizone Nr. 6 erteilten Lizenzen zu 91,5 % die Gesamtmenge der im Rahmen des Fischereiabkommens und des Protokolls von 2013 getätigten Fänge ausmachen.[1832]

bb) Zwischenergebnis

Entschiedenster und gewichtigster Kritikpunkt an dem Protokoll selbst wie aber auch an den beteiligten EU-Organen und deren Herangehensweise an die Neuverhandlung und Adjustierung des Protokolls ist die mitunter postkoloniale Betrachtungsweise der den Sahrawis unterstellten Interessen hinsichtlich ihres eigenen Gebietes in hypothetischer Ausübung ihres Selbstbestimmungsrechts.[1833] Zwar werden die Wünsche des Volkes noch in den Entschließungsanträgen und abweichenden Stellungnahmen wie auch im Parlament erwähnt, eine konkrete Herangehensweise an die Ermittlung dieser Interessen hatte jedoch keines der beteiligten Organe. Die EU unterstellt anhand potentieller monetärer Vorteile für die sahrawische Bevölkerung der Westsahara deren Interessenswahrung an einem Abkommen mit der Besatzungsmacht der Westsahara und lässt dabei sozio-ökonomische, politische, aber vor allem völkerrechtliche Interessen völlig außer Acht. Die sahrawische Bevölkerung hatte weder Mitspracherecht hinsichtlich des Abkommens noch wurde sie hinsichtlich ihrer tatsächlichen Wünsche und Interessen konsultiert. Im Rahmen dessen ist vor allem fraglich, wie die Sahrawis in den Flüchtlingslagern in Tindouf mit in diesen Prozess einbezogen werden, da die Mehrzahl des Volkes der Westsahara aufgrund der marokkanischen Besatzung nicht mehr im ursprünglichen Gebiet lebt. Zwar bemühte sich die EU, vor allem das Parlament, um einen vermeintlich

---

1831 Bis dato hat die Kommission keine genauen Zahlen veröffentlicht, offensichtlich um zu verschleiern, dass trotz der starken Zweifel an der Völkerrechtsmäßigkeit des Abkommens die Hauptfangmenge genau in den Gewässern der Westsahara erwirtschaftet wird, *Wathelet*, 2018 (Fn. 55), Rn. 70.

1832 *Wathelet*, 2018 (Fn. 55), Rn. 70: Es wurden insgesamt 1138 t Fisch in der Fischereizone Nr. 1, 406 t in der Fischereizone Nr. 2, 191 t in der Fischereizone Nr. 3, 5035 t in der Fischereizone Nr. 4, 234 t in der Fischereizone Nr. 5 und 75.686 t in der Fischereizone Nr. 6 gefangen.

1833 Bereits vor Einbringung des Abkommenentwurfs in das Parlament hatten zahlreiche Mitgliedstaaten ihre durchaus berechtigten Zweifel an der Völkerrechtsmäßigkeit des Protokolls angemeldet und Erklärungen hierzu abgegeben.

interessenwahrenden und damit das Selbstbestimmungsrecht der Sahrawis respektierenden und genügenden Kompromiss. Allerdings wurde diese Evaluation eben jener Rechtsausübung und Rechtskonformität ausschließlich aus europäischer Sichtweise getroffen und negierte schlussendlich sogar die tatsächliche und legitime Rechtsausübung des sahrawischen Selbstbestimmungsrechts. Dies geschah insbesondere, indem ein Kernelement dieses Rechts, nämlich die Souveränität über die natürlichen Ressourcen des Gebietes, ausschließlich in die faktische Entscheidungsgewalt Marokkos und der EU gelegt wurde. Freilich stellt die monetäre Vorteilhaftigkeit bei der Ausbeutung natürlicher Ressourcen einen wichtigen Faktor dar, der meist auch im Vordergrund staatlicher oder unternehmerischer Interessen steht. Erst durch die Implikationen der Urteile der europäischen Gerichte hat es im politischen Apparat der EU dahingehend ein Umdenken gegeben. Im Prozess der Neuverhandlung des Folgeabkommens bzw. Folgeprotokolls 2017 wurde von den europäischen Organen versucht, die sahrawische Bevölkerung zu konsultieren und die politischen Wünsche bzw. Interessen zu berücksichtigen.[1834] Daher war mit Auslaufen des 2013er Protokolls und den erhöhten Anforderungen an die Völkerrechtsmäßigkeit des außenpolitischen Handelns der EU-Organe erwartet worden, dass die wesentlichen Kritikpunkte der vergangenen Protokolle aufgenommen und adjustiert werden würden.

III. Die Rechtsstreitigkeiten vor den europäischen Gerichten über die natürlichen Ressourcen der Westsahara

Die vorstehende Analyse zeigt auf, dass den Abkommen der Union mit Marokko bereits intern Bedenken entgegenstanden. Es war mithin nur eine Frage der Zeit, bis diese Bedenken einer gerichtlichen Überprüfung unterzogen werden.

Die Polisario reichte am 19.11.2012 erstmalig vor einem europäischen Gericht eine Klage gegen den Rat ein und beantragte damit die Annullierung des Ratsbeschlusses über den Abschluss des Liberalisierungsabkommens mit Marokko.[1835] Im Jahre 2015 hat das EuG[1836] sodann erstmalig über die Geltungskraft eines zwischen der EU und Marokko geschlossenen Abkom-

---

1834 Siehe hierzu § 4. A. III. 4.
1835 EuG, 2015 (Fn. 55), Rn. 22.
1836 EuG, 2015.

mens entschieden.[1837] Die Klage der Polisario richtete sich auf Nichtigerklärung des Beschlusses 2012/497/EU des Rates vom 8.3.2012, in welchem der Rat den Abschluss des Liberalisierungsabkommens genehmigte.[1838]

Gegen dieses Urteil legte der Rat zwar erfolgreich Rechtsmittel beim EuGH ein, trotz allem befasste sich das EuG mit wesentlichen juristischen Kernfragen des Westsahara-Konfliktes, die der EuGH im Berufungsverfahren jedoch unberücksichtigt ließ. Aus dem Urteil des EuGs sind grundsätzliche Schlüsse für die Anwendbarkeit von völkerrechtlichen Verträgen auf besetzte Gebiete zu ziehen sowie Pflichten der EU und ihrer handelnden Organe beim Abschluss solcher Verträge abzuleiten, während sich freilich durch das Urteil des EuGH als höhere Instanz die stärkere rechtliche, wie aber auch politische Strahlkraft ergibt.

Hiermit wurde der Startschuss für eine Reihe von Klagen gesetzt, die die Außenhandelsbeziehungen der EU zu Marokko nachhaltig prägen und die Union formell und materiell stärker an das Völkerrecht binden sollten und die dem realpolitischen Vorgehen der Unionsorgane hinsichtlich der Beachtung völkergewohnheitsrechtlicher wie aber auch kodifizierter Regelungen ein enges Korsett schnürten. Nicht nur rechtlich, auch realpolitisch sollten das Urteil des EuGs und dessen Folgen die erste wesentliche Einschränkung der Handelsbeziehungen der EU und Marokko über die Gebiete der Westsahara sein. Tatsächlich war es für Marokko der erste nennenswerte und vor allem rechtliche Rückschlag hinsichtlich seiner Westsa-

---

1837 Alle Verfahren vor der europäischen Gerichtsbarkeit behandelten dabei das zwischen Marokko und der Union geschlossene Assoziierungsabkommen oder das Liberalisierungsabkommen. Das am 26. 2.1996 in Brüssel unterzeichnete und mit Beschluss des Rates und der Kommission im Namen der Europäischen Gemeinschaften genehmigte Europa-Mittelmeer-Abkommen zur Gründung einer Assoziation zwischen den Europäischen Gemeinschaften und ihren Mitgliedstaaten einerseits und dem Königreich Marokko andererseits (Assoziierungsabkommen) ist am 20.3.2000 in Kraft getreten, Europäisches ABl. 2000, L 70 v. 18.3.2000, S. 2. Anschließend wurde das am 13.12.2010 in Brüssel unterzeichnete und am 1.10.2012 in Kraft getretene Abkommen in Form eines Briefwechsels zwischen der EU und dem Königreich Marokko mit Maßnahmen zur gegenseitigen Liberalisierung des Handels mit landwirtschaftlichen Erzeugnissen, landwirtschaftlichen Verarbeitungserzeugnissen, Fisch und Fischereierzeugnissen, zur Ersetzung der Protokolle Nrn. 1, 2 und 3 und ihrer Anhänge sowie zur Änderung des Europa-Mittelmeer-Abkommens zur Gründung einer Assoziation zwischen den Europäischen Gemeinschaften und ihren Mitgliedstaaten einerseits und dem Königreich Marokko andererseits (Liberalisierungsabkommen) geschlossen, welches das Assoziierungsabkommen und die dazugehörigen Protokolle abänderte und modifizierte, Europäisches ABl. 2012, L 241 v. 7.9.2012, S. 4.

1838 Europäisches ABl. 2000, L 70 v. 18.3.2000, S. 1; EuG, 2015 (Fn. 55), Rn. 22 ff.

hara-Politik, den es in Relation zur Europäischen Union und damit auch den Mitgliedstaaten erfahren hat. Bis dato hat Marokko auch keine Sanktionen oder andere gleichwirkende direkte wirtschaftliche oder finanzielle Nachteile von seinen europäischen Nachbarn erfahren.[1839]

1. Nichtigkeitsklage in der Rechtssache T-512/12 – EuG

Das EuG hatte sich zunächst mit der Frage zu befassen, ob die Polisario überhaupt klagebefugt sein könne. Dabei musste der besondere Status des Gebietes als NSGT herangezogen werden und ein für die europäischen Gerichte bis dahin äußerst ungewohntes Rechtsgebiet betreten werden, nämlich das Völkerrecht. Das EuG zog in seinen Vorüberlegungen die nachvollziehbare Conclusio, dass die Polisario nur unmittelbar betroffen und damit auch klagebefugt sein könne, sofern das Abkommen materiell auch Anwendung auf die Gebiete der Westsahara entfalten kann. Dieser Streitpunkt sollte auch für den EuGH im Folgeverfahren entscheidend und schlussendlich der Grund sein, warum das Urteil des EuG aufgehoben wurde. Trotz der Urteilsaufhebung beschäftigte sich das EuG mit relevanten und durchaus validen Gesichtspunkten und würdigte im Rahmen seiner Abwägung rechtliche Problematiken, die auch in dem jüngsten Urteil 2021 erneut eine Rolle spielen sollten, weshalb bereits an dieser Stelle ausführlicher auf die Einlassungen des Gerichts eingegangen werden soll.

a) Zulässigkeit der Klage

Einer der problematischsten Punkte der Klage der Polisario gegen den Rat war zunächst deren eigene Klagebefugnis, mit welcher sich das Gericht ausführlich beschäftigte. Dieses sollte für spätere Verfahren grundlegende Be-

---

1839 Sofern man den Grundsatz der Nicht-Anerkennung konsequent anwendet, müsste man im Falle der Westsahara zu dem Ergebnis kommen, dass Marokko aufgrund seiner völkerrechtswidrigen Annexion und Besetzung des Gebietes der Westsahara legitimes Ziel für Sanktionen ist. Dem haben sich bisher allerdings sämtliche Staaten der Staatengemeinschaft verschlossen. Vgl. *Crawford*, Third Party Obligations with respect to Israeli Settlements in the Occupied Palestinian Territories, Rn. 131, https://www.tuc.org.uk/sites/default/files/tucfiles/LegalOpinionIsraeliSettlem ents.pdf, zuletzt abgerufen am 15.6.2024; *Odermatt*, Fishing in Troubled Waters, European Consitutional Law Review, 751 (752).

deutung haben.[1840] Aufgrund der diametralen Ansichten der Klägerin und der Beklagten hatte das EuG zunächst zu entscheiden, ob die Klage überhaupt von einer klagebefugten Entität iSv. Art. 263 Abs. 4 AEUV erhoben worden sei.[1841] Dabei wählte es einen rechtsdogmatischen Ansatz über die europarechtskonforme und der Rechtsprechung des EuGH folgenden und genügenden Auslegung des Art. 263 Abs. 4 AUEV. Das EuG widersprach sowohl Klägerin als auch Beklagtem. Es sei weder notwendig, die Polisario als nationale Befreiungsbewegung anzusehen und es sei darüber hinaus auch nicht entscheidungsrelevant, ob eine solche Einordnung, deren Richtigkeit vorausgesetzt, ausreiche, um ihr Rechtspersönlichkeit zu verleihen. Vielmehr hat sich das Gericht gefragt, ob die Polisario unter Art. 263 Abs. 4 AEUV unter Berücksichtigung der Rechtsprechung des EuGH zu subsumieren ist oder ob der Begriff der Parteifähigkeit im klassischen Sinne so auszulegen ist, wie sie nach dem Recht eines Mitgliedstaates oder eines Drittstaates gewährt wird.[1842]

aa) Die Klagebefugnis nach Art. 263 Abs. 4 AEUV

Im Rahmen der Klagebefugnis ist nach Art. 263 Abs. 4 AEUV zunächst festzustellen, dass eine juristische Person grundsätzlich nach Lesart des Wortlauts der Norm Rechtspersönlichkeit haben muss, um erfolgreich Klage vor europäischen Gerichten erheben zu können.[1843] Allerdings weicht die Rechtsprechung des EuGH von dieser strengen Erfordernis, welche grundsätzlich dem Recht der jeweiligen Mitgliedstaaten entspricht und aus den jeweiligen Rechtsordnungen der Mitgliedstaaten stammt, in ständiger Rechtsprechung ab und modifizierte damit die mitgliedsstaatliche und eher enge Definition der Klagebefugnis vor europäischen Gerichten und damit

---

1840 Vgl. EuG, 2021; *Hilpold*, Self-determination at the European Courts: The Front Polisario Case or "The Unintended Awakening of a Giant, 2 European Papers (2017), 907 (913 f.); *Kassoti*, The Front Polisario v. Council Case: The General Court, Völkerrechtsfreundlichkeit and the External Aspect of European Integration, 2 European Papers (2017), 339 (344–346); EU Exploitation of Fisheries in Occupied Western Sahara: Examining the Case of the Front Polisario v Council of the European Union in light of the failure to account for Belligerent Occupation, 19 Irish Journal of European Law (2016), 27 (29 f.).
1841 Vgl. zu den Ansichten der Parteien EuG, 2015 (Fn. 55), Rn. 40-45.
1842 Vgl. EuG 2015, Rn. 51.
1843 EuG 2015, Rn. 47.

auch die Auslegung des Art. 264 Abs. 4 AEUV.[1844] Zwar ist hiernach keine Rechtspersönlichkeit im Sinne eines mitgliedsstaatlichen Rechtsregimes vonnöten. Trotzdem beschränkte der EuGH die Zulassung von Entitäten vor den europäischen Gerichten, um eine uferlose Auslegung des Art. 264 Abs. 4 AEUV zu verhindern, und judizierte, dass gewisse Merkmale der klagenden Entität vorhanden sein müssen, um die Klagebefugnis annehmen zu können. Hierzu führte er bereits 1963 in einem Beschluss aus, dass sie eine gewisse, wenn auch beschränkte, Autonomie und Verantwortlichkeit besitzen müsse, beispielsweise durch eine dies sichernde und selbst verfasste Satzung, durch welche die notwendige Autonomie nachgewiesen werden kann, um im Rechtsverkehr als verantwortliche Einheit auftreten zu können.[1845]

Daraus schloss das EuG, dass nach Rechtsprechung des EuGH ausnahmsweise auch bestimmte Entitäten, welche nicht über Rechtspersönlichkeit nach dem Recht eines Mitgliedstaates oder sogar eines Drittstaates verfügen, nichtsdestotrotz als juristische Person iSv. Art. 263 Abs. 4 AEUV angesehen werden und damit auch klagebefugt sein können. Diese müssen Verpflichtungen eingehen, Beschränkungen unterliegen oder eigene Rechte haben bzw. diese ableiten können.[1846] Aufgrund dessen schloss das Gericht, dass, um erfolgreich Nichtigkeitsklage gegen den Beschluss des Rates erheben zu können, die Polisario nach ihrer inneren Struktur so konstituiert sein muss, dass sie daraus die geforderte Autonomie ableiten kann, um wiederum im Rechtsverkehr bzw. politischen Prozess als verantwortliche Einheit auftreten zu können.[1847] Das Gericht bewertete aufgrund verschiedener Kriterien das Vorliegen der soeben genannten Voraussetzungen hinsichtlich der Klagebefugnis der Polisario und stützte sich hierbei vor allem auf die völkerrechtliche und von der UN anerkannte Vertretungsmachtsposition der Polisario hinsichtlich des sahrawischen Volkes. Insbesondere knüpfte es an die Rechtsprechung des EuGH an hinsichtlich des Bestehens einer Satzung als wesentliches Indiz für die notwendige Autonomie, um im Rechts-

---

1844 EuGH, Urteil v. 8.10.1974, ECLI: EU:C:1974:95, Rn. 9–17; EuGH, Urteil v. 8.10.1974, ECLI: EU:C:1974:96, Rn. 5–13; EuGH, Urteil v. 28.10.1982, ECLI: EU:C:1982:371, Rn 10; EuGH, Urteil v. 18.1.2007, ECLI: EU:C:2007:32, Rn. 109–112.

1845 Vgl. hierzu EuGH, Urteil v. 14.11.1963, ECLI: EU:C:1963:47, S. 107 und 110 sowie EuG, 2015 (Fn. 55), Rn. 51.

1846 Vgl. EuG, 2015 Rn. 52; *Kassoti*, The Front Polisario v. Council Case: The General Court, Völkerrechtsfreundlichkeit und the External Aspect of European Integration, 2 European Papers (2017), 339 (344–346).

1847 EuG 2015, Rn. 53.

verkehr wirksam auftreten zu können. Es führte hierzu in concreto aus, dass die Polisario an den unter der Federführung der UN geführten Verhandlungen zur friedlichen Beilegung des Konflikts teilgenommen hat. Das Gericht führte weiterhin aus, dass die Polisario im Rahmen dessen 1979 mit Mauretanien, einem international anerkannten Staat, der Mitglied der UN ist, ein Friedensabkommen geschlossen hat und dieser die Westsahara sogar als eigenständigen Staat anerkannt hat.[1848] Das Gericht entgegnet der Argumentation des Rates und der Kommission als Streithelferin des Rates, dass die Polisario sich gegenwärtig nicht formell als juristische Person des Rechts der Westsahara konstituieren könne, da dieses Recht aufgrund der De-facto-Verwaltung Marokkos noch nicht existiert. Es führte aus, dass der Polisario zwar die Möglichkeit offenstehe, sich nach dem Recht eines Drittstaates als juristische Person zu konstituieren, dieses allerdings nicht von ihr verlangt werden könne.[1849]

Näher geht das Gericht zwar nicht auf diesen Punkt ein, allerdings ist dies im Fall der Westsahara auch nicht vonnöten. Das Gericht hat unter Bezugnahme auf die von der Kommission und dem Rat eigens angeführte Argumentationslinie die Besonderheit des Status des Gebietes als NSGT und dem Verhandlungsprimat der UN hinsichtlich der Beilegung des Westsahara-Konfliktes unterstrichen. Hierbei hat es richtigerweise auf die besondere Rolle der Polisario als die von der UN anerkannte und faktisch einzige Ansprechperson zur Repräsentation des sahrawischen Volkes abgestellt, der als Beteiligte an eben jenem Prozess eine wesentliche Rolle bzw. ausschließliche Rolle zukommt.[1850] Aus dieser hervorgehobenen Position der Polisario im UN-geführten Friedensprozess zur endgültigen Beilegung des Westsahara-Konfliktes schlussfolgerte das EuG unter Berücksichtigung der ständigen Rechtsprechung des EuGH zur Klagebefugnis einer Entität ohne Rechtspersönlichkeit im Sinne des Rechts eines Mitgliedstaates oder eines Drittstaates, dass aufgrund der eben dargelegten „ganz außergewöhnlichen Umstände" die Polisario als juristische Person iSv. Art. 264 Abs. 4 AEUV zu klassifizieren sei.[1851] Es führte aus, dass eine solche Rechtspersönlichkeit nur nach dem Recht der Westsahara erlangt werden könne, welche jedoch gegenwärtig keinen von der Union und ihren Mitgliedstaaten anerkannten

---

1848 Vgl. EuG, 2015 (Fn. 55), Rn. 52 ff.
1849 EuG, 2015 (Fn. 55), Rn. 58 ff.
1850 EuG, 2015 (Fn. 55), Rn. 58 ff.
1851 EuG 2015, Rn. 60.

Staat darstellt und daher nicht über ein eigenes Recht verfügt.[1852] Damit legte das Gericht vergleichsweise aufwendig dar, weshalb die Polisario als juristische Person iSv. Art. 264 Abs. 4 AEUV anzusehen ist. Es sah sich jedoch folgend dem nächsten Problem der Norm ausgesetzt, nämlich dem Erfordernis der tatsächlichen Betroffenheit der Klägerin durch den Ratsbeschluss.

bb) Die individuelle und unmittelbare Betroffenheit der Polisario

Im Rahmen der Prüfung der Betroffenheit sah sich das EuG erneut mit sich entgegenstehen Positionen der Kläger- und der Beklagtenseite konfrontiert und hatte ebenfalls wiederholt die Problematik, die äußerst fragilen und rechtlich wie auch politisch hoch umstrittenen Positionen zum Westsahara-Konflikt als solche zu berücksichtigen und einzuordnen. Dabei ist zu unterstreichen, dass die rechtliche Einordnung sensibler außenpolitischer Fragen im Rahmen einer Nichtigkeitsklage aufgrund der Bindungswirkung eines eventuell ergehenden Aufhebungsurteils immense Auswirkungen auf die Außenhandelspolitik der Union und die internationalen Beziehungen zu den jeweiligen Drittstaaten haben kann. Daher bemühte sich das Gericht, möglichst die sich im UN-Prozess befindlichen und primär dort behandelten Fragestellungen zum genauen rechtlichen Status des Gebietes zu umgehen und möglichst politisch vage bzw. überhaupt keine Aussagen hierzu zu treffen.[1853] Im Rahmen dessen ist der Rechtsprechung des EuGH zu entnehmen, dass die Unionsorgane auf dem Gebiet der Außenwirtschaftsbeziehungen über einen weiten Ermessensspielraum verfügen, der der Besonderheit der im Gesamtgefüge der Unionsverträge überragend wichtigen Außenhandelspolitik der Union Rechnung trägt.[1854]

Diesbezüglich ist grundsätzlich zu beachten, dass durch die Rechtsprechung des EuGH der Abschluss eines internationalen Abkommens mit einem Drittstaat, das auch auf ein umstrittenes Gebiet Anwendung finden

---

1852 Vgl. EuG 2015, Rn. 60. Auf das Konstrukt der DARS, welche von Dutzenden Staaten als unabhängiger Staat anerkannt ist und Mitglied der Afrikanischen Union, geht das Gericht in keiner Randnummer des Urteils ein.

1853 *Kassoti*, The Front Polisario v. Council Case: The General Court, Völkerrechtsfreundlichkeit and the External Aspect of European Integration, 2 European Papers (2017), 339 (349–354).

1854 EuGH, Urteil v. 6.7.1995, ECLI: EU:T:1995:131, Rn. 38; Bestätigend EuGH, Urteil v. 13.9.2013, ECLI: EU:T:2013:431, Rn. 63; Dies ausführend EuG 2015, Rn. 223.

könnte, nicht von vornhinein und per se gegen unionsrechtliche Grundsätze und Regelungen oder das Völkerrecht verstößt.[1855] Widerspräche eine solche Einbeziehung per se den unionsrechtlichen Normen oder dem Völkerrecht, hätten die Unionsorgane beim Abschluss internationaler Abkommen über umstrittene Gebiete ipso iure keinen Ermessensspielraum.[1856] Dabei sollen Weite und Ausmaß des Ermessensspielraumes der Unionsorgane proportional zur Komplexität und Ungenauigkeit einer möglichen rechtlichen Einordnung eines Konfliktes bestehen.[1857] Aber auch in komplexen und juristisch nicht eindeutigen Fallkonstellationen kann der Ermessensspielraum aufgrund rechtsstaatlicher Erwägungen und der Bindung der Unionsorgane an Unions- und Völkerrecht freilich nicht uferlos gewährt werden. Der EuGH hat hierzu judiziert, dass es keine vollständige gerichtliche Kontrolle eines streitigen Beschlusses gebe und sich diese daher auf die Rechtsfrage beschränken müsse, ob das jeweils zuständige Unionsorgan durch die Genehmigung eines Abkommens offensichtliche Beurteilungsfehler begangen habe.[1858] Der EuGH führte näher aus, dass die Unionsgerichte in Fällen der rechtlichen Überprüfung von Akten der Unionsorgane mit weitem Ermessensspielraum konkret zu beurteilen haben, ob das jeweilige Unionsorgan sorgfältig und unparteiisch alle in Betracht kommenden relevanten Gesichtspunkte des konkreten Einzelfalls untersucht hat, auf welchen die daraus gezogenen Schlussfolgerungen für den Erlass eines Rechtsaktes gestützt sind.[1859]

Diese Erwägungen sollen den Prüfungsmaßstab des Gerichts im vorliegenden Fall hinsichtlich des von der Polisario angegriffenen Ratsbeschlusses, der das Liberalisierungsabkommen genehmigte, vorgeben.

1855 Vgl. EuGH, Urteil v. 6.7.1995, ECLI: EU:T:1995:131, Rn. 38, EuG, 2015 (Fn. 55), Rn. 164 f., 219 f.

1856 Vgl. EuGH, Urteil v. 6.7.1995, ECLI: EU:T:1995:131, Rn. 38, EuG, 2015 (Fn. 55), Rn. 221.

1857 Vgl. EuG 2015, Rn. 224.

1858 EuGH, Urteil v. 16.6.1998, ECLI: EU:C:1998:293, Rn. 52; Bestätigend EuG 2015, Rn. 224.

1859 Vgl. hierzu die Rspr. des Gerichtshofes in EuGH, Urteil v. 21.11.1991, ECLI: EU:C:1991:438, Rn. 14; EuGH, Urteil v. 22.10.2010, ECLI: EU:C:2010:803, Rn. 57 sowie bestätigend EuG, 2015 (Fn. 55), Rn. 225.

(1) Rechtscharakter des Ratsbeschlusses

Zunächst war die Einordnung des Rechtscharakters der in Frage stehenden Maßnahme der EU, hier des Ratsbeschlusses, von Bedeutung. Nach Art. 263 Abs. 4 AEUV müsste die Polisario entweder Adressat der Handlung, durch die Handlung unmittelbar und individuell betroffen, oder die Handlung ein Rechtsakt mit Verordnungscharakter sein, der sie unmittelbar betrifft. Zudem dürften keine weiteren Durchführungsmaßnahmen erforderlich sein, die Handlung müsste mithin Self-executing-Charakter nach Art. 263 Abs. 4 Var. 1 AEUV haben. Dies ist hier offensichtlich nicht einschlägig, da die Polisario nicht mit in das Abkommen einbezogen wurde und damit auch nicht direkter Adressat der Maßnahme sein kann. Art. 263 Abs. 4 Var. 3 AEUV umfasst Fälle, in welchen eine natürliche oder juristische Person gegen einen Rechtsakt mit Verordnungscharakter, der keine Durchführungsmaßnahmen nach sich zieht, klagen kann, sofern dieser Rechtsakt sie unmittelbar betrifft. Dabei hat der EuGH in ständiger Rechtsprechung den Begriff des Rechtsaktes mit Verordnungscharakter iSd. Art. 263 Abs. 4 Var. 3 AEUV ausgelegt und in negativer Abgrenzung zu formellen Gesetzgebungsakten judiziert, dass er mit Ausnahme der Gesetzgebungsakte jede Handlung mit allgemeiner Geltung erfasst.[1860] Die Differenzierung zwischen einem Gesetzgebungsakt und einem Rechtsakt mit Verordnungscharakter erfolgt grundsätzlich nach Art. 289 Abs. 3 AEUV durch den Entstehungsprozess des jeweiligen Aktes, also konkret, ob ein Gesetzgebungsverfahren iSd. AEUV durchlaufen worden ist oder nicht.[1861] Der in Frage stehende Ratsbeschluss ist auf Grundlage von Art. 218 Abs. 6 lit. a AEUV ergangen, wonach der Rat auf Vorschlag des Verhandlungsführers, welcher im vorliegenden Falle die Kommission war, den Beschluss über den Abschluss eines internationalen Abkommens nach Zustimmung des Parlaments erlässt. Das Verfahren nach Art. 218 Abs. 6 lit. a AEUV stellt ein besonderes Gesetzgebungsverfahren nach Art. 289 Abs. 2 AEUV dar, woraus folgt, dass es sich bei dem angefochtenen Ratsbeschluss nicht um einen Rechtsakt mit Verordnungscharakter handelt, sondern um einen Gesetzgebungsakt. Damit ist Art. 263 Abs. 4 Var. 2 AEUV einschlägig, womit vom Gericht in Gänze zu überprüfen war, ob die Polisario von dem zwi-

---

1860 Vgl. hierzu EuGH, Urteil v. 19.12.2013, ECLI: EU:C:2013:852, Rn. 19; EuGH, Urteil v. 27.2.2014, ECLI: EU:C:2014:105, Rn. 31; EuGH, Urteil v. 3.10.2013, ECLI: EU:C:2013:625, Rn. 60 f.; EuG, 2015 (Fn. 55), Rn. 67 f.

1861 *Wathelet*, 2016 (Fn. 55), Rn. 153–161.

schen der Union und Marokko geschlossenen Liberalisierungsabkommen tatsächlich individuell und unmittelbar betroffen sein konnte.[1862]

(2) Die Möglichkeit der Betroffenheit

Aufgrund der bereits vom Gericht herausgearbeiteten besonderen Stellung der Polisario in dem von der UN geleiteten Friedensprozess zur dauerhaften Beilegung des Westsahara-Konflikts sah es sich der durchaus anspruchsvollen Aufgabe ausgesetzt, die völkerrechtlichen Besonderheiten der Westsahara und dessen Volk auf die Ebene des Unionsrechts zu ziehen. Dabei hatte es eine gewisse politische Zurückhaltung zu gewährleisten, um die außenpolitischen Belange der Union, die grundsätzlich im weiten Verantwortungsbereich der Exekutive liegen, nicht zu gefährden.[1863]

Durch die Angaben der Kommission bestätigt, dass für Ausfuhren aus der Westsahara „tatsächliche", aber angeblich nicht rechtliche und aus dem Abkommen abzuleitende Handelspräferenzen gewährt worden seien, hat das Gericht die Beklagten explizit in den mündlichen Verhandlungen gefragt, ob das Abkommen nun aus Sicht der EU auf die Westsahara angewendet würde.[1864] Sowohl Rat als auch Kommission mussten beide darlegen, dass das Abkommen tatsächlich und de facto auf die Gebiete der Westsahara Anwendung finde.[1865] Das Gericht nahm zur Kenntnis, dass sowohl Rat als auch Kommission wussten, dass die marokkanischen Behörden das Assoziierungsabkommen auch auf die von Marokko kontrollierten und verwalteten Gebiete der Westsahara anwenden und die Unionsorgane diese Anwendung dabei nicht ablehnten. Das Gericht ging sogar noch weiter, indem es der Kommission vorwarf, in Kollaboration mit den marokkanischen Behörden auf die Anwendung des Abkommens in den Gebieten der Westsahara hingearbeitet zu haben. Es führte diesbezüglich aus, dass sie die in der Westsahara ansässigen und dort tätigen Unternehmen zu der Liste der ermächtigten Exporteure im Sinne des Abkommens hinzufügte und damit eine Einbindung der Waren der dort gelisteten Unternehmungen gewünscht und beabsichtigt war.[1866]

1862 *Wathelet*, 2016 (Fn. 55), Rn. 153–161.

1863 Vgl. EuG, 2015 (Fn. 55), Rn. 223 ff. Zu den Ansichten der Parteien und Streithelfer siehe EuG, 2015 (Fn. 55), Rn. 74-87.

1864 EuG, 2015 (Fn. 55), Rn. 83. Diesbezüglich verwies sie erklärend auf die ihrer Ansicht nach bestehenden Verpflichtungen Marokkos als „tatsächliche Verwaltungsmacht" der Westsahara.

1865 EuG, 2015 (Fn. 55), Rn. 87.

Aus diesen Gründen kam das Gericht zu dem Schluss, dass das Abkommen hinsichtlich seines Anwendungsbereichs ausgelegt werden müsse und zog hierzu das Völkervertragsrecht heran.[1866] In ständiger Rechtsprechung hat der Gerichtshof bereits entschieden, dass, obwohl die WVK mangels Ratifizierung weder die Gemeinschaft noch alle Mitgliedstaaten bindet, größtenteils aber Bestimmungen und Regeln des Völkergewohnheitsrechts wiedergibt. Diese binden als solche die Organe der Gemeinschaft nach Art. 3 Abs. 5 EUV, Art. 21 Abs. 1 Unterabs. 1 EUV, Art. 21 Abs. 2 Buchst. b und c EUV, Art. 23 EUV und Art. 205 AEUV

und sind damit Bestandteil der Rechtsordnung der Union.[1868] Im Einzelfall muss daher je nach Regelung, auf welche sich berufen werden soll, überprüft werden, ob diese kodifiziertes Völkergewohnheitsrecht darstellt.[1869]

Folglich sind die Bestimmungen der WVK auf ein zwischen einem Staat und einer internationalen Organisation geschlossenes Abkommen anzuwenden, soweit diese Bestimmungen als Ausprägung des allgemeinen Völkergewohnheitsrechts anzusehen sind.[1870]

1866 Vgl. EuG, 2015 (Fn. 55), Rn. 99.

1867 EuG, 2015 (Fn. 55), Rn. 91 ff.

1868 Vgl. zur Kodifizierung gewohnheitsrechtlicher Regelungen des Völkervertragsrechts durch die WVK und die damit einhergehende völkerrechtliche Bindungswirkung dieser Regelungen für die EU, *Deutscher Bundestag*, Die Wiener Vertragsrechtskonvention (WVK) und ihre Bedeutung im EU-Recht nach der Rechtsprechung des Europäischen Gerichtshofs (EuGH), PE 6 - 3000 - 164/18 v. 7.1.2019, S. 4 ff.; EuGH, Urteil v. 25.2.2010, ECLI: EU:C:2010:91, Rn. 39 ff.

1869 EuGH, Urteil v. 25.2.2010, ECLI: EU:C:2010:91, Rn. 42 unter Bezugnahme auf die ständige Rechtsprechung des EuGH; EuGH, Urteil v. 2.3.1999, ECLI: ECLI:EU: C:1999:107, Rn. 47; EuGH, Gutachten v. 14.12.1991, ECLI: ECLI:EU:C:1991:490, Rn. 14.

1870 EuGH, Urteil v. 25.2.2010, ECLI: EU:C:2010:91, Rn. 41. Die WVK selbst ist grundsätzlich nur Staaten zum Beitritt eröffnet, vgl. Art. 1 iVm. Art. 83 WVK. Das Völkervertragsrecht entfaltet allerdings gewohnheitsrechtlich ausnahmsweise und unter bestimmten Voraussetzungen auch zwischen nicht staatlichen Entitäten Wirkung, vgl. EuGH, 2018 (Fn. 55), Rn. 47. Zur Anwendbarkeit der WVK im unionsrechtlichen Gefüge und Rechtssystem siehe unter Berücksichtigung der Rechtsprechung des EuGH, *Deutscher Bundestag*, Die Wiener Vertragsrechtskonvention (WVK) und ihre Bedeutung im EU-Recht nach der Rechtsprechung des Europäischen Gerichtshofs (EuGH), PE 6 - 3000 - 164/18 v. 7.1.2019, S. 5 ff.

(a) Die anwendbaren Rechtssätze der WVK

Das Gericht zog sodann Art. 31 WVK heran und hob dort vor allem Art 31 Abs. 1 und Art. 31 Abs. 3 lit. c WVK hervor. Durch diese hat das Gericht den Vertrag nach Treu und Glauben und in Übereinstimmung mit der gewöhnlichen, seinen Bestimmungen in ihrem Zusammenhang zukommenden Bedeutung und im Lichte seines Zieles und Zweckes auszulegen sowie zusätzlich jeden in den Beziehungen zwischen den Vertragsparteien anwendbaren einschlägigen Völkerrechtssatz zu berücksichtigen.[1871] Das Gericht lehnte die Anwendung von Art. 34 WVK und dem dortig zugrundeliegenden völkergewohnheitsrechtlichen Pacta-tertiis-nec-nocent-nec-prosunt-Grundsatz ab.[1872] Nach diesem dürfen Verträge Dritten weder schaden noch nützen und durch ein Abkommen können für einen Dritten iSv. Art. 34 WVK ohne dessen Zustimmung weder Pflichten noch Rechte begründet werden. Das Gericht stellte sich damit gegen die Rechtsprechung des EuGH.[1873] Dieser hatte im Rahmen eines Urteils, welches die Anwendung des Assoziierungsabkommens EG–Israel auf palästinensische Gebiete zum Gegenstand hatte, entschieden, dass, sofern israelische Behörden über Zollbefugnisse in Bezug auf Erzeugnisse mit Ursprung im Westjordanland verfügten, welches eindeutig und nach der Staatenpraxis und Ansicht der UN nicht zum Staatsgebiet Israels gehört, gegen den in Art. 34 WVK niedergelegten und allgemeinen völkergewohnheitsrechtlichen Grundsatz pacta tertiis nec nocent nec prosunt verstoßen wird.[1874] Das Gericht konnte sich dieser Argumentation allerdings nicht anschließen, da aus Sicht des Gerichtes die Umstände der vorliegenden Rechtssache anders gelagert seien. Im Gegensatz zur dem Urteil Brita zugrundeliegenden Rechtsstreitigkeit und dem dort angeführten und entscheidenden Assoziierungsabkommen EG–PLO hat die Union weder mit der Polisario noch mit einem anderen Staat oder einer anderen Entität ein Assoziierungsabkommen über Erzeugnisse mit Ursprung in der Westsahara geschlossen.[1875] Aus diesem Grund ließ das Gericht Art. 34 WVK außer Betracht und stützte sich hinsichtlich

---

1871 EuG, 2015 (Fn. 55), Rn. 94, Rn. 99 f.
1872 Im Folgenden nur noch Pacta-tertiis-Grundsatz.
1873 EuG, 2015 (Fn. 55), Rn. 96 f.
1874 EuGH, Urteil v. 25.2.2010, ECLI: EU:C:2010:91, Rn. 52.
1875 Vgl. EuGH, Urteil v. 25.2.2010, ECLI: EU:C:2010:91, Rn. 52. Zu erwähnen ist, dass die Union ihrerseits ein Europa-Mittelmeer-Interimsassoziationsabkommen über Handel und Zusammenarbeit mit der Palästinensischen Befreiungsorganisation (PLO) für das Westjordanland und den Gaza-Streifen geschlossen hat und dieses zur Auslegung des Europa-Mittelmeer-Abkommens zur Gründung einer

der Auslegung vollständig auf Art. 31 WVK. Ebenfalls nicht in Betracht wurde Art. 29 WVK gezogen, welcher im Berufungverfahren vor dem EuGH große Bedeutung erlangen sollte.[1876]

(b) Die Auslegung des Anwendungsbereichs des EuG nach Art. 31 WVK

Das EuG versuchte sich an einer Auslegung von Art. 94 des Assoziierungs-abkommens, welcher den Anwendungsbereich des Abkommens grundsätz-lich und aufgrund der gewählten Vertragsformulierung auf das Gebiet des Königreichs von Marokko beschränkt.[1877] Dabei unterstrich das Gericht, dass sich sowohl Rat als auch Kommission nachgewiesener Weise bewusst waren, dass die marokkanischen Behörden die Präferenzbestimmungen des Assoziierungsabkommens dem Wortlaut des Abkommens nach grundsätz-lich für das Gebiet bzw. für Waren mit Ursprung aus Marokko geltend, auch auf die Gebiete der Westsahara anwenden, welche von Marokko kon-trolliert und verwaltet werden. Die Unionsorgane mussten dies im laufen-den Verfahren eingestehen und erklärten hierzu, dass sie dieser Praxis nicht widersprachen.[1878] Gegenteilig stellte das Gericht unter Begutachtung und

---

Assoziation zwischen den Europäischen Gemeinschaften und ihren Mitgliedstaa-ten einerseits und dem Staat Israel andererseits durch den EuGH herangezogen werden konnte und ist, Europäisches ABl. 1997, L 187 v. 16.7.1997, S. 3 (Assoziie-rungsabkommen EG–PLO) und Europäisches ABl. 2000, L 147 v. 21.6.2000, S. 3 (Assoziierungsabkommen EG–Israel); EuG, 2015 (Fn. 55), Rn. 96 f.

1876 Die jeweiligen Auslegungsmethoden, die in Art. 31 WVK aufgegriffen werden, ste-hen dabei in keinem Konkurrenzverhältnis zueinander und kennen keine Rangfol-ge untereinander. Daher stehen Wortlautauslegung, historische, systematische und teleologische Auslegung sowie die Heranziehung der späteren Praxis gleichrangig nebeneinander. Art. 31 Abs. 3 lit. a und lit. b WVK tragen dabei dem Prinzip der authentischen Auslegung Rechnung, welche sich aus der völkergewohnheitsrecht-lich anerkannten Heranziehung einer gleichartigen nachfolgenden Praxis der Ver-tragsparteien ergibt. Diese zieht das Verhalten der Parteien nach Vertragsschluss explizit als Indiz heran, um zu ermitteln, wie die Vertragsparteien den Vertrag selbst verstehen und diesen praktisch anwenden. Dabei ist vor allem nach Art. 31 Abs. 3 lit. b WVK jede spätere Übung bei der Anwendung des Vertrags heranzu-ziehen, aus der die Übereinstimmung der Vertragsparteien über seine Auslegung hervorgeht. Im System des Art. 31 Abs. 3 WVK fungiert die Heranziehung jedes in den Beziehungen zwischen den Vertragsparteien anwendbaren einschlägigen Völkerrechtssatzes als Auffangtatbestand und ist daher subsidiär hinter Art. Art. 31 Abs. 3 lit. a und lit. b anzuwenden. Vgl. hierzu *Heintschel von Heinegg*, in: Ipsen, Völkerrecht, § 14 Rn. 12 ff.
1877 EuG, 2015 (Fn. 55), Rn. 91–98.
1878 EuG, 2015 (Fn. 55), Rn. 99.

Heranziehung der soeben dargelegten Aussagen und Ansichten der Kommission und des Rates sogar fest, dass es den Unionsorganen geradezu auf eine Anwendung des Abkommens durch die marokkanischen Behörden auf die Gebiete der Westsahara bzw. die Produkte aus diesen Gebieten ankam und mit herbeigeführt worden sei.[1879] Zwar stellte das Gericht abschließend fest, dass die Unionsorgane glaubhaft gemacht haben, dass sie hinsichtlich der von Marokko vertretenen Auffassung als Souverän der Gebiete der Westsahara zu agieren, eine divergierende Ansicht vertreten.[1880] Allerdings kritisierte das Gericht, dass die abweichende Position der Union nicht hinreichend im Abkommen oder in einer dem Abkommen beigefügten Erklärung kundgetan worden sei. Aufgrund der eindeutig nachgewiesenen, durch den Rat und die Kommission erkannten Position Marokkos als Souverän der Gebiete, welches als solcher in die Verhandlungen getreten ist und als solcher geführt und schließlich auch als solcher abgeschlossen hat, hätte eine Auslegungsklausel oder sogar eine Ausschlussklausel hinsichtlich der Gebiete der Westsahara eingefügt werden müssen.[1881]

Darüber hinaus ist die spätere Übung der Vertragsparteien zu berücksichtigen, die seit Abschluss des Assozierungsabkommens zurückzuverfolgen ist, und von Rat und Kommission wurde im Laufe des Verfahrens eingeräumt, dass dieses Abkommen faktische Anwendung auf Waren aus den Gebieten der Westsahara gefunden hat. Dies berücksichtigend, hätte die EU in den Vertragsverhandlungen nach Auffassung des Gerichts darauf bestehen sollen, dass in den Vertragstext des Abkommens eine Bestimmung mit aufgenommen wird, die eine Anwendung auf die Gebiete der Westsahara ausschließt.[1882] Aus ihrer Untätigkeit hinsichtlich der genauen Bestimmung des Anwendungsbereichs der Abkommens, welches ohne größere technische Zwischenschritte hätte erfolgen können, beweist die Union, dass sie eine Auslegung des Assoziierungsabkommens hinsichtlich des Geltungsgebietes, nach welcher das Abkommen auch für die von Marokko kontrollierten Gebiete der Westsahara gilt, zumindest stillschweigend akzeptiert hat und auch vertreten hat.[1883] Aus diesen Gründen schloss das Gericht aufgrund der seiner Ansicht nach zutreffenden Auslegung des Abkommens nach Art. 31 WVK, dass dieses auch auf das Gebiet der Westsahara, in concreto auf den von Marokko kontrollierten Teil, Anwendung findet.[1884]

1879 EuG, 2015 (Fn. 55), Rn. 99.
1880 EuG, 2015 (Fn. 55), Rn. 100.
1881 EuG, 2015 (Fn. 55), Rn. 100 f.
1882 EuG, 2015 (Fn. 55), Rn. 101.
1883 EuG, 2015 (Fn. 55), Rn. 101 f.

(3) Die Conclusio des Gerichts hinsichtlich der Betroffenheit

Diese lange Herleitung war für das Gericht notwendig, um den strittigen Punkt der Klagebefugnis der Polisario im Rahmen der Zulässigkeit einer Nichtigkeitsklage entscheiden zu können. Auch im Berufungsverfahren vor dem EuGH sowie im aktuellsten Verfahren aus dem Jahr 2021 vor dem EuG sollte dies nochmalige Betrachtung erfahren.[1885] Das Gericht hatte sich aufgrund seiner extensiven Ausführungen nur noch punktuell mit den Prüfungspunkten der Betroffenheit zu beschäftigen und subsumierte die in der Verhandlung gewonnen Erkenntnisse unter die jeweiligen Definitionen und Anforderungen.

(a) Die unmittelbare Betroffenheit

Die unmittelbare Betroffenheit liegt nach ständiger Rechtsprechung des Gerichtshofes vor, wenn zwei Kriterien kumulativ erfüllt sind. Zum einen muss sich die beanstandete Maßnahme auf die Rechtsstellung der klagenden Person unmittelbar auswirken. Zweitens darf sie ihrem Adressaten, welcher mit der Durchführung betraut ist, keinerlei Ermessensspielraum lassen. Mithin muss die Umsetzung rein automatisch erfolgen und sich allein aus der Unionsregelung ohne Anwendung anderer Durchführungsvorschriften ergeben.[1886] Hierzu führte das Gericht aus, dass das durch den angefochtenen Beschluss geschlossene Abkommen klare und präzise Verpflichtungen enthalte, deren Erfüllung und deren Eintreten nicht vom Erlass weiterer Rechtsakte abhängen und self-executive wirken.[1887] Hierzu wurde beispielsweise Art. 2 des Protokolls Nr. 1 des Assoziierungsabkommens herangezogen, der aufgrund des Abkommens, auf das sich der ange-

---

1884 EuG, 2015 (Fn. 55), Rn. 101.

1885 Siehe § 4. A. III. 5. b).

1886 Siehe hierzu EuGH, Urteil v. 10.9.2009, ECLI: EU:C:2009:529, Rn. 45 mit weiteren Nachweisen zur ständigen Rechtsprechung sowie EuG, 2015 (Fn. 55), Rn. 105.

1887 Hinsichtlich von der Union geschlossener internationaler Abkommen mit Drittstaaten hat die ständige Rechtsprechung des Gerichtshofs judiziert, dass einer Bestimmung eines solchen Abkommens unmittelbare Wirkung zukommt, sofern sie unter Berücksichtigung ihres Wortlauts und im Hinblick auf den Zweck und die Natur dieses Übereinkommens eine klare und präzise Verpflichtung enthält, deren Erfüllung und deren Wirkungen nicht vom Erlass eines weiteren Rechtsakts abhängen, vgl. EuGH, Urteil v. 8.3.2011, ECLI: EU:C:2011:125, Rn. 44 und die dort aufgeführte Rspr. sowie EuG, 2015 (Fn. 55), Rn. 107.

fochtene Beschluss bezieht, ersetzt wurde. Art. 2 Abs. 1 sieht vor, dass die Zölle auf Einfuhren von landwirtschaftlichen Erzeugnissen, landwirtschaftlichen Verarbeitungserzeugnissen, Fisch und Fischereierzeugnissen mit Ursprung in Marokko in die Union beseitigt werden.[1888] Darüber hinaus enthielt Art. 2 Abs. 2 des Protokolls des Assoziierungsabkommens, der aufgrund des mit dem angefochtenen Beschluss genehmigten Abkommens ersetzt wurde, besondere Zollvorschriften, die für die Einfuhr von landwirtschaftlichen Erzeugnissen, landwirtschaftlichen Verarbeitungserzeugnissen, Fisch und Fischereierzeugnissen mit Ursprung in der Westsahara in die Union gelten.[1889] Aufgrund der dargelegten späteren Übung der beiden Vertragsparteien, die zur Heranziehung der Auslegung des (faktischen) Anwendungsbereichs des Abkommens unter Berücksichtigung der Einlassungen der Beklagten eindeutig nachgezeichnet werden konnte, kann nachgewiesen werden, dass die Regelungen des Assoziierungsabkommens bereits seit Jahren auf die Gebiete der Westsahara Anwendung fanden. Das Liberalisierungsabkommen hat grundsätzlich nur die entsprechenden Präferenzregelungen modifiziert und erweitert, sodass das Gericht zu der Erkenntnis kam, dass auch das Liberalisierungsabkommen auf eben jene Gebiete angewendet wird.[1890] Die Bestimmungen des Liberalisierungsabkommens wirken daher auf die rechtliche Situation des gesamten Gebietes, für das das Abkommen gilt. Damit wirkt sich nach Ansicht des Gerichts das Abkommen auf das von Marokko kontrollierte Gebiet der Westsahara insoweit aus, als dass dieses Bedingungen festlegt, unter denen landwirtschaftliche und Fischereierzeugnisse aus diesem Gebiet in die Union ausgeführt oder aus der Union in das betreffende Gebiet eingeführt werden können, unabhängig von weiteren Zwischenakten der jeweiligen Organe.[1891] Durch die besondere Stellung der Westsahara und den fortlaufenden Konflikt, der im Rahmen von Verhandlungen beigelegt werden muss, welche unter Federführung der UN ausschließlich zwischen dem Königreich Marokko und der Polisario geführt werden, betreffen die Auswirkungen eines solchen Abkommens, welches Wirkung auf die Gebiete der Westsahara entfaltet, eben auch die Polisario als anerkannte Vertreterin des sahrawischen Volkes, womit der angefochtene Beschluss unmittelbare Wirkung auf die Klägerin ausübt.[1892]

1888   EuG, 2015 (Fn. 55), Rn. 108.
1889   EuG, 2015 (Fn. 55), Rn. 108.
1890   EuG, 2015 (Fn. 55), Rn. 102 f.
1891   EuG, 2015 (Fn. 55), Rn. 102 f.

(b) Die individuelle Betroffenheit

Nach ständiger Rechtsprechung muss der jeweilige Kläger von der angefochtenen Handlung wegen bestimmter persönlicher Eigenschaften oder
aufgrund von Umständen betroffen sein, welche ihn aus dem Kreis aller
übrigen Personen herausheben und ihn dadurch in ähnlicher Weise individualisieren wie einen Adressaten.[1893] Die individuelle Betroffenheit der Klägerin liegt nach Ansicht des Gerichts aufgrund ihrer einzigartigen Stellung
vor, indem sie unter Ausschluss jeglicher anderer Parteien an den Verhandlungen teilnimmt, die unter Federführung der UN zwischen ihr und dem
Königreich Marokko zur Festlegung des endgültigen internationalen Status
der Westsahara seit Jahrzehnten geführt werden.[1894] Somit konkludierte das
EuG, dass die Polisario von dem angefochtenen Beschluss sowohl individuell als auch unmittelbar betroffen ist und ließ die Klage zu.[1895]

cc) Zwischenergebnis

Das EuG nahm damit die Zulässigkeit der Klage an.

b) Die Begründetheit der Klage

Die Polisario brachte in ihrer Klageschrift elf Klagegründe vor, in welchen im Wesentlichen geltend gemacht wird, dass der angefochtene Ratsbeschluss rechtswidrig sei, da er gegen das Unionsrecht und gegen das
Völkerrecht verstoße.[1896] Für das Gericht stellte sich bei der Begutachtung

---

1892 EuG, 2015 (Fn. 55), Rn. 110.
1893 Vgl. EuGH, Urteil v. 15.6.1963, ECLI: EU:C:1963:17, S. 277; EuGH, Urteil v.
      3.10.2013, ECLI: EU:C:2013:625, Rn. 72 sowie EuG, 2015 (Fn. 55), Rn. 112.
1894 EuG, 2015 (Fn. 55), Rn. 110–113.
1895 EuG, 2015 (Fn. 55), Rn. 114.
1896 Die von der Polisario eingereichte Klage wurde dabei auf folgende formell und
      materiell rechtlichen Erwägungsgründe gestützt: erstens eine unzureichende Be-
      gründung des angefochtenen Beschlusses, zweitens eine Nichtbeachtung des „An-
      hörungsgrundsatzes", drittens eine Verletzung der Grundrechte, viertens einen
      „Verstoß gegen den Grundsatz der Kohärenz der Unionspolitik durch Nichtbeach-
      tung des Prinzips der ... Souveränität", fünftens eine „Verletzung der Werte, auf
      die sich die ... Union gründet, und der Grundsätze, die ihr auswärtiges Handeln
      leiten", sechstens einen „Verstoß gegen das Ziel einer nachhaltigen Entwicklung",
      siebtens einen „Verstoß" des angefochtenen Beschlusses gegen „die Grundsätze

der Klagegründe vordergründig die Frage, ob die Union einem absoluten Verbot unterliegt, ein internationales Abkommen mit einem Drittstaat zu schließen, welches auf ein Gebiet angewandt werden könnte bzw. schon angewandt wurde, das wiederum de facto von diesem Drittstaat kontrolliert wird. Insbesondere war dies fraglich, da dessen territoriale Souveränität über dieses Gebiet weder von der Union und ihren Mitgliedstaaten bzw. im Falle der Westsahara und zum Zeitpunkt der Klageerhebung konkret von keinem Staat anerkannt wurde, außer freilich von Marokko selbst.[1897] Dahingehend empfand das Gericht es als problematisch, ob die Unionsorgane diesbezüglich überhaupt einen Ermessensspielraum besitzen, wo die Grenzen eines solchen möglichen Ermessens liegen und wie es schließlich auszuüben ist. Ohne weiter auf den Status des Gebietes der Westsahara einzugehen und die Position Marokkos in diesem Konflikt näher zu bestimmen, definierte das Gericht vor Prüfung der materiell-rechtlichen Problematiken der Klage das Gebiet der Westsahara unpräzise als „umstrittenes Gebiet".[1898]

Das Gericht hatte im Rahmen der Begründetheit durch die in den Klagegründen drei bis acht vorgebrachten Punkte zunächst europarechtliche Fragestellungen zu beantworten und musste sich durch die Klagegründe neun bis elf mit völkerrechtlichen Aspekten des Falles beschäftigen.[1899]

aa) Generelles Verbot zum Abschluss völkerrechtlicher Abkommen über „umstrittene Gebiete"

Im Rahmen dessen prüfte das EuG jedoch zunächst, ob es der Union überhaupt grundsätzlich möglich ist, ein solches in Frage stehendes Abkommen

---

und Ziele des auswärtigen Handelns der Union im Bereich der Entwicklungszusammenarbeit", achtens einen Verstoß gegen den Grundsatz des Vertrauensschutzes, neuntens einen „Verstoß" des angefochtenen Beschlusses „gegen mehrere von der Union geschlossene Übereinkünfte", zehntens einen „Verstoß" des angefochtenen Beschlusses gegen das „allgemeine Völkerrecht", und schließlich elftens die „Anwendbarkeit des Rechts der völkerrechtlichen Haftung der Union", EuG, 2015 (Fn. 55), Rn. 115. Im Folgenden wird sich auf die Prüfung der völkerrechtlichen Implikationen beschränkt. Ausführlich zum Anwendungsbereich des Kohärenzgebots *Sievert*, Handel mit umstrittenen Gebieten, S. 145–150.

1897 EuG, 2015 (Fn. 55), Rn. 116 f.

1898 Siehe hierzu insbesondere EuG, 2015 (Fn. 55), Rn. 117.

1899 Zur hier nicht behandelten formellen Rechtmäßigkeit des Beschlusses EuG, 2015 (Fn. 55), Rn. 119–127.

zu schließen. Durch die Klageschrift war aufgeworfen worden, ob es dem Rat von vornhinein verboten ist, den Abschluss eines solchen Abkommens mit einem Drittstaat zu genehmigen, welches auf ein „umstrittenes Gebiet", wie das Gericht die Westsahara definiert, Anwendung finden könnte.[1900] Ohne weiter auf die völkerrechtlichen Verpflichtungen einzugehen, die sich aus dem Status der Westsahara als besetztes NSGT ergeben, urteilte das Gericht, dass die von der Polisario vorgebrachten und der Union vorgeworfenen Verletzungen von Freiheitsrechten nicht ein generelles und absolutes Verbot nach sich ziehen, mit einem Drittstaat ein Abkommen über Liberalisierungsmaßnahmen zu schließen.[1901] Trotzdem hielt das Gericht fest, dass eine Verletzung von den von der Klägerin dargelegten Rechten freilich zur Rechtswidrigkeit eines Beschlusses führen könne. Es konnte allerdings kein generelles und absolutes Verbot zum Abschluss eines in Frage stehenden Abkommens feststellen und prüfte die konkret mögliche Rechtsverletzung der Klägerin im vorliegenden Fall zusammen mit dem weiteren Vorbringen der Klägerin im Rahmen möglicher Ermessensfehler der Unionsorgane.[1902]

bb) Verstoß gegen Grundwerte der Union

Weiter führte die Polisario aus, dass der angefochtene Beschluss den Grundwerten der Union widerspreche, die die Außenhandelspolitik maßgeblich zu leiten haben. Hierzu führte sie konkrete Normierungen an und stützte ihre Argumentation auf Art. 2 EUV, Art. 3 Abs. 5 EUV und Art. 21 EUV sowie Art. 205 AEUV. Besonders relevant ist hierbei die Nennung der Art. 3 Abs. 5 EUV sowie Art. 21 EUV, welche beide hinsichtlich der außenpolitischen Beziehung der Union zu anderen Staaten oder Entitäten die strikte Einhaltung des Völkerrechts, unter besonderer Berücksichtigung der Charta der Vereinten Nationen, statuieren. Damit stellen sie ein Einfallstor für völkerrechtliche Grundsätze und kodifizierte Reglungen dar, auf welche sich auch vor den europäischen Gerichten berufen werden kann.[1903] Die Auseinandersetzung des Gerichts erfolgte an dieser Stelle äußerst begrenzt und knapp. Es stellte zunächst klar, dass die Unionsorgane auf dem Gebiet der Außenhandelsbeziehungen, zu welchem das Abkommen

---

1900 Vgl. EuG, 2015 (Fn. 55), Rn. 141 f.
1901 EuG, 2015 (Fn. 55), Rn. 146.
1902 EuG, 2015 (Fn. 55), Rn. 146 f.
1903 EuG, 2015 (Fn. 55), Rn. 159–163; *Wathelet*, 2018 (Fn. 55), Rn. 54, Rn. 100, Rn. 107.

gehört, auf welches sich der streitige Ratsbeschluss bezieht, über einen weiten Ermessensspielraum verfügen. Deshalb konkludierte es, dass aus den Grundwerten der Union oder den von der Polisario im Rahmen des vorliegenden Klagegrundes angeführten Bestimmungen nicht hervorgeht, dass der Rat unter keinen Umständen mit einem Drittstaat ein Abkommen schließen kann und darf, welches im Folgenden auf ein „umstrittenes Gebiet" Anwendung finden könnte.[1904] An dieser Stelle hat das Gericht es verpasst, sich über die völkerrechtlichen Einfallstore der Art. 3 Abs. 5 und Art. 21 EUV mit den einschlägigen Völkerrechtssätzen und Regelungen auseinanderzusetzen, die im Falle der Westsahara, wie beispielsweise das Selbstbestimmungsrecht der Völker, Erga-omnes-Wirkung entfalten und daher auch von der Union zu berücksichtigen sind. Dieser Problematik sollte dann im Berufungsverfahren vor dem EuGH eine entscheidende Rolle zukommen.[1905] Das Gericht verwies zunächst nur auf eine mögliche Ermessensfehlausübung des Rates, die aber von diesem Klagegrund zu trennen sei, und die an letzter Stelle des Urteils überprüft worden ist.[1906]

cc) Verstoß gegen Internationale Abkommen und das Völkerrecht

Die Klagepunkte 9 bis 11 beinhalten allesamt Vorbringen der Klägerin, die sich auf Verletzungen internationaler Abkommen bzw. des Allgemeinen Völkerrechts stützen. Daher fasste das Gericht zunächst die seiner Ansicht nach prüfungsrelevanten Umstände zusammen, die sich aus den Verträgen wie aber auch aus der Rechtsprechung des EuGH ergeben.[1907]

Wie bereits dargelegt, stellt Art. 3 Abs. 5 EUV ein Einfallstor für die Umsetzung und Einhaltung des Völkerrechts dar, welches die Union beim Erlass eines Rechtsakts verpflichtet, das gesamte Völkerrecht zu beachten, inklusive das die Organe der Union bindende Völkergewohnheitsrecht.[1908]

1904 EuG, 2015 (Fn. 55), Rn. 164 f. Zum weiten Ermessensspielraum der Unionsorgane auf dem Gebiet der Außenwirtschaftsbeziehungen siehe EuG, Urteil v. 6.7.1995, ECLI: EU:T:1995:131, Rn. 38.

1905 EuGH, 2016 (Fn. 55), Rn. 89. Im Verfahren hinsichtlich des Fischereiabkommens von 2013 stützte der Gerichtshof sich explizit auf Art. 3 Abs. 5 EUV, EuGH, 2018 (Fn. 55), Rn. 85 und implizit Rn. 63.

1906 EuG, 2015 (Fn. 55), Rn. 165 f.

1907 EuG, 2015 (Fn. 55), Rn. 179–214.

1908 Siehe hierzu EuG, 2015 (Fn. 55), Rn. 180 und die in EuGH, Urteil v. 21.12.2011, ECLI: EU:C:2011:864, Rn. 101 angeführte ständige Rechtsprechung des EuGH. Zum Vorrang internationaler Abkommen ggü. Rechtsakten der Union, die von der

Das Gericht führt richtigerweise und in Bezug auf die Rechtsprechung des EuGH aus, welcher mehrere für den europäischen Rechtsraum bindende Parameter zur Rechtswirkung und Rechtsstellung von durch die Union geschlossene internationale Abkommen entwickelte, dass es den Organen der Union, die für das Aushandeln und den Abschluss eines internationalen Abkommens zuständig sind, nach den Grundsätzen des Völkerrechts zunächst freistehe, mit den kontrahierenden Drittländern zu vereinbaren, welche Auswirkungen die Bestimmungen des jeweiligen Abkommens in der internen Rechtsordnung der Vertragsparteien haben sollen.[1909] Sollte eine bestimmte Frage in einem Abkommen nicht geregelt sein, wie beispielsweise der konkrete geographische Anwendungsbereich, haben die zuständigen Gerichte der Union über diese Frage gleich wie über jede andere Auslegungsfrage zu entscheiden, die sich im Zusammenhang mit der Anwendung des Abkommens in der Union stellt.[1910] Aus dem Telos von Art. 216 Abs. 2 AEUV, der den Vorrang von durch die Union geschlossenen völkerrechtlichen Abkommen mit einem Drittstaat regelt, hat der Gerichtshof in ständiger Rechtsprechung konstituiert, dass aus diesem Vorrang folgt, dass die Gültigkeit eines Unionsrechtsaktes durch die Unvereinbarkeit mit völkerrechtlichen Regeln berührt werden kann.[1911]

(1) Voraussetzungen der Überprüfbarkeit völkerrechtlicher Regelungen

Zwar hat ein völkerrechtliches Abkommen grundsätzlich Vorrang gegenüber Rechtsakten der Unionsorgane, allerdings stellte der Gerichtshof in ständiger Rechtsprechung hierfür Voraussetzungen auf, die bei widerstreitenden Inhalten der jeweiligen Rechtsakte zum Tragen kommen. Zum einen muss die Union überhaupt an die in Frage stehende völkerrechtliche Regelung gebunden sein. Dies erfolgt vor allem durch Vertragsschluss, aber auch durch völkergewohnheitsrechtliche Normen, die erga omnes wirken oder sogar als Ius-cogens-Normen zu klassifizieren sind.[1912] Ferner darf eine

---

EU mit einem Drittstaat geschlossen worden sind, vgl. zunächst Art. 216 Abs. 2 AEUV sowie EuGH, Urteil v. 21.12.2011, ECLI: EU:C:2011:864, Rn. 50.

1909 EuG, 2015 (Fn. 55), Rn. 181.

1910 Vgl. EuGH, Urteil v. 21.12.2011, ECLI: EU:C:2011:864, Rn. 49 und die dort zitierte Rspr. sowie EuG, 2015 (Fn. 55), Rn. 181.

1911 Vgl. hierzu EuGH, Urteil v. 21.12.2011, ECLI: EU:C:2011:864, Rn. 50, 51 sowie die dort zitierte Rspr. und EuG, 2015 (Fn. 55), Rn. 181.

1912 Vgl. EuGH, Urteil v. 21.12.2011, ECLI: EU:C:2011:864, Rn. 52 und EuG, 2015 (Fn. 55), Rn. 183.

Überprüfung der Gültigkeit eines Unionsrechtsakts anhand eines völkerrechtlichen Abkommens nur dann erfolgen, sofern dessen Art und Struktur
einer solchen Prüfung nicht grundsätzlich entgegensteht, was wiederum
individuell betrachtet werden muss.[1913] Sofern Art und Struktur des in Frage
stehenden Abkommens der Kontrolle der Gültigkeit des Unionsrechtsakts
durch die Bestimmungen dieses Abkommens nicht entgegenstehen, ist abschließend noch vonnöten, dass die Regelungen des Vertrages inhaltlich
unbedingt und hinreichend genau bestimmt sind.[1914] Der Gerichtshof führte hierzu aus, dass diese Kondition erfüllt ist, sofern die in Frage stehende
Regelung des Abkommens eine klare und eindeutige Verpflichtung enthält,
deren Erfüllung oder Wirkungen nicht vom Erlass eines weiteren Aktes abhängen.[1915] Diese Erwägungen vorangestellt, prüfte das Gericht die von der
Klägerin vorgebrachten Punkte, welche eine mögliche Völkerrechtsverlet-
zung beanstanden, im Lichte der von der Rechtsprechung des Gerichtshofs
aufgestellten Kriterien zur Heranziehung völkerrechtlicher Abkommen und
geschriebenen bzw. ungeschriebenen Völkerrechtssätzen.[1916]

(2) Verletzung gegen für die Union verbindliche internationale
    Übereinkünfte

Die Behauptung der Polisario, dass Marokko als Besatzungsmacht der
Westsahara die Regelungen des SRÜ unter Wahrung des Grundsatzes des
Vorrangs der Interessen dieses Volkes auszuüben habe, diese jedoch systematisch verletzte und im Gegenteil die faktische Kontrolle über die Gewässer der Westsahara sogar dafür missbrauche, die eigene Präsenz verfestigen
zu können, wurde vom Gericht nicht weiter beachtet und mit dem Hinweis
auf ein Urteil des EuGH negiert.[1917] Der EuGH entschied nämlich, dass Art
und Struktur des SRÜ es nicht zulassen würden, dass die Unionsgerichte
die Gültigkeit eines Unionsrechtsakts an ihm messen könnten.[1918]

1913 Zur näheren Ausführung der Rechtsprechung zur Art und Struktur eines völker-
     rechtlichen Abkommens siehe EuGH, Urteil v. 21.12.2011, ECLI: EU:C:2011:864,
     Rn. 53 und die dort zitierte Rspr.
1914 EuG, 2015 (Fn. 55), Rn. 185.
1915 EuGH, Urteil v. 21.12.2011, ECLI: EU:C:2011:864, Rn. 54 f. sowie die dort angeführ-
     te Rspr.; EuG, 2015 (Fn. 55), Rn. 185.
1916 EuG, 2015 (Fn. 55), Rn. 186.
1917 Vgl. EuG 2015, Rn. 190, 195.
1918 EuGH, Urteil v. 3.6.2008, ECLI: EU:C:2008:312, Rn. 65.

Allerdings ist das SRÜ den Gerichten der Auslegung zugänglich und sogar seit Beitritt zwingend erforderlich heranzuziehen, sofern ein Sachverhalt den Anwendungsbereich des SRÜ berührt. Somit ist die aufgeworfene Frage, ob die Fischereierzeugnisse, die aus den an die Küste der Westsahara angrenzenden Gewässern stammen, zu den natürlichen Ressourcen der Westsahara gehören, als auslegungsfähig nach dem SRÜ zu klassifizieren. Sie ist von der Frage der Gültigkeit des Unionsrechtsaktes im formellen Sinne nach der Rechtsprechung des EuGH zu separieren.[1919] Aber auch hier verwies das Gericht auf die zuvor entwickelte Formel, dass der Klagepunkt kein weiterführendes Argument liefere, weshalb es der Union grundsätzlich verboten sein sollte, mit einem Drittstaat ein Abkommen abzuschließen, das sich auf ein umstrittenes Gebiet bezieht. Es stellte (erneut) fest, dass hierzu kein absolutes Verbot existiere und der Klagegrund dahingehend ausgelegt wird, dass die vorgebrachten Punkte der Klägerin daher nur im Rahmen der Ermessensentscheidung des Rates auf Ermessensfehler zu überprüfen seien.[1920] Eine Verletzung gegen internationale Abkommen durch den angefochtenen Ratsbeschluss vermochte das Gericht folglich nicht festzustellen.[1921]

(3) Grundsatz der relativen Wirkung von Verträgen

Das Gericht urteilte zunächst, dass es keinerlei Anhaltspunkte gefunden habe, dass die Union die von Marokko vertretenen Souveränitätsansprüche hinsichtlich der Westsahara anerkenne. Es sei gerade nicht ausreichend, dass das mit dem Ratsbeschluss anzupassende Abkommen auch auf Güter Anwendung findet, die dem vom Königreich Marokko kontrollierten Gebiet der Westsahara entspringen oder in dieses Gebiet eingeführt werden sollen und kam zu dem Schluss, dass dies einer solchen Anerkennung nicht gleich stehen kann.[1922] Hinsichtlich der Inbezugnahme der Klägerin auf den völkergewohnheitsrechtlichen Grundsatz der relativen Wirkung von Verträgen stellte das Gericht fest, dass das Abkommen die Klägerin nicht verpflichte bzw. tangiere, da das in Frage stehende Abkommen nur auf den Teil der Westsahara Anwendung findet, der von Marokko kontrolliert

---

1919 Vgl. EuGH, Urteil v. 3.6.2008, ECLI: EU:C:2008:312, Rn. 54–65 sowie EUG, 2015 (FN. 55), Rn. 196; *Wathelet*, 2018 (Fn. 55), Rn. 201–213.
1920 EuG, 2015 (Fn. 55), Rn. 197 ff.
1921 Vgl. EuG, 2015 (Fn. 55), Rn. 197 ff.
1922 EuG, 2015 (Fn. 55), Rn. 202.

wird.[1923] Das Gericht geht in dieser Argumentationsstruktur sogar noch weiter, indem es behauptet, dass es die Polisario erst im Sinne des Grundsatzes der relativen Wirkung von Verträgen verpflichten und ausreichend tangieren könnte, sofern sie „eventuell" nach dem von der UN geplanten und durchzuführenden Selbstbestimmungsreferendum ihre Kontrolle auf das gesamte Gebiet der Westsahara ausdehnen könnte. Vorher sei die Klägerin nicht an die Bestimmungen des zwischen der Union und Marokko ausgehandelten und geschlossenen Abkommens gebunden.[1924]

(4) Gerichtliche Prüfung des humanitären Völkerrechts

Wie bereits dargelegt, stellt die Rechtsprechung des EuGH gewisse Voraussetzungen an Normen des Völkerrechts, um diese im Verfahren vor europäischen Gerichten berücksichtigen zu können. Daher ist im Vorfeld der Prüfung zu klären, ob die in Frage stehenden Normen des Besatzungsrechts, in concreto die Bestimmungen der Haager Landkriegsordnung von 1907 und des Genfer Abkommens IV, diesen Anforderungen genügen. Nach der Rechtsprechung des EuGH muss die Union an die im Gerichtsverfahren vorgebrachten Normen zunächst überhaupt gebunden sein. Ferner müssen diese auch inhaltlich unbedingt und hinreichend bestimmt sein und schließlich dürfen Art und Struktur der Normen einer gerichtlichen Kontrolle in Relation zum beanstandeten Rechtsakt nicht entgegenstehen.[1925] Die einschlägigen Regelungen sind im vorliegenden Fall für den Abschluss internationaler Abkommen bzw. die Nutzung und Ausbeutung natürlicher Ressourcen den Art 42, 43, 55 HLKO, Art. 2, 64 Abs. 2 GK IV sowie Art. 1 Abs. 4 ZP1 zu entnehmen. Der IGH hat festgestellt, dass die Grundregeln des humanitären Völkerrechts, zu denen die HLKO gehört, für alle Staaten verbindlich sind, unabhängig davon, ob ein Staat die diese Regelungen enthaltenden Übereinkünfte ratifiziert hat. Diese Regeln stellen unantastbare völkergewohnheitsrechtliche Grundsätze dar, die darüber hinaus Erga-omnes-Wirkung entfalten.[1926] Marokko und die Mitgliedstaaten der Union sind Vertragsparteien der Genfer Konventionen sowie des Zusatzprotokolls I. Der IGH schloss aus dem strengen Wortlaut des Art. 1 GK IV, der die Vertragsparteien dazu verpflichtet, die Regelungen des Abkommens unter

---

1923 EuG, 2015 (Fn. 55), Rn. 202 f.
1924 EuG, 2015 (Fn. 55), Rn. 203.
1925 Vgl. § 4. A. III. 1. b). cc). (3).
1926 IGH, Mauer-Gutachten, ICJ Rep. 2004, S. 172 f. Rn. 89, S. 199 Rn. 157.

allen Umständen einzuhalten und darüber hinaus auch seine Einhaltung durchzusetzen, dass der Rechtscharakter der Konvention dahingehend auszulegen ist, dass jeder Vertragsstaat verpflichtet ist, unabhängig von der eigenen Konfliktbeteiligung die Einhaltung der Vorschriften der betroffenen Übereinkünfte durchzusetzen.[1927] Aus der Erga-omnes-Wirkung der in Frage stehenden Regelungen ergibt sich, dass die Union an diese durch Art. 3 Abs. 5 EUV rechtsverbindlich gebunden ist. Durch ihren self-executing Charakter sind die zitierten Normen darüber hinaus hinreichend bestimmt und unbedingt, da ihre Rechtswirkung ohne einen weiteren Zwischenakt entfaltet wird. Darüber hinaus ist nicht ersichtlich, warum die Art und Struktur der Regelungen des humanitären Völkerrechts einer gerichtlichen Kontrolle von Rechtsakten der Union im Sinne der Rechtsprechung des Gerichtshofs entgegenstehen könnte.[1928] Die vorliegende Arbeit konnte bereits feststellen, dass die militärischen Ereignisse und die nachfolgende faktische Inbesitznahme der größten Teile der Westsahara durch Marokko eine Besatzung iSv. Art. 42 HLKO darstellen und somit die Regelungen des humanitären Völkerrechts, die im Allgemeinen den Rechtsrahmen der Folgen einer solchen Besatzung setzen, anwendbar sind.[1929]

Allerdings urteilte das Gericht hinsichtlich der Anwendbarkeit von humanitärem Völkerrecht, dass die Ausführungen der Klägerin schlichtweg zu „lapidar" gewesen seien, weshalb sich eine Prüfung erübrige.[1930]

(5) Das Corell-Gutachten aus Sicht des Gerichts

Das Gericht berief sich weiterhin auf das *Corell*-Gutachten und führte aus, dass es auch nach seiner Ansicht kein absolutes Verbot gebe, das es untersagen würde, die natürlichen Ressourcen eines „umstrittenen Gebietes" auszubeuten.[1931] Die Ausbeutung sei rechtmäßig, sofern diese im Einklang mit den Wünschen und Interessen des Volkes des Gebietes erfolge.[1932]

1927 Vgl. IGH, Mauer-Gutachten, ICJ Rep. 2004, S. 199 f. Rn. 158.
1928 So auch *Wathelet*, 2018 (Fn. 55), Rn. 141.
1929 Siehe § 3. B.
1930 EuG, 2015 (Fn. 55), Rn. 204.
1931 EuG, 2015 (Fn. 55), Rn. 210.
1932 EuG, 2015 (Fn. 55), Rn. 222.

dd) Die Ermessenfehlerbeurteilung

Das Gericht ging aufgrund seiner Herleitung und der bestehenden Rechtsprechung grundsätzlich richtigerweise davon aus, dass die zuständigen Unionsorgane hinsichtlich der Frage, ob mit einem Drittstaat ein internationales Abkommen geschlossen werden soll, über einen erweiterten Ermessensspielraum verfügen.[1933] Im vorliegenden Fall sah es das Gericht als umso mehr gerechtfertigt an, dass ein solcher Ermessensspielraum existiert, da es sich um ein „umstrittenes Gebiet" handelt und die einschlägigen Regelungen und Grundsätze des Völkerrechts komplex und ungenau seien, wie nach Ansicht des Gerichts auch das Gutachten *Corells* darlegt und untermauert.[1934] Daraus ergibt sich für die gerichtliche Überprüfung, dass diese nur eingeschränkt erfolgen kann und sich zwangsläufig auf die Frage beschränken muss, ob der Rat durch die Genehmigung des Abkommens in Form des angefochtenen Beschlusses offensichtliche Beurteilungsfehler begangen hat.[1935] Im Rahmen einer solchen Prüfung erinnerte das Gericht aufbauend auf der gefestigten Rechtsprechung des Gerichtshofes daran, dass die Richter zu kontrollieren haben, ob das jeweilige Unionsorgan sorgfältig und unparteiisch alle relevanten Gesichtspunkte des Einzelfalles untersucht hat und mit Hilfe dieser Untersuchung vertretbare und kausal gezogene Schlussfolgerungen aufstellen konnte.[1936] Die Argumentation der Klägerin, die bereits in ihrem dritten Klagepunkt darauf hingewiesen hat, dass die Union durch den in Frage stehenden Beschluss Grundrechte verletzt habe, wurde vom Gericht überraschenderweise angenommen, ohne weitere Ausführungen zur extraterritorialen Anwendbarkeit der Grundrechtecharta zu treffen.[1937] Der Rat brachte im Rahmen der mündlichen Verhandlungen vor, dass die Union grundsätzlich nicht für mögliche Handlungen des Drittstaates, mit welchem die EU ein internationales Abkommen geschlossen hat, verantwortlich ist oder werden kann. Dies gelte gleichwohl, ob mögliche Grundrechtsverletzungen in Frage stehen. Dem teils zustimmend, im Kern und insbesondere auf Grund der speziellen Umstände der Westsahara allerdings widersprechend, entgegnete das Gericht, dass, sofern die Union durch das Abkommen dem Drittstaat genehmigt, Waren in die Mitgliedstaaten einzuführen, die unter Bedingungen herge-

---

1933 EuG, 2015 (Fn. 55), Rn. 223.
1934 EuG, 2015 (Fn. 55), Rn. 224.
1935 EuG, 2015 (Fn. 55), Rn. 224.
1936 EuG, 2015 (Fn. 55), Rn. 225 sowie die dort angeführte Rechtsprechung.

stellt oder erlangt wurden, die potentiell Grundrechte der Bevölkerung der Westsahara verletzen, die Union solche Verstöße zumindest indirekt fördern könnte und von diesen monetär profitieren würde.[1938] Dies unterstreichend, den rechtlichen Rahmen des Besatzungsrechts allerdings erneut außer Acht lassend, führte das Gericht aus, dass dies im Falle der Westsahara umso mehr gelte, da sie faktisch vom Königreich Marokko verwaltet wird. Die Gebiete der Westsahara liegen allerdings eindeutig nicht innerhalb der international anerkannten Grenzen Marokkos und das Königreich stellt darüber hinaus auch keine von der UN eingesetzte oder anerkannte De-iure-Verwaltungsmacht dar.[1939] Das Gericht stellte insbesondere fest, dass der marokkanische Staat weder Interesse an einer solchen Position hat noch dieser als Grundlage zur Bewertung der rechtlichen Situation zustimmt. Vielmehr betrachtet das Königreich die Gebiete der Westsahara als

---

1937 Das Gericht führte hierzu aus, dass der Rat zwingend, sorgfältig und unparteiisch zu überprüfen und vor allem sicherzustellen hat, dass die Nutzung der natürlichen Ressourcen des Gebietes, speziell jener im Zusammenhang mit der Herstellung der für die Ausfuhr in den europäischen Wirtschaftsraum bestimmten Waren, zum einen nicht zum Nachteil der Bevölkerung des fraglichen Gebiets durchgeführt und zum anderen nicht gegen deren Grundrechte verstoßen darf. In concreto waren für das Gericht die Menschenwürde, das Recht auf Leben und das Recht auf Unversehrtheit (Art. 1–3 EU-GrCh), das Verbot der Sklaverei und der Zwangsarbeit (Art. 5 EU-GrCh), die Berufsfreiheit (Art. 15 EU-GrCh), die unternehmerische Freiheit (Art. 16 EU-GrCh), das Eigentumsrecht (Art. 17 EU-GrCh), das Recht auf gerechte und angemessene Arbeitsbedingungen sowie das Verbot der Kinderarbeit und der Schutz von Jugendlichen am Arbeitsplatz (Art. 31 und 32 EU-GrCh) betroffen. Eine detaillierte Prüfung erfolgte allerdings nicht, vgl. EuG, 2015 (Fn. 55), Rn. 227 f. Vielmehr verwies das Gericht darauf, dass auch das Rechtsgutachten *Corells*, welches sich nur mit den völkerrechtlichen Verpflichtungen befasst, das Ergebnis möglicher Grundrechtsverletzungen belegen würde, vgl. EuG, 2015 (Fn. 55), Rn. 229. Gegen die extraterritoriale Anwendung der Grundrechte-Charta sprach sich der Generalanwalt *Wathelet* in seinem Gutachten im Rahmen des Berufungsverfahrens vor dem Gerichtshof aus, während sich der EuGH in seinem Urteil überhaupt nicht mit der Problematik beschäftigte, *Wathelet*, 2016 (Fn. 55), Rn. 270 ff. Feststellend lässt sich aber zunächst sagen, dass das Verfahren vor dem EuG erstmalig die umstrittene Frage in den Vordergrund gerückt hat, ob die EU und ihre Organe beim Abschluss von internationalen Abkommen mit Drittstaaten an die Grundrechtecharta gebunden sind, sofern sich Inhalt, Ausmaß und vor allem Rechtsfolgen der Abkommen auf die Wahrnehmung der Grundrechte im Ausland auswirken können, die durch die Grundrechtecharta garantiert sind, vgl. hierzu ausführlich *Kassoti*, The extraterritorial applicability of the eu charter of fundamental rights: some reflections in the aftermath of the front polisario saga, 12 European Journal of Legal Studies (2020), 117–142.
1938 EuG, 2015 (Fn. 55), Rn. 231.
1939 Vgl. EuG, 2015 (Fn. 55), Rn. 231 ff.

integralen Bestandteil der eigenen territorialen Souveränität und verwaltet diese auch als solche. Dies läuft dem Telos des Art. 73 UN-Charta zuwider, indem dieser der Verwaltungsmacht die Verpflichtung als „heiligen Auftrag" auferlegt, im Rahmen des durch diese Charta errichteten Systems des Weltfriedens und der internationalen Sicherheit das Wohl dieser Einwohner „aufs Äußerste" zu fördern.[1940] Der Rat versuchte, wie auch schon in vorherigen Abkommen, die Verantwortung zur Umsetzung und Gewährleistung der positiven Auswirkungen des Abkommens für das Volk der Westsahara in die ausschließliche Sphäre Marokkos zu schieben. Hierzu argumentierte er, dass keine Regelung des Beschlusses bzw. des damit genehmigten Abkommens darauf schließen lasse, dass die Ressourcen der Westsahara zum Nachteil der Bewohner des Gebietes genutzt würden. Auch würde Marokko nicht davon abgehalten werden sicherzustellen, dass die Ausbeutung und die Nutzung der Ressourcen zugunsten und im Interesse der Bewohner der Westsahara erfolgen.[1941] Mitunter wollte sich der Rat erneut ausschließlich auf den marokkanischen Staat hinsichtlich der Gewährleistung elementarer, vor allem aber die Union bindender Rechte verlassen. Dieser Argumentationsstruktur schob das Gericht in äußerster Deutlichkeit einen Riegel vor, indem es zwar den erweiterten Ermessensspielraum der Unionsorgane hinsichtlich des Abschlusses internationaler Abkommen anerkannte, gleichzeitig aber implizit statuierte, dass sich die Organe nicht aus der aus rechtlich bindenden völkerrechtlichen Regelungen resultierenden Verantwortlichkeit ziehen können.[1942] Zur erforderlichen Gewährleistung des Selbstbestimmungsrechts des Volkes der Westsahara sind die Unionsorgane nach zutreffender Ansicht des Gerichts selbst gehalten sicherzustellen, dass es keine Anzeichen dafür gibt, dass die Nutzung der natürlichen Ressourcen des von Marokko faktisch kontrollierten Gebiets der Westsahara zum Nachteil ihrer Bewohner erfolgt. Ferner erinnerte das Gericht in Anlehnung an die vom Rat versuchte Rechtfertigung daran, dass das Abkommen an keiner Stelle ansatzweise sicherstelle, dass das Volk der Westsahara tatsächlich positiven Nutzen aus der Ausbeutung der natürlichen Ressourcen ziehen würde oder könnte.[1943] In aller Deutlichkeit stellte das Gericht

---

1940 Vgl. EuG, 2015 (Fn. 55), Rn. 233–235. Darüber hinaus übermittelt Marokko natürlich keine Informationen nach Art. 73 lit. e UN-Charta an die UN, da dies dem nach außen wie auch dem eigenen Volk nach innen hin propagierten territorialen Souveränitätsanspruch diametral zuwiderlaufen würde.

1941 EuG, 2015 (Fn. 55), Rn. 239 f.

1942 Vgl. EuG, 2015 (Fn. 55), Rn. 231 f., 236–241.

1943 EuG, 2015. Rn. 239.

fest, dass sich der Rat nicht auf den Standunkt zurückziehen darf, dass die Gewährleistung der Rechte des Volkes der Westsahara ausschließlich in der Verantwortungssphäre Marokkos liege. Im Gegenteil hätte der Rat eine eigene Untersuchung im Rahmen seines erweiterten Ermessensspielraums in die Wege leiten müssen, um den Anforderungen der völkerrechtlichen Verbindlichkeiten Genüge zu leisten, insbesondere um sicherzustellen, dass das Abkommen nicht zum Nachteil des Volkes der Westsahara führt.[1944] Das Gericht konkludierte aufgrund der Einlassungen des Rates in der mündlichen Verhandlung sowie einer offensichtlich fehlenden Untersuchung zu den Auswirkungen des Abkommens hinsichtlich möglicher negativer Auswirkungen für das Volk der Westsahara, die von der Polisario wiederholt im Vorfeld der Vertragsverhandlungen dargelegt wurden und ebenfalls der UN übermittelt worden sind[1945], dass der Rat seinen Verpflichtungen nicht nachgekommen ist, vor dem Erlass des angefochtenen Beschlusses alle Umstände des Einzelfalls zu prüfen.[1946] Indem der Rat die genau gegenteilige Auffassung vertrat, dass ausschließlich Marokko für die Umsetzung des Abkommens hinsichtlich seiner Vorteilhaftigkeit für das Volk der Westsahara verantwortlich sei, unterstrich er aus Sicht des Gerichts den Verstoß gegen die in dem Rechtsgutachten *Corells* dargelegten völkerrechtlichen Verpflichtungen sowie gegen Normierungen der EU-GrCH.[1947]

Das Gericht erklärte den Ratsbeschluss folglich insoweit für nichtig, soweit er die Anwendung dieses Abkommens auf die Westsahara genehmigt.[1948]

1944 EuG, 2015 (Fn. 55), Rn. 241 f.

1945 Interessanterweise nahm das EuG diese Widersprüche der Polisario und den Kerngehalt ihrer Argumentation an dieser Stelle mit in seine eigene auf, verschloss sich allerdings völlig der Tatsache, dass die Polisario seit Jahrzehnten bei verschiedenen Institutionen und Internationalen Organisationen (UN, AU, EU) auf die Besatzungssituation hingewiesen hat, und kam schließlich ohne jegliche Prüfung der Anwendbarkeit, geschweige denn der materiellen Prüfung von Normen des Besatzungsrechts, zu dem Schluss, dass die Westsahara ein nicht selbstverwaltetes „umstrittenes Gebiet" darstelle, vgl. EuG, 2015 (Fn. 55), Rn. 245.

1946 EuG, 2015 (Fn. 55), Rn. 245, 247.

1947 Vgl. EuG, 2015 (Fn. 55), Rn. 241. Eine explizite Bezugnahme auf das Selbstbestimmungsrecht des Volkes der Westsahara erfolgte nicht mehr. Ebenso wenig fand eine Auseinandersetzung mit der besatzungsrechtlichen Problematik und den sich daraus ergebenden Pflichten und Obliegenheiten im Rahmen des völkergewohnheitsrechtlich anerkannten Nicht-Anerkennungsgrundsatzes statt.

1948 EuG, 2015 (Fn. 55), Rn. 251.

c) Kritik – Völkerrechtlicher Fortschritt oder Fehlschlag?

Das Urteil des EuGs sollte zweifelsohne in die Geschichte des Europarechts eingehen, zumindest als erstes seiner Art in der Geschichte der Europäischen Union, welches ein internationales Abkommen aufgrund völkerrechtlicher Erwägungen für teilnichtig erklärte.[1949] Die Entscheidung des EuGs fand auch in der Fachliteratur reichlich Raum für Diskussion, weshalb bereits ein solides Fundament zur kritischen Auseinandersetzung mit den Erwägungsgründen des Urteils besteht, dieses allerdings nicht ausgeschöpft worden ist und der Fokus der Debatte sich meist ausschließlich auf die fehlende Beschäftigung des Gerichts mit den Regelungen des humanitären Völkerrechts beschränkt.[1950] Aufgrund der überragenden Wichtigkeit

---

1949 *Hilpold*, Self-determination at the European Courts: The Front Polisario Case or "The Unintended Awakening of a Giant, 2 European Papers (2017), 907 (913 f.).

1950 Siehe *Ryngaert/Fransen*, EU extraterritorial obligations with respect to trade with occupied territories: Reflections after the case of Front Polisario before EU courts, 2 Europe and the World: A law review 2018; *Kassoti*, The Front Polisario v. Council Case: The General Court, Völkerrechtsfreundlichkeit and the External Aspect of European Integration, 2 European Papers (2017), 339 ff.; *Frid de Vries*, EU Judicial Review of Trade Agreements Involving Disputed Territories: Lessons From the Front Polisario Judgements, 24 Columbia Journal of European Law (2018), 497 ff.; *Soroeta Liceras*, La sentencia de 10 de diciembre de 2015 del Tribunal General de la UE (T-512/12), primer reconocimiento en vía judicial europea del estatuto del Sahara Occidental y de la subjetividad internacional del Frente Polisario, 38 Revista General de Derecho Europeo (2016), 202 ff.; *Wrange*, Self-determination, occupation and the authority to exploit natural resources – trajectories from four European judgments on Western Sahara, 52 Israel Law Review (2019), 3 ff.; *Hintner*, Die EU-Außenhandelsbeziehungen mit Marokko und die Westsahara-Frage, S. 81 ff.; *Odermatt*, in: Duval/Kassoti (Hrsg.), The Legality of Economic Activities in Occupied Territories, S. 140 ff.; *Hummelbrunner/ Prickartz*, It's not the Fish that Stinks! EU Trade Relations with Morocco under the Scrutiny of the General Court of the European Union, 32 Utrecht Journal of International and European Law (2016), 19 ff.; *Hilpold*, Self-determination at the European Courts: The Front Polisario Case or "The Unintended Awakening of a Giant, 2 European Papers (2017), 907 ff.; *Cannizzaro*, In defence of Front Polisario: The ECJ as a global jus cogens maker, 55 Common Market Law Review (2018), 569 ff.; *Angelillo*, The approach of the EU towards the conflict of Western Sahara, S. 149 ff.; *Dubuisson/Poissonnier*, La Cour de Justice de l'Union Européenne et la Question du Sahara Occidental: Cachez Cette Pratique (Illégale) que je ne Saurais Voir, Revue Belge de Droit International (2016), 607 ff.; *Gundel*, Der EuGH als Wächter über die Völkerrechtlichen Grenzen von Abkommen der Union mit Besatzungsmächten, 52 Europarecht (2017), 470 ff.; *Rasi*, Front Polisario: A Step Forward in Judicial Review of International Agreements by the Court of Justice?, 2 European Papers (2017), 969 ff.; *Coupeau*, The European Empire Strikes Back?, European Foreign

dieses Punktes kann auch hier auf eine ausführliche Auseinandersetzung mit der Anwendbarkeit und den Normen des humanitären Völkerrechts nicht verzichtet werden. Dies gilt insbesondere auch deshalb, da die europäische Gerichtsbarkeit bis zum zuletzt ergangenen Urteil im Jahr 2021 noch immer nicht das Besatzungsrecht mit in die gerichtliche Überprüfung der von der Union und Marokko geschlossenen Abkommen mit aufnahm. Ferner hat der internationale Status der Westsahara freilich große Auswirkung auf die Anwendbarkeit von teils zwingenden und die Union bindenden und verpflichtenden völkerrechtlichen Normen und Grundsätzen, die wiederum überragende Bedeutung bei der Bewertung der Rechtmäßigkeit von internationalen Handelsabkommen besitzen, gerade im Hinblick auf die Ausbeutung natürlicher Ressourcen in einem der Souveränität der kontrahierenden Parteien nicht unterstehenden Gebiet, welches von der UN als noch immer nicht dekolonisiert behandelt wird. Die präzise Feststellung der anwendbaren und verbindlichen Normen hat aufgrund des zwingenden und verpflichtenden Charakters europäischer Urteile für die Unionsorgane und für den gesamten europäischen Wirtschafts- und Rechtsraum immense Bedeutung. Dies gilt insbesondere deshalb, da er im internationalen Rechtsraum in gewisser Weise eine Anomalie darstellt, in welchem völkerrechtliche Verpflichtungen, denen die Unionsorgane durch Art. 3 Abs. 5 EUV unterliegen, gerichtlich einklagbar sind und somit sogar vollstreckbar sind.

Policy Unit Working Paper No. 2017/1; *Ruiz Miguel*, L'Union européenne et le Sahara occidental: pas (seulement) une affaire de droits de l'homme, 16 Cahiers de la recherche sur les droits fondamentaux (2018), 123 ff.; *Moura Ramos*, The European Court of Justice and the Relationship between International Law and European Union Law. Brief Considerations on the Judgments of the Jurisdictional Bodies of the European Union on Front Polisario Case, 96 Boletim da Faculdade de Direito da Universidade de Coimbra (2020), 388 ff.; *Power*, EU Exploitation of Fisheries in Occupied Western Sahara: Examining the Case of the Front Polisario v Council of the European Union in light of the failure to account for Belligerent Occupation, 19 Irish Journal of European Law (2016), 27 ff.; *Whelan*, Council v Front Polisario Case, MPEPIL Online, Rn. 8 ff. Die marokkanische Position und Reaktion auf das Urteil wird bspw. von *El Ouali*, L'Union européenne et la question du Sahara: entre la reconnaissance de la souveraineté du Maroc et les errements de la justice européenne, 2 European Papers (2017), 923 ff. beleuchtet.

(1) Zum Selbstbestimmungsrecht und dem Corell-Gutachten

Zunächst ist anzumerken, dass die Ausführungen von *Corell* nicht als präventives Verbot mit Erlaubnisvorbehalt zu verstehen sind, sondern vielmehr als repressives Verbot mit Befreiungsvorbehalt. Die Schutzwürdigkeit des Volkes eines NSGTs und das sich aus seinem Selbstbestimmungsrecht ergebende Souveränitätsrecht über die natürlichen Ressourcen des Gebietes würden andernfalls unterlaufen und würden dem Telos des Art. 73 lit. e UN-Charta zuwiderlaufen. Dabei ist zu beachten, dass kein Dritter über eine mögliche Befreiung dieses repressiven Verbotes zu entscheiden hat, sondern einzig und allein das Volk der Westsahara selbst bzw. dessen Vertreter. Dies unterstützend kann der Grundsatz über die Relativität von Verträgen und das Verbot zum Abschluss von Verträgen bzw. Abkommen über die Dispositionsfreiheit eines Dritten hinaus herangezogen werden, gleichwohl, ob es zum Vorteil oder zum Nachteil des betreffenden Dritten geschieht.[1951] Hier unterlag das EuG einem entscheidenden Auslegungsfehler. Es hat den Grundsatz der relativen Wirkung von Verträgen für quasi nicht anwendbar erklärt und das Eintreten dieser Wirkung von der effektiven faktischen Kontrolle über das Gebiet der Westsahara abhängig gemacht. Dies wiederum bedeutet, dass, solange der marokkanische Staat die Westsahara kontrolliert und besetzt hält, eine Berufung auf den Grundsatz nach Ansicht des Gerichts ausgeschlossen ist.[1952] Das Gericht stellt darauf ab, dass die Polisario bzw. das Volk durch das Abkommen nicht tangiert werden, was wiederum dem Telos des Pacta-tertiis-Grundsatzes völlig zuwiderläuft. Dieser fordert keine Verpflichtung, sondern lässt es ausreichen, dass auch etwaige einseitige positive Rechtswirkungen auf einen Dritten, im Falle der Westsahara auf dessen Volk, einwirken und gegen den Willen bzw. ohne Zustimmung des Dritten erfolgen.[1953] Das Gericht führt sogar noch erklärend aus, dass das Volk der Westsahara bzw. die Polisario natürlich nicht an die Bestimmungen des Assoziierungsabkommens gebunden sein würden, sofern sie durch das Referendum die Kontrolle über das Gebiet übertragen bekommen würden.[1954]

1951 Vgl. hierzu EuGH, 2016 (Fn. 55), Rn. 100 ff.; EuGH, 2018 (Fn. 55), Rn. 63 sowie *Wathelet*, 2016, Rn. 101 ff.; *Wathelet*, 2018 (Fn. 55), Rn. 43 ff.
1952 Vgl. EuG, 2015 (Fn. 55), Rn. 203.
1953 Vgl. Art. 34–Art. 36 WVK.
1954 EuG, 2015 (Fn. 55), Rn. 203.

Die Problematik dieser Rechtsansicht und der damit einhergehenden Rechtsfolgen lässt sich mit Suggestivfragen illustrieren. Was würde passieren, wenn das Volk der Westsahara im Referendum abstimmen würde, dass es einen eigenen Staat gründen möchte, Marokko aber weiterhin an der Okkupation und Verwaltung des Gebietes als eigenes territoriales Souveränitätsgebiet festhalten würde? Würde dann die faktische Kontrolle dem Willen des Volkes weichen müssen oder würde, wie nach hier dargelegter Ansicht des Gerichts, die faktische Kontrolle weiterhin entscheidendes Kriterium zur Bewertung und Subsumtion unter den Pacta-tertiis-Grundsatz sein? Kann es also sein, dass eine durch Gewalt errungene und durch Gewalt aufrechterhaltene Besatzung und faktische Kontrolle einer ehemaligen Kolonie dazu führt, dass eben jenes ehemals kolonialisierte Volk erneut keinerlei durchsetzbares und faktisches Mitsprache- und Entscheidungsrecht besitzt, welches es davor schützt, von Dritten ausgebeutet zu werden? Kann die von *Correl* aufgestellte und im Übrigen völlig unverbindliche Rechtsmeinung, die das EuG darüber hinaus an dieser Stelle fehlerhaft interpretiert hat, dazu führen, dass sich Drittstaaten an den natürlichen Ressourcen des Gebietes bedienen dürfen, sofern diese sich unter dem Deckmantel der objektiven Nützlichkeit eines solchen Abkommens für die Bevölkerung der Westsahara verstecken können? Wenn es nach der Interpretation und Ansicht des EuGs geht, dann würden diese Fragen bejaht werden müssen. Das Übersehen der Anwendbarkeit des Pacta-tertiis-Grundsatzes und die Nichteinbeziehung des humanitären Völkerrechts aus nicht nachvollziehbaren Erwägungsgründen sind dem EuG an dieser Stelle kritisch vorzuwerfen.[1955] Diese stellen im Rahmen der Bewertung des Abkommens bzw. des Ratsbeschlusses juristisch zwingende Notwendigkeiten dar und machen das Urteil an diesen Stellen fehlerhaft. Zwar geht das Gericht im Rahmen der Überprüfung möglicher Ermessensfehler der Unionsorgane auf die mögliche Verletzung des Selbstbestimmungsrechts des Volkes der Westsahara erneut ein und bezieht hier auch die Interessen

---

1955 Vgl. *Kassoti*, The Front Polisario v. Council Case: The General Court, Völkerrechtsfreundlichkeit and the External Aspect of European Integration, 2 European Papers (2017), 339 (352–356); *Power*, EU Exploitation of Fisheries in Occupied Western Sahara: Examining the Case of the Front Polisario v Council of the European Union in light of the failure to account for Belligerent Occupation, 19 Irish Journal of European Law (2016), 27 (30 ff.); *Ryngaert/Fransen*, EU extraterritorial obligations with respect to trade with occupied territories: Reflections after the case of Front Polisario before EU courts, 2 Europe and the World: A law review 2018, 1 (5–13).

des Volkes mit ein.[1956] Es lässt aber in völkerrechtlicher Hinsicht die soeben aufgezählten Prüfungspunkte außer Acht, die den Status der Westsahara im Internationalen Recht betreffen bzw. klarifizieren und erhebliche Auswirkungen auf die Vertragsabschlussfähigkeit Marokkos mit Drittstaaten über natürliche Ressourcen der Westsahara haben. Entgegen der Ansicht des Gerichts ist sowohl die Prüfung und Beachtung des humanitären Völkerrechts sowie des Grundsatzes der relativen Wirkung von Verträgen von erheblicher Bedeutung. Sie wird nicht damit aufgewogen, dass das *Corell*-Gutachten davon ausgeht, dass der rechtliche Status des Gebietes als NSGT ausnahmsweise die Ausbeutung natürlicher Ressourcen zulasse, sofern diese zugunsten des Volkes des Gebiets und in seinem Namen oder in Absprache mit seinen Vertretern genutzt werden und nicht unter Missachtung der Interessen und des Willens des Volkes der Westsahara.[1957] Sofern die Zustimmung des Volkes nicht eingeholt worden ist, kann ein solcher Vertrag keine rechtmäßige Wirkung entfalten. Eine Zustimmung ist im Gegensatz zur Genehmigung auch nicht nachträglich, sondern im Vorfeld der Vertragsanbahnung und Vertragsverhandlung bereits einzuholen. Daher kann das Fehlen der Zustimmung des Volkes der Westsahara als wesentliches Vertragserfordernis das Abkommen nicht in Kraft treten lassen. Dieses hat das Gericht aufgrund seiner fehlerhaften Annahme und Auslegung der völkerrechtlichen Regelungen, insbesondere des Pacta-tertiis-Grundsatzes, verkannt und nicht in seine Begutachtung mit aufgenommen.

Zwar stellt das Gericht richtigerweise fest, dass das Unions- und Völkerrecht kein absolutes Verbot kennen, nach welchem es in jedem Falle verboten wäre, mit einem Drittstaat ein Abkommen zu schließen, welches auf ein umstrittenes Gebiet Anwendung finden könnte.[1958] Allerdings ist hierbei zu kritisieren, dass das Gericht nicht alle in Betracht stehenden und anwendbaren völkerrechtlichen Normen in die Begutachtung mit einbezog und somit von einem falschen Standpunkt aus das eingeschränkt akzeptierbare Ergebnis vertritt.[1959] Aus der Formulierung des Urteils und der Negierung der Anwendbarkeit des Grundsatzes der Relativität von Verträgen ist zu

---

1956 EuG, 2015 (Fn. 55), Rn. 223 ff.
1957 Vgl. EuG, 2015 (Fn. 55), Rn. 207–210.
1958 EuG, 2015 (Fn. 55), Rn. 215.
1959 Vgl. *Kassoti*, The Front Polisario v. Council Case: The General Court, Völkerrechtsfreundlichkeit and the External Aspect of European Integration, 2 European Papers (2017), 339 (352–356); *Power*, EU Exploitation of Fisheries in Occupied Western Sahara: Examining the Case of the Front Polisario v Council of the European Union in light of the failure to account for Belligerent Occupation, 19 Irish Journal of European Law (2016), 27 (30 ff.); *Ryngaert/Fransen*, EU extraterritorial

schließen, dass das Gericht von einer grundsätzlich positiven Regel hinsichtlich der Möglichkeit des Vertragsschlusses ausgegangen ist, welche allenfalls im Rahmen des Ermessens eingeschränkt werden kann. Allerdings kann es auch nach den vom Gericht vorgebrachten Rechtssätzen, insbesondere des Art. 73 UN-Charta, dem Selbstbestimmungsrecht und auch nach Ansicht des *Corell*-Gutachtens zu keiner rechtmäßigen und legitimierenden Ermessensentscheidung der EU-Organe hinsichtlich des Vertragsschlusses über die natürlichen Ressourcen eines Gebietes mehr kommen, welches nicht in der territorialen Hoheitsgewalt und Souveränität der Union oder des Drittstaates steht, sofern die Zustimmung des Volkes bzw. des Volksvertreters nicht in rechtmäßiger Weise erteilt worden ist. Die fehlende Zustimmung stellt dabei nach den Regelungen der Art. 29 WVKff., die Völkergewohnheitsrecht kodifiziert haben, ein Vertragsabschlusshindernis dar, welches ohne nachträgliche Genehmigung keiner Heilungsmöglichkeit unterliegt.

Zusammenfassend lässt sich diesbezüglich feststellen, dass das Zustimmungserfordernis des Volkes der Westsahara nicht im Ermessen der Union liegt. Vielmehr ergibt sich aus Art. 73 UN-Charta, der im *Corell*-Gutachten dargelegten einschlägigen Staatenpraxis und vor allem dem Grundsatz der relativen Wirkung von Verträgen das Verbot, Verträge über die Dispositionsfreiheit eines Dritten hinweg zu schließen, dahingestellt, ob die Wirkungen nun verpflichtender oder begünstigender Art sind. Die Union hat also, ohne die Zustimmung des Volkes der Westsahara vor Vertragsabschluss eingeholt zu haben, bereits gegen die für sie bindenden völkerrechtlichen Obliegenheiten verstoßen. Sie kann mitunter ihr Ermessen nicht mehr rechtmäßig ausüben, da es gerade nicht zur Disposition und im Ermessen der Unionsorgane steht, ob die Zustimmung des Volkes eingeholt wird oder nicht. Dieser Ansicht sollte der EuGH im Berufungsverfahren folgen, wenn auch nicht in soeben dargestellter Tiefe und Begründungssorgfalt.[1960]

---

obligations with respect to trade with occupied territories: Reflections after the case of Front Polisario before EU courts, 2 Europe and the World: A law review 2018, 1 (5–13).

1960 Siehe § 4. A. III. 2.; EuGH, 2016 Rn. 106. Fraglich hierbei war durch die fehlende Ausführung und Erklärung des Gerichtshofs, ob das „Wie" der Zustimmungseinholung im Ermessen der EU-Organe liegt und die Union dahingehend einen Ermessensspielraum besitzt, wen sie im Rahmen des Zustimmungsprozesses zu konsultieren hat.

(2) Anwendungsklausel

Obwohl sich die EU-Institutionen der Situation bewusst waren, dass Marokko die Westsahara als Teil seiner eigenen territorialen Souveränität betrachtete und in eben jener Position die Vertragsverhandlungen führte sowie das Abkommen de facto auf die Westsahara angewendet werden würde, wurde weder in das Assoziierungs- noch in das Liberalisierungsabkommen eine Auslegungsklausel bzw. Ausschlussklausel aufgenommen, die den territorialen Geltungsbereich für den von Marokko besetzten Teil der Westsahara ausschließt.[1961] Die einschlägige Staatenpraxis zeigt sogar vielmehr auf, dass es notwendig ist, eine Anwendungsklausel in ein Abkommen zur Ausbeutung natürlicher Ressourcen mit aufzunehmen, um die gewünschten Rechtsfolgen überhaupt auf das NSGT mit ausweiten zu können.[1962] Die vom Gericht nachgewiesene 12 Jahre lange Praxis der faktischen Anwendung des Assozierungabkommens auf die Westsahara belegt vielmehr eindeutig, dass es der Union gerade darauf ankam, dass auch das durch den angefochtenen Ratsbeschluss in Frage stehende Liberalisierungsabkommen auf die Gebiete der Westsahara Anwendung findet. Andernfalls wäre es ein Leichtes gewesen, vor allem auch nach den dem Ratsbeschluss vorausgehenden Debatten über die mögliche Rechtswidrigkeit eines solchen Abkommens, den Anwendungsbereich des Abkommens auf die international anerkannten Grenzen Marokkos zu beschränken.[1963] Diese Praxis ist auf den ersten Blick umso überraschender, als dass es mit Palästina und Israel einen vergleichbaren Fall hinsichtlich der Anwendung und Beachtung humanitärer Völkerrechtsnormen und den Umgang mit den sich aus der Besatzungssituation ergebenden Handelsbeschränkungen gibt. Während die Union jahrelang darauf bestand, dass das Assoziierungsabkommen mit Marokko von 2000 auf die besetzte Westsahara anwendbar ist, hat die EU in Bezug auf Israel festgestellt, dass das Assoziierungsabkommen zwischen der EU und Israel von 1995 nicht auf das Westjordanland und den Gazastreifen anwendbar ist, wodurch Israel wiederum jegliche Handelsvorteile in Bezug auf die von ihm besetzten palästinensischen Gebiete verwehrt wurden.[1964]

1961 Vgl. EuG, 2015 (Fn. 55), Rn. 99 und 102; *Wathelet*, 2016 (Fn. 55), Rn. 78 f.

1962 Vgl. hierzu *Wathelet*, 2016 (Fn. 55), Rn. 78 und 79 sowie Fn. 38 und 39.

1963 EuG, 2015 (Fn. 55), Rn. 102.

1964 *Harpaz*, The Front Polisario Verdict and the Gap Between the EU's Trade Treatment of Western Sahara and Its Treatment of the Occupied Palestinian Territories', 52 Journal of World Trade (2018), 619 (620). Zur Praxis der EU hinsichtlich der Anwendbarkeit des Abkommens trotz fehlender Anwendungsklausel bzw. Ausle-

Vielmehr schloss die EU mit der Palästina vertretenden PLO ein eigenes Handelsabkommen und hat hiermit einen eigens gesetzten Präzedenzfall für den Umgang mit der Westsahara geschaffen, der aber bis dato nicht übertragen worden ist.[1965]

(3) Die Kategorisierung der Westsahara als „umstrittenes Gebiet"

Das Gericht stellte zu Beginn seiner Ausarbeitung fest, dass eine Einordnung des Konfliktes und des Gebietes an sich in den historischen und völkerrechtlichen Kontext vonnöten sei.[1966] Im Folgenden legte das Gericht in wenigen Sätzen knapp dar, dass das Volk der Westsahara Trägerin des Selbstbestimmungsrechts der Völker ist, und der IGH im Rahmen dessen bestätigte, dass Marokko keinerlei rechtlich relevante Bindungen hinsichtlich der von Marokko beanspruchten territorialen Ansprüche auf die Westsahara geltend machen konnte. Auch anderweitige rechtliche Bindungen seien nicht dazu in der Lage, der Umsetzung der Resolution 1514 (XV) der UN-Generalversammlung im Hinblick auf die Entkolonialisierung der Westsahara und dabei insbesondere der Anwendung und Durchsetzung des Selbstbestimmungsrechts auf Basis einer nach der soeben genannten Resolution zu manifestierenden freien und authentischen Willensäußerung des Volkes der Westsahara entgegen zu stehen.[1967] Der an den Grünen Marsch, das Madrider Abkommen und die darauffolgende Aggression und Anwendung von Gewalt Marokkos (bis 1979 auch Mauretaniens) anschließende bewaffnete Konflikt zwischen der Polisario und Marokko wurde angeschnitten und in Rn. 13 des Urteils wurde die Präsenz Marokkos in den von Mauretanien aufgegebenen Gebieten sogar als „Besetzung" bezeichnet.[1968] Folgend zitierte das Gericht die Resolution 34/37 der Generalversammlung, in welcher das Selbstbestimmungsrecht der Sahrawis bekräftigt wurde, die marokkanische Besetzung kritisiert und die Polisario

---

gungsklausel im Assoziierungsabkommen siehe § 4. A. II. 4. a). Weiterführend zum EU-Israel Abkommen siehe die bei *Harpaz*, The Front Polisario Verdict and the Gap Between the EU's Trade Treatment of Western Sahara and Its Treatment of the Occupied Palestinian Territories', 52 Journal of World Trade (2018), 619 (620), in Fn. 2 aufgeführte Literatur.

1965 Europäisches ABl. L 187 v. 16.7.1997, S. 3–135.
1966 Siehe zu den Ausführungen des Gerichts zum internationalen Status EuG, 2015 (Fn. 55), Rn. 1–16.
1967 EuG, 2015 (Fn. 55), Rn. 8.
1968 EuG, 2015 (Fn. 55), Rn. 13.

als Vertreterin des sahrawischen Volkes empfohlen worden ist.[1969] Trotz des bis 1988 andauernden bewaffneten Konflikts zwischen Marokko und der Polisario, der den Exodus des Großteils des sahrawischen Volkes sowie Tausende Tote nach sich zog, sah das Gericht im Folgenden davon ab, von einer Besetzung oder Annexion der Westsahara durch Marokko zu sprechen. Vielmehr zog es das Gericht vor, den Terminus der Kontrolle bzw. faktischen Kontrolle zur Beschreibung der Präsenz des Königreichs zu verwenden.[1970] In Anlehnung an die vom EuG zitierte Rechtsprechung im Fall Odigitria/Rat und Kommission verwendete das Gericht auch im vorliegenden Rechtsstreit den Terminus des umstrittenen Gebietes, ohne dabei auf die im Vergleich zum Konflikt zwischen Senegal und Guinea-Bissau deutlich divergierenden Besonderheiten der Westsahara einzugehen. Bereits die Ausgangssituation ist eine gänzlich andere, nämlich stritten zwischen in Odigitria/Rat und Kommission zwei Staaten über Grenzziehungen und erweiterte Territorialansprüche.[1971] Vielmehr ging es im vorliegenden Fall um die bis dato noch nicht der europäischen Rechtsprechung gestellte Frage, inwiefern die Union mit einem Drittstaat ein Abkommen schließen darf, welches sich auf ein Non-Self-Governing-Territory erstrecken könnte und welche rechtlichen aber auch tatsächlichen Folgen und Einschränkungen sich aus diesem Status des Gebietes ergeben.[1972]

Zudem ist festzustellen, dass die Klägerin auf die einschlägigen Rechtsregime und Abkommen des Besatzungsrechts hingewiesen hat sowie in vielfacher Weise auf die Position Marokkos als Annexions- und Besatzungsmacht verwiesen hat.[1973] Ferner hat das Gericht eingangs in seiner Begut-

---

1969 EuG, 2015 (Fn. 55), Rn. 11–14.
1970 Vgl. EuG, 2015 (Fn. 55), Rn. 16, 58 insbesondere Rn. 117.
1971 Vgl. EuGH, Urteil v. 6.7.1995, ECLI: EU:T:1995:131.
1972 Siehe hierzu auch *Wathelet*, 2016 (Fn. 55), Rn. 73–75.
1973 EuG, 2015 (Fn. 55), Rn. 201. Die Polisario hat mehrfach die Begrifflichkeiten der Besetzung bzw. Besatzungsmacht in ihren Klagegründen und Ausführungen in der mündlichen Verhandlung schriftlich und mündlich niedergelegt, siehe bspw. EuG, 2015 (Fn. 55), Rn. 41, 76, 143, 168, 190, 200. Die Polisario warf der Union bspw. vor, mit dem Beschluss „ein Abkommen zu verkünden, welches das Selbstbestimmungsrecht des saharauischen Volkes missachtet und unmittelbar dazu führt, dass die Besatzungsmacht Marokko in ihrer Annexionspolitik bestärkt wird, [womit] der Rat gegen die Grundsätze der Freiheit, der Sicherheit und des Rechts [verstößt] und sich von der Achtung der Grundrechte und der Rechtsordnungen der Mitgliedstaaten [abwendet]", EuG, 2015 (Fn. 55), Rn. 143. Zwar betitelte das Gericht den ersten Prüfungspunkt des Urteils unter der Sektion der „Vorgeschichte des Rechtsstreits" mit der Bezeichnung „Zum internationalen Status der Westsahara" und zitierte im Rahmen dessen auch die Resolution 34/37 der UN-Generalver-

achtung die Resolution 34/37 der Generalversammlung zitiert, in welcher die militärischen Handlungen Marokkos als Besatzung klassifiziert werden und auf diese zumindest dadurch implizit Bezug genommen.[1974] Des Weiteren besteht ein rechtlicher Unterschied zwischen der rechtmäßigen Verwaltung eines NSGTs und der rechtswidrigen faktischen Verwaltung durch einen von der UN nicht dazu berufenen Drittstaat, der diese Kontrolle durch Gewaltanwendung erlangte und durch Gewalt auch weiterhin aufrechterhält. Indem hier zum einen die Rechtsdogmatik des NSGT-Rechts mit den Regelungen des Besatzungsrechts aufeinandertrifft, was freilich Auswirkungen auf potentielle Vertragsschlüsse zur Ausbeutung natürlicher Ressourcen bzw. zur Liberalisierung des Handels mit Gütern oder natürlichen Ressourcen aus den Gebieten der Westsahara hat, verkennt das EuG in kaum nachzuvollziehender Weise elementare Regelungen des Völkerrechts. Zwar ist zu kritisieren, dass die Klägerin in concreto nicht auf die entscheidenden Normen der jeweiligen Rechtssysteme abgestellt hat. Aller-

---

sammlung, in welcher die „fortgesetzte Besetzung der Westsahara durch Marokko sowie (...) die Ausdehnung dieser Besetzung auf das vor Kurzem von Mauretanien evakuierte Gebiet" kritisiert wird. Allerdings kam das Gericht im Hinblick auf den heutigen Rechtsstatus zu keinem konkreten Ergebnis und umging eine Wortwahl, die eine Besatzung implizieren würde, indem es recht simpel feststellte, dass „der größte Teil des Gebiets der Westsahara vom Königreich Marokko kontrolliert [wird], während die Front Polisario einen kleineren und dünn besiedelten Teil im Osten des Gebiets kontrolliert". Auch stellte das Gericht nicht fest, was es bedeutet, dass die Westsahara noch immer als Non-Self-Governing-Territory von der UN geführt wird und hinsichtlich solcher Gebiete ein eigenes Rechtsregime wie auch eine ausführliche Staatenpraxis existiert, sondern beschränkte sich allenfalls auf die Feststellung, dass die Westsahara auf einer Liste der UN als solches Gebiet geführt wird. Das Gericht legte zwar dar, dass ein bewaffneter Konflikt zwischen der Polisario und dem marokkanischen Staat über etliche Jahre andauerte und schließlich durch ein von der UN verhandeltes Friedensabkommen am 30.8.1988 beigelegt worden ist, welche konkreten rechtlichen Auswirkungen und vor allem was dies für den internationalen Status eines NSGTs unter anderer (faktischer) Verwaltung als jener, die die UN zugeteilt hat, zur Folge hat, blieb von den Richtern unberührt. Das Gericht ordnet die Westsahara in den ersten 16 Randnummern des Urteils also als NSGT ein, dessen Volk zwingend einen Anspruch auf Ausübung seines Selbstbestimmungsrechts hat, tut sich allerdings sehr schwer damit, konkrete rechtliche Folgen daraus abzuleiten und vor allem das Königreich Marokko adäquat in den Kontext des Konfliktes einzuordnen. Ob eine rechtliche Einordnung und Bewertung der Situation allerdings ohne konkrete Feststellung der anwendbaren Regelungen und Rechtsregime möglich ist, insbesondere im Hinblick auf die strengen Regelungen des humanitären Völkerrechts sowie des NSGT-Rechtsregimes hinsichtlich der Ausbeutung, ist äußerst zweifelhaft.

1974 EuG, 2015 (Fn. 55), Rn. 14.

dings hat sie konkret darauf hingewiesen, dass die Stellung Marokkos als Besatzungsmacht bzw. annektierender Staat und die gleichzeitige Haltung Marokkos, das Gebiet als eigenes Souveränitätsterritorium zu verwalten, Auswirkungen auf die Rechtmäßigkeit geschlossener Abkommen hat bzw. haben muss.[1975]

Weiter legte die Klägerin dar, dass das Abkommen einen Anwendungsbereich festlegt, welcher in dem Assozierungsabkommen als das Gebiet des Königreichs Marokko definiert wird. Dieser Anwendungsbereich kann nicht deckungsgleich mit den Gebieten der Westsahara sein, wobei als Referenzabkommen hierfür das SRÜ angeführt wird.[1976] Hinsichtlich der an die Westsahara grenzenden Küstengewässer müsse Marokko als Besatzungsmacht die Interessen des Volkes der Westsahara in Übereinstimmung mit dem SRÜ wahren.[1977] Mitunter formuliert die Klägerin hier genauer, warum die Regelungen des Besatzungsrechts zu prüfen seien und gibt Aufschluss über ihre Rechtsauffassung, dass auch Normierungen des SRÜ, an welches die Union gebunden ist und das zum großen Teil Völkergewohnheitsrecht kodifiziert hat, von dem Besatzungsrecht beeinflusst werden könnte.[1978] Das Gericht lehnte eine inhaltliche Auseinandersetzung mit den vorgebrachten Argumenten ab, indem es äußerst unzufrieden darauf abstellte, dass der EuGH in einem Urteil entschied, dass das SRÜ nach Art und Struktur die Unionsgerichte nicht dazu berechtige, die Gültigkeit eines Unionsrechtsakts an ihm zu messen.[1979] Dabei ignorierte es die weiteren vorgebrachten Punkte der Klägerin hinsichtlich des Besatzungsrechts und stellte fest, dass es gleichgültig sei, ob die durch das Abkommen in Frage stehenden Ressourcen und Waren durch das SRÜ festgelegt werden müssen oder nicht, da es sowieso Anwendung auf die Westsahara finde und damit auf die Waren, die aus diesem Gebiet stammen und damit natürliche Ressourcen des Gebietes sind.[1980] Das Gericht verwarf somit die von der Klägerin explizit vorgebrachte Verlinkung und die mehrfach vorgebrachte Relevanz zwischen den in dem Abkommen aufgeführten natürlichen Ressourcen wie Fischereierzeugnisse aus den Gebieten der Westsahara und dem Status des Königreichs Marokko als das Gebiet faktisch verwaltende Besatzungsmacht, welches die Westsahara im innerstaatlichen Recht allerdings als

---

1975 So bspw. in EuG, 2015 (Fn. 55), Rn. 189, 190.
1976 EuG, 2015 (Fn. 55), Rn. 190, 192.
1977 EuG, 2015 (Fn. 55), Rn. 190.
1978 EuG, 2015 (Fn. 55), Rn. 190–193.
1979 EuG, 2015 (Fn. 55), Rn. 195.
1980 Vgl. EuG, 2015 (Fn. 55), Rn. 197.

souveränes Hoheitsgebiet behandelt.[1981] Zwar hätte die Klägerin hier noch ausführlicher und detaillierter argumentieren können, wie beispielsweise durch die konkrete Nennung von Normen des einschlägigen Besatzungsrechts oder durch Anführung des Nicht-Anerkennungsgrundsatzes, der als völkergewohnheitsrechtliche und erga omnes wirkende Norm auch für die Union gilt. Allerdings ist der Vorwurf des Gerichts an die Klägerin, dass ihr Vorbringen „lapidar" und nicht fundiert genug sei, zurückzuweisen.[1982] Das Gericht hätte aufgrund von Art. 3 Abs. 5 und Art. 21 EUV die Normen des Besatzungsrechts allerdings unproblematisch prüfen können und sich, wenn es gewollt hätte, mit den Argumenten der Klägerin zur Besatzungssituation und den möglichen Folgen der Anwendung der einschlägigen und von der Klägerin genannten kodifizierten Besatzungsrechtsabkommen auseinandersetzen können, wenn nicht sogar müssen.[1983]

(4) Der (un-)klare völkerrechtliche Status der Westsahara

Der rechtliche Status des Gebietes als solcher ist aus Sicht der UN und des Völkerrechts grundsätzlich nicht umstritten. Seit 1963 wird die Westsahara als NSGT gelistet und auch als solches von der EU behandelt und anerkannt. Ebenfalls steht für keinen Staat der UN-Gemeinschaft, außer für Marokko, das Selbstbestimmungsrecht des Volkes der Westsahara in Frage. Die DARS ist von der EU nicht als Staat anerkannt, obwohl sie Mitglied der AU ist und mit zahlreichen Drittstaaten diplomatische Verbindungen aufrechterhält.[1984] Die Möglichkeit zu untersuchen, ob die Westsahara bzw. die DARS einen Staat darstellt, wurde vom EuG nicht in Betracht gezogen. Was genau sieht das Gericht also als umstritten an, wenn doch sowohl für die Unionsorgane als auch für die UN eindeutig feststeht, dass die

---

1981 Vgl. EuG, 2015 (Fn. 55), Rn. 192, 196, 197, 203 ff.
1982 Vgl. EuG, 2015 (Fn. 55), Rn. 204 f.
1983 So auch *Kassoti*, The Front Polisario v. Council Case: The General Court, Völkerrechtsfreundlichkeit and the External Aspect of European Integration, 2 European Papers (2017), 339 (352–356); *Power*, EU Exploitation of Fisheries in Occupied Western Sahara: Examining the Case of the Front Polisario v Council of the European Union in light of the failure to account for Belligerent Occupation, 19 Irish Journal of European Law (2016), 27 (30 ff.); *Ryngaert/Fransen*, EU extraterritorial obligations with respect to trade with occupied territories: Reflections after the case of Front Polisario before EU courts, 2 Europe and the World: A law review 2018, 1 (5–13).
1984 Zur Diskussion der Staatlichkeit der Westsahara, siehe § 3. A. II.

Westsahara kein Staat ist, sondern ein NSGT, dessen Volk noch immer auf seinen Selbstbestimmungsakt in Form eines Referendums zur Entscheidung seiner politischen Zukunft wartet? Betrachtet man also den Rechtsrahmen, in welchem die Westsahara von der Staatenpraxis, der EU und der UN eingeordnet wird[1985], ist zwangsläufig der Schluss zu ziehen, dass es nicht rechtliche, sondern erneut politische Erwägungsgründe sind, die einer vollständigen und unabhängigen Begutachtung des Status der Westsahara durch eine rechtsprechende Institution der Union entgegenstehen. Der Ausgangspunkt, welchen das EuG wählte, nämlich die Einordnung der Westsahara in das NSGT-Regime des UN-Systems, ist nicht zu beanstanden. Vielmehr sind es die konkreten rechtlichen Folgen, die das EuG teils unzureichend darstellte, die die Begutachtung des Gerichts als mangelbehaftet zurücklässt. Nicht nur sind die für die Union entscheidenden rechtlichen Folgen und Verpflichtungen hinsichtlich des Handels mit den natürlichen Ressourcen eines NSGTs nicht ausreichend dargelegt worden. Vielmehr hat das EuG durch die nicht vollständige Überprüfung des rechtlichen Status des Gebietes Rechtsnormen nicht mit angeführt, geschweige denn für anwendbar erklärt, die großen Einfluss auf den Handel mit natürlichen Ressourcen und damit auch für die Rechtmäßigkeit internationaler Abkommen der Union haben könnten.

2. Das EuGH-Urteil in der Rechtssache C-104/16 P (2016)

Im Berufungsverfahren zur Rechtssache T-512/12 begehrte der Rat der Europäischen Union die Aufhebung des Urteils des Gerichts hinsichtlich des Beschlusses des Rates der EU, mit dem der Abschluss des Abkommens zwischen der Europäischen Union und dem Königreich Marokko über die gegenseitige Liberalisierung bestimmter landwirtschaftlicher Erzeugnisse genehmigt wurde und mit dem der Klage der Polisario teilweise stattgegeben und besagter Rechtsakt für teilweise nichtig erklärt wurde.[1986] Die entscheidende Frage in der Rechtsstreitigkeit war nach Ansicht der Richter des EuGH, ob das Assoziierungsabkommen und das darauf folgende Liberalisierungsabkommen ihren Anwendungsbereich auf die Westsahara erstrecken oder nicht. Damit war auch die Klagebefugnis der Polisario verbunden, da der EuGH davon ausging, dass, sofern das Abkommen keine

---

1985 Nur Marokko und die USA erkennen die Souveränität Marokkos über die Gebiete der Westsahara an.
1986 EuGH, 2016 (Fn. 55), Rn. 1.

Wirkung auf die Westsahara entfaltet, das Volk der Westsahara bzw. deren Repräsentanten nicht individuell und unmittelbar betroffen sein können.

a) Entscheidungsgründe des EuGH

In seiner rechtlichen Würdigung hielt sich der EuGH hinsichtlich der konkreten Einordnung des Westsahara-Konflikts bedeckt und wählte in Anlehnung an die Entscheidung des Gerichts als Ausgangspunkt der Entscheidungsgründe den Rechtsrahmen, der sich aus dem Status der Westsahara als NSGT ergibt.[1987] Zwar ist aus Rn. 35 des Urteils zu interpretieren, dass der EuGH wohl von einer Besetzung der Westsahara durch Marokko ausgeht.[1988] Allerdings führt dies zu keinen entscheidungserheblichen weiterführenden rechtlichen Implikationen oder einer Prüfung der relevanten besatzungsrechtlichen Regelungen, da sich der EuGH ausschließlich damit beschäftigte, ob die Erweiterung des Anwendungsbereichs des Abkommens in contrario zum Selbstbestimmungsrecht des sahrawischen Volkes steht.[1989]

aa) Auslegung völkerrechtlicher Verträge

Der EuGH beschäftigte sich in seinen Entscheidungsgründen primär mit der Frage, wie das Abkommen unter Heranziehung der einschlägigen Auslegungsregelungen einzuordnen und zu interpretieren ist. Insbesondere ging es um die Problematik, ob das Abkommen wie vom EuG festgestellt auf die Westsahara erstreckt werden kann oder ob dem völkerrechtliche Verpflichtungen bzw. Rechtsgrundsätze entgegenstehen. Um die Frage des Anwendungsbereichs des Abkommens klären zu können, bedarf es der Auslegung des Vertragstextes, speziell jener Artikel, die sich auf den räumlichen Geltungsbereich des Assoziierungsabkommens beziehen. Die Auslegung des Abkommens unterliegt dabei besonderen Bestimmungen, insbesondere festgelegt durch das Wiener Übereinkommen über das Recht der Verträge (WVK), welches zahlreiche Kodifikationen bereits bestehenden Gewohnheitsrechts enthält.[1990]

1987 Vgl. EuGH, 2016 (Fn. 55), Rn. 35, Rn. 90, Rn. 93.
1988 EuGH, 2016 (Fn. 55), Rn. 35.
1989 Vgl. EuGH, 2016 (Fn. 55), Rn. 35, Rn. 87–92.

Dabei galt es, das Abkommen nach dem Grundsatz des Art. 31 Abs. 1 WVK nach Treu und Glauben in Übereinstimmung mit der gewöhnlichen, seinen Bestimmungen in ihrem Zusammenhang zukommenden Bedeutung und im Licht seines Ziels und Zwecks auszulegen. Der EuGH orientierte sich dabei zunächst am Wortlaut der jeweiligen Regelungen.[1991] Art. 31 Abs. 2 WVK definiert den Begriff des Zusammenhangs in Relation zur Vertragsauslegung. Darüber hinaus ist nach Art. 31 Abs. 3 lit. b WVK bei der Auslegung eines Vertrags außer dem Zusammenhang des Abkommens in gleicher Weise jede spätere Übung bei der Anwendung des Vertrags, aus der die Übereinstimmung der Vertragsparteien über seine Auslegung hervorgeht, zu berücksichtigen.[1992]

Ferner ist in gleicher Weise nach Art. 31 Abs. 3 lit. c WVK jeder in den Beziehungen zwischen den Vertragsparteien anwendbare einschlägige Völkerrechtssatz zu berücksichtigen, an den die EU speziell nach Art. 3 V, Art. 21 I, II b, III EUV gebunden ist und diesem widersprechende Abkommen nicht dem Willen der EU entsprechen können.[1993] Dem folgend klarifiziert der EuGH in Bestätigung seiner bisherigen Rechtsprechung, dass Verträge nach dem völkerrechtlichen Grundsatz der relativen Wirkung von Verträgen, der in Art. 34 WVK kodifiziert worden ist, Dritten ohne deren Zustimmung weder schaden noch nützen dürfen und sieht diesen hinsichtlich der ihm vorgelegten Klage für anwendbar.[1994] Ein Anwendungsvorrang zwischen den einzelnen Auslegungsmethoden existiert nach Art. 31 Abs. 3 WVK nicht.[1995]

Hinsichtlich möglicher Rangverhältnisse zwischen zeitlich aufeinander folgenden Abkommen stellte der Gerichtshof fest, dass Art. 30 Abs. 2 WVK die Regel kodifiziert, dass, sofern ein Abkommen festlegt, dass es einem früher oder später geschlossenen Vertrag untergeordnet ist oder nicht als mit diesem unvereinbar anzusehen ist, der andere Vertrag Vorrang hat.[1996] Der Gerichtshof konzentrierte sich zunächst auf die Frage, ob und inwie-

---

1990 EuGH, 2016 (Fn. 55), Rn. 87 ff.; *Heintschel von Heinegg*, in: Ipsen, Völkerrecht, S. 455 f., Rn. 5.

1991 *Sorel/Bore Eveno*, in: Corten/Klein (Hrsg.), The Vienna Convention on the Law of Treaties Vol. I, S. 817 f.

1992 EuGH, 2016 (Fn. 55), Rn. 120.

1993 *Gundel*, Der EuGH als Wächter über die Völkerrechtlichen Grenzen von Abkommen der Union mit Besatzungsmächten, 52 Europarecht (2017), 470 (475).

1994 EuGH, 2016 (Fn. 55), Rn. 100.

1995 Vgl. hierzu *Heintschel von Heinegg*, in: Epping/Heintschel von Heinegg (Hrsg.), Ipsen: Völkerrecht, § 14 Rn. 12 ff.

1996 EuGH, 2016 (Fn. 55), Rn. 110.

fern das in Frage stehende Abkommen nach Art. 29 WVK hinsichtlich des räumlichen Geltungsbereichs auszulegen ist.

bb) Räumlicher Geltungsbereich des Assoziierungsabkommens

Durch den in Art. 29 WVK niedergelegten völkergewohnheitsrechtlichen Grundsatz wird der räumliche Geltungsbereich für die Vertragsparteien eines Abkommens bestimmt, nämlich bezüglich ihres gesamten eigenen Hoheitsgebietes, sofern keine andere Absicht festgestellt werden kann.[1997] Art. 1 I, Art. 17 I, Art. 94 des Assoziierungsabkommens und das Protokoll Nr. 1 des Abkommens sprechen von dem Gebiet „Marokkos" bzw. des „Königreichs Marokko", auf welchem die Abkommen zur Anwendung gelangen sollen. Um entscheiden zu können, ob die Westsahara unter diese Begrifflichkeiten des Abkommens fällt, hat sich der Gerichtshof äußerst knapp mit dem Rechtsstatus der Westsahara nach einheiliger Staaten-Praxis bzw. Staaten-Auffassung und den völkerrechtlichen Regelungen beschäftigt. Er kam zu dem Schluss, dass die Westsahara als NSGT einen gesonderten und unterschiedlichen Status zu jenem Staat besitzt, der das Gebiet verwaltet.[1998] Er warf dem Gericht an dieser Stelle vor, dass es aus dem in Relation zu Marokko getrennten Status der Westsahara hinsichtlich des Anwendungsbereichs des Assoziierungsabkommens nicht die richtigen rechtlichen Konsequenzen gezogen habe. Der Grundsatz der Selbstbestimmung gehört zu den in den Beziehungen zwischen der Union und dem Königreich Marokko anwendbaren einschlägigen Völkerrechtssätzen, womit das Gericht diesen daher hätte berücksichtigen müssen, dieses aber nach Ansicht des Gerichtshofs nicht erfolgt sei.[1999] Daher sei die Subsumtion der Westsahara unter den Anwendungsbereich des Abkommens auch nicht mit der in Art. 29 WVK niedergelegten Regel des Völkergewohnheitsrechts vereinbar.[2000]

1997 EuGH, 2016 (Fn. 55), Rn. 94; *Daillier/ Forteau/Pellet,* Droit International Public, S. 243 ff.
1998 EuGH, 2016 (Fn. 55), Rn. 90.
1999 EuGH, 2016 (Fn. 55), Rn. 89, Rn. 93.
2000 EuGH, 2016 (Fn. 55), Rn. 97.

cc) Zwischenergebnis

Es ist nochmals darauf zu verweisen, dass die Westsahara ein NSGT ist, welches einen vom Hoheitsgebiet des Staates, von dem es verwaltet wird, gesonderten und unterschiedlichen Status hat[2001] und als solches von Marokko lediglich besetzt wird. Dieser Status ist jedoch nicht von dem Geltungsbereich des Art. 29 WVK erfasst, der klar und deutlich vom eigenen Hoheitsgebiet spricht. Die Subsumtion der Westsahara unter Art. 94 des Abkommens würde folglich einen Verstoß gegen das *erga omnes* wirkende Selbstbestimmungsrecht darstellen.[2002] Soll ein Vertrag über das eigene Hoheitsgebiet hinaus Wirkung entfalten, so müsste dieses nach internationaler Praxis in einer Klausel explizit festgehalten werden[2003], welches diesem Abkommen jedoch nicht entnommen werden kann.[2004] Daher war der EuGH im Umkehrschluss konsequenterweise und in Anlehnung an die Staatenpraxis der Ansicht, dass die Aufnahme einer Klausel, die das Gebiet der Westsahara explizit vom räumlichen Geltungsbereich des Abkommens ausschließt, nicht notwendig war.[2005] Eine abweichende Bindungsabsicht der EU, die die implizite Anerkennung der völkerrechtswidrigen Annexion Marokkos nach sich ziehen würde, was wiederum völkerrechtswidrig wäre[2006], ist iSd. Art. 29 WVK folglich nicht festzustellen, womit die Regelungen zum Anwendungsbereich zunächst dahingehend ausgelegt werden müssen, dass die Abkommen lediglich auf die Gebiete Marokkos Anwendung finden.[2007] Konsequenterweise und in Fortführung der Kritik am Gericht hätte der EuGH hier allerdings zwischen einer legitimen Verwaltungssituation nach Art. 73 UN-Charta und einer Besatzungssituation unterscheiden müssen, um den tatsächlichen wie aber auch rechtlichen Umständen des Status der

---

2001 Vgl. UN Doc. A/RES/25/2625 v. 24.10.1970.

2002 Vgl. IGH, Mauer-Gutachten, ICJ Rep. 2004, S. 150 Rn. 29; EuGH, 2016 (Fn. 55), Rn. 88 f.

2003 Vgl *Wathelet*, 2016 (Fn. 55), Rn. 79 unter Einbeziehung und Darlegung der Staatenpraxis.

2004 *Chapaux*, in: Arts/Pinto Leite (Hrsg.), The Question of the European Community-Morocco Fisheries Agreement, S. 235; *Koury*, The European Community and Members States´Duty of Non-Recognition under the EC-Morocco Association Agreement: State Responsibility and Customary International Law, in: Arts/Pinto Leite (Hrsg.), International Law and the Question of Western Sahara, S.191.

2005 EuGH, 2016 (Fn. 55), Rn. 114.

2006 *Gundel*, Der EuGH als Wächter über die Völkerrechtlichen Grenzen von Abkommen der Union mit Besatzungsmächten, 52 Europarecht (2017), 470 (479).

2007 A.A EuG, 2015 (Fn. 55), Rn. 99, 102.

Westsahara gerecht zu werden, dessen völkerrechtskonforme Einordnung er ja gerade vom Gericht erwartet hatte.[2008]

b) Erstreckung auf Westsahara durch „spätere Übung"?

Problematisch war die von der EU bestätigte De-facto-Anwendung der Abkommen auf das Gebiet der Westsahara.[2009] Marokko sieht sich als Souverän über die Westsahara an, wodurch sich der Vertragswille Marokkos bei Abschluss der Abkommen auf das Gebiet der Westsahara erstreckte. Im Verfahren vor dem Gerichtshof hat die EU aber klargestellt, dass sie jene Ansprüche Marokkos nicht anerkennen werde.[2010] Allerdings vertrat der Rat ebenfalls die Auffassung, dass das Abkommen auf die Westsahara angewandt wird und somit eine „Anwendung ohne Anerkennung" impliziert wird.[2011] Diese Argumentation ist jedoch in sich widersprüchlich, da eine Nichtanerkennung der Gebietsansprüche Marokkos über die Westsahara die Absicht der EU bezüglich der Ausdehnung der Abkommen auf eben jene logisch ausschließen muss. Dies hätte allenfalls dann nicht gelten müssen, sofern Marokko in den Vertragsverhandlungen explizit als Besatzungsmacht der Westsahara aufgetreten wäre.[2012]

Nach Art. 31 III b WVK ist bei der Auslegung des Vertrags auch „jede spätere Übung bei der Anwendung des Vertrags, aus der die Übereinstimmung der Vertragsparteien über seine Auslegung hervorgeht", zu berücksichtigen. Diese spätere Praxis spiegelt häufig das wider, was die Parteien tatsächlich beabsichtigt haben.[2013]

2008 Vgl. hierzu auch *Kassoti*, The Front Polisario v. Council Case: The General Court, Völkerrechtsfreundlichkeit and the External Aspect of European Integration, 2 European Papers (2017), 339 (352–356); *Power*, EU Exploitation of Fisheries in Occupied Western Sahara: Examining the Case of the Front Polisario v Council of the European Union in light of the failure to account for Belligerent Occupation, 19 Irish Journal of European Law (2016), 27 (30 ff.); *Ryngaert/Fransen*, EU extraterritorial obligations with respect to trade with occupied territories: Reflections after the case of Front Polisario before EU courts, 2 Europe and the World: A law review 2018, 1 (5–13).

2009 *Wathelet*, 2016 (Fn. 55), Rn. 65, 67.

2010 EuG, 2015 (Fn. 55), Rn. 74, Rn.75, Rn 81.

2011 *Wathelet*, 2016 (Fn. 55), Rn. 67.

2012 Vgl. § 4. A. I. 1. c).

2013 *Sorel/Bore Eveno*, in: Corten/Klein (Hrsg.), The Vienna Convention on the Law of Treaties Vol. I, S. 826 Rn. 42; *Dörr*, in: Dörr/Schmalenbach (Hrsg.), Vienna Convention on the Law of Treaties , S. 595 Rn. 77.

aa) Voraussetzungen der späteren Übung

Zunächst erfordert Art. 31 Abs. 3 lit. b WVK eine aktive Praxis der Vertragsparteien, die nicht willkürlich, sondern konsequent und mit einer gewissen
Häufigkeit erfolgen muss.[2014] Diese spätere Praxis muss dabei die Zustimmung der Parteien zu ihrer gemeinsamen Auslegung bzw. Anwendung des
Abkommens begründen. Sie muss also von den Parteien zumindest gebilligt
worden sein, während keine Einwände oder Vorbehalte einer solchen Praxis gegenüber erhoben worden sind.[2015] Die authentische Auslegung wird
daher zu Recht als dynamisch bezeichnet, als dass sie die ursprüngliche
gewöhnliche Bedeutung eines Begriffs sowohl auf vertraglichem als auch
auf gewohnheitsrechtlichem Wege ändern kann. *Villiger* führt hierzu aus,
dass die spätere Praxis eine Vertragsbestimmung vertraglich über die Auslegung iSv. Art. 31 Abs. 3 lit. b WVK abändern kann. Die Parteien können
dem folgend durch Etablierung einer späteren Übung allmählich von der
reinen Auslegung einer Regelung zur gewohnheitsmäßigen Modifizierung
des Vertrags übergehen.[2016] *Dörr* stellt diesbezüglich unter Einbeziehung
der historischen Bedeutung des Rechtsgedankens des Art. 31 Abs. 3 lit. b
WVK grundsätzlich klar, dass „the subsequent practice of the parties in
implementing the treaty constitutes objective evidence of their understanding as to the meaning of the latter and is, therefore, of utmost importance
for its interpretation".[2017] Aus der Rechtsposition der Vertragsparteien als
einzig Dispositionsberechtigte des jeweiligen Abkommens ist daher abzuleiten, dass eine aus der späteren Praxis abgeleitete Bedeutung, die kohärent
bzw. konsensual erfolgt ist und alle Parteien des Abkommens umfasst, eine
authentische und durch Übereinstimmung festgelegte Auslegung darstellt.
Diese überschneidet sich dabei sowohl mit einer nachträglich gefassten
Übereinkunft nach Art. 31 Abs. 3 lit. a WVK und kann auch die Grenze
zwischen Auslegung und Änderung eines Vertrags verwässern. Durch eine
spätere Übung kann daher eine implizite Abänderung einzelner Regelun-

---

2014 *Villiger*, Commentary on the 1969 Vienna Convention on the Law of Treaties,
S. 431 Rn. 22.
2015 *Villiger*, Commentary on the 1969 Vienna Convention on the Law of Treaties,
S. 431 Rn. 22.
2016 *Villiger*, Commentary on the 1969 Vienna Convention on the Law of Treaties,
S. 431 Rn. 23.
2017 *Dörr*, in: Dörr/Schmalenbach (Hrsg.), Vienna Convention on the Law of Treaties,
S. 595 Rn. 77.

gen des geschlossenen Abkommens herbeigeführt werden.[2018] Generalanwalt *Wathelet* ist anderer Ansicht und vertritt in seinen Schlussanträgen, dass „eine „spätere Übung" keinen Vorrang vor dem Wortlaut, wie er nach dem gewöhnlichen Sprachgebrauch zu verstehen ist, haben [kann], wenn sie hierzu in Widerspruch steht, es sei denn, die Übung ist den Parteien bekannt, wird von ihnen anerkannt und ist so verbreitet und dauert so lange an, dass sie als solche ein neues Abkommen darstellt".[2019]

Nach Angabe des Rates waren sich sowohl Marokko als auch die EU darüber im Klaren, dass das Abkommen faktisch auf die Gebiete der Westsahara angewandt wird und somit eine, zumindest aus Sicht der Union, vom Wortlaut des Abkommens abweichende Übung darstellt.[2020] Unabhängig von dem möglichen Geltungsvorrang einer solchen Übung im Verhältnis zum ursprünglichen Wortlaut[2021] liegen jedoch die Voraussetzungen einer konsensgetragenen späteren Übung iSd. Art. 31 Abs. 3 lit. b WVK nach Ansicht des Gerichtshofs nicht vor, da die EU in keinem Fall die Territorialansprüche Marokkos anerkannt hat und daraus die geforderte Einigkeit und Übereinstimmung der Parteien bezüglich der Auslegung des Vertrages nicht hergeleitet werden kann. Andernfalls würde diese Uneinheitlichkeit des Handelns der EU gegen den in Art. 31 Abs. 1 WVK kodifizierten Grundsatz von Treu und Glauben verstoßen, da eine spätere Übung, konkret die rechtliche Anwendung der Abkommen auf die Westsahara, gegen das Recht auf Selbstbestimmung verstoßen würde, obwohl die EU stets die Achtung des Selbstbestimmungsrechts der Sahrawis betonte und vorgab, dass das Handeln der Unionsorgane diesem Grundsatz gerecht werde.[2022]

Wathelet führte hinsichtlich Art. 31 Abs. 3 lit. b WVK aus, dass nur solche Praktiken als Vertragsänderung gelten sollen, die den Parteien bekannt sind, von ihnen akzeptiert werden und die hinreichend weit verbreitet und hinreichend langfristig sind, um eine neue Vereinbarung an sich darzustellen.[2023] Dies verneinte er allerdings unter Heranziehung der faktischen Gegebenheiten des Falles, da seiner Ansicht nach nicht ersichtlich gewesen sei, in welchem Umfang und wie lange das Abkommen auf die Gebiete der

---

2018 *Dörr*, in: Dörr/Schmalenbach (Hrsg.), Vienna Convention on the Law of Treaties, S. 595 Rn. 77; So auch ILC, Draft Articles on the Law of Treaties with commentaries 1966, Art. 27 VCLT Rn. 15; *Sievert*, Handel mit umstrittenen Gebieten, S. 282.
2019 *Wathelet*, 2016 (Fn. 55), Rn. 96.
2020 Wathelet, 2016 (Fn. 55), Rn. 100.
2021 Wathelet, 2016 (Fn. 55), Rn. 91 ff.
2022 EuGH, 2016 (Fn. 55), Rn. 123 f.
2023 *Wathelet*, 2016 (Fn. 55), Rn. 96.

Westsahara angewandt worden ist. Darüber hinaus führte er aus, dass eine spätere Übung voraussetze, dass es eine unzweifelhafte Übereinstimmung der Auffassungen der Parteien gibt und diese wiederum dazu geeignet waren, den Sinn einer Bestimmung des Vertrags festzulegen.[2024] Dies kann seiner Ansicht nach im Rahmen des Liberalisierungs- bzw. Assozierungsabkommens unter keinen Umständen angenommen werden, da Marokko in contrario zur EU einen völlig anderen Standpunkt hinsichtlich des Status der Westsahara vertrete.[2025] Der EuGH scheint sich den Schlussanträgen des Generalanwalts angeschlossen zu haben. Er urteilte, dass die Union bei Erweiterung des Anwendungsbereichs der Abkommen auf die Gebiete der Westsahara damit gleichzeitig eingestanden hätte, dass sie diese Abkommen in einer Weise durchführen wolle, die nicht mit dem Selbstbestimmungsrecht des sahrawischen Volkes im Einklang stehen würden, obwohl dies der wiederholt kundgetane Wille der Union gewesen sei.[2026] Dies wiederum sei unvereinbar mit dem Grundsatz der Durchführung von internationalen Abkommen nach Treu und Glauben, der einen zwingenden Grundsatz des allgemeinen Völkerrechts darstellt, der für diejenigen Völkerrechtssubjekte gilt, die Vertragsparteien des in Frage stehenden Abkommens sind.[2027] Der EuGH war daher der Ansicht, dass das Liberalisierungsabkommen und auch das Assozierungsabkommen dahingehend auszulegen seien, dass sie auf das Gebiet der Westsahara keine Anwendung finden, da eine solche Auslegung weder vom Wortlaut des Assoziierungs- und des Liberalisierungsabkommens noch von den Umständen des Abschlusses dieser beiden Abkommen gedeckt sei.[2028]

Ob den Begrifflichkeiten zum Anwendungsbereich des Abkommens eine nach Art. 31 Abs. 4 WVK besondere Bedeutung zukommt, da die Vertragsparteien nur eine Auslegung dieser Ausdrücke beabsichtigt hatten, blieb vom Gerichtshof ungeprüft, trotz der jahrelang zugegebenen und nachgewiesenen Praxis der Unionsorgane und Marokkos.

2024 *Wathelet*, 2016 (Fn. 55), Rn. 100.
2025 *Wathelet*, 2016 (Fn. 55), Rn. 100.
2026 EuGH, 2016 (Fn. 55), Rn. 123.
2027 EuGH, 2016 (Fn. 55), Rn. 124.
2028 EuGH, 2016 (Fn. 55), Rn. 123 f.

bb) Grundsatz der relativen Wirkung von Verträgen

Darüber hinaus ist der gewohnheitsrechtlich anerkannte Grundsatz des *pacta tertiis nec nocent nec prosunt*, in Art. 34 WVK kodifiziert, der die relative Wirkung von Verträgen und die grundsätzliche Unwirksamkeit von Verträgen zu Lasten Dritter beschreibt, in Betracht zu ziehen. Demnach müsste die Westsahara einen „Drittstaat" darstellen, was aufgrund der (noch) fehlenden Staatlichkeit der Westsahara zunächst nicht unter den Wortlaut der Vorschrift zu subsumieren ist. Jedoch hat der EuGH die Anwendung der Vorschrift bzw. des dahinterstehenden Rechtsgedankens auf NSGTs ausgeweitet, womit die Westsahara im Verhältnis zu Marokko und der EU einen *tertius* im europäischen Rechtsraum darstellt.[2029] Eine Ausnahme der Ungültigkeit von Verträgen zu Lasten oder auch zu Gunsten Dritter nach Art. 35, 36 WVK ist stets mit der vorherigen Zustimmung des Dritten verbunden, womit der Grundsatz des Art. 34 WVK Anwendung findet.[2030] Würde die Westsahara in den Anwendungsbereich des Art. 94 fallen, so wäre sie unrechtmäßig als „Dritter" in einen Vertrag miteinbezogen, ohne diesem vorher zugestimmt zu haben, womit die Einbeziehung nach Ansicht des EuGH gegen den Grundsatz der relativen Wirkung von Verträgen verstoßen würde.

c) Kritik

Der EuGH bewegte sich in seiner rechtlichen Würdigung der völkerrechtlichen Implikationen und Verpflichtungen hinsichtlich möglicher Handelsabkommen der Union mit Drittstaaten über wirtschaftliche Aktivitäten in NSGTs weitestgehend in der für die Europäische Union günstigsten Tragweite und realpolitisch möglichst schadensbegrenzendsten Form. Er vermied dabei, politisch heikle Themen zu verrechtlichen wie beispielsweise die Frage des genauen rechtlichen Status der Westsahara.[2031] *Kassoti* geht in ihrer kritischen Auseinandersetzung mit dem Urteil so weit zu behaupten, dass „the reluctance to engage with the other means of interpre-

---

2029 EuGH, 2016 (Fn. 55), Rn. 106; EuGH, Brita, Urteil v. 25.2.2010, ECLI:EU:C: 2010:91, Rn. 44–53.

2030 UN Doc. A/RES/34/37 v. 21.11.1979.

2031 Vgl. *Hilpold*, Self-determination at the European Courts: The Front Polisario Case or "The Unintended Awakening of a Giant, 2 European Papers (2017), 907 (920).

tation enshrined therein not only evidences a degree of unfamiliarity with treaty interpretation, but also undermines the very outcome of the Court's interpretative process".[2032] Insbesondere hat die fehlende rechtliche Auseinandersetzung mit den Regelungen des humanitären Völkerrechts dafür gesorgt, dass auch für das Völkervertragsrecht relevante Aspekte wie beispielsweise die Abschlussberechtigung von Besatzungsmächten über Ressourcen des besetzten Gebietes außer Acht geblieben sind. Damit hat nur eine äußerst selektive Auseinandersetzung mit anwendbaren völkerrechtlichen Regelungen und Verpflichtungen stattgefunden. Am wesentlichsten ist allerdings die Weigerung des Gerichtshofes zu kritisieren, sich mit den faktischen Gegebenheiten des Falles hinsichtlich der Frage einer späteren Übung iSv. Art. 31 Abs. 3 lit. b WVK auseinanderzusetzen. Dies versuchte er durch eine wiederum äußerst selektive Auslegung des Abkommens und der anwendbaren völkerrechtlichen Grundsätze zu legitimieren.[2033] Daher dreht sich die rechtliche Begutachtung des Gerichtshofes bzw. die Auslegung des Abkommens und die dazugehörige Argumentation des EuGH fast ausschließlich um die Auslegung des territorialen Geltungsbereichs des Liberalisierungsabkommens iSv. Art. 29 WVK. Die Auseinandersetzung mit den für die Unionsorgane mitunter realpolitisch heiklen Thematiken, wozu eindeutig die klare Benennung des rechtlichen Status der Westsahara gehört, konnte vermieden werden, indem das Abkommen bilateral im Verhältnis zu Marokko weiterhin Wirkung entfalten konnte.

aa) Zum Anwendungsbereich des Abkommens

Hinsichtlich seiner völkerrechtlichen Auslegung des Anwendungsbereichs des Abkommens und seinen Ausführungen zu Art. 29 WVK ist dem EuGH in Übereinstimmung mit der Staatenpraxis dahingehend zuzustimmen, dass ausgehend vom Wortlaut der einschlägigen Regelungen zum Anwendungsbereich des Abkommens dieser nicht dahingehend verstanden werden könne, dass unter dem Begriff des „Königreichs Marokko" die Gebiete der Westsahara zu subsumieren seien. Vielmehr hat dieses richtigerweise als NSGT einen gesonderten und von Marokko getrennten Rechtsstatus

---

2032 *Kassoti*, The Court of Justice's Selective Reliance on International Rules on Treaty Interpretation, 2 European Papers (2017), 23 (29).

2033 So ebenfalls *Sievert*, Handel mit „umstrittenen Gebieten", S. 282 f.

inne.[2034] Dementsprechend vertrat der EuGH die Ansicht, dass die Aufnahme einer Klausel, die dieses Gebiet ausdrücklich vom räumlichen Geltungsbereich des Abkommens ausschließt, nicht erforderlich gewesen sei, da sich die Westsahara unter keinen Umständen unter die Begrifflichkeit des „Königreichs Marokko" subsumieren lasse.[2035] Im Umkehrschluss entschied der EuGH also, dass zur Einbeziehung eines solchen Gebietes eine entsprechende Einbeziehungsklausel im Vertragswerk vonnöten wäre und gab dadurch insbesondere der Kommission großen Spielraum für den Abschluss weiterer Abkommen mit Marokko.[2036]

bb) Das Verhalten der Unionsorgane

In seiner folgenden Prüfung, ob sich aus einer späteren Übung iSv. Art. 31 Abs. 3 lit. b WVK der Vertragsparteien eine nachträgliche Extension des Anwendungsbereichs ergibt, hat der Gerichtshof eine solche als nicht nachvollziehbar abgelehnt. Er blieb in seiner Begründung äußerst vage und den Unionsorganen wohlgesinnt, obwohl festgestellt wurde, dass sich der Rat und die Kommission beim Abschluss des Liberalisierungsabkommens bewusst waren, dass die marokkanischen Behörden die Bestimmungen des seit dem Jahr 2000 geltenden Assoziierungsabkommens seit vielen Jahren auf die Westsahara anwenden.[2037] Vielmehr ist weiter hervorzuheben,

---

2034 EuGH, 2016 (Fn. 55), Rn. 115.

2035 EuGH, 2016 (Fn. 55), Rn. 115.

2036 Vgl. EuGH, 2016 (Fn. 55), Rn. 114 f. Dies hat auch Generalanwalt *Wathelet* bereits in seinen Schlussanträgen festgestellt. Diese Ansicht vertrat auch die Kommission im Verfahren, *Wathelet*, 2016 (Fn. 55), Rn. 75–82. Das EuG führte hierzu bereits im Vorverfahren aus: „Zu bedenken ist auch, dass das [Liberalisierungsabkommen] zwölf Jahre nach der Genehmigung des [Assoziationsabkommens] geschlossen wurde, welches aber in dieser ganzen Zeit angewandt wurde. Wenn die Organe der Union einer Anwendung des [Assoziationsabkommens] in der durch den [streitigen] Beschluss geänderten Fassung auf die Westsahara hätten entgegentreten wollen, hätten sie darauf bestehen können, dass in den durch diesen Beschluss genehmigten Text des Abkommens eine Bestimmung aufgenommen wird, die eine solche Anwendung ausschließt. Ihre Untätigkeit in diesem Punkt zeigt, dass sie die Auslegung des [Assoziationsabkommens] und des [Liberalisierungsabkommens], nach der diese Abkommen auch für den vom Königreich Marokko kontrollierten Teil der Westsahara gelten, zumindest stillschweigend akzeptieren.", EuG, 2015 (Fn. 55), Rn. 102.

2037 Die tatsächliche Anwendung des Abkommens auf die Westsahara wurde auch schon vom EuG in der Vorinstanz festgestellt: „Die oben in den Rn. 77 bis 87 genannten Belege sind alle Teil dieses Zusammenhangs und zeigen, dass die Unions-

dass sowohl Rat als auch Kommission bewusst war, wie *Wathelet* darlegte, dass „Marokko dem Abkommen nämlich niemals zugestimmt [hätte], wenn die Unionsorgane eine Klausel aufgenommen hätten, mit der die Anwendung des Abkommens auf die Westsahara ausdrücklich ausgeschlossen worden wäre".[2038] Dies spricht in contrario zur Rechtsauffassung des EuGH vielmehr dafür, dass es den Parteien gerade darauf angekommen ist, dass die Westsahara in den Anwendungsbereich miteinbezogen wird, da andernfalls Marokko dem Abkommen überhaupt nicht zugestimmt hätte.[2039] Der Rat und die Kommission haben jahrelang versucht darzustellen, dass das Liberalisierungsabkommen auf die Westsahara keine Anwendung finde, mussten aber im Verfahren vor dem Gerichtshof einräumen, dass das Abkommen sehr wohl auf Erzeugnisse aus dem Gebiet angewandt werde, wenn auch nur de facto.[2040] Die Kommission blieb allerdings bei ihrem Standpunkt, dass es sich aus ihrer Sicht um eine reine Duldung ihrerseits gehandelt habe, obwohl sie auf Grundlage von Art. 86 des Assoziierungsabkommens gegen die De-facto-Anwendung hätte vorgehen dürfen. Das Abkommen sollte ihrer mutmaßlich anfänglichen Intention nach nicht auf die Gebiete der Westsahara angewendet werden.[2041] Anderes galt aus Sicht der Kommission von Anfang an hinsichtlich des Fischereiabkommens zwischen der Union und Marokko. In diesem werden Begriffe verwendet wie zum Beispiel „Gewässer unter der Hoheit oder der Gerichtsbarkeit des Königreichs Marokko", wozu nach Auffassung der Kommission auch die Gewässer der Westsahara gehören würden.[2042] Freilich ist diese Position aufgrund der Gesamtumstände und der Einlassungen der Kommission vor dem Gerichtshof äußerst fragwürdig und in sich widersprüchlich.

---

organe sich bewusst waren, dass die marokkanischen Behörden die Bestimmungen des [Assoziationsabkommens] auch auf den Teil der Westsahara anwenden, der vom Königreich Marokko kontrolliert wird, und die Unionsorgane diese Anwendung nicht ablehnten. Im Gegenteil: Die Kommission hat in gewisser Weise mit den marokkanischen Behörden im Hinblick auf diese Anwendung zusammengearbeitet und deren Ergebnis anerkannt, indem sie die in der Westsahara ansässigen Unternehmen zu den in der oben in Rn. 74 genannten Liste aufgeführten Unternehmen hinzugenommen hat.", EuG, 2015 (Fn. 55), Rn. 99.

2038 *Wathelet*, 2016 (Fn. 55), Rn. 300.
2039 Vgl. EuGH, 2016. Rn. 123–125.
2040 *Wathelet*, 2016 (Fn. 55), Rn. 53.
2041 Vgl. *Wathelet*, 2016 (Fn. 55), Rn. 65.
2042 Vgl. *Wathelet*, 2016 (Fn. 55), Rn. 76 bzw. Fn. 33.

Der Rat und Marokko ihrerseits sind stets davon ausgegangen, dass das Abkommen auch Anwendung auf die Westsahara findet.[2043] Marokkos Standpunkt ist hierzu klar zu erkennen und auch den Unionsorganen bewusst gewesen, da nach Ansicht Marokkos die Westsahara Bestandteil des eigenen Staatsgebiets ist und daher dispositionsfähig für wirtschaftliche Abkommen mit Drittstaaten sei.[2044] Zwar beteuerten sowohl Kommission als auch Rat stets, dass die Westsahara weder zum Hoheitsgebiet Marokkos gehöre oder unter dessen Hoheit stehe. Allerdings widersprechen die tatsächlichen Gegebenheiten und auch Rechtsauffassungen dieser vertretenen und verfolgten Ansicht unter Heranziehung und Berücksichtigung des erga omnes geltenden Nicht-Anerkennungsgrundsatzes in diametraler Weise.[2045] Denn, wenn Marokko nicht Souverän des Gebietes ist, als welcher sich das Königreich stets in die Vertragsverhandlungen mit der EU begeben hat, und die Union eben diese Rechtsposition nicht anerkennt, ist rechtlich kaum eine Vertragsabschlussberechtigung zu konstruieren.

Wathelet legt überzeugenderweise dar, dass der Rat hinsichtlich seiner widersprüchlichen Rechtspositionen nicht hinreichend erklärt hat, wie es rechtlich möglich sein soll, ein mit einem Drittstaat geschlossenes Abkommen auf ein bestimmtes Gebiet anzuwenden, ohne eine Form von Zuständigkeit, Souveränität oder Hoheitsgewalt dieses Staates für bzw. über dieses Gebiet anzuerkennen.[2046] Der Rat geht vielmehr davon aus, dass das Konstrukt der Anwendung ohne Anerkennung greift und durch die öffentlich kundgetane Meinung hinsichtlich des Status der Westsahara die realpolitische Inkonsistenz und die damit einhergehende Ausbeutung natürlicher Ressourcen ermöglicht und rechtfertigt. Der Rat geht davon aus, dass man im Falle der Westsahara eine völkerrechtsmäßige Haltung eingenommen habe, indem man sich hinsichtlich der Westsahara darauf verständigt habe, dass „they agree to disagree".[2047] Die Nichtanerkennung der marokkanischen Souveränitätsansprüche müsste aber folgelogisch die Absicht der Union, die Abkommen auf die Westsahara anzuwenden, sicher und endgültig ausschließen. Dies gilt insbesondere deshalb, da keine explizite Anwendungsklausel innerhalb des Vertragswerkes inkorporiert worden ist.[2048] *Wathelet* schlussfolgert daraus richtigerweise, dass die faktische An-

---

2043 *Wathelet*, 2016 (Fn. 55), Rn. 66.
2044 *Wathelet*, 2016 (Fn. 55), Rn. 66.
2045 Vgl. EuG, 2015 (Fn. 55), Rn. 74 f. und Rn. 81 sowie *Wathelet*, 2016 (Fn. 55), Rn. 83.
2046 *Wathelet*, 2016 (Fn. 55), Rn. 84.
2047 *Wathelet*, 2016 (Fn. 55), Rn. 67.
2048 Vgl. *Wathelet*, 2016 (Fn. 55), Rn. 86.

wendbarkeit des Abkommens auf die Gebiete der Westsahara zwingend und unweigerlich die Anerkennung der Union, zumindest in indirekter Weise, impliziert.[2049] Unabhängig von ihrer politischen, vor allem aber auch rechtlichen Fragwürdigkeit, kann eine solche Rechtsansicht kaum dazu führen, dass die EU hierdurch von ihren Verpflichtungen entbunden wird, die sich aus dem erga omnes geltenden und Ius-cogens-Wirkung entfaltenden Grundsatz der Selbstbestimmung ergeben. Dies gilt umso mehr für die Verpflichtung, nicht an der Ausbeutung der Ressourcen eines völkerrechtswidrig besetzten NSGTs teilzuhaben und monetär zu profitieren.[2050]

cc) Pflicht zur Nicht-Anerkennung

Die Annexion eines Gebietes, dessen Bevölkerung das ihr zustehende Selbstbestimmungsrecht noch nicht ausgeübt hat, stellt einen Verstoß der Beachtung dieses Rechts dar.[2051] Angesichts der Erga-omnes-Wirkung des Nicht-Anerkennungsgrundsatzes sind Staaten in Bezug auf die von Marokko vertretene Position, dass es souveräner Abschlussberechtigter über die Gebiete der Westsahara sei, dazu verpflichtet, diese Haltung nicht anzuerkennen und Schritte zu unterlassen, die zu einer solchen Anerkennung führen könnten.

Marokko schließt zwar kategorisch aus, Verwaltungsmacht oder Besatzungsmacht zu sein, jedoch könnte sich aus dieser Position eine Möglichkeit ergeben, völkerrechtlich wirksame Verträge über die Gebiete der Westsahara zu schließen.[2052] Tritt Marokko jedoch gegenüber einem Vertragspartner als Souverän über die Gebiete auf, kann der Abschluss solcher Abkommen, insbesondere für die Union, nicht möglich sein.[2053] Vielmehr

---

2049 *Wathelet*, 2016 (Fn. 55), Rn. 85 f.

2050 Vgl. *Cannizzaro*, In defence of Front Polisario: The ECJ as a global jus cogens maker, 55 Common Market Law Review (2018), 569 (582).

2051 IGH, Mauer-Gutachten, ICJ Rep. 2004, S. 184 Rn. 121 f.

2052 Ein Überblick solcher Rechte, Pflichten und Folgen zB. bei *Talmon*, in: Tomuschat/Thouvenin (Hrsg.), The Fundamental Rules of International Legal Order, S. 99.

2053 Vgl. *Koury*, The European Community and Members States' Duty of Non-Recognition under the EC-Marocco Association Agreement: State Responsibility and Customary International Law, in: Arts/Pinto-Leite (Hrsg.), International Law and the Question of Western Sahara, S.180 ff.; *Crawford*, State Responsibility, S. 381 ff.; *Wathelet*, 2018 (Fn. 55), Rn. 252.

müssten Maßnahmen ergriffen werden, die dieser Situation entgegentreten.[2054] Die rechtliche Würdigung der sich aus dem Status Marokkos als Besatzungsmacht ergebenden Konsequenzen und Verpflichtungen für Drittstaaten im Rahmen des Nicht-Anerkennungsgrundsatzes beispielsweise keine Beihilfe zur Aufrechterhaltung oder Förderung völkerrechtswidriger Annexionen zu leisten, wurde vom Gerichtshof völlig außer Acht gelassen.

dd) Der EuGH und Art. 31 Abs. 3 lit. b WVK

Hinsichtlich der Beweggründe des Gerichtshofes, warum er der kontextuellen Auslegung bzw. Wortlautauslegung Vorrang vor der späteren Praxis eingeräumt hat, obwohl zwischen beiden kein Anwendungsvorrang herrscht[2055], hat sich dieser nur äußerst zurückhaltend geäußert und rechtlich inkonsequent argumentiert bzw. subsumiert.[2056] Wie bereits aufgezeigt, hat die Union die bestehenden Verträge mit Marokko seit Jahrzehnten auf die Gebiete bzw. Produkte und Ressourcen der Westsahara ausgeweitet.[2057] Der Gerichtshof seinerseits war diesbezüglich der Ansicht, dass das Verhalten der Parteien, insbesondere der EU, nur de facto stattfand und keine Übereinstimmung über die Auslegung darstellt, wie Art. 31 Abs. 3 lit b. WVK bestimmt.[2058] Eine solche Übereinstimmung sah der EuGH richtigerweise als konstitutives Element an, dessen Vorhandensein notwendig ist, um dem Verhalten der Parteien die Fähigkeit zu verleihen, die Auslegung des Vertrags zu beeinflussen.[2059] Der EuGH scheint dabei allerdings vielmehr die Bedeutung von Art. 31 Abs. 3 lit. a WVK und Art. 31 Abs. 3 lit. b WVK und den diesen Regelungen unterliegenden Begrifflichkeiten des „subsequent agreement" und der „subsequent practice" zu vermengen. Er legte den Fokus seiner Argumentation auf den von der Kommission öffentlich kundgetanen Widerspruch der Union hinsichtlich der Souveränitätsansprüche Marokkos über die Westsahara und war der Ansicht, dass der

---

2054 Vgl. § 4. A. I. 1. c).

2055 *Sievert*, Handel mit „umstrittenen Gebieten", S. 282.

2056 Ähnlich *Cannizzaro*, In defence of Front Polisario: The ECJ as a global jus cogens maker, 55 Common Market Law Review (2018), 569 (578).

2057 Siehe insbesondere die Praxis zu den Fischereiabkommen, vgl. § 4. A. II. 3 und 4.

2058 EuGH, 2016 (Fn. 55), Rn. 121–125.

2059 EuGH, 2016 (Fn. 55), Rn. 122–124; *Cannizzaro*, In defence of Front Polisario: The ECJ as a global jus cogens maker, 55 Common Market Law Review (2018), 569 (578).

Widerspruch der Positionen keine Übereinstimmung bzw. Übereinkunft darstellen kann.[2060] Eine dem Begriff des „agreement" angelehnte explizite Übereinkunft zwischen den Vertragsparteien ist gerade keine zusätzliche Voraussetzung. Sie ist vielmehr implizit in der späteren Praxis enthalten, wenn sie, wie vom Telos des Art. 31 Abs. 3 lit b WVK gefordert, konsequent und kohärent durchgeführt wird und somit das Vorhandensein eines faktischen Verständnisses der Parteien über die Auslegung bestimmter Vertragsbestimmungen widerspiegelt.[2061] Dabei muss vor allem die öffentlich vertretene Position der Kommission von der tatsächlich und dem Vertragszweck eindeutig nachweisbaren und im Verfahren vor dem EuGH dargelegten inneren Erklärung differenziert werden. Andernfalls würde die Unterscheidung zwischen nachträglicher Übereinkunft iSv. Art. 31 Abs. 3 lit a WVK und nachträglicher Übung iSv. Art. 31 Abs. 3 lit b WVK keinerlei Sinn ergeben und sowohl dem Telos als auch der Systematik des Art. 31 Abs. 3 WVK zuwiderlaufen.[2062]

Interessanterweise schloss der EuGH das Vorhandensein einer solchen Übereinstimmung mit einem scheinbar dogmatischen Argument aus, indem er die möglichen Auslegungsmethoden der WVK hinsichtlich des Selbstbestimmungsrechts der Völker zu gewichten versuchte. Dabei rückte er insbesondere Art. 31 Abs. 3 lit. c WVK in den Vordergrund, was sich allerdings vielmehr als realpolitische Gefälligkeit und gutgläubige Auslegung des politischen Handelns der Unionsorgane definieren lässt.[2063] Der Gerichtshof ging nämlich schlussendlich davon aus, dass es nicht denkbar sei, dass die Union ein Abkommen in einer Weise umsetzen könne, die mit den Grundsätzen der Selbstbestimmung und der relativen Wirkung der Verträge unvereinbar sei. Er begründete dies damit, dass die Union ja stets wiederholt die Notwendigkeit der Einhaltung dieser Grundsätze bekräftigt

---

2060 Vgl. EuGH, 2016 (Fn. 55), Rn. 123; *Cannizzaro*, In defence of Front Polisario: The ECJ as a global jus cogens maker, 55 Common Market Law Review (2018), 569 (579); ILC, Report on Subsequent Agreements and Subsequent Practice in relation to the Interpretation of Treaties, UN Doc. A/68/10, S. 27; *Kassoti*, The ECJ and the art of treaty interpretation: Western Sahara Campaign UK, 56 Common Market Law Review (2019), 209 (225–229).

2061 Vgl. *Cannizzaro*, In defence of Front Polisario: The ECJ as a global jus cogens maker, 55 Common Market Law Review (2018), 569 (579).

2062 Vgl. *Cannizzaro*, In defence of Front Polisario: The ECJ as a global jus cogens maker, 55 Common Market Law Review (2018), 569 (579).

2063 Vgl. EuGH, 2016. Rn. 86 und Rn. 120–125; *Kassoti*, The ECJ and the art of treaty interpretation: Western Sahara Campaign UK, 56 Common Market Law Review (2019), 209 (223).

und beteuert habe, obwohl jegliche Fakten dafür sprachen, dass die Unionsorgane die nachträgliche Einbeziehung der Westsahara in den Anwendungsbereich des Abkommens gerade bezweckt haben.[2064] Ironischerweise wirft der EuGH dem Gericht eben jene selektive Auslegungsmethode vor, die er sodann selbst vornahm. Er legte dem Gericht zur Last, dass es nicht überprüft habe, „(...) ob aus der De-facto-Anwendung der Regelung in einzelnen Fällen die Übereinstimmung der Vertragsparteien über die Änderung der Auslegung von Art. 94 des Assoziationssabkommens hervorgeht. Hierzu war es gemäß Art. 31 Abs. 3 Buchst. b des Wiener Übereinkommens

---

2064 So auch *Placentino*, Accords commerciaux et territoires occupés: réflexions sur la jurisprudence de la CJUE relative au Sahara Occidental à la lumière des obligations internationales de l'Union européenne, Revue belge de droit international (2020), 388 (397); *Cannizzaro*, In defence of Front Polisario: The ECJ as a global jus cogens maker, 55 Common Market Law Review (2018), 569 (578). *Kassoti* umschrieb das Zirkelschluss-Argument des Gerichtshofs äußerst zutreffend als Grundsatz des „there could not be what must not be", *Kassoti*, The ECJ and the art of treaty interpretation: Western Sahara Campaign UK, 56 Common Market Law Review (2019), 209 (221).
Generalanwalt *Wathelet* stellte zwar fest, dass die Unionsorgane zum einen Kenntnis der Umstände hatten, dass das Assoziations- und das Liberalisierungsabkommen de facto auf das Gebiet der Westsahara angewandt worden sind und zum anderen dies auch bereits der Intention der Unionsorgane beim Vertragsschluss entsprach, *Wathelet*, 2016 (Fn. 55), Rn. 87, Rn. 300. Allerdings schloss er nicht daraus, dass hierin eine spätere Übung iSv. Art. 31 Abs. 3 lit. b WVK zu sehen ist, da vor allem nicht bekannt gewesen sei, in welchem Umfang und wie lange das Abkommen auf die Gebiete der Westsahara angewandt worden ist, *Wathelet*, 2016 (Fn. 55), Rn. 100. Er konkludiert damit, dass Art. 31 Abs. 3 lit. b WVK voraussetze, dass es eine unzweifelhafte Übereinstimmung der Auffassungen der Vertragsparteien gibt und die Auffassungen geeignet sind, den Sinn einer Bestimmung des Abkommens festzulegen. Da die Union aber stets öffentlich kundgetan habe, dass sie mit der Sicht Marokkos hinsichtlich der territorialen Souveränitätsansprüche über die Gebiete der Westsahara nicht d´accord ist und diesbezüglich einen diesen Ansprüchen diametral entgegenstehenden Standpunkt vertrete, kann eine solche Übereinstimmung iSv. Art. 31 Abs. 3 lit. b WVK nicht angenommen werden. Dabei relativiert also auch der Generalanwalt das Verhalten der Unionsorgane und akzeptiert dieses gutgläubig, trotz der in dem Gerichtsverfahren öffentlich dargelegten inneren und geheim gehaltenen Intentionen, die *Wathelet* selbst eingangs in seinem Gutachten dargelegt und kritisch kommentiert hat, *Wathelet*, 2016 (Fn. 55), Rn. 100, Rn. 84–86. Dass die öffentliche Haltung von den realpolitischen intrinsischen Motiven der Union abweicht, weil die Unionsorgane absichtlich hierzu falsche und sich widersprechende Aussagen getätigt haben, kann nicht dazu führen, dass das im Verhältnis zu Marokko deutlich kommunizierte und klar beweisbare Anwenden des Abkommens auf Produkte aus den Gebieten der Westsahara ein rechtliches Nullum darstellt und konsequenzlos bleibt.

aber verpflichtet."[2065] Während der EuGH dem Gericht also vorwirft, zu sehr Art. 31 Abs. 3 lit. b WVK in den Vordergrund zu stellen und damit dem faktischen Kontext zu sehr beachte, legte der EuGH wiederum fast ausschließlich durch den normativen Kontext aus und schenkte dabei Art. 31 Abs. 1 WVK iVm Art. 31 Abs. 3 lit. c WVK alleinige Aufmerksamkeit – und begeht damit denselben methodischen Fehler.[2066] Denn es war der Gerichtshof, der die eindeutig nachweisbare und in den mündlichen Verhandlungen des Verfahrens offengelegte Intention der Unionsorgane schlussendlich völlig ignorierte und der Ansicht gewesen ist, dass die Auslegung nach Art. 31 Abs. 3 lit. c WVK vorzugswürdig sei. Damit verfolgte er weiterhin seine restriktive Anwendung des Art. Art. 31 Abs. 3 lit. b WVK.[2067] Der Gerichtshof sah also die vom Gericht seiner Auffassung nach nicht oder nicht hinreichend berücksichtigten Rechtssätze des Rechts auf Selbstbestimmung, Art. 29 WVK über den territorialen Geltungsbereich internationaler Abkommen und den Grundsatz der relativen Wirkung von Verträgen, die über Art. 31 Abs. 3 lit. c WVK mit in die Auslegung hätten einbezogen werden müssen, als vorzugswürdig an.

Sowohl Gericht als auch EuGH scheinen im Rahmen dessen von der Prämisse auszugehen, dass man im Falle einer Divergenz bzw. eines Auslegungskonfliktes zwischen dem faktischen und dem normativen Kontext einer der in Art. 31 Abs. 3 WVK statuierten Auslegungsmethoden Vorrang vor dem jeweils anderen gewähren müsse.[2068] Doch zwischen den verschiedenen Auslegungsmethoden besteht gerade kein Hierarchieverhältnis, wie bereits der Wortlaut von Art. 31 Abs. 3 WVK zu erkennen gibt. *Cannizarro* stellte daher zu Recht fest, dass im Falle eines Auslegungskonfliktes die jeweiligen Regelungen im Rahmen einer rechtlichen Gesamtschau heranzuziehen sind, welche letztlich das Ergebnis des Auslegungsprozesses sowohl normativ als auch faktisch in gleicher Weise berücksichtigt sowie präzise und den Gegebenheiten des Einzelfalles entsprechend widerspiegelt.[2069]

2065 EuGH, 2016 (Fn. 55), Rn. 122.

2066 Vgl. EuGH, 2016 (Fn. 55), Rn. 120–124; Vgl. *Kassoti*, The ECJ and the art of treaty interpretation: Western Sahara Campaign UK, 56 Common Market Law Review (2019), 209 (223 f.).

2067 Vgl. EuGH, 2016 (Fn. 55), Rn. 123 f. Zur restriktiven Anwendung des Art. 31 Abs. 3 lit. b WVK und der Präferenz des EuGH, eher normativ auszulegen siehe m.w.N. *Sorel/Bore Eveno*, in: Corten/Klein (Hrsg.), The Vienna Convention on the Law of Treaties Vol. I, S. 828.

2068 *Cannizzaro*, In defence of Front Polisario: The ECJ as a global jus cogens maker, 55 Common Market Law Review (2018), 569 (579).

Dörr hebt im Rahmen dessen hervor, dass sich aus dem Wortlaut und der systematischen Stellung des Art. 31 Abs. 3 WVK ergibt, dass es sich bei der nachfolgenden Praxis nach Art. 31 Abs. 3 lit b WVK um eine empirische, also faktisch nachweisbare und objektive Übung bzw. Praxis der Parteien handelt.[2070] Richtigerweise hebt *Dörr* weiter hervor, dass insbesondere die Stellung von Art. 31 Abs. 3 lit b WVK unmittelbar vor Art. 31 Abs. 3 lit c WVK darauf hindeutet, dass ersterer gerade nicht verlangt, dass die spätere Praxis, um für die Auslegung relevant zu sein, mit anderen Regeln des Völkerrechts übereinstimmen muss.[2071] Daher ist Art. 31 Abs. 3 lit c WVK diesbezüglich von Art. 31 Abs. 3 lit b WVK zu trennen, womit konsequenterweise im Rahmen der Auslegung andere völkerrechtliche Regelungen erst unter Art. 31 Abs. 3 lit c WVK Bedeutung erlangen.[2072] Der EuGH vermischte diese beiden Auslegungsgrundsätze aber offensichtlich, indem er feststellte, „dass die Union, wenn sie mit einer späteren Praxis hätte zum Ausdruck bringen wollen, dass sie nunmehr davon ausgehe, dass das Assoziations- und das Liberalisierungsabkommen rechtlich auf die Westsahara Anwendung fänden, damit gleichzeitig eingestanden hätte, dass sie diese Abkommen in einer Weise durchführen wolle, die nicht mit den Grundsätzen der Selbstbestimmung und der relativen Wirkung der Verträge zu vereinbaren wäre, obwohl sie immer wieder betont hat, dass diese Grundsätze zu beachten seien (...). Eine solche Durchführung der Abkommen wäre zwangsläufig unvereinbar mit dem Grundsatz der Durchführung der Verträge nach Treu und Glauben, der einen zwingenden Grundsatz des allgemeinen Völkerrechts darstellt, der für die Völkerrechtssubjekte gilt, der Vertragsparteien eines Vertrags sind."[2073] Damit verkennt der EuGH allerdings den tatsächlichen Willen und die eindeutig nachweisbare Absicht der Parteien, den Anwendungsbereich faktisch, aber auch unter Einbeziehung aller durch das Abkommen gewährten rechtlichen Vorteile auf die Gebiete der Westsahara erstrecken zu wollen.

2069 *Cannizzaro*, In defence of Front Polisario: The ECJ as a global jus cogens maker, 55 Common Market Law Review (2018), 569 (579).

2070 *Dörr*, in: Dörr/Schmalenbach (Hrsg.), Vienna Convention on the Law of Treaties, S. 603 Rn. 91.

2071 *Dörr*, in: Dörr/Schmalenbach (Hrsg.), Vienna Convention on the Law of Treaties, S. 603 Rn. 91.

2072 Vgl. *Dörr*, in: Dörr/Schmalenbach (Hrsg.), Vienna Convention on the Law of Treaties, S. 603 Rn. 91. Ähnlich *Kassoti*, The ECJ and the art of treaty interpretation: Western Sahara Campaign UK, 56 Common Market Law Review (2019), 209 (223 f.).

2073 EuGH, 2016 (Fn. 55), Rn. 123 f.

ee) Würdigung der Auslegung des EuGH

Der EuGH entschied, dass die von der Union mit Marokko geschlossenen Abkommen Waren bzw. Ressourcen aus der Westsahara aufgrund der völkerrechtlichen Verpflichtung der EU, den Grundsatz der Selbstbestimmung des indigenen Volkes der Sahrawis zu respektieren, nicht umfassen können. Er urteilte in einer kaum nachvollziehbaren und die tatsächlichen Umstände des Falles weitestgehend ignorierenden Weise, dass die EU nach Primärrecht und den einschlägigen Völkerrechtsgrundsätzen nicht in der Lage sei, das Völkerrecht zu verletzen.[2074] *Kassoti* bezeichnet dieses Vorgehen des Gerichtshofes zu Recht als höchst problematisch, da aus der konsequenten Anwendung dieses Rechtsargumentes folgen würde, dass die EU niemals gegen völkerrechtliche Regelungen verstoßen könne, weil dies ihrer ausdrücklichen Verpflichtung zur Einhaltung des Völkerrechts zuwiderlaufen würde, und dies völlig unabhängig von der gegenteiligen tatsächlichen Beweislage im konkreten Fall.[2075]

Der EuGH spricht in seinem Urteil von der erga omnes wirkenden Eigenschaft des Selbstbestimmungsrechts und scheint den für die Auslegung zu berücksichtigenden normativen Kontext iSv. Art. 31 Abs. 1 WVK iVm. Art. 31 Abs. 3 lit. c WVK dahingehend zu bestimmen, dass dieses Recht in Relation zu der auszulegenden Regelung des Abkommens bzw. der darauf folgenden Praxis höherrangig war. Der höhere Rang einer Norm, wie hier der Selbstbestimmung, könnte dabei vom EuGH als implizites Argument herangezogen worden sein, der Technik der kontextuellen und normativen Auslegung den Vorrang vor der späteren Praxis einzuräumen. Dies gilt nach *Cannizarro* insbesondere für Regelungen des Ius cogens, also für zwingende Völkerrechtsnormen.[2076] Der EuGH selbst hat das Selbstbestimmungsrecht nicht als zwingende Norm des Völkerrechts kategorisiert. Allerdings

---

2074 Vgl. EuGH, 2016 Rn. 123. Diesen Ansatz explizit bestätigt in EuGH 2018, Rn. 71: „Mit den oben in Rn. 63 angeführten, von der Union zu beachtenden und hier entsprechend anwendbaren Regeln des Völkerrechts wäre es aber nicht zu vereinbaren, die unmittelbar an die Küste des Gebiets der Westsahara angrenzenden Gewässer als „Gewässer unter der Hoheit ... Marokkos" im Sinne von Art. 2 Buchst. a des partnerschaftlichen Fischereiabkommens in dessen Anwendungsbereich einzubeziehen. Eine dahin gehende Absicht des Königreichs Marokko kann die Union daher nicht wirksam unterstützen."

2075 *Kassoti*, Between Sollen and Sein: The CJEU's reliance on international law in the interpretation of economic agreements covering occupied territories, 33 Leiden Journal of International Law (2020), 371 (384).

2076 *Cannizzaro*, In defence of Front Polisario: The ECJ as a global jus cogens maker, 55 Common Market Law Review (2018), 569 (580).

hat der Generalanwalt *Wathelet* in seinen Schlussanträgen, auf welche sich das Urteil in vielerlei Hinsicht stützt, das Selbstbestimmungsrecht als Ius cogens eingestuft.[2077]

Wäre der territoriale Geltungsbereich des Liberalisierungsabkommens auf der Grundlage der späteren Praxis der Parteien bei seiner Umsetzung vom Gerichtshof in konsequenter Subsumtion der tatsächlichen Umstände und der Intentionen der Parteien dahingehend ausgelegt worden, dass das Abkommen auf die Gebiete der Westsahara Anwendung gefunden hat, hätte dies aufgrund des Selbstbestimmungsrechts der Völker und des Pacta-tertiis-Grundsatzes die Völkerrechtswidrigkeit des Abkommens zur Folge gehabt.

Zwar hob der Gerichtshof durch seine Entscheidung die Relevanz des Selbstbestimmungsrechts der Völker, welches erga omnes für die Union als verpflichtender und in der Rechtsbeziehung zu Marokko zwingend zu beachtender völkerrechtlicher Grundsatz statuiert worden ist, hervor. Zudem folgerte er im Rahmen dessen richtigerweise, dass das Volk der Westsahara als Träger des Selbstbestimmungsrechts Dritter iSv. Art. 34 WVK bzw. dem diesem Artikel zugrundeliegenden Pacta-tertiis-Grundsatz ist und damit ein Abkommen, welches Anwendung auf die Westsahara findet, den Regelungen dieses Grundsatzes widerspricht. Allerdings blieb der Gerichtshof erkennbar durch den politisch aufgeladenen Kontext des Westsahara-Konfliktes zurückhaltend in seiner Gesamtanalyse, insbesondere in seiner rechtlichen Würdigung der realpolitischen und faktischen Entscheidungen bzw. Handlungen der Unionsorgane. Dabei klammerte er die eindeutig belegte und von den Unionsorganen zugestandene erweiterte Praxis der Anwendbarkeit des Abkommens auf die Westsahara durch eine unsaubere Anwendung der Auslegungsregeln des Art. 31 Abs. 3 WVK aus.[2078] Der Gerichtshof wäre zum gleichen Ergebnis, nämlich der rechtlichen Unanwendbarkeit des Liberalisierungsabkommens auf das Gebiet der Westsahara, gekommen, sofern er sich mit der faktischen Anwendung des Abkommens auf das Gebiet in rechtlicher Art und Weise befasst hätte und den Parteiwillen der Vertragspartner richtig auslegt hätte, da die Anwendung des Abkommens freilich gegen die selben vom EuGH aufgeführten völkerrechtlichen Grundsätze verstieß. *Kassoti* fasst zutreffend zusammen, dass der Gerichtshof nicht nur wichtige einschlägige völkerrechtliche Nor-

---

2077 *Wathelet*, 2016 (Fn. 55), Rn. 257–259.
2078 Vgl. *Kassoti*, The ECJ and the art of treaty interpretation: Western Sahara Campaign UK, 56 Common Market Law Review (2019), 209 (223 f.)

men, wie zum Beispiel jene des Besatzungsrechts, völlig ignorierte[2079], sondern auch seine Bereitschaft zeigte, die internationalen Regeln der Vertragsauslegung bis zum äußersten Rand der Anwendbarkeit zu strapazieren, um sich nicht zu der politisch heiklen Frage der faktischen Anwendung der Abkommen der EU mit Marokko auf dem Gebiet der Westsahara äußern zu müssen.[2080] Zwar hat die in Art. 31 Abs. 3 lit. c WVK aufgestellte Regel eine normativ verankerte Grundlage im Grundsatz von Treu und Glauben, da nach diesem Grundsatz grundsätzlich die Vermutung besteht, dass jede Vertragspartei beabsichtigt, ihre vertraglichen Verpflichtungen im Einklang mit ihren völkerrechtlichen Verpflichtungen einzuhalten.[2081] Der IGH bestätigte diesen Grundsatz, indem er feststellte, dass „it is a rule of interpretation that a text emanating from a Government must, in principle, be interpreted as producing and as intended to produce effects in accordance with existing law and not in violation of it".[2082] Allerdings muss hierzu angemerkt werden, dass dies lediglich eine Vermutung darstellt, die jederzeit durch Tatsachen widerlegt werden kann. Der normative Rahmen kann und soll hierbei die Gegebenheiten des einzelnen Falles nicht vollständig überdecken und zu unbilligen Auslegungsergebnissen führen, die das eigentliche und mitunter rechtswidrige Handeln der Vertragspartei-

---

2079 Auch in vergleichbaren Rechtsstreitigkeiten zu Wirtschaftsabkommen, die sich auf besetzte Gebiete erstreckten, wie Brita oder Anastasiou, ignorierte der Gerichtshof den genauen völkerrechtlichen Rahmen der Streitigkeit, insbesondere auch die im Falle der Westsahara überragend wichtige Frage nach dem rechtlichen Status der fraglichen Gebiete als nach humanitärem Völkerrecht besetztem bzw. annektiertem Gebiet und der damit verbundenen Verpflichtung zur Nichtanerkennung seitens der EU, um einerseits die Einhaltung des Völkerrechts zu gewährleisten, aber gleichzeitig auch politisch umstrittene Fragen zu vermeiden, vgl. EuGH, Urteil v. 25.2.2010, ECLI: EU:C:2010:91; EuGH, Urteil v. 5.7.1994, ECLI:EU:C:1994:277; EuGH, Urteil v. 4.7.2000, ECLI:EU:C:2000:360; EuGH, Urteil v. 30.9.2003, ECLI: EU:C:2003:520. Weiterführend und vergleichend zu den Urteilen Brita und Anastasiou, *Kassoti*, Between Sollen and Sein: The CJEU's reliance on international law in the interpretation of economic agreements covering occupied territories, 33 Leiden Journal of International Law (2020), 371 (372).
2080 *Kassoti*, Between Sollen and Sein: The CJEU's reliance on international law in the interpretation of economic agreements covering occupied territories, 33 Leiden Journal of International Law (2020), 371 (372 ff.).
2081 *Dörr*, in: Dörr/Schmalenbach (Hrsg.), Vienna Convention on the Law of Treaties , S. 604, Rn. 93.
2082 IGH, Right of Passage over Indian Territory (Portugal v. India), Urteil v. 26.11.1957, ICJ Rep S. 125, Rn. 142.

en schattiert.[2083] In gewisser Hinsicht kann dem EuGH also unterstellt werden, durch völkerrechtsfreundliche Anwendung der entscheidenden internationalen Regelungen gleichzeitig in völkerrechtsfeindlicher Weise realpolitische Interessenspolitik der Union unter den Deckmantel der völkerrechtlichen und heuristischen Interpretation der einschlägigen Regelungen zu stellen.[2084] *Hilpold* analysiert diesbezüglich zutreffend und weist zu Recht auf die äußerst dialektische Logik des Gerichtshofes hin, nach welcher in konsequenter Lesart des Urteils nicht sein kann, was nicht sein darf.[2085] *Van der Loo* und *Kassoti* kritisieren in gebotener Schärfe, dass die Argumentation des EuGH auf der bemerkenswerten Annahme beruht, dass es nach Ansicht des Gerichthofes undenkbar ist, dass die EU nicht in gutem Glauben oder völkerrechtswidrig handeln würde.[2086] Die Pflicht der Union, Völkerrecht zu wahren und nicht dagegen zu verstoßen, wurde vom EuGH hier durch die extensive und primäre Anwendung des Art. 31 Abs. 3 lit. c WVK dahingehend auf ein konstruiertes normatives Podest emporgehoben, auf welchem es nach Ansicht des EuGH keinen Platz für etwaige tatsächliche Völkerrechtsverletzungen der Unionsorgane gibt.[2087] Zudem betonte er zwar die Relevanz des Selbstbestimmungsrechts des Volkes der Westsahara, indem er diesem die Rechtsposition eines Dritten im Sinne von Art. 34 WVK einräumte. Er umging damit allerdings auch gleichzeitig die Frage, ob das Selbstbestimmungsrecht möglicherweise einen Ius-cogens-Grundsatz

---

2083 Ähnlich *Kassoti*, Between Sollen and Sein: The CJEU's reliance on international law in the interpretation of economic agreements covering occupied territories, 33 Leiden Journal of International Law (2020), 371 (384 f.). So auch bereits *Jenks*, The Conflict of Law-Making Treaties, 30 BYIL (1953), 401 (403).

2084 Trotz der aus Völkerrechtssicht äußerst vorsichtigen Vorgehensweise des Gerichtshofs brach Marokko nach Veröffentlichung des Urteils zunächst die politischen und diplomatischen Beziehungen zur EU ab, was die äußerst aufgeladene politische Dimension der Rechtsstreitigkeit in offensichtlichster Weise unterstreicht, *Kassoti*, Between Sollen and Sein: The CJEU's reliance on international law in the interpretation of economic agreements covering occupied territories, 33 Leiden Journal of International Law (2020), 371 (372).

2085 *Hilpold*, Self-determination at the European Courts: The Front Polisario Case or "The Unintended Awakening of a Giant", 2 European Papers (2017), 907 (916).

2086 *Kassoti*, Between Sollen and Sein: The CJEU's reliance on international law in the interpretation of economic agreements covering occupied territories, 33 Leiden Journal of International Law (2020), 371 (382); *Van der Loo*, Law and Practice of the EU's Trade Agreements with 'Disputed' Territories: A Consistent Approach?, in: Govaere/Garben (Hrsg.), The Interface Between EU and International Law, S. 16.

2087 Vgl. *Kassoti*, The ECJ and the art of treaty interpretation: Western Sahara Campaign UK, 56 Common Market Law Review (2019), 209 (223 f.)

darstellt und ein Abkommen ohne Zustimmung des Volkes somit nach
Art. 53 WVK nichtig wäre. Daher muss sich der Gerichtshof berechtigter-
weise der Kritik stellen, dass er im Rahmen der gerichtlichen Überprüfung
der Vereinbarkeit der internationalen Abkommen der EU mit dem Völkerrecht alle Konflikte zwischen dem, was die EU nach dem Völkerrecht tun
sollte bzw. verpflichtet ist zu tun, und dem, was sie bei der Anwendung
eines Abkommens tatsächlich tut, durch das hier judizierte viel zu weit
gehende Verständnis von Art. 31 Abs. 3 lit. c WVK und der fälschlicherweise
getätigten Annahme des Stufenverhältnisses zwischen den Auslegungsmethoden des Art. 31 WVK weginterpretiert hat.[2088]

ff) Zwischenergebnis

Die Auslegung des EuGH hat nichtsdestotrotz für den europäischen
Rechtsraum große Bedeutung, besonders durch die europarechtliche Verrechtlichung und Verankerung des Selbstbestimmungsrechts. Dieses hat
der EuGH als relevante Regelung iSv. Art. 31 Abs. 3 lit. c WVK eingestuft.
Zum einen wurde dadurch statuiert, dass ein NSGT einen eigenen und
gesonderten Rechtsstatus besitzt und dadurch die Einbeziehung dieses
Gebietes in ein Abkommen, welches von der EU verhandelt worden ist
und in dem dem Drittstaat unterfallenden Staatsgebiet Anwendung finden
soll, nicht möglich ist. Zum anderen ist insbesondere durch die vom
EuGH bestätigte Anwendbarkeit des Art. 34 WVK bzw. dem diesem Artikel zugrundliegenden Pacta-tertiis-Grundsatz die vom Selbstbestimmungsrecht geforderte Partizipation des Volkes der Westsahara, die auch *Corell*
bereits 2002 forderte, erstmalig institutionalisiert und in verbindlicher Art
und Weise judiziert worden. Wie sich in der Verwaltungspraxis der Unionsorgane zeigen sollte, bereitete diese Feststellung große Probleme im
realpolitischen Umgang mit dem marokkanischen Königreich. Nunmehr
ist für die Einbeziehung der Gebiete der Westsahara in die Abkommen
zwischen der Union und Marokko nicht nur die Konsultation des Volkes
notwendig, sondern sogar die Zustimmung, um Rechtswirkung entfalten

---

2088 Vgl. *Kassoti*, Between Sollen and Sein: The CJEU's reliance on international law in
the interpretation of economic agreements covering occupied territories, 33 Leiden
Journal of International Law (2020), 371 (384).

zu können.[2089] Diese konsequente und mutige Rechtsfortbildung in strenger Anwendung des Selbstbestimmungsrechts ist, trotz aller Kritik hinsichtlich der Auslegungsmethoden des EuGH und des Vorwurfs, dem sich der Gerichtshof richtigerweise ausgesetzt gesehen hat durch seine De-facto-Legitimierung des Vorgehens der Unionsorgane „to avoid being drawn into political storms", hervorhebenswert.[2090] Sie leistet einen gleichzeitig zögerlichen, aber entscheidenden Beitrag zum effektiven Rechtsschutz des sahrawischen Volkes.[2091]

3. Das EuGH-Urteil in der Rechtssache C-266/16 (2018)

2018 entschied der EuGH[2092] über die Gültigkeit des partnerschaftlichen Fischereiabkommens zwischen der Europäischen Gemeinschaft und dem Königreich Marokko (Fischereiabkommen)[2093], des Protokolls zwischen der Europäischen Union und dem Königreich Marokko zur Festlegung der Fangmöglichkeiten und der finanziellen Gegenleistung nach dem Fischereiabkommen (Protokoll)[2094] und der Verordnung (EU) Nr. 1270/2013 des Rates[2095] über die Aufteilung der Fangmöglichkeiten nach dem Protokoll von 2013.

a) Entscheidung des EuGH

Der EuGH beantwortete die Frage, ob die Rechtsakte wirksam seien, positiv, indem er erneut den Anwendungsbereich dieser bezüglich der Westsahara verneinte. Dabei griff er auf die eben dargelegten Auslegungsmethoden zurück, speziell auf die in Art. 31 WVK niedergelegten Völkergewohnheitsrechtssätze. Er legte folglich die in Art. 11 des Abkommens verwendeten Begriffe „Gebiet Marokkos und die Gewässer unter der Gerichtsbarkeit

---

2089 Siehe hierzu § 4. A. III. 4. zur Neuverhandlung der mit Marokko zu verlängernden Abkommen, inbesondere zum Fischereiabkommen.
2090 *Kassoti*, The Court of Justice´s Selective Reliance on International Rules on Treaty Interpretation, 2 European Papers (2017), 23 (41).
2091 *Kassoti*, The Court of Justice´s Selective Reliance on International Rules on Treaty Interpretation, 2 European Papers (2017), 23 (41).
2092 EuGH, Urteil v. 27.2.2018, ECLI:EU:C:2018:118.
2093 Europäisches ABl. 2006, L 141 v. 29.5.2006, 4.
2094 Europäisches ABl. 2013, L 328 v. 7.12.2013, 2.
2095 Europäisches ABl. 2013, L 328 v. 7.12.2013, 40.

Marokkos" und den in Art. 5 und in Art. 2 a des Abkommens näher definierten Begriff „marokkanische Fischereizone" als „die Gewässer unter der
Hoheit oder der Gerichtsbarkeit Marokkos" zu verstehen aus. Dabei stellte
der EuGH fest, dass die Regelungen des Seerechtsübereinkommens Anwendung finden, indem diese bindendes Recht für die Union darstellen[2096],
explizit in Art. 5 Abs. 4 des Abkommens miteinbezogen sind und somit
als weitere Auslegungsquelle dienen.[2097] Die Intention des Abkommens,
nämlich die seit Jahren bestehende Zusammenarbeit zu verstärken, ist der
Präambel zu entnehmen und wird durch Art. 1 des Zusatzprotokolls dahingehend bestärkt, dass das Fischereiabkommen im Rahmen des Assozierungsabkommens geschlossen worden ist, wobei das Protokoll iSd. Art. 31
III a WVK als spätere Übereinkunft zu sehen ist, die zwingend bei der
Auslegung Berücksichtigung finden muss.[2098]

aa) Gebiet Marokkos

Daher legte der EuGH die Formulierung „Gebiet Marokkos" aus Art. 11 des
Fischereiabkommens so aus wie die Formulierung „Gebiet des Königreichs
Marokkos" aus Art. 94 des Assoziationsabkommens und kam folglich unter
Berücksichtigung seiner Argumentation aus dem Verfahren 2016 zu dem
Schluss, dass diese keinesfalls dahingehend ausgelegt werden kann, dass
die Westsahara in den Anwendungsbereich des Fischereiabkommens fallen
kann.[2099]

bb) Gewässer unter der Gerichtsbarkeit Marokkos

Da das Abkommen jedoch nach Art. 11 auch bezüglich der „Gewässer unter
der Gerichtsbarkeit Marokkos" gilt und diese Formulierung nicht im Assoziierungsabkommen gewählt wurde, musste diese erstmalig ausgelegt werden, was sich nach den Regelungen des SRÜ richtet. Art. 2 I SRÜ bestimmt,
dass die *Souveränität* abseits des Landgebietes sich auf das angrenzende
Küstenmeer beschränkt bzw. seiner ausschließlichen Wirtschaftszone nach

---

2096 Ratsbeschluss, 98/392/EG v. 23.3.1998, Europäisches ABl. 1998, L 179, 1.
2097 EuGH, 2018 (Fn. 55), Rn. 57.
2098 EuGH, 2018 (Fn. 55), Rn. 60.
2099 EuGH, 2018 (Fn. 55), Rn. 61 f.

Art. 56 I a SRÜ.[2100] Da die Westsahara nicht Teil Marokkos ist und dessen Souveränität nicht unterliegt, kann sich im Umkehrschluss aus Art. 2 I, 56 I a SRÜ und der Anwendung von Art. 29 WVK und Art. 34 WVK nur ergeben, dass die an die Westsahara angrenzenden Gewässer nicht „marokkanische Fischereizone" iSd. Art. 2 a bzw. Art 11 des Fischereiabkommens sind.[2101]

cc) Implikationen des Urteils

Im Hinblick auf den materiell-rechtlichen Aussagegehalt änderte sich im Vergleich zum Urteil aus 2016 faktisch nur die Auslegung hinsichtlich des erweiterten Anwendungsbereichs des Abkommens bezüglich der Gewässer des Königreichs Marokko. Der EuGH stellte fest, dass die von der EU und Marokko gewählten Vertragsklauseln nach dem SRÜ auslegungsfähig sind und kam erneut durch Anwendung von Art. 29, Art. 31 Abs. 3 lit. c sowie Art. 34 WVK zu dem Ergebnis, dass die Westsahara nicht in das streitgegenständliche Abkommen miteinbezogen worden ist.[2102] Die Ausdehnung auf das Gebiet der Westsahara stellt einen Verstoß gegen das Selbstbestimmungsrecht der Bevölkerung der Westsahara dar sowie einen Verstoß gegen den Grundsatz *pacta tertiis nec nocent nec prosunt* aus Art. 34 WVK, was bei der Auslegung zwingend beachtet werden muss.[2103] Dies kann nur umgangen werden, indem die Zustimmung des Volkes der Westsahara eingeholt wird.[2104] Dass das Abkommen und die Protokolle tatsächlich auf das Gebiet der Westsahara angewendet worden sind, kann bei der völkerrechtlichen Auslegung folglich aus den zwingend zu beachtenden Regeln des Völkerrechts aus Sicht des Gerichtshofs (erneut) keine Rolle spielen.[2105] Damit unterlag er der selben fehlerhaften dogmatischen Auslegung des Art. 31 WVK wie schon im Verfahren 2016. Diesbezüglich ist vollumfänglich auf die bereits erfolgte Kritik an anderer Stelle dieser Arbeit zu verweisen.[2106] Erneut stärkte der EuGH allerdings in faktischer Hinsicht die Westsahara, indem er erklärte, dass es für die EU nicht möglich sei, völkerrechtlich bindende Verträge für das Gebiet der Westsahara

---

2100 EuGH, 2018 (Fn. 55), Rn. 67.
2101 EuGH, 2018 (Fn. 55), Rn. 72 f.
2102 EuGH, 2018 (Fn. 55), Rn. 63.
2103 EuGH, 2018 (Fn. 55), Rn. 63 f.
2104 Vgl. EuGH, 2018 (Fn. 55), Rn. 63.
2105 EuGH, 2018 (Fn. 55), Rn. 71 f.
2106 Vgl. § 4. A. III. 2. c).

mit Marokko abzuschließen, sofern die Auslegung des Abkommens ergibt, dass gegen wesentliche Grundsätze des Völkerrechts, in concreto gegen das Selbstbestimmungsrecht der Völker, verstoßen werde.[2107]

Zwar hat der EuGH in beiden Urteilen nicht von einer Besatzung Marokkos gesprochen und damit die genauen normativen Voraussetzungen für eine rechtsverbindliche Vereinbarung nicht präzisiert. Jedoch kann man den Urteilen entnehmen, dass dem Grundsatz der Selbstbestimmung Rechnung getragen werden müsse, also die Nutzung natürlicher Ressourcen der Bevölkerung des Hoheitsgebiets ohne Selbstregierung zugutekommen *und* die Konsultation des Volkes der Westsahara erfolgen und dieses einem etwaigen Abkommen zustimmen müsse. Das kumulative Vorliegen beider Voraussetzungen wird dem Grundcharakter des Rechts auf Selbstbestimmung unter Bezugnahme der normativen Verpflichtungen, die an NSGTs durch Art. 73 UN-Charta gestellt werden, am ehesten gerecht und sollte große Auswirkungen auf die Rechtspraxis der Union haben.[2108]

b) Zwischenergebnis

Mit Blick auf Art. 34 WVK hat der EuGH erneut die Zustimmung des Volkes der Westsahara bzw. deren Vertreter gefordert.[2109] Im Hinblick auf die besondere Stellung der Westsahara als NSGT im Prozess einer mittlerweile seit über 60 Jahren andauernden Dekolonisierung, dem Selbstbestimmungsrecht der Sahrawis, dem Recht der Sahrawis auf die natürlichen Ressourcen des Gebietes, der Mitgliedschaft der DARS in der AU und der damit einhergehenden Anerkennung als Staat durch Dutzende Staaten weltweit und schließlich auf die Tatsache, dass die Polisario anerkanntes Vertretungsorgan der sahrawischen Bevölkerung ist, sprechen diese Faktoren für die konsequente Anwendung des Grundsatzes *pacta tertiis nec nocent nec prosunt* und für die Ansicht des EuGH.

2107 EuGH, 2018 (Fn. 55), Rn. 73, 82–85.
2108 EuGH, 2016 (Fn. 55), Rn. 105 f.; Unter Berücksichtigung der Rspr. nun auch das Europäische Parlament, EP, B8-0100/2019 v. 7.2.2019, Punkt B; Siehe ausführlich zu den Folgen der Entscheidung des Gerichtshofs § 4. A. III. 2. c).
2109 Vgl. EuGH, 2016 (Fn. 55), Rn. 100–107; EuGH, 2018 (Fn. 55), Rn. 63.

4. Die Reaktion der Union auf die Urteile der europäischen Gerichtsbarkeit

Mit Auslaufen des Protokolls vom 15.7.2014 am 14.7.2018 wurden bereits in den vorausgegangenen Monaten des Jahres 2018 intensive Verhandlungen zur Erneuerung des Protokolls geführt. Dies geschah, um vor allem den Erfordernissen der Rechtsprechung des EuGH zu genügen, der feststellte, dass bilaterale Abkommen zwischen der EU und Marokko nicht auf die Westsahara angewendet werden können, wenn sie so ausgefertigt und abgeschlossen würden wie die vergangenen Abkommen.[2110] Daher war spätestens nach dem 2018er Urteil des EuGH ersichtlich, dass die Kommission die Westsahara explizit mit in den Geltungsbereich des Abkommens mitaufnehmen müsste, sofern die Gewässer der Westsahara weiterhin und nicht nur de facto und entgegen der Rechtsprechung des EuGH in den territorialen Anwendungsbereich miteinbezogen werden sollen. Dabei stellte sich freilich dieselbe Problematik wie auch schon in vorherigen Abkommen, nämlich der zumindest offiziell bestehende Dissens der EU und Marokkos hinsichtlich des rechtlichen Status der Westsahara. Die EU ist, trotz ihrer teils faktisch ambivalenten Haltung noch immer offiziell der Meinung, dass die Westsahara ein NSGT ist, welches nach dem Grundsatz der Selbstbestimmung entkolonialisiert werden soll und daher einen besonderen, vor allem aber von Marokko gesonderten Status im internationalen Recht genießt.[2111] Dieser Status wurde 2018 noch von der gesamten internationalen Gemeinschaft allgemein anerkannt, nur nicht von Marokko selbst, das die Westsahara stets als Gebiet der eigenen territorialen Souveränität behandelt hat und als Souverän dieses Gebietes auch die in Frage stehenden vorherigen Abkommen mit der EU geschlossen hat.[2112] Zudem stellte sich eine weitere, ebenfalls grundsätzliche Frage hinsichtlich des Abkommens in seiner allgemeinen Gültigkeit, nämlich ob die ausdrückliche Anwendung des Abkommens und des Protokolls auf die Westsahara mit den völkerrechtlichen Verpflichtungen der EU im Einklang steht. Dies galt insbesondere hinsichtlich der Grundsätze der Selbstbestimmung, der dauerhaften Souveränität über die natürlichen Ressourcen und der Verpflichtungen zur Nichtanerkennung und Nichtunterstützung völkerrechtswidriger Situatio-

---

nen.[2113] Hierzu war neben einer expliziten Einbeziehungsklausel ebenfalls nach Rechtsprechung des EuGH erforderlich, dass das sahrawische Volk konsultiert wird und es dem Abkommen zustimmen kann.[2114]

In Anbetracht der komplexen politischen und sozioökonomischen Situation in der Westsahara, der schwierigen Situation hinsichtlich der demographischen Entwicklung des Gebietes unter Berücksichtigung der gegen Art. 49 Abs. 6 GK IV verstoßenden Siedlungspolitik Marokkos, vor allem aber aufgrund der realpolitischen Umstände und der klaren Positionierung der EU-Organe in den vergangenen Jahrzehnten hinsichtlich des Westsaharakonflikts, war es von Anfang an äußerst fraglich, ob die angestrebten Bemühungen der EU tatsächlich die Einhaltung der internationalen Verpflichtungen der EU in Relation zur Westsahara gewährleisten können oder wollen.[2115] Eines der größten Probleme für einen erfolgreichen Konsultationsprozess stellt gewiss die Frage der tatsächlichen Mitglieder des sahrawischen Volkes dar, welche aufgrund des Zustroms marokkanischer Bürger in den letzten Jahrzehnten und der großen Zahl von Sahrawis, die in Flüchtlingslagern außerhalb Marokkos leben, nicht nur territorial, sondern auch rechtlich voneinander getrennt sind. Dieses Problem hat nicht nur die MINURSO schlussendlich zum Scheitern gebracht, sondern auch den gesamten politischen Prozess zur Lösung des Konfliktes und zur Abhaltung des Referendums blockiert. Daher bot sich bereits bei der Frage, wer konsultiert werden kann, soll bzw. muss für die EU-Organe freilich eine äußerst heikle und fragile Ausgangslage dar. Die auf der Hand liegende Lösung, nämlich die Partizipation, Konsultation und die ebenfalls erforderliche Zustimmungseinholung des sahrawischen Volkes über seine von der UN anerkannte Vertreterin, der Polisario, war für die EU von vornherein nicht zielführend und erfolgversprechend. Zum einen legte die Polisario stets lautstarken Widerspruch gegen die Vorgängerabkommen ein, welcher auch hinsichtlich potentieller neuer Abkommen präventiv eingelegt wurde. Zum anderen hat Marokko Verhandlungen mit der Polisario über die Gebiete der Westsahara mit der EU stets kategorisch ausgeschlossen.[2116]

2113 Vgl. § 3. A. IV. 2.; *Prickartz*, The European Union's Common Fisheries Policy, the Right to Self-determination and Permanent Sovereignty over Natural Resources, The International Journal of Marine and Coastal Law 35 (2020), 82 (102).

2114 Vgl. EuGH, 2016 (Fn. 55), Rn. 106; EuGH, 2018 (Fn. 55), Rn. 63.

2115 Vgl. *Prickartz*, The International Journal of Marine and Coastal Law 35 (2020), 82 (102).

2116 *Lovatt*, Western Sahara, Morocco, and the EU: How good law makes good politics, European Council on Foreign Relations, https://ecfr.eu/article/western-sahara

Daher stellte sich bereits zum Anfang des Konsultationsprozesses das Dilemma, dass die allgemein anerkannte Vertretungsmacht des sahrawischen Volkes in Form der Polisario nicht an etwaigen Gesprächen und Verhandlungen partizipieren will bzw. nicht erwünscht ist. Ferner war unklar und äußerst zweifelhaft, ob etwaige Konsultationen mit anderen Vertretern der sahrawischen Zivilgesellschaft die vom EuGH aufgestellten Erfordernisse überhaupt erfüllen können und inwiefern die durch die marokkanischen Siedler veränderte demographische Lage bewertet werden müsste.[2117] Diesen Weg der Konsultation mutmaßlich legitimer Vertreter des sahrawischen Volkes wählte die Kommission schlussendlich aber und war der Ansicht, dass sie alles Erforderliche und Mögliche getan habe, um einen Konsultationsprozess im Sinne der vom EuGH aufgestellten rechtlichen Hürden geführt zu haben.[2118]

-morocco-and-the-eu-how-good-law-makes-good-politics/, zuletzt abgerufen am 15.6.2024.

2117 Dabei stand vor allem im Fokus der Kritik, dass die EU-Organe die Begrifflichkeiten „population" und „people" beliebig verwendeten und aus den einschlägigen Dokumenten nicht hervorgeht, ob tatsächlich das Volk der Westsahara konsultiert werden soll oder eben die Bevölkerung. Auch in Stellungnahmen von EU-Mitgliedstaaten, die sich kritisch zum Vorgehen der EU im Rat äußersten, werden diese Termini nicht sauber voneinander getrennt, obwohl die Auswirkungen von fundamentaler Natur sind. Der EuGH hat in seinem Urteil zumindest anklingen lassen, dass er die Polisario als fähig ansieht, das Volk der Westsahara zu repräsentieren: „Insoweit hat der Internationale Gerichtshof in seinem Gutachten über die Westsahara hervorgehoben, dass die Bevölkerung dieses Gebiets nach dem Allgemeinem Völkerrecht das Recht auf Selbstbestimmung hat (siehe oben, Rn. 90 und 91), zumal die Generalversammlung der UNO in Nr. 7 ihrer oben in Rn. 35 angeführten Resolution 34/37 über die Frage der West-Sahara empfohlen hatte, dass der Front Polisario „als Vertret[er] des Volkes der West-Sahara ohne Einschränkungen an allen Bemühungen um eine gerechte, dauerhafte und endgültige politische Lösung der Frage der West-Sahara ... mitwirken sollte", wie das Gericht in Rn. 14 des angefochtenen Urteils ausgeführt und die Kommission vor dem Gerichtshof noch einmal in Erinnerung gerufen hat. EuGH, 2016 (Fn. 55), Rn. 105. Wie bereits dargestellt, ist die Polisario im Westsahara-Konflikt einziger Verhandlungs- und Gesprächspartner für die jeweiligen UN-Organe und ist als solcher ebenfalls von Marokko durch die jahrzehntelang andauernden Verhandlungen zumindest implizit anerkannt, da Marokko bis dato mit keiner anderen Entität verhandelt hat.

2118 Hierzu äußerste sich das EuG im September 2021 und sorgte zunächst für Klarheit. Das Urteil wurde allerdings vom Rat und der Kommission als falsch empfunden, weshalb Berufung gegen das Urteil eingelegt wurde und eine endgültige Klärung dieser Frage somit erneut verschoben worden ist. Ein Urteil des EuGH in dieser Sache ist für Ende 2024 zu erwarten.

a) Auswirkungen auf das Assoziierungsabkommen / Liberalisierungsabkommen/ Fischereiabkommen

Relativ zeitgleich zur Erneuerung des Protokolls des Fischereiabkommens und im Anschluss an das erste Urteil des EuGH zur Westsahara-Politik der Union wurde die Kommission vom Rat zur Aufnahme von Verhandlungen im Namen der EU mit Marokko im Hinblick auf den Abschluss eines internationalen Abkommens zur Änderung der Protokolle Nrn. 1 und 4 des Assoziierungsabkommens ermächtigt.[2119] Im Rahmen der neu zu führenden Verhandlungen mit Marokko forderte der Rat die Kommission zum einen dazu auf, dafür zu sorgen, dass die von dem geplanten internationalen Abkommen betroffenen Bevölkerungsgruppen angemessen einbezogen werden. Zum anderen sollte sie die möglichen Auswirkungen des Abkommens auf die nachhaltige Entwicklung der Westsahara bewerten, insbesondere die Vorteile für die lokalen Bevölkerungsgruppen und die Auswirkung der Nutzung der natürlichen Ressourcen auf die betroffenen Gebiete evaluieren.[2120] Entscheidend aus dem Urteil des EuGH für die Kommission war, dass der EuGH feststellte, dass ein Konsultationsprozess tatsächlich stattfinden muss und aufgrund dessen eine Bewertung der Nützlichkeit des Abkommens für die sahrawische Bevölkerung und deren Interessenwahrung zu erfolgen hat. Nicht mehr ausreichend mithin war also die bisherige Praxis der antizipierten Interessensverteilung aufgrund rein monetärer Vorteilhaftigkeiten, die sich eventuell aus dem Abkommen ergeben könnten. Ob sich die Kommission allerdings auch an die strenge Voraussetzung hinsichtlich der tatsächlichen Zustimmung des sahrawischen Volkes halten wollte, ist äußerst fraglich, da die Kommission selbst nur von Konsultationsprozessen sprach und das Hauptaugenmerk noch immer auf die Nützlichkeit und Vorteile des Abkommens für die „Bevölkerung" der Westsahara legte.[2121] Durch das Urteil des EuGH mussten zunächst

---

2119 Europäische Kommission, COM(2018) 481 final v. 11.6.2018, S. 1 f.

2120 Europäische Kommission, COM(2018) 481 final v. 11.6.2018, S. 1 f.

2121 Europäische Kommission, COM(2018) 678 final v. 8.10.2018, S. 1, 2 und insbesondere 4 f.; Die Kommission versuchte in ihrem Abschlussbericht zum Konsultationsprozess den Begriff des Volkes der Westsahara als strittig darzustellen, SWD(2018) 346 final v. 11.6.2018, S. 9. Allerdings verkennt der Bericht dabei, dass ausschließlich Sahrawis Träger des Selbstbestimmungsrechts sein können, und rechtfertigt unter Bezugnahme auf die schwierige und für die EU unüberschaubare demographische Lage die Miteinbeziehung möglicherweise nicht originär aus der Westsahara stammender Menschen in den Konsultationsprozess. Damit schafft die EU ein rechtlich nicht hinnehmbares Präjudiz, indem das Selbstbestimmungs-

alle gewährten Zollpräferenzen für Produkte aus der Westsahara in den europäischen Wirtschaftsraum eingestellt werden, was weder im Interesse der EU noch Marokkos lag. Daher sollten die erforderlichen Änderungen im Sinne der rechtlichen Voraussetzungen für einen sowohl EU-rechtlich konformen als auch völkerrechtlich konformen Handel mit jenen Produkten schnellstmöglich umgesetzt werden.[2122]

b) Der Konsultationsprozess der Kommission zu den zu erneuernden Abkommen

Daraufhin begab sich die Kommission in einen mehrmonatigen Konsultationsprozess mit Interessengruppen in Marokko und der Westsahara.[2123] Bereits am 21.12.2016 gab die Hohe Vertreterin der EU und Vizepräsidentin der Kommission, *Federica Mogherini*, eine gemeinsame Erklärung mit dem marokkanischen Außenminister ab, in der beide ihre Absicht betonten,

---

recht der Sahrawis zum einen nicht in seiner rechtmäßigen Tragweite anerkannt und darüber hinaus sogar auf Nicht-Rechtsträger erweitert wird und damit der Sinngehalt, vor allem aber die Verbindlichkeit des Selbstbestimmungsrechts für die EU verwischt wird. Die Kommission geht also davon aus, dass es ungeklärt ist, wer tatsächlich zu konsultieren sei und beruft sich dabei auch auf die praktischen Schwierigkeiten, die sich ihr im Verhandlungsprozess des Abkommens, aber auch der UN als primär zuständige Institution im Laufe des Westsahara-Konfliktes stellen. Dem ist aber das eindeutige und für die Kommission rechtsverbindliche Urteil des EuGH entgegenzuhalten, in welchem dieser feststellte, dass „das Volk der Westsahara daher als „Dritter" im Sinne des Grundsatzes der relativen Wirkung von Verträgen anzusehen[ist]. Beim Einschluss des Gebiets der Westsahara in den Geltungsbereich des Assoziationsabkommens kann es als ein solcher Dritter durch die Durchführung des Abkommens betroffen sein, ohne dass ermittelt werden müsste, ob diese ihr schaden oder vielmehr nützen könnte. In beiden Fällen müsste die Durchführung des Abkommens nämlich mit Zustimmung des Dritten erfolgen. Im vorliegenden Fall ist aus dem angefochtenen Urteil aber nicht ersichtlich, dass das Volk der Westsahara eine solche Zustimmung erklärt hätte.", EuGH, 2016 (Fn. 55), Rn. 106.

2122 Vgl. Europäische Kommission, SWD(2018) 346 final v. 11.6.2018, S. 8; *Hinz*, Die Westsahara: Hoheitsgebiet ohne Selbstregierung und was daraus für die Wirtschaftsabkommen der EU mit Marokko folgt, in: Tavakoli/Hinz/Ruf/Gaiser (Hrsg.), Westsahara - Afrikas letzte Kolonie, S. 92.

2123 Der Konsultationsprozess zum Fischereiabkommen entspricht als solcher im Wesentlichen dem des Assoziationsabkommens, weshalb sich primär auf den ersteren konzentriert wird, vgl. Europäische Kommission, SWD(2018) 346 final v. 11.6.2018 und Europäische Kommission, COM(2018) 678 final v. 8.10.2018; *Sievert*, Handel mit umstrittenen Gebieten, S. 288–292.

das Urteil zu prüfen und die Protokolle des Agrar-Abkommens im Sinne des Urteils zu ändern. Dabei wurde vor allem die wichtige Partnerschaft der EU und Marokkos in den Vordergrund gestellt und die guten und fundamentalen Beziehungen beider Entitäten zueinander betont.[2124] Um den Anforderungen des Urteils gerecht werden zu können, hat die Kommission in den Neuverhandlungen und der Abänderung der Protokolle versucht, sowohl nachzuweisen, dass die Wirtschaft der Westsahara vom Handel mit der EU profitiert hat, als auch, dass die Bevölkerung der Westsahara vor Abschluss konsultiert wurde. Die Kommission hat im Jahr 2017 eine Ex-post-Bewertung des Vorgängerprotokolls, welches von 2014–2018 Rechtskraft entfaltete, sowie eine Ex-ante-Betrachtung und Bewertung eines nachfolgenden neuen Protokolls durchgeführt.[2125]

Die Ergebnisse dieser Prozesse und Bewertungen wurden in dem Kommissions-Bericht vom 11.6.2018 unter dem Arbeitstitel „die Vorteile der Ausdehnung von Zollpräferenzen auf Erzeugnisse mit Ursprung in der Westsahara für die Bevölkerung der Westsahara und über die Konsultation dieser Bevölkerung" vorgestellt und am selben Tag in einem Vorschlag für eine Kommissionsentscheidung formell eingebracht.[2126] Mit diesem Vorschlag hat die Kommission Änderungen an den Protokollen 1 und 4 des EU-Marokko-Assoziierungsabkommens vorgenommen, um den Verpflichtungen aus dem Urteil des Gerichtshofs vom 21. Dezember 2016 nachzukommen und eine explizite Rechtsgrundlage für die Gewährung von Präferenzen für Waren aus der Westsahara zu schaffen. Dabei versuchte die Kommission sicherzustellen, dass einerseits der Handel mit Produkten aus der Westsahara nicht beeinträchtigt wird und andererseits, gleichzeitig den Zugang für Waren und Produkte aus der Westsahara zum EU-Markt auf einem stabilen Niveau zu halten. Dieser Vorschlag steht nach Ansicht der Kommission im Einklang mit ihrer damaligen Außenhandelspolitik und wies darauf hin, dass die europäischen Zollbehörden bis zum 21.12.2016 – dem Datum des Urteils des Gerichtshofs in der Rechtssache C-104/16 P – de facto Präferenzen für Waren aus der Westsahara gewährten, deren marokkanischer Ursprung bescheinigt wurde.[2127] Dieser Status quo sollte auch weiterhin

---

2124 *Suarez-Collado/Contini*, The European Court of Justice on the EU-Morocco agricultural and fisheries agreements: an analysis of the legal proceedings and consequences for the actors involved, The Journal of North African Studies, 10.

2125 Europäische Kommission, COM(2018) 678 final v. 8.10.2018, S. 4.

2126 Europäische Kommission, SWD(2018) 346 final v. 11.6.2018; Europäische Kommission, COM(2018) 481 final v. 11.6.2018.

2127 Europäische Kommission, COM(2018) 481 final v. 11.6.2018, S. 2.

aufrechterhalten werden, weshalb die Kommission argumentiert, dass Marokko oder der Westsahara keine neuen Handelspräferenzen zusätzlich zu denjenigen gewährt werden, die vor dem 21. Dezember 2016 de facto gewährt wurden. Vielmehr gehe es lediglich darum, den geografischen Geltungsbereich der Präferenzen auszuweiten, nicht aber darum, ihren Umfang oder die von ihnen erfassten Waren zu ändern. Im Rahmen dessen sollte insbesondere die wirtschaftliche Entwicklung der Westsahara gefördert werden, indem ihre Ausfuhren in die EU nun auch de jure genauso behandelt werden wie die Ausfuhren von Waren marokkanischen Ursprungs, allerdings auch als solche Waren aus der Westsahara gekennzeichnet werden sollen, worin der entscheidende und wesentliche Unterschied zu Vorgängerabkommen lag.[2128] Die Kommission führte weiter aus, dass das Abkommen verhindern solle, dass die Westsahara einen Wettbewerbsnachteil erleidet und Investitionsmöglichkeiten gegenüber den Nachbarländern verpasst, die aus anderen Assoziierungsabkommen oder etwaigen Präferenzsystemen in den Genuss von Zollpräferenzen kommen.[2129] Weiter ist sie der Ansicht, dass jedes Abkommen über die Westsahara nur vorläufig ist, bis der Konflikt im Rahmen der Verhandlungen der Vereinten Nationen und im Einklang mit den einschlägigen Resolutionen des UN-Sicherheitsrats beigelegt ist. Daher sei es unschädlich, dass Marokko eine konträre Ansicht zur Situation der Westsahara vertrete und das Abkommen unbeschadet der jeweiligen Standpunkte der Europäischen Union und Marokkos in Bezug auf den Status der Westsahara geschlossen werden könne.[2130]

aa) Das Gutachten des Wissenschaftlichen Dienstes des Rates

Sowohl im Vorfeld der Erneuerung des Assoziationsabkommens als auch des Fischereiabkommens, haben sich die jeweiligen Wissenschaftlichen Dienste des Rates[2131] und des Europäischen Parlamentes[2132] fast zeitgleich

---

2128 Europäische Kommission, COM(2018) 481 final v. 11.6.2018, S. 2.
2129 Europäische Kommission, COM(2018) 481 final v. 11.6.2018, S. 2.
2130 Europäische Kommission, COM(2018) 481 final v. 11.6.2018, S. 2.
2131 *Juristischer Dienst des Rates*, Gutachten v. 7.11.2018 (unveröffentlicht), geleaked auf https://wsrw.org/en/archive/4329, zuletzt abgerufen am 15.6.2024.
2132 *Juristischer Dienst des Europäischen Parlaments*, SJ-0506/18 v. 13.9.2018 (unveröffentlicht). Der Ausschuss für internationalen Handel des Europäischen Parlaments stellte dem Wissenschaftlichen Dienst sechs Fragen: 1. According to the Court´s judgment in the Case C-104/16P, under which conditions would it be possible to apply tariff preferences to products originating in Western Sahara, and to ensure

und erneut mit den Fragestellungen zur Völkerrechtsmäßigkeit bzw. Europarechtsmäßigkeit der Abkommen im Lichte der jüngsten EuGH-Entscheidungen auseinandergesetzt. Im Folgenden werden die wesentlichen Aspekte beider Gutachten zusammengefasst, bewertet und die Erkenntnisse mit Hilfe der Arbeitsunterlagen der Kommission in den politischen Kontext der Verhandlungen eingebettet.

Durch die rechtlich bindenden EuGH-Entscheidungen geriet die EU erstmalig unter rechtlichen Druck, der bis dahin durch die ambivalente und umstrittene eigenständige Wirkkraft des Völkerrechts nur politisch gewirkt hatte. Das Urteil aus dem Jahr 2018, welches sich mit dem partnerschaftlichen Fischereiabkommen zwischen den beiden Parteien beschäftigte und die Erwägungsgründe des Urteils aus dem Jahr 2016 aufgriff, kam eindeutig zu der Conclusio, dass dieses nicht auf die Westsahara angewendet werden kann, sofern äußerst strenge Parameter nicht erfüllt sind. Am 8.10.2018 legte die Kommission dem Rat nach mehrmonatigen Konsultationen und Verhandlungsrunden Vorschläge für Beschlüsse über die Unterzeichnung und den Abschluss eines neuen Fischereiabkommens, einschließlich eines Briefwechsels und eines neuen Protokolls, mit Marokko vor. Diesen war ein Arbeitspapier der Kommissionsdienststellen beigefügt, welches den Bericht über die Bewertung der Vorteile für die Bevölkerung der Westsahara sowie über die Konsultation dieser Bevölkerung enthielt. Im Rahmen der Vorstellung und Erörterung dieser Vorschläge in der Arbeitsgruppe „Interne und externe Fischerei" und der Arbeitsgruppe „Maschrik/Maghreb" am 11. bzw. 16.10.2018, in welchem die Kommission schließlich das neu ausgehandelte Fischerei-Abkommen präsentierte, welches sich nun erstmalig ausdrücklich auf die Gewässer der Westsahara erstrecken sollte, zweifelten zahlreiche Mitgliedsstaaten an der Rechtmäßigkeit des Abkommens. Daher haben unter anderem Deutschland, Dänemark und Irland den Wissenschaftlichen Dienst des Rates um ein Rechtsgutachten ersucht, in dem bewertet werden sollte, ob das neu vorgeschlagene

---

respect for the related EU requirements, including on food and safety standards? 2. Do the consultations with „people concerned by the EU-Morocco Association Agreement" meet the requirements set by the CJEU of expressing the consent of the people of Western Sahara? 3. According to the Agreement, and the proposed changes thereto, how does the preferential trade regime benefit to the people of Western Sahara? 4. Can the exchange of letters be provisionally applied and under which conditions? 5. What is the effect of a request for an opinion from the Court under Article 218 (11) TFEU on the procedure heading to the conclusion of an international agreement?

Abkommen mit der geltenden EU-Rechtsprechung und dem Völkerrecht in Einklang steht.[2133] Das Gutachten fasste zunächst akkurat und rechtlich nicht zu beanstanden die wichtigsten Punkte der EuGH-Entscheidungen zusammen und kam zu drei unbedingt zu berücksichtigenden rechtlichen Aspekten. Das Gutachten stellte zunächst fest, dass der Grundsatz der Selbstbestimmung einen eigenen und gesonderten Status von nicht selbstverwalteten Gebiete impliziert und dies damit auch für die Westsahara gelten muss.[2134] Als Zweites führt das Gutachten an, dass der EuGH festgestellt hat, dass ein Abkommen, das über den räumlichen Bereich, in welchem der Staat die Gesamtheit der ihm durch das Völkerrecht zuerkannten Befugnisse ausübt, hinaus gelten soll, dies ausdrücklich in einer Klausel vorsehen muss, was in dem fraglichen Abkommen nicht der Fall war.[2135] An dritter Stelle gab das Gutachten die Sicht des EuGH insofern wieder, dass das Volk der Westsahara als Dritter im Sinne des Grundsatzes der relativen Wirkung von Verträgen anzusehen ist. Dies zieht die rechtsintensive Folge nach sich, dass, sofern die Parteien des Abkommens erreichen wollen, dass das Gebiet der Westsahara in den Anwendungsbereich dieses Abkommens fällt, die Zustimmung des Volkes der Westsahara eingeholt werden muss.[2136]

(1) Die rechtliche Würdigung des Abkommens

Zunächst beschäftigte sich der Wissenschaftliche Dienst nachvollziehbar mit dem Erfordernis der Einbeziehungsklausel in dem Abkommen und bewertete diese unter Berücksichtigung der rechtlichen und der tatsächlichen Voraussetzungen. Art. 2a des überarbeiteten Abkommens sieht vor, dass die Bedingungen, unter denen Unionsschiffe in der „Fischereizone" Fischereitätigkeiten ausüben dürfen, in dem Abkommen festgelegt werden müssen. Die „Fischereizone" wiederum ist in Art. 1 h definiert, wonach mit „Fischereizone" „die Gewässer des östlichen Mittelatlantiks zwischen 35°47‘18‘‘ und 20°46‘13‘‘ nördlicher Breite, einschließlich der angrenzenden Gewässer der Westsahara, die sich über alle Bewirtschaftungsgebiete erstre-

---

2133 *Juristischer Dienst des Rates*, Gutachten v. 7.11.2018 (unveröffentlicht), Rn. 1 f.; Western Sahara Resource Watch, Gutachten v. 5.3.2020, abrufbar unter https://wsrw.or g/en/archive/4329, zuletzt abgerufen am 15.6.2024.
2134 EuGH, 2016 (Fn. 55), Rn. 89 ff.
2135 EuGH, 2016 (Fn. 55), Rn. 95.
2136 EuGH, 2016 (Fn. 55), Rn. 100 ff.

cken", gemeint ist.[2137] Das Abkommen legt darüber hinaus in Art. 1 h fest, dass diese Begriffsbestimmung nicht die möglichen Verhandlungen über die Abgrenzung der Gewässer von Küstenstaaten, die an die Fischereizone angrenzen, und generell die Rechte von Drittländern berührt. Diese Bestimmung stellt eine Kompromissklausel zwischen den beiden Parteien hinsichtlich der Verhandlungen über den Status der Westsahara dar und soll damit die beiden sich grundsätzlich offiziell widersprechenden Positionen in Einklang bringen.[2138] Nach Art. 5 des Abkommens dürfen Schiffe unter der Flagge von Unionsstaaten in der unter das vorliegende Abkommen fallenden Fischereizone nur Fischfang betreiben, wenn sie im Besitz einer gemäß diesem Abkommen erteilten Fanggenehmigung sind. Diese wiederum wird ausschließlich von marokkanischen Behörden ausge-

---

2137 Europäische Kommission, COM(2018) 678 final ANNEXES 1 und 2 v. 8.10.2018, S. 5.

2138 Im Schriftwechsel zwischen der Union und dem Königreich Marokko postulieren beide Parteien ihre grundsätzliche Haltung zum Westsahara-Konflikt und vergewissern, dass dieses Abkommen keinen Einfluss auf die jeweilige Position und auf den von der UN geführten Verhandlungsprozess haben wird. In Punkt 17 Abs. 2 heißt es, dass das Abkommen unbeschadet der jeweiligen Standpunkte der Vertragsparteien geschlossen wird. Der Briefwechsel selbst ist nach Art. 1 c und Art. 16 Bestandteil des Abkommens. Konkret wird im Briefwechsel zwischen der Europäischen Union und dem Königreich Marokko, der dem partnerschaftlichen Abkommen über nachhaltige Fischerei zwischen der Europäischen Union und dem Königreich Marokko beigefügt ist, festgehalten, dass die Parteien in Bezug auf die Westsahara ihre Unterstützung für den UN-Prozess und für die Bemühungen des Generalsekretärs bekräftigen, im Einklang mit den Grundsätzen und Zielen der Charta der Vereinten Nationen und auf der Grundlage der Resolutionen des Sicherheitsrates eine endgültige politische Lösung zu finden. Folgend stellen beide Vertragsparteien ihre Haltung hinsichtlich der Westsahara dar, wobei die Union darlegt, dass die Bezugnahme auf die Gesetze und Vorschriften Marokkos im Fischereiabkommen nicht ihren Standpunkt zum Hoheitsgebiet ohne Selbstregierung der Westsahara berührt, da dessen Gewässer nun von der Fischereizone im Sinne von Artikel 1 Buchstabe h des Fischereiabkommens erfasst werden, und dessen Recht auf Selbstbestimmung gewahrt würde. Marokko wiederum ließ verlauten und verschriftlichen, dass die Region der Sahara fester Bestandteil seines Hoheitsgebiets sei, in welchem es seine Hoheitsgewalt wie im übrigen Hoheitsgebiet vollständig ausübt. Marokko ist dabei der Auffassung, dass jede politische Lösung für diesen „regionalen Streit" auf der Grundlage des marokkanischen Autonomieplans erfolgen sollte. Marokko trat also als stets als Souverän über die Gebiete der Westsahara in den Verhandlungen mit der Union auf und ließ keine Zweifel an der innerstaatlichen Zuordnung und Verwaltung der Westsahara innerhalb des marokkanischen Staatssystems aufkommen. Siehe hierzu Europäische Kommission, COM(2018) 678 final ANNEXES 1 to 2 v. 8.10.2018, S. 1 f.

stellt.[2139] Art. 2 des Protokolls bezieht sich auf dieselbe Fischereizone, die im Entwurf des Abkommens definiert ist, indem es auf Art. 1 lit. h des Abkommens verweist. Folglich kann in der Gesamtschau des Abkommens eine eindeutig geographisch abgrenzbare Zone festgestellt werden, die die Gewässer der Westsahara inkludiert. Nach richtiger Einschätzung des Wissenschaftlichen Dienstes ist eine Interpretation des Abkommens dahingehend, dass die Gewässer der Westsahara nicht miteinbezogen sind, kaum tragbar. Dementsprechend konkludiert das Gutachten, dass die Gewässer der Westsahara in dem Abkommen in einer Weise erfasst werden, die mit der Rechtsprechung des Gerichtshofs vereinbar ist, mithin also eine klar definierte und vom EuGH geforderte Einbeziehungsklausel enthält.[2140]

(2) Konsultation/Zustimmung des Volkes der Westsahara

Ein weitaus schwerwiegenderes Problem stellte sich der Kommission, wie aber auch dem Wissenschaftlichen Dienst in seiner rechtlichen Bewertung, hinsichtlich des vom EuGH unmissverständlich aufgestellten und als Ausprägung des Selbstbestimmungsrechts des Volkes der Westsahara notwendigen Konsultations- und Zustimmungserfordernisses.

Richtigerweise stellt der Wissenschaftliche Dienst zunächst fest, dass in den Urteilen des Gerichtshofs nicht festgelegt worden ist, wie die Zustimmung der Bevölkerung der Westsahara eingeholt werden sollte. Er führte unter Bezugnahme auf das Gutachten von Generalanwalt *Wathelet* und die Position der herrschenden Lehre aus, dass eine solche Zustimmung nicht ohne vorherige Konsultation des Volkes der Westsahara oder seiner

---

2139 Kapitel I des Anhangs des Kommissionsvorschlags für einen Beschluss über den Abschluss des partnerschaftlichen Fischereiabkommens regelt das Verfahren zur Beantragung und Erteilung von Fischereilizenzen. Die Lizenzgebühren und sonstige Gebühren müssen stets vor Ausstellung der Fanglizenzen auf das Konto des Schatzamtes des marokkanischen Ministeriums für Landwirtschaft, Seefischerei, ländliche Entwicklung, Wasserwirtschaft und Forsten überwiesen werden. Dieses Verfahren gilt dabei für sämtliche Fischereizonen, also auch für die Fischereizone, die die Gewässer der Westsahara inkludiert. Damit wird ersichtlich, dass die Verantwortung für die tatsächliche Übermittlung der geldwerten und damit monetär vorteilhaften Aspekte des Abkommens, den die EU zu großen Anteilen bezahlt, um in den Gewässern der Westsahara fischen zu können, noch immer exklusiv in der Sphäre des marokkanischen Staates liegt, vgl. Europäische Kommission, COM(2018) 678 final ANNEXES 1 to 2 v. 8.10.2018, Anhang, Kapitel I, S. 0–3.
2140 *Juristischer Dienst des Rates*, Gutachten v. 7.11.2018 (unveröffentlicht), Rn. 20 f.

Vertreter angenommen werden kann.[2141] Das Gutachten kommt zu dem Schluss, dass eine angemessene Konsultation des Volkes der Westsahara das Mittel zur Feststellung der Zustimmung dieses Volkes darstellt und versucht im Folgenden darzulegen, dass die Kommission und der Europäische Auswärtige Dienst eben jene angemessenen Konsultationen geführt haben. Dabei ist zunächst vorwegzustellen, wie auch der Wissenschaftliche Dienst einsieht, dass die Polisario als von der UN anerkannter Repräsentant des sahrawischen Volkes und andere wichtige sahrawische Akteure aus dem gesellschaftlichen und politischen Spektrum die Teilnahme am Konsultationsprozess grundsätzlich ablehnten[2142] und freilich damit keine Zustimmung im Sinne der Urteile des EuGH erteilt haben können. Die Kommission selbst kam trotzdem zu dem Schluss, dass sie in Zusammenarbeit mit dem Europäischen Auswärtigen Dienst (EAD) alle angemessenen und durchführbaren Maßnahmen ergriffen habe, um die betroffenen Bevölkerungsgruppen in angemessener Weise einzubeziehen.[2143] Die im Konsultationsprozess kontaktierten Personen und Gruppierungen wurden in dem Bericht aufgeführt. Die durchgeführten Konsultationen und ihre Ergebnisse ähneln im Wesentlichen denen im Rahmen der Änderung der Protokolle 1 und 4 zum Assoziierungsabkommen, weshalb der Wissenschaftliche Dienst daher die Auffassung vertritt, dass aus den dem Rat vorgelegten Dokumenten hervorgeht, dass alle angemessenen und durchführbaren Schritte unternommen worden sind, um die Zustimmung des

---

2141 *Juristischer Dienst des Rates*, Gutachten v. 7.11.2018 (unveröffentlicht), Rn. 22. Ferner bezieht sich der Wissenschaftliche Dienst auf ein zuvor angefertigtes Gutachten, welches ebenfalls nicht veröffentlicht worden ist, bis dato aber auch nicht geleaked ist, Doc. 10738/18 S. 12–15.

2142 Europäische Kommission, COM(2018) 678 final v. 8.10.2018, S. 5; *Juristischer Dienst des Rates*, Gutachten v. 7.11.2018 (unveröffentlicht), Rn. 25. Der Fischereiausschuss des Europäischen Parlaments greift diese Problematik ebenfalls auf und statuiert im Vergleich zu Dokumenten der Kommission, dass die Polisario als von der UN anerkannte Repräsentantin des Volkes der Westsahara nicht an etwaigen Konsultationsgesprächen partizipieren wollte, Europäisches Parlament, 2018/0349(NLE) v. 8.11.2018, S. 8.

2143 Vgl. hierzu vor allem den nur in französischer Sprache abrufbaren RAPPORT D'EVALUATION SUR LES BENEFICES POUR LA POPULATION DU SAHARA OCCIDENTAL DE L'ACCORD DE PÊCHE DURABLE ENTRE L'UNION EUROPEENNE ET LE ROYAUME DU MAROC ET SON PROTOCOLE DE MISE EN OEUVRE ET SUR LA CONSULTATION DE CETTE POPULATION, Europäische Kommission, SWD(2018) 433 final v. 8.10.2018; Europäische Kommission, COM(2018) 678 final v. 8.10.2018, S. 5; *Juristischer Dienst des Rates*, Gutachten v. 7.11.2018 (unveröffentlicht), Rn. 25.

Volkes der Westsahara zum Entwurf des Abkommens und des Protokolls „through the consultation of that people's representatives" zu erhalten.[2144]

Die Formulierung des Wissenschaftlichen Dienstes wirft die Frage auf, welche Organisationen schlussendlich eigentlich konsultiert worden sind, die angeblich die Eigenschaft besitzen, in der Funktion als Vertreter des sahrawischen Volkes auftreten zu können. Es ist äußerst fraglich, wie die Union die Bemühungen der UN unterstützt, den Parteien dabei zu helfen, eine gerechte, dauerhafte und für beide Seiten annehmbare politische Lösung zu finden, die die Selbstbestimmung des Volkes der Westsahara im Rahmen von Vereinbarungen ermöglicht, die mit den in der UN-Charta festgelegten Zielen und Grundsätzen und den Resolutionen des Sicherheitsrats der Vereinten Nationen im Einklang stehen. Dies gilt umsomehr, da gleichzeitig eine dieser Parteien, nämlich die Polisario, welche die unbestrittene Vertreterin des sahrawischen Volkes ist, nicht erfolgreich konsultiert werden konnte.[2145] Gleichzeitig postuliert die Union, dass der Abschluss eines solchen Abkommens keinerlei negative Auswirkungen auf den Prozess zur Lösung des Westsahara-Konfliktes haben wird, obwohl deutlich Stellung für die eine Partei des Konfliktes bezogen wird. Dies wird durch die Liste der konsultierten Stellen deutlicher und in der Gesamtschau des europäischen Handelns hinsichtlich des Abschlusses des Abkommens unterstrichen.

2144 *Juristischer Dienst des Rates*, Gutachten v. 7.11.2018 (unveröffentlicht), Rn. 27.

2145 Vgl. hierzu die Aussage des Fischereiausschusses des Europäischen Parlaments in Europäisches Parlament, 2018/0349(NLE) v. 8.11.2018, S. 8. Trotz der zutreffenden Analyse, dass die Polisario als von der UN anerkannte Repräsentantin an keinerlei Gesprächen teilnahm und somit ausdrücklich die Zustimmung zum Abkommen verweigerte, empfahl der Ausschuss dem Europäischen Parlament, dem Abkommen unter Bezugnahme auf den überwiegend positiven Rückhalt aus Konsultationen mit der „local population" zuzustimmen, Europäisches Parlament, 2018/0349(NLE) v. 8.11.2018, S. 5. Schweden zweifelte hinsichtlich der Völkerrechtsmäßigkeit und Übereinstimmung mit der EuGH-Rechtsprechung am Abkommen und betonte, „that it is crucial that the people of Western Sahara give their consent to the agreement, and has noted ambiguities in the consultation process concerning whether the entities consulted can be defined as the people of Western Sahara. In view of the rejections to the consultation process and/or the draft agreement, and particularly the objections of Polisario, the official representative of the people of Western Sahara in the UN process, Sweden is not satisfied that the outcome of the consultation process can be said to constitute the free and informed consent of the people of Western Sahara.", Rat, 11441/18 v. 30.7.2018, S. 15.

(3) Der Konsultationsprozess der Kommission und des EAD

Die Frage nach der Fähigkeit zur Abgabe der Zustimmung hat an dieser Stelle evidente und ausschlaggebende Bedeutung. Die EU und ihre Organe scheinen sich der Problematik bewusst zu sein und versuchten durch Auslegung des Selbstbestimmungsrechts des sahrawischen Volkes die Begriffe der Bevölkerung und des Volkes miteinander zu vermischen und den Anwendungsbereich des Selbstbestimmungsrechts zu dezimieren. Durch die problematische Handhabung des EuGH hinsichtlich der Bestimmung des Zustimmungserfordernisses in seinen beiden Urteilen, hat die EU und speziell die Kommission einen recht großen Beurteilungsspielraum hinsichtlich der Frage der Auslegung des Urteils angenommen. Der EuGH hat es versäumt klarzustellen, wer schlussendlich zustimmungsberechtigt für ein solches Abkommen auf sahrawischer Seite sein kann.[2146] Durch die fehlende Rechtssicherheit und Verbindlichkeit sah sich die Kommission im Rahmen der Neuverhandlung der Problematik entgegengestellt, dass sie nachvollziehbar darlegen musste, wer konsultiert worden ist und warum diese Entität als Vertreter des sahrawischen Volkes gilt.

Die Kommission war der Ansicht, dass es nicht in der Obliegenheit der Europäischen Union liegt zu definieren, wer dem sahrawischen Volk angehört. Ferner ist sie der Meinung, dass die einschlägigen Dokumente der UN über Wirtschaftstätigkeiten in Gebieten ohne Selbstregierung auch die Einwohner dieser Gebiete betrifft, sofern es um sozioökonomische Vorteile geht.[2147] In Anbetracht dieser Unterschiede und der nach Ansicht der Kommission großen Schwierigkeiten, die Auswirkungen auf ein Volk zu untersuchen, welches nicht klar abgegrenzt werden kann, lag das Augenmerk ihrer Analyse auf den Vorteilen für die „Bevölkerung der Westsahara".[2148] Diese Conclusio untermauerte die Kommission damit, dass die wirtschaftlichen Vorteile auf Erzeugnisse des bestimmten Gebiets ausgeweitet werden und die Vorteile folglich hauptsächlich mit diesem Gebiet verbunden sind und nicht nur mit dem Volk der Westsahara.[2149] Sowohl der Bericht der

---

2146   Vgl. § 4. A. III. 2 und 3.

2147   Europäische Kommission, SWD(2018) 346 final v. 11.6.2018, S. 8.

2148   Europäische Kommission, SWD(2018) 346 final v. 11.6.2018, S. 8.

2149   Die Kommission sieht die Polisario lediglich als „Ansprechpartner der Vereinten Nationen und Teilhaber am Friedensprozess der Vereinten Nationen bezüglich der Westsahara", weshalb eine ablehnende Haltung der Polisario nicht ausschlaggebend für die Kommission war, das Abkommen nicht zu schließen, Europäische Kommission, SWD(2018) 346 final v. 11.6.2018, S. 2.

Kommission über die Vorteile der Ausdehnung von Zollpräferenzen auf Erzeugnisse mit Ursprung in der Westsahara für die Bevölkerung der Westsahara und über die Konsultation dieser Bevölkerung zur Änderung der Protokolle Nr. 1 und Nr. 4 des Europa-Mittelmeer-Abkommens[2150] als auch der Bericht über den Nutzen des Abkommens über nachhaltige Fischerei zwischen der Europäischen Union und dem Königreich Marokko und seines Protokolls für die Bevölkerung der Westsahara und über die Konsultation dieser Bevölkerung[2151] haben sich schwerpunktmäßig fast ausschließlich auf den potentiellen wirtschaftlichen Nutzen der Abkommen konzentriert. Es wurde sich nicht auf den Konsultationsprozess per se konzentriert, geschweige denn wurde über die vom EuGH aufgestellte strenge Aufforderung zur Einholung der Zustimmung des Volkes der Westsahara diskutiert.[2152]

Bereits hier wich die Kommission von den strengen Voraussetzungen der Urteile ab, indem diese in den Gebieten der Westsahara Vertreter der Bevölkerung der Westsahara konsultierte und nicht des sahrawischen Volkes.

Die Verhandlungsrichtlinien für das neue Fischereiabkommen wiesen die Kommission an, vor der Unterzeichnung und dem Abschluss des Abkommens und unter Beachtung der Urteile des Gerichtshofs dafür zu sorgen, dass die „populations concernées" in angemessener Weise beteiligt werden.[2153] Die Kommission führte aus, dass es keine denkbare Alternative zur direkten Konsultation der Bevölkerung der Westsahara gab, weshalb sie und der EAD Konsultationen mit einem breiten Spektrum von repräsentativen Organisationen der sahrawischen Zivilgesellschaft, Parlamentariern, Wirtschaftsbeteiligten und Organisationen sowohl in Dakhla als auch in Rabat durchgeführt hätten. Die Konsultationen fanden über einen sehr überschaubaren Zeitraum von vier Tagen vom 31.7. bis zum 3.8.2018 statt.[2154]

2150 Europäische Kommission, SWD(2018) 346 final v. 11.6.2018.

2151 Europäische Kommission, SWD(2018) 433 final v. 8.10.2018.

2152 Das Erfordernis der Zustimmung wird in beiden Berichten nicht ein einziges Mal erwähnt.

2153 So in Europäische Kommission, SWD(2018) 433 final v. 8.10.2018, S. 12. Deutsche Dokumente, wie zB. Europäische Kommission, COM(2018) 678 final v. 8.10.2018 oder Europäische Kommission, COM(2018) 678 final ANNEXES 1 to 2 v. 8.10.2018 sprechen ausschließlich von „Bevölkerung der Westsahara" oder „betreffenden Bevölkerungsgruppen" und kein einziges Mal vom „Volk".

2154 Europäische Kommission, SWD(2018) 433 final v. 8.10.2018, S. 12.

Die für den Entwurf des Abkommens und des Protokolls angeblich zum Ausdruck gebrachte Unterstützung spiegelt darüber hinaus die Einschätzung wider, dass dieses Abkommen und das Protokoll Vorteile für die betroffene Bevölkerung bringen und eine nachhaltige Nutzung der natürlichen Ressourcen gewährleisten würden, was ein weiteres in den Verhandlungsrichtlinien genanntes und für die Kommission leitendes Element war.[2155] Die Kommission und der EAD haben allerdings keinerlei Konsultationen des sahrawischen Volkes in den verschiedenen Flüchtlingslagern in Algerien durchgeführt.[2156]

(4) Die Beteiligung marokkanischer Behörden

Zunächst ist der Prozess als solcher zu kritisieren, der unter großer Beteiligung der marokkanischen Behörden bzw. sogar durch diese geführt worden ist. Aus dem Bericht der Kommission zum Konsultationsprozess geht hervor, dass, bevor die europäische Seite mit den betreffenden Organisationen gesprochen hat, die marokkanischen Behörden eine umfassende institutionelle Konsultation aller betroffenen nationalen, regionalen und lokalen Organe durchgeführt haben, um diese zu „sensibilisieren, ihr Einverständnis einzuholen und eventuelle Anmerkungen anzuhören".[2157] Dabei scheint es laut dem Bericht keinerlei kritische Äußerungen gegeben zu haben, zumindest wurden fortgehend nur die positiven Reaktionen und Aspekte des Abkommens in den Bericht aufgenommen. Unter Berücksichtigung der bisherigen Abkommen und der Haltung Marokkos gegenüber der Westsahara als Souverän dieser Gebiete ist nicht zu erwarten, dass ein fairer Konsultationsprozess stattgefunden hat.[2158] Die Kommission verließ sich vollständig auf die Angaben der marokkanischen Behörden und deren Befragungsrunden, wobei sie innerhalb ihres Berichts einen dialektischen Ansatz vertritt. Zum einen wird postuliert, dass man aufgrund der unklaren demographischen Lage und des abgebrochenen UN-Identifikationsprozesses hinsichtlich der ethnischen Herkunft vieler Sahrawis keine vernünftigen Konsultationen durchführen könne. Auf der anderen Seite wird aber ein von marokkanischen Behörden durchgeführter Prozess als legitim und ausreichend betrachtet und die Angaben dieser Behörden zur mutmaßlich

---

2155 Europäische Kommission, SWD(2018) 433 final v. 8.10.2018, S. 12.
2156 Vgl. Europäische Kommission, SWD(2018) 433 final v. 8.10.2018, S. 11 f.
2157 Europäische Kommission, SWD(2018) 433 final v. 8.10.2018, S. 34.
2158 Europäische Kommission, SWD(2018) 433 final v. 8.10.2018, S. 34.

sahrawisch-ethnischen Herkunft von befragten Personen oder Organisationen wurden ohne Nachfragen hingenommen, obwohl dieser Staat das Gebiet unter Anwendung von Gewalt völkerrechtswidrig annektiert hat und besetzt.[2159]

Warum gerade die marokkanischen Behörden zur Bestimmung legitimer Interessenvertreter des sahrawischen Volkes in der Lage sein sollten und die Polisario währenddessen als nicht relevant klassifiziert wird, ergibt sich freilich nicht aus dem Bericht, jedoch aus der realpolitischen Interessenlage der Parteien und der grundsätzlich völlig konträren und sich widersprechenden Haltung der Polisario und des marokkanischen Staates. Letzterer sieht die Westsahara als Teil der eigenen territorialen Integrität an, weshalb ausschließlich er selbst Verfügungsgewalt über die relevanten Entscheidungen besitze, wozu auch der Abschluss internationaler Abkommen zählt. Die Polisario als zustimmungspflichtige Partei für Handelsabkommen über die Westsahara zu akzeptieren, geschweige denn an den Verhandlungstisch einzuladen und zu konsultieren, wäre für den marokkanischen Staat eine ideologisch und politisch nicht vertretbare Option, dessen sich insbesondere die Kommission auch bewusst war. Daher ist es nicht verwunderlich, dass sich die von Marokko konsultierten mutmaßlichen sahrawischen Organisationen, politischen Gremien, Politiker und Wirtschaftsvertreter als nicht repräsentativ herausstellten und größtenteils dem marokkanischen Staat zugeordnet oder untergeordnet sind.

(5) Die konsultierten Gruppierungen und Personen

Bereits bei den aufgezählten Politikern, welche im Rahmen der ersten vom marokkanischen Staat durchgeführten und überwachten Wahlen in den besetzten Gebieten gewählt worden sind und grundsätzlich die marokkanische Besetzung des Gebietes standhaft verteidigen, ist fragwürdig, ob diese Repräsentanten die legitimen Interessen des sahrawischen Volkes wahrnehmen und vertreten können.[2160] Im Rahmen dessen sei daran erinnert, dass jegliches auf die Unabhängigkeit der Westsahara gerichtete Sympathisieren in Form von politischer Organisation, NGO-Arbeit, Demonstrationen oder gar kulturellem Protest in den von Marokko besetzten und unter marokka-

---

2159 Europäische Kommission, SWD(2018) 433 final v. 8.10.2018, S. 35.
2160 Vgl. Europäische Kommission, SWD (2018) 433 final v. 8.10.2018, S. 34, S. 41; Western Sahara Resource Watch, https://wsrw.org/en/a105x4165, zuletzt abgerufen am 15.6.2024.

nischem Recht verwalteten Gebieten der Westsahara strengstens untersagt und mit teils empfindlichen Haftstrafen belegt ist. Die Kommission weist im Rahmen dessen selbst auf die Missstände hinsichtlich der Meinungs-, Demonstrations- und Vereinigungsfreiheit in den Gebieten der Westsahara hin. Sie versucht diese aber mit Hilfe von weichen Formulierungen abzumildern und hebt die Reformbemühungen des marokkanischen Staates hinsichtlich der Menschenrechtsbedingungen hervor.[2161] Wie aber ein Konsultationsprozess im Sinne der EuGH-Rechtsprechung und der im Einklang mit dem Selbstbestimmungsrecht der Sahrawis garantierten politischen Unabhängigkeit in den Gebieten der Westsahara, in welchen regelmäßig grobe Menschenrechtsverletzungen stattfinden, mit Politkern erfolgen soll, die in marokkanischen Parteien, in marokkanischen Wahlen und in der Mehrzahl von marokkanischen Siedlern gewählt wurden, bleibt äußerst kritisch zu hinterfragen und wird von der Kommission nicht weiter eruiert.[2162]

Doch auch der europäische Konsultationsprozess wirft Fragen und starke Zweifel an der Vorgehensweise der Kommission auf. Bereits aus dem Titel des Berichts wird ersichtlich, dass die Kommission versucht hat, das vom EuGH aufgestellte Konsultations- bzw. Zustimmungserfordernis des Volkes der Westsahara auf die Bevölkerung der Westsahara zu erweitern, womit freilich auch die marokkanischen Siedler in den Gebieten der Westsahara mit eingeschlossen wären.[2163] Dieser Umstand wird durch die Zugehörigkeit der konsultierten Gruppierungen ersichtlich und unterstrichen. Die Arbeitsunterlagen und Berichte der Kommission sprechen grundsätzlich von der betroffenen Bevölkerung in der Westsahara, während das Rechtsgutachten des Wissenschaftlichen Dienstes des Rates noch vom Volk der Westsahara spricht. Schnell wird ersichtlich, dass die konsultierten Gruppierungen keine Vertreter bzw. Repräsentanten des sahrawischen Volkes sind, sondern vielmehr marokkanische Interessens- bzw. Lobbygruppen, die den Interessen und Bedürfnissen der marokkanischen Siedlungs- und Innenpolitik dienen.[2164] Die Kommission hat in ihrem Konsultationsbericht einen Anhang mit dem Namen „Liste der befragten Akteure im

2161 Vgl. Europäische Kommission, SWD (2018) 433 final v. 8.10.2018, S. 12 f, S. 13 f.
2162 Vgl. Europäische Kommission, SWD (2018) 433 final v. 8.10.2018, S. 32 ff. sowie den Bericht aus 2022 von Human Rights Watch, https://www.hrw.org/world-report/2022/country-chapters/morocco-and-western-sahara, zuletzt abgerufen am 15.6.2024.
2163 Europäische Kommission, SWD (2018) 433 final v. 8.10.2018, S. 1.
2164 Vgl. Europäische Kommission, SWD(2018) 346 final v. 11.6.2018, S. 41 f.

Rahmen der Änderung der Protokolle Nr. 1 und 4 des Assoziationsabkommens" erstellt, der Dutzende Organisationen und Gruppierungen mit aufführt, die am Konsultationsprozess nicht teilgenommen haben oder ihre deutliche Ablehnung hinsichtlich des Abkommens signalisiert haben.[2165] Dies ist von großer Bedeutung, da die Kommission davon ausgegangen ist, dass der Konsultationsprozess per se schon ausreiche. Sie hat einen ihrer Ansicht nach geführten Konsultationsprozess mit der nach der EuGH-Rechtsprechung unbedingt einzuholenden Zustimmung des sahrawischen Volkes gleichgesetzt und hierbei marokkanische Organisationen, Gruppierungen und sogar aktiv an der Ausbeutung der natürlichen Ressourcen der Westsahara beteiligte marokkanische Unternehmen in den Prozess mit eingebunden.[2166] An dieser Stelle soll in Erinnerung gerufen werden, dass die Kommission und auch der Wissenschaftliche Dienst der Ansicht sind,

---

2165 Europäische Kommission, SWD(2018) 346 final v. 11.6.2018, S. 41 f.

2166 Zwei wirtschaftliche Akteure wurden in die Liste der konsultierten Gruppierungen aufgenommen. Zum einen wurde die marokkanische Agence du Sud (Agentur für die wirtschaftliche und soziale Förderung und Entwicklung der Südprovinzen), deren Name bereits verrät, dass es sich nicht um einen sahrawischen Repräsentanten handeln kann, da der sprachliche Duktus der „Südprovinzen" eine eindeutige Zuordnung zur marokkanischen Staatsideologie beweist. Zum anderen wurde die OCP-Group konsultiert, welche größtenteils in marokkanischem Staatseigentum steht, der weltweit größte Phosphatexporteur ist und für die Ausbeutung der Phosphatvorkommen in der Westsahara, speziell in Bou Craa, verantwortlich ist. Die Kommission gesteht zwar ein, dass nicht unterschieden werden kann, wie viel Phosphat aus dem jährlichen Gesamtabsatz des Unternehmens aus der völkerrechtswidrig betriebenen Mine in der Westsahara stammt und ob es zu Diskriminierung sahrawischer Arbeitnehmer kommt, relativiert dies aber mit dem technischen Hinweis darauf, dass die „Kommission zum einen nicht über die Mittel zur lokalen Überprüfung der Art der Angestellten (Saharauis oder nicht) [verfügt], und zum anderen obliegt es nicht der Europäischen Union, zu bestimmen, wer zur einheimischen Bevölkerung gehört". Konkrete Hinweise, bspw. von Western Sahara Resource Watch und zahlreichen wissenschaftlichen Beiträgen zu tatsächlicher Diskriminierung sahrawischer Arbeiter im Phosphatsektor veröffentlicht, waren für die Kommission nicht ersichtlich. Stattdessen wird sich auf eine einzige, mittlerweile nicht mehr abrufbare Online-Quelle einer Lobby-Gruppe berufen, die angeblich das Gegenteil darlegen soll, sowie auf die Konsultation mit eben jenem Unternehmen im Februar 2018. Dass sich die OCP-Gruppe dabei negativ über mögliche Diskriminierungen äußern würde, dürfte nicht zu erwarten gewesen sein, was für die Kommission hätte ersichtlich sein sollen, Europäische Kommission, SWD(2018) 346 final v. 11.6.2018, S. 30. Vgl. *Juristischer Dienst des Rates*, Gutachten v. 7.11.2018 (unveröffentlicht), Rn. 24; Vgl. ebenfalls die gesamte Ausarbeitung der Kommission, beispielhaft in Europäische Kommission, SWD(2018) 346 final v. 11.6.2018, S. 10 ff., S. 33. *Thomas*, The Emperor´s Clothes, S. 130 f.

„that all reasonable and feasible steps have been taken to ascertain the consent of the people of Western Sahara" und dass damit der Interpretation der Kommission der Urteile des EuGH nach auch die Zustimmung des Volkes der Westsahara eingeholt worden ist.[2167]

Der Bericht gibt im Anhang an, dass eine Delegation von 85 Vereinigungen, obwohl es 89 waren, einen Brief an die Kommission geschickt habe und diese dadurch befragt worden seien.[2168] Diese Delegation bestand tatsächlich ausschließlich aus fast allen damaligen sahrawischen Zivilorganisationen aus den Gebieten der Westsahara sowie aus den Flüchtlingslagern außerhalb der Westsahara.[2169] In contrario zu der Auffassung der Kommission haben diese Organisationen allerdings alles andere als ihre Zustimmung erteilt. Vielmehr kritisieren sie das Abkommen aufs Schärfste und verweisen auf die von der UN anerkannte Repräsentationsfähigkeit der Polisario, die dem Abkommen ebenfalls keine Form von Zustimmung erteilt hat.[2170] Ferner kritisiert der Zusammenschluss die dogmatische Fehleinschätzung und Interpretation der Kommission hinsichtlich der strengen Vorgaben der Urteile des Gerichtshofes und weist darauf hin, dass „the Commission replaces the deliberate terminology of 'Saharawi people', with 'population'. These concepts are fundamentally different. Consulting Moroccan organizations, parliamentarians and businesses about Western Sahara can never replace the consent of the Saharawi people".[2171] Darüber hinaus hat die Kommission in ihrem Bericht falsche Angaben erhoben und behauptet, dass diese Organisationen sowie die Western Sahara Resource Watch[2172], Western Sahara Campaign UK, Independent Diplomat, ASVDH (Saharawi Association of Victims of Serious Human Rights Violations), El Ghad Human Rights Association und sogar die Polisario erfolgreich konsultiert worden seien und vermittelte damit den Eindruck, dass diese Organisationen dem Abkommen positiv gegenüberstünden, obwohl das genaue Gegenteil der Fall ist. Die 85 (89) aufgeführten Organisationen standen nicht einmal in Kontakt mit der Kommission, womit sie freilich auch nicht

---

2167 *Juristischer Dienst des Rates*, Gutachten v. 7.11.2018 (unveröffentlicht), Rn. 27, 41.

2168 Europäische Kommission, SWD(2018) 346 final v. 11.6.2018, S. 41 f.

2169 34 der Organisationen haben ihren Sitz in der Westsahara, 55 außerhalb in den sahrawischen Flüchtlingslagern, https://wsrw.org/en/a105x4072, zuletzt abgerufen 15.6.2024.

2170 https://wsrw.org/en/a105x4072, zuletzt abgerufen 15.6.2024.

2171 https://wsrw.org/en/a105x4072, zuletzt abgerufen 15.6.2024.

2172 Siehe hierzu das ausführliche Statement der Western Sahara Resource Watch, https://wsrw.org/en/archive/4290, zuletzt abgerufen am 15.6.2024.

konsultiert werden konnten.[2173] Auch die eben genannten anderen Organisationen und die Polisario haben zu keiner Zeit an einem Konsultationsprozess teilgenommen; sie veröffentlichten ihrerseits den Schriftverkehr mit der Kommission, in welchem dargelegt und belegt wird, dass die Kommission hinsichtlich der Konsultation von 95 von 112 bzw. knapp 85 % der Gruppierungen die Unwahrheit in ihrem Bericht darlegte.[2174] Die restlichen 17 Personen, Gruppierungen oder Organisationen sind, wie teils bereits zuvor aufgezeigt, allesamt dem marokkanischen Staat zuzuordnen.[2175] Zwar

---

2173 Die sahrawischen Organisationen suchten vielmehr den Kontakt zur EU, speziell zur Kommission, und stellten die legitime Forderung, in den Konsultationsprozess miteingebunden zu werden. Unter dem Gesichtspunkt der offenen Kommunikation und Forderungen dieser Vereinigungen ist schwer ersichtlich, wieso die Kommission zu der Beurteilung kommen kann, „dass die Mehrheit der aktuell in der Westsahara lebenden Bevölkerungsgruppen die Ausdehnung der Zollpräferenzen im Rahmen des Assoziationsabkommens EU-Marokko auf die Erzeugnisse mit Ursprung in der Westsahara weitestgehend unterstützt", obwohl bereits ca. 85 % der auf der Konsultationsliste des Berichts aufgeführten tatsächlich sahrawischen Organisationen sich gegen das Abkommen ausgesprochen haben und die verbleibenden Gruppierungen oder Einzelpersonen fast alle ausschließlich in der marokkanischen Interessensphäre ansässig sind, Europäische Kommission, SWD(2018) 346 final v. 11.6.2018, S. 38. Die Opposition dieser Vereinigungen ist auf verschiedensten Kanälen der EU zugegangen, weshalb eine Berufung auf Nichtwissen oder Nichtkennenmüssen nicht haltbar ist. Siehe hierzu beispielsweise den offenen Brief von 97 sahrawischen Vereinigungen aus den Gebieten der Westsahara, der Flüchtlingslager und der Diaspora an Kommissar *Moscovici*, in welchem die Ereignisse des Konsultationsprozesses kritisch beurteilt werden und der klargestellt, „that, contrary to what is alleged in the so-called "Report on benefits", our organizations were never invited to the consultation process and did not take part in it" und „that our organizations firmly reject the extension of the tariff preferences in the Association Agreement to occupied Western Sahara, and therefore that the overwhelming majority of the Saharawi civil society is opposed to the amendment of Protocols 1 and 4", https://wsrw.org/files/dated/2019-01-11/20 190111-saharawi_ngos-moscovici.pdf, zuletzt abgerufen am 15.6.2024.
2174 https://wsrw.org/en/archive/4180, zuletzt abgerufen am 15.6.2024. Der Brief der 89 sahrawischen Organisationen ist unter https://wsrw.org/en/a105x4072 abzurufen. Die Erklärung der Polisario sowie der Schriftwechsel zwischen ihnen und der Kommission ist unter https://wsrw.org/files/dated/2018-06-16/20180125-20180 202-echanges_fp-eeas.pdf und https://wsrw.org/en/a105x4179 abrufbar, zuletzt abgerufen am 15.6.2024.
2175 Die Kommission konkludiert in ihrem Bericht, dass „in der Westsahara Wirtschaftsteilnehmer und Herstellungsbetriebe tätig sind, die das größte Interesse daran hätten, dieselben Zollpräferenzen in Anspruch zu nehmen wie das Königreich Marokko", da diese „die Entwicklung der Wirtschaftstätigkeit und die Schaffung von Arbeitsplätzen in der Westsahara ermöglicht" haben, unterdrückt hierbei aber die Tatsache, dass es sich bei diesen Betrieben ausschließlich um marokkanische

mag die Kommission der Ansicht sein, dass die Konsultation der 17 auf der Liste verbleibenden „Stakeholder" ausreichend gewesen sei. Allerdings steht der gesamte Prozess in höchstem Widerspruch zur Rechtsprechung des Gerichtshofes und vor allem im Widerspruch zu dem dieser Rechtsprechung zugrundeliegenden Selbstbestimmungsrecht des Volkes der Westsahara, welches für die EU als erga omnes geltender Rechtsgrundsatz des Völkerrechts bindendes Recht darstellt. Die konsultierten Gruppierungen mögen zwar Betroffene des Abkommens gewesen sein, gewiss aber keine repräsentativen Stellen oder Instanzen des sahrawischen Volkes.[2176] Die Kommission legte im Rahmen dessen also ihren Argumentationsschwerpunkt auf die Aussage dieser Gesprächspartner, dass sie Vertreter der betroffenen Bevölkerungsgruppen seien und maß der tatsächlichen Angehörigkeit zum sahrawischen Volk kaum bis keinerlei Relevanz zu.[2177] Zwar hat die Kommission nicht dargelegt, welche von den konsultierten Gruppierungen negative Bedenken geäußert haben und das Abkommen abgelehnt haben. Allerdings ergibt sich aus den Gesamtumständen des Prozesses durchaus, dass diese Gruppierungen tatsächlich sahrawischer Herkunft waren und die Interessen des sahrawischen Volkes vertreten haben.[2178]

Indem sich alle sahrawischen Vereinigungen in den Gebieten wie auch in den Flüchtlingslagern, die die Kommission in ihrem Bericht erwähnt hat, negativ zu geplanten Wirtschafts- und Handelsabkommen der EU mit Marokko positionierten, kann eindeutig nicht von einem erfolgreichen Konsultationsprozess die Rede sein, geschweige denn die Zustimmung des sahrawischen Volkes begründet werden.

Wirtschaftsunternehmen handelt und keine Beweise vorgelegt werden konnten, dass tatsächlich das sahrawische Volk hiervon profitiert, Europäische Kommission, SWD(2018) 346 final v. 11.6.2018, S. 39. Vielmehr ist in der Gesamtschau davon auszugehen, dass es der Kommission gleichgültig war, ob das Volk der Westsahara von dem Abkommen profitieren wird, da sie es ihrer Interpretation der Urteile des EuGH und des Völkerrechts als ausreichend ansah, dass die Bevölkerung der Westsahara profitiere. Siehe hierzu auch *Thomas*, The Emperor´s Clothes, S. 131 ff.

2176 So auch EuG, 2021 (Fn. 55), Rn. 383.
2177 So auch EuG, 2021 (Fn. 55), Rn. 368 ff.
2178 Vgl. Europäische Kommission, SWD(2018) 346 final v. 11.6.2018, S. 12, 33 ff.

(6) Kritik Rechtsanalyse des Wissenschaftlichen Dienstes und Handeln der EU

Daher ist die Rechtsanalyse des Wissenschaftlichen Dienstes des Rates zu kritisieren, indem diese das Handeln der Kommission rechtfertigt und das Abkommen für rechtmäßig und in Übereinstimmung mit der Rechtsprechung des Gerichtshofes ansieht. Dies wurde trotz der gravierenden und offensichtlichen Mängel des Konsultationsprozesses unter großer Mitwirkung der marokkanischen Behörden, der bewussten Vermischung der Terminologien des Volkes der Westsahara und der Bevölkerung der Westsahara, der damit einhergehenden Inklusion der völkerrechtswidrig angesiedelten marokkanischen Staatsbürger in den Gebieten der Westsahara und der nicht erfolgten, aber zwingend notwendigen Differenzierung zwischen Konsultation und Zustimmung festgestellt.[2179] Die direkten monetären Vorteile des Abkommens in Form der Zahlungen der EU fließen abermals ausschließlich an den marokkanischen Staat, ohne dass es eine verbindliche, vor allem aber effektive und dem Selbstbestimmungsrecht des Volkes der Westsahara genügende Zweckbindung bzw. Verwahrung der gezahlten Mittel gibt. Vielmehr wird mit den Mitteln die Infrastruktur zur weiteren Ausbeutung der natürlichen Ressourcen der Westsahara gefördert, die primär, wenn nicht sogar ausschließlich, dem Besatzungsstaat Marokko zugutekommt.

Der von der EU oft zitierte Rechtswissenschaftler und damalige Leiter der Rechtsabteilung der UN *Corell* kritisierte das Vorgehen der EU stark und sah es in contrario zu seiner damaligen Rechtsanalyse, die wesentlicher Bestandteil europäischer Rechtsargumentation darstellt. Er stellte klar, dass „the revenues generated by the licences in the zone of Western Sahara would have to be delivered not to Morocco's public treasury or equivalent but to a separate account that can be audited independently by representatives of the people of Western Sahara so that they can ascertain that the revenues are used solely in accordance with the needs and interests of their people."[2180] Damit einhergehend ist freilich auch die Kommission zu

---

2179 *Juristischer Dienst des Rates*, Gutachten v. 7.11.2018 (unveröffentlicht), Rn. 27, 41.
2180 https://www.havc.se/res/SelectedMaterial/20191114corellkeynoteonwestern sahara.pdf, zuletzt abgerufen am 15.6.2024. Ein solcher Fonds, welcher von verschiedenen Stellen betrieben und überwacht wird, wurde für den Irak durch den Sicherheitsrat eingesetzt und könnte ebenfalls für die Westsahara eine Option sein, vgl. UN Doc. S/RES/1483 v. 22.5.2003, Rn. 12. Freilich ist die EU nicht dazu verpflichtet, ein Sicherheitsratsmandat für die Erstellung eines europäischen Fonds

kritisieren, deren Manipulieren des Prozesses nachgewiesen worden ist und damit ein den Vorgaben des EuGH entsprechendes rechtmäßiges Handeln kaum noch erkennbar ist.[2181] Entscheidend ist vor allem die bis zuletzt vorgetragene Rechtsüberzeugung der Union, dass die für die Verwaltungsmächte geltenden Bestimmungen und Grundsätze des Völkerrechts hinsichtlich NSGTs wegen der „De-facto-Verwaltung" der Westsahara durch Marokko einschlägig seien und die Polisario daher nicht Ansprechpartner für die Union sein könne, sondern Marokko.[2182] Diese Argumentation ist ihrerseits allerdings widersprüchlich, da sich das Königreich Marokko nicht als Verwaltungsmacht der Westsahara versteht, jemals verstand und auch niemals verstehen wird. Daher kann Marokko in Anbetracht der klaren Haltung zum Status der Westsahara, welche in den Verhandlungen und in der Präambel des Abkommens zum Ausdruck gebracht worden ist, auch nicht als solche angesehen werden. Die Notwendigkeit der Zustimmung des Volkes dieses Gebiets kann offensichtlich nicht durch die falsche Einschätzung hinsichtlich des rechtlichen Status Marokkos in Bezug auf die Westsahara umgangen werden, zumal der Gerichtshof eindeutig festgestellt hat, dass Marokko nicht die Verwaltungsmacht der Westsahara ist und diesen Status auch nicht annehmen wird.[2183] Ein solcher subjektiver Wille Marokkos wäre allerdings zwingende Voraussetzung zur Übernahme der Verwaltungsmachtposition iSd. Art. 73 UN-Charta, sofern das König-

---

abzuwarten. Die realpolitischen Umstände, dabei primär natürlich die marokkanische Haltung hinsichtlich der Westsahara, transformiert ein solches dem Grunde nach sehr simples Unterfangen zu einem höchst sensiblen politischen Drahtseilakt mit dem nordafrikanischen Nachbarn, der schon bei der kleinsten mutmaßlichen Unterstützung europäischer Staaten für die Polisario oder die Unabhängigkeitsbewegung als solche diplomatische Beziehungen für Monate oder Jahre beendet und als Abschreckung Flüchtlinge als politisches Kampfmittel missbraucht. Die politisch äußerst schwierige und sensible Ebene kann allerdings die Rechtsstaatlichkeit und die damit einhergehende Rechtmäßigkeit des Handelns der Europäischen Organe, zu welcher diese verpflichtet sind, nicht verdrängen, womit sich die EU der Situation ausgeliefert sieht, politische Entscheidungen entgegen geltenden Rechtsgrundsätzen und europa- bzw. völkerrechtlichen Normen vorzunehmen, um die Beziehungen zu einem der wichtigsten afrikanischen Handelspartner nicht zu gefährden. Sehenden Auges begab sich speziell die Kommission in eine erhoffte Grauzone, die aber aufgrund der Urteile des EuGH ausgeleuchtet wurde und der jahrzehntelangen Praxis der undurchsichtigen Praktiken und Intransparenz hinsichtlich der Abkommen mit Marokko ein Ende setzte.

2181 Diese Aspekte spielen im Rahmen eines möglichen unionshaftungsrechtlichen Anspruchs eine Rolle und werden dort nochmals aufgegriffen, siehe § 4. A. III. 6.

2182 EuG, 2021 (Fn. 55), Rn. 253.

2183 EuGH 2018, Rn. 72.

reich nicht von der UN als solche eingesetzt wird. Darüber hinaus ist allerdings festzuhalten, dass auch wenn Marokko die Eigenschaft einer (De-Facto-)Verwaltungsmachtsposition eingeräumt werden würde, das Erfordernis der Zustimmung, zumindest für den europäischen Rechtsraum, nicht erlöschen würde. Der EuGH judizierte diesbezüglich, dass aufgrund des Selbstbestimmungsrechts des Volkes der Westsahara und in konsequenter Anwendung des Grundsatzes der relativen Wirkung von Verträgen die Zustimmung des sahrawischen Volkes stets vonnöten wäre.[2184]

Darüber hinaus ist die Union in Anbetracht der besonderen Situation der Westsahara der Ansicht, dass es unmöglich ist, das Volk dieses Gebietes unmittelbar oder unter Einschaltung eines institutionellen Vertreters zu konsultieren, weshalb die Union Konsultationen auf der Grundlage eines ihrer Ansicht nach einzigen objektiven und gleichzeitig ausreichenden Kriteriums durchführte, indem auf den Nutzen für die Bevölkerung dieses Gebiets abgestellt wurde, wohlgemerkt nicht des Volkes der Westsahara.[2185] Um dies zu untermauern, stützt sie sich auf das Rechtsgutachten *Corells* und ist der Ansicht, dass das Abkommen im Einklang mit den für NSGTs einschlägigen geltenden völkerrechtlichen Regelungen stehe, da es geographisch und infrastrukturell als vorteilhaft für die wirtschaftliche Entwicklung der Gebiete der Westsahara angesehen werden könne und für Teile der Bevölkerung dieser Gebiete, unabhängig von der Frage, ob die Zustimmung des Volkes der Westsahara explizit zum Ausdruck gebracht wurde.[2186] Der Rat und die Kommission versuchten dabei, das verbindliche Rechtssystem der Union durch ein nicht verbindliches Gutachten zu unterlaufen, indem sie ihrer eigenen und darüber hinaus fehlerhaften Interpretation der Voraussetzungen zur Ausbeutung natürlicher Ressourcen in einem NSGT einen höheren Wert beizumessen versuchten, als dieser tatsächlich hat. Auch diese Argumentation ist in sich widersprüchlich, da zum einen das Gutachten von *Corell* klar darlegt, dass nicht nur den Interessen des Volkes der Westsahara durch das Abkommen entsprochen werden muss, sondern auch seinem Willen. Dies deutete und statuierte der EuGH rechtsverbindlich als Zustimmungserfordernis und judizierte darüber hinaus im Einklang mit dem Selbstbestimmungsrecht der Völker, dass es gerade nicht auf den mutmaßlichen Willen oder die potentiellen Vorteile für die Bevölkerung der Westsahara ankomme, sondern auf den Willen des Vol-

---

2184 Siehe hierzu EuGH, 2016 (Fn. 55), Rn. 100–106; EuG 2021, Rn. 363.
2185 EuG, 2021 (Fn. 55), Rn. 253.
2186 EuG, 2021 (Fn. 55), Rn. 369.

kes der Westsahara.[2187] Freilich können sich die Organe der Union nicht der Verpflichtung entziehen, der Auslegung des EuGH der für ein NSGT geltenden Völkerrechtssätze Folge zu leisten, indem sie stattdessen dem Schreiben *Corells* entnommene Kriterien setzen, die überdies zum einen falsch ausgelegt worden sind und, viel wichtiger, nicht bindend sind, ganz im Gegensatz zu Urteilen des Gerichtshofes. Die Union verkennt darüber hinaus den Aussagegehalt des Gutachtens von *Corell*, in welchem dieser die Rechtmäßigkeit privatrechtlicher Verträge zwischen marokkanischen staatlichen Einrichtungen und privaten Erdölgesellschaften zur Erkundung und Bewertung von Erdölressourcen vor den Küsten der Westsahara bewertete. Es geht gerade nicht um die Notwendigkeit der Zustimmung des Volkes der Westsahara zu einem für dieses Gebiet geltenden internationalen Abkommen.[2188] Grundsätzlicher Natur begutachtete *Corell*, ob es einer Verwaltungsmacht überhaupt möglich ist, über die Bodenschätze und natürlichen Ressourcen des von ihr verwalteten NSGTs zu verfügen.[2189] Ob diese Begutachtung mit Hilfe einer Analogie zu dem NSGT-Regime und Art. 73 UN-Charta dogmatisch fehlerhaft oder rechtlich zulässig ist, kann wiederum dahinstehen, da Marokko unter keinen Umständen den Willen hat, als Verwaltungsmacht angesehen zu werden oder sich selbst als solche zu definieren.[2190] Ferner unterstrich *Corell*, dass jegliche Ausbeutung von natürlichen Ressourcen der Westsahara gegen die für diese Gebiete geltenden Grundsätze des Völkerrechts verstößt, insbesondere des Selbstbestimmungsrechts der Völker, sofern sie unter Missachtung der Interessen und des Willens des Volkes der Westsahara erfolgt.[2191]

2187 Vgl. UN Doc. S/2002/161 v. 12.2.2002, S. 6 Rn. 24; EuGH 2018, Rn. 106 f. Hierzu führte *Corell* später erklärend aus, dass „(...) it is very important to understand that if you are to use the resources of a Non-Self-Governing Territory for the benefit of the people, this is the first condition: it has to be for the benefit of the people, and you have to be able to prove that. You have to consult with them or their representatives, whoever it is depending on the situation in the decolonization as it were.", *Corell*, in: Balboni/Laschi (Hrsg.), The European Union Approach Towards Western Sahara, S. 131. Grundsätzlich sprach *Corell* immer von „people" und nicht von der „population" der Westsahara, weshalb die Argumentation der Unionsorgane hinsichtlich der mutmaßlich bestehenden Auslegungszweifel des Adressatenkreises des Selbstbestimmungsrechts des Volkes der Westsahara äußerst selektiv, teils sogar willkürlich erscheint und per Definition dem Rosinenpickerprinzip entspricht. Vgl. UN Doc. S/2002/161 v. 12.2.2002.

2188 Vgl. UN Doc. S/2002/161 v. 12.2.2002, S. 1 Rn. 2.

2189 Vgl. UN Doc. S/2002/161 v. 12.2.2002.

2190 UN Doc. S/2002/161 v. 12.2.2002, S. 5 Rn. 21.

2191 UN Doc. S/2002/161 v. 12.2.2002, S. 6 Rn. 25.

bb) Zwischenergebnis

Unter keinen Umständen, vor allem ebenfalls nicht auf Grundlage der soeben aufgezeigten fehlerhaften Auslegung des *Corell*-Gutachtens, war es der Union also möglich, das Abkommen mit Marokko unter dem Vorwand zu schließen, dass es mutmaßlich vorteilhaft für die wirtschaftliche Entwicklung der Gebiete der Westsahara sein könne. Zudem kann ein völlig unzureichender Konsultationsprozess hierzu nicht als Beweisgrundlage und als Ersatz für die Zustimmung des Volkes der Westsahara genommen werden. Vielmehr ergibt sich aus der Auslegung des Gutachtens sowie aus der Rechtsprechung des EuGH, dass die Vorteilhaftigkeit bzw. der potentielle Nutzen für die betroffene Bevölkerung jeglicher Abkommen über die natürlichen Ressourcen der Westsahara unter keinen Umständen rechtmäßig an die Stelle des Erfordernisses der Zustimmung des Volkes der Westsahara gesetzt werden kann, ohne dass das Selbstbestimmungsrecht der Sahrawis grob missachtet und völkerrechtswidrig verletzt wird.[2192]

Trotz allem unterzeichneten die Union und das Königreich Marokko am 25.10.2018 in Brüssel das Abkommen in Form eines Briefwechsels zwischen der Europäischen Union einerseits und dem Königreich Marokko andererseits zur Änderung der Protokolle Nr. 1 und Nr. 4 des Europa-Mittelmeer-Abkommens zur Gründung einer Assoziation zwischen den Europäischen Gemeinschaften und ihren Mitgliedstaaten einerseits und dem Königreich Marokko andererseits. Am 28. Januar 2019 erließ der Rat den Beschluss über den Abschluss eines Abkommens in Form eines Briefwechsels zwischen der Europäischen Union einerseits und dem Königreich Marokko andererseits zur Änderung der Protokolle Nr. 1 und Nr. 4 des Europa-Mittelmeer-Abkommens zur Gründung einer Assoziation zwischen den Europäischen Gemeinschaften und ihren Mitgliedstaaten einerseits und dem Königreich Marokko andererseits.[2193] Dieses Abkommen ist am 19. Juli 2019 in Kraft getreten.[2194]

2192 EuGH 2018, Rn. 106 f.; Vgl. UN Doc. S/2002/161 v. 12.2.2002, S. 6 Rn. 24 sowie die weiteren Ausführungen *Corells* in *Corell*, New Routes 15 (2010), 10 (13). *Corell* selbst war von der Auslegung der Kommission überrascht und verurteilte diese: „I was quite taken aback when I saw how the European Commission had construed it from the beginning. It was nothing of the sort that I said. The last sentence is what counts: it has to be for the benefit of and in accordance with the will of the people of Western Sahara.", *Corell*, in: Balboni/Laschi (Hrsg.), The European Union Approach Towards Western Sahara, S. 132.
2193 Europäisches ABl. 2019 L 34 v. 6.2.2019, S. 1.

5. Das Urteil des EuGs in den Rechtssachen T-344/19, T-356/19 und T-279/19 (2021)

Am 27.4.2019 reichte die Polisario Klage beim EuG mit dem Ziel der Annullierung dieses Ratsbeschlusses ein.[2195] Das Urteil, welches zudem die Klagen zur Annullierung des Beschlusses (EU) 2019/441 des Rates vom 4. März 2019 über den Abschluss des partnerschaftlichen Abkommens über nachhaltige Fischerei zwischen der EU und Marokko, des dazugehörigen Durchführungsprotokolls und des Briefwechsels zu diesem Abkommen[2196] und zur Annullierung der Verordnung (EU) 2019/440 des Rates vom 29. November 2018 über die Aufteilung der Fangmöglichkeiten im Rahmen des neu geschlossenen partnerschaftlichen Abkommens über nachhaltige Fischerei zwischen der Europäischen Union und dem Königreich Marokko und des dazugehörigen Durchführungsprotokolls[2197] zusammenzog, erging am 29.9.2021.[2198]

Es verfolgt dabei den bereits ausführlich besprochenen Ansatz, der im Jahr 2015 vom EuG aufgestellt worden ist, mit dem entscheidenden Unterschied, dass das neu verhandelte Abkommen bzw. dessen Protokolle nun erstmalig explizit und dem Wortlaut des Abkommens nach Anwendung auf die Gebiete der Westsahara und aus diesen stammenden Waren und Produkten finden sollten.[2199] Hatte der EuGH im Berufungsverfahren 2016 noch entschieden, dass das Volk der Westsahara nicht betroffen sein kann, da das Abkommen nach Auslegung des EuGH keine Anwendung auf die Gebiete der Westsahara findet, konnte diese Argumentationsstruktur in diesem Verfahren nicht fortgesetzt werden. Das EuG griff daher im We-

---

2194 Europäisches ABl. 2019 L 197 v. 25.7.2019, S. 1.

2195 Europäisches ABl. C 220 v. 1.7.2019, S. 41 f.; EuG, 2021 (Fn. 55), Rn. 43–45.

2196 https://curia.europa.eu/juris/document/document.jsf?text=&docid=216893&pageIndex=0&doclang=DE&mode=lst&dir=&occ=first&part=1&cid=3604197, zuletzt aberufen am 15.6.2024.

2197 https://curia.europa.eu/juris/document/document.jsf?text=&docid=216894&pageIndex=0&doclang=DE&mode=lst&dir=&occ=first&part=1&cid=3604197, zuletzt abgerufen am 15.6.2024.

2198 EuG, 2021.

2199 Die Europäische Union und das Königreich Marokko haben am 25.10.2018 vereinbart, nach Protokoll Nr. 4 eine gemeinsame Erklärung in das Assoziationsabkommen einzufügen, in welcher in Nr. 1 erklärt wird: „Für Erzeugnisse mit Ursprung in der Westsahara, die der Kontrolle der Zollbehörden des Königreichs Marokko unterliegen, gelten die gleichen Handelspräferenzen wie die, die von der Europäischen Union für unter das Assoziationsabkommen fallende Erzeugnisse gewährt werden", Europäisches ABl. 2019 L 34/4 v. 6.2.2019.

sentlichen auf die im Verfahren T-512/12 bereits vertretene Sichtweise des Gerichts zurück, welche vom EuGH aufgrund der fehlenden Anwendungsklausel hinsichtlich des Geltungsbereichs des Abkommens verworfen worden ist.

a) Zur allgemeinen Zulässigkeit der Klage

Das Gericht hatte sich bereits im Verfahren T-512/12 ausführlich dazu geäußert, dass die Polisario als solche rechtsfähig und damit auch prozessfähig nach Art. 264 Abs. 4 AEUV ist. Aufgrund der quasi identisch gelagerten Fallkonstellation einer erneuten Nichtigkeitsklage hinsichtlich eines Ratsbeschlusses hat das EuG daher keine Änderungen an seiner bisherigen Rechtsprechung vorgenommen, weshalb diesbezüglich auf die bereits in dieser Arbeit an anderer Stelle vorgenommene Analyse dieser Rechtsprechung verwiesen werden kann.[2200]

b) Klagebefugnis Polisario

Anderes gilt für die darauffolgend festzustellende Klagebefugnis, also die unmittelbare und individuelle Betroffenheit der Polisario durch den Rechtsakt der Union in Form des Ratsbeschlusses. Hier äußerte das Gericht sich zu einigen Punkten erstmalig bzw. deutlich ausführlicher, weshalb an dieser Stelle in gebotener Länge auf die zusätzlichen Argumentationslinien des EuGs eingegangen werden soll und muss.

aa) Die unmittelbare Betroffenheit des Klägers

Zunächst liegt, wie bereits ausführlich unter Heranziehung der ständigen Rechtsprechung des Gerichtshofs dargelegt[2201], die unmittelbare Betroffenheit des Klägers dann vor, wenn sich die beanstandete Maßnahme der Union auf die Rechtsstellung der betreffenden Person unmittelbar auswirkt und diese den Adressaten der Rechtswirkung, die mit ihrer Durchführung betraut sind, keinerlei Ermessensspielraum lässt. Die Umsetzung muss also

---

2200 Vgl. § 4. A. III. 5. a). Zu den Ansichten der Parteien und der Streithelfer des Rates siehe EuG, 2021 (Fn. 55), Rn. 18 f., Rn. 79 ff.
2201 Vgl. § 4. A. III. 5. b). aa).

automatisch erfolgen und sich allein aus der Unionsregelung ohne Anwendung anderer Durchführungsvorschriften ergeben.[2202]

(1) Rechtliche Möglichkeit der unmittelbaren Auswirkung des Ratsbeschlusses auf die Rechtsstellung der Polisario

Eine insbesondere für die Rechtspraxis der europäischen Gerichtsbarkeit bedeutende Ausführung hat das Gericht hinsichtlich der unmittelbaren Betroffenheit von nicht-staatlichen außereuropäischen Entitäten getroffen bzw. in Anlehnung an die bereits durch Urteil im Jahr 2015 aufgestellten Grundsätze erweitert, die gegen einen Ratsbeschluss zum Abschluss eines internationalen Abkommens Rechtsschutz ersuchen. Das Gericht erhöhte im Vergleich zu seinen Ausführungen aus 2015 den Argumentationsaufwand in auffälliger Weise um ein Vielfaches[2203] und widersprach allen rechtlichen Ausführungen des Beklagten und seiner Streithelfer.

(2) Immanente Rechtswirkung eines Ratsbeschlusses nach Art. 218 Abs. 6 AEUV?

Zur mutmaßlich dem Rat nach nur immanenten Rechtswirkung eines Beschlusses nach Art. 218 Abs. 6 AEUV führte das Gericht in Anlehnung an seine Rechtsprechung aus, dass ein auf Art. 218 Abs. 6 AEUV gestützter Beschluss zum Abschluss eines internationalen Abkommens gerade nicht einen nach Art. 218 Abs. 3 und 4 AEUV erlassenen Beschluss darstellt, welcher zur Führung von internationalen vorvertraglichen Verhandlungen berechtigt.[2204] Ein solcher Beschluss kann Rechtswirkungen grundsätzlich nur in den Beziehungen zwischen der Union und ihren Mitgliedstaaten sowie zwischen den jeweiligen Unionsorganen entfalten. Ein Beschluss nach Art. 218 Abs. 6 AEUV verkörpert wiederum die Zustimmung und den institutionellen Willen der Union, durch ein internationales Abkommen gebunden zu sein. Er ist daher wesentlicher Bestandteil dieser Übereinkunft,

---

2202 Vgl. § 4. A. III. 5. b). aa); EuG, 2021 (Fn. 55), Rn. 144. Zu den diametralen Rechtsauffassungen der Parteien siehe EuG, 2021 (Fn. 55), Rn. 141.

2203 Das EuG erläuterte seine Ansicht zur unmittelbaren Betroffenheit in knapp 80 Randnummern im Urteil aus 2021, während es 2015 hierfür nur 9 Randnummern verwendete, siehe EuG, 2021 (Fn. 55), Rn. 141–224 und EuG, 2015 (Fn. 55), Rn. 105–114.

2204 EuG, 2021 (Fn. 55), Rn. 149.

ebenso wie der Rechtsakt, mit dem die übrige Partei einer solchen Übereinkunft beigetreten ist.[2205] Unproblematisch entfalten Zustimmungsrechtsakte des Rates zum Abschluss eines internationalen Übereinkommens daher Rechtswirkung gegenüber der Vertragspartei, da ein Beschluss des Rates die Zustimmung der Union hinsichtlich der von ihr im Rahmen dieser Übereinkunft eingegangenen Verpflichtungen gegenüber dem Vertragspartner formalisiert.[2206] Das Gericht argumentiert sodann, dass nach der in Art. 29 des WVK niedergelegten Regel des Völkergewohnheitsrechts ein internationales Abkommen abweichend von der Grundregel, wonach ein Abkommen jede Vertragspartei hinsichtlich ihres gesamten Hoheitsgebiets bindet, einen Staat hinsichtlich eines anderen Hoheitsgebiets binden kann, wenn eine solche Absicht aus dem Vertrag ersichtlich ist oder anderweitig festgestellt ist.[2207] Ist dies der Fall, ist nach dem völkergewohnheitsrechtlich anerkannten Pacta-tertiis-Grundsatz, kodifiziert in Art. 34 WVK, ein Dritter im Sinne dieser Regelung betroffen, womit dieser, um dem Abkommen Wirksamkeit zu verleihen, diesem zuzustimmen hat. Aus diesem Zusammenspiel der relativen Wirkung von völkerrechtlichen Abkommen und der Rechtsstellung eines Ratsbeschlusses im europarechtlichen Entstehungsprozess eines solchen Abkommens nach Art. 218 Abs. 6 AEUV konkludiert das Gericht in nicht zu beanstandender Weise, dass Abkommen und Beschluss untrennbar zueinander stehen und die Rechtsstellung eines Dritten konsequenterweise durch Ratsbeschlüsse unmittelbar betroffen sein kann.[2208] Daher lehnte das Gericht richtigerweise das Vorbringen des Rates ab, nach welchem der Beschluss keine Wirkung gegenüber dem Kläger entfalten könne.[2209]

Um einen effektiven gerichtlichen Rechtsschutz gewährleisten zu können, muss es im Rahmen einer Nichtigkeitsklage nach Art. 263 AEUV möglich sein, die Rechtmäßigkeit eines Ratsbeschlusses in Ansehung des Inhalts der damit genehmigten internationalen Übereinkunft selbst zu überprüfen, da andernfalls Ratsbeschlüsse nach Art. 218 Abs. 6 AUEV zu einem gro-

---

2205 EuG, 2021 (Fn. 55), Rn. 150; EuGH, Gutachten 1/13, ECLI:EU:C:2014:2303, Rn. 39–41, Rn. 65.

2206 EuG, 2021 (Fn. 55), Rn. 150. Das Gericht stellt klar, dass es dabei nicht die über Rechtmäßigkeit der Rechte und Pflichten eines Drittstaats, hier des Königreichs Marokko, aus dem Abkommen entscheidet, da dies nach dem Souveränitätsprinzip der Staaten nicht möglich ist, sondern vielmehr nur über die Rechtmäßigkeit der Zustimmung der Union entscheidet, EuG, 2021 (Fn. 55), Rn. 169.

2207 EuG, 2021 (Fn. 55), Rn. 151.

2208 EuG, 2021 (Fn. 55), Rn. 152.

2209 EuG, 2021 (Fn. 55), Rn. 153. Im Ergebnis so auch schon in EuG, 2015 (Fn. 55), Rn. 108, wenn auch noch mit unzureichender Begründung.

ßen Teil der materiellen Rechtmäßigkeitskontrolle entzogen wären. Dementsprechend sind bei der Prüfung der unmittelbaren und individuellen Betroffenheit eines Klägers im Sinne von Art. 263 Abs. 4 AEUV durch einen solchen Ratsbeschluss die Folgen der mit diesem Beschluss geschlossenen internationalen Übereinkunft auf die Rechtsstellung des Klägers zu berücksichtigen.

Andernfalls würde den von den Regelungen des Abkommens individuell und unmittelbar betroffenen natürlichen und juristischen Personen in unzulässiger Weise die Möglichkeit genommen, vor den europäischen Gerichten überprüfen zu lassen, ob diese mit den Verträgen und mit den die Union nach Art. 3 Abs. 5 EUV bindenden Regeln des Völkerrechts vereinbar sind.[2210] Das Gericht subsumiert sodann, dass die Polisario im Lichte ihrer „Rolle als Vertreter des Volkes der Westsahara über die Parteifähigkeit vor den Unionsgerichten verfügt, um die Rechte zu verteidigen, die diesem Volk aus den die Union bindenden Regeln des Völkerrechts erwachsen". Sie muss sich daher zum Nachweis der unmittelbaren und individuellen Betroffenheit im Lichte des effektiven unionsgerichtlichen Rechtsschutzes auf die Auswirkungen des streitigen Abkommens auf diese Rechte berufen können.[2211] Hierzu führte das Gericht aus, dass sich die Polisario durch die Regelungen des Abkommens hinsichtlich der Einfuhr von Erzeugnissen mit Ursprung in der Westsahara für seine unmittelbare Betroffenheit auf die Wirkungen dieses Abkommens und damit des angefochtenen Beschlusses im Gebiet der Union berufen kann.[2212] Es stärkte hiermit in hervorhebenswerter Weise den Rechtsschutz vor europäischen Gerichten.[2213]

2210 EuG, 2021 (Fn. 55), Rn. 158 f.

2211 EuG, 2021 (Fn. 55), Rn. 160.

2212 EuG, 2021 (Fn. 55), Rn. 170. Damit verwarf das Gericht eindeutig die Rechtsansicht des Rates, dass ein Ratsbeschluss keinerlei Außenwirkung entfalten kann, insbesondere hinsichtlich einer nicht-staatlichen Entität, die dem Wortlaut des Abkommens nach zunächst explizit nicht vom Anwendungsbereich der Übereinkunft umfasst ist.

2213 EuG, 2021 (Fn. 55), Rn. 160. Der Gerichtshof hat in EuGH, 2016 explizit aber nicht ausgeschlossen, dass mit einer Bestimmung eines nach dem Assoziationsabkommen geschlossenen Abkommens der Geltungsbereich des Assoziationsabkommens auf die Westsahara erstreckt werden kann. Er hat lediglich ausgeschlossen, dass in Ermangelung einer solchen ausdrücklichen Bestimmung dieser Geltungsbereich, der für das Königreich Marokko grundsätzlich auf dessen eigenes Gebiet begrenzt ist, nach den einschlägigen Grundsätzen des Völkerrechts dahin ausgelegt werden kann, dass er sich auf dieses Hoheitsgebiet ohne Selbstregierung erstreckt. In contrario zu diesem Rechtsstreit betraf der vom Gerichtshof entschiedene Rechtsstreit nicht ein nach dem Assoziationsabkommen geschlossenes Abkommen, welches

(3) Rechtswirkungen des angefochtenen Beschlusses in den Gebieten der Westsahara unter Berücksichtigung seiner räumlichen Geltung

Das Gericht hatte sich sodann mit der Frage zu beschäftigen, ob sich, entgegen der Rechtsauffassung des Rates, die Rechtswirkungen des streitigen Beschlusses und des Abkommens auf die Gebiete der Westsahara erstrecken. Warum der Rat die Anwendung auf die Gebiete der Westsahara zu negieren versuchte, ist angesichts des deutlichen Wortlauts des abgeänderten Abkommens kaum verständlich. Vielmehr kam es der Union doch gerade nach den vom EuGH aufgestellten restriktiven Voraussetzungen zur Anwendung internationaler Abkommen auf umstrittene Gebiete darauf an, den Anwendungsbereich durch eine Extensionsklausel auf die Westsahara zu erstrecken.[2214] Die nach dem Protokoll Nr. 4 eingefügte gemeinsame Erklärung über die Gebiete der Westsahara erweitert den Anwendungsbereich der Marokko von der Union gewährten Zollpräferenzen für die in dem Abkommen genannten Erzeugnisse sogar explizit auf solche mit Herkunft in der Westsahara, die aufgrund ausdrücklicher Bestimmungen unter der Kontrolle der Zollbehörden des Königreichs Marokko ausgeführt werden.[2215] Zudem hat der Gerichtshof in ständiger Rechtsprechung festgestellt, dass durch die von der Union durch internationale Abkommen gewährten Zollpräferenzen nach Maßgabe der geografischen Zone, in der diese ihren Ursprung haben, den Anwendungsbereich dieser Präferenzen bestimmen.[2216] Richtigerweise stellt das Gericht darauf ab, dass das streitige Abkommen Folgen nicht nur im Unionsgebiet, sondern auch in den Gebieten, über die die marokkanischen Zollbehörden Hoheitsgewalt ausüben, insbesondere in dem von Marokko kontrollierten Teil der Westsahara, entfaltet. Diese Wirkungen sind vor allem nicht, wie der Rat hilfsweise vorgetragen hat, ausschließlich wirtschaftlicher Natur, sondern haben eindeutige rechtliche Implikationen. Dies wird hauptsächlich dadurch deutlich, dass sich Exporteure mit Sitz in der Westsahara, deren Erzeugnisse dem Anwendungsbereich des Abkommens nach von den vorgesehenen Zollpräferenzen profitieren würden, gemäß Nr. 2 der gemeinsamen Erklärung über

---

eine ausdrückliche Bestimmung zur Erstreckung des räumlichen Geltungsbereichs des Assoziationsabkommens auf die Westsahara enthielt, sondern eine Übereinkunft ohne eine derartige ausdrückliche Bestimmung, EuG, 2021 (Fn. 55), Rn. 186–188.

2214 Vgl. EuGH, 2016 (Fn. 55), Rn. 114 f.
2215 EuG, 2021 (Fn. 55), Rn. 175, Rn. 53.
2216 Vgl. die Nachweise in EuG, 2021 (Fn. 55), Rn. 176.

die Westsahara den Bestimmungen des Protokolls Nr. 4 unterwerfen müssen.[2217]

Eine Auslegung der Regelungen der gemeinsamen Erklärung über die Westsahara dahin, dass diese nicht für das Gebiet der Westsahara gelten sollen, würde dem Abkommen völlig zuwiderlaufen. Im Rahmen dessen hat das Gericht richtigerweise darauf abgestellt, dass zwar die Auslegungsmethoden des Art. 31 Abs. 3 WVK Anwendung finden und insbesondere nach Art. 31 Abs. 3 lit. c WVK die Regelungen eines Vertrags unter Berücksichtigung jedes in den Beziehungen zwischen den Vertragsparteien anwendbaren einschlägigen Völkerrechtssatzes auszulegen sind. Diese können aber nicht als Grundlage für eine Auslegung solcher Bestimmungen gegen ihren Wortlaut dienen, wenn deren Bedeutung klar ist und feststeht, dass diese Bedeutung derjenigen entspricht, die die Vertragsparteien ihnen beigemessen haben und geben wollten.[2218] Dies ist im vorliegenden Fall durch die eingefügte gemeinsame Erklärung eindeutig die Erweiterung des räumlichen Anwendungsbereichs des Abkommens auf die Gebiete der Westsahara, die nach den vorgenannten Erwägungsgründen auch nicht anders ausgelegt werden kann.[2219]

Das Gericht konkludiert daher zutreffend, dass die streitige Übereinkunft und der mit dieser untrennbar verbundene angefochtene Ratsbeschluss wegen der Gewährung der Zollpräferenzen für Erzeugnisse mit Ursprung in der Westsahara bei ihrer Einfuhr in die Union Rechtswirkungen erzeugen, die den Kläger betreffen.[2220]

(4) Das Volk der Westsahara als (ewiger) Dritter

Das Gericht ging in seiner rechtlichen Betrachtung noch weiter und untersuchte, ob das Volk der Westsahara als nicht beteiligter Dritter im Sinne des durch Art. 34 WVK kodifizierten völker- und gewohnheitsrechtlichen Grundsatzes der relativen Wirkung von Verträgen durch das Abkommen betroffen ist. Es sah diese Erwägungen als relevant für jede Bestimmung des Assoziierungsabkommens oder eines späteren Abkommens der Union mit Marokko an, das ausdrücklich den Geltungsbereich für die Gebiete

---

2217 Europäisches ABl. 2019 L 34/4 v. 6.2.2019; EuG, 2021 (Fn. 55), Rn. 180.
2218 EuG, 2021 (Fn. 55), Rn. 190.
2219 EuG, 2021 (Fn. 55), Rn. 190.
2220 EuG, 2021 (Fn. 55), Rn. 193.

der Westsahara vorsieht.[2221] Im Umkehrschluss an die relevanten Rechtsausführungen und die völkerrechtliche Rechtsfortbildung des Gerichtshofes hinsichtlich des Pacta-tertiis-Grundsatzes, der diesen auch für NSGTs anwendet, stellte das Gericht richtigerweise fest, dass die Durchführung eines internationalen Abkommens erst recht ein Volk in einem von dem Anwendungsbereich des Abkommens explizit durch Extensionsklausel umfassten Gebiet als Dritten betreffen könnte. Dies wiederum führt dazu, dass von der Union mit Drittstaaten geschlossene Abkommen über natürliche Ressourcen eines NSGT-Dritten, hier das Volk der Westsahara betreffend, ohne dessen Zustimmung weder schaden noch nützen dürfen.[2222] Das EuG stellte dabei unmissverständlich klar, dass auch die Gewährung von Zollpräferenzen für Erzeugnisse aus den Gebieten der Westsahara bei ihrer Einfuhr in die Union auf der Grundlage von durch die Zollbehörden des Königreichs Marokko ausgestellten Bescheinigungen der Zustimmung des Volkes dieses Gebiets bedarf.[2223]

(5) Die Polisario als anerkannte Vertretungsperson des sahrawischen
    Volkes

Streitig zwischen den Prozessbeteiligten war insbesondere die Frage, ob die Polisario durch ihre Rolle im Westsaharakonflikt allgemeine Vertretungsbefugnisse für die Rechte des sahrawischen Volkes innehat und geltend machen kann, weshalb das Gericht dies, für die Rechts- und Wirtschaftspraxis der Union mit Marokko von überragender Wichtigkeit, zu begutachten hatte. Wie diese Arbeit bereits an zahlreichen Stellen aufzeigen konnte, steht der politische Verhandlungsprozess der Union mit Marokko über internationale Abkommen stets unter der Prämisse, das Königreich möglichst in seiner Position hinsichtlich der Gebiete der Westsahara nicht zu tangieren. Dabei muss der realpolitische Spagat zwischen der Legalität des Handelns der Union und den Interessen der jeweiligen Vertragsparteien gelingen. Marokko ist unter keinen Umständen bereit, die Polisario als Gesprächspartner in auswärtigen Angelegenheiten zu akzeptieren, weshalb die Union es bis dato in den Vertragsverhandlungen tunlichst vermieden hat, die Polisario als Partei in irgendeiner Form ernsthaft zu konsultieren oder gar ihre Zustimmung zu einem Abkommen über die Gebiete der Westsahara

---

2221 EuG, 2021 (Fn. 55), Rn. 195.
2222 EuGH, 2016 (Fn. 55), Rn. 106; EuG, 2021 (Fn. 55), Rn. 194 f.
2223 EuG, 2021 (Fn. 55), Rn. 196.

einzuholen. Daher hat, sollte das Urteil des Gerichts der Berufung standhalten, die Ausarbeitung des Gerichts zum Punkt der Vertretungsbefugnis der Polisario große Auswirkungen auf die außenpolitischen Beziehungen zu Marokko.

Das Gericht rief zunächst in Erinnerung, dass der Westsaharakonflikt ein seit Jahrzehnten unter der Schirmherrschaft der UN andauernder Konflikt ist. Es bezeichnete diesen seiner Natur nach als „Legitimitätskonflikt" zwischen Marokko und der Polisario bzw. dem Volk der Westsahara hinsichtlich der Repräsentativität für dieses Gebiet und seiner Bevölkerung.[2224] Dabei besteht insbesondere, wie auch die zahlreichen Verfahren vor den europäischen Gerichten zeigen, zwischen dem Königreich Marokko und der Polisario keine Einigkeit in der Frage der Zuständigkeit für den Abschluss einer für die Gebiete der Westsahara geltenden internationalen Übereinkunft mit Drittstaaten.[2225] Doch genau diese realpolitisch äußerst aufgeladene Frage galt es für das Gericht abschließend zu klären, da sich der Gerichtshof in den vorherigen Verfahren hierzu noch nicht geäußert hatte und anderenfalls keine Rechtssicherheit hinsichtlich internationaler Abkommen der Union mit Marokko über Produkte aus den Gebieten der Westsahara eintreten kann.

Der Ansicht, dass die Polisario von der UN lediglich als Vertreter des Volkes der Westsahara in dem politischen Prozess zur Lösung der Frage der Selbstbestimmung des Volkes dieses Gebiets anerkannt sei, vermochte das Gericht nicht zu folgen und ging hierfür weit in der Geschichte des Westsahara-Konflikts zurück und berief sich vor allem auf die UN-Generalversammlungsresolutionen 34/37 und 35/19[2226]. Daraus schlussfolgerte es, dass

---

2224 EuG, 2021 (Fn. 55), Rn. 203.
2225 EuG, 2021 (Fn. 55), Rn. 203.
2226 Vgl. EuG, 2021 (Fn. 55), Rn. 205 f.; *Wathelet*, 2016 (Fn. 55), Rn. 185 f. Der Generalanwalt stellte zwar fest, „dass die Verbindung zwischen dem streitigen Beschluss und dem Front Polisario zu mittelbar ist, um eine unmittelbare Betroffenheit des Front Polisario zu begründen", allerdings ist hierbei zwingend zu beachten und vom Rat und seinen Streithelfern nicht berücksichtigt, dass das vorherige Abkommen und der das Abkommen genehmigende Ratsbeschluss eben keine Extensionsklauseln auf die Gebiete der Westsahara beinhalteten und sich die Situation dadurch erheblich anders darstellt als im vorliegenden Verfahren, vgl. *Wathelet*, 2016 (Fn. 55), Rn. 193. Ebenfalls ging der Generalanwalt, wie auch der Gerichtshof, davon aus, dass das Abkommen auch nicht durch eine spätere Übung iSd. Art. 31 Abs. 3 lit. b WVK auf die Gebiete der Westsahara erweitert wurde, siehe zu dieser schwer vertretbaren Ansicht die ausführliche Darstellung in § 4. A. III. 2. c). dd). Das Vorbringen des Rates ist bereits hinsichtlich der nicht vergleichbaren Ausgangslage der jeweiligen Verfahren nicht übertragbar und daher richtigerweise

die UN bereits 1979 der Ansicht war, dass die Polisario an den Verhandlungen mit Marokko über den endgültigen Status der Westsahara mitzuwirken habe.[2227] Es konkludierte, dass sie der legitime Vertreter des Volkes dieses Gebietes sei und die Anerkennung der Repräsentativität der Polisario als solche durch die Organe der UN der Anerkennung ihres Rechts auf Teilnahme am Selbstbestimmungsprozess dieses Gebietes logisch vorausgehe.[2228] Das Gericht verwarf die Argumentation des Rates hinsichtlich der beschränkten Legitimations- und Repräsentationsfähigkeit der Polisario im Selbstbestimmungsprozess in Relation zum Volk der Westsahara dadurch, dass das Gericht richtigerweise davon ausging und feststellte, dass sich die Vertretung als notwendig zur Wahrung des Selbstbestimmungsrechts dieses Volkes erweist.[2229] Insbesondere hat das Selbstbestimmungsrecht der Völker entgegen der Rechtsauffassung des Rates auch ökonomische Reichweite, die durch das Recht der Völker an den natürlichen Ressourcen ihres Gebietes, kodifiziert in zahlreichen internationalen Übereinkommen und gewohnheitsrechtlich anerkannter Erga-omnes-Grundsatz, zwar nicht detailliert reguliert ist, aber unstreitig existiert. Zwar geht das EuG auf diesen Grundsatz an dieser Stelle nicht explizit ein, es stellt jedoch eine Konnexität zwischen dem dem Volk der Westsahara zustehenden (politischen) Recht auf Selbstbestimmung und einer faktischen und ökonomischen Dimension her.[2230]

Zur ausschließlichen Repräsentationsfähigkeit der Polisario schlussfolgerte das Gericht aus der Historie des Westsaharakonflikts, dass sich seit der in den Generalversammlungsresolutionen 37/37 und 35/19 ausgedrückten Auffassung zur Stellung der Polisario seitens der UN-Organe keinerlei Änderungen ergeben hätten und keine anderen Akteure als die Polisario zur Vertretung des Volkes der Westsahara anerkannt worden seien.[2231]

---

vom Gericht verworfen worden.; UN Doc. A/RES/34/37 v. 27.11.1979, S. 204 Nr. 7; UN Doc. A/RES/35/19 v. 11.11.1980, S. 213 f., Nr. 10.

2227 EuG, 2021 (Fn. 55), Rn. 206–208.

2228 EuG, 2021 (Fn. 55), Rn. 206; UN Doc. A /RES/35/19 v. 11.11.1980, S. 213 f., Nr. 10 verhält sich zu dieser Frage eindeutig: „Urges, to that end, Morocco and the Frente Popular para la Liberacion de Saguia el-Hamra y de Rio de Oro, representative of the people of the Western Sahara, to enter into direct negotiatons with a view to arriving at a definitive settlement of the question of the Territory of Western Sahara". Auch im Jahr 2023 wird einzig die Polisario als Ansprechpartner der UN zur Frage der Westsahara in Resolutionen des Sicherheitsrates und der Generalversammlung genannt.

2229 EuG, 2021 (Fn. 55), Rn. 205, Rn. 208.

2230 EuG, 2021 (Fn. 55), Rn. 206 f.

Überraschend ist die Ausführung des Gerichts zur möglichen noch bestehenden Position Spaniens im Westsahara-Konflikt. Zunächst stellte das EuG fest, dass der Gerichtshof urteilte, dass das Volk der Westsahara als von Spanien unterschiedlicher und an dem Assoziierungsabkommen nicht beteiligter Dritter angesehen werden muss, welcher als solcher in der Lage ist, seine Zustimmung zur Durchführung dieses Abkommens oder eines Folgeabkommens im Gebiet der Westsahara zu geben.[2232] Wichtiger allerdings war die rechtliche Feststellung, dass die Spanien möglicherweise verbliebenen Befugnisse der Polisario gegenüber jedenfalls keine Wirkung haben können, da diese von der UN als Vertreter dieses Volkes anerkannt worden ist. Aus der alleinigen repräsentativen Mitwirkung der Polisario am Selbstbestimmungsprozess folgt, dass diese die Zustimmung zu einem für dieses Gebiet geltenden Abkommen zum Ausdruck bringen kann.[2233] Unabhängig von der Rechtsposition Spaniens konkludierte das Gericht richtigerweise, dass der von der Union vorgenommene Abschluss des streitigen Abkommens mit Marokko als Partei des laufenden Selbstbestimmungsprozesses für das Gebiet der Westsahara, welche unstreitig Souveränitätsrechte über das gesamte Gebiet beanspruchte und das Abkommen auf dieser Grundlage bzw. diesem Rechtsverständnis geschlossen hat, wegen des zwischen Marokko und der Polisario bestehenden Konfliktes – vom EuG als „Legitimitätskonflikt" betitelt – zwangsläufig Rechtswirkungen gegenüber der Polisario entfalte.[2234]

Zudem verwies das Gericht auf den Wortlaut des streitigen Abkommens sowie auf die Erwägungsgründe des angefochtenen Beschlusses. Aus diesen ist unmissverständlich zu erkennen, dass sich Marokko und insbesondere auch die Union und damit auch der Rat bewusst sind, dass zwischen dem Abschluss dieses Abkommens und dem in der Westsahara laufenden Selbstbestimmungsprozess ein Zusammenhang besteht.[2235]

Dies wird durch das Gericht durch Heranziehung von Absatz 4 und Absatz 5 des streitigen Abkommens belegt. Dort weisen die Parteien darauf hin, dass das Abkommen unbeschadet der jeweiligen Standpunkte der Parteien zum Status der Westsahara geschlossen wurde, also als nicht selbstverwaltetes Gebiet aus der Sicht der Europäischen Union und als

---

2231 EuG, 2021 (Fn. 55), Rn. 208.
2232 EuG, 2021 (Fn. 55), Rn. 209.
2233 EuG, 2021 (Fn. 55), Rn. 209.
2234 EuG, 2021 (Fn. 55), Rn. 210.
2235 EuG, 2021 (Fn. 55), Rn. 211.

Teil des marokkanischen Hoheitsgebiets aus der Sicht Marokkos.[2236] Dasselbe gilt für die Bekräftigung der Unterstützung der UN im Selbstbestimmungsprozess der Westsahara.[2237] Das Gericht schloss konsequenter- und richtigerweise daraus, dass die Parteien die Auffassung vertraten, dass der Abschluss des fraglichen Abkommens so ausgelegt werden könnte, dass er einen gemeinsamen Standpunkt zum Status dieses Gebiets widerspiegele und den fraglichen Selbstbestimmungsprozess untergrabe. Daher sei es notwendig gewesen, diese Klarstellungen vorzunehmen, um eine solche Gefahr zu beseitigen.[2238] Die Tatsache, dass das streitige Abkommen und der angefochtene Beschluss dem Ausgang des Selbstbestimmungsprozesses nach Ansicht des Rates und nach den Erwägungsgründen des Beschlusses und des Abkommens nicht vorgreifen, kann nach überzeugender Ansicht

---

2236 Europäisches ABl. L 34/4 v. 6.2.2019; Europäisches Abl. L 77/4 v. 20.3.2019: „Die Union greift dem Ergebnis des politischen Prozesses über den endgültigen Status der Westsahara, der unter der Schirmherrschaft der Vereinten Nationen stattfindet, nicht vor und hat ihr Engagement für die Beilegung des Streits in der Westsahara – die derzeit von den Vereinten Nationen in der Liste der nichtselbstverwalteten Gebiete geführt und heute weitgehend vom Königreich Marokko verwaltet wird – wiederholt bekräftigt. Sie unterstützt voll und ganz die Bemühungen des Generalsekretärs der Vereinten Nationen und seines Persönlichen Gesandten, den Parteien dabei zu helfen, zu einer gerechten, dauerhaften und für beide Seiten annehmbaren politischen Lösung zu gelangen, die der Bevölkerung der Westsahara im Rahmen von Vereinbarungen gemäß den in der Charta der Vereinten Nationen verankerten Zielen und Grundsätzen und im Einklang mit den einschlägigen Resolutionen des VN-Sicherheitsrates 2152 (2014), 2218 (2015), 2285 (2016), 2351 (2017) und 2414 (2018) die Selbstbestimmung ermöglicht."
2237 Europäisches ABl. L 34/4 v. 6.2.2019; EuG, 2021 (Fn. 55), Rn. 212.
2238 EuG, 2021 (Fn. 55), Rn. 212; Im Briefwechsel der Union und Marokko v. 4.1.2019 heißt es zu den unterschiedlichen Standpunkten der Parteien zur Westsahara: „In Bezug auf die Westsahara bekräftigen die Vertragsparteien ihre Unterstützung für den VN-Prozess und für die Bemühungen des Generalsekretärs, im Einklang mit den Grundsätzen und Zielen der Charta der Vereinten Nationen und auf der Grundlage der Resolutionen des Sicherheitsrates eine endgültige politische Lösung zu finden. Das Fischereiabkommen wird unbeschadet der jeweiligen Standpunkte geschlossen: Für die Europäische Union berührt die Bezugnahme auf die Gesetze und Vorschriften Marokkos im Fischereiabkommen nicht ihren Standpunkt zum Hoheitsgebiet ohne Selbstregierung der Westsahara, dessen angrenzende Gewässer von der Fischereizone im Sinne von Artikel 1 Buchstabe h des Fischereiabkommens erfasst werden, und dessen Recht auf Selbstbestimmung; für das Königreich Marokko ist die Region der Sahara fester Bestandteil seines nationalen Hoheitsgebiets, in dem es seine Hoheitsgewalt wie im übrigen nationalen Hoheitsgebiet vollständig ausübt. Marokko ist der Auffassung, dass jede Lösung für diesen regionalen Streit auf der Grundlage seiner Autonomieinitiative erfolgen sollte.", Europäisches ABl. L 77/53 v. 20.3.2019.

des Gerichts nicht bedeuten, dass die rechtlichen, wirtschaftlichen und faktischen Auswirkungen der Folgen des Abkommens nicht geeignet sind, die Rechtsstellung der Polisario als Vertreter eines an diesem Abkommen nicht beteiligten Dritten in persona des sahrawischen Volkes und gleichzeitiger Partei dieses Prozesses zu verändern.[2239]

Dies berücksichtige die Union explizit, indem in den Erwägungsgründen zum angefochtenen Beschluss dargelegt wird, dass soziale, ökonomische und politische Akteure in den Gebieten der Westsahara an den von der Kommission und vom EAD durchgeführten Konsultationen teilgenommen und die Ausdehnung der Zollpräferenzen des Assoziierungsabkommens auf die Westsahara abgelehnt haben. Sie vertraten dabei die Ansicht, dass ein solches Abkommen den Standpunkt Marokkos bezüglich seiner mutmaßlichen Souveränität über die Westsahara bekräftige.[2240] Die Polisario ist trotz ihrer, der Union eindeutig bekannten Position als einziger Ansprechpartner der UN-Organe im Selbstbestimmungsprozess der Westsahara, nicht förmlich zu Gesprächen eingeladen worden.[2241] Allerdings äußerte sich die Polisario gegenüber dem EAD in einem informellen Gedankenaustausch ablehnend gegenüber dem Abkommen, wie auch andere der vom EAD kontaktierten Gruppierungen.[2242] Wie sich später herausstellen sollte, waren die übrigen von der Kommission bzw. dem EAD „konsultierten" sozialen, ökonomischen und politischen Akteure in den Gebieten der Westsahara, die dem Abkommen positiv gegenüberstanden, fast ausschließlich marokkanische Interessengruppen nicht sahrawischen Ursprungs.[2243] Faktisch verweigerte die Polisario ihre Zustimmung zu dem Abkommen, was sich insbesondere aus Erwägungsgrund Nr. 11 des streitigen Beschlusses explizit ergibt.[2244] Daraus schlussfolgert das Gericht in nicht zu beanstandender Weise, dass die Union die Klägerin als legitimen Ansprechpartner ansieht, um ihre Haltung zum Abschluss dieses Abkommens zu äußern. Es stellt

---

2239 EuG, 2021 (Fn. 55), Rn. 218.
2240 EuG, 2021 (Fn. 55), Rn. 214.
2241 EuG, 2021 (Fn. 55), Rn. 214.
2242 EuG, 2021 (Fn. 55), Rn. 214.
2243 Vgl. § 4. A. III. 4. b).
2244 Europäisches ABl. L 77/4 v. 20.3.2019 Erwägungsgrund Nr. 11: „(...) Umfangreiche Konsultationen wurden in der Westsahara und im Königreich Marokko durchgeführt und die daran beteiligten sozioökonomischen und politischen Akteure sprachen sich eindeutig für den Abschluss des Fischereiabkommens aus. Allerdings haben die Front Polisario und andere Beteiligte einer Teilnahme am Konsultationsprozess nicht zugestimmt."

konsequenterweise fest, dass sich die beanstandete Maßnahme des Rates unmittelbar auf die Rechtsstellung der Polisario auswirkt.[2245]

(6) Self-executing Act

Indem das streitige Abkommen eine bloße räumliche Ausdehnung der dem Königreich Marokko bereits gewährten Zollpräferenzen darstellt, ohne dabei Änderungen der Menge oder der Erzeugnisse vorzunehmen, die unter diese Präferenzen fallen, lässt die Umsetzung dieses Abkommens im Gebiet der Union den für die Anwendung dieser Zollpräferenzen zuständigen Behörden keinerlei Ermessensspielraum. Dies folgt daraus, dass, sofern die im Abkommen festgesetzten einzuführenden Erzeugnisse solche mit Ursprung in der Westsahara sind, die in dem streitigen Abkommen vorgesehenen Zollpräferenzen auf sie zwingend angewandt werden müssen.[2246] Die Bestimmungen sind daher self-executing und bedürfen keines weiteren Umsetzungsaktes der Unionsorgane.[2247]

(7) Zwischenergebnis

Indem die vom EuGH entwickelten Kriterien hinsichtlich der Wirkung eines angefochtenen Ratsbeschlusses auf Kläger erfüllt sind, ist das Gericht richtigerweise davon ausgegangen, dass die Polisario als Vertreter des Volkes der Westsahara unmittelbar vom streitgegenständlichen Beschluss betroffen ist.[2248]

bb) Die individuelle Betroffenheit der Polisario

Nach ständiger Rechtsprechung des Gerichtshofs können andere Personen als die Adressaten einer Entscheidung nach Art. 263 Abs. 4 AEUV nur dann individuell betroffen sein, wenn diese Entscheidung sie wegen bestimmter persönlicher Eigenschaften oder besonderer Umstände, die sie aus dem Kreis aller übrigen Personen herausheben, berührt und sie dadurch in

---

2245 EuG, 2021 (Fn. 55), Rn. 214.
2246 EuG, 2021 (Fn. 55), Rn. 221.
2247 EuG, 2021 (Fn. 55), Rn. 220–223.
2248 EuG, 2021 (Fn. 55), Rn. 224.

ähnlicher Weise individualisiert wie den Adressaten einer solchen Entscheidung.[2249] Das Gericht hatte sich bereits im Verfahren T-512/12 zu der Frage der individuellen Betroffenheit geäußert und behielt die Argumentationsstruktur im Wesentlichen bei.[2250] Es hob hervor, dass der Abschluss des streitigen Abkommens mit einer der Parteien des Selbstbestimmungsprozesses für das Gebiet der Westsahara durch die Union Fragen aufwirft, die nicht als außerhalb dieses Prozesses liegend angesehen werden können und die folglich die Polisario als Partei des Selbstbestimmungsprozesses betreffen.[2251] Aufgrund dieser Umstände ist die Polisario wegen ihrer ihr durch den von der UN geführten Prozess anhaftenden bestimmten persönlichen Eigenschaften, die die Klägerin im Sinne des Art. 263 Abs. 4 AEUV in ähnlicher Weise individualisieren wie den Adressaten des angefochtenen Beschlusses, als Vertreter des Volkes der Westsahara und als Partei des Selbstbestimmungsprozesses als von diesem Beschluss betroffen anzusehen.[2252] Es muss der Polisario daher nach Ansicht des Gerichts möglich sein, überprüfen zu lassen, ob die Union rechtmäßig durch Beschluss der Extension des streitigen Abkommens für das Gebiet der Westsahara zustimmen konnte.[2253]

c) Begründetheit der Klage

Die Polisario stützte die eingereichte Klage auf zehn Klagegründe, von denen das Gericht allerdings nur überprüfte, ob der Rat unzuständig für den Erlass des angefochtenen Beschlusses gewesen ist und ob durch den Beschluss ein Verstoß gegen die Verpflichtung zur Durchführung und Achtung der Urteile des Gerichtshofs lag.[2254]

2249 EuG, 2021 (Fn. 55), Rn. 228.
2250 Vgl. EuG, 2015 (Fn. 55), Rn. 61–114. Siehe die hierzu ausführliche Analyse in § 4. A. III. 1. a). bb).
2251 EuG, 2021 (Fn. 55), Rn. 230.
2252 EuG, 2021 (Fn. 55), Rn. 230 f.
2253 EuG, 2021 (Fn. 55), Rn. 231.
2254 1. Unzuständigkeit des Rates für den Erlass des angefochtenen Beschlusses, 2. Verstoß gegen seine Verpflichtung, sich der Beachtung der Grundrechte und des humanitären Völkerrechts zu vergewissern, 3. Verstoß gegen die Verpflichtung zur Durchführung der Urteile des Gerichtshofs, 4. Verletzung der Grundrechte als Grundsätze und Werte, die das auswärtige Handeln der Union bestimmen müssen, 5. Verletzung des Grundsatzes des Vertrauensschutzes, 6. fehlerhafte Anwendung des Grundsatzes der Verhältnismäßigkeit, 7. Verletzung des Selbstbestimmungs-

Negativ anzumerken ist vorweg die von den europäischen Gerichten weiterhin äußerst zurückhaltende bzw. nicht existierende rechtliche Würdigung der Auswirkungen des humanitären Völkerrechts auf den Westsahara-Konflikt und die damit zusammenhängenden Folgen für Drittstaaten.[2255]

aa) Unzuständigkeit des Rates für den Erlass des angefochtenen Beschlusses

Die Polisario trug vor, dass der Rat als Organ der Europäischen Union für den Erlass des angefochtenen Beschlusses nicht zuständig gewesen sein könne. Sie begründete dies damit, dass mit diesem Beschluss ein völkerrechtliches Abkommen geschlossen worden sei, welches auf ein Gebiet anwendbar sei, das der Souveränität eines dritten Volkes unterliege, über das weder die Europäische Union noch Marokko verfügten.[2256]

Die Kommission vertrat erneut den Standpunkt, dass das Völkerrecht dem Abschluss eines internationalen Abkommens, das für ein nicht selbstverwaltetes Gebiet gelte, durch die Verwaltungsmacht dieses Gebiets nicht entgegenstehe. Dieses gelte umsomehr, als im vorliegenden Fall nach Ansicht der Kommission und Frankreichs das Königreich Marokko die „De-facto-Verwaltungsmacht" der Westsahara ist.[2257]

Das Gericht stellte sodann zunächst fest, dass die Union nach dem in Art. 5 Abs. 1 und 2 EUV niedergelegten Grundsatz der begrenzten Einzelermächtigung nur im Rahmen der Befugnisse handelt, die ihr die Mitgliedstaaten in den Verträgen zur Verwirklichung der in diesen Verträgen festgelegten Ziele übertragen haben.[2258] Hinsichtlich der Aufgabenbereiche der einzelnen Organe der Union wird nach Art. 13 Abs. 2 EUV jedes von ihnen innerhalb der Grenzen der ihm in den Verträgen zugewiesenen Befugnisse nach Maßgabe der darin festgelegten Verfahren, Bedingungen und Ziele tätig.[2259] Der angefochtene Beschluss wurde auf der Grundlage von Art. 207

---

rechts, 8. Verletzung des Grundsatzes der relativen Wirkung von Verträgen, 9. Verletzung des humanitären Völkerrechts und 10. Verstoß gegen die Verpflichtungen der Union nach dem Recht der völkerrechtlichen Haftung, EuG, 2021 (Fn. 55), Rn. 239.

2255 Vgl. die Feststellungen des Gerichts, dass die Polisario den Anforderungen des humanitären Völkerrechts unterliegt EuG, 2021 (Fn. 55), Rn. 94.

2256 EuG, 2021 (Fn. 55), Rn. 240.

2257 EuG, 2021 (Fn. 55), Rn. 242; EuG, 2015 (Fn. 55), Rn. 56, Rn. 81–84.

2258 EuG, 2021 (Fn. 55), Rn. 243.

2259 EuGH, Urteil v. 12.9.2017, EU:C:2017:663, Rn. 97 f.; EuG, 2021 (Fn. 55), Rn. 243.

Abs. 4 Unterabs. 1 AEUV in Verbindung mit Art. 218 Abs. 6 Unterabs. 2 lit. a Ziff. i AEUV erlassen. Diesbezüglich war zwischen den Parteien zumindest unstreitig, dass die notwendigen Verfahrensvoraussetzungen eingehalten worden sind, die für einen auf der Grundlage der genannten Bestimmungen des AEUV erlassenen Rechtsakt gelten.[2260] Die Polisario griff vielmehr die Zuständigkeit der Union für den Abschluss des streitigen Abkommens als solche an. Sie führte aus, dass das streitgegenständliche Abkommen auf ein den Vertragsparteien fremdes Gebiet anwendbar sei, welches wiederum der Souveränität des Volkes der Westsahara unterliege. Insoweit berief sich die Polisario insbesondere auf den allgemeinen Rechtsgrundsatz nemo plus iuris ad alium transferre potest quam ipse habet.[2261] In diesem Zusammenhang verwies das Gericht auf das Namibia-Gutachten des IGHs und stellte in Anlehnung an die dort getroffenen Einschränkungen fest, dass das Völkerrecht in speziellen Fällen den Abschluss von Verträgen mit einem Drittstaat ausschließt, die auf ein nicht selbstverwaltetes Gebiet anwendbar sind, wenn gewisse intensive Rechtsverletzungen vorliegen, die dieser Staat in diesem Gebiet begangen hat.[2262] Allerdings sah das EuG im vorliegenden Fall die Situation als nicht vergleichbar an. Vielmehr stellte es fest, dass die Polisario sich auf keine Regel des Völkerrechts berufen habe, die die Befugnis der Europäischen Union zum Abschluss eines bilateralen Abkommens wie des streitigen Abkommens aufgrund ihres Status als internationale Organisation beschränken könnte.[2263] Auch wenn die Klägerin der Ansicht ist, dass bestimmte Grundsätze des Völkergewohnheitsrechts dem Abschluss dieses Abkommens durch die Europäische Union entgegenstehen, berief sie sich nach Ansicht des Gerichts nicht auf eine solche Regel. Insbesondere berief sie sich nicht auf eine solche, die sich aus einer Resolution des Sicherheitsrats der UN ergibt oder in einem Urteil des IGHs verankert ist und ausdrücklich ein internationales Abkommen mit dem Königreich Marokko verbieten würde, welches sich auf das Gebiet der Westsahara bezieht.[2264] Ferner stützt sich das Gericht auf die Recht-

---

2260 EuG, 2021 (Fn. 55), Rn. 244.
2261 EuG, 2021 (Fn. 55), Rn. 245.
2262 EuG, 2021 (Fn. 55), Rn. 246; IGH, Namibia-Gutachten, ICJ Rep. 1971, S. 16 Rn. 122–126.
2263 EuG, 2021 (Fn. 55), Rn. 247.
2264 Dies liegt jedoch in der Natur des Konflikts. Zum einen ist es faktisch unmöglich, ein Urteil des IGHs zum Westsahara-Konflikt zu erwirken, da die Westsahara als NSGT nicht Mitglied des IGH-Statuts sein kann und damit auch keine Urteile erklagen kann. Zum anderen hat auch die Feststellung der Anwendbarkeit

sprechung des Gerichtshofs aus 2016, in welcher dieser die Möglichkeit nicht grundsätzlich ausgeschlossen hat, dass die Union in Kohärenz mit den völkerrechtlichen Grundsätzen, die auf die Beziehungen zwischen der Union und Marokko im Rahmen des Assoziierungsabkommens anwendbar sind, berechtigt wäre, mit diesem Drittstaat ein Abkommen zu schließen, welches ausdrücklich die Anwendung auf die Westsahara vorsieht.[2265] Mit dieser Feststellung beendete das Gericht die Prüfung zur Unzuständigkeit des Rates für den Erlass des angefochtenen Beschlusses an dieser Stelle.[2266]

bb) Verstoß des Rates gegen seine Verpflichtung den Anforderungen der EuGH-Rechtsprechung zu entsprechen

Relevant ist insbesondere der dritte Klagepunkt der Polisario, in welchem sie behauptete, dass der Rat den Anforderungen der EuGH-Rechtsprechung zuwider gehandelt habe. Diesem Punkt widmete sich das EuG intensiv, woraus sich für den Rechtsraum der Union äußerst relevante Folgen ergeben (könnten).

(1) Wirkungslosigkeit des Klagegrundes

Da der Rat und die Streithelfer die rechtlichen Grundlagen des Klagegrundes als solche in Frage stellten, hatte sich das Gericht zunächst mit der

---

gewisser internationaler Rechtssätze durch den Sicherheitsrat nur deklaratorische Wirkung. Das humanitäre Völkerrecht kennt keine Anwendungssperre durch die Nichtfeststellung des Sicherheitsrates, dass die Regelungen des humanitären Völkerrechts anwendbar sind oder nicht. Die Feststellung des Gerichts, dass es kein ausdrückliches Verbot durch den Sicherheitsrat oder den IGH zum Abschluss von Abkommen mit Marokko über die Gebiete der Westsahara gibt und daraufhin zu argumentieren, dass allgemein gültige Völkergewohnheitsrechtssätze für eine rechtliche Überprüfung nicht ausreichen würden, muss daher zurückgewiesen werden. Insbesondere aus dem Nicht-Anerkennungsgrundsatz und den, gerade und richtigerweise im Ukraine-Krieg von europäischen Organen vielfach zitierten Regelungen des humanitären Völkerrechts, ergibt sich zumindest ein weit offenstehendes Einfallstor zur Prüfung der Legitimität von völkerrechtlichen Abkommen über ein besetztes bzw. annektiertes Gebiet mit der Besatzungsmacht. Erneut verpasst es die europäische Gerichtsbarkeit, das humanitäre Völkerrecht gleichgeltend und mit denselben Rechtswirkungen und Sanktionsmechanismen für jedweden Konflikt anzuwenden, in welchem der Anwendungsbereich der Regelungen der Genfer Konventionen und der HLKO eröffnet ist.

2265 EuG, 2021 (Fn. 55), Rn. 248; EuGH, 2016 (Fn. 55), Rn. 98.
2266 EuG, 2021 (Fn. 55), Rn. 248 f.

Frage zu beschäftigen, ob der von der Polisario vorgetragene Klagegrund als solcher nicht von vornherein wirkungslos sei.[2267]

(a) Auslegung des Klagegrundes durch das Gericht

Unter Berücksichtigung des Kerngehalts des Klagegrundes, nämlich dem Umstand, dass die Achtung des Völkerrechts und der Grundrechte sichergestellt werden und insbesondere dem Erfordernis der vom EuGH aufgestellten Einholung der Zustimmung des Volkes der Westsahara Genüge getan werden soll, nahm das Gericht an, dass im Wesentlichen gerügt werden soll, dass der Rat gegen seine Verpflichtung verstoßen habe, die in der Rechtsprechung des Gerichtshofs vorgenommene Auslegung des Assoziierungsabkommens im Lichte der anwendbaren Regeln des Völkerrechts, in concreto zum Selbstbestimmungsrecht und der relativen Wirkung von Verträgen, zu beachten.[2268]

Daher konkludierte das Gericht zutreffenderweise, dass der Klagegrund ungeachtet der unzutreffenden Bezugnahme der Klägerin auf Art. 266 AEUV[2269] und entgegen der Rechtsauffassung des Rates und seiner Streithelfer nicht unwirksam ist.[2270]

Darüber hinaus ist das Vorbringen des Rates, dass der Gerichtshof im Urteil der Rechtssache C-104/16 P den Grundsatz der Selbstbestimmung und den Grundsatz der relativen Wirkung von Verträgen im Rahmen seiner Auslegung des Assoziierungsabkommens und des Liberalisierungs-

---

2267 Zum diesbezüglichen Vorbringen der Partei siehe EuG, 2021 (Fn. 55), Rn. 251–255.

2268 EuG, 2021 (Fn. 55), Rn. 272.

2269 Zum Vorbringen der Partei und der zutreffenden rechtlichen Würdigung des EuG zur Anwendung des Art. 266 AEUV siehe EuG, 2021 (Fn. 55), Rn. 261–275.

2270 EuG, 2021 (Fn. 55), Rn. 272. Insbesondere erinnerte das Gericht daran, dass die Europäische Union nach ständiger Rechtsprechung auf dem Grundsatz der Rechtsstaatlichkeit beruht und die Handlungen ihrer Organe vom Gerichtshof auf ihre Vereinbarkeit mit dem Unionsrecht, insbesondere mit dem AEUV, dem EUV und den allgemeinen Rechtsgrundsätzen, überprüft werden und natürliche und juristische Personen effektiven Rechtsschutz genießen müssen. Daher braucht eine Partei die Bestimmungen, auf die sie ihre Klagegründe stützt, nicht ausdrücklich zu nennen, sofern der Gegenstand ihres Anspruchs und die wesentlichen tatsächlichen und rechtlichen Gesichtspunkte, auf die der Anspruch gestützt wird, in der Klageschrift hinreichend klar dargelegt sind. Diese Rechtsprechung gilt entsprechend, wenn die Bestimmungen, auf die die Klagegründe gestützt werden, fehlerhaft bezeichnet sind, EuG, 2021 (Fn. 55), Rn. 266. Vgl. EuGH, Urteil v. 30.5.2017, EU:C:2017:402, Rn. 31, 40 und die dort angeführte Rspr.

abkommens und nicht im Rahmen der Überprüfung der Gültigkeit dieser Abkommen ausgelegt hat, nicht entscheidend.[2271] Das Gericht argumentiert überzeugend, dass die vom EuGH im Verfahren C-104/16 P angewandten und ausgelegten Grundsätze des Völkerrechts bereits für die Beurteilung der Frage, ob das Assoziierungsabkommen rechtmäßig stillschweigend auf die Westsahara angewendet werden konnte, von Bedeutung gewesen sind.[2272] Erst recht sind diese daher von Bedeutung, wenn es darum geht zu überprüfen, ob es möglich ist, in dieses Abkommen eine Bestimmung zu implementieren, die eine Extension und territoriale Anwendung auf die Gebiete der Westsahara ausdrücklich vorsieht[2273]. Die Rechtmäßigkeit der angefochtenen Entscheidung kann daher grundsätzlich im Lichte dieser Vorschriften geprüft werden.

(b) Grundsatz der Selbstbestimmung und Grundsatz der relativen Wirkung von Verträgen

Sodann hatte das Gericht zu überprüfen, ob die Polisario sich auf die gewohnheitsrechtlichen anerkannten Rechtssätze des Selbstbestimmungsrechts und des Pacta-tertiis-Grundsatzes berufen konnte.

Diesbezüglich hob das Gericht zunächst hervor, dass das außenpolitische Handeln der Europäischen Union nach Art. 3 Abs. 5 und Art. 21 Abs. 1 EUV auf den Werten und Grundsätzen beruht, die für ihre Gründung, Entwicklung und Erweiterung maßgebend waren. Es betonte im Rahmen derer insbesondere die Verpflichtung der Union zur strikten Einhaltung und Weiterentwicklung des Völkerrechts, einschließlich der Achtung der Grundsätze der Charta der Vereinten Nationen.[2274] Darauf aufbauend verwies das Gericht auf die Rechtsprechung des Gerichtshofs zum Verfahren C-104/16 P und wiederholte im Sinne der Entscheidungsgründe dieses Urteils, dass das Selbstbestimmungsrecht ein einklagbares Recht erga omnes und einen der wesentlichen Grundsätze des Völkerrechts darstellt. Als solches ist es Teil der auf die Beziehungen zwischen der Europäischen Union und dem Königreich Marokko anwendbaren Regeln des Völkerrechts, die die EU-Gerichte nach Art. 3 Abs. 5 und Art. 21 Abs. 1 EUV zu berück-

---

2271 EuG, 2021 (Fn. 55), Rn. 273 f.
2272 EuG, 2021 (Fn. 55), Rn. 275; Vgl. EuGH, 2016 (Fn. 55), Rn. 111–114.
2273 EuG, 2021 (Fn. 55), Rn. 275; Vgl. EuGH, 2016 (Fn. 55), Rn. 111–114.
2274 EuG, 2021 (Fn. 55), Rn. 277.

sichtigen haben.[2275] Daran anschließend hob das Gericht hervor, dass der Gerichtshof unter Heranziehung zahlreicher UN-Resolutionen und dem IGH-Gutachten zur Westsahara entschieden hat, dass deren gesonderter und eigenständiger Status im Rahmen der Beziehungen zwischen der Europäischen Union und dem Königreich Marokko zu respektieren ist. Dieses Erfordernis sei bei der Auslegung des Assoziierungsabkommens zu berücksichtigen.[2276] Desgleichen hat der Gerichtshof zum einen aufgrund der Feststellungen des IGHs zur Frage der Westsahara, dass das Volk dieses Gebietes Träger des Rechts auf Selbstbestimmung ist, und zum anderen aufgrund der Empfehlung der Generalversammlung der UN hinsichtlich der Beteiligung der Polisario als ausschließliche Konfliktpartei an der Suche nach einer Lösung für den endgültigen Status dieses Gebiets abgeleitet, dass das Volk der Westsahara als Dritter im Sinne des Grundsatzes der relativen Wirkung von Verträgen anzusehen ist. Daher erfordert die Durchführung des Assoziierungsabkommens die Zustimmung des Volkes der Westsahara.[2277] Aufgrund dieser Rechtsausführungen und der in Bezug auf die relative Wirkung von Verträgen erfolgten Fortbildung des Völkerrechts hat der Gerichtshof aus dem Grundsatz der Selbstbestimmung und dem Grundsatz der relativen Wirkung von Verträgen klar von den Unionsorganen einzuhaltende Verpflichtungen in Bezug auf die Westsahara im Rahmen der Beziehungen zwischen der Europäischen Union und dem Königreich Marokko abgeleitet.[2278] Hierzu gehört einerseits die Verpflichtung, den gesonderten und eigenständigen Status der Westsahara zu achten. Andererseits hat die Union sicherzustellen, dass das Volk der Westsahara der Durchführung des Assoziierungsabkommens in diesem Gebiet zugestimmt hat.[2279] Diese vom EuGH in der Rechtssache C-104/16 P aufgestellten und für die Unionsorgane verbindlichen Grundsätze und Verpflichtungen hinsichtlich des Abschlusses bzw. der Genehmigung eines Abkommens, welches keine Extensionsklausel auf die betroffenen Gebiete enthielt, gelten erst recht für die Beurteilung der Rechtmäßigkeit von internationalen Übereinkünften, die die ausdrückliche Anwendung des Abkommens oder seiner Protokolle auf das Gebiet der Westsahara vorsehen.[2280] Daher konkludierte das Gericht fehlerfrei, dass sich die Polisario zur Verteidigung der Rechte, die

---

2275 EuG, 2021 (Fn. 55), Rn. 279; EuGH, 2016 (Fn. 55), Rn. 88 f.
2276 EuG, 2021 (Fn. 55), Rn. 279.
2277 EuG, 2021 (Fn. 55), 280; Vgl. EuGH, 2016 (Fn. 55), Rn. 104 f.
2278 EuG, 2021 (Fn. 55), Rn. 281.
2279 Vgl. EuGH, 2016 (Fn. 55), Rn. 100–106; EuG, 2021 (Fn. 55), Rn. 281.
2280 EuG, 2021 (Fn. 55), Rn. 281.

das Volk der Westsahara aus dem Grundsatz der Selbstbestimmung und dem Grundsatz der relativen Wirkung von Verträgen herleitet, auf eine Verletzung der vom EuGH aufgestellten unbedingten Verpflichtungen in Bezug auf den angefochtenen Ratsbeschluss berufen können muss.[2281]

(c) Widerspruch zur Rechtsprechung des Gerichtshofs

Entgegen dem Vorbringen des Rates und seiner Streithelfer stand die Berufung der Klägerin auf den Grundsatz der Selbstbestimmung und den Grundsatz der relativen Wirkung von Verträgen nicht im Widerspruch zur Rechtsprechung des Gerichtshofs zur Möglichkeit der Berufung auf Grundsätze des Völkergewohnheitsrechts. Das Gericht lehnte die Anwendung der Rechtsprechung auf den vorliegenden Fall ab, da die Erwägungen des Gerichtshofes im Verfahren C-366/10 auf einer Würdigung der besonderen Umstände jener Rechtssache beruhten, die sich wiederum auf die Art der geltend gemachten völkerrechtlichen Grundsätze und der angefochtenen Handlung sowie auf die Rechtslage der Kläger des Ausgangsverfahrens bezogen und mit den Umständen des vorliegenden Falles nicht vergleichbar seien.[2282] Richtigerweise elaborierte das Gericht dem folgend, dass sich die Möglichkeit, sich auf die beiden genannten Grundsätze zu berufen, im vorliegenden Fall nicht nur auf die Anfechtung der Zuständigkeit der Europäischen Union für den Erlass des angefochtenen Beschlusses beschränken kann. Vielmehr berief sich die Klägerin auf klare, eindeutige und unbedingte Verpflichtungen, die der Europäischen Union beim Erlass dieses Beschlusses speziell aufgrund der Rechtsprechung des Gerichts zur einmaligen Situation der Westsahara oblagen.[2283] Die Berufung auf die völkergewohnheitsrechtlichen Rechtssätze zielt gerade darauf ab, die Wahrung der Rechte eines Dritten, der an dem Abkommen beteiligt ist, zu gewährleisten, sofern diese Rechte durch die Verletzung der für die Unionsorgane genannten Verpflichtungen beeinträchtigt werden können.[2284]

Die Gerichte der Union sind im Rahmen dessen ausdrücklich für die Prüfung der Vereinbarkeit eines von der Union geschlossenen völkerrechtlichen Vertrags mit dem EUV und AEUV sowie den Regeln des Völker-

---

2281 EuG, 2021 (Fn. 55), Rn. 282.
2282 Siehe zur ausführlichen Argumentation des Gerichts unter Heranziehung und Analyse der Rechtsprechung des Gerichtshofs EuG, 2021 (Fn. 55), Rn. 284–291.
2283 EuG, 2021 (Fn. 55), Rn. 291.
2284 EuG, 2021 (Fn. 55), Rn. 291.

rechts zuständig, die nach diesen Verträgen für die Union verbindlich sind.[2285] Die Polisario trug im Wesentlichen einen Verstoß des Rates und der Kommission gegen ihre Verpflichtung vor, die Rechtsprechung des Gerichtshofs zur Auslegung der Abkommen zwischen der Europäischen Union und dem Königreich Marokko im Lichte der anwendbaren Regeln des Völkerrechts hinreichend zu beachten. Dabei hebt sie insbesondere die Verpflichtung vor, den im Urteil C-104/16 P aufgestellten und von der Union zu beachtenden und zwingend geltenden völkerrechtlichen Verpflichtungen nachzukommen, um die Klage gegen eine in Umsetzung dieses Urteils erlassene potentielle völker- bzw. europarechtswidrige Entscheidung zu stützen.[2286] Folglich kam das Gericht richtigerweise zu der Conclusio, dass der Klägerin in diesem Zusammenhang nicht das Recht abgesprochen werden kann, die Rechtmäßigkeit des angefochtenen Ratsbeschlusses in Form einer Nichtigkeitsklage nach Art. 263 Abs. 4 AEUV in Frage zu stellen.[2287]

(d) Möglichkeit der Geltendmachung des Grundsatzes der Selbstbestimmung zum einen und des Grundsatzes der relativen Wirkung von Verträgen durch die Polisario

Von überragender rechtspraktischer, aber insbesondere auch realpolitischer Bedeutung sind ferner die folgenden Ausführungen des Gerichts zur Geltendmachung des Selbstbestimmungsrechts des Volkes der Westsahara durch die Polisario vor der europäischen Gerichtsbarkeit.[2288]

Die Kommission vertrat den Standpunkt, dass die Polisario aufgrund fehlender Aktivlegitimation die genannten Grundsätze nicht einklagen könne, da gerade das Selbstbestimmungsrecht der Völker ein kollektives Recht darstelle und das Ergebnis des dahinterstehenden politischen Prozesses nicht abgeschlossen sei.[2289] Hierzu vertrat das Gericht eine hervorhebenswerte und das Völkerrecht fördernde Auffassung. Es stellte zunächst darauf ab, dass der Gerichtshof nicht festgestellt hat, dass die von der Kommission vorgetragenen vermeintlichen Besonderheiten hinsichtlich des kollektiven Charakters des Rechts auf Selbstbestimmung bei der Kontrolle der

---

2285 EuG, 2021 (Fn. 55), Rn. 155 f., 274.
2286 EuG, 2021 (Fn. 55), Rn. 292.
2287 EuG, 2021 (Fn. 55), Rn. 292.
2288 EuG, 2021 (Fn. 55), Rn. 293–297.
2289 EuG, 2021 (Fn. 55), Rn. 294.

Einhaltung der für die Unionsorgane klaren, bestimmten und unbedingten Verpflichtungen zu berücksichtigen seien.[2290] Von Relevanz ist darüber hinaus nach richtiger Einschätzung des Gerichts die Tatsache, dass der kollektive Charakter des Selbstbestimmungsrechts unerheblich ist, da Träger dieses Rechts gerade der von der Klägerin vertretene Dritte, nämlich das Volk der Westsahara, ist.[2291] Auch das Vorbringen der Kommission, dass das Selbstbestimmungsrecht einen politischen Prozess eröffne, dessen Ausgang nicht von vornherein feststehe, beruht letztlich auf der unzutreffenden und den Umständen der Situation der Westsahara nicht gerechten Annahme, dass das Volk der Westsahara noch nicht in den Genuss des Selbstbestimmungsrechts gekommen ist, weil das Verfahren über den endgültigen Status dieses Gebiets zum gegenwärtigen Zeitpunkt noch nicht abgeschlossen sei, so dass das Volk dieses Recht nicht in vollem Umfang ausüben könne.[2292] Dies aber hat der Gerichtshof verbindlich judiziert, indem er feststellte, dass die Bevölkerung dieses Gebietes dieses Recht innehat, und genau auf dieser Grundlage und in der Funktion zur Ausübung des Selbstbestimmungsrechts hat sich die Klägerin an diesem Prozess beteiligt.[2293] Folglich kann der Umstand, dass der Ausgang des Selbstbestimmungsprozesses zum gegenwärtigen Zeitpunkt noch nicht feststeht, nicht die Möglichkeit ausschließen, sich auf diesen Grundsatz vor europäischen Gerichten zur Überprüfung der Rechtmäßigkeit eines dieses Recht tangierenden Rechtsaktes der Union zu berufen.[2294] Gleiches gilt in Anlehnung an die Rechtsprechung des Gerichtshofs hinsichtlich der Frage, ob sich die Polisario auf den Grundsatz der relativen Wirkung von Verträgen berufen kann.[2295]

(2) Zwischenergebnis

Somit konnte sich die Klägerin im Rahmen des vorliegenden Klagegrundes zu Recht auf die Entscheidungsgründe des Urteils C-104/16 P und die darin vorgenommene Auslegung des Grundsatzes der Selbstbestimmung und des Grundsatzes der relativen Wirkung von Verträgen berufen, um den vorliegenden Klagegrund zu stützen. Damit ist dieser, entgegen der Rechtsauffassung des Rates und seiner Streithelfer, nicht unwirksam.[2296]

2290 EuG, 2021 (Fn. 55), Rn. 294 f.
2291 EuG, 2021 (Fn. 55), Rn. 295.
2292 EuG, 2021 (Fn. 55), Rn. 295.
2293 EuG, 2021 (Fn. 55), Rn. 295; EuGH, 2016 (Fn. 55), Rn. 105.
2294 EuG, 2021 (Fn. 55), Rn. 295.
2295 EuG, 2021 (Fn. 55), Rn. 295.

cc) Materiell-rechtliche Prüfung des Gerichts

Dementsprechend prüfte das Gericht schließlich den materiell-rechtlichen Kerngehalt des Vorbringens der Polisario. Dieser stützt sich darauf, dass es nach Ansicht der Klägerin der Europäischen Union und dem Königreich Marokko grundsätzlich unmöglich sei, ein auf die Westsahara anwendbares Abkommen zu schließen. Dadurch sei der gesonderte und eigenständige Status dieses Gebiets unter Verstoß gegen den Grundsatz der Selbstbestimmung verletzt worden. Zudem sei das Erfordernis der Zustimmung der Bevölkerung dieses Gebietes als dritte Partei des streitigen Abkommens im Sinne des Grundsatzes der relativen Wirkung von Verträgen nicht erfüllt worden.[2297]

(1) Die Unmöglichkeit der Abkommensschließung über die Gebiete der Westsahara

Hinsichtlich der rechtlichen Einordnung der grundsätzlichen Möglichkeit der Abkommensschließung der Union mit Marokko über die Gebiete der Westsahara berief sich das Gericht darauf, dass der Gerichtshof entschieden hat, dass die in Art. 29 des Wiener Übereinkommens kodifizierte Regel nicht ausschließt, dass ein Vertrag für einen Staat in Bezug auf ein anderes als sein eigenes Hoheitsgebiet verbindlich ist, wenn sich eine solche Absicht aus dem Vertrag ergibt.[2298] Eine solche Absicht ergibt sich im vorliegenden Fall ausdrücklich aus dem Wortlaut der Gemeinsamen Erklärung zur Westsahara und wird durch den sechsten Erwägungsgrund des angefochtenen Ratsbeschlusses gestützt.[2299] Daher schließe die Rechtsprechung des EuGH nicht völlig aus, dass ein Abkommen zwischen der Europäischen Union und dem Königreich Marokko rechtmäßig auf die Westsahara Anwendung finden könne, insbesondere, wenn das Abkommen eine explizite Extensionsklausel auf die Gebiete der Westsahara enthalte,

---

2296 EuG, 2021 (Fn. 55), Rn. 297.
2297 EuG, 2021 (Fn. 55), Rn. 298.
2298 EuG, 2021 (Fn. 55), Rn. 305; EuGH, 2016 (Fn. 55), Rn. 92–116.
2299 Europäisches ABl. L 34/1 v. 6.2.2019; Europäisches ABl. L 34/4 v. 6.2.2019: „Für Erzeugnisse mit Ursprung in der Westsahara, die der Kontrolle der Zollbehörden des Königreichs Marokko unterliegen, gelten die gleichen Handelspräferenzen wie die, die von der Europäischen Union für unter das Assoziationsabkommen fallende Erzeugnisse gewährt werden.“; EuG, 2021 (Fn. 55), Rn. 305.

wie es im streitgegenständlichen Abkommen der Fall sei.[2300] In Folge dessen negierte das Gericht das Vorbringen der Klägerin und bestätigte somit zunächst grundsätzlich, dass es der Union nicht von vorherin verboten ist, internationale Abkommen mit Marokko über die Gebiete der Westsahara zu schließen.

(2) Die Zustimmung des Volkes der Westsahara als betroffener Dritter

Das Gericht hatte sich sodann abschließend mit der Frage zu beschäftigen, ob das Volk der Westsahara als betroffener Dritter dem Abkommen zwischen der Union und Marokko rechtmäßig zugestimmt hat oder ob der Prozess hierzu fehlerhaft von der Kommission bzw. dem EAD geführt worden ist.

(a) Anwendung des Grundsatzes der relativen Wirkung von Verträgen

Anders als der Gerichtshof, der die Anwendung des Grundsatzes recht einfach und mühelos annahm, bemühte sich das Gericht um eine ausführliche und differenzierte Prüfung der Rechtslage.[2301]

Hinsichtlich der Eröffnung des Anwendungsbereichs des Grundsatzes der relativen Wirkung von Verträgen für das Volk der Westsahara, der originär nur für Staaten eröffnet ist, folgte das EuG dem EuGH, allerdings ohne nähere Ausführungen, was bereits dem Gerichtshof Kritik einbrachte.[2302] Es stellt hierzu nur fest, dass sich die Bestimmungen der WVK zwar nur auf die Beziehungen zwischen Staaten, doch die darin kodifizierten Grundsätze des Völkergewohnheitsrechts auch auf andere Völkerrechtssubjekte angewendet werden können und stützte sich dabei auf die Rechtsprechung des Gerichtshofs.[2303] Dieser hat nämlich keinen Unterschied zwischen der Einstufung des Volkes der Westsahara als Drittpartei im Sinne des Grundsatzes der relativen Wirkung von Verträgen und der Einstufung eines Staates als Drittstaat im Sinne von Art. 34 WVK hervorgehoben.[2304]

2300 EuG, 2021 (Fn. 55), Rn. 305.
2301 EuG, 2021 (Fn. 55), Rn. 310–326.
2302 *Dörr*, in: Dörr/Schmalenbach (Hrsg.), Vienna Convention on the Law of Treaties, S. 661–663 Rn. 12; *Odermatt*, International law as challenge to EU acts: Front Polisario II, 60 Common Market Law Review 2023, 217 (225–227); *Aust/Rodiles/ Staubach*, Unity or Uniformity? Domestic Courts and Treaty Interpretation, 27 Leiden Journal of International Law 2014, 75 (103).
2303 Siehe hierzu EuGH, 2016 (Fn. 55), Rn. 106; EuG, 2021 (Fn. 55), Rn. 317.

Dementsprechend stellte das Gericht fest, dass die Rechtsansicht der Comader hinsichtlich der marokkanischen Auffassung zur Übernahme von Rechten und Pflichten bezüglich des Volkes der Westsahara keine Auswirkungen auf die Anwendbarkeit dieses Grundsatzes im Rahmen der völkerrechtlichen Auslegung eines auf die Westsahara anwendbaren Abkommens zwischen der Europäischen Union und dem Königreich Marokko durch die EU-Gerichtsbarkeit haben kann.[2305]

Sodann erkannte es, dass der Gerichtshof bis dahin weder die Kriterien für die Feststellung, ob die Zustimmung des Volkes der Westsahara zur Durchführung eines von der Union geschlossenen internationalen Abkommens mit Marokko über die Westsahara vorliegt, noch die Art und Weise, in der diese Zustimmung zum Ausdruck gebracht werden kann, präzisiert hat.[2306] Daher hatte das Gericht diese Konkretisierung selbst vorzunehmen. Im Rahmen dessen hob es erinnernd hervor, dass auch die Organe der UN zur Frage der Zustimmung der Bevölkerung der Westsahara zu einem internationalen Abkommen, das für dieses Gebiet gilt, nicht eindeutig Stellung bezogen haben. Hierzu stellte es fest, dass das zur Ausbeutung natürlicher Ressourcen in den Gebieten der Westsahara einschlägige und wegweisende *Corell*-Gutachten, auf das sich auch der Rat bezieht, keine Stellungnahme zu dieser Frage enthält. Vielmehr äußert es sich nur zu der Notwendigkeit, die Interessen und Wünsche der Bevölkerung dieses Gebiets zu berücksichtigen, nicht aber zu der Art und Weise, in der diese zu berücksichtigen sind.[2307]

(b) Voraussetzungen der relativen Wirkung von Verträgen, WVK

Da das EuG den Anwendungsbereich des Rechtssatzes durch die dies ermöglichende Rechtsprechung des EuGH hinsichtlich des Volkes der Westsahara nicht anzweifeln hat müssen und diese Rechtsprechung auch ohne Weiteres auf das vorliegende Verfahren übertragbar war, ging das Gericht in medias res in die Prüfung der Tatbestandsvoraussetzungen des Grundsatzes der relativen Wirkung von Verträgen über.[2308] Es erinnerte hierbei daran, dass nach Lesart der europäischen Gerichtsbarkeit der all-

---

2304 EuG, 2021 (Fn. 55), Rn. 317.
2305 EuG; 2021, Rn. 310.
2306 EuG, 2021 (Fn. 55), Rn. 311.
2307 EuG, 2021 (Fn. 55), Rn. 312.
2308 EuG, 2021 (Fn. 55), Rn. 310–313.

gemeine völkerrechtliche Grundsatz der relativen Wirkung von Verträgen statuiert, dass internationale Abkommen Dritte ohne deren Zustimmung weder schädigen noch begünstigen dürfen und der Begriff des Dritten, entgegen dem Wortlaut der WVK, auch für nicht staatliche Entitäten wie NSGTs gilt.[2309] Hierzu bezog es auch die Art. 35 und Art. 36 WVK ein, die ebenfalls kodifiziertes Völkergewohnheitsrecht darstellen. Daraus leitete das Gericht her, dass die Zustimmung des Volkes der Westsahara zu dem streitigen Abkommen, sofern nichts anderes bestimmt ist, nur dann vermutet werden kann, wenn die Vertragsparteien dieses Abkommens beabsichtigen, diesem Volk ein Recht zu gewähren. Umgekehrt muss seine Zustimmung ausdrücklich sein, wenn es um Verpflichtungen geht, die dieselben Vertragsparteien ihm auferlegen wollen.[2310]

Sodann urteilte das Gericht, dass das streitige Abkommen nicht darauf abzielt, dem Volk der Westsahara als Drittpartei Rechte zu verleihen. Damit hätte im Sinne des Grundsatzes der relativen Wirkung von Verträgen und der Rechtsprechung des Gerichtshofs eine explizite Zustimmung vom Volk der Westsahara ergehen müssen, da eine fingierte Zustimmung nach Art. 36 WVK nicht angenommen werden kann.[2311] Vielmehr ist Marokko die begünstigte Partei durch das streitgegenständliche Abkommen, da die von der Union gewährten Zollpräferenzen für die unter Protokoll Nr. 1 fallenden Waren und Erzeugnisse einzig für Marokko gelten.[2312] Die Zollpräferenzen für Waren mit Ursprung in der Westsahara, die unter der Kontrolle der marokkanischen Behörden stehen, werden im Rahmen der in Protokoll Nr. 1 festgelegten Gesamtmengen für Waren marokkanischen Ursprungs und ebenfalls nur für die Warenkategorien gewährt, die unter dieses Protokoll fallen und damit ausschließlich den Rechtskreis Marokkos erweitern.[2313] Richtigerweise erkennt das Gericht, dass unter keinen Umständen davon ausgegangen werden kann, dass Marokko diese Rechte im Namen des Volkes der Westsahara ausübt, da es in Anbetracht seiner im streitigen Abkommen zum Ausdruck gebrachten Position des Souveräns über die Gebiete der Westsahara eindeutig nicht beabsichtigt, den Sahrawis diese Rechte zu gewähren oder diese für sie geltend zu machen.[2314] Unter Heranziehung der

---

2309 Vgl. EuGH, 2016 (Fn. 55), Rn. 106; EuG, 2021 (Fn. 55), Rn. 313.
2310 EuG, 2021 (Fn. 55), Rn. 316.
2311 EuG, 2021 (Fn. 55), Rn. 323.
2312 EuG, 2021 (Fn. 55), Rn. 319, Rn. 322 f.
2313 EuG, 2021 (Fn. 55), Rn. 319.
2314 EuG, 2021 (Fn. 55), Rn. 320.

Rechtsprechung des IGHs[2315] und in konsequenter Anwendung der Rechtsprechung des Gerichtshofs stellte das Gericht fest, dass, sofern nach den Grundsätzen der relativen Wirkung von Verträgen die Zustimmung eines Dritten vonnöten ist, für die Rechtmäßigkeit eines den Dritten betreffenden Abkommens sodann gilt, dass der explizite Ausspruch der Zustimmung des Dritten Voraussetzung für die Gültigkeit der Handlung ist.[2316] Die Gültigkeit dieser Zustimmung selbst hängt davon ab, dass sie in freier und unverfälschter Form erteilt wurde, und schließlich, dass diese Handlung gegenüber dem Dritten wirkt, der ihr rechtsgültig zugestimmt hat.[2317] Das Gericht musste sodann die Zustimmung des Volkes der Westsahara als eines an dem streitigen Abkommen nicht beteiligten Dritten an diesen Anforderungen messen. Es hat im Lichte dieser Erwägungen die konkreten Maßnahmen überprüft, die der Rat und die Kommission ergriffen haben, um dem vom Gerichtshof aufgestellten Erfordernis der Zustimmung nachzukommen.[2318]

(aa) Die vom Rat und von der Kommission durchgeführten
      Konsultationen

Wie aus den Erklärungen des Rates, der Kommission und der Französischen Republik vor dem Gericht hervorgeht, hatten die Organe im Rahmen der durchgeführten Konsultationen die Absicht, die vom Gerichtshof in der Rechtssache C-104/16 P dargelegten Entscheidungsgründe zur Zustimmung zu berücksichtigen.

Das Gericht stellte fest, dass sich die Unionsorgane aufgrund der besonderen Umstände des Westsahara-Konflikts nicht in der Lage sahen, die Zustimmung des Volkes der Westsahara als Drittpartei des streitigen Abkommens unmittelbar oder nur über die Klägerin zu erlangen. Sie waren vielmehr der Auffassung, dass sie unter diesen Umständen durch die Konsultation von „repräsentativen Organisationen" der „betroffenen Bevölkerung", um deren Zustimmung zu dem Abkommen zu erhalten, gleichwohl

---

2315 IGH, Delimitation of the Maritime Boundary in the Gulf of Maine Area, Urteil
        v. 12.10.1984, ICJ Rep 1984, S. 246, Rn. 127 bis 130 und 138–140; IGH, Chagos-
        Archipel-Gutachten, ICJ Rep 2019, S. 95 ff., Rn. 160, 172, 174; EuG, 2021 (Fn. 55),
        Rn. 325.
2316 EuG, 2021 (Fn. 55), Rn. 325.
2317 EuG, 2021 (Fn. 55), Rn. 325.
2318 EuG, 2021 (Fn. 55), Rn. 327.

die Anforderungen des EuGH zur Zustimmung des Volkes der Westsahara erfüllen konnten.[2319] Aus den Erwägungen und Klageerwiderungen des Rates und der Kommission schloss das Gericht richtigerweise darauf, dass der von den Unionsorganen verwendete Begriff „betroffene Bevölkerungsgruppen" im Wesentlichen die Bevölkerungsgruppen umfasst, die sich gegenwärtig im Gebiet der Westsahara befinden, unabhängig davon, ob sie zum Volk dieses Gebiets gehören oder nicht.[2320] Somit unterscheidet sich dieser Begriff von dem Begriff des „Volkes der Westsahara" einerseits dadurch, dass er die Gesamtheit der von der Geltung des streitigen Abkommens in diesem Gebiet in positiver oder negativer Art und Weise betroffenen lokalen Bevölkerungsgruppen einschließt. Zum anderen divergiert er dadurch, dass er nicht den politischen Gehalt des Begriffs des Volkes innehat hat, der sich insbesondere aus dem dem Volk der Westsahara zuerkannten Selbstbestimmungsrecht ergibt, welches eben nicht den zugesiedelten marokkanischen Staatsbürgern zusteht.[2321] Sofern der Rat im zehnten Erwägungsgrund des angefochtenen Beschlusses daher auf die Zustimmung der „betroffenen Bevölkerung" Bezug nimmt, kann dieser nach zutreffender Ansicht des Gerichts daher nicht so ausgelegt werden, dass er die notwendigen Voraussetzungen für eine der Rechtsprechung des IGHs und EuGH genügenden Zustimmungserklärung des Dritten erfüllt.[2322] Das Gericht stellte insbesondere fest, dass sich aus den Schlussfolgerungen des Kommissionsberichts vom 11.6.2018 ergibt, dass die Institutionen, Organisationen und Personen, die von der Kommission und vom EAD als Vertreter der „betroffenen Bevölkerung" angesehen und sowohl von ihnen als auch vom Königreich Marokko konsultiert wurden, lediglich eine Stellungnah-

---

2319   EuG, 2021 (Fn. 55), Rn. 336. Die Kommission vertrat vor Gericht die Auffassung, „dass sie zum einen wegen der Unmöglichkeit, das Volk der Westsahara unmittelbar oder vermittelt durch einen einzigen „legitimen" Vertreter zu konsultieren, und zum anderen im Bemühen um „Nichteinmischung" in den „Legitimitätskonflikt zwischen [dem Königreich] Marokko und dem Kläger", in dem „keine [dieser] Parteien allein über die Legitimität verfügt", in Verbindung mit dem EAD „durch größtmögliche Erweiterung der Basis für die Konsultation über die von der einen oder der anderen Partei geförderten Gesprächspartner hinaus auf die Zivilgesellschaft" „möglichst ‚inklusive' Konsultationen durchzuführen" habe". Der Rat billigte dieses Vorgehen und stellte fest, „dass die Kommission und der EAD alle im aktuellen Kontext sinnvollen und möglichen Maßnahme[n] ... getroffen [haben], um sich [der] Zustimmung [der betroffenen Bevölkerung] zum [streitigen] Abkommen zu vergewissern", EuG, 2021 (Fn. 55), Rn. 334.
2320   EuG, 2021 (Fn. 55), Rn. 337.
2321   EuG, 2021 (Fn. 55), Rn. 337.
2322   EuG, 2021 (Fn. 55), Rn. 340.

me in wirtschaftlicher Hinsicht zugunsten des Abschlusses des fraglichen Abkommens abgegeben haben.[2323] Umgekehrt kann diese Stellungnahme als solche weder die Gültigkeit des Abkommens und des angefochtenen Beschlusses berühren noch die konsultierten Bevölkerungsgruppen selbst binden und damit das streitgegenständliche Abkommen ihnen gegenüber verpflichtend machen.[2324] Der in der angefochtenen Entscheidung erwähnte Begriff der Zustimmung ist daher in diesem besonderen Zusammenhang vom Gericht so ausgelegt worden, dass er sich nur auf diese befürwortende Mehrheitsmeinung der konsultierten Bevölkerungsgruppen bezieht. Daher musste das EuG im Folgenden abschließend prüfen, ob die besondere Bedeutung, die die angefochtene Entscheidung dem Begriff der Zustimmung beimisst, mit der Auslegung des Grundsatzes der relativen Wirkung von Verträgen vereinbar ist, die der Gerichtshof in der Rechtssache C-104/16 P vorgenommen hat.[2325]

(bb) Die Auslegung des Begriffs der Zustimmung – EuG vs. Rat und Kommission

Das EuG setzte sich zunächst mit der Frage auseinander, ob der Rat angesichts der seiner Ansicht nach außergewöhnlichen Situation der Westsahara seinen Ermessensspielraum richtigerweise angewendet hat. Insbesondere war fraglich, ob der Rat von diesem dahingehend Gebrauch machen durfte, das Erfordernis der notwendigen Zustimmung des Volkes der Westsahara zu dem streitigen Abkommen insoweit auszulegen, dass es ausreichend gewesen sei, im Rahmen der von der Kommission und vom EAD durchgeführten Konsultationen die mehrheitlich befürwortende Meinung der „betroffenen Bevölkerungsgruppen" einzuholen.[2326] Der Gerichtshof hat entschieden, dass sich die gerichtliche Kontrolle eines Grundsatzes des Völkergewohnheitsrechts, welcher nicht denselben Grad an Bestimmtheit aufweist wie eine Bestimmung eines völkerrechtlichen Vertrags, zwangsläufig auf die Frage beschränken muss, ob die Organe der Europäischen Union beim Erlass des fraglichen Rechtsakts offensichtliche Ermessensfehler hinsichtlich der Voraussetzungen für die Anwendung eines solchen Grundsatzes

---

2323 EuG, 2021 (Fn. 55), Rn. 340.
2324 EuG, 2021 (Fn. 55), Rn. 240.
2325 EuG, 2021 (Fn. 55), Rn. 340.
2326 EuG, 2021 (Fn. 55), Rn. 341 f.

begangen haben.[2327] Angesichts der Komplexität der Außenbeziehungen und der Handelspolitik kommt ihnen hierbei ein erweiterter Ermessensspielraum zu.[2328] Dieser Ermessensspielraum kann allerdings durch Rechtssätze beschränkt werden, welche objektiv einzuhaltende Kriterien aufstellen und den vom Unionsrecht geforderten Grad der Vorhersehbarkeit gewährleisten.[2329] Das Gericht subsumierte dementsprechend richtigerweise, dass der gesonderte und eigene Status der Westsahara in Relation zu Marokko zu berücksichtigen ist, welcher sich aus dem Selbstbestimmungsrecht der Völker ergibt. Zum anderen ist der Grundsatz der relativen Wirkung von Verträgen zu beachten, wonach das Volk der Westsahara jedem Abkommen zwischen der Europäischen Union und dem Königreich Marokko zustimmen müsse, das auf diesem Gebiet durchgeführt werde.[2330] Durch die vom Gerichtshof den Unionsorganen eindeutigen, unbedingten und genauen auferlegten Verpflichtungen gegenüber dem von der Klägerin vertretenen Dritten, ist der grundsätzlich weite Ermessensspielraum, über den der Rat beim Abschluss eines Abkommens mit dem Königreich Marokko verfügt, dahingehend rechtlich begrenzt und reduziert.[2331] Das Gericht differenzierte sodann, dass es hinsichtlich des Zustimmungserfordernisses des Volkes der Westsahara zu einem solchen Abkommen in den Kompetenzbereich des Rates fällt, zu beurteilen, ob eine solche Zustimmung wirksam zum Ausdruck gebracht wurde. Es war allerdings nicht Sache des Rates, darüber zu entscheiden, ob auf diese Zustimmung verzichtet werden kann, ohne dass das Erfordernis hierzu verletzt wird.[2332]

(cc) Der besondere Status der Westsahara – Rechtfertigungsgrund oder Ausrede?

Ferner stellte das EuG fest, dass der Rat im sechsten Erwägungsgrund des angefochtenen Beschlusses ausführt, dass „ein Abkommen zwischen der Europäischen Union und dem Königreich Marokko das einzige Mittel ist, um sicherzustellen, dass bei der Einfuhr von Erzeugnissen mit Ursprung in der Westsahara ein präferenzieller Ursprung gewährt wird, da die ma-

---

2327 EuG, 2021 (Fn. 55), Rn. 343.
2328 EuG, 2021 (Fn. 55), Rn. 342 f.
2329 EuG, 2021 (Fn. 55), Rn. 347 und die dort aufgeführte Rspr.
2330 EuG, 2021 (Fn. 55), Rn. 348.
2331 EuG, 2021 (Fn. 55), Rn. 281, Rn. 349.
2332 Vgl. EuG, 2021 (Fn. 55), Rn. 349.

rokkanischen Behörden als einzige dafür sorgen können, dass die für die Gewährung solcher Präferenzen erforderlichen Vorschriften eingehalten werden".[2333] Daraus schloss das Gericht, dass der Rat angesichts der besonderen Situation der Westsahara beschlossen hat, das streitige Abkommen nur mit dem Königreich Marokko schließen zu können, welches ihm ergo als einzige der am Prozess der Selbstbestimmung der Westsahara beteiligten Parteien geeignet erschien, die in diesem Abkommen vorgesehenen Befugnisse auszuüben.[2334] Dies wird durch die vom Rat und von der Kommission im vorliegenden Verfahren vorgebrachten Argumente zur Unfähigkeit der Klägerin, diese Befugnisse auszuüben, bestätigt und unterstrichen.[2335] Gleichzeitig waren die Unionsorgane allerdings auch der Ansicht, dass die besondere Situation der Westsahara es ihnen in der Praxis nicht erlaube, die Zustimmung des Volkes dieses Gebiets als dritte Partei des streitigen Abkommens einzuholen, und dass es ihnen obliege, die „örtlichen Bevölkerungsgruppen" dieses Gebiets zu konsultieren, um deren Zustimmung zum Abschluss des Abkommens einzuholen.[2336] Die Unionsorgane waren insbesondere der Ansicht, dass es nicht möglich sei, das Volk der Westsahara unmittelbar oder über einen einzigen Vertreter in persona der Klägerin zu konsultieren. Daher oblag es ihnen, eine möglichst umfassende Konsultation durchzuführen, um nicht in den „Legitimitätskonflikt" zwischen der Klägerin und dem Königreich Marokko verwickelt zu werden.[2337]

(dd) Die wegweisenden Feststellungen des Gerichts

Das Gericht lehnte das Vorbringen des Rates und seiner Streithelfer insgesamt ab und judizierte, dass die vorgebrachten Argumente zur besonderen Situation der Westsahara nicht geeignet sind, um die Unionsorgane vom Erfordernis der Zustimmung des Volkes der Westsahara zum streitgegenständlichen Abkommen zu befreien. Die Argumentation des Rates und seiner Streithelfer steht dabei der Rechtsprechung des Gerichtshofs entgegen, die das Volk der Westsahara eindeutig als Dritten im Sinne des Grundsatzes der relativen Wirkung von Verträgen einstuft und diese Einstufung damit für die Unionsorgane verbindlich ist.[2338]

2333 Europäisches ABl. L 34/1 v. 6.2.2019.
2334 EuG, 2021 (Fn. 55), Rn. 352; Europäisches ABl. L 34/1 v. 6.2.2019.
2335 EuG, 2021 (Fn. 55), Rn. 353.
2336 EuG, 2021 (Fn. 55), Rn. 353.
2337 EuG, 2021 (Fn. 55), Rn. 353.

Das Gericht verwarf das Vorbringen des Rates und der Kommission hinsichtlich der faktischen Unmöglichkeit, die Angehörigen des Volkes der Westsahara zu identifizieren. Es stellte fest, dass eine solche Schwierigkeit als solche kein Hindernis dafür sein kann, dass dieses Volk dem fraglichen Abkommen zustimmen kann.[2339] Es ergibt sich weder aus dem Urteil des Gerichtshofs in der Rechtssache C-104/16 P noch aus den in diesem Urteil ausgelegten Grundsätzen des Völkerrechts, dass die Zustimmung dieses Volkes notwendigerweise durch eine unmittelbare Befragung seiner Angehörigen eingeholt werden müsse, was auch die Polisario im Übrigen nicht vortrug.[2340] Vielmehr ist das Selbstbestimmungsrecht ein Recht, welches die UN-Organe dem Volk der Westsahara zuerkannt haben und damit auch seine Existenz anerkannten, unabhängig von der Anzahl an Personen, aus denen es besteht. Das Gericht leitete aus den Ausführungen des Gerichtshofs ab, dass dieser das Volk der Westsahara implizit als ein „autonomes Rechtssubjekt" angesehen hat. Dieses ist wiederum fähig, seine Zustimmung zu einer internationalen Übereinkunft unabhängig von der Bestimmung seiner Angehörigen zum Ausdruck zu bringen.[2341]

Das Gericht führt dem Rat in scharfem Ton die eigene Inkonsistenz der rechtlichen Würdigung und Argumentationsstruktur hinsichtlich der beabsichtigten Nichteinmischungspolitik in den „Legitimationskonflikt" zwischen der Polisario und Marokko vor Augen. Es stellte fest, dass dies nur schwer mit dem Umstand in Einklang zu bringen ist, dass der Rat in dem zehnten Erwägungsgrund des angefochtenen Beschlusses ausdrücklich festgestellt hat, dass der Wortlaut des fraglichen Abkommens nicht bedeute, dass er die Souveränität des Königreichs Marokko über die Westsahara anerkenne. Unmissverständlich stellte das Gericht klar: „Da nämlich die Union gemäß dem Völkerrecht und seiner Auslegung durch den Gerichtshof die Ansprüche Marokkos auf dieses Gebiet nicht anerkennen konnte, können sich die Organe nicht auf die Gefahr einer Einmischung in den Streit zwischen dem Kläger und diesem Drittland über diese Ansprüche berufen, um davon abzusehen, die geeigneten Schritte zu unternehmen, um sich der Zustimmung des Volkes dieses Gebiets zu vergewissern."[2342]

Weiter stellte das Gericht klar, dass der gegenwärtige Status der Westsahara als NSGT eben nicht ausschließt, dass das von einem Abkommen der

---

2338 EuG, 2021 (Fn. 55), Rn. 354 f.
2339 EuG, 2021 (Fn. 55), Rn. 357.
2340 EuG, 2021 (Fn. 55), Rn. 357.
2341 EuG, 2021 (Fn. 55), Rn. 357.
2342 EuG, 2021 (Fn. 55), Rn. 358.

Union betroffene Volk eines solchen Gebietes seine Zustimmung hierzu abgeben kann, da eine andere Bewertung dem Selbstbestimmungsrecht der Völker entgegenstehen und dieses unterlaufen würde.[2343]

(ee) Die Position Marokkos als De-facto-Verwaltungsmacht

Erfreulicherweise ging das Gericht auch auf die erneut und insbesondere von der Kommission in das Verfahren eingebrachte Rechtsauffassung ein, die das Königreich Marokko als De-Facto-Verwaltungsmacht der Westsahara zu legitimieren versucht. Es stellte in Anlehnung an das der Kommission offensichtlich bekannte Urteil des Gerichtshofs in der Rechtssache C-266/16 fest, dass Marokko „had categorically denied that it was an occupying power or an administrative power with respect to the territory of Western Sahara".[2344] Diese Haltung hat sich nicht verändert und wird durch die Ausführungen der COMADER belegt, die im Verfahren vortrug, dass „das Gebiet der Westsahara ein Bestandteil seines [Marokkos] Staatsgebiets ist, in dem [es] die Gesamtheit seiner Souveränitätsattribute wie im übrigen Staatsgebiet ausübt".[2345] Das Gericht stellte auch hier unmissverständlich klar, dass die Haltung Marokkos, auf die im Übrigen auch in Abs. 3 des streitigen Abkommens hingewiesen wird, unvereinbar mit der Eigenschaft einer Verwaltungsmacht im Sinne von Art. 73 UN-Charta ist, da ein NSGT einen vom Hoheitsgebiet des Staates, von dem es verwaltet wird, gesonderten und unterschiedlichen Status hat bzw. haben muss.[2346] Hervorhebenswert judizierte das Gericht, dass aufgrund der von Marokko vertretenen Position hinsichtlich der Gebiete der Westsahara daher, selbst wenn davon ausgegangen würde, dass das Königreich Marokko die Rolle

---

2343 EuG, 2021 (Fn. 55), Rn. 359–361.

2344 EuGH, 2018 (Fn. 55), Rn. 72; EuGH, 2021, Rn. 362. Interessanterweise wurde der Begriff der „occupying power" in der offiziellen deutschen Übersetzung des Urteils nicht erwähnt und durch „das Königreich Marokko kategorisch ausgeschlossen hat, u. a. eine Verwaltungsmacht des Gebiets der Westsahara zu sein" ersetzt. Auch in der französischen Fassung, in welcher das Urteil ursprünglich verfasst worden ist, heißt es ohne Bezug auf den Begriff der „occupying power": „À cet égard, il suffit de rappeler que, au point 72 de l'arrêt Western Sahara Campaign UK, la Cour a constaté que le Royaume du Maroc avait catégoriquement exclu d'être, notamment, une puissance administrante du territoire du Sahara occidental." Auch in allen anderen offiziell übersetzten Sprachen findet sich das jeweilige Pendant zum Begriff der „occupying power" nicht wieder.

2345 EuG, 2021 (Fn. 55), Rn. 363.

2346 EuG, 2021 (Fn. 55), Rn. 363.

einer (nicht existierenden) De-facto-Verwaltungsmacht in Bezug auf die Westsahara zukäme, dieser Umstand jedenfalls nicht dazu führen könnte, dass die Zustimmung des Volkes der Westsahara zu dem streitigen Abkommen in Anbetracht seines Selbstbestimmungsrechts und der Anwendung des Grundsatzes der relativen Wirkung von Verträgen entbehrlich wäre.[2347]

Auch zur Rolle der Polisario äußerte sich das Gericht in bedeutsamer Weise, indem es urteilte, dass die Teilnahme dieser an dem von der UN geführten Selbstbestimmungsprozess nicht bedeute, dass sie dieses Volk im Rahmen eines Abkommens zwischen der Europäischen Union und dem Königreich Marokko nicht vertreten könne. Vielmehr sei die Polisaro einziger Verhandlungspartner in diesem Prozess.[2348] Folglich wäre es für die Unionsorgane entgegen ihrer Auffassung trotz der besonderen Situation des Westsahara-Konflikts nicht unmöglich gewesen, über die Klägerin die Zustimmung des Volkes der Westsahara einzuholen.[2349]

(ff) Schlussbetrachtung des Konsultationsprozesses im Lichte der Rechtsprechung des EuGH

Das EuG schloss seine rechtliche Betrachtung der möglichen Rechtfertigungsgründe der Unionsorgane zur eingeschränkten Konsultation und Zustimmungseinholung ab, indem es feststellte, dass die von der Kommission und vom EAD durchgeführten Konsultationen nur die Meinung der „betroffenen Bevölkerungsgruppen" zu dem streitigen Abkommen und nicht die Zustimmung des Volkes der Westsahara zu diesem Abkommen eingeholt haben. Diese Konsultationen genügen nicht den Anforderungen, die der Gerichtshof in der Rechtssache C-104/16 P aus dem Grundsatz der relativen Wirkung von Verträgen herleitete und aufstellte, der auf dieses Volk aufgrund seines Selbstbestimmungsrechts anwendbar ist.[2350] Insbesondere wies das Gericht die Unionsorgane darauf hin, dass die Begriffe „betroffenen Bevölkerungsgruppen" und „Volk der Westsahara" unterschiedliche Bedeutungen haben und sich weder ethnologisch noch rechtlich decken.[2351] Darüber hinaus urteilte das EuG, dass die von Marokko und der Kommission konsultierten anderen Parteien, im Gegensatz zur Polisario, nicht als

---

2347 EuG, 2021 (Fn. 55), Rn. 363.
2348 EuG, 2021 (Fn. 55), Rn. 364.
2349 EuG, 2021 (Fn. 55), Rn. 364 f.
2350 Vgl. EuGH, 2016 (Fn. 55), Rn. 106; EuG, 2021 (Fn. 55), Rn. 366–373.
2351 Vgl. EuG, 2021 (Fn. 55), Rn. 373.

Vertretungsorgane des Volkes der Westsahara angesehen werden können. Diese sind größtenteils im Rahmen der marokkanischen Verfassungs- und Rechtsordnung geschaffen worden; die Ausübung ihrer Befugnisse beruht im Wesentlichen auf den Souveränitätsansprüchen des Königreichs Marokko über die Westsahara.[2352] Die Kommission verließ sich dabei auf die reine Angabe der konsultierten Vereinigungen bzw. Personen, dass diese sahrawischer Herkunft seien. Aus den Angaben der Kommission im Verfahren hat sich allerdings ergeben, dass die Herkunft überhaupt kein Kriterium für die Auswahl dieser Entitäten war. Die Gesprächspartner äußerten sich jedenfalls nicht als Angehörige oder gar Vertreter des sahrawischen Volkes, sondern als Vertreter der konsultierten Einrichtungen, womit dieser Konsultationsprozess von vornhinein nicht den Anforderungen der Rechtsprechung des Gerichtshofs entsprechen konnte.[2353] Vielmehr stellte das Gericht sogar fest, dass 94 von 112 der im Anhang des Kommissionsberichts vom 11.6.2018 genannten Organisationen und damit die überwiegende Mehrheit, tatsächlich nicht an dieser Konsultation teilgenommen hatten.[2354]

Soweit die Stellungnahme der Klägerin[2355] zum streitigen Abkommen im Kommissionsbericht gleichwohl berücksichtigt wurde, stellte das Gericht richtigerweise fest, dass die Kommission die Klägerin nicht als ein repräsentatives Organ des Volkes der Westsahara ansah, das befugt war, seine Zustimmung im Sinne des Grundsatzes der relativen Wirkung von Verträgen zu erteilen, sondern allenfalls als eine der zahlreichen „Betroffenen" im Sinne von Art. 11 Abs. 3 EUV, die die Kommission nach dieser Bestimmung zu konsultieren hatte.[2356] Dies berücksichtigend konkludierte das Gericht, dass die auf Ersuchen des Rates von der Kommission und vom EAD durchgeführten Konsultationen nicht als dazu dienlich angesehen werden können, die Zustimmung der Bevölkerung der Westsahara zu dem streitigen Abkommen nach dem Grundsatz der relativen Wirkung von Verträgen in der Auslegung durch den Gerichtshof zu erlangen.[2357]

2352 EuG, 2021 (Fn. 55), Rn. 374 f.
2353 EuG, 2021 (Fn. 55), Rn. 375–379. Siehe ausführlich zum Konsultationsprozess der Kommission und des EAD § 4. A. III. 4. b).
2354 EuG, 2021 (Fn. 55), Rn. 380 f.
2355 Die Polisario erklärte, dass das am 5.2.2018 in Brüssel abgehaltene Treffen zwischen ihrem Vertreter und dem Vertreter des EAD auf ihren eigenen Wunsch hin mit dem einzigen Ziel organisiert worden sei, ihren Dialog mit der Kommission wieder aufzunehmen, und nicht, in einen Konsultationsprozess zum Abschluss des streitgegenständlichen Abkommens zu treten, EuG, 2021 (Fn. 55), Rn. 381.
2356 EuG, 2021 (Fn. 55), Rn. 382.
2357 EuG, 2021 (Fn. 55), Rn. 384.

Das Gericht erinnerte schließlich daran, dass die Unionsorgane sich nicht der Verpflichtung entziehen können, die vom Gerichtshof vorgenommene Auslegung der Regeln des Völkerrechts, die auf Abkommen über ein Gebiet ohne Selbstverwaltung anwendbar sind, zu befolgen, indem sie diese Auslegung durch Kriterien ersetzen, die sich zum Beispiel aus ihrer Interpretation des *Corell*-Gutachtens ergeben.[2358] Das Gericht wies dahingehend zu Recht darauf hin, dass das *Corell*-Gutachten im vorliegenden Fall nicht zur Abschwächung oder gar Negierung des vom EuGH aufgestellten Zustimmungserfordernisses des Volkes der Westsahara instrumentalisiert werden kann. Im Hinblick auf den europäischen Rechtsraum und die allgemeine rechtliche Tragweite des *Corell*-Gutachtens judizierte das Gericht in hervorhebenswerter Weise, dass *Corell* anhand von Analogien geprüft hat, ob die Tätigkeiten einer Verwaltungsmacht im Sinne von Art. 73 der UN-Charta, die sich auf die Bodenschätze eines NSGTs beziehen, per se oder nur unter bestimmten Voraussetzungen völkerrechtswidrig sind. Marokko kann sich aber hierauf nicht berufen, da es kategorisch ausschließt, Verwaltungsmacht der Westsahara zu sein.[2359]

(3) Conclusio des Gerichts

Das Gericht fasste zusammen, dass der Rat beim Erlass des angefochtenen Beschlusses nicht alle maßgeblichen Umstände der Situation in der Westsahara hinreichend berücksichtigt hat. Insbesondere sei er zu Unrecht der Auffassung gewesen, dass er über einen Ermessensspielraum verfüge, um zu entscheiden, ob das Erfordernis der Zustimmung der Bevölkerung dieses Gebiets zur Anwendung des streitigen Abkommens als Drittpartei gemäß der Auslegung des Grundsatzes der relativen Wirkung von Verträgen in Bezug auf den Grundsatz der Selbstbestimmung durch den Gerichtshof eingehalten werden muss.[2360] Ferner seien Rat und Kommission zu Unrecht davon ausgegangen, dass es die Situation in den Gebieten der Westsahara nicht erlaube, diese Zustimmung einzuholen, und zwar insbesondere durch die Klägerin.[2361] Des Weiteren habe der Rat mit seiner Auffassung, dass der von der Kommission und dem EAD durchgeführte Konsultationsprozess rechtmäßig verlaufen ist, die Einhaltung des Grundsatzes der

---

2358 EuG, 2021 (Fn. 55), Rn. 385.
2359 Vgl. EuG, 2021 (Fn. 55), Rn. 385.
2360 EuG, 2021 (Fn. 55), Rn. 391.
2361 EuG, 2021 (Fn. 55), Rn. 391.

relativen Wirkung von Verträgen, wie er vom Gerichtshof ausgelegt worden ist, missachtet. Damit habe er sowohl die Tragweite dieser Konsultation als auch die Tragweite des in der Entscheidung aufgestellten Zustimmungserfordernisses verkannt. Daraus folge, dass der sich hierauf berufende Teil des dritten Klagegrundes begründet ist und zur Nichtigerklärung des angefochtenen Beschlusses führt. Das Gericht hat die restlichen vorgetragenen Klagegründe damit nicht mehr überprüft.[2362]

d) Bewertung des Urteils

Positiv hervorzuheben ist zunächst die inklusive Lesart des Art. 263 Abs. 4 AEUV durch das Gericht, durch welche es den Anwendungsbereich der Norm erweitert und somit auch den effektiven Rechtsschutz vor der europäischen Gerichtsbarkeit gestärkt hat. Das Zugestehen der Klagebefugnis für nichtstaatliche Akteure aus Drittstaaten aufgrund ihrer dem Völkerrecht entsprungenen Rechtsstellung kann als positiver Beitrag zur Entwicklung des Völkerrechts als solches und als Ausdruck der Völkerrechtsfreundlichkeit der Unionsrechtsordnung gewertet werden. Durch die Subsumtion der Polisario hierunter stellte das Gericht fest, dass das Volk der Westsahara ein autonomes Völkerrechtssubjekt ist, welches durch Akte der Union betroffen sein und rechtswirksam durch die Polisario vor der Europäischen Gerichtsbarkeit vertreten werden kann.[2363] *Carrozzini* bewertet die Beantwortung der Frage der Klagebefugnis der Polisario durch das Gericht unter Bezugnahme auf das Völkerrecht positiv und ist der Ansicht, dass das EuG damit anderen nicht-staatlichen Akteuren potenziell den Weg nach Luxemburg ebnet.[2364] Hervorhebenswert ist ebenfalls, dass das Gericht die Kontrolle über die Gestaltung der Außenbeziehungen und vor allem der Rechtmäßigkeit der jeweiligen Rechtsakte der Union in der Außenhandelspolitik deutlich ausgeweitet hat, indem es eine Reduktion des grundsätzlich weiten Ermessensspielraums des Rates vornahm, sofern dies durch die für die Union verbindlichen Regelungen des Völkerrechts vonnöten ist.[2365] In Bezug auf die konkrete Situation der Westsahara ist dem Urteil

---

2362 EuG, 2021 (Fn. 55), Rn. 391 f.
2363 Vgl. EuG, 2021 (Fn. 55), Rn. 355–357.
2364 *Carrozzini*, Working Its Way Back to International Law? The General Court's Judgments in Joined Cases T-344/19 and T-356/19 and T-279/19, European Papers 7 (2022), 31 (41).
2365 Vgl. EuG, 2021 (Fn. 55), Rn. 349.

zu entnehmen, dass das Ermessen des Rates dahingehend reduziert ist, dass die Zustimmung des Volkes der Westsahara zu einem Abkommen zwischen der Union und Marokko zwingend erfolgen muss und hierfür die Polisario als legitime Vertreterin dieses Volkes konsultiert werden muss.[2366]

aa) Die Differenzierung zwischen kodifiziertem Völkerrecht und Völkergewohnheitsrecht

Die vom EuGH für den Abschluss von internationalen Abkommen über die natürlichen Ressourcen von NSGTs, in concreto über die Ressourcen der Westsahara, aufgestellten Verpflichtungen der Unionsorgane, die sich aus dem Selbstbestimmungsrecht des Volkes der Westsahara und dem Grundsatz der relativen Wirkung von Verträgen ergeben, wurden durch das Urteil des EuGs in begrüßenswerter Weise ausgeweitet, konkretisiert und äußerst völkerrechtsfreundlich weiterentwickelt. Dies gilt insbesondere für den Grundsatz der relativen Wirkung von Verträgen und der entsprechenden Anwendung der Art. 34–Art. 36 WVK durch den Gerichtshof und des Gerichts auf die Situation der Westsahara und der damit einhergehenden Eröffnung des Anwendungsbereichs der Art. 34 ff. WVK für das Volk der Westsahara als Dritten im Sinne dieser Regelungen. Hierfür wurde der Gerichtshof in der Literatur teils kritisiert und ihm wurde vorgeworfen, die Grundsätze des Völkervertragsrechts durch eine vermeintliche völkerrechtsfreundliche Auslegung der Bestimmung der relativen Wirkung von Verträgen aufzuweichen und falsch angewendet zu haben. *Proelß* ist der Ansicht, dass „according to its clear wording, Art 34 does not cover the creation of rights and obligations for a third party other than a State".[2367] Er stellt aber zugleich fest, dass die Möglichkeit besteht, den hinter Art. 34 WVK stehenden völkergewohnheitsrechtlich anerkannten Pacta-tertiis-Grundsatz auf nicht-staatliche Entitäten anzuwenden und bezieht sich hierbei explizit auf das Rechtsverständnis, welches der EuGH im europäischen Raum verbindlich festlegte und welches das EuG im vorliegenden Verfahren festigte.[2368] *Proelß* zeichnete nach, dass der EuGH es in der

---

2366 Vgl. EuG, 2021 (Fn. 55), Rn. 206, 214, 349, 353.

2367 *Proelß*, in: Dörr/Schmalenbach (Hrsg.), Vienna Convention on the Law of Treaties , S. 661 Rn. 12.

2368 *Proelß*, in: Dörr/Schmalenbach (Hrsg.), Vienna Convention on the Law of Treaties , S. 661 Rn. 12.

Rechtssache Brita zunächst offen ließ, ob der Pacta-tertiis-Grundsatz nur aufgrund der Besonderheiten des Falles oder allgemein in Bezug auf dritte nicht-staatliche Akteure oder nur auf staatsähnliche Gebilde anwendbar sei.[2369] Als bestätigende Staatenpraxis und Auslegung bzw. Erweiterung des Pacta-tertiis-Grundsatzes für den europäischen Rechtsraum sieht *Proelß* sodann aber richtigerweise das Urteil des Gerichtshofs in der Rechtssache C-104/16 P. In diesem stellte der EuGH fest, dass das streitgegenständliche Assoziierungsabkommen zwischen der EU und Marokko auch deshalb nicht auf das Gebiet der Westsahara anwendbar ist, da das Volk der Westsahara als Dritter im Sinne des Grundsatzes der relativen Wirkung von Verträgen angesehen werden muss.[2370] Eine Bewertung dieser Rechtsauffassung bleibt seitens *Proelß* allerdings aus. *Aust, Rodiles und Staubach* sind der Ansicht, dass die Anwendung der WVK im Rahmen der Auslegung internationaler Abkommen zwar grundsätzlich begrüßenswert sei, aber „the result of their application is somewhat stretching the scope of the pacta tertiis rule".[2371] Sie kritisieren den EuGH für seine Anwendung des hinter Art. 34 WVK stehenden völkergewohnheitsrechtlichen Grundsatzes und sind der Ansicht, dass „independently of the political prudence of this decision, this case should alert us that self proclaimed respect for the Vienna rules of interpretation does not necessarily lead to a convincing judicial reasoning".[2372] *Odermatt* stellt fest, dass die Auslegung des Pacta-tertiis-Grundsatzes der Europäischen Gerichtsbarkeit große praktische Auswirkungen und Probleme für die Unionsorgane nach sich zieht, da anders als die einfach einzuholende schriftliche Zustimmung im Falle von Staaten oder Internationalen Organisationen, die Einholung des „consent of a third party, particularly of a people living under occupation, is a more challenging task".[2373] Aber auch er konkludiert, dass dies zwar faktisch die Unionsorgane vor politische und tatsächliche Schwierigkeiten stellen

---

2369 *Proelß*, in: Dörr/Schmalenbach (Hrsg.), Vienna Convention on the Law of Treaties , S. 661 Rn. 12; EuGH, Urteil v. 25.2.2010, ECLI:EU:C:2010:91, Rn. 44 und Rn. 52, in welchem parallel zu dem mit Israel bestehenden Assoziierungsabkommen der EG ebenfalls ein solches zwischen der EG und der PLO bestand.

2370 Vgl. *Proelß*, in: Dörr/Schmalenbach (Hrsg.), Vienna Convention on the Law of Treaties , S. 661 Rn. 12; EuGH, 2016 (Fn. 55), Rn. 100–106.

2371 *Aust/Rodiles/Staubach*, Unity or Uniformity? Domestic Courts and Treaty Interpretation, 27 Leiden Journal of International Law 2014, 75 (103).

2372 *Aust/Rodiles/Staubach*, Unity or Uniformity? Domestic Courts and Treaty Interpretation, 27 Leiden Journal of International Law 2014, 75 (103).

2373 *Odermatt*, International law as challenge to EU acts: Front Polisario II, 60 Common Market Law Review 2023, 217 (220).

werde, die Entscheidungsgründe und die Argumentation des Gerichts allerdings unions- und völkerrechtlich „sound", also einwandfrei, seien und die rechtliche Verpflichtung von den realpolitischen Umständen zu trennen sei.[2374] Den begrüßenswerten Positionen des Gerichts und der in der Literatur erfolgten Würdigung dieser Ausführungen ist an dieser Stelle nichts mehr hinzuzufügen.

bb) Zum Status der Westsahara

Allerdings muss die Kritik an der Haltung des Gerichts zum Status der Westsahara und der im Rahmen dessen nicht erfolgten völkerrechtlichen und nach Ansicht des Autors erforderlichen Analyse des Status des Gebiets nach dem Besatzungsrecht aufrechterhalten werden.

Erneut verweigerte sich die europäische Gerichtsbarkeit der Prüfung des humanitären Völkerrechts, insbesondere des Besatzungsrechts, und verkürzte den universell geltenden Anwendungsbereich dieses Rechtsregimes in der Praxis. Die Regelungen des Besatzungsrechts fungieren als Mindestschutzstandard für besetzte Gebiete, deren Bevölkerung und die dem Gebiet entspringenden natürlichen Ressourcen. Die Auslegung europäischer Grundwerte, welche die europäischen Organe zu Recht in vielen Konfliktherden, zuletzt im Rahmen des Ukraine-Krieges, betonen, darf nicht durch Interessenspolitik in den realpolitischen Schatten der europäischen Rechtsgemeinschaft verbannt werden. Die Polisario bezog sich in ihren Klagegründen, wie auch schon in den vorherigen Verfahren, explizit auf die Verletzung der grundlegenden Normen des humanitären Völkerrechts, die auch für die europäische Rechtsgemeinschaft von überragender politischer, wie aber auch rechtlicher Bedeutung sind, wie die Auswirkungen des Ukraine-Krieges verdeutlichen.[2375] Im Rahmen dessen rief die Union

---

2374 *Odermatt*, International law as challenge to EU acts: Front Polisario II, 60 Common Market Law Review 2023, 217 (238).

2375 Beispielhaft sei die Erklärung des Hohen Vertreters im Namen der Europäischen Union zum Angriffskrieg Russlands gegen die Ukraine, Pressemitteilung v. 22.9.2022: „Russland, seine politische Führung sowie alle, die an der Organisation dieser „Referenden" und an anderen Verstößen gegen das Völkerrecht und das humanitäre Völkerrecht in der Ukraine beteiligt sind, werden zur Rechenschaft gezogen werden: In Abstimmung mit unseren Partnern werden so bald wie möglich weitere restriktive Maßnahmen gegen Russland vorgelegt. Die EU und ihre Mitgliedstaaten werden niemals anerkennen, dass diese Gebiete nicht Teil der Ukraine sind, und werden die Anstrengungen der Ukraine zur Wiederherstellung

begrüßenswerter Weise Russland dazu auf, „to stop all violations of international law and international humanitarian law on the Crimean peninsula. The European Union will continue to work for a peaceful end of Russia's illegal annexation of the peninsula, as reiterated at the first summit of the International Crimean Platform on 23 August. The European Union will continue to enforce its non-recognition policy".[2376] Dass diese Regelungen im Westsahara-Konflikt völlig und wiederholt ignoriert werden, entspricht der Haltung der Union und den politischen wie auch diplomatischen Beziehungen zu Marokko. In keinem Fall wurde Marokko bis dato von den Unionsorganen als Besatzungsmacht betitelt, vielmehr wird aktiv versucht, dem Besatzer durch die wiederholte Betitelung und politische wie auch rechtliche Behandlung als De-Facto-Verwaltungsmacht Legitimität über die ausgeübte Hoheitsgewalt in den Gebieten der Westsahara zu verleihen. Dies ist umso unverständlicher, als mit dem rechtswirksamen Beitritt der Polisario im Jahr 2015 nach Art. 96 Abs. 1, Abs. 3 iVm. Art. 1 Abs. 4 ZPI die Genfer Konventionen auf den Westsahara-Konflikt spätestens zu diesem Zeitpunkt Anwendung finden und dementsprechend von der Union beachtet werden müssen.[2377]

Odermatt analysiert hierzu richtigerweise, dass das Gericht durch die Umgehung der vollumfänglichen Analyse des rechtlichen Status und „by framing the dispute in these terms the General Court addressed the dispute without analysing more sensitive political issues". Den gewählten Ansatz des EuGs erklärend, stellte er richtigerweise fest, dass „if the General Court can come to the same conclusion by applying the law of treaties as it would have had it approached the dispute using the law of occupation or self-determination, one could argue that it should choose the less

---

ihrer territorialen Unversehrtheit so lange wie nötig unterstützen.", abrufbar unter: https://www.consilium.europa.eu/de/press/press-releases/2022/09/22/declaration -by-the-high-representative-on-behalf-of-the-european-union-on-russia-s-war-of -aggression-against-ukraine/; https://www.zeit.de/politik/ausland/2022-03/ukrain e-krieg-eu-russland-verstoss-voelkerrecht?utm_referrer=https%3A%2F%2Fwww.g oogle.com%2F, zuletzt abgerufen am 15.6.2024.

2376 Rat der Europäischen Union, Working Party on Public International Law (CO-JUR), Report on the EU guidelines on promoting compliance with international humanitarian law: 2022, S. 60, https://www.consilium.europa.eu/media/59995/20 22_456_ihl-report_en_04_web-final.pdf, zuletzt abgerufen am 15.6.2024.

2377 Dies gilt insbesondere für den Nicht-Anerkennungsgrundsatz hinsichtlich annektierter Gebiete, siehe hierzu § 3. A. IV. 2.

provocative approach".[2378] Freilich nahm das Gericht hier den weniger „provokanten" und einfacheren Weg. Allerdings ist dieser nach Ansicht des Autors eben nicht gleich effektiv und kommt auch nicht zwangsläufig zum selben Ergebnis. In der vorliegenden Rechtssache konzentrierte sich das Gericht in ähnlicher Weise auf das Vertragsrecht und die WVK, wie es der Gerichtshof in der Rechtssache C-104/16 P tat. Unterschiedlich ist dabei vor allem der Schwerpunkt der rechtlichen Analyse, da das EuG durch die explizite Extensionsklausel nicht die territoriale Anwendung des streitgegenständlichen Abkommens, sondern die Frage der Zustimmung des Volkes der Westsahara zu einem internationalen Abkommen im Sinne des Grundsatzes der relativen Wirkung von Verträgen zu überprüfen hatte. Das Gericht konkludierte aus der begrüßenswerten Auslegung und Anwendung der Rechtssätze des Selbstbestimmungsrechts der Völker und der relativen Wirkung von Verträgen, dass das Abkommen entgegen diesen Grundsätzen geschlossen worden ist, insbesondere aufgrund der fehlenden Zustimmung des Volkes der Westsahara als von dem streitgegenständlichen Abkommen betroffenen Dritten, und damit rechtswidrig ist. Das Gericht überging bei der Analyse der Vertragsabschlusskompetenz der Union mit Marokko über Ressourcen der Westsahara in (rechtlich) unverständlicher Weise die Regelungen des humanitären Völkerrechts. Hätte sich das Gericht allerdings in den Anwendungsbereich des humanitären Völkerrechts, insbesondere des Besatzungsrechts, gewagt und im Rahmen dessen den in anderen Fällen illegaler Besatzungen und völkerrechtswidriger Annexionen angewandten völkergewohnheitsrechtlichen und damit von der Union nach Art. 3 Abs. 5 EUV zu beachtenden Nicht-Anerkennungsgrundsatz herbeigezogen[2379], hätte das Gericht zu der Einsicht gelangen können, dass internationale Abkommen mit Besatzungsmächten überhaupt nur dann möglich sind, sofern die Besatzungsmacht als solche auftritt. Dies ist nicht möglich, sofern, wie durch Marokko im vorliegenden Fall, das besetzte Fremdgebiet als eigenes Staatsgebiet und Teil des eigenen Hoheitsgebietes nach innen und außen verwaltet und unter die eigene Rechtsordnung gestellt wird. Damit wäre das Gericht zu einem anderen Ergebnis gekommen, da ein solches Abkommen von vornhinein mit Marokko nicht hätte geschlossen werden können. An dieser Stelle kann größtenteils auf die Kritik zu den vorherigen Urteilen der europäischen Gerichtsbarkeit verwiesen werden. Dies gilt ins-

---

2378 *Odermatt*, International law as challenge to EU acts: Front Polisario II, 60 Common Market Law Review 2023, 217 (238).
2379 Vgl. § 3. A. IV. 2.

besondere hinsichtlich der breiten Auseinandersetzung dieser Arbeit mit den Grundsätzen des humanitären Völkerrechts und zur Möglichkeit von Drittstaaten, mit der Besatzungsmacht eines Gebietes Verträge über die Ausbeutung natürlicher Ressourcen dieses Gebietes zu schließen.[2380]

cc) Die Haltung der Union und das humanitäre Völkerrecht

Dass sich die Union grundsätzlich gegen völkerrechtswidrige Besatzungssituationen und deren Folgen ausspricht, hat sie in zahlreichen Beispielen demonstriert. Der Rat der Union hat beispielsweise in begrüßenswerter Weise eine Arbeitsgruppe zum Völkerrecht eingesetzt, die sich speziell mit dem humanitären Völkerrecht auseinandersetzt und im Rahmen dessen seit 2018 Berichte über die Wirksamkeit der EU-Leitlinien[2381] zur Einhaltung des humanitären Völkerrechts veröffentlicht.[2382] Im Bericht aus 2022 heißt es unter anderem, dass „The Geneva Conventions of 1949, which set out the main rules and principles of international humanitarian law, have been universally ratified. However, they have not been fully complied with. On the contrary, over the past decade, the European Union (EU), along with its international partners, has noted an increase in violations of international humanitarian law." Zudem stellte der Bericht fest, dass „more recently, in the face of increasing violations of international humanitarian law, the EU has reaffirmed on numerous occasions its firm intention to

---

2380 Vgl. § 4. A. III. 1. c). und § 4. A. III. 2. c).

2381 Europäisches ABl. C 303/12 v. 15.12.2009. Ziel dieser Leitlinien ist es, der Europäischen Union und ihren Organen und Einrichtungen ein operationelles Instrumentarium an die Hand zu geben, um die Einhaltung des humanitären Völkerrechts (HVR) zu fördern. Sie unterstreichen die Verpflichtung der Europäischen Union, die Einhaltung des humanitären Völkerrechts auf sichtbare und kohärente Weise zu fördern. Die Leitlinien richten sich an alle, die im Rahmen der Europäischen Union tätig sind, soweit die angesprochenen Fragen in ihren Zuständigkeitsbereich fallen. Sie ergänzen die Leitlinien und andere gemeinsame Standpunkte zu Themen wie Menschenrechte, Folter und Schutz der Zivilbevölkerung, die innerhalb der EU bereits angenommen wurden. Diese Leitlinien stehen im Einklang mit dem Bekenntnis der EU und ihrer Mitgliedstaaten zum humanitären Völkerrecht und zielen darauf ab, die Einhaltung des humanitären Völkerrechts durch Drittstaaten gegebenenfalls durch in Drittstaaten tätige nichtstaatliche Akteure zu kontrollieren und durchzusetzen.

2382 Rat der Europäischen Union, Working Party on Public International Law (CO-JUR), Report on the EU guidelines on promoting compliance with international humanitarian law: 2022, https://www.consilium.europa.eu/media/59995/2022_45 6_ihl-report_en_04_web-final.pdf, zuletzt abgerufen am 15.6.2024.

promote the effectiveness of this branch of law". Weiter stellt er fest, dass „the EU has made compliance with international humanitarian law one of its priorities. The reason is that international humanitarian law is one of the most powerful instruments available to the international community to ensure the protection and dignity of all people."[2383]

Der EU stehen dabei zahlreiche Möglichkeiten zur Verfügung, in Konfliktsituationen, in denen das humanitäre Völkerrecht Anwendung findet, politisch, diplomatisch, wirtschaftlich oder auch rechtlich Handlungen zu verurteilen bzw. Maßnahmen gegen Parteien des Konfliktes zu ergreifen.[2384] Doch selbst die folgenmildeste Maßnahme, die in § 16 lit. a der Leitlinien niedergelegt ist, der politische Dialog, wird von den EU-Organen im Hinblick auf die Situation der Westsahara konsequent nicht geführt und bewusst ignoriert. Die Leitlinie statuiert, dass, wo es relevant ist „the issue of compliance with IHL should be brought up in dialogues with third States. This is particularly important in the context of on-going armed

---

2383 Rat der Europäischen Union, Working Party on Public International Law (CO-JUR), Report on the EU guidelines on promoting compliance with international humanitarian law: 2022, S. 4, https://www.consilium.europa.eu/media/59995/202 2_456_ihl-report_en_04_web-final.pdf, zuletzt abgerufen am 15.6.2024.

2384 Der Bericht zählt hierzu verschiedenste Handlungsmöglichkeiten auf, die im Wesentlichen auf den Leitlinien der Union beruhen: politischer Dialog mit Nicht-EU-Ländern, sowohl im Konfliktfall als auch in Friedenszeiten; allgemeine öffentliche Erklärungen, in denen sich die EU für die Einhaltung des humanitären Rechts einsetzt; Initiativen und öffentliche Erklärungen, mit denen die EU Situationen oder bestimmte Handlungen verurteilt; restriktive Maßnahmen und Sanktionen, die gegen an einem Konflikt beteiligte Staaten oder Personen verhängt werden können. Diese Maßnahmen müssen angemessen sein und im Einklang mit dem Völkerrecht stehen; Zusammenarbeit mit internationalen Gremien; Maßnahmen zur Krisenbewältigung, zu denen auch Missionen zur Sammlung von Informationen gehören können, die für den Internationalen Strafgerichtshof (IStGH) oder für die Untersuchung von Kriegsverbrechen nützlich sind; die strafrechtliche Verfolgung von Personen, die für Verstöße gegen das humanitäre Völkerrecht verantwortlich sind; die Schulung und Ausbildung der Bevölkerung, des Militärpersonals und der Strafverfolgungsbehörden; die Kontrolle von Waffenverkäufen im Einklang mit dem Gemeinsamen Standpunkt 2008/944/GASP, der vorsieht, dass Ausfuhrgenehmigungen von der Einhaltung der Menschenrechte durch die Länder, die Waffen einführen, abhängig gemacht werden, vgl. Rat der Europäischen Union, Working Party on Public International Law (COJUR), Report on the EU guidelines on promoting compliance with international humanitarian law: 2022, https://www.consilium.europa.eu/media/59995/2022_456_ihl-report_en_04_web-final.pdf, zuletzt abgerufen am 15.6.2024.

conflicts where there have been reports of widespread IHL violations".[2385] Die Verletzungen des humanitären Völkerrechts durch Marokko waren Gegenstand einer breiten Untersuchung dieser Arbeit und zeigen, dass diese sowohl relevant sind als auch noch immer stattfinden und schwerwiegende Auswirkungen auf die Zivilgesellschaft des sahrawischen Volkes haben.[2386] In § 15 lit. a der Leitlinien heißt es grundsätzlich in begrüßenswerter Weise: „In order to enable effective action, situations where IHL may apply must be identified without delay". § 9 der Leitlinien statuiert, dass „IHL is applicable to any armed conflicts, both international and non-international and irrespective of the origin of the conflict" und stellt explizit und richtigerweise fest, dass „it also applies to situations of occupation arising from an armed conflict". Am 22.2.2021, kurz nach der Aufkündigung des Friedensabkommens zwischen Marokko und der Polisario und dem damit einhergehenden Ende der Waffenruhe, listete der Rat „a number of territories in respect of which the EU would continue to closely monitor the implementation of international humanitarian law by the parties to the conflict: the Autonomous Republic of Crimea and the city of Sevastopol, illegally annexed by the Russian Federation and areas of eastern Ukraine currently not under the control of the Government of Ukraine, Ethiopia, the Sahel region, Myanmar/Burma, Afghanistan, the Central African Republic, the occupied Palestinian territory where Israel has obligations under IHL, Libya, Yemen, and Syria".[2387] In contrario zur konkreten und begrüßenswerten Nennung und Beobachtung der soeben aufgezählten Konfliktherde hat bis dato kein Unionsorgan auch nur ansatzweise Stellung genommen oder gar versucht, rechtlich zu bewerten, ob die Anwendung von humanitären Völkerrecht in Bezug auf die Westsahara einschlägig ist.

In den Kreis, der das humanitäre Völkerrecht ignorierenden Organe der EU und somit den Leitlinien der Union und dem humanitären Völkerrecht im Generellen diametral entgegenstehend, muss auch die europäische Gerichtsbarkeit gezogen werden. Sie weigert sich konsequent, den rechtlichen

---

2385 Hiervon machte die EU in zahlreichen Fällen Gebrauch, vgl. Rat der Europäischen Union, Working Party on Public International Law (COJUR), Report on the EU guidelines on promoting compliance with international humanitarian law: 2022, S.7–10. https://www.consilium.europa.eu/media/59995/2022_456_ihl-report_en_0 4_web-final.pdf, zuletzt abgerufen am 15.6.2024.

2386 Vgl. § 3. A. IV.

2387 Rat der Europäischen Union, Working Party on Public International Law (COJUR), Report on the EU guidelines on promoting compliance with international humanitarian law: 2022, S. 7 f., https://www.consilium.europa.eu/media/59995/20 22_456_ihl-report_en_04_web-final.pdf, zuletzt abgerufen am 15.6.2024.

Status der Westsahara unter den Gesichtspunkten des Besatzungsrechts zu untersuchen. Das Gericht hatte im vorliegenden Fall die Chance und nach Ansicht des Autors die Verpflichtung, den rechtlichen Status der Westsahara unter Beachtung des erga omnes geltenden Nicht-Anerkennungsgrundsatzes und der Verpflichtungen des humanitären Völkerrechts, insbesondere des Besatzungsrechts, als von Marokko besetzt zu subsumieren. Dementsprechend hätten an dieser Stelle Ausführungen zur rechtlichen Möglichkeit des Abschlusses eines internationalen Abkommens mit einem Staat, der ein Gebiet entgegen dem Völkerrecht besetzt und annektiert hat, zwingend erfolgen müssen, da die Union eine illegale Annektierung in keinster Weise fördern darf und die Annexion als solche gegen die grundlegendsten Gedanken und Regelungen des modernen Völkerrechts verstößt. Zur Förderung einer völkerrechtswidrigen Besatzung bzw. Annexion gehört freilich der Abschluss eines internationalen Abkommens über Gebiete, die der Drittstaat, in concreto Marokko, als eigenes Souveränitätsgebiet verwaltet.

Ob die Union nun klarstellt, dass sie den Standpunkt Marokkos hinsichtlich der Souveränitätsansprüche über die Westsahara nicht teilt und dementsprechend den Ansatz des „agree to disagree" vertritt, kann keine exkulpierende Wirkung haben. Heranzuziehen sind neben der nach außen vertretenen Position der EU auch die faktischen Auswirkungen, die die internationalen Handelsabkommen nach sich ziehen. Die wirtschaftlichen Vorteile, die Marokko aus den Abkommen mit der Union empfängt, kommen ausschließlich dem marokkanischen Staat und der marokkanischen Infrastruktur in den besetzten Gebieten der Westsahara zugute. Im Rahmen des Nicht-Anerkennungsgrundsatzes kann es nicht auf den öffentlich vertretenen Standpunkt der Union ankommen, wenn die realpolitischen Auswirkungen diesem zum einen widersprechen und die Abkommen de-facto die Besatzung bzw. Annexion der Gebiete fördern. Beispielhaft soll hier die Verurteilung der Union hinsichtlich der israelischen Siedlungsgebiete in palästinensischen Gebieten angeführt werden, eine Politik, die Marokko seit Jahrzehnten ungeächtet betreibt und bis heute fortführt: „The EU reiterates its position that all settlements in the occupied Palestinian territory are illegal under international law and the EU will not recognise any changes to the pre-1967 borders, including in Jerusalem, other than those agreed by both sides. The EU renews its call on the Israeli government to halt settlement construction and to reverse these latest decisions as a matter of urgency. (...) Settlements are illegal under international law and constitute a major obstacle to the achievement of the two-State solution and a just, lasting and comprehensive peace between the parties. The European Union has consistently made clear that it will not recognise any changes to the pre-1967 borders, including with regard to Jerusalem, other than those agreed by both sides".[2388] An dieser Stelle ist in Erinnerung zu rufen, dass ca. 90 % der in der Westsahara lebenden Menschen marokkanische Staatsbürger sind, die im Rahmen einer Staatskampagne Marokkos entgegen Art. 49 Abs. 6 GK IV in die Gebiete der Westsahara umgesiedelt worden sind, während der Großteil des sahrawischen Volkes außerhalb der Westsahara in Flüchtlingslagern in Algerien lebt.[2389]

Der EuGH hielt sich zwar hinsichtlich der Anwendung des humanitären Völkerrechts gänzlich bedeckt, stellte allerdings einen wichtigen Grundsatz auf, an den sich die Unionsorgane zu halten haben, sofern sie Abkommen über natürliche Ressourcen eines NSGTs schließen wollen, nämlich das Erfordernis der Zustimmung des Volkes des Gebietes. Nicht nur hat das Volk der Westsahara, dessen legitimer Vertreter die Polisario ist, dem Abkommen nicht zugestimmt, vielmehr ist dieses, obwohl es Träger des Rechts auf Selbstbestimmung und damit auch des Grundsatzes der permanenten Souveränität über die natürlichen Ressourcen des Gebietes der Westsahara ist, von den wirtschaftlichen Vorteilen des Abkommens ausgeschlossen. Die Mittelverwendung der gezahlten und zwischen Marokko und der Union vereinbarten Gebühren liegt in der ausschließlichen Zuständigkeit der marokkanischen Behörden, denen wiederum die Verwaltung der Westsahara als Teil der eigenen Souveränität und des eigenen Hoheitsgebietes unterliegen. Diese Gebiete hält Marokko allerdings rechtlich besetzt und hat diese völkerrechtswidrig annektiert. Die Union hat keinerlei effektive Einflussmöglichkeiten auf die Verwendung der Gelder, die nachweislich für die Aufrechterhaltung der Infrastruktur der Besatzung Marokkos verwendet werden. Der Union ist hierbei hinsichtlich der allseits bekannten Politik Marokkos, das Gebiet der Westsahara als eigenes Hoheitsgebiet zu verwalten, zumindest dolus eventualis hinsichtlich möglicher Völkerrechtsverletzungen zu unterstellen. Während sie in grundsätzlich begrüßenswerter Weise statuiert, dass „the EU will continue to do its utmost to protect the

---

2388 Rat der Europäischen Union, Working Party on Public International Law (CO-JUR), Report on the EU guidelines on promoting compliance with international humanitarian law: 2022, S. 58, S. 60 https://www.consilium.europa.eu/media/5999 5/2022_456_ihl-report_en_04_web-final.pdf, zuletzt abgerufen am 15.6.2024.

2389 Vgl. § 2. A. IV. 2. a). cc).

integrity of the rulesbased international system and to promote respect for and compliance with IHL as well as respect for the principles of international law", hat sie gleichzeitig ihre Integrität hinsichtlich ihrer mutmaßlich konsequenten und für alle Konflikte gleichartigen Anwendung des humanitären Völkerrechts durch ihre äußerst ambivalente Haltung im Westsahara-Konflikt verloren.[2390] Diesem Integritätsverlust und der inkonsequenten und von realpolitischen Interessen getragenen Anwendung des humanitären Völkerrechts im Westsahara-Konflikt vermag auch die Rechtsprechung der Europäischen Gerichtsbarkeit nicht entgegenzuwirken, vielmehr trägt sie (weiterhin) hierzu bei.

dd) Zwischenergebnis

Trotz dieser Erkenntnis ist zu beachten, dass das Gericht durch das überaus starke Erfordernis der Zustimmung des Volkes der Westsahara eine zumindest ähnlich intensive Rechtsfolge getroffen hat, die insbesondere die Unionsorgane unter Berücksichtigung der realpolitischen Umstände in eine diplomatische Zwickmühle mit Marokko bringt. Die Zustimmung des Volkes der Westsahara kann nur durch die Polisario wirksam erteilt werden. Das Königreich wird sich allerdings angesichts der historischen Entwicklung des Konfliktes kaum dazu bereiterklären, sich hinsichtlich der Wirksamkeit eines Abkommens, welches seiner Staatsraison nach ausschließlich auf Marokko Anwendung findet, auf einen gemeinsamen Verhandlungsprozess mit der Polisario einzulassen oder dieses gar von der Zustimmung der Polisario abhängig zu machen. Solange die Unionsorgane also die Zustimmung des Volkes der Westsahara, ergo der Polisario, zu einem internationalen Abkommen mit Marokko, welches die Gebiete der Westsahara in seinen Anwendungsbereich inkludiert, nicht einholen können, ist der Abschluss eines solchen Abkommens faktisch wie aber auch rechtlich durch die völkerrechtsfreundlichen verbindlichen Entscheidungsgründe des Gerichts unmöglich. Der EuGH wird in dem noch anhängigen Berufungsverfahren durch den äußerst ausführlichen Begründungsaufwand des Gerichts, insbesondere hinsichtlich der nach Ansicht des Autors völlig zutreffenden Ausführungen zum Grundsatz der relativen Wirkung von Verträgen, welche

---

2390 Rat der Europäischen Union, Working Party on Public International Law (COJUR), Report on the EU guidelines on promoting compliance with international humanitarian law: 2022, S. 84, https://www.consilium.europa.eu/media/59995/2022_456_ihl-report_en_04_web-final.pdf, zuletzt abgerufen am 15.6.2024.

der Gerichtshof selbst in weniger konkretisierter Art und Weise aufstellte, wohl kaum das Urteil des EuGs aufheben. Eine Aufhebung würde seiner eigenen seit Jahren aufrechterhaltenen Rechtsprechung zum Pacta-tertiis-Grundsatz widersprechen. Es bleibt daher abzuwarten, ob das Urteil durch den EuGH aufgehoben, teilaufgehoben oder bestätigt wird und wie die Unionsorgane die Erfordernisse der Rechtsprechung umsetzen werden.

6. Ausblick: Ein Art. 340 AEUV-Verfahren für das EuG?

Es ist im Lichte des Gesagten daher zu fragen, ob auf Grundlage der rechtlichen Einordnungen und Feststellungen des EuGs und des EuGH ein neuer Ansatz verfolgt werden kann, der die Rechte der Sahrawis nicht nur mittelbar schützt, indem das Selbstbestimmungsrecht der Westsahara erneut proklamiert und hervorgehoben wird, sondern die Rechte der Sahrawis unmittelbar vor europäischen Gerichten einklagbar und durchsetzbar machen könnte. In Weiterentwicklung der wichtigen Feststellung des EuGs, dass die Polisario als Vertreter des sahrawischen Volkes legitimiert ist, Rechte des sahrawischen Volkes einzuklagen, mithin hierfür den locus standi zugesprochen bekommen hat, vor europäischen Gerichten wirksam und klagebefugt auftreten zu können, könnte ein unionsrechtlicher Haftungsanspruch Aussicht auf Erfolg haben.

Aufgrund der völkerrechtswidrigen und unionsrechtswidrigen Akte der Union muss die legitime Frage gestellt werden, inwiefern das sahrawische Volk hierfür monetär entschädigt werden kann. Eine bis dato in der Literatur nur von *Steinbach* angedachte Möglichkeit stellt dabei der unionsrechtliche Haftungsanspruch für deliktisches Fehlverhalten von Unionsorganen nach Art. 340 Abs. 2 AEUV dar.[2391] *Steinbach* veröffentlichte seine Analyse allerdings weit vor den Verfahren vor der Europäischen Gerichtsbarkeit. Er konnte daher auf diverse Erkenntnisse, insbesondere des Gerichtshofs zum Selbstbestimmungsrecht, dem sich aus Art. 73 UN-Charta ergebenden separaten Status der Westsahara in Relation zu Marokko, zum Erfordernis der Zustimmung des sahrawischen Volkes zu völkerrechtlichen Abkommen der Union und Marokko, die die Ressourcen der Westsahara tangieren, und der vom EuG bestätigten Klagebefugnis der Polisario als Vertreter dieses Volkes nicht zurückgreifen. Dementsprechend bildeten viele hypothetische

---

2391 *Steinbach*, The Western Sahara Dispute: A Case for the European Court of Justice?, in: Columbia Journal of European Law 18 (2012), 415-440.

Betrachtungsweisen die Grundlage seiner Ausarbeitung.[2392] Trotz allem enthält *Steinbachs* Analyse wertvolle Gedankenansätze, die als Blaupause dienen können und durch die im Lichte der jüngsten Rechtsprechung des Gerichts und des Gerichtshofes aufgestellten Grundsätze und rechtlichen Erwägungen hinsichtlich des Westsahara-Konflikts weiterentwickelt werden sollten. Als Abschluss dieses Kapitels soll daher überprüft werden, ob sich die Union durch ihr Verhalten schadensersatzpflichtig gemacht hat und ob das Volk der Westsahara für die jahrzehntelange Nicht-Beteiligung an den Profiten der Ausbeutung der natürlichen Ressourcen des Gebietes nachträglich oder zumindest zukünftig entschädigt werden kann.

Die Amtshaftungsklage nach Art. 340 Abs. 2 AEUV muss wie jede andere Klage zulässig und begründet sein.[2393]

a) Zulässigkeit

Der Anwendungsbereich des europäischen Haftungsanspruchs ist grundsätzlich äußerst weitgefasst.[2394] Ausschließlich Handlungen, die Unionsorgane im Rahmen der Gemeinsamen Außen- und Sicherheitspolitik vornehmen, sind vom Haftungssystem des Art. 340 AEUV nach Art. 275 Abs. 1 AEUV exkludiert.[2395] Abkommen nach Art. 207, 218 Abs. 6 AEUV, wie diejenigen, die bis dato streitgegenständlich vor der Europäischen Gerichtsbarkeit hinsichtlich der Westsahara waren, fallen allerdings unter die auswärtigen Handelsbeziehungen und nicht unter die Gemeinsame Außen- und Sicherheitspolitik (GASP), weshalb der Anwendungsbereich des Art. 340 AEUV zunächst grundsätzlich eröffnet ist.[2396]

2392 Vgl. *Steinbach*, The Western Sahara Dispute: A Case for the European Court of Justice?, in: Columbia Journal of European Law 18 (2012), 415-440.

2393 Zur Genese der Vorschrift siehe *Terhechte*, in: Pechstein/Nowak/Häde (Hrsg.), Frankfurter Kommentar Bd. IV, Art. 340 AEUV Rn. 8 f.

2394 Siehe hierzu und zur Verortung von Art. 340 AEUV im Unionsrechtssystem *Augsberg*, in: Leible/Terchete (Hrsg.), Europäisches Rechtsschutz- und Verfahrensrecht, Art. 340 AEUV Rn. 1–5. Zur Herleitung der Voraussetzungen des Amtshaftungsverfahrens nach den allgemeinen Rechtsgrundsätzen der Mitgliedstaaten siehe ausführlich *Jacob/Kottmann*, in: Grabitz/Hilf/Nettesheim, Das Recht der Europäischen Union III, Art. 340 AEUV Rn. 27–33.

2395 *Hanf*, EU Liability Actions, in: Schütze/Tridimas (Hrsg.), Oxford Principles of European Union Law Vol. I, S. 932.

2396 Vgl. *Frenz*, Europarecht, Rn. 1214 f.

Ein weiteres Problemfeld einer Amtshaftungsklage gegen die Union betrifft das Verhältnis zwischen Schadensersatzklagen und den anderen Klageformen vor der europäischen Gerichtsbarkeit.[2397] Die Problematik besteht darin, dass sich jede Entscheidung über die materielle Begründetheit einer Schadensersatzklage zwangsläufig mit der Rechtmäßigkeit der betreffenden Maßnahme befassen muss. Dies wiederum wirft die Frage auf, ob der Kläger zunächst die Rechtmäßigkeit der Maßnahme, beispielsweise im Wege einer Nichtigkeitsklage nach Artikel 263 AEUV, anfechten muss, bevor ein Verfahren nach Art. 340 AEUV angestrengt werden kann.[2398] Im Rahmen einer systematischen Betrachtung der einzelnen Rechtsbehelfe und dem Telos einer Schadensersatzklage und trotz des inhärenten Zusammenhangs zwischen der Rechtmäßigkeit der Handlung eines Unionsorgans und dem Anspruch des Klägers auf Schadensersatz, stellen Klagen nach Artikel 340 Abs. 2 AEUV eine eigenständige Klageform dar.[2399] Diese verfolgt bereits im Rahmen des Rechtsschutzersuchens einen anderen Zweck als es beispielsweise Nichtigkeitsklagen nach Artikel 263 AEUV tun. Art. 340 AEUV zielt nämlich in erster Linie darauf ab, eine Form des finanziellen Ausgleichs für einen Schaden zu schaffen, den eine natürliche oder juristische Person durch Handlungen der Organe erlitten hat, und nicht darauf, die Gültigkeit der betreffenden Maßnahme zu überprüfen bzw. für nichtig erklären zu lassen.[2400] Daher ist es in der Regel nicht erforderlich, einen vorherigen Rechtsbehelf wie beispielsweise eine Nichtigkeitsklage zu erheben, um einen Schadensersatzanspruch geltend machen zu können. Es ist auch nicht erforderlich, die Klagebefugnis für einen solchen Anspruch zu besitzen, da eine solche Voraussetzung dem eigenständigen Charakter von Art. 340 AEUV zuwiderlaufen würde.[2401] Die bestehende Unabhängigkeit der Klagen nach Art. 340 Abs. 2 AEUV kann jedoch nicht absolut gelten,

---

2397 *Augsberg*, in: Von der Groeben/Schwarze/Hatje (Hrsg.), Europäisches Unionsrecht, Art. 340 Rn. 26; *Biondi/Farley*, Damages in EU Law, in: Schütze/Tridimas (Hrsg.), Oxford Principles of European Union Law Vol. I, S. 1054;

2398 *Biondi/Farley*, Damages in EU Law, in: Schütze/Tridimas (Hrsg.), Oxford Principles of European Union Law Vol. I, S. 1054.

2399 *Biondi/Farley*, Damages in EU Law, in: Schütze/Tridimas (Hrsg.), Oxford Principles of European Union Law Vol. I, S. 1056.

2400 Vgl. *Augsberg*, in: Von der Groeben/Schwarze/Hatje (Hrsg.), Europäisches Unionsrecht, Art. 340 Rn. 26; *Biondi/Farley*, Damages in EU Law, in: Schütze/Tridimas (Hrsg.), Oxford Principles of European Union Law Vol. I, S. 1056.

2401 *Biondi/Farley*, Damages in EU Law, in: Schütze/Tridimas (Hrsg.), Oxford Principles of European Union Law Vol. I, S. 1056; *Augsberg*, in: Von der Groeben/Schwarze/Hatje (Hrsg.), Europäisches Unionsrecht, Art. 340 Rn. 26.

insbesondere nicht im Hinblick auf die damit eröffnete Rechtsmissbrauchs-möglichkeit zur Umgehung der kürzeren Verjährungsfrist für Nichtigkeits-klagen nach Art. 263 AEUV.[2402] Sofern also der Kläger eines Rechtsbehelfs nach Art. 340 Abs. 2 AEUV der unmittelbare Adressat des Rechtsakts ist und die Klagebefugnis hinsichtlich einer Nichtigkeitsklage besitzt, eine solche aber nicht fristgerecht erhoben hat, wird die Amtshaftungsklage aus der systemimmanenten Logik des europäischen Rechtsschutzsystems für unzulässig erklärt.[2403] Wichtig hervorzuheben ist, dass, sofern die EU-Gerichte die Rechtmäßigkeit einer Maßnahme von Unionsorganen bereits beurteilt haben, eine spätere Klage nach Artikel 340 Abs. 2 AEUV die frühere Entscheidung der EU-Gerichte nicht in Frage stellen oder gar die Entscheidungsgründe abändern kann.[2404]

aa) Unproblematische Zulässigkeitsvoraussetzungen

Für Amtshaftungsklagen im Bereich der außervertraglichen Haftung der Unionsorgane nach Art. 268, 340 Abs. 2 AEUV ist die europäische Gerichts-barkeit zuständig.[2405] Art. 256 Abs. 1 UAbs. 1 Satz 1 i.V.m. Art. 268 AEUV ordnet diese Verfahren dem EuG zu.[2406]

Entgegen den strengen Voraussetzungen einer Nichtigkeitsklage nach Art. 263 Abs. 4 AEUV für nicht-qualifizierte Kläger kennt Art. 268 AEUV das Erfordernis der Klagebefugnis für eine Klage nach Art. 340 Abs. 2 AEUV ausdrücklich nicht.[2407] Auch wurde hierzu von der Rechtsprechung

---

2402 Vgl. *Augsberg*, in: Von der Groeben/Schwarze/Hatje (Hrsg.), Europäisches Unions-recht, Art. 340 Rn. 26; *Biondi/Farley*, Damages in EU Law, in: Schütze/Tridimas (Hrsg.), Oxford Principles of European Union Law Vol. I, S. 1056.

2403 *Frenz*, Europarecht, Rn. 1807 und die dort in Fn. 218 und Fn. 219 zitierte Recht-sprechung; *Biondi/Farley*, Damages in EU Law, in: Schütze/Tridimas (Hrsg.), Oxford Principles of European Union Law Vol. I, S. 1056.

2404 EuGH, Urteil v. 16.12.2011, EU:T:2011:760, Rn. 138; *Biondi/Farley*, Damages in EU Law, in: Schütze/Tridimas (Hrsg.), Oxford Principles of European Union Law Vol. I, S. 1056.

2405 *Augsberg*, in: Leible/Terchete (Hrsg.), Europäisches Rechtsschutz- und Verfahrens-recht, Art. 340 AEUV Rn. 12.

2406 Für Rechtsstreitigkeiten zur vertraglichen Haftung der EU sind hingegen nach Art. 274 iVm. Art. 268 AEUV die nationalen Gerichte zuständig, *Frenz*, Europa-recht, Rn. 1794.

2407 *Frenz*, Europarecht, Rn. 1802.

kein ungeschriebenes Tatbestandsmerkmal hergeleitet.[2408] Vielmehr muss der Kläger einzig eine eigene Rechtsposition geltend machen, wodurch die Möglichkeit einer gewillkürten Prozessstandschaft ausgeschlossen ist. Eine Klage aus abgetretenem Recht kann dahingegen unproblematisch erhoben werden.[2409]

Die Amtshaftungsklage kennt darüber hinaus auch kein Vorverfahren, allerdings wird die Verjährung nach Art. 46 EuGH-Satzung durch Einreichung der Klageschrift beim Gerichtshof oder dadurch unterbrochen, dass der Geschädigte seinen Anspruch vorher gegenüber dem zuständigen Unionsorgan geltend macht.[2410]

Auch eine ausdrückliche Klagefrist benennen weder Art. 268 AEUV beziehungsweise Art. 340 AEUV noch eine Vorschrift der EuGH-Satzung.[2411] Artikel 46 EuGH-Satzung statuiert, dass Ansprüche aus außervertraglicher Haftung der Union nach Ablauf von fünf Jahren nach Eintritt des schadensbegründenden Ereignisses verjähren.[2412] Die Frist beginnt demnach erst zu laufen, wenn der Schaden tatsächlich eingetreten ist.[2413] Tritt der volle Umfang des Schadens nicht sofort ein, sondern entwickelt er sich erst im Laufe der Zeit, so ist die Schadensersatzklage weiterhin zulässig. Allerdings gilt dies nur insoweit, als der Kläger den Ersatz des Schadens begehrt, der während eines Zeitraums entstanden ist, der nicht länger als fünf Jahre ab dem Zeitpunkt der Klageerhebung zurückliegt.[2414]

2408 Vgl. beispielsweise EuGH, Urteil v. 5.7.1984, EU:C:1984:246; EuGH, Urteil v. 13.12.1984, Rn. 4 f.; EuGH, Urteil v. 13.12.1995, ECLI:EU:T:1995:209.

2409 *Augsberg*, in: Leible/Terchete (Hrsg.), Europäisches Rechtsschutz- und Verfahrensrecht, Art. 340 AEUV Rn. 16; *Hanf*, EU Liability Actions, in: Schütze/Tridimas (Hrsg.), Oxford Principles of European Union Law Vol. I, S. 914 sowie die dort in Fn. 28 und Fn. 29 zitierte Rechtsprechung des Gerichtshofs.

2410 Zur Frage der praktischen und prozessualen Sinnhaftigkeit eines freiwillig durchgeführten Vorverfahrens siehe *Augsberg*, in: Von der Groeben/Schwarze/Hatje (Hrsg.), Europäisches Unionsrecht, Art. 340 Rn. 94.

2411 *Augsberg*, in: Leible/Terchete (Hrsg.), Europäisches Rechtsschutz- und Verfahrensrecht, Art. 340 AEUV Rn. 18.

2412 Zur dogmatischen Einordung, ob Art. 46 EuGH-Satzung einzig die Verjährung des in Frage stehenden Anspruchs regelt oder eine Klagefrist darstellt, *Frenz*, Handbuch des Europarecht Band 5, Rn. 3044 ff.

2413 *Augsberg*, in: Leible/Terchete (Hrsg.), Europäisches Rechtsschutz- und Verfahrensrecht, Art. 340 AEUV Rn. 18.

2414 *Biondi/Farley*, Damages in EU Law, in: Schütze/Tridimas (Hrsg.), Oxford Principles of European Union Law Vol. I, S. 1055 f.; Augsberg, in: Leible/Terchete (Hrsg.), Europäisches Rechtsschutz- und Verfahrensrecht, Art. 340 AEUV Rn. 18; EuGH, Urteil v. 11.1.2002, EU:T:2002:2.

bb) Aktiv- und Passivlegitimation

Eine ausdrückliche Regelung zur Parteifähigkeit ist den Verträgen nicht zu entnehmen, weshalb der EuGH in ständiger Rechtsprechung die Erfordernisse zur Aktiv- und Passivlegitimation durch richterliche Rechtsfortbildung aufstellte.[2415] Passivlegitimiert ist nach Art. 340 Abs. 2 AEUV alleine die Union als solche selbst, da diese dem Wortlaut der Norm nach den eingeklagten Schadensersatz zu erbringen hat.[2416] Sofern die Klage gegen das jeweilige ausführende Organ der Union direkt gestellt wird, deutet der EuGH dies um und berichtigt dahingehend das Klagevorbringen von Amts wegen.[2417]

Problematisch könnte die Zulässigkeitsvoraussetzung der Aktivlegitimation sein. Nach der Rechtsprechung des Gerichtshofs hat jede natürliche oder juristische Person, die behauptet, durch eine Handlung der Union geschädigt worden zu sein, die Möglichkeit, nach Artikel 340 Absatz 2 AEUV Klage gegen die EU zu erheben.[2418] Dieses Recht erstreckt sich auch auf natürliche und juristische Personen außerhalb der EU, womit auch öffentlich-rechtliche Körperschaften von Drittstaaten oder diese unter Umständen selbst ein Verfahren nach Art. 340 Abs. 2 AEUV führen können.[2419] Juristische Personen müssen nachweisen, dass der Schaden das eigene Vermögen betrifft und dass die Klage in der Eigenschaft als

---

2415 *Frenz*, Europarecht, Rn. 1797.

2416 Beispielhaft EuGH, Urteil v. 23.4.2004, ECLI:EU:C:2004:174, Rn. 67; EuGH, Urteil v. 6.7.1995, ECLI:EU:T:1995:131, Rn. 22. Vgl. *Frenz*, Europarecht Rn. 1801. Anders verhält sich die Passivlegitimation hinsichtlich einer Klage nach Art. 340 Abs. 3 AEUV gegen die EZB, die für das eigene oder das Verhalten von ihren Bediensteten direkt haftet. Ausführlich zur Passivlegitimation und dem praktisch unbedeutenden Streit zur dogmatischen Einordnung *Jacob/Kottmann,* in: Grabitz/Hilf/Nettesheim, Das Recht der Europäischen Union III, Art. 340 AEUV Rn. 42–46.

2417 *Augsberg*, in: Leible/Terchete (Hrsg.), Europäisches Rechtsschutz- und Verfahrensrecht, Art. 340 AEUV Rn. 17.

2418 Vgl. EuGH, Urteil v. 10.7.1985, EU:C:1985:308, Rn. 31; EuGH, Urteil v. 29.3.1979, EU:C:1979:93.

2419 EuGH, Urteil v. 29.3.1979, EU:C:1979:93; *Frenz*, Europarecht, Rn. 1798; *Steinbach*, The Western Sahara Dispute: A Case for the European Court of Justice?, in: Columbia Journal of European Law 18 (2012), 415 (421 f.); *Ruffert*, in: Calliess/Ruffert/Cremer (Hrsg), 6. Aufl. 2022, EUV/AEUV, Art. 268 Rn. 2; *Biondi/Farley*, Damages in EU Law, in: Schütze/Tridimas (Hrsg.), Oxford Principles of European Union Law Vol. I, S. 1054 f und die dort in Fn. 75–78 aufgeführte Rspr. des Gerichtshofs; *Augsberg*, in: Leible/Terchete (Hrsg.), Europäisches Rechtsschutz- und Verfahrensrecht, Art. 340 AEUV Rn. 13.

juristische Person erhoben wird.[2420] Die Rechtsprechung des Gerichtshofs ist hinsichtlich der Frage der Parteifähigkeit der klagenden Entität äußerst großzügig. Sie erteilt beispielsweise Verbänden oder Gewerkschaften die Befugnis, eine Klage im Namen ihrer Mitglieder zu erheben soweit die Mitglieder ihr Klagerecht beziehungsweise ihren Anspruch an den klagenden Verband oder die Gewerkschaft abgetreten haben.[2421] Im Rahmen des Westsahara-Konflikts kommen mehrere potentielle Kläger in Betracht, die die Union auf Schadensersatz verklagen könnten. Zum einen besteht die Möglichkeit, dass einzelne Privatpersonen, aber auch Unternehmen mit sahrawischem Ursprung aufgrund der Nichtigkeitserklärung des Ratsbeschlusses und der damit einhergehenden Rechtswidrigkeit des Abkommens zwischen der Union und Marokko klagen könnten. Im Hinblick auf Individualpersonen oder Einrichtungen nicht öffentlich-rechtlicher Natur bestehen grundsätzlich keine Probleme.[2422] Von besonderer Bedeutung dürfte die Klage des Volkes der Westsahara als solches sein, vertreten durch die Polisario, dem im Rahmen seines unabdingbaren Selbstbestimmungsrechts auch die Souveränität über die natürlichen Ressourcen des Gebietes zusteht, über welche die Union mit Marokko in rechtswidriger Weise verfügte.[2423]

(1) Verstoß gegen hoheitliche Rechte von Art. 340 AEUV umfasst?

Hinsichtlich der Frage der Aktivlegitimation von öffentlich-rechtlichen Personen gehen einige Stimmen der Literatur davon aus, dass Art. 340 AEUV Drittstaaten oder öffentliche Rechtssubjekte aus Drittstaaten nur umfasst, sofern diese nicht durch hoheitliches Handeln der Unionsorgane einen Schaden erlitten haben.[2424] Hierfür sei beispielsweise nach Ansicht von

---

2420 *Biondi/Farley*, Damages in EU Law, in: Schütze/Tridimas (Hrsg.), Oxford Principles of European Union Law Vol. I, S. 1053.

2421 *Biondi/Farley*, Damages in EU Law, in: Schütze/Tridimas (Hrsg.), Oxford Principles of European Union Law Vol. I, S. 1054; *Augsberg*, in: Von der Groeben/Schwarze/Hatje (Hrsg.), Europäisches Unionsrecht, Art. 340 Rn. 22; EuGH, Urteil v. 5.7.1984, EU:C:1984:246, Rn. 3–5; EuGH, Urteil v. 13.12.1984, Rn. 4 f.; EuGH, Urteil v. 13.12.1995, ECLI:EU:T:1995:209, Rn. 75–78.

2422 *Augsberg*, in: Von der Groeben/Schwarze/Hatje (Hrsg.), Europäisches Unionsrecht, Art. 340 Rn. 25.

2423 Vgl. EuG, 2021.

2424 Beispielhaft *Frenz*, Europarecht, Rn. 1798; *Augsberg*, in: Von der Groeben/Schwarze/Hatje (Hrsg.), Europäisches Unionsrecht, Art. 340 Rn. 25; *Hanf*, EU Liability Actions, in: Schütze/Tridimas (Hrsg.), Oxford Principles of European Union Law Vol. I, S. 914. Für eine solche Haftung bspw. *Gaja*, Some Reflections of the Euro-

Augsburg die allgemeine völkerrechtliche Verantwortlichkeit einschlägig, die wiederum nur vor dem IGH beziehungsweise internationalen Schiedsgerichten einklagbar sei.[2425] Allerdings ist im Falle der Westsahara zu beachten, dass diese nicht als Staat in der Unionsrechtsordnung anerkannt ist, sondern als Gebiet nach Art. 73 UN-Charta, dessen Volk sich in einem umkämpften kolonialen Selbstbestimmungsprozess befindet und somit auch nach konsequenter Rechtsanwendung und völkerrechtlicher Auslegung keine unmittelbare Hoheitsgewalt im Sinne staatlicher Souveränität ausüben kann.[2426] Als solches hat es darüber hinaus weder vor der Internationalen Gerichtsbarkeit noch vor etwaigen Schiedsgerichten den erforderlichen locus standi.[2427] Alleine vor dem Gerichtshof für Menschenrechte der Afrikanischen Union könnte die Westsahara, da die DARS dort als Staat anerkannt und Mitglied ist, Rechtsschutz ersuchen. Dies gilt allerdings nicht für Prozesse zur völkerrechtlichen Verantwortlichkeit der Unionsorgane, da der Afrikanische Gerichtshof hierfür keine Jurisdiktion innehat.[2428]

(2) Die Autonomie der Unionsordnung

Durch die besondere und autonome Stellung des Unionsrechts im völkerrechtlichen Normenkomplex und der dahingehend äußerst weitgehenden und die Rechtsautonomie der Unionsordnung bestätigenden und fortbildenden Rechtsprechung des Gerichtshofs ist daher zu untersuchen, ob entgegen der Ansicht von Teilen der Literatur eine Entität wie das Volk der Westsahara beziehungsweise die Polisario vom Anwendungsbereich des Art. 340 Abs. 2 AEUV umfasst werden könne.[2429]

---

pean Community's International Responsibility, in: Heukels/McDonell (Hrsg.), The Action for Damages in Community Law, S. 360.

2425 *Augsberg*, in: Von der Groeben/Schwarze/Hatje (Hrsg.), Europäisches Unionsrecht, Art. 340 Rn. 25. So auch *Frenz*, Europarecht, Rn. 1798.

2426 *Jacob/Kottmann*, in: Grabitz/Hilf/Nettesheim, Das Recht der Europäischen Union III, Art. 340 AEUV Rn. 40 sehen Drittstaaten oder Entitäten aus solchen als anspruchsberechtigt, sofern keine unmittelbare Hoheitsgewalt ausgeübt wird. Was sie hierunter verstehen, wird allerdings nicht erläutert.

2427 Vgl hierzu Art. 35 Abs. 1 IGH-Statut und Art. 93 Abs. 1 UN-Charta.

2428 Vgl. Protocol on the Statute of the African Court of Justice and Human Rights, https://au.int/sites/default/files/treaties/36396-treaty-0035_-_protocol_on_th e_statute_of_the_african_court_of_justice_and_human_rights_e.pdf, zuletzt abgerufen am 15.6.2024.

2429 Vgl. EuGH, Urteil v. 10.12.2018, EU:C:2018:999, Rn. 45 und die dort zitierte Rechtsprechung.

Die Autonomie der Unionsrechtsordnung, die gleichermaßen gegenüber dem Recht der Mitgliedstaaten als auch gegenüber dem Völkerrecht besteht, ergibt sich aus den grundsätzlichen Merkmalen der Union und des Unionsrechts selbst.[2430] Der EuGH stellte diesbezüglich fest, dass sich das Unionsrecht dadurch hervorhebt, dass es durch EUV und AEUV einer autonomen Quelle entspringt und Vorrang vor dem Recht der Mitgliedstaaten genießt.[2431] Diese Merkmale haben zu einem strukturierten Netz miteinander verflochtener Grundsätze, Regeln und Rechtsbeziehungen geführt. Dieses bindet die Union selbst und ihre Mitgliedstaaten wechselseitig sowie die Mitgliedstaaten untereinander, wodurch die Union über einen eigenen verfassungsrechtlichen Rahmen verfügt.[2432] Um sicherzustellen, dass eben diese besonderen Merkmale und die Autonomie der Rechtsordnung der Union erhalten bleiben, haben die Verträge ein Gerichtssystem implementiert, welches die Gewährleistung der Kohärenz und der Einheitlichkeit der Auslegung des Unionsrechts sicherstellen soll (und muss).[2433]

Würde man nun der Ansicht sein, dass die Frage nach einer Schadensersatzpflicht gegenüber einer nicht-staatlichen Entität außerhalb der Unionsrechtsordnung zu entscheiden sei, obwohl die Nichtigkeit des Rechtsaktes systemimmanent durch eine Klage nach Art. 263 Abs. 4 AEUV festgestellt worden ist, würde damit die Autonomie der Ordnung in starker Weise beschnitten werden.

Im Rahmen dessen muss diese einzigartige Rechtsordnung der Union, insbesondere die alleinige Kompetenz der europäischen Gerichte hinsichtlich der Wahrung dieser Rechtsordnung und des Gerichtssystems der Union im Allgemeinen nach Art. 19 Abs. 1 EUV über die Frage möglicher Ersatzansprüche der Union gegenüber dem Volk der Westsahara beziehungsweise der Polisario nach Art. 340 Abs. 2 AEUV entscheiden können. Die ausschließliche Zuständigkeit des Gerichtshofs für die verbindliche Auslegung des Unionsrechts muss dabei beachtet werden, damit die Autonomie der Rechtsordnung der Union gewahrt bleibt. Darüber hinaus muss der effektive Rechtsschutz vor Unionsgerichten für die Folgen rechtswidrigen Handelns der Unionsorgane gewahrt sein.[2434]

2430 EuGH, Gutachten 1/17 v. 30.4.2019, ECLI:EU:C:2019:341, Rn. 109.

2431 EuGH, Urteil v. 10.12.2018, EU:C:2018:999, Rn. 45; EuGH, Gutachten 1/17 v. 30.4.2019, ECLI:EU:C:2019:341, Rn. 109.

2432 EuGH, Gutachten 1/17 v. 30.4.2019, ECLI:EU:C:2019:341, Rn. 109; Vgl. EuGH, Urteil v. 10.12.2018, EU:C:2018:999, Rn. 45;

2433 EuGH, Urteil v. 6.3.2018, ECLI:EU:C:2018:158 Rn. 35; Vgl. EuGH, Gutachten 2/13 v. 18.12.2014, EU:C:2014:2454, Rn. 174 und die dort angeführte Rechtsprechung.

(3) Zwischenergebnis

Es würde dem Telos der Unionsrechtsordnung zuwiderlaufen, einer Entität die strengsten Klagebefugnisvoraussetzungen des europäischen Rechtsschutzsystems nach Art. 263 Abs. 4 AEUV zuzuerkennen und dementsprechend festzustellen, dass das sahrawische Volk beziehungsweise die Polisario zum einen rechtsfähig und zum anderen von internationalen Abkommen der Union nach Art. 218 Abs. 6 AEUV, die das Gebiet der Westsahara inkludieren, unmittelbar und individuell betroffen ist, aber mögliche durch die Nichtigkeit des Abkommens beziehungsweise des dies genehmigenden Ratsbeschlusses entstehenden Schadensersatzansprüche im Rahmen einer Klage nach Art. 340 Abs. 2 AEUV zu negieren. Die Polisario als von der UN und von der EU-Gerichtsbarkeit anerkannte Vertretungsberechtigte des sahrawischen Volkes dürfte also, nachdem sie in der Rechtssache T-279/19 die strengen Voraussetzungen des Art. 263 Abs. 4 AEUV erfüllt hat und vom EuG als parteifähig und klagebefugt erklärt worden ist, ebenfalls die im Rahmen der Amtshaftungsklage erforderlichen Voraussetzungen erfüllen.[2435]

Es ist daher nicht zu erwarten, dass das EuG im Rahmen einer Amtshaftungsklage nach Art. 340 Abs. 2 AEUV, die faktisch und in Anlehnung an die Rechtssache T-279/19 eine Fortführung der Nichtigkeitsklage darstellt, und unter Berücksichtigung der besonderen Umstände der Westsahara, von seiner Ansicht zum locus standi des sahrawischen Volkes beziehungsweise der Polisario abweichen würde. Ein endgültiges Ergebnis lässt sich freilich nur erreichen, sofern eine Amtshaftungsklage beim EuG durch die Polisario anhängig gemacht wird. Die weitere Begutachtung findet auf der wahrscheinlichen Prämisse statt, dass das EuG die Rechtsfähigkeit der Polisario beziehungsweise des Volkes der Westsahara im Sinne des Art. 340 Abs. 2 AEUV anerkennen würde.

2434 Vgl. EuGH, Gutachten 1/17 v. 30.4.2019, ECLI:EU:C:2019:341, Rn. 111; *Jacob/Kottmann*, in: Grabitz/Hilf/Nettesheim, Das Recht der Europäischen Union III, Art. 340 AEUV Rn. 13 f.

2435 Vgl. zur Parteifähigkeit EuG, 2021 (Fn. 55), Rn. 79–114 und zur Klagebefugnis EuG, 2021 (Fn. 55), Rn. 133–238. *Steinbach*, The Western Sahara Dispute: A Case for the European Court of Justice?, in: Columbia Journal of European Law 18 (2012), 415 (424 f.).

b) Begründetheit der Klage

Die Klage nach Art. 340 Abs. 2 AEUV ist nach der ständigen Rechtsprechung des Gerichtshofs begründet, sofern das Handeln oder Unterlassen eines Unionsorgans einen materiellen oder immateriellen Schaden kausal und rechtswidrig herbeigeführt hat.[2436] Hinsichtlich legislativer Tätigkeiten, welche weitreichende politische Ermessensentscheidungen beinhalten, hat der Gerichtshof restriktive Bedingungen für die Anerkennung der Haftung für normative Handlungen der Union festgelegt.[2437] Im Rahmen von Rechtsetzungsmaßnahmen ist eine Klage nach Artikel 340 II EUV nur dann erfolgreich, wenn nach der Schöppenstedt-Formel und der diese bestätigende und konkretisierende Bergaderm-Entscheidung des Gerichtshofs ein hinreichend qualifizierter Verstoß gegen eine höherrangige Rechtsnorm zum Schutz des Einzelnen vorliegt.[2438]

Nach ständiger Rechtsprechung des EuGH muss sich der Kläger also, zusätzlich zu den allgemeinen Haftungsvoraussetzungen, auf eine drittschützende Norm berufen können, die ihm subjektive Rechte einräumt, und beweisen können, dass diese von der Union in qualifizierter Weise verletzt worden ist.[2439] Beruft sich der Kläger auf mögliche Völkerrechtsverstöße von Unionsorganen, wird von Teilen der Literatur gefordert, dass es sich darüber hinaus um eine unmittelbar anwendbare Bestimmung handelt.[2440]

Der Gerichtshof entwickelte diesen restriktiven Ansatz insbesondere zum Schutz der Entscheidungsmöglichkeit der jeweiligen Unionsorgane, da diesen durch EUV und AEUV unter der Maßgabe und der entsprechenden Verpflichtung, politische Entscheidungen im allgemeinen Interesse zu tref-

---

2436 Bspw. EuGH, Urteil v. 2.12.1971, ECLI:EU:C:1971:116, Rn. 11; EuGH, Urteil v. 4.7.2000, ECLI:EU:C:2000:361, Rn. 42–44; *Borchardt*, Die rechtlichen Grundlagen der Europäischen Union, Rn. 696; *Frenz*, Europarecht, Rn. 1809.

2437 EuGH, Urteil v. 2.12.1971, ECLI:EU:C:1971:116, Rn. 11; EuGH, Urteil v. 4.7.2000, ECLI:EU:C:2000:361, Rn. 42–44.

2438 EuGH, Urteil v. 2.12.1971, ECLI:EU:C:1971:116, Rn. 11; EuGH, Urteil v. 4.7.2000, ECLI:EU:C:2000:361, Rn. 42–44.

2439 *Augsberg*, in: Leible/Terchete (Hrsg.), Europäisches Rechtsschutz- und Verfahrensrecht, Art. 340 AEUV Rn. 23; *Hanf*, EU Liability Actions, in: Schütze/Tridimas (Hrsg.), Oxford Principles of European Union Law Vol. I, S. 924.

2440 *Augsberg*, in: Leible/Terchete (Hrsg.), Europäisches Rechtsschutz- und Verfahrensrecht, Art. 340 AEUV Rn. 23, Rn. 28–30.

fen, ein erheblicher Ermessensspielraum eingeräumt worden ist.[2441] Solche Entscheidungen und Rechtsakte der Union tangieren zwangsläufig auch individuelle Interessen.[2442] Im Umkehrschluss hierzu kann bei Entscheidungen der Unionsorgane, in welchen diesen nur ein geringer beziehungsweise überhaupt kein Ermessensspielraum eingeräumt ist, die bloße Verletzung des Unionsrechts bereits ausreichend sein, um einen hinreichend qualifizierten Verstoß im Sinne der Rechtsprechung des Gerichtshofs anzunehmen.[2443] Um eine uferlose Haftung der Unionsorgane auszuschließen und den durch die Verträge zugesicherten Handlungsspielraum der Unionsorgane im Legislativbereich zu schützen, urteilte der EuGH, dass es die Fähigkeit und die Entschlossenheit der Organe im Allgemeininteresse zu handeln beeinträchtigen könnte, wenn sie einem allgegenwärtig hohen Risiko ausgesetzt würden, grundsätzlich und ohne Einschränkung wegen ihrer normativen Tätigkeit haftbar gemacht zu werden, weshalb er die Schöppenstedt-Formel entwarf.[2444] Im Rahmen des Westsahara-Konflikts und der damit einhergehenden rechtlichen Problematiken, insbesondere im Hinblick auf internationale Abkommen, ist festzustellen, dass den Unionsorganen hierbei nach Art. 218 AEUV im Bereich des auswärtigen Handelns und des Abschlusses von Handelsabkommen ein erweiterter Ermessensspielraum zusteht.[2445] Damit unterfällt ein möglicher Schadensersatz aufgrund legislativen Unrechts den strengen Anforderungen der Schöppenstedt-Formel des Gerichtshofes.

aa) Verletzung einer (höherrangigen) Schutznorm durch Unionshandeln

Im Rahmen dieser Prüfung eines hypothetischen Amtshaftungsanspruchs soll sich auf das Unionshandeln durch den Rat und die Kommission konzentriert werden, insbesondere auf den nach Art. 218 Abs. 6 AEUV gestütz-

---

2441 *Hanf,* EU Liability Actions, in: Schütze/Tridimas (Hrsg.), Oxford Principles of European Union Law Vol. I, S. 924; *Augsberg,* in: Leible/Terchete (Hrsg.), Europäisches Rechtsschutz- und Verfahrensrecht, Art. 340 AEUV Rn. 25 f.

2442 *Hanf,* EU Liability Actions, in: Schütze/Tridimas (Hrsg.), Oxford Principles of European Union Law Vol. I, S. 924.

2443 *Augsberg,* in: Leible/Terchete (Hrsg.), Europäisches Rechtsschutz- und Verfahrensrecht, Art. 340 AEUV Rn. 26.

2444 Vgl. EuGH, Urteil v. 2.12.1971, ECLI:EU:C:1971:116, Rn. 11; EuGH, Urteil v. 4.7.2000, ECLI:EU:C:2000:361, Rn. 42–44; *Hanf,* EU Liability Actions, in: Schütze/Tridimas (Hrsg.), Oxford Principles of European Union Law Vol. I, S. 924 f.

2445 Vgl. § 4. A. III. 1. b). dd).

ten Ratsbeschluss zum Abschluss eines Assoziierungsabkommens und dieses möglicherweise ergänzende Protokolle oder Folgeabkommen.[2446] Das Merkmal, dass die Haftung nur eintritt, sofern Organe einen Schaden in Ausübung ihrer Amtstätigkeit herbeiführen, ist in diesem Falle unproblematisch durch einen Beschluss des Rates gegeben und bedarf keiner weiteren Ausführung.[2447]

bb) Rechtswidrigkeit des Unionshandelns

Weiter müsste festgestellt werden, dass das Unionshandeln, beispielsbezogen also ein Ratsbeschluss nach Art. 218 Abs. 6 AEUV, rechtswidrig ist. Dieser ist im Sinne des Art. 340 Abs. 2 AEUV rechtswidrig, sofern er gegen eine die EU bindende (höherrangige) Rechtsvorschrift verstößt.[2448] Teils wird in diesem Zusammenhang von Teilen der Literatur problematisiert, inwiefern völkerrechtswidriges Verhalten der Union geeignet sein kann, die Haftung nach Art. 340 Abs. 2 AEUV auszulösen.[2449] Der EuGH stellt diesbezüglich auf die Frage der Direktwirkung und Verbindlichkeit völkerrechtlicher Verpflichtungen innerhalb der Unionsrechtsordnung ab, wozu neben vertraglichen Verpflichtungen auch explizit Regelungen des Völkergewohnheitsrechts zählen.[2450] Dies ergibt sich auch explizit aus Art. 3 Abs. 5 EUV, womit auf den Rechtscharakter der in Frage stehenden und möglicherweise

---

2446   Zur Organqualität des Rates und anderer Unionsorgane siehe *Jacob/Kottmann,* in: Grabitz/Hilf/Nettesheim, Das Recht der Europäischen Union III, Art. 340 AEUV Rn. 69 f.

2447   Siehe zum Tatbestandsmerkmal der Haftung im Rahmen der Ausübung der Amtstätigkeit eines Unionsorgans ausführlich *Augsberg,* in: Von der Groeben/Schwarze/Hatje (Hrsg.), Europäisches Unionsrecht, Art. 340 Rn. 28–34.

2448   *Augsberg,* in: Von der Groeben/Schwarze/Hatje (Hrsg.), Europäisches Unionsrecht, Art. 340 Rn. 36. Zum nicht mehr vom EuGH geforderten Merkmal der Höherrangigkeit der in Frage stehenden Rechtsnorm siehe *Jacob/Kottmann,* in: Grabitz/Hilf/Nettesheim, Das Recht der Europäischen Union III, Art. 340 AEUV Rn. 77. Vielmehr ist entscheidend, dass die Rechtsnorm die Rechte von Einzelnen schützt.

2449   *Ruffert,* in: Calliess/Ruffert/Cremer (Hrsg.), 6. Aufl. 2022, EUV/AEUV, Art. 340 Rn. 18; Ausführlich *Augsberg,* in: Leible/Terchete (Hrsg.), Europäisches Rechtsschutz- und Verfahrensrecht, Art. 340 AEUV Rn. 23, Rn. 28–30; *Jacob/Kottmann,* in: Grabitz/Hilf/Nettesheim, Das Recht der Europäischen Union III, Art. 340 AEUV Rn. 82; *Terhechte,* in: Pechstein/Nowak/Häde (Hrsg.), Frankfurter Kommentar Bd. IV, Art. 340 AEUV Rn. 29, Rn. 67–69.

2450   EuGH, Urteil v. 24.11.1992, ECLI:EU:C:1992:453, Rn. 9–11; EuGH, Urteil v. 16.6.1998, ECLI:EU:C:1998:293, Rn. 45–51.

verletzten völkerrechtlichen Regelung abzustellen ist. In concreto kommen hier Handlungen der EU in Betracht, die das völkergewohnheitsrechtlich anerkannte und erga omnes wirkende Selbstbestimmungsrecht der Völker, welches darüber hinaus im Kolonialkontext zum Ius cogens gezählt wird, verletzt haben könnten. Zudem kommt eine Verletzung der sich aus Art. 73 UN-Charta ergebenden Verpflichtungen der Union in Betracht.

(1) Schutznorm vs. Unmittelbare Wirkung

Steinbach problematisiert in diesem Zusammenhang, dass es nicht absehbar sei, welchen Maßstab der Gerichtshof anlegen wird, um festzustellen, ob eine Vorschrift dem Einzelnen Rechte verleiht oder nicht. Hierbei wägt er zwischen der Anwendbarkeit der weiten Schutznorm-Dogmatik des Gerichtshofs und dem Erfordernis der unmittelbaren Anwendbarkeit beziehungsweise Wirkung von völkerrechtlichen Normen oder Grundsätzen ab.[2451]

(a) Schutznorm

Eine den Anforderungen des Art. 340 Abs. 2 AEUV genügende Schutznorm liegt vor, sofern diese subjektive Rechte verleiht.[2452] Der EuGH stellt hieran grundsätzlich keine restriktiven Anforderungen, vielmehr fasst er unter den Begriff der Schutznorm auch Regelungen, die zwar primär dem Schutz von Allgemeininteressen dienen, dabei aber zumindest sekundär oder mittelbar rechtliche Einzelinteressen umfassen.[2453] Dieses Erfordernis ist vom Gerichtshof insbesondere im Hinblick auf Schutznormen, die direkt der Unionsrechtsordnung entspringen, recht weit ausgelegt worden; im Hinblick auf das Völkerrecht kann das Konzept der Schutznorm aber dennoch ein Hindernis für Haftungsansprüche darstellen.[2454]

2451 *Steinbach*, The Western Sahara Dispute: A Case for the European Court of Justice?, in: Columbia Journal of European Law 18 (2012), 415 (424 f.).

2452 *Augsberg*, in: Leible/Terchete (Hrsg.), Europäisches Rechtsschutz- und Verfahrensrecht, Art. 340 AEUV Rn. 24.

2453 Bspw. EuGH, Urteil v. 17.7.1967, ECLI:EU:C:1967:31, S. 355; *Augsberg*, in: Leible/Terchete (Hrsg.), Europäisches Rechtsschutz- und Verfahrensrecht, Art. 340 AEUV Rn. 24; *Hanf*, EU Liability Actions, in: Schütze/Tridimas (Hrsg.), Oxford Principles of European Union Law Vol. I, S. 926.

Hinsichtlich der Anforderungen, welche Regelungen des Völkerrechts zu Haftungstatbeständen betreffen, hat sich der Gerichtshof bis dato nur zu Ansprüchen geäußert, die auf Verletzungen eines von der EU geschlossenen internationalen Abkommens gestützt werden.[2455] Im Rahmen dessen entschied er jedoch, dass die Bestimmungen des Abkommens nur dann von Einzelpersonen in einer Haftungsklage geltend gemacht werden können, wenn sie unmittelbar anwendbar sind. Der EuGH verfolgte hierbei einen deutlich restriktiveren Ansatz im Vergleich zu Haftungsnormen, die direkt der Rechtsordnung der Union entspringen.[2456] Als unmittelbar anwendbar erklärt der EuGH dabei Bestimmungen aus mit Drittstaaten geschlossenen Abkommen, die Bestimmung „unter Berücksichtigung ihres Wortlauts und im Hinblick auf den Sinn und Zweck des Abkommens eine klare und eindeutige Verpflichtung enthält, deren Erfüllung oder deren Wirkungen nicht vom Erlaß eines weiteren Aktes abhängen".[2457] Im Gegensatz zur Schutznorm setzt der Begriff der unmittelbaren Anwendbarkeit also voraus, dass der Schutz des Einzelnen das Hauptziel der Norm ist.[2458]

(b) Unmittelbare Anwendbarkeit von völkerrechtlichen Regelungen

Es existiert bis dato noch keine Rechtsprechung, aus der hervorgeht, ob der Begriff der unmittelbaren Anwendbarkeit auch dann gilt, wenn sich Kläger auf Regeln des Völkergewohnheitsrechts in einem Verfahren nach Art. 340 Abs. 2 AEUV berufen.[2459] *Steinbach* konkludiert hierzu, dass sowohl inter-

---

2454 *Hanf*, EU Liability Actions, in: Schütze/Tridimas (Hrsg.), Oxford Principles of European Union Law Vol. I, S. 926.

2455 *Steinbach*, The Western Sahara Dispute: A Case for the European Court of Justice?, in: Columbia Journal of European Law 18 (2012), 415 (424 f.)

2456 Siehe zu den Regelungen des GATTS und partiell der WTO EuGH, Urteil v. 9.9.2008, ECLI:EU:C:2008:476, Rn. 132.

2457 EuGH, Urteil v. 30.9.1987, ECLI:EU:C:1987:400, Rn. 14; *Augsberg*, in: Leible/Terchete (Hrsg.), Europäisches Rechtsschutz- und Verfahrensrecht, Art. 340 AEUV Rn. 28–30.

2458 *Steinbach*, The Western Sahara Dispute: A Case for the European Court of Justice?, in: Columbia Journal of European Law 18 (2012), 415 (425); *Augsberg*, in: Leible/ Terchete (Hrsg.), Europäisches Rechtsschutz- und Verfahrensrecht, Art. 340 AEUV Rn. 28–30.

2459 *Augsberg*, in: Leible/Terchete (Hrsg.), Europäisches Rechtsschutz- und Verfahrensrecht, Art. 340 AEUV Rn. 29; *Steinbach*, The Western Sahara Dispute: A Case for the European Court of Justice?, in: Columbia Journal of European Law 18 (2012), 415 (424).

nationale Abkommen als auch das Völkergewohnheitsrecht Quellen des Völkerrechts sind und es daher sehr wahrscheinlich ist, dass sich der Gerichtshof auf das Konzept der unmittelbaren Anwendbarkeit von völkervertragsrechtlichen Regelungen stützen wird und seine Rechtsprechung hierzu übertragen würde.[2460] Ähnlich sieht es *Augsberg*, der die Unionshaftung für Verstöße gegen Völkerrechtsregelungen grundsätzlich dann annimmt, sofern diese unmittelbare völkerrechtliche Verpflichtungen der Union begründen.[2461]

In Anbetracht der gefestigten Rechtsprechung des Gerichtshofs zum Begriff der unmittelbaren Anwendbarkeit im Zusammenhang mit völkervertragsrechtlichen Regelungen ist es daher absehbar, dass der Gerichtshof das Konzept der unmittelbaren Anwendbarkeit generell auf alle Haftungsfragen anwenden wird, die sich im Zusammenhang mit den Außenbeziehungen der EU ergeben.[2462]

(c) Unmittelbar anwendbare völkerrechtliche Regelungen

Die im vorliegend betrachteten Beispiel betroffenen völkerrechtlichen Regelungen sind insbesondere das gewohnheitsrechtlich anerkannte Selbstbestimmungsrecht der Völker und die für Kolonialvölker anwendbare Regelung des Art. 73 UN-Charta.

Diese stellen nach der Rechtsprechung des Gerichtshofs Grundprinzipien des kodifizierten wie aber auch gewohnheitsrechtlichen Völkerrechts dar, die unmittelbar für die Union nach Art. 3 Abs. 5 und Art. 21 Abs. 1 EUV gelten und verbindlich sind.[2463] Der Gerichtshof urteilte hinsichtlich der

---

2460 *Steinbach*, The Western Sahara Dispute: A Case for the European Court of Justice?, in: Columbia Journal of European Law 18 (2012), 415 (425).

2461 Vgl. *Augsberg*, in: Leible/Terchete (Hrsg.), Europäisches Rechtsschutz- und Verfahrensrecht, Art. 340 AEUV Rn. 28–30.

2462 Vgl. EuGH, Urteil v. 30.9.1987, ECLI:EU:C:1987:400, Rn. 14; EuGH, Urteil v. 20.9.1990, ECLI:EU:C:1990:322, Rn. 15; *Steinbach*, The Western Sahara Dispute: A Case for the European Court of Justice?, in: Columbia Journal of European Law 18 (2012), 415 (425); Vgl. *Augsberg*, in: Leible/Terchete (Hrsg.), Europäisches Rechtsschutz- und Verfahrensrecht, Art. 340 AEUV Rn. 28–30.

2463 Siehe zur Wirkung des Selbstbestimmungsrechts des Volkes der Westsahara hinsichtlich der Rechtmäßigkeit von Rechtsakten der Union EuGH, 2016. Rn. 89; EuGH, 2018 (Fn. 55), Rn. 63; EuG, 2021 (Fn. 55), Rn. 276–283 und Rn. 391. Zur Bindung der Union an die Grundsätze der UN-Charta und das Völkerrecht vor dem EUV und AEUV siehe EuG, Urteil v. 21.9.2005, ECLI:EU:T:2005:331, Rn. 249–254.

Rechtmäßigkeit von internationalen Abkommen mit Drittstaaten, dass die Unionsorgane ihre Befugnisse „unter Beachtung des Völkerrechts ausüben" und dabei auch „die Regeln des Völkergewohnheitsrechts beachten" müssen.[2464] Das Gericht statuierte in grundsätzlicher Weise bezüglich der Stellung der UN-Charta im Unionsrechtssystem, dass „die Gemeinschaft weder die Verpflichtungen, die ihren Mitgliedstaaten aufgrund der Charta der Vereinten Nationen obliegen, verletzen noch die Erfüllung dieser Verpflichtungen behindern darf und dass sie schon nach ihrem Gründungsvertrag bei der Ausübung ihrer Befugnisse alle erforderlichen Bestimmungen erlassen muss, um es ihren Mitgliedstaaten zu ermöglichen, diesen Verpflichtungen nachzukommen".[2465]

(d) Das Selbstbestimmungsrecht der Völker – unmittelbar anwendbar?

Freilich ist an dieser Stelle, wie auch bereits *Steinbach* zu bedenken gab, nicht absehbar, ob die europäische Gerichtsbarkeit das Selbstbestimmungsrecht des Volkes der Westsahara als unmittelbar anwendbare völkerrechtliche Regelung auslegen würde.[2466] Die sich aus Artikel 73 UN-Charta und aus den das Selbstbestimmungsrecht konkretisierenden UN-Resolutionen ergebenden Verpflichtungen sind nach Ansicht *Steinbachs* wesentlich konturierter als das Recht auf Selbstbestimmung als solches, da in Art. 73 UN-Charta ausdrücklich von den Interessen des Einzelnen die Rede ist. Er attestierte daher dem Selbstbestimmungsrecht unter Heranziehung der UN-Charta, des Internationalen Pakts über bürgerliche und politische Rechte und des Internationalen Pakts über wirtschaftliche, soziale und kulturelle Rechte, in welchen das Selbstbestimmungsrecht Erwähnung findet und näher konkretisiert wird, im Hinblick auf die Voraussetzungen einer unmittelbar anwendbaren Norm einen zu vagen und weiten Tatbestand sowohl in Bezug auf die Bestimmung der Begünstigten als auch der Rechte, die diese Bestimmungen gewähren sollen.[2467]

2464 EuGH, Urteil v. 16.6.1998, ECLI:EU:C:1998:293 Rn. 45; *Steinbach*, The Western Sahara Dispute: A Case for the European Court of Justice?, in: Columbia Journal of European Law 18 (2012), 415 (426).

2465 EuG, Urteil v. 21.9.2005, ECLI:EU:T:2005:331, Rn. 254.

2466 *Steinbach*, The Western Sahara Dispute: A Case for the European Court of Justice?, in: Columbia Journal of European Law 18 (2012), 415 (426 f.).

2467 *Steinbach*, The Western Sahara Dispute: A Case for the European Court of Justice?, in: Columbia Journal of European Law 18 (2012), 415 (426 f.).

(2) Zwischenergebnis

Dieser Analyse ist unter Heranziehung der für den europäischen Rechtsraum judizierten und verbindlichen Grundsätze zur Konkretisierung des Selbstbestimmungsrechts des EuGH, auf welche *Steinbach* noch nicht zurückgreifen konnte, zu widersprechen. Aus der jüngsten Rechtsprechung des EuGs in der Rechtssache T-279/19 und der für das Selbstbestimmungsrecht der Volkes der Westsahara grundlegenden Entscheidung des Gerichtshofs in der Rechtssache C-104/16 P geht hervor, dass das Selbstbestimmungsrecht (zumindest für den europäischen Rechtsraum) konkrete und verbindliche Verpflichtungen enthält. Diese ergeben sich insbesondere im Lichte von Art. 73 UN-Charta und aus dem sich danach bestimmenden besonderen Status der Westsahara als NSGT.[2468] Der Rechtsprechung ist zu entnehmen, dass das dem Volk der Westsahara zustehende unveräußerliche Selbstbestimmungsrecht untrennbar mit dem Gedanken verbunden ist, dass dieses Volk das Recht hat, den Umfang der wirtschaftlichen Nutzung der natürlichen Ressourcen des Gebietes der Westsahara und die Verteilung der daraus resultierenden Vorteile zu bestimmen.[2469] Hierzu konkludierte der Gerichtshof unter Heranziehung von Art. 73 UN-Charta, den einschlägigen UN-Resolutionen, dem selbstständigen und von Drittstaaten getrennten Status der Westsahara und dem Rechtscharakter des erga omnes wirkenden Selbstbestimmungsrechts der Völker, dass das Volk einem Abkommen, welches über die natürlichen Ressourcen des Gebietes verfügt, zwingend zuzustimmen hat. Sofern also diese Zustimmung nicht eingeholt wird, verletzt ein Rechtsakt der Union nach Art. 218 Abs. 6 AEUV, der ein solches Abkommen genehmigt, unmittelbar das Selbstbestimmungsrecht des Volkes der Westsahara. Ob sich auf dieses auch einzelne Individuen berufen können, wurde vom Gerichtshof nicht geklärt und auch vom EuG in der Rechtssache T-279/19 nicht eindeutig begutachtet. Zumindest aber erkannte das Gericht der Polisario die Klagebefugnis nach Art. 263 Abs. 4 AEUV zu, indem es feststellte, dass diese als legitimer Repräsentant des Volkes der Westsahara die diesem unveräußerlich zustehenden Rechte aus dem Selbstbestimmungsrecht der Völker geltend machen kann und unmit-

---

2468 EuGH, 2016 (Fn. 55), Rn. 105 f.; EuG, 2021 (Fn. 55), Rn. 355 ff.

2469 Vgl. EuGH, 2016 (Fn. 55), Rn. 105 f.; EuG, 2021 (Fn. 55), Rn. 355 ff.; Nach Art. 17 der Verfassung der DARS stehen sämtliche Ressourcen des Gebietes im Volkseigentum. Vgl. zum Charakter des Selbstbestimmungsrechts *Steinbach*, The Western Sahara Dispute: A Case for the European Court of Justice?, in: Columbia Journal of European Law 18 (2012), 415 (426).

telbar und individuell von einem Ratsbeschluss nach Art. 218 Abs. 6 AEUV betroffen sein kann.[2470]

Damit wäre auch zu erwarten, dass das Selbstbestimmungsrecht im Lichte der Rechtsprechung des Gerichtshofs und des Gerichts als unmittelbar anwendbare Norm im Sinne des Art. 340 Abs. 2 AEUV eingestuft wird.[2471]

cc) Verletzung gegen die sich aus dem Selbstbestimmungsrecht ergebenden Verpflichtungen

Die soeben als unmittelbar anwendbar und drittschützend qualifizierte Regelung des Völkergewohnheitsrechts in Form des Selbstbestimmungsrechts der Völker müsste darüber hinaus in rechtswidriger Weise verletzt werden. Der EuGH hat in ständiger Rechtsprechung hinsichtlich normativer Rechtssetzungsakte der Unionsorgane, die außenwirtschaftliche Entscheidungen betreffen, judiziert, dass ein Verstoß dieser Akte gegen eine drittschützende Norm hinreichend qualifiziert sein muss.[2472]

2470 EuG, 2021 (Fn. 55), Rn. 238.

2471 *Steinbach* ist der Ansicht, dass Art. 73 UN-Charta als unmittelbar anwendbare Regelung im Sinne des Art. 340 Abs. 2 AEUV anzusehen ist und fundiert seine weitere rechtliche Begutachtung auf einer Verletzung der sich aus Art. 73 UN-Charta ergebenden Verpflichtungen. Eine ausführliche Darstellung im Rahmen dieser Arbeit ist nicht zielführend, da die Einordnung des Selbstbestimmungsrechts als solches den Voraussetzungen der unmittelbaren Anwendbarkeit der bisherigen Rechtsprechung der europäischen Gerichtsbarkeit entsprechen und daher allenfalls von dogmatischer Relevanz sein dürfte. Hilfsweise würde sich die Polisario sicherheitshalber im Rahmen einer Klage nach Art. 340 Abs. 2 AEUV auch auf Art. 73 UN-Charta berufen können. Siehe zur Einordnung von Art. 73 UN-Charta als unmittelbar anwendbare Norm ausführlich *Steinbach*, The Western Sahara Dispute: A Case for the European Court of Justice?, in: Columbia Journal of European Law 18 (2012), 415 (427–429).

2472 Beispielsweise EuGH, Urteil v. 25.5.1978, ECLI:EU:C:1978:113, Rn. 4–6; Auf dieses bezugnehmend und bestätigend EuGH, Urteil v. 19.5.1992, ECLI:EU:C:1992:217, Rn. 12; EuG, Urteil v. 6.7.1995, ECLI:EU:T:1995:131, Rn. 34 f; *Steinbach*, The Western Sahara Dispute: A Case for the European Court of Justice?, in: Columbia Journal of European Law 18 (2012), 415 (432). Siehe zur Abkehr des Erfordernisses eines normativen Aktes der Unionsorgane und zur Übertragung der Voraussetzungen eines hinreichend qualifizierten Verstoßes gegen eine schützende Rechtsnorm *Hanf*, EU Liability Actions, in: Schütze/Tridimas (Hrsg.), Oxford Principles of European Union Law Vol. I, S. 930–932 und ausführlich *Augsberg*, in: Von der Groeben/Schwarze/Hatje (Hrsg.), Europäisches Unionsrecht, Art. 340 Rn. 47–53.

Ein hinreichend qualifizierter Verstoß liegt wiederum vor, wenn die Union im Rahmen einer gesetzgeberischen Maßnahme wie der vorliegenden nach Art. 218 Abs. 6 AEUV, die durch einen weiten Ermessensspielraum gekennzeichnet ist, die Grenzen der Ausübung ihrer Befugnisse offensichtlich und in schwerwiegender Weise missachtet hat.[2473] Die Beweislast hierzu trägt der Kläger.[2474] Diese Einschränkung wurde vom EuGH vorgenommen, um zum einen den effektiven Rechtsschutz zu sichern und gleichzeitig die Entscheidungsbefugnis der Unionsorgane zu schützen, insbesondere in Fällen, in denen das jeweilige Organ mit komplexen und komplizierten Sach- und Rechtslagen konfrontiert wird.[2475]

(1) Hinreichend qualifizierter Verstoß

Ein Verstoß gegen das Selbstbestimmungsrecht des sahrawischen Volkes liegt zweifelsohne durch den Erlass eines Ratsbeschlusses zur Genehmigung eines internationalen Abkommens mit Marokko durch die Nichteinholung seiner Zustimmung vor, wie die europäische Gerichtsbarkeit zum wiederholten Male feststellte.[2476] Fraglich ist dementsprechend noch, ob dieser auch hinreichend qualifiziert im Sinne der Rechtsprechung des Gerichtshofs ist.

Zu beachten ist in diesem Kontext zunächst, dass dem Telos des Rechtsschutzsystems der Union nach die Rechtswidrigkeit und ein Verstoß indiziert ist, sofern ein Rechtsakt der Union nach Art. 264 AEUV erfolgreich angegriffen und für nichtig erklärt worden ist.[2477] In Anlehnung an die Rechtssache T-279/19, in welcher das EuG einen Ratsbeschluss nach Art. 218 Abs. 6 AEUV für nichtig erklärt hat, wäre in einem Folgeverfahren nach Art. 340 Abs. 2 AEUV auch die Rechtswidrigkeit des Unionshandelns

---

2473 EuGH, Urteil v. 25.5.1978, ECLI:EU:C:1978:113, Rn. 6; *Hanf*, EU Liability Actions, in: Schütze/Tridimas (Hrsg.), Oxford Principles of European Union Law Vol. I, S. 927.

2474 EuGH, Urteil v. 25.5.1978, ECLI:EU:C:1978:113, Rn. 6; *Hanf*, EU Liability Actions, in: Schütze/Tridimas (Hrsg.), Oxford Principles of European Union Law Vol. I, S. 927.

2475 *Hanf*, EU Liability Actions, in: Schütze/Tridimas (Hrsg.), Oxford Principles of European Union Law Vol. I, S. 928; *Augsberg*, in: Von der Groeben/Schwarze/Hatje (Hrsg.), Europäisches Unionsrecht, Art. 340 Rn. 47.

2476 Vgl. EuG, 2021 (Fn. 55), Rn. 391.

2477 *Augsberg*, in: Von der Groeben/Schwarze/Hatje (Hrsg.), Europäisches Unionsrecht, Art. 340 Rn. 36.

bereits bindend festgestellt. Der EuGH verwies dementsprechend in bisherigen Entscheidungen nur auf das vorangegangene entsprechende Urteil und überprüfte die Rechtswidrigkeit des Rechtsaktes nicht erneut.[2478] Womöglich würde sich die europäische Gerichtsbarkeit, wie sie es schon in vielfacher Weise in Verfahren zur Westsahara tat, den umständlicheren Weg ersparen und die durch die Rechtsprechung des EuGH ermöglichte rechtliche Abkürzung der Verweisung auf das vorangegangene Nichtigkeitsverfahren wählen.

In jedem Fall stellte das EuG in der Rechtssache T-279/19 fest, dass der Rat seinen Ermessensspielraum, der durch das Selbstbestimmungsrecht des Volkes der Westsahara deutlich eingeschränkt war, durch den verfahrensgegenständlichen Ratsbeschluss in rechtswidriger Weise ausübte. Das Gericht judizierte diesbezüglich sogar, dass der Rat fehlerhaft davon ausgegangen ist, „über einen Wertungsspielraum für die Entscheidung, ob dem Erfordernis nachzukommen war, dass das Volk dieses Gebiets als an diesem Abkommen nicht beteiligter Dritter gemäß der Auslegung des Grundsatzes der relativen Wirkung von Verträgen in Verbindung mit dem Grundsatz der Selbstbestimmung durch den Gerichtshof seine Zustimmung zur Geltung des streitigen Abkommens in diesem Gebiet zum Ausdruck bringen musste" zu verfügen.[2479] Dies war dem Rat durch die verbindliche Rechtsprechung des EuGH aus 2016 offensichtlich bewusst und trotzdem wurde das aus dem Selbstbestimmungsrecht folgende Erfordernis der Zustimmung des Volkes der Westsahara nicht eingeholt.[2480] Da der grundsätzlich weite Wertungsspielraum des Rates im Hinblick auf Abkommen mit Marokko über die Gebiete der Westsahara durch die Rechtsprechung des EuGH zum Selbstbestimmungsrecht von vornherein beschränkt ist, müssen die Anforderungen an einen hinreichend qualifizierten Verstoß gegen eine unmittelbar anwendbare Rechtsnorm äquivalent herabgesetzt werden.[2481] Der Rat verletzte seine Befugnisse durch den das streitgegenständliche Abkommen genehmigenden Ratsbeschluss somit offenkundig und erheblich.[2482]

2478 So in EuGH, Urteil v. 25.5.1978, ECLI:EU:C:1978:113, Rn. 3; Vgl. *Augsberg*, in: Von der Groeben/Schwarze/Hatje (Hrsg.), Europäisches Unionsrecht, Art. 340 Rn. 36.
2479 EuG, 2021 (Fn. 55), Rn. 391, Rn. 349.
2480 Siehe zum unzureichenden Konsultationsprozess EuG, 2021 (Fn. 55), Rn. 366–380 und § 4. A. III. 4. b).
2481 Vgl. EuG, 2021 (Fn. 55), Rn. 347–349.
2482 Vgl. *Steinbach*, The Western Sahara Dispute: A Case for the European Court of Justice?, in: Columbia Journal of European Law 18 (2012), 415 (431–433) zum hinreichend qualifizierten Verstoß von Art. 73 UN-Charta.

(2) Zwischenergebnis

Die unmittelbar anwendbare und als drittschützend qualifizierte Regelung des völkergewohnheitsrechtlich anerkannten und erga omnes und als Ius cogens wirkenden Selbstbestimmungsrechts der Völker wurde vom Rat in rechtswidriger und im Sinne der Rechtsprechung des Gerichtshofs hinreichend qualifizierter Weise durch den im Rechtsstreit T-279/19 für nichtig erklärten Ratsbeschluss verletzt. Ein Verschulden muss hierbei nicht vorliegen. Ob das Verhalten vorwerfbar ist, wird allerdings bei der Beurteilung des hinreichend qualifizierten Rechtsverstoßes geprüft.[2483] Vielmehr steht Art. 340 Abs. 2 AEUV eher einer Gefährdungshaftung gleich.[2484] Die Rechtswidrigkeit des Handelns der Union indiziert und impliziert das Verschulden, womit eine gesonderte Prüfung nach herrschender Ansicht nicht erforderlich ist.[2485]

dd) Schaden

Art. 340 Abs. 2 AEUV enthält ebenfalls zu Art und Umfang möglicher Schadensersatzzahlungen keinerlei geschriebene Tatbestandsvoraussetzungen, weshalb der EuGH im Rahmen einer mitgliedsstaatlichen Rechtsvergleichung der jeweiligen „allgemeinen Rechtsgrundsätze" größtenteils Fallgruppen entwickelt hat, die unter die Ersatzpflicht der Union im Sinne der Vorschrift fallen.[2486] Der Rechtsbegriff des Schadens umfasst sowohl einen materiellen Verlust im engeren Sinne, mithin eine Minderung des Vermögens einer Person, als auch den Verlust einer Vermehrung dieses Vermögens, die eingetreten wäre, wenn die schädigende Handlung nicht stattgefunden hätte.[2487] Bei einem Schaden, der durch eine rechtswidrige unerlaubte Unionshandlung entstanden ist, führt die Verletzung einer Rechtsnorm zu einer Beeinträchtigung des durch die Vorschrift geschützten Interesses sowie zu einer möglichen Beeinträchtigung des Vermögens der

---

2483 *Streinz*, Europarecht, Rn. 677.
2484 *Augsberg*, in: Von der Groeben/Schwarze/Hatje (Hrsg.), Europäisches Unionsrecht, Art. 340 Rn. 58.
2485 Siehe statt vieler *Augsberg*, in: Von der Groeben/Schwarze/Hatje (Hrsg.), Europäisches Unionsrecht, Art. 340 Rn. 54–58.
2486 *Augsberg*, in: Von der Groeben/Schwarze/Hatje (Hrsg.), Europäisches Unionsrecht, Art. 340 Rn. 59.
2487 *Generalanwalt Capotorti*, Schlussanträge v. 12.9.1979, ECLI:EU:C:1979:203, Rn. 9.

Person.[2488] Ziel der Entschädigung ist es daher, das Vermögen des Geschädigten in den Zustand zu versetzen, in dem es sich ohne die rechtswidrige Handlung befunden hätte, oder zumindest in den Zustand, der dem Zustand am nächsten kommt, der sich ergeben hätte, wenn die rechtswidrige Handlung nicht stattgefunden hätte.[2489] Der EuGH folgt hierbei dem im Zivilrecht etablierten und anerkannten Ansatz der Differenzhypothese.[2490] Diese Rechtsgrundsätze sind nicht auf den Privatrechtsbereich beschränkt, sondern gelten auch für die Haftung der Öffentlichen Hand und insbesondere für die außervertragliche Haftung der Union.[2491] Hauptsächlich hat die Union einen entstandenen Schaden in monetärer Form zu ersetzen, allerdings ist auch ein Anspruch auf Naturalrestitution möglich; sollte eine Folgenbeseitigung in tatsächlicher Art und Weise allerdings unmöglich sein, tritt an diese Stelle der Geldersatz.[2492] Der EuGH subsumiert unter die Schadensersatzpflicht neben reinen Vermögensschäden auch entgangene Gewinne sowie Einbußen bzw. Verluste, die infolge des rechtswidrigen Handelns der Union entstanden sind.[2493] Die Grenze des Ersatzes entgangener Gewinne liegt dort, wo sich gewöhnliche unternehmerische Risiken verwirklicht haben, zum Beisipiel bei Geschäften spekulativer Natur.[2494]

Hinsichtlich der Schadensposition wird sich in vorliegender Analyse auf die semi-hoheitlichen Rechtspositionen des sahrawischen Volkes als solche konzentriert, die sich aus dem Selbstbestimmungsrecht der Völker, im Speziellen aus dem Grundsatz der ständigen Souveränität über die natürlichen Ressourcen des Gebietes ergeben.[2495] *Steinbach* gibt zu bedenken, dass die Bestimmung des Schadensersatzes im Fall der Westsahara sowohl aufgrund

---

2488   Vgl. *Generalanwalt Capotorti*, Schlussanträge v. 12.9.1979, ECLI:EU:C:1979:203, Rn. 9.

2489   *Generalanwalt Capotorti*, Schlussanträge v. 12.9.1979, ECLI:EU:C:1979:203, Rn. 9.

2490   *Ruffert*, in: Calliess/Ruffert/Cremer (Hrsg.), 6. Aufl. 2022, EUV/AEUV, Art. 340 Rn. 26.

2491   *Generalanwalt Capotorti*, Schlussanträge v. 12.9.1979, ECLI:EU:C:1979:203, Rn. 9.

2492   *Augsberg*, in: Von der Groeben/Schwarze/Hatje (Hrsg.), Europäisches Unionsrecht, Art. 340 Rn. 60.

2493   EuGH, Urteil v. 14.7.1967, ECLI:EU:C:1967:31; EuGH, Urteil v. 4.2.1975, ECLI:EU:C:1975:13; *Ruffert*, in: Calliess/Ruffert/Cremer (Hrsg.), 6. Aufl. 2022, EUV/AEUV, Art. 340 Rn. 29 f.; *Augsberg*, in: Von der Groeben/Schwarze/Hatje (Hrsg.), Europäisches Unionsrecht, Art. 340 Rn. 64.

2494   EuGH, Urteil v. 4.10.1979, ECLI:EU:C:1979:226, Rn. 11; *Augsberg*, in: Von der Groeben/Schwarze/Hatje (Hrsg.), Europäisches Unionsrecht, Art. 340 Rn. 65.

2495   Vgl. *Steinbach*, The Western Sahara Dispute: A Case for the European Court of Justice?, in: Columbia Journal of European Law 18 (2012), 415 (433–435), der sich mehr auf Individuen aus der Westsahara fokussiert.

der Art des erlittenen Schadens als auch aufgrund der Identität des Klägers problematisch sei und geht davon aus, dass der Nachweis eines individuellen Schadens äußerst schwierig zu erbringen sei.[2496]

Die vorliegende Untersuchung sieht aufgrund der äußerst atypischen Situation der Westsahara und den materiellen Entscheidungsgründen der vorausgegangen Rechtsprechung des Gerichtshofs und des Gerichts das Volk der Westsahara allerdings als solches als schutzwürdig und unter Art. 340 Abs. 2 AEUV fallend und somit eher im Rahmen einer Analogie als juristische Vereinigung beziehungsweise Person an, die sich wirksam von der Polisario vor der europäischen Gerichtsbarkeit vertreten lassen kann. Ein konstruierter Rückgriff auf abgetretene Rechte einzelner Individuen des sahrawischen Volkes sollte daher nicht vonnöten sein, ist allerdings auch nicht ausgeschlossen. Im Rahmen dieser hypothetischen und vor der europäischen Gerichtsbarkeit bis dato noch nie vorgekommenen äußerst komplexen und einzigartigen Konstellation erscheint es im Lichte der Rechtsprechung des Gerichtshofs möglich, dass die Gerichtsbarkeit im Rahmen eines solchen Verfahrens auf einen Schaden abstellt, der dem sahrawischen Volk als solches widerfahren ist. Von dieser Prämisse ausgehend soll überprüft werden, inwiefern dem Volk der Westsahara ein Schaden durch die Union zugefügt worden ist.

(1) Lizenzzahlungen an Marokko

Dabei stehen insbesondere die von der Union an Marokko ausgeschütteten Lizenzzahlungen im Mittelpunkt, die es der Union im Gegenzug erlauben, europäischen Fischern und Unternehmen Fangquotenzuweisungen in den Gewässern der Westsahara zu erteilen. Die Union zahlte seit Inkrafttreten des ersten Fischereiabkommens einen hohen dreistelligen Millionenbetrag nur für die Erteilung der Lizenzen durch das Königreich Marokko, während an das Volk der Westsahara bis dato keinerlei Zahlungen erfolgt sind.[2497] Dieser Betrag ist freilich deutlich geringer als die Gewinne, die durch den Fischfang tatsächlich erwirtschaftet worden sind. Allerdings ist es unwahrscheinlich, dass die europäische Gerichtsbarkeit auf die tatsächlich ausgebeuteten Fischbestände als Ankerpunkt zur Bestimmung

---

2496 *Steinbach*, The Western Sahara Dispute: A Case for the European Court of Justice?, in: Columbia Journal of European Law 18 (2012), 415 (433 f.)

2497 Siehe hierzu ausführlich § 4. A. II. 4.

der Schadenshöhe zurückgreifen würde. Die Lizenzvergabe soll anderen Staaten beziehungsweise der EU ermöglichen, Fischbestände in den verhandelten Fangquoten erwirtschaften zu dürfen, die von den Fischern des Volkes der Westsahara in solchen Mengen nicht erwirtschaftet werden könnten.[2498] Inwieweit ein Schaden an den Fischbeständen der Westsahara eingetreten ist, lässt sich zwar wissenschaftlich nachweisen, müsste aber in jedem Fall äußerst fundiert, kostenintensiv und gesondert vorgetragen werden. Erfolgversprechender wäre es, sich auf die von der Union an Marokko gezahlten Lizenzgebühren zu stützen, da diese an einen Staat geflossen sind, welcher die Westsahara in völkerrechtswidriger Weise annektiert, besetzt und in das eigene Souveränitätsgebiet eingegliedert hat, und das Volk der Westsahara, welches Souverän dieser Ressourcen ist, in keinerlei Hinsicht daran beteiligt hat. Damit ist ohne die notwendige Zustimmung des Volkes der Westsahara über die Ausbeutung der Fischereiressourcen von zwei Entitäten verfügt worden, die hierzu nicht berechtigt waren. Wäre das Volk der Westsahara allerdings, wie von der Rechtsprechung des Gerichtshofs vorgesehen, bei der Aushandlung des FPAs konsultiert worden, hätte es sicherlich darauf bestanden, dass das Abkommen mit seinem Selbstbestimmungsrecht und dem damit einhergehenden permanenten Recht an den natürlichen Ressourcen des Gebietes vereinbar ist oder es hätte seine Zustimmung verweigert, womit dieses gar nicht erst geschlossen worden wäre. Dies hätte im Falle der Zustimmung zum Abkommen dazu geführt, dass der Anteil der von der EU im Rahmen des FPAs bereitgestellten Finanzmittel an Marokko, welche die Fangquotenlizenzen in den Gewässern der Westsahara betrifft, direkt an das Volk der Westsahara beziehungsweise stellvertretend an die Polisario gezahlt worden wäre.[2499] Diese Zahlungen lassen sich klar beziffern, sind dem Beweis durch die klare Nennung im jeweiligen Abkommen zugänglich und sind hinsichtlich des FPAs aus 2019 auch, im Gegensatz zu den Zahlungen der vorangegangen Abkommen, noch nicht nach Art. 46 EuGH-Satzung verjährt.

2498 Vgl. hierzu *Steinbach*, The Western Sahara Dispute: A Case for the European Court of Justice?, in: Columbia Journal of European Law 18 (2012), 415 (433–435).

2499 So unter Bezugnahme auf Art. 73 UN-Charta auch *Steinbach*, The Western Sahara Dispute: A Case for the European Court of Justice?, in: Columbia Journal of European Law 18 (2012), 415 (435).

(2) Kausalität zwischen Handlung der Union und Schaden

Ferner müsste die Handlung der Union, in concreto der Ratsbeschluss nach Art. 218 Abs. 6 AEUV, auch kausal für den eingetretenen Schaden gewesen sein.

Der Gerichtshof hat aus den gemeinsamen Haftungsgrundsätzen der Mitgliedstaaten abgeleitet, dass die Union nach Art. 340 Abs. 2 AEUV nicht verpflichtet ist, jegliche Folge des rechtswidrigen Verhaltens ihrer Organe zu ersetzen.[2500] Vielmehr muss ein unmittelbarer Kausalzusammenhang zwischen beiden bestehen, wobei der behauptete Schaden dabei die hinreichend unmittelbare Folge oder sogar die sichere Ursache des rechtswidrigen Verhaltens des Unionsorgans sein muss.[2501] Einer bestimmten Kausalitätstheorie folgt der Gerichtshof allerdings nicht.[2502]

Der Kläger muss im Rahmen eines Verfahrens nach Art. 340 Abs. 2 AEUV nachweisen, dass der Schaden ohne die rechtswidrige Handlung oder Unterlassung nicht eingetreten wäre und dass das Verhalten des Unionsorgans auch die entscheidende Ursache für diesen Schaden ist.[2503]

Kommt der Kläger dieser Beweislast nicht nach, wird der Kausalzusammenhang zwischen dem Verstoß und dem Schaden als zu unzureichend angesehen und die Klage wird abgewiesen.[2504] Die Erfolgsaussichten der Klage, speziell dass ein direkter Zusammenhang zwischen der in Frage stehenden Maßnahme und dem Schaden nachgewiesen werden kann, hängen auch erheblich von dem Ermessensspielraum ab, über den das jeweilige Unionsorgan verfügt.[2505] Verfügt dieses nur über einen begrenzten

---

2500 Vgl. EuGH, Urteil v. 4.10.1979, ECLI:EU:C:1979:223, Rn. 21; *Hanf*, EU Liability Actions, in: Schütze/Tridimas (Hrsg.), Oxford Principles of European Union Law Vol. I, S. 935.

2501 Vgl. bereits EuGH, Urteil v. 12.7.1962, EU:C:1962:26; EuGH, Urteil v. 4.10.1979, ECLI:EU:C:1979:223, Rn. 21; EuGH Urteil v. 15.1.1987, EU:C:1987:9, Rn. 20; *Hanf*, EU Liability Actions, in: Schütze/Tridimas (Hrsg.), Oxford Principles of European Union Law Vol. I, S. 935.

2502 *Augsberg*, in: Von der Groeben/Schwarze/Hatje (Hrsg.), Europäisches Unionsrecht, Art. 340 Rn. 74.

2503 *Hanf*, EU Liability Actions, in: Schütze/Tridimas (Hrsg.), Oxford Principles of European Union Law Vol. I, S. 935.

2504 Vgl. *Jacob/Kottmann*, in: Grabitz/Hilf/Nettesheim, Das Recht der Europäischen Union III, Art. 340 AEUV Rn. 117 f.; *Biondi/Farley*, Damages in EU Law, in: Schütze/Tridimas (Hrsg.), Oxford Principles of European Union Law Vol. I, S. 1062.

2505 *Biondi/Farley*, Damages in EU Law, in: Schütze/Tridimas (Hrsg.), Oxford Principles of European Union Law Vol. I, S. 1061 f.

Ermessensspielraum und eine begrenzte Anzahl von Optionen bei der Entscheidungsfindung, wird es für den Antragsteller relativ und im Vergleich zu einem weiten Ermessensspielraum vergleichsweise einfach sein nachzuweisen, was passiert wäre, wenn der Verstoß nicht stattgefunden hätte.[2506] Wie bereits festgestellt, verfügt der Rat zwar im Rahmen der Aushandlung eines internationalen Abkommens nach Art. 218 Abs. 6 AEUV über einen erweiterten Ermessensspielraum. Im Hinblick auf Abkommen mit Marokko über die Gebiete der Westsahara beziehungsweise über die natürlichen Ressourcen des Gebietes ist dieser allerdings erheblich durch die Rechtsprechung des Gerichtshofs und des Gerichts eingeschränkt worden.[2507] Insbesondere gilt dies für die direkte Beteiligung des Volkes der Westsahara im Lichte des Selbstbestimmungsrechts in Form der zwingend einzuholenden Zustimmung des Volkes, stellvertretend durch die Polisario, hinsichtlich der Ausbeutung der natürlichen Ressourcen des Gebietes.

Der Kläger muss zudem nachweisen, dass der erlittene Schaden bereits eingetreten ist, womit ein hypothetischer Schaden grundsätzlich ausgeschlossen ist, es sei denn, dieser erscheint als sicher und steht unmittelbar bevor, ist derweil aber noch nicht bezifferbar.[2508] Der Kläger kann die Höhe des Schadens zu einem späteren Zeitpunkt beziffern. In der Praxis stellt der Gerichtshof häufig die Haftung dem Grunde nach in einem Zwischenbeziehungsweise Grundurteil fest und spricht Schadensersatz in konkreter Höhe nur dann zu, sofern sich die Parteien nicht selbst auf eine Entschädigung geeinigt haben.[2509] Auch dies stellt im vorliegenden Fall kein Problem dar, da der Schaden in Form der Nichtbeteiligung des sahrawischen Volkes an den monetären Vorteilen der Ausbeutung der Ressourcen bereits eingetreten ist.

Hätte der Rat also den das FPA 2019 verlängernden Ratsbeschluss nicht erlassen, wäre über die natürlichen Ressourcen der Westsahara nicht in den mit Marokko vereinbarten Mengen verfügt worden. Hätte der Rat wiederum in Anlehnung an die Entscheidungen der europäischen Gerichtsbarkeit sichergestellt, dass das Volk der Westsahara hierfür entsprechend

---

2506 *Biondi/Farley*, Damages in EU Law, in: Schütze/Tridimas (Hrsg.), Oxford Principles of European Union Law Vol. I, S. 1061 f.

2507 Vgl. zB. § 4. A. III. 5. c). cc). (2).

2508 *Hanf*, EU Liability Actions, in: Schütze/Tridimas (Hrsg.), Oxford Principles of European Union Law Vol. I, S. 937.

2509 *Augsberg*, in: Von der Groeben/Schwarze/Hatje (Hrsg.), Europäisches Unionsrecht, Art. 340 Rn. 71 und die dort in Fußnote 213 aufgeführte ausführliche Rechtsprechung des Gerichtshofs; *Hanf*, EU Liability Actions, in: Schütze/Tridimas (Hrsg.), Oxford Principles of European Union Law Vol. I, S. 937.

in Übereinstimmung mit seiner Zustimmung kompensiert worden wäre, wäre ebenfalls kein Schaden eingetreten. Der Ratsbeschluss ist mithin unmittelbar kausal im Sinne der Rechtsprechung des Gerichtshofs für den eingetretenen Schaden.[2510]

ee) Zwischenergebnis

Nach der hier vertretenen Ansicht und Auslegung der Voraussetzungen des Art. 340 Abs. 2 AEUV unter Berücksichtigung der besonderen Umstände des Westsahara-Konflikts und der hierzu einschlägigen Rechtsprechung des Gerichtshofs hat eine Klage vor dem Gericht nach Art. 340 Abs. 2 AEUV Aussicht auf Erfolg.

Die Prüfung hat gezeigt, dass das Verhalten der Union im Rahmen einer Schadensersatzklage nach Art. 340 Abs. 2 AEUV durchaus eine Haftung begründen kann. Ob der EuGH dem Volk der Westsahara die Rechtsfähigkeit und Aktivlegitimation im Sinne des Art. 340 Abs. 2 AEUV zuerkennen wird, bleibt zwar fraglich, kann allerdings, wie die rechtliche Analyse ausführlich dargelegt hat, gut vertretbar angenommen werden, insbesondere im Hinblick auf eine Analogie zu den juristischen Vereinigungen oder juristischen Personen, die ebenfalls aktivlegitimiert für Amtshaftungsklagen sind. Hinsichtlich der Schadensposition kann ebenfalls gut vertretbar angenommen werden, dass die Union im Lichte der Rechtsprechung des Gerichtshofs hätte sicherstellen müssen, dass die monetäre Kompensation für die Ausbeutung der natürlichen Ressourcen dem Volk der Westsahara zukommt und nicht dem marokkanischen Staat die freie Verfügungsgewalt über die gezahlten Lizenzgebühren erteilt wird, der die Gebiete der Westsahara militärisch besetzt hält. Bis dato hat die Polisario ein solches Verfahren vor der europäischen Gerichtsbarkeit noch nicht angestrengt, allerdings ist zu erwarten, dass, sofern der Gerichtshof das Urteil des Gerichts in der Rechtssache T-279/19 aufrechterhält und die dazugehörigen Ausführungen zum Selbstbestimmungsrecht und dem locus standi der Polisario bestätigt, ein solches eingeleitet wird. Das Verfahren ist kostengünstig und hat im Falle einer Ablehnung keinerlei große Auswirkungen auf die bereits verbindlich vom Gerichtshof festgestellten völkerrechtlichen beziehungsweise

---

[2510] Im Ergebnis ähnlich aber zurückhaltender *Steinbach*, The Western Sahara Dispute: A Case for the European Court of Justice?, in: Columbia Journal of European Law 18 (2012), 415 (436 f.).

unionsrechtlichen Verpflichtungen der Unionsorgane im Hinblick auf das Volk der Westsahara.

B. Gesamtergebnis europäischer Rechtsraum

Die europäischen Gerichte entschieden in der Sache insgesamt eindeutig für das Selbstbestimmungsrecht des sahrawischen Volkes und stärkten seine eigenständige internationale Rechtspersönlichkeit in Relation zu Drittstaaten und Internationalen Organisationen, insbesondere durch die Anwendbarkeit des Grundsatzes der relativen Wirkung von Verträgen und dem damit einhergehenden Zustimmungserfordernis. Allerdings haben die Gerichte in allen Urteilen stets die Auseinandersetzung mit dem tatsächlichen rechtlichen Status unter allen Umständen gemieden und die politische Dimension der Rechtsstreitigkeiten entschärft. Im jüngsten Urteil des EuGs hielt es das Gericht nach der Bejahung des dritten Klagegrundes der von den Polisario eingereichten Nichtigkeitsklage nicht für nötig, weitere Ausführungen zu den noch offenen Klagegründen zu treffen, da die Bejahung des Klagegrundes bereits entscheidend war für die materiell-rechtliche Nichtigkeit des EU-Abkommens mit Marokko.[2511]

Warum das EuG und auch der EuGH in allen Rechtsstreitigkeiten die Behandlung des humanitären Völkerrechts ausklammerten, kann freilich nur spekulativ beantwortet werden.

Indem kein Mitgliedstaat der Union und auch nicht die Union selbst die Souveränität Marokkos über die Westsahara anerkennt, Marokko nicht als Verwaltungsmacht iSv. Art. 73 UN-Charta ansehen und dementsprechend die Westsahara als von Marokko zu trennendes Rechtssubjekt angesehen wird, stellt sich die Frage, in welchen Rechtsrahmen die EU-Staaten den Westsahara-Konflikt eigentlich einordnen. Aus dem Handeln der EU-Organe, insbesondere der Kommission, ist zu schließen, dass die Frage nach dem rechtlichen Status der Westsahara im Verhältnis zu Marokko möglichst vage und undefiniert bleiben soll.

Seit Jahrzehnten vermeiden die europäischen Organe eine konkrete Bezeichnung und korrekte rechtliche Einordnung des Konfliktes und reihen sich somit in die Praxis der UN ein, die bisher nur in der Generalversammlung die Begrifflichkeiten der Annexion und Besatzung in Resolutionen

---

[2511] EuG, Urteil v. 29.9.2021, Rn. 392.

eingebunden hat.[2512] Stattdessen wird versucht, da alle Beteiligten von der Haltung Marokkos als selbsternannter Souverän der Gebiete der Westsahara in Kenntnis sind, die rechtlich dieser Position entgegenstehenden Regelungen und Rahmenbedingungen durch realpolitische Konstrukte wie dem Versuch der Etablierung einer „De-facto-Verwaltungsmacht" oder dem Ignorieren völkerrechtlicher Verpflichtungen zu umgehen. Dadurch soll die Gunst des marokkanischen Staates nicht verloren werden und damit eigene wirtschaftliche, aber auch sicherheitspolitische Interessen weiterhin durchsetzbar sein. Diesem Drahtseilakt zwischen realpolitischer Interessenausübung und völkerrechtswidrigem Handeln schob der EuGH zwar bereits zweimal einen Riegel vor, gab der Kommission allerdings durch seine wiederum eigene zögerliche und unzureichende rechtliche Analyse hinsichtlich des rechtlichen Status der Westsahara, insbesondere in Relation zum Besatzungsrecht, Spielraum zu weiteren rechtswidrigen Abkommen zu Lasten des Volkes der Westsahara.

Doch die Rechtspraxis und die internationalen Regelungen des Völkergewohnheitsrechts zeigen, dass es mitnichten obsolet ist, eine solche Einordnung vorzunehmen. Aus den verschiedenen erga omnes geltenden und wirkenden Rechtsgrundsätzen können sich Verpflichtungen ergeben, an die die EU bei der Eingehung internationaler Abkommen mit Drittstaaten gebunden ist und deren Verletzung und Missachtung weitreichende Konsequenzen nach sich ziehen könnten. Im Falle des Westsahara-Konfliktes wäre die Beantwortung bzw. Einordnung der Frage der völkerrechtswidrigen Besatzung Marokkos in den Gebieten der Westsahara von entscheidender Bedeutung für die weiteren rechtlichen Voraussetzungen zum Abschluss eines Internationalen Abkommens im Rahmen des Art. 218 Abs. 6 AEUV, welche bisher von den europäischen Gerichten nicht thematisiert worden ist, obwohl hierzu in jedem Verfahren die (rechtliche) Möglichkeit bestand.[2513] Bisher stellten die Gerichte zwar auch richtigerweise, aber unvollständig, primär auf das Konsultations- bzw. Zustimmungserfordernis des sahrawischen Volkes als Dritte Partei ab. Sie gingen aber nicht auf die bereits zu Vertragsabschluss vorliegenden Verpflichtungen ein, die die EU beachten muss, wenn sie ein Abkommen mit einem Drittstaat schließt, der ein eindeutig von seinem Staatsgebiet zu trennendes Gebiet in seine eigene territoriale Souveränität miteinschließt und als Souverän über jenes

---

2512 Vgl. UN Doc. A/RES/34/37 v. 4.12.1979.
2513 Zur Problematik des Status der Westsahara und der Anwendung humanitären Völkerrechts und dessen Verhältnis zum NSGT-Regime siehe § 4. A. I. 2. a).

Verträge schließen möchte und gerade nicht als Verwaltungsmacht iSd. Art 73 UN-Charta[2514] bzw. als Besatzungsmacht.[2515] Eine solche Position hat Marokko in den Verhandlungen mit der EU noch nie eingenommen und schließt die Abkommen folglich als Souverän über die Gebiete der Westsahara ab, wobei die EU stets beteuert, diese Position nicht anzuerkennen, in keinster Weise fördern zu wollen und daher bezüglich der Westsahara den Standpunkt einnimmt, dass die beiden Parteien sich auf einen angeblich bestehenden und dem Genüge tragenden Grundsatz verständigten, nämlich „to agree to disagree".[2516]

Im Rahmen der Begutachtung der Urteile der europäischen Gerichtsbarkeit verbleibt es daher insbesondere bei der Frage, warum es der EU, ihren Mitgliedsstaaten, aber auch der europäischen Gerichtsbarkeit so schwerfällt, den Status der Westsahara eindeutig zu betiteln und Marokko als das zu bezeichnen, was es nach Völkerrecht darstellt: eine Besatzungsmacht, die die Gebiete der Westsahara größtenteils annektiert hat, als eigene Gebiete souverän verwaltet, eigene Staatsbevölkerung entgegen Art. 49 GK IV in diesen ansiedelt, und damit über Jahrzehnte hinweg einen demographischen Wandel ausgelöst hat, der die Grenzen zwischen sahrawischer Herkunft und marokkanischer Herkunft so verwischt hat, dass eine Trennung faktisch kaum noch vollziehbar ist. Gerade in Besatzungssituationen beziehungsweise Fällen von Annexionen muss es Aufgabe der EU-Gerichte sein, die entsprechenden rechtlichen Regelungen des Besatzungsrechts und der Nichtanerkennungspflicht anzuwenden, da diese explizit auf solche zugeschnitten sind und den rechtlichen Rahmen bilden, in welchem eine besetzte Bevölkerung leben muss. Der europäischen Gerichtsbarkeit ist daher der Vorwurf zu machen, den Rechtsrahmen (aus realpolitischen

---

2514 Diese Möglichkeit ist de jure wie auch de facto ausgeschlossen und Marokko kann nicht als Verwaltungsmacht iSd. geltenden UN-Regelungen, primär aus Art. 73 UN-Charta, als solche auftreten.

2515 Vgl. hierzu § 4. A. I. 1.

2516 *Wathelet*, 2016 (Fn. 55), Rn. 67: „The Kingdom of Morocco and the European Union are aware that they have different interpretations. They agree to disagree. They have a mutual understanding that the European Union accepts the application of the agreement to the territory of Western Sahara and [the Kingdom of] Morocco does not use this as an argument in support of its claim to sovereignty. Its view can be briefly summarised as an 'application without recognition', whilst the Council adds that 'when the Agreement was concluded ..., there was no doubt among [its] members ... that [the Kingdom of Morocco considered Western Sahara to be part of its territory]'. However, according to the Council, expecting the agreement at issue to be applied to Western Sahara does not mean that it takes sides on the issue of sovereignty over the territory of Western Sahara."

Interessengründen) nicht beachtet zu haben, obwohl die Folgen der völkerrechtswidrigen Politik und rechtlichen Handhabung der Union sogar haftungsrechtliche Implikationen haben. Die Union steht in contrario zum Nicht-Anerkennungsgrundsatz, indem sie die Souveränität Marokkos hinsichtlich der Ausübung von Hoheitsrechten in der AWZ der Westsahara im Rahmen des Fischereiabkommens (faktisch) anerkannt hat und diese Politik bereits seit Jahrzehnten ausübt und fortführt.[2517]

Die ausführliche Analyse der Urteile der europäischen Gerichtsbarkeit hat allerdings auch aufgezeigt, dass dem realpolitischen und teils in großem Maße völkerrechtswidrigen Vorgehen der EU-Organe wirksam und verbindlich entgegengetreten worden ist und diese damit ein absolutes Novum im Gesamtbild des Westsahara-Konflikts darstellen. Für den europäischen Rechtsraum ist durch die für die EU-Organe verbindliche und verpflichtende Rechtsprechung der europäischen Gerichtsbarkeit ein einmaliger rechtlicher Schutzraum für das Volk der Westsahara hinsichtlich des ihm zustehenden Rechts auf Selbstbestimmung und des damit einhergehenden Rechts auf die natürlichen Ressourcen des Gebietes entstanden. Innerhalb dessen ist es den EU-Organen faktisch unmöglich geworden, mit Marokko Abkommen auszuhandeln, die auf die Gebiete der Westsahara angewendet werden sollen und die Ausbeutung natürlicher Ressourcen zum Vertragsgegenstand haben. Trotz der berechtigten Kritik an den Entscheidungen der Gerichte hinsichtlich ihrer mangelhaften Analyse des tatsächlichen rechtlichen Status der Westsahara aufgrund realpolitischer Interessenskonflikte schafften sie ein bis dato nicht existierendes Instrumentarium zur effektiven Durchsetzbarkeit des Selbstbestimmungsrechts des Volkes der Westsahara. Das verbindliche Erfordernis der Zustimmung des Volkes der Westsahara, welches derzeit ausschließlich legitim von der Polisario vertreten werden kann, gibt der Westsahara eine unerwartete rechtliche Determinante an die Hand, die den Selbstbestimmungsprozess des Volkes der Westsahara eindeutig anerkennt und in großem Maße stärkt. Dies wird dadurch untermauert, dass das am 17.7.2023 ausgelaufene Fischereiabkommen zwischen Marokko und der EU wohl nicht verlängert wird, da das EuG entschieden hat, dass dieses völkerrechtswidrig ergangen ist und das Berufungsverfahren vor dem EuGH noch aussteht.[2518]

2517 So auch *Wathelet* (Fn. 55), 2018, Rn. 208.
2518 https://wsrw.org/en/news/confirmed-eu-fishing-in-occupied-western-sahara-ends -in-july, zuletzt abgeurfen am 15.6.2024.

§ 5 Kapitel Fünf: Schlussbetrachtung

Generalanwalt *Wathelet* schrieb in seinen Schlussanträgen zur Rechtssache C-104/16 P: "Nicht der Status der Westsahara ist gegenwärtig ungeklärt, sondern deren Zukunft".[2519]

Die Untersuchung hat aufgezeigt, dass dieser nüchternen Analyse durchaus zugestimmt werden kann, auch wenn die Westsahara weiterhin eine Anomalie im Völkerrecht darstellt. Die Westsahara ist nach Art. 73 UN-Charta ein NSGT, dessen Volk Trägerin des (kolonialen) Selbstbestimmungsrechts ist. Als solches hat es nach der Staatenpraxis und dem einschlägigen Dekolonisierungsrecht der UN das unabdingbare Recht auf freie politische Selbstbestimmung. Die Ereignisse des Jahres 1975, die im (rechtswissenschaftlichen) Schrifttum bislang kaum Beachtung fanden, konnten in den Kontext des humanitären Völkerrechts gesetzt werden. Dadurch konnte festgestellt werden, dass die Westsahara darüber hinaus ein besetztes Gebiet iSd. Art. 2 Abs. 2 GK und Art. 42 Abs. 1 HLKO ist und damit auch diesem Rechtsrahmen unterliegt. Seit den 1960er Jahren wartet das Volk der Westsahara vergeblich auf einen anfangs von Spanien und dann von der UN durchzuführenden Selbstbestimmungsakt. Spanien erklärte 1975 unilateral, dass es die Verwaltung der Westsahara im Sinne des Art. 73 UN-Charta aufgeben werde. Trotzdem ist Spanien aus völkerrechtlicher Sicht noch immer De-jure-Verwaltungsmacht seiner ehemaligen Kolonie, was aber weder von der UN noch von einzelnen Staaten aktiv festgestellt wurde. Derweil wurde Spanien seit 1976 von der Staatenwelt nicht mehr aufgefordert, seinen Verpflichtungen aus Art. 73 UN-Charta nachzukommen. Aufgrund fehlender effektiver Hoheitsgewaltausübung kann die 1976 durch die Polisario proklamierte DARS nicht als Staat im Sinne der opionio iuris der Staatengemeinschaft angesehen werden. Nichtsdestotrotz ist die DARS Mitglied der AU und darüber hinaus in zahlreichen weiteren internationalen Vertragsregimen vertreten und von Dutzenden Staaten anerkannt. Im Rahmen dieser inter partes wirkenden partiellen Völkerrechtssubjektivität kann die DARS wirksam gegenüber den sie anerkennenden Staaten völkerrechtlich handeln und beispielsweise diplomatische Beziehungen unterhalten oder

---

2519 *Wathelet*, 2016 (Fn. 55), Rn. 72.

völkerrechtliche Abkommen schließen.[2520] Die Polisario ist im Rahmen des von der UN geführten Selbstbestimmungsprozesses bereits 1979 als legitime Repräsentantin des Volkes der Westsahara anerkannt worden und führt diese Rolle bis heute fort. Im Rahmen dessen schloss sie mit Mauretanien im Jahr 1979 einen Friedensvertrag, in welchem Mauretanien den von ihm völkerrechtswidrig besetzten und verwalteten Teil der Westsahara an die DARS bzw. Polisario abtrat, welcher allerdings sofort von Marokko militärisch besetzt worden ist. Auch mit Marokko schloss die Polisario bereits Abkommen im Rahmen des Selbstbestimmungsprozesses und ist dabei bis heute einziger Ansprechpartner für die UN, aber eben auch für Marokko.

Der UN, aber insbesondere dem Sicherheitsrat ist im Dekolonisierungsprozess der Westsahara bislang ein nahezu absolutes Versagen zuzuschreiben. Die Annexion durch Marokko wurde faktisch ignoriert und ist vom Sicherheitsrat in bewusste Vergessenheit gedrängt worden. Durch sein ambivalentes Verhalten stärkte dieser vielmehr den Status quo und die faktische Inbesitznahme der Gebiete durch Marokko.[2521] Hierbei spielten Frankreich und die USA eine entscheidende Rolle, die im Rahmen ihrer bilateralen Beziehungen zum Königreich ihre Position als ständige Vetomacht im Sicherheitsrat bewusst ausnutzten. Aus der bis dato einmaligen Darstellung in der Literatur der Zeit *Bakers* als Persönlicher Gesandter des UN-Generalsekretärs *Annan* unter Analyse und Heranziehung nicht veröffentlichter und teils streng vertraulicher Dokumente konnten der aussichtslose Prozess zur Durchführung eines Referendums zur Ausübung des Selbstbestimmungsrechts des Volkes der Westsahara und der faktisch nicht auflösbare realpolitische Stillstand nachgezeichnet werden.[2522] Hieraus wurde insbesondere ersichtlich, dass die UN den Konflikt von Anfang an nicht lösen konnte und wollte, da Marokko nie bereit war, dem Volk der Westsahara tatsächlich eine dem Selbstbestimmungsrecht gerecht werdende Möglichkeit zur Ausübung dieses Rechts zuzugestehen. Marokko war keineswegs willens, die Möglichkeit der Unabhängigkeit des Gebietes zu akzeptieren. Dies war der UN und allen Beteiligten, wie durch die Analyse der Dokumente aus der Zeit *Bakers* aufgezeigt werden konnte, von Anfang an bewusst. Trotzdem verfolgte die UN jahrelang ein von vornherein aussichtsloses Vorgehen.[2523] Zum anderen war und ist weiterhin

---

2520 Siehe zur DARS § 3. A. II.
2521 Hierzu ausführlich § 2. A. IV. 2. g) und § 2. A. IV. 3.
2522 Ausführlich § 2. A. IV. 2.
2523 Siehe § 2. A. IV. 2. h) und i) und § 2. A. IV. 3 und B.

entscheidender ausbremsender Faktor die resolute Haltung des Sicherheitsrats, der zu keinem Zeitpunkt bereit war, Schritte nach Kapitel VII der
UN-Charta anzudrohen, geschweige denn ernsthaft in Betracht zu ziehen.
Auch hier konnte sich Marokko auf seine Verbündeten Frankreich und
die USA verlassen. *Baker* hat im Rahmen seiner begrenzten Möglichkeiten jede ihm zur Verfügung stehende Möglichkeit in Erwägung gezogen
und den Parteien vorgeschlagen. Das Referendum wurde ad acta gelegt,
obwohl beide Parteien den Settlement-Plan ratifizierten und als Grundlage
für die Ausübung des Selbstbestimmungsrechts des Volkes der Westsahara
ansahen. Der Settlement-Plan stellt damit bis heute weiterhin das einzige
Dokument dar, welches von beiden Konfliktparteien unterzeichnet worden
ist.[2524] Als Marokko bewusst wurde, dass das Referendum entgegen der
eigenen Einschätzung tatsächlich stattfinden könnte und nach Analyse
der UN zur Unabhängigkeit des Gebietes führen könnte, blockierte das
Königreich den Prozess durch die Manipulation der ausschließlich konsensualen Rechtsnatur des UN-Prozesses mit tatkräftiger Unterstützung des
Sicherheitsrates. Dieser zog eine zwangsweise Implementierung jeglicher
Maßnahmen gegen die Parteien, insbesondere aber gegen Marokko, zu
keinem Zeitpunkt in Betracht. Erfolgversprechend schien sodann die Möglichkeit der Abspaltung des Gebietes, der sowohl Algerien als auch die
Polisario zustimmten. Hiergegen wehrte sich Marokko allerdings mit aller
Vehemenz, obwohl es bereits von 1976–1979 den Präzedenzfall der Aufteilung des Gebietes zwischen Marokko und Mauretanien gegeben hatte und
Mauretanien das Gebiet bereits der Polisario bzw. der DARS übertragen
hatte.

Als Marokko schließlich unter dem Schutzmantel des Sicherheitsrates
den Peace-Plan *Bakers* ablehnte, der retroperspektiv die realistischste Lösung zur Beilegung des Konfliktes jemals darstellen sollte, wurde klar, dass
dieser Konflikt in eine Sackgasse gelenkt wurde, auf politischer Ebene von
der UN nicht gelöst werden konnte und zum Scheitern verurteilt war.[2525]
Der UN ist hierbei eine gewisse Parteilichkeit zu unterstellen, wie diese
Untersuchung an vielen Stellen herausarbeitete und nachweisen konnte.
Der seit Rücktritt *Bakers* verfolgte Ansatz, zu einer politischen Lösung auf
Grundlage der marokkanischen Vorschläge zu einer Autonomieregion zu
gelangen, die im Wesentlichen noch weniger dem Selbstbestimmungsrecht
des Volkes der Westsahara genügen würde als der deshalb gescheiterte

---

2524   § 2. A. IV. 1. und § 2. A. IV. 3.
2525   § 2. A. IV. 2. e).

erste Plan *Bakers*, unterstreicht die Einseitigkeit des Prozesses und den politischen Stillstand.[2526] Besonders hervorzuheben ist an dieser Stelle, dass im Rahmen der für die Staatenpraxis immens wichtigen Ausarbeitung *Corells* dieser UN-intern unter Druck gesetzt worden ist, den rechtlichen Status Marokkos und den genauen Rechtsrahmen ausdrücklich nicht zu begutachten. Damit wurde in fragwürdiger Weise Weise auf den politischen wie aber auch rechtlichen Prozess Einfluss genommen.[2527] Auch 2023 hat sich am Vorgehen der UN nichts geändert. Weiterhin wird auf eine politische Lösung auf Grundlage der Autonomievorschläge Marokkos gesetzt, die im Rahmen eines vom Persönlichen Gesandten des Generalsekretärs geführten und vermittelten Prozesses von beiden Parteien konsensual angenommen werden soll. Dass dieser Ansatz von Beginn an keinerlei Aussicht auf Erfolg versprach und den Prozess nur in die Länge ziehen würde, spielt einzig Marokko in die Karten. Hiermit wird die faktische Verwaltung des Gebietes als Teil der eigenen Souveränität umso länger aufrechterhalten und zementiert und damit faktisch kaum umkehrbar gemacht. Durch den bewusst nicht determinierten, ignorierten und damit nach Ansicht der UN unklaren Rechtsrahmen, insbesondere im Hinblick auf das humanitäre Völkerrecht, legitimiert die UN implizit die Haltung Marokkos. Durch die äußerst dialektische Haltung zur eigenen Charta kann sie daher kaum zur Lösung des Westsahara-Konflikts beitragen.

Auch den EU-Organen ist eine dem Selbstbestimmungsrecht des sahrawischen Volkes teils deutlich entgegenstehende und völkerrechtswidrige Haltung vorzuwerfen. Die EU-Kommission, die auch Hüterin der Verträge[2528] genannt wird, hat sich im Rahmen der Westsahara-Politik widersprüchlich verhalten und ist, zumindest in Bezug auf die Überwachung und Umsetzung völkerrechtlicher Verpflichtungen der Union, diesem Titel vermehrt nicht gerecht geworden. Vielmehr ist das Gegenteil der Fall, indem die Union trotz entgegenstehender Rechtsprechung des Gerichtshofs völkerrechtswidrige Abkommen mit Marokko aushandelte, damit das Selbstbestimmungsrecht des Volkes der Westsahara verletzte und im Widerspruch zum erga omnes geltenden Nicht-Anerkennungsgrundsatz die Annexion Marokkos zumindest in impliziter Weise anerkannte und, wie

---

2526 Ausführlich § 2. A. IV. 2. c). und § 2. A. IV. 2. g) – i).

2527 Siehe hierzu § 3. A. IV. 3. a).

2528 Vgl. hierzu die Eigenbezeichnung auf der Website der Kommission, https://commission.europa.eu/about-european-commission/what-european-commission-does/law_de, zuletzt abgerufen am 15.6.2024.

diese Untersuchung an zahlreichen Stellen darlegte und nachweisen konnte, explizit förderte.

Insbesondere Menschenrechte und das humanitäre Völkerrecht gelten nicht partiell, sondern universell. Diese Untersuchung legt aber eben jene Differenzierung zu Tage, die aufgrund wirtschaftlicher und realpolitischer Interessen zu Lasten des sahrawischen Volkes getroffen wird.[2529] Das diesem Volk zustehende und seit Jahrzehnten von der UN und auch der EU beteuerte unabdingbare Selbstbestimmungsrecht wird faktisch gegen bilaterale Beziehungen, Waren, Rohstoffe, Energie und Flüchtlingsbekämpfung eingetauscht und verletzt. Im Lichte der jüngsten weltpolitischen Ereignisse, insbesondere der vermeintlich geschlossenen Haltung der EU hinsichtlich einer von Freiheit, Demokratie und das Völkerrecht vollkommen akzeptierenden und durchsetzenden Wertegemeinschaft konterkariert die Haltung der europäischen Staaten wie auch der EU gegenüber der Westsahara und ihrem Volk diese Wertegemeinschaft und legt die partielle Dialektik dieser Gemeinschaft offen. Außenministerin Baerbock erklärte im Zusammenhang mit dem Ukraine-Krieg richtigerweise: „Das ist doch die Stärke der Menschenrechte: Unteilbarkeit, egal, an welchem Fleckchen der Welt man lebt. (...) Deswegen verteidigen wir hier gemeinsam auch unsere europäische Friedensordnung, das internationale Recht".[2530] Zudem führte sie aus: „Uns leitet dabei eben unsere europäische Friedensordnung, uns leitet die Charta der Vereinten Nationen, uns leitet das humanitäre Völkerrecht".[2531] Dies kann allerdings im Lichte der universellen Geltung des humanitären Völkerrechts nicht mehr für den einen und weniger bzw. gar nicht für den anderen Konflikt gelten. In Anbetracht des Umgangs der Union hinsichtlich des Westsahara-Konflikts wird an dieser Stelle deutlich, dass Konflikten auf politischer Ebene mit zweierlei Maß entgegengetreten wird und auch die Beiziehung (verpflichtender) völkerrechtlicher Regelungen maßgeblich im Lichte realpolitischer Interessen erfolgt.

Das jahrelang politisch bewusst ignorierte Völkerrecht sollte sodann im Jahr 2015 für den in kollektive Vergessenheit geratenen Konflikt durch das erste Urteil der europäischen Gerichtsbarkeit erstmalig in der Staatenpraxis durchsetzbare Konsequenzen entwickeln. Zwar ergaben sich auch das euro-

---

2529 Siehe zB. § 4. A. III. 4.

2530 https://www.bundesregierung.de/breg-de/suche/rede-der-bundesministerin-des-a uswaertigen-annalena-baerbock--2046116, zuletzt abgerufen am 15.6.2024.

2531 https://www.tagesschau.de/ausland/europa/ukraine-streumunition-101.html, zuletzt abgerufen am 15.6.2024.

päische Gericht wie der Gerichtshof den Interessenskonflikten hinsichtlich der genauen Determinierung des Status der Westsahara im internationalen Recht und tragen damit zu großer Rechtsunsicherheit und Inkonsequenz bei. Sie perpetuieren jedoch gleichzeitig den Umgang der Union – und damit einem der größten volkwirtschaftlichen Handelsräume der internationalen Staatengemeinschaft – mit dem Selbstbestimmungsrecht des Volkes der Westsahara in einmaliger, effektiver und vor allem durchsetzbarer Weise.[2532] Bis dahin war das Selbstbestimmungsrecht des Volkes der Westsahara viel mehr theoretisches und akademisches Denkkonstrukt sowie politisches Instrumentarium im von der UN geführten Prozess zur Beilegung des Konflikts. Es hatte diesbezüglich allenfalls politische Strahlkraft und kaum eigenständige Durchsetzungsfähigkeit. Dies änderte sich schlagartig mit der Feststellung des EuGH, dass das Volk der Westsahara im Rahmen von Abkommen zur Ausbeutung von natürlichen Ressourcen nicht nur im Lichte der Staatenpraxis konsultiert werden muss und die Nutzen der Ausbeutung diesem zugute kommen müssen, sondern es vielmehr seine Zustimmung rechtswirksam erteilen muss.[2533] Indem der EuGH das Volk der Westsahara als Dritten im Sinne des völkergewohnheitsrechtlich anerkannten Pacta-tertiis-Grundsatzes definierte, hat er das Selbstbestimmungsrecht implizit auf die Ebene eines durchsetzbaren Rechtsanspruchs emporgehoben.[2534] Nicht nur in der Literatur fanden die Urteile große Beachtung und sorgten für eine nie dagewesene Diskussion zur Rechtssituation der Westsahara, auch auf politischer Ebene, insbesondere natürlich im europäischen Rechtsraum, sorgten diese für eine Reevaluation des Umgangs der Union mit der Westsahara. Sie rückten den lange und zu Recht als „frozen conflict" bezeichneten Westsahara-Konflikt zurück in das Rampenlicht der internationalen Staatengemeinschaft.[2535] Bei aller berechtigten und in dieser Untersuchung ausführlich dargestellten Kritik an der Herangehensweise der europäischen Gerichtsbarkeit darf in der Gesamtschau des Westsahara-Konfliktes dabei nicht unterschlagen werden, dass der Gerichtshof und das Gericht den europäischen Rechtsraum durch ihre Urteile zu einem einmaligen, das Völkerrecht durchsetzbaren und effektiven Rechtsschutz gewährenden und damit erstmalig das Selbstbestimmungsrecht des Volkes

---

2532 Ausführlich § 4. A. III. 1, 2, 3, 5.
2533 Vgl. § 4. A. III. 2. b). bb).
2534 Ausführlich § 4. A. III. 2. b). bb) und c).
2535 Vgl. *Grant*, Frozen Conflicts and International Law, Cornell International Law Journal 50 (2017), 362 (374).

der Westsahara zugänglichen judizierenden Rechtsraum formten. Dies hat zur Folge, dass das Volk der Westsahara das erste Mal in der Geschichte seines Kolonialkampfes bzw. seiner Besetzung das ihm seit Jahrzehnten stets versprochene bzw. garantierte Selbstbestimmungsrecht selbstbestimmt und eigenständig effektiv durchsetzbar und für die Union verpflichtend geltend machen und judizieren lassen kann. Die Verfahren vor den europäischen Gerichten zeigen dabei, dass dem realpolitischen Handeln der Unionsorgane, die jahrelang gegen das Recht auf Selbstbestimmung des Volkes der Westsahara verstoßen haben und im Anschluss an die Urteile die damit einhergehenden rechtlichen Verpflichtungen äußerst konterkarierend versucht haben umzusetzen bzw. aktiv versucht haben, diese zu umgehen, aus eigener Kraft entgegengetreten werden kann.[2536] Das Volk der Westsahara, vertreten durch die Polisario, kann aktiv sein Recht auf Selbstbestimmung und das damit eng zusammenhängende Recht auf Souveränität über die natürlichen Ressourcen des Gebietes einklagen.[2537] Ob dies allerdings auch den von der UN geführten Prozess zur Ausübung des Selbstbestimmungsrechts des Volkes der Westsahara zu beeinflussen mag, ist unter Berücksichtigung des jahrzehntelang politisch gewollten prädeterminierten Ausgangs und den von Marokko geschaffenen Tatsachen durch milliardenschwere Investitionen und der Ansiedlung Hunderttausender marokkanischer Staatsbürger im Gebiet der Westsahara stark zu bezweifeln. Dies gilt umsomehr, als Marokko mit der Anerkennung der USA über die angeblich bestehenden Souveränitätsrechte über die Westsahara einen realpolitischen Trumpf in den Händen hält, der kaum zu schlagen ist.[2538] Es ist im Lichte der Erkenntnisse dieser Arbeit und der Weigerung des Sicherheitsrates, das Selbstbestimmungsrecht des Volkes der Westsahara notfalls nach Kapitel VII UN-Charta durchzusetzen, nicht ersichtlich, wie dieser Status umgekehrt werden soll, sofern Marokko selbst nicht hierzu bereit ist und einen solchen Prozess zulässt.[2539] Vielmehr ist zu berücksichtigten, dass die „Rückgewinnung" der Gebiete der Westsahara seit *Hassan II* zu einer unumkehrbaren Staatsdoktrin geworden ist, die eng an den Machterhalt des Königshauses gekoppelt ist und darüber hinaus auch herrschende Meinung innerhalb der Bevölkerung Marokkos darstellt. Daher erscheint auch im Falle eines Machtwechsels in Marokko eine Abkehr von dieser Haltung äußerst fragwürdig. Trotz dieser Aussichten hat es erstmalig seit *Bakers*

2536 Vgl. § 4. A. III. 1, 2, 3, 5, 6 und § 4. B.
2537 Ausführlich § 4. A. III. 5. a) und b).
2538 § 3. A. IV. 4.
2539 Siehe zB. ausführlich § 2. A. IV. 2. e). ee).

Vorstößen in den Jahren von 1997–2004 seit 2015 durch die Urteile der europäischen Gerichtsbarkeit wieder Veränderungen am Status quo der Situation der Westsahara gegeben. Diese sorgten zumindest im europäischen Wirtschafts- und Rechtsraum für weitreichende Folgen und legten dem maßgeblich interessengeleiteten politischen Vorgehen der Unionsorgane erhebliche rechtliche Hürden auf. Der normative Druck auf die EU zur Einhaltung des Völkerrechts aus Art. 3 V, Art. 21 III EUV, den sie durch die Rechtsprechung des EuGH nun noch deutlicher verspürt, ist zwingend, verbindlich und damit erheblicher als jener, den mögliche andere potentielle Drittstaaten hinsichtlich der Ausbeutung von natürlichen Ressourcen im Gebiet der Westsahara erfahren. Die EU hat sich an die Entscheidung des Urteils zu halten, sie ist in formeller Weise an sie gebunden, während Drittstaaten außerhalb der Union einer solchen rechtlichen Überprüfung ihrer völkerrechtlichen Abkommen weniger oder gar nicht gegenüberstehen und sich teils, wenn überhaupt, nur an der Staatenpraxis und der Realpolitik der Weltgemeinschaft messen müssen.

Die Realität der Staatenpolitik, allen voran des Sicherheitsrates, und die wirtschaftlichen, politischen und diplomatischen Positionen Spaniens, Frankreichs sowie die der USA verlaufen diametral zur normativen Grundlage und Basis des Konflikts. Trotz eindeutiger jahrzehntelanger Aufforderung zur Abhaltung eines Referendums durch verschiedene UN-Organe, der rechtlichen Verpflichtung Spaniens aus Art. 73 UN-Charta und etlichen Generalversammlungs- und Sicherheitsratsresolutionen zur Durchführung, Überwachung und Sicherstellung einer solchen Volksabstimmung blieb den Sahrawis ihr Ausgleichsrecht zu jahrzehntelanger kolonialer Fremdherrschaft bis heute verwehrt.[2540] Dadurch exsitiert es als einziges noch bestehendes postkoloniales fremdbeherrschtes Volk Afrikas, welches von der UN unzweifelhaft als solches kategorisiert wird, in den Geschichtsbüchern weiterhin als solches fort. Dieser Zustand der Aufrechterhaltung bzw. Verlängerung kolonialer Herrschaftsstrukturen ist für die UN, die moderne Staatengemeinschaft und auch für das moderne Völkerrecht kaum hinnehmbar.

Zwischen Recht haben und Recht bekommen liegt im Völkerrecht die unausweichliche und vor allem unberechenbare Variable der von unterschiedlichsten Interessen bestimmten Realpolitik. Dies gilt, wie die Untersuchung aufgezeigt hat, in besonderem Maße für die Situation der Westsahara. Die Regelungen des Völkerrechts differenzieren grundsätzlich nicht

---

2540 Ausführlich hierzu § 2. A. IV.

zwischen Ausmaß, Wichtigkeit oder Lage eines Konflikts, dies ist vielmehr der Staatengemeinschaft, insbesondere aber auch einzelnen Staaten als solchen zuzurechnen. Wie der Konflikt der Westsahara eindrücklich über die letzten Jahrzehnte darlegte, gewichtet die Staatenpraxis in Abhängigkeit zu ihrer jeweiligen von politischen oder wirtschaftlichen Interessen geleiteten Politik die Behandlung verpflichtender und bindender völkerrechtlicher Grundsätze, die Fundament der internationalen Rechts- und Friedensordnung darstellen, mit unterschiedlichem Maße. Umso mehr zeigt sich, gerade am Beispiel des europäischen Rechtsraums, die unabdingbare Wichtigkeit unabhängiger Gerichte, die das Recht in verbindlicher Weise durchsetzen können und der mitunter völkerrechtswidrigen Realpolitik von Staaten oder Staatengemeinschaften ein Ende bereiten können. Die Herrschaft des Rechts darf nicht in Abhängigkeit zu jeweiligen politischen Interessen gestellt und durch diese unterlaufen oder gar umgangen werden. Der Determinante der Realpolitik hat der EuGH durch seine völkerrechtsfreundliche Auslegung, insbesondere hinsichtlich der völkerrechtsfortbildenden Feststellung, dass das Volk der Westsahara ein Dritter im Sinne des völkergewohnheitsrechtlich anerkannten Pacta-tertiis-Grundsatzes sein kann und damit ein autonomes Rechtssubjekt darstellt, in expliziter Weise die Legitimität entzogen.[2541]

Gundel bezeichnet den EuGH daher zutreffend als „Wächter" des Völkerrechts, der der Realpolitik der EU in erheblichem Maße ein enges normatives Korsett überstreifte und sie zwingt, die völkerrechtlich garantierten Rechte der genuinen Bevölkerung der Westsahara zu achten, und damit einen Rechtsraum schuf, der dieses Recht in weltweit einziger Art und Weise durchzusetzen vermag.[2542]

2541 Vgl. EuG, 2021 (Fn. 55), Rn. 357.
2542 *Gundel*, Der EuGH als Wächter über die Völkerrechtlichen Grenzen von Abkommen der Union mit Besatzungsmächten, 52 Europarecht (2017), 470.

Literaturverzeichnis

Alter, Karen J./Helfer, Laurence R./Madsen, Mikael Rask: International Court Authority, Oxford 2018

Algueró Cuervo: The Ancient History of Western Sahara and the Spanish Colonisation of the Territory, in: Arts/Pinto-Leite (Hrsg.), International Law and the Question of Western Sahara, Leiden 2007

Allan, Joanna/Ojeda-Garcia, Raquel: Natural resource exploitation in Western Sahara: new research directions, The Journal of North African Studies 27 (2022)

Angelillo, Anna Lucia: The approach of the EU towards the conflict of Western Sahara, Venedig 2016

Arieff, Alexis: Western Sahara, Congressional Research Service, 2014, https://fas.org/sg p/crs/row/RS20962.pdf, zuletzt abgerufen am 1.8.2023

Arieff, Alexis: Morocco-Israel Normalization and U.S. Policy Change on Western Sahara, Congressional Research Service 2020, https://crsreports.congress.gov/product/ pdf/IN/IN11555/2, zuletzt abgerufen am 1.8.2023

Arts, Karin/Pinto Leite, Perdro: Introduction, in: Arts/Pinto Leite (Hrsg.), International Law and the Question of Western Sahara, Leiden 2007

Augsberg, Steffen: in: Leible/Terchete (Hrsg.), Europäisches Rechtsschutz- und Verfahrensrecht, 2. Auflage, Baden-Baden 2021

Augsberg, Steffen: in: Von der Groeben/Schwarze/Hatje (Hrsg.), Europäisches Unionsrecht, 7. Auflage, München 2015

Aust, Helmut Philipp/Rodiles, Alejandro/Staubach, Peter: Unity or Uniformity? Domestic Courts and Treaty Interpretation, Leiden Journal of International Law 27 (2014)

Avgustin, Jakob: Introduction, in: Avgustin (Hrsg.), The United Nations. Friend or Foe of Self-Determination?, Bristol

Baker III, James: Trump's recognition of Western Sahara is a serious blow to diplomacy and international law, The Washington Post v. 17.12.2020, https://www.washingtonpo st.com/opinions/2020/12/17/james-baker-trump-morocco-western-sahara-abraham -accords/, zuletzt abgerufen am 1.8.2023

Banerjee, Arpan: Moroccan Entry to the African Union and the Revival of the Western Sahara Dispute, Harvard International Law Journal 59 (2017)

Barbier, Maurice: Le conflit du Sahara occidental, Paris 1982

Barojo, Julio Caro: Estudios saharianos, Madrid/Gijon 1990

Barreñada, Isaías: Western Sahara and Southern Moroccan Sahrawis: National Identity and Mobilization, in: Ojeda Garcia/Fernández-Molina/Veguilla (Hrsg.), Global, Regional and Local Dmnesions of Western Sahara´s Protracted Decolonization, New York 2017

Becker, Florian: IGH-Gutachten über „Rechtliche Konsequenzen des Baus einer Mauer in den besetzten palästinensischen Gebieten, in: Archiv des Völkerrechts 43 (2005), 218-239.

Bedjaoui, Mohammed: in: Cot/Pellet/Forteau, La Charte des Nations Unies: commentaire article par article, 3. Auflage, Paris 2005

Bennis, Samir: The Underlying Causes of Morocco-Spain Maritime Dispute off the Atlantic Coast, Policy Paper, Amadeus Institut, https://africaportal.org/wp-content/uploads/2023/05/The_underlying_causes_of_morocco_spain_maritime_dispute-1.pdf, zuletzt abgerufen am 1.8.2023

Benvenisti, Eyal: The International Law of Occupation, Oxford 2012

Benvenisti, Eyal: Occupation and territorial administration, in: Livoja/McCormack (Hrsg.), Routledge Handbook of the Law of Armed Conflict, Oxfordshire 2016

Benzing, Markus: Midwifing a New State: The United Nations in East Timor, Max Planck Yearbook of United Nations Law 9 (2005)

Besenyő, János: Western Sahara, Budapest 2009

Biondi, Andrea/Farley, Martin: Damages in EU Law, in: Schütze/Tridimas (Hrsg.), Oxford Principles of European Union Law Vol. I, Oxford 2018

Bontems, Claude: La Guerre du Sahara Occidental, Paris 1984

Borchardt, Klaus-Dieter: Die rechtlichen Grundlagen der Europäischen Union, 7. Auflage, Stuttgart 2020

Borsari, Federico: Commentary Rabat's Secret Drones: Assessing Morocco's Quest for Advanced UAV Capabilities, Italian Institute for International Political Studies v. 22.7.2021, https://www.ispionline.it/en/pubblicazione/rabats-secret-drones-assessing-moroccos-quest-advanced-uav-capabilities-31207, zuletzt abgerufen am 1.8.2023

Brus, Marcel: The Legality of Exploring and Exploiting Natural Resources in Western Sahara in: Arts/Pinto-Leite (Hrsg.), International Law and the Question of Western Sahara, S. 201-217, Leiden 2007

Brunner, Manuel: Territoriale Integrität – Völkerrechtlicher Schutzschild der Staaten gegen gewaltsame Gebietsveränderungen, in: Bahmer et al. (Hrsg.), Staatliche Souveränität im 21. Jahrhundert, 63-87 Tübingen 2018

Bungenberg, Marc/Hobe, Stephan: Permanent Sovereignty over Natural Resources, Heidelberg 2015

Burgis, Michelle: Boundaries of Discourse in the International Court of Justice Mapping Arguments in Arab Territorial Disputes, Leiden 2009

Camacho, Ana: La denuncia de "los acuerdos de Madrid" entre 1976-1982, in: Awah et al (Hrsg.), Sahara Occidental: del abandono colonial a la construcción de un Estado, Zaragossa 2019

Campos-Serrano, Alicia/Rodríguez-Esteban, José Antonio: Imagined territories and histories in conflict during the struggles for Western Sahara, Journal of Historical Geography 55 (2017)

Cannizaro, Enzo: In defence of Front Polisario: The ECJ as a global jus cogens maker, Common Market Law Review 55 (2018)

Carro Martinez, Antonio: La descolonización del Sahara, Madrid 1975

Carrozzini, Alina: Working Its Way Back to International Law? The General Court's Judgments in Joined Cases T-344/19 and T-356/19 and T-279/19, European Papers 7 (2022)

Cassese, Antonio: Self-determination of Peoples. A Legal Reappraisal, New York 1995

Cassese, Antonio: Powers and Duties of an Occupant in Relation to Land and Natural Resources, in: Playfair (Hrsg.), International Law and the Administration of Occupied Territories, Oxford 1992

Castellino, Joshua: Territory and Identity in International Law: The Struggle for Self-Determination in the Western Sahara, Millenium: Journal of International Studies 28 (1999)

Castellino, Joshua: International Law and Self-Determination

Peoples, Indigenous Peoples, and Minorities, in: Walter/Ungern-Sternberg/Abushov (Hrsg.), Self-Determination and Secession in International Law, Oxford 2014

Chapaux, Vincent: The Question of the European Community-Morocco Fisheries Agreement in: Arts/Pinto-Leite (Hrsg.), International Law and the Question of Western Sahara S. 217-239, Leiden 2007

Chinkin, Christine: The Security Councel and Statehood, in: Chinkin/Baetens (Hrsg.), Sovereignty, Statehood and State Responsibility. Festschrift Crawford, Cambridge 2015

Chopra, Jarat: Quitting Western Sahara, Geopolitics and International Boundaries 1 (1996)

Chtatou, Mohamed: Morocco and Israel: Cooperation Now and Then, The Times of Isreal, https://blogs.timesofisrael.com/morocco-and-israel-cooperation-now-and-th en/, zuletzt abgerufen am 1.8.2023

Clark, Roger: The "Decolonization" of East Timor and the United Nations Norms on Self-Determination and Aggression, The Yale Journal of World Public Order 7 (1970)

Clausen, Ursel: Der Konflikt um die Westsahara, Hamburg 1978

Coupeau, Gabriel: The European Empire Strikes Back?,Applying the Imperial Paradigm to Understand the European Court of Justice's Imbroglio in Western Sahara, European Foreign Policy Unit Working Paper No. 2017/1, https://www.lse.ac. uk/international-relations/assets/documents/efpu/publications/EFPU-working-pap er-2017-1.pdf, zuletzt abgerufen am 1.8.2023

Cordero Torres, José María: Textos Basicos de Africa, Vol. 1 (1962)

Corell, Hans: The Principle of Sovereignty of Natural Resources and its Consequences, in: Balboni/Laschi (Hrsg.), The European Union Approach Towards Western Sahara, Brüssel 2017

Corell, Hans: Western Sahara – status and resources, New Routes, 4/2010, S. 10–13

Costelloe, Daniel: Treaty Succession in Annexed Territory, in: International & Comparative Law Quarterly 65 (2016) S. 343-378

Craven, Mathew: Statehood, Self-Determination and Recognition, in: Evans (Hrsg.), International Law, 5. Auflage, Oxford 2018

Crawford, James: Brownlie's Principles of International Law, 9. Auflage, Oxford 2019

Crawford, James: Third Party Obligations with respect to Israeli Settlements in the Occupied Palestinian Territories, https://www.tuc.org.uk/sites/default/files/tucfiles/LegalOpinionIsraeliSettlements.pdf, zuletzt abgerufen am 1.8.2023

Crawford, James: The Creation of States in International Law, 2. Auflage Oxford 2007

Crawford, James: State Responsibility, Cambridge 2013

Crawford, James: in: Lowe/Fitzmaurice (Hrsg.), Fifty Years of the International Court of Justice, Cambridge 1996

Czapliński, Wladyslaw: in: Tomuschat/Thouvenin (Hrsg.), The Fundamental Rules of the International Legal Order, Leiden 2006

Daillier, Patrick/Forteau, Mathias/Pellet, Alain: Droit International Public, 8. Auflage, Paris 2009

Dam-de Jong, Daniëlla: International Law and Governance of Natural Resources in Conflict and PostConflict Situations, Cambridge 2015

Damis, John James : The Western Sahara Dispute, Stanford 1983

Damis, John JAmes: Morocco's 1995 fisheries agreement with the European union: A crisis resolved, Mediterranean Politics 3 (1998)

David, Eric: Commentary on Art. 34 in: Corten/Klein (Hrsg.), The Vienna Conventions on the Law of Treaties, A Commentary, Volume I, Oxford 2011

Dawidowicz, Martin: The Obligation of Non-Recognition of an Unlawful Situation, in: Crawford/Pellet/Olleson (Hrsg.), The Law of International Responsibility, Oxford 2010

Dawidowicz, Martin: Trading Fish or Human Rights in Western Sahara? Self-Determination, Non-Recognition and the EC-Morocco Fisheries Agreement, in: French (Hrsg.), Statehood and Self-Determination, Cambridge 2013

Deutscher Bundestag: Die Wiener Vertragsrechtskonvention (WVK) und ihre Bedeutung im EU-Recht nach der Rechtsprechung des Europäischen Gerichtshofs (EuGH), PE 6 - 3000 - 164/18 v. 7.1.2019

Dinstein, Yoram: The International Law of Belligerent Occupation, Cambridge 2009

Dixon, Martin/McCorquodale, Robert/Williams, Sarah: Cases & Materials on International Law, 6. Aufl. Oxford 2016

Dörr, Oliver: Dörr/Schmalenbach (Hrsg.), Vienna Convention on the Law of Treaties, 2. Auflage, Heidelberg 2018

Dubuisson, François /Koutroulis, Vaios: The Yom Kippur War, in: Ruys/Corten (Hrsg.), The Use of Force in International Law, Oxford 2018

Dubuisson, François/Poissonnier, Ghisslain: La Cour de Justice de l'Union Européenne et la Question du Sahara Occidental: Cachez Cette Pratique (Illégale) que je ne Saurais Voir, Revue Belge de Droit International 2 (2016)

Dunbar, Charles: Saharan Stasis: Status and Future Prospects of the Western Sahara Conflict, Middle East Journal 54 (2000)

Dunbar, Charles /Malley-Morrison, Kathleen: The Western Sahara Dispute: A Cautionary Tale for Peacebuilders, Journal of Peacebuilding & Development 5 (2009)

Dworkin, Anthony: North African standoff: How the Western Sahara conflict is fuelling new tensions between Morocco and Algeria, ECFR Policy Brief (2022), https://ecfr.eu/wp-content/uploads/2022/04/North-African-standoff-How-the-Western-Sahara-conflict-is-fuelling-new-tensions-between-Morocco-and-Algeria.pdf, zuletzt abgerufen am 1.8.2023

Eiran, Ehud: Post-Colonial Settlement Strategy, Edinburgh 2019

Elias, Olufumi: Who Can Make Treaties? International Organizations in: Hollis (Hrsg.), The Oxford Guide to Treaties, 73-93, Oxford 2012.

El Ouali, Abdelhamid: L'Union européenne et la question du Sahara: entre la reconnaissance de la souveraineté du Maroc et les errements de la justice européenne, European Papers 2 (2017)

Epping, Volker : In: Epping/Heintschel von Heinegg (Hrsg.), Ipsen, Völkerrecht, 7. Auflage, München 2018

Espiell, Héctor Gros: Der Begriff des Selbstbestimmungsrechts der Völker in heutiger Sicht, in: Vereinte Nationen 2/1982, S. 54-58

Espiell, Héctor Gros: The Right to self-determination, https://digitallibrary.un.org/record/13664, zuletzt abgerufen am 1.8.2023

Fanés, Jordi Vaquer: The European Union and the Western Sahara Conflict: Managing the Colonial Heritage, in: European Foreign Affairs Review 9 (2004), S. 93–113

Fastenrath, Ulrich: in: Simma/Khan/Nolte/Paulus (Hrsg.), The Charter of the United Nations: A Commentary, Bd. II, 3. Auflage, Oxford 2012

Federmann, Falco: Die Konstitutionalisierung der Europäischen Union: Überlegungen vor dem Hintergrund des andauernden europäischen Verfassungsprozesses. Reihe „Europäisches Wirtschaftsrecht", Jean-Monnet-Schriftenreihe, Band 7 Herausgeben von Prof. Dr. Dieter Krimphove, Lohmar-Köln 2017

Fastenrath, Ulrich: „Chapter XI Declaration Regarding Non-self-governing Territories", in: Simma/Khan/Nolte/Paulus (Hrsg.), The Charter of the United Nations: A Commentary, Bd. II, S. 1829- 1839, 3. Auflage, Oxford, 2012

Ferraro, Tristan : 'Expert Meeting: Occupation and Other Forms of Administration of Foreign Territory', International Committee of the Red Cross, Expert Meeting Report, https://shop.icrc.org/occupation-and-other-forms-of-administration-of-foreign-territory-expert-meeting.html?___store=default, zuletzt abgerufen am 1.8.2023

Fortin, Katharine: Unilateral Declaration by Polisario under API accepted by Swiss Federal Council, Armed Groups and International Law, https://www.armedgroups-internationallaw.org/2015/09/02/unilateral-declaration-by-polisario-under-api-accepted-by-swiss-federal-council/, zuletzt abgerufen am 1.8.2023

Franz, Oliver: Osttimor und das Recht auf Selbstbestimmung, Eine Untersuchung zur Anwendung des Selbstbestimmungsrechts der Völker am Beispiel Osttimors, Frankfurt 2005

Franck, Thomas M.: The Stealing of the Sahara, in: The American Journal of International Law 70 (1976), S. 694-721

Frenz, Walter: Europarecht, 3. Auflage, Heidelberg 2021

Frenz, Walter: Handbuch Europarecht Band 5, Wirkungen und Rechtsschutz, Heidelberg 2010

Frid de Vries, Rachel: EU Judicial Review of Trade Agreements Involving Disputed Territories: Lessons From the Front Polisario Judgements, Columbia Journal of European Law 24 (2018)

Gaja, Giorgio: Some Reflections of the European Community's International Responsibility, in: Heukels/McDonell (Hrsg.), The Action for Damages in Community Law, Den Haag 1997

Gardner, Anne-Marie: Democratic Governance and Non-State Actors, London 2011

Gasser, Hans-Peter/Dörmann, Knut : Protection of the Civilian Populationin, in: Fleck (Hrsg.), The Handbook of International Humanitarian Law, 3. Auflage, Oxford 2013

Gathii, James Thuo: International Law and Eurocentricity, European Journal of International Law 9 (1996)

Gattuso, Dominic: The Polisario Front and the Future of Article 1(4), Texas Law Review 99 (2021)

Geldenhuys, Deon: Contested States in World Politics, Basingstoke 2009

Germelmann, Claas Friedrich/Gundel, Jörg: Die Entwicklung der EuGH-Rechtsprechung zum euro-päischen Verfassungs- und Verwaltungsrecht im Jahr 2015, in: Bayerische Verwaltungsblätter 21/2016, S. 725–738

Giegerich, Thomas/Küchler, Helen: Ein Urteil des EuG an der Schnittstelle von Unions- und Völkerrecht im Fall Front Polisario gegen Rat der EU (Rs. T-512/12), http://jean-monnet-saar.eu/?p=1146#tc-comment-title, zuletzt abgerufen am 1.8.2023

Gornig, Gilbert/Horn, Hans-Detlef/Murswiek, Dietrich: Das Selbstbestimmungsrecht der Völker – eine Problemschau, Berlin 2013

Goulding, Marrack: Peacemonger, Baltimore 2003

Graf Vitzthum, Wolfgang: in: Vitzthum/Proelß (Hrsg.), Völkerrecht, 8. Auflage, Berlin 2019

Grant, Tom: How to recognise a state (and not): some practical considerations, in: Chinkin/Baetens (Hrsg.), Sovereignty, Statehood and State Responsibility, Festschrift Crawford, 192-209, Cambridge 2015

Griffioen, Christine: Self-Determination as a Human Right, Utrecht 2010

Gross, Aeyal: The Writing on the Wall, Cambridge 2017

Gundel, Jörg: Der EuGH als Wächter über die völkerrechtlichen Grenzen von Abkommen der Union mit Besatzungsmächten. – Anmerkung zu EuGH, 21.12.2016 Rs. C-104/16 P – Rat/Front Polisario, in: Europarecht (EuR) 3/2017, S. 470-481

Gürseler, Ceren: Morocco and the African Union: Acute Crisis for the Complete Union, Uluslararası Kriz ve Siyaset Araştırmaları Dergisi 3 (2019)

Hannikainen, Lauri: The Case of Western Sahara from the Perspective of Jus Cogens, in: Arts/Pinto Leite (Hrsg.), International Law and the Question of Western Sahara, S.59-79, Leiden 2007.

Hagen, Erik: International Participation in the Phosphate Industry in Occupied Western Sahara, in: Arts/Pinto Leite (Hrsg.), International Law and the Question of Western Sahara, Leiden 2007

Haugen, Hans Morten: The UN and Western Sahara-Reviving the UN-Charta, in: Anuario Espanol De Derecho Internacional 25 (2009) S. 355- 382

Hanf, Dominik: EU Liability Actions, in: Schütze/Tridimas (Hrsg.), Oxford Principles of European Union Law Vol. I, Oxford 2018

Harpaz, Guy: The Front Polisario Verdict and the Gap Between the EU's Trade Treatment of Western Sahara and Its Treatment of the Occupied Palestinian Territories', Journal of World Trade 52 (2018)

Heintschel von Heinegg, Wolff: In: Epping/Heintschel von Heinegg (Hrsg.), Ipsen, Völkerrecht, 7. Auflage, München 2018

Hempel, Jonathan: The Arms Deals Morocco and Israel Don't Want You to Know About, Haaretz v. 13.2.2021, abrufbar unter: https://www.haaretz.com/israel-news/.p remium-the-arms-deals-morocco-and-israel-don-t-want-you-to-know-about-1.9628 661, zuletzt abgerufen am 1.8.2023

Hering, Laura: Der EuGH und sein Umgang mit völkerrechtlich umstrittenen Gebieten – Anmerkung zum Urteil des EuGH v. 12.11.2019, EuR 2020

Human Rights Watch: Western Sahara, Keeping it Secret – The United Nations Operation in Western Sahara (1995), https://www.hrw.org/legacy/reports/1995/Wsahara. htm, zuletzt abgerufen am 1.8.2023

Ipsen, Knut: In: Epping/Heintschel von Heinegg (Hrsg.), Ipsen, Völkerrecht, 7. Auflage, München 2018

Jacob, Marc/Kottmann, Matthias: in: Grabitz/Hilf/Nettesheim, Das Recht der Europäischen Union III, München 2023

Hannikainen, Lauri: The Case of Western Sahara From the Perspective of Jus Cogens, in: Arts/Pinto Leite (Hrsg.), International Law and the Question of Western Sahara, Leiden 2007

Haugen, Hans Morten: The Un and Western Sahara - Reviving the Un Charter, 25 Anuario Español de Derecho Internacional (2011)

Heidenstecker, Karin : Zur Rechtsverbindlichkeit von Willensakten der Generalversammlung, in: Vereinte Nationen 6/1979, S. 205-210

Heintschel von Heinegg, Wolff: In: Epping/Heintschel von Heinegg (Hrsg.), Ipsen, Völkerrecht, 7. Auflage, München 2018

Heintze, Hans-Joachim: In: Epping/Heintschel von Heinegg (Hrsg.), Ipsen, Völkerrecht, 7. Auflage, München 2018

Herdegen, Matthias: Völkerrecht, 22. Auflage, München 2023

Hillgruber, Christian: Wer ist Träger des Selbstbestimmungsrechts?, in: Gornig/Horn/ Murswiek, Das Selbstbestimmungsrecht der Völker – eine Problemschau, S. 76-95, Berlin 2013

Hilpold, Peter: Self-determination at the European Courts: The Front Polisario Case or "The Unintended Awakening of a Giant", European Papers 2 (2017)

Hintner, Johanna: Die EU-Außenhandelsbeziehungen mit Marokko und die Westsahara-Frage, Hamburg 2020

Hinz, Manfred: Die Westsahara: Hoheitsgebiet ohne Selbstregierung und was daraus für die Wirtschaftsabkommen der EU mit Marokko folgt, in: Tavakoli/Hinz/Ruf/ Gaiser (Hrsg.), Westsahara - Afrikas letzte Kolonie, Berlin 2021

Hobe, Stephan: Einführung in das Völkerrecht, 11. Auflage, Stuttgart 2020

Hodges, Tony: Western Sahara: The Roots of a Desert War, New York 1983

Hodges, Tony: The Western Sahara File, Third World Quarterly 6 (1984)

Human Rights Watch: Off the Radar: Human Rights in the Tindouf Refugee Camps, Bericht, https://www.hrw.org/report/2014/10/18/radar/human-rights-tindouf-refuge e-camps#, zuletzt abgerufen am 1.8.2023

Hummelbrunner, Sandra/Prickartz, Anne-Carlijn: It's not the Fish that Stinks! EU Trade Relations with Morocco under the Scrutiny of the General Court of the European Union, Utrecht Journal of International and European Law 32 (2016)

International Crisis Group: Time for International Re-engagement in Western Sahara (2021), https://icg-prod.s3.amazonaws.com/b082-western-sahara-.pdf, zuletzt abgerufen am 1.8.2023

International Committee of the Red Cross: The Geneva Conventions and their Commentaries, https://www.icrc.org/en/war-and-law/treaties-customary-law/geneva-co nventions, zuletzt abgerufen am 1.8.2023

Jacbos, Jacques/Mostert, Hanri: Boundary Disputes in Africa, in: Wolfrum (Hrsg.), Max Planck Encyclopedia of Public International Law, http://opil.ouplaw.com/home /epil, zuletzt abgerufen am 1.8.2023

Janis, Mark Weston: The International Court of Justice: Advisory Opinion on the Western Sahara, in: Harvard International Law Journal 17 (1976), S.609-621

Jellinek, Georg: Allgemeine Staatslehre, 3 Auflage, Berlin 1929

Jenks, Wilfred: The Conflict of Law-Making Treaties, British Yearbook of International Law 30 (1953)

Jensen, Erik: Western Sahara – Anatomy of a Stalemate?, London 2012

Jennings, Sir Ivor: The Approach to Self-Government, Cambridge 1956

Johnson, Robert: Failed duties, denied rights: the UN in East Timor, Melbourne 2017

Lok Yip, Ka: Natural Resources in Occupied Territories, in: Duval/Kassoti (Hrsg.), The Legality of Economic Activities in Occupied Territories, Oxon 2020

Kalandarishvili-Mueller, Natia: Occupation and Control in International Humanitarian Law, Oxon 2021

Kalicka-Mikołajczyk, Adrianna: The international legal status of Western Sahara, Opolskie Studia Administracyjno-Prawne 18 (2021)

Kalshoven/Zegveld: Constraints on the Waging of War, 4. Auflage, Cambridge 2011

Kamal, Fadel: The Role of Natural Ressources in the Building of an independent Western Sahara, in: Kingsbury (Hrsg.), Western Sahara: International Law, Justice and Natural Resources, S. 189-227, New York 2016

Kanevskaia, Olia: EU labelling practices for products imported from disputed territories, in: Duval/Kassoti (Hrsg.), The Legality of Economic Activities in Occupied Territories, Oxon 2020

Kassoti, Eva: The Court of Justice´s Selective Reliance on International Rules on Treaty Interpretation, European Papers 2 (2017)

Kassoti, Eva: Between Sollen and Sein: The CJEU's reliance on international law in the interpretation of economic agreements covering occupied territories, Leiden Journal of International Law 33 (2020)

Kassoti, Eva: The Front Polisario v. Council Case: The General Court, Völkerrechtsfreundlichkeit and the External Aspect of European Integration, European Papers 2 (2017)

Kassoti, Eva: The extraterritorial applicability of the eu charter of fundamental rights: some reflections in the aftermath of the front polisario saga, European Journal of Legal Studies 12 (2020)

Kassoti, Eva: The EU's duty of non-recognition and the territorial scope of trade agreements covering unlawfully acquired territories, Europe and the World: A law review 3 (2019)

Kassoti, Eva: The Council v. Front Polisario Case: The Court of Justice's Selective Reliance on International Rules on Treaty Interpretation (Second Part), European Papers 2 (2017)

Kassoti, Eva: The ECJ and the art of treaty interpretation: Western Sahara Campaign UK, Common Market Law Review 56 (2019),

Kassoti, Eva/Duval, Antoine: Setting the scene: the legality of economic activities in occupied territories, in: Duval/Kassoti (Hrsg.), The Legality of Economic Activities in Occupied Territories, Oxon 2020

Kau, Marcel: in: Vitzthum/Proelß (Hrsg.), Völkerrecht, 8.Auflage, Berlin 2019

Kingsbury, Damien: The role of resources in the resolution of the Western Sahara issue in: Kingsbury (Hrsg.), Western Sahara, International Law, Justice and Natural Resources, S. 17-36, New York 2016

Kingsbury, Damien: East Timor. The Price of Liberty, New York 2009

Knop, Karen: Diversity and Self-Determination in International Law, Cambridge 2002

Kontorovich, Eugene: Economic Dealings with Occupied Territories in: Columbia Journal of Transnational Law 53 (2015), S. 584–637

Koury, Stephanie: The European Community and Members States´ Duty of Non-Recognition under the EC-Marocco Association Agreement: State Responsibility and Customary International Law, in: Arts/Pinto-Leite (Hrsg.), International Law and the Question of Western Sahara, Leiden 2007

Krajewski, Markus: Völkerrecht, 3. Auflage, Baden-Baden 2023

Krieger, Heike: Das Effektivitätsprinzip im Völkerrecht, Schriften zum Völkerrecht Band 137, Berlin 2000

Krumbiegel, Felix: Die Pflicht zur Nicht-Anerkennung völkerrechtswidriger Gebietsänderungen, Frankfurt 2017

Lauterpacht, Hersch: Recognition in International Law, Cambridge 1947

Legal Counsel and Directorate for Legal Affairs of the African Union Commission: Legal Opinion Western Sahara, https://wsrw.org/files/dated/2016-12-14/au_legalopinion_2015.pdf, zuletzt abgerufen am 1.8.2023

Levi, Einat: Israel and Morocco: Cooperation Rooted in Heritage, in: Kibrik/Goren/Kahana-Dagan (Hrsg.), Israel's Relations with Arab Countries: The Unfulfilled Potential, https://mitvim.org.il/wp-content/uploads/2021/01/Israels-Relations-with-Arab-Countries-The-Unfulfilled-Potential-January-2021-Eng.pdf, zuletzt abgerufen am 1.8.2023

Lorca, Arnulf: Eurocentrism in the History of International Law, in: Fassbender/Peters (Hrsg.), The Oxford Handbook of the History of International Law, Eurocentrism in the History of International Law, Oxford 2014

Louw-Vaudran, Liesl: The meaning of Morocco's return to the African Union in: North Africa Report 1, Institute for Security Studies (Hrsg.) 2018.

Lovatt, Hugh/Mundy, Jacob: Free to Choose: A New Plan for Peace in Western Sahara, https://ecfr.eu/wp-content/uploads/Free-to-choose-A-new-plan-for-peace-in-Western-Sahara.pdf, zuletzt abgerufen am 1.8.2023

Lynch, Allen: Woodrow Wilson and the Principle of „National Self-Determination", Review of International Studies 28 (2002)

Macak, Kubo: Internationalized Armed Conflicts in International Law, Oxford 2018

Majinge, Charles Riziki: Southern Sudan and the Struggle for Self-Determination in Contemporary Africa: Examining its Basis Under International Law in: German Yearbook of International Law 53 (2010), S. 541-578

Marauhn, Thilo: Sahara, in: MPEPIL Online 2010

Martin, Ian/Mayer-Rieckh, Alexander: The United Nations and East Timor: From Self-Determination to State-Building, International Peacekeeping 12 (2005)

Mercer, John: Spanish Sahara, London 1976

Mercer, John : Confrontation in the Western Sahara, The World Today 32 (1976),

Menzel, Jörg/Pierling, Tobias/Hoffmann, Jeannine: Völkerrechtsprechung, Tübingen 2005

Middle East Institute: Fundamental Law of Morocco, Middle East Journal 15 (1961)

Migdalovitz, Carol: Congressional Research Service Report for Congress: Western Sahara: Background to Referendum (1995)

Miguel, Carlos Ruiz: The Self-Determination Referendum and the Role of Spain in: Arts/Pinto-Leite (Hrsg.), International Law and the Question of Western Sahara, S. 305–319, Leiden 2007

Milano, Enrico: Front Polisario and the Exploitation of Natural Resources by the Administrative Power in: European Papers, 2 (2017), S. 953–966

Milano, Enrico: The new Fisheries Partnership Agreement between the European Community and the Kingdom of Morocco: fishing too south? In: Anuario Español de Derecho Internacional, vol. XXII 2006, S. 413-457

Milano, Enrico: The 2013 Fisheries Protocol between the EU and Morocco, in: Balboni/Laschi (Hrsg.), The European Union Approach Towards Western Sahara, Brüssel 2017

Moura Ramos, Rui: The European Court of Justice and the Relationship between International Law and European Union Law. Brief Considerations on the Judgments of the Jurisdictional Bodies of the European Union on Front Polisario Case, Boletim da Faculdade de Direito da Universidade de Coimbra 96 (2020)

Mundy, Jacob: Moroccan Settlers in Western Sahara: Colonists or Fifth Column?, Le Géographe du monde arabe 15 (2012)

Mundy, Jacob: The Geopolitical Functions of the Western Sahara Conflict: US Hegemony, Moroccan Stability and Sahrawi Strategies of Resistance, in: Ojeda Garcia/Fernández-Molina/Veguilla (Hrsg.), Global, Regional and Local Dimensions of Western Sahara´s Protracted Decolonization, New York 2018

Murphy, Jennifer M.: The Functioning of Realpolitik in Protracted Conflict and the Transformative Capacity of Self-Determination: A Case Study of Western Sahara, Africa's Last Colony, Castellón 2010

Murswiek, Dietrich: Offensives und defensives Selbstbestimmungsrecht in: Gornig/Horn/Murswiek. Das Selbstbestimmungsrecht der Völker - eine Problemschau, S. 96-120, Berlin 2013

Naldi, Gino : The Organization of African Unity and the Saharan Arab Democratic Republic, in: Journal of African Law 26, (1982), S. 152-162

Naldi, Gino: Western Sahara: Suspended Statehood or Frustrated Self-Determination?, African Yearbook of International Law 13 (2005), 9–41

New York City Bar Association: The Legal Issues Involved in the Western Sahara Dispute: The Principle of Self-Determination and the Legal Claims of Morocco, https://www2.nycbar.org/pdf/report/uploads/20072264-WesternSaharaDispute--Sel fDeterminationMoroccosLegalClaims.pdf, zuletzt abgerufen am 1.8.2023

New York City Bar Association: Report on Legal Issues Involved in the Western Sahara Dispute: Use of Natural Resources, https://www.nycbar.org/pdf/report/uploads/ 20072089ReportonLegalIssuesInvolvedintheWesternSaharaDispute.pdf, zuletzt abgerufen am 1.8.2023

Nicholson, Rowan: Statehood and the State-Like in International Law, Oxford 2019

Odermatt, Jed: Fishing in Troubled Waters: ECJ 27 February 2018, Case C-266/16, R (on the application of Western Sahara Campaign UK) v Commissioners for Her Majesty's Revenue and Customs, Secretary of State for Environment, Food and Rural Affairs, European Consitutional Law Review 14 (2018)

Odermatt, Jed: The EU's economic engagement with Western Sahara: the Front Polisario and Western Sahara Campaign UK cases, in: Duval/Kassoti (Hrsg.), The Legality of Economic Activities in Occupied Territories, Oxon 2020

Odermatt, Jed: International law as challenge to EU acts: Front Polisario II, Common Market Law Review 60 (2023)

Office of the Historian, Foreign Relations of the United States, 1969–1976, Volume E-9, Part 1, Documents on North Africa, 1973–1976

Office of the Historian, Foreign Relations of the United States, 1969–1976, Volume E-15, Part 2, Documents on Western Europe, 1973–1976

Office of the Historian, Foreign Relations of the United States, 1977–1980, Volume XVII, Part 3, North Africa

Oeter, Stefan: Die Entwicklung der Westsahara-Frage unter besonderer Berücksichtigung der völkerrechtlichen Anerkennung, Zeitschrift für ausländisches öffentliches Recht und Völkerrecht 46 (1986), S. 48-74

Okere, B.O.: The Western Sahara Case in: The International and Comparative Law Quarterly 28 (1979), S.296-312

Oppenheim, Lassa/Lauterpacht, Hersch: International Law, Bd. I, London 1958

Oppermann, Thomas/Classen, Claus Dieter/Nettesheim, Martin: Europarecht, 9. Auflage, München 2021

Ottaway, Marina: As a Parting gift to Israel, the Trump Administration Pushes Sudan and Morocco to Recognize Israel, Viewpoints Series of the Wilson Center, abrufbar unter https://www.wilsoncenter.org/article/parting-gift-israel-trump-administration-pushes-sudan-and-morocco-recognize-israel, zuletzt abgerufen am 1.8.2023

Özsu, Umut: Determining New Selves: Mohammed Bedjaoui on Algeria, Western Sahara, and Post-Classical International Law, in: v. Bernstorff/Dann (Hrsg.), The Battle for International Law, Determining New Selves, Oxford 2019

Passos, Ricardo: Legal Aspects of the European Union's Approach towards Western Sahara, in: Balboni/Laschi (Hrsg.), The European Union Approach Towards Western Sahara, Brüssel 2017

Paulus, Andreas: The Use of Force in Occupied Territory, in: Ferraro (Hrsg.), Report ICRC, Occupation and Other Forms of Adminstration of Foreign Territory, https://www.icrc.org/en/doc/assets/files/publications/icrc-002-4094.pdf, zuletzt abgerufen am 1.8.2023

Pazzanita, Anthony: Legal Aspects of Membership in the Organization of African Unity: The Case of the Western Sahara in: Case Western Reserve Journal of International Law 17 (1985), S. 123-158

Pazzanita, Anthony: Historical Dictionary of Western Sahara, 3. Auflage, Lanham 2006

Peréz de Cuellar, Javier: Memoires, Western Sahara (unveröffentlicht), Baker Paper, Box 223–228.

Placentino, Helena: Accords commerciaux et territoires occupés: réflexions sur la jurisprudence de la CJUE relative au Sahara Occidental à la lumière des obligations internationales de l'Union européenne", Revue belge de droit international 2 (2020),

Pomerance, Michla: The United States and Self-Determination: Perspectives on the Wilsonian Conception, American Journal of International Law 70 (1976)

Powell, Justyna: The International Court of Justice and Islamic Law States, in: Alter/Helfer/Madsen (Hrsg.), International Court Authority, Oxford 2018

Power, Susan: EU Exploitation of Fisheries in Occupied Western Sahara: Examining the Case of the Front Polisario v Council of the European Union in light of the failure to account for Belligerent Occupation, Irish Journal of European Law 19 (2016)

Prickartz, Anne-Carlijn: The European Union's Common Fisheries Policy, the Right to Self-determination and Permanent Sovereignty over Natural Resources, The International Journal of Marine and Coastal Law 35 (2020)

Proelß, Alexander : in: Dörr/Schmalenbach, The Vienna Conventions on the Law of Treaties, A Commentary, 653-698, 2. Auflage, Heidelberg 2018

Raic, David: Statehood and the Law of Self-Determination, Leiden 2002

Rasi, Aurora: Front Polisario: A Step Forward in Judicial Review of International Agreements by the Court of Justice?, 2 European Papers (2017)

Ruffert, Matthias: in: Calliess/Ruffert/Cremer (Hrsg), EUV/AEUV, 6. Auflage, München 2022

Ruiz Miguel, Carlos: Spain's legal obligations as administering power of Western Sahara, in: Botha/Olivier/van Tonder (Hrsg.), Multilateralism and international law with Western Sahara as a case study, Pretoria 2010

Ruiz Miguel, Carlos: The Self-Determination Referendum and the Role of Spain, in: Arts/Pinto Leite (Hrsg.), International Law and the Question of Western Sahara, Leiden 2007

Ruiz Miguel, Carlos: L'Union européenne et le Sahara occidental : pas (seulement) une affaire de droits de l'homme, Cahiers de la recherche sur les droits fondamentaux 16 (2018)

Ryngaert, Cedric/Fransen, Rutger: EU extraterritorial obligations with respect to trade with occupied territories: Reflections after the case of Front Polisario before EU courts, Europe and the World: A law review 2 (2018)

Samuel, Katja: Can religious norms influence self-determination struggles, and with what implications for international law?, in: French (Hrsg.), Statehood and Self-Determination, Cambridge 2013

Sassòli, Marco: The Concept and the Beginning of Occupation, in: Clapham/Gaeta/Sassòli (Hrsg.), The 1949 Geneva Conventions: A commentary, 2015, S. 1389–1419, Oxford 2018

Saul, Ben: Many Small Wars: The Classification of Armed Conflicts in the Non-Self-Governing Territory of Western Sahara (Spanish Sahara) in 1974–1976, Sydney Law School Legal Studies Research Paper No. 17/33, Sydney 2017

Saul, Ben: The Status of Western Sahara as Occupied Territory under International Humanitarian Law and the Exploitation of Natural Resources in: Sydney Law School Research Paper No. 15/81, Sydney 2015

Saul, Ben: The Normative Status of Self-Determination in International Law: A Formula for Uncertainty in the Scope and Content of the Right?, Human Rights Law Review 11 (2011)

Saul, Ben/Kinley, David/Mowbray, Jaqueline: The International Covenant on Economic, Social and Cultural Rights - Commentary, Cases, and Materials, Oxford 2014

Saxer, Urs: Die internationale Steuerung der Selbstbestimmung und der Staatsentstehung, Heidelberg 2010

Schlicher, Monika/Flor, Alex: Osttimor – Konfliktlösung durch die Vereinten Nationen, Die Friedenswarte 78 (2003)

Schmid, Ulrich: Der Mord an drei Lastwagenfahrern in der Westsahara bringt Marokko und Algerien an den Rand eines Krieges, Neue Zürcher Zeitung v. 8.11.2021, abrufbar unter: https://www.nzz.ch/international/zwischen-algerien-und-marokko-droht-ein-krieg-ld.1653985, zuletzt abgerufen am 1.8.2023

Schöbener, Burkhard: Völkerrecht, Heidelberg 2014

Schweitzer, Michael/Dederer, Hans Georg: Staatsrecht III, 12. Auflage, Heidelberg 2020

Seddon, David: Morocco and the Western Sahara, Review of African Political Economy 14 (1987)

Seddon, David: Morocco at war, in: Lawless/Monahan (Hrsg.), War and Refugees, The Western Sahara Conflict, London/New York 1987

Shaw, Malcom: International Law, 8. Auflage, Cambridge 2017

Shaw, Malcom: The Western Saharan Case, British Yearbook of International Law 49 (1978)

Shelley, Toby: Endgame in the Western Sahara, London/New York 2004

Shelley, Toby: Resistance and Colonialism: Building the Saharawi Identity, in: Arts/ Pinto Leite (Hrsg.), International Law and the Question of Western Sahara, Leiden 2007

Simon, Sven: Western Sahara, in: Walter/Ungern-Sternberg/Abushov (Hrsg.), Self-Determination and Secession in International Law, Oxford 2014

Sievert, Karen Rebecca: Handel mit „umstrittenen Gebieten"

Völker- und europarechtliche Grenzen für die Europäische Union, Baden-Baden 2022

Smith, Jeffrey: The taking of the Sahara: the role of natural resources in the continuing occupation of Western Sahara, Global Change, Peace & Security 27 (2015)

Smith, Jeffrey: Fishing for Self-determination: European Fisheries and Western Sahara–The Case of Ocean Resources in Africa's Last Colony, Ocean Yearbook 27 (2013)

Smith, Jeffrey: State of Self-Determination: The Claim to Sahrawi Statehood, Toronto 2010

Sorel, Jean-Marc/Bore-Eveno, Valerie: in: Corten/Klein (Hrsg.), The Vienna Convention on the Law of Treaties Vol. I, Oxford 2011

Soroeta Liceras, Juan: The Conflict in Western Sahara After Forty Years of Occupation: International Law versus Realpolitik in: German Yearbook of International Law 59 (2016), S. 187-221

Soroeta Liceras, Juan: International Law and the Western Sahara Conflict, Oisterwijk 2014

Soroeta Liceras, Juan: La sentencia de 10 de diciembre de 2015 del Tribunal General de la UE (T-512/12), primer reconocimiento en vía judicial europea del estatuto del Sahara Occidental y de la subjetividad internacional del Frente Polisario, Revista General de Derecho Europeo 38 (2016)

Spoerri, Philip: The law of Occupation in: Clapham/Gaeta (Hrsg.), The Oxford Handbook of International Law in Armed Conflict, Oxford 2014

Stein, Torsten/v. Buttlar, Christian/Kotzur, Markus: Völkerrecht, 14. Aufl. München 2017

Steinbach, Armin: The Western Sahara Dispute: A Case fort the ECJ? in: Columbia Journal of European Law 18 (2012), S. 415-440.

Sterio, Milena: The Right to Self-Determination under International Law, London 2013

Streinz: Europarecht, 11. Auflage, Heidelberg 2019

Suarez-Collado, Ángela/Contini, Davide: The European Court of Justice on the EU-Morocco agricultural and fisheries agreements: an analysis of the legal proceedings and consequences for the actors involved, The Journal of North African Studies 27 (2022)

Taeger, Juergen: Der Sahara- Konflikt und die Krise der Organisation der Afrikanischen Einheit (OAU) in: Verfassung und Recht in Übersee, Bd.17 (1984), S. 51-90

Talmon, Stefan: 'The Duty Not to "Recognize as Lawful" a Situation Created by the Illegal Use of Force or Other Serious Breaches of a Jus Cogens Obligation: An Obligation without Real Substance?' in: Tomuschat/Thouvenin (Hrsg.), The Fundamental Rules of the International Legal Order: Jus Cogens and Obligations Erga Omnes, S.99-125, Leiden 2005.

Talmon, Stefan: Kollektive Nichtanerkennung illegaler Staaten, Tübingen 2006

Terchete, Jörg Philipp: in: Pechstein/Nowak/Häde (Hrsg.), Frankfurter Kommentar zu EUV, GRC, AEUV, Bd. IV, Tübingen 2017

Theofilopoulou, Anna: The United Nations and Western Sahara - A Never-ending affair, USIP Special Report 166

Theofilopoulou, Anna: The United Nations and Western Sahara - A real challenge for the Organization (unveröffentlicht), Baker Paper, Box 223–228.

Thirlway, Hugh: The Law and Procedure of The International Court of Justice Vol. I, Fifty Years of Jurisprudence, Oxford 2013

Thomas, Katlyn: The Emperor´s Clothes, New York 2021

Thompson, Virginia/Adloff, Richard: The Western Saharans: Background to Conflict, New York 1980

Torreblanca, José Ignacio: This time is different: Spain, Morocco, and weaponised migration, in: European Council on Foreign Relations, abrufbar unter: https://ecfr.e u/article/this-time-is-different-spain-morocco-and-weaponised-migration/, zuletzt abgerufen am 1.8.2023

Trillo de Martín-Pinillos, Eduardo: Spain as Administering Power of Western Sahara in: Arts/Pinto Leite (Hrsg.), International Law and the Question of Western Sahara, S.79-85, Leiden International platform of jurists for East Timor, Leiden 2007.

Trinidad, Jamie: Self-Determination in Disputed Colonial Territories, Cambridge 2018

Trinidad, Jamie: An Evaluation of Morocco´s Claim to Spain´s remaining Territories in Africa, The International and Comparative Law Quarterly 61 (2012)

Turns, David: 'The Stimson Doctrine of Non-Recognition: Its Historical Genesis and Influence on Contemporary International Law', Chinese Journal of International Law 105 (2003), 130–43

Turns, David: in: Evans (Hrsg.), International Law, 5. Auflage, Oxford 2018

Van der Loo, Guillaume: Law and Practice of the EU's Trade Agreements with 'Disputed' Territories: A Consistent Approach?, in: Govaere/Garben (Hrsg.), The Interface Between EU and International Law, Oxford 2021

Van Schmidt, Klemens: The Western Sahara Conflict, Lose-Lose Scenarios, and Impacts to United States Regional Strategic Objectives, Master-Thesis, 2018, https://w ww.researchgate.net/publication/326882349_The_Western_Sahara_Conflict_Lose -Lose_Scenarios_and_Impacts_to_United_States_Regional_Strategic_Objectives, zuletzt abgerufen am 1.8.2023

Villar, Francisco: El Proceso de Autodeterminacion del Sahara, Valencia 1982

Villiger, Mark: Commentary on the 1969 Vienna Convention on the Law of Treaties, Leiden 2008

Vitzthum, Wolfgang/Proelß, Alexander : Völkerrecht, 8. Auflage, Berlin 2019

Von Tabouillot, Werner: Der Grüne Marsch im Lichte des Völkerrechts, München 1990

Weiner, Jerome: The Green March in Historical Perspective, The Middle East Journal 33 (1979)

Western Sahara Resource Watch: P for Plunder 2021, https://vest-sahara.s3.amazona ws.com/wsrw/feature-images/File/157/6081d8e0f3bcb_Pforplunder2021_Web.pdf, zuletzt abgerufen am 1.8.2023

Western Sahara Resource Watch/Emmaus Stockholm: Label and Liability – How the EU turns a blind eye to falsely stamped agricultural products made by Morocco in occupied Western Sahara, https://wsrw.org/files/dated/2012-06-17/wsrw_labelliabilit y_2012.pdf, zuletzt abgerufen am 1.8.2023

Wezeman, Pieter D./Kuimova, Alexandra/Wezema, Siemon T.: Trends in International Arms Transfers 2020, SIPRI Fact Sheet 2020, S. 8, https://sipri.org/sites/default/files/ 2021-03/fs_2103_at_2020.pdf, zuletzt abgerufen am 1.8.2023

Wilson, Heather A.: International Law and the Use of Force by National Liberation Movements, Oxford 1990

Juristischer Dienst des Europäischen Parlaments: Gutachten v. 20.2.2006: Proposal for a Council Regulation on the conclusion of the Fisheries Partnership Agreement between the European Community and the Kingdom of Morocco, SJ-0085/06 (unveröffentlicht), https://www.usc.gal/export9/sites/webinstitucional/gl/institutos/c eso/descargas/EU-Parliament-Legal-opinion_FPA_20-February-2006.pdf, zuletzt abgerufen am 1.8.2023

Juristischer Dienst des Europäischen Parlaments: Gutachten v. 13.7.2009: Fisheries Partnership Agreement between the European Community and the Kingdom of Morocco – Declaration by the Saharawi Arab Democratic Republic (SADR) of 21 January 2009 of jurisdiction over an Exclusive Economic Zone of 200 nautical miles off the Western Sahara- Catches taken by EU-flagged vessels fishing in the waters off the Western Sahara (unveröffentlicht), https://www.fishelsewhere.eu/pa140x1077, zuletzt abgerufen am 1.8.2023

Juristischer Dienst des Europäischen Parlaments: Gutachten v. 4.11.2013: Protocol between the European Union and the Kingdom of Morocco setting out the fishing opportunities and financial contribution provided for in the Fisheries Partnership Agreement in force between the two Parties - 2013/0315(NLE), SJ-0665/13 (unveröffentlicht), https://www.usc.gal/export9/sites/webinstitucional/gl/institutos/ceso/de scargas/EU-Parliament-legal-opinion_FPA_04-nov-2013.pdf, zuletzt abgerufen am 1.8.2023

Juristischer Dienst des Europäischen Parlaments: Gutachten v. 13.9.2018: Agreement amending Protocols 1 and 4 to the Euro-Mediterranean Agreement EU- Morocco - 2018/0256 (NILE), SJ-0506/18 (unveröffentlicht), https://www.usc.es/export9/sites /webinstitucional/gl/institutos/ceso/descargas/EP-UE_SJ-0506-18_en.pdf, zuletzt abgerufen am 1.8.2023

Juristischer Dienst des Europäischen Rates: Gutachten v. 22.2.2006: The currently negotiated Partnership Fisheries Agreement between the EC and the Kingdom of Morocco - Compatibility with international Law, 6664/06

Whelan, Anthony: Self-Determination and Decolonisation: Foundations for the Future, Irish Studies in International Affairs 3 (1992)

Whelan, Anthony: Wilsonian Self-Determination and the Versailles Settlement, The International and Comparative Law Quarterly 43 (1994)

Whelan, Arianna: Council v Front Polisario Case, MPEPIL Online (2019)

White, Gregory: Too Many Boats, Not Enough Fish: The Political Economy of Morocco's 1995 Fishing Accord with the European Union, The Journal of Developing Areas 31 (1997)

Whitfield, Teresa: Working with Groups of Friends, Washington 2010

Whitfield, Teresa: A Crowded Field: Groups of Friends, the United Nations and the Resolution of Conflict, Center on International Cooperation 2005, https://peacemaker.un.org/sites/peacemaker.un.org/files/ACrowdedField_WhitefieldCIC2005.pdf, zuletzt abgerufen am 1.8.2023

Whitfield, Teresa: Friends indeed? The United Nations, Groups of Friends, and the Resolution of Conflict, Washington 2007

Wolfrum, Rüdiger: West-Sahara-Gutachten des Internationalen Gerichtshofs, Vereinte Nationen 6 (1975)

Wouters, Jan/Ryngaert, Cedric/Ruys, Tom/De Baere, Geert: International Law, A European Perspective, London 2018

Wrange et al.: Western Sahara and the Protocol to the EU-Morocco Fisheries Partnership Agreement (FPA) of 2013 – a Legal Analysis, https://www.wsrw.org/files/dated/2013-12-05/western_sahara_fisheries_legal_analysis_2013.pdf, zuletzt abgerufen am 1.8.2023

Wrange, Pal: Occupation/annexation of a territory: Respect for international humanitarian law and human right and consistent EU policy, Studie für das Europäische Parlament 2015 http://www.europarl.europa.eu/RegData/etudes/STUD/2015/534995/EXPO_STU(2015)534995_EN.pdf, zuletzt abgerufen am 1.8.2023

Wrange, Pal: Self-Determination, Occupation and the Authority to Exploit Natural Resources: Trajectories from Four European Judgments on Western Sahara, in: Israel Law Review 52 (2019), S. 3–29

Wrange, Pal: Western Sahara, the European Commission and the Politics of International Legal Argument in: Duval/Kassoti (Hrsg.), The Legality of Economic Activities in Occupied Territories, Oxon 2020

Wright, Quincy: The Stimson Note of January 7, 1932, American Journal of International Law 26 (1932)

Zimmermann, Andreas/Oellers-Frahm, Karin/Tomuschat, Christian/Tams, Christian: The Statute of the International Court of Justice A Commentary, 3. Auflage, Oxford 2019

Zoubir, Yahia H.: Geopolitics and Realpolitik as Impediments to the Resolution of Conflict and Violations of International Law: The Case of Western Sahara, in: Arts/Pinto-Leite (Hrsg.), International Law and the Question of Western Sahara, Leiden 2007

Zunes, Stephen: East Timor and Western Sahara: A Comparative Analysis on Prospects for Self-Determination, in: Arts/Pinto Leite (Hrsg.), International Law and the Question of Western Sahara, S. 109-133, Leiden 2007

Zunes, Stephen/Mundy, Jacob: Western Sahara, War, Nationalism and Conflict Irresolution, 2. Auflage, Syracuse 2022

Zyberi, Gentian: Self-Determination Through the Lens of the International Court of Justice, Netherlands International Law Review 56 (2009)